中国自由贸易试验区年鉴

2023

《中国自由贸易试验区年鉴》编辑委员会 编著

图书在版编目（CIP）数据

中国自由贸易试验区年鉴．2023/《中国自由贸易试验区年鉴》编辑委员会编著．—北京：中国商务出版社，2023.12

ISBN 978-7-5103-4796-2

Ⅰ．①中… Ⅱ．①中… Ⅲ．①自由贸易区－中国－2023－年鉴 Ⅳ．①F752-54

中国国家版本馆CIP数据核字（2023）第166056号

中国自由贸易试验区年鉴（2023）

ZHONGGUO ZIYOU MAOYI SHIYANQU NIANJIAN（2023）

《中国自由贸易试验区年鉴》编辑委员会 编著

主　　办／商务部国际贸易经济合作研究院
出　　版／中国商务出版社
编　　辑／《中国自由贸易试验区年鉴》编辑部

总 编 辑／李　君
副总编辑／刘　玮
责任编辑／张高平
文字编辑／刘　玮　张　舒
总 发 行／中国商务出版社发行部
地　　址／北京市东城区安外东后巷28号
邮　　编／100710
联系电话／010-64515074　64515145

印　　刷／廊坊市鸿煊印刷有限公司
开　　本／889毫米×1194毫米　大16开
印　　张／45.75　彩插58P

字　　数／1200千字
版　　次／2023年12月第1版
印　　次／2023年12月第1次印刷
定　　价／390.00元

ISBN 978-7-5103-4796-2

9 787510 347962

ISBN 978-7-5103-4796-2

《中国自由贸易试验区年鉴》编辑委员会

易继勇　交通运输部水运局副局长

赵义怀　中国（上海）自由贸易试验区临港新片区党工委委员、管委会专职副主任

胡真舫　浙江省商务厅党组成员、副厅长，中国（浙江）自由贸易试验区建设领导小组办公室副主任

俞子荣　商务部国际贸易经济合作研究院副院长（正司级）

徐一心　四川省商务厅党组书记、厅长，中国（四川）自由贸易试验区工作办公室常务副主任

黄河明　福建省商务厅党组书记、厅长，福建省口岸工作办公室主任，中国（福建）自由贸易试验区工作领导小组办公室主任

崔卫杰　商务部国际贸易经济合作研究院副院长

章勇武　重庆市商务委员会党组书记、主任，中国（重庆）自由贸易试验区工作领导小组办公室主任

梁益铭　中国（天津）自由贸易试验区管理委员会专职副主任

傅　靖　国家税务总局政策法规司副司长

綦树利　中共海南省委副秘书长，省委全面深化改革委员会办公室、省委自由贸易港工作委员会办公室常务副主任

廖光辉　中国（湖南）自由贸易试验区工作办公室专职副主任

潘　爽　辽宁省商务厅党组书记、厅长，中国（辽宁）自由贸易试验区工作领导小组办公室主任

委　　员（按姓氏笔画为序）

王　丹　国家市场监督管理总局登记注册局注册指导处二级调研员

王正颐　自然资源部自然资源开发利用司综合处处长

王莹莹　黑龙江省商务厅自贸区协调指导处处长

王常和　福建省商务厅自贸试验区宣传推广处处长

叶占波　中共海南省委自由贸易港工作委员会办公室宣传处处长

朱长存　中国（天津）自由贸易试验区管理委员会办公室主任

刘　旭　国家外汇管理局外汇研究中心研究二部处长

刘　璐　河北省商务厅自贸协调指导处副处长

刘维奇　山东省商务厅规划指导处二级调研员

杜　磊　北京市商务局综合协调处处长

杜登涛　国家税务总局政策法规司世贸税收办公室主任

李　佳　云南省商务厅综合信息处副处长

李祥卿　河南省商务厅自贸区建设发展处处长

杨　威　浙江省商务厅自由贸易区处处长

杨小宝　陕西省商务厅自贸综合信息处处长

肖　林　上海市浦东新区发展和改革委员会党组副书记、副主任

吴松立　海关总署自贸区和特殊区域发展司自贸区发展处处长

何　枫　国家移民管理局外国人管理司签证旅行管理处处长

汪建根　文化和旅游部政策法规司改革指导处处长

张　丹　商务部国际贸易经济合作研究院产业国际化战略研究所（自贸区港建设研究中心）所长（主任）

张　葵　重庆市商务委员会自贸试验区统筹指导处处长

陈俊斌　中国（上海）自由贸易试验区临港新片区管理委员会制度创新和风险防范处副处长（主持工作）

罗　专　湖南自贸办综合协调处处长

周　宏　安徽省商务厅自由贸易试验区综合协调处处长

郑颖亨　四川省商务厅（自贸办）综合信息处处长

赵童童　中国民用航空局政策法规司政策处处长

高海云　交通运输部水运局国际航运管理处处长

郭　苑　生态环境部综合司四级调研员

郭　猛　辽宁省商务厅自贸区综合指导处副处长

黄文华　湖北省商务厅综合信息处处长、一级调研员

《中国自由贸易试验区年鉴》特约撰稿人

张　星　自然资源部
程翠云　生态环境部
李花叶　交通运输部
杨　剑　商务部
高　源　文化和旅游部
赵　亮　海关总署
陈　君　国家税务总局
张世鹤　国家市场监督管理总局
赵　鑫　国家移民管理局
刘晶晶　中国民用航空局
尚昕昕　国家外汇管理局
屈占宇　上海市浦东新区发改委
林　鹤　中国（上海）自由贸易试验区临港新片区管理委员会
张　煊　广东省商务厅
赵建光　中国（天津）自由贸易试验区管理委员会
阮世明　福建省商务厅
赵　坤　辽宁省商务厅
李　杨　浙江省商务厅
周禄松　浙江省商务研究院自贸区研究中心
邢　新　河南省商务厅
张亚飞　湖北省商务厅
叶　炜　重庆市商务委员会
闵帆乐　四川省商务厅
李会锋　陕西省商务厅
肖　潇　中共海南省委自由贸易港工作委员会办公室
徐　琅　江苏省商务厅
迟毅洁　河北省商务厅
宋丰男　黑龙江省商务厅
孙思睿　北京市商务局
钟美陆　湖南省自贸办
韩　芳　安徽省商务厅

编 辑 说 明

一、《中国自由贸易试验区年鉴》由商务部国际贸易经济合作研究院主持编纂，国家有关部委、各自由贸易试验区相关领导担任编辑委员会成员。

二、本年鉴内容全面，资料翔实，是一部具有权威性、指导性和实用性的大型工具书，是海内外各界人士了解研究中国自由贸易试验区建设发展情况的史料性参考书。

三、本期《年鉴》全面系统地记述了 2022 年中国自由贸易试验区建设发展的基本情况。全书共设 4 个栏目，分别是“专文”“自贸试验区”“法规”“附录”。

四、本年鉴所涉及的全国性统计数据，除特殊注明外，均未包括香港特别行政区、澳门特别行政区和台湾省数据。根据中华人民共和国《香港特别行政区基本法》和《澳门特别行政区基本法》的有关原则，香港、澳门与内地是相对独立的统计区域，依据各自不同的统计制度和法律规定，独立进行统计工作。

五、本年鉴中部分数据合计数或相对数由于单位取舍不同而产生的计算误差，均未作机械调整。符号使用说明：年鉴各表中的“空格”表示该项统计指标数据不详或无该项数据；“—”表示该项统计指标数据不详或不宜进行比较；“#”表示其中的主要项。其他符号使用方法具体见其表注说明。

六、本年鉴所涉及的单位名称、编委会成员和撰稿人职务均以截稿日期为准。

七、本年鉴承蒙国家机关各部门、各自贸试验区、各地商务厅（委、局）和广大作者的积极支持和帮助，在此谨表示衷心的感谢！希望各界继续给予关心和支持，对本年鉴的不足之处提出批评和改进意见，以使《中国自由贸易试验区年鉴》日臻完善。

通信地址：北京市安定门外东后巷 28 号 商务部国际贸易经济合作研究院
邮政编码：100710　联系电话：010—64515074

《中国自由贸易试验区年鉴》编辑部

2023 年 11 月于北京

中国（浙江）自由贸易试验区

中国（浙江）自由贸易试验区于2017年4月1日正式挂牌成立，实施范围119.95平方公里，全域设在舟山。2020年8月30日实现扩区，扩区后实施范围扩展至239.45平方公里，涵盖舟山、宁波、杭州、金义四个片区，并聚焦“五大功能定位”，即打造以油气为核心的大宗商品资源配置基地、新型国际贸易中心、国际航运和物流枢纽、数字经济发展示范区和先进制造业集聚区。

浙江自贸试验区持续深化改革创新，六年来，累计形成制度创新成果477项，全国复制推广31项。2022年新增制度创新成果144项、全国首创36项。2022年，以1/400的全省国土面积贡献了全省6.5%的新增注册企业、9.2%的税收收入、20.6%的进出口额、18.1%的实际利用外资，成为全省经济的重要增长极。

四个片区坚持差别化发展，形成了各具特色的发展优势。舟山片区围绕“131”发展目标打造油气全产业链，建成全国最大、单体全球第二的大型石化基地之一，形成原油加工能力4000万吨和3700余万方的油气储存能力；2022年，保税油年供应量达602.5万吨，跃升全球第五大加油港。宁波片区着力锻造港口“硬核力量”，2022年宁波舟山港完成年货物吞吐量12.6亿吨，连续14年位居全球前茅；规上数字经济核心制造业增加值达710.6亿元，占全省近20.1%。杭州片区依托“全国数字经济第一城”优势，重点建设数字自贸区；2022年数字服务贸易额达到1651.2亿元，跨境电商进出口额811.4亿元，占全省的78.2%和19.2%。金义片区着力打造“世界小商品贸易之都”，2022年片区快递业务量118.1亿件，占全省51.5%；“义新欧”中欧班列年度开行2269余列，联通亚欧大陆50个国家和160多个地区。

全国第10000列中欧班列发车

舟山片区岙山石油储运基地

大榭临港产业带

中国(四川)自由贸易试验区 川南临港片区

——聚焦制度创新，为国家试制度。累计形成创新成果400余项，其中，全国推广或表扬7项，全省推广27项。

——紧盯平台建设，为四川建窗口。拥有自贸区、综保区、跨境电商综试区、进境粮食指定监管场地、进境肉类指定监管场地、水运临时开放口岸六大国家开放平台，是成渝地区双城经济圈除成都、重庆以外，开放平台聚集度最高的地区之一。

——锚定产业项目，为地方谋发展。重点发展具有临港开放特色的先进材料、粮油食品、国际贸易等优势产业，全力打造开放型千亿经济园区。

北京自由贸易试验区国际商务服务片区(朝阳组团)

北京自由贸易试验区国际商务服务片区朝阳组团范围约7.92平方公里，包括北京CBD商务中心区（约4.96平方公里）和金盏国际合作服务区（中区及东区部分区域约2.96平方公里）。朝阳组团突出国际化功能定位，打造以科技创新、服务业开放、数字经济为主要特征的自由贸易试验区，形成了46项创新案例，部分案例获得全国复制推广和市级复制推广，成为首都高水平开放的样板平台。

持续优化国际化营商环境。金融领域，开展国际收支便利化全环节改革，深化贸易外汇收支便利化试点，优化ODI和QFLP办理流程等不断提升国际金融开放水平。数字经济领域，打造了全国首个“数据可用不可见，用途可控可计量”的数据交易平台，全国首个服务跨境场景的数据托管服务平台，全国首个数据资产登记中心等一批创新平台，为数字经济发展注入新动能。专业服务领域，探索国际商事争议解决中心建设，不断优化法制化营商环境。深化“国际人才一站式服务平台”建设，深化外国A类、B类、C类人才工作许可、工作类居留许可“两证联办”，为国际人才流动便利提供支持。

持续培育总部经济发展。2022年新增跨国公司地区总部7家，我区跨国公司地区总部增至145家，占全市70%以上。朝阳组团实施“总部倍增”计划，引导重点产业龙头企业或`承担总部功能的头部企业设立总部。

持续推动外向型经济增长。2022年，我区新设外资企业424家，占全市30.1%；实际利用外资63.1亿美元，同比增长32.1%，占全市36.3%；吸引合同外资34.8亿美元。全年累计完成货物进出口总额18139.7亿元，同比增长24.8%，占全市总量的49.8%。

持续提升园区建设水平。2022年，朝阳组团经济效益在全市保持领先，其中北京CBD以占我市万分之四的面积创造了全市4.3%的税收。拓宽招商引资渠道，设立CBD全球招商联络站3个境内分站、2个境外分站，带动全区招商工作进入新阶段。未来，CBD区域将陆续建成110万㎡的高品质写字楼，释放25万㎡商业配套空间，金盏地区占地350万㎡的崭新园区也即将呈现。

目 录

CONTENTS

专 文

CONTENTS

自贸试验区

法　规

附　录

CONTENTS

专　文

SPECIAL ARTICLES

2022 年中国自贸试验区建设发展情况综述

商务部国际贸易经济合作研究院产业国际化战略研究所
（自贸区港建设研究中心）

2022 年，面对国内外多重超预期因素冲击，各自贸试验区学习领会习近平总书记关于自贸试验区建设的重要指示精神，深入贯彻党的二十大精神，积极推动各项工作落实，建设推进工作有新力度、加强制度创新有新突破、推动对外开放新高地建设有新亮点、打造高质量发展增长极有新作为，有效发挥了改革开放综合试验平台作用。

一、建设推进工作有新力度

2022 年，自贸试验区坚持以习近平新时代中国特色社会主义思想为指导，全面贯彻落实党的二十大精神，以改革创新赋能高质量发展，各项工作取得明显成效。

（一）深入贯彻落实习近平总书记重要讲话精神

习近平总书记在第五届中国国际进口博览会开幕式上的致辞中提出，“实施自由贸易试验区提升战略，加快建设海南自由贸易港，发挥好改革开放综合试验平台作用”，为加快推动自贸试验区、自由贸易港建设指明了方向。

一是国家各部门积极出台政策，推动自贸试验区、自由贸易港建设。例如，2022 年 7 月，商务部、国家发展改革委、财政部等 27 个部门联合印发《关于推进对外文化贸易高质量发展的意见》（商服贸发〔2022〕102 号），支持自贸试验区、自由贸易港文化领域开放；2022 年 12 月，商务部、国家发展改革委、工业和信息化部等 10 部门联合印发《关于支持国家级经济技术开发区创新提升更好发挥示范作用若干措施的通知》（商资函〔2022〕549 号），支持自贸试验区和国家级经开区联动发展。

二是各自贸试验区积极组织学习二十大精神。自党的二十大报告提出“实施自由贸易试验区提升战略”以来，各自贸试验区结合各自特色和优势，提出发展目标、建设任务等，为下一步实施自贸试验区提升战略奠定基础。例如，上海自贸试验区提出，进一步深化高水平改革开放，更好发挥浦东社会主义现代化建设引领区和自贸试验区临港新片区的改革开放试验田作用，不断推出更多首创性改革、引领性开放、突破性创新。

（二）出台符合新形势新要求的政策制度体系

2022 年，围绕经济高质量发展面临的新形势、新使命、新要求，国家和地方层面均出台了一批高水平的政策制度，利用自贸试验区创新优势先行先试，为我国更好应对发展形势变化探索经验。

一是围绕 RCEP 出台政策制度。2022 年 1 月 1 日，《区域全面经济伙伴关系协定》（RCEP）正式生效实施，我国以落实 RCEP 规则为基础，通过积极对标高标准国际经贸规则，结合自贸试验区发展实际，出台了一批政策制度。在国家层面，商务部等 6 部门出台《关于高质量实施〈区域全面经济伙伴关系协定〉（RCEP）的指导意见》，提出支持自由贸易试验区积极推动制度创新，制定实施自由贸易试验区跨境服务贸易特别管理措施（负面清单）等内容。在地方层面，多个自贸试验区也出台相关方案，先行落实 RCEP 有关任务。例如，山东自贸试验区出台《中国（山东）自由贸易试验区济南片区高质量落实〈区域全面经济伙伴关系协定〉（RCEP）行动方案》，提出在济南、青岛、烟台等口岸，对抵达海关监管作业场所且完整提交相关信息的 RCEP 缔约方原产易腐货物和快件、空运货物、空运物品，实行 6 小时内放行便利措施，先行落实 RCEP 中“快运、易腐等货物争取 6 小时内放行”的鼓励性义务。

二是围绕内外贸一体化出台政策制度。加快推进内外贸一体化是构建新发展格局的重要举措，有利于统筹利用国内国际两个市场、两种资源，畅通国内大循环、推动国际国内双循环相互促进。2022 年，国务院办公厅印发《关于促进内外贸一体化发展的意见》，提出“发挥自由贸易试验区、自由贸易港的示范引领作用，对标高标准国际经贸规则推动高水平制度型开放，促进内外贸融合发展”。我国多个自贸试验区也结合各自特色，出台推动内外贸一体化的政策制度。例如，安徽自贸试验区聚焦围绕重点产业开展内外贸一体化制度集成创新。

三是围绕贸易投资便利化出台政策制度。围绕《国务院印发关于推进自由贸易试验区贸易投资便利化改革创新若干措施的通知》（国发〔2021〕12 号），广东、重庆、四川、陕西等自贸试验区印发相关方案，进一步深化贸易投资便利化改革创新，上海、辽宁等自贸试验区针对具体领域出台配套领域改革措施。例如，上海出台《中国（上海）自由贸易试验区临港新片区开展跨境贸易投资高水平开放外汇管理改革试点实施细则》，从便利优质企业经常项目资金收付、支持银行优化新型国际贸易结算等方面提出措施，推动跨境贸易投资外汇管理便利化。

四是围绕离岸贸易、金融、营商环境等领域出台政策制度。2022 年，自贸试验区结合发展趋势，在离岸贸易、资本项目开放、营商环境等领域探索创新。例如，广东自贸试验区出台《中国（广东）自由贸易试验区广州南沙新区片区关于促进新型离岸贸易高质量发展若干措施》，从支持新型离岸贸易结算便利、建立特殊需求研判及会商机制、建设离岸贸易综合服务平台等方面出台举措，推动广东自贸试验区南沙新区片区新型离岸贸易高质量发展。

（三）完善管理体制机制和工作推进机制

2022 年，我国自贸试验区进一步优化管理机构设置、完善工作推进机制、加强法治保障，以充分发挥改革开放综合试验平台的作用。

一是优化自贸试验区管理机构。机构改革是全面深化改革的“先手棋”。2022 年，部分自贸试验区本着系统集成、协同高效要求，实行扁平化管理，减少工作层次，主责更加聚焦，职能更加明确，内部设置更加优化。例如，福建自贸试验区厦门片区的象屿保税区管委会不再保留，象屿园区办事处及下设的三个内设机构调整为中国（福建）自由贸易试验区厦门片区管理委员会的两个内设机构；厦门片区管委会托管单位厦门市大嶝对台小额商品交易市场管理委员会不再保留，厦门市大嶝对台小额商品交易市场管委会办公室更名为大嶝对台小额商品交易市场管理局，作为中国（福建）自由贸易试验区厦门片区管理委员会的内设机构。

二是完善自贸试验区建设的工作推进机制。2022 年，部分自贸试验区进一步完善工作考核、激励等机制。例如，浙江自贸试验区围绕任务落实，体制机制、制度创新，项目推进等 8 个方面新出台了建设成效评价办法。首先，开展常态化年度考核，激发各片区推进自贸试验区建设的积极性、主动性，为全国自贸试验区考核评价探路；其次，推动完善与自贸试验区建设成效评价结果相挂钩的财政激励机制，突出转移支付的绩效导向，进一步发挥财政体制放权赋能和引导激励作用，为自贸试验区发展提供更有力支撑；再次，建立对标对表机制，以我国 RCEP 实施、申请加入《全面与进步跨太平洋伙伴关系协定》（CPTPP）和《数字经济伙伴关系协定》（DEPA）为契机，围绕对标国际高标准经贸规则、国际一流自由贸易园区和国内先进自贸试验区，找差距和不足，加大开放压力测试，进一步推进制度型开放。

三是加快出台、修订自贸试验区条例。自贸试验区条例的颁布施行，有利于为自贸试验区先行先试、改革创新提供有力法治保障。2022 年，湖南、安徽等自贸试验区新出台了自贸试验区条例，还有部分自贸试验区为适应新形势、新任务的要求，对原有条例进行了修订。例如，天津自贸试验区在固化体制机制改革成果、推进投资贸易便利化、支持重点产业发展、深化金融创新和区域协同，以及优化营商环境等方面对条例作了较大幅度的修改完善。截至2022年底，我国已有19个自贸试验区出台并实施了自贸试验区条例。

（四）推动复制推广工作取得更大实效

2022年，自贸试验区秉承边试点、边总结、边推广的工作方式，把建设发展中积累的很多成功试点经验向全国复制推广，与各地分享改革红利和开放成果，为我国经济高质量发展提供了坚实稳固基础和强大持久动力。

一是形成一批复制推广成果。2022年，自贸试验区所在省（区、市）积极复制推广当地自贸试验区的制度创新成果，拉动当地经济社会发展水平加快提升。例如，在促进开放型经济发展方面，陕西自贸试验区在全省推广了能源类特色供应链合作平台，聚焦探索与"一带一路"沿线国家开展能源类服务贸易及供应链合作，为企业提供国际市场开发、技术合作、设备共享、金融支持等多元服务。截至2022年底，平台吸引陕西省超过1 000家能源类企业入驻，通过组建联合体，形成抱团投资国际能源市场的新优势。在促进金融服务实体经济方面，广西壮族自治区在全区复制推广"绿色金融系列融资模式创新"，形成碳排放权质押贷款、绿色新能源挂钩贷款、绿色应收账款债融等业务，有力支持了面向东盟的金融开放门户建设。在优化营商环境方面，山西省复制推广其他自贸试验区的"网上办""线上办""码上办""掌上办"等"不见面"办税方式，实现高效便捷的办税服务。截至2022年底，山西省注册使用电子税务局的纳税人占总管户的96%以上。

二是复制推广机制更加优化。2022年，自贸试验区复制推广工作机制的系统性、保障性更强，为更好释放自贸试验区改革红利奠定了基础。过去出口集装箱货物是在船舶抵港前先将外贸集装箱卡车所载货物卸至码头堆场后再办理报关手续，待海关放行并且出口船舶抵港后，再将卸到码头堆场的货物转运至码头前沿装船；而进口提箱模式一般为港口码头卸箱落场，在码头开放提箱时间段内预约提箱。两种传统模式均费时费力，且会产生相关转运费用。天津自贸试验区根据集装箱进出口两个领域堵点，复制推广了"船边直提"和"抵港直装"两项措施，同时提升了集装箱进口和出口环节的便利化水平。

二、加强制度创新有新突破

2022年，各自贸试验区瞄准新要求，坚持高标准，在投资、贸易、金融、全过程监管等领域深化改革探索，通过优化管理、技术赋能、完善标准、联动合作等方式形成丰富的制度创新成果，持续推动改革创新取得新突破。

（一）通过优化管理加强制度创新

自贸试验区通过简化提交材料、优化办理流程、拓宽业务范围等手段，推动各项管理持续优化。

一是简化提交材料。自贸试验区通过简化办理商事登记相关手续时需提交的材料，为企业登记创造更多便利条件。例如，重庆自贸试验区启用港澳投资者简版公证文书，在维持委托公证人原有查证步骤的基础上，简化版公证文书只需提交3个附件，从之前50页左右缩减为不超过10页，极大减轻了企业负担。

二是优化办理流程。自贸试验区将原有流程进一步合并或取消，提高了企业办事效率。例如，黑龙江自贸试验区创新外资企业主体资格远程确认模式，通过建立网办通道实现线上远程确认，组织两名工作人员、境外投资者及法律文件授权委托人共同召开视频会议，确认境外投资者成立公司的真实意愿，工作人员视频截图或存档影音文件，委托人当场签署、提交《外商投资企业股东主体资格确认书》，完成境外投资者线上确认程序。外资企业只需通过视频提交登记申请材料的原件扫描件及截图，在承诺提交的材料真实有效后，由片区市场监管部门代收并全程帮办，为外资企业投资兴业提供了便利。

三是拓宽业务范围。自贸试验区在现有基础上，持续拓宽可提供便利服务的业务范围，提升政务服务的集成化水平。例如，山东自贸试验区的市政公用服务“无感审批+有感服务”模式，在第六批改革试点经验“建设项目水、电、气、暖现场一次联办模式”基础上，将自动办理的市政公用服务范围拓展至通信、有线电视，同时取消市政公用服务报装申请，将其纳入项目审批流程与工程建设项目同步完成审查，企业无须提交材料、来回跑腿，并配备项目管家提供“一站式”帮办服务。该模式有效解决了工程项目审批“体外循环”“隐性审批”等问题，切实做到减环节、简流程、优服务、提效率。

（二）通过技术赋能加强制度创新

自贸试验区深度应用人工智能、区块链、大数据等新兴信息技术，通过技术应用赋能贸易、产业、全过程监管等领域的制度创新。

一是利用人工智能技术提升通关监管智慧化水平。自贸试验区探索将人工智能等数字技术运用到通关监管中，实现对货物的智慧监管和精准监管。例如，辽宁自贸试验区的国际艺术品“智慧核对”监管新模式，对进入综合保税区的艺术品进行非介入式精准扫描，通过运用国际领先的40亿像素扫描摄影系统，随机多点位对材质纤维特征进行检测，建立艺术品“唯一”信息数据库，实现链上数字信息和实物间的物理锚定，并通过自主研发的人工智能图像识别技术，识别目标艺术品交易起始的唯一性和一致性。艺术品根据现有保税展示交易作业流程进行出区展示，复运入区时，海关根据核对需要对命中艺术品采集“数字签名”与首次扫描建立的数字化档案进行比对，检查返区艺术品的唯一性，推动艺术品入境、展示、出境的全流程“智慧核对”监管，破解艺术品传统监管难题，筑牢保税展示交易监管防线。

二是利用区块链技术健全产业绿色化体系。区块链具有“分布式”“不可篡改”“可溯源、可验证”“多方协同”等技术特点，自贸试验区将区块链技术应用于形成企业用电绿色溯源体系，提升产业绿色化发展水平。例如，云南自贸试验区利用“区块链+”创新“碳电融合”模式，以常规电力交易为基础，创新运用区块链技术，利用链上的交易合同、计量数据、结算清单，对用电企业使用的每一度电精准溯源并上链存证，准确、完整展示企业在绿色用电上的贡献，有效支撑企业通过国际碳足迹认证、推动绿色制造、打造“零碳工厂”和增强市场竞争力，助力国家“双碳”目标实现。

三是利用大数据技术促进监管领域的信息归集。大数据技术旨在分析、处理和提取来自极其复杂的大型数据集的信息，自贸试验区通过大数据技术在信用信息归集工作中的应用，提升监管效率。例如，湖北自贸试验区的招标代理数字名片——“招信码”，依托大数据信息技术，将招标代理机构基本信息、从业人员身份信息、代理机构近3个月业绩、从业人员近3个月差错行为记录、信用中国联合奖惩记录情况等动态服务信息进行归集，建立行业数据库，生成专属“招信码”，着力打造“扫码知诚信、交易更放心”的公共资源交易环境。

（三）通过完善标准加强制度创新

自贸试验区通过在政务服务、海洋金融等方面探索完善标准体系，提升我国制度型开放水平。

一是完善政务服务标准。自贸试验区通过完善政务服务各环节涉及的标准体系，提升政务服务的标准化便利化水平。例如，河南自贸试验区依托政务服务标准化试点构建了完善的政务服务标准化体系：建立审批服务标准体系，规范企业申办事项标准、受理审批人员办理流程标准，整合承诺时限、审批人员、审批环节、各环节办理时限等多表要素；建立管理制度标准体系，按照ISO 9001质量体系认证要求，从咨询、受理、审批、服务环境、对外沟通方式及整改要求等环节明确各岗位工作标准和流程；建立服务质效监测标准体系，围绕政务服务标准化、规范化、便利化三个维度，建立指向清晰、可追溯监督评价标准，结合办事企业关键标签及所办事项，从即评内容标准中抽取评价指标，形成质效监测管理模式。

二是构建海洋金融标准。自贸试验区立足战略定位，结合自身特色，弥补相关领域的标准空白。例如，山东自贸试验区创新“蓝色资产”分类标准引导资本精准服务海洋经济，弥补了我国在海洋金融标准体系领域的空白。通过结合自然资源部正在制定的《中国蓝色产业指导目录》，对现有分类标准进一步细化完善，建立更全面、科学、精准的蓝色资产分类标准体系，该标准已纳入世界银行集团成员国际金融公司（IFC）《蓝色金融指引》并面向全球发布中英文版本。此举进一步健全了我国蓝色金融规则体系，为引导金融资源精准配置发展蓝色经济，以及评估、监管和规范蓝色产业发展提供基础依据。

（四）通过联动合作加强制度创新

自贸试验区通过加强跨部门、跨区域、跨国家联动，提升制度创新的协同合作水平。

一是加强跨部门联动。自贸试验区通过打破部门间的壁垒，促进跨部门的数据信息共享，进一步提升跨部门的协同水平。例如，福建自贸试验区为提升监管的精准化便利化，创新跨部门涉案财物集中管理新模式。为破解长期以来执法办案中存在的“案多人少”“重人轻物”，各类涉案财物数量大、种类多、形态各异，“扣押难、保管难、移交难、处置难”等问题，福建自贸试验区打通公、检、法、财之间数据壁垒，整合集成一个系统运行，从涉案财物扣押、移交、保管到最终处置，都在一个平台上操作，实现全流程信息化管理；对所有涉案财物编码管理，统一数据规格，减少重复录入操作和实物移交，实现物品信息网上流转、互联互通，全面破解了基层执法痛点。

二是加强跨区域联动。自贸试验区通过创新跨区域合作体制机制，打破资源要素在区域间流动障碍，促进区域间要素流动的自由化、便利化，提升跨区域政务服务、产业、物流、司法等领域协同水平。例如，上海、安徽自贸试验区的跨区域环境科技产业协同创新模式，在全国率先从原始创新、产业、人才、行业标准等方面入手，突破区域间产业要素分布不均现状，在资源对接、合作共建、产业标准、人才流通等方面开展深层次合作，推进跨区域部门、院所、企业共建环境领域创新生态，有效助推环境产业“产、学、研、用”跨区域合作，突破了环境科技产业的共性制度障碍，着力构建长三角环境科技领域生态圈，为科技创新引领区域产业高质量协同发展探索示范样本。

三是加强跨国家联动。自贸试验区作为我国高水平对外开放平台，通过拓宽跨境合作的领域，建立全方位合作体系，为推动我国提升与境外国家的合作层次发挥了示范带动作用。例如，湖南自贸试验区的“五个先行”助力中非经贸深度合作，以标准、产业、平台、金融、通道“五个先行”为切入点，创新中非深度合作新模式。通过加强标准对接、产业链合作、统筹整合线上线下境内境外的对非经贸合作相关平台、开辟和畅通人民币结算清算渠道、开通湘粤非铁海联运、打造全国首个中非经贸数字化服务基地等，实现深层次、系统性、集成性的合作。

三、推动对外开放新高地建设有新亮点

2022 年，我国自贸试验区充分发挥开放优势，在贸易投资、开放型经济体制机制、国际经贸合作、风险防控体系建设等方面成就显著。

（一）稳外贸稳外资，开放发展质量不断提升

2022 年，尽管面临新冠疫情反复、供应链产业链堵断、原材料和运输价格高企等挑战，但自贸试验区外贸外资的规模、结构等实现稳中向好，为推动我国贸易投资稳中提质发挥了重要作用。

一是贸易投资规模稳步扩大。2022 年，全国 21 家自贸试验区进出口总额达 7.5 万亿元，实际使用外资金额 2 225.2 亿元，分别比上年增长 14.5% 和 4.5%，以占全国不到千分之四的国土面积贡献了全国 17.8% 的进出口总额和 18.1% 的实际使用外资金额，成为引领和支撑我国外贸外资稳定发展的

重要平台。

二是贸易投资结构更加优化。2022 年，21 家自贸试验区实际使用外资中，高技术产业实际使用外资金额 863.4 亿元，比上年增长 53.2%。其中，海南自贸港在推动货物与服务贸易协同、引入高质量外资方面尤为亮眼：2022 年服务贸易进出口额 353.62 亿元、增长 22.9%，商业服务、运输服务成为推动海南服务贸易增长的两大引擎，占全省服务贸易进出口额的 75.6%。一批具有影响力的国际知名企业纷纷落户海南自贸港。例如，在高端消费领域，法国路威酩轩集团、美国雅诗兰黛集团和泰佩思琦集团等一大批企业在海南设企投资；在医疗领域，美国晖致和艾昆纬、新加坡莱佛士医院等纷纷落户海南。

三是离岸贸易、易货贸易等新业态新模式快速发展。2022 年，我国自贸试验区除了积极探索跨境电商、市场采购贸易、外贸综合服务平台等外贸新业态新模式外，还结合贸易发展形势，探索离岸贸易、易货贸易等新业态新模式发展。例如，山东自贸试验区青岛片区发挥口岸优势，搭建“离岸达”平台，开展离岸贸易真实性辅助核验，2022 年青岛片区新型离岸贸易量占全市比重超 90%、占山东全省比重超 80%；湖南自贸试验区推出中非易货贸易服务平台，试验了现有海关系统下易货贸易的申报、审价、通关等全部程序。

（二）完善开放型经济体制机制，制度型开放稳步扩大

2022 年，自贸试验区着力推动规则、规制、管理、标准等制度型开放，为新时代新征程加快构建新发展格局、着力推动高质量发展提供更为坚实的制度支撑。

一是填补规则空白。自贸试验区除了在贸易、投资等领域加快对标国际通行规则外，还结合各自特色，在一些规则空白领域加强探索。例如，广东自贸试验区通过“一个突破，两个支撑，三方联动”实现跨境商事法律规则衔接机制对接，填补了跨境商事法律规则空白。其中，“一个突破”指运用特区立法权出台前海合作区条例，允许民商事合同当事人一方为在前海注册的港澳台资及外商投资企业协议选择合同适用的法律，突破了《涉外民事关系法律适用法》需合同具有涉外因素方可适用域外法的规定。

二是加强规制创新。自贸试验区在资格要求、资格程序、技术标准、许可要求、许可程序、告知、透明度、监管一致等方面加强探索，纠正市场运行中存在的低效甚至无效的制度缺陷。例如，江苏自贸试验区南京片区推动制定并公开《南京市江北新区政府采购管理暂行实施办法》，推动采购单位政府采购项目涉及的采购意向、合同和公共服务项目验收结果等信息进行合法合规性审核确认后公开，不断提高政府采购透明度。

三是优化政府管理。自贸试验区不断改革政府管理模式，提升政府管理效能。例如，浙江自贸试验区针对化工行业加工贸易“共线生产”监管难点，探索化工行业加工贸易物料信息化管理新模式，利用保税与非保税信息流的分开实现“分开管理”的目标。同时，实时提取企业计划、销售、采购、生产、库存等环节信息，全方位掌握企业单损耗与副产品情况，实现生产加工全过程的动态仿真和过程回放，确保监管的闭环回路。

四是加强标准研制。自贸试验区将标准作为优化产业结构、促进贸易发展的重要手段，通过提高标准化水平，推动贸易高质量发展。例如，北京自贸试验区以标准化促进药品跨境贸易便利化，在口岸服务、通关、仓储、出区、贸易等方面全面梳理现行流程，深入研究并编制形成通用基础标准分体系、运行保障标准分体系、通关服务标准分体系、保税服务标准分体系、企业服务标准分体系等 5 大标准体系，推动贸易便利化水平大幅提升。2022 年，北京自贸试验区药品进口整体通关时间为 25.5 小时，比全国平均时间快 14.7 小时。

（三）持续深化国际经贸合作，国际合作空间更加开阔

2022 年，自贸试验区积极主动拓展国际合作伙伴，延伸国际合作领域，国际经济合作水平不断提升。

一是在深耕原有国际市场基础上，积极开拓新的国际市场。部分自贸试验区在建设初期，国际合作对象往往相对集中，随着贸易发展水平不断提升，在深耕原有贸易市场基础上，逐渐挖掘新的市场潜力。例如，广西自贸试验区建设初期聚焦对东盟经贸合作，发挥与东盟陆海相邻的独特优势，着力建设面向东盟的国际陆海贸易新通道；2022 年以来，随着 RCEP 正式生效实施，广西自贸试验区开始拓展日韩市场，通过扩大对日韩商品进口、与日韩在医疗美容产业加强合作等多种方式，提升与日韩贸易合作水平。2022 年，广西壮族自治区对日本进出口额达 11.8 亿美元，对韩国进出口额达 20.4 亿美元。

二是在深化贸易投资合作基础上，拓展医疗、教育等领域的合作，提升与相关国家经贸合作的层次。例如，山东自贸试验区拓展与日本、美国等国家医疗领域的合作，依托中日国际医疗科技园、明湖国际细胞医学产业园等高端载体，引进日本东丽株式会社透析中心、医疗影像中心，美国休斯敦医学中心 MD 安德森癌症个性化诊疗平台等高端医疗资源，提高医疗服务合作水平。

（四）统筹开放与安全，风险防控体系逐渐完善

2022 年，自贸试验区更加注重高水平开放过程中的国家安全，通过创新风险防控机制、保障产业链供应链稳定畅通、维护国家资源安全等，保障开放过程行稳致远。

一是建立“首席风险官”制度。部分自贸试验区通过创新风险防控机制，提升对开放风险的预警、研判、预防、处置效能，确保安全发展。例如，海南省琼海市印发《关于探索建立自贸港“首席风险官”制度及风险管控体系实施方案》，依托自贸港“首席风险官”制度，建立多项风险防控工作机制。一方面探索构建风险隐患评估指标体系，针对排查出的风险隐患科学开展评估，提高风险评估的可靠性。另一方面，建立月度动态评估调整机制，根据最新风险情况对每一风险点按照红、橙、黄、蓝（重大风险、较大风险、一般风险、低风险）设定风险等级，大幅提升了风险管理效率。

二是保障国内国际产业链供应链安全畅通。自贸试验区通过畅通开放通道、支持创新发展等，不断提高产业链供应链韧性。例如，江苏自贸试验区苏州片区开展生物医药创新发展强链补链科技专项支持，推动国家生物药技术创新中心苏州临床研究与转化分中心与自贸试验区内注册的医药或医疗器械企业联合开展科研活动，为企业新药与医疗器械的研发上市提供技术衔接与能力保障，助力提升生物医药产业链供应链韧性。截至 2022 年底，苏州市集聚生物医药企业 3 800 多家，总产值超过 2 400 亿元。

三是在保障国家能源、粮食安全等方面发挥重要作用。自贸试验区利用开放优势，通过扩大能源、粮食等产品进口保障我国能源、粮食等稳定供应。例如，四川自贸试验区川南临港片区通过实施进境粮食保税循环仓容监管模式，降低粮食进口成本。2022 年，川南临港片区内的泸州综合保税区粮食进口首次突破百万吨大关，达 104.7 万吨，比上年增长 35.8%。

四、打造高质量发展增长极有新作为

2022 年，自贸试验区积极探索破除阻碍国内外创新资源和要素集聚的体制机制障碍，全面构建现代化产业体系，积极服务和融入国家战略，不断增强辐射带动作用，成为高质量发展的示范引领。

（一）全面提升产业体系现代化水平

自贸试验区推动新产业、新业态、新模式加快发展，建成一批具有较强竞争力的产业集群，产业体系现代化水平快速提升。

一是通过全产业链协调开放，推动更快发展。2020 年浙江自贸试验区获批全国首个油气全产业链开放发展的专项支持政策，成为我国自贸试验区推动全产业链发展典范。2022 年，自贸试验区立足自

身产业基础，探索全产业链协同发展。例如，安徽自贸试验区针对集成电路产业链发展关键环节存在的问题探索制度创新，针对集成电路设备进口便利化问题，合肥片区对进口精密设备和敏感原材料的集成电路等企业采取“先放后检”快速通关模式；针对配套服务不足的问题，推动中国集成电路共保体安徽中心落户，为集成电路企业提供资金、货物运输、科技研发、成果转化等全方位保险保障支持。截至2022年底，安徽省集成电路产业链企业已超过400家，发展形成了从设计、制造、封装和测试，到材料、装备、创新研发平台和人才培养等较为完善的产业链条。

二是通过制造服务跨界融合，探索更多创新。自贸试验区积极推动制造业服务化、服务业制造化，促进制造服务跨界融合。例如，陕西自贸试验区把握制造业服务化和数字化发展趋势，依托区内制造业龙头企业积极探索服务型制造业发展新模式，通过鼓励龙头制造业企业探索推进数字化、智能化，开拓技术服务、数字服务、设计服务等高附加值业务，加速向“制造+服务”“产品+服务”转型。其中，陕鼓集团开展服务型制造转型以来，营业收入年复合增长率超过45%，服务型收入占集团营业收入比重接近60%。

三是通过优化资源要素供给，强化更多支撑。自贸试验区通过提高人才、资金、数据、土地等要素的配置效率，丰富促进产业发展的要素供给，推动产业发展质量变革、效率变革、动力变革。例如，河北自贸试验区雄安片区针对因子公司众多且分布较分散而开展融资租赁业务不便利等问题，探索“母公司+子公司”联合租赁新模式，以母公司的优质信用为依托，以其下属多家子公司的存量资产作为售后回租标的物，由子公司实际使用售后回租标的物，母公司实际承贷还贷，有效降低子公司贷款人信用风险。

（二）服务和融入国家重大战略

服务国家战略是自贸试验区建设的重要遵循，自贸试验区通过发挥开放、改革等优势，将自身发展融入国家战略建设中，服务国家战略作用日益突出。

一是发挥开放优势服务国家战略。自贸试验区充分发挥作为高水平开放平台的优势，通过完善开放通道体制机制，以“软联通”提升开放通道效率，服务西部陆海新通道建设。例如，重庆自贸试验区探索“集装箱共享调拨新规则”，通过优化通道物流组织模式，推动通道运营平台公司、海船公司、铁路运输企业签署箱源共享合作协议，在陆海新通道内陆铁路场站引进海运箱，推广“铁路原箱下海、一箱到底”模式，大幅提升西部陆海新通道运输效率。2022年，西部陆海新通道铁海联运班列发送集装箱75.6万标准箱，比上年增长18.5%。

二是发挥改革优势服务国家战略。自贸试验区把贸易投资自由化便利化、金融创新、监管制度创新等方面的改革优势和服务国家战略结合起来，为推动京津冀协同发展、粤港澳大湾区建设、长三角一体化发展、黄河流域生态保护和高质量发展等区域重大战略贡献力量。例如，河北自贸试验区大兴机场片区廊坊区域管委会和北京区域管委会依托各方优势构建了跨区域市政基础设施兼容互通模式，在联席会议机制基础上，建立“联合管委会+京冀属地管委会+平台公司”三级统筹协调管理机制，制定“灵活调用”跨区域市政公共资源的应急管理合作框架，推行以“价廉质优”为原则选用供应方的实施路径，强化了资源的统筹调配和高效利用，为跨区域市政公共资源管理模式作出前沿探索。

2022年自然资源部支持自贸试验区建设主要情况

自然资源部自然资源开发利用司

一、政策措施

（一）积极支持土地资源合理配置

继续落实国务院印发的《关于推进自由贸易试验区贸易投资便利化改革创新的若干措施》，指导各地实践探索产业链供地的有关政策，优先保障自贸试验区建设合理用地需求，明确土地计划配置规则，保障重大项目落地。认真配合商务主管部门，做好用地政策把关工作。

（二）持续改善不动产登记营商环境

一是巩固深化不动产登记“三个集成”（信息共享集成、流程集成和人员集成）改革成果，推动企业、个人不动产转移登记和民生服务事项联办，实施登记、交易和缴税“一窗受理、并行办理”，推出“互联网+不动产登记”服务，探索联动水电气网等民生事项。推动全国不动产登记资料查询、不动产抵押登记、预告登记业务等全面实现“跨省通办”。二是认真贯彻《国务院关于开展营商环境创新试点工作的意见》，加快推进告知承诺、企业破产等方面的13项改革举措。推广登记信息可视化查询、“互联网+不动产登记”、“税费一次刷卡、自动清分入库”、优化继承登记服务等改革工作。

（三）推进林草工作便利化服务

一是根据全国人民代表大会常务委员会的决定和《国家林业和草原局办公室关于做好海南省林木种子生产经营许可证核发权限调整工作的通知》，2020年5月1日至2024年12月31日期间，在海南省登记注册的从事林草种子进出口业务的单位，种子生产经营许可证核发权限调整至海南省林草主管部门。通过开展一定范围内的“先行先试”，持续推进海南自贸港经营环境便利化。二是修订的《中华人民共和国种子法》于2022年3月1日起施行，从扩大植物新品种权的保护范围及保护环节、建立实质性派生品种制度、提高侵害植物新品种权处罚赔偿数额等方面，推动各自贸试验区林草植物新品种创制、保护和产业化运用。

二、成效综述

（一）积极支持海南自由贸易港建设

完成海南重点区域自然资源统一确权登记。会同国家林草局联合印发《关于组织开展正式设立的国家公园自然资源确权登记公告登簿工作的通知》，部署推动海南热带雨林国家公园确权登记公告登簿工作。2022年12月28日，海南热带雨林国家公园完成登簿，成为我国首个实现登簿的重点区域，实现自然资源确权登记“落地见效”。指导海南做好2022年省级重点区域自然资源确权登记，海南已基本完成省级重点区域自然资源确权登记主体工作。

编制国土空间规划，优化海南自由贸易港国土空间布局。一是指导海南省统筹划定耕地和永久基本农田、生态保护红线、城镇开发边界三条控制线，合理优化各类国土空间布局，保障海南自由贸易港项目建设空间需求。海南省除三沙市外，其余3个市级、15个县级国土空间总体规划已经全部编制完成，正在按程序报批。二是指导海南省制定出台《海南省土地节约集约利用办法》《海南省产业用地控制指标》，从规划管控、标准控制、市场配置、存量盘活等方面全方位推进节约集约利用。指导出台《海南省因公共利益收回闲置土地补偿标准（试行）》《关于加强城市地下空间开发利用的指导意见》等配套文件，多措并举提升土地利用效益。

有效支持生态系统碳汇试点和土地征收工作。

一是深入推进“三线一单”（生态保护红线、环境质量底线、资源利用上线和生态环境准入清单）生态环境分区管控落地实施，加强“三线一单”成果在政策制定、环境准入、园区管理、执法监管等方面的应用。制定出台海南海洋生态系统碳汇试点方案。会同有关部门编制《生态系统碳汇能力巩固提升实施方案》，明确举措指导海南各地生态系统碳汇试点工作的开展。指导海南省于2022年7月印发《海南省海洋生态系统碳汇试点工作方案（2022—2024年）》，通过生态系统碳汇试点项目，修复退化海岸带生境、提升海洋生态系统碳汇增量。二是督促指导海南省按新修改的《中华人民共和国土地管理法》《中华人民共和国土地管理法实施条例》规定，及时出台海南省的征收农用地区片价标准、成片开发标准等相关配套文件规定，切实做好土地征收的审批、实施工作，维护好农村集体经济组织和农民的合法权益。推进海南省有关重点项目前期工作。

优化林草工作服务便利化。一是继续按照《国家林业和草原局公告》（2020年第16号）、《中华人民共和国濒危物种进出口管理办公室公告》（2020年第1号）要求，将国家林草局实施的野生动物行政许可审批事项、中华人民共和国濒危物种进出口管理办公室（以下简称国家濒管办）实施的允许进出口证明书许可事项统一授权国家濒管办广州办事处办理，实现“一窗受理、一口办结”的审批流程，并压缩审批时限，提高办事效率。二是加快海南自由贸易港林草植物新品种的受理、审查和授权，2022年共受理海南省品种权申请35件、授权7件。批复同意在海南省设立国家林草植物新品种崖州测试分中心，由海南省林业科学研究院牵头建设，国际竹藤中心三亚研究基地提供技术支撑。该测试分中心建成后，将进一步提升海南自由贸易港内林草植物新品种审查测试服务能力，加快海南种业创新高地建设。

（二）持续推动其他自由贸易试验区建设

推进海洋经济发展和境外职业资格认可工作。一是积极指导山东、海南、天津、福建等地推进海洋经济发展示范区建设，一体化落实“加快发展海洋特色产业”“推动海洋经济示范区建设”等自由贸易试验区建设任务，积极创新体制机制，总结发展成效、梳理体制机制和模式创新等方面的经验，进一步发挥海洋特色产业集聚效应和规模效应。二是按照人力资源社会保障部的统一部署安排，结合行业实际，继续支持各自由贸易试验区境外职业资格认可工作。结合注册城乡规划师职业资格制度修改，推动国际互认，放宽报考限制，缩短报考年限，保障该项工作规范化运行。

推进广州南沙粤港澳深度合作区等重大项目建设。按照党中央、国务院决策部署，会同有关部门在编制《全国国土空间规划纲要（2021—2035年）》工作中，充分考虑粤港澳大湾区建设等空间需求，统筹划定包括广东在内的各省份耕地和永久基本农田、生态保护红线、城镇开发边界三条控制线，明确各类空间布局优化的方向和政策要求，做好粤港澳经济深度合作的空间支撑和保障。

支持平潭国际旅游岛建设工作。积极与岛屿国家构建蓝色伙伴关系，拓展海洋领域合作。2022年11月，以“生态海岛　蓝色发展”为主题的中国—岛屿国家海洋合作高级别论坛在福建平潭召开。来自太平洋、加勒比和印度洋地区10多个岛屿国家31位外方代表、5位国际组织代表和18位太平洋岛国外交官代表团成员，以及国内相关部门的150多位代表参加了论坛，通过了《海岛可持续发展倡议》。

2022 年生态环境部支持自贸试验区建设主要情况

生态环境部综合司

2022 年，生态环境部认真贯彻党的二十大精神，落实党中央、国务院关于稳外贸有关决策部署，指导自由贸易试验区（以下简称自贸试验区）加强生态环境治理、开展绿色低碳实践，以生态环境高水平保护推动自贸试验区高质量发展。

一、推动自贸试验区高质量发展

（一）支撑海南自由贸易港建设

落实《生态环境部海南省人民政府共同推进国家生态文明试验区建设战略合作协议》，制定印发 2022 年工作要点，在严守生态环保底线的基础上加快重大投资项目环境影响评价审批，支持纳入“十四五”时期“美丽海湾”建设试点和“无废城市”建设名单，协力推进海南自由贸易港建设生态环境保护工作，支持海南国家生态文明试验区建设。

（二）加强自贸试验区经验示范推广

为贯彻落实《关于加强自由贸易试验区生态环境保护推动高质量发展的指导意见》，指导推动自贸试验区加强生态环境制度创新和系统集成，在生态环境治理、实施减污降碳、推动绿色发展等方面筛选 52 个典型案例，印发《自由贸易试验区加强生态环境保护推动高质量发展案例的通知》，转国家发展改革委、商务部及地方生态环境部门借鉴，并通过生态环境部政务新媒体进行宣传推广。

二、稳妥支持自贸试验区新业态新模式

（一）建立健全保税维修工作制度

印发《生态环境部支持开展保税维修业务工作规范》，规范支持开展保税维修的工作内容和程序，明确提出污染物达标排放、固体废物处置等环境保护要求，支持开展高技术含量、高附加值、符合环保要求的保税维修业务。指导海南制定《海南省促进保税维修和再制造产业发展 2022 年实施方案》《保税维修环境风险监管指导意见》。

（二）稳妥支持保税维修、再制造业务

支持上海卡洛哈海尚科技有限公司、昆明闻讯实业有限公司、比亚迪精密制造有限公司在自贸试验区内开展汽车、电子产品等保税维修业务。研究支持天津广车普汽车零部件有限公司、上海百旭机械再制造科技发展有限公司、广州市花都全球自动变速箱有限公司在天津市综合保税区开展汽车发动机、变速箱保税再制造业务。

2022年交通运输部支持自贸试验区建设主要情况

交通运输部水运局

2022年，交通运输部认真贯彻落实党中央、国务院关于推进自由贸易试验区建设的决策部署，积极支持自由贸易试验区建设，出台了一系列政策和措施，推动自由贸易试验区交通运输领域制度创新，取得了一系列成效。

一、发挥自由贸易试验区试验田作用，积极探索政策制度创新

（一）推动自由贸易试验区海事制度创新

一是积极推进游艇登记制度创新。印发《交通运输部海事局关于游艇登记制度创新试点工作的通知》，在北京、上海、重庆、杭州、广州、深圳等地试点优化游艇登记制度，允许船舶所有人在试点城市范围内的签约游艇俱乐部所在地直接办理登记手续，促进游艇产业聚集。二是积极推动大鹏湾水域深圳、香港引航员资质互认，协调解决大鹏湾“二次引航”问题；推进粤港澳高速客船技术标准统一和其他船舶技术标准协同互认，开辟港澳航行船舶进出口岸“绿色通道”，保障供港供澳防疫物资和生活物资运输畅通，被列入广东省政府稳外贸重点举措。三是指导广东海事局制定《广东海事局服务广州南沙深化面向世界的粤港澳全面合作若干措施》，积极落实《粤港澳大湾区海事合作协议》，与澳门海事及水务局签署《粤澳智慧海事管理合作安排》，共同提升大湾区海事管理与服务信息化、数字化水平。

（二）开展境外国际集装箱班轮公司非五星旗国际航行船舶沿海捎带业务试点

积极落实有关中资非五星旗船舶沿海捎带和境外国际集装箱班轮公司非五星旗国际航行船舶沿海捎带业务试点政策。2022年，中国远洋海运集团完成非五星旗船沿海捎带业务96 313标准箱；经批准，东方海外货柜航运有限公司、马士基有限公司（丹麦）、法国达飞海运集团、太平船务有限公司（新加坡）等4家境外国际集装箱班轮公司的67艘非五星旗集装箱船舶取得沿海捎带业务试点资格，实际完成沿海捎带业务1 690标准箱。

（三）积极支持自由贸易试验区试点多式联运“一单制”创新

深入贯彻党中央、国务院关于推进多式联运发展和优化调整运输结构的决策部署，指导相关自由贸易试验区交通运输主管部门落实国务院办公厅《推进多式联运发展优化调整运输结构工作方案（2021—2025年）》，赴浙江开展多式联运“一单制”调研，积极研究制定加快推进多式联运“一单制”发展的相关政策文件。

（四）持续优化营商环境

一是落实国务院关于深化“证照分离”改革进一步激发市场活力要求，在海事系统内开展自由贸易试验区“证照分离”改革试点，对于辖区申请取得船员外派机构的“证照分离”改革，实行告知承诺、优化政务服务等方式推行审批制度改革。推动更多海事证书电子化和掌上办，推进船员证书一次性告知、一次性提交、一次性受理。优化升级“海事一网通办”，发放电子证书和文书近425.4万张。二是印发《游艇“多证合一”改革试点工作实施方案》，在北京、上海、重庆、杭州、广州、深圳等城市试点游艇“多证合一”，将船舶国籍证书、船舶电台执照、海上移动通信业务标识码证书整合为一本游艇登记证书，实现“一份材料、一次申请、发一本证”。三是印发《长三角海事一体化融合发展2022年工作任务清单》，明确海事系统在长三角地区创新区域一体化协调机制、提升水上安全区域

协同能力、推动区域生态环境绿色发展、优化营商环境、提升数字监管能力水平和推进船员队伍发展等工作任务并推进实施。四是印发《关于在长三角部分地区试点海船转籍登记“不停航办证”服务的公告》，推动海船转籍业务流程优化，提高经济要素流动效率。五是配合国家口岸管理办公室持续完善国际贸易“单一窗口”功能，支持国际贸易“单一窗口”在宁波舟山港试点实行运输工具（船舶）进口岸手续申请数据复用，进一步减少国际航行船舶申办进出口岸手续数据录入项目，提高办事效率。

二、有力服务上海临港新片区建设，推动全方位高水平开放

（一）积极优化集疏运体系

批复《上海国际航运中心洋山深水港区小洋山北作业区规划方案》，推动小洋山北侧集装箱码头项目前期工作和建设，提升上海临港新片区相关港口基础设施服务保障水平。洋山深水港区小洋山北作业区项目陆域工程开工建设，临港集疏运中心（陆域）工程完工。2022 年上海港集装箱吞吐量突破 4 730 万标准箱，连续 13 年保持世界第一，其中洋山深水港区集装箱吞吐量 2 391 万标准箱。上海港东北亚空箱调运中心正式启用，服务范围覆盖长三角地区 21 个港口，2022 年完成空箱调运量 40.5 万标准箱。

（二）完善国际船舶登记制度创新

进一步完善“中国洋山港”国际船舶登记制度，优化国际船舶登记流程，加强政策扶持。政策实施后，船舶登记办结时间压缩 71.4%，同时通过提前介入预审，有效避免船舶因证书办理停航时间过长影响营运的问题。“中国洋山港”国际船舶登记制度基本建立，已有 41 艘国际航行船舶登记“中国洋山港”。

（三）提升国际航行船舶保税燃料加注服务水平

2022 年，上海港完成保税燃料油供油作业 5 903 艘次，合计加注 301 万吨。上海港积极推进保税液化天然气（LNG）加注服务，2022 年 3 月，上海港在全国率先提供保税 LNG 加注业务，成为国内首个、全球第三个能为国际航行船舶提供保税 LNG“船到船”加注的港口，全年共开展 27 艘次近 6 万吨保税 LNG 加注服务。

三、全力支持海南自由贸易港建设，打造改革开放新高地

（一）强化交通运输发展系统规划

2022 年，为积极推进海南自由贸易港交通运输建设，印发《推进海南交通运输全面深化改革扩大开放 2022 年工作要点》，对加速构建现代综合立体交通网、高水平推动海南自由贸易港建设等任务作出工作部署。

（二）加快建设西部陆海新通道航运枢纽

一是大力推进洋浦区域国际集装箱枢纽港扩建工程，已批复工程涉及的港口规划调整和岸线使用，并指导加快办理初步设计审批等工作。加速推进马村港二期滚装泊位（兼顾危险货物作业）应急改造工程等项目前期工作，稳步推进海口港新海客运综合枢纽项目。二是推动海南自由贸易港航运相关优惠政策落地落实，进一步释放政策红利。截至 2022 年底，海南省共进口“零关税”船舶 40 艘、游艇 84 艘。三是完善海南自由贸易港内外贸航线布局。共开通 53 条集装箱班轮航线，其中内贸航线 34 条、外贸航线 19 条，构建起以洋浦为中心，连接国内沿海主要港口，通达东南亚主要港口，辐射南太平洋、澳大利亚、印度洋的航线网络骨架，初步形成“兼备内外贸、通达近远洋”的航线新格局。2022 年洋浦港完成集装箱吞吐量 176.7 万标准箱，比上年增长 34.1%。

（三）积极推进“中国洋浦港”船籍港建设

不断优化国际船舶登记制度，推动海南自由贸易港国际船舶登记中心早日设立。海南自由贸易港建设以来，“中国洋浦港”注册船舶数量实现跨越式增长，新增注册国际航行船舶 34 艘、

491.5 万载重吨，海南国际船舶总吨位历史性跃居全国第二位。航运要素加速集聚，近 500 家航运产业相关市场主体落户洋浦，壮大了洋浦航运产业链。

（四）推进琼州海峡港航一体化，提升客滚运输服务质量

一是持续推进琼州海峡港航一体化。按照《加快推进琼州海峡港航一体化实施方案》要求，认真落实好琼州海峡港航一体化工作，做好统筹协调，加强跟踪指导。海口至徐闻航线客滚运输船舶已实现统一运营，琼州海峡航运资源整合已完成；琼州海峡两岸港口资源整合方案已基本达成一致，目前正积极推进资产评估价格等具体问题协商。二是巩固提升琼州海峡客滚运输服务质量。联合海关总署、国家铁路局以及广东、广西、海南三省区人民政府印发《进一步提升琼州海峡客滚运输服务能力和安全管理水平行动方案（2022—2024 年）》，推动琼州海峡客滚运输更高质量发展，人民群众出行的安全感、舒适感和满意度进一步提升。

（五）加强应急保障能力建设

一是完成三亚、湛江船舶溢油应急设备库工程批复立项，协调中央本级水运建设资金，保障琼州海峡应急保障建设项目稳步推进。加快三亚水上救助综合训练基地陆上训练设施及配套工程建设，推动万宁综合抢险打捞基地选址、海口救助基地扩建项目地方规划调整等工作。二是加快推进大马力、浅吃水专业救助船舶建造，完成了 4 000 千瓦中型海洋救助船（2-5#）方案设计、船厂招标等工作，插桩式抢险打捞工程船（3#）正式交付使用。三是指导海南省海上搜救中心加强与广东省海上搜救中心、有关港航企业沟通协调，建立健全琼州海峡海上搜救应急协调机制。加强琼州海峡客滚运输风险研判，进一步细化船舶碰撞、溢油、大规模人员救助、应急疏运等不同场景应急预案和操作手册，并开展训练。指导海南海事局举办 2022 年琼州海峡客滚船海上应急救助综合演练、2022 年搜救志愿者应急救助技能培训班。

（六）稳步开展海南自由贸易港封关运作准备工作

一是指导海南海事局推进《海南自由贸易港岛内航行船舶动态监管办法》制定工作；研究起草《海南自由贸易港船舶通航管理办法》。二是指导海南海事局完成海南自由贸易港海事船舶监管指挥系统建设。指导海南海事局形成海南自由贸易港海事船舶交通管理系统改扩建项目、八所海事监管基地建设项目工程可行性研究报告。

（七）积极推进邮轮游艇产业发展

一是邮轮港口海上游航线试点取得突破。针对试点落地在船舶进口方面面临的问题，加强沟通协调，会同商务部、海关总署印发《关于推进海南邮轮港口海上游航线试点落地实施的通知》，进一步明确中资方便旗邮轮从事海南邮轮港口海上游航线试点办理船舶进口的相关政策和手续。二是游艇产业发展形势整体向好。指导海南海事局推进《游艇安全管理规定》修订工作；配合制定《海南自由贸易港游艇产业促进条例》；配合推进《海南省游艇租赁市场信用评价管理办法》《游艇租赁服务质量评价》和《游艇旅游企业服务质量等级评定》制定工作等，规范游艇业发展。截至 2022 年底，海南省共有游艇相关企业超千家，涵盖制造业、运营服务、维修保养、培训、销售、金融保险等领域，形成相对完整的产业链；游艇码头基础设施网络基本形成，全省已建成运营 13 个游艇码头、2 329 个泊位；游艇注册登记总量 1 336 艘，约占全国总量 15%，逐年保持较快增长趋势。

（八）推进绿色智慧航运发展

一是推动新能源、清洁能源应用。加强区域协作、上下联动和船港电互动，印发实施《琼州海峡省际客滚船舶靠港使用岸电协同推进方案》，指导海南、广东两省交通运输部门和企业协同开展港口码头岸电设施和船舶受电设施改造。落实新建码头同步建设岸电设施要求，加快现有码头岸电设施改造，全省需要建设岸电泊位 109 个，已完成 86 个泊位的岸电建设，完成率达 78.9%。推动国际集装箱枢纽海港场内新增集卡优先使用新能源清洁能源。二是推动码头智能化发展。实施洋浦港小铲滩起步工程能力提升项目，加快港口数字化转型升级，提升港口服务能级。推进洋浦、海口港区打造5G智慧港口，码头TOS7.0智能化系统升级整体进度完成率95%，将实现传统码头向半自动化码头的蜕变，试闸通行效率提升60%、节约人员50%以上，线上作业效率大幅提升。

2022年文化和旅游部支持自贸试验区建设主要情况

文化和旅游部政策法规司

2022年，文化和旅游部坚持以习近平新时代中国特色社会主义思想为指导，全面贯彻党的十九大和十九届历次全会精神，深入学习贯彻党的二十大精神，贯彻落实党中央、国务院关于自由贸易试验区建设的决策部署，有序推进涉文化和旅游领域各项任务落地落实。

一是深化自由贸易试验区“证照分离”改革。贯彻落实《国务院关于在自由贸易试验区开展“证照分离”改革全覆盖试点的通知》，在自由贸易试验区内，指导推动允许外商投资中方控股的文艺表演团体等相关政策落实，将外商投资演出经纪机构和演出场所经营单位的审批层级下放至省级文化和旅游部门。持续在自由贸易试验区内推进旅行社设立许可告知承诺制，对承诺具备条件并按时交纳旅游服务质量保证金的企业，经审查后作出许可决定。根据《关于推进自由贸易试验区贸易投资便利化改革创新的若干措施》，在内地与香港、澳门关于建立更加紧密经贸关系的安排（CEPA）框架下，将港澳服务提供者在自由贸易试验区投资设立旅行社的审批权由省级文化和旅游部门下放至自由贸易试验区。优化演出审批系统功能，实现“一网通办”和“不见面审批”，进一步压缩审批时限、简化审批材料，提高审批效率。简化跨地区巡演审批程序，明确跨地区巡演项目由首演地审批、巡演地备案。开展营业性演出许可证“延时办”，切实提升市场主体获得感。

二是结合自由贸易试验区建设推动边境旅游发展。会同外交部、公安部等10部门印发《“十四五”时期边境旅游试验区、跨境旅游合作区建设工作方案》，对“十四五”时期边境旅游试验区、跨境旅游合作区建设作出安排。持续推进各自由贸易试验区总体方案试点任务落实落地，配合相关部门做好黑河口岸游轮（艇）界江自由行、中国—东盟跨境汽车自驾游等工作。指导支持云南等沿边自由贸易试验区创建边境旅游试验区。会同外交部、公安部、海关总署、国家移民管理局等部门推进《边境旅游管理办法》修订工作，落实党中央、国务院“放管服”改革要求，梳理吸收包括广西自由贸易试验区等发展边境旅游的有关经验，就完善边境旅游管理等作出规定。

三是积极支持自由贸易试验区产业发展。聚焦国际旅游消费中心建设，积极支持海南自由贸易港加快发展数字文化产业，创建全域旅游示范区、高等级景区、全国乡村旅游重点村，大力发展体育旅游、中医药健康旅游、科技旅游等，推动文化产业和旅游产业提质增效，提升产业竞争力。落实江苏、黑龙江等新设自由贸易试验区总体方案相关要求，配合交通运输部等部门继续推进邮轮船票制度改革，推进邮轮、游艇等旅游出行便利化。支持北京、上海国家对外文化贸易基地开展文化贸易，打造国际文化贸易企业集聚中心、国际文化产品展览展示及仓储物流中心、国际文化商品交易服务中心，以线上线下结合方式举办或参与中国国际进口博览会、文化元宇宙法律合规专家论坛、2022“技艺中国”影像展及香港国际影视展等展会活动。会同商务部启动新一批国家对外文化贸易基地申报工作，支持指导海南等地建设国家对外文化贸易基地。

2022 年海关总署支持自贸试验区建设主要情况

海关总署自贸区和特殊区域发展司

建设中国自由贸易试验区（以下简称自贸试验区）是中国在新时期加快政府职能转变、积极探索管理模式创新、促进贸易和投资便利化，为全面深化改革和扩大开放探索新路径、积累新经验而推进的战略举措。自 2013 年自贸试验区工作启动以来，中国自贸试验区的建设布局逐步完善，在投资贸易自由化便利化、金融服务实体经济、政府职能转变等领域进行了大胆探索，取得了显著成效。

截至 2022 年底，中国已有 21 家自贸试验区。从布局上来讲，初步形成既有沿海、又有中西部，既有东北，又有沿边的东中西协调、陆海统筹的“1+3+7+1+6+3”自贸试验区发展格局；从战略需要上讲，既服务于“一带一路”倡议、京津冀协同发展、长江经济带发展、粤港澳大湾区建设等重大国家战略，又服务于西部大开发、振兴东北老工业基地、中部崛起、东部地区率先发展、兴边富民五大板块的区域发展战略，与国家新一轮改革开放的总体战略布局相一致。中国自贸试验区建设已初步形成以制度创新为核心，全面对接高标准国际经贸规则，在更广领域、更大范围形成各具特色、各有侧重的开放型新格局，推动中国经济高质量发展。

一、基本情况

海关总署坚决贯彻落实习近平总书记关于自贸试验区建设的重要讲话和指示批示精神，深入落实党的二十大报告中“实施自由贸易试验区提升战略”部署要求，以制度创新为核心，以可复制可推广为基本要求，积极开展海关监管制度创新，持续优化营商环境，助力打造高水平对外开放平台。

2022 年，海关总署在以自贸试验区海关监管制度创新工作规范、自贸试验区海关监管创新举措备案工作规程、自贸试验区海关监管创新制度评审工作规程和自贸试验区海关监管创新制度复制推广工作规程为主体的“1+3”海关监管制度创新体系基础上，指导各自贸试验区海关全面落实总体方案任务要求，大胆试、大胆闯、自主改，积极探索，勇于创新，取得良好成效。海关总署结合自贸试验区发展定位和产业特色，开展自贸试验区海关监管创新举措评审工作，共备案“移动查验单兵集成知识产权商标智能识别应用”等 33 项海关监管创新举措，在智能化监管、创新检验检疫模式、简化通关流程等方面开展了有益探索。对 2021 年 3 月前备案实施的 53 项创新举措开展评审，形成“企业集团加工贸易保税监管模式”“国际航行船舶转港数据复用模式”两项创新制度在全国复制推广，将“出口货物检验检疫证单‘云签发’平台”上报为国务院自贸试验区第七批集中复制推广的改革试点经验。在国务院发布的全国范围复制推广的六批 138 项改革试点经验中，海关贡献了 61 项改革试点经验，占总数的 44.2%。

2022 年，中国自贸试验区进出口额 7.5 万亿元，比上年增长 14.5%，约占中国进出口总额的 17.83%。

二、支持自贸试验区积极服务国家重大发展战略

海关总署围绕服务京津冀协同发展、长三角一体化发展、沿边地区开发开放等国家发展战略和决策部署，积极指导相关自贸试验区海关成立海关监管协同创新领导小组，加强自贸试验区海关监管制度集成创新。例如，北京、天津、河北自贸试验区协同创新打造“未经联网核查的进口医疗器械风险防控京津冀协同新模式”，增强进口医疗器械入境验证有效性，区域风险防控协同水平显著提升；上

海、江苏、浙江、安徽自贸试验区协同创新“长三角海关特殊监管区域进境货物木质包装检疫监管新模式”，通关时间减少2个工作日，洋山特殊综合保税区“径予放行”模式应用率同比提升了7倍；哈尔滨、南宁、昆明等海关建立沿边自贸试验区专题会商制度，提出“出境低风险竹木草制品检疫监管新模式”等多项创新项目，助力兴边富民。

三、鼓励各自贸试验区探索差异化特色创新

海关总署认真落实国务院自贸试验区总体方案要求，积极发挥基层海关首创精神，坚持需求导向、问题导向，探索特色发展路径，积极指导各自贸试验区海关因地制宜开展海关监管制度创新工作，不断提升创新举措“含金量”。一是持续提升通关便利化。例如，长沙海关创新“优化生物医药全球协同研发试验用特殊物品出境检疫查验流程”，对从长沙关区口岸出境的特殊物品，口岸和属地联动，实现通关“一次申报、一次检查、一次放行”，有效降低企业成本。二是促进外贸保稳提质。指导天津海关持续深化融资租赁改革，针对租赁后市场维修改装等需求，会同地方商务部门创新保税租赁叠加维修政策，2022年办理11架飞机“租赁+维修改装”业务，货值14.36亿元；杭州海关推动“一船多供”“跨关区直供”“申报无疫放行”等创新，助力舟山港跻身2021年度全球第五大船加油港，2022年舟山口岸保税供油534.8万吨。三是筑牢口岸安全防线。根据疫情防控形势变化，探索实施“智慧旅检智能一体机”“进口冷链食品防疫信息采集新模式”“口岸传染病症状监测新模式”等创新举措。四是突出科技支撑作用。2022年超八成创新举措涉及信息化应用，不断推进海关监管全过程精准化、数字化和智能化。例如，武汉海关创新保证金单证电子化，企业保证金业务办理工作量减少90%，保证金办理效率提高70%；广州海关探索建设“AEO智联培育平台”，推动社会信用体系共建共享，提升海关经认证的经营者（Authorized Economic Operator，AEO）信用培育、信用监管、信用服务水平。五是推动海关特殊监管区域与自贸试验区统筹发展。助力构建国内国际双循环相互促进的新发展格局，从布局、产业发展、海关监管制度创新等方面加强统筹，支持在具备监管条件的自贸试验区内综合保税区外开展保税维修和再制造等业务，备案“综合保税区优化进出区管理新模式”等海关特殊监管区域相关的创新举措。

四、全力支持海南自由贸易港建设

海关总署坚决贯彻落实习近平总书记关于海南工作的重要讲话和指示批示精神，认真落实党的二十大报告中关于“加快建设海南自由贸易港”重大决策部署，坚持“管得住”才能“放得开”，强化监管优化服务，扎实推进海南自由贸易港封关运作各项准备工作。

一是研究制定《中华人民共和国海关对海南自由贸易港监管办法》，充分考虑各类业务场景和监管要求，探索新型海关监管模式，突出智慧监管、精准监管、科学监管，争取在2023年底前出台。二是持续推动“零关税”等早期收获政策落地见效，主动评估海南自由贸易港进口原辅料、交通运输工具及游艇、自用生产设备三张“零关税”清单实施情况。自三项“零关税”政策实施以来，截至2022年底，三张清单惠及企业253家，海口海关共监管“零关税”货物149.6亿元，减免税款26.6亿元。自加工增值货物内销免关税政策实施以来，截至2022年底，海口海关辖区3个海关特殊监管区域共有8家企业开展加工增值货物内销免关税业务，共监管出区内销货值28.5亿元，减免关税2.3亿元。三是加快推进“一线放开、二线管住”进出口政策制度试点扩区工作，经推进海南全面深化改革开放领导小组批复同意，会同海南省印发“一线放开、二线管住”进出口政策制度试点扩区工作实施方案及风险防控措施，将试点范围扩大至洋浦经济开发区、海口国家高新技术产业开发区、三亚崖州湾科技城等重点园区，会同有关部委核准5家试

点企业。四是印发全岛封关运作相关《重点工作清单》《重点工作一览表》，围绕自由贸易“放”得开、各类风险“管”得住、保障项目“建”得好、信用等制度“立”得起、封关压力“试”得准的要求，倒排工期、挂图作战、逐项督办。五是持续加大离岛免税“套代购”打击力度。按照《打击治理海南离岛免税“套代购”走私专项行动方案》要求，海关总署组织相关属地海关以人流、物流、资金流为突破口，强化风险分析，开展一体化防控；严把经营关、提货关、回流关，开展劝阻式执法，加大监管处置力度，2022年，全国海关缉私部门共立案侦办海南离岛免税“套代购”走私犯罪案件285起，案值8.6亿元，涉嫌偷逃税款1.4亿元，分别比上年增长1.3倍、1.1倍、1.1倍；立案查办行政案件1 401起，案值1亿元，涉嫌偷逃税款1 663.4万元，分别比上年增长1.1倍、2倍、2.4倍。根据署省会商机制，建立双方数据共享联络机制，海关监管所需的海南省政府数据已有13项共享到位，海关向海南省政府共享数据21项已全部共享到位。

2022年海关支持中国（上海）自贸试验区建设主要情况

一、中国（上海）自由贸易试验区及临港新片区基本情况

2013年9月18日，国务院印发《中国（上海）自由贸易试验区总体方案》，同意设立中国首个自由贸易试验区——中国（上海）自由贸易试验区（以下简称上海自贸试验区）。2013年9月29日，上海自贸试验区正式挂牌运作。2014年12月28日，全国人大常务委员会授权国务院扩展上海自贸试验区区域。2015年4月，上海自贸试验区正式扩区，国务院印发《进一步深化中国（上海）自由贸易试验区改革开放方案》。2017年3月，国务院印发《全面深化中国（上海）自由贸易试验区改革开放方案》。2019年7月，国务院印发《中国（上海）自由贸易试验区临港新片区总体方案》。2019年12月，海关总署印发《中华人民共和国海关对洋山特殊综合保税区监管办法》。2020年6月，海关总署批复《中华人民共和国海关对洋山特殊综合保税区监管实施方案（试行）》。

（一）区域范围

上海自贸试验区及临港新片区总面积为226.06平方公里，实施范围包括上海外高桥保税区、上海外高桥港综合保税区、洋山特殊综合保税区和上海浦东机场综合保税区四个海关特殊监管区域，以及陆家嘴金融片区、金桥开发片区、张江高科技片区、临港地区南部区域、小洋山岛区域、浦东国际机场南侧区域等片区。

（二）功能划分

上海外高桥保税区是我国第一个保税区，于1990年6月经国务院批准设立，面积10平方公里。现已成为国内经济规模最大、业务功能最丰富的海关特殊监管区域，也是中国第一个国家进口贸易促进创新示范区。上海外高桥保税区建立了酒类、钟表、汽车、工程机械、机床、医疗器械、生物医药、健康产品、化妆品、文化产品十大专业贸易平台。

上海外高桥港综合保税区前身是外高桥保税物流园区，是我国第一个保税物流园区，于2003年12月经国务院批准设立。作为全国首个实施“区港联动”的试点区域，可同时享受保税区、出口加工区相关政策和上海港的港航资源。2020年8月，国务院正式批复同意上海外高桥保税物流园区整合优化为上海外高桥港综合保税区。2021 年 1 月 18 日，上海外高桥港综合保税区完成封关运作，面积 1.03 平方公里。

洋山特殊综合保税区前身是洋山保税港区。洋山保税港区是中国第一个保税港区，于 2005 年 6 月经国务院批准设立，2012 年批准扩区，由小洋山港口区域、陆域部分和连接小洋山岛与陆地的东海大桥组成。2020 年 1 月，国务院正式批复同意设立洋山特殊综合保税区，2020 年 5 月 16 日，洋山特殊综合保税区（一期）封关运作，2022 年 3 月 3 日，洋山特殊综合保税区（二期）封关运作，总面积 22.36 平方公里。洋山特殊综合保税区作为中国唯一的特殊综合保税区，承担着对标国际公认、竞争力最强自由贸易园区的重要载体作用，在全面实施综合保税区政策基础上，取消不必要的贸易监管、许可和程序要求，实施更高水平的贸易自由化便利化政策和制度。

上海浦东机场综合保税区于 2009 年 7 月经国务院批准设立，面积 3.59 平方公里。上海浦东机场综合保税区实行保税物流区域与机场西货运区一体化运作，具有浦东机场亚太航空复合枢纽优势，是上海临空服务产业发展的先导区；已引进电子产品、医疗器械、高档消费品等全球知名跨国公司空运分拨中心以及融资租赁项目，吸引全球大型快件公司入区发展，逐步形成空运亚太分拨中心、融资租赁、快件转运中心、高端消费品保税展销等临空功能服务产业链。

陆家嘴金融片区面积 34.26 平方公里，包含陆家嘴金融贸易区和世博前滩地区，是上海国际金融中心的核心区域、上海国际航运中心的高端服务区、上海国际贸易中心的现代商贸集聚区，旨在探索建立与国际通行规则相衔接的金融制度体系，与总部经济等现代服务业发展相适应的制度安排，持续推进投资便利化、贸易自由化、金融国际化和监管制度创新，加快形成更加国际化、市场化、法制化的营商环境。

金桥开发片区面积 20.48 平方公里，是上海重要的先进制造业核心功能区，集聚了大量生产性服务业和新兴产业、生态工业。金桥开发片区以创新政府管理和金融制度、打造贸易便利化营商环境、培育能代表国家参与国际竞争的战略性新兴产业为重点，不断提升经济发展活力和创新能力。

张江高科技片区面积 37.2 平方公里，是上海贯彻落实创新型国家战略的核心基地，是上海发展科技创新的中心和公共服务平台。张江高科技片区重点在国际科学中心、发展“四新”经济、科技创新公共服务平台、科技金融、人才高地和综合环境优化等重点领域开展探索创新。

中国（上海）自由贸易试验区临港新片区（以下简称临港新片区）先行启动区于 2019 年由国务院批准设立，总面积 119.5 平方公里，包括临港地区南部区域（76.5 平方公里）、小洋山岛区域（18.3 平方公里）、浦东国际机场南侧区域（24.7 平方公里）等三个区域五个区块。设立临港新片区是以习近平同志为核心的党中央总揽全局、科学决策作出的进一步扩大开放重大战略部署，是新时代彰显中国坚持全方位开放鲜明态度、主动引领经济全球化健康发展的重要举措。临港新片区发展目标为：到 2025 年，建立比较成熟的投资贸易自由化便利化制度体系，打造一批更高开放度的功能型平台，集聚一批世界一流企业，区域创造力和竞争力显著增强，经济实力和经济总量大幅跃升；到 2035 年，建成具有较强国际市场影响力和竞争力的特殊经济功能区，形成更加成熟定型的制度成果，打造全球高端资源要素配置的核心功能，成为中国深度融入经济全球化的重要载体。

（三）发展情况

上海自贸试验区自 2013 年 9 月挂牌以来，坚持以制度创新为核心，聚焦投资、贸易、金融和事中事后监管等领域，形成一批基础性制度和核心制度创新，一百余项制度在全国复制推广。

九年来，上海海关按照海关总署统一部署和要求，全面贯彻落实上海自贸试验区总体方案、深化改革方案、全面深化改革方案及临港新片区总体方案各项工作任务，全力推动上海自贸试验区高水平开放、高质量发展，累计出台67项创新制度，其中33项由国务院、海关总署向全国复制推广。

临港新片区建设三年多来，上海海关以“五个重要”（集聚海内外人才开展国际创新协同的重要基地、统筹发展在岸业务和离岸业务的重要枢纽、企业“走出去”发展壮大的重要跳板、更好利用两个市场两种资源的重要通道、参与国际经济治理的重要试验田）为指引，以“五自由一便利”（贸易自由、投资自由、资金自由、运输自由、人员从业自由、信息快捷联通）为目标，以特殊经济功能区和特殊综合保税区政策为支撑，在海关总署指导和支持下，对标最高标准、最高水平，全面完成国务院印发的《中国（上海）自由贸易试验区临港新片区总体方案》涉及海关的目标任务，推动设立了全国唯一的特殊综合保税区——洋山特殊综合保税区，全力构建起全新的进出境制度环境、监管模式和空间布局。

二、海关支持上海自贸试验区及临港新片区发展情况

在海关总署党委的坚强领导下，上海海关认真贯彻落实党中央、国务院重大决策部署，认真落实海关总署关于自贸试验区海关监管制度创新、试点实施、复制推广等文件要求，积极开展上海自贸试验区创新举措备案、创新制度复制推广等工作。截至2022年底，国务院印发的六批自贸试验区改革试点经验中超九成已在上海落地实施，进一步推动贸易便利化和新兴业态发展。2022年，上海自贸试验区进出口总额20 826.18亿元，比上年增长11.83%。

（一）构建高度开放的政策和制度体系，临港新片区建设成果丰硕

上海海关着眼全国唯一特殊综合保税区在更深层次、更宽领域、以更大力度推进全方位高水平开放的特殊使命，对标国际高标准经贸规则，聚焦重点领域和关键环节，扎实推进海关监管制度创新。一是发挥“双特”支撑作用，创新实践以“一线径予放行、二线单侧申报、区内不设海关账册”为核心的洋山特殊综合保税区进出境监管制度体系，着力打造最具竞争力的海关监管制度模式，“建立洋山特殊综合保税区海关监管创新制度体系”获得“临港新片区制度创新一等奖”。上海海关参与的“出台《中国（上海）自由贸易试验区临港新片区条例》”“开展外资班轮公司非五星旗国际航行船舶沿海捎带业务”“开展国际航行船舶保税液化天然气（LNG）‘船到船’加注业务”等3项工作获评“临港新片区制度创新二等奖”。二是推动洋山特殊综合保税区二期封关运行，推进三期扩区工作，深化径予放行货物木质包装检疫监管创新等改革试点，进一步释放径予放行政策红利。三是进一步应用大数据理念，探索实践数字化智能化海关监管模式。2022年，洋山特殊综合保税区进出口总额2 090亿元，比上年增长61.4%。

（二）坚持产业布局导向，推动建立以关键核心技术为突破口的前沿产业集群取得新进展

上海海关聚焦集成电路、生物医药、人工智能、民用航空等重点产业发展需求，推出支持临港新片区高水平开放促进重点产业创新发展8项措施，并与地方管理部门建立协同推进工作机制，推动上海自贸试验区及临港新片区各项支持措施落地见效。一是实施国产大飞机企业“一司两地”一体化监管模式，助力首架C919大飞机完成取证试飞并顺利交付，保障ARJ21国产商用飞机高效通关。二是针对集成电路产业运行特点和要求，研究推出支持集成电路全产业链发展的一揽子监管服务措施，推动集成电路企业集聚发展，支持符合条件的企业开展保税维修、检测等业务。三是支持生物医药产业发展，会同地方政府相关主管部门，推出“生物医药企业进口研发用物品‘白名单’”“进出境特殊物品联合监管”两项创新制度。

（三）巩固扩大制度红利，服务新兴业态发展取得新成果

上海海关围绕产业发展需求，持续扩大创新制度复制推广效能，助推新兴业态发展。一是积极支持上

海国际航运中心建设，推动洋山港成为国内首个实现国际航行船舶保税液化天然气加注的港口，推动解决国际航行船舶保税油供应本地牌照发放问题，试点沪浙跨港区跨关区国际航行船舶供油，推动国内外资班轮公司“沿海捎带”业务在洋山港落地。二是服务大宗商品期货产业发展，推出期货保税交割制度，支持上海关区原油等多种国际化保税期货品种开展期货保税交割业务，并进一步拓展保税标准仓单质押业务，上海期货交易所原油期货成为全球第三大原油期货品种。三是促进以飞机、船舶、大型海工设备、医疗器械等为核心的融资租赁业态发展，落地融资租赁海关监管制度，推动上海自贸试验区成为服务市场主体、高效配置全球资源的重要枢纽。

（四）持续推动改革创新，支持区域监管创新协同工作纵深推进

上海海关发挥自贸试验区各项政策和创新制度辐射效应，加快与“一带一路”倡议、长三角区域一体化发展等国家战略协同联动创新。一是加强长三角自贸试验区海关监管创新协同，进一步发挥长三角自贸试验区海关监管制度创新协同工作机制牵头单位作用，针对长三角自贸试验区海关特殊监管区域进境货物木质包装检疫监管需求，联合南京、杭州、宁波、合肥等长三角直属海关向海关总署报送“长三角海关特殊监管区域进境货物木质包装检疫监管新模式”创新举措，获得海关总署批复同意。二是规模应用“联动接卸”海关监管模式，实现“一次申报、一次查验、一次放行”，覆盖洋山港、太仓港、芜湖港、独山港等长三角三省一市12个港口，推动进出口货物在长三角区域快速无障碍流转，支持促进长三角自贸试验区联动发展。

2022年海关支持中国（广东）自贸试验区建设主要情况

一、中国（广东）自由贸易试验区基本情况

2015年4月8日，国务院印发《中国（广东）自由贸易试验区总体方案》。2015年4月21日，中国（广东）自由贸易试验区（以下简称广东自贸试验区）正式挂牌。2018年5月4日，国务院印发《关于印发进一步深化中国（广东）自由贸易试验区改革开放方案的通知》，进一步深化广东自贸试验区改革开放。2021年9月5日，中共中央、国务院印发《横琴粤澳深度合作区建设总体方案》。2021年9月6日，中共中央、国务院印发《全面深化前海深港现代服务业合作区改革开放方案》。2022年6月6日，国务院印发《广州南沙深化面向世界的粤港澳全面合作总体方案》。

（一）区域范围

广东自贸试验区实施范围116.2平方公里，共涵盖三个片区：广州南沙新区片区60平方公里（含广州南沙综合保税区4.99平方公里），深圳前海蛇口片区28.2平方公里（含深圳前海综合保税区2.9平方公里），珠海横琴新区片区28平方公里。

广东自贸试验区包含两个海关特殊监管区域：广州南沙综合保税区和深圳前海综合保税区。

（二）功能划分

广州南沙新区片区重点发展航运物流、特殊金融、国际商贸、高端制造等产业，建设以生产性服务业为主导的现代产业新高地和具有世界先进水平的综合服务枢纽。

深圳前海蛇口片区重点发展金融、现代物流、信息服务、科技服务等战略性新兴服务业，建设中国金融业对外开放试验示范窗口、世界服务贸易重要基地和国际性枢纽港。

珠海横琴新区片区重点发展旅游休闲健康、商务金融服务、文化科教和高新技术等产业，建设文化教育开放先导区和国际商务服务休闲旅游基地，打造促进澳门经济适度多元发展新载体。

（三）发展情况

七年多来，广东省内海关按照海关总署统一部署和要求，全面贯彻落实广东自贸试验区总体方案、深化改革方案，以及前海深港现代服务业合作区、横琴粤澳深度合作区、南沙深化面向世界的粤港澳全面合作总体方案各项工作任务，全力推动广东自贸试验区高水平开放、高质量发展。海关备案企业从 2015 年初的 2 000 多家，增长到 2022 年底的 1.7 万家，增长约 7.5 倍。

二、海关支持广东自贸试验区发展情况

在海关总署党委的坚强领导下，广东自贸试验区内广州、深圳、拱北海关深入贯彻习近平总书记对自贸试验区建设的重要指示批示和视察广东重要讲话精神，坚持以制度创新为核心，立足可复制可推广，围绕实行高水平对外开放，以更大力度支持促进广东自贸试验区高质量发展。2022 年广东自贸试验区进出口总额 5 345.11 亿元，比上年增长 27.65%。

（一）持续提升货物贸易便利化水平，进一步增强大湾区港口群国际竞争力

广州海关积极推动口岸通关“海陆空铁”立体物流体系建设，深化以南沙为枢纽港的“湾区一港通”物流模式改革，通过水路运输实现货物在南沙枢纽港和珠江流域内河码头间货物快速流转，先后在 14 个珠江沿江港口码头试点推广，满足企业 24 小时运输调拨需求。将广州南沙新区片区临港产业优势与白云机场、深圳机场的大湾区发达空运网络相结合，推动南沙港铁路场站建设，打通内陆铁路场站与港口连接，创新海关多式联运监管服务，进一步提升南沙港区集疏运和临港产业发展水平。积极做好国际航行船舶保税加油试点监管，在推动部分企业获批国际航行船舶保税油加注资质的同时，积极优化保税油加注监管流程，探索“一船多供”“集出分报”等多种监管模式，完善业务政策配套，提供全方位政策解读，助力南沙建设粤港澳大湾区“超级加油站”。

深圳海关建设粤港澳大湾区机场群前海服务中心，2022 年全国首个国内机场货运安检前置站落地前海，综合运用“跨境快速通关”“非侵入式查验”等通关便利措施，支持企业将货物订舱、集货、分拨等环节前置到前海综合保税区，可为企业节省物流成本近三成。通过“驳船跨港区调拨+卡口一体验放”等模式的协同创新，助力妈湾智慧港开港一年集装箱吞吐量突破 100 万标准箱。创新“粤港澳大湾区组合港”，与佛山、肇庆、中山、珠海等地开通组合港航线，实现沿海沿江港口群互联互通、资源互补、协同发展。

（二）统筹抓好自贸试验区、综合保税区建设发展，进一步推动贸易新业态聚集发展

广州海关支持全球人道主义应急仓库和枢纽项目在南沙综合保税区落地运作，建立 7×24 小时快速通关机制，2022 年高效保障验放应急物资近 1.5 亿件，发往刚果（金）、意大利、莫桑比克等 50 多个国家和地区。围绕跨境电商业务、汽车产业链等项目，持续深化跨境电商零售出口退货“合包”措施运用，助力广州跨境电商业态从无到有再到规范发展，吸引国内多家大型电商平台相继落户，在南沙形成网购保税进口、直购进口、一般出口、企业对企业出口等电商产业链模式；综合运用出口监管仓库政策功能，促进新能源汽车、智能汽车等产业发展，对整车及核心零配件实施便捷通关等。海关总署公布 2021 年度全国综合保税区发展绩效评估结果，广州南沙综合保税区综合评级跃升为 A 类。

深圳海关在落地“购—展—售—退”全链条发

展模式的基础上，引入“保税仓+平台直播”模式，支持央广网在前海打造跨境电商直播及 IP 基地，扩大跨境电商产业集聚发展效应。推动飞机保税融资租赁落地，创新异地委托监管手续，送政策上门，详细解读保税租赁和异地监管政策和业务流程，做好全程服务保障，2022 年 12 月 2 日顺利完成首票飞机保税融资租赁通关监管业务。支持绿山电器在深圳前海综合保税区建设亚洲研发测试中心，开设前海综合保税区首本保税研发账册，助力解决其亚洲研发测试资源分散及能力不足问题，充实综合保税区保税研发功能。

拱北海关持续优化“进境暂存中转澳门食品检验检疫监管创新”，实现暂存横琴货物 24 小时内送达澳门消费者。支持澳门动植物产品送内地海关开展检测，审批时长由原来的 20 个工作日压缩至 5 个工作日，大幅提升检测样品通关效率。与澳门市政署开展输内地澳门制造食品安全监管合作，采信澳门官方证书作为进口食品合格评定的依据并予以通关便利。

（三）持续优化法治营商环境，进一步维护贸易秩序公平公正

广州海关创新搭建“AEO 智联培育平台”应用场景，集 AEO 培育、管理和服务为一体，主动对接关区内“汽车制造业百强企业”、专精特新“小巨人”企业，以及其他信用情况良好的企业，建立重点企业培育库，灵活采取“线上+线下”相结合的精准信用培育模式，助力企业在全球 50 个互认国家（地区）享受通关便利，国外通关成本下降 30%以上。坚持暖心助企、贴心服务，征求地方政府、电子口岸、港口及 400 多家外贸企业的意见建议，形成问题清单逐项解决，建立通关疑难业务问题诉求解决专窗、政务服务热线、通关需求收集邮箱等问题收集解决渠道，形成 67 条优化建议和措施。

深圳海关围绕贸易促进和贸易创新两大功能定位，聚焦创新赋能，在扩大优质产品进口、优化营商环境、鼓励业态创新等方面着力，助力深圳前海蛇口片区获评国家进口贸易促进创新示范区。践行“三智”理念，助推妈湾智慧港建设，落地海运卡口陆路化改革、提前申报、顺势查验等通关便利措施，大幅提升港区运作效率。开辟农产品通关“绿色通道”，着力对大宗原粮的进口通关实现进口粮食优先审单、优先安排吊柜或大米减柜申请、查验现场安排优先实施、转送实验室优先安排、入境检验检疫证明优先办理等“五个优先”，提供进口粮食 24 小时预约，协助建设深圳市地方补充粮食储备南山基地，助力蛇口港大米进口量保持全国前列。

拱北海关深化广东自贸试验片区联合创新，与广州海关、深圳海关携手形成“进口预包装食品标签技术整改移动远程监管”创新举措，应用信息化手段实施远程监管，高效配置海关监管资源，提升海关执法效能 30%，满足进口食品快速入市的需求。坚决贯彻落实“六稳”“六保”部署要求，全面落实海关总署促进外贸保稳提质十条措施，组织开展外贸形势专项调研，结合关区实际细化制定 16 条促进外贸保稳提质措施，切实提升企业帮扶质效。与企业建立常态化沟通机制，聚焦优化监管模式、畅顺通关作业、合规减税降费等多路径找准惠企纾困发力点，“一企一策”精准施策施管，为企业提供优质通关服务。

（四）主动担当作为，进一步深化粤港澳深度合作

广州海关发挥南沙新区片区作为全面落实《广州南沙深化面向世界的粤港澳全面合作总体方案》的先行启动区优势，承载新的改革创新任务，持续优化海关监管服务。聚焦支持打造重大科技创新平台，发挥南沙连接“广州—深圳—香港—澳门”科技创新走廊的重要枢纽作用，建立和实施针对重点科研院校、院所的联络员制度，精准落实科技创新进口减免税政策，建立科研物资通关“绿色通道”。立足南沙深化粤港澳全面合作的定位优势，持续加强规则衔接创新，配合推进与港澳特区签署食品安全信息通报合作备忘录，推动食品安全信息资源共享；支持与香港电子证书合作安排落地，对内地供港禽肉、猪肉等肉类产品兽医卫生证书实施电子证书数据传输。推进与港澳特区政府进行官方证书、原产地证书及其他合格证明材料联网互认。

深圳海关积极支持前海蛇口片区与前海深港现代服务业合作区协同发展，围绕信息互通、执法互助、结果互认，全面落实《全面深化前海深港现代服务业合作区改革开放方案》。依托“单一窗口”试点建设跨境贸易大数据平台。对从香港经深圳进口的酒类，推动试点深港酒类“两地一检”模式，依托前海深港国际酒类检验中心开展检验检测、标准差异化研究等工作，建立多个国家葡萄酒产地溯源模型及葡萄酒掺伪鉴别技术体系。在数十家内地机构成为香港机电工程署认可核证团体的基础上，继续支持和推动更多内地检测机构和制造商参与“认可计划”。

拱北海关大力支持横琴粤澳深度合作区建设，稳步推进《横琴粤澳深度合作区建设近期重点工作安排》12 项任务。密切与地方政府的沟通联系，在充分调研分析的基础上，针对性地向海关总署提出支持和服务横琴粤澳深度合作区建设的 20 项措施建议。积极参与《横琴粤澳深度合作区发展促进条例》制定工作，配合研究制定横琴粤澳深度合作区首批授权事项清单；参与进出口税收政策研究，配合开展“横琴粤澳深度合作区发展免税经济”调研。深化横琴粤澳深度合作区海关监管模式研究，研究提出并持续完善对横琴粤澳深度合作区监管模式设计思路，在海关总署的指导下研究海关对横琴粤澳深度合作区的监管制度。

2022 年海关支持中国（天津）自贸试验区建设主要情况

一、中国（天津）自由贸易试验区基本情况

2014 年 12 月 12 日，国务院作出增设广东、天津、福建三个自由贸易试验区的重大决定。2015 年 3 月 24 日，中共中央政治局审议通过《中国（天津）自由贸易试验区总体方案》。2015 年 4 月 21 日，中国（天津）自由贸易试验区（以下简称天津自贸试验区）正式挂牌，成为中国北方第一个自贸试验区。

（一）区域范围

天津自贸试验区实施范围 119.9 平方公里，涵盖三个片区：天津港东疆片区 30 平方公里（含天津东疆综合保税区 10.29 平方公里），天津机场片区 43.1 平方公里（含天津港综合保税区 1.3 平方公里和天津滨海新区综合保税区 1.599 平方公里），滨海新区中心商务片区 46.8 平方公里（含天津港综合保税区 4.37 平方公里）。

天津自贸试验区包含三个海关特殊监管区域：天津东疆综合保税区、天津港综合保税区、天津滨海新区综合保税区。

（二）功能划分

天津港东疆片区是中国北方国际航运中心和国际物流中心的核心功能区。这一区域依托港口优势，重点发展航运物流、国际贸易、融资租赁等现代服务业，打造国家进口贸易促进创新示范区和国家租赁创新示范区。

滨海新区中心商务片区是天津金融改革创新集聚区、滨海新区城市核心区，以滨海高铁站为中心，实现京津冀“一小时交通圈”，与北京核心区

实现1小时通达。这一区域依托完善的城市功能、优越的商务环境，重点发展金融创新、总部经济、跨境电子商务、科技信息服务、文化传媒创意等现代服务业，努力打造中国北方金融创新中心。

天津机场片区是天津先进制造业和研发转化的重要集聚区，民用航空、装备制造、电子信息、生物医药等先进制造业产业已形成优势，是中国华北地区重要的航空货运中心。这一区域依托雄厚的产业基础和空港优势，重点发展航空航天、装备制造、新一代信息技术等高端制造业和研发设计、航空物流等生产性服务业，打造亚洲飞机制造维修中心和中国北方航空物流中心。

（三）发展情况

天津自贸试验区挂牌成立以来，天津海关按照海关总署统一部署和要求，坚持以制度创新为核心，全力服务自贸试验区高水平开放、高质量发展，累计推出创新制度措施178项，有12项措施向全国复制推广。

二、海关支持天津自贸试验区发展情况

天津海关深入贯彻习近平总书记重要指示批示和重要讲话精神，坚持改革引领、创新驱动，全力支持自贸试验区高水平开放、高质量发展。2022年，天津自贸试验区实现进出口总额2 927.98亿元，比上年增长3.51%。

（一）坚持党建引领，推进跨部门、跨领域协同创新

一是联合天津自贸试验区管委会开展“党建引领 激发创新”活动，协同天津市商务局、药监局等部门提出33项联合课题，其中天津海关组织实施15项课题。二是牵头京津冀三地自贸试验区海关制度创新，联合创新项目“未经联网核查的进口医疗器械风险防控京津冀协同新模式”获得海关总署备案。三是选派优秀年轻干部以工作专班形式到自贸试验区管委会办公室全职工作，发挥海关业务专长和协调便利优势，密切关地联系配合，有力推进制度创新。四是联合天津自贸试验区管委会、天津经开区管委会创新生物医药特殊物品“关地协同”新模式，打造研发用医药品通关便利化综合服务平台，提升天津市生物医药产业营商环境。

（二）实施自贸创新全周期管理，自贸创新硕果累累

一是自贸创新全参与。将关内12个业务职能处室和19个隶属海关全部纳入创新范围，建立自贸创新人才库，成立75人组成的联合宣讲团，累计开展392次政策宣讲，营造全员参与自贸创新的氛围。二是自贸创新全周期管理，自主创新28项。制定《天津海关关于加强自贸试验区海关监管制度创新的指导意见》和《天津自贸试验区海关监管创新举措备案与评审工作指引》，从创新举措提出、培育、备案到复制推广进行全周期规范管理，提升创新质量。2022年推出自主创新措施28项，向国务院报送自贸试验区改革试点经验4项，“进口冻品‘智能分流’监管新模式”等两项创新举措获得海关总署备案。

（三）对标世界一流港口目标，支持天津智慧港口建设

按照习近平总书记“要志在万里，努力打造世界一流的智慧港口、绿色港口，更好服务京津冀协同发展和共建‘一带一路’”的重要指示精神，在全国率先推出“船边直提”和“抵港直装”改革，经国务院常务会议向全国复制推广，并在2022年11月入选国家服务业扩大开放综合试点示范最佳实践案例；天津海关联合天津港集团开发建设“关港集疏港智慧平台”，通过关港信息深度交互，实现海关监管查验与港口作业融为一体，并向社会提供货车调度等配套服务。2022年，天津口岸34.62%的进口集装箱货物通过“船边直提”快速提箱，24.87%的出口集装箱货物通过“抵港直装”在运抵码头后24小时内快速装船出运，口岸通关效率居海运口岸前列，帮助企业跑出抓住市场需求的“加速度”。

（四）创新监管推动航空产业链高质量发展

创新航空产业链“件中件”维修监管模式，助

力企业充分利用维修资源拓展业务范围。创新“AOG航材管控”区块链监管模式，满足维修企业航材、工具紧急出区现场支援的高时效需求，大幅提升维修企业竞争力。为空客A320neo全动飞行模拟机保税研发项目量身定制监管方案，促进天津航空产业链向高价值研发产业延伸。通过“单一品名单一税号”便捷措施支持空中客车（天津）总装有限公司生产飞机77架，同比增长35.1%，货值45亿美元；助力天津制造业立市，创新支持保税维修快速发展，全年保税维修业务货值约146.1亿元。

（五）全力支持东疆融资租赁保持全国龙头地位

天津海关在全国率先制定融资租赁监管办法，解决租赁资产交易、海关异地监管、税款担保方式等租赁业发展中的难点堵点问题，相关创新实践作为国务院“最佳实践案例”在全国复制推广，使天津自贸试验区成为继爱尔兰之后全球第二大飞机租赁聚集地，融资租赁货值约757.7亿元，约占全国货值总额的70%。针对租赁后市场维修改装等需求，会同天津市商务局创新保税租赁叠加维修政策，2022年办理11架飞机“租赁+维修改装”业务，货值14.36亿元，助力天津市租赁产业继续领跑全国。

（六）加速保税展示交易扩容增量

为培育天津市新的经济增长点、促进国际消费中心城市建设，天津海关深入调研，结合天津口岸进口货物特点，聚焦企业发展中的难点、堵点，在天津市大力推动保税展示交易业务发展。2022年，天津市综合保税区开展保税展示交易业务106票，涉及19家企业，货值共计约23.4亿元，主要涉及海工平台、药品、矿产品、冻品、经典车、平行进口汽车等多品类，其中展示后实现交易的货值12.4亿元，占展示总货值的53%，助力天津的口岸经济由“通道经济”向“产业经济”转型。

2022年海关支持中国（福建）自贸试验区建设主要情况

一、中国（福建）自由贸易试验区基本情况

2014年12月31日，国务院批复设立中国（福建）自由贸易试验区（以下简称福建自贸试验区）。2015年3月24日，中共中央政治局会议审议通过《中国（福建）自由贸易试验区总体方案》。2015年4月8日，国务院印发《中国（福建）自由贸易试验区总体方案的通知》。2018年5月4日，国务院印发《国务院关于印发进一步深化中国（福建）自由贸易试验区改革开放方案的通知》。

（一）区域范围

福建自贸试验区的实施范围118.04平方公里，涵盖三个片区：平潭片区43平方公里，厦门片区43.78平方公里（含厦门象屿保税区0.6平方公里、原厦门象屿保税物流园区0.19平方公里、原厦门海沧保税港区6.27平方公里），福州片区31.26平方公里（含福州保税区0.6平方公里、原福州出口加工区0.659平方公里、原福州保税港区9.26平方公里）。

福建自贸试验区包含六个海关特殊监管区域：福州保税区（0.6平方公里）、福州综合保税区（0.659平方公里）、福州江阴港综合保税区（2.64平方公里）、厦门象屿保税区（0.6平方公里）、厦门象屿综合保税区（0.19平方公里）和厦门海沧港综合保税区（6.27平方公里）。

（二）功能划分

平潭片区重点建设两岸共同家园和国际旅游岛，在投资贸易和资金人员往来方面实施更加自由便利的措施。

厦门片区重点建设两岸新兴产业和现代服务业合作示范区、东南国际航运中心、两岸区域性金融服务中心和两岸贸易中心。

福州片区重点建设先进制造业基地、21 世纪海上丝绸之路沿线国家和地区交流合作的重要平台、两岸服务贸易与金融创新合作示范区。

（三）发展情况

福建自贸试验区自挂牌建设以来，福州海关、厦门海关贯彻落实习近平总书记重要指示批示精神，在海关总署的指导下，全面贯彻落实总体方案、深改方案各项工作任务，全力推动福建自贸试验区高水平开放、高质量发展，累计推出支持福建自贸试验区监管创新举措 254 项，其中“原产地签证管理改革创新”“国际航行船舶进出境通关全流程‘一单多报’”“海关业务预约平台”等 17 项改革试点经验向全国复制推广，占福建自贸试验区复制推广总量的 47.1%。

二、海关支持福建自贸试验区发展情况

福州海关、厦门海关深入学习贯彻党的二十大精神，在海关总署、福建省委省政府的坚强领导下，全面贯彻习近平新时代中国特色社会主义思想，深入落实新发展理念，守正创新，勇毅前行，会同地方政府出台《福建自贸试验区提升战略实施方案》《福建自贸试验区创新发展平台提升行动方案》，全力推进福建自贸试验区高质量发展，推动构建新发展格局。2022 年，福建自贸试验区进出口总额 3 319.64 亿元，比上年增长 56.48%。

（一）福州海关支持福建自贸试验区建设情况

2022 年，福州海关通过业务改革和自贸创新项目培育机制推出 10 个重点项目，“旅检口岸 VR 物联网应用”创新举措获海关总署备案通过，推动“企业集团加工贸易保税监管模式”“国际航行船舶转港数据复用模式”2 项自贸创新制度在全关区复制推广。截至 2022 年底，福州海关累计推出 119 项自贸创新举措。

发挥综合保税区优势，推动高质量发展。积极引导进口棉花分拨、保税研发等新项目入区发展。支持关区保税研发专用电子账册设立实现零的突破。支持企业开展“增值税一般纳税人资格试点”业务，企业获增值税期末留抵退税额达千万。推广跨境电子商务零售进口退货中心仓业务，将退货上架时间压缩至 1 个工作日内。推广企业集团加工贸易监管模式，便利同一集团内不同公司间的物料存储和流转，关区已有 4 个集团的 9 家公司参与。密切跟进福州保税区整合优化为福州长乐国际机场综合保税区审批程序。2022 年，福州关区海关特殊监管区域企业一线进出口额 253.6 亿元，比上年增长 61.1%。

聚焦产业需求，助力高水平开放。推动福州新港国际集装箱码头有限公司、福州青州集装箱码头有限公司顺利获得进境原木指定监管场地（B 类）资质。支持江阴口岸进口整车保税仓储、平行进口汽车标准符合性整改场所、进口汽车安全检测线“三区整合”，会同地方政府出台《福州江阴港平行进口汽车标准符合性整改场所评估认定标准》，每辆车节约物流成本约 300 元。2022 年，福建自贸试验区福州片区累计入区平行进口汽车 2 436 辆、货值 9.13 亿，分别比上年增长 11.49 倍、11.34 倍。支持入境船舶维修业发展，优化检疫监管模式，每艘船泊位等待时间平均压缩 3 天，船厂订单逆势增长 10%。推出“跨境电商（9610）创新‘邮路’叠加通关模式”，改变以往中小电商企业只能依靠专线运输、需要“抱团”拼货的困境；推出跨境电商缴税“零跑腿”举措，帮助企业实现足不出户远程缴税。

深耕智慧监管，服务高效率通关。推出“旅检口岸 VR 物联网应用”，提升入境旅客通关效率，在第五届数字中国建设峰会上重点展示，获得广泛好评。利用“智能电子关锁+智能卡口”，升级转关

模式，推出“陆地港出口转关直通业务”，每票可节省时长 8 小时以上，每箱可节约物流成本约 400 元。

促进闽台融合，推进“一带一路”建设。推出支持福州新区、平潭综合实验区融合发展方案，明确首批 8 个重点支持项目。优化支持平潭对台小额商品交易市场六条措施。积极响应地方政府在对台小额商品交易市场内叠加业态诉求，指导企业做好跨境电商展示区的场所建设。对台湾地区输大陆水果、水生动物试点启用“智慧动植检集成平台”检疫审批系统。支持福州中老班列及中欧班列顺利首发并实现常态化运营；创新推出中欧班列港铁直装模式，帮扶闽北地区优质茶叶开拓“一带一路”市场。加快中国—印度尼西亚“两国双园”项目落地，推动福建元载国际港口有限公司进境粮食指定监管场地立项并获海关总署批复同意、福建丰大集团进境肉类指定监管场地通过署级验收。

释放自贸试验区政策红利，推进制度复制推广。一是推进“企业集团加工贸易保税监管模式”见实效。改革范围涉及塑胶、鞋类、风力、电子制造等行业 4 个集团 9 家企业，跨厦门、天津 2 个直属关区；2022 年不作价设备自由流转业务为企业节约设备采买费用 1 670 万元，减免全工序外发加工风险担保金 1 650 万元；福州关区实施“企业集团加工贸易保税监管模式”，全年共监管加工贸易货物总值 81.56 亿元，比上年增长 8.65%。二是积极推广“国际航行船舶转港数据复用模式”，提升国际航行船舶数据申报速度和准确率。

（二）厦门海关支持福建自贸试验区建设情况

截至 2022 年底，厦门海关累计推出 135 项自贸创新举措。

加强统筹协调，推动海关特殊监管区域升级发展。一是全面落实《国务院关于促进综合保税区高水平开放高质量发展的若干意见》，加强对综合保税区发展绩效评估的指导，对厦门关区范围内特殊监管区域外贸情况进行分析并提出政策建议。二是持续推动完善关区综合保税区布局，加快推进厦门海沧港综合保税区二期验收工作；推动厦门象屿保税区转型升级为综合保税区，支持申报建设厦门空港综合保税区，厦门象屿保税区转型升级申请文件和空港综合保税区申请设立文件已经上报国务院。三是持续优化综合保税区海关监管模式。2022 年，厦门关区特殊监管区域一线进出口额 1 976.46 亿元，比上年增长 28.17%。

加大协调配合，推动海关特殊监管区域和自由贸易试验区统筹发展。一是研究制定《厦门海关推动海关特殊监管区域和自由贸易试验区统筹发展工作措施》，明确 10 项具体工作任务。二是围绕新《中华人民共和国综合保税区管理办法》施行重要时间节点，通过云宣讲、电视报纸等多渠道扩大社会宣传效应。三是新开通保税研发业务，保税维修、融资租赁、跨境电商网购保税、国际中转分拨等区内新业态持续发展。四是完成数字综合保税区监管立项开发，加快“分类监管”“内贸集装箱业务”“一般纳税人业务”“跨境电商”等非保税业务在综合保税区落地。

持续深化监管制度创新，积极推动自贸试验区改革创新。一是“航空物流公共信息平台”创新举措通过总署备案，航空维修改革举措入选全国自贸试验区加强生态环境保护推动高质量发展典型案例。二是加强和地方牵头部门协作配合，制定《落实厦门自贸片区 2022 年创新试验任务分解表》，圆满完成 17 项年度改革创新试验任务。三是定期开展企业需求调研和需求培育，持续做好国务院复制推广各项任务落地实施。四是参加海关总署新一轮支持自贸试验区发展政策措施研究，组织梳理《区域全面经济伙伴关系协定》（RCEP）等涉及海关的经贸规则。五是共同推进福建、厦门两关出口转关自动核销业务，实现三明陆地港至厦门口岸的跨关区出口转关自动核销。

持续优化口岸营商环境，支持自贸试验区打造扩大开放新平台。一是创新“航空物流公共信息平台”，厦门空港进出口通关时效位列十大空港口岸前列。二是积极复制推广跨境电商零售进口退货中心仓和B2B出口监管模式，支持开通国内首条“丝路海运”电商快线，新增出口海外仓备案企业28家，中国（厦门）跨境电子商务综合试验区在商务部“2021年跨境电子商务综合试验区评估”的结果为“成效明显”，综合排名位列第一档。三是打造跨境物流数字监管平台，厦门港集装箱船舶平均在港时间压缩至1.35天，综合效率位列沿海口岸之首，连续四年获评“十大海运集装箱口岸营商环境测评”最高等级。四是持续优化自贸试验区航空维修、集成电路等重点平台监管模式，支持全球“一站式”航空维修和航材保障中心建设，2022年航空保税维修货物进出境总值达57.85亿美元，较2021年增长30.2倍；持续深化集成电路研发保税监管改革试点，以厦门“芯火”双创基地为平台，辐射厦门市80余家集成电路设计企业。

三、海关在福建自贸试验区开展海关监管制度创新情况

“企业集团加工贸易监管模式”入选海关总署2022年度在全国复制推广的创新制度。该创新制度是以“企业集团”为单元，以信息化系统为载体，以企业集团经营实际需求为导向，对企业集团实施整体监管的加工贸易监管模式。通过改革有效促进集团化运作企业生产要素在集团内企业间的自由流动，有力提高企业集团生产的自主性，帮助企业集团进一步解放生产力、延伸产业链、提高全球竞争力。截至2022年底，福州、厦门关区共有9家企业集团的26家成员企业参与“企业集团加工贸易监管模式。”

2022年海关支持中国（辽宁）自贸试验区建设主要情况

一、中国（辽宁）自由贸易试验区基本情况

2017年3月15日，国务院批复同意设立中国（辽宁）自由贸易试验区（以下简称辽宁自贸试验区）。同日，国务院印发《中国（辽宁）自由贸易试验区总体方案的通知》。2017年4月10日，中国（辽宁）自贸试验区正式挂牌。

（一）区域范围

辽宁自贸试验区实施范围119.89平方公里，涵盖三个片区：大连片区59.96平方公里，沈阳片区29.97平方公里，营口片区29.96平方公里。

大连片区包含三个海关特殊监管区域：大连湾里综合保税区（2.33平方公里）、大连大窑湾综合保税区（1.82平方公里）、大连保税区（1.25平方公里）。

沈阳片区包含一个海关特殊监管区域：沈阳综合保税区（桃仙园区）（2平方公里）。

营口片区包含一个海关特殊监管区域：营口综合保税区（1.85平方公里）。

（二）功能划分

大连片区重点发展港航物流、金融商贸、先进装备制造、高新技术、循环经济、航运服务等产业，推动东北亚国际航运中心、国际物流中心建设，形成面向东北亚开放合作的战略高地。

沈阳片区重点发展装备制造、汽车及零部件、航空装备等先进制造业和金融、科技、物流等现代服务业，提高国家新型工业化示范城市、东北地区科技创新中心发展水平，建设具有国际竞争力的先进装备制造业基地。

营口片区重点发展商贸物流、跨境电商、金融等现代服务业和新一代信息技术、高端装备制造等战略性新兴产业，建设区域性国际物流中心和高端装备制造、高新技术产业基地，构建国际海铁联运大通道的重要枢纽。

（三）发展情况

辽宁自贸试验区挂牌成立以来，大连海关、沈阳海关深入贯彻习近平总书记重要指示批示和视察辽宁重要讲话精神，坚持改革引领、创新驱动，全力服务自贸试验区高水平开放、高质量发展。五年来，海关以制度创新为核心，积极服务辽宁自贸试验区建设，大连海关有3项创新措施分别被纳入国务院自由贸易试验区第四、五、六批改革试点经验，6项创新举措获得海关总署备案，35项创新举措被辽宁省政府纳入全省范围复制推广；沈阳海关共有2项创新措施被纳入国务院自由贸易试验区第六批改革试点经验，5项创新举措获得海关总署备案，26项海关创新举措被辽宁省政府纳入全省范围复制推广。

二、海关支持辽宁自贸试验区发展情况

在海关总署党委的坚强领导下，大连海关、沈阳海关高效统筹口岸疫情防控和促进外贸保稳提质，勠力同心、稳中求进，围绕将辽宁自贸试验区建设成为提升东北老工业基地发展整体竞争力和对外开放水平新引擎的战略定位，不断优化口岸营商环境，畅通国际物流通道，加速构建对外开放平台，努力将辽宁自贸试验区打造成具有国际竞争力和创新力的经济增长新高地。截至2022年底，辽宁自贸试验区大连片区在海关备案企业6 286家，营口片区备案企业955家，沈阳片区备案企业1 806家。2022年辽宁自贸试验区进出口总额886.96亿元。

（一）聚焦制度创新和复制推广，服务自贸试验区发展

大连海关围绕“一带一路”建设、保税监管改革、大宗商品基地建设和智慧海关建设，按照项目储备培育和分层级推动的原则，推出自贸试验区12项海关监管制度创新项目，其中“委内加工产品出区检验监管新模式”“综合保税区设备零配件便捷监管模式”2项创新举措获得总署备案，海关“问题清零”长效机制、智能引导企业自控远程辅助新模式（“云企通”）、原产地证书“信用签”等6个项目被纳入辽宁省第六批自贸试验区改革创新经验。

沈阳海关创新“进口冷链食品防疫信息采集新模式”“大数据模型辅助监控布控监管新模式”2项创新举措并通过海关总署备案，推出“跨境出口商品清单布控自动分拣新模式”等6项创新经验参选辽宁省第六批自贸试验区改革创新经验。助力比利时艺术品首次搭乘“沈满欧”中欧班列“直通”沈阳综合保税区开展保税艺术品巡展。与辽宁自贸试验区沈阳片区管委会、沈阳市税务局等部门协同建设的辽宁自贸试验区沈阳片区RCEP一站式服务平台揭牌运行，启用RCEP原产地累积规则惠企服务平台便捷服务企业。

复制推广方面，大连海关对国务院发布的六批58项涉及海关职责范围的改革创新试点经验复制推广情况逐项进行评估，建立复制推广责任详单，除2项因政策变化等原因未能复制推广，其他均已在关区落地。沈阳海关推进“原油和石油产品岸罐重量、数量计算自动化”创新举措扩大范围在沈阳关区落地实施；大连、沈阳两关推动海关总署“国际航行船舶转港数据应用”“企业集团加工贸易监管模式”两项创新制度在辽宁自贸试验区落地，释放改革创新政策红利。

（二）优化营商环境，抢抓自贸试验区发展机遇

2022年，大连海关推出27条优化营商环境措施，开展“提速、保畅、助产”压缩通关时间行动，实行“职能—现场”联动管控、24小时调度应答、通关快速反应，大连关区进口、出口整体通关时间分别较2017年压缩70.3%、94.5%，均低于全国平均水平，创历史最优水平。沈阳海关深化

"放管服"改革，推行报关单位备案"全程网办、全国通办"，"多证合一"企业备案占比居全国首位，办理时间平均减少50%以上，沈阳关区进口、出口整体通关时间较2017年分别压缩92.4%和94.0%，稳居全国前列。支持打造东北海陆大通道，利用水铁联运便利条件和区位优势，打造"港铁联通"新监管模式，助力中欧班列和商品车海铁多式联运通道建设，保障东北首列中老、中亚班列顺利开行，创新实施中欧班列"多点查检、集中发运"顺势监管，支持中欧班列集结中心建设。

大连海关帮助片区企业用足用好RCEP优惠政策，累计享惠货值61亿元，税款减让6 000余万元。"百人千企"帮扶企业数量已增加到1 512家，海关积极响应并解决企业问题161个。沈阳海关与地方政府部门开展座谈，解读海关总署关于促进外贸保稳提质十条措施；优化沈阳综合保税区辅助平台相关功能；协调地方环保部门和商务部门，助力沈阳明和欧亿艾姆公司进行投产前准备，预计公司年进出口额可达10亿美元。

（三）加强调查和研究，为地方建言献策

大连海关、沈阳海关全面开展调查与研究，分别完成辖区综合保税区季度、年度进出口报告，针对辽宁地区海关特殊监管区域整体发展存在的突出问题，联合形成《探索建立海关特殊监管区域分类管理监管模式》并上报总署。2022年，大连海关定期开展自贸试验区外贸发展形势分析，完成优化海关出口通关作业流程、汽车进出口、保税混矿、动力电池产业发展等报告。

2022年海关支持中国（浙江）自贸试验区建设主要情况

一、中国（浙江）自由贸易试验区基本情况

2017年3月15日，国务院印发《中国（浙江）自由贸易试验区总体方案》，同意设立中国（浙江）自由贸易试验区（以下简称浙江自贸试验区）。2017年4月1日，浙江自贸试验区正式挂牌运作。2020年3月26日，国务院批复同意《关于支持中国（浙江）自由贸易试验区油气全产业链开放发展的若干措施》。2020年8月30日，国务院印发《中国（浙江）自由贸易试验区扩展区域方案》。

（一）区域范围

浙江自贸试验区总面积由设立时的119.95平方公里扩展至239.45平方公里，由陆域和相关海洋锚地组成，是目前唯一有海洋锚地的自贸试验区。浙江自贸试验区涵盖六个片区，包括扩展区域前的三个片区：舟山离岛片区78.98平方公里（含舟山港综合保税区区块二3.02平方公里），舟山岛北部片区15.62平方公里（含舟山港综合保税区区块一2.83平方公里），舟山岛南部片区25.35平方公里；以及扩展区域后新增的三个片区：宁波片区46平方公里（含宁波梅山综合保税区5.69平方公里、宁波北仑港综合保税区2.99平方公里、宁波保税区2.3平方公里），杭州片区37.51平方公里（含杭州综合保税区2.01平方公里），金义片区35.99平方公里（含义乌综合保税区1.34平方公里、金义综合保税区1.26平方公里）。

（二）功能划分

舟山离岛片区鱼山岛重点建设国际一流的绿色石化基地，鼠浪湖岛、黄泽山岛、双子山岛、衢山岛、小衢山岛、马迹山岛重点发展油品等大宗商品储存、中转、贸易产业，海洋锚地重点发展保税燃料油供应服务。

舟山岛北部片区重点发展油品等大宗商品贸易、保税燃料油供应、石油石化产业配套装备保税物流、仓储、制造等产业。

舟山岛南部片区重点发展大宗商品贸易、航空制造、零部件物流、研发设计及相关配套产业，建设舟山航空产业园，着力发展水产品贸易、海洋旅游、海水利用、现代商贸、金融服务、航运、信息咨询、高新技术等产业。

宁波片区建设链接内外、多式联运、辐射力强、成链集群的国际航运枢纽，打造具有国际影响力的油气资源配置中心、国际供应链创新中心、全球新材料科创中心、智能制造高质量发展示范区。

杭州片区打造全国领先的新一代人工智能创新发展试验区、国家金融科技创新发展试验区和全球一流的跨境电商示范中心，建设数字经济高质量发展示范区。

金义片区打造世界“小商品之都”，建设国际小商品自由贸易中心、数字贸易创新中心、内陆国际物流枢纽港、制造创新示范地和“一带一路”开放合作重要平台。

（三）发展情况

浙江自贸试验区自设立以来，深入贯彻落实习近平总书记重要指示批示精神，按照党中央、国务院赋予的战略定位，聚焦大宗商品资源配置、国际航运和物流枢纽、数字经济发展等领域深入开展差异化改革探索，搭建了重要的开放新平台，积累了较为丰富的建设经验。

五年多来，杭州海关、宁波海关按照海关总署统一部署和要求，全面贯彻落实浙江自贸试验区总体方案、赋权扩区方案各项工作任务，全力推动浙江自贸试验区高水平开放、高质量发展。6 项创新制度被国务院列入自贸试验区改革试点经验在全国复制推广，1 项创新案例被国务院自由贸易试验区工作部际联席会议办公室纳入“最佳实践案例”，1 项创新举措经海关总署认可上升为全国复制推广的创新制度，8 项创新举措获得海关总署备案。

二、海关支持浙江自贸试验区发展情况

在海关总署党委的坚强领导下，杭州海关、宁波海关认真贯彻落实党中央、国务院重大决策部署，聚焦聚力浙江自贸试验区各片区协同发展，主动融入，积极作为，全面深化改革创新，持续优化监管服务，全力支持浙江自贸试验区高水平开放、高质量发展。2022 年，浙江自贸试验区进出口总额 7 131.3 亿元，较上年增长 28.8%，占浙江省进出口总额的 15.2%；其中，出口额 2 907.1 元，增长 21.4%；进口额 4 224.2 亿元，增长 34.4%。截至 2022 年底，浙江自贸试验区海关备案企业 10 375 家。

（一）优化监管创新，助推大宗商品资源配置基地建设

落实原油、煤炭等产品取样送检创新制度，优化大宗散货多港分卸鉴定流程，实施原油和铁矿石“先放后检”、粮食船边检疫便利措施。进口原油整体通关时长由 5—7 天缩短为 2 天以内，进境粮食检验检测时间从 7 天缩短到 3.5 天。推动全国首个保税燃料油跨关区直供无纸化试点，单次供油作业时间缩短 1—2 个工作日。探索整合口岸数据资源，顺利放行全国首票应用“两步申报+区块链”模式的大宗商品货物。深化“一船多供”“跨关区直供”等海关监管制度集成创新，支持保税供油做优做强。舟山口岸成为全球第五大船加油港，2022 年保税供油 534.8 万吨，继续领跑全国。推动保税商品登记平台建设，完成涉及海关方面的技术开发和数据同步。助力铁矿石储运基地建设，深化保税铁矿石混矿“入区监测+加工监管+出区检验”三位一体监管模式，推动形成铁矿石接卸、储运、保税、混配、分销等全流程服务链条。针对鼠浪湖等铁矿石码头推行实验室快速检验、预约加班等便利化措施，2022 年保税混矿 1 651.4 万吨，连续三年单体混矿量稳居全国前列。

（二）聚焦内联外畅，提升双循环战略枢纽营商环境

落地“离港确认”“联动接卸”模式试点，扩

大“船边直提”“抵港直装”业务范围，稳步推进真空包装等高新技术货物布控查验模式试点，提升长三角地区水路物流效率和海关协同创新。会同省内相关部门探索建立生物医药企业入境特殊物品安全联合监管“白名单”制度，做好首批“白名单”企业审核评估工作。支持宁波舟山港建设世界一流强港，深化甬舟两地码头指定监管场地资源共享。助力义乌港“第六港区”建设，出口货物进入“第六港区”视同进入宁波舟山港；开展“铁路进出境双向快速通关”业务，提升中欧班列境内段铁路进出口货物转关运输通行效率和便利化水平。推进“国际卫生港”提升工程，开发口岸疫情防控数字化管理平台，筑牢国门防线。发挥自贸试验区、综合保税区和多式联运枢纽平台叠加优势，针对棉纱、铜、铝、塑料粒子等进口需求，助力大宗资源性生产资料集散分拨。

（三）深化数智改革，探索数字化场景应用赋能增效

巩固跨境电商先发优势，探索跨境电商零售进口商品供应链数据上链和退运商品赋码，实现退货及销售重要节点全流程可溯源。推出“跨境电商网购保税进口包裹出区嵌入式监管”模式，优化布控查验处置和包裹出区分拣业务流程，有效提升包裹出区效率。研发跨境电商出口海外仓联网备案系统，实现海外仓备案电子申报。推进跨境电商零售进口退货中心仓模式，打通跨境电商进口退货“最后一公里”。推出“进口食品标签一件事”智慧化平台项目，实现海关系统数字化应用场景零的突破，是全国海关系统首个进口食品标签智慧监管平台。开发设计“中东欧商品进口通关一件事”应用平台，解决中东欧商品进口通关“哪里查、哪里办、哪里问”等核心需求。推进空港数字化建设，助力“立体型+智能化”国际航空货站建设，探索物流信息联网、智能卡口等七大业务场景数字化改革。推进跨系统数据整合应用，支持转关转运货物自助申报、自动审核、智能放行、自动核销。探索“未来工厂”智慧监管，联通国际贸易“单一窗口”、保税仓库管理系统与企业 ERP 系统，实现进口料件、在库管理、出口成品全供应链数据自动采集、自动申报和无纸通关。

三、海关在浙江自贸试验区开展海关监管制度创新情况

2022 年，“国际航行船舶转港数据复用模式”入选海关总署全国复制推广的创新制度。进出境国际航行船舶在境内港口续驶时，船舶申报人通过国际贸易“单一窗口”运输工具（船舶）申报系统在一次申报办理境内续驶进出港申报业务时，通过船舶运营方授权的方式直接调取复用上一港申报数据，船舶申报人核对复用数据，对相关字段进行补充调整，确认后完成申报，实现上下港船舶监管数据共享和协同调用。据统计，船舶进港申报需要录入的数据项较之前可简化 2/3 以上，有效解决企业提出的减少上下港口之间数据重复申报的诉求，进一步提升口岸通关效率，推动口岸部门形成监管合力，不断优化口岸营商环境。

2022 年海关支持中国（河南）自贸试验区建设主要情况

一、中国（河南）自由贸易试验区基本情况

2016 年 8 月 31 日，党中央、国务院决定设立中国（河南）自由贸易试验区（以下简称河南自贸试验区）。2017 年 3 月 15 日，国务院印发《中国（河南）自由贸易试验区总体方案的通知》。2017 年 4 月 1 日，河南自贸试验区正式挂牌运作。

（一）区域范围

河南自贸试验区实施范围 119.77 平方公里，涵盖三个片区：郑州片区 73.17 平方公里（含郑州经开综合保税区 1.26 平方公里），开封片区 19.94 平方公里（含开封综合保税区 1.78 平方公里），洛阳片区 26.66 平方公里（含洛阳综合保税区 1.37 平方公里）。

（二）功能划分

郑州片区重点发展智能终端、高端装备及汽车制造、生物医药等先进制造业，以及现代物流、国际商贸、跨境电商、现代金融服务、服务外包、创意设计、商务会展、动漫游戏等现代服务业，在促进交通物流融合发展和投资贸易便利化方面推进体制机制创新，打造多式联运国际物流中心，发挥服务“一带一路”倡议的现代综合交通枢纽作用。

开封片区重点发展服务外包、医疗旅游、创意设计、文化传媒、文化金融、艺术品交易、现代物流等服务业，提升装备制造、农副产品加工国际合作及贸易能力，构建国际文化贸易和人文旅游合作平台，打造服务贸易创新发展区和文创产业对外开放先行区，促进国际文化旅游融合发展。

洛阳片区重点发展装备制造、机器人、新材料等高端制造业，以及研发设计、电子商务、服务外包、国际文化旅游、文化创意、文化贸易、文化展示等现代服务业，提升装备制造业转型升级能力和国际产能合作能力，打造国际智能制造合作示范区，推进华夏历史文明传承创新区建设。

（三）发展情况

河南自贸试验区挂牌成立以来，郑州海关坚决贯彻党中央、国务院关于自贸试验区建设的决策部署，坚决落实海关总署关于自贸试验区的工作要求，立足中原，积极打造内陆开放新高地，积极发挥海关职能作用，不断完善自贸试验区监管服务体系，持续提升监管效能和服务质量，以自贸试验区建设带动河南省开放型经济发展。

六年来，郑州海关结合河南自贸试验区特色，围绕“两体系、一枢纽”战略定位，着力通过制度机制创新，积极服务河南自贸试验区郑州、开封、洛阳片区建设，推动河南自贸试验区高水平开放、高质量发展，累计推出 14 项创新制度，其中“跨境电商零售进口退货中心仓模式”在全国复制推广，“跨境电商零售进口正面监管模式”入选自贸试验区“最佳实践案例”。

二、海关支持河南自贸试验区发展情况

在海关总署党委的坚强领导下，郑州海关认真贯彻落实党中央、国务院重大决策部署，结合河南省实际，持续深化改革创新和复制推广，不断提高监管质量和服务效能，全力支持河南自贸试验区高水平开放、高质量发展。截至 2022 年底，河南自贸试验区海关备案企业 4 446 家。

（一）注重顶层设计，打造自贸试验区监管服务体系升级版

参与制定《中国（河南）自由贸易试验区 2.0 版建设实施方案》；联合省商务厅、省发展改革委等多部门，开展 RCEP 等高标准经贸规则研究；牵头起草《中国（河南）自由贸易试验区监管服务体

系 2.0 版建设专项方案》，加强跨境贸易便利化改革系统集成和横向联动，着力打造规范专业、高效集成、监管有力的监管服务体系，通过释放机构改革红利提升监管服务体系效能。

（二）深化创新落地，充分发挥自贸试验区改革试验田作用

积极开展自贸试验区制度创新工作，“跨境电商企业风险评估应用”和“‘技贸通’服务应用”两项创新举措获海关总署备案。持续加大改革试点经验复制推广力度，“海关公证电子送达系统”“进出口商品智慧申报导航服务”等 5 项改革试点经验在河南省复制推广。

（三）服务平台建设，推动综合保税区与自贸试验区统筹发展

积极跟进参与河南自贸试验区扩区方案制定，研究并提出海关意见。支持综合保税区建设发展，指导洛阳综合保税区封关运行，2022 年 6 月 1 日正式办理首票报关业务；推动开封综合保税区加快建设验收，2022 年 6 月 30 日牵头省发展改革委等 7 部门对开封综合保税区开展联合预验收；配合做好郑州经开综合保税区核减面积工作，得到国务院批复；河南自贸试验区三个片区实现综合保税区全覆盖。支持中国（郑州）重要国际邮件枢纽口岸获批运行，4 万袋进境邮包经郑州分拨至全国 40 余个互换局。助力开封国家文化出口基地做大做强，丰富艺术品保税仓库功能，2022 年河南自贸试验区开封片区数字文化公用型保税仓库转库入库货值 5 041 万美元、转库出库货值 5 586.5 万美元。

（四）加强协同联动，服务自贸试验区开放型经济创新发展

推进跨境电商创新发展，会同药品监管等部门推出协同监管方案，跨境电商零售进口药品试点顺利落地；自主开发备案无纸化系统，支持海外仓发展；实现跨境电商一般出口商品跨关区退货；2022 年累计验放跨境电商进出口清单 2 亿票、货值 390 亿元。积极支持郑州商品交易所创新发展，协调解决期货保税交割出口障碍；推动保税维修业务发展，2022 年保税维修进出口额 2.5 亿元，比上年增长 2.3 倍；发挥“口岸+保税”功能联动，推进平行进口汽车保税仓储业务常态化开展，2022 年共监管入区 48 辆、货值 881.9 万欧元。支持中欧班列扩量增效，2022 年监管班列 1 367 列、货运量 97.3 万吨。深化河南国际贸易“单一窗口”建设，与技术性贸易措施风险预警信息实现数据联通，帮助企业有效规避技贸壁垒，向企业推送警示信息 3.1 万条。

（五）优化营商环境，全力以赴促进外贸稳增长

落实海关总署系列措施，出台郑州海关促进外贸保稳提质 15 条支持举措。制定支持郑州 E 贸易核心功能集聚区专项方案，“1+N”方案拓展到“1+15”共 196 条措施。持续优化口岸营商环境，巩固压缩整体通关时间成效，进口、出口通关时间均优于全国平均水平。支持企业用足用好政策，开展“海关关长送政策上门”服务，“一企一策”帮扶 238 家省“四保”（保生产经营、保物流畅通、保政策助力、保防疫安全）“白名单”企业、964 家重点外贸企业，精准服务超聚变数字技术有限公司、郑州宇通集团有限公司、中铁工程装备集团有限公司等一批重点企业获得海关 AEO 高级认证，坚持“问题清零”机制，减免加工贸易企业保证金 3.1 亿元，为全省 132 家企事业单位减免税款 2.8 亿元、同比增长 54%，通过主动披露，39 家企业免于或减轻行政处罚。全力做好富士康等重点企业通关保障，维护产业链供应链稳定。

2022年海关支持中国（湖北）自贸试验区建设主要情况

一、中国（湖北）自由贸易试验区基本情况

2017年3月31日，国务院印发《中国（湖北）自由贸易试验区总体方案》。2017年4月1日，中国（湖北）自由贸易试验区（以下简称湖北自贸试验区）正式挂牌。

（一）区域范围

湖北自贸试验区实施范围119.96平方公里，涵盖三个片区：武汉片区70平方公里（含武汉东湖综合保税区5.41平方公里），襄阳片区21.99平方公里（含襄阳综合保税区2平方公里），宜昌片区27.97平方公里（含宜昌综合保税区1.39平方公里）。

湖北自贸试验区包含三个海关特殊监管区域：武汉东湖综合保税区、宜昌综合保税区、襄阳综合保税区。

（二）功能划分

武汉片区重点发展新一代信息技术、生命健康、智能制造等战略性新兴产业和国际商贸、金融服务、现代物流、检验检测、研发设计、信息服务、专业服务等现代服务业。

襄阳片区重点发展高端装备制造、新能源汽车、大数据、云计算、商贸物流、检验检测等产业。

宜昌片区重点发展先进制造、生物医药、电子信息、新材料等高新产业，以及研发设计、总部经济、电子商务等现代服务业。

按海关监管方式划分，自贸试验区内的海关特殊监管区域重点探索以贸易便利化为主要内容的制度创新，主要开展保税加工、保税物流、保税服务等业务；非海关特殊监管区域重点探索投资体制改革，完善事中事后监管，推动金融制度创新，积极发展现代服务业和高端制造业。

（三）发展情况

武汉海关深入贯彻习近平总书记重要指示批示精神，按照海关总署统一部署和要求，全面贯彻落实湖北自贸试验区总体方案和各项工作任务，不断优化口岸营商环境，推进稳外贸稳外资，推动湖北自贸试验区和综合保税区联动发展，发挥创新高地和开放窗口作用，助推湖北对外开放新格局再上新台阶。累计推出创新举措77项，3项自贸试验区改革试点经验在全国复制推广；湖北省在国家层面被采纳推广的27项制度创新成果中，武汉海关报送了6项制度创新成果；8项创新举措获海关总署备案。

二、海关支持湖北自贸试验区发展情况

在海关总署党委的坚强领导下，武汉海关围绕优化口岸营商环境促进外贸保稳提质，将自贸试验区制度创新和复制推广纳入改革大局统筹推进，落实海关总署建设“智慧海关”的工作要求，以控制成本为核心，不断提升贸易便利化水平，瞄准简化手续、减少环节、降低成本、优化服务，从机制优化、制度调整、流程简化、风险可控、法律合规五方面开展相关工作。截至2022年底，湖北自贸试验区海关备案企业3 595家。

（一）优化通道建设，助力拓展国际物流体系

复制推广“船边直提”“抵港直装”先进经验，通过信息化系统实现企业预约、货物装卸、进出卡口等全流程智能化管理，加快货物提离或装载，提升通关物流速度，服务国际物流大通道建设。2022年，武汉阳逻港直达日本、韩国、俄罗斯的汉亚直航实现运输量3.26万标准箱，比上年增

长 138%。打造空运货物快检快放通关模式，2022 年保障 763 批价值 2.5 亿元鲜活产品快速放行，比上年增长 651%。创新实施“中欧班列（武汉）车边验放”“中欧班列（武汉）运单归并、简化申报”，助力拓展湖北向北向南国际物流新通道，在实现日本—中国（武汉）—波兰/蒙古“海铁联运”过境业务常态化开展的基础上，增开“韩国—中国（武汉）—欧洲”过境业务线路，中老铁路（武汉—琅勃拉邦）顺利开行。2022 年，武汉海关监管中欧班列 541 列、5.2 万标准箱，分别比上年增长 31.6%、34.8%。

（二）支持产业发展，推动战略新兴产业培育壮大

一是助力优势产业提升能级。创新赋能自贸试验区“光芯屏端网”优势产业发展，开展“货物贸易‘一保多用’管理模式”创新，由“一事一保”改为一份保函办理多项海关税款担保业务，额度循环使用，2022 年，129 份保函为 136.87 亿元税款提供担保，担保总额度 35.31 亿元，平均每份保函循环使用 447 次，降低企业担保成本 1.23 亿元。推广“企业集团加工贸易保税监管模式”，2022 年为光电子信息企业节省外发加工等环节风险担保金 2.13 亿元，减少物流等成本 57.19 万元。联合地方政府推出“金关保”，实现中小微企业通关担保“零成本”，2022 年 2 家试点企业节省担保成本 400 余万元。实施“ERP 联网申报+快速审核”系统解决湖北省“芯屏”企业关键原料通关问题，企业办理减免税“秒批”，2022 年 5 家战略新兴产业享惠企业减免税款合计 2.08 亿元。

二是支持新兴业态快速发展。推行快件作业无纸化，助力快件业务发展，2022 年武汉海关监管邮（快）件 594.3 万件（票）。促进跨境电商快速发展，助推武汉、宜昌、襄阳跨境电子商务综合试验区建设，实施跨境电商“银关保”降低跨境电商企业担保成本，“一仓多功能、一区多形态”允许网购保税商品和其他保税货物的同仓存储和账册互转，试点跨境电商保税进口“即买即提”模式，2022 年跨境电商交易额 200 多亿元、增长约八成。支持保税维修业务发展，为综合保税区内保税维修企业量身打造“两步申报+先进区后理货”通关模式，大幅降低企业成本；2022 年，综合保税区内保税维修企业增至 4 家，进出口额超 9 000 万元、比上年增长 67.9%。

（三）促进区域发展，服务构建“双循环”新发展格局

推动襄阳综合保税区顺利通过验收并封关运行，实现综合保税区在湖北自贸试验区三个片区全覆盖。推动支持综合保税区高水平开放高质量发展系列措施落地见效。复制推广综合保税区“四自一简”监管制度（综保区内企业可自主备案、合理自定核销周期、自主核报、自主补缴税款，海关简化业务核准手续），提高区内企业市场主体地位。2022 年，自主备案账册 63 份，自主变更账册 260 份，平均每份账册设立、变更时间节省 1 天，年均节省企业交通、管理、人力等成本 300 余万元。推广增值税一般纳税人资格试点，助力企业融入“双循环”新发展格局，2022 年新增 12 家增值税一般纳税人企业，总数达到 21 家。指导综合保税区内企业使用“内销选择性征收关税”，企业在货物出区环节自主选择按照成品状态或按照对应料件来缴纳关税，2022 年 2 家享惠企业降低税款成本 18.02%。创新“综合保税区保税物流货物触发申报新模式”，实现“一次录入、触发申报”，手续简化率 85%。鼓励综合保税区内企业开展保税融资租赁业务，价值 2.4 亿元进口设备按租金征税，每月为企业节省财务成本 2%（约 1 500 万元）。2022 年，全省综合保税区进出口总额 724.4 亿元，比上年增长 29%，占全省进出口总额的 11.7%。

（四）全力助企纾困，落实举措推动外贸促稳提质

制定促进外贸保稳提质 30 条措施，联合省商务厅等部门出台提升跨境贸易便利化水平 27 条措施、促进进口 16 条措施；注重产业扶持，出台支持湖北农产品进出口 15 条措施、支持“光芯屏端网”产业链发展 16 条措施。优化通关监管模式，进一步压缩整体通关时间。2022 年，湖北口岸进口整体通关时间 38.12 小时，较 2017 年压缩 79%。创新鄂赣湘三地海关协同工作机制，定期召开“关厅银企”座谈会，为 760 家企业送“服务包”，一对一纾困解难。打造“企呼关应”品牌，2022 年累计答复业务咨询 1 458 次，帮助企业解决“急难愁盼”问题 95 个。

2022 年海关支持中国（重庆）自贸试验区建设主要情况

一、中国（重庆）自由贸易试验区基本情况

2016 年 8 月，党中央、国务院决定在重庆设立自由贸易试验区。2017 年 3 月 15 日，国务院正式印发《中国（重庆）自由贸易试验区总体方案》。2017 年 4 月 1 日，中国（重庆）自由贸易试验区（以下简称重庆自贸试验区）正式挂牌。

（一）区域范围

重庆自贸试验区实施范围为 119.98 平方公里，涵盖三个片区：两江片区 66.29 平方公里（含原重庆两路寸滩保税港区 8.37 平方公里），西永片区 22.81 平方公里（含重庆西永综合保税区 8.8 平方公里、重庆铁路保税物流中心〔B 型〕0.15 平方公里），果园港片区 30.88 平方公里（含重庆果园保税物流中心〔B 型〕0.2 平方公里）。

（二）功能划分

两江片区着力打造高端产业与高端要素集聚区，重点发展高端装备、电子核心部件、云计算、生物医药等新兴产业及总部贸易、服务贸易、电子商务、保税展示交易、仓储分拨、专业服务、融资租赁、研发设计等现代服务业，推进金融业开放创新，加快实施创新驱动发展战略，增强物流、技术、资本、人才等要素资源的集聚辐射能力。

西永片区突出陆路国际物流枢纽和商务聚集区优势，依托中欧班列（重庆）、西部陆海贸易新通道、环线铁路和高铁枢纽，着力打造加工贸易转型升级示范区和陆路国际运输枢纽；重点发展电子信息、智能装备等制造业及保税物流中心分拨等生产性服务业，优化加工贸易发展模式。

果园港片区产业发展聚焦突出长江上游中心枢纽地位，发挥沿江港区集散优势，对接长江经济带，重点布局航运物流、国际贸易、融资租赁、集拼分拨等现代服务业和大型装备等临港先进制造业。

（三）发展情况

重庆自贸试验区立足国家战略、产业聚集、联动发展，持续推进差异化，探索贸易和投资自由化便利化、优势产业集聚等。五年来，重庆海关始终以习近平总书记重要讲话精神为指导，发挥基层首创精神，深化系统集成，全力推进重庆自贸试验区建设再上新台阶。截至 2022 年底，累计实施 81 项自贸试验区海关监管创新举措，形成 10 项海关监管创新制度和 12 个创新典型案例；其中，2 项创新制度作为自贸试验区改革试点经验在全国推广，7 项创新举措获海关总署备案。

二、海关支持重庆自贸试验区发展情况

在海关总署党委的坚强领导下，重庆海关认真贯彻落实党中央、国务院重大决策部署，聚焦重庆自贸试验区高质量发展的实际需要，因地制宜开展海关监管创新探索。2022 年，重庆自贸试验区进出口总额 5 372.5 亿元，占重庆市进出口总额的

65.9%。截至2022年底，重庆自贸试验区海关备案企业2 911家。

（一）贯彻落实党中央、国务院重大决策部署

一是深化自贸试验区海关监管创新。2022年，先后推出“跨境电商零售进出口商品条码应用”“综合保税区设备零配件便携监管模式”2项创新举措获海关总署备案，累计备案创新举措7条。二是加快复制推广落实落地。结合重庆自贸试验区发展实际，完善重庆海关复制推广工作机制，进一步明确职责分工，理顺工作流程，提升复制推广工作的规范化水平。截至2022年底，重庆海关已落地国务院复制推广海关监管改革试点经验40项。三是紧盯特殊时期保通保畅工作，2022年围绕“战疫情、保生产、稳外贸”的工作要求，搭建重庆关区特殊时期7×24小时运行答复及保障体系，推动“职能部门—隶属海关—管委会（经营人）—企业”四方信息互通。建立快速通关保障机制，对企业关键零部件进口实施航空口岸“快处快放”“即到即查”，对货物出口实施核注清单修改“一次申请、后续通办”举措，全力保障企业供应链稳定。

（二）以创新赋能促产业整合

一是助力重庆市打造世界级电子信息产业集群，建立“芯屏器核网”链主企业专窗服务和“问题清零”机制，创新集团式信用培育模式，助推京东方等产业集团在渝企业全部通过高级认证。支持打造内外贸融合发展示范平台，持续优化委托加工监管，减少内销货物审批流程，综合保税区内企业承接国内电子品牌委托加工货值超600亿元，居全国前列。2022年，重庆市电子信息产业进出口额4 951.2亿元，占重庆市进出口总额的60.7%。二是助力跨境电商业态量质并举，推动西永综合保税区跨境电商监管中心正式通过海关验收审批，亚马逊跨境电商出口孵化中心落地运营，探索“保税+展示交易+跨境电商”叠加新模式，“前店后仓+快速配送”属于西南地区首次试点。深化海关跨境电商B2B出口试点，创新实施“中欧班列+海外仓+集货仓”业务模式，开展跨境电商零售进口商品条码应用试点，促进企业合规申报，保障电商业态健康有序发展。三是助力航空产业突破发展，打造“以航空公司为单元”的保税航材监管模式。通过“一次核准、一次备案、一次申报、一次对比”，力助新加坡航空（重庆）保税航材分拨中心在渝成立，顺利完成首次AOG保税航材异地报关测试监管，该项目与“中新（重庆）数字边境互联互通项目”一起，获评亚太贸易便利化论坛2022年度贸易便利创新奖项。

（三）以创新协同促集成发展

一是积极支持成渝地区双城经济圈建设，签署《重庆海关 成都海关共同支持成渝地区双城经济圈建设合作备忘录》，修改完善《重庆海关 成都海关开展川渝自贸试验区海关监管协同创新工作方案》，联合印发《重庆海关 成都海关共同落实海关支持成渝地区双城经济圈建设重点措施2022—2023年重点任务》，推动海关总署支持双城经济圈建设的措施落地落实。同时，进一步打破关区壁垒，重庆率先实施“综合保税区设备零配件便携监管模式”，解决企业成套设备零配件维修维护难题，压缩通关时间25%，吸引海力士等知名半导体企业加大在渝份额，其中海力士2022年进出口额同比增长近1倍。二是积极支持西部陆海新通道建设，牵头西部陆海新通道区域各直属海关制定2022年重点任务清单，针对新冠疫情造成的边境口岸排队拥堵情况，充分利用西部陆海新通道跨关区查验异常处置机制，协调口岸海关对重庆货物开辟绿色通道，妥善解决企业出口通关实际困难。三是积极支持“一带一路”建设，依托“中欧班列（重庆）邮件集运智能化监管”举措，推动重庆率先实现国际铁路双向运邮政策全面落地，2022年中欧班列（重庆）运邮量居全国首位；聚力解决中欧班列进口整车通关流程和通关时效问题，创新“整车保税仓储‘三个一’监管模式”，累计监管进口车辆超3万台，推动重庆整车进口口岸业务量居内陆整车口岸首位。

2022 年海关支持中国（四川）自贸试验区建设主要情况

一、中国（四川）自由贸易试验区基本情况

2017 年 3 月 31 日，国务院印发《中国（四川）自由贸易试验区总体方案》，同意设立中国（四川）自由贸易试验区（以下简称四川自贸试验区）。2017 年 4 月 1 日，四川自贸试验区正式挂牌运作。

（一）区域范围

四川自贸试验区实施范围 119.99 平方公里，涵盖三个片区：成都天府新区片区 90.32 平方公里，其中包含成都高新综合保税区（双流园区）4 平方公里、成都空港保税物流中心（B 型）0.09 平方公里；成都青白江铁路港片区 9.68 平方公里，其中包含成都国际铁路港综合保税区 0.298 平方公里；川南临港片区 19.99 平方公里，其中包含泸州综合保税区 1 平方公里。

（二）功能划分

成都天府新区片区重点发展现代服务业、高端制造业、高新技术、临空经济、口岸服务业等产业，建设国家重要的现代高端产业集聚区、创新驱动发展引领区、开放型金融产业创新高地、商贸物流中心和国际航空枢纽，打造西部地区门户城市开放高地。

成都青白江铁路港片区重点发展国际商品集散转运、分拨展示、保税物流仓储、国际货代、整车进口、特色金融等口岸服务业，以及信息服务、科技服务、会展服务等现代服务业，打造内陆地区联通丝绸之路经济带的西向国际贸易大通道重要支点。

川南临港片区重点发展航运物流、港口贸易、教育医疗等现代服务业，以及装备制造、现代医药、食品饮料、融资租赁等先进制造和特色优势产业，建设成为重要区域性综合交通枢纽和成渝城市群南向开放、辐射滇黔的重要门户。

（三）发展情况

成都海关坚持以制度创新为核心，开展一系列创新探索，先后推出 50 项支持措施和 44 项自贸试验区制度创新成果。六年来，“中欧班列集拼集运”“冰鲜水产品‘两段准入’监管模式”等 2 项海关监管创新举措作为自贸试验区改革试点经验在全国复制推广，“中欧班列运费分段结算估价管理改革”入选全国第四批自贸试验区“最佳实践案例”。

二、成都海关支持四川自贸试验区发展情况

在海关总署党委的坚强领导下，成都海关认真贯彻落实党中央、国务院重大决策部署，坚持以制度创新为核心，大力推进自贸试验区各项改革任务，积极开展差异化创新，有力支持四川自贸试验区高质量发展。四川自贸试验区总体方案中涉及海关的 41 项改革试验任务已全部推进实施，国务院前六批全国复制推广经验中四川有业务需求且具备推广条件的已全部落地实施。2022 年，四川自贸试验区进出口总额 978.2 亿元，占四川省进出口总额的 9.7%，助力全省外贸首次突破 1 万亿元大关；其中，进口额 431.3 亿元，出口额 546.9 亿元。截至 2022 年底，四川自贸试验区海关备案企业 5 366 家。

（一）发挥开放平台作用，推进自贸试验区和综合保税区统筹发展

充分发挥四川自贸试验区涵盖三个综合保税区的区域优势，支持海关特殊监管区域加强差异化探索，积极推动在综合保税区内探索自贸试验区海关

监管制度创新。创新“综合保税区一线进区货物‘即到即入’便捷监管模式”，实现“一票多车”货物一线进区“即到即入”，入区车辆平均节约等待时间1天，每车节约调运成本600元—800元，有效提高货物通关效率；该项创新举措获海关总署备案，并入选四川省第六批可复制可推广制度创新成果。深化“同企跨片”创新，实现同一企业保税货物在综合保税区不同区块间自由流转，降低企业相关费用90%，综合保税区监管效能不断提升。2022年，成都高新综合保税区进出口总额5 329.41亿元，连续5年位居全国综合保税区第一位，区内保税维修进出口值比上年增长2.36倍，保税研发进出口值比上年增长12.33倍。

（二）推动川渝协同创新，支持成渝地区双城经济圈发展

围绕成渝地区双城经济圈建设发展规划，高质量推动川渝自贸试验区协同开放，成渝两地海关联合制定川渝自贸试验区海关监管协同创新工作方案，协同推动2项创新举措。创新“‘关银一KEY通’川渝一体化模式”，在全国首次实现电子口岸入网业务跨关区办理，业务办理时间压缩2/3以上，惠及川渝两地企业7 000余家，提升成渝地区双城经济圈互联互通水平；该项创新举措已通过海关总署备案，并入选四川省优化营商环境典型案例。创新“综合保税区设备零配件便捷监管模式”，简化一线出境调拨、退换监管流程，优化二线出区检测维修监管，有效解决随设备整机进口未独立申报的设备零配件出境（区）手续复杂等通关难题，通关时间压缩25%，有力支持区内芯片、集成电路等高端制造企业降本增效；该项创新举措已通过海关总署备案。会同重庆海关落实海关总署出台的支持成渝地区双城经济圈建设12条重点措施，支持开行“蓉欧+”东盟国际铁海联运班列，支持“蓉欧非”铁海多式联运班列首发。推动重庆市获海关总署批复，成为首个可开展中欧班列进口运邮的城市，并在全国率先完成中欧班列南通道回程邮包运输。

（三）持续深化监管创新，提升贸易便利化水平

探索进口特殊物品关地协同监管，助力成都生物医药产业发展，园区企业进口中低风险特殊物品的审批时间压缩至3—5天。探索进口预包装食品标签智能辅助管理，有效避免企业标签申报关键信息错报、漏报等情形，进口葡萄酒标签一次合格率从低于10%提升至99%。创新“智慧陆港”模式，实现全链条物流可视、多角色协同作业，单票货物可减少作业费用上千元，惠及进出口企业1.5万家。创新长江内河口岸进口“极简通关”模式，全流程提升水运进口转关货物通关效率，江运平均时间节省5天左右。成都国际铁路港综合保税区开展跨境电商零售进口退货中心仓业务，“海淘”退货时间由30天缩短至7天。

2022年海关支持中国（陕西）自贸试验区建设主要情况

一、中国（陕西）自由贸易试验区基本情况

中国（陕西）自由贸易试验区是党中央、国务院2016年8月31日批准设立的第三批自由贸易试验区之一，是西北地区首个自由贸易试验区。2017年3月15日国务院印发《中国（陕西）自由贸易试验区总体方案》。2017年4月1日，中国（陕

西）自由贸易试验区（以下简称陕西自贸试验区）正式挂牌。

（一）区域范围

陕西自贸试验区总面积119.95平方公里，涵盖三个片区：中心片区87.76平方公里（含西安高新区、西安经开区、西咸新区沣东新城、秦汉新城、空港新城部分区域），西安国际港务区片区26.43平方公里（含西安国际港务区和西安浐灞生态区部分区域），杨凌示范区片区5.76平方公里（含杨凌示范区部分区域）。

陕西自贸试验区涵盖四个海关特殊监管区域：西安高新综合保税区、西安综合保税区、西安关中综合保税区和陕西西咸空港综合保税区。

（二）功能划分

中心片区重点发展战略性新兴产业和高新技术产业，着力发展高端制造、航空物流、贸易金融等产业，推进服务贸易促进体系建设，拓展科技、教育、文化、旅游、健康医疗等人文交流的深度和广度，打造面向“一带一路”的高端产业高地和人文交流高地。

西安国际港务区片区重点发展国际贸易、现代物流、金融服务、旅游会展、电子商务等产业，建设“一带一路”国际中转内陆枢纽港、开放型金融产业创新高地、欧亚贸易和人文交流合作新平台。

杨凌示范区片区以农业科技创新、示范推广为重点，通过全面扩大农业领域国际合作交流，打造“一带一路”现代农业国际合作中心。

（三）发展情况

陕西自贸试验区挂牌成立以来，陕西省内海关深入贯彻习近平总书记重要指示批示和重要讲话精神，坚持改革引领、创新驱动，全力服务自贸试验区高水平开放、高质量发展。

二、海关支持陕西自贸试验区发展工作情况

在海关总署领导下，西安海关认真贯彻落实习近平总书记关于自贸试验区建设的重要指示精神和党中央决策部署，认真落实陕西省委、省政府建设“一流自贸试验区”部署，围绕陕西自贸试验区的战略定位，推进转变职能、探索制度创新，力求将陕西自贸试验区打造成为陕西深化改革的“试验田”和引领扩大开放新高地。2022年，陕西自贸试验区进出口总额2 141.01亿元，比上年增长27.22%，税收收入152.28亿元。

（一）认真落实国务院、海关总署、陕西省政府关于自贸试验区的各项改革任务

西安海关高度重视陕西自贸试验区的建设发展，成立西安海关推进自贸试验区建设领导小组，建立以需求为导向的自贸创新制度、自贸试验区重点工作及复制推广评估制度和两级联络员制度三项工作机制，制定支持陕西自贸试验区建设的海关方案，夯实自贸试验区改革创新的制度基础，深化自贸试验区监管制度改革，不断提升跨境贸易便利化水平。

在制度创新方面，“铁路运输方式舱单归并新模式”获评国务院第四批自贸试验区改革试点经验并在全国范围复制推广。“互联网+进口快件派送跟踪”“加工贸易云核报辅助系统”两项创新举措获海关总署备案。

在改革试点经验复制推广方面，西安海关立足本省产业特点，充分尊重企业诉求，以促进贸易便利化为原则，加快落实“放管服”改革，通过不断优化监管模式，提升服务水平，为陕西自贸试验区建设贡献海关力量。

国务院发布的前六批改革试点经验中，除航运、港口等不涉及内陆海关业务或陕西省不具备开展条件的任务外，其余30项任务均落地实施。对第六批复制推广的试点经验“飞机行业内加工贸易保税货物便捷调拨监管模式”，成功在中航西安飞机工业集团股份有限公司内部试点成功，实现保税货物在该集团内企业间自由流转、自主申报、自主存放，为企业缩短了订单时间，降低企业资金占用，进一步盘活了企业内部资源。对“货物贸易‘一保多用’管理模式”，西安海关按照海关总署的

统一部署，于2021年底正式上线使用，完成21份“一保多用”担保，涉及担保金额3亿余元；按照海关总署部署，推广使用“进出口商品智慧申报导航服务”；推进跨境电商退货中心仓建设，陕西首家跨境电商网购保税退货中心仓在陕西西咸空港综合保税区落成。

认真研究落实《海关总署关于复制推广自贸试验区海关监管创新制度（2022年）有关工作的通知》要求，积极复制推广适合关区实际的“企业集团加工贸易保税监管模式”，制发《关于复制推广“企业集团加工贸易保税监管模式”海关监管创新制度的通知》，指导各隶属海关在本辖区开展复制推广工作。西安海关所属关中海关在中国航空工业集团有限公司实施“企业集团加工贸易保税监管模式”。

（二）大力提升跨境贸易便利化水平

深化陕西自贸试验区监管改革，区内企业实现“多证合一、多项联办”，探索保税检测研发监管创新试点，试点企业通关时效压缩近95%，减少资金占压近600万元。

国际贸易“单一窗口”广泛应用。通过国际贸易“单一窗口”实现通关作业无纸化，进出口环节验核的监管证件除个别特殊原因外，其余监管证件全部实现联网核查。国际贸易“单一窗口”的货物申报、空运舱单申报、航空器运输工具申报等主要业务应用率始终保持100%，跨境电商申报、物品通关等业务应用率也已达到100%。

拓展“双随机、一公开”监管。常规稽查、查验人员实现100%随机选取，随机布控查验占比达98.6%。

“互联网+海关”优化服务。企业注册备案网上办理，行邮物品税款移动支付，进境个人邮递物品通关系统（邮e通）上线运行，群众可网上办理查询、申报、缴税等国际邮件通关业务，《CCC免办证明》实现全程网上办理。

推进通关流程“去繁就简”。制定压缩货物通关时间五方面17项重点工作，开展压缩通关时间专项行动，制定13项具体举措，细化出台西安海关落实口岸提效降费工作方案。

推动货物流转便利。结合金关二期保税管理系统，升级卡口功能，运用智能监管手段，进行数据自动比对、卡口自动核放，实现保税货物点对点直接流转，提升通关效率。对境内入区的不涉出口关税、不涉贸易管制证件、不要求退税且不纳入海关统计的货物、物品，实施便捷进出区管理模式，通过便捷通关模式有效保障大型项目建设物资及时进区。

实施铁路运输方式舱单归并新模式。西安海关与相关口岸海关协调配合，将中欧班列（长安号）货物根据同一品名、同一规格、同一合同、同一公司、同一列次原则，从原来的“一柜一单”改为“一车一单”，生成1个舱单向海关进行申报，可节省90%以上通关费用。

建立进口快件派送跟踪平台。从互联网平台和快件运营人获取快件派送信息，与快件通关申报基础数据进行对碰，比对申报收件信息与实际物流信息是否一致，分析进口快件国内派送信息，统计差错率，针对不同企业、不同时间等进行多维度分析。防控非贸渠道中存在的贸易碎片化现象，配合其他风险甄别手段，判断是否存在集中收货和有贸易性质的蚂蚁搬家行为，为后续核查监管提供参考。进口快件派送跟踪可实现每分钟至少核实100票进口快件妥投信息，极大提升海关监管效能。

开发加工贸易云报核辅助系统。企业将原需人工进行的“库存折料”核算工作全部交由系统完成。企业在系统的客户端录入保税货物的实际状态和数量，系统自动将成品、半成品、残次品等按照单耗/耗用关系统一折算成料件数量并汇总。系统将料件数量折算完成后，将“实际库存”按照“单一窗口”的报文标准生成账册报核报文，自动发送到“单一窗口”并暂存。待企业点击申报后，申报数据在金关二期账册核销界面中的“实际库存”项下显示，申报数据为一次导入，实现报核无纸作业功能。

推出西安航空口岸国际货物24小时机坪“直装直提”。收发货人可依据货物状态特性、货运方式（包机货腹舱带货）、申报方式等自主选择货站仓库提（交）货或机坪直接提（装）货，实现直航（转关）进（出）口货物机坪（边）随到随提（随到随装）的新航空物流海关监管模式。例如，三星（中国）半导体有限公司设备搬运由原先的4次减少到2次，通关时间缩短近两倍，设备入园时间比原计划提前1天完成，全年预计可为企业节约人民币1 300万元。

实施减免税快速审核模式。对具备ERP系统的相关企业，可通过国际贸易“单一窗口”发布的数据接口与本企业ERP系统对接，实现《进出口货物征免税申请表》及随附单证一键导入申报，符合快速审核条件的，系统可自动出具《征免税确认通知书》，实现全程无纸化作业，最快1分钟可办结，审核效率显著提升。减免税快速审核模式支持集成电路产业和软件产业发展、新型显示器件产业发展、民用航空维修用航空器材三项进口税收优惠政策，后期将根据具体情况逐步扩大适用范围。

2022年海关支持海南自由贸易港建设主要情况

一、海南自由贸易港基本情况

2018年4月13日，习近平总书记在庆祝海南建省办经济特区30周年大会上郑重宣布，党中央决定支持海南全岛建设自贸试验区，支持海南逐步探索、稳步推进中国特色自由贸易港建设，分步骤、分阶段建立自由贸易港政策和制度体系。

2018年4月11日，中共中央、国务院印发《关于支持海南全面深化改革开放的指导意见》，明确“以现有自由贸易试验区试点内容为主体，结合海南特点，建设中国（海南）自由贸易试验区，实施范围为海南岛全岛”。2018年9月，国务院印发《中国（海南）自由贸易试验区总体方案》。

2020年6月1日，中共中央、国务院印发《海南自由贸易港建设总体方案》。2021年6月10日，第十三届全国人民代表大会常务委员会第二十九次会议通过《中华人民共和国海南自由贸易港法》。

（一）区域范围

海南自由贸易港实施范围为海南岛全岛。建设海南自由贸易港是习近平总书记亲自谋划、亲自部署、亲自推动的改革开放重要举措，是党中央着眼于国内国际两个大局，深入研究、统筹考虑、科学谋划作出的战略决策。海南岛全岛试点，是根据中央对海南的定位，充分发挥海南独立地理单元的区位优势和全岛试点的整体优势，便于加强改革系统集成，增强制度创新的整体性、协同性，有针对性地提出试点任务。

（二）功能划分

按照海南省总体规划的要求，以发展旅游业、现代服务业、高新技术产业、热带特色高效农业为主导，科学安排海南岛产业布局。根据海南自由贸易港建设需要，增设海关特殊监管区域，在海关特殊监管区域开展以投资贸易自由化便利化为主要内容的制度创新，主要开展国际投资贸易、保税物流、保税维修等业务。在三亚选址增设海关监管隔离区域，开展全球动植物种质资源引进和中转等业务。

（三）发展情况

党中央赋予海南建设全面深化改革开放试验区、国家生态文明试验区、国际旅游消费中心、国家重大战略服务保障区（简称“三区一中心”）

的战略定位。自2018年海南自贸试验区建设以来，海南累计推出15批134项制度创新案例，其中8项被国务院向全国复制推广。

海口海关深入贯彻习近平总书记关于海南自由贸易试验区和自由贸易港系列重要指示批示精神，在海关总署领导下，推动《中国（海南）自由贸易试验区总体方案》涉及海关改革任务全部落实，支持分步骤、分阶段探索建设海南自由贸易港政策制度体系。

一是服务重大战略成效突出。聚焦海南全面深化改革开放“三区一中心”战略定位和主导产业发展需求，深入辖区企业、政府部门开展调研，深化协同管理、流程优化、科技赋能等领域创新，已累计自主推出4项创新举措获总署批复同意备案。其中，“优质农产品出口动态认证+免证书免备案（注册登记）考核”和“隔离检疫圃考核互认”2项创新举措被纳入商务部等20部门推进海南自贸港贸易自由化便利化举措；“海南离岛免税进口食品化妆品特定附条件放行监管模式”在全国范围内首次将进口化妆品纳入特定附条件放行监管货物范围；“海南离岛免税溯源管理模式”将溯源管理应用于免税商品监管实践，有力促进业务流程进一步简化，监管模式进一步优化，服务水平进一步提升，助力海南自由贸易试验区和自由贸易港建设成势见效。

二是口岸营商环境明显优化。总结提炼11项海关监管创新成果，入选海南省海南自由贸易港（区）制度创新案例，激发市场活力和社会创造力，不断培育外贸发展新优势，其中与海南海事局等部门联合推出的“境外船舶移籍‘一事联办’”创新做法获得第二届“海南省改革和制度创新奖”三等奖。2022年，口岸进口、出口整体通关时间分别为31.04小时、0.89小时，分别比上年压缩30.28%、39.46%，口岸整体通关时间达到历年最优水平。

三是海关开放监管能力逐步提升。印发《海口海关自贸试验区监管制度创新工作指引（试行）》《海口海关自贸港改革创新法治审核工作指引（试行）》等配套文件，建立“总关—隶属海关”共同创新论证机制，推动健全制度创新工作机制和规范创新工作程序。国务院公布的六批改革试点经验中，在海南自贸试验区因地制宜复制推广海关牵头或参与的47项改革试点经验，以及海关总署统一部署复制推广的“先入区、后报关”“保税融资租赁”“期货保税交割”等27项自贸试验区海关监管创新制度，打通理顺了海关相关业务领域的堵点难点，进一步释放深化改革、扩大开放制度红利，为推进海关治理体系和治理能力现代化提供了更加坚实的制度保障。

二、海关支持海南自由贸易港建设发展情况

海口海关全面落实习近平总书记对海南自由贸易港建设的系列重要讲话和重要指示批示精神，深入落实海关总署党委“铸忠诚、担使命、守国门、促发展、齐奋斗”和“海南自由贸易港建设海关必担当”“防范化解重大风险海关必上心”部署要求，全力推动海南自由贸易港建设。2022年，海南进出口总额2 009.5亿元，比2021年增长36.8%，增速较全国快29.1个百分点、居全国第二位；其中，出口额722.6亿元，增长120.7%，增速居全国第一位；进口额1 286.9亿元，增长12.8%。

（一）强化高水平开放，持续提升压力测试成效

全力支持“零关税”三张清单扩容增效，积极开展政策调研评估并提出优化建议，推动完成自用生产设备“零关税”政策首轮调整，不断挖掘拓展政策享惠面；截至2022年底，“零关税”三张清单共监管“零关税”货物货值149.64亿元，减免税款26.57亿元。不断创新优化离岛免税监管模式，支持在海口综合保税区创新开展免税、保税衔接业务；2022年共监管离岛免税购物金额349亿元，购物人数422.4万人次，购物件数4 944.1万件。持续做好“一线放开、二线管住”进出口政策制度试

点扩区工作，成功推动加工增值30%免关税政策正式扩大至海关特殊监管区域外试点实施，为封关运作充分开展压力测试；2022年共监管加工增值免关税货物货值22.34亿元，减免关税1.89亿元。

（二）强化制度集成创新，赋能重点产业平台高质量发展

聚焦海南全面深化改革开放“三区一中心”战略定位和主导产业发展需求，深化协同管理、流程优化、科技赋能等领域创新。全力支持国家南繁硅谷和全球动植物种质资源引进中转基地建设，推动三亚市建成国家（三亚）隔检中心（一期）项目，支持海南成功引进种质资源411批次。支持乐城先行区打造药械进口“平台高地”。

（三）强化助企惠企，全力助推海南外贸保稳提质

深入落实促进外贸保稳提质部署，强化与海南省主要厅局、重点市县常态化合作机制，形成内外协同、同向发力的良好氛围。签署合作备忘录4份，联合推出《提升跨境贸易便利化水平支持外贸高质量发展若干措施》（促进外贸发展32条）、《关于促进海南热带特色农业外贸发展的若干措施》（支持热带特色农业外贸发展15条）、《海口海关 海口市人民政府促进外贸保稳提质若干措施》（支持海口市发展26条）等系列措施落地见效。开展送“服务包”活动，为200余家重点企业精准服务，开展常态化政策宣讲100余次，“一对一”加大企业信用培育力度，助企纾困成效明显。2022年，海南新增进出口企业1.3万家，比上年增长114%；AEO认证企业51家，增长82.1%。成功助力海南进口种牛，供港鲜鸡蛋，出口“锦鲤”、荔枝等特色农产品实现历史性突破，文昌鸡时隔10年恢复供港。持续深化“两段准入”“两步申报”“船边直提”“抵港直装”等改革，大力推广“无陪同”查验，进一步压缩进出口通关时间。

（四）强化高标准建设，全面启动封关运作准备

加快海关监管制度体系研究，配合海关总署司局研究海南自由贸易港海关监管办法形成初步成果。围绕打造“智慧口岸”，积极研究提出8个对外开放口岸升级改造和10个“二线口岸”建设的海关设施设备及信息化建设需求，主动开展“二线口岸”监管资源整合和协同监管机制建设研究，封关运作第一批15个口岸项目已全部开工。启动洋浦海关、三亚机场海关筹建工作。

（五）强化精准防控，坚决防范化解重大系统性风险

有力打击离岛免税“套代购”走私，锤炼聚焦“五精战法”，推动实现与地方32项数据共享，全面构筑“打防管控”一体化工作，免税商品“套代购”走私总体可防可控。2022年，共侦办离岛免税走私犯罪案件79宗，案值约2.61亿元，涉税金额约3 866.6万元，打掉团伙67个。

2022年海关支持中国（山东）自贸试验区建设主要情况

一、中国（山东）自由贸易试验区基本情况

2019年8月2日，国务院印发《中国（山东）自由贸易试验区总体方案》，批复设立中国（山东）自由贸易试验区（以下简称山东自贸试验区）。2019年8月31日，山东自贸试验区济南片区、青岛片区、烟台片区正式挂牌。

（一）区域范围

山东自贸试验区实施范围119.98平方公里，涵盖三个片区：济南片区37.99平方公里（含济南章锦综合保税区1.52平方公里），青岛片区52平方公里（含青岛前湾综合保税区9.12平方公里、青岛西海岸综合保税区2.01平方公里），烟台片区29.99平方公里（含烟台综合保税区区块二2.26平方公里）。

山东自贸试验区包含四个海关特殊监管区域：济南章锦综合保税区、青岛前湾综合保税区、青岛西海岸综合保税区和烟台综合保税区。

（二）功能划分

济南片区重点发展人工智能、产业金融、医疗康养、文化产业、信息技术等产业，开展开放型经济新体制综合试点试验，建设全国重要的区域性经济中心、物流中心和科技创新中心。

青岛片区重点发展现代海洋、国际贸易、航运物流、现代金融、先进制造等产业，打造东北亚国际航运枢纽、东部沿海重要的创新中心、海洋经济发展示范区，助力青岛打造中国沿海重要中心城市。

烟台片区重点发展高端装备制造、新材料、新一代信息技术、节能环保、生物医药和生产性服务业，打造中韩贸易和投资合作先行区、海洋智能制造基地、国家科技成果和国际技术转移转化示范区。

（三）发展情况

山东自贸试验区成立以来，青岛海关、济南海关深入贯彻落实习近平总书记重要指示批示精神，坚持改革引领、创新驱动，全力服务自贸试验区高水平开放、高质量发展。2022年，山东自贸试验区进出口总额3 684.3亿元，比上年增长32.62%，占全省进出口总额的11.1%。

二、海关支持山东自贸试验区发展情况

青岛海关、济南海关严格按照海关总署部署，坚持改革引领、创新驱动，着力激发自贸试验区内生动力，全力支持山东自贸试验区高水平开放、高质量发展。

（一）青岛海关支持山东自贸试验区青岛片区、烟台片区发展情况

以制度创新为核心，以企业需求为导向，深入推进方案任务全面落实落地，积极推动出台山东自贸试验区深化改革创新方案，大力推进海关监管制度创新，为自贸试验区深化改革、扩大开放贡献海关智慧和力量。

推动自贸试验区深化改革创新。继续深入推动《中国（山东）自由贸易试验区总体方案》（以下简称《总体方案》）任务落实落地，《总体方案》涉及海关的25项任务均已具备政策落地条件。积极推动《中国（山东）自由贸易试验区深化改革创新方案》（以下简称《创新方案》）出台，结合片区发展定位、海关监管要求等，积极提出优化完善建议。在《创新方案》140项任务事项中，由海关牵头或参与的事项共计38项，占比达27%。

大胆探索海关监管制度创新。深入发挥自贸试

验区改革创新“试验田”作用，围绕贸易转型、通关便利等方面，先后探索推出各类海关监管创新举措60余项，“企业集团加工贸易保税监管模式”在全国复制推广，7项创新举措在海关总署备案，先后有34项创新制度入选山东自贸试验区第一、二、三批制度创新成果。一是聚焦口岸疫情防控加大创新力度。适应疫情防控常态化要求，围绕口岸检疫、货物检验鉴定等环节，运用信息化手段加大创新力度。例如，推出入境交通工具“无接触式卫生检疫”新模式，形成“远程检疫+无接触采样+远程监控”检疫模式，有效降低检疫人员感染风险、提升通关效率。二是聚焦知识产权保护加大创新力度。将强化知识产权海关保护作为推动高质量发展的重要内容，围绕快速、精准打击口岸知识产权侵权行为加大创新力度。例如，创新开展移动查验单兵集成知识产权商标智能识别应用，拓展海关移动查验单兵功能，在现场即可完成商品的识别、联网、检查、反馈，识别效率和精准度显著提升，每票货物可节省通关时间约2小时。“进出口货物知识产权状况预确认”模式成功入选知识产权强国建设第一批典型案例。

充分发挥综合保税区引领带动作用。结合片区定位和区域产业特色，实施“一区一策”“精准画像”，推动有关创新制度在综合保税区先行先试、全面落地，打造自贸试验区创新发展“样板田”。一是持续强基提质，促进综合保税区高质量发展。对关区内综合保税区开展系统调研，全面摸清底数，排查风险。汇编《青岛海关促进综合保税区开放发展监管服务手册》。围绕危险品管理、非保税货物监管等重点业务问题，加强与综合保税区管理机构、有关部门的协同配合，建立联系配合和情况通报机制。二是服务双循环，推动内外市场贯通。稳步推进增值税一般纳税人资格试点，88家企业开展试点。全面推进仓储货物按状态分类监管，41家企业开展试点，为企业节约成本近千万元。三是支持新业态，推动贸易结构优化。推进跨境电商零售进口退货中心仓政策及跨境电商特殊区域出口海外仓试点。支持期货保税交割业务做大做强，落实与上海期货交易所签署的战略合作协议，关区橡胶期货保税交割业务量占全国实际参与交割量的90%以上。

（二）济南海关支持山东自贸试验区济南片区发展情况

全面落实自贸试验区试点工作任务。《总体方案》涉及济南海关的16项任务措施全面落实，济南海关印发《济南海关支持中国（山东）自贸试验区建设工作方案》，提出的支持山东自贸试验区建设27项举措83项具体任务全部落地见效。强力推动济南章锦综合保税区申建，弥补济南片区缺少高能级开放平台的短板；支持济南获批成立中国（济南）跨境电子商务综合试验区，推动跨境电商“1210”模式落地，试点跨境电商B2B出口模式；推动济南片区内董家铁路货运中心海关监管作业场所顺利封关运作，服务中欧班列提质升级。

大力推进海关监管制度创新。积极探索海关监管制度创新，“基于5G物联网技术的保税展销辅助监管系统”“加工贸易海关担保事务履约保证保险”“企业认证智慧培育系统”“简化进境粮食检疫审批程序”“智慧旅检智能一体机”等5项创新举措通过海关总署备案，“简化进境粮食检疫审批”“‘企财保’‘零成本’担保模式”“‘铁海E通’畅通陆海联动”等8项创新成果被山东省复制推广。一是试点应用“智慧旅检”，提高入境旅客通关效率。济南海关自主研发智慧旅检智能一体机，实现口岸卫生检疫监管全流程自动化，将以往需要5种以上设备才能完成的工作集中到1台设备上完成，通关效率提升20%以上。设备投入使用以来，累计完成98次航班共计12 000名旅客通关保障工作，关员实现零感染。“智慧旅检”项目已获国家版权局颁发的2项计算机软件著作权登记证书。二是“企业认证智慧培育系统”取得显著成效。济南海关自主探索形成“企业认证智慧培育系统”，构建关企新型信息交互渠道，形成“标准线上学、资料线上报、海关线上审、意见线上提、问题线上改”的培育模式，依托线上、线下多种形式，主动对企业进行沉浸式、情景化教学，海关认证效率提升50%。截至2022年底，已对山东自贸试验区济南片区内30余家重点企业开展试点培育，对2家企业开展认证工作，认证通过率达100%，山东自贸试验区济南片区内高级认证企业增至5家，增长率达60%。“企业认证智慧培育系统”项目获国家知识产权局颁发的实用新型专利证书。

推动海关特殊监管区域与自贸试验区统筹发展。一是支持自贸试验区内的综合保税区扩大增值税一般纳税人资格试点。济南海关与省税务局签订合作备忘录，协同推进试点工作。截至2022年底，济南市2个综合保税区内已有60家企业开展增值税一般纳税人试点，累计实现退税9.3亿元。二是支持综合保税区发展新兴业态。支持浪潮集团在济南章锦综合保税区内打造服务器维修中心，2022年实现维修货值1.38亿美元，比上年增长254.7%。对山东自贸试验区济南片区保税维修业务开展调研，向海关总署上报片区企业需求迫切的柴油发动机、汽车发动机等12类商品维修需求，申请纳入第三批《综合保税区维修产品目录》；发挥济南地区综合保税区与济南片区两区叠加优势和跨境电商综合试验区优势，推进保税跨境电商和保税研发先行先试。2022年，济南两个综合保税区有8家企业开展保税跨境电商业务，进出口货值1.52亿元，比上年增长16.2倍；保税研发货值38.5万元，比上年增长228.7%。

推动自贸试验区与联动创新区共同发展。一是推进药食同源商品进口通关便利化改革。与山东省商务厅、山东省市场监督管理局、山东省药品监督局联合建立药食同源商品进口通关便利化改革试点协作机制，联合制定印发《中国（山东）自由贸易试验区药食同源商品进口通关便利化改革试点方案》，试点企业无须办理《进口药品通关单》，凭《药食同源商品进口用途证明》等材料向属地海关办理进口通关手续。截至2022年底，已有3家企业完成试点备案工作，涉及小茴香、肉豆蔻等7种试点商品，备案年进口总量7 380吨。二是推动RCEP各项优惠政策落地。积极配合山东省商务厅强化政策宣讲拓展覆盖面，落实RCEP“6小时通关”，提升货物通关效率。推进签证办理便利化，自主开发“RCEP享惠智选助手”助力企业“惠中选惠”，有效攻克关税减让模式复杂等应用难题。推广应用原产地证书智能审核和自助打印，推动海关与贸促会互认原产地调查结果，提升企业享惠便利化水平。

三、海关在山东自贸试验区开展海关监管制度创新情况

根据海关总署部署开展“企业集团加工贸易保税监管模式”复制推广工作。该创新制度是以“企业集团”为单元，以信息化系统为载体，以企业集团经营实际需求为导向，对企业集团实施整体监管的加工贸易监管模式。通过改革有效促进集团化运作企业生产要素在集团内企业间的自由流动，有效提高企业集团生产的自主性，帮助企业集团进一步解放生产力、延伸产业链、提高全球竞争力。

2022年海关支持中国（江苏）自贸试验区建设主要情况

一、中国（江苏）自由贸易试验区基本情况

2019年8月2日，国务院印发《中国（江苏）自由贸易试验区总体方案》，批复设立中国（江苏）自由贸易试验区（以下简称江苏自贸试验区）。2019年8月30日，江苏自贸试验区正式挂牌。

（一）区域范围

江苏自贸试验区实施范围119.97平方公里，涵盖三个片区：南京片区39.55平方公里，苏州片区60.15平方公里，连云港片区20.27平方公里。

（二）功能划分

南京片区建设具有国际影响力的自主创新先导区、现代产业示范区和对外开放合作重要平台。

苏州片区建设世界一流高科技产业园区，打造全方位开放高地、国际化创新高地、高端化产业高地、现代化治理高地。

连云港片区建设亚欧重要国际交通枢纽、集聚优质要素的开放门户、“一带一路”沿线国家（地区）交流合作平台。

（三）发展情况

《中国（江苏）自由贸易试验区总体方案》中涉及海关的35个事项，已落实34项。其中，“自贸试验区与海关特殊监管区域联动发展”等24项任务已取得明显成效；“支持南京、连云港片区申报建设汽车整车进口口岸”等5项平台建设任务已向地方政府反馈支持意见，并向海关总署汇报，尚待持续推进落地；“创新出口货物专利纠纷担保放行方式”等5项任务已开展政策研究和宣讲等工作，正在培育企业需求。

二、海关支持江苏自贸试验区发展情况

截至2022年底，江苏自贸试验区海关备案企业7 057家，其中连云港片区772家、南京片区1 045家、苏州片区5 240家；进出口总额5 629.86亿元，占江苏省进出口总额的10.3%，其中苏州片区进出口额5 294.49亿元、南京片区进出口额139.19亿元、连云港片区进出口额196.18亿元。

（一）支持重点产业发展

为支持江苏自贸试验区生物医药产业创新发展，南京海关与江苏省商务厅、江苏省科技厅和江苏省药品监督管理局合作，在江苏自贸试验区苏州片区开展“生物医药研发用物品进口‘白名单’制度”试点，将2家企业6种货物列入试点范围，进口不需办理《进口药品通关单》。

为支持大豆等粮食类货物进口，优化进口粮食品质检验模式，对进口粮食实行风险分级，按照分级结果实施抽批检验。2022年南京海关根据风险分级研判，对37批低风险进口大豆免于实施品质检验，共节约通关时长1 776小时。深化与宁波、杭州等长三角地区海关合作，完善“江海联运”“协同检疫”工作机制，对进口粮食船舶采取船边检疫、边卸边检措施，全年共对216艘粮食船舶适用该模式，共节约通关时长2 160小时。

为支持集成电路等高新技术货物进口，南京海关与上海海关协作配合，共同实施长三角海关高新技术货物布控查验协同模式。2022年，江苏省共有18家企业参与试点，122项商品通过长三角查验协同试点备案，操作协同查验货物45票，监管货值8 226.88万元。

（二）优化口岸营商环境

成立提升通关时效工作专班，大力推广“提前申报”“两步申报”改革，加强报关单运行监控，不断提升通关效率。截至2022年底，江苏省进口、出口整体通关时间分别为28.64小时、0.67小时，

较 2021 年分别压缩 11.24 小时、1.59 小时，较 2017 年分别压缩 71.69%、94.54%，达历史最好水平。

通过实施“船边直提”“抵港直装”等监管业务改革，提高进出口货物物流效率，2022 年开展“船边直提”6 528 票，涉及进口货物 4 082.59 万吨，“抵港直装”5 013 票，涉及出口货物 507.93 万吨。

综合运用“云宣讲”、网络直播、在线访谈等形式，向区内企业宣讲 RCEP 等高标准国际经贸规则中的国际贸易优惠措施，提升企业对 RCEP 关税优惠政策利用意识和利用水平。全年为关区企业出具 RCEP 原产地声明 273 份，受理归类预裁定申请 425 份，签发归类预裁定决定 115 份，帮助企业提前了解通关政策及涉税要素。

（三）支持新业态发展

2022 年，南京关区内开展保税维修业务的企业已达 42 家，维修货物进出口货值 18.86 亿美元；网购保税进口货物二线出区货值 3.38 亿元，比上年增长 144.93%；江苏自贸试验区连云港片区在综合保税区开展铜精矿保税混矿业务，已进口用于混配的铜精矿 5.3 万吨，货值 1.5 亿美元；南通综合保税区设立跨境电商零售进口退货中心仓，已退货入区包裹 2 599 票，货值 52 万元；苏州高新技术产业开发区综合保税区、扬州综合保税区和江阴综合保税区内各有 1 家企业开展保税货物融资租赁业务。

（四）推进“智慧海关”建设

在江苏自贸试验区苏州片区运用 AI 技术开发规范申报项目“智贸诊断器”，开发设计数据模型，经过 60 余万条报关数据的机器学习后，对园区进出口量较大的 54 个税号实现 AI 在报关单审核领域的全国首次应用，准确率达 95%以上，降低了企业申报差错率；推出“经贸规则计算器”，将 RCEP 等高标准国际经贸规则纳入统筹推荐范围，帮助企业比较出口国贸易优惠政策，选择使用最优惠的经贸规则。

2022 年海关支持中国（广西）自贸试验区建设主要情况

一、中国（广西）自由贸易试验区基本情况

2019 年 8 月 2 日，国务院印发《中国（广西）自由贸易试验区总体方案》，批复设立中国（广西）自由贸易试验区（以下简称广西自贸试验区）。2019 年 8 月 30 日，广西自贸试验区正式揭牌运行。

（一）区域范围

广西自贸试验区实施范围 119.99 平方公里，涵盖三个片区：南宁片区 46.8 平方公里（含南宁综合保税区 2.37 平方公里），钦州港片区 58.19 平方公里（含原钦州保税港区 8.81 平方公里；2020 年 5 月 24 日国务院批准钦州保税港区整合为综合保税区，规划面积调整为 4.63 平方公里），崇左片区 15 平方公里（含凭祥综合保税区 1.01 平方公里）。

（二）功能划分

南宁片区重点发展现代金融、智慧物流、数字经济、文化传媒等现代服务业，大力发展新兴制造产业，打造面向东盟的金融开放门户核心区和国际陆海贸易新通道重要节点。

钦州港片区重点发展港航物流、国际贸易、绿色化工、新能源汽车关键零部件、电子信息、生物医药等产业，打造国际陆海贸易新通道门户港和向海经济集聚区。

崇左片区重点发展跨境贸易、跨境物流、跨境金融、跨境旅游和跨境劳务合作，打造跨境产业合作示范区，构建国际陆海贸易新通道陆路门户。

（三）发展情况

广西自贸试验区挂牌以来，坚持以制度创新为核心，以可复制可推广为基本要求，对标国际先进规则，聚焦投资、贸易、金融和事中事后监管等领域，解放思想、大胆创新。截至2022年底，广西自贸试验区海关备案企业3 724家，进出口总额2 435.41亿元，比上年增长27.78%，占广西进出口总额的（6 603.5亿元）36.9%，增速保持稳定增长态势。

二、海关支持广西自贸试验区发展工作情况

南宁海关按照“四个全面、一个力推”的自贸试验区工作主线（即全面完成国务院总体方案海关试点任务、全面推进制度创新、全面复制推广国务院自贸试验区改革试点经验、全面提升综合保税区发展绩效，力推广西建成特色鲜明的高水平自贸试验区）扎实推进各项工作，全力为广西自贸试验区建设贡献海关力量，三年来获海关总署批复备案创新举措7项。

（一）对接RCEP经贸规则进一步落实细化

主动回应广西自贸试验区发展重点领域和实际需求，围绕对接RCEP经贸规则，与自治区商务厅研究出台《广西出口RCEP零关税优势商品清单》《广西进口RCEP零关税优势商品清单》《广西优势产业货物贸易降税商品清单》“三张清单”，并在关区组织“揭榜挂帅”，帮助企业用好降税政策；培育广西优质企业申请“经核准出口商”资格，全国首家“经核准出口商”落户广西，目前已培育7家广西企业获得该资格，进一步便利企业享受降税优惠；全面推广原产地证书智能审单，推进原产地证书签证智能化、标准化、规范化，预计为出口企业争取进口国关税减免约3亿美元。

（二）进一步支持广西边贸创新发展

出台《关于支持边民互市贸易进口商品落地加工加快发展的若干措施》，进一步固化推广改革经验；推动自治区商务厅印发《广西开展多种运输方式进口互市商品落地加工试点实施方案》，将试点范围由东兴扩大到龙邦、水口、宁明等广西其他边境互市场所；制定《南宁海关多种运输方式进口互市商品落地加工试点监管操作指引》，推动上线智能化途中监管系统，促进进口越南冻芒鱼、越南和泰国冻对虾、缅甸姜黄等周边国家商品快速发展。

（三）跨境电商等新业态取得新成果

支持跨境电商企业开展“一次查验，联程转关”全路径物流联运业务，打通由南宁铁路港陆铁联运和西部陆海新通道公海联运方式出口越南的物流通道，进一步完善广西跨境电商出口海、陆、空、铁立体化物流体系，2022年监管跨境电商出口商品货值同比增长1.3倍；支持广西自贸试验区崇左片区的凭祥出口商品采购中心市场采购贸易方式试点创新发展，引导梧州人造宝石、柳州螺蛳粉和汽车零部件等生产或贸易企业入驻凭祥出口商品采购中心开展业务。

（四）全面推进广西综合保税区建设布局优化和发展绩效对标提升

支持并指导广西综合保税区申请设立、建设布局、功能优化等建设，推动梧州综合保税区按期完成建设并通过验收；指导防城港综合保税区完成建设选址等规划设计，并正式向国务院提交设立申请；助力广西凭祥综合保税区功能区域划分项目完成建设验收和投入使用；支持钦州综合保税区增设行政卡口、货运通道升级等项目完成验收；密切配合地方做好南宁综合保税区后续整改和异地迁建事宜。积极协助自治区政府做好广西综合保税区发展绩效对标提升和争先进位专项工作，协助自治区主管部门从全国视角审视广西

综合保税区发展的比较优势和短板弱项，加强分析解读，形成课题报告辅助决策。积极开展综合保税区政策研究，为综合保税区高质量发展积极建言献策。

2022年海关支持中国（河北）自贸试验区建设主要情况

一、中国（河北）自由贸易试验区基本情况

2019年8月2日，国务院印发《中国（河北）自由贸易试验区总体方案》。2019年8月28日，中国（河北）自由贸易试验区（以下简称河北自贸试验区）正式挂牌。

（一）区域范围

河北自贸试验区实施范围119.97平方公里，涵盖四个片区：雄安片区33.23平方公里，正定片区33.29平方公里（含石家庄综合保税区2.49平方公里），曹妃甸片区33.48平方公里（含曹妃甸综合保税区4.59平方公里），大兴机场片区19.97平方公里（含北京大兴国际机场综合保税区4.35平方公里）。

（二）功能划分

雄安片区重点发展新一代信息技术、现代生命科学和生物技术、高端现代服务业等产业，建设高端高新产业开放发展引领区、数字商务发展示范区、金融创新先行区。

正定片区重点发展临空产业、生物医药、国际物流、高端装备制造等产业，建设航空产业开放发展集聚区、生物医药产业开放创新引领区、综合物流枢纽。

曹妃甸片区重点发展国际大宗商品贸易、港航服务、能源储配、高端装备制造等产业，建设东北亚经济合作引领区、临港经济创新示范区。

大兴机场片区重点发展航空物流、航空科技、融资租赁等产业，建设国际交往中心功能承载区、国家航空科技创新引领区、京津冀协同发展示范区。

（三）发展情况

河北自贸试验区挂牌成立以来，认真履行“为国家试制度，为地方谋发展”的职责使命，以制度创新为核心，聚焦贸易便利化、金融创新、产业开放、政府职能转变等重点领域，形成一百余项制度创新成果，其中1项成果入选国务院自由贸易试验区工作部际联席会议发布的自由贸易试验区第四批“最佳实践案例”。

石家庄海关按照海关总署部署和统一要求，全面贯彻落实《中国（河北）自由贸易试验区总体方案》各项工作任务，全力推动河北自贸试验区建设发展。截至2022年底，总体方案涉及海关22项任务已完成20项，复制推广国务院自贸试验区改革试点经验49项、海关总署监管创新制度27项，在海关总署备案创新举措3项。

二、海关支持河北自贸试验区发展情况

在海关总署党委的坚强领导下，石家庄海关认真贯彻落实党中央、国务院重大决策部署，紧密结合关区发展实际，以推动自贸试验区、综合保税区统筹协调发展为重点，推进自贸试验区各项改革任务，有效发挥改革创新“试验田”作用。2022年，河北自贸试验区进出口总额782.07亿元，比上年增长22.47%，占河北省进出口总额的13.9%。

（一）口岸营商环境持续优化

研究制定中国式现代化的河北场景石家庄海关

通关便利化“1+3”场景体系，出台“10+18+25”条具体措施（“优化口岸营商环境10条措施”“提升通关便利化水平18条措施”“促进外商投资服务举措工具箱25条措施”），全面深化海关通关便利，全面服务促进重点项目发展。首次编写提升通关便利化水平指标体系，设置3类14项指标，基本覆盖从货物申报到放行的全流程。2022年，口岸进口、出口整体通关时间分别为33.43小时、0.9小时，较2017年分别压缩79.11%、94.43%，较2021年压缩10.88%、43.75%。

（二）助力高水平开放平台建设

深度参与雄安综合保税区申报建设，就功能定位、产业布局、项目引进等提出发展建议完成上报，指导合规建设，海关总署已启动审批程序。与北京海关协商签订两关推动北京大兴国际机场综合保税区协同工作机制，在企业信用培育、政策宣传培训、监管制度创新等方面共同服务大兴机场综合保税区高质量发展。配合省有关部门，推动石家庄药品进口口岸获批，业务落地。在曹妃甸片区综合保税区内建立跨境电商零售进口退货中心仓，优化跨境电商退货流程，对符合二次销售标准的待退货件向海关一次申报、一次审核、即时上架，最快当日就能再次进入流通环节；指导河北自贸试验区曹妃甸片区汽车进口企业建设“保税+检测+展示+销售”贸易一体化平台，2022年一线进口整车399辆、货值1.66亿元。

（三）积极推进海关监管制度创新

推进2项海关监管创新举措通过海关总署备案。主动回应地方政府和企业诉求，联合省口岸管理部门和地方政府建设部署“口岸物流车辆服务平台”，该创新举措将疏港车辆数据申报时间缩短到5秒，压缩时间超90%，有效破解车辆疏港难题。积极参与京津冀海关协同创新，与北京、天津海关共同研究上报“未经联网核查的进口医疗器械风险防控京津冀协同新模式”创新举措并获得海关总署备案，目前已开展多次核查作业。

（四）加强自贸试验区改革试点经验复制推广

制发《2022年促进河北自贸试验区建设发展工作安排》《关于复制推广两项海关监管创新制度的通知》等文件，继续在关区全面推广保税维修、融资租赁、保税展示交易等制度，深化“海关特殊监管区域‘四自一简’监管创新”“先入区、后报关”等创新制度应用，新增复制推广“企业集团加工贸易保税监管模式”“国际航行船舶转港数据复用模式”等2项海关监管创新制度，推动复制推广工作开展有序、落地有效。2022年河北省综合保税区进出口总额750.9亿元，比上年增长18.7%。推广“进境粮食检疫全流程监管”“优化进境保税油检验监管制度”“引入中介机构开展稽核查、核销和企业稽查”等创新制度，有效提升海关监管效能，2022年检验进口粮食230亿元、进境保税油15.4亿元，中介参与稽核查补缴税款2 791万元。

2022年海关支持中国（云南）自贸试验区建设主要情况

一、中国（云南）自由贸易试验区基本情况

2019年8月2日，国务院印发《中国（云南）自由贸易试验区总体方案》。2019年8月30日，中国（云南）自由贸易试验区（以下简称云南自贸试验区）及三个片区正式挂牌。

（一）区域范围

云南自贸试验区实施范围119.86平方公里，涵盖三个片区：昆明片区76平方公里（含昆明综合保税区0.58平方公里），红河片区14.12平方公里，德宏片区29.74平方公里。

云南自贸试验区包含一个海关特殊监管区域：昆明综合保税区。

（二）功能划分

昆明片区加强与空港经济区联动发展，重点发展高端制造、航空物流、数字经济、总部经济等产业，建设面向南亚和东南亚的互联互通枢纽、信息物流中心和文化教育中心。

红河片区加强与红河综合保税区、蒙自经济技术开发区联动发展，重点发展加工及贸易、大健康服务、跨境旅游、跨境电商等产业，全力打造面向东盟的加工制造基地、商贸物流中心和中越经济走廊创新合作示范区。

德宏片区重点发展跨境电商、跨境产能合作、跨境金融等产业，打造沿边开放先行区、中缅经济走廊的门户枢纽。

（三）发展情况

云南自贸试验区挂牌成立以来，昆明海关深入贯彻习近平总书记重要指示批示和视察云南重要讲话精神，坚持改革引领、创新驱动，全力服务自贸试验区高水平开放、高质量发展，累计推出5项创新举措。截至2022年底，云南自贸试验区海关备案企业3 604家，累计进出口总额2 846.3亿元，其中进口669.0亿元、出口2 177.3亿元。

二、海关支持云南自贸试验区发展情况

云南自贸试验区挂牌成立以来，昆明海关深入贯彻习近平总书记重要指示批示和视察云南重要讲话精神，坚持改革引领、创新驱动，全力服务自贸试验区高水平开放、高质量发展。2022年，云南自贸试验区进出口总额949.8亿元，占云南省进出口总额的28.4%。

（一）全力落实建设要求，做好制度创新工作

针对《中国（云南）自由贸易试验区总体方案》《中国（云南）自由贸易试验区建设实施方案》涉及海关牵头的11项工作任务，昆明海关均已制定实施方案，并提前完成牵头任务指导意见文件的制发工作。充分发挥自贸试验区先行先试“试验田”作用，结合云南沿边及跨境特色和关区工作重点，积极开展海关监管制度创新工作，累计5项监管制度创新举措获海关总署备案。加强与省外海关联合协同创新，会同哈尔滨海关、南宁海关开展跨省区海关协同创新，找准沿边开放共性堵点问题，研究提出高质量协同创新举措，取得初步成果。

（二）扎实开展复制推广，深化风险防控工作

国务院复制推广的6批改革试点经验中，涉及海关的61项改革试点已全部在关区部署并复制推广；海关总署3批共27项自贸试验区海关监管创新制度，在关区落地实施19项。同时建立特殊区域风险跨部门联合研判机制，分析特殊区域政策上和管理上的堵点、断点和盲点，厘清各环节的职责分工，形成风险防控合力。严格落实海关总署“先备案后实施”“先评审后复制推广”等制度要求，规范关区海关监

管制度创新工作，并加强风险防控。

（三）构建区域统筹发展，聚焦发展新型业态

发挥好自贸试验区制度创新和综合保税区政策优惠的“两区叠加”优势，以及自贸试验区中的综合保税区在贸易自由化探索的核心作用，巩固自贸试验区中的综合保税区加工制造、仓储物流传统优势，支持研发、检测、维修等生产性服务业新业态先行先试，逐步将综合保税区以货物贸易为主拓展为货物贸易和服务贸易融合发展，促进融资租赁、跨境电商、文化创意、医疗健康等新业态发展。推动加工贸易业务、入区项目集约规范管理，降低监管风险。创新加工贸易管理模式，整合人力资源，成立加工贸易核批中心，负责对加工贸易手（账）册的设立、变更等业务进行集中审核，促进保税监管业务提质增效。推进加工贸易提档升级，强化课题研究，组织加工贸易“提档升级”课题调研工作，向海关总署报送专题调研报告1篇。加强与地方相关部门沟通协调，“因时制宜”研究出台符合加工贸易中长期发展规划相关政策，形成高效监管的整体合力，促进云南省加工贸易转型升级。主动服务地方重点企业重点项目建设，积极配合地方政府部门争取开展区外保税维修业务，支持企业转型升级，助力企业抢占加工贸易国际新市场。

（四）提升新兴产业能级，打造特殊功能区域

制定细化稳经济一揽子政策和接续政策的落实措施，指导昆明、德宏、红河3个跨境电子商务综合试验区进行系统“分单模式”“简化申报”维护。依托中老铁路加强政策研究，实现“跨境电商+铁路运输”业务模式落地运行。支持引导业务规模较大的跨境电商企业充分运用铁路运力从磨憨口岸快速运达南亚、东南亚市场，通过物流信息化系统“场场联动”模块，实现不同场所之间车辆、集装箱、货物的高效流转。参与指导制定大理、西双版纳跨境电子商务综合试验区建设方案，开展跨境电商业务线上专题培训。已建成运行的跨境电商园区8个，实现跨境电商四种业务模式全部落地，业务量逐步增长，备案海外仓9个，覆盖亚非欧6个国家。

积极配合云南省政府申请二手车出口业务试点城市，昆明市获批为第三批二手车出口业务试点城市之一，具有开展出口二手车业务资质。支持云南申建汽车整车进口口岸。加强与总署汇报请示，组织相关职能部门和隶属海关研究汽车整车进口口岸建设、保税仓储等问题，梳理涉及海关职责权限内相关工作规定及支持政策措施。加强与中国（云南）自由贸易试验区领导小组办公室、云南省人民政府口岸办公室沟通联系，组织相关职能部门对河口铁路口岸申报整车进口口岸的可研性报告予以研究，并提出建设性意见建议。

（五）推动RCEP先行示范，助力特色产业发展

研究制定昆明海关落实RCEP的指导意见，持续做好RCEP培训及政策宣讲，采取线上直播、微信平台开展RCEP享惠申报政策和操作宣讲，重点就关税减让、享惠条件、证书签发、通关流程等内容对企业进行解读和指导。提升原产地证书申领便利化水平，推行原产地证书“集中审核，就近签证”业务模式，实施“数据共享”“智能审核”“自助打印”等签证改革举措，最大限度缩短企业申领时间。2022年RCEP生效以来，昆明关区共签发RCEP项下优惠原产地证书4 075份，货值1.46亿美元，助力企业在RCEP成员国享受税收减让约364万美元。

积极推进缅甸青贮饲料检疫准入，多方合力确保缅甸青贮玉米试进口工作顺利开展。积极推进周边国家输华农产品检疫准入，组织开展缅甸输华大豆、老挝红豆蔻有害生物风险分析工作，促成老挝烟叶，缅甸玉米、香蕉正式获准输华。牵头完成缅甸输华香蕉注册果园和包装厂、越南榴莲输华企业符合性视频检查工作。推进老挝屠宰用肉牛输华工作，加强对缅方法规政策与疫病防控的研究与技术交流工作，积极报请海关总署组织系统内专家进行技术指导，稳步推进中缅跨境动物疫病区域化管理试点工作向前发展。

2022年海关支持中国（黑龙江）自贸试验区建设主要情况

一、中国（黑龙江）自由贸易试验区基本情况

2019年8月2日，国务院印发《中国（黑龙江）自由贸易试验区总体方案》。2019年8月30日，中国（黑龙江）自由贸易试验区（以下简称黑龙江自贸试验区）正式挂牌。

（一）区域范围

黑龙江自贸试验区实施范围119.85平方公里，涵盖三个片区：哈尔滨片区79.86平方公里，黑河片区20平方公里，绥芬河片区19.99平方公里（含绥芬河综合保税区1.8平方公里）。

黑龙江自贸试验区包含一个海关特殊监管区域：绥芬河综合保税区。

（二）功能划分

哈尔滨片区重点发展新一代信息技术、新材料、高端装备、生物医药等战略性新兴产业，科技、金融、文化旅游等现代服务业和寒地冰雪经济，建设对俄罗斯及东北亚全面合作的承载高地和联通国内、辐射欧亚的国家物流枢纽，打造东北全面振兴全方位振兴的增长极和示范区。

黑河片区重点发展跨境能源资源综合加工利用、绿色食品、商贸物流、旅游、健康、沿边金融等产业，建设跨境产业集聚区和边境城市合作示范区，打造沿边口岸物流枢纽和中俄交流合作重要基地。

绥芬河片区重点发展木材、粮食、清洁能源等进口加工业和商贸金融、现代物流等服务业，建设商品进出口储运加工集散中心和面向国际陆海通道的陆上边境口岸型国家物流枢纽，打造中俄战略合作及东北亚开放合作的重要平台。

（三）发展情况

黑龙江自贸试验区获批三年以来，以全省万分之三的面积，贡献了全省约1/7的外贸进出口。2022年，黑龙江省自贸试验区进出口总额397.65亿元，比上年增长48.5%，高于全省增速15.5个百分点；其中，出口总额108.67亿、增长39.9%，进口总额288.98亿、增长52.0%。

哈尔滨海关以黑龙江自贸试验区总体方案为指引，以制度创新为核心，累计推出7项自贸试验区海关监管创新举措在黑龙江自贸试验区先行先试。国务院6批复制推广改革试点经验中涉及海关方面共57项，海关总署评审形成的3批海关监管创新制度共27项，哈尔滨海关在政策上已全部复制推广。

二、海关支持黑龙江自贸试验区发展情况

哈尔滨海关坚持以制度创新为核心，落实黑龙江自贸试验区总体方案任务、复制推广试点经验，探索制度创新、释放改革动能，统筹推动自贸试验区发展取得显著成效。

（一）出台支持举措

在充分调研自贸试验区地方政府和企业实际需求后，为黑龙江自贸试验区建设发展量身制定《哈尔滨海关关于支持中国（黑龙江）自由贸易试验区建设的措施》，从四个方面提出20条措施。主要内容包括：提升贸易便利化水平，推动贸易转型升级；支持沿边地区开放，打造开放合作平台；落实“一带一路”建设部署，支持物流枢纽建设；发挥高地引领作用，推进创新驱动发展等四个方面。

（二）创新举措及成果

黑龙江自贸试验区设立以来，哈尔滨海关已有7项自贸试验区海关监管创新举措获海关总署备案，其中2022年获批1项。一是创新低风险植物源性中药材试进口举措，吸引多家中药材加工企业在黑

河片区、绥芬河片区落地，防风、槲寄生、白鲜皮、五味子4种中药材实现进口，初步形成产业聚集；二是优化黑龙江边境自贸片区进境粮食检疫流程，将加工厂的指定由前置变为后置，简化审批环节和手续，提升了通关效率，降低了企业成本；三是优化加工贸易料件消耗申报核销管理，对加工贸易企业实施报核前申报产品料件消耗一次核定，推动企业由“他律”向守法“自律”转变，强化加工贸易业务的事中事后监督；四是实施跨境运输车辆监管信息一站式备案，海关、公安、交通部门对进出境车辆备案申报数据联网，实现“一次提交、后台分发、各自审核”；五是精准检疫拦截跨境运输高风险司乘人员，实现多个边境口岸海关对高风险司乘人员信息共享共用、统一布控，形成协同监管模式；六是实施边民互市贸易进出口商品落地加工多部门全链条监管，形成“多部门一体推进、全流程政策配套、链条式协同监管”的边民互市贸易监管创新体系；七是实施出境竹木草制品检疫监管新模式，突出“守法便利”原则，引导企业履行自我规范的主体责任，在风险可控的前提下，实施快速验放，提升贸易便利化水平，形成检疫监管“关企共治”格局。

（三）牵头开展沿边自贸协同创新工作

一是建立工作机制，海关总署自贸区和特殊区域发展司委托哈尔滨海关牵头南宁海关、昆明海关开展协同创新，成立领导小组，制定工作方案，召开协同创新工作会议；二是聚焦边贸创新、重点产业、新业态新模式、疫情防控、口岸监管、保税监管、税收征管、“三智”海关建设等领域开展协同创新；三是联合推出创新，三关共同提出“出境竹木草制品检疫监管新模式”创新举措，已获海关总署备案。

2022年海关支持中国（北京）自贸试验区建设主要情况

一、中国（北京）自由贸易试验区基本情况

2020年8月30日，国务院印发《中国（北京）自由贸易试验区总体方案》，批复设立中国（北京）自由贸易试验区（以下简称北京自贸试验区）。2020年9月24日，北京自贸试验区正式挂牌，成为中国第六批批准设立的自由贸易试验区。

（一）区域范围

北京自贸试验区实施范围为119.68平方公里，涵盖三大片区、七个组团：科技创新片区31.85平方公里，包括海淀组团和昌平组团；国际商务服务片区48.23平方公里（含北京天竺综合保税区5.466平方公里），包括朝阳组团、顺义组团和通州组团；高端产业片区39.49平方公里，包括大兴组团和亦庄组团。

（二）功能划分

科技创新片区包括中关村科学城21.59平方公里，北京生命科学园周边可利用产业空间10.26平方公里，其中中关村科学城区域主要涵盖翠湖科技园、永丰基地及周边可利用产业空间。科技创新片区重点发展新一代信息技术、生物与健康、科技服务等产业，打造数字经济试验区、全球创业投资中心、科学技术体制机制创新改革先行示范区。

国际商务服务片区包括首都国际机场周边可利用产业空间28.5平方公里，北京中央商务区

(CBD) 4.96平方公里，金盏国际合作服务区2.96平方公里，以及城市副中心运河商务区和张家湾设计小镇周边可利用产业空间10.87平方公里。国际商务服务片区重点发展数字贸易、文化贸易、商务会展、医疗健康、国际寄递物流、跨境金融等产业，打造临空经济创新引领示范区。

高端产业片区包括大兴国际机场西侧可利用产业空间10.36平方公里和北京经济技术开发区27.83平方公里。高端产业片区重点发展商务服务、国际金融、文化创意、生物技术和大健康等产业，建设科技成果转换承载地、战略性新兴产业集聚区和国际高端功能机构集聚区。

（三）发展情况

北京自贸试验区坚持以制度创新为核心，以可复制可推广为基本要求，全面落实中央关于深入实施创新驱动发展、推动京津冀协同发展战略等要求，助力建设具有全球影响力的科技创新中心，加快打造服务业扩大开放先行区、数字经济试验区，着力构建京津冀协同发展的高水平对外开放平台。

北京海关按照海关总署统一部署和要求，全面贯彻落实北京自贸试验区总体方案，全力推动北京自贸试验区高水平开放、高质量发展，累计推出21项创新举措，其中“跨境电商销售医药产品试点”“免税、保税和跨境电商政策相衔接试点”“平行进口汽车试点”和“生物医药研发用物品进口‘白名单’制度”4项创新举措入选北京市“两区”办（北京自贸试验区和国家服务业扩大开放综合示范区）公布的“两区”十大最具影响力政策。

二、海关支持北京自贸试验区发展情况

在海关总署党委的坚强领导下，北京海关认真贯彻落实党中央、国务院重大决策部署，以制度创新为重要抓手，立足于可复制可推广，对标国际先进规则，强化原始创新、协同创新，在自贸试验区勇于探索制度创新、海关监管模式创新。截至2022年底，北京自贸试验区海关备案企业7 733家。

（一）突出区域特色，提升开放平台贸易便利化水平

一是扎实建设综合保税区特色发展模式，助推自贸试验区高水平开放。大力支持天竺综合保税区服务贸易特色综合保税区建设，进一步降低高端艺术品展示的税款担保成本，实行一份保函全国通用；突破现有经验，积极探索无实物出口型保税检测业务海关监管模式，设立北京市首个无实物出口保税账册；助力大兴机场综合保税区高标准建设，探索建立“一个系统、一次理货、一次查验、一次提离”的港区一体化创新监管模式，依标准加快推进区港联络通道海关监管设施建设。

二是推进“双枢纽”空港口岸建设，着力推动营商环境优化提升行动。持续畅通“双枢纽”空中通道。北京海关完成“双枢纽”信息化系统提交货预约管理、查验管理、区港通道、退运退库、特殊监管等主要功能模块设计开发工作；完成首都机场二级库拼装区调研和信息化方案准备。经综合施策，北京口岸压缩整体通关时间成效显著，北京关区进口、出口整体通关时间分别为25.52小时、0.57小时，优于全国平均水平。

（二）增强内驱动力，着力优化监管向创新要效益

一是主动作为，结合实际精准出台创新举措。研究制定《北京海关“四优四提促五子”促进外贸保稳提质若干措施》和《北京海关支持首都高水平开放高质量发展工作方案》，围绕优平台改革提效能、优通道通关提速度、优环境服务提质量、优产业政策提优强能出台54项支持举措，涵盖监管、关税、通关、保税、查验、检疫等海关监管业务全领域，全面提升监管效能，以政策创新促高水平开放新格局。

二是建成全国首个“保税+特殊物品集中查验”新平台。依托天竺综合保税区港区一体优势，创新打造全国首个“保税+特殊物品集中查验”新平台，解决入境口岸查验现场不具备查验特殊物品所需安全防护场地、转场查验导致通关效率低的问题。经

首都机场进境的特殊物品仅需 15 分钟，便可进入该查验平台，一站式完成报关、采样、查验和处置等海关监管；特殊物品进口实现一次审批多次使用，企业可在区内备足备齐常用菌种，叠加综合保税区分送集报、先入区后报关等便利措施，形成“特殊物品保税备货模式”。查验平台已吸引美国 ATCC 亚太菌种库、亚洲细胞库等生物资源库入驻天竺综合保税区，新增上下游企业、机构客户 6 家，辐射带动科研、制药等企业 20 余家，以疫苗、特殊物品等生物制剂为核心的区内外聚集态势初步形成。

（三）多维度释放红利，推动优势产业再发展

推动生物医药企业进口研发“白名单”制度落地实施，推广多元化担保模式保障大型集团医药企业供应链的畅通运转，进口 SPF 豚鼠隔离检疫期由 30 天缩短至 14 天，落实节假日 7×24 小时预约服务制度，确保疫苗等特殊物品及时通关，入境研发用高风险特殊物品第三方风险评估机构数量由 1 家增至 3 家，风险评估频次由每月 1 次增加到 3 次；鼓励医疗器械企业入区发展，享受进口研发、展示用医疗器械可不办理相关注册或备案手续等优惠政策；打造减免税便捷审批、AEO 认证全程辅导等六位一体“芯”模式，支持集成电路等重点产业的先进技术设备、关键零部件“优进大出”，推进芯片等真空包装高新技术货物布控查验模式试点，解决因洁净度等要求无法口岸开箱查验的实际困难；稳步发展“免税、保税和跨境电商政策相衔接”海关监管模式，积极推动扩大跨境医药电商试点品类，力推跨境电商 B2B 出口监管业务发展。2022 年，北京生命科学技术产品进口比上年增长 21.6%，在进口相关产品全国前 10 位省区市中增速排名前列，高于全国增速 12.1 个百分点，占全国进口总额的 24.8%，排名第二位；集成电路进口增长 92.7%，半导体制造设备进口增长 18.5%，电动载人汽车出口增长 893.6%，集成电路出口增长 30.4%；验放跨境医药电商清单 400 余万份，金额逾 4.3 亿元，“免税、保税和跨境电商政策相衔接”模式金额约 17 亿元，B2B 模式出口货值 4 亿美元。

（四）用好关税减让工具，助力企业资金更充实

一是全面落实 RCEP 关税优惠政策。对 RCEP 成员国快运货物通关采取 6 小时内放行便利措施，高标准落实经核准出口商制度，实行归类、价格、原产地预裁定，加大对 RCEP 成员国有贸易往来企业高级认证培育力度。二是落实科技创新产业税收优惠政策。持续落实“十四五”期间支持科技创新进口税收政策，确保应免尽免。2022 年，北京关区实际进口科技创新类政策减免税总货值 16 亿美元，实际减免税额 13.4 亿元，核销《进出口货物征免税确认通知书》9 671 份，惠及减免税申请单位近 200 家。三是推进税款担保模式改革。2022 年，为 164 家北京属地企业备案税款总担保 1 271 份，担保总金额 645.6 亿元，比上年增长 83.4%。改革后，单份税款担保的平均金额同比提高 97.3%，集约化、规模化的改革成效凸显。

（五）加大企业帮扶力度，促进企业“走出去”“引进来”更高效

一是加大进出口企业信用培育力度。加大对新兴业态、“专精特新”企业的培育力度，2022 年共 10 家企业顺利通过海关 AEO 认证。积极主动开展信用修复工作，全年共完成对 29 家失信企业的信用修复，北京关区失信企业减少至 20 家，比上年减少 51.2%。二是促进“双自主”企业扩大出口。梳理北京市“双自主”企业名单，针对性开展政策宣讲和维权指导，促成多家企业申请知识产权海关备案，协助企业应对海外市场侵权风险，维护市场份额和品牌形象。三是帮助企业稳妥应对国外技术性贸易壁垒。组织关区隶属海关及相关企业研提特别贸易关注议题 3 项，发布“京关技贸专栏”文章 4 篇，分享国内外最新技贸资讯信息，助力企业更好应对国外技术性贸易措施。

（六）切实做好政策宣介，多措并举达企惠企享实效

一是开展“海关政策进万家”活动。组织各单位、各部门面向企业开展全方位的政策宣讲和法规解读。2022 年，全关开展政策宣讲会 230 次，网络平台宣传 1 025 次，实地赴企业调研 403 次，电话、书面调研 3 297 次，发放调查问卷 3 193 份，覆盖企业 17 000 余家次。收到企业反馈问题 491 件，解决 395 件。二是强化创新优惠政策解读。依托“北京海关发布”“京关 e 家人”等微信公众号，运用业务现场电子显示屏、公告栏、对企海关专项政策培训会等多种方式，开展“一图读懂”等“两区”政策解读活动，获得企业广泛好评。

2022 年海关支持中国（湖南）自贸试验区建设主要情况

一、中国（湖南）自由贸易试验区基本情况

2020 年 8 月 30 日，国务院印发《中国（湖南）自由贸易试验区总体方案》。2020 年 9 月 24 日，中国（湖南）自由贸易试验区（以下简称湖南自贸试验区）正式挂牌。2022 年 1 月 11 日，《中国（湖南）自由贸易试验区条例》经湖南省第十三届人民代表大会常务委员会第二十八次会议通过，自 2022 年 3 月 1 日起施行。

（一）区域范围

湖南自贸试验区实施范围 119.76 平方公里，涵盖三个片区：长沙片区 79.98 平方公里（含长沙黄花综合保税区 1.99 平方公里），岳阳片区 19.94 平方公里（含岳阳城陵矶综合保税区 2.07 平方公里），郴州片区 19.84 平方公里（含郴州综合保税区 1.06 平方公里）

（二）功能划分

长沙片区重点对接“一带一路”建设，突出临空经济，重点发展高端装备制造、新一代信息技术、生物医药、电子商务、农业科技等产业，打造全球高端装备制造业基地、内陆地区高端现代服务业中心、中非经贸深度合作先行区和中部地区崛起增长极。

岳阳片区重点对接长江经济带发展战略，突出临港经济，重点发展航运物流、电子商务、新一代信息技术等产业，打造长江中游综合性航运物流中心、内陆临港经济示范区。

郴州片区重点对接粤港澳大湾区建设，突出湘港澳直通，重点发展有色金属加工、现代物流等产业，打造内陆地区承接产业转移和加工贸易转型升级重要平台以及湘粤港澳合作示范区。

（三）发展情况

湖南自贸试验区挂牌以来，大胆试、大胆闯、自主改，以制度创新为核心，创新举措首创性突出、系统集成性强、差异化探索明显，在多个领域取得创新突破，已发布 47 项制度创新成果。截至 2022 年底，湖南自贸试验区海关备案企业超 3 000 家，引进重大项目 271 个，总投资 4 160.11 亿元，其中“三类 500 强企业”投资项目 45 个。

长沙海关按照海关总署统一部署和要求，全面贯彻落实湖南自贸试验区总体方案、建设实施方案，持续深化自主改革创新，全力推动湖南自贸试验区高质量发展，全力服务国家自贸试验区提升战略。2022 年自主探索推出“综合保税区优化进出区管理”“优化生物医药全球协同研发试验用特殊物品出境检疫查验流程”“食品领域送收样环节智能化监管”“出口烟花爆竹辅助监管系统”4 项创新举措获海关总署备案，数量居全国海关第一位，推动湖南自贸试验区总体方案、建设实施方案海关牵头改革任务完成率均实现100%。

二、长沙海关支持湖南自贸试验区发展情况

（一）创造便捷通关新速度

聚焦企业反映强烈的通关堵点、难点问题，以“管、简、减、便”为原则，深化通关领域自主改革。创新“综合保税区优化进出区管理”新模式，进出区车辆通行效率提升98%，申报时间由30—80分钟缩短至5分钟内。在内陆地区率先开展“跨境一锁”快速通关改革，开辟陆路运输新通道，打造供港生鲜农食产品“直通车”。打造“出口烟花爆竹辅助监管系统”新模式，保障烟花爆竹安全稳定出口，通关效率提升20%。创新“食品领域送收样智能化监管”新模式，促进蔬菜等农食产品稳定供港，助推蔬菜出口87亿元，同比增长27.1%。创新“优化生物医药全球协同研发试验用特殊物品出境检疫查验流程”新模式，实现特殊物品出口“一次申报、一次检查、一次放行”。

（二）培育外贸发展新动能

聚焦新型业态发展需求，加强监管制度和政策创新探索，为外贸发展积势蓄能。实施国际邮件、国际快件、跨境电商业务集约发展新模式和跨境电商B2B出口试点，在内陆省份率先开展市场采购出口预包装食品试点，市场采购贸易出口额首次突破100亿元大关，同比增长27.2%。实施平行进口汽车保税仓储和第三方检验结果采信，助推湖南省汽车进口口岸做大做强，全年保税仓储整车1 854台、比上年增长65.8%，货值6.29亿元、增长40.7%。指导企业开展保税维修业务进出口9.76亿元，比上年增长27.1%。推动综合保税区保税研发业务“破零”。扩大“内河运费扣减”审价模式实施成效，帮助企业压缩物流成本，助推内陆口岸发展提速，已有114家企业参与试点，帮助企业扣除内河运费5 443.9万元，节约税款687.5万元。推进企业集团加工贸易跨省监管改革试点，实现企业保税料件跨省域自由流转，为5家企业集团减免企业风险担保金7 000多万元。

（三）拓展中非贸易新空间

获海关总署批准建成技术性贸易措施“一中心两基地”，即技术性贸易措施调查研究中心（非洲）、中非技术性贸易措施研究评议基地、植物提取物产品技术性贸易措施研究评议基地，3个国家级平台均属全国唯一，为湘非贸易筑篱破壁、保驾护航。获准在第三届中国—非洲经贸博览会期间举办中国—非洲国家卫生与植物卫生（SPS）合作论坛、编制发布“中国—非洲贸易指数”、建设“中国—非洲国家SPS合作信息网”。推动非洲国家AEO国际互认磋商，与乌干达成功签署首个AEO互认协议，协助海关总署与布隆迪海关成功换签《中国—布隆迪AEO互认行动计划》。推进非洲优质产品扩大准入，完成坦桑尼亚、肯尼亚水产品准入评估，肯尼亚水产品实现首次输华，卢旺达干辣椒首次亮相湖南。2022年，湖南省对非洲进出口额556.6亿元，比上年增长42.8%，居中西部省份前列。

（四）打造优化服务新平台

聚焦打造市场化、法治化、国际化营商环境，创新打造公共服务平台。与科技、公安等部门开展协同集成创新，联合打造“湖南自贸试验区外国人来华工作一站式服务中心”，实现国际旅行健康检查证明书、工作许可证、居留许可证“一口”办理，审批环节缩减约50%，审批时限压缩近70%。推行入境旅客监管单证电子化、健康申报预核验信息化，卫生检疫时间压缩60%。2022年，办理入境A类高端人才签证378人次，接受咨询近2 000人次。

2022 年海关支持中国（安徽）自贸试验区建设主要情况

一、中国（安徽）自由贸易试验区基本情况

2020 年 8 月 30 日，国务院印发《中国（安徽）自由贸易试验区总体方案》（以下简称《总体方案》），批复同意设立中国（安徽）自由贸易试验区（以下简称安徽自贸试验区）。2020 年 9 月 24 日，安徽自贸试验区正式挂牌。

（一）区域范围

安徽自贸试验区实施范围 119.86 平方公里，涵盖三个片区：合肥片区 64.95 平方公里（含合肥经济技术开发区综合保税区 1.4 平方公里），芜湖片区 35 平方公里（含芜湖综合保税区 2.17 平方公里），蚌埠片区 19.91 平方公里。

（二）功能划分

合肥片区重点发展高端制造、集成电路、人工智能、新型显示、量子信息、科技金融、跨境电商等产业，打造具有全球影响力的综合性国家科学中心和产业创新中心引领区。

芜湖片区重点发展智能网联汽车、智慧家电、航空、机器人、航运服务、跨境电商等产业，打造战略性新兴产业先导区、江海联运国际物流枢纽区。

蚌埠片区重点发展硅基新材料、生物基新材料、新能源等产业，打造世界级硅基和生物基制造业中心、皖北地区科技创新和开放发展引领区。

（三）发展情况

安徽自贸试验区挂牌成立以来，坚持改革引领、创新驱动，围绕《总体方案》扎实推进“9+3+N”专项行动计划，112 项改革试点任务落地见效 102 项，完成率达 91%。

合肥海关按照海关总署统一部署和要求，全力推动安徽自贸试验区高水平开放、高质量发展，全面贯彻落实安徽自贸试验区总体方案、专项行动计划等各项工作任务，其中《中国（安徽）自由贸易试验区专项推进行动计划方案》112 项试点任务中，由合肥海关牵头的 16 项任务均已落地见效。2022 年，合肥海关提出的 10 项海关改革创新项目入选安徽自贸试验区复制推广改革试点经验，入选数量居全省第一位；4 项制度创新成果入选“安徽自贸试验区两周年十佳制度创新案例”。

二、海关支持安徽自贸试验区发展情况

在海关总署党委的坚强领导下，合肥海关认真贯彻落实党中央、国务院重大决策部署，大力推广试点经验，稳步推进制度创新，积极助力安徽自贸试验区高质量发展，有效发挥改革创新“试验田”作用。2022 年，安徽自贸试验区以不到全省千分之一的面积，贡献了全省四分之一的进出口额、三分之一的实际使用外资额，实现进出口总额 1 861.93 亿元、比上年增长 26.61%，高于全国进出口增速 18.9 个百分点，其中出口额 1 266 亿元、增长 29.4%，高于全国出口增速 18.9 个百分点；海关备案企业 1 682 家。

（一）坚持政策先行，全面推进自贸试验区建设

出台支持海关特殊监管区域与自贸试验区统筹发展 12 条措施，促进两区优势互补、协同发展；配合安徽省自贸办制定《2022 年安徽自贸试验区建设考核细则》，加强发展绩效考核。

（二）坚持目标导向，全面落实专项行动计划

持续优化监管流程。实施“集中申报、统一验核”“先放后检”“抽样后即放行”等合格评定方式；开展“互联网+稽核查”“线上+线下”核查创

新试点；对重点企业、特殊商品等实施差异化监管；对符合条件的入境维修计算机主板免于实施装运前检验；落地入境维修复出口旧机电产品便利化监管政策；支持安庆港汽车整车进口口岸发挥效用；推动进出口商品质量安全风险信息监测机制。

支持新业态发展。先后出台《进一步推进跨境电子商务发展的八条措施》《支持市场采购贸易方式发展的十条措施》《合肥海关新型易货贸易试点监管方案》等多项政策。跨境电商全业务形态已落地安徽自贸试验区，2022 年市场采购贸易申报货值 31.4 亿元、比上年增长 1.9 倍，新型易货贸易在芜湖片区、合肥片区试单成功。

拓展开放平台功能。出台《支持中欧班列发展的细化措施》，2022 年合肥中欧班列实现贸易额 21.89 亿美元。开展中欧班列回程运费分段结算试点，自 2022 年 3 月以来，分段结算涉及企业 60 余家，为企业减免税款 128.28 万元。开启综合保税区“一区一策”专项行动，积极问需问计问效，针对性提出发展建议和海关支持举措，与地方政府加强协作形成合力，共同促进综合保税区提质增效。2022 年，安徽省综合保税区进出口总额 1 361 亿元，比上年增长 22.1%，合肥经济技术开发区综合保税区和合肥综合保税区发展绩效评估跻身全国 A 类，芜湖综合保税区全国排名上升 19 位。

（三）拓展新范围，扩大改革创新落地成效

拓展长三角海关特殊货物检查作业一体化改革。积极争取海关总署批准扩大试点企业、商品及口岸。解决长鑫存储、合肥京东方等省内重点企业进口精密设备、原材料不宜在口岸开拆的问题，每票货物平均节省通关时间 5 天、节约仓储费用 4 万元。2022 年已有 18 家企业纳入改革创新清单，2.37 亿元涉“卡脖子”技术产品及时送达上线生产。

扩展沪皖港口“江海一港通”改革。扩大到全省所有符合条件的沿江港口，联合上海海关启动洋山与合肥、芜湖、安庆等港“江海一港通”联动接卸海关监管作业模式，打破地域限制，改“陆水中转”为更加便捷的“水水中转”，有效提升合肥港、芜湖港、安庆港使用效率和辐射范围，企业国内运输成本节省 30%左右。

（四）突出新职能，推进集约化制度创新

优化进口光刻胶检验监管模式。对长鑫存储、合肥京东方两家企业自上海口岸进口光刻胶检验监管流程进行优化，上海海关完成查验后在确保运输安全的前提下放行，由合肥海关取样检测，解决进口光刻胶在入境口岸完成取样送检耗时长、货物损失大的问题，放行时间压缩至 10 天以内。2022 年累计对 2.8 万升、710 万元命中取样送检指令的进口光刻胶快速放行，

启动进口铜精矿监管流程优化。解决铜陵有色集团进口米拉多铜精矿存在滞港时间长、物流成本高、取样货损大等问题，在确保安全前提下，将通关时间由 15—20 天压减到 10 天以内，企业每年可直接节约口岸物流成本和货损 1 000 余万元。

开展“离港确认”“船边直提”“抵港直装”监管模式改革。通过“离港确认”模式，企业的单证作业与口岸物流作业由原来的“串联”改为“并联”，大幅提升转关货物的申报和物流效率。对提前申报、无布控查验的进出口货物实行“船边直提”“抵港直装”，实现港口作业“零延迟”，为企业节约了港口堆存成本。相比传统模式，“离港确认”平均每批节约 24—48 个小时的货物中转等待时间；“船边直提”平均每批节约整体通关时间 8—11 个小时；“抵港直装”节约整体通关时间 5—7 个小时。

（五）服务新业态，优化海关监管模式

支持开展新型易货贸易试点。打造新型易货贸易“安徽样板”，推动《中国（安徽）自由贸易试验区新型易货贸易试点工作方案（暂行）》出台，配套完善海关监管方案，新型易货贸易在合肥、芜湖成功试点。

开展跨境电商与市场采购贸易融合发展新模式创新。推动两种新业态融合发展，省内各城市的跨境电商货物可以在符合要求的组货仓完成组货后，

使用市场采购通关一体化方式出口。助推市场采购模式从线下向线上迈进，有效解决跨境电商企业货物出口订仓难的问题，拓宽新业态出口渠道。

（六）应用新技术，提升海关监管效能

开展“出境竹木草制品检疫监管新模式”。采用5G、VR等技术，通过在线视频方式实现出境竹木草制品远程查检，实现疫情防控“零接触”，便民服务“少跑路”，海关监管“智能化”。查检时间由原来2—3天缩短为0.5小时，累计为企业节约资金500万元。

试点进出海关特殊监管区域“无感通关”新模式。应用智能化新设备和数字化新技术，升级改造综合保税区卡口和场站运抵系统，大幅降低车辆在场站停留等待时间，提升货物进出综合保税区通关效率，平均通过卡口时间压缩90%。

2022 年国家税务总局支持自贸试验区建设主要情况

国家税务总局政策法规司

建设自由贸易试验区是党中央在新时代推进改革开放的一项战略举措，肩负着为全面深化改革和扩大开放探索新途径、积累新经验的重大使命，在中国改革开放进程中具有里程碑意义。2022 年，国家税务总局认真落实党中央、国务院关于自由贸易试验区建设的工作部署，积极配合商务部、发展改革委、财政部、海关总署等相关部门深入研究支持自由贸易试验区发展的税收政策措施，鼓励各自由贸易试验区所在地税务机关积极创新税收征管和纳税服务举措，充分发挥税收职能作用，持续推动自由贸易试验区扩大开放和创新发展。

一、研究出台支持自由贸易试验区发展优惠政策

（一）出台珠海横琴税收优惠政策

为促进横琴粤澳深度合作区实体经济发展，更好推动澳门长期稳定和融入国家发展大局，税务总局会同财政部制发相关企业所得税、个人所得税优惠政策，广东自由贸易试验区横琴片区内符合条件的企业和个人可按规定享受相关税收优惠政策。2022 年 1 月，财政部、税务总局制发《关于横琴粤澳深度合作区个人所得税优惠政策的通知》，明确自 2021 年 1 月 1 日起至 2025 年 12 月 31 日止，对在横琴粤澳深度合作区工作的境内外高端人才和紧缺人才个人所得税税负超过 15%的部分予以免征。2022 年 5 月，财政部、税务总局制发《关于横琴粤澳深度合作区企业所得税优惠政策的通知》，明确以下优惠政策：一是对设在横琴粤澳深度合作区符合条件的产业企业，同时符合实质性运营规定的，减按 15%税率征收企业所得税；二是对在横琴粤澳深度合作区设立的旅游业、现代服务业、高新技术产业企业新增境外直接投资取得的所得，免征企业所得税；三是对在横琴粤澳深度合作区设立的企业，新购置（含自建、自行开发）固定资产或无形资产，单位价值不超过 500 万元（含）的，允许一次性计入当期成本费用在计算应纳税所得额时扣除，不再分年度计算折旧和摊销；新购置（含自建、自行开发）固定资产或无形资产，单位价值超过 500 万元（含）的，可以缩短折旧、摊销年限或采取加速折旧、摊销的方法。

（二）明确南沙先行启动区税收政策

为进一步推动广州南沙深化粤港澳全面合作，税务总局会同财政部明确相关企业所得税、个人所得税优惠政策。广东自由贸易试验区南沙片区内符合条件的企业和个人可按规定享受相关税收优惠政策。2022 年 7 月，财政部、税务总局制发《关于广州南沙个人所得税优惠政策的通知》，对在广州南沙工作的香港居民，其个人所得税税负超过香港的部分予以免征；对在广州南沙工作的澳门居民，其个人所得税税负超过澳门的部分予以免征。2022 年 9 月，财政部、税务总局制发《关于广州南沙企业所得税优惠政策的通知》，明确以下优惠政策：一是对设在南沙先行启动区符合条件的鼓励类产业企业，同时符合实质性运营规定的，减按 15%税率征收企业所得税；二是在南沙设立的高新技术重点行业企业，自 2022 年 1 月 1 日起，当年具备高新技术企业或科技型中小企业资格（以下统称资格）的，其具备资格年度之前 8 个年度发生的尚未弥补完的亏损，准予结转以后年度弥补，最长结转年限延长至 13 年。

（三）扩大新片区服务出口增值税政策范围

为落实《中国（上海）自由贸易试验区临港新片区总体方案》，制发《财政部　税务总局关于出口货物保险增值税政策的公告》，明确自 2022 年 1

月1日至2025年12月31日，对境内单位和个人提供以出口货物为保险标的的产品责任保险服务或以出口货物为保险标的的产品质量保证保险服务，免征增值税。

二、完善海南自由贸易港税收政策制度体系

（一）细化海南自由贸易港企业所得税实质性运营标准

为有效防范“区内注册、区外经营”企业套取享受海南自由贸易港企业所得税优惠政策，税务总局督促指导海南省税务局进一步细化海南自由贸易港实质性运营标准，海南省税务局会同海南省财政厅、海南省市场监督管理局制发《关于海南自由贸易港鼓励类产业企业实质性运营有关问题的补充公告》，明确企业的生产经营、人员、资产、账务均在海南自由贸易港并符合鼓励类产业目录要求，才能享受企业所得税15%税率优惠，规定两种情形不属于实质性运营，不得享受优惠政策：一是不具有生产经营职能，仅承担对区外业务的财务结算、申报纳税、开具发票等功能；二是注册地址与实际经营地址不一致，且无法联系或者联系后无法提供实际经营地址。

（二）完善海南自由贸易港享受个人所得税优惠政策高端紧缺人才清单管理办法

税务总局指导海南省税务局积极配合海南省政府进一步优化原人才清单管理办法。2022年9月，海南省人民政府制发《海南自由贸易港享受个人所得税优惠政策高端紧缺人才清单管理暂行办法》（以下简称“新办法”），对原人才清单管理暂行办法进行修订，从2023年1月1日起，将高端紧缺人才基本认定条件由“连续缴纳社保6个月以上”调整为“累计居住满183天”。为确保“新办法”有效落地，税务总局指导督促海南省税务局配合海南省财政厅等部门出台《海南省财政厅等关于进一步明确落实海南自由贸易港高端紧缺人才个人所得税优惠政策有关事项的通知》，明确所得认定、减免税额计算、累计居住天数、高端紧缺人才名单确认和反馈流程、部门间联合管理和服务等事项。上述办法和通知的实施，既有利于相关人才规范、便利享受税收优惠政策，又从制度层面防范化解套用税收优惠的风险。

（三）研究扩大“零关税”政策清单

按照《海南自由贸易港建设总体方案》部署，税务总局会同财政部研究调整“零关税”政策商品清单。2021年12月，财政部会同税务总局、海关总署制发《关于调整海南自由贸易港原辅料“零关税”政策的通知》，增加鲜木薯、氯乙烯、航空发动机零件等187项商品至海南自由贸易港“零关税”原辅料清单；2022年2月，制发《关于调整海南自由贸易港自用生产设备“零关税”政策的通知》，增加旋转木马、秋千和旋转平台，过山车，水上乘骑游乐设施，水上乐园娱乐设备等8项商品至海南自由贸易港“零关税”自用生产设备清单，并将在海南自由贸易港注册登记并具有独立法人资格的事业单位纳入政策主体范围。

（四）研究扩大“一线放开、二线管住”进出口管理制度试点范围

按照推进海南全面深化改革开放领导小组全体会议有关部署，积极配合海关总署研究将“一线放开、二线管住”进出口管理制度试点范围扩展至洋浦经济开发区。制发《关于印发〈海南自由贸易港“一线放开、二线管住”进出口政策制度试点扩区风险防控措施〉的通知》，将加工增值免关税政策试点扩大至洋浦经济开发区等海关特殊监管区域外的重点园区。

2022 年国家市场监督管理总局支持自贸试验区建设主要情况

国家市场监督管理总局登记注册局

2022 年，国家市场监督管理总局以习近平新时代中国特色社会主义思想为指导，深入贯彻落实党中央、国务院关于自贸试验区建设的重大决策部署，充分发挥市场监管职能作用，服务自贸试验区以制度创新为核心，持续推进“证照分离”改革，强化竞争政策试点，优化营商环境。

一、持续推动自贸试验区“证照分离”改革

开展“证照分离”改革是落实党中央、国务院重大决策部署，推进“放管服”改革迈向纵深，进一步优化营商环境，加快转变政府职能，激发市场主体活力的关键举措。2021 年，国务院印发《关于深化“证照分离”改革进一步激发市场主体发展活力的通知》，部署自 2021 年 7 月 1 日起深化“证照分离”改革，在全国范围内对全部涉企经营许可事项实施清单管理，按照直接取消审批、审批改为备案、实行告知承诺、优化审批服务等四种改革方式进行分类管理，同时在自贸试验区进一步加大改革试点力度。为充分了解深化“证照分离”改革工作推进情况，掌握市场主体所需所盼，市场监管总局委托国务院发展研究中心企业研究所对深化“证照分离”改革施行情况开展全面评估。第三方评估显示，自贸试验区改革引领作用突出，20 个自贸试验区平均已落地 63 项改革试点事项。其中，直接取消审批 14 项（平均落地 12 项，完成率 88%），审批改为备案 15 项（平均落地 14 项，完成率 95%），实行告知承诺 40 项（平均落地 36 项，完成率 90%）。各自贸试验区均已实施经营范围规范化登记，证照电子化比例达 68%，比非自贸试验区高 9 个百分点。自 2021 年 7 月 1 日至 2022 年底，自贸试验区新设企业总数 124.8 万户，“证照分离”改革惠及企业 54.9 万户，占比达 44.0%。

二、落实市场监管领域“证照分离”改革任务

持续推进《市场监管总局关于充分发挥职能作用落实深化“证照分离”改革任务的通知》，强化落实本系统各项改革任务，对全系统提出明确要求，进行工作部署，确保全国市场监管系统高质量实施改革。

食品领域。一是低风险食品试行告知承诺许可。2022 年，全国有 24 个省（自治区、直辖市）试行低风险食品生产许可告知承诺，累计实施告知承诺许可 3 975 件次（含自贸试验区 450 件次）。其中 8 个省区市在辖区内部分市、县和自贸试验区对低风险食品实施生产许可告知承诺（天津、江苏、福建、湖北、广东、重庆、四川、陕西）；5 个省区市在自贸试验区内实施许可告知承诺（河北、黑龙江、山东、广西和云南）。二是仅销售预包装食品备案和食品经营许可工作。加快推进食品经营许可和备案信息化，印发《市场监管总局办公厅关于印发仅销售预包装食品备案等系统建设方案的通知》，深入推动食品经营许可数据和电子证照的归集运用，将食品经营许可电子证照和数据归集工作纳入食品安全工作评议考核指标。截至 2022 年底，基本实现电子证书的发放和使用，全国共归集有效食品经营许可证书 1 700 余万张。2022 年，21 个自贸试验区共办理食品经营许可证 21.3 万个，备案仅销售预包装食品经营者 15.4 万个，惠及市场主体约 36.7 万家。

计量领域。一是试点取消承担法定计量检定机构任务授权审批。试点“在自贸试验区内注册并经营的企业（不包含法定计量检定机构）在本自贸试

验区内承担计量器具强制检定和非强制检定任务”，不再进行“承担国家法定计量检定机构任务授权”审批。二是试点进口计量器具型式批准审批权下放。在上海自贸试验区和临港新片区试点开展进口计量器具型式批准审批权下放，即代理商注册地在中国（上海）自由贸易试验区和临港新片区的外商在中国境内销售计量器具的，由上海市市场监督管理局进行进口计量器具型式批准。改革试点一年来，上海市市场监督管理局共批准德国麦科（MACIO Diagnostics GmbH）、丹麦国际听力设备公司（Interacoustics A/S）生产的纯音听力计、阻抗听力计等6种进口计量器具上市，有效降低了市场主体制度性交易成本，激发了市场主体创新创业活力，取得了显著成效。三是推动一批国家级产业计量测试中心落地自贸试验区。在上海自贸试验区临港新片区批准筹建国家商用飞机产业计量测试中心和国家民用航空发动机产业计量测试中心，国家商用飞机产业计量测试中心已通过验收正式成立；在中国（山东）自由贸易试验区国家检验检测高技术服务业集聚区烟台园区批准筹建国家核电核岛装备产业计量测试中心；在浙江自贸试验区舟山片区批准筹建国家大宗商品储运产业计量测试中心。

认证领域。在充分评估“全国自贸试验区试行认证机构资质审批‘证照分离’改革”实践举措的情况下，市场监管总局于2022年8月发布《关于在全国范围内推进认证机构资质审批“证照分离”改革的公告》，将此项政策在全国范围内复制推广，惠及所有申请者。认证机构资质审批“证照分离”改革推行以来，以告知承诺方式申请认证机构资质的审批事项231项，其中材料齐全获得许可的申请212项，57家自贸试验区认证机构通过告知承诺方式成功获得资质许可，极大便利了行政相对人快速进入市场，最大限度释放了改革红利，有效激发了市场活力。

三、开展自贸试验区强化竞争政策试点

2022年，市场监管总局共收到涉及自贸试验区的经营者集中反垄断申报案件27件，审结25件，均为无条件批准结案，主要集中形式为新设合营企业，占比超过70%，涉及行业有新能源、仓储物流、加工制造等。典型案例有涉及海南自贸港的海南电网有限责任公司与海南省交通投资控股有限公司新设合营企业案；涉及上海自贸试验区的上海同盛物流园区投资开发有限公司分别与长荣海运（亚洲）有限公司、全球捷运（上海）供应链科技有限公司、法国达飞海运集团、地中海航运公司等企业新设合营企业案；涉及浙江自贸试验区的上海万纬冷链物流有限公司与宁波梅山国际冷链有限公司等经营者新设合营企业案；涉及陕西自贸试验区五矿贸易有限责任公司与陕西国铁物流有限责任公司新设合营企业案等。

下一步，市场监管总局将深入贯彻落实党中央、国务院决策部署，贯彻新发展理念，构建新发展格局，推进高质量发展，在国务院自由贸易试验区工作部际联席会议统筹下，积极支持自贸试验区对接国际高标准经贸规则，研究推出有含金量的试点措施，推动自贸试验区实现更大程度的制度型开放。

2022 年国家移民管理局支持自贸试验区建设主要情况

国家移民管理局综合司

2022 年，国家移民管理局按照党中央、国务院决策部署，加强统筹谋划、深化改革创新、加大开放力度，坚持稳中求进工作总基调，全力推进改革试点任务落实落地，全面服务自贸试验区发展建设取得新成效。

一、主动参与自贸试验区发展建设

深入贯彻“疫情要防住、经济要稳住、发展要安全”的要求，按照自贸试验区建设 2022 年重点工作职责分工，指导黑龙江、广西、云南移民管理机构主动参与属地自贸试验区、边（跨）境经济合作区规划建设，深化对毗邻国家执法政策、服务“一带一路”国际道路运输便利化查验管理模式创新等工作研究，出台对边境地区从事跨境货物运输的边民实行网上预约办证等便民利企服务举措，全力支持服务边（跨）境经济合作区、开发开放试验区建设发展。

二、服务促进中外人员交流交往

集中出台一批服务便利企业生产经营活动新举措，在确保防疫安全前提下，为在华从事投资、创业、科研、经贸等活动的外国人换发再入境签证，就近就便受理签证延期申请；重点企事业单位跨区域调动外籍员工免于重新办理居留手续；对赴境外就业、从事商务活动及因企业复工复产确有出境需求的中国公民及时签发出入境证件；会同科技、人社部门推进设立“一窗受理、并联审批”窗口，为来华工作外国人提供工作许可、工作类居留许可“一站式”办理服务，服务便利企业在常态化疫情防控形势下生产经营活动，鼓励、支持、便利外籍人才在华工作生活。

三、着力提升口岸通关便利化水平

为营造优质高效的口岸通关环境，稳妥推进通关便利化，推出服务航运企业发展多项举措，对符合条件的国际航行船舶“一次办妥”入境出境手续，有效减少船舶在港停留时间；在多个陆地口岸边检现场设置“一带一路”专用通道，为执行“一带一路”建设重点工程、重要合作、重大项目的跨境车辆及驾乘人员提供通关便利；着眼常态化疫情防控条件下口岸通关新需求，创新推行“甩挂、吊挂、国门交接”等“非接触式”货运通关方式，持续提升口岸通关效率和跨境物流运转效率，保障中外人员往来和商贸发展安全高效顺畅。

下一步，国家移民管理局将按照党中央、国务院决策部署，立足“两个大局”，胸怀“国之大者”，坚决贯彻落实党中央、国务院关于深化自贸试验区建设的部署要求，积极主动履行移民管理职责任务，助力推动自贸试验区高水平开放、高质量发展。一是研究出台更多更加开放的移民和出入境便利政策措施，更好促进中外人员往来、服务外籍人才在华创新创业和工作生活，并在自贸试验区先行先试；二是积极配合有关部门研究推动有条件的自贸试验区恢复发展边境贸易和边境旅游，为相关人员提供办理出入境证件便利；三是加强查验管理模式创新研究，创新云南自贸试验区和服务中国老挝磨憨—磨丁经济合作区、中国河口—越南老街经济合作区建设等涉及边检管理服务的政策措施，积极推动在广西自贸试验区（崇左片区）陆地边境口岸建设应用“单一窗口”公路版，实现“无纸化”通关，在职责权限范围内积极配合属地自贸试验区开放发展，全力服务自贸试验区建设提档升级。

2022年中国民用航空局支持自贸试验区建设主要情况

中国民用航空局政策法规司

中国民用航空局高度重视自贸试验区建设工作，认真贯彻落实党中央、国务院支持自贸试验区建设的决策部署，结合自贸试验区诉求和民航实际，持续高质量落实在21个自贸试验区研究确定的94项民航支持措施，在推动航空枢纽建设、扩大双边航权安排、增开航线航班、促进航空物流和多式联运发展、扩大开放等领域全面支持自贸试验区建设。积极推进自贸试验区建设2022年度重点工作，充分用好各类平台，推进试点任务落地。

一、加强顶层设计，着力构建协同发展体系

加强与系统内外相关单位共商共建。会同国家发展改革委印发《“十四五”时期推进“空中丝绸之路”建设高质量发展实施方案》，确定深化科技创新合作、国际贸易合作等八项重点任务，为促进自贸试验区建设提供有力支持。

推动国家重大战略实施，加强民航协同发展。在全国范围内复制推广自贸试验区改革试点举措“大型机场运行协调新机制”，出台行业标准，进一步明确目标导向，统筹协调，落实责任，京津冀、长三角、珠三角、成渝等重点区域内部协同机制已建立并投入运行。以北京首都国际机场和大兴国际机场往返广州白云国际机场、深圳宝安国际机场、珠海金湾机场间航班为切入点，建立区域间的协同工作程序。支持条件成熟的自贸试验区改革试点措施“水铁空公多式联运”在全国复制推广，充分发挥自贸试验区改革试验田作用。印发《关于加快成渝世界级机场群建设的指导意见》，以四川、重庆等自贸试验区内国际航空枢纽的功能建设为牵引，加快打造西部对外开放空中大通道，塑造民航创新发展新优势，着力构建双核引领、多点支撑、优势互补、产业联动的协同发展体系。

二、推动自贸试验区高水平开放

畅通对外交往空中通道。在平等互利基础上，开展对外航空谈判，为北京、上海、河北、河南、湖北、广东等自贸试验区所在城市建设航空枢纽提供包括第五航权在内的航权支持。按照经党中央、国务院批准的工作方案推进国际客运航班稳妥有序恢复。2022年，与伊朗、匈牙利、沙特阿拉伯、伊拉克、墨西哥等就扩大航权安排达成一致，适度增加客运运力额度，重点优先推动货运航权开放。进一步优化航权配置指标体系，持续用好货运航班审批“绿色通道”政策，支持中外航空公司根据市场需要增开或加密涉及自贸试验区所在城市的国际航线航班，优化国际航线网络结构。

简化内地至香港航线经营许可。根据内地和香港特别行政区间航空运输安排及备忘录的有关规定，鼓励航空公司根据市场需求，开通内地通航点至香港地区航线。航空公司新开航线或增加航班无须变更经营许可，只需按规定提交航班计划，获得批准后便可开航。

全方位支持海南自由贸易港建设。积极推进海南自由贸易港建设2022年重点工作民航任务，持续抓好《海南自由贸易港建设总体方案》中试点开放第七航权、扩大航权安排、增开航线航班、枢纽机场建设、空域优化等措施落实。细化第七航权运行合格审定申请程序和内容，便利外航申请，对柬埔寨国家航空公司开通海南第七航权进行指导。积极落实海南自由贸易港全岛封关运作涉及民航任务，研究提出《海南自贸港外国人工作许可特别管理措施（负面清单）》民航条目。积极推进海南“零关税”进口交通工具政策涉及民航事项落地，

审核权限下放至民航海南省监管局，累计审核认可2家航空运输企业、3家通航企业获得“零关税”进口航空器企业资格。

助力国内航空运输发展。支持符合条件的航空公司新开、加密国内航线航班，完善国内航线网络规划，为符合条件的京东货运和山东航空两家公司颁发国内货运航线许可，获得许可后，航空公司无须就具体国内货运航线申请经营许可，可自主安排国内货运航班计划；通过出台指导意见，搭建服务平台，开展试点示范工作，鼓励和支持自贸试验区内有条件的机场、航空公司积极探索中转便利化服务，加快构建“干支通，全网联”航空运输服务网络；支持自贸试验区飞机维修、飞机零部件循环再制造业务开展，2022年华东地区新成立两家维修单位，海南多家维修企业也在筹建或已投产。

三、支持多项航空领域制度创新

创新航空货运物流模式。支持和鼓励各地在自由贸易试验区内大力发展航空中转集拼业务、“空空+空地”货物集疏业务、空空中转业务、多式联运业务等。将河南自贸试验区郑州机场、陕西自由贸易试验区西安机场空空中转项目纳入全国首批提升航空物流综合保障能力试点项目，支持通过优化中转流程、优化健全保障机制、搭建中转服务平台、完善中转信息系统、创新中转模式，大幅提升空空中转保障能力。全力推进货运重大项目实施，积极推进民航电子货运项目等试点工作，协调海关创新监管方式和简化手续，持续提升航空物流智能化、信息化水平。进一步加强航空物流安保链条管控，改善货运安检模式流程，在自贸试验区内针对货运业务探索实施差异化安检等措施，加强航空物流安检信息化研究，持续推动货运安检信息系统标准建设。

创新评审方式，优化调整方案，有序推进自贸试验区新建和改扩建机场项目。灵活采用线上、线下评审的形式，审查并批复厦门新机场工程飞行区和配套工程、空管工程初步设计及概算，新机场工程开工建设。指导福州长乐机场开展二期扩建工程施工图设计，工程建设有序推进。积极开展审查并优化调整方案，支持调整南宁机场总体规划，南宁机场改扩建工程开工建设。协助地方政府有序推进哈尔滨机场二期扩建工程和西安机场三期扩建工程建设。协助地方政府加快推进浦东机场四期改扩建项目和昆明机场改扩建项目前期研究工作，争取早日开工建设。

支持开展低空空域管理改革。积极参与低空空域管理改革试点，黑龙江自贸试验区的哈尔滨飞行服务站已通过符合性检查，正式投入地区运行，并与区域信息系统实现互联互通，全面纳入民航空管运行体系。加快低空飞行服务保障体系建设，为低空飞行服务站建设管理提供相应标准依据。

优化航班时刻资源配置机制。根据疫情防控需要和航空公司实际运行需求，统筹国内、国际航班时刻配置工作。积极支持成都双流国际机场、天府国际机场两场容量及航班时刻资源配置工作，新冠疫情期间，允许成都两场国内航空公司国际航班时刻转为国内航班时刻有序流动。加强航班时刻精细化管理，优先对国际航班时刻进行优化，推动国际航班有序恢复。支持昆明长水国际机场开展航班时刻改革试点，将昆明长水国际机场的高峰小时容量标准调整为每小时61架次。

2022年国家外汇管理局支持自贸试验区建设主要情况

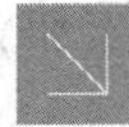

国家外汇管理局外汇研究中心

2022年，国家外汇管理局认真贯彻落实党中央、国务院关于自由贸易试验区（以下简称自贸试验区）建设的决策部署，统筹发展和安全，稳妥推进改革开放进程，充分发挥自贸试验区的对外开放平台作用，促进经济金融高质量发展。

一、自贸试验区跨境收支增长显著，区域试点政策探索成效显著

自贸试验区发展态势良好且主体多元，外汇管理创新措施效果显现。2022年，自贸试验区跨境收支规模2.6万亿美元，占全国跨境收支的比重为20.9%，比上年增长14.7%，高出全国增速8.7个百分点。其中，跨境收支贸易项下收支增长24%，高出全国增速18个百分点；资本项下收支增长8.5%，高出全国增速3.4个百分点。

高水平开放试点差别化政策探索初见成效。2022年初，经国务院批准，外汇管理部门在上海自贸试验区临港新片区、广东自贸试验区南沙新区片区、海南自由贸易港洋浦经济开发区、浙江省宁波市北仑区等区域开展跨境贸易投资高水平开放试点。试点政策主要涵盖4项经常项目便利化措施（包括便利优质企业经常项目资金收付，支持银行优化新型国际贸易结算，有序扩大贸易收支轧差净额结算企业范围，货物贸易特殊退汇免于登记）和9项资本项目改革措施（提升企业投融资自由化水平政策5项：高新技术企业一定额度内自主借用外债，合格境外有限合伙人、合格境内有限合伙人，跨境资产转让，跨国公司本外币一体化资金池试点，提高非金融企业境外放款规模上限；提升跨境投融资便利化水平政策4项：外商投资企业境内再投资免于登记，符合条件的非金融企业资本项目外汇登记直接由银行办理，扩大资本项目收入资金使用范围，符合条件的企业自主选择跨境投融资币种），给予上述四地比一般自贸试验区更加自由便利的外汇政策。2022年，上海自贸试验区临港新片区、广东自贸试验区南沙新区片区、海南自由贸易港洋浦经济开发区、宁波市北仑区四地跨境收支合计2 329亿美元，比上年增长28.8%，增速比四地所在省（市）高出近23个百分点，比自贸试验区平均增速高出14.1个百分点。

积极支持上海自贸试验区加快贸易投资自由化便利化进程，为上海打造国内国际双循环战略链接提供有力支撑。对标国际最高标准，出台一系列优惠措施积极支持上海自贸试验区建设，包括自由贸易账户、跨境投融资便利化、国际贸易“单一窗口”制度、确立以负面清单为核心的投资管理制度、率先试行“证照分离”等，在促进贸易投资便利化、自由化等方面逐步探索形成一系列创新制度。2014—2022年，上海自贸试验区跨境收支规模从近4 100亿美元增长至1.26万亿美元，增长近2.1倍，占全国21家自贸试验区跨境收支比重近一半（48.5%）。其中，贸易收支增长46%至4 972亿美元，直接投资收支增长7倍至3 346亿美元，证券投资增长121倍至4 114.6亿美元。

二、外汇管理政策支持贸易投融资高质量发展

一是拓宽企业跨境融资渠道。贯彻落实国务院稳经济一揽子政策措施，2022年5月，在天津、上海等17地开展高新技术和“专精特新”企业跨境融资便利化试点，允许符合条件的企业在不超过一定额度内自主借用外债，为实体企业跨境融资提供便利。

二是扩大跨国公司本外币一体化资金池试点。

2022年7月，在上海、广东（含深圳）、陕西、北京、浙江、青岛、宁波等地对40家企业开展第二批跨国公司本外币一体化资金池试点，进一步优化管理政策，支持总部经济发展。

三是继续优化跨国公司本外币跨境资金集中运营业务相关政策。结合不同层次跨国公司的特点，研究形成不同准入门槛的政策，以适应不同主体的经营情况，降低自贸试验区内跨国公司业务准入条件，扩大参与主体，进一步释放政策红利，便利区内企业跨境投融资。

四是研究支持开展合格境内有限合伙人（QDLP）和合格境外有限合伙人（QFLP）试点。规范推进QDLP和QFLP试点。2022年7月，部分自贸试验区所在的国家外汇管理局分局在辖区内发布QFLP/QDLP外汇管理试点操作指引，规范资金募集、跨境收支和各部门权责，推进QFLP/QDLP外汇管理试点工作。

三、下一步工作

认真落实党的二十大提出的“实施自由贸易试验区提升战略”要求，增加政策储备，推动自贸试验区高质量发展。一是增加自贸试验区政策供给。为落实党中央、国务院关于对标国际高标准规则要求，着手研究给予有条件的自贸试验区更加自由便利的创新政策。二是在研究出台政策时，注重调查研究，推动自贸试验区政策差别化与协调化发展。对不同自贸试验区进行深入调研，了解当地企业主体情况、产业行业结构等地区特征，给予差异化政策供给，提升政策供给与市场需求的匹配度。三是对上海、广东、海南等改革开放高地，要继续结合上海国际金融中心、粤港澳大湾区以及海南自由贸易港的定位，给予更加自由便利的跨境资金流动管理政策，更好对标国际高标准制度型开放。

继续探索推进实施高水平的贸易投资自由化便利化措施，营造良好的营商环境。持续关注自贸试验区创新业务落实过程中的相关风险，加强资本项目事中事后监管制度，在防范风险的基础上，继续深化自贸试验区资本项目外汇管理改革，推动资本项目高水平对外开放。统筹发展和安全，不断完善跨境资本流动“宏观审慎+微观合规”两位一体管理框架，构建与更高水平开放相适应的外汇管理体制。

自贸试验区

PILOT FREE TRADE ZONES

2022 年中国（上海）自由贸易试验区建设概况

中国（上海）自由贸易试验区管理委员会

杨 朝

中国（上海）自由贸易试验区管理委员会副主任

杨朝，男，1972 年 11 月生，汉族，上海市人，1995 年 7 月参加工作，在职研究生学历，工商管理硕士学位，中共党员。

现任上海市浦东新区区委常委，常务副区长，中国（上海）自由贸易试验区管委会副主任。

一、经济运行数据

2022 年中国（上海）自由贸易试验区（以下简称上海自贸试验区）制度创新试验田的作用持续显现，区域经济呈现高质量发展态势。企业设立方面，2022 年新设立企业 5 673 家，其中外商投资企业 547 家；新增跨国公司地区总部 30 家，累计达到 419 家、约占全市跨国公司地区总部数的 47.03%。吸引外资方面，2022 年实到外资 101.96 亿美元，比上年增长 4.5%（含临港新片区）。外贸进出口方面，浦东新区货物贸易进出口总额 2.46 万亿元，比上年增长 3.2%；跨境电商进出口交易额 654.9 亿元，比上年增长 19.1%。在上海自贸试验区建设的带动下，2022 年浦东新区实现地区生产总值 16 013.4 亿元、规模以上工业总产值 13 390.2 亿元、实到外资 110.6 亿美元、全社会固定资产投资总额 3 025.1 亿元。

二、建设措施及成效

2022 年是实现第二个百年奋斗目标开局之年，是全力打造社会主义现代化建设引领区的关键一年。上海自贸试验区深入贯彻落实习近平总书记考察上海系列重要讲话和在浦东开发开放 30 周年庆祝大会上重要讲话精神，加快落实《中共中央 国务院关于支持浦东新区高水平改革开放打造社会主义现代化建设引领区的意见》，首创性改革、引领性开放取得新成效。

（一）高水平制度型开放持续深化

深入对标国际高标准经贸规则，对接企业政策制度创新诉求，持续推动投资贸易自由化便利化制度创新，加快推动制度型开放试点深化。

一是率先对接落实 RCEP 协定。制定《中国（上海）自由贸易试验区对标国际高标准经贸规则，深入推进高水平制度型开放的若干措施》，经上海自贸试验区推进工作领导小组会议审议后印发实施。制定并印发《浦东新区高质量落实〈区域全面经济伙伴关系协定〉（RCEP）的若干措施》。外高桥 RCEP 企业服务资讯站正式启用，通过线上线下多种途径为企业提供关税优惠、原产地规则、海关程序与贸易便利化等相关优惠措施的咨询服务，帮助企业抢抓机遇，用好用足 RCEP 生效红利，提升企业参与国际合作与竞争的能力。

二是积极响应企业政策制度创新诉求。组织开展近百家企业座谈调研，梳理形成两批企业政策创新事项。

三是贸易便利化改革持续深化。上海国际贸易“单一窗口”上线 RCEP 最优关税查询系统，展示协定税率与非协定税率之间的差异，助力外贸企业充分享受 RCEP 政策红利；试点上线“海运电放提单在线交单系统”，通过数字化手段实现海运电放提单/海运提单线上交单审单操作，加快口岸物流周转速度。外高桥港完成首票国际中转集拼业务的进口和出口作业，打通了上海港主要集装箱码头国际海运中转集拼业务全部流程。浦东机场推进出口快件电子放行，企业在客户端进行申报，海关的审核系统通过信息系统逻辑监控，自动触发放行，实现 24 小时“秒放”。“世博地区大宗商品国际贸易生态集成区”揭牌，开出上海大宗商品贸易行业首单电子增值税专用发票。

四是离岸贸易功能持续增强。上海自贸试验区“离岸通”平台覆盖范围先后扩展至陆家嘴片区、临港新片区，接入临港新片区一体化信息管理服务平台，并设立“离岸通”临港中心。积极落实新型离岸国际贸易发展相关金融支持政策，上海首单自由贸易账户项下离岸加工贸易金融服务落地，支持企业“走出去”打造全球化产业链。

五是海关特殊监管区域创新发展。“浦东机场综保区中转仓项目”正式启动，有效疏解浦东机场国际进港货物积压问题，进一步保障国际供应链稳定。外高桥保税区海关和外高桥港区海关发挥自贸试验区和综合保税区政策叠加、供应链产业链集聚等优势，推动区港联动汽车整车保税存储业务在外高桥口岸形成规模效应，有效缓解口岸集疏运压力。

（二）全球资源配置功能不断增强

加快提升服务辐射能级水平，努力打造国内大循环的中心节点和国内国际双循环的战略链接。

一是重要金融基础设施平台建设取得新进展。原油期权在上海国际能源交易中心正式挂牌交易，成为全国首批以人民币计价并向境外投资者全面开放的期权品种。证监会正式批复同意在上海股权托管交易中心开展私募股权和创业投资份额转让试点。数字贸易、文化贸易等新业态、新模式功能平台建设加快推进。上海数据交易所设立运行，目前数据产品挂牌已超过 100 个，制定形成十余项管理制度、标准规范，交易制度体系基本建立。国家（上海）新型互联网交换中心获批落地，临港新片区建成国际互联网专用通道。国家版权创新发展基地落户浦东，上海国际文物艺术品交易中心正式揭牌。

二是加强航运领域标准制定。制定全国首个《船舶供应服务 物料产品分类与编码要求》地方标准，并以此为依据发布首批覆盖四大船供物料产品领域的代码团体标准，填补中国在国际船供行业标准制定领域的空白。上海外高桥造船有限公司主导编制的首个国际标准 ISO 3796 在 ISO/TC8/SC8（国际标准化组织/船舶与海洋技术委员会/船舶设计分技术委员会）成功立项，提升中国船舶工业在国际船舶市场的话语权。

三是总部经济辐射能级不断增强。“全球营运商计划（GOP）”已纳入两批 103 家 GOP 培育企业。“离岸通”平台已初步完成与境外海关数据、集装箱海运数据以及港口装卸数据的对接，覆盖范围从保税区片区向临港新片区、陆家嘴片区拓展。前滩国际经济组织集聚区揭牌成立，国际商会上海代表处、国际气候债券倡议组织上海办公室、国际检验检测认证理事会（TIC）上海代表处等一批重量级国际组织落户。

四是服务长三角一体化和“一带一路”建设的辐射功能不断凸显。发起设立长三角自由贸易试验区联盟，长三角资本市场服务基地覆盖范围持续拓展，国家药品监督管理局药品审评检查长三角分中心、国家药品监督管理局医疗器械技术审评检查长三角分中心启动运营服务。上海自贸试验区“一带一路”技术交流国际合作中心东南亚分中心、东亚分中心在浦东揭牌，上海自贸试验区国别（地区）中心涵盖 14 个国家和地区。

（三）“双自联动”效应持续显现

加强与科技创新中心建设联动，着力破解制约产业发展的制度瓶颈，持续完善高能级产业生态圈建设，推动创新链产业链价值链融合发展。跨境研发便利化水平进一步提升。深化生物医药研发用物品进口试点和生物医药特殊物品入境联合检疫改革试点，进一步形成试点经验，推动试点企业范围扩大。科技创新策源能力进一步强化。中国首台国产2.5D/3D先进封装光刻机从张江发运，帮助晶圆级先进封装企业实现多芯片高密度互连封装技术的应用。国内首台拥有完全自主知识产权的高等级波737 MAX机型模拟机在浦东机场综合保税区完成组装并通电，助推浦东打造世界一流航空产业集聚地。张江科学城原创新药“九期一”在美获批开展临床试验，是全球首款靶向脑肠轴的治疗阿尔茨海默病药物。张江生物医药特殊物品联合监管平台完成验收，“白名单”试点企业从3家扩展至9家。金桥智能网联汽车测试示范区和国内首条中心城区自动驾驶开放测试道路正式启用。科技金融创新政策实现突破。基于中证沪港深张江自主创新50指数开发的汇添富中证沪港深张江自主创新50ETF在上海证券交易所发行上市，打响资本市场的“上海概念”和“上海科创品牌”，吸引科技创新要素加快集聚。

（四）政府职能转变不断深化

紧紧围绕改革创新系统集成的要求，深化政府职能转变，市场主体全生命周期服务管理能力不断提升，支持大胆试、大胆闯、自主改的法治保障体系持续完善。市场主体登记确认制改革加快推进。《上海市浦东新区市场主体登记确认制若干规定》将市场主体登记行为明确定义为行政确认，持续放宽准入条件，该法规于2022年3月15日起施行。市场主体退出机制不断优化。《上海市浦东新区市场主体退出若干规定》正式施行，改革后简易注销登记公告时限缩减至10日。优化上市公司合规证明服务。在全国率先试点以企业信用信息报告代替行政合规证明新机制，全流程从1个月缩减至3个工作日完成。强化法治保障。截至2022年底，上海市人大常委会共出台《上海市浦东新区深化“一业一证”改革规定》《上海市浦东新区市场主体退出若干规定》《上海市浦东新区建立高水平知识产权保护制度若干规定》《上海市浦东新区绿色金融发展若干规定》等15部浦东新区法规，浦东新区出台《浦东新区促进商事调解若干规定》等13部管理措施。

三、创新成果及案例

案例1：试点市场准营承诺即入制改革

市场准营承诺即入制改革，即通过一次性告知市场主体从事特定行业许可经营须具备的全部条件和标准，由市场主体书面承诺其已经符合要求并提交必要材料，即可取得行政许可，助力企业快速开门营业。

主要做法：

2021年11月，浦东新区在全国率先试点市场准营承诺即入制改革。2022年6月22日，出台《上海市浦东新区推进市场准营承诺即入制改革若干规定》（以下称《规定》），将改革经验和做法上升固化为浦东新区法规，为进一步降低企业准营成本，更大激发市场活力提供强有力法治保障。

特色亮点：

一是拓展适用范围，编制公开标准化承诺书。改革将告知承诺的适用范围从单个审批事项拓展到一个行业经营涉及的多个审批事项。实行市场准营承诺即入制的行业，按照场所、设备、人员、资金、管理制度等要素，对经营活动涉及的法定许可条件进行标准化集成，对要求市场主体提交的材料整合精简，编制许可条件清单和材料清单，向社会公开。经营活动涉及的行政许可事项、许可条件、法律法规依据以及所需材料目录、提交方式、提交期限等，通过告知承诺书一次性告知市场主体。市场主体知晓并签署告知承诺书后，政府部门不再现场核验，当场办结。

二是线上线下一体，再造智能化申办流程。此次改革从信息化系统方面打造了线上线下一体化智能申办系统。市场主体进行登记后，根据其经营范围，系统将主动推送“一网通办”线上链接和企业服务中心线下专窗信息。市场主体如选择线上办理，则可按照智能导引进行在线申请，各相关行政审批部门在其审批系统内进行实时并联审批，实现"申请办理全天候、退回补正快响应、许可审批当场办"。办理进度还可通过企业专属网页、短信提醒等方式实时推送至企业申请人，并提供邮寄材料和许可证等服务。

三是加大信用筛查，建立事中事后监管机制。结合市场主体及其主要投资人等信用信息及行业管理实际，确定可以适用市场准营承诺即入方式的市场主体范围。在信用筛查方面，建立"公共信用+行业信用"二元筛查机制，对接公共信用信息平台，在申办时即自动筛查，对严重违法失信企业"一票否决"，依法列入严重违法失信企业名单的市场主体，不得适用市场准营承诺即入方式。在事中事后监管方面，企业取得营业许可后两个月内，有关部门将全覆盖地进行现场检查，确认企业是否符合其所承诺的营业条件。如发现不符，将要求企业限期整改，逾期拒不整改或整改后仍不符合条件的，将依法撤销行政审批决定。违反承诺的市场主体将依法受到处罚。市场主体告知承诺书的内容，构成行政机关实施事中事后监管的依据。

实践效果：

一是进一步破解市场主体"准入不准营"的难题，实现"证照衔接"。市场准营承诺即入制改革，和"证照分离""一业一证"形成改革组合拳。在行政审批告知承诺制的基础上，明确纳入市场准营承诺即入制的行业，改变当事人对涉及某行业的行政许可条件逐项承诺的做法，一次性告知从事该行业经营涉及的多项审批条件，由市场主体自愿作出承诺。市场主体书面承诺其已经符合要求并提交必要材料的，即可取得"准营"的行政许可。

二是进一步增强市场动力、降低市场主体行政成本。市场准营承诺即入制改革让市场主体获得"升级加速版"的开业体验，为企业压缩时间成本的同时，还节约了租金、人力等要素成本。首批面向便利店、超市、饭店、咖啡馆、电影院（不含外资）、书店（零售）等10个高频行业开放。以开一家面包房为例，红宝石面包（成山路店）于《规定》实施当日（2022年8月1日）上午网上提交材料，下午获得许可，次日即开张营业，跑出了浦东引领区建设的"开业新速度"。

案例2：实施大企业开放创新中心（GOI）计划

大企业开放创新中心（GOI）是由行业龙头企业发起建立，吸引集聚创新力量实现协同创新的新型载体。实施大企业开放创新中心计划是浦东进一步发挥上海自贸试验区示范引领作用、构建创新生态体系、激活中小企业创新活力的重要举措。通过统筹政策、社会资源、专业服务等全方位赋能创新生态，构建"政产学研金服用"七位一体的创新生态体系，推动大企业研发中心向开放创新中心升级，深度赋能中小企业协同创新，打造生机勃勃的创新"热带雨林"。

主要做法：

一是明确GOI的申报标准。企业申报GOI需满足"2+6"标准。登记阶段，要求满足2个必备条件，即发起主体为行业龙头企业或细分领域领军企业，具备明确的建设方案、赋能规划和专业团队。复核阶段，要求三年内赋能企业100家以上，同时空间、孵化、技术、投资、商业、生态等6个可选功能条件达到3条视为建成。

二是形成覆盖全区、横向到边、纵向到底的服务工作网络。实施"一企一档一专员"模式，为每个创新中心建立一套规范档案，配备一名专属服务人员，提供针对性、精准化服务，形成赋能合力。专员队伍由创新中心联络专员、区域服务专员和科经委服务专员共同组成。档案则包括三类主体：授牌的创新中心、创新中心的赋能企业、赋能合作伙伴。通过这种模式，政府相关部门可以动态掌握创新中心发展态势，形成精细化管理服务网络体系，并针对赋能合作伙伴的各类需求，提供个性化服务，加强与各类创新主体对接，形成更有效的互动。

三是构建“七位一体”全方位创新生态。为更好实施GOI，浦东统筹政策、社会资源、专业服务全方位赋能创新生态，构建“政产学研金服用”七位一体的创新生态体系。政策方面，分别给予GOI建设运营支持和中小科技企业的扶持，整合推出12条扶持政策。社会资源方面，利用好浦东在金融、科研院所、土地资源、应用场景等领域的综合优势，推动金融赋能、技术赋能、空间赋能、应用赋能。专业服务方面，主要通过以下三方面提升：做大“潜力库”，共同谋划建设路径；做实“培育库”，从主体注册、团队组建、选址确定、空间设计、功能谋划、企业招募、平台搭建等方面给予全方位协助，助力有效建成；做强“提升库”，助推企业招募、团队建设和业务拓展等，提升运营成效。

特色亮点：

一是遵循开放式创新全球创新趋势。浦东引领区加速建设的过程中，需要引入更多的全球科技创新资源，以全球开放视野拥抱科技和产业创新。当前，随着创新形势的变化，科技领军企业的创新模式由内部的研发中心到创新中心，逐渐演进为开放创新中心。GOI遵循开放式创新的趋势，推动企业研发从封闭转向开放的新型载体组织，创造外部创新资源进入创新生态圈的协同机制。

二是吸引集聚力量实现协同创新。许多初创企业都有非常好的想法，但往往需要外力帮助将这些想法变为现实。在这些初创企业起步阶段，成熟的知识和经验对于其早期研发至关重要。GOI以解决企业、科研机构、专业服务机构等各个创新主体的困难瓶颈为出发点，既提升大企业的创新效率，又解决小企业的资源匮乏，还为银行、投资公司、专业服务公司等资源性机构提供输出并提升专业服务能力的机会。于科研院所而言，科研成果有望有效转化和实现价值，于政府来说，则能够提升区域创新服务的有效性。

实践效果：

一是GOI契合开放创新潮涌，大企业群起响应。截至2022年底，浦东GOI累计授牌65家。在区域分布上，张江高科技片区领衔集聚38家，金桥开发片区、保税区片区、世博片区等全面布局。在发起主体上，内资企业领军崛起，外资企业持续发力。内资企业共40家，其中世界500强企业11家、细分领域领军企业29家；外资企业共26家，其中世界500强企业18家、细分领域领军企业8家。在产业布局上，紧扣硬核产业，领域丰富多样，其中生物医药领域14家、高端装备13家、电子信息11家、软件和信息服务业8家、人工智能3家、新材料6家。

二是集聚各类社会资源，协同助力中小微企业发展。截至2022年底，GOI共集聚36家赋能合作伙伴，其中技术赋能合作伙伴10家、信贷赋能合作伙伴16家、投资赋能合作伙伴10家。如技术赋能合作伙伴长三角技术创新研究院联合杜邦创新中心等举办创新杯大赛，立足产业需求，面向高校揭榜挂帅，推动产学研一体化发展。信贷赋能合作伙伴上海农商银行向GOI及入孵企业推出了“临床贷”等产品，支持药企进行新药研发和临床试验。

三是探索多种赋能模式，展现浦东“加速度”。各GOI结合自身资源优势，积极探索特色赋能模式，赋能企业总量超2 200家，累计提供金融赋能超37亿元，签署合作协议50余项。具体来看，技术赋能深入拓展，1 100余家中小企业实现技术创新突破；商业赋能粲然可观，近60家企业获大企业超2.07亿元合作订单；生态赋能生机勃勃，300余场活动赋能项目超580家，覆盖企业3 000余家；投资赋能展现张力，累计促进68家企业获得融资额超37.46亿元；孵化赋能持续发力，累计引进新注册浦东企业超过300家。

案例3：启动私募股权和创业投资份额转让试点

随着我国私募基金行业的快速发展，浦东已成为私募股权基金行业发展的领头羊。在服务实体经济中，私募股权和创业投资基金是直接融资的重要力量。为进一步促进私募基金与区域性股权市场融合发展，完善私募股权基金“募投管退”全链条服务体系，2021 年 12 月 2 日，上海股权托管交易中心上线试运营上海私募股权和创业投资份额转让平台，标志着私募股权和创业投资份额转让试点正式启动。

主要做法：

上海市地方金融监管局等 6 家单位联合发布《关于支持上海股权托管交易中心开展私募股权和创业投资份额转让试点工作的若干意见》（以下简称《意见》），制定全国首个形成国有基金份额规范转让的制度性、系统性安排。《意见》明确，支持各类国有基金份额通过上海股权托管交易中心开展转让试点，且市区两级政府投资基金出资形成的份额，经主管部门审核后，可通过上海股权交易中心有序退出；上海市国有基金份额转让原则上以市场化方式进行，转让价格以经核准或备案的资产评估或估值结果为定价基础；支持合格境外有限合伙人（QFLP）依托份额转让试点探索开展跨境基金份额转让业务。

特色亮点：

一是业内首创运用大数据技术防控基金份额交易风险。为实现对基金份额转让提供信息透明、价格公允、风险严控、安全高效的交易平台，份额转让平台专线连接政务外网获取工商大数据中心法人库（上海市市场监管局）相关数据，支持私募股权和创业投资份额托管、转让、质押登记等业务过程中的信息比对、核验，致力于构建基础设施完备、服务体系完善、数据信息聚集、份额转让活跃的私募股权和创业投资基金金融服务生态体系。

二是率先上线基金份额估值服务系统。上海股权托管交易中心自主开发基金份额估值服务系统，一期已于 2022 年 6 月 30 日上线试运行。作为份额转让平台的配套系统，通过梳理关键要素数据，完善估值模型和系统业务流程，利用区块链和大数据应用技术，为市场参与者提供基金估值的便利。系统相关优化、升级工作在持续进行中。

三是推动成立上海首只百亿 S 基金。由上海国有资本投资有限公司旗下上海孚腾私募基金管理有限公司担任基金管理人的百亿 S 基金——上海引领接力行健私募基金合伙企业（有限合伙）于 2022 年 11 月 11 日落户浦东。S 基金在成立后将积极参与份额转让平台的交易，在规范私募股权份额交易市场、提高交易活跃度、促进国有私募股权份额流动性等方面进行探索与实践，推动私募股权和创业投资股权份额二级交易市场健康发展。

四是成立全国首个 S 基金联盟。上海股权托管交易中心和上海科创基金联合发起设立全国首个 S 基金联盟——上海 S 基金联盟。首批成员包括国家级母基金，海内外知名市场化母基金，地方引导基金，保险、券商、银行等金融机构，地方国企及产业集团等超 80 家市场一线机构。

实践效果：

截至 2022 年 12 月初，上海私募股权和创业投资份额转让平台共计上线 35 单基金份额（含份额组合）；已成交 18 单，成交总份数约为 13.3 亿份，成交总金额约为 13.11 亿元。

主要成效体现在三个方面：一是拓宽私募股权和创业投资基金份额退出渠道，丰富基金的退出方式，促进私募基金和区域性股权市场融合发展，助力金融与产业资本循环畅通。二是基金份额转让平台的推出及相关配套支持政策的发布为市国有基金份额退出提供有效路径。三是初步建立起基金份额转让市场生态体系，搭建集挂牌转让、非公开协议转让、询价招商、交易见证、质押登记等多元服务于一体的私募基金综合服务平台，并积极落实证监会要求，持续加强私募基金和政府引导投后企业、专精特新等优质企业的入场和规范培育工作。

案例 4：以信用报告代替行政合规证明

当前 IPO 上市审核趋紧、监管趋严，倒逼拟上市企业将“合规性”问题摆在突出位置，备齐备足企业运营合规证明材料，相关审核证明需求非常旺盛。浦东新区在全国率先试点以企业信用信息报告代替行政合规证明的新机制，进一步提升资本市场服务效能，加快推进企业上市挂牌。

主要做法：

针对企业反映上市审核过程中细节严、证明多、敲章难，特别是行政合规出证难、重大违规认定难等突出问题，新区开展调研，梳理企业诉求，瞄准难点、痛点，率先试点以企业信用信息报告代替行政合规证明的新机制。2021 年 11 月 25 日浦东新区印发《浦东新区企业信用信息报告代替行政合规证明实施方案（试行）》，进一步便利企业上市、融资等经营活动，针对高频事项先行启动试点，共同推进“用信、采信”机制创新，大幅缩短企业上市前期工作的流程和时间，让企业上市融资更加便利，着力打造创新引领的营商环境高地。

特色亮点：

1. 针对高频事项先行启动试点

一是部门协同强合力。共同推进“用信、采信”机制创新，探索以上海市公共信用信息服务中心出具的《法人公共信用信息查询报告》内容包括企业基础登记信息、判决信息、5 年内行政处罚信息等，代替浦东新区试点部门开具的行政合规证明。

二是精准施策快响应。全面梳理、快速响应企业上市服务需求，充分听取保荐机构开展尽职调查和审慎核查的实际需求，针对开具无违规证明需求比较集中的 11 个高频事项领域，包括对外投资、市场监管（含质监、药监）、税务（含社保缴纳）、人力资源社会保障、安全生产、消防安全、环境保护、土地管理等，率先开展试点工作，加快实现点上突破。

三是数据归集严把关。为确保信息数据及时、全量、准确归集，浦东新区建立信用信息全流程管理机制，明确各试点部门按照国家及上海关于“双公示”工作要求，将各类行政许可、行政处罚信息在 7 个工作日内归集至区大数据中心，并对数据的全面性、真实性、准确性负责。

2. 针对服务体验优化办事流程

一是推出“双轨运行”机制。一方面，明确企业申请并授权区金融局查询信用报告，区信用办信用服务窗口依申请调取上海市公共信用信息报告；收到报告后，区金融局加盖骑缝章，并返还企业和保荐机构，全流程原则上在 3 个工作日内完成。另一方面，试点期间，企业结合自身情况仍可按原流程申请开具合规证明。

二是建立“一码核验”机制。在信用报告上标注“核验码”，企业、保荐机构等可通过扫描“核验码”对报告真实性进行快速验证，实现可追溯、可核实。

三是完善信用修复机制。明确企业如信用报告中有行政处罚记录，可按照《关于进一步做好本市公共信用信息修复工作的若干意见（试行）》要求，向上海“一网通办”平台申请修复行政处罚信息；明确保荐机构对企业违法违规行为的严重程度，可参照“一网通办”平台公示的失信行为认定标准予以判断。

实践效果：

自 2021 年 11 月 25 日《浦东新区企业信用信息报告代替行政合规证明实施方案（试行）》全面实施一年以来，浦东新区已办理 291 家企业的申请，开具信用报告 376 份，有效减少企业向各行政部门“求证”的沟通和时间成本。2022 年 10 月 28 日，浦东集成电路测试龙头企业上海华岭集成电路技术股份有限公司（以下简称华岭股份）成功登陆北京证券交易所，是浦东新区首家在北京证券交易所上市的公司。为支持华岭股份快速上市，“一对一”指导企业以信用报告代替合规证明，促进华岭股份从受理到过会仅用时 38 天，创下 A 股最快过会速度。

信用信息报告的推行，得到企业、保荐机构的广泛欢迎和上海证券交易所、市证监局的大力支持。截至 2022 年 11 月底，浦东新区累计拥有上市公司 230 家（境内上市 158 家、境外上市 72 家），其中年内新增境内上市企业 16 家，企业上市工作取得了一定的成效。

案例5："离岸通"推动全球离岸贸易结算便利化

离岸贸易是货物运输在海外、资金结算在国内的特殊贸易模式。2021年发布的《中共中央 国务院关于支持浦东新区高水平改革开放打造社会主义现代化建设引领区的意见》中明确提出，要完善企业、政府、第三方专业机构信息共享平台，加大离岸贸易真实性审核力度。推动离岸贸易的发展符合浦东新区"统筹发展在岸业务和离岸业务"的战略布局，同时也是提升上海全球资源配置能力的重要抓手。

主要做法：

全国首个综合运用境内外数据用以支持贸易真实性审核的"离岸通"平台于2021年10月率先在保税区上线运行。"离岸通"平台通过把碎片化的数据串联后形成完整的、真实的境外物流链条，改变了银行原有基于纸质单证的审核模式，为金融机构提供高度集成化的辅助核查服务，帮助完成对企业的离岸贸易行为的真实性判断，为统筹在岸业务和离岸业务的发展提供了有力支撑。

特色亮点：

一是瞄准实践堵点。离岸贸易最典型的特征是"两头在外，三流分离"，贸易全过程中货物并不入境，因此又被称之为"单据处理贸易"。在没有其他辅助工具的前提下，银行和监管机构只能凭借单据来判断贸易的真实性，这必然造成离岸贸易单据审核"严"与提供"难"之间的矛盾。为了解决实践痛点，保税区管理局提出建设离岸转手买卖信息服务系统的设想，希望通过大数据方式，对企业的离岸转手买卖业务环节提供验证，支持商业银行对离岸转手买卖的收付汇结算。经过一年来的持续推进，平台已完成一期系统框架搭建，基本达成预期目标。润通航运服务有限公司、索尼电子运营（中国）有限公司、西门子国际贸易（上海）有限公司等区内企业与其合作银行已将实际业务数据导入"离岸通"平台进行测试，测试结果达到预期目标。

二是出台支持政策。在保税区域，企业能够获得全方位、系统性的离岸贸易政策支持。2020年，保税区域挂牌设立"离岸转手买卖先行示范区"，并成立"离岸转手买卖产业服务中心"，服务区内企业开展离岸贸易实际需求。保税区还推动制定专项财政扶持政策，最大限度降低企业综合税负，支持企业扩大离岸贸易规模；率先启动全球营运商计划（GOP），助力企业向更高能级全球功能总部迈进。浦东新区于2020年底发布《中国（上海）自由贸易试验区专项发展资金支持离岸转手买卖业务发展实施细则》，明确规定注册地及税收户管均在上海自贸试验区内，开展离岸转手买卖创新业务的企业，根据企业离岸转手买卖业务对上海市的综合贡献程度，给予一定扶持，年度扶持金额最高不超过1 000万元。

三是拓展覆盖范围。2022年1月21日，上海自贸试验区管委会陆家嘴管理局与保税区管理局联合举办了"新型离岸国际贸易政策解读暨'离岸通'平台推介会——陆家嘴金融城专场"。陆家嘴作为上海国际金融中心的核心承载区，将充分发挥金融机构集聚的优势，搭建政、银、企信息共享平台，支持引导企业拓展离岸转手买卖业务。同年3月8日，临港新片区管委会与保税区管理局推动"离岸通"平台接入临港新片区一体化信息管理服务平台，签订"离岸通"平台合作共享协议，设立"离岸通"临港中心，将"离岸通"平台覆盖范围扩展到了上海自贸试验区临港新片区。

实践效果：

一是加强企业全球资源配置能力。截至2022年9月，"离岸通"平台已经整合18个国家的海关报关信息、30多个主要国际港口的装卸信息，船公司数据可覆盖60%的集装箱国际运量。2022年年初，"离岸通"平台已经将航空数据接入。通过"离岸通"平台，企业可以更好发挥海外库存优势，提高供应链稳定性。同时"离岸通"平台带来的政策不断更新、手续逐渐简化、效率持续提升，对复合型地区总部的发展大有帮助。在离岸贸易结算便利化政策和“离岸通”平台的支持下，浦东离岸转手买卖项下收支合计金额占全市90%以上。

二是降低银行审核难度。“离岸通”平台通过接入多口径数据，多番比对，最终通过数字化处理，作出真实性与否的判断，完全突破传统的纸质单据审核方式，大大降低银行在贸易背景真实性核实方面的难度。同时，随着“离岸通”业务的飞速发展，海量数据得以沉淀。银行可以通过对历史交易数据进行智能分析，优化银行的风控模型。

三是提升政府服务效能。“离岸通”平台天然具有便捷化、透明化、法治化的特征，是政府开展贸易便利化的有效抓手。通过该平台在离岸贸易的审核中不断优流程、降成本、压时间、提效率，解决市场主体关切的“堵点”问题——单证真实性审核问题，从而让离岸转手买卖业务进一步做大。在中国人民银行上海总部和国家外汇管理局上海市分局的支持下，离岸业务已经成为上海自贸试验区新的增长点。截至2023年9月，“离岸通”平台服务范围已覆盖18家银行的55个总分支机构，累计上传千余笔离岸转手买卖业务数据。

四、上海市政府以及相关政府部门出台的政策措施

（一）《2022年上海市扩大有效投资稳定经济发展的若干政策措施》（沪府办〔2022〕4号，2022年1月11日）

（二）《中国（上海）自由贸易试验区政策制度创新推进机制》（中（沪）自贸管〔2022〕1号，2022年1月24日）

（三）《上海市人力资源和社会保障局等五部门印发关于促进本市人力资源服务业高质量发展的实施意见》（沪人社力〔2022〕19号，2022年1月24日）

（四）《上海市政府采购促进中小企业发展实施办法》（沪财发〔2022〕1号，2022年1月19日）

（五）《上海市关于高质量落实〈区域全面经济伙伴关系协定〉（RCEP）的若干措施》（沪商自贸〔2022〕24号，2022年2月18日）

（六）《上海市浦东新区市场主体登记确认制若干规定》（2022年2月18日上海市第十五届人民代表大会常务委员会第三十九次会议通过）

（七）《上海市2022年优化营商环境重点事项》（沪府办发〔2022〕10号，2022年6月2日）

（八）《上海市数字经济发展“十四五”规划》（沪府办发〔2022〕11号，2022年6月12日）

（九）《关于深入开展营商环境创新试点　持续推进工程建设项目审批制度改革的实施方案》（沪建审改〔2022〕1号，2022年6月22日）

（十）《上海市浦东新区绿色金融发展若干规定》（2022年6月22日上海市第十五届人民代表大会常务委员会第四十一次会议通过）

（十一）《上海市浦东新区推进市场准营承诺即入制改革若干规定》（2022年6月22日上海市第十五届人民代表大会常务委员会第四十一次会议通过）

（十二）《上海海关支持集成电路产业发展监管创新试点实施办法》（上海海关通告2022年第3号，2022年7月5日）

（十三）《上海市浦东新区化妆品产业创新发展若干规定》（2022年7月21日上海市第十五届人民代表大会常务委员会第四十二次会议通过）

（十四）《关于支持中国（上海）自由贸易试验区临港新片区加快建设独立综合性节点滨海城市的若干政策措施》（沪府发〔2022〕8号，2022年8月17日）

（十五）《上海市加快智能网联汽车创新发展实施方案》（沪府办发〔2022〕15号，2022年8月23日）

（十六）《上海市浦东新区文物艺术品交易若干规定》（2022年8月27日上海市第十五届人民代表大会常务委员会第四十三次会议通过）

（十七）《上海市浦东新区推进住宅小区治理创

新若干规定》(2022年9月22日上海市第十五届人民代表大会常务委员会第四十四次会议通过)

(十八)《本市推动外贸保稳提质的实施意见》(沪府办规〔2022〕11号,2022年10月17日)

(十九)《关于支持打造面向全球的亚太仲裁中心提升城市软实力的若干措施》(沪委办发〔2022〕28号,2022年10月24日)

(二十)《上海市加快打造全球生物医药研发经济和产业化高地的若干政策措施》(沪府办规〔2022〕13号,2022年10月24日)

(二十一)《关于全面推进口岸数字化转型实施意见》(沪商通关〔2022〕249号,2022年10月26日)

(二十二)《上海市浦东新区优化揭榜挂帅机制促进新型研发机构发展若干规定》(2022年10月28日上海市第十五届人民代表大会常务委员会第四十五次会议通过)

(二十三)《上海市促进细胞治疗科技创新与产业发展行动方案(2022—2024年)》(沪科合〔2022〕29号,2022年10月31日)

(二十四)《上海市浦东新区促进无驾驶人智能网联汽车创新应用规定》(2022年11月23日上海市第十五届人民代表大会常务委员会第四十六次会议通过)

(二十五)《中国(上海)自由贸易试验区保税区域诚信建设示范区试点方案》(沪信用办〔2022〕13号,2022年11月25日)

(二十六)《上海市浦东新区固体废物资源化再利用若干规定》(2022年12月21日上海市第十五届人民代表大会常务委员会第四十七次会议通过)

五、大事记

2022年1月11日　卡尔蔡司中国区投资总部和中国区医疗投资总部正式落地外高桥保税区。

2022年1月21日　新型离岸国际贸易政策解读暨"离岸通"平台推介会——陆家嘴金融城专场成功举办。

2022年3月2日　上海国际文物艺术品交易中心揭牌仪式在浦东美术馆举行。

2022年3月3日　陆家嘴金融城理事会与国际信托与资产规划学会(STEP)签署战略合作备忘录。

2022年5月12日　上海市首支体育产业投资基金——上海体育产业投资基金落户世博地区。

2022年7月7日　"世博地区大宗商品国际贸易生态集成区"挂牌成立。

2022年7月15日　基于浦东推出的全国首个《船舶供应服务　物料产品分类与编码》地方标准,首批覆盖四大船供物料产品领域的团体标准正式公布。

2022年8月5日　科创板拟上市企业上海(浦东)知识产权服务站正式启动。

2022年8月8日　第二艘国产大型邮轮正式开工建造,并举行大型邮轮创新中心揭牌仪式。

2022年8月8日　上海自贸试验区全面实施食品生产许可告知承诺改革。

2022年8月23日　浦东举行2022浦东新区科技节开幕仪式,并进行2022年首批13家大企业开放创新中心(GOI)授牌。

2022年8月25日　上海自贸试验区管委会世博管理局在前滩举办跨国公司投资推介大会,12个项目宣布签约落户世博片区,总投资金额近80亿元。

2022年8月27日　文化领域首部浦东新区法规——《上海市浦东新区文物艺术品交易若干规定》经市第十五届人民代表大会常务委员会第四十三次会议表决通过。

2022年8月29日　消费品论坛(法国)上海代表处正式入驻前滩国际经济组织集聚区。

2022年8月30日　2022陆家嘴投融资峰会暨第一财经股权投资峰会成功召开。

2022年8月31日　金桥智能网联汽车测试示范区正式启动,正式启用国内首条中心城区自动驾驶开放测试道路。

2022 年 9 月 1 日　2022 世界人工智能大会在浦东开幕。

2022 年 9 月 1 日　德国巴登—符腾堡州银行上海分行在上海中心大厦正式开业。

2022 年 9 月 8 日　张江机器人谷质量基础设施“一站式”服务站正式揭牌。

2022 年 9 月 20 日　G. I. S. 陆家嘴全球专业服务商峰会在上海中心大厦举行。

2022 年 9 月 20 日　上海市产业技术创新促进会揭牌仪式在汇博中心举行。

2022 年 9 月 22 日　上海市第十五届人民代表大会常务委员会通过第 12 部浦东新区法规《上海市浦东新区推进住宅小区治理创新若干规定》。

2022 年 9 月 26 日　上海自贸试验区保税区域英飞凌项目谅解备忘录签约仪式正式举行。

2022 年 9 月 27 日　“五市一区”免予办理强制性产品认证（CCC 认证）一体化发展合作备忘录签约仪式在浦东举行。

2022 年 9 月 28 日　张江科学城建设发展 30 周年座谈会在张江科学会堂举行。

2022 年 10 月 8 日　全球首创糖尿病治疗新药——华领医药技术（上海）有限公司申报的 1 类创新药多格列艾汀片在浦东诞生并获批上市。

2022 年 10 月 10 日　金桥智能网联车测试示范区开放测试场景、张江人工智能岛 AI 引擎等项目列入国家人工智能创新应用先导区“智赋百景”公示。

2022 年 10 月 21 日　浦东“城市大脑”4.0 正式上线运行。

2022 年 10 月 27 日　国内首个一站式空运货物服务中心首单国际出口直达业务试运行成功。

2022 年 10 月 28 日　第 13 部浦东新区法规《上海市浦东新区优化揭榜挂帅机制促进新型研发机构发展若干规定》经市第十五届人民代表大会常务委员会第四十五次会议表决通过。

2022 年 11 月 1 日　市委书记陈吉宁调研上海自贸试验区企业服务中心、浦东外高桥的上海沪东集装箱码头有限公司和浦东张江的上海罗氏制药有限公司等地。

2022 年 11 月 6 日　第五届虹桥国际经济论坛“浦东高水平制度型开放与全球经济治理”分论坛在国家会展中心（上海）举行。

2022 年 11 月 8 日　上海自贸试验区“一带一路”技术交流国际合作中心东亚分中心在浦东揭挂牌，并以视频连线方式在日本以及韩国分部同步“云挂牌”。

2022 年 11 月 8 日　“浦东张江·金桥未来车产业集聚区”正式启动。

2022 年 11 月 10 日　外高桥保税区“全球汇”项目启用。

2022 年 11 月 11 日　全球最大的医疗激光设备公司——科医人在中国首个创新基地在外高桥保税区正式启用。

2022 年 11 月 11 日　浦东在全国率先试点“文体旅一证通”，并为首批三家企业颁发证照。

2022 年 11 月 15 日　“2022 上海国际生物医药产业周——张江生命科学国际创新峰会”主论坛在张江科学会堂开幕，论坛上发布《浦东新区促进细胞和基因产业发展行动方案（2023—2025）》。

2022 年 11 月 16 日　第三届外高桥医药健康国际合作高峰论坛暨医疗器械产业未来发展高峰论坛举行，上海自贸试验区保税区域国际医疗器械智造基地正式授牌。

2022 年 11 月 23 日　全国性大宗商品仓单注册登记中心启动仪式在浦东新区办公中心举行。

2022 年 11 月 23 日　市第十五届人民代表大会常务委员会第四十六次会议表决通过第 14 部浦东新区法规《上海市浦东新区促进无驾驶人智能网联汽车创新应用规定》。

2022 年 11 月 23 日　第四届陆家嘴国际再保险会议举行。

2022 年 11 月 24 日　上海自贸试验区第十一批金融创新案例发布。

2022 年 11 月 25 日　2022 全球数商大会在浦东

召开，张江数据要素产业集聚区建设启动。

2022年11月28日　上海自贸试验区保税区域诚信建设示范区试点启动实施。

2022年11月29日　民航华东地区管理局向中国商飞公司颁发了国产大飞机C919的生产许可证。

2022年11月30日　上海技术性贸易措施公共服务平台启动上线。

2022年12月7日　2022浦东国际人才港论坛在张江科学会堂举行，浦东国际人才驿站正式启用。

2022年12月9日　全球首架C919大型客机交付首家用户中国东方航空股份有限公司。

2022年12月9日　富达国际获批开展公募基金业务，成为首批在我国开展全资公募基金业务的全球资产管理公司。

2022年12月10日　“全球汇——国际消费中心”在外高桥保税区正式启用。

2022年12月19日　中国人民银行上海总部在中国（上海）自由贸易试验区启动本外币合一银行结算账户体系试点。

2022年12月24日　浦东新区第五届委员会第三次全会审议通过了《关于新时代浦东新区全面推进社会主义现代化建设引领区人才发展的实施意见》。

2022年中国（上海）自由贸易试验区临港新片区建设概况

中国（上海）自由贸易试验区临港新片区管理委员会

赵义怀

中国（上海）自由贸易试验区临港新片区管理委员会专职副主任

赵义怀，男，汉族，1967年1月生，陕西岐山人，1990年7月参加工作，全日制研究生，经济学博士学位，中共党员。

现任中国（上海）自由贸易试验区临港新片区党工委委员、管委会专职副主任。

一、经济运行数据

（一）投资情况

2022年，中国（上海）自由贸易试验区临港新片区（以下简称临港新片区）新设各类企业22 316家（占全市新设企业总数的6.0%），新设企业数列全市第8位，新设外资企业数列全市第4位；新设企业注册资本12 092.6亿元；全年通过全程电子化核准的新设企业20 111家，占新设企业总数的90.1%，比2021年提升3.5个百分点，新设企业全程网办率突破九成。

2022年，临港新片区新设立外商投资企业467家，合同外资金额60.65亿美元，实到外资金额19.2亿美元，占全市实际使用外资金额的9%。备案对外直接投资项目90个，比上年增长18%；备案中方投资额12.92亿美元，比上年增长4%。挂牌成立以来，累计备案对外直接投资项目202个，备案中方投资额累计达40.73亿美元。

2022年，临港新片区产城融合区域实现税收收入475.01亿元，比上年增长35.72%。

（二）贸易情况

2022年，临港新片区重点贸易类项目注册企业194家，注册资本合计78.82亿元。临港新片区离岸贸易规模不断扩大，累计离岸转手买卖结算量42亿美元。洋山特殊综合保税区货物进出口总额2 090亿元，比上年增长61.4%。

（三）金融情况

2022年，临港新片区重点金融类项目注册企业106家，注册资本合计813.92亿元；其中持牌金融机构（含分支机构）15家、新兴金融机构11家、投资类企业80家。

2022年，企业新增开立自由贸易账户262个，新增跨境资金池5个。全年累计完成跨境人民币结算量9 349.9亿元，跨境外币结算量339.25亿美元，累计银行信贷投放额272.17亿元。

截至2022年底，临港新片区银行分支机构存贷款余额5 263.77亿元，比上年增长18.6%，保持稳步增长。其中，贷款增速高于存款增速，本外币存款余额3 094.33亿元，增长12.2%，本外币贷款余额2 169.45亿元，增长29.3%。

（四）创新情况

知识产权方面，截至2022年底，临港新片区有效专利量27 098件，比上年增长45.5%；其中，发明专利有效量4 904件，实用新型专利有效量18 421件，外观设计专利有效量3 773件。2022年，临港新片区专利授权8 257件，比上年增长16.5%；其中发明专利授权1 566件，占发明专利存量的近三分之一，临港新片区企业创新能力进一步体现。全年通过《专利合作条约》（PCT）途径提交的国际专利申请量346件。

（五）其他

2022年，临港新片区完成工业总产值3 520.08亿元，比上年增长29.7%；其中，规模以上工业总产值3 482.66亿元，增长30.5%，目标完成率104.9%，占全市规模以上工业总产值的8.6%。完成全社会固定资产投资1 325.52亿元，比上年增长31.1%，占全市固定资产投资的14.0%。

2022年，临港新片区第三产业营业总收入5 751.56亿元，比上年增长45.4%。其中，“四上”企业营业总收入5 553.71亿元，增长46.2%，占临港新片区第三产业营业总收入的96.6%；洋山特殊综合保税区第三产业营业收入4 269.52亿元，增长57%，占临港新片区第三产业营业总收入的74.2%，拉动作用明显。

2022年，临港新片区限额以上企业商品销售额4 889.96亿元，比上年增长51.7%；其中，洋山特殊综合保税区限额以上企业商品销售额4 212.13亿元，增长66.2%，占临港新片区限额以上企业商品销售额的86.1%。临港新片区限额以上住宿和餐饮业企业营业额2.65亿元，比上年增长9.6%。规模以上服务业营业收入692.94亿元，比上年增长7.5%。

二、建设措施及成效

习近平总书记亲自谋划、亲自部署、亲自推动临港新片区的设立。2019年习近平总书记特别对临港新片区提出了“五个重要”的指示，即“上海自贸试验区临港新片区要进行更深层次、更宽领域、更大力度的全方位高水平开放，努力成为集聚海内外人才开展国际创新协同的重要基地、统筹发展在岸业务和离岸业务的重要枢纽、企业走出去发展壮大的重要跳板、更好利用两个市场两种资源的重要通道、参与国际经济治理的重要试验田”，这成为临港新片区抓开放创新发展的根本遵循。2019年7月27日，国务院印发《中国（上海）自由贸易试验区临港新片区总体方案》（以下简称《临港新片区总体方案》），把临港新片区定位为更具国际市场影响力和竞争力的特殊经济功能区。临港新片区成立以来，始终以制度创新为“生命线”，努力发挥好国家改革开放“试验田”作用，以“五自由一便利”（投资自由、贸易自由、资金自由、运输自由、人员从业自由、信息快捷联通）为核心的制度型开放体系框架逐渐形成。

（一）持续深化制度创新，推动高水平开放走深走实

改革创新深入推进。《临港新片区总体方案》78项任务基本完成，累计形成87个典型案例，其中全国首创性案例36个。市政府出台《关于支持中国（上海）自由贸易试验区临港新片区加快建设独立综合性节点滨海城市的若干政策措施》。顺利完成临港新片区成立三周年系列重点工作，委托国务院发展研究中心和上海市人民政府发展研究中心分别完成临港新片区三周年评估，起草《临港新片区建设三年进展情况报告》并由市委、市政府报送党中央、国务院，国务院办公厅以该报告为基础，编印了《政务情况交流》第81期并向全国印发。设立制度创新奖，评选表彰10个具有首创性、引领性、标杆性意义的重大创新项目。完成数据跨境流动公共服务管理系统建设，上线运行一体化信息管理服务平台3.0版，构建更加丰富的风险防范应用场景。

营商环境持续优化。稳步推进“放管服”改革，完成第三批214项行政事项动态调整，累计承接市、区两级共1 215项事权。试点多事项综合审批，形成5个“一件事”综合审批改革方案，“一件事”审批系统上线。在全市率先开展“三线一单”（生态保护红线、环境质量底线、资源利用上线和生态环境准入清单）跟踪评估和更新细化试点，首创的“两评一证”（环境影响评价文件、生产建设项目水土保持方案和排污许可证）合一制度入选生态环境部典型案例。启动全市首个政府投资全过程工程咨询项目试点工作。探索政府投资项目

"先建后核"监管模式，试点综合监管"一件事"和综合验收"以测代验"改革。

法制保障取得突破。出台临港新片区首部综合性地方性法规《中国（上海）自由贸易试验区临港新片区条例》，于2022年3月1日起正式施行。制定临港新片区法治保障工作规程。牵头起草《上海市浦东新区促进无驾驶人智能网联汽车创新应用规定》，发布《浦东新区加强滴水湖水域保护和滨水公共空间建设管理若干规定》，进一步发挥了法制工作促进产业发展、提升社会治理能力的保障作用。争取国内外知名仲裁机构落地临港新片区。持续开展企业合规工作，形成《关于加快推进临港新片区打造企业合规改革创新引领区的行动方案（2023—2025）》。

风险防范实战化能力全面提升。探索"央地协同"的监管样板。依托一体化信息管理服务平台，推进与国家行业主管部门建立便捷联通的数据共享通道，完成国家外汇管理局、海关总署等12个单位、共22个业务系统的数据对接。上线一体化信息管理服务平台3.0版，深化11个特色场景建设，及时对风险进行识别研判，实现全流程风险防范与实时动态预警，提升平台实战化水平。

（二）着力推动科技创新，激发创新发展更大活力

平台建设扎实推进。临港国家实验室完成项目立项，成功举办第五届世界顶尖科学家论坛，颁发首届世界顶尖科学家协会大奖，世界顶尖科学家论坛永久会场正式启用，首批三个"基石科学家"领衔的科学矩阵实验室启动，顶科公园完成莫比乌斯环支撑柱施工。海底观测网、重型燃气轮机项目等一批重大科学基础设施加快建设。中国科学院上海有机化学研究所临港基地开工建设、中石油（上海）新材料研究院落地，认定第二批6家科技创新型平台。

科创生态逐步完善。建立健全企业梯度培育载体和覆盖临港级、省市级、国家级三层次的企业成长体系，为未来产业发展夯实创新动能，高新技术企业达到1 324家，认定"专精特新"企业100家。推动无人驾驶智能网联汽车创新应用，已完成实施方案及细则的制定。加快推进氢能产业发展，召开氢能大会，发布产业规划和扶持政策，支持临港新片区加快打造氢能产业发展高地。推动绿色再制造产业发展，商务部下发《商务部关于允许部分再制造产品按照新品实施进口管理有关工作的函》，允许浦东新区及临港新片区浦东区域部分企业4类工程机械用发动机再制造产品按照新品实施管理。

（三）大力发展先进制造业，提升前沿产业竞争力影响力

投资促进成效突出。加强招商引资和投资落地工作，产业招商签约项目104个，涉及投资额1 389.47亿元，上海积塔半导体二期项目、华勤汽车电子制造基地和临港研发总部等一批重点项目签约落地。制造业投资额360.42亿元，同比增长25.7%。集中编制发布智能新能源汽车、集成电路、人工智能、新兴金融业等9个行动方案，为前沿科技产业和新兴业态发展注入强大动力。

重点产业强劲增长。坚持防疫和生产两手抓、两手硬。新冠疫情封控期间，积极保障上海汽车集团等重点企业保运转、稳生产。疫情好转后，在全市率先实现规模以上企业全面复工复产，前沿产业全面实现高速增长，新能源汽车、高端装备制造产值分别为2 299.29亿元和882.31亿元，同比增长35.1%和25.4%。特斯拉上海超级工厂累计生产突破100万辆。

特色产业园区扩围升级。启动建设滴水湖AI创新港，聚焦人工智能基础能力、重点发展和应用领域和高端人工智能终端加快集聚一批企业。动力之源、国际氢能谷入选上海市第三批特色产业园区，进一步促进产业资源高效聚集。依托临港新片区东方芯港园区，集成电路行业基本构建了电子设计自动化（EDA）工具、芯片设计、芯片制造、封装测试以及装备材料等全产业链生态体系，形成与张江"双核驱动"的新发展格局。

（四）培育新兴业态，积蓄高质量发展新动能

洋山功能得到强化。制定出台支持洋山特殊综合保税区新业态创新发展和高能级航运服务产业发展政策。在国内首次探索“一司两地”监管模式，完成国内首单外资班轮船公司沿海捎带业务，累计共4家船公司67艘船舶获批开展此业务。完成首单保税船舶租赁业务，实现国际航行船舶保税液化天然气（LNG）加注业务常态化运作，保税船供公共服务平台和国际集装箱运价交易平台上线运行，上海港东北亚空箱调运中心正式启用。境内建造船舶出口退税和区内物流、仓储服务免征增值税政策落地。通用电气航空发动机、东方航空宽体飞机保税维修等一批项目落地。

新兴金融有序发展。推动发布《中国（上海）自由贸易试验区临港新片区开展跨境贸易投资高水平开放外汇管理改革试点实施细则》，涵盖4项经常项目便利化措施和9项资本项目改革措施。建设跨境资产管理示范区，2022年引入资产管理机构超50家，并开展资金余额管理模式等创新业务。打造科技保险创新引领区，发布《中国（上海）自由贸易试验区临港新片区科技保险创新引领区工作方案》。中国集成电路共保体在临港新片区成立创新实验室。建设多层次资本市场的一站式服务基地。举办首届滴水湖新兴金融大会，打造金融高水平开放全新交流平台和上海国际金融中心建设新名片。上海石油天然气交易中心、铂族贵金属新型国际贸易及科技创新中心等重点项目落地，大华银行（中国）成为落地临港新片区的首家外资银行。金融总部湾一期4个商住地块主体结构施工基本完成；西岛金融中心项目主楼冲出正负零。

（五）深入贯彻人民城市理念，打造智慧低碳韧性现代化新城

规划土地保障有力。2022年完成出让供应及公告土地面积约315公顷，公告出让金245亿元。编制滴水湖核心片区等4个片区单元规划，实现主城区单元规划全覆盖。编制《南汇新城高品质城市建设导则》，完成新城公共建筑方案和新城绿环概念规划国际方案征集。加强乡村地区规划统筹，制定《新片区实施全域土地综合整治工作方案》。

智慧城市加快建设。大力推进城市数字化转型，与同济大学合作编制智慧城市顶层规划和智慧交通专项规划，完成上海天文馆、建设者小镇和中运量T1示范线数字应用场景建设。持续强化“一网统管”功能，初步完成城市生命线工程领域和自然灾害领域防汛防台板块建设，接入各类管网1 456千米，各类物联感知设备3 143个。发现1 200余起预警告警事件，实现“信息共享、统一指挥、协同处置”。

低碳理念全面实施。印发低碳发展行动方案，全面推广执行超低能耗建筑标准，试点创建顶科社区三星级绿色生态城区。主城区公共交通全部实现清洁能源化，清洁能源占一次能源消费比重达到50%。3个220千伏变电站开工，临港新片区先进智造片区集中供热工程等4个综合能源站实现供能。同汇路加氢站建成投运。完成芦潮港农场环境综合整治项目，彻底解决区域环境和居住条件差等历史遗留问题。

韧性项目稳步开展。新增22.7万平方米应急避难场所，可容纳2.7万人应急避难。启用飞渡路应急物资仓库，组建涵盖危险化学品事故、道路抢险和运输、液化气管道爆炸事故等9类20支应急救援队伍。建立危险化学品分级分类监管机制，对涉危企业实施不同频次的监管执法。

（六）启动推进“人才筑巢工程”，营造创新创业良好环境

人才服务优化升级。全面承接居转户受理初审权。新推荐纳入“居转户‘7转3’单位”267家、预申报人才引进重点机构100家，推荐引进非上海生源应届高校毕业生重点单位48家，认定在沪“双一流”高校应届本科毕业生直接落户政策企业105家。加快形成“人才筑巢”工程总体方案，制定形成《人才公寓管理办法》《人才租房补贴实施办法》《前沿产业优秀人才安家补贴实施办法》《优秀人才购房补贴实施办法》等人才安居系列配套政策，逐步构建“人才筑巢工程”、“1+X”政策体系。建设临港新片区劳动人事综合服务中心，构建劳动纠纷调处与就业促进服务融合联动模式。挂牌成立临港新片区移民事务服务中心，成为全市首家区域性移民事务服务“一站式”综合服务平台。

公共配套加强供给。大力推进安居工程，新增住宅建筑面积400万平方米，新增供应住房13 838套。着力提升教育发展水平，设立临港教育奖，新竣工5所学校，新开办华师大附属浦东临港小学及幼儿园等4所学校，新开工建设6所学校。积极提升医疗服务能级，制定发布促进医疗卫生服务高质量发展政策意见和实施细则。着力完善商文体旅布局，新增商业面积约13万平方米，港城广场文化综合体图书馆和剧院等项目实现试运营。持续完善市政配套设施，新增道路开工40公里，完工30公里，中运量T2线建成投运，临港水厂正式通水。

三、创新成果及案例

案例1：实施“一司两地”一体化海关监管模式

主要做法：

上海飞机制造有限公司（以下简称上飞公司）注册在洋山特殊综合保税区，是中国商用飞机有限责任公司全资子公司和总装制造中心，是发展大飞机项目的重要实体和临港新片区具有国际竞争力重点产业的代表企业。该公司现有两个基地，浦东基地位于洋山特殊综合保税区（二期）机场南部区域内，宝山大场基地位于洋山特殊综合保税区外，两个生产基地是隶属于同一法人主体、服务于同一产业链、实行一体运作的有机整体，且两个生产基地货物流转频繁，财务也无法分开管理。“围网”内外“一司两地”的区位格局，对海关监管提出个性化需求，这在海关监管工作中没有先例可循，也没有成熟的经验可供借鉴。

针对上飞公司两个生产基地分别位于洋山特殊综合保税区内外的特殊情况，上海海关与临港新片区管委会及企业充分沟通，秉持顺势监管理念，在海关总署的指导支持下，创造性地提出了“一司两地”一体化监管方案，并于2022年1月4日获海关总署批复同意。2022年3月3日，上飞公司一批价值2.15万美元的进口货物向洋山海关申报后顺利运抵洋山特殊综合保税区，这是该公司以区内企业身份完成的首单进口货物申报，标志着洋山特殊综合保税区（二期）顺利实现封关运作，该区封关面积由一期14.27平方公里扩大至一、二期共计22.36平方公里。

一是通过一体化监管实现两地货物流转。根据“一司两地”一体化监管方案，考虑到飞机制造环节多、链条长、数据管理庞大、安全性能要求高等特点，海关专门搭建了大数据平台，通过信息系统一体化、监管主体和监管模式一体化等方式，将不同的生产基地都视同在保税区内，对上飞公司浦东、大场两个基地的海关监管货物实施一体化监管，在风险可控的前提下，给予企业多项便捷措施。方案实施后，海关指导企业充分运用好相关政策，推动两个生产基地一体化高效便捷运营。

二是依托一体化平台实现监管数据对接。“一司两地”一体化监管方案实现的过程中，也离不开临港新片区一体化信息管理服务平台（以下简称一体化平台）发挥的作用。一体化平台集成了包括企业数据在内的多方数据，其中上飞公司两个基地的料件进出、基地间业务协同以及飞机试飞交付等业务运行相关数据与一体化平台进行了实时对接交互，经过一体化平台处理后，与海关的监管服务系统和风控系统充分对接，海关可以在一体化平台上及时抓取海关监管需要的相关数据，从而实现对企业的监管。

特色亮点：

一是适应企业发展诉求。“一司两地”一体化监管模式实现上飞公司入区运作后浦东基地、大场基地生产加工与物流仓储的一体化运营和自由流转，由跨境的节点式管理转变为海关保税的过程式管理，简化申报，实施免税和保税管理，不断完善监管模式以适应产业发展的新需求，满足海关监管要求和上飞公司内部业务管理需求，使企业可以充分利用洋山特殊综合保税区一揽子政策优势，支撑大飞机制造、试飞、交付和维修等业务运行，有力服务临港新片区建设，保障大飞机项目推进。

二是带动产业集聚发展。上飞公司入区运作有力吸引产业链上下游企业落地集聚，洋山特殊综合保税区民用航空产业体系初步形成。以上飞公司为代表的先进制造业在洋山特殊综合保税区的集聚发展，进一步打开围网区域产业空间，增强洋山特殊综合保税区的重点战略产业承载功能，有力支持促进产业链、供应链全要素在临港新片区高度集聚和自由配置，推动上海产业和经济迈向高质量发展。

实践效果：

“一司两地”监管模式是临港新片区管委会会同上海海关开展“央地协同”创新的一次有益探索，为未来临港新片区内、洋山特殊综合保税区外的集成电路、人工智能、生物医药等重点产业的更多企业享受到特殊综合保税区内相关政策提供了借鉴。下一步，上海海关将进一步实践洋山特殊综合保税区“不单独设立海关账册”的创新模式，以“企业精准画像+智能风控模型”为手段，高水平构建与海关创新制度相匹配的跨境贸易大数据平台（临港新片区），实现顺势监管、精准监管、无感监管，使企业切实感受到海关改革创新政策的“减负提速”，更好支持临港新片区特殊经济功能区和洋山特殊综合保税区高水平、高质量发展。

案例2：金融支持临港新片区贸易投资高水平开放

主要做法：

为落实《关于进一步加快推进上海国际金融中心建设和金融支持长三角一体化发展的意见》，中国人民银行上海总部成立支持临港新片区领导小组办公室，联合相关部门制定印发《全面推进中国（上海）自由贸易试验区临港新片区金融开放与创新发展的若干措施》，积极推进落实临港新片区金融开放，形成一批接地气、首创独有的跨境金融服务案例，取得了较好的社会效应和经济效应，创立临港新片区跨境金融服务新品牌，实现金融服务跨境贸易投资高水平开放和资金自由流动的新格局。

特色亮点：

一是在全国率先取消外商直接投资人民币资本金专用账户。政策落地后，企业无须到柜台办理资本金专户开户手续，可通过现有账户直接从境外收取人民币资本金，并通过网银直接办理境内支付，整个流程由一周缩短为2天。截至2022年6月底，共有7家银行办理了67笔外商直接投资人民币资本金汇入境内非专用账户的业务，涉及金额42.18亿元，惠及外商投资企业20家。

二是支持境内贸易融资资产跨境转让。2020年，人民银行上海总部指导上海市金融学会跨境金融服务专业委员会发布全国首个《中国（上海）自由贸易试验区临港新片区境内贸易融资资产跨境转让业务操作指引（试行）》。截至2022年6月底，上海市银行共办理境内贸易融资资产跨境转让结算167.24亿元，平均资金成本比国内低0.35个百分点，以对接境外市场人民币资金的方式，缓解境内企业复工复产复市中的困难。

三是推进跨境贸易投资高水平开放外汇管理改革试点。2022年1月，经国家外汇管理局批准，国家外汇管理局上海市分局在临港新片区开展跨境贸易投资高水平开放外汇管理改革试点，涵盖9项资本项目改革措施、4项经常项目便利化措施以及2项加强风险防控和监管能力建设。截至2022年8月，试点经常项目方面已有11家银行获批开展新政下经常项目试点业务，备案优质企业62家，累计金额28.31亿美元。资本项目方面已有8项试点政策落地实施，合计22家企业享受试点政策红利，交易25笔，金额折合约141.2亿美元。

四是大力提升跨境结算与投融资便利化水平。2020年，人民银行上海总部指导上海市银行外汇及跨境人民币业务自律机制发布《临港新片区优质企业跨境人民币结算便利化方案（试行）》，简化优质企业跨境人民币结算办理流程，区内银行可在“展业三原则”基础上，凭企业收付款指令直接办理跨境贸易人民币结算业务。在临港新片区实践基础上，将优质企业跨境人民币结算便利化服务范围扩大到全市“两链”（供应链、产业链）和外贸企业。截至2022年6月底，临港新片区共有91家企业纳入优质企业跨境人民币结算便利化方案。支持优质企业开展贸易外汇收支便利化试点，大力推进贸易新业态、新模式健康发展。落地国内首单人民币可持续发展挂钩国际银团贷款。截至2022年8月，临港新片区内共有20家企业开展外债一次性登记业务，登记额度合计156.81亿元人民币，约合23亿美元。

五是开展本外币合一的跨境资金池试点。积极推动基于自由贸易账户的全功能可兑换跨境资金池落户临港新片区，帮助企业实现集团内、境内外、本外币资金的高效归集、自由流动和自由兑换，稳健有序推进跨国公司跨境资金集中运营业务。上海国际港务（集团）股份有限公司即将开展本外币一体化资金池试点。

六是全力提升离岸经贸金融服务能级。支持金融机构通过自由贸易账户为离岸经贸业务提供国际通行规则下的全链式跨境金融服务便利，为上海稳定全球价值链和离岸和在岸的枢纽创造金融条件。截至2022年6月底，通过自由贸易账户已办理的各类离岸经贸业务折合人民币653亿元。

实践效果：

金融支持临港新片区贸易投资创新举措的实施，打造了临港新片区“开放、创新、便利”的金融服务新生态，发挥了金融改革创新引领作用和金融对外开放先行先试作用，强化了临港新片区与上海国际金融中心建设的联动。临港新片区正在稳步实现“资金自由流动”的建设目标，努力建设成为更具国际市场影响力和竞争力的特殊经济功能区。

案例3：开展跨境贸易投资高水平开放外汇管理改革试点

主要做法：

为进一步提升外汇管理服务实体经济的能力，2021年12月，国家外汇管理局印发《关于在上海自由贸易试验区临港新片区等部分区域开展跨境贸易投资高水平开放试点的通知》（汇发〔2021〕35号），决定在上海临港新片区等4个区域开展跨境贸易投资高水平开放外汇管理改革试点。2022年1月28日，国家外汇管理局上海市分局印发《中国（上海）自由贸易试验区临港新片区开展跨境贸易投资高水平开放外汇管理改革试点实施细则》，全面落实全方位、深层次、高水平的金融业对外开放创新举措，实现金融服务跨境贸易投资高水平开放和资金自由流动的新格局。

作为全国首批试点之一，临港新片区跨境贸易投资高水平开放外汇管理改革试点政策开放力度空前，具体涵盖9项资本项目改革措施、4项经常项目便利化措施以及2项加强风险防控和监管能力的相关要求。

一是推进跨境投资体制改革创新，拓宽企业跨境投融资渠道。开展非金融企业外债便利化试点，支持中小微高新技术企业在一定额度内根据企业实际经营需要自主借用外债。支持股权基金跨境投资，开展合格境外有限合伙人（QFLP）和合格境内有限合伙人（QDLP）试点，允许合格境外有限合伙人通过股权、债权等形式，在境内开展外商投资准入特别管理措施（负面清单）以外的各类投资活动，允许合格境内有限合伙人开展符合国家政策规定的对外股权、债权投资。稳慎开放跨境资产转让业务，允许试点区域的银行和代理机构按规定开展对外转让银行不良贷款和银行贸易融资资产等信贷资产业务。开展跨国公司本外币一体化资金池业务，进一步便利跨国企业集团跨境资金统筹使用，支持和促进试点区域总部经济发展。

二是贯彻落实“放管服”改革，促进贸易投融资便利化。便利优质企业经常项目资金收付，试点银行在切实履行对客户尽职调查等义务的基础上，可根据客户指令为试点区域内的优质企业办理经常项目相关外汇业务。支持银行优化新型国际贸易结算，鼓励试点银行依据临港新片区战略定位和行业特色，创新金融服务，自主办理试点区域企业真实合规的新型国际贸易外汇收支业务。有序扩大贸易收支轧差净额结算企业范围，试点区域企业与境外交易对手开展经常项目外汇业务时，试点银行可为试点区域企业办理轧差净额结算，并按国际收支申报有关规定进行实际收付数据和还原数据申报。试点银行可直接为试点区域企业办理货物贸易特殊退汇业务，试点区域企业无须事前在外汇局登记。将试点区域内符合条件的非金融企业境外放款、外债、跨境担保、境外上市、员工股权激励计划、境外套期保值等资本项目外汇业务登记改由银行办理。外商投资企业境内再投资免于登记。

三是提升市场化资源配置效率，支持企业自主灵活经营。扩大资本项目收入使用范围，非金融企业（房地产企业和地方政府融资平台除外）资本项目收入（包括外商直接投资资本金、外债资金及境外上市筹集资金等）可在企业经营范围内真实自用。取消“资本项目—结汇待支付账户”管理要求。适度放宽跨境投融资币种匹配要求，允许确有合理需求的企业自主选择合同签约、流入和流出各环节币种。将非金融企业境外放款的规模上限由其所有者权益的0.5倍提高到0.8倍。

此外，试点还实施了加强跨境资金流动风险监测预警和逆周期调节、建立试点纠错机制和风险应对预案等强化风险防控和监管能力的措施。

特色亮点：

试点政策的推出提高了企业运营效率，有效降低企业经营成本，优化传统业务流程，促进银行金融服务和产品创新，提升银行风险防范和尽职展业的能力。政策一经发布，中国银行、交通银行、中国农业银行、浦发银行等银企积极响应，踊跃申请，多项试点政策先后落地。

一是扩大经常项目便利化政策受益面。截至2022年9月底，经常项目下已备案试点银行13家和试点企业157家，累计发生144 930笔便利化业务，金额754亿美元，扩大经常项目便利化政策受益面，优质企业实现三个“全部”（经常项下跨境外汇收支业务可“全部”到银行办理，银行“全部”按照客户指令为优质企业办理经常项下跨境外汇收支业务，优质企业“全部”由银行自主决定）。

二是扩大资本项目开放试点。资本项目试点政策已全部落地，资本项目下已有合计35家企业享受试点政策红利。例如：中国银行落地全市首批非金融企业外债便利化额度试点、首单合格境外有限合伙人试点业务、首批外币贸易融资跨境资产转让等一系列“首单”业务，并支持上海国际港港务（集团）股份有限公司集团办理试点政策下首家本外币一体化资金池；中国农业银行成功开展首笔扩大非金融企业境外放款规模试点、放宽外债跨境流入币种一致限制等业务。

实践效果：

跨境贸易投资高水平开放外汇管理改革试点一系列创新举措的实施，打造了临港新片区“开放、创新、便利”的金融服务新生态，发挥了金融改革创新引领作用和在金融对外开放的先行先试作用，强化了临港新片区与上海国际金融中心建设的联动。临港新片区正在稳步实现“资金自由流动”的建设目标，努力建设成为更具国际市场影响力和竞争力的特殊经济功能区。下一步，结合临港新片区试点经验，浦东将积极争取将跨境贸易投资高水平开放外汇管理改革试点向全域复制推广，进一步放大改革试点效应。

案例4：人民币可持续发展挂钩国际银团贷款

主要做法：

上海临港经济发展（集团）有限公司（以下简称临港集团）与中国农业银行股份有限公司上海自

贸试验区新片区分行（以下简称农行新片区分行）于2022年3月成功合作了可持续发展挂钩贷款（Sustainability-linked Loan，SLL）国际银团，实现上海企业SLL国际银团零的突破。

SLL是指贷款人通过贷款条款激励借款人实现约定的ESG（环境、社会、公司治理）绩效目标的融资工具，也是当前全球通行推动减排降耗的重要经济手段之一，在坚持绿色发展理念的当下有着特殊的意义。临港集团在临港新片区落地上海首单可持续发展挂钩国际银团贷款，总金额6亿元人民币，期限3年，用于支持流动资金需求，并由农行新片区分行作为银团独家牵头行、代理行兼可持续发展协调行。临港集团与农行新片区分行创新设计了贷款利率与企业可持续发展绩效指标达标情况动态挂钩的价格调节机制，对标亚太区贷款市场公会（APLMA）为首的全球三大贷款行业协会联合颁布的SLL原则标准，采取"离岸+FT（自贸）+临港新片区分行"的国际银团融资结构，成为充分利用国内国际两个市场、两种资源的绿色创新，为临港新片区金融创新发展再添绿色案例。

特色亮点：

人民币可持续发展挂钩国际银团贷款项目是临港集团与农行新片区分行进一步探索运用国际前沿的可持续金融工具，展示自身坚持产业、金融融合发展理念的又一次创新实践，主要体现在ESG指标选择、银团规则和银团结构方面。在ESG可持续绩效指标选取方面，本次国际银团贷款重点结合国家氢能产业发展规划及自身发展战略布局，选定新增绿色建筑、科创企业孵化、清洁能源产业布局等作为可持续发展绩效指标，实现环境、社会、公司治理三个维度全覆盖，并在签约前取得外部专业评估机构出具的可持续认证。在银团规则创新方面，临港集团和农行新片区分行首次通过在岸主体实践SLL原则，充分展现临港新片区对标国际最高标准、最好水平的高点站位。在银团结构搭建方面，设计打造"离岸+FT（自贸）+临港新片区分行"的境内外资金联动模式，成功吸引外资金融机构参团，为持续拓宽境内外资金渠道探索创新。

实践效果：

临港集团作为科技创新和产业发展的推动者，区域转型和城市更新的建设者，始终践行绿色化可持续发展理念。此前，在标普全球评级（S&P Global Ratings）发布的ESG信用指标报告中，临港集团在上海市属国企中名列前茅，其控股上市公司曾入选中国上市公司协会ESG优秀案例，荣获《上海证券报》"金质量·ESG"奖和金融界"六力评价"绿色发展奖。

中国农业银行聚焦企业以绿色低碳为核心的可持续发展布局，立足临港新片区和上海建设国际金融中心前沿的战略地位与资源禀赋，充分发挥总分支行以及境内外联动效应，基于"离岸+FT+临港新片区"的多元分销渠道吸引中外资金融机构踊跃参与，为企业充分利用国内国际两个市场、两种资源实现高质量发展注入金融活水、提供创新赋能。

随着人民币可持续发展挂钩国际银团贷款项目的落地实施，临港集团将更加聚焦绿色建筑、科创企业孵化、清洁能源产业，实现绿色可持续发展。在经济效益方面，考虑到引入离岸较低成本资金以及ESG可持续绩效指标实现之后的银团利率成本降低，本项目预计可为企业节省融资成本约500万元；在社会效益方面，若ESG可持续绩效指标全部实现，预计2024年底之前，临港集团在临港新片区内新增绿色建筑面积将不低于200万平方米，新增入园专精特新"小巨人"企业数量不低于30家，氢能产业发展新增招商数量不低于30个。本项目的顺利实施将极大促进临港集团以及农行在聚焦绿色发展理念方面取得更多进展。

案例5：发行全国首单保障性租赁住房碳中和债券

主要做法：

上海临港经济发展（集团）有限公司（以下简称临港集团）于2022年8月在中国银行间市场交易商协会（以下简称交易商协会）成功发行绿色中

期票据（碳中和债/保障性租赁住房），是全国首单“保障性租赁住房+碳中和”双标签绿色债券，为临港新片区实体经济的低碳发展注入新的资本动力。

碳中和债券是绿色债券的子品种，按照交易商协会的要求，募投项目应符合《绿色债券支持项目目录》或国际绿色产业分类标准，且聚焦于低碳减排领域。本次债券发行金额5亿元，期限3年，发行票面利率2.52%，募集资金专项用于临港新片区金融湾长租公寓项目建设。该项目已获得保障性租赁住房项目认定书，并按照超低能耗建筑标准进行设计建造，既符合绿色低碳园区的开发理念，也是国家重点支持方向，具有“绿色+保障房”双重示范效应。

特色亮点：

临港集团以具备保障性租赁住房资质的临港新片区金融湾长租公寓项目为标的，通过发挥其作为临港新片区首个超低能耗租赁式住房项目在建筑领域的示范引领作用，在承担产业园区保障性住房配套功能的同时，主动探索金融手段推动碳达峰碳中和目标实现的发展路径。在发行准备阶段，临港集团从保障性租赁住房的建筑设计环节抓起，预先启动超低能耗建筑测评等工作，并成功获得中国建筑节能协会超低能耗建筑设计标识认证证书，确保项目供暖、供冷及建筑能耗综合值均达到绿色认证标准。金融湾长租公寓项目获评中诚信绿金科技（北京）有限公司授予的绿色企业最高等级“Ge-1级”，为债券的成功发行打下坚实基础。

实践效果：

绿色是高质量发展的底色。“十四五”时期，临港集团进一步聚焦国家“双碳”战略目标，结合自身在产业推动、园区建设、金融创新等方面的先发优势，率先探索运用绿色金融等市场化手段建设低碳产业园区、引导产业绿色发展。本次债券的发行，将为项目建设提供优质资金保障，预计项目建成投用后每年可节能400余吨标准煤，减少二氧化碳排放量900余吨，因其远低于常规建筑的能耗水平，将在较长时期内为临港新片区的低碳发展作出显著贡献。

案例6：开展国际航行船舶保税液化天然气（LNG）“船到船”加注业务

主要做法：

国际航行船舶保税液化天然气加注是保税燃料供应服务的重要组成部分，对丰富国际贸易中心功能、强化航运综合服务能力、提升产业链供应链辐射影响力具有重要意义。2022年3月14日，马耳他籍“达飞希米”号集装箱轮驶入洋山港二期码头，上港能源服务有限公司“海港未来”号液化天然气（LNG）运输加注船通过吊装软管做好船舶LNG燃料加注准备，上海边检机关分别为两船办理入境边检手续和船舶搭靠手续，13个小时为该船加注7 066立方米保税液化天然气清洁船舶燃料。这标志着我国首单国际航行船舶保税液化天然气“船到船”加注业务落户洋山港。保税LNG“船到船”加注业务已常态化开展，这项创新业务的实施源于一系列的创新突破。

一是强化制度安排。2021年8月，临港新片区推动国内首家LNG加注/运输船舶管理公司获颁临时符合证明，解决加注船船舶管理业务资质问题；同年10月，推动设立国内首个LNG双燃料集装箱船船员培训机构。2022年1月，经市政府同意，市商务委员会同市发展改革委、上海海关、临港新片区管委会等11个部门和单位出台《中国（上海）自由贸易试验区临港新片区国际航行船舶保税液化天然气加注试点管理办法（试行）》，对开展国际航行船舶保税液化天然气加注试点的概念、职责、流程、要求和业务监管等进行规定，为临港新片区试点保税液化天然气加注服务提供政策支持。2022年3月1日，《中国（上海）自由贸易试验区临港新片区条例》（以下简称《条例》）正式施行。根据该《条例》，临港新片区内企业经批准，可以试点开展国际航行船舶液化天然气等新型燃料加注业务，进一步夯实洋山港保税液化天然气加注服务的法治保障基础。

二是提高通关效率。边检部门加强与相关能源和航运企业沟通，在充分评估船舶疫情防控措施的前提下，通过网络提前为“海港未来”号签发外轮搭靠作业许可证，并为“达飞希米”号办理入境预检手续，确保货轮抵港即可装卸作业，加注船在船舶靠稳后即可实施加注作业。充分运用上海边检“单一窗口”，实现搭靠证办理、边检通关预检手续的“一次申报、一次审批、一次办结”，船舶加注LNG燃料“加完即走”“即加即走”高效通关，节省船舶在码头等候时间。船舶靠泊码头加注LNG燃料的同时进行集装箱装卸作业，既保持码头泊位高利用率，又为船舶节约燃料补充时间。

三是确保安全运行。为安全圆满完成首次加气作业任务，边检部门派员对该轮实施人证对照和船体检查，办理船舶换旗手续，确保这艘国产LNG运输加注船顺利投入运营，完成试靠港加气作业和试搭靠输气作业等各项测试工作。为兼顾疫情防控和燃料加注，口岸监管部门提前和港航企业沟通，建立一整套无接触消杀作业方案。货轮靠稳后，加注船上的船员将经消杀的加注软管吊运至“达飞希米”号货轮上，货轮上的船员在完成二次消杀后将软管接入燃料仓开启加注作业。整个作业期间，有关口岸监管部门加强对船舶所在泊位的码头巡查和内外档的视频监管，通过船舶交通管理系统（VTS）远程监控和现场海事巡逻艇现场守护的方式，为LNG加注作业提供安全水域，确保作业有序进行。

特色亮点：

国际航行船舶保税燃料市场是衡量港口配套服务能力强弱的重要指标，直接影响船舶停靠与否以及靠泊时间长短，并决定后续衍生服务功能的实现，目前世界主要港口均具备非常发达的船舶保税燃料市场。洋山港作为我国唯一一个位于特殊综合保税区内的国际港口，开展国际航行船舶保税液化天然气加注业务填补了国内对国际航行船舶保税液化天然气加注的空白，让上海港成为全球少数拥有“船到船同步加注保税液化天然气”服务能力的港口之一。

一是强化航运服务功能。有效降低新型燃料船舶的运营费用，有助于完善洋山港乃至上海港的核心配套服务功能，吸引以LNG为动力的国际航行船舶靠泊，促进航运业可持续发展，提升上海国际航运中心的综合竞争力。

二是提升贸易发展能级。进一步丰富上海大宗商品贸易品种，推动保税燃料等大宗商品扩大进出口规模，激发贸易及航运企业活力，有助于上海国际贸易中心建设，截至2023年1月末已完成保税LNG加注13万立方米。

三是推动航运企业集聚。有效降低新型燃料船舶的运营费用和航运企业成本，将推动更多全球高能级船运企业及其相关服务企业落户临港，对于推动临港新片区在重点领域和关键环节探索更深层次对外开放和创新发展，打造更具国际市场影响力和竞争力的特殊经济功能区具有重要意义。

实践效果：

相较于传统油料船舶，LNG动力船舶硫氧化物减排近100%，氮氧化物减排85%以上，每年燃料成本可降低30%左右，兼具环境效益和经济效益。作为国际造船工业重地之一，上海提前布局绿色航运市场，在LNG动力船、LNG运输船建造中陆续取得突破。在我国明确碳达峰碳中和重大战略决策目标背景下，国际航行船舶保税液化天然气加注业务落地实施有利于推动上海绿色贸易和绿色航运发展，具有明显的经济效益和环境效益。

案例7：开展外资班轮公司非五星旗国际航行船舶沿海捎带业务

主要做法：

习近平总书记在浦东开发开放30周年庆祝大会上的讲话指出，“要加快同长三角共建辐射全球的航运枢纽，提升整体竞争力和影响力”。作为目前全球第一大集装箱枢纽港，上海的航线网络密集、班期密度大，洋山港国际中转和集拼箱量占比已达到17%，这对上海港实行更加开放的国际运输管理制度提出新的需求。《中共中央 国务院关于支持浦东新区高水平改革开放打造社会主义现代化建设引领区的意见》和国务院印发的《临港新片区总体方案》均明确提出，研究在对等原则下允许外籍国际航行船舶开展以洋山港为国际中转港的外贸集装箱沿海捎带业务，为临港新片区率先试制度、测压力提供有力支持。

一是全面推动调法调规试点。2021年11月18日，国务院发布《关于同意在中国（上海）自由贸易试验区临港新片区暂时调整实施有关行政法规规定的批复》，允许外资班轮船公司开展大连港、天津港、青岛港与上海港洋山港区之间，以上海洋山港区为国际中转港的外贸集装箱沿海捎带业务试点。2021年11月29日，交通运输部发布《关于开展境外国际集装箱班轮公司非五星旗国际航行船舶沿海捎带业务试点的公告》，明确外资班轮公司非五星旗国际航行船舶开展沿海捎带业务的申请程序、申请条件、申请材料等有关要求。2022年1月28日，海关总署发布《关于调整内外贸集装箱同船运输以及国际航行船舶沿海捎带业务有关事项的公告》，就配合完成沿海捎带试点公布具体监管要求。

二是优化完善通关管理服务。为确保业务顺利开展，洋山海关通过新增“沿海捎带”转关方式、改进业务系统、设立沿海捎带专岗、密切兄弟海关间配合等措施，全力支持“沿海捎带”新政落地。洋山边检站一方面精简通关手续，针对承担“沿海捎带”业务的国际航行船舶，不再办理出入港边检手续，实行船舶到港“零等待”、离港“零延时”验放通关；另一方面，通过大数据分析、无感化监管，加强国际航行船舶在国内港口间航行过程中及船舶在港期间的管理。

三是明确支持促成业务落地。上海港明确业务操作口径和费率，努力促成业务落地。在具体操作上，上港集团将“沿海捎带”业务视同国际中转，给予码头服务上的优先支持，确保中转效率；在费率上，对于试点期间的“沿海捎带”业务，在国际标准费率基础上给予七折优惠，并纳入班轮公司的增量优惠范围。

特色亮点：

2022年5月31日，马士基航运旗下丹麦籍“美若马士基”（Merete Maersk）轮装载27个自加拿大温哥华进口、经洋山港中转的外贸集装箱（涉及转关商品为青豌豆，重量725吨），通过沿海捎带运往天津港，这标志着国内首单外资班轮公司非五星旗国际航行船舶沿海捎带业务正式落地。目前已推动4家船公司67艘船舶获批开展外资班轮沿海捎带业务，将进一步提升上海国际贸易航线优势，助力上海港稳固国际枢纽港地位。

一是助力航运企业发展。充分释放物流运力，提高船舶仓位利用率，提升船舶运输效率，帮助缓解供应链瓶颈，有效降低相关企业货物中转成本。进一步提升操作灵活度，增加外贸运输路径的有效供给，帮助航运公司优化航线网络，有效缩短货物的运输时间，并减少运输过程中的碳排放。增加商业贸易机会，对于没有足够规模的企业，可以借助沿海捎带降低贸易门槛、实现贸易可能，总体上促进贸易规模的提升。

二是吸引境外业务回流。沿海捎带政策实施前，进出口货物中转需要经由韩国釜山、新加坡等海外港口进行。据测算，仅仅到釜山中转的货量就有100万标准箱。通过试点“做大蛋糕”，吸引更多境外班轮公司国际中转业务回流上海，推动各大班轮公司优化航线设计，调整运力分配和舱位配置，专门设计从上海做中转的航线，增加上海特别是洋山港的船舶进出、集装箱吞吐量（预计将带动吞吐量提升50万标准箱），推动上海港打造国际航运中心“升级版”。

实践效果：

开展外资班轮公司非五星旗国际航行船舶沿海捎带业务试点，是我国国际航运领域开放的一次重要突破。由于沿海运输权与国家主权、国家安全息息相关，保留沿海运输权、禁止及限制外国船舶进入沿海运输领域是各国普遍的政策，目前美国、日本等世界主要贸易国家都采取了保留沿海运输权的政策。根据以往相关规定，我国只允许国内的内贸船公司开展“沿海捎带”业务，外国国际船舶经营者不得经营中国港口之间的船舶运输业务，也不得利用租用的中国籍船舶或者舱位，或者以互换舱位等方式变相经营中国港口之间的船舶运输业务。本次探索在对等原则的情况下有限放开沿海运输权，一定程度上走到了很多发达国家的前面，充分展现了党中央、国务院进一步扩大开放的信心和决心，是国家更好发挥临港新片区特殊经济功能、推进国际航运领域开放突破的重要举措。

未来，临港新片区将以此为契机，充分发挥洋山港区位优势，加大制度创新力度，加快建设和完善国际船舶登记制度，集聚高能级航运要素资源，整合推动各类功能平台建设，不断提高国际航线、货物资源的集聚和配置能力，推出更多深化国际航运中心建设、促进航运产业发展的配套支持政策和具体举措，进一步增强洋山港全球枢纽港能级，进一步推动上海国际航运中心建设。

案例 8：创新船员管理服务，推动完善临港新片区高端航运产业链

主要做法：

作为贯彻落实《临港新片区总体方案》相关要求，进一步优化营商环境，服务临港新片区高质量发展，上海海事局授予洋山港海事局船员业务完整管理权限，推动在临港新片区内开展多项船员管理业务创新。事权下放及调整以来，临港新片区内各项船员管理创新工作机制持续发力，服务举措更加优化便利，船员服务市场活力持续激发，船员要素集聚发展，临港新片区海事高端教育培训蓬勃发展，相关产业链不断发展壮大，为国内国际双循环贸易运输体系提供了优质船员队伍支撑。

一是创新突破，吸引海员外派服务项目落地。原有规定对海员外派机构自有船员数量及本地缴纳社保有所限制，部分外资企业难以获得海员外派资质。洋山港海事局联合临港新片区管委会积极向上级和有关行业主管部门反映，争取国家相关部委机构支持，积极探寻制度创新，提出“实事求是，分步实施”的解决方案；允许从事海员劳务外派机构提供一定比例的海员异地社保参保证明；实施“告知承诺制”，允许企业承诺在获得资质满一年时达到自有船员 100 人要求，有效解决外资企业自有船员数量阶段性不足问题；通过“专员对接”“并联办理”“集约审核”方式，大幅缩减手续办结时限，极大减轻了企业负担。多方努力下，海员外派机构异地缴纳其船员社保制度创新成果纳入《中国（上海）自由贸易试验区临港新片区条例》。

二是以点带面，为高端船员培训搭建平台。在“双碳”目标引领下，当今航运市场以 LNG 双燃料动力为代表的绿色能源船舶蓬勃发展，但国内还缺少相关培训机构，无法培养符合双燃料船操纵要求的船员。为解决 LNG 双燃料动力船舶快速增长但缺少合格船员的矛盾，洋山港海事局与临港新片区管委会积极支持服务相关航运院校拓展“使用气体或其他低闪点燃料船舶船员特殊培训”（以下简称 IGF）项目。为院校提供全程业务指导，系统梳理相关法律法规并提出详细建议措施清单；协调上级部门，优化业务办理流程，提高申报审核工作效率；依法为院校教师签发上海地区首张 IGF 基本和高级培训合格证，协助院校完成师资储备；协调解决首批获得基本培训合格证的船员完成实船培训，获得有效资历，为其申请高级培训合格证奠定基础。

三是精准务实，丰富船员管理服务手段。临港新片区内船员管理业务全面授权实现了“区内事、区内办”。自 2020 年 5 月 20 日起，洋山港海事局被授予包括船员适任证书、船员培训合格证等 10 项船员管理行政执法事权，海员证签发机关授权工作也顺利通过交通运输部海事局验收。积极完善下放事权服务流程。推出“容缺受理”“告知承诺”

等服务举措，压缩办理时限，提升船员业务办理效率。针对特定船员推出特别服务举措。特定航线江海直达洋山线船员（以下简称洋山线船员）是上海市“水水中转”运输体系和洋山特殊综合保税区发展的重要支撑，为提升洋山线船员队伍的数量和质量，洋山港海事局积极推动洋山线船员培训，提升存量船员信息化管理水平，组织开展船员技能竞赛，提供“上门取件、送证上船”优质便利服务。

特色亮点：

一是率先试点中央垂管事权下放。作为中央直属系统，在临港新片区管委会积极争取和支持下，上海海事局首开中央垂管单位下放行政执法事权先河，成为首个向临港新片区内分支机构下放及调整事权的中央垂管机构。

二是促进船员队伍结构持续优化。IGF 项目顺利落地临港新片区，填补了国内相关领域空白，为临港新片区引入更多高端船员培训项目形成良好的示范效应。通过系列服务举措，优化洋山线船员队伍结构，提升船员质量，管理服务水平有效提高。

三是填补多项船员业务领域空白。相关航运院校于 2021 年 9 月取得 IGF 资质，成为国内首个双燃料动力集装箱船舶船员的特殊培训基地。2020 年 11 月，上海地区首家外商独资公司上海达飞国际船舶管理公司获得《海洋船舶船员服务机构资质证书》，实现临港新片区内海员外派机构零的突破。

实践效果：

一是船员业务办理便捷高效。充分用好下放事权，让船员从“跑市区”到“一次也不跑”或“只跑家门口”，从“慢慢等”到“现场拿”或“送上门”，办事成本大幅降低。事权下放以来，洋山线船员队伍更新比例达 16.7%，江海直达船员享受到“家门口一站式换证”服务，极大节省船员办证人力物力，获得船员的普遍好评。

二是高端船员培训快速发展。IGF 项目顺利落地以来，已有多名船员获得资质证书，积累了有效经验，进一步推动“船舶动力定位系统操作员培训”等项目进程，为临港新片区建设高端船员培训服务平台奠定基础。

三是有效壮大区内海员队伍。海员外派机构取得资质后可直接从事海员外派工作，每年节省数十万元成本，也为船员提供更多优质就业机会。目前有多家知名船员管理公司有意在区内落户。

案例 9：服务临港新片区航运建设“八个办”

主要做法：

为全力助推临港新片区建设发展和上海国际航运中心建设，洋山边检站紧密结合国家移民管理局进一步深化边检机关“放管服”工作要求，立足本职，勇于创新，在服务经济社会发展实践中创新提炼服务临港新片区航运建设八项措施（以下简称“八个办”），即马上办、网上办、靠前办、预约办、接力办、协同办、一次办、限时办，取得良好的社会效应。

一是分秒必争促通关，有效提升生产效率。洋山深水港口岸全天候运行，对船舶通关、作业效率要求极高。洋山边检站密切跟进港区、船方作业需求，多管齐下全力保障通关。秉持“马上办”理念。24 小时全天候通关、咨询及时响应，船舶随靠泊随作业，确保开工作业“零等待”，船舶人员入出境（港）手续办理“零等待”。推出“预约办”便利举措，按照“一船一策”制定方案指导企业加强防疫、配合查验，全力保障企业复工复产复运。2020 年以来累计保障新片区生产制造的 9 艘、总价值约 15 亿美元的石油钻井平台顺畅出口，保障上海市半数以上天然气供应的 LNG 船舶顺畅通关，为全球最大的集装箱轮以及载运进博会展品的国际航行船舶等量身定制边检通关服务。联合海事、海关等部门开展国际航行船舶联合登临检查成为常态化“协同办”机制，特别是在疫情防控下，边检、海关、海事部门协同作战，进一步提高国际航行船舶出入境查验效率，为船舶更快办结各项口岸联检手续节省了宝贵时间。

二是简政放权减环节，深化“放管服”工作。

依托各类业务系统，洋山边检站切实把边检行政许可标准化释放出的改革红利惠及服务对象，“让数据多跑路，让群众少跑腿”，形成“网上办”的业务流程和“一次办”“限时办”的工作效果。将大量基础性查验工作前置在服务对象抵达前预先完成，对船舶进出手续实行无纸化申报，对靠泊时间不足24小时的船舶一次性办妥进出口岸边检手续，出入境船舶边检手续“只跑一次”，精简流程减少人员接触，提高码头泊位周转率。积极实行登轮许可网上申办，各类行政许可一站式受理和限时办结，特别是临时性证件基本实现“申请后人还未出市区、登轮许可证件已签发到位、到达港区后直接登轮办事”，减少前往边检窗口办证、验证等中间环节，从原来的“只跑一次”变为“一次不跑”。创新工作举措，设计建造全国边检机关首个集装箱防疫喷消一体化通道，率先采用船员调换闭环转运、离船入境验讫章码头前沿加盖、行李物品检查加装封志与海关互认等形式，最大限度减少船员在口岸逗留时间、减少场所周转次数、降低人员接触传播风险，提升监管效率。

三是特事特办解需求，全面助力企业发展。结合口岸联防联控机制工作要求，洋山边检站跨前一步、主动作为，助力航运企业复工复产。实行“靠前办”工作措施，靠前为特种船舶交付使用及物资船、生鲜船入境提供通关便利，确保船到卸货“零等待”，用加速度保障新鲜度。主动将检查窗口前移，安排民警为锚地船舶、石油钻井平台登轮办理入出境手续，以“民警多跑路、服务对象少跑路”的方式切实为企业降低运营成本、减轻负担。打造“接力办”查验救助通道。根据船舶海上运输及作业期间船员受伤患病风险大、救治急难的特点，制定快速入境通关机制，简化流程和环节，提前签发临时入境许可，在人员转运接驳点同步实施人证对照、证件检查等查验手续。疫情条件下先后24次开启生命救助绿色通道，联合兄弟边检站、东海救助局、市六院东院打造的海陆空接力紧急救助通道已经成为伤病船员的生命通道。

特色亮点：

一是口岸运行效率提高。2020年以来，洋山深水港运行效率明显提升，船舶平均在港停靠时间减少至14小时，集装箱吞吐量稳步上升，占上海港吞吐量接近一半，特别是洋山四期全自动化码头在疫情背景下优势更加明显，助推洋山港达成集装箱吞吐量新纪录。

二是企业运行成本降低。每条船舶在靠港和开航两端各节约至少1小时，每年仅入出境船舶即节约时间6 000多小时，航运企业因此在提升运输效率、节省船舶租金、减支靠港作业各项费用等方面获益，减少企业运营成本约8 000万元。2020年以来受理签发3万余份各类行政许可，新冠疫情期间网上办证率达到98. 3%。

三是洋山港影响力提升。新冠疫情以来，洋山边检站率先回应国际航行船舶换班诉求，按照特事特办原则在国内完成首例外籍船员港口换班作业，国际船东联盟因此推荐上海港为全球可供船员集体换班的八个港口之一，有力提升了上海港在国际航运市场的形象和服务竞争力。

实践效果：

自“八个办”工作举措推出以来，洋山边检站不断提升主动服务经济社会发展能力和水平，社会满意度一直保持在99%以上，得到服务对象的广泛赞誉。2020年12月，国家移民管理局在洋山边检站“八个办”的基础上，出台服务促进长三角航运枢纽建设十项措施，实现长三角地区港口边检机关行政许可“随时办”“全网办”“靠前办”。2021年6月，国家移民管理局进一步优化完善“八个办”经验举措，推出促进服务航运企业发展十六项新举措，覆盖全国口岸，将“八个办”的“洋山经验”全面推广应用。其中包括：全国港口口岸实施7×24小时国际航行船舶入出境通关保障；全面实行国际航行船舶网上预报预检、边检行政许可网上办理；港口行政许可“一地办理、区域通用”；建立需紧急救助人员“紧急通道”；设立大宗商品、鲜活产品、抗疫物资、民生物资出入境边检“快捷通道”

等措施，进一步实现边检手续“网上办”“预约办”“一次办”“马上办”“靠前办”，移民管理政务服务从“可办、能办”向“易办、好办”转变。十六项新举措实施后，全国港口边检机关办理行政许可数量减少两成，平均为每艘国际航行船舶节约在港停泊时间1.5小时，进一步降低航运企业运营成本，提高生产作业效率，增强航运企业发展新优势，提高出入境人员获得感、幸福感、安全感。

案例10：建立集聚海内外人才的创新制度体系

主要做法：

临港新片区成立以来，以实现“人员从业自由”为重要目标，建立起包含24项政策的“1+12+11”开放型人才制度体系，探索实施更加开放便利的出入境、停居留和从业政策，加快实施更加积极、更加开放、更加有效的人才引进政策，着力构建近悦远来的人才服务保障体系，构筑具有竞争力的人才制度优势，努力成为集聚海内外人才开展国际创新协同的重要基地。临港新片区深入贯彻落实习近平总书记关于做好新时代人才工作的重要思想，围绕解决海内外人才“引育留用”的全链条堵点、难点、痛点问题以及超大城市户籍和住房制度的紧约束，建立起与特殊经济功能区建设相适应的国际人才服务管理体制，探索出一条符合建设超大城市独立新城规律的人才引领发展之路。

特色亮点：

一是率先试点电子口岸签证机制。建立企业“白名单”机制，进一步便利外籍人才出入境。

二是率先实施更加开放的长期居留政策。放宽外籍人才高层次人才身份条件限制，率先实施外籍人才最长5年居留许可政策，累计办理最长5年居留许可123人。

三是率先实施更加便利的工作许可政策。赋予临港新片区上海科技创新职业清单推荐权，累计推荐79家单位纳入清单。放宽外籍科技创新人才年龄、学历、工作经历的限制，符合条件的，可一次性给予2年以上的工作许可，累计自主审批并核发来华工作许可577人次。

四是率先放宽现代服务业高端人才从业限制。形成境外专业人才备案执业和职业资格考试正面清单，英国、美国、中国香港、中国台湾4地的14种职业资格可在临港新片区备案后执业，会计、通信、机动车检测维修等3类职业资格可在临港新片区参加考试。

五是率先实施海外引才新政。突破海外引才体制机制，允许在上海地区高校取得本科及以上学历的国际毕业生以及国（境）外高水平大学取得本科及以上学历的优秀外籍毕业生，直接在临港新片区工作。

六是率先建立区域性移民事务服务中心。挂牌成立全市首家区域性移民事务服务中心，创新构建“移民事务服务中心—社会融合服务站、移民融入服务站—移民融入服务点”三级组织体系，为海外人才提供“一站式”综合服务。

七是率先试点应届高校毕业生落户倾斜政策。对临港新片区教育、卫生等公益事业单位录用的非上海生源应届普通高校毕业生直接落户打分加3分，先后试点上海高校应届硕士毕业生、在沪“双一流”建设高校应届本科毕业生在临港新片区产城融合区全域直接落户政策。

八是率先赋予人才引进重点机构推荐权。突破产业主管部门限制条件，将人才引进重点机构推荐权赋予临港新片区管委会，支持临港新片区重点产业企业引进急需紧缺人才，累计直接推荐5批次155家用人单位纳入重点机构。

九是率先优化持居住证申办本市常住户口政策。对符合一定工作年限并承诺落户后继续在临港新片区工作2年以上的人才，居转户年限由7年缩短为5年，对重点产业用人单位进一步缩短为3年，同时试行更为宽松的居转户评价标准，经居转户缩短年限政策累计落户1 960人。

十是率先拓宽技能人才引进通道。聚焦重点产业布局，独立制定技能人才引进目录，发布23类

49项工种的首批技能人才引进目录。对目录外紧缺技能岗位人才，率先探索经行业代表性企业自主评定职业技能等级和推荐后，纳入引进范围。

十一是率先实施居住证积分专项加分政策。对在临港新片区工作并居住的上海市居住证持证人，给予专项加分，每年积2分，满3年后开始计入总分，最高分值20分，切实保障产业技能人才长期稳定发展。

十二是率先实施定向放宽住房限购条件和人才优先选房购房制度。定向微调新片区住房限购政策，非本市户籍人才在临港新片区购房缴纳社保或个税年限由5年缩短到1年，购房资格由家庭到单身，调整商品住房选房购房制度，符合条件的人才可优先选房购房。

实践效果：

截至2022年底，临港新片区人才总量突破10.5万人，累计引进、落户人才3.87万人，累计集聚各级各类高层次人才专家210余人、海外人才1 500余人。相关人才发展体制机制改革和政策创新实施以来，临港新片区人才政策显示度和人才感受度进一步提升，各方面优秀人才近悦远来、纷至沓来的态势基本形成。

案例11：建设国家（上海）新型互联网交换中心

主要做法：

国家（上海）新型互联网交换中心（以下简称上海交换中心）是工信部贯彻落实习近平总书记关于“上海自贸试验区临港新片区要进行更深层次、更宽领域、更大力度的全方位高水平开放”指示精神，在临港新片区实施国家互联网架构改革的重要举措，也是临港新片区在“五自由一便利”（贸易自由、投资自由、资金自由、运输自由、人员从业自由、信息快捷联通）的制度型开放体系框架下，在信息快捷联通方面实行更大程度压力测试的重要实践。上海交换中心将原先必须通过基础电信企业骨干网络绕转实现互联互通的方式，转变为各接入主体可以直接通过接入交换中心实现互联互通，具有“一点接入，多点联通”特点，大幅降低接入主体与其他各方互联的复杂度以及企业用网成本，同时依托交换中心高速低时延、业务敏捷开通、流量灵活调度的网络特性，促进5G、工业互联网、元宇宙、国际互联网高速访问等创新业务在交换中心集聚，以信息流的便利流动，推动产业高质量聚集发展。

工信部于2021年8月正式批复同意在上海开展新型互联网交换中心试点。2021年12月，上海交换中心正式揭牌，并成立上海市新型互联网交换中心有限责任公司开展实体运营。为保障上海交换中心试点平稳有序和创新发展，上海市通信管理局在工信部的指导下出台《国家（上海）新型互联网交换中心试点管理办法（暂行）》，使上海成为全国首个出台此类试点管理办法的城市。

特色亮点：

上海交换中心具备运营模式“新”、接入类型“新”、新老交换中心互动“新”、交换中心业务“新”等四个全国首创特性。

运营模式“新”。上海交换中心是全国首个由工信部下属事业单位牵头筹建运营的交换中心，强化政府在改革中的引导作用，具有更强的纠错机制和政策优势，在网络建设和业务开展方面拥有绝对的自主权。

接入类型“新”。依托亚太信息通信枢纽城市定位，上海交换中心是全国首个探索交换中心与各类信息基础设施融合创新的交换中心，首次将国际通信出入口局、国际互联网数据专用通道等国际通信枢纽设施，全国领先的“双千兆”宽带网络和区域级算力中心集群等国内通信枢纽设施以及工业互联网标识解析顶级节点、国家级金融、工业互联网平台以及区块链国家基础设施等融合型信息枢纽设施接入交换中心。

新老交换中心互动“新”。上海交换中心是全国首个将传统交换中心转型升级和新型交换中心创新发展相结合的交换中心，传统交换中心将共享其丰富的传输资源，为新型交换中心的快速发展提供保障，未来将探索研究新型交换中心通过传统交换中心实现骨干网络交换能力。

交换中心业务“新”。上海交换中心是全国首个提出探索建设算力交易平台的交换中心，并探索与新型工业网络、国际互联网数据专用通道、5G行业虚拟专网、IPv6单栈等资源结合开展创新业务试点。

实践效果：

上海交换中心在业务准入、网络建设、业务拓展、生态创新等方面取得了卓越成果。

业务准入方面，已获得国内互联网虚拟专用网、互联网数据中心等8项增值电信业务许可，是全国唯一获得跨地区业务许可以及许可种类最为丰富的交换中心。

网络建设方面，已按照“2+5+N”的规划布局进行网络节点建设，形成了临港新片区、上海市通信管理局2个核心节点以及宝山宝之云、外高桥万国、闵行浦江、青浦优刻得、松江书海5个扩展节点的环网结构，其中临港新片区和上海市通信管理局两核心节点互为备份。下一步，上海交换中心将按规划继续开展延伸节点的建设，持续完善交换中心网络架构，并围绕特色产业园区和算力基础设施完成临港新片区深度覆盖，成为全国网络节点布局最为完善的交换中心。

业务拓展方面，上海交换中心自揭牌后8个月内，接入带宽近1T，峰值交换流量超100G。与基础电信企业和31家互联网头部企业签订接入意向书，已完成阿里、腾讯、东方有线、万国数据、有孚等15家企业接入、8家代理商合作签约，在云服务、SD-WAN接入、内容加速等方面与12家企业形成生态合作，2022年末峰值交换流量已达到200G左右，是全国起步阶段业务发展最迅速的交换中心。

生态创新方面，已围绕国家一体化算力网络、工业互联网、5G等国家重大战略，与合作企业开展基于交换中心的多云互联、算力交易、IPv6单栈试点、新型工业网络、5G行业虚拟专网等创新专项试点，并承办了全国首届IPv6技术应用创新大赛，努力成为全国创新业务发展最活跃的交换中心。

案例12：开展临港新片区税制改革创新

主要做法：

为深入贯彻落实习近平总书记重要指示精神，临港新片区积极探索实施具有国际竞争力的税收政策和制度，在推进全方位高水平开放的制度创新道路上迈出关键一步，为上海乃至全国进一步加大事关开放型经济长远发展的税制改革创新力度积累了宝贵经验。

加快形成与临港新片区特殊经济功能区相适应的税制改革框架。全面梳理分析香港、新加坡、鹿特丹、迪拜等4个目前全球开放水平最高的特殊经济功能区的税制安排，形成专项研究课题报告。深入开展走访调研，累计走访企业200余家，发放企业政策调查问卷近1 000份，收集汇总企业具有参考价值的政策诉求超过50条，并在认真分析企业诉求的基础上，会同研究机构、专业智库共同开展政策预案研究，提出了与特殊经济功能区定位相适应的一揽子税制改革框架报告。

特色亮点：

一是建立健全有利于税收制度落实落地的央地协同推进机制，全力打造具有国际竞争力的税收政策体系。临港新片区税制改革创新已取得积极进展，财政部、国家税务总局陆续发布一系列政策文件，共涉及“全国首创”的改革创新点5项，包括重点产业15%企业所得税优惠、洋山特殊综合保税区内服务免征增值税、“中国洋山港”籍国际运输船舶增值税退税、完善启运港退税以及服务出口增值税免税政策。“全市首创”的改革创新点1项，即人才个人所得税优惠政策，构建形成临港新片区以支持重点产业发展和吸引高端紧缺人才集聚创业两个15%所得税政策为核心，以促进投资贸易自由化便利化两个免税、两个退税政策为协同，“产业+人才+贸易+投资”四位一体融合发展、相互促进的一揽子组合式税收政策体系。

二是全面构建与临港新片区税收制度体系相配套的政策实施细则，持续释放税收制度改革创新红利。市财政局会同市税务局、临港新片区管委会、市经济信息化委、市商务委、市人力资源社会保障局、市科委聚焦核心税收制度，形成一揽子政策实施细则文件，为优惠政策精准落地实施提供全方位、多维度、接地气的制度保障。

实践效果：

总体来看，临港新片区税制改革创新成效正在逐步显现。一批临港新片区重点产业企业通过资格认定，税收政策已成为临港新片区加速高质量发展的重要增长引擎之一，为临港新片区更好服务国家开放战略、实现科技进步提供重要支撑。

案例13：出台《中国（上海）自由贸易试验区临港新片区条例》

主要做法：

设立临港新片区是以习近平同志为核心的党中央总揽全局、科学决策作出的重大战略部署，是新时代彰显我国坚持全方位开放鲜明态度、主动引领经济全球化健康发展的重要举措。制定临港新片区发展的综合性地方性法规，对临港新片区形成以“五自由一便利”为核心的制度型开放体系，打造更具国际市场影响力和竞争力的特殊经济功能区，推进全方位高水平开放，具有重要意义。

特色亮点：

临港新片区在投资管理体制改革、贸易监管模式、金融开放创新、人才政策创新等方面形成了一批改革创新成果，《中国（上海）自由贸易试验区临港新片区条例》（以下简称《临港新片区条例》）将一批已落地的开放型政策制度以法规形式予以固化，给予市场主体更加明确稳定的预期，确保各项改革于法有据。一些正在推进、尚未落地、但国家原则上支持的改革创新条款，写入《临港新片区条例》中，给予市场主体改革创新的强烈信号，为未来改革创新留有空间。

一是强化政策保障，推动临港新片区全面深化改革和扩大开放。《临港新片区条例》进一步体现《临港新片区总体方案》中临港新片区改革创新突破的核心内容，彰显临港新片区在全面深化改革和扩大开放中的“试验田”作用，从投资自由、贸易自由、运输自由、资金自由、人员从业自由便利和人才保障、数据流动、前沿产业发展等方面，推动特殊经济功能区和现代化新城高质量高效率建设。

二是固化临港新片区改革创新的重要成果。临港新片区在投资体制改革、贸易监管模式、金融开放创新、重大风险防范等方面形成一批改革创新成果，《临港新片区条例》对这些内容进行固化和完善。例如，配合国家主管部门制定市场准入特别措施清单，进一步放宽外商投资准入。结合临港新片区金融业发展的实际需求，对离岸人民币业务、贸易结算、跨境投资、金融期货市场等方面作规定。

三是注重对标国际最高标准、最高水平和国内先进经验。结合临港新片区实际需求，在相关前沿领域推出改革创新举措，构筑开放型经济的制度新优势。《临港新片区条例》积极探索优化贸易监管和许可要求，完善与洋山特殊综合保税区建设相适应的口岸管理措施，体现更高水平贸易自由化便利化的监管模式。

四是聚焦前沿产业，进一步完善法制保障。完善人工智能、生物医药、智能网联汽车、氢能等前沿产业发展的基础法制保障，推动自主布局建设人工智能算力平台、允许区内医疗机构自行研制体外诊断试剂、积极探索优化智能网联汽车产品相关准入条件等，进一步推动临港新片区经济创新与产业转型升级。

实践效果：

《临港新片区条例》自2022年3月1日实施以来，对标国际最高标准、最高水平和国内先进经验，在“五自由一便利”制度创新等方面取得了部分成果，近期又有实践突破。《临港新片区条例》规定“临港新片区内企业经批准，可以试点开展国际航行船舶液化天然气等新型燃料加注业务”，2022 年 3 月 14 日，中国首单国际航行船舶保税 LNG 加注业务落地洋山港；《临港新片区条例》规定“符合条件的国际航行船舶可以开展以洋山港为国际中转港的外贸集装箱沿海捎带业务”，2022 年 6 月初，中国首单外资班轮船公司“沿海捎带”业务正式落地。《临港新片区条例》结合临港新片区实际需求，在相关前沿领域的改革创新举措，以法治创新推动特殊经济功能区和现代化新城高质量高效率建设，打造改革开放新高地。

案例 14：开展企业合规改革 深度服务临港新片区建设

主要做法：

自 2019 年起，上海检察机关不断加强对临港新片区建设的服务保障，出台《关于服务保障中国（上海）自由贸易试验区临港新片区的工作意见》，22 条举措为临港新片区提供有力的司法保障和优质的检察服务。在临港新片区管委会的支持下，积极落实在临港新片区设立集办案、研究、预防、服务于一体的知识产权检察保护中心、检察服务基地等一系列创新举措。为进一步适应临港新片区改革创新需求，上海市人民检察院联合各相关单位在临港新片区联合创建企业合规改革制度，于 2021 年 12 月正式启动。该制度是检察机关主动对接临港新片区新需求，重点服务临港新片区营商环境建设、提升服务保障能级、推动国家治理能力现代化的重要创新举措。

特色亮点：

一是在全国首创“新入市场主体合规告知制度”。该制度由上海市人民检察院第四检察部、法律政策研究室及浦东新区人民检察院第七检察部联合临港新片区管委会共同探索，是实现企业合规全生命周期覆盖的重要举措，有助于提升临港新片区营商环境建设，实现企业自主合规、行政合规、刑事合规闭环，共同推进企业合规现代化治理，服务国家战略。

二是建立具有自贸试验区特色的企业合规第三方机制管委会。结合上海自贸试验区及临港新片区建设，确立上海自贸区涉案企业合规第三方监督评估机制，临港新片区管委会、上海自贸试验区管委会陆家嘴管理局、上海自贸试验区管委会张江管理局、浦东新区金融局、浦东新区知识产权局等 13 家单位成为上海自贸区涉案企业合规第三方监督评估机制管理委员会成员单位，增强属地第三方监督评估机制管委会适配性及专业性，与浦东经济犯罪案件的特质相适应。

三是有效推动企业合规立法建设。企业合规制度纳入《临港新片区条例》，明确由临港新片区管委会建立企业合规监督评估机制，开展合规指导，可引入企业合规师、税务师等第三方进行合规评估，使涉案企业合规制度获得立法支撑，在全国先行先试。

实践效果：

一是企业合规案件办理更加规范。牵头推动成立上海市涉案企业合规第三方监督评估机制管理委员会，并会签第三方机制三个配套文件，在全国率先制定出台《上海市涉案企业合规第三方监督评估机制管理委员会工作规则（试行）》《上海市涉案企业合规第三方监督评估机制专业人员名录库管理办法（试行）》《上海市涉案企业合规第三方监督评估组织运行规则（试行）》等配套文件，规范第三方机制组织运行中具体流程、评估程序、衔接机制等操作问题，同时制定《上海市检察机关办理涉案企业合规试点案件工作规定（试行）》及配套文书格式样本，注重与本市涉案企业合规第三方监督评估机制配套文件充分衔接，确保检察办案与第三方机制运行形成闭环，全链条规范司法办案流程，推进涉案企业合规监督考察标准体系化和规范化建设。

二是企业合规行刑衔接及跨领域交流合作更加紧密。“企业合规改革”品牌建设促进检察机关、行政机关以及专家学者共同参与到临港新片区市场营商环境及企业合规建设。举办临港新片区首届企业合规高峰会议，邀请高校、律所等理论及实务专家共同参与，通过加强企业合规改革试点工作交流、经验分享和成果展示，研究解决改革实践难题，积极营造法治化营商环境。

三是“新入市场主体合规告知制度”初显成效。该制度由临港新片区行政服务中心通过业务办理短信通知系统向在临港新片区提交注册申请的各类市场主体发送短信通知，在申请人领取证照时同步送达《企业合规管理友情提示》，介绍企业合规、合规风险的概念、企业进行合规管理的必要性及合规体系构建，提示合规经营的意义及违规违法风险，从组织保障、制度设计及运行、风险预警及处置、合规文化培育等方面督促市场主体树立合规经营理念，建设合规体系，获得企业高度认同。

四是企业合规人才建设形成体系。建立上海自贸试验区涉案企业合规第三方监督评估机制专业人员名录库，优选 76 名专业人员进入首批专业人员名录库，其中吸纳临港新片区优秀合规人才 20 余名，在专业人员选拔过程中，由上海自贸区涉案企业合规第三方监督评估机制管委会各成员单位采取个人自荐和组织推荐相结合的方式，通过“推荐+自荐”方式，广泛吸纳各领域专业人才，并根据专业技能、工作领域等特长，设置金融、知识产权、财税、商业贿赂等专业小组人才库，并对人员组成按照职业属性及专业属性进行一定比例的限制，确保后续监督评估工作的科学性与专业性。

五是依托典型案例推动行业合规。聚焦金融证券、知识产权、个人信息、网络安全、反洗钱等领域，打造典型案例。试点以来，共办理企业合规试点案件数十件，其中多起案例入选最高检典型案例和长三角法治精选案例。同时，结合涉案企业的不同行业、不同业务、不同规模，联合工商联、相关行政监管部门、开发区、行业协会、商会等协同协作，形成有针对性的企业合规体系建设评估认定标准，率先制定《企业知识产权合规标准指引（试行）》《企业外汇管理合规标准指引（试行）》等规范指引，持续推动行业合规发展，努力实现“办理一个案件、形成一个合规标准、规范一个行业”的良好效果。

六是通过高质效法律服务夯实工作成果。依托临港新片区知识产权检察保护中心、检察服务基地，围绕商业秘密保护、合规机制建设等企业关心的焦点，定期定点提供知识产权巡回课堂、专项法律咨询等检察产品，加大推广《企业知识产权合规标准指引（试行）》。针对临港新片区特色和需求，持续满足在地创新主体动态发展的法治需求，提升上海知识产权专业检察及企业合规品牌的影响力。

案例 15：开展工程建设项目承诺制和综合配套改革

主要做法：

在市发展改革委和各市级主管部门的大力支持下，临港新片区根据《中国（上海）自由贸易试验区临港新片区企业投资项目承诺制改革试点实施方案》和《临港新片区企业投资项目承诺制改革试点实施细则》开展工程建设项目承诺制改革试点，首批推出了面向企业投资项目的 17 项承诺制试点事项。此后，根据企业需求，将试点事项扩大至 45 项，试点项目范围增加了财力投资项目。同时，在规划、生态、水务、民防等领域，临港新片区管委会会同市级主管部门和相关单位开展一系列综合配套改革创新，主要包括：全国首创建设用地规划许可和建设工程规划许可综合改革、全国首创生态环境全生命周期管理服务改革、全国率先试点人防工程建设管理综合改革，并在全市范围内率先开展全区域多领域区域评估，全面建立从规划和资源约束，到项目基本建设，再到环境保护综合管理的全链条可持续的新城建设“临港模式”。

特色亮点：

一是开展工程建设项目承诺制改革。大力推动“政府定标准、企业做承诺、过程强监管、违法严惩戒”的工程建设项目创新管理模式，进一步聚焦项目开工投产主线，探索“先批后验”转为“先建后核”的工作方法。全国首创把财力投资项目纳入承诺制试点对象，并率先扩大至45项，先行先试力度在全国范围内处于领先；在全市范围内率先将区域评估覆盖范围扩大至产城融合区全域，率先试点“房屋建筑工程综合监管”，并首创试点对“承诺制”试点单位实行信用管理，实现对项目全过程管理；在全市率先采取“以测代验”等方式开展结果复核，并进一步精简和优化综合竣工验收机制；在全市率先升级工程建设项目审批审查中心两个“一站式”（即“一站式拿地开工”和“一站式竣工投产”），建立“以项目视角”为核心的全过程服务机制。

二是开展建设用地规划许可和建设工程规划许可综合改革。在全国范围内首次实现《建设用地规划许可证》《建设工程规划许可证》“两证合一”发放，从管理逻辑、法规制度、技术方法上推动国土空间用途管制工作创新，以“多规合一”的顶层设计推动规划资源领域“多审合一”“多证合一”的具体改革举措落地，不断提高企业办事的便利度和获得感。

三是开展生态环境全生命周期管理服务改革。建立生态环境综合管理和评估制度，全国首创环评审批与排污许可“两证合一”和环评、水保、排污许可证“两评一证”综合审批，全国首创水土保持审批（告知承诺制）“无人干预自动办理”及开发水保全过程全链条管理服务系统，率先探索“政府环保第三方”综合服务新模式，开展全市首个临港新片区“三线一单”跟踪评估试点，推动全市首部湖泊管理地方性法规制定，全面实现优化审批服务和守牢生态环境底线的双驱联动。

四是开展人防工程建设管理综合改革。率先在临港新片区范围内实施民防工程区域统筹配建，发布全国首个《上海市二等人员掩蔽所民防工程技术要求规定（试行）》，得到中央国家机关人民防空办公室和人防领域专家高度肯定，并在临港新片区范围内率先推行，实施“一站式”民防专项竣工验收，这一系列改革为全国人防工程建设审批改革提供了先行先试样本。

实践效果：

一方面，临港新片区从规划和资源约束，到项目基本建设，再到环境保护综合管理实行全链条的系统集成流程再造，为项目拿地开工和竣工投产提供更加自由便捷的主线路径选择和全过程服务支持，确保“临港速度”和“临港服务”始终处于全市前沿水平。另一方面，临港新片区积极试点“综合监管”“信用管理”“社会共治”等创新监管方式，探索更加精准合理的监管手段，确保城市建设和生态环境均衡发展，以更加优质的城市和环境品质打造世界一流的营商环境。

案例16：试点核发全国首个《建设项目规划许可证》

主要做法：

在完成建设用地、建设工程“一文两证”审批改革的基础上，临港新片区进行了深层次改革的探索，2022年3月在自然资源部、市规划资源局的大力支持下，临港新片区管委会向上海临港新城投资建设有限公司核发临港新片区主城区PDC1-0302单元04、05街坊06-03小学项目《建设项目规划许可证（试用）》，在全国首创建设用地规划许可、建设工程规划许“二审合一”，这是临港新片区落实制度创新、优化营商环境的又一重大举措。

特色亮点：

本次核发的《建设项目规划许可证（试用）》是全国第一次将《建设用地规划许可证》《建设工程规划许可证》“两证合一”发放，从管理逻辑、法规制度、技术方法上推动国土空间用途管制工作创新。

一是有助于建立全域用途管制制度。按照“以国土空间规划为依据，对所有国土空间分区分类实施用途管制”要求，以全域国土空间与全要素自然资源为管制对象，以审批、核准、备案、监测监管等为管制手段，本次改革将土地管理方面的《建设用地规划许可证》和规划管理方面的《建设工程规划许可证》合二为一，是国土空间用途管制方面的一大进步，有利于形成全域、全要素、全过程用途管制规则。

二是有助于提升营商环境提高行政审批效率。原用地规划许可证、建设工程规划许可审批等各需5个工作日，完成全部流程共需要10个工作日以上。此次改革简化收件材料、压缩审批流程，相关时限进一步压缩至5个工作日，可合并办理建设用地规划许可和建设工程规划许可，将《建设项目规划许可证（试用）》作为合并后的批准文件，实现了审批流程“物理式整合”到“化学式融合”的飞跃。

实践效果：

市规划资源局印发的《上海市营商环境创新试点规划资源实施办法》（沪规划资源建〔2022〕181号）文件中，将建设用地规划许可、建设工程规划许可合并后的“规划许可一件事”在全市推广。下一步，临港新片区将按照《上海市营商环境创新试点规划资源实施办法》的要求，进一步扩大“规划许可一件事”的实施。

案例17：推进国家产教融合试点城市建设

主要做法：

深化产教融合，对教育链、人才链与产业链、创新链相互贯通、相互协同、相互促进具有重要意义。2019年，习近平总书记主持召开中央全面深化改革委员会第九次会议，部署推进国家产教融合试点。同年，国家发展改革委、教育部、工业和信息化部、财政部、人力资源社会保障部、国资委印发《关于印发国家产教融合建设试点实施方案的通知》（发改社会〔2019〕1558号）。2021年7月，临港新片区获国家发展改革委批复，成为首批国家产教融合试点城市。长期以来，临港新片区管委会将深化产教融合作为推进特殊经济功能区和现代化新城建设，构建具有国际市场竞争力的开放型产业体系，更好服务教育强国、人才强国、制造强国目标，加强创新型、应用型、技能型人才培养的重要举措，形成一系列创新成果和案例实践。

特色亮点：

一是强化顶层设计。将产教融合发展纳入临港新片区经济社会发展总体规划，结合国家、上海对临港新片区深化改革开放部署要求统筹谋划、同步推进。制定印发《临港新片区国家产教融合试点核心区建设方案》，提出到2025年基本建成具有较强影响力和示范效应的国家产教融合示范区目标，明确28项重点建设任务，建立市有关部门共同参与的协同推进机制。

二是深化创新探索。制定《临港新片区关于支持产教融合发展的若干政策意见》，从载体建设、人才培养、科技创新、要素活力、生态营造等五方面为相关企业和高校提供综合支持。构建产教融合创新生态，培育9家产教融合基地、14家产教融合试点企业，设立上海临港新工科产教融合研究院，支持临港高校提升产教融合综合功能，激发校区城区活力。产教融合综合服务信息系统、产教融合发展水平质量指数等一批创新探索加快推进。

三是聚焦产业发展。围绕新能源汽车、集成电路、生物医药、人工智能等临港新片区重点产业领域，创新人才培养模式，推进“1+X”证书、新型学徒制等试点，加快培养适销对路、市场认可度高的产业人才。持续深化校企合作，上海海事大学与上海振华重工（集团）股份有限公司、中国远洋海运集团有限公司、沪东中华造船（集团）有限公司等企业开展产教融合项目，上海海洋大学与上海晋飞碳纤科技股份有限公司共建碳纤维新型复合材料开发产教融合基地，上海电力大学与特斯拉（上海）有限公司合作探索“订单培养”、“1+N”跨学院培训等培养模式，上海电机学院与德国凯撒斯劳滕应用技术大学开展中外合作办学，上海建桥学院与上海南麟集成电路有限公司共建集成电路设计封装测试产教融合示范基地等。

四是推动载体建设。推动国外高水平应用型大学开展中外合作办学，设立五年一贯制新型高职，导入优质职业教育资源，完善职业教育培养体系。坚持需求导向创新人才培养模式，畅通行业企业、学校供需对接渠道，鼓励校企共建产业学院、联合实验室、实习实训基地。发挥开放优势，推动国（境）外优质教育培训资源和知名证书落地，德国莱茵 TÜV 工业 4.0 应用工程师认证证书、澳大利亚电气防爆个人能力认证等相继在临港新片区应用。

实践效果：

经过两年探索实践，临港新片区深入贯彻国家关于深化产教融合总体部署，按照上海市试点相关要求，发挥开放“最前沿”和改革“试验田”作用，不断实现教育优先发展、人才引领发展、产业创新发展，营造产教融合发展良好生态。截至 2023 年 3 月，《临港新片区国家产教融合试点核心区建设方案》重点建设任务落实率超 70%，5 个案例获评教育部产教融合校企合作典型案例。临港新片区正积极谋划上海产教融合示范区建设，持续提升产教融合能级水平。

案例 18：开展规模以上工业生产基地统计调查改革试点

主要做法：

为全面准确反映临港新片区经济总量水平，亟须建立符合临港新片区经济发展特征的统计体系。市统计局联合临港新片区管委会，在逐步建立定期测算临港新片区主要统计指标数据工作机制过程中，特别是在梳理临港新片区统计单位名录库过程中，发现上海汽车集团股份有限公司、上海电气集团股份有限公司和 ABB 集团等企业集团在临港新片区布局一定数量的生产基地，按照国家现行法人在地统计原则，生产基地无法成为独立的统计调查对象，其相应的生产经营成果归属于法人所在地，即上述生产基地的生产经营成果不能纳入临港新片区经济总量，由此可能造成临港新片区经济活动与统计数据之间的错配，按照常规统计原则汇总的统计数据无法真实反映临港新片区经济总量水平，需要通过统计制度方法改革创新予以突破。

与此同时，国家统计局为进一步提高统计数据科学性，不断完善统计制度方法，持续推进法人单位和产业活动单位并重统计改革，突破现行以法人单位为统计调查对象的基本原则，将体量较大的法人单位分支机构，即产业活动单位纳入常规统计范围，从而提升行业与地区统计数据的识别度和精准性。临港新片区作为承载深化改革任务的特殊经济功能区，具备开展统计制度方法改革创新的必要性和可行性，市统计局通过向国家统计局积极申请并得到国家统计局支持同意，将临港新片区规模以上工业生产基地统计调查制度作为国家统计局推进法产并重统计改革试点任务。

特色亮点：

为研究制订规模以上工业生产基地统计调查制度，市统计局设管处、工业处会同临港新片区管委会组成联合调研组，逐家走访调研生产基地及其所属法人单位，重点研究生产基地生产与财务数据分劈方法，尽可能涵盖常规统计调查制度中的重点统计指标和国民经济核算所需的财务指标。按照可行性和科学性原则，采取“一企一案”模式确定单家生产基地的数据分劈方案，并与其归属法人单位明确数据填报工作机制，同时明确由临港新片区承担生产基地数据采集和管理工作职责。在深入调查研究和各方达成共识的基础上，根据《上海市统计局关于印发〈加强临港新片区统计工作的意见〉的通知》（沪统字〔2020〕24 号）要求，市统计局联合临港新片区管委会研究制定《临港新片区规模以上工业生产基地统计调查方案（试行）》，并于 2021 年开始实施。

一是对特殊经济功能区统计口径的改革探索。

按照现行全国统一的法人在地原则，企业分支机构乃至生产基地均无法纳入所在地统计范围，由此造成特定区域内统计数据与实际经济活动之间存在偏差，市统计局率先提出“16+1=16”的统计口径，即将临港新片区范围的生产基地单独统计后纳入新片区统计数据口径，更加科学准确地反映特殊经济功能区经济发展成果，同时不影响全市16个区按照法人统计原则生产的数据范围。

二是对统计调查对象范围的改革探索。工业生产基地作为特殊形态的分支机构，仅作为企业生产流程的部分环节在临港新片区独立运作，按照现行统计制度中以法人单位作为统计调查对象的原则，无法纳入常规统计范围，但其生产活动又实际发生于临港新片区，为此市统计局在全国率先将生产基地作为调查对象纳入统计范围，针对性地研究其统计制度方法，从而率先探索将统计调查对象范围从法人单位和产业活动单位进一步延伸至生产基地，进而提升新片区统计数据的科学性和真实性。

三是对分支机构统计方法的改革探索。法人单位分支机构缺乏独立核算的会计账目，是深化产业活动单位统计改革的难点和堵点，市统计局率先探索采用数据分劈和“一企一案”的模式开展生产基地统计改革试点，如对上海汽集团股份有限公司乘用车分公司临港生产基地，采用临港基地生产的整车和发动机营业收入占比作为分劈归属法人财务数据的依据，对上海电气风电集团股份有限公司临港生产基地则采用其生产总工时占比作为分劈归属法人产值数据的依据等，通过对生产基地统计数据分劈依据的有效探索，填补了国内关于统计分支机构统计方法的空白。

实践效果：

《临港新片区规模以上工业生产基地统计调查方案（试行）》自2021年实施以来，10家生产基地归属法人单位按照方案中明确的报表内容和数据分劈方法，定期报送临港新片区生产基地各项统计数据，市统计局工业处和临港新片区管委会共同对生产基地统计数据进行审核把关，严格控制统计数据质量，取得明显成效。从结果上看，该项统计调查制度所反映的统计数据已成为展现新片区改革开放“试验田”发展成果的有力补充，也为国家法人单位和产业活动单位并重统计改革提供了鲜活的试点经验。

四、上海市政府及相关部门出台的政策措施

（一）《国家外汇管理局上海市分局关于印发〈中国（上海）自由贸易试验区临港新片区开展跨境投资贸易高水平开放外汇管理改革试点实施细则〉的通知》（上海汇发〔2022〕4号，2022年1月28日）

（二）《关于印发〈中国（上海）自由贸易试验区临港新片区国际航行船舶保税液化天然气加注试点管理办法（试行）〉的通知》（沪商规〔2022〕2号，2022年1月30日）

（三）《中国（上海）自由贸易试验区临港新片区条例》（上海市第十五届人民代表大会常务委员会第三十九次会议表决通过，2022年2月18日）

（四）《关于进一步支持中国（上海）自由贸易试验区临港新片区高质量发展征管服务措施的通知》（沪税函〔2022〕36号，2022年5月25日）

（五）《关于印发〈聚焦临港核心区打造上海“全球动力之城”实施方案〉的通知》（沪经信委〔2022〕249号，2022年6月14日）

（六）《上海市人民政府办公厅印发〈关于推动向新城导入功能的实施方案〉的通知》（沪府办发〔2022〕13号，2022年7月5日）

（七）《中国银保监会　上海市人民政府关于印发中国（上海）自由贸易试验区临港新片区科技保险创新引领区工作方案的通知》（银保监发〔2022〕16号，2022年3月11日）

（八）《上海市人民政府关于调整由中国（上海）自由贸易试验区临港新片区管理委员会集中行使的行政审批和行政处罚等事项目录的决定》（沪府规〔2022〕8号，2022年8月9日）

（九）《关于印发〈关于支持中国（上海）自由贸易试验区临港新片区氢能产业高质量发展的若干政策〉的通知》（沪发改高技〔2022〕83号，2022年8月15日）

（十）《上海市人民政府印发〈关于支持中国（上海）自由贸易试验区临港新片区加快建设独立综合性节点滨海城市的若干政策措施〉的通知》（沪府发〔2022〕8号，2022年8月17日）

（十一）《上海海关发布支持上海自贸试验区临港新片区高水平开放促进重点产业创新发展若干措施》（2022年8月22日）

（十二）《关于印发〈推进临港新片区信用管理高质量发展联系配合机制〉的通知》（沪关企发〔2022〕1号，2022年8月25日）

（十三）《关于印发〈关于进一步支持临港新片区企业开展汇率风险管理有关措施〉的通知》（沪自贸临管委〔2022〕110号，2022年10月11日）

五、大事记

2022年1月4日　临港新片区大飞机园总装配套项目、中芯国际临港基地项目、滴水湖金融湾长租公寓项目等11个重大项目集中开工，总投资1 118亿元，涵盖产业、住房、交通、生态环保等领域。

2022年1月14日　临港新片区发布首个综合性知识产权财政扶持政策。同时举行知识产权质押融资集中授信签约仪式，全国首个市场化运作的上海临港新片区知识产权维权互助基金发布第一个维权案例。

2022年1月25日　临港奉贤园区新建公办高中开工，助推临港新片区打造国际创新协同新高地。

2022年2月14日　中国（上海）自由贸易试验区临港新片区开展跨境贸易投资高水平开放外汇管理改革试点启动会召开，国家外汇管理局上海市分局与临港新片区管委会签署合作备忘录，12家试点银行代表与重点客户签署试点项目启动合作书。

2022年2月19日　临港新片区举行2022年建设工程集中开工仪式，共14个项目集中开工，涵盖新能源汽车、生物医药、民用航空等前沿产业和住宅、市政交通、生态环境等领域，总建筑面积108万平方米，总投资187.42亿元。

2022年2月19日　临港新片区举行2022年临港新片区城市功能性项目集中发布仪式，上海临港经济发展（集团）有限公司、上海港城开发（集团）有限公司、上海临港新片区投资控股（集团）有限公司、上海浦东开发（集团）有限公司等8家知名企业单位现场签约，共同参与临港新片区城市功能建设。

2022年2月22日　临港新片区召开人才工作会议暨科技创新大会，表彰19名临港英才，表扬2021年度引才十佳单位、科技创新服务保障先进单位和十佳标兵，并对第一批5家人才工作服务站、科技创新服务站和第二批8家科技创新型平台进行授牌。

2022年2月28日　“抢滩新片区，决胜芯时代”——“东方芯港”集成电路项目集中签约活动举行，22个项目集中签约，涵盖高端芯片设计、重点装备材料、先进封装测试等全链环节，涉及投资额达233亿元。

2022年3月1日　《中国（上海）自由贸易试验区临港新片区条例》正式实施，作为临港新片区第一部综合性地方性法规，将推动新片区各项改革创新发展工作在法治化轨道上守正创新、行稳致远。

2022年5月4日　临港新片区发布《临港新片区全力抗击疫情助企纾困的若干政策措施》，在抓好疫情防控的同时，严而有序、全力推进助企纾困、复工复产各项工作。

2022年5月20日　“投资新片区　引领新发展”项目集中签约仪式举行，37个重点项目集中签约，涵盖集成电路、生物医药、人工智能、智能新能源汽车、数字经济、保税研发、航运物流、金融服务、商办文旅等领域。

2022 年 6 月 6 日　临港新片区（南汇新城）2022 年第二季度重大项目集中开工仪式举行，共 11 个重大项目集中开工，涵盖科技产业、商业服务、市政交通、生态建设和社会民生五大类，总投资额约 118.7 亿元。

2022 年 6 月 29 日　临港新片区管委会与中国东航集团有限公司签署战略合作协议，双方将合作启动亚太一站式航空物流枢纽项目、国际化航空维修服务平台项目、航空金融服务项目、亚太航材贸易与分拨中心项目、航空地面设备系统服务项目、航空发动机合资项目、宜居数字化绿色微城市项目等七大项目，总投资超过 220 亿元。

2022 年 7 月 18 日　临港新片区管委会与奉贤区人民政府签署新一轮战略合作协议，旨在厘清工作界面、完善协同机制、深化全面合作，为推动区域高质量发展发挥了重要作用。

2022 年 7 月 27 日　上药控股临港新片区医药大健康国际产业园区项目启动仪式举行，项目将依托上海海关的监管创新，充分发挥特殊综保区无感监管、精准监管、协同监管等优势，努力形成区港一体化的药品及医疗器械物流模式，促进药品及医疗器械的研发和流通。

2022 年 8 月 12 日　临港新片区三周年项目集中签约仪式举行，24 个项目集中签约，涵盖前沿产业、商业文旅、基础教育等领域，涉及总投资额超 180 亿元。

2022 年 8 月 15 日　临港新片区三周年重点项目投用仪式举行，《临港新片区着力建设“智慧、低碳、韧性”城市行动方案（2022—2025 年）》发布，一批涵盖产业、城市生活以及功能设施等领域的重点项目正式投用。

2022 年 8 月 15 日　临港新片区三周年加快发展新兴金融推进大会举行，《临港新片区加快发展新兴金融业行动方案（2022—2025 年）》发布，从科技金融、金融科技、金融支持贸易新业态、航运金融、跨境金融、离岸金融、绿色金融、供应链金融等领域提出了 8 个专项行动共计 50 条具体措施。

2022 年 8 月 17 日　临港新片区三周年制度创新奖表彰大会举行，“建立洋山特殊综合保税区海关监管创新制度体系”等 10 个具有首创性、引领性、标杆性的制度创新实践项目，被授予“临港新片区制度创新奖”。

2022 年 8 月 18 日　“滴水湖 AI 创新港”正式启动，共有超过 40 个人工智能产业重点项目签约入驻，合计投资额超过 300 亿元，为临港新片区加快将人工智能产业发展优势转化为引领胜势，打下坚实的基础。

2022 年 8 月 20 日　市政府发布《关于支持中国（上海）自由贸易试验区临港新片区加快建设独立综合性节点滨海城市的若干政策措施》，将推动临港新片区在新起点迈出新步伐，再上新台阶。

2022 年 8 月 22 日　临港新片区三周年重点建设项目开工仪式举行，共计 72 个重点建设项目集中开工，总投资约 1 530 亿元，涵盖前沿科技、高品质住宅、市政交通、能源保障、生态环境、商文体旅、社会民生和综合保税等多个领域。

2022 年 8 月 23 日　洋山特殊综合保税区高质量发展推进大会举行，涉及保税船供、保税维修、保税研发、跨境电商、新型贸易等领域的 17 家重点企业签约，项目总投资额超过 110 亿元。

2022 年 9 月 3 日　上海港东北亚空箱调运中心启用仪式举行，占地面积达 45 万平方米、平面箱位约 12 000 标准箱、具备 300 万标准箱年吞吐能力的上海港东北亚空箱调运中心项目各项设施设备已全面建成并调试成功。

2022 年 9 月 28 日　“氢”城相见 2022 临港新片区氢能大会举行，上海市级特色产业园区“国际氢能谷”正式启动。

2022 年 11 月 2 日　临港新片区与迪拜杰贝阿里自贸区签订战略合作协议，双方将推动在投资自由、贸易自由、资金自由、运输自由、人员从业自由等各领域制度创新合作，打造高水平对外开放新高地。

2022 年 11 月 6 日　第五届世界顶尖科学家论坛开幕式暨首届世界顶尖科学家协会奖颁奖典礼举行，此次论坛开幕式暨颁奖典礼活动在刚落成的上海临港世界顶尖科学家论坛永久会场（临港中心）和东郊宾馆会场同步举行。

2022 年 11 月 18 日　临港新片区政务服务中心新址大楼启用仪式举行，行政服务中心优化调整了窗口设置和大厅功能，精准推动临港新片区政务服务标准化、智慧化、集成化，进一步优化营商环境。

2022 年 11 月 29 日　2022 国际重大技术装备产业链大会在临港新片区举行，旨在打造一个全球范围、国际视野、长三角协同的重要合作交流平台，推动重大技术装备产业、科技、政策、法规和标准融合创新发展。

2022 年 12 月 8 日　首届滴水湖新兴金融大会顺利召开，大会依托临港新片区在人工智能、集成电路、智能新能源汽车、高端装备制造等前沿科技产业领域积累的优势，进一步打响以“中国的滴水湖、世界的金融湾”为特色的“滴水湖金融湾”品牌。

2022年中国（广东）自由贸易试验区建设概况

中国（广东）自由贸易试验区工作办公室

一、经济运行数据

（一）投资情况

2022年，中国（广东）自由贸易试验区（以下简称广东自贸试验区）新设立企业22 519家，固定资产投资1 383亿元，税收收入950亿元，带动南沙、前海、横琴三大平台国内生产总值达4 663亿元。新设立外商投资企业1 839家，实际使用外资金额70.2亿美元；境外中方实际投资额17.8亿美元。

（二）贸易情况

2022年，广东自贸试验区货物进出口总额5 350亿元，其中进口额2 791.2亿元、出口额2 558.8亿元。集装箱吞吐量超3 200万标准箱、比上年增长5.3%，港口货物吞吐量近4.9亿吨、比上年增长1.6%，累计开通国际班轮航线352条。

（三）金融情况

2022年，广东自贸试验区跨境双向人民币资金池结算量2 398.8亿元、占全省总量的1/4，跨境人民币结算金额8 643亿元、超过全省总量的1/7。

二、建设措施及成效

广东自贸试验区始终坚持以习近平新时代中国特色社会主义思想为指导，全面贯彻落实习近平总书记系列重要讲话和视察广东重要讲话重要指示精神，按照省委、省政府工作部署，扎实推动广东自贸试验区建设，以改革创新推动高质量发展。

（一）深化“放管服”改革，铸造营商环境新优势

广东自贸试验区成为首批对接国际高标准推进制度型开放试点地区，全力推动再制造产品进口、服务贸易自由便利、便利商务人员临时入境等36项高水平开放措施落地实施。率先在现代服务业领域大幅放开外资准入，汇丰前海证券、恒生前海基金、众惠财产相互保险社、前海联合交易中心等一批服务业领域的首创性外资项目在区内落地。打造国际化法律服务体系，设立中国港澳台和外国法律查明研究中心，首创适用香港法律审结民商事案件，建立涉外（涉港澳台）民商事案件“双调解”机制。吸引91家世界500强企业投资项目465个，集聚总部企业272家。

（二）完善大通关体系，建设国际航运贸易门户枢纽

广东自贸试验区积极打造智能化通关体系和海陆空铁联运体系，通关时间缩减80%。创新实施“一港通”“组合港”政策，推动南沙港、蛇口港等枢纽港与全省30个支线港实现“多港合一”，促进港口群互联互通、协同发展。建设对接广深港三大机场的“离港空运服务中心”，货物在中心“一站式”完成集拼、订舱、通关，实现空运资源的互补互联互通。南沙、前海获批国家进口贸易促进创新示范区，形成粮食、红酒、天然气、汽车、电子元器件等重要产品全球分拨中心和进口平台。

（三）深化跨境投融资便利化

广东自贸试验区立足打造金融业对外开放试验示范窗口，率先开展跨境资金池、跨境资产转让、跨境贸易投资高水平开放等试点。充分发挥自由贸易（FT）账户服务实体经济的功能，FT账户业务规模超3万亿元。扩容“深港通”“债券通”，打通“基金通”“理财通”，推动与港澳金融市场互联互通。加快金融创新平台建设，广州期货交易所上市工业硅和碳酸锂两个期货品种。前海联合交易中心上线大豆离岸现货交易品种，首次实现大宗商品人民币跨境计价结算，2022年现货交易额794亿元，

比上年增长 145%。

（四）推进粤港澳深度合作

广东自贸试验区牢记中央赋予的特殊使命，打造粤港澳大湾区重大合作平台。通过特殊制度安排率先对港澳服务业扩大开放，设立 11 家港澳资旅行社和 14 家粤港澳联营律师事务所，港澳建筑师、医师、税务师等 21 类 1 500 多名专业人士实现跨境便利执业。推动粤港澳青年创新创业基地建设，累计进驻创业团队 1 442 家。横琴口岸实施“合作查验，一次放行”查验新模式，澳门单牌车可便利出入横琴，实施“港车北上”“澳车北上”，进出境车辆超 53 万辆次，实施粤港澳跨境支付、跨境车险和医疗保险、跨境住房按揭、跨境缴税等创新措施，便利三地民生往来。2022 年，广东自贸试验区设立港澳资企业 1 601 家，实际使用港澳资 69. 1 亿美元。

三、创新成果及案例

案例 1：全方位构建“一件事”审批服务体系

主要做法：

打破按部门或权力类别供给服务的传统模式，根据时间顺序和逻辑关系梳理服务事项，形成全生命周期矩阵式办理导图，为办事群众提供更集成、更直观的服务指引。围绕个人从出生到养老的 9 个阶段 364 项服务事项，以及企业从开办到注销的 6 个阶段 624 项服务事项，再造办事流程，加强部门协同，系统集成 30 个主题分类，实现“一件事”网上全流程“一次办”，让企业群众办事就像“网购”一样简单方便。

特色亮点：

一是构建“一件事”服务体系，解决供需不对称问题。使群众企业需求侧“一件事”和政务服务供给侧“一次办”无缝衔接，为系统破解“进”多扇门、“排”多次队、“上”多张网、“报”多次材料提供一个全新“路径”。

二是强化线上线下融合支撑，推动主题服务场景精准落地。在“一件事”场景设计时以“一网通办”为原则，嵌入智能导办、身份认证、电子证照、智能表单等应用技术，实现“一件事”导办渠道选择多元差异化、服务精准高效智慧化。

三是创新服务理念，协同高效运转。从“群众企业”视角设计服务方式、再造办事流程，使政府服务理念、办理路径、审批方式和权力配置发生根本性改变。

实践效果：

南沙已在政务服务网上线 141 项政务服务“一件事”主题服务，涉及不动产交易、税务办理、电水气报装等高频业务，办理环节平均压缩 47%以上、申报材料平均减少 18%以上、办理时间平均压缩 35%以上，切实降低企业和群众办事成本，提升政务服务用户体验，以矩阵效应不断放大“一件事”审批服务体系带来的服务质效，跑出政务服务“南沙速度”。

案例 2：全国首创保护中小投资者全过程法律服务机制

主要做法：

统筹各类法律服务资源，为中小投资者提供全生命周期的法律服务。一是打造中小投资者全生命周期的法律服务链。建立由律师、公证员、司法鉴定人等组成的保护中小投资者专业法律服务团队，深入企业开展一对一“法治体检”服务。二是创新中小投资者矛盾纠纷集中调解机制，对涉及中小投资者案件建立“绿色通道”，做到立即办、就近办、精准办。实施行政复议与调解联动机制，完善中小投资者矛盾纠纷多元化解体系。三是满足中小投资者涉外法律服务需求。依托粤港澳大湾区暨“一带一路”（广州 · 南沙）法律服务集聚区，建立广州南沙港澳律师执业孵化站、“一带一路”域外法查明（广州）中心等一站式涉外法律服务平台。

特色亮点：

一是立足中小投资者各环节、全过程需要，出台18项系统性措施保护中小投资者合法权益，构建中小投资者合法权益综合保障机制。

二是从优选择各类企业家代表，建立南沙区优化营商环境企业家法治联合体，搭建政企交流平台。

三是将中小投资者宣传保护纳入普法责任清单，建立上市公司董监高常态化法治学习机制，建立中小投资者“四位一体”宣传保护机制。

四是建立涉外法律查明、涉外法律服务、涉外公证服务等集中服务机制，为中小投资者提供综合涉外法律服务。

实践效果：

保护中小投资者全过程法律服务机制已为108家企业提供“上门”法律服务，开展保护中小投资者宣传20多场次，推动出台行政规范性文件17件。中山大学“2021—2022年度中国自贸试验区制度创新指数”显示，南沙法治化环境指数居全国自贸试验区第二位，在广州市法治建设考评中南沙区实现“五连冠”。

案例3：活用“两张清单”落实“三个区分开来”激励广大干部担当作为

主要做法：

自2019年开始，南沙区探索构建“正面清单激励+负面清单问责的容错纠错”工作机制，根据年度重点工作任务，动态调整正负面两张清单；细化完善容错申请、受理、调查核实等系列措施，推动“三个区分开来”落地见效。2022年以来，推动《广州南沙深化面向世界的粤港澳全面合作总体方案》（以下简称《南沙方案》）实施过程中建议纳入容错事项，形成年度实施方案并印发实施。正负面两张清单最大限度释放了南沙干部的活力，进一步激发了党员干部干事创业的热情。

特色亮点：

一是以正负面两张清单形式明晰界限，压实责任，运用“负面清单”倒逼责任落实，为执纪问责提供依据，同时运用“正面清单”明确符合容错纠错具体情形，解除党员干部顾虑包袱，激发创新活力。

二是按年度制定《实施方案》，动态更新正负面清单，让容错更符合工作实际需要，更具时效性。

三是探索规范容错纠错程序，畅通渠道，各单位的干部申请容错有门，纪检监察机关办案容错有纲可循。

实践效果：

一是一批干部感受到党委关爱和鼓舞。2019年以来，适用“三个区分开来”轻处理干部49人，41名干部因敢于担当、表现出色，在处分影响期满后得到提拔或进一步使用。

二是干部干事创业的精气神得到显著提升。2022年，37名在急难险重任务中表现突出的干部予以提拔使用，30名懂规划、高素质领导干部担任政府部门班子成员。

三是各项工作取得良好成绩。2022年南沙地区生产总值、国内税收收入等经济指标同比增长率均居全市前列，国家新区营商环境评价排名前三。

案例4：大胆探索粤港澳大湾区气候投融资发展路径

主要做法：

深刻领会“双碳”和应对气候变化战略重大意义，深入推进南沙新区应对气候变化投融资试点高质量发展，充分发挥试点的驱动带动作用，为建设美丽中国打造优秀实践样本。

特色亮点：

一是出台一份专项政策。研究编制全国首份促进气候投融资发展若干措施及配套实施细则，并将节能环保、绿色金融等鼓励类产业纳入企业所得税优惠产业目录。

二是组建一个专营中心。与港澳合作共建广州南沙粤港澳大湾区气候投融资中心；推动设立气候投融资（南沙）国际交流合作中心，畅通联络迪拜、新加坡、巴黎等境外城市，引导国际资本配置到气候友好领域。

三是建设一个共识平台。推动粤港澳大湾区气候投融资共识平台建设，探索大湾区金融规则对接，打通资金进出通道。

四是打造一个峰会品牌。创设全国首个气候投融资国际交流合作大会品牌——明珠湾国际气候金融峰会，搭建气候投融资国际交流平台。

五是培养一批特色金融人才。香港科技大学（广州）成立碳中和与气候变化学域，常态化举办“明珠金融优才计划”活动，培养高端人才。

实践效果：

推动设立全国首家气候特色支行；上线全国首个碳中和融资租赁服务平台（业务规模达 53.5 亿元，可实现二氧化碳减排量 326.5 万吨），落地南网碳资产管理（广州）有限公司及广州数据交易所；广州期货交易所挂牌交易首个品种——工业硅期货和期权；落地全国首批碳中和债、深交所首单碳中和汽车融资租赁资产支持专项计划、全国首支公募碳中和资产支持商业票据等气候友好型金融产品；全省首笔政策性虾蟹气象指数保险保单，提供超过 3 700 万元的风险保障；引导推动境外资本配置至国内气候友好领域。

案例 5：劳动争议调解仲裁港澳全流程参调参审模式

主要做法：

全国率先打造劳动争议调解仲裁港澳全流程参调参审模式。广州市南沙区劳动人事争议仲裁委员会共聘任 15 名港澳人士担任仲裁员和调解员，参审劳动争议仲裁案件 191 宗，全国首例港澳仲裁员参审和粤港澳大湾区律师参调的劳动争议仲裁案件均在南沙开展。同时，联合海南省（自由贸易港）、粤港澳大湾区五地、成都市温江区等搭建劳动争议仲裁区域合作平台建设，港澳仲裁员参审跨区域案件，推动粤港澳大湾区社会治理一体化、法治化、规范化、便利化发展，更好推动港澳融入国家发展大局。

特色亮点：

一是率先打造“港澳仲裁员+调解员”参与劳动争议调解和仲裁全流程模式，发挥港澳同胞参与国家发展大局、融入粤港澳大湾区法治建设的积极作用，提振港澳企业在南沙投资落户，增强港澳对内地司法认同感。

二是港澳参调参审模式推向粤港澳大湾区城市，通过劳动调解仲裁“小切口”打造以南沙为辐射中心的港澳规则衔接高地。

三是深化落实《广州南沙深化面向世界的粤港澳全面合作总体方案》，加快推动广州南沙深化粤港澳全面合作、打造对接港澳规则体系，发挥广州南沙在粤港澳大湾区建设中的引领带动作用。

实践效果：

一是港澳参调参审模式趋于成熟；二是全国首例港澳仲裁员参审和粤港澳大湾区律师参解的劳动争议仲裁案件均在南沙开展，对全国具有示范作用。

案例 6：港澳居民税惠快享“规则转换桥”

主要做法：

南沙区税务局梳理分析粤港澳三地税制差异，加快研究三地税收规则衔接，优化征管系统，搭建港澳居民税惠快享“规则转换桥”，构建全面衔接港澳个税税制的税惠落实机制。

特色亮点：

一是多方协同联动，畅通衔接港澳税制的规范接口。省、市、区财税部门协同联动，制定出台南沙港澳居民个税优惠政策实施办法和申报指南等配套文件；与香港税务部门、香港驻粤办、香港税务学会等建立沟通联系机制，与多家国际会计师税务所共建工作团队，研究推动 10 余项税收规则衔接，制定“港澳税负”计算规则，最大程度贴近还原港澳税负。

二是打造快享政策信息系统，推出智能助手。全面摸查1 000多名港澳居民政策受惠情况和需求，建设“港澳居民优惠减免测算”系统，为港澳居民提供税负和减免税额测算等服务，对近20项内容以气泡引导、嵌入式引导和弹窗引导辅助，实现信息系统“自动算”、港澳居民“智能办、便捷享”。

三是推进个税汇缴直享政策，开辟衔接港澳税制的快速通道。率先全面衔接香港薪俸税、利得税以及澳门职业税、所得补充税，在南沙工作的港澳居民办理个税年度汇算清缴时，只需在自然人电子税务局输入减免测算信息，即可快速、直接享受个税优惠政策，同时免除先征后返的程序。

实践效果：

率先构建全面衔接港澳居民个税税制的税费优惠政策落实机制，进一步吸引和便利港澳居民在南沙工作生活。“港澳居民优惠减免测算”系统已纳入广东省电子税务局功能模块，最大程度便利港澳居民享受税收优惠。

案例7：以建筑信息模型（BIM）赋能城市规划管理改革

主要做法：

通过建立全国首套基于建筑业国际工业基础类（IFC）标准的建筑信息模型（BIM）标准体系、率先开展BIM法定化研究、探索工程建设项目审批智能化改革等，推动BIM应用，促进城市建设运营模式变革，以信息化技术促进建筑业高质量发展。

特色亮点：

一是建立全国首套基于国际、国家中立开放格式的BIM标准体系，率先解决BIM数据孤岛化问题，使多源一模、一模多用；以房建类项目为核心形成《数据存储标准》等6项技术标准及导则。用统一的数字化标准体系为项目智能化审批提供技术支撑，保障数据资产质量，为推动数字化政府建设夯实基础。

二是率先开展BIM模型法定化研究。通过探索赋予BIM模型与二维图纸同等法律效力及BIM计算机辅助审核制度，为促进城市建设及运营模式变革提供法律保障。

三是深化工程建设项目审批智能化改革。开展房建类项目BIM三维数字化行政审批创新试点平台建设，在项目规划审批中实现BIM的自动质检、审查及可视化会商等。

实践效果：

一是聚焦标准先行，助力BIM技术落地实施，引导与规范BIM相关平台的开发与建设；《建筑信息模型数据存储标准》等三个标准已立为深圳地方标准，《建筑信息模型数据存储标准》已于2022年6月发布实施。

二是深化工程建设项目审批智能化改革。2022年9月，核发全省首个全面应用BIM技术审查审批的建设工程规划许可证。

三是以信息化技术促进建筑业高质量发展。前海共有147个建设项目的BIM模型，其中98个市政项目、49个建筑项目，涉及10个专业类别，模型文件总体量约2TB。

案例8：基于跨境贸易大数据平台的数据共享和监管互认改革

主要做法：

前海依托国际贸易“单一窗口”，建立海关、税务、外汇、海事、边检、市监、交通、口岸等部门的数据共享及交叉验证机制，链接进出口企业、机场、港口等跨境贸易重要参与方，报关行、船代、理货等供应链服务商，以及银行、保险等金融机构，共同构建跨境贸易联盟区块链网络，一期建设形成寄售贸易、海运实效分析、贸易统计分析、联合监管等四个场景。

特色亮点：

一是破解寄售贸易模式进口时成交价格不定的难题。通过贸易链条信息汇集与销售价格、物流费用、海关编号等关键字段验证，辅助海关合理核定寄售贸易进口货物的完税价格。

二是加强口岸物流环节货物物流衔接。汇集港口物流、报关单、舱单等信息，共同构建跨境物流全程可视化、可追踪的管控体系。

三是建设外贸总体分析、跨境贸易发展分析、口岸情报、企业画像、智能报告等功能，实现海关统计数据共享，辅助地方政府进行产业规划和政策制定。

四是建成智慧退税一期模块，包括出口退税报关单和退免税备案情况验证，解决税务局和海关在打击虚假贸易、出口骗税等工作中数据互补、交叉验证等需求。

实践效果：

针对进口水果寄售代销业务核价难、计税难、通关慢等问题，推动高峰时段通关效率提升100%。通过平台实现海关执法数据及物流数据衔接，时效统计节点数增加70%。为地方政府政策制定、产业规划提供数据支撑，外贸类企业覆盖度达100%。智慧退税一期模块建成后，监管效能提升15%，完成单证验证168单，其中出口退税报关单验证101单。

案例9：率先引入医院质量国际认证标准推动跨境医疗规则衔接

主要做法：

2022年9月，由深圳市卫健医院评审评价研究中心编制完成《医院质量国际认证标准（2021版）》并在前海发布。该标准在《三级医院评审标准（2020年版）》《三级综合医院评审标准实施细则（2011年版）》等基础上，按照“标准只升不降”原则，对照国际医疗质量协会（ISQua）外部评审会要求和原则编制而成，成为全国首个经国际认证的医院评审标准。

特色亮点：

《医院质量国际认证标准（2021版）》分为医院功能与任务、患者安全与医疗服务与医疗质量、医院管理与运营三章，共186款评价条目，每款评价结果分为优秀、良好、达标、部分达标、不达标和不适用6个等级，每四年评审一次。此外，该标准体系不仅关注医疗风险管理，还关注非医疗风险的管理，如运营、策略、财务等，强调风险管理的全域化。

实践效果：

一是推动粤港澳大湾区跨境医疗规则衔接、要素流动、融合发展。2023年3月，深圳市卫健医院评审评价研究中心落户前海，并获国家卫生健康委授牌，成为国际医院评审认证标准研究试点单位。

二是方便国内就医使用国际商业保险。标准发布后，我国高水平医疗机构可使用“国产标准”融入国际，直接获得国际商业保险机构的认可，购买国际商业保险的患者可在医院直接刷商业医保报销费用。

三是应用快速推进。南方医科大学深圳医院、香港威尔斯亲王医院等13家粤港澳大湾区医院已参加评审认证。

案例10：探索跨境商事法律规则衔接新机制

主要做法：

深圳前海合作区人民法院从域外法适用、诉讼程序简化、司法人才交流、诉讼与实体规则衔接等四个维度推动跨境商事法律规则衔接，持续打造便捷、高效的国际商事纠纷多元化解决平台。

特色亮点：

一是域外法选择适用更自主。形成以涉港因素认定规则及《域外法查明办法》为基础，专家出庭协助查明机制为特色，域外法案例库及类案适用机制为辅助的立体化域外法查明与适用体系。

二是诉讼程序更简化高效。简化港澳诉讼主体资格司法确认及授权委托见证程序，拓宽转交送达方式，依法适用简易程序和独任制审理涉外涉港澳台商事案件，健全全流程在线司法模式。

三是司法人才多元参与更融合。打通港澳司法人才参与案件办理的 4 个渠道，即在内地聘任港澳地区陪审员、港澳地区调解员、港澳专家研究员和司法研修生等。

四是商事法律规则深度衔接更包容。诉讼规则衔接方面，借鉴香港地区中立第三方评估等经验，健全诚信诉讼、证人出庭等制度。实体规则衔接方面，形成《跨境商事法律规则衔接系列白皮书》，为跨境投资者提供详细指引。

实践效果：

2022 年，前海法院适用域外法审理案件 45 件，累计达 167 件，其中适用香港法审理 118 件。第一审涉外涉港澳台商事案件审理周期为 6. 4 个月，较集中管辖前提升了 62. 79%。先后选任 32 名香港地区陪审员参审案件 920 件，聘请 12 名港澳地区调解员成功调解案件 665 件。

案例 11：建立以人民币计价的大宗商品跨境交易机制

主要做法：

2022 年 4 月，前海联合交易中心大豆品种正式上线，达成首批基于真实跨境贸易的大豆品种线上交易；在中国人民银行及跨境清算公司的支持下，首次通过人民币跨境支付系统（CIPS）实现大宗商品贸易货款的跨境支付和结算。

特色亮点：

一是减少交易成本。通过交易中心良好的品牌背景、严格的客户准入和标准化的交易流程，协助企业客户管理对手方信用风险，搭建交易对手间互信的桥梁，大幅降低交易的摩擦，有效支持企业，特别是中小企业参与国际大宗商品交易。

二是简化申报流程。交易中心的集中清算模式简化了申报流程。由交易中心按场内清算模式完成国际收支申报，无须客户提供合同等资料，简化申报流程，实现人民币跨境支付的当天到账（2 小时内），为企业节约至少 1—2 天的结算时间，有效提高结算效率。

三是助推人民币国际化。交易中心成功上线 CIPS 标准收发器，实现跨境人民币业务一体化处理，为跨境业务提供便捷的业务处理和信息交互工具，大幅提升人民币跨境结算便利度，引导境外大宗商品企业接受并使用人民币计价和结算，不断提高人民币在国际大宗商品交易市场的应用。

实践效果：

交易中心大豆品种累计实现交易量 12. 16 万吨，总成交额 5. 61 亿元。2022 年，前海联合交易中心现货交易额 793. 5 亿元，比上年增长 145%。

案例 12：持续深化境外专业人才执业制度创新

主要做法：

前海大力推动境外专业人士跨境执业便利化工作，通过合伙联营、项目试点、执业备案等特殊机制安排，先后制定会计、工程建设、税务、文化旅游等领域专业人士在前海执业具体办法，以便利港澳专业人士执业“小切口”，促进大湾区人才要素流动。

特色亮点：

一是率先实现港澳涉税专业人士免试跨境执业。前海成为全国首个实现全面放宽港澳涉税专业人士执业要求的区域，包括取消资格考试，拓宽服务区域，放宽服务范围等。

二是创新思路破解跨境执业难题。通过创新合伙联营、项目试点、执业备案等机制安排，制定香港会计师、税务师及香港建筑、工程、规划、测量等专业人士在前海执业的具体措施。

三是建立健全深港联动管理机制。加强与香港政府部门、行业主管部门、第三方专业机构联动，如建立港澳专业人士诉求和意见快速响应机制等，并与香港税务学会、澳门税务学会建立执业情况信息共享机制，定期反馈已执业登记的港澳涉税人士执业情况。

实践效果：

目前，已实现香港税务师、澳门核数师、澳门会计师、香港注册建筑师、香港注册专业工程师等18类专业人士经登记或备案后可在前海执业。现有546名港澳专业人士完成跨境执业登记或备案，其中税务领域74人，工程建设领域427人，文化旅游领域36人，医疗服务领域9人。

案例13：创新应用纳税数据资产凭证助力企业跨境融资

主要做法：

横琴税务部门联合广东省政务服务数据管理局、珠海市政务服务数据管理局与澳门商业银行，在“信用+风险”的新型管理体系下率先拓展纳税数据资产凭证跨境应用场景，创造性将澳资企业在合作区纳税数据转化为在澳门申请跨境融资的有效凭证，帮助澳资企业快速获取融资。

特色亮点：

一是“全程网办”让数据流通更便利。企业登录广东省政务大数据中心资产凭证网站申请并授权，由税务部门录入企业纳税情况并向企业发送税务资产电子凭证，银行可通过在网站查验企业提交的资产凭证后再开展信用贷款审批，避免纳税人在税务部门和金融机构间多头“往返跑”。

二是税收数据加密让“端到端”传输更安全。严格把控数据申请、流转和存储等关键环节，通过明晰数据使用主体，严格按需提供数据，有效限定知悉、使用范围；以加密算法实现数据在安全可靠的基础上实现部门间高效传递。

三是税收数据权威让信贷审批更高效。“税务资产凭证”的数据由税务部门通过资产凭证网站直接录入，以系统间的加密传递确保数据难以篡改、随时线上查验，保证了便利性和有效性，有效推动打通跨境信贷的数据信息壁垒。

实践效果：

纳税数据资产凭证跨境融资应用，率先实现横琴注册澳资企业可凭借在合作区的税收数据凭证等材料，向澳门商业银行申请信用贷款，帮助其快捷享受跨境融资服务。同时，该项目所有功能均可通过互联网实现。目前，首宗纳税数据资产凭证跨境应用获取融资的审批已通过，较之前平均审批天数提速15天，有力保障纳税人现金流，进一步提升跨境融资便捷度。

案例14：实施琴澳商事登记“跨境通办、一地两注”机制

主要做法：

横琴粤澳深度合作区商事服务局与澳门特区政府有关部门合作，共同建立商事登记“跨境通办、一地两注”机制。机制通过在琴澳两地分别开设跨境通办服务处，由两地部门分别提供互往办理商事登记的全流程实体服务，实现投资人申请登记和证照领取无须跨境往返。

特色亮点：

一是对接破除内地往澳门准入登记痛点。通过实施材料文书形式内容互认、内地公证远程办理、文书跨境便利交换、落地澳门延伸服务等措施，破解内地往澳门准入登记存在的两地公证效力认可差异、公证困难、出境办事不便、材料跨境交换难、落地后续服务缺乏等痛点问题。

二是搭建琴澳商事登记跨境通办实体服务双平台。通过建立琴澳通办实体服务双平台，加强人员互往培训，构建快捷沟通机制，开通文书快速交换通道等措施，实现两地投资者只需选择一地服务即可通办两地准入登记。

实践效果：

该机制是基于内地和澳门不同体制下推动机制对接和规则衔接的全新尝试，业务办理时间缩减60%。该机制进一步拓展了澳门与内地投资者跨境开办企业的渠道，极大节省投资者的时间成本和经济成本，琴澳互往准入便利度显著提升，机制对接初显成效。

案例15："CLAP-U葡语世界通"金融服务方案

主要做法：

2022年9月，中国建设银行在横琴粤澳深度合作区推出"CLAP-U葡语世界通"金融服务方案，搭建"四海E家"金融服务体系。通过商海撮合赋能、云海科技赋能、银海融资赋能、智海中枢赋能，为中国—葡语国家经贸商机撮合、跨境结算及人民币国际化推动、全球现金及流动性管理、项目融资及应收账款管理、汇率及利率风险管理等提供全方位服务。

特色亮点：

一是平台创新。依托葡语系国家金融服务平台的经贸商机撮合功能，支持实体经济发展。

二是工具创新。通过区块链在跨境资产转让和国际结算中的运用、人民币跨境清算系统（CIPS）的推广、数字人民币的跨境应用等，支持琴澳金融服务的一体化和葡语地区的人民币国际化。

三是融合创新。依托建设银行广泛的海外分支机构及大数据平台，对市场主体进行客观信用评价，创新跨境融资产品，助力中葡金融互联互通、产业快速发展。

四是实践创新。依托中国建设银行横琴"劳模和工匠人才创新工作室"为载体的跨境创新中心，为企业提供智囊服务。

实践效果：

中国建设银行在"四海E家"服务体系下为中葡市场主体提供了广泛支持。商海撮合赋能，葡语撮合平台新增与葡语国家注册用户2 398户，提供相关商机超3 000条。云海科技赋能，运用新技术为珠海地区与葡语国家的跨境收支提供便利化结算服务2.5亿美元，支持澳门发展银行成为CIPS间接参与行。银海融资赋能，通过跨境贸易参贷等创新产品为境内外金融同业提供资金融通达358亿元。智海中枢赋能，支持澳资芯片企业新型离岸贸易便利化落地、境外投资项目对澳投资结算便利化等创新服务。

四、大事记

2022年1月4日　南沙开展全国首批跨境贸易投资高水平开放试点，非金融企业外债便利化额度等5项资本项目落地实施。

2022年1月17日　南沙开发区（广东自贸试验区南沙新区片区）管委会在南沙传媒大厦召开《南沙自贸片区对标RCEP CPTPP进一步深化改革扩大开放试点措施》（以下简称《试点措施》）宣讲会，现场发布《试点措施》。《试点措施》是全国首个对标RCEP、CPTPP双协定的自贸试验区集成性创新举措。

2022年1月25日　《中国（广东）自由贸易试验区广州南沙新区片区开展跨境贸易投资高水平开放外汇管理改革试点实施细则》正式对外公布，落地首日多项措施已经在南沙实施。

2022年2月15日　广东省人民政府印发《关于推进广东自贸试验区贸易投资便利化改革创新的若干措施》，对支持港澳服务者设立旅行社等15个方面提出27项具体创新措施，多项涉及深圳前海。

2022年2月24日　国内首条大型综合排水深隧系统、深圳市重大项目及治水提质关键性工程、被誉为前海"水屏障"的前海—南山排水深隧系统工程桂庙渠浅层支隧于日前贯通，建成后将把前海防潮标准提至200年一遇，防洪标准提至100年一遇，城市内涝防治标准提至50年一遇。

2022年3月28日　横琴印发《降低横琴粤澳深度合作区企业综合成本的十条措施》，分别从租金成本、工作人员租房和生活成本、商业配套运营成本、招聘成本、耗能成本等方面推出系列措施，切实减轻企业实体经营负担。

2022年4月12日　一家澳门企业在横琴澳门办事处内通过商事登记跨境通办服务成功领取合作区企业营业执照。

2022年4月21日　广东自贸试验区广州南沙新区片区（以下简称自贸区南沙片区）迎来挂牌七

周年，自贸区南沙片区管委会以“打造湾区新引擎，砥砺七载再出发”为主题，在南沙创享湾举行年度创新成果专题发布会暨制度创新表彰活动，发布一年来自贸区南沙片区取得的十大创新成果，并表彰一批自贸区南沙片区制度创新先进单位和先进个人。

2022 年 4 月 29 日　前海联合交易中心成功上线离岸大豆现货交易品种，首次实现大宗商品人民币跨境计价结算，成交额 11.6 亿元。

2022 年 5 月，经广东省人民政府批准，广州、深圳、珠海、汕头、佛山、韶关、惠州、汕尾、东莞、中山、阳江、湛江、茂名等 13 市设立第一批联动发展区。

2022 年 6 月 6 日　国务院印发《广州南沙深化面向世界的粤港澳全面合作总体方案》。

2022 年 6 月 16 日　“横琴粤澳深度合作区企业所得税和个人所得税优惠政策新闻发布会”举办，国家和省支持合作区发展的首批税收政策即“双 15%”优惠政策正式落地实施。

2022 年 7 月 21 日　前海深港青年梦工场北区正式开园，前海梦工场系列产业空间由 4.7 万平方米扩展至 13.9 万平方米。

2022 年 7 月 27 日　《横琴粤澳深度合作区促进集成电路产业发展若干措施》正式公布，从支持企业发展、人才引进、平台建设、粤澳协同创新等四个方面提出具体扶持措施，为促进澳门经济适度多元发展提供“芯”动力。

2022 年 8 月 18 日　广东政协港澳青年人文交流基地揭牌仪式在广州南沙举行。成立广东政协港澳青年人文交流基地是广东政协港澳工作的一项创新举措。

2022 年 8 月 22 日　横琴全面放开澳门非营运小客车（9 座及 9 座以下）入出合作区总配额，取消当前 1 万个配额总量限制，进一步便利澳门居民来往横琴。

2022 年 8 月 30 日　横琴首颁“一试多证”，首批通过“一试多证”试点考试的粤澳考生获颁内地职业技能等级证书、澳门职业技能证明书和澳门职业技能认可基准技能证书这三份职业技能证书。

2022 年 9 月 1 日　南沙香港科技大学（广州）正式开学。

2022 年 9 月 1 日　外交部驻澳门特别行政区特派员公署对在澳外籍人士赴横琴实行更加便利的签证政策。其中：外籍非永久居民可申请与居民身份证有效期一致的多次签证；外籍专业雇员可申请一年多次签证；临时来澳、拟赴合作区参加会展的外籍人士可申请三个月多次签证。

2022 年 9 月 24 日　中国城市规划学会与南沙经济技术开发区管理委员会签订战略合作框架协议，双方将聚焦城市规划领域开展合作交流，全面提升南沙区城市规划设计水平，深化粤港澳大湾区城市规划领域协同发展。

2022 年 9 月 30 日　广州数据交易所在南沙揭牌，标志着广东省级数据交易机构正式成立。当日，首批数据经纪人、数据服务商企业签约进场，已申请挂牌的交易标的超 300 个，进场交易标的超 200 个，达成交易额超 1.55 亿元。

2022 年 10 月 8 日　广州市新闻办举行“支持广州南沙深化面向世界的粤港澳全面合作”专题新闻发布会。广州海关发布《支持广州南沙深化面向世界的粤港澳全面合作若干措施》支持落实《广州南沙深化面向世界的粤港澳全面合作总体方案》。广州海关结合海关总署措施、广东省和广州市布置的重点任务，细化四方面 48 条支持措施，其中包括促进大湾区要素便捷流动、支持重点项目建设、支持建设中国企业“走出去”综合服务基地、加强粤港澳三地规则衔接等方面。

2022 年 10 月 13 日　南沙在全国首推“元宇宙”赋能智慧新政务，政务服务中心元宇宙政务大厅上线，市民可以戴上 VR 眼镜进入元宇宙政务大厅进行元宇宙奇妙之旅，也可以办理首批上线的政务事项。

2022 年 10 月 31 日　《横琴粤澳深度合作区支持生物医药大健康产业高质量发展的若干措施》

发布。

2022 年 11 月 3 日　广东深圳前海蛇口自贸片区获批国家进口贸易促进创新示范区。

2022 年 11 月 7 日　广州港南沙港区近洋码头工程（一期）顺利通过竣工验收，建成 2 个汽车滚装泊位以及 1 个驳船泊位，可靠泊目前全球最大的滚装船；配套建成的商品汽车库总建筑面积 14.3 万平方米，是目前粤港澳大湾区面积最大的多层商品汽车库。

2022 年 11 月 30 日—12 月 4 日　首届中国（澳门）国际高品质消费博览会暨横琴世界湾区论坛系列活动以“一会展两地”模式在澳门和横琴同步举办。

2022 年 12 月 4 日　国际金融论坛（IFF）2022 全球年会在广州南沙闭幕。本届大会专门设置了两场粤港澳大湾区圆桌会议，从产业升级发展和国际金融枢纽建设两个角度，邀请国内外专家学者出谋划策，贡献智慧。

2022 年 12 月 22 日　广州期货交易所（“广期所”）首个品种、全国首个新能源金属品种——工业硅期货挂牌上市。

2022年中国（天津）自由贸易试验区建设概况

中国（天津）自由贸易试验区管理委员会

梁益铭

中国（天津）自由贸易试验区管理委员会专职副主任

梁益铭，男，汉族，1971年4月生，大学学历，学士学位，中共党员。

现任中国（天津）自由贸易试验区管理委员会专职副主任，天津市滨海新区区委常委、副区长。

2022年，中国（天津）自由贸易试验区（以下简称天津自贸试验区）深入贯彻落实党中央、国务院部署要求，以更大力度谋划和推进自由贸易试验区高质量发展，充分运用国际国内两个市场、两种资源，坚持将制度创新作为发展的“生命线”，全面服务国家发展战略，探索深层次改革，推动系统集成式创新，率先承接落实高标准国际经贸规则，在多个行业领域领跑全国，高水平对外开放水平不断提升。

一、制度创新及经济发展整体情况

经济发展稳中有进。“十四五”以来，天津自贸试验区深入贯彻落实党中央、国务院和天津市委、市政府部署要求，坚持以制度创新为核心，以可复制可推广为基本要求，加强改革统筹谋划和推动，大胆创新、锐意进取，制度创新红利不断释放，各项工作取得了新的进展和突破，截至2022年底，天津自贸试验区内实有各类市场主体8.2万家，占全市总量的5.01%；累计实际使用外资金额144.25亿美元，年均实际使用外资额占全市总量的40%左右，贡献了全市15%左右的税收收入。

创新引领持续增强。数字人民币保理、城市地铁定制化租赁等一批创新措施落地实施，启运港退税政策等任务取得突破性进展。按照优中选优的原则，总结提炼形成41项改革试点经验在全市及京冀区域复制推广。截至2022年底，累计实施544项制度创新措施，38项试点经验和实践案例在全国复制推广，占全国集中复制推广数量的18.6%。天津自贸试验区制度创新省级指数得分稳中有升，连续3年排名前三。

二、建设措施及成效

（一）主动融入和服务国家战略

1. 服务京津冀协同发展

推动区域发展政策协同化。持续推动首届京津冀自贸区联席会议成果落地，配合国家发展改革委、商务部起草印发推进京津冀自贸试验区协同发展的意见，正在有序推动落实。推进政务服务“跨省通办”机制化，发起建立京津冀自贸试验区政务服务通办联动机制，先后共同推出179项“同事同标”事项，实现北京通州政务服务中心事项和天津滨海新区政务服务中心事项全部双向互联互通。“京津冀+雄安”政务服务“跨省通办”自助办上线，通过加强资源互认、数据共享、服务互通等方式，将四地差异化自助办功能以“本地化”服务形式进驻各自政务服务终端设备，实现异地服务本地自助办理。

高质量打造服务京津冀航运枢纽。协同发展海向网络，做强环渤海“天天班”“两点一航”服务，高质量运营津冀国际集装箱码头有限公司、津唐国际集装箱码头有限公司。建成京津冀港口智慧物流协同平台，推动集装箱单证电子化、无水港集港直通比例达到100%，打造京冀最便捷的出海口。织密陆向网络，开通42条海铁联运通道和满洲里、二连浩特、阿拉山口（霍尔果斯）3条陆桥运输通道，海铁联运年集装箱突破100万标准箱。搭建雄安新区进出口货物提供港口绿色通道服务优先保障，实现雄安新区绿色通道运输业务快速增长。

全力承接非首都功能疏解。聚焦租赁保理、汽车物流、高端制造、金融服务等重点产业建设，充分发挥综合保税区与自贸试验区区域叠加、功能互补、区港联动等比较优势，进一步完善承接载体平台功能和配套政策，对接引进央企一级总部、瞄准二三级区域总部、研发中心、结算中心，深化存量项目服务，精准争取增量主体，首农冷链物流基地、京津物流园等一批重点项目落地实施，天津自贸试验区承接非首都项目涵盖融资租赁、国际贸易、航运物流、新金融、文化旅游、共享经济等多个重点产业方向。

2. 服务“一带一路”倡议

以港口为支撑，打造海上“一带一路”重要节点。开班列、建网络、优服务，充分发挥中蒙俄经济走廊东端桥头堡和三条大陆桥过境通道优势，促进新丝绸之路经济带沿线地区和国家经济合作升级，中欧（中亚）班列年运量突破9万标准箱，更好服务国家高水平对外开放。拓航线、扩舱容、强中转，持续巩固中国北方汽车进出口口岸优势地位，推出东疆“全球仓”和整船换装等新业务，推动从单一运输节点向一体融合的全程供应链枢纽升级。

以平台为纽带，打造深度融入国际市场桥头堡。设立天津自贸试验区海外工程投资服务中心、跨境投融资综合服务中心，围绕海外工程跨境投融资、海外工程设计施工、海外工程贸易结算、海外工程物流通关四大功能，增强服务功能探索建立高效便捷的海外工程投资政策服务体系，聚焦政策、功能、产业、服务、载体等重点环节，着力推动政府服务、市场服务和资金服务集成式创新，建立“银行+政府+中介”联合服务机制，为企业提供高水平、常态化、一站式的跨境投融资政务服务，支持中国企业利用好“两个市场”“两种资源”，深度融入国际市场。

以贸易为支撑，推动国内、国际双循环。中欧班列线路开辟取得突破，实现“天津—二连浩特—白俄罗斯（明斯克）”“天津—阿拉山口—俄罗斯（莫斯科）”“天津—霍尔果斯—俄罗斯（莫斯科）”出口班列和“俄罗斯—满洲里—天津”回程班列的首发。汽车、家电、“保税+”等特色班列开行，打造“津货分仓”模式，全市首单“二手车出口+保税+中欧班列”创新业务落地。充分发挥中埃·泰达苏伊士经贸合作区海外园区的平台优势，搭建中国二手车及零配件集散分拨中心，加快汽车产业消费升级和国内、国际双循环相互促进。

（二）持续推进制度型开放

1. “放管服”改革向纵深推进

效率再提升。实施市场主体登记确认制，颁布《中国（天津）自由贸易试验区市场主体确认登记试行办法》，规范市场主体确认登记程序，明确法律地位，建立联合惩戒机制，实施差异化管理。开展“一件事”集成服务改革，聚焦市场主体需求，多批次梳理改革目录清单，逐项研究制定“‘一件事’告知单+流程图”，各部门政务数据共享，联审批、协同办理，实现跨领域事项实现集成办理。

服务再升级。围绕办事、审批、监管三个维度的应用场景，全面集成便民服务中心基本信息要素，涵盖400多个事项，根据审批权限、实时位置等多维度空间数据自动推荐办事大厅。率先应用智能审批事项，根据企业申报，界定审批范围、确定审批机构，智能审批代替人工审批，在线签发《准予行政许可决定书》，审批时限由几个工作日压缩至“秒批”，在有效管控风险的基础上，进一步降低企业在准入准营端的办事成本，为产业高质量发展带来新活力。

流程再优化。推出“三证齐发”快速审批新模式，一次性核发三项许可，相关行业审批时间由原有承诺的9个工作日压缩至2个工作日。投资项目实行联合交底“多审合一”，自贸试验区政务服务部门牵头组织各相关部门进行联合会审，汇总意见后一次性告知，全面梳理办理条件、申报材料，并联办理，一站式审批。积极推动更多审批业务由申请人“最多跑一次”升级为审批部门“最多扰一次”，促进企业办理业务更加高效便利。

2. 投资贸易便利化水平进一步提升

精准锚定外资准入创新，不断优化营商环境。聚焦外资招商引资，从培育优良营商环境、加强信用监管和法治保障等方面提出多项政策措施促进自贸试验区外资发展。建立外商投资全流程帮办服务机制，做好外商投资项目一站式服务，先后落地“收购境外股权”等15项投资便利化集成服务改革。各片区针对重点外资企业“一企一策”跟踪帮扶，会同海关、外汇、税务等部门，充分利用多媒体、大型展会、专题宣讲等多种方式积极宣传天津自贸试验区外贸政策和营商环境，指导企业精准开拓国际市场，吸引企业落户。

对标高标准贸易规则，推动模式创新。编制发布《中国（天津）自由贸易试验区高质量落实〈区域全面经济伙伴关系协定〉（RCEP）行动方案》，从提升贸易货物便利化、深化服务贸易合作等八个方面高标准对标国际经贸规则，探索新型贸易和新经济增长点，增强天津自贸试验区国际竞争力。积极推动离岸贸易创新发展，创新形成“外汇管理部门+属地行政主管部门+商业银行+离岸贸易企业”四方联合现场办公的“天津模式”，充分挖掘跨境电商等潜力，推出“离岸贸易+跨境电商”创新业务模式。

3. 坚持服务实体经济，有序推进金融改革创新

业务创新不断涌现。通航飞机“实物出资+租赁”、人民币跨境支付系统标准收发器、数字人民币保理业务、跨行再保理、银行间市场住房租赁类REITs产品等一批国内“首单”“首发”业务落地实施。推出自贸区金融创新案例，鼓励和支持金融机构充分发挥自贸试验区先行先试的制度优势，开展金融产品和服务创新，先后推出两批制度创新案例，涉及推进跨境贸易投融资便利化类、提升融资租赁业发展水平、建设商业保理创新发展基地、发展绿色金融类等方面21个案例，有效解决企业融资问题，服务市场主体投资贸易发展。

跨境资金流动更加便利。自由贸易账户（FT账户）政策功能应用不断深化，“全功能资金池业务”“FT账户分公司模式”等创新措施充分推动账户功能体系深化与拓展。截至2022年底，FT账户累计收支超6 400亿元，收支规模位列全国第三。外汇收支便利化政策效果显现，持续推动天津自贸试验区内优质企业贸易外汇收支便利化政策扩容提质，大幅缩短企业业务办理时间，有效提升企业及其产业链上下游客户的资金运转效率，有力支持外向型企业进一步开拓多元化市场，促进区域开放型经济高质量发展。

投融资渠道有效拓宽。推动供应链金融初显成效，推动“数字仓库+可信仓单+质押融资+大宗商品市场+场外风险管理”五位一体供应链金融创新推广上量，“可信仓单”质押融资授信总额超30亿元，投放规模超17亿元。开展绿色金融及碳金融创新。发布《天津市企业ESG评价报告》《天津市ESG 30指数》研究成果报告，开展新型自愿碳减排交易品种开发。推动自贸区知识产权融资便利。完成天津市首单知识产权资产证券化项目。推出“知识产权二次许可”新型融资租赁模式，协助高新技术企业落地千万元融资，实现“知产”变“资产”。

（三）特色产业发展稳中有进

新兴产业发展迅速。2022年，天津自贸试验区出口二手车超过5 500辆，成立全国首家自贸试验区二手车出口服务中心，建设集贸易、零配件供应、检测、金融等一体的二手车出口链条。网络货运行业吸引陕西钢铁集团、顺丰同城、极兔物流、潍柴动力、满帮等行业龙头企业布局，产业链不断

完善。离岸租赁取得新突破，完成超 150 艘跨境航运船舶的租赁业务，离岸债权登记政策效应持续显现。优势产业势头不减。截至 2022 年底，天津自贸试验区内各类租赁企业超 4 000 家，租赁资产规模超 1.4 万亿元；各类保理企业近 500 家，一大批国企背景和行业龙头保理企业入驻；保税维修再制造实践探索顺利，已有 12 家企业获批开展保税维修业务，保税维修产品涵盖航空航天、工程机械、船舶等多个品类。

下一步，天津自贸试验区将继续瞄准国家赋予的“京津冀协同发展高水平对外开放平台、全国改革开放先行区和制度创新试验田、面向世界的高水平自由贸易园区”的战略定位，积极落实自贸试验区提升战略，推进制度创新，打造自贸试验区升级版，实现天津自贸试验区高质量发展。

三、创新成果及案例

2022 年，天津自贸试验区管委会办公室总结创新发展文件实施以来的改革成果，梳理汇总市、区有关单位和天津自贸试验区政策与产业创新发展局（以下简称自贸区创新发展局），以及天津自贸试验区天津港东疆片区、天津机场片区、滨海新区中心商务片区三个片区自主开展的创新做法，形成 41 项试点经验在天津市及相关区域复制推广。

2022 年天津自贸试验区复制推广改革试点经验情况表

序号	改革事项	主要内容及成效
1	FT 项下全功能型跨境人民币资金池	2019 年 12 月，经中国人民银行批准，自由贸易（FT）账户在天津开通运行。2020 年 12 月，天津自贸试验区首批全功能资金池投入运营。全功能型资金池具备本外币合一、账户内可兑换、跨境资金收付便利的优势，能够实现跨国企业集团境内外成员企业与自贸试验区内的主办企业之间或境外主办企业与区内成员企业之间，自行选择货币进行资金归集，满足本外币资金跨境调拨的需求，大幅提高资金使用自由度，为跨国企业集团统筹全球财务资金提供更多的空间，有利于吸引更多跨国企业集团总部落户天津。
2	FT 账户分公司模式	FT 账户落地以来，京津冀区域企业及天津自贸试验区区外企业对 FT 账户也存在需求，但基于区域优势、产业结构以及当地税收等相关因素考虑，企业迁册换址到天津自贸试验区存在诸多不便。针对这一情况，中国人民银行天津分行组建专班，专门解决 FT 账户政策的深化和延伸问题。组织天津自贸试验区天津机场片区、中新生态城、辖内 FT 账户两家上线银行相关部门负责人以及企业代表，召开 FT 账户业务创新工作座谈会议，研究形成不同区域合作的“FT 账户分公司模式”。 该模式为区外企业享受 FT 账户政策红利搭建桥梁，满足相关企业跨区域使用 FT 账户的需求，既服务了实体经济，又扩大了自贸创新政策溢出效应。
3	FTE 账户资本金境外价格结汇	2019 年 11 月，招商银行天津分行为便利蜂商贸有限公司开立自贸区内机构自由贸易账户（FTE 账户）并通过 FTE 账户为企业办理 1 000 万美元结汇业务，帮助企业节省汇兑成本。便利蜂商贸有限公司是天津市首批开立 FTE 账户的企业，其业务特点是大量高频次向境内多家上游供应商支付采购货款。为充实资本金增强发展后劲，企业通过境外平台募集资金 1 000 万美元并以资本金形式注入境内公司。招商银行天津分行采用境外更加优惠的价格为企业办理结汇，帮助企业节省汇兑成本。

续表

序号	改革事项	主要内容及成效
4	“数字仓库+可信仓单+质押融资+大宗商品市场+风险管理”五位一体创新型供应链金融综合服务体系	对传统仓库进行数字化改造，形成“数字仓库”；依托数字仓库和区块链技术提供的可控性和可信性保证，开具“可信仓单”（可信仓单具有真实性和唯一性）；拥有动产货权的企业可将仓单质押给金融机构而获得融资；拥有仓单的主体还可以依托交易平台或信息中介机构将仓单进行交易获得融资、进行处置或获取价差；仓单持有者可寻找场外对手方开展以仓单为标的的场外远期、期权交易。 该模式已基于数字仓库与贸易企业进行试单，与银行融资放款等流程进行贯通，验证了模式具有良好的可行性和风险管控能力。该创新模式能够大幅缓解中小贸易企业融资难度，促进仓储物流转型升级，助力要素市场发展，提升金融服务实体经济功能，形成供应链金融产业生态圈。
5	完成船舶离岸融资租赁对外债权登记	2019 年 12 月，民生金融租赁通过设立在天津东疆保税港区的单一项目公司（SPV）成功开展 4 艘 64 000 载重吨大灵便型干散货船的离岸融资租赁业务，完成天津自贸试验区首单船舶离岸融资租赁业务。在国家外汇管理局天津市分局、国家外汇管理局滨海新区中心支局的大力帮助和支持下，顺利办结离岸融资租赁对外债权登记业务。 该项业务落地为企业开展离岸融资租赁业务的租金收汇提供了可操作路径，为租赁企业利用境内 SPV 开展船舶跨境租赁业务、进军国际船舶租赁市场扫除后顾之忧。
6	发布“中国（东疆）融资租赁行业发展指数”	2019 年 11 月 7 日，受天津东疆保税港区管委会委托，天津大学以其下属中国社会计算研究中心名义，在 2019（第六届）全球租赁业竞争力论坛峰会上首发“中国（东疆）融资租赁行业发展指数”。从 2019 年 11 月起，每月发布一次租赁指数，及时、权威反映融资租赁行业动态。
7	全国首创“租赁+”业务模式落地	积极探索在租赁服务实体经济的功能基础上，灵活嫁接担保、保险、投资等差异化产品，率先推出“租赁+”普惠金融创新业务模式，从而实现增信、分险、助力中小微和科技型企业化解融资难题。由东疆出资设立的共计 2 000 万元人民币的创新融资担保基金作为新型“政银担”“租赁+”创新模式的载体，率先落地“国家—天津市—东疆”三级政府融资担保基金的“22321”风险分担机制，充分发挥“租赁+”的融资服务传导作用。
8	以租赁信用证破解融资租赁企业融资贵问题	为进一步优化融资租赁双方的相关手续及业务办理效率，天津港东疆片区联合银行，基于中国支付清算协会《关于明确国内信用证业务有关问题的通知》中租赁国内证开立的相关要求执行，通过采用国内信用证的方式支付租赁物所有权转让对价，实现租赁公司开立国内证支付租赁物所有权转让对价行为与租赁物所有权转移单据的契合。 采用国内信用证的方式，有力创新了融资租赁交易的灵活性。采用国内信用证条款可根据融资租赁基础合同设置不同条款，可根据租赁进度分批交单、分批支付，配合各家商业银行推出的特色产品服务可实现由国内信用证受益人委托申请人提交国内信用证项下单据，可办理由国内信用证申请人或受益人支付利息的福费廷融资，以满足融资租赁项下特定的交易结构需要。

续表

序号	改革事项	主要内容及成效
9	租赁保理企业 ABS 储架发行平台创新实践	首次创新性提出区域性 ABS 联合储架模式，以东疆区域为依托，整合区域内企业租赁、保理资产，为受制于集中度问题的央企租赁、资产规模不足的国企租赁，以及企业主体不强的民营租赁、保理企业提供发行 ABS 的可行性方案，东疆基金发起并进行投放，起到东疆管委会扶持、背书的作用。已推动东疆基金与深圳前海金融资产交易所、小米数科展开深入合作，认真梳理区内的保理企业，筛选符合储架 ABS 发行条件的资产。 积极发挥监管优势，整合已掌握的租赁、保理数据，在审慎合规的前提下，由东疆基金建立进一步实地拜访，融资需求对接等服务机制，助力区内租赁、保理企业发展，拓宽东疆区内融资租赁和保理企业标准化融资渠道。
10	全国首单基于信用的 TABS 业务	天津聚量商业保理有限公司成功发行红塔证券—聚量保理医药资产支持专项计划（疫情防控），总规模 1.28 亿元。这是全国首单完全基于交易信用的 TABS（Tech+ABS）产品，是国内资产证券化（ABS）市场业务模式的一次重要创新。 主要创新点：一是充分借助物联网、区块链等科技力量，对资产包实现全面的数字化、透明化和可控化，大幅提升资产包的真实性与可信度；二是基于资产包的数字化技术能力，金融机构可实时掌握资产动态，实时处置交易风险，不再需要对企业运用主体信用抵押、增信确权等传统风控模式。
11	国新保理发行全国首单公司债券	作为保理行业的首单公司债券，本次公司债券发行面值总额不超过 30 亿元，主体和债项评级均为 AAA 级，期限不超过 5 年，所募集资金用于为央企客户提供保理融资服务。 国新保理债券获批发行不仅充分体现监管机构和资本市场对公司的认可和肯定，有利于公司进一步增强自主融资能力，借助资本市场加快实现高质量发展。
12	首创国内商业保理企业全线上债权确认融资新模式	中企云链在严格遵守国家法律框架基础上，结合反保理应用实践，以互联网化的应付账款确权凭证“云信”（一种可拆分、流转、融资的电子付款承诺函）为切入点搭建互联网供应链金融共享平台，将传统线下需投入大量人力物力的供应链金融服务，全部实现线上化，极大压缩审核、尽调时间，金融业务当日即可完成，重构供应链金融服务的场景。在传统银行“1 家银行+1 家核心企业+N 家上下游企业”保理业务供应链融资模式的基础上，首创“N 家银行+N 家核心企业+N 家上下游企业”全线上“N+N+N”债权确认新模式，实现了融资方式由点对点到交互式多向选择的转变。 该模式有助于企业去杠杆，拓宽融资渠道。
13	中信金融租赁落地首笔跨境绿色贷款业务	中信金融租赁有限公司与亚洲开发银行开展合作，完成 4.88 亿元人民币绿色贷款，是亚洲开发银行在中国第一笔通过租赁模式支持清洁能源领域的贷款业务。此次绿色贷款的顺利落地，标志着中信金融租赁有限公司获得国际金融组织的认可，打通了境外融资渠道，积累了宝贵的跨境融资业务经验，也为我国金融企业开展相关业务积累了宝贵经验。
14	全国首单绿色“碳中和”资产证券化债券	2021 年 3 月 9 日，国网国际融资租赁有限公司成功发行全国市场第一支绿色“碳中和”资产证券化创新产品（资产支持商业票据），由英大国际信托有限责任公司担任发行载体管理机构，上海银行、南京银行和中国银行联合承销。该产品发行规模 17.5 亿元，期限 180 天，发行利率 2.99%，创融资租赁行业 2021 年同期限债券利率最低水平。

续表

序号	改革事项	主要内容及成效
15	打造国内唯一直连票交所的供应链票据集中接入平台	2020 年 4 月 24 日，由上海票据交所建设的供应链票据系统正式上线试运行。天津自贸试验区滨海新区中心商务片区企业——中国互联网金融协会建设的供应链票据集中接入平台作为四家试点平台同步上线试运行，平台作为试点单位且唯一一家集中接入点，配合票交所完成了试点票据的开立以及供应链票据背书、贴现、存托等功能的建设。从市场层面，现已有以国央企和大型民营企业为代表的供应链平台申请通过协会集中接入平台对接票交所系统开展业务，有效拓宽供应链企业融资渠道。
16	打造基于多方安全计算技术的个人投资者认证查询系统	2020 年 11 月 24 日，中国人民银行发布《多方安全计算金融应用技术规范》，规定多方安全计算技术金融应用的基础要求、安全要求、性能要求。天津自贸试验区滨海新区中心商务片区企业——中互金数据科技有限公司快速响应，创新采用多方安全计算技术，建立个人合格投资者认证查询系统。通过多方安全计算系统安全，自动联合计算投资者的金融资产或收入状况信息，在保护申请者数据隐私的前提下判断客户所开具的资产证明信息是否属实。基于多方安全计算技术进行数据安全融合，可实现数据对各参与方均可用不可见，同时全流程可验证、可追溯、可解释、可审计、可监管，对投资者、金融机构、监管部门及资产管理业务有积极意义，有助扩大业务规模、提升机构风控效能、增强监管效能，促进资产管理行业规范健康发展。
17	打造北上香港互认基金	2020 年 2 月 3 日，证监会批准瑞士百达资产管理（香港）有限公司（以下简称百达资产）在内地销售北上互认基金。百达资产与天弘基金管理有限公司（以下简称天弘基金）合作设立“瑞士百达策略收益”，百达资产负责管理运行，天弘基金负责代理销售。瑞士百达策略收益为涵盖股票、债券及另类资产的混合型基金。北上互认基金成为投资者通过除 QDII（合格境外机构投资者）基金、港股通以外的公募基金配置海外资产的另一重要途径。在此过程中，国家外汇管理局简化审批流程，不再对单家机构、单只产品额度进行审批，仅对总额度（进出各等值 3 000 亿元人民币）使用情况进行监控。基金跨境发行销售项下相关资金汇出入不设币种限制，额度内资金汇兑不予限制，可直接在代理人平台申购基金，较港股通程序简化。
18	打造保理企业“企企对接平台”	协助企业拓宽融资渠道，打破以银行为主的融资模式，通过灵活多样的同行业业内资产流转模式，在行业内普遍认同的运营模式下进行资产流转、融资，风控偏好趋近使得审批方便快捷，不同企业之间对业务关键节点把握均比较准确，有效降低流转风险，加快企业资产流动性，拓宽企业融资渠道，并利于制定规范的保理资产流转标准。通过同业、东疆保理再保理等多种业务模式将东疆区内数千亿的资产流转来，起到保理行业聚集、招商引资的作用，同时降低融资门槛，利于识别融资风险，对进一步打造保理之都起到有力的支持作用。
19	快件+区块链监管模式	天津海关创新快件监管模式，自 2018 年在快件渠道应用区块链技术解决申报数据真实性验核工作，优化快件通关环境。在 2020 年快件运营人全面上链的基础上，2021 年新增加了进口快件收件人身份信息验核节点，改变以往运营人提供验核结果现场人工审核情况，提高快件通关效率和智能化水平，拟联合顺丰速运开展国内配送信息上链工作，避免“蚂蚁搬家”的监管风险，提升天津口岸国际寄递物流通关环境。
20	船边直提	以进口集装箱货物向海关提前申报为基础，有关进境船舶抵港后，无须海关查验的货物即可放行并实现车辆从船边直接接卸、提货。实施改革后，企业进口提箱时效和物流成本进一步压缩，进口提箱用时由原来的 1 至 2 天，最短压缩至 1.5 小时，进口集装箱货物作业环节可以由原来的 6 个压缩到 3 个。

续表

序号	改革事项	主要内容及成效
21	抵港直装	以出口集装箱货物向海关提前申报为基础，在港口船舶截关前直接将货物运抵码头，货物即放行并装船出口。出口企业无须提前5天将货物送到港口并在码头外堆场落箱堆存，集港预期可以由5天压缩到2天以内。出口货物作业环节由原来的5个压缩至3个。
22	出入境人员卫生检疫智能监管新模式	天津海关在“海关总署出入境人员卫生检疫监管信息化系统”的框架下，设计开发天津海关旅客健康申明卡辅助应用功能模块，打造“出入境人员卫生检疫智能监管新模式”，实现旅检现场出入境人员信息智能采集，体温智能监测，以及采样检测、移交转运、数据统计等全流程智能化。该模式下，疫情防控领导小组可通过电脑终端对航班监管进度情况的实时关注，实现对疫情防控期间入境航班的远程指挥；由纸质单据的手工统计变为智能统计，航班数据更加及时准确，大幅降低统计数据误差；大幅提升航班疫情防控效率，压缩入境人员卫生检疫环节通关时长50%以上。依托天津海关旅客健康申明卡辅助应用在空港口岸实现“远程验核”模式，大幅减少海关红区作业人员数量，规避与入境人员交叉感染风险。
23	首创跨境电商保税零售“前店后仓”新模式	天津市首家线下跨境电商保税展示体验店——酷吧跨境电商保税展示体验店已正式营业。在保税区海关的指导下，该店对整个保税仓进行空间优化，形成“前店后仓”的新模式。消费者可在店内查看实物挑选心仪商品，仅需出示身份证并经核实即可购买，付款后店铺即刻线上申报通关，海关放行后消费者凭店内出具的凭证现场提货，上述流程可全部在店内系统进行，10分钟即可完成从收银结账到提货的全过程。 “前店后仓”新模式，可有效推动跨境电商间的合作，促进、拉动企业引育新动能。
24	保税维修+租赁新模式	综合保税区内维修企业为客户维修设备时，客户经常提出租赁备用设备的需求。但以往业务流程下，综合保税区内企业须先将租赁设备从境外发到综合保税区，再从综合保税区发往客户所在地，时长和物流成本较境外维修公司高出许多，完全不具备竞争力。为此，天津自贸试验区天津机场片区会同保税区海关深化“属地申报+口岸验放”在特殊监管区域的应用，推出全新“保税维修+租赁”模式，即综合保税区内维修企业在滨海新区综合保税区报关，而租赁设备直接从境外发到客户指定口岸。 2021年7月，天津机场片区内古德里奇航空结构服务（中国）有限公司依托此项创新举措，完成首单航空备件保税租赁业务。新模式比以往节省至少一周的时间，更为企业打开了一扇新业务的大门，预计每年可为企业带来上千万元的销售额，实现百万元的税收。此项业务试单成功不但解决了企业实际需求，也为更多开展保税维修和再制造试点业务的企业进一步拓展保税租赁业务提供了宝贵经验。
25	优化外籍人员管理服务	鼓励外籍人员在津创业。在国内重点高校获得本科以上学历的外国优秀留学生，在津从事创新创业活动的，可申办2年至5年的居留许可。为航空航天、智能制造、汽车制造等领域的重点企业、重点项目开通签证证件急事急办绿色通道。 便利外籍人员在津居住。为符合条件的外籍人员及家属在津长期居住、工作提供签证便利服务，为外籍人员扎根天津、服务天津建设提供更加稳定的居留预期。

续表

序号	改革事项	主要内容及成效
26	环评审批正面清单	对不涉及有毒、有害及危险品的仓储、物流配送业等10大类30小类行业豁免环境影响评价手续办理，不再填报环境影响登记表；对包含工程建设、社会事业与服务业、制造业、畜牧业、交通运输业等多个领域，共17大类44小类行业项目可实施环评告知承诺制审批，环评审批部门收到告知承诺书及环评文件等要件后，可不经评估、审查直接做出审批决定。进一步提高环评审批效率，减轻中小企业负担，助力经济发展。
27	环保差别化审批	根据项目产业特点和环境保护实际情况，梳理环境影响相对较小、污染可控的类别，天津港保税区发布《部分环境影响轻微建设项目差别化管理目录》（以下简称《目录》），对16个行业75个类别建设项目实行差异化管理，明确列入《目录》中的建设项目不需办理环境影响评价手续，免于环境保护“三同时”（建设项目安全设施必须与主体工程同时设计、同时施工、同时投入生产和使用）管理，切实减轻企业负担，为其环境管理提供相关政策依据。 该措施有利于集中行政管理资源，加强重点行业和污染环境高风险的行业项目管理，提升管理有效性和精准度。
28	SPV市场准入和退出模式创新	推动出台《滨海新区关于支持东疆保税港区金融租赁（融资租赁）项目公司发展的实施方案》，对SPV准入、变更、退出等环节予以创新支持。积极协调SPV合并报表，简化清算手续等问题，实现基于母公司担保下的SPV快速清算注销。积极推动SPV白名单审批工作。积极推动SPV审批权限下放至东疆的工作，确认SPV设立及变更不再执行会商研判机制。在区市场监管局的政策支持下，将注销公示与清税环节从“串联”改为“并联”，将注销进程最多缩短45个工作日。
29	自助打印营业执照	以东疆智能工作台为媒介载体，联网对接企业开办一窗通平台，可“刷脸”完成人证合一比对，可一站式自助完成名称申请、登记事项填报、电子签名，以及营业执照打印等流程，可通过股东电子营业执照扫码完成实名认证并自助打印、领取滨海新区范围内各登记机关核发的营业执照正、副本和电子营业执照文件，可自动留存经办事项电子档案，实现“场景智能化”“办事无纸化”“服务人性化”的全程“自助办”，进一步拓宽电子营业执照的应用领域，便利申请人随时随地自主申请登记，进一步提升申请和审核效能，为“不见面”“不接触”审批提供了新模式。
30	企业开办智慧审批	以东疆金融租赁SPV项目公司新设登记标准化、批量化为基础应用场景，充分借助在全国范围内率先试点经营范围登记规范化的经验，通过“刷脸”比对、电子营业执照“扫码”身份验证、申报流程标准化、电子营业执照文件签署、审批文件后台植入共享、系统自动核验等技术手段，应用机器审核辅助人工核验，为企业开办全流程提供7×24小时“一站式”“自助式”“自动式”“不接触”的“秒批”服务。
31	56项政务服务事项实现京津跨自贸区通办	凡在北京市通州区、天津市滨海新区（含各开发区）申请开办企业的投资者，或注册地址位于上述两地的企业，均可在其中任一地点申请办理“跨省通办”事项。首批推出56项通办事项，在北京通州区可办滨海新区29项事项，在滨海新区可办北京通州区27项事项。

续表

序号	改革事项	主要内容及成效
32	合伙企业财产份额出质登记	原国家工商总局颁布的《股权出质登记办法》规定仅适用于有限责任公司及股份有限公司，不包括合伙企业，因此登记机关在面对合伙企业财产份额的出质登记申请时，往往以无相关法律规定依据为由，不予受理。2020 年滨海新区市场局、机场片区管委会了解到合伙企业财产份额出质登记的需求后，与区内合伙企业和金融机构充分沟通交流，出台《天津市滨海新区合伙企业财产份额出质登记管理办法（试行）》。2020 年 8 月 27 日，天津自贸试验区机场片区办理天津市首家合伙企业财产份额出质登记业务，为促进合伙企业进行财产份额管理、增强财产份额流动性、解决企业融资难题起到重要作用。
33	经营范围规范化登记	为申请人申报经营范围提供标准化指引，智能匹配规范化经营范围关键字条目“套餐”，实现勾选式申报，改“填空题”为“选择题”，大幅度降低经营范围填报难度，提升申请便利度和服务感受；登记审核标准化，提升审核效率，为商事登记智慧“秒批”奠定基础；梳理经营范围“许可管理”事项清单，实现商事主体登记数据和“许可管理部门”的信息推送，有助于市场主体准入登记和事中事后监管的信息共享和精准衔接。2019 年 11 月 1 日，天津自贸试验区东疆片区成为全国首个经营范围规范化登记试点。
34	“无人审批”事项开发	开展“无人审批”事项开发工作，依托天津市政务一网通及天津市政务自助终端机，结合开发区行政审批业务实际进行事项开发，将审批标准明确、办理频次较高的事项通过信息化系统对申办人申报的信息、要件等材料进行核验判断，实现申办人从事项申办至证照领取无工作人员介入，全流程自助办理的审批形式，以提升审批效率、提高办事体验、降低审批裁量权。 2021 年，天津市滨海新区政务服务办公室依托滨海新区政务服务帮办平台，推出“智能审批”模块，通过申请人自助申报、系统智能化审批，实现网上自动受理、自动审批、在线签发，打破时间和地域限制，做到 24 小时线上办理“不打烊”，临时悬挂设置标语许可和道路货物运输经营许可（危险货物除外）等事项智能审批已上线。
35	探索京津冀审批协同机制	印发《滨海新区承接北京非首都功能企业审批管理暂行办法》，公布《滨海新区适用“见证发证”审批方式行政许可事项清单》，在滨海新区、开发区政务服务中心，毗邻京冀的杨家泊镇、太平镇、茶淀街综合便民服务中心开设“京津冀通办服务窗口”，对承接北京非首都功能企业申请办理的 24 个行政许可事项适用“见证发证”审批方式，即依据国家或北京有关部门发放的许可证和批文，当场换发许可证和批文，不再重复审批，大大减少企业办事时间和成本，为企业尽快在滨海新区落地生根提供重要支撑。
36	政银互联“企业开办+银行开户”“3+1”一体化服务新模式	在保税区政务服务大厅设立企业开办一站式服务专区，推出“企业开办一窗通大礼包”，一次性完成企业营业执照、印章、发票、税控、社保登记、公积金缴存登记 6 项业务。 政务大厅引入银行窗口，实现政银互联。推动驻区银行开展对公结算账户开户程序创新，重塑银行内部审批流程，全面提高开户效率。推动银行窗口入驻政务服务大厅企业开办一站式服务专区，与企业注册窗口建立联动机制，成功实现完成企业开办手续 1 小时内完成银行开户。“企业开办+银行开户”“3+1”一体化服务新模式实施后，保税区内企业对公结算账户开户时间从一周左右降为 1 小时，极大节省企业开办成本。

续表

序号	改革事项	主要内容及成效
37	全国首个自贸区联动创新示范基地	2021 年 4 月 29 日，经天津自贸试验区管委会批复，中国（天津）自由贸易试验区联动创新示范基地在国家超级计算天津中心正式挂牌成立，成为全国首个数据产业化联动创新示范基地。基地以国家级创新平台为依托，通过充分发挥自贸试验区国家制度创新“试验田”优势，将基地建设纳入自贸试验区鼓励创新、容错免责办法保障范围，鼓励在数据跨境流动、数据开发应用和商品化、数据产业生态建设等方面，推进技术标准、服务模式、监管制度、产业业态创新，尤其是针对数据产业化过程中法律法规不健全、监管边界模糊、用户个人信息权、隐私权及知情保护不足、数据共享难等困扰行业发展的瓶颈，以医疗健康数据为创新突破方向，探索多部门联动监管机制和大数据授权运营机制，研究建立贯穿数据授权、存储、开发、应用、安全评估、交易、共享等全流程的标准和政策体系。
38	多元化纠纷共治模式	为深入贯彻习近平法治思想，落实最高人民法院“两个一站式”工作要求，以及天津自贸试验区总体方案“着力营造现代化法治化营商环境”相关部署，东疆保税港区管理委员会与天津市滨海新区人民法院（天津自由贸易试验区人民法院）合作建设符合东疆产业特色及配套司法服务需求的东疆多元化纠纷共治中心。多元化纠纷共治中心按照“便捷、高效、集约、共享”的原则组织建设和日常运营工作，为入驻主体提供软硬件设施设备，支持建立在线调解、仲裁服务对接机制。进驻东疆多元化纠纷共治中心的法律服务机构可提供涵盖“一带一路”法律与商事服务、国际仲裁、公证与智慧存证、以融资租赁为特色的金融领域调解与仲裁、港区矛盾纠纷调解等一站式高品质专业法律服务。 东疆多元化纠纷共治中心旨在打造集诉讼、调解、仲裁、公证等于一体的一站式专业法律服务平台。
39	要素式审判+互联网法院+赋强公证	消费金融作为普惠金融的重要切入口，在发展中面临着“数量大、金额小”的贷款违约频发问题，确保相关案件的高效审理成为保证消费金融企业业务规模可持续拓展的关键。针对天津自贸试验区内消费金融企业这一诉求，天津自贸试验区法院泰达金融中心法庭联合泰达公证处，创新性地运用“要素式审判+互联网法院+赋强公证”模式，从流程优化、科技赋能、约束前置三个维度，高效防范化解消费金融违约纠纷，打造消费金融司法服务新样板。通过推行“要素式审判+互联网法院+赋强公证”的新模式，天津自贸试验区消费金融违约纠纷防范化解效率显著提升。2020 年初到 2021 年底，泰达金融中心法庭采用要素审判方式合计审结消费金融违约案件 5 015 件；案件平均审理天数为 60 天，相较于传统审理模式长达 180 天的审理周期有明显缩短。
40	知识产权案件委托调解	聚焦产权纠纷解决手段和主体，探索建立知识产权案件诉中委托调解机制，将包括涉网络知识产权侵权纠纷在内的知识产权案件，委托给具有专业调解能力的中国（滨海新区）知识产权保护中心调解委员会等调解组织进行诉中调解，充分发挥专业调解组织的行业性、专业性优势，促进诉调有效对接。法院在征得双方当事人同意后，将案件委托知产保护中心调解委员会进行诉中调解，该调解委员会 7 日内促成双方达成调解协议，法院及时以司法确认的形式对调解协议“赋能”，为维护权利人的合法权益提供效率上和力度上的双重保障，实现知识产权保护司法力度多渠道、多维度提升。

续表

序号	改革事项	主要内容及成效
41	府院联动机制下对企业诉讼保全适用资信担保制度	对资信较高的法人和其他组织等申请保全，符合受理条件的，可以允许其以自身资信提供担保。以自身资信担保的，申请人应出具书面承诺，承诺自愿赔偿因保全错误给被申请人造成的损失。对于企业资信的审查，建立府院联动机制，通过企业所在地的自贸区管委会出具资信审查函，对企业资信进行专业审查，同时对审查函件定期更新出具。 资信担保制度的建立，极大减轻了企业诉讼成本，缩短了诉讼保全实施期限，提高了保全效率，有利于及时查控有效财产挽回企业经济损失；同时，通过构建府院联动机制，打造更加立体化的优质法治化营商环境。

四、大事记

2022 年 1 月　天津自贸试验区天津港东疆片区完成租赁公司飞机实物出资第一单。在东疆专业企业服务团队的推动下，国内某头部通用航空企业以其自有的 10 余架飞机，经评估作价后，顺利完成对在东疆注册成立的飞机租赁子公司的注资。随后，在飞机资产的实际运营未受影响的情况下，作为公司固定资产的飞机，以经营性租赁的方式返租给通用航空企业继续使用。

2022 年 1 月 25 日　天津自贸试验区管委会相关负责同志召开专题会议，听取自贸区管委会办公室汇报近期重点工作及 2022 年工作计划，并对自贸试验区管委会第十八次主任办公会筹备工作作出部署安排。

2022 年 2 月 9 日　天津自贸试验区管委会相关负责同志召开自贸创新专题研讨会，组织相关部门对保税维修、保税研发、细胞治疗等业务进行深入研究，并对下一步工作提出具体要求。

2022 年 2 月 14 日　天津自贸试验区管委会主要负责同志召开研讨会，就保税维修再制造工作与商务部外贸司、自贸区港司进行线上汇报研讨。会议介绍了天津保税维修再制造总体情况，对下一步推进工作提出具体要求，市商务局、自贸试验区管委会及各片区作补充汇报；商务部相关领导介绍了保税维修再制造政策情况、发展方向，并回应了相关政策需求。

2022 年 2 月 15 日　天津自贸试验区管委会主要负责同志组织召开工作推动会，重点研究如何提升自贸试验区首创性和显示度。会议听取了自贸试验区 2022 年重点工作思路的汇报，研究提升天津自贸试验区显示度的新招法，提出优化自贸试验区工作机制的思路。

2022 年 2 月 23 日　天津自贸试验区管委会相关负责同志主持召开天津自贸试验区与海南省琼海市交流总结会暨合作框架协议签署仪式。与会双方签订了《中国（天津）自由贸易试验区管理委员会海南省琼海市人民政府合作框架协议》。自贸试验区管委会相关负责同志就加强两地交流合作，拓宽合作领域提出三点建议：一是加强两地创新政策研究共享，探索在天津自贸试验区复制海南自贸港创新政策，实现优势互补、错位发展；二是推动产业合作，依托两地产业基础和创新政策，加强医疗康养、金融服务、数字经济等特色产业合作；三是着力加强产业链合作，搭建更高层次合作平台，引导两地企业优势互补，推动形成产业互补、互惠互利、协同发展的良好局面。

2022 年 2 月 23 日　经国务院批复，同意将天津港保税区与天津港综合保税区整合优化为新的天津港综合保税区。整合优化后的天津港综合保税区将实行高水平的贸易和投资自由化便利化政策，围绕国际贸易、加工制造、保税物流、展示展销四个现有产业集群，积极引进保税研发设计维修等服务贸易新兴业态，打造进口汽车保税存储展示交易中心、商品集散分拨中心、跨境电子商务示范基地、研发设计加工制造基地，以科技赋能产业发展的同时，促进产业结构优化升级。

2022年2月21日　天津茱莉亚学院举办“中美音乐交流五十年研讨会”，纪念美国总统尼克松访华暨“上海公报”发表50周年。

2022年3月1日　自贸试验区管委会第十八次主任办公会召开，贯彻落实天津自贸试验区推进工作领导小组会议精神，总结天津自贸试验区2021年工作成效，部署2022年工作任务，研究审议中国（天津）自由贸易试验区创新发展项目、2022年天津自贸试验区拟复制推广的改革试点经验、《进一步深化中国（天津）自由贸易试验区管委会体制机制改革方案》、《中国（天津）自由贸易试验区鼓励创新宽容失误实施细则（试行）》等相关文件，高质量推进自贸试验区各项工作。

2022年4月13日　自贸试验区管委会第十九次主任办公会召开，听取各片区、联动创新区工作目标和建设思路，审议相关文件，确保天津自贸试验区各项工作高水平推进。

2022年4月15日　由天津自贸试验区管委会主办、天津排放权交易所承办、华测检测认证集团股份有限公司协办的“双碳下的ESG——全国首个省级ESG评价指南及成果发布会”在滨海新区“云”举行。会议全面解读全国首个省级ESG评级标准《企业ESG评价指南（试行版）》，并发布《天津市企业ESG评价报告》《天津市ESG30指数》研究成果报告。

2022年4月20日　天津自贸试验区管委会相关负责同志主持召开自贸试验区联动创新工作例会，会议传达了自贸试验区管委会第十九次主任办公会议精神，听取了“一办一局五片区”和自贸区法院、行政审批局和市场局汇报近期重点工作、向商务部报送系统集成性创新工程情况及《中国（天津）自由贸易试验区条例》修订工作相关情况，对落实好主任办公会精神提出具体要求。会上还研究了《天津自贸试验区年鉴》编制和新闻宣传等工作。

2022年4月22日　天津自贸试验区管委会会同市政府新闻办、区委宣传部举办“天津自贸试验区　改革创新引领高质量发展”主题新闻发布会，全方位介绍天津自贸试验区七年成绩单，重点介绍天津自贸试验区挂牌以来在制度创新、复制推广、产业发展、通关便利化、金融创新等方面取得的成效。

2022年5月27日　高利尔（天津）包装有限公司（以下简称高利尔公司）“滨海模式”下的首单离岸贸易业务由中国银行天津保税区分行受理放行。确立了“外汇管理部门+属地行政主管部门+商业银行+离岸贸易实施企业”支持实体经济企业开展新型贸易业态的“滨海模式”。

2022年5月31日　国家外汇管理局发布《关于支持高新技术和“专精特新”企业开展跨境融资便利化试点的通知》（汇发〔2022〕16号），天津市获批开展跨境融资便利化试点。

2022年6月10日　滨海新区商务和投资促进局牵头召开华彬航空技术有限公司保税维修试点工作现场核准会。经过现场核查，同意该公司在现有厂区内开展保税维修业务。

2022年7月7日　为进一步表彰先进、凝练经验，形成跨部门、跨区域自贸协同创新合力，天津自贸试验区管委会办公室组织召开“党建引领　激发创新”2021年活动总结会暨2022年活动启动会。全面总结2021年以来天津自贸试验区管委会与天津海关党建共建工作开展情况，表彰一批创新课题和创新个人，发起“党建引领　激发创新”2.0版协同创新活动倡议，介绍2022年活动方案和协同创新课题基本情况，旨在进一步发挥党建对天津自贸创新的引领作用，推动跨区域、跨部门、跨领域协同集成创新再上新台阶。

2022年7月19日　天津港保税区管理委员会印发《中国（天津）自由贸易试验区天津机场片区保税维修和再制造业务环境保护监管办法》。该办法分为市场准入、监督管理、退出机制和附则四部分，在国内首次对达到何种环保条件的企业方可开展保税维修和再制造业、待维修和制造品与固体废物的界定和入境监管、入境开展维修和再制造过程中无法维修和再制造品（固体废物）的合理占比、维修和再制造企业日常环保监管、退出机制等以地方规范性文件方式予以明确。

2022年7月29日　天津港东疆片区第2 000架租赁飞机正式交付，标志着中国飞机租赁服务航空运输业和飞机制造业达到新高度、跨入新阶段。

2022年7月29日　北方首个东南亚跨境人才服务中心落户中新天津生态城联动创新区。该中心由中新天津生态城发起成立，由天津融智跨境人才发展有限公司负责运营。推动成立北方首个东南亚跨境人才服务中心，是积极响应“一带一路”倡议，抢抓中国—东盟全面战略合作伙伴关系和RCEP发展机遇，助力自贸试验区建设的重要举措。

2022年8月25日　《中国（天津）自由贸易试验区天津机场片区支持实体经济开展离岸贸易若干意见》新闻发布会在天津港保税区召开。

2022年8月　东疆汽车文化艺术中心的经典车频频亮相天津市核心商圈，先后参加河北意风区津夜有你·第三届天津夜生活节启动仪式、南开鲁能城“复古快闪”老爷车节等消费季活动。

2022年8月29日　一批来自中国香港的艺术品在保税区海关办理完成保税展示交易出区手续后，这批艺术品从天津滨海新区综合保税区出发，运至北戴河黄金海岸UCCA沙丘美术馆与观众见面。这是滨海新区综合保税区开展保税展示交易业务以来，办理的首次文化艺术品出区展示业务，也是2019年《国务院关于促进综合保税区高水平开放高质量发展的若干意见》实施以来，天津市开展的首单文化艺术品保税展示交易业务。

2022年10月10日　天津排放权交易所、天津（滨海）海外人才离岸创新创业基地设立天津自贸试验区联动创新示范基地。在天津排放权交易所建设的联动创新示范基地将围绕绿色低碳金融体系建设开展制度创新，提升综合性、多样化服务能力，打造“双碳”综合服务平台，促进产业高质量发展和社会绿色转型。在离岸基地建设的联动创新示范基地将围绕海外人才与科技创新融合，加强引智引才，加快建成科技创新区，探索建设离岸科技创新中心，服务新时代人才强国战略和创新驱动发展战略。

2022年10月26日　天津自贸试验区管委会与市药品监督管理局、市科学技术局、市商务局、天津海关联合印发《天津市生物医药研发用物品进口试点方案》，建立联合监管机制，共同推出生物医药企业（研发机构）进口研发用物品“白名单”制度，开展生物医药研发用物品进口试点。对于纳入生物医药企业（研发机构）进口研发用物品“白名单”的物品进口，生物医药企业（研发机构）凭“白名单”认定文件代替《进口药品通关单》在天津海关办理进口申报验放手续。

2022年11月10日　为加快推进RCEP在天津自贸试验区落地实施，帮助企业更好把握RCEP生效带来的新机遇，推动天津自贸试验区高水平对外开放和高标准对标国际经贸规则，天津自贸试验区管委会印发《中国（天津）自由贸易试验区高质量落实〈区域全面经济伙伴关系协定〉（RCEP）行动方案》。该文件是北方首个由自贸试验区管委会出台的RCEP行动方案，受到社会广泛关注，新华社、新华财经等重要媒体均予以转载宣传。

2022年12月5日　《中国（天津）自由贸易试验区联动创新示范基地（基因与细胞治疗）建设实施方案》（以下简称《实施方案》）正式印发。《实施方案》主要涉及制度创新和联动创新两个方面，一是围绕“基因与细胞治疗分级分类管理模式”“细胞治疗区域伦理审查互认机制”“细胞治疗临床转化应用新模式”“真实世界数据研究在药品审评审批中的应用”“全球协同研发的试验用特殊物品通关模式”等五方面寻求制度创新突破，建立应用监管链和标准化制备指导体系，推进标准化进程；二是鼓励基地与自贸试验区、联动创新区联动合作，同时，依托细胞生态海河实验室推动成立基因与细胞治疗临床研究联盟，促进产学研医交流合作、资源共享与协同创新，全面提升基因与细胞治疗技术创新水平和产业竞争力。

2022 年 12 月 5 日　天津自贸试验区管委会印发《中国（天津）自由贸易试验区管理委员会关于同意设立天津自贸试验区跨境投融资综合服务中心的批复》《中国（天津）自由贸易试验区管理委员会关于同意设立天津自贸试验区海外工程投资服务中心的批复》，标志着天津自贸试验区跨境投融资综合服务中心、海外工程投资服务中心正式成立。

2022 年中国（福建）自由贸易试验区建设概况

中国（福建）自由贸易试验区工作领导小组办公室

黄河明

中国（福建）自由贸易试验区工作领导小组办公室主任

黄河明，男，汉族，1969 年 8 月出生，福建平和人，在职研究生学历，法律硕士学位，中共党员。

现任福建省商务厅党组书记、厅长，福建省口岸工作办公室主任，中国（福建）自由贸易试验区工作领导小组办公室主任。

一、经济运行数据

中国（福建）自由贸易试验区（以下简称福建自贸试验区）深化方案 121 项重点试验任务已实施 119 项，实施率达 98.3%。制度创新取得新突破，新推出创新举措 48 项，其中全国首创 28 项、对台特色 7 项。挂牌以来至 2022 年底，累计推出实施 19 批 563 项创新举措，其中全国首创 249 项、对台 114 项；34 项创新成果在全国复制推广，7 项试点经验列入全国自贸试验区“最佳实践案例”，193 项创新成果在全省推广实施，形成一批独具福建特色、对台先行先试的制度创新成果。

闽台产业深度融合，对台贸易主通道加快建设，金融合作实现全业态覆盖，台胞台企登陆第一家园建设取得新进展。共建“一带一路”开放合作展现新成效，中欧班列实现多式联运“一单制”业务，“丝路海运”联盟成员突破 300 家，航线增至 94 条。

重点业态平台实现新发展，福建自贸试验区福州片区整车进口数量增长 18.3 倍，厦门燕窝平台保持全国最大的毛燕进口和指定加工基地，进口酒平台进口啤酒连续多年位居全国首位，离岸贸易外汇收支结算增长 43.1%，平潭对台海运跨境电商（含快件）业务量居全国首位。

海丝中央法务区自贸先行区加快建设，数字自贸区建设深入推进，首条国际互联网数据专用通道建成开通。

福建自贸试验区累计新增企业 12.4 万家，注册资本 2.7 万亿元，分别是挂牌前的 8 倍、12.2 倍。区内累计设立金融机构 160 家、地方金融组织 8 054 家。挂牌以来至 2023 年 2 月，福建自贸试验区实际使用外资金额 39.9 亿美元；区内企业境外投资备案 296 项，中方协议投资额 54.7 亿美元。

二、建设措施及成效

（一）深化重大政策研究，服务大局谋划新思路

一是持续争取自贸试验区扩区。优化完善扩区方案，向国务院上报《关于福建自贸试验区扩展区域的请示》，着力在新发展阶段推进自贸试验区高质量发展。

二是研究争取突破的工作事项。对标国际最高标准，借鉴上海、广东、海南等国内先进，研究提出“构建两岸货物贸易主通道”等 8 个福建特色的工作事项，着力探索更多先行先试的改革事项。

三是开展重大政策研究。开展自贸试验区数字商务、数字经济、数字政府建设、制度型开放、发展外贸新业态新模式、稳外资等政策研究，着力以

新发展理念构建高水平开放型经济新体制。

（二）开展制度集成创新，改革攻坚获得新突破

一是获批实施先行试点政策。建成开通国际互联网数据专用通道，获批设立国家药监局医疗器械技术审评中心医疗器械创新福建服务站，开展数字人民币试点、知识产权证券化试点、多式联运“一单制”提单物权凭证的金融服务应用等先行政策。2022年10月，5项制度创新成果入选生态环境部“自贸试验区加强生态环境保护推动高质量发展案例”。

二是促进投资更加自由便利。福建自贸试验区福州片区（以下简称福州片区）首创工程建设项目预审“自报自审”，社会投资简易低风险项目审批时限压缩到10个工作日。平潭探索实施以“告知承诺制+事中事后监管”为核心的“承诺信任制审批改革”，推动工程建设项目审批再提速。

三是促进贸易更加自由便利。福州、厦门海关深化通关一体化改革，创新实施“先放后检”“集中检验、分批核销”、出口转关自动核销等措施，实现口岸通关再提速；国际贸易单一窗口持续拓展应用功能，新上线“邮递物品综合服务系统”“海关非贸一体化运行智能管理平台”等一批应用场景，启动“海事蓝海智慧服务平台”等一批项目建设，扩大“单一窗口+出口信保”政策覆盖面，推进跨境贸易全链条、一站式办理。口岸降本增效持续推进，口岸通关的制度性交易成本进一步降低，厦门口岸连续三年在“中国十大海运集装箱口岸营商环境测评”中获评最优，厦门跨境贸易指标在国家发展改革委开展的全国营商环境评估中连续两年获评全国标杆。

四是促进金融服务实体经济更加有效。首创区块链出口信保保单线上融资、海外仓跨境直贷通、电子关税保函等业务，深入推进本外币合一银行账户体系、合格境外有限合伙人（QFLP）等金融试点，实施资本项目数字化服务试点，有效提升跨境投融资便利化水平。

（三）持续对台先行先试，两岸融合取得新进展

一是加强两岸产业合作。推进两岸电子信息、生物科技、医疗健康、影视文化等产业合作发展，吸引两家台资融资租赁机构落地福建自贸试验区，台企丽宝生医（厦门）生物科技有限公司入驻厦门国际健康驿站等。

二是加强两岸贸易畅通。福建自贸试验区平潭片区（以下简称平潭片区）打造“平潭—台湾—全球”海空联运物流新通道，率先启用对台跨境电商直购出口集运仓，实施两岸物流“仓到仓”的一条龙服务、一站式收费模式，新增“鲁丰”“华航3”等对台海运船舶，强化对台贸易的往来通道。

三是加强两岸金融合作。稳步推进台胞台企信用报告查询业务，2022年，福建省77家金融机构累计查询台企台胞信用信息1219笔，发放贷款27.6亿元，比上年增长73%。在全省拓宽“台商台胞金融信用证书”的应用场景，支持台资企业开展离岸贸易业务、贸易外汇收支便利化试点、委外加工跨境结算等，为台胞台企提供更加优惠便捷的金融服务。

四是加强同等待遇落实。首创面向港澳台同胞的省级定制医疗保险“八闽保”，实现医疗保险便捷理赔；建设两岸家园数字身份公共服务平台，拓展“台陆通”手机应用程序功能，为台胞提供政务办理、医保购药等场景的线上服务。设立福建省（平潭）台胞职业资格一体化服务中心，是全国首个集“采信+考证+培训+就业”各项功能于一体的综合性平台；拓宽台湾地区职业资格采信范围，台胞在福建全省各地均可申请职业资格比对并领取采信证书；实行“云采认、预授码、跨境办”职称采认模式，台胞在台湾本岛即可网络办理职称采认；创新开展台胞数字人民币缴税业务等，台胞创业就业更加便利。

（四）融入共建“一带一路”，对外开放展现新成效

一是加大招商引资。建立季度外资到资项目跟踪机制，利用自贸试验区外商投资负面清单制造业条目清零、服务业降低门槛的契机，鼓励外资投向先进制造业和现代服务业，推动现有外资增资扩产，开展供应链创新联动招商等，促进外商“引进来”。

二是加强经贸交流。建成金砖国家商品服务中心、平潭跨境特惠体验中心等，通过线上线下联动，促进优质产品进口。成功举办2022年中国（福州）跨境电商交易会、“金砖中国年”重要配套“买在金砖”系列活动及中国跨境电商金融资本高峰论坛、“丝路海运”国际合作论坛等。

三是促进互联互通。强化国际物流大通道建设，福州片区推动开行首列中老班列，福建自贸试验区厦门片区（以下简称厦门片区）新增首条至白俄罗斯明斯克专列和省内首列出口冷链国际专列。自挂牌以来，中欧（厦门）班列累计发运1 208列、货值297.2亿元，“丝路海运”航线已增至94条，通达31个国家的108港口，累计开行9 994个航次，有效助力供应链的稳定畅通。

四是推进对外投资。完善境外投资服务平台，做好境外投资项目的真实性和合规性审查，采取文件寄送、不见面审批等方式提高备案便捷度，促进企业“走出去”。

（五）培育壮大重点平台，特色产业实现新发展

一是做大做强重点平台。福州物联网产业加快联东U谷·物联网产业园等项目载体建设，不断拓展应用场景，产值保持快速增长趋势。福州港江阴港区整车进口口岸平行进口汽车标准符合性整改场所顺利通过验收，已集聚平行进口汽车试点企业16家，整车进口累计超3万辆。厦门航空维修基地维修能力全面提升，飞机机身维修、发动机维修和起落架维修的能力均列国内前三。挂牌以来至2022年底，进口燕窝平台进口毛燕56.2吨，保持全国最大的毛燕进口和指定加工基地。

二是培育新业态新模式。创新易货贸易模式，首次将福建省洁具配件货物运输至尼日利亚，并换来尼日利亚粗铅进口，极大节约运营成本。稳步推进离岸贸易，离岸贸易外汇累计收支额403.8亿美元，走在全国前列。试点跨境租赁，厦门片区以跨境租赁模式出口30架ARJ飞机定向投放至东盟市场，打造ARJ飞机海外运营基地。厦门国家文化出口基地出口重点企业数量居全国29个文化出口基地之首，蝉联首批国家文化出口基地综合评价功能区类第一名，“国际图书版权超市”入选2022年中国国际服务贸易交易会“全球服务实践案例”、对外文化贸易“千帆出海”行动计划重点项目。

三是推进数字自贸区建设。厦门片区深入实施打造数字自贸试验区三年行动方案，上线空间信息基础平台、企业综合信息基础平台、进口商品溯源平台；引进杭州涂鸦信息技术有限公司、世优（北京）科技有限公司等一批数字领域研发领先企业，支持举办中国元宇宙产业人才峰会等。“数字港口”“智慧物流”建设加快推进，远海码头“5G+北斗+无人集卡智慧港口2.0”实现商业化运营，海润码头完成全智能化改造并实现试运行，上线引航船舶可视化平台等，厦门港迈入5G无纸化作业时代。江阴港上线智慧生产系统和智能理货系统，实现监管与高效运作有机结合，极大提升港区综合生产效率。

四是促进区域协同发展。推动全省开发区建设自贸创新成果复制推广先行区；推动自贸片区与省内外相关功能区域联动创新发展，明确区外21个联动区域、38个联动项目，着力打造创新互促、产业互联、市场互通的联动发展区域；推动自贸试验区与海关特殊监管区域统筹发展，推动综合保税区发展保税加工、保税仓储、跨境电商等外贸新业态新模式，加快整合优化福州保税区为福州长乐国际机场综合保税区，推动申请设立厦门空港综合保税区。

（六）完善服务保障机制，营商环境得到新提升

一是完善管理体制机制。福州片区管委会调整主要职责，与福州新区联合挂牌、联合办公，实现

“两区”资源整合优化、融合发展；厦门片区管委会深化机构改革，调整下设办事机构为内设机构，推动片区管理体制转型升级、创新发展；平潭片区管委会创新招商服务机制，新组建投资促进委员会，统筹项目招商引资、落地建设和产业培育发展。

二是深化商事制度改革。推进“证照分离”改革，福州片区推出“证照联办”“容缺审批”，创新实施“一业一证+先证后审”改革，推行电子综合许可；平潭片区实行“自报智批、智能秒批”方式；厦门片区试行商事主体登记确认制等，有效提高行政许可办件效率。

三是服务企业更加便捷。片区出台应对疫情影响、帮扶企业纾困解难一揽子措施，深入推进政务服务“跨域通办”“一网通办”“马上就办”。福州片区首创跨境电商企业缴税“零跑腿”模式，推动银行机构创新“远程智能终端+视频交互”服务模式，拓展政务金融服务；厦门片区开展“益企服务”活动，推出12项中短期扶持政策，累计释放各类政策扶持资金7.3亿元；平潭片区深化重点企业认定“免申即享”，深入实施奖补兑付“快车道”，大幅提升政务服务便利化水平。

四是加强法治服务保障。福州片区首创“涉自贸区民商事纠纷诉调仲执一体化机制”和“破产企业司法行政协同改革”，分别入选最高人民法院发布的人民法院服务保障自由贸易试验区建设十大典型案例和十二大亮点举措。平潭片区建立涉案房产“e拍即得”协同执行机制，打造法拍房“一件事”“零次跑”模式，实现涉案房产的不动产登记业务全程网办。厦门片区有序推进海丝中央法务区自贸先行区建设，引进国际商事争端预防与解决组织在厦门设立全球首个代表处，引进国家知识产权局专利检索中心厦门代办处，落地100多家境内外法务、泛法务头部机构，建成启用知识产权CBD，初步构建了知识产权一站式服务的要素供给侧保障集聚区。

三、创新举措及案例

（一）创新举措

序号	名　　称	主要做法	特色亮点
1	海关“智慧企管”平台	集成海关现有企管信息化系统，搭建“业务网+”及“互联网+”两个平台，实现“一个界面”登录。开发或移植涵盖企业管理、保税监管、稽核查、审核监督、综合管理等模块的智能辅助系统，促进企管工作规范化和手段智能化。	全国首创。打造功能集合运用的海关一体化平台，方便企业和海关自身操作管理。
2	陆地港出口转关直通业务	陆地港作为启运地，一站式受理海关业务，承担通关监管所有事项。出口货物直通全省各口岸，依托物流监控辅助系统严密途中监管。在口岸海关完成海关智能锁自动解封、转关自动核销、舱单自动放行，口岸海关免于到监管现场操作。	全国首创。福厦海关监管互认，进一步提高通关效率，降低通关成本，促进福建自贸试验区内外联动发展。
3	跨境电商企业“零跑腿”缴税模式	银行为跨境电商企业设立账户，海关现场打印税单后通知企业并同步将税单交付银行，企业通过网上银行缴纳税款，银行当日内将税款转入国库。	全国首创。实现跨境电商企业足不出户远程缴税，保障税款安全及时入库。
4	本外币合一银行结算账户体系试点	统一人民币和外币银行账户开立、变更、撤销等账户管理规则，支持通过一个账户对多币种资金进行管理。	全国首创。大幅节约企业开立及管理账户的时间和成本。

续表

序号	名　　称	主要做法	特色亮点
5	八闽办税码	由智慧企业码、智慧个人码和智慧服务码组成，在手机端为实名用户自动赋码。智慧企业码、智慧个人码动态更新企业、个人涉税费信息，实时推送待办提醒；“码上贷”功能使企业法人代表可获取前溯 24 个月的涉税经营数据，转纳税信用为融资信用；智慧服务码动态展示政府相关部门工作人员的单位、岗位、任职等信息和监督电话。	全国首创。实现精细便捷的办税服务，打破部门信息孤岛，塑造公开透明的政府形象。
6	省级定制医疗保险开放港澳台同胞参保	参保普惠型互联网补充医疗保险“八闽保”的港澳台同胞在线上投保平台可使用港澳台居民居住证、港澳居民来往内地通行证、台湾居民来往大陆通行证、护照等证件进行投保。理赔时根据港澳台同胞内地（大陆）医保和台湾健保统筹情况和协议公式进行理算，实现便捷理赔。	全国首创。健全台胞在闽医疗及普惠型保险保障制度。
7	智能辅助审批系统	通过 OCR 抓取纸质材料内容，并通过校验接口和 AI 工具进行数据查询核验、文字识别比对、图像识别、语义理解识别，自动校验判定审查，即时自动生成智能审查报告。	全国首创。提升审批效率精度，规避人工判定中不确定性。
8	专用航标行政许可优化	对部分不繁忙的航段，且实际施工不影响船舶通航的航标工程，实行通航安全影响论证容缺办理。开展一网通在线办理，探索航标效能技术测定与效能验收同步实施。	全国首创。加强部门协同，压缩办理时限和审批环节。
9	破产企业司法行政协同改革	市场监管、法院、税务三方联动，实行企业破产案件受理、简单破产案件公司注销、清税办理等事务“一站式”服务。复杂案件采取府院联动，为破产企业管理人提供全面服务。	全国首创。将破产企业破产程序中主要的三个部门无缝衔接，减少企业多头跑的麻烦。
10	涉自贸试验区民商事纠纷诉调仲执一体化机制	在涉自贸试验区民商事纠纷立案、审理、执行过程中，法院对接自贸试验区管委会、仲裁委，通过诉前分流、诉中调解、执行合力，委派或委托特邀调解员进行案件调解，运用法官工作室和云调解平台，实现矛盾纠纷“一站式接收、一揽子调处、全链条解决”。	全国首创。拓宽多元化纠纷解决渠道，为当事人提供多途径、多层次、低成本的高效便捷服务。
11	统一房产和规划面积测量标准	按照标准化管理办法编制全国首个融合房产与规划建筑面积测量国家标准的地方规程，统一规则，以同个标准贯穿房产测量的不同阶段。	全国首创。解决因规则不同导致的面积测算不一致的问题，有效缩短建设周期，减少纠纷。
12	打造智慧港口引航站	建设港口引航船舶信息可视化平台，实现引航、拖轮、码头、船舶代理等关于船舶作业信息的全程可视化，明确船舶作业的主要信息服务标准，形成一体化的集成服务解决方案。	全国首创。加强船舶的到港、作业和离泊信息交互，减少流转环节，提升港口生产效率。
13	“关税 e 保”通关保额评估平台	建设全国首个通关保额评估平台“关税 e 保”，通过大数据云计算模型分析历史通关数据，为进出口企业推荐合适的关税保证保险的保额区间，并自动将数据推送至保险公司，帮助外贸企业享受“先放行、后缴税”的通关便利。	全国首创。创新通关保额评估模式和机制，提升投保决策效率，节约企业成本。

续表

序号	名　　称	主要做法	特色亮点
14	散装新货种海运出口服务保障机制	定点帮扶出口企业打通“出口国、船旗国、进口国”三方协商认定绿色通道，实行“单船单报”定制化服务。向国际海事组织提交建议提案，新增货种纳入《国际海运固体散装货物规则》提案。	全国首创。实现海运国际公约对新货种“从无到有”“从零到一”的突破。
15	证券公司台港澳自然人非现场开户	台港澳自然人根据手机应用程序指引填写并提交资料，自行录制单向视频或与公司业务办理人员进行视频见证，系统核查证件真实性，用户申请资料通过审核后即可开立账户。	全国首创。改变需要现场真实性核验的情况，开户效率提升5倍。
16	台胞“薪速汇”业务模式	台胞无须临柜，免去2次汇兑和跑银行的困扰，直接通过手机银行汇款即可将在大陆的完税薪水汇到台湾，有效满足往来两岸台胞的汇薪需求。	全国首创。突破传统台胞线下薪资汇出业务操作模式。
17	产业发展“五个一”专业孵化服务模式	厦门火炬高新区打造“一个专业孵化器+一个公共技术服务平台+一个协同创新院+一个产业园+一个产业投资基金”的“五个一”专业孵化服务模式。	全国首创。从孵化单个企业到孵化整个产业，助推细分产业高质量发展。
18	集群住所智能化管理	出台管理办法，明确管理机构、集群注册企业和托管单位的权利义务。搭建管理系统，实现集群企业注册全流程无纸化网上办理。产业园管理部门、监管部门和托管单位等加强信息共享，对注册企业协同开展事中事后监管，对失联集群注册企业依法纳入经营异常名录管理。	全国首创。提升集群注册场所管理法治化、智能化水平，强化事中事后监管信息化、协同化。
19	诉讼与公证协同创新模式	建设“公证云端”信息化监管平台，公证专业法律服务团队参与开展“5+N”类司法辅助事务，实现公证机构对法院司法辅助业务的全程公证留痕。	全国首创。将公证前端预防纠纷和法院末端化解纠纷的职能串联起来，提供更多元而专业的纠纷解决途径。
20	个体工商户“自报智批”模式	开放“智能审批”平台账号，由平台型企业自助办理入驻平台商户登记，平台自动审批，营业执照可免费邮寄或通过微信/支付宝小程序下载电子版。	全国首创。实现个体工商户跨区域、全天候、批量化、线上化注册申报。
21	台湾地区海上乘务人员证书互认	持有台湾地区签发的相关证书的台湾籍海上乘务人员，由所属公司提供所持专业培训合格证、海员证等相关证书复印件到海事部门备案，可在特定的航线、船舶上担任相应职务。	全国首创。试点台湾海上乘务人员证书经备案即可执业，促进两岸海上交流便利化。
22	台胞诚信闪贷	以“政务+金融”数据应用为基础，以政策性优惠贷款风险分担资金池提供的风险补偿为增信手段，依托微信小程序发布，提供贷款申请、对接、发放等一站式特色服务，为台商台胞提供快捷便利融资服务的信贷产品。	全国首创。为无法获取金融信用证书的台胞及轻资产经营难以达到“金融信用证书”标准的台资小微企业，解决融资难题。
23	“三调三进”涉台解纷新模式	构建以台胞个人调解工作室、涉台纠纷人民调解委员会、台企与企业家联合会人民调解委员会为主体的涉台调解体系。在台胞生活圈、台企聚集区和台湾创业园，建立进社区、进企业、进网格机制，设立涉台法官工作室（联系点），发挥台胞身份认同和情感认同优势，强化法律咨询功能。	全国首创。新冠疫情期间将法律服务更大程度下沉台胞聚集社区，为台胞台企提供精准专业、便利快捷的法律服务。

续表

序号	名　称	主要做法	特色亮点
24	“全岛通办一窗办好”公安行政审批服务	“全岛通办”即群众不受户籍地限制，就近到任何一个公安窗口，找任何一个窗口民警，可以办成任何一项公安业务；“一窗办好”即群众不受警种分工限制，就近到一个公安窗口，取一个排队号码，即可办好所需公安业务。	全国首创。打破传统的“分户立灶、专窗服务”模式，提升服务的便捷性和高效性。
25	工程建设项目预审“自报自审”	明确审核标准，将工程建设项目综合审批平台受理端账号开放给集团企业，由集团企业预审下属子公司的工程建设项目申报件。	全国首创。实现企业工程建设项目预审自助受理、自助审批，提升项目申报质量，节省前期审批时长。
26	涉案房产“e拍即得”协同执行机制	法院联合行政审批、市场监管、税务等部门加强协同执行，建设云端平台，把司法查控、信贷预审、税费征缴、不动产登记等环节线上无纸化流转。通过与税务部门“存量房交易价格申报评估系统”平台贯通，短时间内即可获取涉案的拍卖参考价，并根据市场交易动态进行实时更新，缩短执行周期。	全国首创。进一步打通不动产处置过程中的难点堵点，节约当事人办理时间和成本。
27	台湾地区有关规定查明协同机制	建立台湾地区有关规定查明平台，依托福建法院涉台司法服务网向全国、全省法院开展台湾地区有关规定查明工作，为当事人提供流程完备、高效便捷、专业权威的查明服务。	全国首创。构建起服务两岸、辐射全国的福建法院台湾地区有关规定查明平台。
28	区块链出口信保保单线上融资	通过在跨境区块链平台引入出口信保公司保单、赔款转让/应收账款转让协议等信息，提升企业信用透明度，为银行向外贸企业发放融资提供更加丰富的跨境贸易背景信息和更为便捷的审查核验服务。	全国首创。通过业务流程线上化、凭证电子化，缓解银行贸易背景审查难题。

（二）创新案例

案例1：坚持创新驱动“航空+”积极构建绿色供应链生态圈

厦门片区积极推动建设国家供应链创新与应用示范（试点）城市，支持厦门航空有限公司（以下简称厦门航空）搭建“持续安全、绿色发展、质量优先、共享效益”的绿色供应链体系。作为全球首家与联合国开展可持续发展目标合作的航空公司，自2017年与联合国签署可持续发展目标合作协议后，厦门航空持续推动绿色供应链创新，逐步构建绿色生态圈，实现多方共赢。

一是根植绿色服务理念，搭建绿色供应链载体。厦门航空优化旅客服务程序，以服务为载体倡导绿色发展理念，为旅客打造全流程绿色服务体验。推广绿色便捷出行。开发绿色技术，自研全渠道动态电子登机牌等新技术，建立全流程的智慧化自助服务出行链条，获得民航局颁发的“无纸化”便捷出行示范航空公司，连续两年获评国际航空运输协会（IATA）场外值机“杰出进步航空公司”，并成为全球第4家获得国际航协ONE Order（全单）认证的航空公司；鼓励绿色出行，国内首批发布“碳中和机票”，打造“碳中和航班”，首推“轻装出行”公益行动。打造绿色环保客舱。国内首家推出“云端竹园”系列绿色服务产品；在客舱中启用可重复循环利用的寝具袋、采用环保餐具等；独家开展经济舱自主选餐服务，倡导光盘行动，将可持续发展理念与厦门航空高品质的服务进行有机融合。

二是探索绿色采购赋能，牵引绿色供应链生态。厦门航空协同供应商共同探索新型环保材料、新能源车辆等在生产服务中的应用，助力产业链的绿色发展。探索新型环保材料在客舱中的应用，打造云端竹园品牌。2018 年开始探索“以竹代木”“以竹代塑”，推出各类全降解产品，基本完成客舱、航站楼约 90 项涉塑材料环保化替换，成为国内首家把全系列竹浆及可降解聚丁二酸丁二醇酯（PBS）、聚乳酸（PLA）用品引入客舱的航空公司。通过竹浆产品使用，每年至少可节约 20 年树龄的树木近 30 000 棵。探索机上用品循环利用，打造云端织纺品牌。例如，将机上更换下来的旧椅套、毛毯进行回收再利用，制作成机上拖鞋、环保购物袋、环保鞋袋。启用可重复循环利用的寝具袋，每年至少可减少使用塑料袋 38 000 个，共计重 1 520 千克。积极引进新能源车辆。探索新能源车辆在航班生产保障中的使用。

三是推行低碳运行模式，打造绿色供应链标杆。2021 年，厦门航空通过引入环保机型、优化降碳管理、倡导低碳办公等，推行航空低碳运行模式，全年共节油约 8.2 万吨，减少二氧化碳排放 25.8 万吨。推行环保机型。引进更环保低碳的波音 787-9 梦想客机，提前退出油耗高的波音 757 和波音 737-700 飞机，公司机队平均机龄控制在 8.7 年以内，为全球最年轻的机队之一。优化降碳管理。成立节能减排委员会，上线自主设计的碳排放监测系统。实施灵活高度层，2021 年平均巡航高度提升 1 489 英尺，节油 1 700 余吨；推进飞机减阻减重，将飞机钢刹车改造为碳刹车，精准加注饮用水，推广电子飞行包（EFB），采用新型轻质座椅，使每架飞机平均减重约 500 千克；推进地面加速处理器（APU）替代设备使用，使用率达 95.6%。通过实施上述项目，“十三五”时期实现单位能耗（吨公里油耗）五连降，累计降幅 14%，超过全球平均的燃效提升水平，节约燃油超 33 万吨，减少碳排放超 100 万吨，节支超 10 亿元，荣获“民航打赢蓝天保卫战先进单位”称号。倡导低碳办公。立足“以人为本、生态低碳、智慧运维”三大理念，注重绿色建筑设计，从源头合力控制建筑能耗；公司新生产基地和总部大厦主体工程项目，获得《绿色建筑评价标准》一星标准和国际绿色建筑评价体系金级认证；采用空调节能控制系统，使公司新生产基地节省耗能 20%以上；融入海绵城市方案，使公司新生活基地绿色宜居。

四是重塑集团物流体系，构建绿色供应链网络。整合机供品配送物流，重新梳理集团机供品配送需求，整合机供品供应链物流，构建集团绿色供应链网络。通过成本测算和分析，改变过去各家供应商零星配送模式，进行整合集中配送，在配送成本降低 25%的同时减少温室气体排放。

五是坚持绿色发展，彰显责任担当。2021 年，厦门航空绿色供应链建设累计成本投入 1.95 亿元。绿色低碳运行方面，开展 18 台飞机发动机节能升级改造，投资约 1.5 亿元；新能源车辆及场内充电桩建设投入超 400 万元；地面加速处理器替代设备使用费约 3 000 万元，合计 1.83 亿元。环保材料引入与应用方面，推动旅客服务用品无塑化，推出竹浆餐盒、竹浆纸杯、竹制餐具、竹纤维湿纸巾、可降解环保袋等产品。

厦门航空已制定集团“十四五”可持续发展规划，全面推进深化改革，将绿色可持续发展理念贯彻到集团治理的各领域和全过程。未来，厦门航空将把绿色环保要求融入集团业务全流程，激励牵引供应商持续改善，打造有竞争力的绿色供应链。此外，还将加强供应链全生命周期管理，探索端到端供应链各环节的低碳转型。

案例 2：深耕细作绿色赋能
打造近零碳排放示范区

福建省厦门市围绕低碳优先、绿色发展、试点先行、示范引领，全面深化国家低碳试点城市建设，在厦门片区的东坪山片区打造近零碳排放区示范工程。

一是“三新引领”建设美丽城市示范区，让美丽成为潮流。厦门市坚持创新引领、科技赋能，发挥多部门联动和系统集成作用，高效完成从方案制定、项目实施到建成验收等示范工程创建全过程。

新理念引领前瞻性规划。厦门市坚持“规划先行、适度超前”理念，将建设近零碳排放区示范工程目标贯穿在《鼓浪屿—万石山风景名胜区东坪山片区详细规划》编制全过程，印发《厦门市实施近零碳排放区示范工程项目工作方案》，充分应用建筑、交通、能源、废弃物处理等领域的各种低碳新技术、新方法，最大限度减少碳排放。

新机制引领全社会参与。成立东坪山片区发展提升指挥部，建立“指挥部吹哨、各部门报到、区政府领跑”工作机制，形成“拆、建、治、管”完整闭合链条。建立“国企筑巢引凤、市场开花结果”开发机制，国企负责景源景点、公共配套建设，搭建基础扎实的“底盘”和“插座”，引导社会资本和多元经济主体参与打造新产品、培育新业态，丰富“模块”和“插销”。建立“政府引导、企业运营、村民参与”共建共享机制，逐步壮大片区集体经济，推动集体经济合作社与国企合作参与片区发展提升。

新技术引领低碳化建设。推广太阳能面板和通风屋顶、外墙夹心保温、门窗节能等技术，让“新民宿”绿起来。布设 LED 太阳能路灯，自动调节亮度和开关，减少输入电源电能消耗，让“智能灯”亮起来。优先发展电动化公共交通，开通纯电动公交线路，投入纯电动巴士，让“网红车”跑起来。推广普惠手机应用程序、微信小程序，对居民和游客节能节水、可再生能源利用、垃圾分类回收、低碳出行、低碳消费等进行积分奖励，让“小程序”赚起来。

二是“加减乘除”建设低碳优先示范区，让低碳成为时尚。厦门市坚持有增有减、多轮驱动，深入探索减污降碳协同增效路径，打造人居环境优美、自然生态良好、生态产品价值实现初见成效的城市“绿肺”。

提升碳汇做加法。以全面加强现有林地保护和生物多样性保护为基点，合理设计植树造林工程阶段性目标，在功能性建筑物周围开展绿化行动，完成林相改造总面积 4 595 亩，进一步提高社区植被覆盖面积和品质，最终形成多功能、复合型的森林植被体系，有效巩固植被综合碳汇能力。

降低排放做减法。以全面拆除违法建筑和推行垃圾分类为抓手，进一步优化人居环境，提升整体景观，恢复东坪山自然环境的宁静优美。

协同增效做乘法。优化能源结构、交通结构、产业结构，推动减污降碳协同增效，促进经济社会发展全面绿色转型。拆除违法建筑，整治违规会所、农家乐、小作坊、非法养殖等污染单元，推动产业优化，实现多重叠加效应和复合倍增效应。

污染防治做除法。推进污水管网提升改造，实现片区雨污全分流、污水全收集。溯源整治东坪山水库、东山水库周边排污口，水库水质达到四类功能区标准。做到生活垃圾分类管理主体责任、分类类别和分类处理“三个全覆盖”，实现片区生活垃圾减量化、资源化、无害化。

三是“两山”转化建设绿色发展示范区，让绿色成为常态。厦门市坚持系统观念、全面发展，促进经济社会全面转型，思明区获评国家生态文明建设示范区和全省首批全域生态旅游示范区。

探索人与自然和谐共生之道。通过生态复绿、生态旅游、生态保护修复和生态农业等方式带动产业转型升级与乡村振兴，实现生态增值、居民增收、环境改善的良性循环；通过逐步恢复森林群落层次及生物多样性，实现景观优美、效益显著的近自然景观效果，初步形成绿色、低碳、循环、人与自然和谐共生格局。

探索生态产品价值实现路径。将生态理念充分融入整体提升改造进程，实现生态环境高水平保护和经济高质量发展，让生态产品实现“绿色”经济价值。发展低碳农业，打造集休闲采摘、农业观光等为一体的“小型农家体验馆”；加大与运动、娱乐和文创等产业的融合力度，建设山地生态低碳公园，开启生态旅游新商机。

探索建立低碳城市试点体系。扩大推广东坪山片区近零碳排放区示范工程建设经验，充分发挥下潭尾湿地公园二期金砖会晤碳中和示范基地作用，实施工业、建筑、交通等重点领域减污降碳行动，率先制定低碳社区、低碳工业园区等验收技术规范，推出全国首个碳中和服务平台，积极创建低碳社区、低碳园区、低碳校园、低碳景区，开展大型活动碳中和及机关碳中和等试点示范工程，构建全方位、多层次的低碳城市试点体系。

案例3：积极发挥检察机构作用
创新海洋多元共治新模式

平潭片区通过建立跨区域检察守护海岸线公益联盟，建设诉讼协调指导中心大数据智慧平台，打造平潭海洋检察保护成果集成展示基地，创新探索集“公益联盟+智慧辅助+法制教育”于一体的海洋生态公益检察共治模式，加快推进平潭综合实验区海洋生态文明和国际旅游岛建设。

一是机制创新，建立守护海岸线公益联盟。由平潭检察院提起的福建省内首例针对盗采海砂违法犯罪刑事附带民事公益诉讼案，4名被告人连带赔偿海洋生态修复费用71.24万余元。这是平潭加强区域联动、部门联动、上下联动的机制创新，以及在建立守护海岸线公益联盟、推动海湾陆岸并治上的良好实践。2019年1月，平潭检察院倡议发起福建省检察机关守护海岸线生态检察协作机制。联合省内沿海的福州、厦门、漳州、泉州、莆田、宁德等地检察院，建立涵盖跨区域案件管辖协作机制、跨区域案件检察协作机制、区域间日常沟通联络机制、调研智库协作机制以及普法宣传协作机制等五大协作机制。2020年5月，平潭检察院与自然资源部海岛研究中心开展海洋生态环境和资源保护案件协作，共同签署《关于在办理海洋生态环境和资源保护案件中开展协作配合的意见》。在专家辅助人智库、生态环境损害价值评估、生态环境修复建议、信息共享及违法犯罪线索、公益诉讼线索研判、联席会议等方面建立协作机制。2020年6月，福建省检察院联合省自然资源厅、省生态环境厅、省海洋与渔业局、省海事局、省海警局和自然资源部海岛研究中心等部门在平潭共同签订《关于在涉海洋公益诉讼和生态检察工作中加强协助配合的意见》，就涉海洋公益诉讼和生态检察工作加强协作配合。

二是模式创新，构建“大数据+海洋生态”智慧辅助平台。福建海域广阔，海岸线绵长，海洋生态环境污染破坏案件线索发现难、研判难和处置难一直是困扰检察机关和有关部门的难题。为此，平潭检察部门充分发挥大数据、“互联网+”等现代科技作用助力智慧检务，建立涉海洋公益诉讼大数据智能辅助办案系统，并在省检察院的授权下将大数据平台升级打造为福建省沿海七地市涉海洋公益诉讼协调指导中心大数据应用平台。平台可显示多条从省内沿海七地市海量数据中采集到的与海洋公益诉讼相关的线索。通过平台初步研判，筛选出价值线索，这些线索按照社会关注程度大小、成案概率高低，依次分为红、黄、蓝三色。运用大数据、物联网、人工智能等技术手段，实现以平潭为中心，辐射其他沿海六地市的跨区域公益诉讼案件信息化管理和分配，智能化辅助办案。

三是载体创新，打造海洋检察保护法制教育基地。海洋生态环境保护不仅是政府职能部门的事，更是全社会应该共同关注、共同参与的事。通过与省检察院共建特色教育平台，打造首个省级海洋检察保护主题法制教育基地，集中展示福建海洋公益诉讼实践成果、经验做法和典型案例，推动海洋生态保护法制教育，促进海洋生态文明思想传播。基地以“检察蓝守护海洋蓝”为主题，分为“千年八闽、沧海桑田”“发引千钧、生态警示”“检察护蓝、亮剑出鞘”“生态联盟、协作共治”“牢记嘱托、岚检启航”“智慧检务、守护海洋”等六大篇章，充分融入海洋元素和检察元素，利用造景、沙盘、电子屏等丰富载体，综合使用声、光、电等新媒体技术，多角度、立体化、全景化地开展海洋生态环境保护法制宣传。基地正式启用以来，充分发挥集实时办案、成果展现、法制教育于一体的智慧管理与法制教育作用，有效提升全民保护海洋生态意识。

案例 4：筑牢国门生态环境安全保障防线 促进航维产业高质量发展

开展飞机等高技术含量、高附加值产品的境内外维修业务试点，是国家赋予福建自贸试验区的一项重要试验任务。厦门海关认真履行进出境货物的监管职责，在支持航空维修（以下简称航维）产业发展的同时，针对航维业务的特点，筑牢国门生物安全保障防线，防控进境维修产生废物的监管风险，引导和促进企业在境内减少进境维修废物排放，有力促进厦门片区建成国内领先、国际知名的“国际一站式航空维修基地”和航维产业高质量发展。

一是早发现早处置，筑牢国门生物安全保障防线。厦门海关以“三个早”（早发现、早研判、早处置）措施积极应对，筑牢进境维修飞机的口岸国门生物安全保障防线。建立根据入境航空器的来源地、入境前闲置时长等因素进行风险评估的机制，抓好重点环节风险防范。加强入境维修航空器的过程监督，及时发现疫情疫病隐患，完善处置措施，强化消毒、销毁等监管，确保第一时间安全、高效处置发现的隐患。

二是防控监管风险，服务企业减少进境维修废物排放。针对航维废物的特点，通过加强对企业督导、加强风险管理、加强处置监管，全力防控进境维修产生废物的监管风险。督导企业对维修废物实施专账和单独存放，完善内控管理，切实履行主体管理责任。采用比对维修耗料与维修产生废物等方式加强监管风险分析监控。严格管控维修废物境内处置，对符合规定可以在境内进行无害化处置的，要求企业提供废物处置资质证明材料，处置后由企业提供处置情况材料。厦门海关通过“三服务”（服务企业选择处置方式、服务企业办理退运手续、服务企业建设环保设施）的开展，积极引导和促进企业在境内减少进境维修废物排放。针对企业对处置维修方式认识不全、场地不足等问题，建立由厦门片区管委会牵头，海关、生态环境等部门共同参与的废弃物处置工作机制，并列入 2022 年福建自贸试验区厦门片区年度试验任务。服务企业的内容包括：引导企业优先采用退运出境方式处置维修废物；及时解决企业在退运维修废物遇到的规范申报等难题；允许企业将进境维修货物在综合保税区暂存、支持企业腾挪场地升级环保设施和设置维修废物存放场地等。

三是推动发展方式转变，实现进境维修废物减量。2021 年 3 月 29 日，厦门国际航材保障中心正式启动保税物流业务。2021 年 7 月，海沧综合保税区厦门通宇供应链集团有限公司“航材整备保障中心”完成包括发动机、航电、专用维修工具在内的维修全系列航材的备存工作，标志全国综合保税区内首个“航材整备保障中心”在海沧综合保税区建成。作为厦门“全球一站式航空维修基地”的重点配套项目，厦门片区的两个国际航材保障中心通过引进专业的航材供应链运营商，为片区多家航空维修企业集中供应各类航材，开展航材国际配送业务。保税仓储物流的税收暂免功能大幅减少企业资金占用，降低库存成本，提升资金周转率。

为支持厦门建设国际航材保障中心，厦门海关提前介入，积极开展设立航材保障保税仓库和航材整备业务的可行性研究，为推动航材保障业务的发展建言献策，并多次对涉及保税仓储的区域和功能建设进行实地指导，保障保税物流业务快速启动。

厦门航维产业以往偏重发展进境维修业务，航材保障特别是第三方航材保障业务的发展存在明显短板。通过推动航维产业转变发展方式，降低发展过程对航维企业的依赖，进而实现在发展中减排进境维修废物。支持大力发展航材保障业务，引导企业设立航材整备保障中心，是厦门海关开展推动发展转型的一项重要工作。此外，厦门海关还积极引导和支持航维企业拓展飞机零部件加工贸易业务，推出“包修转包航材区域流转”等创新监管举措和推动进口航材零关税政策出台，促进航维企业竞争国内业务、提高国内业务量的比重等。

案例 5：平潭探索“海上风电+海洋牧场”融合发展

为推进落实国家“双碳”战略和福建省海洋战略，探索更具区域特色的“福建方案”，建设“海上福建”，中国广核集团有限公司（以下简称中广核）秉持绿色发展理念，充分挖掘福建省生态优势、资源优势，以“海上风电+海洋牧场”融合发展模式为切入点，探索建设深远海养殖海上风电融合试点项目。由中广核福建分公司发起，福建省水产研究所、平潭综合实验区苏平片区养殖户作为主要技术单位共同参与。

开创福建省“海上风电+深海养殖”开发模式先河。通过在试验风电场投放缩略型深远海养殖装备——金属养殖网箱，以试验养殖石斑鱼、鲷科类作为研究对象，深入开展风电场各类环境下对鱼类不同影响的技术研究，形成在特定环境下鱼类养殖的整体技术方案，为福建省探索推广深海养殖装备在风电场中的应用提供丰富的技术支撑。该项目试验已具备进一步推广示范的可行性，未来可以实现“水下产出绿色产品、水上产出清洁能源、水面休闲观光旅游”，创新海洋牧场和风电场融合开发的海洋生态价值实现新机制新模式。

探索实现我国海水养殖网箱智能化技术的高度集成。试验项目通过在金属养殖网箱科学布置全球定位系统（GPS）、船舶自动识别系统（AIS）、视频监控系统、水质监测系统、水下机器人、智能浮标等智能装备，综合集成深水检测技术，对养殖网箱、养殖情况、风电机组、环境条件进行参数化和视频监控，浮标上数据可通过手机、电脑实时查看。该试验集成的新一代养殖技术创新，为海洋牧场和风电场融合养殖模式的规模化落地提供坚实的技术支撑。

激活海上养殖的生态、社会、经济多重正向效应。该试验项目采取生态养殖模式，充分利用海上风电场阵列间距空间建设海洋牧场项目，发挥集约用海、集中开发的优势，对于推动周边海洋生态环境修复与保护有积极作用，同时规模化开展海水养殖业增汇符合“双碳”战略发展方向。另外，该试验项目鱼苗养殖由平潭综合试验区苏平片区养殖户进行管理，有较高的经济收益。按照投放 500 尾 100 克—150 克石斑鱼和 1 000 尾 250 克—300 克鲷科的养殖体量计算，养殖周期 1 年，石斑鱼收益约为 15 万—25 万元，鲷科收益约为 10 万—15 万元，合计约为 25 万—40 万元。

海洋牧场和风电场融合的成功落地获得省内外众多媒体的深度宣传报道，引起广泛关注。此外，该试验项目是贯彻国家“双碳”战略和海洋经济高质量发展战略的积极践行，为福建省探索海域空间生态资源集约高效清洁利用模式开辟新途径，也为推动实验区发挥区域优势，探索特色海洋经济、绿色经济提供新的方向。

四、大事记

2022 年 2 月 10 日　最高人民法院公布“人民法院服务保障自由贸易试验区建设典型案例和亮点举措”评选结果，福州市中级人民法院涉自贸区典型案例及经验做法成功入选。

2022 年 3 月 1 日　福建自贸试验区工作领导小组印发《福建自贸试验区建设 2022 年工作要点》，聚焦六个“着力点”16 项重点任务，在新的起点谋划和推进福建自贸试验区高质量发展，发挥好改革开放排头兵的示范引领作用，着力打造国内国际双循环相互促进的重要枢纽。

2022 年 4 月 14 日　福建省商务厅、福建省财政厅联合印发《关于申报 2021 年度自贸创新成果复制推广先行区的通知》（闽商务〔2022〕31 号），组织开展开发区建设自贸创新成果复制推广先行区工作，首年评估将奖励 10 家开发区。

2022 年 5 月 19 日　福州新区和平潭综合实验区签订推进一体化高质量发展战略合作协议。平潭综合实验区党工委书记赖军，福州市委副书记、福州新区党工委书记林建出席签约仪式并讲话。

2022 年 5 月 23 日　在福州自贸片区管委会和中国人民银行福州经济技术开发区支行推动与指导下，福州自贸片区银行成功为全球海外仓头部企业——ZT 集团办理了全国首笔海外仓跨境直贷通业务。

2022 年 5 月 23 日　位于厦门自贸片区的厦门国际酒类交易平台 B 馆开业运营，标志厦门国际酒类交易平台（进口酒和名优白酒）的全面落地。作为国内白酒综合服务平台，该馆将依托厦门自贸片区酒平台产业优势，重点打造多种香型及品牌集聚的白酒交易中心。

2022 年 6 月 9 日　福建省人民政府印发《关于推广福建自贸试验区第九批可复制创新成果的通知》（闽改〔2022〕16 号），将福建自贸试验区第九批 14 项改革创新成果在全省复制推广。

2022 年 6 月　象屿综合保税区落地首单带租约飞机资产包交易。

2022 年 6 月　福州港江阴港区整车进口口岸平行进口汽车符合性整改场所顺利通过验收。场所通过验收后，试点企业在江阴整车口岸进口的平行进口汽车，在海关监管区内即可完成整车标志、照明、信号装置和其他电气设备等 5 大类 16 个小项的符合性技术整改活动。

2022 年 7 月　福建自贸试验区工作领导小组办公室印发《关于加强自贸联动创新发展工作的通知》（闽自贸办〔2022〕2 号），要求各自贸片区牵头联动包含开发区在内的相关区域开展自贸联动创新发展工作，通过开展制度创新、培育重点产业、共享招商资源、深化对外开放、提升服务能力等五个方面的联动，推动福建省区域经济高质量发展，促进闽东北、闽西南两大协同发展区建设。

2022 年 7 月　福建省市场监管局正式公布首批 25 个两岸标准互通试点项目，“两岸中医药融合（栽培与利用）标准共通试点”项目入选首批一类试点。“两岸中医药融合（栽培与利用）标准共通试点”项目将由福建省中医药科学院主持，福建自贸试验区福州片区管委会作为业务指导单位，福州新区产业促进局（新兴产业局）、福州市长乐区市场监督管理局、福建省牛樟芝协会共同参与，这也是全省中医药领域唯一入选项目。

2022 年 7 月 22 日　中山大学自贸区综合研究院召开研究成果发布会，发布“2021—2022 年度中国自由贸易试验区制度创新指数”。指数得分结果显示，福建自贸试验区厦门片区位居全国第五，连续两年跻身这一榜单前五之列。

2022 年 7 月 26 日　福建自贸试验区福州片区管理委员会联合福州市地方金融监督管理局印发《自贸试验区福州片区合格境外有限合伙人（QFLP）试点暂行办法》（榕自贸委〔2022〕18 号）。

2022 年 8 月 11 日　福建自贸试验区推出第 19 批 48 项创新举措。其中全国首创 28 项、复制拓展 19 项，复制 1 项；对台特色 7 项。

2022 年 8 月　商务部办公厅通报首批国家文化出口基地第二次综合评价结果，福建自贸试验区厦门片区国家文化出口基地连续两年获评功能区类第一名。

2022 年 8 月下旬　福建自贸试验区工作领导小组办公室印发《关于厦门自贸片区创新联动新发展工作方案的函》（闽自贸办函〔2022〕19 号）、《关于平潭自贸片区创新联动新发展工作方案的函》（闽自贸办函〔2022〕20 号）、《关于福州自贸片区创新联动新发展工作方案的函》（闽自贸办函〔2022〕21 号）。

2022 年 8 月 31 日　福建省首列“闽都号”中老铁路国际货运班列从福州江阴站驶出。此趟列车上所载货物将沿中老铁路，经昆明，过中国磨憨铁路口岸到达老挝首都万象，进入东南亚市场。

2022 年 9 月下旬　2021 年度全省自贸创新成果复制推广先行区评估结果揭晓，福州金山工业园区、晋江经济开发区、宁德东侨经济技术开发区、龙岩高新技术产业开发区、石狮高新技术产业开发区、泉州半导体高新技术产业园区、泉州经济开发区、福州高新技术产业开发区、南安经济开发区、福清融侨经济技术开发区等10个开发区获评全省十佳自贸创新推广先行区。

2022年10月8日　在厦门市市场监督管理局、福建自贸试验区厦门片区管理委员会的联合推动下,《中国（福建）自由贸易试验区厦门片区商事主体登记确认制试行办法》正式印发，明确厦门自贸片区试行商事主体登记确认制。

2022年10月上旬　位于厦门片区的远海码头“基于5G+北斗高精度定位的智慧港口创新应用”项目荣获全国卫星导航定位科学技术创新应用最高奖项白金奖。

2022年10月15日　生态环境部发布《自由贸易试验区加强生态环境保护推动高质量发展案例汇编》，福建自贸试验区入选5项，占全部52项案例的9.6%。厦门片区积极打造零碳排放示范区，围绕航空产业积极发展绿色供应链，科学防控航空进境维修废物监管风险，助推航空产业高质量发展；平潭片区创新海洋多元共治模式，探索“海上风电+海洋牧场”融合发展。

2022年10月28日　厦门港口管理局印发《厦门港低碳发展行动方案》，制定15项主要任务、7项重点行动，推动“绿色港口”建设步入“快车道”。据悉,《厦门港低碳发展行动方案》是我国港航领域首个由地方行业主管部门发布实施的低碳发展行动方案。

2022年11月20日，中欧（厦门）班列开启从厦门片区海沧站直达白俄罗斯明斯克新路线。

2022年12月8日，福州港江阴港区顺利完成全球量产最长108米风电叶片吊装作业工作，跻身全国主要风电设备作业港口前列。

2022年12月9日，福州港江阴港区开港累计处理集装箱吞吐量突破2 000万标准箱。

2022年12月15日　商务部国际贸易经济合作研究院在线上举行发布会，发布《中国自由贸易试验区发展报告（2022）》。

2022年中国（辽宁）自由贸易试验区建设概况

中国（辽宁）自由贸易试验区工作领导小组办公室

潘　爽

中国（辽宁）自由贸易试验区工作领导小组办公室主任

潘爽，女，汉族，1968年3月生，辽宁东港人，1987年12月加入中国共产党，1993年7月参加工作，理学硕士，经济学博士。

现任辽宁省商务厅厅长，中国（辽宁）自由贸易试验区工作领导小组办公室主任。

一、经济运行数据

（一）投资情况

2022年，中国（辽宁）自由贸易试验区（以下简称辽宁自贸试验区）新设市场主体12 414家，比上年增长0.2%；新增注册资本1 903.3亿元，比上年增长24.9%。其中，新设内资企业12 198家，比上年增长0.3%；新增内资企业注册资本1 154.8亿元，比上年增长0.7%。

新设外商投资企业216家，比上年增长1.9%；合同外资金额108.8亿美元，比上年增长83.5%；实际使用外资金额13.4亿美元，比上年增长47.3%。

新设境外投资企业6家，比上年增长4.3%；新增中方协议投资额789.2万美元，比上年增长93%；区内企业中方实际投资额657.3万美元，比上年增长80.1%。

（二）贸易情况

2022年，辽宁自贸试验区进出口总额1 308.1亿元，比上年增长2.2%。其中，进口额691.1亿元，比上年增长9.1%；出口额617亿元，比上年增长12.3%。

（三）金融情况

2022年，辽宁自贸试验区新增金融机构31家，其中新增持牌金融机构4家、非持牌金融机构27家。跨境人民币结算金额7.3亿元。

（四）创新情况

2022年，辽宁自贸试验区新增高新技术企业747家，营业收入491亿元。新增专利授权2 162件。

二、建设措施及成效

（一）出台深化改革开放方案

总结梳理各相关部门及沈阳、大连、营口三个片区提出的创新诉求，聘请商务部国际贸易经济合作研究院深度参与指导，广泛开展调研和征求意见，起草形成《进一步深化中国（辽宁）自由贸易试验区改革开放方案》，确定新一轮92项改革创新任务。经省政府常务会审议通过，《进一步深化中国（辽宁）自由贸易试验区改革开放方案》（辽政发〔2022〕9号）于2022年3月11日以省政府文件正式印发实施。

（二）推出省内第五批复制推广经验案例

组织省中直20个部门到沈阳、大连、营口三个片区现场办公，推出35项改革创新经验案例，形成辽宁自由贸易试验区第五批省内借鉴推广改革创新实践案例，这些创新案例在市场主体实践后，产生较好效果，经有关部门和评估机构认定，具有在省内借鉴推广的价值。经省政府常务会审议通过，辽宁省人民政府正式印发实施《关于借鉴推广中国（辽宁）自由贸易试验区第五批改革创新经验的通知》（辽政发〔2022〕10号）。

（三）召开一系列重要会议，汇报制度创新工作

2022年6月14日召开省对外开放工作领导小组暨省自贸试验区工作领导小组会议，会议审议通过辽宁自贸试验区深化改革开放方案重点工作任务清单、专项工作推进组调整方案等，并印发领导小组成员单位贯彻落实。根据辽宁自贸试验区形势任务需要，先后召开改革创新工作情况调度会、复工复产调度会、统筹疫情防控与经济社会发展调度会，各片区汇报改革创新工作情况、贯彻落实辽宁自贸试验区深化方案工作安排和疫情防控与经济发展的主要举措。

起草《关于辽宁自贸试验区制度创新工作情况的报告》《关于辽宁自贸试验区下一步制度创新重点工作的报告》，就辽宁自贸试验区制度创新工作情况，在省委全面深化改革委员会会议上做了专项汇报。

（四）出台支持自贸试验区发展的一揽子政策措施

为更好服务辽宁自贸试验区企业发展，持续提升金融服务质效，推动辽宁自贸试验区金融改革创新，联合中国人民银行沈阳分行、国家外汇管理局辽宁省分局制定《关于金融支持中国（辽宁）自由贸易试验区高质量发展的若干措施》，推出22条金融扶持政策，进一步助力辽宁自贸试验区发展；为持续发挥外事职能和资源优势，打造最优外事营商环境，经与省外事办公室沟通协调，印发施行《辽宁省外办关于服务辽宁自贸试验区建设若干措施》，开通自贸试验区出境“绿色通道”服务，提供精准高效的外事保障。

（五）加大辽宁自贸试验区的宣传力度

中央广播电视总台、人民网、环球网、国际商报等中央主流媒体组成采访团，到辽宁自贸试验区开展集中宣传采访。此次宣传采访活动，是在全国21家自贸试验区中选择6家开展，辽宁是第一站。宣传采访活动全方位展示了辽宁自贸试验区的建设成果，取得了良好的宣传效果。

三、创新成果及案例

案例1：科技创新型企业“靶向培育”新机制

为适应经济发展新常态，充分利用自贸试验区、国家高新区、综合保税区三区叠加的政策优势，积极落实创新驱动发展战略，辽宁自贸试验区营口片区（以下简称营口片区）通过开展科技创新积分制，量身定制并推送科技创新政策，根据企业发展诉求及时为企业推送适配专家，构建科技创新型企业“靶向培育”新机制，充分释放区内企业科技创新活力，有效引导创新资源的集聚和科技型企业的壮大。

主要做法：

一是开展科技创新积分制，实现企业“靶向分类”。探索实施科技创新积分制，依托科技部火炬中心出台的指标体系，兼顾企业创新能力和成长能力，形成包括五大类48项指标的分级分类评价体系。通过对不同行业的企业逐一建模、计算、研判，确保不同类别企业得分的可比性，从而根据企业行业特点进行分类评价和分类指导。营口片区结合积分制各项得分和评估情况，筛选出涉及科技类企业的基础数据库，构建起“科技型中小企业—高新技术企业—雏鹰企业—瞪羚独角兽”创新梯度分类体系。该体系与政务大数据平台对接，实时更新企业科技资源变动情况，形成全方位的科技企业管理制度框架。企业创新积分制打破了以往“家底不清”“盲人摸象”的工作模式，通过清晰梳理出区域内潜在科技资源种子企业，按发展阶段遴选企业，实现对科技企业的“靶向分类”。

二是量身定制“科技政策礼包”，实现政策“靶向推送”。充分整合现有科技创新政策、人才政策、产业扶持政策、财政政策等，结合积分评价结果，逐一对参与企业进行分析研判，精准对焦企业科技发展需求，统一筛选定制“科技政策礼包”并主动向企业推送。对企业得分较高、发展较好的环节，帮扶单位精准推送政策，使企业在第一时间享受政策红利，促进企业科技创新和持续研发。对企业发展的薄弱环节，帮扶单位对其重点跟踪和帮扶，结合企业未来发展方向，解决企业发展过程中存在的困难和瓶颈，并创造条件争取相关政策，助推企业转型升级、提质增效。政策“靶向推送”最大程度打破科技企业存在的政策获取中政府与市场主体的信息不对称问题，切实提升企业的政策获得感，提升政府工作效率。

三是建立科技联络员专项制度，实现专家“靶向服务”。建立企业科技联络员专项制度，在企业中选出一名专门负责科技工作的人员定期报送企业科技动态，提供企业科技创新进展。科技管理部门和科技服务机构在结合企业科技创新指标得分评价情况并进行实时动态评估后，为企业“把脉号诊”，量身定制符合企业发展方向的科技目标。营口片区还搭建了“企业+高校院所+科技服务机构”的服务桥梁，构建了以企业为需求方、以专家团队为供给方、以科技服务机构为纽带、以政府部门为保障的新型科技成果转化体系。通过结合企业提出的科技成果转化诉求，整合区内企业、高校院所和科技服务机构三方资源，利用大数据分析和走访调研等方式组织科技服务机构寻找合适的科研团队向企业实施专家“靶向服务”，促进企业科研成果的转化。

实践效果：

一是有效培育了科技型企业。在创新梯度分类体系的建设下，营口片区科技创新主体不断壮大。2021 年以来，区内企业已有 7 家成功申报瞪羚企业，26 家成功申报雏鹰企业，48 家成功申报高新技术企业。同时，营口世纪电子仪器有限公司、营口三征新科技化工有限公司被国家工信部评为 2021 年度国家第三批专精特新“小巨人”企业；辽宁·营口天成消防设备有限公司、红叶风电设备（营口）有限公司被评为 2021 年度辽宁省“专精特新”中小企业。

二是有效引导了创新资源向企业集聚。营口片区在“靶向培育”新机制的引领下，创新资源不断向企业集聚，创新成果显著增加。2020 年，区内 5 项成果入选辽宁省科技抗疫先进科技成果，占全市入选成果的 83%。辽宁新洪源环保材料有限公司的高效过滤用超细无机纤维复合材料研发及产业化等 2 个项目获批 2020 年辽宁省重大科技专项计划，辽宁省能源研究所有限公司的生物质废物联产燃气和肥料技术与装备研究项目入选 2020 年辽宁省重点研发联合资助计划。2021 年，辽宁东盛塑业有限公司、营口金辰机械股份有限公司 2 家企业获批辽宁省首批“揭榜挂帅”科技攻关项目。营口锻压机床有限责任公司等 5 家企业获批辽宁省首批典型实质性产学研联盟。辽宁铭阳管业股份有限公司等 4 家企业获批辽宁省中央引导地方科技发展专项资金。营口巨成教学科技开发有限公司获批辽宁省民生科技计划项目。在重大创新计划向企业集聚的同时，也吸引了产业链上下游的创新企业向区内龙头企业集聚。营口片区形成安全应急智能装备特色产业和生物降解材料及制品产业两大产业集群，后者于 2021 年 8 月被科技部火炬中心批准纳入 2021 年度创新型产业集群试点（培育）。

三是提升了制度供给的精准度和靶向度。营口片区通过建立科技创新型企业“靶向培育”的新机制，改变了以往由企业向政府问政策、要政策的被动局面，化解了企业无法享受政策红利的失落感。形成政府主动解释政策、送政策的良好局面，使分处不同阶段、不同行业的企业均能享受到政策红利，在政策供给更加精准化、适配化方面探索了新经验。，2021 年，辽宁瑞华实业集团高新科技有限公司等企业分别在装备制造、机械自动化、新能源、石油化工等领域与清华大学、大连理工研究院等高校院所签订了产学研合作协议，合作已推荐备案 2021 年营口市实质性产学研联盟，极大地激发了区内企业的创新活力和科技成果转化效率。

案例 2："知识产权直通车"服务新机制

为进一步优化营商环境，统筹知识产权服务业务，完善知识产权服务功能，辽宁自贸试验区沈阳片区（以下简称沈阳片区）设立了东北地区首家国家知识产权局专利局沈阳代办处沈阳自贸区工作站，为创新主体提供优质知识产权公共服务和相关专利事务申请前置审查服务，通过送服务进企业、进园区、进市场的"三进"服务新机制，变过去知识产权申报需要企业自己跑腿、需要绕道省级代办处的流程，为上门办理且直接接入国家知识产权局申报系统，全程护航、服务企业自主创新研发，为科技创新撑起知识产权"保护伞"。

主要做法：

沈阳自贸区工作站紧扣产业发展目标、创新主体需求，以"直通车"为载体，不断完善公共服务功能，免费为企业提供知识产权"全链条、一站式"服务，当好"服务员""宣传员""联络员""辅导员"，进一步提升企业获得感和满意度。

一是主动提供服务，送服务进企业、进园区。沈阳自贸区工作站与知识产权专家、优质专利代理服务机构协作组建多元化专业服务团队，以"直通车"的形式，将服务延伸到企业和园区，以"问诊""把脉""开药方"等形式开展主动服务、靠前服务，优化办事流程，缩短审批时间，多措并举助力企业发展，打造优质高效营商环境。

二是变"知产"为"资产"，送"知产"进市场。沈阳自贸区工作站通过搭建知识产权公共服务平台，探索知识产权市场化定价和交易机制，为知识产权交易提供查询、挂牌、交易撮合、资产评估等服务，让知识产权有价可查，通过市场规律，帮助科技企业解决发展和融资难题。

三是为创新主体申报专利提供便利服务。疫情期间，沈阳自贸区工作站创新采用"不见面"方式办理业务，通过线上方式收集创新主体专利事务服务需求，申请人线上提交申请材料，既省时省事又省钱，降低了制度性交易成本。专利电子申请、专利缴费、专利收费减缴备案、专利优先审查、专利权质押登记、专利法律状态查询等业务服务相继在自贸区工作站开展"不见面"办理。

实践效果：

一是优先审查，缩短专利授权周期。改革前，国家知识产权局对申请人提交的普通专利申请按照常规程序进行审查。专利申请通过初审后进入实审程序，由于专利申请数量多、类别广，发明专利平均授权周期为 22 个月。改革后，优先审查材料，经审查合格后，进入优先审查程序，发明专利平均授权周期由 22 个月缩减至 12 个月。

专利申请改革前后比较

事项	普通申请	优先审查
适用类型	发明、实用新型、外观设计专利申请	发明专利申请
适用领域	无特殊要求	节能环保、新一代信息技术、生物、高端装备制造、新能源、新材料、新能源汽车和智能制造等国家重点发展产业等
提出时机	无特殊要求	发明专利进入实质审查阶段
专利授权周期	发明专利 22 个月；实用新型 8—10 个月；外观设计 3—6 个月。	发明专利 12 个月

二是助企纾困，激发企业创新活力。沈阳自贸区工作站充分利用专利优先审查、专利费用减缴、专利权质押登记、批量专利法律状态证明等相关机制，精准扶持企业发展、激发企业创新活力，更好

服务实体经济。为企业高价值专利成功申请专利优先审查，帮助企业及时完成核心技术的专利化、创新成果的产权化，形成竞争力并开展市场布局。办理专利费用减缴备案，为企业节约专利申请费、审查费、年费近80%，减轻创新主体专利申请及维持负担。着力变“知产”为“资产”，引导金融要素流向关键核心技术攻关、科技成果转化，切实解决科技型企业融资难题。

三是走访调研，强化知识产权服务。改革前，企业普遍存在高质量知识产权创造不足、多类型知识产权融合发展不够、知识产权运用转化成效不高、知识产权管理体系不够健全等问题。改革后，沈阳自贸区工作站组建专业走访企业队伍，为创新主体提供“点对点”知识产权精准服务。沈阳自贸区工作站定期向企业推送知识产权相关信息，指导企业明确研发和知识产权创造方向，提升企业技术创新能力，提高企业高价值发明专利申请数量和质量，形成健康的知识产权服务“生态环境”。

案例3：商标保护“云鉴定”新模式

结合区内知识产权重点企业、新零售企业的商标保护需求，营口片区运用区块链、AI识图等新一代数字技术赋能商标保护，创新推出商标保护“云鉴定”模式，以实现商标线上监测与线下保护有机结合，有效强化企业商标保护力度。

主要做法：

一是建立技术支撑体系。

创新“第三方辅助”模式。营口片区与第三方专业机构开展知识产权保护合作。前期阶段，主要配合营口片区加强对电子商务、直播平台商标授权信息的监测，为营口片区知识产权行政执法部门提供侵权线索，为片区企业提供高质量商标保护维权服务，以此来提升营口片区知识产权保护力度，强化营口片区企业知识产权保护与维权意识。

以新技术助力快保护。第三方专业机构通过其自主开发的知识产权综合服务平台，利用AI识图技术，可以对商标外观、图形进行全网监测，发现侵权线索；通过与商标权利人的授权清单对比，确定侵权主体，并通过区块链技术将侵权线索进行证据固化，以此来协助知识产权行政执法部门开展商标保护工作，并为企业提供商标维权服务。

二是建立快速维权机制。

科学设定监测范围，开展线上监测。新模式可以对在线销售，且以文字、图片等形式展现出来的商标进行全网监测，根据这一特点，营口片区确定了监测范围。一方面，依据营口片区知识产权保护工作的需要，主动从片区企业商标库中抽选符合条件的线上销售商品的商标作为监测对象，开展此项工作；另一方面，也可以接受域内商标权利人的申请来开展线上商标监测工作。

进行全网在线监测，固化侵权线索。营口片区根据企业提出的商标监测需求或从商标库中寻找监测对象，由品牌方提供其注册商标和品牌产品的高清图片，与第三方专业机构的知识产权综合服务平台进行对接，进行商标的线上监测与侵权证据固定。流程如下：(1) 通过知识产权综合服务平台对商标侵权进行全网监测，通过AI识图等技术精准高效识别侵权线索，精准溯源，并自动分析整理品牌产品线上销售主体、网址等监测信息；(2) 与品牌方提供的授权销售企业名单进行对比，快速、精准确定未经授权企业名单；(3) 利用区块链技术对商标侵权进行在线固化证据，生成电子证据证书（包括网页取证、截图取证、视频取证等），并快速公证上链，使得侵权证据无法篡改。

积极帮扶企业维权。监管部门联合企业帮扶单位，共同指导、帮助企业利用在线监测结果，开展纠纷调解、司法诉讼等维权工作，保护企业合法权益。此外，新模式也增加了案件线索，便于知识产权行政执法部门根据相关法律、法规对侵权市场主体进行处理或进行案件线索的移交。

三是营造商标保护氛围。

增强企业对商标保护的主动性。通过向企业宣讲实践监测、商标维权等案例，让企业直观感受到商标侵权的频发性、多发性以及合理维权所带来的收益性，增强企业对商标保护的主动性。

提供多元化商标纠纷调解服务。在提高企业的商标保护意识、增强商标保护主动性的基础上，营口片区联合企业帮扶单位，协助、指导企业充分利用监测结果，调动行政、司法、行业协会、专业机构等力量，形成多元化的商标纠纷调解等维权服务。

实践效果：

新模式利用技术手段打击侵权假冒行为，降低了企业侵权线索发现成本，提高商标保护效率和精准度，有效推动知识产权快保护。新模式实施以来，营口片区对区内 8 家重点知识产权企业的 24 件商标及其产品进行了在线监测，并对企业进行了知识产权保护的有效宣传。

一是降低企业侵权线索发现成本。新商标保护模式自动为商标权利人在海量互联网信息中排查侵权内容，节省侵权监测所花费的人力、物力、财力，降低维权成本。以营口片区的知识产权重点企业、新零售代表企业辽宁东盛集团为例，通过对该公司旗下“笑妈妈背贴式垃圾袋”等 4 个产品进行在线监测，在 5 个小时内，共发现 72 家市场主体在未经企业授权的情况下在电商平台销售其产品，自动分析整理监测信息更是让侵权结果一目了然。该模式在降低发现侵权线索的成本的同时，提振了企业维权的信心。

二是提高行政执法精准度。通过对监测结果与企业（商标权利人）授权名单的对比，知识产权行政执法部门可以快速、精准地确定侵权主体。以辽宁东盛集团的“笑妈妈背贴式垃圾袋”监测为例，通过对监测结果的简单对比，营口片区确定了“拼多多”平台入驻商家“吉雨书家具专营店”侵犯商标权行为，片区执法部门将案件线索及相关证据移送至长春市市场监管局宽城分局，这个案例体现了“云鉴定”商标保护新模式的高精准度。

案例 4：工程质量检测智慧监管

为进一步规范建设工程质量检测行为，提升监管水平，大连片区规划建设局积极探索“互联网+监管”模式，以数字化检测监管系统为纽带，以科学准确的检测数据为基础，以防范工程质量隐患为目标，搭建辽宁自贸试验区大连片区（以下简称大连片区）工程质量检测监管平台，形成检测监管与工程质控的双向联动。

主要做法：

一是通过“一项一码”实现检测报告线上可查。在监管平台创建项目信息库，通过设置项目唯一编码、赋予检测报告防伪二维码等措施，做到检测报告可线上线下查询真伪，实现“一个项目，一个二维码，一套检测档案”的全流程透明化管理。

二是推出“监管通”程序，实现见证取样、收样全过程可视化。监管平台应用人脸识别、GPS 定位、电子围栏、预制二维码追踪等技术手段，严把“见证取样、送检核验”检测样品管理。实现业务自动化监管和预警管理，采用 5G 信息化技术对样品取样、送检、检测以及报告出具等全环节进行闭环管理。从源头抓取，实现见证取样全过程可视化。

三是绑定样品电子芯片、二维码束带等硬件，实现检测样品试验过程可追溯。现场见证取样时，在样品中植入二维码加密电子芯片或使用二维码束带绑扎，绑定样品信息，在收样及检测试验时通过读取芯片或束带二维码信息，防止发生替换等造假情况。通过采集见证取样人员的体貌特征和身份信息、植入芯片等手段，有效防止送检虚假试样行为，确保样品真实性和唯一性。

四是增加检测设备摄像装置，实现试件检测过程的远程监管。在检测单位压力试验机上安装摄像装置，对试验过程进行抓拍，同时对混凝土试件试验前和破坏瞬间影像进行留存，实现试验全过程的远程监管。

五是精准定位检测轨迹，实现地基基础、主体结构检测数据实时追溯。检测单位在进行地基基础、主体结构检测前，将检测计划提交至监管平台，经审批通过后方可进场进行检测工作。监管人员通过“监管通”APP程序对检测人员、设备进行GPS定位，确认检测点位，并对检测人员、检测设备轨迹定点跟踪及留痕，严控检测过程，确保检测数据、报告真实有效，通过实时上传检测过程数据，通过“可视化”监控检测过程，有效杜绝检测单位私自篡改数据、出具虚假报告等行为，解决监管人力覆盖不全和监管手段滞后的问题，实现地基基础、主体结构等现场检测过程的智慧化管理。

六是即时预警，实现检测监管互通化。当工程项目取样、送样、检测及报告出具等环节出现不符合相关规范要求的情况时，如见证、取样人员身份不符，样品无标识信息，样品实际情况不一致或现场检测与方案不符等，系统会自动停止下一步操作，该项目涉及的参建单位及监督机构会收到预警提示，监督人员根据预警信息及时监控检测单位工作，确保检测数据的真实性和可靠性。

实践效果：

大连片区工程质量检测监管平台取代了传统的样品检测委托方式，打通了检测行业痛点、发展堵点和监管难点，送样不规范、现场取样弄虚作假、外检检测数量不足、出具虚假报告等行为得到了有效的管控，做到了检测业务可定制、检测流程可追踪、检测报告全受控，预警提示智能化和监督监管线上查，基本实现对工程质量检测行为的规范监管、精准监管和智能监管，开启了“监管一张网、数据一个库、管理一条线”的工程质量检测智慧监管新模式。大连片区在建工地项目信息已经全部接入监管系统，项目检测行为得到有效监管。

案例5：饲料、饲料添加剂生产许可审批改革

营口片区借助营口综合保税区的独特优势，吸引多家饲料生产企业落户，初步形成饲料生产产业集群。为推动粮食深加工产业快速发展，结合企业需求，营口片区对饲料、饲料添加剂生产许可进行审批制度改革，着力简化申请材料和办理流程，进一步提升饲料生产许可审批工作效率，助力产业发展。

主要做法：

按照《饲料和饲料添加剂管理条例》要求，申请从事饲料、饲料添加剂生产的企业，申请人应当向省、自治区、直辖市人民政府饲料管理部门提出申请，办理饲料、饲料添加剂生产许可。饲料、饲料添加剂生产许可包括饲料生产许可和饲料添加剂生产许可，两项许可事项的申请材料、办理流程有所区别。营口片区在落实“放管服”改革决策部署的同时，探索对饲料、饲料添加剂生产许可进行分类创新。

一是对饲料生产企业实行部分申请材料告知承诺。在营口片区内，对从事饲料生产的企业实行部分申请材料告知承诺。对检验仪器购置发票实行告知承诺（专家评审前须购置设备，仪器购置发票可告知承诺）。同时，不再收取主要机构负责人毕业证书或职称证书、企业管理制度等材料。企业材料无误后，直接进入专家评审流程，专家评审通过后，由审批机关作出行政许可决定。

二是对饲料添加剂生产企业实行生产许可、产品批准文号联办。转变饲料添加剂生产企业涉及的饲料添加剂生产许可、产品批准文号许可串联办理模式，探索两项许可联办改革。企业一次性提交两项许可所需的办事材料，重复材料不再收取，实现一次性受理、一次性审核、一次性评审、一次性发证的联办模式。

实践效果：

一是饲料生产企业部分申请材料告知承诺有效简化办证程序。改革前，饲料生产企业需提交全部申请材料，审批机关初审以及专家评审通过后，由审批机关作出许可决定。改革后，对检验仪器购置发票实行告知承诺，不再收取主要机构负责人毕业证书或职称证书、企业管理制度等材料。企业在签订告知承诺书以后，审批机关在审核通过后可直接进入专家评审流程，企业在现场核查前达到相关条

件即可，在规避审批真空地带的同时，实现材料精简、程序简化、提前发证。

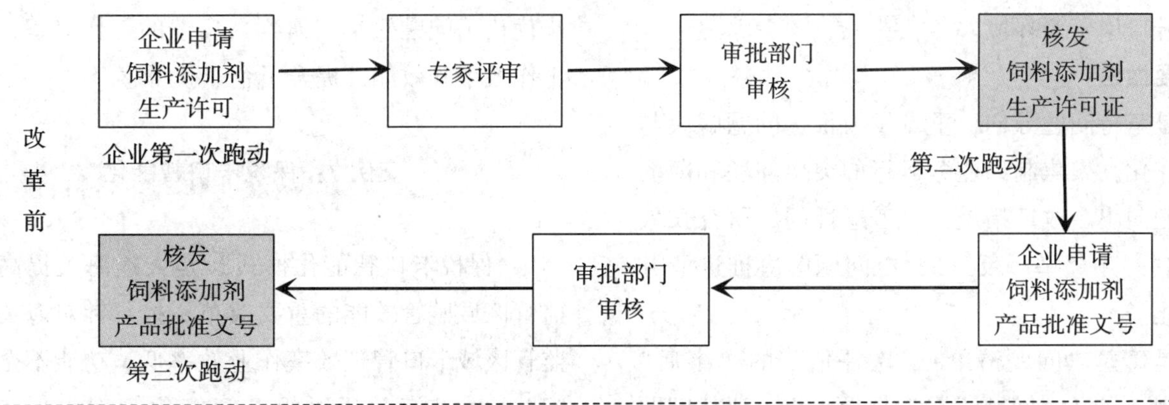

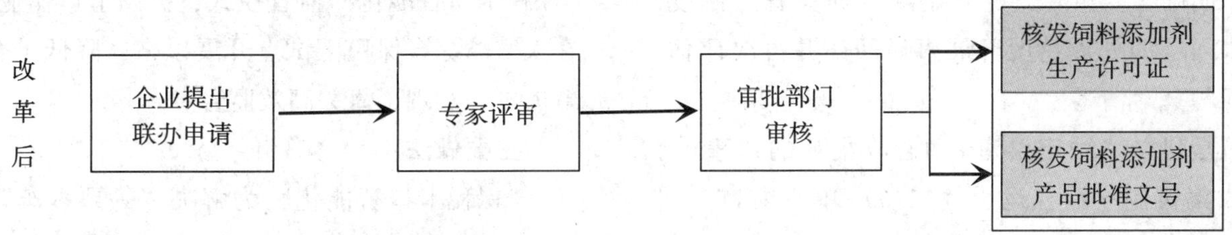

饲料添加剂生产许可审批改革前后办证流程对比图

二是饲料添加剂生产许可、产品批准文号联办有效降低制度性交易成本。改革前，饲料添加剂生产企业需要先申请办理饲料添加剂生产许可，再办理产品批准文号核发，企业重复提交材料两次，涉及申请材料25项，往返办事大厅至少两次，共耗时40天（不含专家评审时间）。改革后，企业仅需向主管部门一次性提交办理饲料添加剂生产许可及饲料添加剂产品批准文号核发的申请材料，申请材料由25项减少到15项，减少40%，办理时限由40天减少到8天，减少80%，大幅降低了企业的时间成本，简化了办事程序，提升了企业的办事满意度。以辽宁傲祥进出口有限公司为例，该企业为饲料生产企业。企业采取告知承诺的方式，承诺后补检验仪器购置发票，不再提交主要机构负责人毕业证书或职称证书等8项申请材料。审批机关在审核通过后直接进入专家评审流程，精简了办事材料，提高了办事效率，为企业节约购买仪器的时间成本。

三是有力推动营口粮食深加工产业发展。营口片区依托区内综合保税区优势，坚持高标准规划、市场化运作、制度创新推进原则，加快推进粮食产业园区建设，作为推动全市粮食产业经济提档升级和新旧动能转换的发力点，并与营口经济技术开发区联动，发挥营口港口型国家物流枢纽的辐射带动作用，初步形成兼具粮食初加工、精深加工、物流配送等功能的综合性粮食产业集群。营口经济开发区全面落实“北粮南运”通道建设政治任务，全区170家粮食物流企业、545万吨仓容良性运转。营口综合保税区共有4户粮食深加工企业落户，总投资3亿元，达产后将年产120万吨饲料、30万吨预拌粉，年进口额36.5亿元。

案例6：海关“问题清零”长效机制

“问题清零”长效机制是大连海关深化改革创新的重要举措，该模式在大连片区先行先试，通过综合运用“线上+线下”各类沟通渠道，探索构建了问题收集、响应、研判、评估的长效机制，实现关企交流互动“零距离”、排忧解难“零障碍”、问题解决“零库存”，促进了“职能+现场+企业”的良性互动，将“问题清单”转化为“成效清单”，不断提升口岸营商环境。

主要做法：

一是坚持问题导向，重点发力推进问题解决与改革一体化。聚焦制约业务运行的突出问题和薄弱环节，靶向出台改革措施，对普遍性问题研究长效解决机制，并“举一反三”，以问题解决推进业务制度优化。

二是建立“问题清单+二次评估”的“事后”评估机制。成立“问题清零”领导小组，评估问题清单，明确答复口径，建立定期“回头看”制度，对疑难问题的处理情况开展事后回访并再次评估，保证问题真“清零”。

三是建立“固定渠道+动态收集”的“事前”问题收集机制。综合运用“12360+单一窗口”平台、现场值班窗口等固定渠道和企业调研、地方转办等动态渠道收集问题，依托中国（辽宁）国际贸易单一窗口平台设立企业“问题清零”功能模块，实现企业问题及海关办理全流程可视化，企业对于海关办理情况进行评价和追问，对于共性问题可选择公开发布，供其他企业参考。

四是建立“业务专家+职能指导”的“事中”办理机制。通过划分业务领域，组建专家团队，对收集问题进行研判，提出解决意见，由职能部门进行把关、兜底，承担本业务领域问题解决责任。

实践效果：

该模式在大连片区先行先试，通过建立“问题清零”长效机制，“问题清零”领导小组及70余人组建的专家团队，广泛开展问卷调查；同时，组织“职能+现场”“海关+企业”线上座谈会，覆盖18个基层海关、104家企业和4个行业协会，直面问题、直接应答，企业满意度为96.3%。截至2021年底，通过开展“问题清零”工作，共收集企业反映问题164个，解决146个，解决率89%。“问题清零”模块已在中国（辽宁）国际贸易单一窗口正式上线运行，为进出口企业和大连海关之间搭建了一座“电子桥梁”。通过创新解决问题工作法，进一步优化了问题收集、研判、反馈的工作流程，提升工作效率和效能，提升了企业获得感。

案例7：保税卡口智能化

“保税卡口智能化模式”是大连海关提高特殊监管区域监管效能的重要改革举措。针对海关特殊监管区域卡口管理效率作业效率低、功能不全面等问题，大连海关通过提升智能化管理水平，创新“保税卡口智能化”监管模式，提高卡口作业效率，在大窑湾综合保税区试点开展以来，降低了企业运营成本，实现了海关高效监管。

主要做法：

“保税卡口智能化”为解决“一票多车”企业“集车难”等问题，集成现有海关特殊监管区域管理系统和物流监控平台相关功能，依托卡口智能化，实现远程申请、智能识别、数据比对、信息推送、电子抬杆等业务流程一次性完成，实现进出区域车辆快速放行。

主要包括“5+3”项内容，具体为建立5个功能模块，优化3个功能项目。即新增“卡口电子放行单”模块、“一票多车”模块、“卡口检查”模块、“查询统计”模块以及“企业端业务申请”模块；优化整合特殊监管区域卡口功能，优化卡口登记功能，优化分类监管功能。通过上述模块功能的新增和优化，进一步完善特殊区域辅助系统设置，提高货物进出卡口效率，节约企业成本，实现海关监管与企业管理的双提升。

实践效果：

一是解决卡口拥堵问题。“一票多车”企业无须待车辆集齐后逐一通过卡口，可凭海关对企业拆单申报数据审核通过后生成的二维码即扫即过。

二是提高卡口通过效率。通过开发智能化卡口功能，企业向海关申请办理卡口放行异常处置，无须在业务现场递交纸质单据，实现无接触办理，企业可7×24小时在线办理业务，单笔业务办理平均时间由2天压缩至0.5小时，足不出户即可完成相关工作，车辆秒过卡，大幅压缩通关时间。可为企业节省95%以上的办理时间，实施近三个月来累计为企业节约综合成本110万余元。

三是便利海关监管。企业申报数据进系统，与物流平台数据对接，实现可追溯、可监控，保证了单据信息留痕。同时，实现对验放错误和不予验放情形进行后续核查，防范海关执法风险。

案例8：智能引导企业自控远程辅导新模式

“云企通”是大连海关落实“放管服”改革的重要举措，在海关对高信用等级企业进行实地验核的基础上，转向在海关引导下企业进行风险自控，实现企业自我“检测”后及时处置，引导企业良性发展。同时，海关通过前置式分析，智能引导、辅助企业提高自检自控的针对性、有效性，提高企到业合规管理水平。在大连片区试点开展“云企通”，取得良好成效。

主要做法：

“云企通”包括企业管理自检、企业疑难问题预约帮扶、海关风险分析三部分。海关为高信用等级企业科学设定“自控式”自检项目，明确自检手段和科学处置方式，企业可通过“云企通”对自检发现的业务疑难，预约海关关务专家在线指导和帮扶，依法依规做好改进工作。

一是将涉及的食品安全、保税监管、企业信息注册、减免税设备日常监管等内容设定为企业自控自检信息化指引，系统根据企业自检的信息自动给出风险提示及预判。

二是企业根据自检中发现的风险和系统预判情况，利用“云企通”实现企业与海关专家的预约和线上指导。海关引导企业及时解决生产过程中的困难，按照海关监管要求防范风险，提高内部管理水平。

三是“云企通”通过对企业自控结果的信息整合和分析，实现对企业后续监管的分类管理，为风险防控提供支持和参考。

实践效果：

一是有效提升企业管理水平和合规化程度，帮助企业防控管理风险，降低运营成本。该模式为370余家企业开展指导帮扶，引导企业自查自控、修正管理漏洞71处，提高了企业内部管理水平，预计每年节约企业运营成本2 000余万元。在某重大外资项目并购中，海关通过“云企通”完成数据核对20万条，最终确定该企业账册盈亏库3 000余万元，保质提速重大项目的落地。

二是有针对性地解决企业生产过程中存在的问题，有利于海关对辖区企业运营情况的全面掌握和风险控制，便于对企业按照风险等级进行分类管理，提高海关监管效能。

案例9：海运拼箱涉危业务便捷通关模式

大连片区围绕口岸危险货物便捷通关问题，在率先推出口岸危险货物“谎报匿报四步稽查法”“海洋污染物运输绿色通道”创新举措的基础上，进一步深化改革创新，针对合规海运拼箱货物时常受个别危险货物影响无法正常通关问题，大连片区联合海事部门，创新推出海运拼箱涉危业务便捷通关新模式，实施“海运拼箱货物中危险货物单独登记保存”，为合法运输的货主节省了大量时间和经济成本。

主要做法：

海运拼箱货物的种类繁多，涉及的货主也较多，夹带危险货物、谎报匿报危险货物、将不符合安全与隔离标准的多种货物违规拼装等现象层出不穷，给海运安全带来严重隐患。

原模式下，海事部门在调查拼箱货物的上述违法行为时，采取与整箱货物相同的流程，对涉案集装箱及其货物进行整体布控，所有拼箱货物全部采取扣货处理。而实际不合规的通常仅涉及箱内的少量货物，大部分拼箱货符合海事安全与环保法规。

但在整体布控、统一调查的原模式下，大部分合法合规的货物受个别违规拼箱货物影响，不能及时通关和装卸船，造成合规货物逾期交付、无法履行合同、企业商誉受损，以及经济赔偿等后果。

新模式下，海事部门对拼箱货物中的违法和合法货物进行区别对待。仅对涉嫌违法的货物实施单独证据保存，箱内拼装的其他合法合规货物可直接予以通关和装卸船。通过大数据分析、三互联合研判等方式实施精准布控，优化与码头作业方、危险品场站、船公司及代理的联系渠道，精确锁定拼箱货物中的涉嫌违法货物，切实提高箱内合规货物的通关效率。

实践效果：

经测算，调查处理一个整箱的周期约为 14 天（包括联合研判、开箱查验、取样送检等环节），涉及滞箱费、危险品场站费用、合同违约等成本。按照以往每年调查的箱量计算，新模式每年可为企业节省成本 4 000 多万元，节约时间 8 400 多天。

2022 年 1 月 5 日，海事部门调查一个来自韩国的拼箱时，发现箱内 16 票拼装货物中有一票为第 9 类危险货物，该货物未按照危险货物进行申报和运输。按照新模式，海事部门只对涉危货物采取了独立处理，实施单独证据保存，进入行政调查环节，而对其余 15 票合法合规货物直接予以放行通关，获得了企业普遍好评。

案例 10：原产地证书“信用签”

为助力企业提升参与国际市场竞争的能力，营口海关以营口综合保税区为试点，先行先试原产地证书“信用签”模式，通过简化申领流程、实施信用分级分类管理，在提升原产地签证办理效率的同时，引导企业自律守法经营，保障疫情期间原产地证书签发“不打烊”，进一步提升营口片区贸易便利化水平，释放“放管服”改革红利。

主要做法：

一是简化签证申领流程。改革前的举措为“企业先打印，海关后签发”，即企业先在网上进行原产地证书电子申报，然后到海关申领空白的原产地证书，审核通过后将证书打印，再到海关进行签字盖章，最终完成签证。“信用签”创新政策实施后，“海关先集中签发，企业后分批打印”，即企业根据自身海关信用记录提交《企业出口原产地证书信用签承诺书》，可一次性提前领取多份已完成海关签字盖章的空白纸质原产地证书备用，在海关电子审核通过后即可自行打印并完成签证。

二是加强风险防控、信用监管。营口海关对空白证书领、销、核、扣全链条实施“闭环式”精准化管理，原产地证书的电子审核、归档证书纸面抽核保证必要的抽查覆盖面和工作力度，对抽查发现的违法违规行为，依法依规处理，形成有效震慑，增强市场主体守法的自觉性。全面实施企业信用分级分类管理，通过信息互通、部门联动等方式，强化信用评价结果运用。对信用状况良好的企业，予以诚信激励，在办事环节上予以优化，在对企业监管上，减少检查频次和比例。对列入不良行为记录的责任主体，加强监督管理，动态调整抽查比例和频次，严格复查验收企业整改情况，对整改不符合要求、拒不整改、重复违法的企业，将依法依规严格实施处罚，防控改革风险。原产地证书“信用签”实现作业全过程、全业务、全链条风险防控和动态管理，确保证书签发质量。

实践效果：

该模式是继无纸化签证、快递签证等便利措施后的又一项创新举措，原模式办理原产地证书，企业需到海关往返数次办理，耗费企业大量的时间和交通成本。“信用签”模式下，企业省去来回签证环节，一次可领取一个月的空白签章证书，节约了时间成本；企业可以根据船期灵活掌握签证时间，“足不出户”按照每批货物的实际情况办理签证，大幅降低企业的费用成本；通过实施信用监管，综合运用信用承诺、信息公示、信用惩戒、信用风险分类监管等手段，让守信者尽享改革便利和守信守法的红利，让失信者“一处失信、寸步难行”，着力引导经营者严格自律、诚信守法经营，形成共同遵守诚信的价值取向和行为规范。

以营口东盛实业有限公司为例，一次性签发50份原产地证书，半个月可以少跑20多次海关。在“信用签”模式下，只要备案企业在海关无不良信用记录，即可利用自身信用“背书”，足不出户完成证书打印和海关签字盖章，减少企业人员在公司和海关之间“往返跑”，为企业节约了大量的时间和劳动耗费。

案例11：跨境出口商品清单布控自动分拣

为对标先进的、具有国际竞争力的监管体制机制，沈阳海关以沈阳片区为试点，创新打造跨境出口商品清单布控自动分拣新模式，构筑跨境电商出口通关快捷通道，提升“智慧海关”监管体系，提高海关监管水平和效能。

主要做法：

近年来，沈阳片区跨境电商零售商品出口业务呈现爆发式增长。为进一步提高通关时效，更好服务企业和新业态发展，沈阳片区联合沈阳海关探索高效跨境电商通关分拣模式，创新开发跨境出口商品清单布控自动分拣信息化系统。

在系统应用之前，监管场所在执行海关总署布控指令时，仅通过单个货物编码很难立即精准定位到其所在的大包裹，且作业流程中存在人工干预因素，平均单包货物分拣指令传输执行要1分钟左右。采用新系统后。利用“总分单号—大包裹号—清单号”的绑定关系，将“总分单号—大包裹号—清单号”对应列表加载到分拣信息化系统内，单个货物通过时间缩短为几秒，对出口跨境电商清单商品实现精准定位、自动分拣，实现数据采集预警机制，提高布控查验时效性和精准性。

制定研发方案。在充分调研沈阳片区跨境电商企业问题及需求后，沈阳海关集中业务骨干力量，以推进关区“智慧机检”工作为契机，成立智慧监管创新工作专班，制定跨境出口商品清单布控自动分拣信息化系统研发方案，同步出台相关指导性文件及办法。

升级改造系统。沈阳片区向沈阳海关提出对海关跨境辅助系统、各现场X光机查验分拣系统和相关企业运营单位综合服务系统进行升级改造。在企业运营单位综合服务系统中，新增数据导入模块。企业批量导入时，提供总分单号、大包裹号、清单号三项信息，与海关下达的布控查验指令进行自动对碰。

自动分拣下线。布控查验指令进入海关辅助系统后，与辅助系统货物清单信息合并，然后加载到现场X光机查验分拣系统内。利用“总分单号—大包裹号—清单号”的绑定关系，根据布控指令中海关HS编号，反查有布控指令的大包裹并自动分拣下线。海关跨境数据或企业申报数据中任一来源包含有查验指令，分拣系统都将给大包裹附加查验指令，并重新生成数据下发给现场光机，大包裹经过分拣线，扫描信息得到查验指令时进行分拨处理。

实践效果：

一是提高布控查验精准性，减少人工干预。通过信息化系统实现与海关布控指令的自动比对，实现跨境出口清单布控商品迅速准确定位，大幅提高布控查验的时效性和精准性。有效剔除作业流程中人工干预因素，大幅降低现场关员人工“盲选”操作廉政风险，助力海关公正执法。

二是市场主体获得感增强。该系统压缩了通关时间，提高了服务效率和水平，提升了监管严密性，沈阳片区跨境电商出口企业切身体验到通关提速的便利。以沈阳远达国际快件监管中心为例，应用新系统后，货物通关量从2020年的不到200万单，增长到2021年的1 834万单，增幅达817%，货物增提通关效率提升了70%。

三是带动贸易量提升，助力企业“走出去”。跨境出口商品清单布控自动分拣信息化系统运行后，跨境电商零售商品出口贸易量呈现持续上涨趋势，助力更多的跨境电商企业和国产商品“走出去”，促进外贸保稳提质。在商务部2021年跨境电子商务综合试验区评估中，中国（沈阳）跨境电子商务综合试验区评估结果为“成效较好”，居辽宁省首位，为东北地区最好成绩。

案例 12：新型离岸贸易管理服务体系

为贯彻落实国家支持离岸贸易发展的总体部署和具体要求，加快探索推进大连特色自由贸易港建设，大连片区会同国家外汇管理局大连市分局、中国银行大连市分行，为托克辽港国际贸易（辽宁）有限公司（以下简称托克辽港公司）搭建完善了一整套新型离岸贸易管理服务体系，促成新型离岸贸易业务在大连片区的落地。

主要做法：

因离岸贸易“两头在外，三流分离”的特点，使得货物所有权凭证复杂，货物和交易关系难以证明，银行无法按照一般规则来精准甄别离岸贸易的真实性，造成离岸贸易面临“单据审核严”和“单据提供难”的矛盾，银行难以配合企业开展结算业务并给予融资支持，限制了离岸贸易的大规模发展。同时，自由贸易港优惠的税率、宽松的外汇管制、灵活的海关监管措施及完善的法律体系等制度条件是离岸贸易发展的必要保障。相比之下，非自由贸易港区域的制度开放程度偏低，税负明显偏高，较难吸引离岸贸易等国际结算类企业的进驻。

1. 在外管部门的指导下，由银行建立一整套完善的离岸贸易管理制度。

一是在强化事前尽调方面，精准识别新型离岸国际贸易客户身份和业务模式，对客户的外汇评级、诚信状况、合规水平、风控能力进行全面评审；在对客户的信用资质、主营业务、贸易类型、交易对手、历史记录等进行深入了解的基础上进行企业准入，对企业进行分类管理；审慎处理新设企业、异地企业、短时间内业务快速增长或转型的企业、未从事过该领域交易的企业、未开展过对外贸易的企业等。

二是在事中真实性审核方面，确保交易真实、合法且具有商业合理性和逻辑性，重点对业务的合理性进行审核；重点审核业务与客户尽调阶段的业务模式是否一致，对交易对手、商品价差、融资需求、运输单据及运输路径进行核实；审慎处理交易价格不符合商业逻辑、买卖价格偏差过大、大额交易、高额交易、单据表面不符甚至矛盾、交易不符合产品及行业的一般特点等现象。

三是在事后内部监测方面，建立离岸转手买卖业务台账，持续跟踪已收未支或者已支未收的业务进展情况；建立与当地人民银行、外汇管理局、海关等机构常态化沟通机制，动态掌握企业相关经营状况，捕捉异常信息、控制业务风险；及时调整企业的客户风险等级，严格审核企业后续跨境资金结算业务；银行应留存相关交易单证、客户尽职调查、事后监测管理等资料 5 年备查。

2. 以发展痛点堵点问题为核心，由地方政府搭建一整套完善的离岸贸易服务体系。

一是建立离岸贸易需求研判和会商机制。由自贸片区牵头，会同外管部门、商务部门、重点银行、第三方数据平台公司组建离岸贸易会商工作机制，畅通相关部门政策协同、信息共享、案例会商的渠道，形成离岸贸易需求和问题发现机制。针对企业真实合法的离岸贸易特殊业务需求，组织相关业务主管部门、商业银行、专业服务机构开展个案分析与政策研究，根据行业的不同属性为其量身定制个性化解决方案，满足企业多元化业务需求。

二是建立新型离岸国际贸易优质企业“白名单”。会同外管部门、商务部门、重点银行进行综合研判，将资信良好的跨国公司地区总部、总部型机构、贸易综合服务平台型公司、重点产业贸易公司纳入互认的可开展离岸贸易企业“白名单”。鼓励列入“白名单”的企业探索发展各类新型贸易方式，并强化“白名单”管理理念运用，推出“白名单+”金融创新服务举措。

三是搭建具有公信力的数据信息服务平台。对接、整合数据公司在境外获取的货物流数据信息，共享给银行及监管机构使用，辅助银行对企业的离岸贸易背景进行真实性审核，为企业向银行融资提供数据支撑。搭建新型国际贸易服务平台，为加快推动引导企业统筹国际业务、跨境金融服务、跨境服务贸易等高端服务业集聚提供综合性支持，培养、增强外贸企业开展离岸贸易能力。

四是强化金融支持，提高自由便利水平。逐步建设与离岸贸易相匹配的金融服务体系。积极协调外管部门推动银行创新业务模式，推动贸易收支便利化，加强对离岸贸易的融资支持。对标“五自由一便利”，对标国际先进规则和自由港模式，进一步提升制度集成创新水平，促进贸易要素自由便捷流动，持续构建公正透明的法治环境，为离岸贸易发展营造公平、透明、稳定、可预期的营商环境。

实践效果：

一是解决企业问题，发挥企业优势形成经济增量。开展新型离岸贸易业务，解决企业没有原油进口资质，无法直接开展原油进口的问题。利用新加坡托克集团在全球的大宗商品资源调配能力和具有价格竞争力的油品资源，在2022年油化品价格大幅上涨的情况下，为国内炼厂供应价廉质优的油品，在为企业创造效益的同时，也为地方带来直接的经济贡献。2021年11月首单新型离岸贸易业务落地后，托克辽港公司全年完成离岸贸易20亿元。

二是汇聚高端要素，带动开放型经济高速发展。离岸贸易使资金流和信息流向贸易商所在区域汇聚，带动国际订单量增加，贸易结算规模增加，贸易决策中心集聚，吸引了资金运营商、新型贸易商和高端商贸人才的集聚。跨国公司在全球范围内拥有强大的贸易网络和集聚各种生产要素的能力，是离岸贸易发展的重要主体。扩大离岸贸易规模，丰富离岸贸易功能，更有利于吸引跨国公司总部或其离岸公司聚集，将对区域加快外向型经济高质量发展产生重要积极影响。

三是提升外贸能级，增强全球化资源配置能力。发展离岸贸易将丰富贸易发展方式，扩大服务贸易规模，激发贸易代理、结算、融资、信息服务、展览展示等多种形式的服务需求，带动研发设计、物流采购、营销服务、维修服务等高附加值服务业的聚集。发展离岸贸易可以打破本地资源限制，让区域更好地参与到全球贸易网络中，增强对国际大宗商品资源配置的能力，提升片区在全球产业链供应链价值链中的地位，进而形成对全球贸易价格和规则具有影响力的国际贸易中心。

四是对接国际规则，推动高水平制度集成创新。贸易、投资、跨境资金流动、人员进出、运输来往的自由便利以及数据的安全有序流动，都与离岸贸易的发展息息相关，而这些也恰恰是高水平自由贸易港的主要特征。以促进离岸贸易为切入点，自贸片区可更加有的放矢地对标国际先进规则推进高水平制度集成创新，在贸易便利化、投资便利化、跨境资金管理、人才自由流动等方面实现制度突破，更早实建设特色自由贸易港的发展目标。

案例13：“三贷”中心精准定向金融服务

为切实提升金融服务实体经济的能力，营口片区与营口市金融发展局、中国人民银行营口市中心支行、中国银行保险监督管理委员会营口监管分局共同建设辽宁自贸试验区营口片区“首次贷款中心”“绿色贷款中心”“科创贷款中心”（以下简称自贸区“三贷”中心），多主体、多角度形成合力，多措并举降低融资成本，扩大普惠金融的覆盖面，实现企业贷款保持较快增速，获得信贷率持续提升，综合融资成本稳中有降，以此将自贸区“三贷”中心打造成全市普惠金融、绿色金融和科技金融发展的“名片”，助力区域高质量发展。特别是在新冠疫情期间，“三贷”中心及时有效为企业提供优质金融服务，支持中小微企业恢复发展，努力减少新冠疫情对经济社会发展的影响，以实际行动服务抗疫情、助企业、促发展大局。

主要做法：

因企施策，设立自贸区“三贷”中心。营口片区根据不同类型企业的融资特点及融资目的，将“首次贷款”“绿色贷款”“科创贷款”作为解决企业融资难题的突破口，以此为依据，建设自贸区“三贷”中心，即“首次贷款中心”“绿色贷款中心”“科创贷款中心”，并明确了各个中心的支持对象及范围。“首次贷款中心”为营口片区内从未获得贷款的中小微企业获得首次贷款提供对接渠道；“绿色贷款中心”为营口片区内符合绿色产业指导目录的企业发放绿色贷款提供对接渠道；“科创贷款中心”为营口片区内科技型中小企业、高新技术企业、“专精特新”企业、雏鹰企业、瞪羚企业、独角兽企业发放科创贷款提供对接渠道。首期设立“三贷”专项资金 2 000 万元，用于支持自贸区“三贷”中心建设。对实现“首次贷款”“绿色贷款”“科创贷款”的企业给予一定的贷款贴息及担保费补贴；对利用出口信用保险融资的营口综合保税区企业，给予一定的贷款贴息和保险费用补贴。同时也将适时推出风险补偿金，与商业银行共同支持企业发展。

统筹协调，各部门联合推进举措落实。营口片区统筹协调营口市金融发展局、中国人民银行营口市中心支行、中国银行保险监督管理委员会营口监管分局共同参与自贸区“三贷”中心建设，通过再贷款、再贴现政策，发挥人民银行货币政策工具导向作用；通过监管评价与正向激励，发挥银保监局监管政策导向作用；通过建立健全涉企信息整合共享机制与平台服务优化，发挥市金融发展局与营口“金小二”金融服务平台的协同助力作用。多主体、多角度形成合力，共同推动自贸区“三贷”中心顺利落地并投入使用。

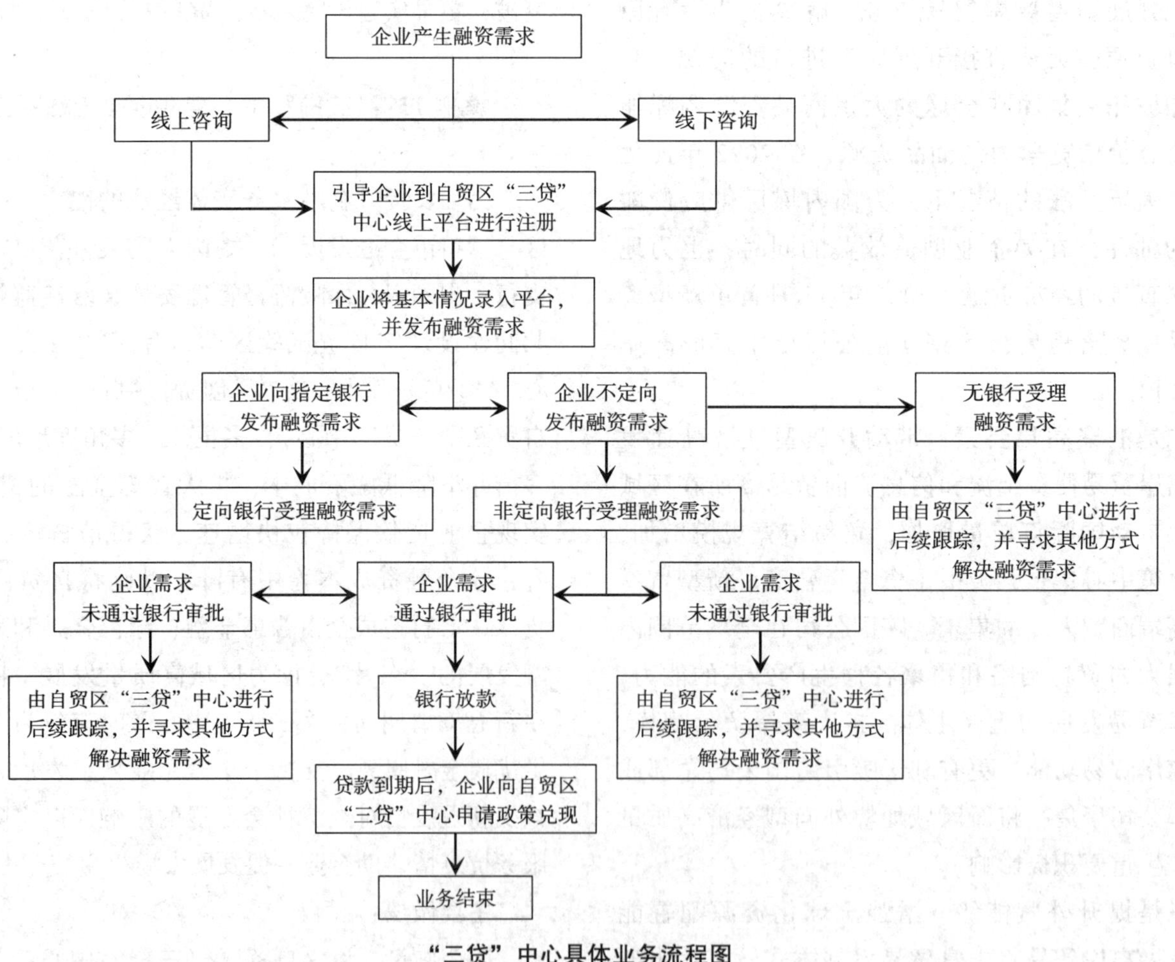

“三贷”中心具体业务流程图

多措并举，持续为企业提供金融服务。一是为企业提供线上线下一站式服务。利用营口“金小二”金融服务平台作为自贸区“三贷”中心线上入口，提供主体信息发布、信用信息共享、特色产品发布、融资需求对接和统计监测等服务。同时，在营口片区政务服务大厅设立自贸区“三贷”中心线下服务区，统一对外提供政策宣传、业务登记和受理服务。根据企业特点提供差异化、一站式金融服务。线上线下结合服务的方式能够让企业即使在疫情居家期间也能享受到自贸区“三贷”中心的金融服务。二是建立信贷“绿色通道”。入驻自贸区“三贷”中心的商业银行，指定专门团队为企业服务，优化授信审批流程。扩大普惠金融的覆盖面，引导商业银行加大与担保公司、保险公司的合作，为片区企业提供丰富的金融产品和服务，从而让更多更优的创新产品和服务，在营口片区先行先试。三是加快信用信息共享。依托营口“金小二”金融服务平台的大数据归集功能，深化数据开发利用，助力银行等金融机构提升服务中小微企业的能力，不断提高企业贷款可得性，防范化解风险。同时，建立健全以金融机构使用为导向、企业授权为支撑的涉企信息整合共享机制，促进信用信息共享平台与金融机构的功能互补与业务协同。充分发挥金融科技创新应用的助力作用，提升自贸区“三贷”中心金融机构对中小微企业、绿色发展企业及科创企业信用风险的评价能力。四是加强企业融资能力建设。自贸区“三贷”中心联合金融行业主管部门、金融机构及行业专家，常态化开展线上线下金融政策宣讲、银企对接等活动，加强金融政策、金融服务典型案例，以及针对疫情时期金融惠企政策的宣传推广力度。为企业合理运用金融工具、优化融资结构、防范金融风险，以及面对疫情时企业的金融问题提供咨询及人才培训服务，以“一业一策”“一企一策”的方式帮助企业制定有针对性的投融资规划和融资方案。

稳企纾困，疫情防控期间持续发挥作用。一是开展线上金融知识宣传工作。新冠疫情期间，自贸区“三贷”中心及成员单位充分发挥各方优势，收集整理市场主体关切的金融问题，共同研究解决方案，联合组织开展线上系列讲座。系列讲座内容在解读央行政策内容，疏解群众“急难愁盼”的前提下，重点聚焦货币政策、资金流动、金融服务等惠企利民政策，解决企业最为关注的金融问题。二是落实新冠疫情期间金融惠企措施。号召试点银行落实促进有序复工复产的金融服务举措，全面支持疫情防控及受疫情影响的经济主体，用优质金融服务促进营口片区乃至全市经济恢复与增长。三是设立信用报告“云”查询体验区。营口片区联合人民银行营口中心支行在自贸区“三贷”中心设立信用报告线上“云”查询体验区，通过信用报告“云”查询通道使企业和个人足不出户即可免费获取信用报告。在新冠疫情防控的特殊时期，企业依旧能够通过该通道实现信用查询功能。

实践效果：

一是有效缓解企业融资难题。融资难、融资贵问题始终是制约企业发展的重要因素，特别是在新冠疫情期间，企业面对的融资问题更为突出。自贸区“三贷”中心的成立，能够一定程度上有效缓解企业融资难题：有效降低企业融资成本，对于满足自贸区“三贷”中心支持要求的企业，能够获得营口片区给予的贷款贴息，从而降低企业融资成本，缓解企业贷款压力；有效提高银行与企业间融资行为的成功率，通过信用信息共享平台的数据归集与分析功能，提高银行审查与放款效率；落实再贷款政策，梳理银行贷款对象中符合人民银行再贷款政策的企业名单，让更多企业获得优惠利率的信贷支持，进一步降低企业成本，缓解企业资金压力，激发企业内生动力。

二是实现融资服务常态化。一方面，通过设立自贸区“三贷”中心线上线下展示区，使企业即便在新冠疫情期间也能直接了解到多家银行的特色产品，宣传自贸区“三贷”中心功能及政策；另一方面，通过网格化工作提升政策知晓率，将自贸区“三贷”中心宣传解读融入营口片区网格化企业帮扶工作中，让区内更多企业知政策、懂政策、用政策，区内企业融资需求实现100%全对接。

三是深化政银企之间联系。自贸区“三贷”中心的成立，充分调动银行的积极性，有效打通政府与银行之间的沟通壁垒，实现政府、银行、企业间交流的循环。

案例 14：在华工作境外个人薪酬购汇便利化

为贯彻落实《关于金融支持中国（辽宁）自由贸易试验区高质量发展的若干措施》，进一步优化引才引智环境，为外籍人才提供更加高效、便捷的金融服务，营口片区与国家外汇管理局营口市中心支局（以下简称营口市外汇局）共同探索、主动施策，大力推动境外个人薪酬购汇便利化业务顺利开展，实现该业务在辽宁省内的首次落地。

主要做法：

境外个人薪酬购汇便利化业务是简化银行业务单证审核、提升个人外汇业务便利化水平的重要举措，具体做法如下：

一是对接职能部门，做好前期摸排调研工作。为优化境外个人薪酬购汇手续，切实推动创新业务落地，2022 年 4 月，营口片区会同营口市外汇局与营口市科技局，摸排调查截至 2021 年底营口片区内在华工作境外个人情况，力争在摸清底数的基础上，有针对性地开展制度创新。

二是汇政银三方联动，助推业务对接落地。通过前期摸排调研，梳理营口片区在华工作境外个人薪酬购汇业务分布，对有意向开展业务的银行、在华工作境外个人有针对性地开展政策宣讲、业务指导。落实专人加强业务督导，指导银行梳理办事指南，对用工单位定点“送政策上门”等，合力推介便利化政策。此项创新政策的落地使辽宁自贸试验区内在华工作境外个人薪酬购汇手续进一步简化。在该项创新政策落地之前，境外个人办理薪酬购汇业务时，都需要重复提交个人身份证明、劳动合同、工作收入证明、纳税凭证等材料，银行逐项审核后方可为其办理购汇业务，不仅业务办理时间长，还为购汇人与单位增添了很多重复性的手续。境外个人薪酬购汇便利化业务创新政策落地后，银行坚持“实质重于形式”的审核原则，根据在华工作境外个人购汇业务的首次办理情况，免于审核重复性材料，并在购汇备注栏标注“便利化薪酬购汇”字样。该人员在合同有效期内再到同一银行办理薪酬购汇业务时，只需携带护照即可办理，效率提升约 90%。此项创新业务的便捷办理，在满足境外个人真实、合理的用汇需求的同时，极大提升了境外个人薪酬购汇汇出的满意度和获得感。

实践效果：

境外个人薪酬购汇便利化业务的成功落地，极大压缩了业务办理时间，提高了业务办理效率，提升了营口片区跨境金融服务能力。这是营口片区与营口市外汇局多举措主动服务企业，积极落实各项外汇便利化政策，着力优化营商环境，提升片区服务效能，全力助推地方外向型经济发展的一个缩影。

该业务切实满足境外高端人才薪资购付汇的实际需求，提升境外个人薪酬购汇业务办理效率，便利外籍人才来辽宁自贸试验区工作、用汇和消费。通过便利化的业务办理流程切实提升境外人才在辽宁自贸试验区内的获得感、归属感，激发境外人才创新创业的活力和热情，有助于本地用人单位更好服务和吸引外籍人才，优化改善了辽宁自贸试验区引才引智政策环境，打造营口市引进外国高端人才的新高地，推动营口市构建对外开放创新的新格局。

在前期调研过程中了解到，营口片区内企业马勒发动机零部件（营口）有限公司任职的德籍专家有着工资存款需定期购汇并汇至境外同户名账户的业务需求。2022 年 8 月 8 日，交通银行营口分行通过免于审核重复性材料的方式为马勒发动机零部件（营口）有限公司德籍专家办理薪酬所得购付汇业务，金额 5 000 欧元，实现首笔在华工作境外个人薪酬购汇便利化业务落地营口片区。

案例 15：人民币贸易融资资产跨境转让通道创新

立足辽宁涉外经济发展实际，发挥辽宁自贸试验区先行先试的政策优势，全面提升沈阳片区金融对外开放水平，人民银行沈阳分行通过境内外金融机构联动，充分利用两个市场，高效对接外贸企业低成本融资需求，积极创新人民币贸易融资资产跨境转让新模式，成功指导中国建设银行沈阳自贸区支行首单人民币贸易融资资产跨境转让业务落地。

主要做法：

改革前：外贸企业跨境人民币贷款的债权只能在境内流转，债权持有人始终是境内银行。受制于资本项目外汇管理各项规定严格约束，外贸企业若想通过跨境贷款业务，从海外银行获得融资支持难度极大，相关跨境资信考察很难实现，业务周期及融资成本无法估算。

改革后：打通跨境债权转让通道，直接将境内发放的跨境人民币贸易贷款债权一次性转卖给境外银行，使境内贸易企业间接获得境外银行的贷款，解决了境外银行对境内企业跨境资信审核的难题，同时也满足了出口企业利用境外低成本融资款项需求。

一是回应市场主体需求，打通人民币资产境外转让渠道。为满足贸易企业对海外低成本资金的强烈需求，人民银行沈阳分行指导中国建设银行沈阳自贸区支行抓住境内外人民币贷款利率差时机，与中国建设银行境外分支机构联动，于 2022 年 6 月 17 日成功将 2 700 万元国际信用证项下人民币福费廷资产（即银行债权）打包转让给境外银行，突破了人民币贸易融资资产通常在境内福费廷二级市场流通的现状，使境内企业间接取得境外人民币贷款支持，大幅降低外贸企业融资成本。

二是出台金融创新政策，推动贸易金融发展进程。为切实提升辽宁自贸试验区金融创新能级，人民银行沈阳分行、辽宁省商务厅和国家外汇管理局辽宁省分局联合下发《关于印发金融支持中国（辽宁）自由贸易试验区高质量发展若干措施的通知》（沈银发〔2022〕48 号），明确“支持自贸试验区内银行开展人民币贸易融资资产跨境转让业务”要求，为业务奠定了政策基础。

三是选定优质金融科技行，服务跨境人民币应用企业。人民银行沈阳分行深入调研各银行现有福费廷资产规模、金融科技发展水平及海外分支机构设立现状。依托中国建设银行境外机构布局优势，最终选定其作为跨境资产转让业务突破落地的金融机构，选定中国建设银行东京分行为境外包买行，中国建设银行沈阳自贸区支行为境内资产卖出行，以电子元件、集成电路采购为贸易背景的业务作为本次业务标的。同时，选定跨境人民币结算优质企业，实施本次转让业务的落地。

实践效果：

一是满意度提升。人民币贸易融资境内资产境外流转，有效降低了外贸企业融资成本，进一步提升了市场主体的获得感和满意度。

二是便利化提升。通过境内外金融机构间联动，将企业融资渠道从“单一市场、单一资源”拓宽到“两个市场、两种资源”，促进了企业跨境贸易融资便利化。

三是选择性提升。帮助企业根据境内外资金成本差异选择最优融资方案，进一步拓展企业融资渠道，并为国际金融市场提供境内优质的人民币贸易融资资产配置选择，助力跨境人民币资金进入国际金融领域，推动人民币国际化和人民币跨境双向融通。

案例 16：银行风控数字化转型

为进一步完善辽宁自贸试验区金融生态，助力银行机构防控潜在资金风险，中国银联股份有限公司（以下简称中国银联）与百行征信、辽宁省地方征信平台开展深度合作，发挥中国银联作为中国银行卡产业的核心和枢纽优势，利用所拥有的海量真实支付数据和业界专家级人才，运用支付大数据构建企业风险服务模型、评分机制及贷款监管服务，为沈阳片区内的银行机构提供企业信用画像、信用评分等贷前准入及贷后资金流向监控等产品与服务，助力解决银企信息不对称问题，降低银行机构资金风险，提高优质企业融资可得性和便利性，提升金融服务管理能力。

主要做法：

大数据联合建模。为更好参与沈阳片区金融安全建设，防范资金欺诈风险，中国银联在人民银行沈阳分行的指导下，结合辽宁省地方征信平台互联互通工程（以下简称“辽信通”），从跨支付机构、跨行业、跨地域的横向视角，整合内外部交易数据，通过大数据、人工智能、区块链、云计算等技术分析2 500余家成员机构，近90亿张银联卡，超200万亿元的年交易金额，2 700多万特约商户信息，以及“辽信通”194万家企业、9亿多条政务及公共缴费等涉企替代信息。针对零售信贷、普惠金融、风险合规等需求，围绕贷前评估、贷后预警场景，采取银联支付大数据模型与银行机构定制模型相融合的方式，在原有风控框架基础上结合辽宁自贸试验区企业的特点，通过物流信息、支付信息、订单信息、海关报关数据等多维数据，在企业资金需求评估阶段、贷前反欺诈验证阶段、贷后资金流向预警阶段和贷后行为评分阶段提供大数据验证交互接口，为银行机构提供多角度的企业风险防控服务，协助银行机构完善风险防控体系。

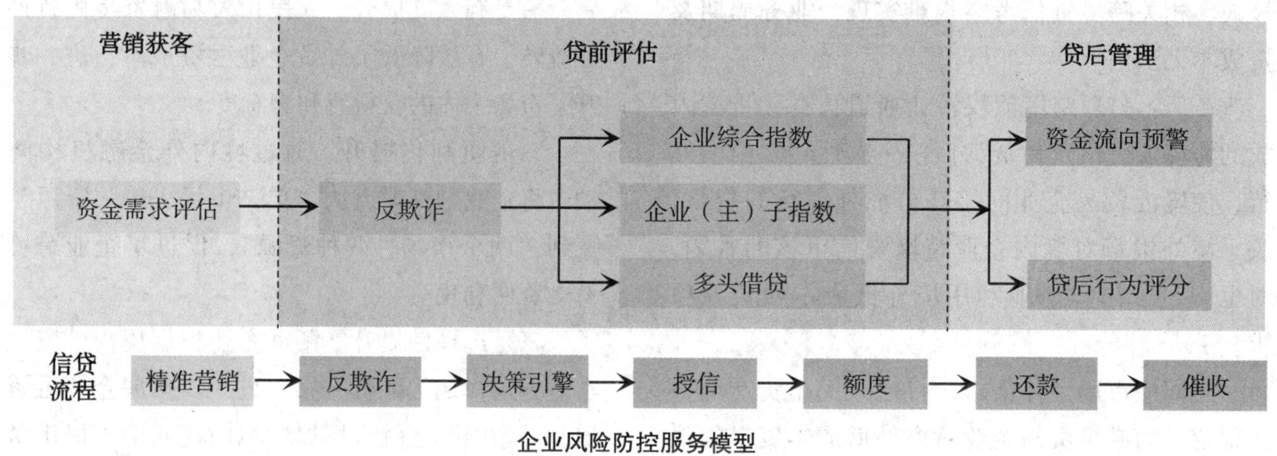

企业风险防控服务模型

针对性优化评分标准。针对辽宁自贸试验区企业贸易自由、营业自由的特点，中国银联提出针对性的优化评分标准，建立自贸试验区场景下的企业综合指数及子指数。企业综合指数通过分析企业经营行为数据（包括经营流水、B2B网银支付流水、资金分账流水、经营类型和时长、是否存在刷单行为、疑似洗钱、疑似团伙套现等），构建涵盖企业黑名单审查、企业多头借贷、企业授信额度、企业商业欺诈等大数据特征，运用机器学习技术形成评分模型，脱敏后输出的企业风险评分；企业（主）子指数在综合指数的基础上，结合法人、股东、高管等个人支付交易行为（包括支付查询类交易、支付认证类交易、借记卡交易、贷记卡交易、取现交易等）的大数据特征，筛选出一套侧重于解释性的子评分，帮助银行机构更加详细地掌握沈阳片区企业主各方面特征；在企业综合指数及子指数的基础上，结合辽宁自贸试验区企业业务数据，包括网上银行卡交易转接清算平台（UPOP，也称银联在线支付系统）跨境支付流水、辽宁自贸试验区企业订单信息、全渠道海关报关单信息、辽宁自贸试验区企业物流信息，用更加符合辽宁自贸试验区特征的数据增加评分的精准性。中国银联海量的动态支付大数据与银行机构自身积累的静态数据相结合，建立的定制化综合指数模型具有高度实用价值，能为银行机构评价特定企业风险提供有力参考，从而更好作出业务决策，助力沈阳片区普惠金融发展。

严格监控贷款资金流向。对于银行机构，其贷后管理中的资金流向监控环节非常重要，但是目前银行信贷资金出行后，商业银行普遍难以掌握资金流向情况，对于信贷资金出行后缺乏有效的监控手段，一定程度上限制了银行机构的贷款意愿和规模，而且存在一定的合规隐患。为有效降低沈阳片区内银行机构的经营风险，提高其参与企业贷款的积极性，中国银联基于全网视角，通过海量实时交易数据分析，为银行机构提供贷款资金流向监控服务，用以实时监督预警贷款资金违规使用行为，进而有力支撑自贸试验区信用贷等金融创新工作。

实践效果：

中国银联已与沈阳片区内中国建设银行、农村商业银行、中国银行、平安银行等20余家合作伙伴的总分机构开展企业评分服务合作。银联企业评分服务月均调用量超过3万笔，协助银行为约2万余家企业放款，规模超过30亿元，银行从原来只向本行收单商户放款，变为向全行业商户放款，商户覆盖率极大提升。某六大行使用中国银联企业评分模型后，企业平均授信额度提升200%，贷款审批通过率从不足5%，提升到12%，客户经理营销积极性显著提升。辽宁省某银行2022年4月使用中国银联评分模型后，沈阳片区商户贷款已授信19家、授信额度700余万元、放款350余万元。

中国银联针对银行提供的样本数据，逐条逐项监控贷后资金流向，对行内贷后资金流向管理起到了有益补充，帮助商业银行及时发现违规使用贷款资金流向房地产、金融投资的客户，履行合规义务。

案例17：跨省异地电子缴税

为便利跨区域生产要素流通，解决跨区域经营纳税人“缴税难”“手续繁”问题，沈阳片区会同中国人民银行沈阳分行积极推进辽宁自贸试验区跨省异地电子缴税业务开展，通过财税库银横向联网系统将异地税款跨省直接缴入经营地国库，为省外来辽企业简化办税流程，提供办税便利，并成功指导辽宁自贸试验区首笔跨省异地电子缴税业务落地。

主要做法：

改革前：随着沈阳片区市场主体日渐增多，营商环境不断优化，越来越多的省外企业到沈阳片区参与工程项目建设和运营，若这些企业未在辽宁省开设缴税银行账户，则无法直接缴纳税费，须重新在辽宁省经营地开设账户，或将税费从省外注册地汇入辽宁省内经营地国库设置的“待缴库税款账户”，再到经营地办理税款入库，企业需在经营地和注册地多次往返，给企业办税带来诸多不便。

改革后：为解决上述问题，沈阳片区会同人民银行沈阳分行及辽宁自贸试验区沈阳片区税务局多次磋商研究政策落地，指导银行业金融机构开通跨省异地电子缴税业务。2022年9月8日，中国建筑第四工程局有限公司使用其北京的企业账户成功向辽宁自贸试验区沈阳片区税务局缴纳企业所得税、增值税等各类税款共计36.99万元，辽宁自贸试验区省外账户跨省缴税通道成功搭建完成。

一是深入调研，找准政策“发力点”。为厘清跨省异地电子缴税业务办理流程，沈阳片区同人民银行沈阳分行深入研究相关政策、制度和文件要求，学习借鉴跨省异地电子缴税业务先进工作经验，了解跨省异地电子缴税业务系统改造要求，确定异地账户三方协议签订注意事项、税款资金清算方式和缴库流程，明确跨省缴税企业类型，做好跨省异地电子缴税业务以及推动政策落地准备工作。

二是横纵协同，开通办税“高速路”。成立由人民银行沈阳分行、辽宁省税务局、辽宁自贸试验区沈阳片区税务局、沈阳片区及其国库等多方在内的跨省异地电子缴税工作专项小组，明确职责和工作内容，统筹推进跨省异地电子缴税业务上线进度。指导辖区内银行业金融机构对系统进行升级改造，国库、税务和银行多方配合，密切协作，对跨省异地电子缴税三方签约、税款申报、资金清算、入库对账等全过程各环节反复测试验证，及时解决业务测试中遇到的难点、堵点问题，推动资金划缴、审核、扣款和入库的全流程电子化。

三是服务联动，架起银企“信息桥”。组织召开沈阳片区调研座谈，全面了解沈阳片区内企业跨省经营情况，充分征求市场主体政策需求。筛选具有跨省纳税需求的企业、项目，主动作为、靠前服务，联合税务部门和银行业金融机构为用户建立“一对一”异地缴税服务机制，详细讲解跨省缴税业务政策和办理流程，远程实时指导用户签订三方协议、申报纳税、税款划缴和完税凭证查询打印，帮助纳税人“足不出户”完成缴税办理。

实践效果：

一是有效解决跨省经营企业缴税难题。跨省异地电子缴税通过财税库银横向联网系统将异地税款跨省直接缴入经营地国库，为省外来辽企业简化办税流程，提供办税便利。省外纳税企业在辽经营产生税款时，只需通过电子方式网上申报缴纳税款，税款就可以从企业核算地开户银行直接缴入辽宁省国库，解决企业异地缴税“多头跑”“手续繁”等难题。

二是提高异地税款入库效率，增强地区发展竞争力。跨省异地电子缴税为企业搭建了安全、高效的缴税通道，缴税流程时长可缩短至3—5天，不仅减轻了企业办税负担，也保证了税费资金安全性，提高了税款入库效率。跨省异地电子缴税发挥制度创新和政策创新引擎驱动力，实现企业办税时间、成本双降，吸引重点企业落户。

三是创新辽宁自贸试验区企业跨省缴税模式，探索央行服务新途径。在沈阳片区首次实现跨省异地电子缴税，形成首创的可复制、可推广的成果，成功加速辽宁自贸试验区金融及税收服务体系建设，有效打造更加便利化的投资营商环境。

案例18：税务服务数字化升级新模式

为解决长期困扰纳税人、缴费人的咨询热线接入慢、咨询解答不精准、线下办理等待时间长、现有系统问办脱节等“急难愁盼”问题，大连市税务局坚持问题导向，依托科技之翼，创新推出税务数字虚拟人“税可思”，为纳税人、缴费人提供集咨询、查询、办理、预约、需求响应于一体的高效互动服务。“税可思”作为税费服务领域的一项智能化综合解决方案，融合了大连片区多年来纳税人和缴费人的实际关切和切身诉求，实时提供最新咨询解答内容和业务办理途径。

主要做法：

一是推出税务数字虚拟人“税可思”，提升税费服务管理效能。以大连税务青年干部为原型，真人实景拍摄取材，通过AI技术，将税务干部“真人形象”呈现在手机、大屏等各类移动终端，为纳税人、缴费人提供7×24小时全天候智能咨询服务，使纳税人、缴费人如同身处税费服务现场。依托交互式知识库和后台“专家智库”，“税可思”可以在沟通交互时自动研判对方语意，实时解答疑问，并能够识别解答语音、文字、图片等多种形式的提问。“税可思”也可以在较短时间内有效解决“疑难杂症”，为纳税人、缴费人提供高质量的政策辅导服务。

二是依托智能问办平台，打造“非接触”办税新方式。“税可思”根据业务特征提供手机端三种办理模式，足不出户、掌上可办。拍照上传云端办，对于申报、退税、信息报告、注销等最常用的四大类14项业务，仅需将相关资料拍照上传，“税可思”的后台税务人员即可直接为其完成办理。远程同屏可视办，对于大部分需要现场办理的业务，实现税务人员远程指导咨询者办理业务，并同时完成审核、确认等工作，让每个咨询者都拥有自己的“办税厅”。线上引导分类办，对于需要通过其他信息系统办理的业务，“税可思”自行判断业务需求并提供移动端链接，全程“边问边办”“手把手”辅助完成业务办理。

实践效果：

“税可思”大屏版在大连片区试点应用，反响良好。大连片区内所有的政务服务大厅和办税服务厅都已投放“税可思”，并已推广至全市应用。自推广以来，“税可思”服务事项平均办理时长约4分钟，仅为窗口办理时长的1/4；全市纳税人、缴费人到厅次数减少48. 85%；全市主办税服务厅实体窗口减少105个。

实现群众诉求与服务方案深入融合。“税可思”

作为税费服务领域的一项智能化综合解决方案，融合了辽宁自贸试验区多年来纳税人、缴费人的实际关切和切身诉求，同传统窗口真人实地办理模式相比，大幅降低纳税人和缴费人的交通、排队等候等办事成本。

实现优化执法与廉政建设有效整合。“税可思”实现用数据信任转移工作风险，用数据分析取代经验判断，用精确定位明确责权边界，剔除了办事过程中人的主观因素，以公开规范、实时留痕的突出特征，切实实现“办事不求人，审批不见面”的高质量政务服务标准。

案例19：出口退税智能诊断新模式

大连市税务局聚焦出口退税业务难点，积极发挥自贸试验区制度创新“试验田”作用，试点开发“退税医生”特色功能，在申报过程中智能诊断退税疑点，实时交互指导出口企业准确高效解决申报错误，在外贸形势复杂严峻的背景下，对激发自贸试验区出口企业活力，提升自贸试验区国际化、便利化营商环境发挥了积极作用。该功能在大连片区成功先行先试后，顺利实现全市推广，获得广泛好评与积极成效。

主要做法：

大连片区有出口退税企业近2 000家，占全市比重达35%，2021年大连片区共办理出口退税82亿元，占全市总量的43%。大连片区出口企业户数、出口退税规模均占全市较高比重，因此大连市税务局持续加强对大连片区企业的调研问需。走访调研中，部分出口企业，特别是核算能力弱、申报准确率低的小微出口企业，反映申报退税时遇到退税疑点不知该如何处理。有的自己查找政策资料，有的咨询税务机关，甚至需要在系统上反复试错，费时费力。退税疑点是指出口企业申报数据存在的错误，退税过程中企业须修改错误、处理退税疑点后方能完成申报。出口退税申报数据来源广、逻辑强、校验与核算复杂，出口企业极易在申报中产生各类退税疑点。据调研统计，大连片区出口企业平均每次退税申报会产生疑点30余项，办税人员解决单个疑点平均用时10分钟以上，因疑点处理不准确导致反复修改、反复申报的情况约占总业务量的30%。

为切实解决上述问题，大连市税务局开发“退税医生”功能，智能诊断申报错误，帮助出口企业快速、便捷、准确修改错误，处理退税疑点，从而提高出口退税申报质量与效率。

一是搭建业务场景。组织精干业务团队全面梳理1 200余个退税疑点，搭建处理退税疑点的业务场景，逐一对照匹配政策条文，明确修改方法及系统截图等，形成图文并茂的疑点解决方案和操作指引。

二是同步智能交互。与各类出口退税申报系统无缝对接，每次申报系统后台自动完成智能诊断，应用流畅无感。诊断结果以实时交互的方式在线反馈，出口企业按照“退税医生”给出的修改方法，按图索骥即可一次性处理退税疑点。

三是形成知识体系。定期分析出口企业申报数据，对出错率较高的退税疑点进行归纳整理，建立查询工具，便于出口企业浏览学习。

四是自贸试验区先行先试。积极发挥自贸试验区“试验田”作用，高度关注大连片区试点应用体验，广泛收集意见建议，及时进行完善与优化。在取得良好试点应用成效后，顺利实现全市推广。

实践效果：

“退税医生”功能于2021年第四季度在大连片区成功试点，2022年在大连全市推广应用，建立起逐个疑点有诊断、步步操作有提示、申报错误有辅导、修改返回再检验的服务闭环，前三季度全市出口企业应用该功能1.65万次，智能诊断退税疑点54.73万个，提速退税至3个工作日，切实为出口企业减负担、提速度、优服务，展现出较强的引领示范力与可复制、可推广性。

一是减负担。“退税医生”快速准确帮助企业发现错误、修改疑点，为企业节省了大量的查阅政策资料、咨询税务机关、反复系统试错的时间和精力。

二是提速度。应用“退税医生”后，出口退税平均申报用时压缩六成以上，申报一次性准确率提升至94%，出口退税更流畅、更准确。

三是优服务。“傻瓜式”服务模式有效降低出口退税业务门槛，无论是核算能力强的财务人员，还是新手小白，都可以应用该功能顺利完成退税申报，保障出口退税政策直达快享，大连市出口退税申报满意度提升至98%以上，领跑全国。

四是可复制性强。“退税医生”一个功能诊断通病。出口退税申报疑点全国统一，大连片区出口企业遇到的申报难点，全国的出口企业也会遇到。出口退税政策口径全国统一，疑点处理的方法基本相同，“退税医生”一个功能即可解决全国共性问题，可复制性极强。

五是可推广性强。小投入、大产出。“退税医生”是出口退税申报系统的一项便利化服务功能，无须开发新系统、新项目，该功能开发工作量小、耗时短、费用低，便于推广，切实解决出口企业“急难愁盼”问题。

案例20：综保区一般纳税人登记备案“一窗办理”

为助力营口片区高质量发展，营口市税务局积极发挥税收职能，在工作中主动发现企业的痛点，面对增值税一般纳税人资格试点过程中企业对政策把握不准的问题，通过前置辅导、流程再造等一系列创新举措，为企业提供精准服务，确保综合保税区内企业用足、用好政策，为企业行稳致远保驾护航。

主要做法：

前置服务确保企业用准政策。为帮助综合保税区内纳税人准确掌握和及时适用增值税“一般纳税人资格试点”等税收政策，营口片区和税务、海关联合设立了“一般纳税人综合窗口”，综合保税区企业在办理税务登记时，实行“一窗办理”。企业可在一个窗口同时获得税务和海关的双重政策辅导服务。税务和海关窗口配备业务骨干，根据当年国家政策调整方向，结合企业业务和经营情况，帮助企业判断政策适用性与适用范围，个性化分析政策影响，为企业是否适合申请增值税一般纳税人提供决策支持。通过该流程，将政策辅导前置，提前为纳税人答疑解惑，让纳税人少走弯路。

流程再造提升企业办事效率。按照现有信息共享工作机制的流程，综合保税区内企业想申请一般纳税人试点，必须先向主管税务机关申请，经审核通过后向主管海关申请，流程烦琐，时间较长，影响纳税人办事效率。营口片区联合税务机关和海关，在“一窗办理”的基础上，打通税务、海关两部门业务办理渠道，重塑一般纳税人试点申请流程：一是在企业办理备案前，由税务和海关部门在综合窗口共同为企业对相关政策进行解读，为企业做出决策参考，企业可自愿向窗口申请成为试点企业；二是办理过程中，实施增值税一般纳税人资格“一窗进、一窗出、两部门联动”，企业在窗口申领并填报《关于在营口综合保税区试点增值税一般纳税人资格的申请》，一窗受理后，税务与海关部门形成信息联动，共同为企业办理备案。企业只需提交一次材料，跑一个窗口即可完成备案。对于线上申请企业，可采取视频通话、屏幕共享、在线帮办和远程辅导等方式与纳税人沟通。

实践效果：

一是解决企业盲目办理、无法挽回的现实问题。营口综合保税区获批推行增值税一般纳税人资格试点以来，在实际工作中发现，并不是所有综合保税区企业都适合推广一般纳税人试点，比如有些两头在外，暂时没有国内业务的企业因对政策理解不到位，没有提前按照自身业务特点进行分析研判，盲目办理了一般纳税人登记备案，但企业实际并不适合增值税一般纳税人的一般计税方式，而一般纳税人登记一经认定，不得取消，导致企业享受不到作为小规模纳税人可以享受的税收优惠和保税区相关优惠政策，对企业来说反而增加了税收成本。由于部门之间没有联动，无法统一对相关企业进行指导，给很多企业造成无法挽回的影响。实施一窗受理模式以后，辽宁自贸试验区营口片区税务局、营口海关与营口片区积极联动，以制度创新为抓手，在服务细化、服务融合上发力，切实解决企业政策运用不熟练的问题，确保企业利益不受损失。

二是使国家政策红利得以充分、精准地释放。由于综合保税区内各项税收政策涉及范围广，覆盖税务、海关在内的多部门，企业对税收政策的了解不够及时和全面，对政策调整的关注度和适用性的灵敏度普遍不高，通过将政策辅导前置，及时为纳税人答疑解惑。对适用“一般纳税人资格试点”的企业，通过为企业定向精准推送政策并详细解读，助力企业更好开拓国内国外“两个市场”。对不符合“一般纳税人资格试点”的企业，前置辅导能够让纳税人少走弯路，减少因不懂政策造成的经济损失。自2022年3月正式实施以来，辽宁自贸试验区营口片区区税务局共辅导保税区纳税人42次，其中14家企业适合办理一般纳税人试点资格，28家企业在接受辅导后，结合自身实际情况，选择暂不办理一般纳税人试点资格，企业可继续享受综合保税区的优惠政策和小规模纳税人的税收优惠。

三是为企业提供高效便捷的办税体验。通过流程再造，疏通税务、海关两部门线上、线下业务办理渠道，企业办税效率得到有效提高。改革前，企业办理一般纳税人备案，需要跑3个部门，提供3份材料，用时3—5天。改革后，企业只需到一个窗口，提供1份材料，当天即可办理完成，告别“两头跑”“来回跑”，最大限度便利市场主体，为营口综合保税区高质量发展提供了优质的营商环境。

案例21：国资国企“反向混改”模式

为进一步深化沈阳区域性国资国企综合改革试验，注册在沈阳片区的沈阳盛京金控投资集团有限公司（以下简称盛京金控）充分发挥国有投资运营平台功能，通过将国有资本的带动力、控制力和影响力推向市场，加大股权投资和基金投资力度，积极推进“反向混改”，推动国有资产加快向可交易、可流动、有增值的方向发展，提升价值投资能力和资产配置能力。

主要做法：

混改是一种双向流动，既包括非国有资本入股国有资本，也包括国有资本入股非国有资本。盛京金控聚焦投资主责主业，积极推进“反向混改”，与非国有企业达成合作。

一是以股权投资助推国资增值。在股权投资中，盛京金控从管控模式、业务模式、运营模式三方面推行从管企业向管资本转变，从管企业经营向管资本保值增值转变，让固化的国有资产流动起来，推动国有资产高效运营、循环增值。在管控模式上，对参股企业实行市场化管控。以股东角色参与企业决策和经营管理，通过委派三会代表及高管等方式行使股东权利，落实董事会和经理层有效履职。在业务模式上，从单一的项目“投资”构建“投资+服务”的科技金融服务体系。注重以金融服务、创业孵化为支撑，打造企业成长全链条服务体系，采取股、债、股债结合等业务模式聚焦科技企业中早期创新创业项目，实施资源赋能、政策赋能，助推科技成果转化。在运营模式上，加大优质资源整合力度，按照“优质资产运作一批，次优质资产重组一批，潜力资产孵化一批”的思路，提升国有资本的运营效率，放大国有资本的功能。

二是建立投资基金良性发展体系。盛京金控作为市政府引导基金和市投资基金的运营主体，不断完善基金体系。引导基金主要支持战略性新兴产业发展、创新创业、中小企业、产业转型升级和发展、基础设施和公共服务5个领域，扶持中型、小型、微型企业发展，扶持重大关键技术产业化，引导社会资本增加投入，有效解决产业发展投入大、风险大的问题，实现产业转型升级和重大发展。2018年设立母基金——财盛基金，组建专业管理团队，建立稳定的基金架构、制度体系、运营体系和风控体系，实现引导基金的良性运转。吸引国内外优秀的天使投资机构，着力解决企业在初创期的融资难题。2021 年 8 月，在原引导基金基础上组建市投资基金，与基金管理机构及项目方对接，共同推进项目工作。在募资、投资和项目退出方面，按照专业化管理、市场化运作的方式，遴选各类基金运营管理机构，编制基金投资方案，组织开展尽职调查和协商谈判。

实践效果：

一是股权投资助力企业发展壮大。盛京金控发挥国企担当，对沈阳市重点项目发展予以大力支持。自主筹资 1.77 亿元参与东北制药集团股份有限公司非公开发行股票，支持沈阳市医疗健康产业发展，认缴 1.75 亿元成立沈阳先进医疗设备技术孵化中心有限公司，通过受让高盛公司原始股权向东软医疗投资 1 917 万元，抢抓利用资本市场实现国有资本投资收益的机遇。同时，持续强化科技型企业、专精特新中小企业股权投资，先后投资沈阳新松机器人自动化股份有限公司、沈阳芯源微电子设备股份有限公司、拓荆科技股份有限公司、沈阳美行科技股份有限公司等科创企业，已有十余家正在运作或已成功上市。此外，履行地方金控支持地方金融体系建设职责，投资 10 亿元参与发起设立辽沈银行，配合农信机构改革拟参股沈阳农商行，筹集百亿资金增持盛京银行股份，成为第一大股东，助力化解区域金融风险，增强对地方金融控制力。

二是基金投资赋能企业高质量发展。通过发挥引导撬动作用，助力企业高质量发展。新设立专项子基金 9 只，总规模 102.16 亿元（实缴 44.39 亿元），引导基金认缴 18.72 亿元（实缴 9.45 亿元），吸引各类资本 83.44 亿元，资金放大比例约 5.5 倍。各子基金已累计投资 68 个项目，额度 34 亿元，其中投资沈阳本地项目 31 个，额度 17.75 亿元，发挥了引导和放大效应。成功吸引招商致远资本投资有限公司、约印医疗基金、浙商创投股份有限公司、海通新能源私募股权投资管理有限公司、中冀投资股份有限公司、中国华录集团有限公司等行业领先投资机构来沈阳发展。

案例 22：以信用资本平台探索国企改革新路径

为解决区域国有企业融资能力“不强”、信用等级“不高”、缺乏市场竞争意识等问题，以国企信用提升为抓手，通过“顶层设计+底层改造”，借助大连片区政策优势，组建大连金普新区产业控股集团有限公司（以下简称金普产控集团），先行先试、革新破局，通过信用管理体系建设和信用风险管控，成功申请 AAA 主体信用评级，通过信用资本将金融资本引入产业资本，极大节约融资成本，优化区域融资环境，激活了国企改革发展的新动能。

主要做法：

一是克服重重困难取得 AAA 信用评级。大连金普新区作为东北区域第一个国家级新区，没有 AAA 信用评级的国企，融资成本比南方同类企业高出一倍以上，转型升级和经济发展受融资难制约非常明显。为化解债务风险，推动产业升级，取得 AAA 信用评级，以国家国企改革三年行动为契机，2020 年 8 月，大连金普新区通过无偿划转的方式将下属 9 家原有国有企业进行专业化整合，组建大型国企金普产控集团。组建伊始，金普产控集团就面临着新冠疫情肆虐、东北区域信用环境不佳等外部困难和压力，各子公司发展也存在诸多困难和“短板”，有的公司评级变负面，有的公司面临负面舆情和法律风险，金普产控集团在大连金普新区管委会的强力支持下，也帮助其“排雷”解难题，在不到半年时间里解决了 AAA 评级道路上一个又一个难题。2021 年 6 月 2 日，金普产控集团获得 AAA 主体长期信用评级，评级展望为稳定，为东北区域地方政府融资平台公司最高信用等级，重振东北区域在资本市场的信心和形象。

二是以信为本打造信用资本高地。只有高度重视信用资本和信用体系建设，才能重构集团上下的信用能力和信用文化，真正做到通过信用资本引领金融资本到产业资本，构建信用资本共同体。为增强大连金普新区国有企业对金普产控集团AAA信用等级的维护意识，集团高标准构建集团管控体系，对下属公司外部风险、财务风险、运营风险、法律风险进行科学评估，有的放矢指导监督下属企业加强风险预警，提高抗风险能力。与下属公司以市场化机制形成契约化治理，建立适应市场、激发活力、管理有效、监督到位的体制机制，从而全面增强大连金普新区企业内生动力。金普产控集团有针对性地建立了维护信用评级的措施办法以及授权清单。一是统筹谋划建立长效资金管理机制，通过建立相关财务管理制度，严格规范资金管理，提高资金使用效率，防范资金风险；二是创建集团月度调度会机制，各子公司每月汇报资金使用、现金流预测等情况，提升成本控制能力，防止资产负债表危机引发系统性风险；三是围绕债券信息披露工作，与各子公司建立联络互通机制，每月上报临时信披重大事项自查表并对信息披露事项进行梳理和全面复盘。

实践效果：

一是低利率发债极大降低企业融资成本。2022年1月，金普产控集团首度登陆债券市场，在“东北债券市场低迷，发债利率整体偏高”的金融大背景下，一期私募债以3.99%的利率实现东北区域同品种债券发行利率2000年以来的历史性最低利率，比东北区域同类城投公司融资成本降低超60%。2022年6月21日又成功发行私募债二期5.2亿元，利率4.49%。

二是为重大项目落地提供资金支持。一方面，金普产控集团作为金普新区国有资本运营公司，充分发挥资本平台作用，通过信用资本积极引导金融资本赋能产业资本，依托AAA信用评级，通过融资、担保等手段，为下属公司及项目全面提供增信服务。仅仅一年时间里，依托金普产控集团的AAA信用评级，大连金普新区城市更新、数字经济等众多大项目，已累计获得超过240亿专项资金支持。另一方面，充分发挥AAA平台对气候投融资发展的强力支撑，金普产控集团积极参与金普新区气候投融资试点申报工作，助力大连金普新区通过国家评审，成为全国气候投融资首批试点城市。

案例23：区属国有企业市场化改革

大连华谊投资控股有限公司（简称华谊公司）在大连金普新区、大连片区及国有资产管理部门指导下，以提升国有资本运行效率为目标，以完善法人治理结构为核心，以健全市场化经营机制为重点，系统推进国资国企改革，建立“治理现代化、结构简洁化、管理扁平化、业务专业化、人员精简化、干部年轻化”的“六化”法人治理结构和管理运行机制，在加快业务转型、推动服务升级、助力区域发展方面取得显著成效，对区属国有企业改革和市场化运作具有借鉴意义。

主要做法：

一是坚持整体谋划，以提升国有资本运行效率为核心，统筹推进区属国有企业资源整合优化。华谊公司是大连保税区管委会于2012年12月出资设立的国有独资公司，按照大连金普新区国有企业改革“一盘棋”思路，华谊公司于2020年11月整体划归金普产控集团，并根据大连片区重点产业发展需求，将大连华谊公共汽车有限公司、大连华谊供热工程有限公司、大连华谊环境清洁有限公司等公司股权划出至其他国资平台公司；将大连保税正通有限公司和大连汽车工业投资有限公司等公司股权划入华谊公司，实现大连金普新区和大连片区层面国有资本整合优化。

二是坚持择优录用，以增强企业内生发展动力为根本，深入推动区属国有企业“三项制度改革”。为实现“岗位能上能下、员工能进能出、薪酬能高能低”的市场化竞争机制，树立“有为者有位”的用人导向，营造“爱岗择岗、公平竞岗、择优上岗”的竞聘工作氛围，华谊公司实施“全体起立、竞聘上岗”。为保证公开公正，聘请第三方机构按7：2：1的比例面向公司内部、机关事业单位及社会开展选聘工作。竞聘前召开了全体动员大会，对在岗全体员工宣讲本次改革的方向及具体内容，对选聘方案、架构方案及员工安置方案进行具体讲解，使每位员工充分了解本次改革的意义，为开展选聘工作打好前期基础。竞聘工作分批次、分层级，按发布公告、笔试、面试、考察、公示等环节有序进行。公司在经营层制定了“薪酬与业绩双对标、短期与长期相结合”管理机制；在员工层实行“低基薪、高绩效”模式，依据考核结果对绩效预留部分进行二次分配，国有企业“三项制度改革”平稳推进，效果初显。薪酬设计上，以易岗易薪、重浮动轻固定、层级间绩效薪酬联动为原则，合理确定薪酬总额、薪酬结构、薪酬级差。

三是坚持价值导向，以二十大精神为引领，不断完善区属国有企业市场化运行机制。华谊公司坚持绿色低碳发展的核心理念，在新能源领域加大投入力度，先后在氢能源产业园、氢能检测中心、泰星能源三期等基建项目中投入6.06亿元，有力推动新能源产业项目落地实施。通过央地合作投资建设多座“五位一体”综合加能站，持续完善氢能应用场景，对大连市新能源产业布局起到加速推动作用。改革后，华谊公司以做大国有资产规模、提升资本运行效率、服务战略新兴产业为整体目标；资金来源由财政拨款为主转变为企业自筹为主，实现区属国有企业由管资产向管资本过渡。公司借助大连片区“弹性出让”“租让结合”的制度创新，实现氢能等项目土地出让金灵活缴纳，大幅减轻了项目初期支出；借助“分期支付土地款”政策，有效缓解了企业资金压力；借助“施工预许可+承诺制”容缺受理措施，显著缩短了项目前期手续办理时限。华谊公司运营与大连片区高质量发展形成良性互动。

四是坚持利益共享，以打造国际化营商环境为目标，持续提升区属国有企业运营服务质量。改革后，华谊公司园区运营服务水平进一步提升。华谊公司为中小微企业提供注册、入驻及运营“一站式”帮办服务，统一承担大连片区多家招商平台惠企政策初审和兑现工作；根据大连片区管委会决策部署，新冠疫情期间先后为184家入驻企业累计减免厂房或办公场所租金395万元，有力支持了中小企业生存发展；将自贸大厦3楼改造成为“共享空间”，免费为中小微企业提供“拎包入住”式办公场地，企业人员扫码即可预约场地座位，并享受《区域全面经济伙伴关系协定》（RCEP）关税优惠查询等免费服务；在“共享空间”定期举办企业发展沙龙、惠企政策讲堂等活动，定期开展RCEP享惠方法、原产地累积规则等专业讲座，受到企业广泛欢迎。

实践效果：

改革后，华谊公司队伍素质显著提升，主要财务数据指标稳健增长，投资运营项目质量不断提高，有力支撑了大连片区深化改革和高质量发展。

一是公司结构扁平合理，主责主业清晰明确。华谊公司遵循“整合优化、压缩职级、高效扁平”思路，形成“5+3+N”组织架构。5个工作部门更聚焦于项目规划、发展运营和投融资管理，3个业务板块更专注于推进战略新兴产业发展。相较于改革前以工程建设、市政公用、物业服务为主营业务，现阶段华谊公司更加注重提升国有资本运行效率，更加聚焦于园区开发、国资运营和招商服务，实现区属国有企业功能升级和发展动能转换。

二是人才队伍焕然一新，薪酬体系效果初显。改革后，经过公开招聘和竞争上岗，新一批年轻干部走上企业领导岗位。华谊公司区属一级领导班子新到岗成员占比达83%，平均年龄由49岁下降到44岁，中层干部由44岁下降至41岁，总公司层面本科及以上学历比例上升至92%；绩效工资占比由原来的10%—20%，提高至普通员工50%，中层干部60%，企业负责人70%，按照“效益增工资增、效益降工资降”的同向联动原则，充分发挥了薪酬体系的激励作用；实行全员绩效考核，压实企业的市场主体地位，员工活力得到充分激发。

三是重点项目快速推进，造血功能逐步体现。2022年以来，华谊公司摆脱以往对地方政府的资金依赖，通过自身努力，取得某政策性银行4.6亿元20年期新能源项目贷款、某商业银行5 000万元流动资金贷款、某融资租赁公司2 000万元融资额度等；积极利用地方政府专项债、政策性银行基础设施基金等渠道作为重要补充，不断丰富融资途径和降低成本，有力保障大连片区新能源等重点项目落地实施。

四是入驻企业持续增加，营商环境持续优化。服务水平提升进一步促进市场主体快速聚集。华谊公司旗下招商平台累计发展会员企业3 000余家，服务企业各平台会员13 700余家，“共享空间”成为大连片区小微企业商务洽谈合作的首选之地。

案例24：区属国有企业职业经理人改革

营口片区依托营口综合保税区保税物流集团有限公司（以下简称营口综保集团），大胆探索推进职业经理人制度，积极构建“权责明确、奖惩分明、特点突出、流动有序”的职业经理人“引、管、考、退”全过程管理机制，有效发挥市场化经营机制作用，有力助推区属国有企业高质量发展。

主要做法：

为高质量推进营口综合保税区发展建设，营口片区于2019年8月投资设立营口综保集团，主要工作是通过市场化运作执行营口片区管委会制定的营口综合保税区发展规划、政策执行和实现国有资产增值。综合保税区作为营口地区的新生事物，缺乏对口的专业人才。营口综保集团成立初期，缺乏与运行发展需要相关的国际贸易、跨境物流等方面的高端专业人才，人才问题成为营口综保集团筹设阶段最大的难题。

一是开展市场化选聘。营口综保集团采取公开招聘、市场寻聘等多种方式公开遴选职业经理人，完成集团领导班子的组建。

二是规范契约化管理。抓住任期制和契约化管理这个“牛鼻子”，明确职业经理人责任制。明标准：严格任期制和经营目标责任制，明确职业经理人三年一聘，届满严格考核，到期重聘或解聘；明确并细化岗位职责及分工，“一岗一责一表”建立岗位说明书。定契约：与职业经理人签订劳动合同、聘任合同、年度和任期经营业绩考核责任书，明确聘任期限、任务目标、权利义务、考核评价、薪酬标准、奖惩措施、续聘和解聘条件等约定；建立任期契约动态调整机制，在任期内发生企业重组、重大战略调整等情况时，同步对任期契约进行合理调整。

三是推行差异化薪酬。一方面以对标国内一线城市的薪酬水平激励职业经理人；另一方面，对薪酬发放条件进行严格约束，营口综保集团薪酬由基薪、绩效薪酬组成，对职业经理人建立与市场接轨、与业绩相适应、与利润增长同步的绩效薪酬决定机制。

四是严格市场化退出。通过聘任合同约定职业经理人退出条件，将业绩考核不合格、出现违法违规行为等作为退出的必备条款。一方面建立履约不力退出机制。营口综保集团对职业经理人实行年度考核、任期评价机制，将职业经理人业绩考核结果与是否续聘和晋升发展紧密关联，结果A级以上优先续聘，D级则起立竞聘，连续两年D级终止任期、予以免职。另一方面，建立履职行为评价退出机制。制定履职负面清单，建立健全监督体系，对职业经理人履职进行监督，对违反负面清单的情形实行经济惩罚，情形严重的直接予以解聘。

实践效果：

一是解决了专业人才匮乏的痛点。通过持续探索和推进职业经理人制度，解决了综合保税区专业人才、外贸专业人才、职业化经营管理人才缺乏等问题。营口综保集团初步形成一支结构合理、专业性强、充满活力的职业经理人队伍，这些人才不仅能够在提升经营业绩方面发挥重要作用，还发挥了传、帮、带的作用，为营口综合保税区培养了一支专业化的人才队伍。

二是管理水平立竿见影。海关综合保税区是非常特殊的区域，区内赋予了大量不同于境内的贸易政策，具有很强的专业性，充分了解和合理利用政策是区域发展的关键。在规划管理上，该职业经理团队到岗后编制了两万多字的营口综保区产业规划，制定了完善的区内运营和薪酬体系等公司制度；在运营能力上，该职业经理团队快速搭建了核心通关团队和仓储服务团队，在短期内使区内的物流业务、跨境电商业务顺利开展。经过三年左右的运营，营口综保集团进出口额每年翻倍增长，进出口贸易实现零的突破，跨境电商产业创新不断，园区运营服务井井有条；在资源对接上，该职业经理人团队在营口综合保税区设立了东北首例海关监管中心仓，搭建了营口综合保税区与多个口岸联动的通道。在职业经理人团队的领导下，营口综保集团推动营口综合保税区快速发展。2020 年 6 月实现营口综合保税区首票“1210”跨境电商进口业务落地；2021 年 7 月成功走通营口市“9710”业务出口第一单；2021 年 10 月，东北地区首票通过跨境电商“9810”出口货物在营口综合保税区通关。营口综保集团完成了营口综合保税区跨境电商业务 90% 以上的流量，成为辽宁跨境电商产业的标杆。

三是工作能动性有效激发。通过严格任期管理和目标考核，将考核结果与精神激励、物质奖励挂钩，通过推行职业经理人制度，形成干事创业、奋发有为、创先争优的良好局面。

案例 25：“链网协同”产融合作新模式

为探索工业互联网技术场景应用，解决中小企业融资难、融资贵问题，营口片区协同多方力量推进区块链技术与工业互联网协同发展，搭建了“链网协同”的产融合作新模式，将中小企业生产、运行、销售中产生的数据转化为融资资产，推进产融数据互通、信任互增、产品拓展，为促进企业数字化转型、推动产融合作探索了新经验。

主要做法：

一是搭建链网协同平台，布局建设数字化转型新型基础设施。“链”是指区块链，“网”是指工业互联网。工业互联网的主要作用是为万物互联提供解决方案，把设备、生产线、工厂、供应商、产品和客户紧密地连接融合起来，形成跨设备、跨系统、跨厂区、跨地区的互联互通。但在跨越多个层级领域的数据流动和服务协作过程中，存在一定的安全可信风险。区块链技术是一种具有多中心、数据不可篡改、可溯源等特性的全新基础架构与分布式计算范式，为工业互联网发展提供了安全、高效、可信的技术方法。只有通过两者的有机融合，才能推动产业数字化有效发展。营口片区联合中国信息通信研究院，通过大量走访调研、对标先进地区经验，依托营口市同时具备标识解析二级节点、星火链网骨干节点的优势，超前谋划建设了国内领先的链网协同公共服务平台，作为数字化转型的基础工程，为营口片区企业的数字化转型和产融结合提供了先决条件。

二是提供执行管理系统（MES）云服务，助力企业低成本完成数字化转型。企业信息化是运用工业互联网、推动产融合作的重要基础，但设备智能化、数字化改造升级和执行管理系统搭建往往需要几十万乃至上百万元，营口片区内大部分中小企业都难以负担较高的转型成本，因此存在不愿转、不敢转的现象。为解决服务企业数字化转型“最后一公里”问题，营口片区成立数字经济发展局，配备专业信息技术人才，并聘请第三方互联网公司提供技术支持，利用链网协同公共服务平台，搭建 MES 系统，满足企业生产管理共性信息系统建设需求，让企业低门槛直接部署使用，无须另行自建生产管理系统，降低企业信息化门槛与成本。

三是创建数字资产质押管理体系，推动银企互信、促进产融合作。现有的供应链金融模式是以龙头企业为核心，解决上下游中小企业融资需求，但面临很多行业没有龙头企业，易出现代偿风险等难点和痛点，产融之间的数据难以相互信任。为解决这一问题，营口片区利用链网协同平台打造涵盖供应商管理、物资需求计划、智能排产、工序管理、产品追溯系统、库存管理系统等模块的数字资产验证体系，形成以生产全流程数据监管为前提的数字资产质押管理体系，从源头上保障数据真实，促进金融机构与企业数据互信。在数据互信的基础上，营口片区推动链网协同应用场景不断拓展，通过联联加（营口）产业发展有限公司（国企）联合中国出口信用保险公司、财产保险公司等金融机构，创新开展利用区块链技术的电子保函签发、标准合同签订、应收账款拆分和信用流转，帮助上链企业向银行申请“订单贷”，满足企业产品存储、出口等环节的融资需求，有效降低企业融资难度。

实践效果：

一是有效降低企业产业数字化应用门槛。通过搭建云端链网协同平台，为企业提供云端制造执行管理系统应用支撑，为企业节省大量建设资金的同时，帮助企业提高生产效率。按市场最低价格测算，平均每家企业最低可节约 30 万元的建设成本，累计为 30 余家企业节省了至少 900 万元的生产制造执行系统建设费用。

二是有效缓解中小企业融资难题。以区块链技术为核心的链网协同平台是基于全流程监管的出口订单贷款模式，解决银行资金发放后“怎么管、谁来管、管什么”等问题，改善基于信用体系的金融市场环境，解决企业与银行间的双重困局。截至 2022 年 9 月，该平台运营主体公司获取授信额度达 3 亿元，累计帮助 8 家企业融资贷款 3 000 余万元，企业贷款综合周期从几个月缩短至 21 天。

三是有力凝聚了制造企业创新合力。通过政府主导搭建链网协同系统，满足企业生产管理共性信息系统建设需求，助力企业数字化转型，企业创新应用效果显著，实现制造业创新发展良好趋势。例如，营口天成消防设备有限公司“智慧安全工业互联网平台消防安全行业典型应用”项目获评国家工信部“2021 年新一代信息技术与制造业融合发展试点示范项目”，为辽宁省唯一获此殊荣的企业；“面向安全生产的天成智慧安全工业互联网平台创新应用”获评国家工信部“2021 年工业互联网平台创新领航应用案例”。

案例 26：工业互联网助力园区数字化服务模式

为推动园区数字化转型，更好落实工业互联网试点项目建设，营口片区搭建了工业互联网标识解析二级节点平台，通过开展行业、企业数字化能力评价，分类指导企业对接工业互联网标识解析二级节点平台，以多渠道沟通方式服务企业数字化转型，对数字化转型先进企业开展宣传推广工作，加快构建和培育工业互联网产业生态，有力推动园区企业数字化转型。

主要做法：

一是开展行业、企业数字化能力评价。为提升企业数字化转型能力，帮助企业精准“把脉”数字化转型中的痛点、难点问题，更好地为工业企业在数据驱动、智能转换、结构调整、产业转型上提出行之有效的解决办法，营口片区联合市工信局常态化开展两化融合和智能制造在线评估、数字化智能化应用场景适配、工业互联网安全深度行等数字化评估工作。同时，还组织行业头部企业专家不定期到企业进行撮合对接。通过线上线下相结合的方式，建立常态化评估机制，为企业精准“把脉”并开具数字化转型“良方”。

二是分类指导企业对接工业互联网标识解析二级节点平台。营口片区联合中国信息通信研究院，共同搭建了工业互联网标识解析二级节点平台，以接入该平台为目标，以项目建设为依托，实行项目管家及网格管理，通过网格划分对企业进行一对一的帮扶、建立自贸区项目管家制度服务企业（项目）台账、网格员定期更新台账、督查室定期督查等方式，全过程指导企业注册、应用平台功能，为企业提供集中的数据、信息、经验等。对数字化转型较完善的企业指导直连平台工作；指导、帮助数字化发展中的企业完善数字化改造，并实现上云上平台；对数字化发展落后的企业进行重点帮扶，引导其加快数字化改造，推进企业数字化转型并接入平台。

三是建立企业数字化转型动态跟踪机制。为推动园区企业数字化转型，营口片区建立常态化沟通机制，创建工业互联网企业协调群，积极引导企业根据数字化能力建设和生产经营需求，利用平台提供的应用场景开展生产制造关键环节数字化改造。同时，建立企业改造奖励沟通机制，发挥片区政策红利作用，鼓励企业技术改造、信息化投入及上云上平台，下沉企业讲解改造奖励机制，积极帮助企业申报省、市专项奖励。

四是建立宣传推广工作机制。为进一步指导中小企业积极开展数字化建设和应用，选树一批面向重点行业全产业链、制造全流程的数字化标杆，以“数字生产线”“数字车间”“数字工厂”建设为重点，树立企业数字化转型样板。营口片区通过“两微一端”、官方网站及创新建设的“自在营”数字综合服务小程序，向营口片区企业精准推送数字化转型试点示范案例及相关扶持政策等信息。同时，通过不定期组织营口片区企业参加省、市组织的经验交流论坛、客座讲课、培训辅导等专题学习，创新开展线上线下联动的宣传推广工作机制，帮助企业拓展获取数字化转型经验的渠道，提升企业数字化转型试点示范效应，促使更多的企业形成可复制、易推广的数字化转型典型方案和案例。

实践效果：

一是为园区数字化转型提供了应用支持和服务能力。企业连接标识解析二级节点平台，解决企业之间存在的采集数据格式不统一、产品数据难以互通共享、形成“信息孤岛”并难以形成产品全生命周期数字化及数据难以为企业带来价值等问题。通过全过程溯源、检验检测、品牌认证、数字供应链、5G场景应用等，实现垂直产业场景化应用创新，推动园区整体数字化转型，提高产业基础能力和产业链水平，推进园区向高质量、高水平的方向发展。截至2022年9月，平台已接入营口片区内115家企业，标识注册量50 033个，标识解析量44 216个。

二是推动企业供应链降本增效和高质量发展。指导企业接入二级节点后，利用网络货运等应用平台，通过聚合供应链上下游企业商品贸易、货物交割、物流、支付结算等各类数据元，实现供应链大数据分析和智能决策。同时，实现来源可追、去向可查、产品信息记录、环节全过程监控管理，提升供应链运作效率，为园区物流企业降低运营成本。例如，营口阿部配线有限公司完成数字化改造并与二级节点对接后，统一了内部数据，实现生产、人员、订单、财务等数据的智能管理，间接提高生产效率30%以上。

三是帮助企业有效降低外贸风险。企业接入二级节点平台后，可以实现生产数据实时上码，帮助企业打通原料和零配件生产制造工艺的各个环节，高效作业的同时实现产品生产追溯。例如，营口东盛实业有限公司在应用工业互联网标识解析系统后，实现物料、生产设备、生产工序、运输、仓储等各个环节的可追溯，生产过程控制优化、产品全生命周期管控，有效降低了因疫情影响造成的外贸风险。

案例27：国际航行船舶“绿色直通车”边检服务模式

为进一步提升港口服务和航运企业竞争力，充分保障能源安全、稳定、快速供应，大连片区主动作为、积极谋划，与大连出入境边防检查站一道，积极探索储备能源国家重点项目国际航行船舶“绿色直通车”精准通关方式，实行“网上申报+到港作业+优先通关+专职保障”，推出全链条、全流程快速通关服务保障新模式。

主要做法：

一是预约申报，确保船舶到港“即作业”。为重点项目船舶提供预约通关服务，免收单证、免到窗口，通过线上提前申报船舶基本情况和靠港计划，结合船情综合评估，确定船舶通关保障模式，对于评估风险较低的船舶，实行船舶到港即可作业。

二是优先通关，确保船舶手续办理“零等待”。实施精细化口岸管理服务，推进边防检查信息系统规范化、一体化、便利化，实现边检业务办理“一次提交”“一键完成”，形成“线上申报+网络审批+智能核查”高效一体化流程，发挥信息化应用最大效能。开通手续办理快捷通道，提供7×24小时通关服务保障，优先办理重点项目船舶出入境手续、上下外轮许可和搭靠外轮许可等边检业务，确保船舶手续办理“零等待”。

三是专职保障，确保联动互通“零距离”。与企业、船方、代理建立四方联络机制，在船舶靠泊前，通过“线上+线下”等方式推出全天候边检咨询服务，搭建信息互通、资源共享交流平台。从船舶入境开始直至船舶离境，专人负责船舶在港期间协调配合、跟踪联络、咨询解答、法律援助等工作，确保联动互通无距离，保障船舶依法依规作业，安全有序生产。

实践效果：

一是实现重点项目国际航行船舶优先高效通关。“绿色直通车”新模式启用后，实现重点项目国际航行船舶优先高效通关。从船舶入境到船舶离境，高效便捷、优先服务、专人保障等服务措施体现在港口检查全流程各个环节，进一步提升了大连片区营商环境。2022年1—9月，大连港油品码头高效保障油轮通关89艘次，优先安全接卸原油超1 000万吨，累计为企业节约通关靠泊时间约600小时。

二是实现船舶服务企业运营成本大幅降低。新模式启用后，大幅压缩了船舶出入境手续办理时间、服务保障船舶安全生产作业审核时间、船舶在港停靠作业时间，极大地节约了船方的运营成本以及服务船方企业的经营成本。据统计，如果船舶提前入港，平均每日节省船舶滞期费约30万元。

三是实现警企联动同步协调通关更便捷。新模式启用后，进一步密切企业、船方、代理与边检机关沟通联络，通过线上线下沟通平台，第一时间为服务对象办实事、解难事，做到四方沟通联络“零距离”。保障船舶靠港前有保障预案、船舶靠港有服务管理、船舶离港有跟踪问效，建立了全链条沟通保障机制，确保船舶通关更便捷。

案例28：自贸协定优惠税率分析服务系统

优惠税率查询分析服务系统（以下简称“税优选”）是大连海关推出的扶持企业用好RCEP等自贸协定的创新举措。为解决企业对RCEP等自贸协定相关优惠政策、优惠税率及原产地规则了解不充分，对关税减让政策把握不准确的问题，使企业能够充分享受RCEP等自贸协定政策红利，大连海关建设了“税优选”，在大连片区试点开展，为企业开展定制化辅导帮助，指导企业选择最优税率。

主要做法：

海关通过“税优选”收集汇总不同贸易协定中商品的适用税率，对企业历史申报税率进行汇总分析，对某一阶段、某一地区或某一企业享受税收减让情况进行分析。企业可通过“中国（辽宁）国际贸易单一窗口”，就自身的享惠情况进行税率查询，并得到海关的“一对一”分析指导。

推荐最优化选择。实现税率自动查询、比对和分析，帮助企业直观比较不同自贸协定间的关税税率并提示最优选择，为企业提供跨境贸易优惠税率信息指引服务和最佳的贸易节税方案。

开展个性化分析。设置线上申请、咨询、反馈的功能，企业可申请获得自身享惠情况的分析，海关结合优惠贸易协定税率和海关进出口数据，查找企业未享受理论最低税率进出口记录，为企业提供个性化分析结果。

提供数字化服务。各自贸协定间存在关税减让清单商品和税率交叉，企业面临协定税率“选择障碍”，该系统以数字化手段，面向企业构建了RCEP和多个优惠贸易协定税率和原产地规则分析选择应用场景，帮助企业熟练运用自贸协定，节约贸易成本。

实践效果：

一是帮助企业获取最优惠税率。“税优选”收集包括 RCEP 在内的各项优惠贸易协定下商品的不同税率，为企业提供一站式查询、咨询服务，企业通过一个平台即可查询获取最优惠税率，改变多方查询搜集税率的做法，并可得到海关个性化的指导帮助，更加省时省力。

二是为政府经济决策提供数据支持。通过对地区进出口贸易特点开展分析研究，精准定位重点企业和重点商品，可以直接服务地方政府，为经济决策提供数据支持，辅助地方政府精准施策。

三是提升海关监管服务效能。该模式方便快捷地实现对包括 RCEP 在内的各项优惠贸易协定执行情况进行统计分析，方便海关及时掌握优惠贸易协定执行和关税减让情况，并指导做好海关保稳提质、促进外贸发展等相关工作。

案例 29：RCEP 背景下税收事先裁定服务机制

为助力沈阳片区高质量实施 RCEP，强化创新引领，促进投资贸易便利化、营商环境国际化，沈阳片区会同沈阳市税务局，针对 RCEP 背景下经济发展思路举措，主动开展制度创新，从“确定性、针对性、便利性”三个层面打出一套“建立多部门联合服务平台、推出‘事先裁定’服务机制、组建专家服务团队”的制度创新“组合拳”，为境内外企业开展跨境贸易提供事前“个性化”深度服务，充分满足跨境经营企业对税收环境确定性的强烈需求，大幅提升境内外企业在本地开展经济活动的信心与意愿，为沈阳抢抓 RCEP 机遇、实现振兴新突破，贡献税务力量。

主要做法：

由于企业涉税业务特别是国际涉税事项比较复杂，不同企业存在的涉税问题千差万别，一旦政策适用错误，补税金额较大，还可能缴纳滞纳金和罚款，给企业带来不小的影响。通过税收事先裁定的前置服务，大幅提升企业税务事项预期，将尚未发生的、难以理解的特定复杂事项转化为现行税收法规下的通俗解释，大幅降低企业学习成本的同时，为企业决策提供关键性指引。

一是建立税收事先裁定创新工作机制。组建事先裁定工作领导小组，下设事先裁定工作办公室，形成完善的工作机制，明确税收事先裁定的适用对象、适用范围、职责分工、办理流程、生效与执行内容等，并由事先裁定工作办公室根据受理的每一项事先裁定申请涉及的具体业务内容，牵头成立相应项目小组，由项目小组负责该项申请的办理工作，对未来可预期的特定事项如何适用税法给予确定性，形成“一对一、点对点”企业精准服务，有助于建立合作信赖的新型征纳关系，让沈阳片区企业充分享受个性化纳税服务。

二是组建专家业务支撑团队。由辽宁省税务局、沈阳市税务局，以及辽宁自贸试验区沈阳片区税务局组建三级专家团队，针对企业存在的各项国际税收类问题，提供全方位、针对性精准服务，切实为企业提供税收确定性帮助，降低跨境企业涉税风险，为企业开展跨境贸易提振信心。

三是设立税收事先裁定服务窗口。为进一步优化和提升事先裁定企业服务效能，依托沈阳片区税务局办税服务厅设立的 RCEP 一站式服务专区，为企业提供跨境贸易中不确定事项面对面精准解决。同时，企业可通过电话咨询和网上咨询等方式，进行线上事先裁定申请及税务咨询，大幅提升企业申请税收事先裁定便利度，真正打通企业税务服务“最后一公里”。

实践效果：

一是提升税收环境“确定性”。通过“组合式”税收服务，大幅提升企业税务事项预期，将尚未发生的、难以理解的特定复杂事项转化为现行税收法规下的通俗解释，大幅降低企业学习成本的同时，为企业决策提供关键性指引，得到企业的一致认可。

二是提升个性化服务“针对性”。由于企业涉税业务比较复杂，不同企业存在的涉税问题千差万别，一旦政策适用错误，补税金额较大，还可能缴纳滞纳金和罚款，将给企业带来不小的影响。

三是提升税收服务“便利性”。通过税收事先裁定服务窗口的设立，以及组建专家团队“一对一”答疑，满足跨境企业国际税收项下的个性化需求，企业通过现场或电话咨询即可明确企业涉税问题，极大提升税务服务便利度及精准度，有效解决企业存在的个性化问题，获得相关企业广泛认可及高度评价。

案例30：国际艺术品保税展示新模式

为深度促进国际文化艺术合作交流，沈阳片区利用沈阳历史文化底蕴深厚、文物和艺术品丰富的资源优势，创新发展保税艺术品展示模式，助力沈阳打造区域性文化创意中心和东北亚国际化中心城市。

主要做法：

保税艺术品出区展示。为使人民群众更便捷地欣赏到国外艺术品，沈阳片区指导企业提前申报，协调海关加快通关效率，进行快速查验。沈阳海关对于在综合保税区外开展的艺术品展览活动，准许企业凭文化部门核发的批准文件办理海关监管手续。对同一批艺术品，文化部门核发的批准文件在通关时可以多次使用。实现保税艺术品在综合保税区外展览展示。

艺术品唯一性认证。针对进出境、进出综合保税区的艺术品建立“艺术品唯一性认证”数字化档案，实现交易全过程身份监管和防伪溯源。一是创新艺术品数字化认证模式。基于超高像素采集精度，结合人工智能图像识别的新一代艺术品身份认证系统搭建国际艺术品公共平台。首先根据艺术品特性，对进入保税区的艺术品及特殊监管货物进行非介入式精准扫描，随机多点位对材质纤维特征进行检测，建立检测数据作为艺术品监管的唯一“身份信息”信息库。然后使用人工智能控制及算法应用识别艺术品交易起始的唯一性和一致性。最后对采集数据进行防篡改加密管理。二是创新艺术品出区展示海关监管模式。艺术品进境进区时，进行艺术品信息采集以获得包含其各项信息指标的唯一数字签名。出境出区时，再次采集数字签名，与进境进区时采集的数字签名进行一致性对比，保证艺术品进出境、进出综合保税区前后完整如一。

实践效果：

一是填补东北保税艺术品出区展示空白。首批用于保税展示的342件欧洲艺术品已在辽宁自贸试验区国际艺术品保税展览展示交易中心进行出区保税展示，填补了东北国际艺术品保税展示交易的空白。

二是为保税艺术品身份认证提供信息保障。有效助力海关查验，在每次出库和入库前，通过识别认证系统，与入境时艺术品的数字信息进行对比，确保艺术品的完整性和安全性。有效帮助企业解决运营过程中出现的管理风险，艺术品一旦发生损失，通过溯源，可清晰确定责任方，避免出现运输公司、收货方和保险公司互相推诿的局面。

案例31：进口汽车全过程监管数字化新模式

“进口汽车全过程监管数字化新模式”是大连海关促进大连口岸汽车行业发展的改革举措。该模式率先在大连片区探索试点，通过解决进口汽车的监管环节多、纸质单据多、企业需多次往返海关办理业务等问题，最终实现海关、车辆进出口企业、检测公司信息共享，进一步便利企业通关，降低企业成本，促进行业发展。

主要做法：

大连海关通过搭建“进口汽车查验数字化综合服务平台”，实现海关、企业、检测公司数据网络互通，将新车型信息备案、车辆识别代号（VIN）查询、车辆转场、预约查验、检测报告传送、档案管理等环节实行无纸化、数字化、智能化管理，优化对车辆的物流监控手段，实现进口汽车全过程跟踪监控、风险预警和信息追溯。

检测报告电子化。车辆检测报告由纸质变为PDF格式点对点发送至海关，实现信息共享，简化人为传送的中间环节，确保信息传输高效安全准确。

车辆动态监管全流程。应用射频识别（RFID）技术，采用集成电路卡（IC卡）绑定车辆识别代号和海关放行信息的方式实现进口汽车智能过卡，将原来用轿运车背车出卡的模式变成现在单车出卡模式，秒闪过卡，无感离场。对进口汽车的运输实现全过程跟踪、全流程监控，并可实现风险预警和信息追溯。

三是VIN自动审核与自助打印。关员通过企业上传的VIN电子表格，与海关总署VIN管理系统页面进行自动比对，并反馈审核结果，企业可以自助打印审核报告。

四是全随机抽检查验车辆。抽检车辆由系统根据查验指令所确定的比例自动选取，避免人工选取带来的廉政风险。

实践效果：

一是提高通关效率。企业原来每笔业务需4次到现场办理业务，现在足不出户即可完成工作，单笔业务办理时间由3天压缩至4小时，大幅缩短通关时间。企业可7×24小时在线办理业务，足不出户即可完成相关工作。

二是降低企业通关成本。解决进口汽车监管环节多、单据多导致的企业通关成本高的问题，将原来用轿运车背车出卡的模式变成现在单车出卡模式，秒闪过卡，为企业节约成本超500万元。

三是提高海关监管效能。通过档案管理电子化，解决纸质查验档案管理耗时耗力、查找困难等问题，管理更规范，有利于海关监管效能的提升。

四、辽宁省政府及相关部门出台的政策措施

（一）《辽宁省人民政府关于印发进一步深化中国（辽宁）自由贸易试验区改革开放方案的通知》（辽政发〔2022〕9号，2022年3月11日）

（二）《辽宁省人民政府关于借鉴推广中国（辽宁）自由贸易试验区第五批改革创新经验的通知》（辽政发〔2022〕10号，2022年3月11日）

（三）《关于印发金融支持中国（辽宁）自由贸易试验区高质量发展若干措施的通知》（沈银发〔2022〕48号，2022年3月21日）

（四）《关于印发中国（辽宁）自贸试验区专项推进组调整方案的通知》（辽自贸办发〔2022〕3号，2022年6月17日）

（五）《关于同意将大连太平湾合作创新区纳入中国（辽宁）自由贸易试验区的协同发展区的批复》（辽自贸办发〔2022〕4号，2022年12月9日）

（六）《中国人民银行沈阳分行、辽宁省商务厅、国家外汇管理局辽宁省分局关于印发金融支持辽宁自由贸易试验区高质量发展制度创新典型案例的通知》（沈银发〔2022〕182号，2022年12月29日）

五、大事记

2022年2月23日　省委副书记、省长李乐成赴辽宁自贸试验区营口片区调研，要求营口片区要保持强烈的对标意识，持续深化改革开放制度创新，从“小切口”做出“大经验”，把“试验田”变成“丰产田”。

2022年3月8日　省商务厅厅长、省自贸办主任组织召开辽宁自贸试验区建设工作会议，听取沈阳、大连、营口三个片区管委会主要负责同志的汇报，就辽宁自贸试验区工作领导小组会议筹备工作情况进行部署。

2022年3月11日　印发《辽宁省人民政府关于印发进一步深化中国（辽宁）自由贸易试验区改革开放方案的通知》（辽政发〔2022〕9号）和《辽宁省人民政府关于借鉴推广中国（辽宁）自由贸易试验区第五批改革创新经验的通知》（辽政发〔2022〕10号）。

2022年3月21日　人民银行沈阳分行、省商

务厅、国家外汇管理局辽宁省分局联合印发《关于印发金融支持中国（辽宁）自由贸易试验区高质量发展若干措施的通知》（沈银发〔2022〕48号），推出22条金融扶持政策，进一步助力辽宁自贸试验区发展。

2022年3月24日　与商务部自贸区港建设协调司及商务部国际贸易经济合作研究院相关负责同志，在线上召开调研座谈会议，就自贸试验区形成的制度创新举措、自贸试验区与其他国家级平台的协同联动情况、自贸试验区承接省级权限下放情况、自贸试验区对标国际经贸规则情况等方面的问题开展交流。

2022年4月17日　根据《省商务厅引导推动金融助力商务高质量发展工作方案》的相关要求，对辽宁自贸试验区区内企业的融资需求开展调研，全面掌握企业基本信息和融资需求信息，开展点对点对接活动。

2022年4月22日　省商务厅副厅长主持召开辽宁自贸试验区复工复产调度会，听取沈阳、大连、营口三个片区相关负责同志的工作汇报，就下一步统筹疫情防控和片区经济发展工作作部署。

2022年6月9日　省商务厅厅长、省自贸办主任组织召开辽宁自贸试验区建设工作会议，听取沈阳、大连、营口三个片区管委会主要负责同志的汇报，就辽宁自贸试验区改革创新工作进行部署。

2022年6月14日　省委副书记、省长李乐成主持召开辽宁自贸试验区工作领导小组会议，听取辽宁自贸试验区创新发展工作进展情况的汇报，审议有关文件，研究部署下一步重点工作任务，副省长陈绿平出席会议并发言。

2022年6月17日　省自贸办印发《关于印发中国（辽宁）自贸试验区专项推进组调整方案的通知》，从投融资体制改革、开放合作、金融创新、国资国企改革、营商环境、科技创新等6个方面成立专项推进组，全面推进辽宁自贸试验区建设。

2022年7月8日　省商务厅厅长、省自贸办主任带队，组织沈阳、大连、营口三市商务局局长和三个自贸片区管委会主任，到广州南沙进行实地调研，重点就《广州南沙深化面向世界的粤港澳全面合作总体方案》编制相关情况，与广东省和南沙开发区（自贸区南沙片区）管委会的同志进行座谈交流，梳理南沙片区与辽宁自贸试验区开展合作的事项。

2022年8月8日—10日　中央广播电视总台、人民网、环球网、国际商报等中央主流媒体组成采访团到辽宁自贸试验区开展集中宣传采访，参团的中央媒体直接发表原创报道20篇，被国内外新闻媒体转发转载100余次，从海路通道建设、优化营商环境、推进特色创新、开展开放压力测试等方面将辽宁自贸试验区的建设成果进行集中展示。

2022年8月17日　省自贸办在沈阳召开辽宁自贸试验区专项推进组牵头单位座谈会，对省发展改革委、省金融监督管理局、省国资委、省营商环境建设局、省科技厅等部门的专项工作职责及任务进行明确。

2022年8月29日　省委全面深化改革委员会召开会议，听取辽宁自贸试验区制度创新工作专项汇报，对辽宁自贸试验区进一步深化改革开放创新的思路和举措进行部署。

2022年10月24日—26日　省自贸办及沈阳、大连、营口三个片区相关负责同志参加2022年第三期自贸试验区建设专题培训。

2022年11月15日—16日　省自贸办紧扣企业发展需求，组织省中直20个部门在各片区现场办公，总结梳理了31项改革创新经验案例，形成辽宁自贸试验区新一批省内借鉴推广改革创新实践案例。

2022年11月18日—21日　在辽宁国际投资贸易洽谈会期间，设置辽宁自贸试验区专场展示平台，从招商政策、营商环境、制度创新、重点项目建设等领域向参会的国内外知名企业推介辽宁自贸试验区各片区建设发展情况。

2022年12月5日　制定辽宁自贸试验区2023年行动方案，明确工作目标，对实行高水平对外开放、对标高标准国际经贸规则、突出重点领域创新、发挥好改革开放排头兵的示范引领作用等工作任务进行了部署。

2022 年 12 月 9 日　省自贸办印发《关于同意将大连太平湾合作创新区纳入中国（辽宁）自由贸易试验区的协同发展区的批复》，将大连太平湾合作创新区纳入辽宁自贸试验区协同发展区，扩大辽宁自贸试验区与重点产业园区协同发展实施范围。

2022 年 12 月 16 日　与辽宁大学签署战略合作协议，共同推进建设中国开放经济研究院，打造具有国内竞争力、影响力的知名高端智库，为辽宁及辽宁自贸试验区打造对外开放新前沿，畅通东北海陆大通道提供智力支撑。

2022 年 12 月 29 日　人民银行沈阳分行印发《中国人民银行沈阳分行、辽宁省商务厅、国家外汇管理局辽宁省分局关于印发金融支持辽宁自由贸易试验区高质量发展制度创新典型案例的通知》，梳理了一批金融支持辽宁自贸试验区高质量发展的制度创新经验案例。

2022 年中国（浙江）自由贸易试验区建设概况

中国（浙江）自由贸易试验区工作领导小组办公室

胡真舫

中国（浙江）自由贸易试验区工作领导小组办公室副主任

胡真舫，女，汉族，1975 年 3 月生，浙江温州人，1998 年 8 月加入中国共产党，1996 年 8 月参加工作，在职研究生学历。

现任浙江省商务厅党组成员、副厅长，中国（浙江）自由贸易试验区工作领导小组办公室副主任。

一、经济运行数据

（一）投资情况

2022 年，中国（浙江）自由贸易试验区（以下简称浙江自贸试验区）新增注册企业 31 935 家，占全省总量的 6.5%；其中，新增内资企业 31 473 家，新增外商投资企业 462 家。实际使用外资金额 34.84 亿美元（省口径），占全省实际使用外资金额的 18.1%。

2022 年，浙江自贸试验区实现税收收入 1 225.5 亿元，占全省税收收入的 9.2%。

（二）贸易情况

2022 年，浙江自贸试验区进出口总额 9 669.6 亿元，占全省进出总额的 20.6%。其中，进口总额 5 157.3 亿元，占全省进口总额的 41.2%；出口总额 4 512.3 亿元，占全省出口总额的 13.1%。

（三）辐射带动效应

2022 年，浙江自贸试验区所在县市区地区生产总值 12 192.7 亿元，占全省地区生产总值的 15.7%，比上年增长 3.4%，高于全省平均增速 0.3 个百分点；固定资产投资增速为 11.3%，高于全省平均增速 2.2 个百分点；规模以上工业企业研发费用支出增速为 17.7%，高于全省平均增速 3.2 个百分点。

（四）“五大功能定位”高质量发展

2022，浙江自贸试验区保税燃料油加注量 602.5 万吨，比上年增长 9.1%，在第六届世界油商大会“2022 全球十大船加油港口”排名中，舟山港由全球第五跃升至全球第四大船加油港。

2022 年，宁波舟山港货物吞吐量超 12.6 吨，连续 14 年位居全球第一；集装箱吞吐量 3 335 万标准箱，位居全球第三。

“义新欧”中欧班列发运总量、回程班列增长率再创历史新高，位列全国前三，2022 年共开行 2 269 列，发运 18.6 万标准箱，发运量比上年增长 19%。

2022 年，浙江自贸试验区所在县市区油气贸易额达 12 866 亿元，比上年增长 18.7%；油品储备能力达 4 961.1 万吨，较 2021 年增加 266.1 万吨；炼油能力 7 500 万吨/年，较 2021 年增加 400 万吨/年。

浙江自贸试验区所在县市区新型国际贸易总额超 8 500 亿元，比上年增长 9.8%；其中，数字服务贸易额 1 947.9 亿元，增长 6.5%；市场采购出口额 3 264.3 亿元，增长 9.6%。跨境人民币结算量达 12 241.0 亿元，比上年增长 23.7%。

二、建设措施及成效

（一）以五大功能定位服务国家战略

大宗商品资源配置基地建设扎实推进。获批建设国家大宗商品战略储运基地，上海期货交易所战略入股浙江国际油气交易中心共建长三角期现一体化油气交易市场。

新型国际贸易中心发展保持领先。杭州成为全国跨境电商零售出口平台最集聚的城市，跨境支付交易额占全国七成；宁波成为全国首个跨境电商零售进口千亿级城市。

国际航运和物流枢纽地位突显。宁波舟山连续两年位居国际航运中心城市十强，2022 年货物、集装箱吞吐量在 2021 年“双突破”的基础上再创新高。

数字经济发展示范区引领全省。首届全球数字贸易博览会在杭州举办，取得丰硕成果。

先进制造业集聚区稳步发展。数字安防、新材料等 7 个制造业集群进入国家重点培育名单，居全国第三位；宁波国家级单项冠军企业和专精特新“小巨人”企业数量分别居全国第一位和第四位。

（二）打造具有浙江标识度的十大标志性成果

一是宁波舟山港“硬核”力量进一步增强。宁波舟山连续两年位居国际航运中心十强，首次跃居全国油气吞吐量第一大港，2022 年跻身全球第四大船加油港，建成全球唯一拥有双“千万箱级”年通过能力的单体集装箱码头。

二是大宗商品储运基地建设全面推进。先期启动工程顺利推进，主体工程全面开工建设；国家储备原油保障能力占全国四分之一，成为全国最大的能源保障基地；践行绿色低碳目标，建设宁波、舟山液化天然气（LNG）接收中心。

三是世界一流石化产业集群初具规模。全国最大、全球第二的炼化一体化项目——浙江石油化工有限公司 4 000 万吨/年炼化一体化项目（二期）全面建成投产。舟山、宁波一体打造世界一流的万亿级绿色石化产业集群。

四是自由贸易先行区建设取得新突破。围绕大宗商品自由贸易、小商品自由贸易、数字贸易先行发展，推动跨境贸易投资高水平开放、本外币合一账户、第五航权政策等一批国家级试点落地，推动跨境电子商务综合试验区率先实现省域全覆盖。

五是长三角期现一体化油气交易市场全面建成。深化与上海期货交易所“期现合作”，发布并应用全国首个人民币定价的低硫燃料油船供报价指数，中国舟山价格指数体系基本成型，影响力稳步提升；深化交易模式创新，落地“产能预售+期货稳价订单”业务；保税商品登记系统完成联调联试，签署联盟链章程，打造全国首个大宗商品仓单注册登记可推广、可示范的创新标杆。

六是全球数字贸易中心建设取得重大进展。首届全球数字贸易博览会成功召开，打造数字贸易领域国家级展会；成立国内首家数字贸易领域标准化专业技术委员会；实施国内首个数字贸易团体标准；发布首个数字贸易指数。

七是全球数字变革策源地初见雏形。梯次培育数字经济优质企业 15 家；落地数据安全实验室，建立数据知识产权公共存证平台；上线浙江大数据交易服务平台“数据国际交易专区”和杭州国际数字交易中心。

八是“义新欧”中欧班列迈上新台阶。创新经营模式，开辟首趟“义新欧+粮食”回程班列；首次实现与“义乌—宁波舟山港”海铁联运班列“整列中转”“国际中转”。

九是数字人民币试点落地。推动杭州、宁波、金华等 6 城市纳入数字人民币试点地区，试点城市数量位居全国第一，支付宝成为首家支持数字人民币钱包快付功能的支付平台，发布亚运数币硬钱包。

十是海外仓全球布局体系初步形成。海外仓总面积占全国海外仓面积的 1/4，覆盖全球 46 个国家，160 个城市。

（三）制度体系建设情况

一是提升法治化营商环境。2022 年 3 月 18 日，浙江省第十三届人民代表大会常务委员会第三十五次会议修订通过了新《中国（浙江）自由贸易试验区条例》，于 2022 年 5 月 1 日正式实施，为浙江自贸试验区 2.0 建设夯实法治之基。2022 年 6 月 13 日，省政府印发《关于赋予中国（浙江）自由贸易试验区一批省级管理事项权限的决定》，依法将 32

项省级事权下放到浙江自贸试验区各个片区。2022年7月初，浙江自贸试验区工作领导小组办公室(以下简称浙自贸办)印发《中国(浙江)自由贸易试验区改革创新容错纠错办法(试行)》。

二是提升数字治理能力。聚焦数字经济跑道，迭代升级“自贸在线”集成应用，深化打造39个自贸特色场景应用。油气自贸区领域，上海期货交易所、浙江国际油气交易中心、杭州海关三方共建保税商品登记系统，推动期现一体化市场做大做强；油品数字化监管平台上线，促进油品仓储行业标准化、规范化；海上数字加油站助推锚地使用效率提升30%。数字自贸区领域，“小商品数字自贸应用”集成商品展示、撮合交易、仓储物流、供应链金融、通关结汇等综合服务，在线交易额突破400亿元；“数字综保”应用助力综合保税区创新监管模式，上线以来为企业节约成本超1 650万元；数字贸易“单一窗口”推进外管、海关、税务、商务、金融等跨部门数据共享，提升新型贸易便利化水平。枢纽自贸区领域，江海联运在线辐射长江经济带，提升船舶运输效率，为企业节约成本15亿元；数字化国际贸易服务平台优化国际供应链体系，为10万多家企业降本增效。

三是提升服务国家战略能力。国务院《中国(浙江)自由贸易试验区扩展区域方案》《关于支持中国(浙江)自由贸易试验区油气全产业链开放发展的若干措施》，以及省政府《中国(浙江)自由贸易试验区建设实施方案》的改革任务落地实施率达到95%。新增直属单位和部委授予的各类改革试点75项，获批一批国家级重大改革试点，包括人民银行总行(国家外汇管理局)支持的本外币合一银行账户体系、跨境贸易投资高水平开放、新型离岸国际贸易业务等试点；海关总署支持的入境特殊物品安全联合监管机制试点；国家发展和改革委员会支持的综合要素改革试点、营商环境创新试点；国家市场监管总局支持的知识产权服务出口基地、数据知识产权保护试点；交通运输部支持的中资非五星旗船沿海捎带政策；中国民航局支持的第五航权政策；国家网信办支持实施进一步扩大企业外联App试点范围。

四是提升集成创新能力。组织评选出20项省级最佳制度创新案例，以“重大改革关键词+思维导图”模式，组织评选出12项集成性制度创新成果，包括跨境电商通关监管关税汇便利化和生态模式创新、小商品贸易便利化集成和全球生态体系构建、保税燃料油管理标准与服务体系构建、绿岛环保审批制度改革和绿色经济新模式等。

五是提升招大引强能力。全面落实外商投资准入前国民待遇加负面清单管理制度，形成招引一批、开工一批、推进一批、建成一批、谋划一批“五张子清单”，新增1亿美元以上外资项目36个。建成浙石化炼化一体化项目、新奥舟山LNG接收站、华东国际联运港、国际大宗贸易数字化服务平台、杭州港务数字化交通港口等一批标志性项目。加快推进国家大宗商品储运基地、舟山金塘新材料产业园、杭州国际机场东区国际货站、义乌(苏溪)国际枢纽港等重大项目建设。两批60个签约项目开工率达95%，累计投资超670亿元。

三、创新成果及案例

案例1：浙里移民服务集成改革

主要做法：

按照“小切口、大场景”的改革思路，大力推进线上线下一体运行的移民事务服务中心建设。

一是以“境外人员身份核验平台”为“小切口”。在资源上，争取全国境外人员数据库支撑；在技术上，形成境外人员身份清洗、比对、集成等标准规范；在机制上，建立互联互通、互认互用的共享体系；在场景上，完善“实人、实名、实证”以及“实人+实证”“实人+实名”等复合应用功能。目前，已在金义片区等地推广应用。

二是构建高频涉外事项集成的大场景。聚焦企业和群众普遍需求，不断提升移民事务服务平台一体化、智能化水平，突出能力组件建设，强化多跨协同联动，贯通10个政府部门和20家公共服务企业，汇聚工作许可、不动产登记、演艺批件等11项政务事项，以及金融、电力、通信等78项公共事项，集成算料、算力、算法，实现高频涉外事项“一网通办”的大场景。

特色亮点：

全国唯一试点。浙江是全国承担国家移民管理局“境外人员身份核验平台”试点建设的唯一省份。

能力输出全覆盖。强化能力组件建设，输出支撑全社会各行各业对境外人员身份确认的基础应用能力。

涉外事项全集成。率先在杭州、金义等自贸片区区域内建立健全协同高效的境外人员电子证照应用和互通互认工作机制，拓展实现高频涉外事项集成化、便利化应用。

实践效果：

一是在实践成果上，海外引才成效明显。2021年浙江省海外引才纳入国家计划申报数、入选数均居全国第一位。2022年第一季度，国家重点备案引才计划人员申请永久居留数同比增长37.5%，其中自贸区引进的外籍人才申请永久居留数同比增长51.7%。

二是在引领示范上，已确定向全国推广。2022年，人民网、中新网等国家媒体多次报道浙江省浙里移民服务集成改革做法；国家移民管理局拟在浙江省召开全国移民服务工作现场会。

三是在制度体系上，持续完善完备。2021年，省两办印发《关于加强新时代在浙外国人管理服务工作的意见》，明确要求加快建设移民事务服务中心。2022年5月出台《浙江省移民事务服务中心建设规范（试行）》。目前正推动将浙里移民服务集成改革纳入《浙江省促进高质量发展建设共同富裕示范区条例》。

案例2：数据知识产权制度改革

主要做法：

一是打通数据确权路径。将数据存证流程及其系统设计细化为五个环节：数据存证主体资格申请—数据采集布点—数据存证应用申请—数据存证—证书申请；完成数据存证应用申请后，企业可随时存证数据，证书申请时可选择其中某段时间内的数据。存证证书颁发审核要求提供样例数据，除合法合规外，对样例数据真实性做哈希值（Hash）校验，对稳定性做字段和结构一致性判断。申请登记证书时，根据维权、运用等不同需求对接公证、银行等端口。

二是探索数据转化运用。企业做数据质押贷款需要将数据上传到浙江省大数据交易中心并进行加密，经省大数据交易中心数据哈希值计算与存证平台哈希值比对一致的，银行依据存证证书与企业签订质押协议并授信贷款。

特色亮点：

一是试点地方立法。目前已将建立数据权益保护制度、建设公共存证登记平台、数据权益公共存证证据认定写入《浙江省知识产权保护和促进条例》。在《知识产权助推中国（浙江）自由贸易试验区高质量发展若干意见》中明确提出，“支持自由贸易试验区建立数据知识产权、开源知识产权保护行业标准和规范，扩大数据知识产权质押融资试点规模”。

二是建设存证平台。建设省知识产权区块链公共存证登记平台，通过在企业本地部署数据采集节点，在数据生产、传输、分析处理中为数据主体做基于区块链的信息鉴证，提供可信的数据生产环境、数据产生路径、产生方式方法等信息确认记录，同时把实时产生的数据原文哈希值上传至存证平台，完成存证。上线数据真实性验证和防篡改验证两项数据知识产权公共查询功能。

实践效果：

一是数据知识产权工作走在前列。浙江省数据知识产权工作在国家数据知识产权保护试点中处于领先地位。“实施数据知识产权制度改革”列入省委高质量发展建设共同富裕示范区重大改革事项，浙江省在深入开展“数据知识产权制度改革路径研究”的同时，积极探索数据知识产权要素确权、流通等浙江实践。《数据知识产权管理与服务标准化试点》获得国家标准化管理委员会立项，数据知识产权系列标准制定稳步推进。

二是数据知识产权理念逐步深入。引导“数据知识产权”理念共享聚焦、工作延伸到基层，“数据知识产权制度改革”获评浙江省2021年数字经济系统优秀理论制度成果。浙江省高级人民法院与省市场监管局就合力推动区块链存证技术在数据确权中的应用、探索数据知识产权保护签订《合力打造知识产权强国建设先行省备忘录》，与省商务厅等单位就共同推进自贸区数据知识产权制度改革发布意见，列入省发展和改革委牵头数据要素市场化配置、省经济和信息化厅牵头全省数字经济系统建设重点工作。

三是确权运用流程基本打通。“浙江省知识产权区块链公共存证登记平台”于2021年9月全国率先上线，发放全国首张数据知识产权存证证书，实现首笔数据知识产权质押融资，印发全国首个《开源社区知识产权管理规则指引（试行）》。截至2022年5月底，存证证书发放4 256张，存证数据达640万条左右。

案例3：低硫燃料油期货跨关区交割制度创新

主要做法：

2021年初，为解决企业仓库所在地与货源地不匹配导致无法提货的难题，浙江永安国油能源有限公司（以下简称永安国油）首次实现低硫燃料油仓单在交割库之间的跨关区调拨，彻底解决了企业提货受限的堵点。

永安国油为满足客户需求，与客户签订现货购销合同，协同上海期货交易所交割部、浙江自贸试验区海关制定的交割方案，从上海期货交易所低硫燃料油合约买入对应货物，将仓单注销出库后为企业供货，帮助企业完成货物计价基准和汇率的转换，突破了原有提货限制，实现低硫燃料油仓单的首次跨关区调拨。

特色亮点：

永安国油首次实现低硫燃料油仓单的跨区调拨，积极配合上海期货交易所、浙江自贸试验区海关对相关制度的完善工作。将原本“不准跨关区调拨”突破成“可以在交割库之间跨关区调拨”，促进了跨区调拨模式的落地和推广，彻底解决了企业提货受限的堵点。

实践效果：

永安国油为船供油企业量身设计方案，化解了企业仓库所在地与货源地不匹配的矛盾，满足了企业经营的个性化需求，将原本“不准跨关区调拨”突破成“可以在交割库之间跨关区调拨”。后续，永安国油将把一个交割库的操作经验推广至全部交割库，交割库包括浙江自贸试验区内的中化兴中油库、海洋油库、大鼎油库，上海洋山港的洋山油库，以及山东青岛港的青岛实华油库。

案例4：数字化航运服务平台

主要做法：

三方共建。平台采用“政府引导+企业自主”的开发模式，率先由宁波海事局联合部分航运企业和IT企业搭建开放式数字化平台。

功能集成。目前在航运公司端已实现体系管理、船员管理、物料管理、机务管理、预警预控、移动办公等功能；在海事端已实现安全管理活动实时监控、线上审核、隐患排查线上核验反馈、船舶船员履职监控、助航服务、安全信息实时推送、一船全景、一司全景等功能；平台还立足航运产业链发展，推出船员培训、航运金融、备件物料保税燃油供应等第三方服务功能。

特色亮点：

一是“集成共享”，构建航运安全生态圈。平台打破航运参与方之间点对点互动接触模式，依靠互联网技术和航运大数据，链接航运全产业链，将海事部门监管平台、航运公司安全管理体系数字化模块、航运第三方服务等信息统一汇聚到数字化航运服务平台，高度集成海事服务、公司管理、商务对接等功能。

二是“一站到底”，改革安全管理模式。借助平台，航运公司实现体系运行数字化。航运企业及船舶的安全管理活动在平台上真实记录，海事部门实时监控公司、船舶安全管理活动，推动企业安全生产主体责任有效落实。

三是“远程审核”，助力船舶高效运输。借助平台，海事部门可精准复盘再现航运公司及船舶的安全管理活动，使得对船舶实施远程体系审核更加精准，解决了疫情常态化防控下航运公司安全管理证书审核发证难问题，促进了国际国内双循环，进一步保障了物流供应链安全畅通。

实践效果：

一是集成化航运服务功能初显。平台功能准确契合航运公司安全发展和数字化转型升级的诉求，IT企业根据不同航运公司航线特点、船舶种类等进行“私人定制”，平台快速推广应用，汇聚航运业各方参与人的“朋友圈”。截至2022年6月1日，全国范围内已有500余家航运公司和第三方机构加入，包括宁波辖区104家体系公司、5家船员培训机构、10余家第三方服务机构。

二是海事机构安全监管效能提升。海事借助平台真正实现安全管理落地见效，彻底解决航运公司安全管理长期存在的“操作记录不对称”现象。远程审核为船舶航行实现智能化监控，航运企业信息交互畅通无阻，进一步推动公司安全生产主体责任落实。近两年来，宁波辖区公司船舶发生的水上交通事故件数、死亡失踪人数、直接经济损失三项指标平均同比下降60%。

三是航运公司安全管理提质增效。航运公司借助平台可实时处理安全管理事项，突破传统安全管理时间空间限制，大幅提高公司管理效率，安全管理质量大幅提高。平台实现备件管理、物料管理、油料管理等衍生服务，对企业经营成本进行把控和减负，通过接入供应商集采通道，进一步控制船用备件、物料、油料、维护保养的成本，为企业降本增效。据早期应用平台的相关航运公司反馈，每家公司每年可节约经营成本50余万元。

案例5：化工行业加工贸易物料信息化管理新模式

主要做法：

创新监管思路。在实际物料无法从物理上分离的客观情况下，利用信息流的分开实现“分开管理”的目标：一是物料流转信息均采集于企业实际生产数据而不受人工干预，确保保税与非保税信息流分开并真实准确；二是实时提取企业计划、销售、采购、生产、库存等环节信息，全方位掌握企业单损耗与副产品情况；三是实现生产加工全过程的动态仿真和过程回放，确保监管的闭环回路。

再造业务流程。利用该系统对化工行业加工贸易生产过程实施辅助监管，分为企业端和海关端双平台。企业端主要负责数据采集、申报、展示，海关端通过后台对数据进行分析展示。

特色亮点：

一是数字赋能，破解“共线生产”监管难点。本项举措立足企业多种贸易方式的料件“共线生产”的需求，创新加工贸易“分开管理、专料专用”的传统管理模式，通过信息分流实现企业保税物料与非保税物料的分开管理，并通过与企业的系统联网，实时采集ERP（企业资源计划）数据以及MES（生产执行系统）数据，构建加工贸易物料信息化管理系统，借助实时监控功能、数据分析功能、数据展示功能、红线监管功能，有效解决化工行业开展加工贸易过程中不同贸易属性料件“共线生产”的监管难点。

二是行业首创，可在全国复制推广。该模式已在宁波海关关区内的7家加工贸易企业进行试点。试点结论是：数据准确，流程顺畅，稳定高效。该模式已于2021年通过海关总署自贸试验区创新举措备案，并达到在全国复制推广的标准。

实践效果：

一是加快资金周转。化工行业多为资本密集型企业，投资巨大，如宁波化工区内企业投资金额数十亿甚至上百亿的企业超90%，其原料和产品的金额也是“大进大出”。该模式平均为企业节约25%的资金周转时间，资金实际利用率较一般贸易模式提高1.6倍。

二是增加经营效益。新的监管模式满足了企业“共线生产”的现实需求，较一般贸易模式为企业增加近15%的利润。该模式为单个试点企业年均增效3 000万元以上。

三是延伸产业链条。该模式满足了下游企业对开展深加工结转的迫切要求，满足了化工园区“油头化尾”、顺逆流结合的一体化产业布局，最大程度降低了物流成本、环境治理成本和原材料的贸易安全成本。

四是提升监管效率。化工行业生产工艺复杂，伴生大量副产品，对“准确核销”带来较大困难。通过该举措实现加工贸易货物与非加工贸易货物数据信息流分开，使化工企业达到加工贸易“分开管理”的监管要求。进一步解决加工贸易产品的数量认定问题，使化工行业加工贸易做到“准确核销”。

案例6：移动查验单兵集成知识产权商标智能识别应用

主要做法：

基于海关知识库平台与知识产权商标智能识别模型，在移动查验单兵作业系统上应用智能化查询功能，实现通过拍照直接识别对比近似商标图形，提升现场查验环节打击侵犯知识产权的能力和水平，具体实现方式如下：

打造系统集成应用平台。一是实现海关知识库平台与知识产权海关保护备案系统数据库对接，将商标库融入海关知识库平台，实现与其他业务知识的融合及关联查询；二是将知识产权商标智能识别模型部署到海关知识库平台，在平台中开发“以图查图”功能。

实现商标图形自动比对。实现移动查验单兵作业系统与海关知识库平台对接，关员使用移动查验单兵拍照后，系统自动识别比对，并反馈提示。

创新试点后，查验关员在现场查验时发现所查货物中有图形或文字商标的，依托移动查验单兵，通过模糊查询、精准查询或“以图识图”方式将商标信息与海关知识库比对，通过查询比对发现涉嫌侵权货物时，按相关规定处置。

特色亮点：

此前，移动查验单兵作业系统实现海关查验作业的无纸化，有效提升现场工作效率，但在查发疑似侵权案例时，现场关员需依托其他手机应用程序或返回办公室依托内网电脑登录知识产权海关保护备案系统，影响查验效率。为深化“科技兴关”建设，推动现场查验环节“数字、数智、数治”整体智治，针对上述痛点和难点，运用系统集成化的思维，在移动查验单兵上集成知识产权智能商标识别应用，促进商标信息核对智能化，提升工作实效，提高执法统一性水平。

实践效果：

杭州海关作为该创新应用的需求提出方和全国首批试点海关，优先在浙江自贸试验区金义片区开展试点，取得以下成效：一是实现资源整合优化。查验环节系统集成移动查验单兵作业系统对接海关知识库平台。二是提升现场查验效率。使用移动查验单兵对商标拍照，实现“以图查图”，实现商标图形快速比对，基本实现“秒查询、秒反馈”。

案例7：“快递出海”工程探索跨境快递服务新模式

主要做法：

一是走访调研。2020年下半年起，舟山市港航、邮政管理、海关等部门利用2个月时间集中走访外供、代理、船厂等10余家代表性企业，了解了行业现状，对伙食、船员生活用品、船用备件、配件等物资的供应模式进行了详细的调研，为出具切实可行的方案作了充分准备。

二是洽谈比选。2021 年 3—6 月，市港航部门牵头会同邮政管理、经信、税务、海关、财经投资公司等组织京东、顺丰、阿里等企业就平台建设方案开展多轮比选和洽谈，综合多部门意见，向市政府提出将顺丰控股股份有限公司作为该平台项目合作方的建议。

三是邀请合作。2021 年 7 月，舟山市政府正式向顺丰控股股份有限公司发出邀请函，表明合作意向，顺丰方面复函接受邀请，双方进入意向合作阶段。同时，舟山市政府将该项目列为年度重点招商项目，由市港航、邮政管理、海关等部门共同推进。

四是入驻办公。2021 年 8—12 月，顺丰控股股份有限公司派研发团队入驻舟山，在市港航、海关、邮政管理等部门指导下优化平台业务方案，完善业务全景图、线上流程设计、物流成本试算等，为双方正式签约做准备。

五是搭建平台。2022 年 1 月至今，在舟山市政府协调指导下，顺丰团队以舟山国家远洋渔业基地的远洋渔船的物资供给作为项目试点，开展线上平台建设、开发手机应用程序小样，完成平台线上功能搭建和仓网建设初步规划，初步打通与海关的数据传输，目前正向海关部门申请线上审批、无感监管。

特色亮点：

一是搭建一个平台。将传统的线下外轮供应模式转移到线上，发挥快递企业仓配优势，运用数字化手段，统一船供配送服务、提升服务质量，打造集仓储、运输、金融等服务为一体的智慧化“快递出海”电商平台。

二是整合一批资源。通过整合物流、信息流、资金流，形成供应链、物流链、资金链全链条的“快递出海”商业新模式。

三是提高运行效率。通过数字赋能，打通与海关部门的数据对接，实现海关线上审批，提升通关效率。

四是形成可复制经验。通过将“快递出海”工程与数字化平台建设相融合，率先在全国乃至全球港口城市形成“快递+国际海事服务”模式，逐步推广至全省、全国各港口。

实践效果：

2021 年 7 月，利用国际快递经营业务许可证办理权限下放浙江的契机，舟山市成功引进并指导上海一家企业获得舟山首张国际快递经营许可证，为舟山发展跨境电商寄递奠定了坚实的基础。通过该项目与“快递出海”工程相融合，舟山市政府积极鼓励引导邮政、顺丰等国际快递企业依托网络、仓储优势，做大做强国际业务服务网络，主动承接平台项目建设，全面构筑起面向国际的快递智能骨干网络。

案例 8：“专精特新”企业培育体系

主要做法：

一是立法定策吃下“定心丸”。制定《浙江省民营企业发展促进条例》，出台配套政策 20 个，构建公平竞争法治环境。修订《浙江省促进中小企业发展条例》，改善助小扶微政策环境。出台《浙江省人民政府办公厅关于大力培育促进“专精特新”中小企业高质量发展的若干意见》，明确“专精特新”培育方向。

二是减负强企送上“及时雨”。2020 年以来密集出台减负政策 9 批，特别是 2022 年相继出台《关于减负强企激发企业发展活力的意见》（减负强企 45 条）、《关于进一步减负纾困助力中小微企业发展的若干意见》（减负纾困 27 条），迭代推行政策供给法、减税减支法、要素优配法等减负降本“十法”，开发建设“一指减负”“政策直达”应用，共为企业减负超 8 000 亿元。

三是梯度行动培育“小巨人”。组织实施“小升规”“雏鹰”“放水养鱼”“专精特新”“单项冠军”等培育行动，省市县三级联动，分级分类构建梯度培育库，全省规模以上工业企业达 54 335 家，累计培育“专精特新”企业2 794家，其中省级“隐形冠军”282家、“专精特新”中小企业2 125家，国家专精特新“小巨人”470家、单项冠军149家。

四是纾困解难当好“娘家人”。在全国率先设立5亿元中小企业纾困帮扶专项资金，争取国家4.3亿元中小企业高质量发展奖补资金。每年开展“中小企业服务月”行动，实现省级以上“专精特新”企业助企服务专员全覆盖，对首轮摸排需要畅链保供帮扶的412家企业实行“一对一”服务。建设“企业码”，集成管用实用的涉企服务应用，领码市场主体267.9万家，访问量超过2.6亿次，“码”上解决企业诉求17.8万件。

实践效果：

一是“专精特新”全国第一。截至2022年6月，浙江省累计培育国家专精特新“小巨人”470家、国家单项冠军149家、全国民营企业500强96家、全国民营企业制造业500强97家，4项指标均居全国第一。

二是营商环境全国第一。根据全国工商联《2021年万家民营企业评营商环境报告》，浙江居全国第一；排名前十城市（不含直辖市）中，浙江入围企业数量第一，杭州、温州、宁波分居第一、二、五位。

三是立法探索全国先行。出台《浙江省民营企业发展促进条例》，为全国省域层面第一部促进民营企业发展的地方性法规。

四是数字减负全国领跑。两年多来，共为企业减负超8 000亿元，其中2021年为企业减负2 793亿元，惠及企业5 997万家次，企业五星好评率99.98%。

案例9：市场采购组货人制度

主要做法：

显化贸易链“通梗阻”。一是上线全链路数字化应用。要求出口报关之前，必须进行组货清单（即物流清单）申报，并以组货清单为纽带，疏堵结合，构建“交易清单—组货清单—报关清单—结算清单”数据溯源管理机制。二是配套组货业绩奖励政策，组货清单不申报不奖励，不规范扣奖励。建立“亮牌亮码建台账”“实名实仓如实报”等经营规范，穿透实际控制人，锚定“金字招牌”，推动组货人品牌经营。

智慧监管堵漏洞。一是依托大数据智能巡查算法，对数据虚报等不规范行为自动监测预警；二是开发集装箱监测应用，利用集卡车辆北斗轨迹等数据，实施出口集装箱量和物流秩序分析；三是实施二十分制信用积分管理，对不规范经营主体进行扣分和惩戒，实名穿透实际控制人。

特色亮点：

首创制度，构建闭环管理体系。将组货物流环节纳入市场采购贸易管理体系，补全交易环节与出口环节不衔接，贸易溯源断链问题，实现两方面的闭环：一是组货人治理闭环。出台《组货人制度通知》等5项政策文件，建立主体分类注册、规范经营、信用监管、业绩奖励、贡献激励等全方位体系化治理方案。二是市场采购贸易链闭环。以组货管理应用为桥，在“交易—物流（组货）—报关—结算”四大环节实现全链路数字化服务，打通贸易溯源机制。

疏堵结合，实现贸易主体和数据的全量归集。贸易明细数据因商业敏感性和涉税顾虑等因素，长期无法实现有效归集。通过流程重塑，将组货清单（即物流信息）申报与出口报关结合，进行倒逼；通过制度重塑，依托申报数据实施资金奖励和政策扶持，进行疏导，最终解决了数据归集这一顽疾。

实践效果：

显化贸易链，推动市场采购贸易数字化升级。一是显化贸易主体。已备案组货人企业840余家，基本实现参与市场采购贸易的国际货代群体全覆盖，破解了企业影子经营，不愿进入政府体系的痛点。二是显化贸易链。以组货人为纽带，带动了“交易—物流（组货）—报关—结算”全链路数字化服务和溯源管理，促进了市场秩序和贸易规范性。

建立评价体系，推动企业纾困赋能。一是依托组货人数据、信用等评定了67家“重品牌、有实力、讲规矩”发认证组货人企业，50家有综合贡献的金牌银牌企业，发放扶持资金2 600万元。二是依托组货数据，开发了“免抵押、低利率、快速贷”海运贷数字融资产品，为71家企业累计垫付海运费3.44亿元，降低了企业资金压力。三是推出省内首个运费应收账款信用险，累计承保金额已超5 000万美元。

案例10：油气产能预售交易模式创新成果

主要做法：

2021年3月，浙江国际油气交易中心（以下简称浙油中心）组织专业团队，就产能预售交易模式展开系统性研发，初步搭建模式框架，开展市场调研，广泛征求产业客户意见建议。在上期所专业指导下，浙油中心就模式设计、交易规则、风险控制、合规审查、交易系统建设等进行论证和修订。高度重视规范性要求，积极与监管部门沟通汇报，完善规则内容。经法律专家审核并出具法律意见书。2021年7月，浙江省地方金融监督管理局召集浙江银保监局、浙江证监局等15家单位开展专家论证会。2021年9月，省金融监管局批复同意浙油中心产能预售模式备案。

特色亮点：

浙江自贸试验区首个中远期交易模式。浙油中心积极探索从现货交易发展到中远期交易的发展路径。在上海期货交易所（以下简称上期所）的专业指导下，浙油中心研发上线预售产能交易模式。产能预售的上线实现了浙油中心从现货交易到衍生品交易的突破，是区内落地的首个中远期交易模式。

从市场需求出发切实服务实体企业。参与产能预售各方，通过更公开、更透明、更便捷的平台化交易，可拓宽购销渠道，降低经营成本，保障资金安全，降低违约风险。对产能发售方，该模式可拓宽销售渠道，扩大客户群体；提前锁定销售价格和生产利润，规避价格波动风险；便捷进行产能回购或增发，灵活调整预售总额。对产能认购方，该模式可拓宽采购渠道，快速建立供采关系，便捷获取优质一手资源；提前锁定购货成本，规避价格波动风险；无须缴纳全款，缴纳转让定金即可锁定订单，减少资金占用，降低采购成本。

创新模式机制，提升会员交易体验。一是订单转让机制，提升线上贸易效率。目前国内其他现货交易场所的产能预售模式无法进行订单转让，浙油中心产能预售交易模式下，会员于订单订立当日即可根据自身需求对订单进行转让，交易机制更灵活。二是定金交易制度，降低会员交易成本。产能预售模式下，会员缴纳一定比例的定金（一般为订单总额的20%）即可销售或购买订单，其中产能发售方还可通过银行保函或浙油中心认可的方式冲抵定金，实现低成本甚至零成本参与。产能预售与其他线上交易模式相比，资金占用更少，会员参与交易成本更低。三是预售产量可调整，合理安排生产经营。传统现货贸易中，上游企业受生产经营情况影响，无法按时交付货物的，需按合同违约进行赔偿；产能预售模式下，产能发售方可根据生产经营和产能调控需求，通过交易系统便捷进行产能回购或增发，增强产业客户经营灵活性。

风控制度完善，助力模式平稳运行。根据省政府《关于长三角一体化油气交易市场建设重点工作任务安排的函》（浙金管〔2021〕9号），在上期所相关部门的专业指导下，完成交易管理办法的设计及风控管理制度的完善，产能预售模式上线至今，运行平稳，未发生风险事件。

实践效果：

截至2022年5月，产能预售模式共有187家产能认购方完成开户，中基宁波集团股份有限公司（简称中基宁波）、山东京博石油化工有限公司（简称山东京博）等2家产能发售方参与产能发售，成功发售订单共计 18 批次，发售产品包括沥青、柴油，实现交易量 858.42 万吨（双边），交易额 316.13 亿元（双边）。浙油中心已与中基宁波达成常态化发售协议，每周五通过产能预售模式稳定发售沥青产品，实现沥青产品的供应保障。2023 年，浙油中心与物产中大欧泰有限公司等 3 家产能发售方达成合作，寻求与浙江石油化工有限公司等 3 家产业头部企业进行合作，发售产品将扩展至保税燃料油等其他品种。

产能预售模式自 2021 年 11 月正式上线以来，交易系统运行平稳，交易规模发展迅速。2021 年 12 月，产能预售模式入选浙江自贸试验区建设第七批“十大”成果。2022 年 4 月，产能预售模式被评为舟山市数字经济优秀示范项目。

案例 11：跨境贸易投资便利化制度集成创新

主要做法：

一是正向激励，合规银行更自主、诚信企业更便利。试点采用“企业申请—银行推荐”的准入机制，浙江自贸试验区宁波片区（以下简称宁波片区）企业主动完善内部管理、优化业务流程，做到贸易信息流、交易资金流等的可追溯，从而符合试点准入条件。实施主体分级管理，以银行尽职调查评估结果为重要参考分类施策，确保优质企业享受最高水平便利举措，从而形成区内区外示范引领效应。

二是需求导向，积极回应市场创新诉求。紧跟新型国际贸易发展趋势，推动高水平跨境贸易便利化举措覆盖跨境电商、保税维修、新型离岸贸易等更多新型贸易业态，预设政策适用空间，确保未来可能出现的新业态、新模式能够适用便利化举措。支持制造业企业开展委托境外加工贸易，帮助企业提升配置境内外资源能力，服务地区产业链价值链转型升级。宁波共 13 家企业分别开展避税降本型、财务回流型、总部经济型的委托境外加工业务，另有 13 家企业正搭建相应模式。

特色亮点：

一是高层次领跑。2021 年底，国家外汇管理局决定在宁波市北仑区等四地开展跨境贸易投资高水平开放试点，此次试点区域完全覆盖宁波片区，外汇政策领先优势超过全国其他特殊经济区域和浙江自贸试验区其他片区。宁波片区将成为全国跨境贸易投资开放水平最高的区域之一。

二是多政策集成。与以往单项外汇试点最大的不同是，本次试点根据“综合集成式”改革思路，一次性推出“综合集成式”改革，涵盖 9 项资本项目、4 项经常项目改革措施和 2 项风险防控措施。应放尽放，目标是实现企业外汇使用和汇兑最大程度的便利。

实践效果：

一是资金收付更便利，实现跨境结算“分钟办”。支持试点银行取消单证审核，企业跨境资金结算效率提升 50%以上。以离岸贸易为例，政策实施前后单笔业务办理时间由最长 2 个工作日转变为不到 10 分钟。试点以来，宁波片区“免审单”业务规模达 47.22 亿美元，惠及优质企业 154 家，业务规模远超上海自贸试验区临港新片区、海南洋浦经济开发区、广东自贸试验区南沙新区片区 3 个试点地区。

二是降本增效促转型，培育开放经济“向心力”。试点以来，区内制造业企业充分利用跨境贸易便利化举措，主动培育区域总部经济，推动生产经营降本增效，实现产业链价值链转型升级。例如，A 公司对台湾开展委托境外加工贸易，利用台湾工厂在集成电路等方面的生产优势，减少关税、生产等总成本约 10%。企业表示，试点举措，企业更有信心在宁波片区布局建设集成电路研发、贸易、结算中心。

三是理性经营优环境，部分境外业务持续回流。跨境贸易便利化举措在增便利、促开放的同时，始终坚持“真实合规”的要求，其目的在于从实质上优化宁波片区营商环境，因势利导吸引优质企业集聚宁波片区。

案例12：生物医药产业园公募REITs试点

主要做法：

公募REITs属于不动产资产证券化的一种形式，把流动性较低、非证券形态的不动产投资，直接转化为资本市场上可流通交易的证券，同时筹集资金复投于不动产领域的一种方式。本次基础设施公募REITs项目拟选取孵化器项目及和达药谷一期项目作为杭州和达高科技发展集团有限公司首发上市标的资产，估值合计15.43亿元，其中孵化器项目9.07亿元，和达药谷一期项目6.36亿元，均位于自贸区钱塘区块或联动创新区域。

特色亮点：

通过公募REITs的创新型资产盘活方式，可以激活重资产持有平台的资金流动性，让产业园区实现“投资—运营—盘活—再投资”的良性内循环，打通“融—投—管—退”全周期通道，打造“不求所有但求所运”的基础设施运营模式，进一步强化资产的运营和管理能力。

实践效果：

一是可以积极盘活存量，形成循环投资的持续动能；二是可以积极优化资本结构，改善财务报表体系；三是可以在资本市场发声，提高企业品牌形象；四是引入市场化运营机制，助推国有企业提质增效；五是促进园区资产良性循环，实现轻重分离。

新增园区资产投建将助力浙江自贸试验区钱塘区块进一步为企业高效发展集聚资源，以产业赋能促高质量发展，推动钱塘区块发展，助力钱塘区块打造数字综合保税区、数字贸易先行区、生物医药产业高地、智能制造集聚区、国际合作先行示范区。

四、浙江省政府及相关部门出台的政策措施

（一）《中国（浙江）自由贸易试验区条例》（浙江省第十三届人民代表大会常务委员会公告第68号，2022年3月18日）

（二）《浙江省人民政府关于赋予中国（浙江）自由贸易试验区一批省级管理事项权限的决定》（浙政发〔2022〕15号，2022年6月13日）

（三）《关于印发〈知识产权助推中国（浙江）自由贸易试验区高质量发展若干意见〉的通知》（浙市监知〔2022〕6号，2022年6月24日）

（四）《中国（浙江）自由贸易试验区工作领导小组办公室关于印发〈中国（浙江）自由贸易试验区改革创新容错纠错办法（试行）〉的通知》（浙自贸办〔2022〕5号，2022年7月6日）

五、大事记

2022年1月　国家外汇管理局对外发布，在浙江省宁波市北仑区等4区域开展首批跨境贸易投资高水平开放试点。

2022年3月11日　中国（浙江）自由贸易试验区工作领导小组第十次会议在杭州召开，深入贯彻落实浙江自贸试验区建设推进大会精神，研究部署下一阶段重点工作。

2022年3月18日　新修订的《中国（浙江）自由贸易试验区条例》经省第十三届人民代表大会常务委员会第三十五次会议审议通过，并于2022年5月1日起施行。

2022年3月31日　人民银行召开数字人民币研发试点工作座谈会，杭州、宁波、金华等6城市获批数字人民币试点。

2022年6月13日　浙江省人民政府出台《关于赋予中国（浙江）自由贸易试验区一批省级管理事项权限的决定》，依法将32项省级事权下放到各个片区。

2022年6月30日至7月1日　2022中国（浙江）自由贸易试验区生命健康产业推介会暨第六届国际生物医药（杭州）创新峰会在杭州举行。

2022年7月8日　由浙自贸办轮值主办的长三角自由贸易试验区联盟第二次工作会议在线召开，

协同联动推进长三角枢纽自贸区建设。

2022 年 7 月 12 日　浙江自贸试验区 2022 年首批 20 项最佳制度创新案例发布。2022 年 11 月 18 日，2022 年最佳集成性制度创新成果和联动创新区优秀案例对外发布。

2022 年 8 月 30 日至 31 日　由浙江省人民政府主办，浙自贸办、浙江自贸试验区舟山管委会共同承办的第五届世界油商大会在舟山召开。

2022 年 9 月 2 日　中国（浙江）自由贸易试验区国际咨询委员会及高端智库专题研讨会在北京召开。

2022 年 9 月 29 日　浙江自贸试验区扩区两周年活动暨“大宗商品自由贸易先行”专题论坛在杭州萧山举办，浙江自贸试验区官方网站正式上线，浙江自贸试验区展示中心投入运营。

2022 年 10 月 30 日　宁波栎社国际机场“纽约—宁波—仁川—纽约”航线完成首航，宁波成为继杭州之后全省第二个第五航权开放城市。

2022 年 11 月 15 日　中国（浙江）自由贸易试验区高质量提升发展大会召开。会议提出全面实施自贸试验区提升战略，部署了八大提升行动，明确了未来 5 年及 2023 年目标任务。

2022 年 11 月 21 日　2022 中国（浙江）中非经贸论坛暨中非文化合作交流周在金华举办。

2022 年 11 月 21 日　长三角自贸试验区制度创新论坛在南京举办，浙江自贸试验区 3 个案例入选长三角自贸试验区第二批制度创新案例。

2022 年 12 月 11 日至 14 日　作为浙江自贸试验区扩区成果之一，由浙江省人民政府和商务部联合主办的首届全球数字贸易博览会在杭州成功举办。

2022 年 12 月 12 日　浙江省本外币合一银行结算账户体系扩大试点启动仪式举行，新增宁波、温州、金华、台州、舟山 5 个试点地区，实现本外币合一银行结算账户体系浙江自贸试验区全覆盖。

2022 年 12 月 20 日　国务院对外发布《关于同意在沈阳等 6 个城市开展服务业扩大开放综合试点的批复》，杭州成为全省首个服务业扩大开放综合试点。

2022 年中国（河南）自由贸易试验区建设概况

中国（河南）自由贸易试验区工作领导小组办公室

王振利

中国（河南）自由贸易试验区工作领导小组办公室主任

王振利，男，汉族，1973 年 7 月生，大学，中共党员。

现任河南省商务厅党组书记、厅长、中国（河南）自由贸易试验区工作领导小组办公室主任。

一、经济运行情况

（一）投资情况

2022 年，中国（河南）自由贸易试验区（以下简称河南自贸试验区）新设立企业 17 497 家，新增注册资本 1 194. 6 亿元；其中，新设立外商投资企业 36 家，占全省新设外商投资企业总数的 10. 5%，注册资本 6. 9 亿元。合同外资金额 1. 8 亿美元，实际使用外资金额 7 804 万美元，比上年增长 33. 7%；吸收外资前三位的行业分别是食品制造业、科技推广和应用服务业、建筑业。

新设立境外投资企业 7 家，比上年增长 75%；新增中方协议投资额 16 662. 5 万美元，比上年增长 1 147%。区内企业中方实际投资额 13 667 万美元，主要投资于德国，设立机电设备技术研发企业。

截至 2022 年底，河南自贸试验区累计入驻企业 12. 1 万家，注册资本总额 1. 6 万亿元，分别为设立前的 4. 5 倍、6. 1 倍；其中，郑州、开封、洛阳 3 个片区入驻企业数分别为成立前的 4. 1 倍、39. 5 倍、4. 9 倍。入驻世界 500 强企业 127 家、国内 500 强企业 102 家。

实现税收收入 253 亿元，占全省税收收入的 5. 1%。截至 2022 年底，累计实现税收收入 2 144 亿元，年均税收收入占全省总量的比重维持在 9% 左右。

（二）贸易情况

2022 年，河南自贸试验区货物进出口总额 640 亿元，比上年增长 3%，占全省货物进出口总额的 7. 3%。其中，货物进口额 304. 6 亿元，比上年增长 2. 1%；货物出口额 335. 4 亿元，比上年增长 3. 7%。跨境电子商务交易总额达 1 180 亿元。货物进出口主要商品为化工原料、医疗器械、铝制品、机器设备、耐火材料、纺织品、非金属矿物材料、计算机相关产品、通用设备产品、专用设备产品、交通运输设备产品等。主要贸易伙伴为欧美、东南亚、中东、日韩等国家和地区。

（三）金融情况

2022 年，河南自贸试验区新增金融机构 8 家，其中新增持牌金融机构 6 家、非持牌金融机构 2 家。跨境双向人民币资金池业务结算量 5. 3 亿元，跨境人民币结算金额 71 亿元。

2022 年，郑州商品交易所累计成交量为 24 亿手，占全国总量的 35. 4%，成交金额为 96. 9 万亿元。场内期货与期权成交量排名位居全球衍生品交易所第八位，场内商品类期货与期权成交量排名蝉联全球商品期货交易所首位。

（四）创新情况

2022 年，河南自贸试验区新增高新技术企业 954 家，营业收入 1 962. 2 亿元；新增专利申请

27 249 件，专利授权 3 799 件。

（五）枢纽功能情况

郑州机场充分利用第五航权，开通全货机航线 44 条（其中国际地区 36 条），通航城市 57 个（其中国际地区 48 个），在全球前 50 位货运机场中开通 28 个航点，连通“一带一路”沿线国家 17 个，形成横跨欧美亚三大经济区、覆盖全球主要经济体、多点支撑的 Y 字形国际货运航线网络。2022 年，郑州机场完成货邮吞吐量 62.5 万吨，行业排名第六。中欧班列（中豫号）累计开行 7 390 班，形成“8 个口岸出入境、20 条线路直达”服务网络，实现每周“16 去 18 回”高频次往返对开，国际物流网络覆盖欧洲、中亚、东盟和亚太（日韩等），业务范围辐射 40 多个国家 140 多个城市，境内外合作伙伴逾 6 000 家。郑州—连云港和郑州—黄岛港铁海国际联运班列相继开行，2022 年郑州中心站铁海联运到发 2.8 万标准箱。

（六）规模以上企业情况

2022 年，河南自贸试验区规模以上企业达 1 658 家，比上年增长 0.3%；年末从业人员 22.9 万人，比上年下降 6.9%；营业收入 2 480.7 亿元，比上年增长 16.1%；营业利润 30.7 亿元，比上年下降 19.4%。其中，规模以上批发和零售业营业收入 2 100.7 亿元、增长 20.7%，营业利润 26.8 亿元、增长 12.6%；规模以上服务业营业收入 362.8 亿元、下降 4%，营业利润 4.8 亿元、下降 68%；规模以上住宿和餐饮业营业收入 17.2 亿元、下降 20%，营业利润为-0.8 亿元、与上年持平。

二、建设措施及成效

河南自贸试验区深入贯彻习近平总书记关于自贸试验区建设重要论述、视察河南重要讲话重要指示，认真落实党中央、国务院决策部署，在省委、省政府坚强领导下，实施自贸试验区提升战略，牢牢把握“为国家试制度、为地方谋发展”主线，着力抓好制度创新和复制推广，围绕产业发展加快招商引资和项目建设，大力发展开放型经济，打造新时代制度型开放高地。

（一）推动优化片区管理体制机制

落实河南省委财经委员会第三次、第五次会议精神，完善自贸片区、区块管理体制机制，健全片区领导组织机构。经省委编办批复同意，成立河南自贸试验区郑州片区经开区管委会、郑东新区管委会、金水区管委会，分别加挂了牌子。推动海关特殊监管区域与自贸片区融合发展，开封综合保税区管委会在开封自贸片区、开封经开区管委会加挂牌子，洛阳综合保税区管委会在洛阳自贸片区、洛阳高新区管委会加挂牌子，实现“三区”统筹、融合发展。

（二）持续抓好制度创新

2022 年，向商务部推荐上报了河南自贸试验区 6 项改革试点经验，联合省委改革办优选跨境电商企业风险评估应用、创新空空中转模式、“平台+”期现联动模式、构建艺术品贸易全链条服务体系等 19 项第四批最佳实践案例。“着眼‘双循环’聚焦国际化，构建艺术品进出口贸易全链条服务体系”入选商务部国家文化出口基地第二批创新实践案例，并被省委改革办改革典型案例红榜通报。“创新艺术品交易‘新路径’，打造文化产业开放先行区”入选 2022 年度河南省经济体制改革十大案例。开展自贸试验区五周年改革创新标志性成果评选活动，通过网络投票和专家评审，综合评出 10 项标志性成果和 10 项提名成果。五年多来，河南自贸试验区累计形成 515 项制度创新成果，15 项创新成果被国家层面采纳推广。

（三）深化重点领域改革

政务服务领域，扩大“企业开办+N 项服务”范围，将公章刻制、申领发票和税控设备、员工参保登记等事项纳入“一网通办”平台。推进实施企业智能登记，率先推出了证照联办智能审批机，将非前置审批项目注册登记升级为智能审批当场办结。

跨境电商领域，启动实施全国首个跨境电商零售进口药品试点，完成首单实单交易，创新实现药品监管与跨境电商相结合，全流程追溯模式保证药品来源可查、去向可追、责任可究，多部门协同监管及线上无纸化审批。

多式联运领域，中欧班列（郑州）新开通至越南胡志明市、匈牙利布达佩斯、蒙古乌兰巴托、俄罗斯乌兰乌德5条新线路，增加经云南磨憨出境口岸。郑州机场通过枢纽优势新引进3家全货运航空公司，新开货运航线3条，新增9个通航城市，成为“空中丝绸之路”重要节点机场。积极将枢纽优势转化为产业优势，推动郑州国际航空邮件枢纽口岸获批，吸引DHL在郑州设立口岸作业区并取得快件口岸运营资质。加快推进河南自贸试验区郑州片区（以下简称郑州片区）多式联运国际物流中心建设，推进中欧班列郑州集结中心示范工程建设。探索实施公铁、铁水、空陆等重点领域“一单制”改革，完善多式联运标准体系和数字班列系统。

金融服务领域，人民银行郑州中心支行指导金融机构围绕自贸试验区区重点企业，主动对接企业需求，为涉外企业“一对一”量身定制全流程、便利化的跨境金融综合服务方案，解决外贸企业实际困难。探索委托境外加工贸易跨境资金结算新模式，河南自贸试验区洛阳片区（以下简称洛阳片区）完成了河南省首笔委托境外加工贸易跨境收支结算，探索开展新型离岸国际贸易新路径。郑州海关与建设银行跨领域合作创新，推出“单一窗口共享盾”，打造“电子口岸+金融服务”一站式办理新模式。郑州商品交易所与波罗的海交易所签订谅解备忘录，发布国内首个冷链物流运价指数。持续提升PTA（精对苯二甲酸）期货的国际影响力，截至2022年底，500余个境外客户开户，50余家境外机构完成备案。

法律服务领域，省法院推动河南自贸试验区郑州片区人民法院金融岛人民法庭揭牌成立，加快建设跨境商事争议在线解决（ODR）平台，成立河南自贸试验区郑州片区国际商事争端预防调解中心，优化国际商事纠纷多元化解机制，提升自贸试验区法治保障水平。积极构建纠纷预防机制，为区内企业提供专门法律咨询，搭建纠纷预防平台。

（四）抓实经验复制推广

加大复制推广工作力度，持续优化复制推广路径模式，建立“省级统筹、部门支持、市县落实”的工作推进机制。省自贸办、省委改革办联合推进，把复制推广工作列入深化改革重点工作。省政府督查室将“复制推广自贸试验区制度创新成果，推动改革试点经验、最佳实践案例落地见效”列入督查事项，加强跟踪评估。推动各地商务部门会同改革部门健全复制推广工作体系，建立复制推广台账，实行销号管理。2022年10月，省自贸办举办第四期复制推广培训班，覆盖发改、市场监管、海关等部门，延伸至各县（区），参训人员1 100余人，打通复制推广“最后一公里”。委托河南财经政法大学中国（河南）自由贸易试验区研究院启动自贸试验区经验复制推广课题研究，开展复制推广情况评估。落实省委关于加快复制推广自贸试验区创设创新制度工作要求，积极借鉴外省好的改革创新经验，筛选20多项改革实效好、受益面广的经验。郑州、洛阳、开封3个片区被省委省政府评为“河南省2021年营商环境建设先进国家级功能区”，分别居全省16个国家级功能区第一位、第三位、第六位。

（五）推动特色产业发展

河南自贸试验区始终把招商引资、项目建设作为推动产业高质量发展的重要抓手，建立了自贸试验区外资外贸运行调度、招商引资和项目建设通报等机制，强化投资促进服务，夯实高质量发展根基。全面摸排区内重要产业、企业状况，梳理跟踪90个重点项目，华为超聚变总部基地及研发中心、中国国际速递供应链区域总部等项目落户河南自贸试验区，安图生物诊断试剂、益海嘉里粮油产业园、三六零中部数字安全科技创新总部等重点项目进展顺利。

郑州片区围绕打造多式联运国际性物流中心建设，着力补链延链强链，引入国家能源投资集团有限责任公司、中国物流集团有限公司、河南新宁现代物流股份有限公司、易宝支付跨境电商产业园项目等落户发展，形成以高端装备制造、汽车制造、现代物流等为代表的特色产业体系。高端装备方面，涵盖了煤矿机械、工程机械、输变电设备、新能源及环保设备、轨道交通设备、智能制造装备等产业类别，形成了以郑州煤矿机械集团、中铁工程装备集团为引领的装备制造产业生态，连续多年产值实现稳定增长。汽车制造方面，已涵盖经济适用型轿车、多功能乘用车、客车和载重汽车、新能源汽车等整车产品，拥有上海汽车集团股份有限公司、东风日产乘用车公司、宇通客车股份有限公司、海马汽车股份有限公司4家整车厂、6家专用车厂，近300家配套零部件企业，形成130万辆的整车产能，占全省的70%以上。现代物流方面，以医药物流、快递物流、保税物流、冷链物流、汽车物流等高附加值业态为重点，集聚物流企业275家，其中4A级以上物流企业17家，建成仓储面积400多万平方米。培育了国药、高济等一批行业龙头。印发实施《郑州片区促进外商投资股权投资类企业发展实施办法（暂行）》，探索开展合格境外有限合伙人（QFLP）试点。

河南自贸试验区开封片区（以下简称开封片区）立足建设文化产业开放先行区，聚焦“艺术品交易”和“文化金融”先行先试，加快延伸拓展产业链，积极打造产业链竞争优势，创新打造“自贸+文化”发展模式。一是搭建国际化平台。设立中部地区首个艺术品保税仓——中国（河南）自贸区国际艺术品保税仓。二是加强金融支撑。设立首家河南省文化艺术银行——中原银行开封自贸区文化艺术支行，与中原银行合作创新艺术金融产品，先后推出针对中小微文化企业的专属艺术金融信贷产品“原艺贷”和线上信用类贷款产品“艺分期”，免担保无抵押，最快3分钟完成审批。总规模30亿元的河南省文化旅游融合发展基金在开封片区注册，正式进入运行阶段，为文化类初创企业提供了更多金融支持，增强文化产业发展活力。联合开封市文化旅游投资集团有限公司，共同出资设立开封市文旅产业信贷风险补偿资金，对在汴金融机构为小微文旅企业提供贷款进行风险补偿、担保、增信，已推动7家企业与9家银行进行签约，签约总金额8.36亿元。三是打造“文化出海”通道。连续三年举办国际文化金融与贸易论坛、数字文化大会、中国（开封）国际动漫节等，持续探索搭建高规格、高品位的文化交流合作平台。连续两年在澳门举办“宋文化寻根”豫澳美术交流联展；在台湾设立河南（开封）自贸区国际艺术品高雄征集处，搭建海峡两岸艺术品回流桥梁，在中国（河南）自贸区国际艺术品保税仓举办中国台湾艺术馆国际艺术品回流特展。2022年1月，中国（河南）自贸区国际艺术品保税仓作为内地唯一一家受邀企业，参加主题为“香港文化艺术产业的发展和拍卖行的机遇”的香港特别行政区行政长官VIP圆桌会议。与中央美院、上海自贸区国际艺术品交易中心、大湾区国际艺术品保税产业中心、重庆艺术品保税仓等联合发起中国自贸试验区国际艺术品交易联盟。

洛阳片区紧紧围绕打造“国际智能制造合作示范区”定位，锚定“3+1”产业体系（即重点发展智能装备制造、新一代信息技术、新能源材料三大主导产业，大力扶持生物医药新兴产业），绘制产业图谱，精准开展招商，签约落地周山双创智慧岛、中电光谷（洛阳）数字经济产业园、三六零中部数字安全产业基地、氢能汽车产业园、星耀新能源科技有限公司年产10万吨级硅碳电池负极材料生产基地项目、新石器无人车等一批重大项目，为“风口”产业发展提供了有力支撑。智能农机装备产业方面，拥有农机装备产业规模以上工业企业3家，其中省制造业头雁企业1家，省级“专精特新”企业2家，培育洛阳地区供应商30余家，推动农机装备制造业企业初步形成“雁阵”格局；2022年集群实现营业收入229亿元、比上年增长24.2%。高端光电元器件产业方面，形成以中航光电股份有限公司为龙头，11家规模以上企业、8家超亿元企业、8家省级以上“专精特新”企业为支撑的企业集群；2022年集群实现营业收入183亿元。氢能和新能源电池产业方面，现有氢能和新能源电池产业重点企业7家，其中超10亿企业1家（中航锂电），具备产能5.5亿瓦时，年产值40亿元，已签约落地洛阳氢能电机及高端装备产业园、星耀新能源科技有限公司年产10万吨级硅碳电池负极材料生产基地等项目，是全市重点打造的新能源产业基地；2022年集群实现营业收入54.19亿元。生物医药产业方面，拥有大小科技型医药企业200余家，其中规模以上生物医药企业5家，主要涉及兽用药品、生物制品、医疗器械、中药材加工与中成药制造等行业，拥有国家级研发平台3个；省级研发平台3个，2022年集群实现营业收入12.3亿元。

（六）持续打造开放平台和创新载体

启动河南自贸试验区开放创新联动区申建工作，组织指导13个省辖市修改完善申建方案，体现差异化创新。开展扩区谋划研究，积极申建河南自贸试验区航空港新片区。2022年全国“两会”期间，河南省以代表团名义向十三届全国人大五次会议提交了《关于恳请国家支持将郑州航空港经济综合实验区核心区域纳入中国（河南）自由贸易试验区扩展区的建议》。联合山东、四川、陕西、山西、内蒙古、甘肃、青海、宁夏等省（区）商务厅（自贸办）发起组建黄河流域自贸试验区联盟，黄河流域九省区达成了平台联动、产业相融、通道共建等一系列发展共识，建立了轮值推进、联动创新、智库建设等7项机制。推进片区产业发展专项方案落实，按照商务部要求研究制定重点任务清单（2023—2025）。郑州片区新能源及智能网联汽车、高端装备，洛阳片区智能制造装备3个产业集群进入首批战略性产业集群，占全省五分之一。区内企业普莱柯生物工程股份有限公司建设兽用生物制品国家专业化众创空间、河南省动物疫苗与药品产业研究院，郑州煤矿机械集团股份有限公司牵头组建煤矿智能开采装备产业研究院，郑州安图生物工程股份有限公司建设省体外诊断产品中试基地。

（七）做好建设五周年宣传与评估

举办河南自贸试验区建设五周年新闻发布会、中央媒体“自贸行”，《河南日报》刊发8版宣传，新华社、人民网等中央驻豫媒体报道60余篇，转发传播440多万条。《国际商报》、第一财经、环球网等中央媒体到河南自贸试验区集中宣传报道。委托第三方开展五周年综合评估，指导河南财经政法大学中国（河南）自由贸易试验区研究院完成《中国（河南）自由贸易试验区发展报告（2017—2022）》编制。启动河南自贸试验区第二批专项课题研究，整合优选18个课题，开展前瞻性、应用性研究。

三、创新成果及案例

案例1：创新空公联运组织模式

针对空公联运组织效能不高、信息联通不畅、设施装备标准衔接不够等突出问题，郑州机场坚持“创新驱动，一体推动”，高效集聚和统筹运用航空货运、公路运输资源，不断创新提升空公联运协同化、标准化、规范化、信息化水平，推动形成高效便捷的空公联运体系，为全国大中型机场创新多式联运组织模式提供了经验借鉴。

主要做法：

创新“卡车航班”整板运输模式。一是打通设施装备“硬联通”。为破解航空货物运抵后，受国内货运车辆内控尺寸影响无法整板转运难题，成功研发航空集装货物整板运输车，建设升降式整板交接平台，为整板转运创造基础条件。二是创新货物组板方式。对接航空公司、货运代理，将境内目的地相同的货物组装成整板货物，作为独立包装单元制作运单，抵郑后整板理货，卡车航班整板转运，提高货物转运效率。三是创新联运监管模式。建立机场、海关、航空公司、货运代理等各负其责的常态化联运货物操作保障机制，针对生鲜冷链、时尚服装等时效性较高的货物开通常态化绿色保障通道，创新实施“提前申报、货到验放”、“机坪理货、机坪验放”、无纸化作业等，实现货物随到随检，快速放行，高效转运。

探索推动空公联运“一单制”。建立多式联运数据交易服务平台，上线航空电子运单、货物舱单申报、通关状态跟踪、用户中心和平台监控等功能，实现机场、海关、航空公司和卡车公司数据互联互通。通过 GPS、API 数据接口和 EDI 数据传输等技术手段，实时获取卡车运输轨迹、航班状态和海关通关回执信息等，形成数据关联，探索生成以航空单号为唯一识别码的多式联运电子运单。

创新建立“直通车”制度。新冠疫情期间，省交通运输厅会同省机场集团等部门研究建立郑州机场与上海等高风险地区货物运输“直通车”制度，对司乘人员进行闭环管理，实行“即走即解即追”，实现空公联运通道畅通。

实践效果：

形成空公联运技术标准。完善空公联运标准体系，推动形成《升降式航空集装器传送机技术要求（JT/T 1422—2022）》《航空集装器运输车传送辊系统技术要求（JT/T 1423—2022）》两项行业标准，《航空物流信息交换规范》一项团体标准，以及《货运岗位操作标准化手册》等多项企业标准，提升了联运组织水平。

降本增效成效明显。整板货物作为运载单元，减少了理货、装卸等作业时间，较之前拆板理货、散货装卸车，转运时间缩短约三分之一。每辆货运车辆装卸时，散货装车需要 4—5 人，整板装卸仅需要 1—2 人，降低了人力成本。

空公联运规模不断扩大。通过创新空公联运组织模式，形成覆盖全国 90 余座大中城市的空公联运货运网络。2021 年空公联运量达 55 万吨，较 2013 年开通首班卡车航班业务提升 40 余万吨。新冠疫情期间有效保障了全球防疫物资运输畅通和供应链稳定，“直通车”制度运行一个多月，累计集疏货物 856.6 吨，相当于 8 架 747-400 型全货机货量，空公联运整体服务效能提升，获得交通运输部高度认可。

下一步工作思路：

持续完善空公联运信息平台建设，加强联运主体协作，研究制定多式联运合同范本、组织流程等标准规范，持续深化“一单制”模式探索，全力推动多式联运再突破、再创新。

案例 2：跨境电商企业风险评估应用

随着跨境电商的蓬勃发展，各类违法风险增多，逐渐呈现出专业化、商业化的企业违法趋势。为持续完善跨境电商正面监管体系，创新风险防控手段，促进跨境电商业态健康发展，针对跨境电商交易模式呈现出的立体、多维、开放和虚拟化的特点，郑州海关深入开展跨境大数据分析等应用技术探索与研究，率先在跨境电商风险防控领域先行先试，基于海关大数据通用分析平台（以下简称“云擎”）开展跨境电商企业风险量化分析、防控等风险评估应用，为“跨境电商企业运营全过程”精准防控及差别化监管提供分析决策支撑。该应用已于 2022 年 3 月获海关总署备案，同年 5 月完成应用验收工作。

主要做法：

为改进传统模式中逐一电商、逐项风险人工分析的低效模式，解决系统拥堵、数据查询限制以及不同现场分析口径差异等因素造成的风险分析效能低、风险评估结果局限等问题，郑州海关基于“云擎”探索建立风险量化评估体系、评分标准，并支持通过自主建模，开展跨境电商企业风险评估应用，实现对跨境电商企业风险的智能分析、精准防控。

一是借助大数据平台的大数据关联分析、深度挖掘等建模能力，构建跨境电商企业风险量化评分表。基于模型输出的跨境电商企业量化评分和跨境电商企业各种特征指标，通过指标创建、指标维护、方案设计和评价得分四个模块对跨境电商企业风险进行量化，从 51 个维度实现跨境电商企业风险评估，一次性生成电商企业画像得分表，覆盖关区全部电商企业。

二是基于跨境电商企业风险量化评估情况开展

分步分类处置。通过深入风险分析，对筛选出的高风险企业进行处置，由海关职能部门、缉私部门和监管现场，通过下达布控规则、约谈等方式规范跨境电商企业行为。

特色亮点：

全国首创。改变过去单纯依靠人工对各个指标逐一开展风险分析的模式，发挥“人工+科技”优势。

实践效果：

跨境电商企业风险评估应用模式取得三方面的良好实践效果。

一是实现对跨境电商企业风险的整体管控和精准防控，促进跨境电商业态可持续健康发展。可对在郑州关区注册备案或在郑州海关开展业务的电商企业实现风险量化评估全覆盖，结合跨境电商企业体检表指标内容圈定高风险企业，通过排名情况跟踪企业异动，并根据风险评估情况及时开展分步分类处置。2021 年，通过该系统助力郑州海关在落实打击跨境电商进口走私“断链刨根”专项整治行动中对企业精准画像，协助完成资质验核 1 293 家；完成 1 400 余单物流信息真实性核查，圈定重点企业 25 家；对 14 家高风险企业开展稽查，移交缉私部门线索 6 起，涉及案值约 1 906.78 万元，涉及税款约 80.14 万元。

二是探索开展跨境大数据技术应用，提高海关对新业态风险的防控效能。从管得住、放得开、效率高、成本低的角度出发，扩大“云擎”应用的深度和广度，为大数据技术在跨境电商海关风险防控的深入应用积累经验、探索途径，推进“智慧海关”建设。

三是推进跨境电商风险联防联控协同机制建设，凝聚各部门对跨境电商等新业态的监管合力。随着数据容量增加，逐步形成完善的应用模型评分评级系统，加强数据信息共享与数据互认，建立以信息技术工具为纽带构建多组织协同、多层级管控的信息化管理机制，严厉打击跨境电商渠道的违法走私行为。

下一步工作思路：

一是进一步丰富维度指标，完善评估方案。结合跨境电商的风险走势和缉私办案的最新战法，及时更新提炼风险维度，制订更加科学的评估方案。

二是深化部门合作，拓宽数据来源。在充分挖掘通关数据价值的基础上，积极对接更多部门数据，逐步探索以供应链为单元的跨境电商监管理念。

三是探索引入人工智能算法，开展智能化建模研究。通过人工智能算法及时监控跨境电商企业业务异动，动态调整评估方案，精准筛选高风险企业。

案例 3：“技贸通”服务应用

为更好服务河南开放型经济发展，及时准确全面了解出口企业遇到的国外技术性贸易措施情况，更好采取针对性帮扶措施，郑州海关在“中国（河南）国际贸易单一窗口”开发“技贸通”服务应用，收集企业应对国外技术性贸易措施的方式、困难和需求，从多个角度科学估算损失，为企业提供“一站式”监测预警服务，为主管部门和企业有针对性地制定应对策略和组织开展对外交涉等提供数据支持。

主要做法：

实现技术性贸易措施风险预警信息与地方国际贸易“单一窗口”的数据联通。依托“中国（河南）国际贸易单一窗口”上线“技贸通”服务应用，积极对接海关总署国际检验检疫标准与技术法规研究中心，完成数据接口对接，共享国外 WTO/TBT-SPS 通报、出口产品预警、国外准入等技术性贸易措施风险预警信息，在“中国（河南）国际贸易单一窗口”实现技术性贸易措施影响调查、特别贸易关注征集、通报评议、风险预警提示等功能。

创新提供技术性贸易措施“一站式”助企服务。一是推动“一口对外”便企操作。企业通过国际贸易“单一窗口”单点登录，在办理报关等业务的同时，即可通过“技贸通”服务应用及时反馈技术性贸易措施有关问题困难及诉求。二是精准推送技术性贸易风险预警。根据企业在“单一窗口”填报的外贸订单信息，通过HS编码和贸易国别进行比对分析，向企业自动推送出口商品涉及的进口国准入要求、临时管控措施、技术法规和合格评定程序等动态预警信息。三是支持技术性贸易措施自定义查询。企业可自主查询关注产品和国家的技贸措施信息，在获取国外订单时提前了解国外技术性贸易措施要求，便于根据国外技术法规要求进行设计、生产，降低出口产品被召回或扣留风险，更好开拓国际市场。

有效拓展技术性贸易措施影响调查的深度和广度。一是动态调整调查对象。专门设置技术性贸易措施影响调查功能模块，海关可结合外贸形势变化、技术性贸易措施调整和重点关注产品情况，以及地方政府和行业主管部门需求，动态调整调查企业和产品类别，扩大影响调查的覆盖面，提高调查质量和效率。二是提供智能分析决策。除完成海关总署年度技术性贸易措施影响调查外，直属海关可根据实际工作需要自主开展影响调查，从商品分类、遭受技术性贸易措施种类等多个维度进行智能分析，形成各类统计报表，为地方政府和企业提供国外技术性贸易措施最新政策解读及建议，帮助企业通过调整出口国家（地区）、完善管理体系等方式提高应对措施的针对性、精准度和时效性。

特色亮点：

该应用已获得海关总署创新举措备案，为全国首创。

实践效果：

提升海关技术性贸易措施工作效率和信息化水平。顺利开展针对852家企业的技术性贸易措施影响调查，完成加拿大、以色列等10个国家技术性贸易壁垒（TBT）通报信息整理。

帮助企业提升应对能力。根据企业受国外技术性贸易措施影响情况形成分析报告，为企业出口提供操作指导和风险预警，帮助企业有效规避因国外技术性贸易措施造成的经济损失，提升出口贸易合规能力和竞争力，通过对企业出口订单数据进行比对，推送电气安全、能效、农药残留等相关预警信息3.1万余条，让企业提早了解商品进口国准入要求、技术法规等信息。推荐三全食品股份有限公司、风神轮胎股份有限公司等6家企业作为国外技术壁垒交涉应对重点企业。

辅助地方政府分析决策。辅助地方政府强化风险分析，帮助地方政府全面掌握辖区出口企业受国外技术性贸易措施的影响状况，制定更有针对性的帮扶措施。

下一步工作思路：

郑州海关将深入推进“技贸通”应用扩大覆盖面，持续完善应用、拓展功能，将自贸试验区监管制度创新红利惠及更多企业。

案例4：“电子口岸+金融服务”场景创新

为积极贯彻落实稳外贸工作部署，促进外贸保稳提质，郑州海关、中国电子口岸数据中心郑州分中心与建设银行跨领域合作创新，在建设银行设置合作制卡代理点，推出“单一窗口共享盾”，打造“电子口岸+金融服务”一站式办理新模式，解决了企业原本需要跑多个地方才能解决的问题，是提升河南自贸试验区营商环境的又一实质性举措。

主要做法：

创新推出“单一窗口共享盾”，将电子口岸卡功能和银行网银盾功能合二为一。通过介质创新推出“单一窗口共享盾”，企业使用“单一窗口共享盾”，既可以登录“国际贸易单一窗口”“互联网+海关”等渠道办理进出口申报、查验、税费缴纳等海关业务，也可以登录建设银行企业网上银行、企业手机银行等渠道办理跨境汇款、结售汇等金融业务。

开设合作制卡代理点，发挥银行网点优势，提高企业办事效率。选定营业网点开设电子口岸合作制卡代理点，作为中国电子口岸数据分中心服务网点的补充。进出口企业可以通过金融机构网点办理电子口岸入网、申领共享盾、新老介质密码解锁、证书更新等。

电子口岸业务、金融服务“一站式”办理，为企业排忧解难。企业办理电子口岸业务时，同时提供涉外合同条款、国际惯例、收付汇路线、外汇政策、汇率避险、资金融通、跨境交易撮合、国际贸易单一窗口操作等全流程服务。

实践效果：

提高企业办理效率。改革前，企业开办进出口业务，先需要到电子口岸数据中心办理电子口岸入网、申领电子口岸卡，再到银行开立账户、了解收付汇等。改革后，银行网点设置专属柜台，电子口岸入网和金融业务同时办理，申请当天即可启用，实现企业“只进一个门、只需跑一次”。

增加企业操作便利性。改革前，企业需要使用电子口岸数据中心和银行发放的两个盾进行业务操作。改革后，使用“单一窗口共享盾”，既能登录“国际贸易单一窗口”“互联网+海关”办理进出口申报、查验、税费缴纳等海关业务，又能登录建设银行企业网上银行、企业手机银行办理跨境汇款、结售汇等金融业务。一盾融合，提高企业操作便利性。

提升服务企业水平。电子口岸业务窗口配备电子口岸业务和外汇业务的复合型专业人员，对企业在开办进出口业务过程中遇到的困难给予精准指导，线上线下结合，持续提供多元化、融合性服务，满足企业多元化需求。

下一步工作思路：

一是持续深化政银合作，进行创新模式复制推广。从企业需求出发，研究、尝试创新模式复制推广步骤、范围，惠及更多企业主体。

二是在现有创新模式基础上，继续探索流程优化，推进线上线下融合，进行创新服务场景的迭代升级，增强企业获得感。

三是加强风险管控和保障信息安全，通过精细化过程管理，强化操作合规性，确保客户信息安全，有效防范风险。

案例 5：“平台+”期现联动模式

为有效发挥期货市场配置资源的作用，更好促进商品和资源要素流动，郑州商品交易所（以下简称郑商所）立足国家重要金融基础设施定位，发挥其期货市场枢纽作用，依托场外综合业务平台，积极与产业链相关主体合作，创新推出“平台+”期现联动模式，探索了期货市场推动现货市场规范发展和建设大宗商品统一大市场的新途径。

主要做法：

期现联动是产业客户同时在期货和现货两个市场进行经营活动的行为。基差贸易是最典型的期现联动模式，即现货买卖双方利用期货市场价格作为基准价格，双方协商“基差”（即现货价格与期货价格之差），并选择一个特定时间的期货价格，以此期货价格加上基差作为双方现货交收的价格。基差贸易把以往现货市场的“一口价”定价方式改为对基差、对点价权的谈判，提高了交易的公平性，结合套期保值，也为双方管理价格风险提供了更多选择空间。

“平台+”期现联动模式，即郑商所发挥综合业务平台期现货市场桥梁的作用，与产业链相关主体合作开设交易专区，为产业链相关主体提供现货交易结算平台、期现货联动渠道等服务，帮助产业链相关主体依托其资源、资金、渠道等优势，更好利用期货市场服务产业链客户开展现货购销业务。“平台+”主要有“平台+龙头企业”“平台+第三方平台”两种合作模式。

实践效果：

一是服务国家和地方政府发展战略。该模式是期货行业内率先落实 2021 年 5 月国务院常务会议要求的创新举措，通过搭建重点行业产业链供需对接平台，有助于解决现货市场交易规范化程度不高、区域分割严重、流通梗阻等问题，有利于引导和规范现货市场发展，畅通国内大宗商品市场内循环。

二是助力产业企业稳健发展。中华棉专区带动产业链上下游参与“基差+点价”的灵活交易模式，改变现货市场落后的定价模式和购销方式，下游企业就近选择中华棉提货仓库，稳定了原料供给，节省了时间成本和运输费用。上线以来，累计成交量2 600吨，交收金额5 000万元。泛糖专区“一站式”完成基差挂牌、点价交易与自动套期保值平仓、生成贸易合同等，解决了因升贴水标准缺乏公开、权威数据参考导致的线下基差贸易定价困难、手续繁琐、结算复杂等问题。

三是发挥产业链相关主体商品资源广、组织产销能力强的综合优势，吸聚产业链上下游企业，促进期现货市场融合发展，提升资源要素流通效率，助力打造产业要素聚集高地。

下一步工作思路：

一是积极扩大期现联动商品品种范围，推广复制“平台+”业务模式，争取覆盖更多的产业客户和大宗商品品种。二是完善交易机制，丰富基差贸易模式，升级基差贸易业务系统，提升产业客户交易便利和效率。三是研究更多维度的“平台+”模式，探索对外提供清结算服务的可行性，打造权威的第三方结算平台。

案例6：创新空空中转模式

郑州机场2021年1月获批国家民航局提升航空物流综合保障能力第一批试点，提出构建“空空中转”体系发展模式。通过空空中转业务创新，提升转运与通关效率，帮助企业降本提效，增强核心竞争力，畅通国际航空物流运输主干道与微循环，促进产业链供应链稳定。

主要做法：

创新国际货物中转业务。打通中转业务操作层面关键节点，改变以航司为主导的单一中转模式格局，突出货运代理企业自主权优先权，推出以货运代理为主导的分单级国际货物中转模式。境外货物搭乘头程国际航班运抵后，操作人员在中转专属操作区域理货拆板，在海关特殊监管区域内货物以分单形式向海关转运申报，将不入境的分单货物与其他搭乘二程航班的分单货物进行重新组合，形成新的主单和分单。中转货物实行分单理货，按照不同目的地重新拼装再出境。

搭建中转服务平台。一是加强机场、海关、航司、货代紧密合作。协助在郑执飞航司签订SPA结算协议（特殊比例分摊协议），确定多航段不同航司间的收益分配。按照客户要求，规划设计空空中转运输方案，推出机坪中转、换单中转、生鲜中转等特色服务。二是升级“新舱单”系统，新增空空中转功能。实现航司、货代、货站、海关业务在线角色操作和后台数据联动，国际转国际业务可查询、统计分析、货物跟踪。建立信息采集模块，满足各类报文数据交互，与相关协作单位数据交换共享；建立电子数据申报模块，自动将信息转换成海关需要的数据格式并发送至海关，与海关舱单系统信息连接；建立状态追踪模块，采集货物在货站、海关、地面操作等各个环节运行状态数据，进行分析与计算，提供精准实时状态数据。

研究确立三种中转模式。一是以国际全货机为主导的国际转国际模式，可根据十余种不同操作场景开展中转业务；二是以国内腹舱运力为主导的国内转国内模式；三是以国内腹舱与国际全货机配合衔接的国内国际互转模式。

提升中转保障能力。与郑州海关签订《共同推进郑州国际航空枢纽高质量发展合作备忘录》，提高空空中转货物通关效率。设立中转专属操作区域，增加货物安检、消杀、暂存等设备。

实践效果：

一是形成国际货物转运“一个规范、三个标准”。制定国际空空中转流程规范，积极出台《空空中转操作流程指南》；统一中转货物适运标准，规定符合国际中转货物单一普货类和符合《危险品运输规则》第二部分中关于锂电池包装、标签等相关要求类货物装载运输标准。制定中转货物舱单信息标准、制定国际转运场地设置标准。同时制定国际转运用户操作手册，为客户提供培训指导服务。

二是形成中转精品航线。卢森堡货运、爱派克斯、中原龙浩、中州航空等多家航司开通20余条国际转国际、国内转国际、国内转国内精品中转航线，大幅降低货代运输成本，使货源组织更加灵活多样。

三是初步形成中转规模。2021年郑州机场空空中转货邮吞吐量约8 000吨；其中，国际转国际货邮吞吐量约1 100吨，国内转国内货邮吞吐量约6 000吨，国内国际互转货邮吞吐量约900吨。

下一步工作思路：

深化空空中转试点项目建设，优化业务操作流程，进一步提升空空中转保障能力，推广空空中转业务模式，扩大业务规模，畅通国际国内中转通道，加快郑州国际航空货运枢纽建设。

案例7：探索创意产业知识产权全链条保护机制

郑州片区金水区块国家知识产权创意产业试点园区（以下简称创意园区）依托中国郑州（创意产业）知识产权快速维权中心（以下简称快维中心），初步建立“原创认证+预审授权+行政执法+司法保护+行业自律”的全链条知识产权保护机制，为企业创新发展保驾护航，为河南省贯彻落实知识产权强国战略、打造国家创新高地和实施创新驱动战略提供强有力支撑。

主要做法：

搭建原创认证保护平台，实现知识产权前置保护。快维中心在全国首家引入由国家知识产权局主管、知识产权出版社设计研发的原创认证保护平台，认证确权范围覆盖知识产权全领域。创作者通过保护平台可实时保存创作过程和结果，平台通过数字认证方式加盖中国科学院国家授时中心时间戳，将创作者的智力成果作为电子证据保全固化，形成更为严谨的证据链，可作为司法采信的电子证据，实现知识产权前置保护。

缩短预审授权周期，开辟预审授权“绿色通道”。快维中心是河南省首家连接国家知识产权局专利审查E系统专线的中心，也是全国唯一一家外观设计专利全类别预审授权的中心。快维中心建立了一支专业预审员队伍，开辟了郑州市外观设计专利预审授权“绿色通道”，通过高质量预审和专利审查专线，将原3至6个月的外观设计专利授权时间缩短到7个工作日，极大缩短了预审授权周期。

开展快速执法维权，实现知识产权协同保护。一是强化多部门执法协作。牵头与检察院、公安、市场监管和文化旅游等多部门，建立知识产权保护协作机制，实现资源共享、信息共享，协同保护，各部门按照职责分工移交侵权案件，加强工作互动、执法衔接。二是推动跨区域执法合作互助。利用中心预审专业优势，为郑州、焦作、商丘、濮阳、安阳等地市知识产权部门，出具外观设计专利侵权案件判定咨询意见书，为河南省地市知识产权执法维权工作提供技术支撑。三是积极开展电商、展会重点领域执法维权工作，通过进驻省、市重点展会和电商侵权案件办理，有效保护新兴市场主体的合法权益。

发挥“三庭”作用，加强行政与司法保护衔接。国家知识产权局在快维中心设立巡回审理庭，巡回审理中部六省专利无效宣告案件；河南省高级人民法院和省知识产权局联合成立的全省唯一一家知识产权社会法庭设在中心，对知识产权纠纷案件进行诉前诉中调解；郑州市中级人民法院在中心设立首家知识产权巡回法庭，审理知识产权相关案件。“三庭”的设立，构建了行政执法、司法审判、纠纷调解一体化的知识产权纠纷多元化解决机制。

发挥协会联盟作用，促进行业自律。快维中心依托创意园区牵头组建的金水区知识产权协会和企业联盟，组织企业制定行业自律规章，规范服务标准，自查违反行业规范行为；监督侵犯知识产权违法行为，杜绝非正常专利申请、恶意商标申请行为；聘请知识产权服务官，宣传、普及知识产权相关法律法规，营造保护创新、尊重知识产权的行业氛围。

实践效果：

打造知识产权保护新模式。通过原创认证保护平台数字时间戳的电子认证方式，为创新主体提供了权威、客观、便捷、安全的确权手段，已认证保护作品4 000余件，打造了“互联网+知识产权”保护新模式。如非物质文化遗产汴绣的针法技艺和染料配方不便公开，无法申请相关专利，现通过保护平台进行认证后，既使珍贵的非遗文化技艺得到保护，又使企业的无形资产通过数字化手段获得知识产权前置保护。

实现知识产权快保护。快维中心快速预审授权，助力企业抢占市场抢抓先机，实现新产品研发上市和知识产权保护同步，如全国速冻食品行业龙头企业思念集团的“小小汤圆”系列产品，为防止市场假冒仿冒，原需半年拿到外观设计专利证书后产品才能上市，现通过中心5个工作日快速授权后，抢在元宵节前最佳时机上市销售，同样是半年的时间，该系列产品销售额已达1.2亿元，知识产权快速保护助力企业创新活力充分迸发，为企业创新发展保驾护航。

形成示范带动作用。快维中心开展的全链条知识产权保护工作，完善了省、市知识产权创造保护机制，构建了完备有效的知识产权保护体系。漯河、禹州在申报快维中心的过程中，多次到郑州快维中心参观学习，通过学习中心工作机制建设、运行模式、创新工作手段等方面的经验做法，两地均已成功获批快维中心。郑州快维中心的成功运行，为河南省构建知识产权“严保护、快保护、大保护、同保护”格局、实施知识产权强省战略提供了有力支撑。

下一步工作思路：

快维中心将积极向国家知识产权局申报实用新型专利快速预审试点单位和商标业务受理窗口，拓展业务范围；与河南自贸试验区联动发展，为涉外知识产权企业提供高效便捷的风险预警和纠纷应对指导服务；对标知识产权国际保护先进规则，提升知识产权保护工作专业化、国际化水平，以高质量、高水平的服务，助力河南省加快构建知识产权新发展格局、全面开启知识产权强省建设新征程。

案例8：银行间市场首单类REITs

郑州片区内百瑞信托有限责任公司（以下简称百瑞信托）借鉴公募REITs设计思路，结合市场上资产证券化产品的特色和实践经验，主导设计并成功发行了银行间市场首单类REITs产品——国家电投集团广东电力有限公司2021年度第一期定向绿色资产支持票据，同时也是绿色兼能源行业首单类REITs产品。该产品于2021年11月1日发行，发行规模25亿元，期限30年，募集资金可用于归还企业存量债务、补充运营资金、投资新能源项目等，为企业盘活存量资产、增加权益融资、释放再投资空间探索新路径。

主要做法：

类REITs产品是权益融资工具，在发行规模、运营年限、历史经营情况、净现金流分配率、固定资产投资管理手续等方面相较REITs产品要求更为宽松。具体做法如下：

设立发行类REITs信托计划。一是筛选确定基础资产。类REITs是以基础设施等不动产为基础资产的资产证券化产品。基础资产需满足权属清晰、投资经营手续合规等要求。二是发行类REITs信托计划。发起机构将其合法持有的项目公司股权和债权作为委托资产，以信托方式交付受托人（百瑞信托）。受托人在银行间市场定向发行类REITs，以募集资金向发起机构支付股权和债权的对价，以基础资产所产生的现金流向投资人支付该产品的本金和收益。

信托计划管理。一是管理基础资产。受托人（即信托公司，也是类REITs产品管理人）、项目公司（为投资建设和经营基础设施项目而设立的实体公司)、发起机构(即项目公司的控股公司)三方签署资产服务合同,聘任发起机构作为资产服务机构,为项目公司提供运营管理服务。二是设置增信措施。一方面本产品采用优先/次级结构化分层,优先级(固定本息)份额占比95%,面向市场化机构销售,次级份额(无固定收益)占比5%,由发起机构全额认购。在产品偿付顺序上,优先分配优先级份额的本金及收益,较好保障优先级投资人的权益。另一方面设置了资产服务机构增资事件、流动性支持机构支持事件作为触发机制,进一步缓解信用风险等各类风险事件可能产生的影响。

建立退出机制。一是产品成立每三年末,发起机构有权(但无义务)行使优先收购权,提前结束本产品。二是若发起机构不行使优先收购权,受托人可向第三方处置基础资产。三是产品存续至预期期限(即30年),则受托人向次级投资人(即发起机构)原状返还剩余财产,产品正常到期终止。

实践效果:

一是拓宽企业权益融资渠道。与传统实体企业以主体信用进行债务融资模式不同,类REITs产品以企业的资产信用进行权益融资。本产品的成功发行,为企业权益融资敲开了银行间市场的大门,从以往仅由交易所发行类REITs,到银行间市场开始试点发行类REITs,有效拓宽企业权益融资渠道,具有较大创新意义和示范效应。

二是降低实体经济杠杆率。企业通过信托公司类REITs产品的发行,有效盘活存量不动产,降低实体经济杠杆率,有助于落实党中央、国务院深化投融资体制改革、积极稳妥降杠杆等决策部署。该产品的成功发行,为发起机构引入权益资金23.75亿元,降低资产负债率超过10个百分点。此外,类REITs产品还可以市政基础设施为底层资产进行发行,有助于盘活地方政府平台企业在负债过程中积累的优质资产,化解地方政府债务风险。

三是推动企业轻资产转型。持有基础设施、产业园区、能源项目等重资产的企业,通过发行类REITs产品划转其资产,自身则专注于资产的运营管理上,从而实现由重资产向轻资产、重管理业务模式的转型。使用融资资金再投资于新项目建设,促进投资良性循环,提高企业经营效率。

四是丰富不动产投资工具。本产品为银行间市场参与主体,如银行理财子公司等金融机构增添了新的大类资产配置工具,为投资者提供了配置长期资产的新机遇,有利于银行间市场的多元化投资体系建设。本产品在发行过程中得到市场广泛认可,认购倍数为2.12倍,吸引银行理财子公司、券商资管、基金、信托等机构投资人踊跃认购。

下一步工作思路:

一是发掘基础设施等多领域持有大量优质不动产的企业,为其量身定制类REITs产品,以优质的金融服务助力其解决权益融资、资产盘活问题,实现轻资产转型。二是不断优化类REITs产品设计,结合具体行业和资产特征不断完善,将该模式复制到诸如高速公路、仓储物流、产业园区、保障性住房、商业物业等多种不动产类型中去,助力更多企业优化资产负债结构,降低实体经济杠杆率,释放全社会投资空间,双向服务于融资方和投资方。

案例9:发行知识产权信托产品
助力知识产权成果转化

为支持科创企业加速知识产权成果转化,国家知识产权创意产业试点园区依托百瑞信托丰富的资产管理经验,发起设立"知识产权创意壹号"知识产权信托产品,创新知识产权融资模式,有效缓解科创企业融资难、融资贵问题。

主要做法:

发行全国首个知识产权信托融资产品。河南金创知识产权运营有限公司(以下简称河南金创)作为委托人、百瑞信托作为受托人,利用郑州市财政拨付专项资金4 500万元,联合发行了全国首个知识产权信托产品——创意壹号,总规模1亿元。采用市场化的评估手段,对符合政策要求、持有确实具备市场价值知识产权的企业予以低利率的贷款支持。

成立投资决策委员会。为安全高质量发放信托资金，成立拥有同等决策表决权的7人投资决策委员会，其中河南金创4人、快维中心1人、专家顾问2人，形式上河南金创能够绝对控制决策。另外，河南金创的投资决策须报经郑州市金水区国家知识产权创意产业试点园区管理委员会（以下简称金水区管委会）同意后执行，投资决策全程受派驻纪检组监督。

规范产品服务流程。一是申请阶段。拥有高价值知识产权企业提出融资申请。河南金创负责受理并委托第三方开展尽职调查，包括财务状况审计、知识产权核实评估、企业基本情况。根据企业尽职调查的结果、授信及风控要求，形成拟投资的企业名单，上报投资决策委员会。二是决策阶段。河南金创召开决策委员会会议，对拟投资的企业名单进行审议表决。河南金创根据决策意见，报经管委会审批并委托百瑞信托具体操作信托发行工作。三是发行阶段。百瑞信托负责对河南金创前期的尽职调查进行复核，确认无异议后，完成后续担保质押、放款、回收等工作。四是知识产权转化阶段。用款企业每3个月向河南金创、百瑞信托以书面形式报告资金使用情况，包括企业研发、生产、销售用款情况。五是续展阶段。到期前1个月，用款企业可以向河南金创提出申请续展，在原有授信额度评价基础上，补充评价新一个会计年度的授信额度及担保物价值变化。经投资决策委员会同意，由河南金创委托百瑞信托执行，完成贷款期限续展，每次续展期限不得超过1年。

实践效果：

一是创新财政补助利用形式，资金循环利用。变直接无偿注入或补贴为设立信托产品，运用市场价值规律对企业提供低息贷款，通过信托计划的到期终止和持续发行，实现有限的财政补助资金持续循环利用，从而支持更多企业获得知识产权融资。

二是新增融资渠道，助力知识产权成果转化。通过创新发行全国首支知识产权信托融资产品，在银行信贷之外增加新的融资渠道。9家企业获得“创意壹号”信托支持后，企业知识产权增长了124项，营业收入增长34%达3.89亿元。例如，郑州爱瑞特生物科技有限公司以玉米品种“爱瑞特501”品种权为质押，成功获得河南首例植物新品种权质押融资贷款200万元，生产面积从5 000亩扩大到20 000亩，发展成为国内爆裂玉米细分领域龙头企业。

下一步工作思路：

扩大知识产权信托产品融资规模。广泛吸纳金融、保险、基金、资产管理、投资等机构，扩大金融联盟的成员圈、朋友圈，不断拓宽资金来源。继续做大现有产品，信托资金池扩大到2 000万元，提高资金池规模和融资支持能力。优化产品服务流程，提高信托产品投资决策效能。

案例10：构建四级孵化体系
打造双创园区链群化产业生态

为解决双创企业资金需求、加速发展需求、管理需求、人才需求等痛点难点问题，郑东新区自贸办联合郑州优集云上产业园有限公司，针对企业初创期、发展期、扩展期、成熟期发展阶段，构建“苗圃—孵化器—加速器—特色园区”梯度化的“线上+线下”全要素全生命周期四级孵化链条，培育全产业链协同共生的双创企业集群生态系统，助力入孵企业发展壮大。

主要做法：

一是构建四级孵化链条。一级孵化，解决创业者快速创业的问题。对于初创企业，打造1.6万平方米的4个“苗圃”一级孵化空间，为入驻企业和团队提供制定“创业扶持计划”，帮助解决商事登记、财税代理等开办问题，提供创业导师和政策解读服务。二级孵化，解决创业企业的发展模式问题。对于发展期企业，建设7万平方米的4个“孵化器”二级孵化空间，围绕发展的方向、战略、产品、运营、营销、融资、团队等七大问题，依托独创的“一套创业咨询体系+七个成长模块”模型，通过商业研讨和小班教学的咨询体系，聚焦企业洞察力、战略力、产品力、组织力、运营力、市场力和金融力7门创业课程，为企业提供一对一的战略咨询、管理咨询和融资咨询服务，助推项目科学创业，高效落地。三级孵化，解决创业企业加速发展的资金和人才问题。对于扩展期企业，打造9万平方米的2个“加速”三级孵化空间，通过设立创业投资基金以及天使投资、风险投资、众筹等“直投和联投”方式进行持股孵化，提供以人才招聘、人才培训、人事代理、高级人才猎头、人才测评为主的人力资源服务，为企业定制个性化人才解决方案。四级孵化，建造创新创业集群生态系统。打造郑东自贸国际创新港特色园区四级孵化空间，对成熟企业提供“技术+标杆企业游学”服务，提供量身定制的技术、知识产权保护等服务，协助企业解决核心关键技术问题，学习行业头部企业先进做法，助力企业转型发展。

二是建立企业资源共享协作机制。推出“星辰计划”，链接国内超过100家创投资源和行业龙头企业，串联项目孵化企业、导师及产业等资源，实现外部资源最大程度融合。深入开展入孵企业需求分析，精准识别企业间潜在关联关系，搭建跨行业、跨地域线上线下沟通平台，推动上下游企业资源共享、信息互通、供需衔接，实现从“物理集聚”到“化学反应”的延伸，产生1+1>2的叠加效应。

三是建立“3+3”企业加速培育体系。构建由企业名师、创业导师、班级辅导员组成的“3师制”导师团，分别开展名师大讲堂、创业私董会、创业者link社群“3种模式”的孵化培育，为企业“把脉”，解决企业加速发展的个性化和系统化问题，实现企业单点加速、系统加速和持续加速，协助初创期企业做好市场定位，推动瓶颈期企业实施战略转型，帮助成长期和成熟期企业实现多元拓展。

四是联通线上线下孵化空间。打造“双创e站通”综合服务平台，部署“一盘棋”，统筹“一条链”，实现线上和线下、创业和孵化、分布式和集成化三大功能互通，依托平台开展企业线上注册、落地，并提供线上全流程的企业孵化服务，与企业形成联系和互动，通过政策引导和开展针对性招商工作，吸引高质量企业入驻线下孵化空间，实现线上和线下联通。

实践效果：

聚势赋能效果显著。已建成11个孵化载体，运营面积超20万平方米，在孵企业450家，创业者5 000名，累计引进企业3 600余家，引进人才项目15个，转化高新技术企业30家，年产值超35亿元以上。汇聚了100余家现代服务业领军企业、上下游企业落地片区。

双创成本大幅降低。为创业者提供“零成本”线上便捷创业新模式，平均为每户创业企业节约房租、水电、企业服务等创业成本约8 000元；为500多名创业青年提供创业培训、创业咨询、资源对接等服务，解决企业实际问题800余项，帮助企业获得融资超3亿元，带动青年就业两万余人。

链式合作不断加强。以大企业为引领、大中小企业协同共进的产业链群发展模式日趋成熟，实现了纵向协同创新，横向资源共享的全产业链生态。已为500余家入孵企业提供创新加速服务，参与横线合作的企业超过30家，合同合作金额超过1 200万元。

下一步工作思路：

完善平台产业链上下游资源对接渠道，加速线上创业与线下园区联动，重点围绕数字经济、知识经济、创意经济新业态构建创新创业生态。探索离岸孵化，实现境内注册孵化、境外经营，推动“双创+自贸”协同发展。

案例11：探索开展碳排放权配额质押贷款业务模式

为贯彻落实党中央、国务院关于碳达峰碳中和重大决策部署，充分发挥金融机构在绿色低碳发展中的支撑作用，2022年初郑州银行创新开展碳排放权配额贷款质押“双平台”登记业务，属河南省城商行首笔，增强持有碳排放权配额企业信贷可获得性，有效助力生态文明建设和经济社会发展绿色转型。

主要做法：

开展碳排放权质押融资。郑州银行以排放单位自有碳配额为质押物，根据全国碳交易市场交易价格及企业自身生产经营等因素，测算出企业当年剩余碳配额，同时对照全国碳排放市场30个交易日平均收盘价，评估配额价值，核定贷款额度。

创新质押贷款业务“双”登记模式。持有碳排放权配额较少的企业在进行质押融资时，主要采取单一平台登记模式，将碳排放质押作为非主要担保方式，只在人民银行征信中心动产融资统一登记公示系统（简称“中登网”）进行登记公示。针对持有一定或者较高碳排放权配额企业，郑州银行创新推出“双平台登记”模式。将碳排放权配额质押作为主要担保方式，在“中登网”和全国碳排放权注册登记结算系统（简称“中碳登”）同时进行碳排放质押登记和公示。

优化业务风险控制模式。建立碳排放价格监测机制，按照固定频次评估质押碳排放权价值，根据价格波动设置警戒线，当贷款市值比超过118%时，风险预警系统将发起预警；当贷款市值比降至111%平仓线时，出质人需按照合同约定出售质押碳配额，所得款项用于还本付息，剩余款项返还出质人。此模式在做好碳排放权质押后的动态跟踪监测的同时，形成有效风险防控制度，为碳配额充分发挥价值属性打下基础。

实践效果：

完善处置机制，把控业务风险。“双平台”登记模式通过“中登网”及“中碳登”登记，完善了碳排放配额处置机制，对配额进行实质性冻结，避免碳排放配额重复质押，降低银行操作风险，可有效规避后期法律程序处置风险。

扩宽融资渠道，增强企业获得感。相比“单”登记模式，“双平台”登记模式降低了对抵押物、担保等缓释措施要求，同时能够充分发挥碳排放配额价值属性，企业仅以碳配额质押就可获取融资。同时盘活了企业的“碳资产”，创新资金获取渠道，有效缓解了企业资金周转压力，突破了以往传统抵质押融资的模式，充分发挥碳交易在金融资本和实体经济之间的联通作用，拓宽了企业低碳融资渠道，盘活了企业“碳资产”，通过金融资源配置以及价格杠杆引导实体经济绿色发展。

提升企业降碳积极性。当企业通过技改或研发绿色技术等措施降低碳排放时，二氧化碳排放量减少，剩余可质押碳配额将会增加，等同于增加了企业的可质押物，可使企业以碳配额质押获得更多的融资，充分调动企业减排降耗的积极性和主动性，实现生产方式向高效节能、绿色低碳转变。

下一步工作思路：

一是简化企业贷款流程，缩短融资时间，降低融资成本，扩大政策性信贷供应。二是加大对高能耗企业节能、技改的推动力度，缓解行业性融资难题。三是通过开展碳排放权融资业务，提供弱担保、低价格、长周期信贷支持，激发企业技改升级活力。持续推广碳排放权质押融资等创新产品，充分发挥金融机构在绿色科技创新和产业机构升级中的积极作用。后续将围绕河南省重点排放单位名单，进一步优化业务模式，提升碳金融服务能力。

案例12：探索委托境外加工贸易跨境资金结算新模式

为破解委托境外加工贸易中的资金跨境收支结算难题，洛阳片区联合外汇局洛阳市中心支局，按照“鼓励创新、包容审慎”的原则，针对洛阳片区某出口龙头企业在委托境外加工业务中所面临的业务模式复杂、资金流与货物流分离、风险性大且外汇管理政策中无针对性操作指引等问题，主动作为、靠前服务，指导银行完成了河南省首笔委托境外加工贸易跨境收支结算，为企业开展新型离岸国际贸易探索了新路子。

主要做法：

一是深入调研，制定全省首个委托境外加工贸易结算方案。通过对接走访，国家外汇局洛阳市中心支局摸清企业贸易模式和结算流程，了解企业困难和特殊需求，在省外汇管理局指导下，按照资金性质对企业委托加工业务流程进行分解整合，制定全省首个委托境外加工贸易结算方案。明确规定单证审核、涉外收支申报、交易编码、结算流程、风险防范等，赋予银行更多审核自主权和灵活性，为企业开展真实合规的新型离岸国际贸易提供高效便捷的跨境资金结算服务。

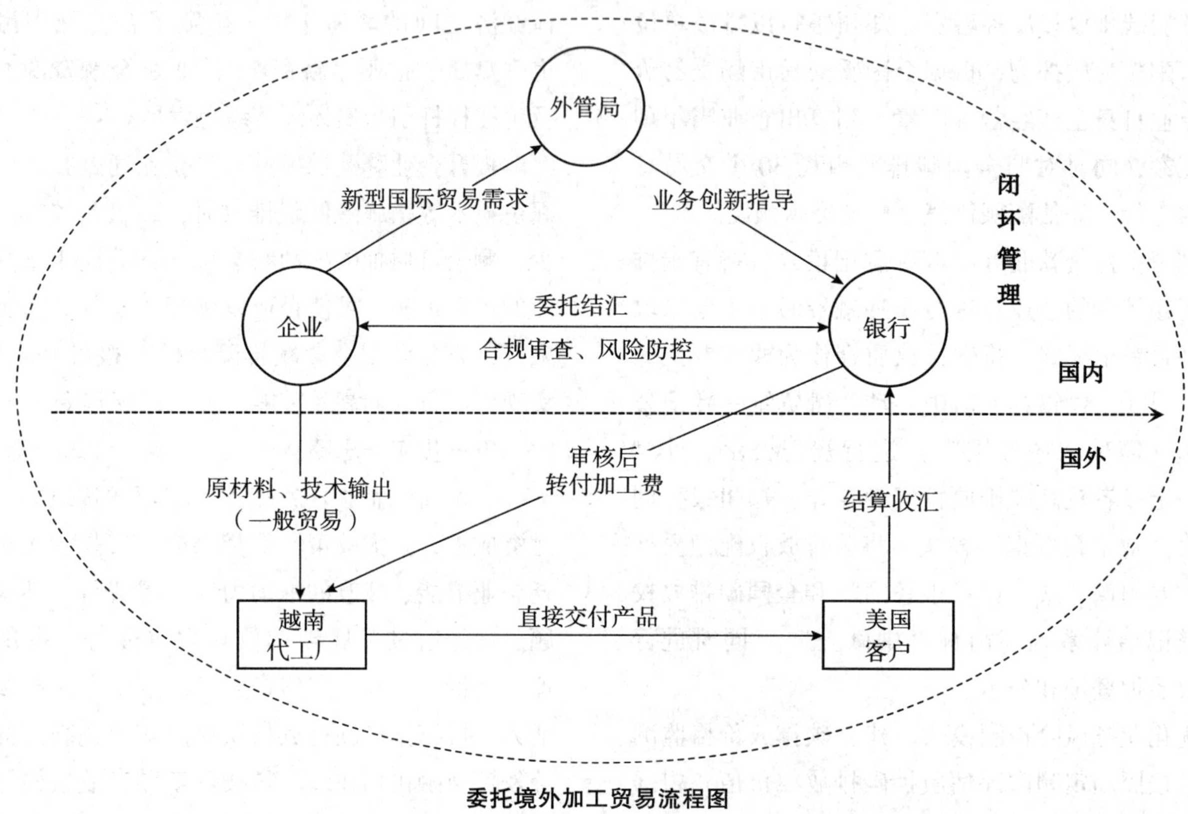

委托境外加工贸易流程图

二是协调银企，落实细节。国家外汇局洛阳市中心支局召开银企座谈会，解读委托境外加工贸易结算方案，要求银行参考国家外汇局洛阳市中心支局指导意见，按照实质大于形式的原则，主动前移贸易背景审核关，有效开展尽职调查，重点关注交易逻辑合理性，国家外汇局洛阳市中心支局就一致性审核、数据申报等细节问题进行了窗口指导。

三是设定"红线"，防范风险。为防范虚假贸易风险，国家外汇局洛阳市中心支局对企业委托境外加工贸易设定明确的"红线"，不得将不同性质资金轧差结算，原则上在同一家银行采取相同币种（外币或人民币）办理收支结算。同时，根据企业出口产品毛利率等财务数据，设定加工费率、净流入缺口等外汇监管系统阈值指标，开展专项监测，及时处理异常情况。

实践效果：

解决企业跨境结算难题。国家外汇局洛阳市中心支局指导银行建立专项台账，对企业委托境外加工业务实施闭环管理，在防风险基础上改变完全依赖海关报关单的审核模式，为企业提供结算便利。

鼓励企业开展跨境业务。委托境外加工作为一种新型贸易模式，让企业充分利用国内国际两种资源、两个市场，在时间、成本等方面实现减负赋能。洛阳片区充分发挥先行先试、扩大开放试验田

中国（山东）自由贸易试验区

中国（山东）自由贸易试验区于2019年8月获批设立，涵盖济南、青岛、烟台三个片区。至2022年底，总体方案112项试点任务全部实施，40项创新成果获国家认可并推广，5项被国家推广，1项入选全国“最佳实践案例”，144项在全省复制推广。实际使用外资年均增长61.4%，外贸进出口年均增长24.2%，跨境人民币结算金额年均增长131.5%，新增高新技术企业和专利数分别增长75.7%和115%。区内青岛港货物吞吐量跃居全球第四，集装箱吞吐量位居全球第五、东北亚前茅。2023年1月，山东省印发《中国（山东)自由贸易试验区深化改革创新方案》，山东自贸试验区步入2.0时代。

主要成就

获批三年来，山东自贸试验区解放思想，勇于试验，探索出“从无到有、从断到连、从繁到简、从散到集”的制度创新逻辑，形成了一整套系统化、体系化的制度创新思路和方法。

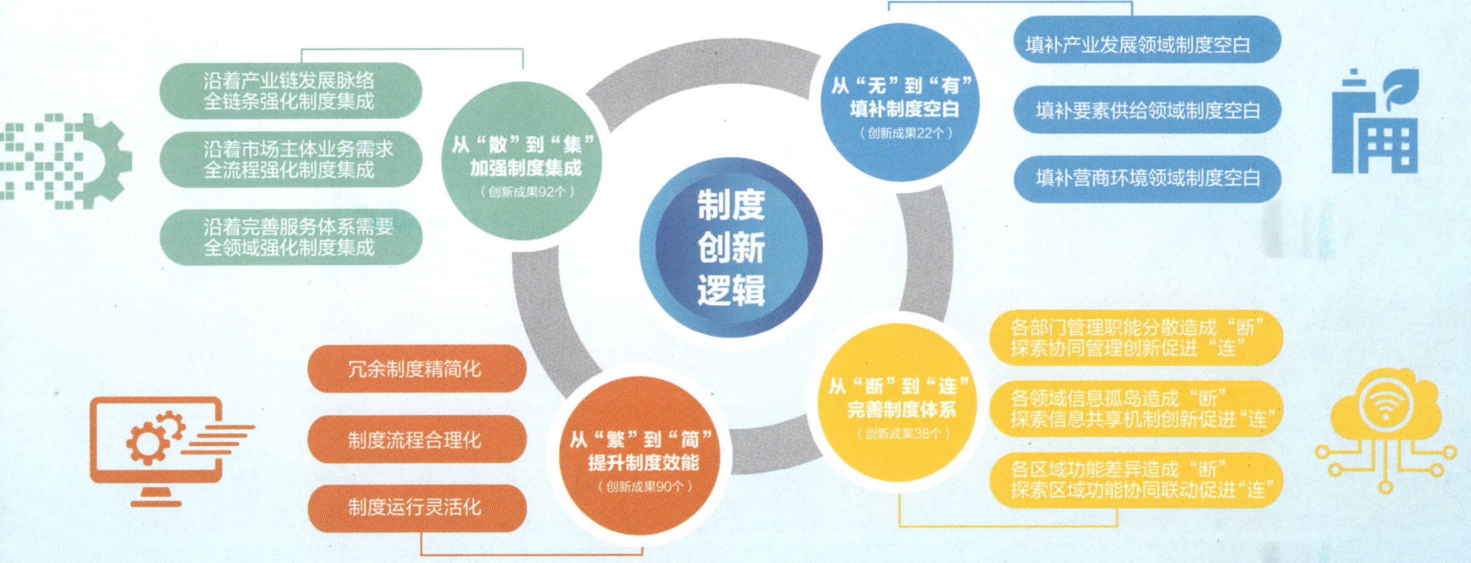

制度 创新 成果

| 多方联动构筑海洋生物资源“大养护”格局

|“货物储运状态分类监管”模式破解仓储业态难题

创新中转集拼业务模式

构建文化贸易全链条服务体系

山东海南聚焦“蓝色种业”协同培育优质海洋水产种质资源

| 创新

首创“数字保险箱”打造智慧政务服务新模式
首创“链上自贸”保税展销辅助监管系统集成拓展
首创增值税留抵退税确认制新模式
首创保税原油混兑调和业务新模式
首创生物样本进口“清单式”监管创新模式
首创“闭环管理”联动机制破解海洋渔业融资难题
首创进口大宗商品智慧监管新模式
首创测试车辆监管创新助力汽车研发
首创进口原油“先放后检”监管新模式
首创企业集团加工贸易保税监管新模式
首创人力资本评价赋能体系破解创新创业瓶颈
首创“云端自贸”审批服务跨域协作新模式
首创进口散装葡萄酒保税加工新模式
首创海铁联运货物“全程联运提单”新模式
首创“拿地即开工、建成即使用”审批模式
首创水产新品种知识产权保护路径
首创“海工+渔服”新模式建设“深蓝粮仓”

◆全面拓展中非地方合作，打造中非经贸深度合作先行区。

充分利用中国—非洲经贸博览会平台，全面加强对非经贸合作。持续扩大市场准入，加快非洲非资源性产品集散交易中心建设。积极开展新型易货贸易试点，破解对非贸易回款难题。打造湘粤非铁海联运通道，拓展对非客货运航线。创新中非跨境产能合作模式，扩大对非投资。建立全国首个对非技术贸易措施研究评议基地，推进中非海关AEO互认，加强对非标准合作。加快建设中非跨境人民币中心。2022年全省实现对非进出口556.6亿元，同比增长42.8%，创历史新高，居中西部前茅。

非洲驻华使节走进中非经贸深度合作先行区

第二届中国–非洲经贸博览会暨中非经贸合作论坛开幕式

◆紧密联通长江经济带和粤港澳大湾区，打造国际投资贸易走廊。

形成“进口转关货物内河运费不计入完税价格审价创新模式”，有效降低内河口岸进口成本。探索沿江“组合港”模式，岳阳城陵矶港集装箱吞吐量迈上100万标箱台阶。与粤港澳大湾区实行政务服务“跨省通办”，加快构建全产业链承接大湾区产业转移新格局。加快建设外国人来华工作一站式服务中心、国际金融港、人才港、知识产权服务中心等国际化服务平台建设，营造市场化、法治化、国际化一流营商环境。

中欧班列湖南自贸专列

国际邮件、快件、跨境电商业务集约式监管

中国（湖南）自由贸易试验区 岳阳片区

中国（湖南）自由贸易试验区岳阳片区面积19.94平方公里（含岳阳城陵矶综合保税区2.07平方公里），重点对接长江经济带发展战略，突出临港经济，发展航运物流、电子商务、新一代信息技术等产业，打造长江中游综合性航运物流中心、内陆临港经济示范区。

岳阳片区获批以来，扛牢“为国家试制度，为地方谋发展”职责使命，按照决策部署，加快高质量建设，取得了好成绩。截至2022年底，新增市场主体6832家（其中企业4843家）；承接88项改革试点任务中已实施85项，推出包括2项国家在内的“首提首批首创”制度创新成果37项，真抓实干获得通报表扬。聚焦外向经济，千方百计扩大粮食、肉类等大宗贸易进口，积极拓展原油、木材、石化、电子产品等新兴业务板块，外贸、税收等主要经济指标保持两位数增长，实现外贸进出口583.52亿元，税收16.63亿元。岳阳综保区成为全省首个获评“中西部地区和东北三省”A类综保区。

中国（湖南）自由贸易试验区 郴州片区

中国（湖南）自由贸易试验区郴州片区实施范围19.84平方公里（含郴州综合保税区1.06平方公里），全部位于郴州高新技术产业开发区。重点对接粤港澳大湾区，突出湘港澳直通，高水平打造湘粤港澳区域经济合作示范区、加工贸易转型升级示范区和承接产业转移示范区。

改革牵引力不断增强，“信易贷”助力中小微企业“爬坡过坎”获评中国改革2022年度地方全面深化改革典型案例；郴州三一项目获批国家先进有色金属材料创新型产业集群，获评国家“绿色工业园区”；着力盘活低效闲置土地获省2022年综合大督查通报表扬，“五好园区”创建综合评价全省前茅，获省真抓实干督查激励。

自贸引领力有效彰显，2022年片区技工贸收入首破千亿大关，实现规模以上工业增加值增长11.6%,固定资产投资增长15.1%；全口径税收20.4亿元，增长43.2%。

区域吸引力得到提升，有色金属新材料、新一代信息技术、先进装备制造和数字经济等“两主一特一新”主导产业集聚度达到87.6%；全面打响“身在郴州、办事无忧”营商品牌，带动新增市场主体4610家，增长2.6倍。

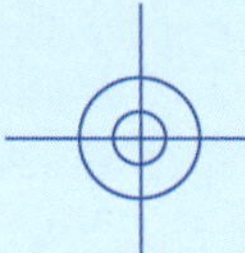

中国（广东）自由贸易试验区

——广州南沙新区片区

中国（广东）自由贸易试验区广州南沙新区片区（以下简称“南沙自贸片区”）于2015年4月21日挂牌成立，重点发展航运物流、特色金融、国际商贸、高端制造等产业。2022年6月，国家印发《广州南沙深化面向世界的粤港澳全面合作总体方案》，明确将南沙打造成为立足湾区、协同港澳、面向世界的重大战略性平台。已落地港澳居民个人所得税优惠、鼓励类产业15%企业所得税优惠。

一、多领域制度创新走在前列

南沙自贸片区制度创新持续深化。

◆一是全面对标高标准国际贸易规则，发布全国首个对标RCEP、CPTPP双协定的制度型开放集成创新举措。全球优品分拨中心被评为2022年服贸会全国科技创新服务示范案例。

◆二是创新发展新型离岸贸易，出台支持离岸贸易若干措施和重点企业名单管理办法，搭建“离岸易”综合服务平台。

◆三是持续优化营商环境。构建“一件事”审批服务体系，对个人、企业141项集成服务事项实现网上“一次办”。全面升级“交地即开工”6.0，推动工程建设审批再提速。

二、产业体系稳步构建

南沙发布首个国家新区创新链、产业链、资金链、人才链的“四链”融合政策体系，产业政策方面，30条共性核心政策全生命周期支持企业发展。外资外贸方面精准推出进口贸易示范区九条、外资七条；金融创新方面推出新型离岸贸易核心7条；科技创新方面推出独角兽“黄金牧场”九条、科创十条等系列特色专项政策。南沙以夯实“大制造”为抓手发展壮大实体经济根基，汽车产业年产值近2000亿元，中船龙穴造船基地交付记录全国前茅。加快推动新能源汽车与新型储能、人工智能与数字经济、生命健康、装备制造等新兴产业发展，集聚人工智能和生命健康企业1000多家。目前世界500强企业在南沙投资项目达250个，2022年地区生产总值超2000亿元。

三、对外开放门户枢纽功能增强

◆一是对外经贸持续扩大。获批国家进口贸易促进创新示范区、综合保税区等重大平台，全国最大之一的单体冷库南沙国际物流中心投入使用。2022年，南沙自贸片区进出口总值超2000亿元，同比增长超40%。

◆二是航运物流枢纽显著增强。建成华南超大型规模的集装箱、滚装汽车和粮食码头综合性枢纽港区，全自动化码头南沙港区四期投入运行。2022年完成货物、集装箱吞吐量3.6亿吨、1839万标箱。截至2023年6月，累计开通185条航线，通达全球120多个国家和地区的310多个港口。

广西自由贸易试验区

2022年，广西自贸试验区坚决贯彻落实国家和自治区决策部署要求，全力推进各项工作取得突出成效，实现了：“一个全面实施”，即国家《中国（广西）自由贸易试验区总体方案》（以下简称《总体方案》）赋予的120项改革试点任务全面实施。“两个40%”，即广西自贸试验区以不到全区万分之五的土地面积，新设外资企业占新设企业数不足百分之一的比重，实现了全区40%以上的实际使用外资和外贸进出口额。“百项创新成果”，即先后形成三批共104项自治区级制度创新成果并在全区复制推广，其中，39项具有全国首创性。“万家企业入驻”，即广西自贸试验区累计入驻企业超8.6万家，是设立时的23倍。

【改革试点】

梳理公布“三张清单”，即《广西出口RCEP零关税优势商品清单》《广西进口RCEP零关税优势商品清单》《广西优势产业货物贸易降税商品清单》。进一步规范权力运行，最大限度激发市场主体活力。落实“负面清单”式放权，推动自治区有关部门依法下放自治区级行政权力事项，推动广西自贸试验区改革发展。陆路启运港退税试点政策在在广西北部湾港实施。中国石油广西石化炼化一体化转型升级项目落地钦州。印发《开展多种运输方式进口互市商品落地加工试点实施方案》，深入推进边境贸易创新发展。深入推进广西国际贸易“单一窗口”2.0版建设，提升通关效率。加强与中西部省市合作，新开通钦州港至河南、河北等地首发班列，西部陆海新通道“朋友圈”不断扩大，已覆盖17省60市113个站点，实现西部12省区市全覆盖。

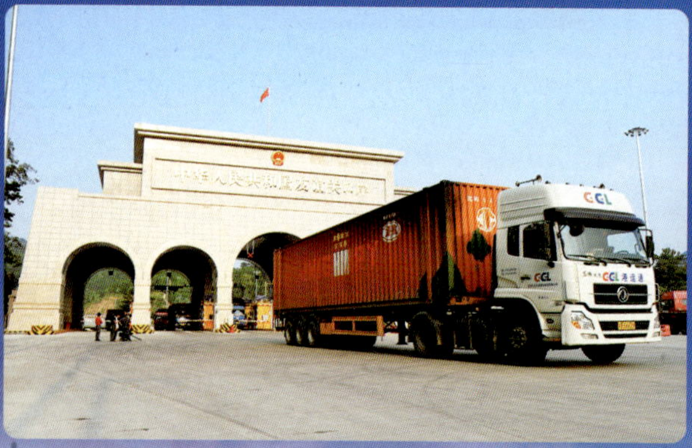

崇左片区

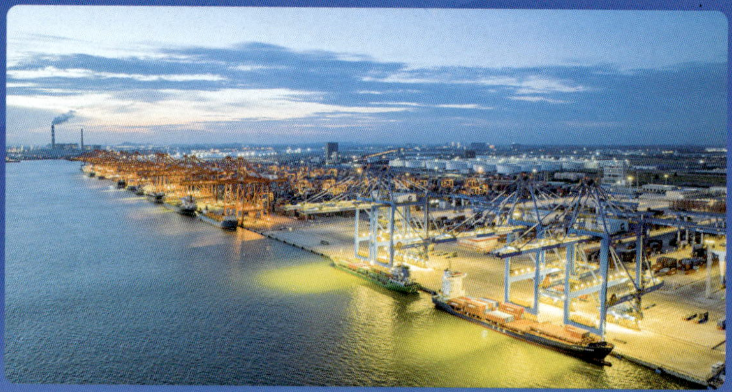

钦州港片区

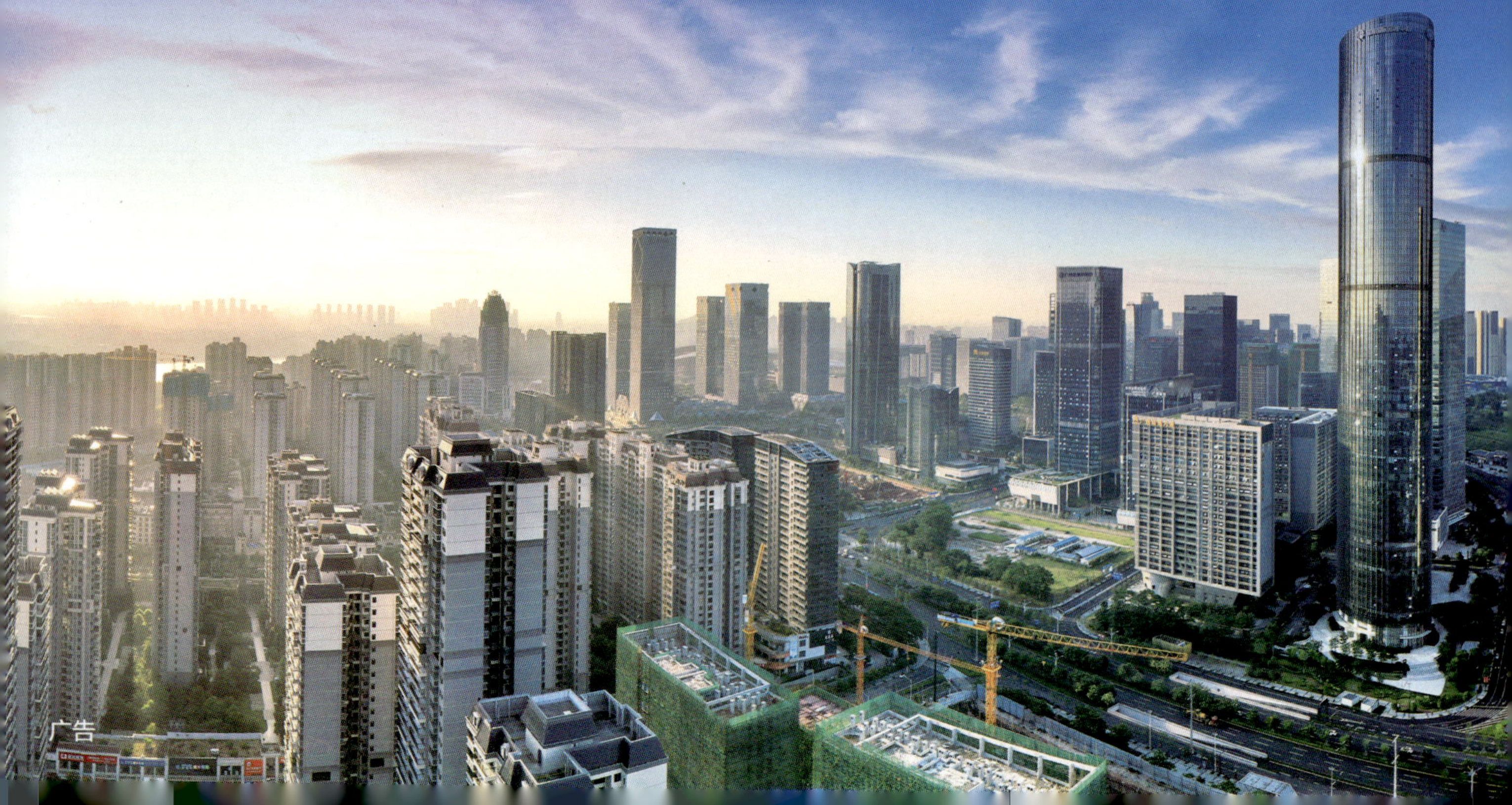

【制度创新】

坚持以制度创新为核心，围绕三大特色，全力推动改革创新，出台《关于设立中国（广西）自由贸易试验区协同发展区的指导意见》《中国（广西）自由贸易试验区制度创新奖励办法（试行）》，不断完善政策保障体系。扎实建设面向东盟的金融开放门户，中国—东盟金融城累计入驻金融机构411家，是2018年末的19.6倍。重大保险创新平台取得新突破，落地保险创新项目全国首创2个、全区首创7个，金融集聚效应明显增强。首创铁路集装箱与海运集装箱互认机制，开创“原箱出口、一箱到底、海外还箱”国际多式联运新模式。全国首个海铁联运暨全球首个U型工艺全自动化集装箱码头正式启用。2022年，钦州港海铁联运班列开行8845列、增长45%；集装箱吞吐量540.7万标箱，同比增长16.9%。友谊关口岸首创进出境货物吊柜甩挂“非接触”交接通关模式，成为全国疫情期间保持全年通关的陆路口岸。全国首趟中药材进口中越班列经凭祥铁路口岸入境。2022年，友谊关口岸进出境货车19.93万辆次，进出口货运量311.12万吨，进出口货值2092.73亿元。

【产业发展】

围绕主导产业，打造广西自贸试验区错位发展格局，以重大标志性工程为引领，全面激发开放型经济发展活力。南宁片区积极引进区域性和功能型总部，中交广西总部基地等总部项目加快建设，成功引进泰克半导体存储检测等先进制造业，全面推动跨境服务拓展东盟市场。钦州港片区引进总格派新能源电池材料一体化项目、中船海上风电装备产业基地南翼等项目，打造千亿产业集群。崇左片区积极打造边境电子信息产业园，推动跨境贸易、跨境金融、跨境物流、跨境旅游和跨境劳务合作“五跨”产业发展，加快建设跨境产业合作试验园等项目。高标准建设中国—东盟经贸中心。加快建设中国—东盟大宗商品交易平台，中国—东盟大宗商品智慧供应链平台正式启动上线，北部湾（广西）大宗商品交易平台挂牌成立并开展交易。南宁片区加快推进开展“两头在外”保税维修业务，探索“保税维修+加工贸易”组合业务新模式。钦州港片区加快推进新型离岸国际贸易，启动与深圳前海联合交易中心共同开展转基因和非转基因大豆离岸现货交易试点业务。崇左片区加快推进跨境电商发展，实现4种跨境电商出口模式常态化发运。2022年，广西自贸试验区跨境电商进出口交易额达163.18亿元，同比增长60.8%。

【营商环境】

三个片区基本实现“一窗受理、一网通办、一事通办”。积极设立“24小时不打烊”服务专区、投放自助文件交换柜、法律查询自助终端等便民设施，实现政务服务全天候24小时“不打烊”。围绕重点难点指标，构建“8+4”监测体系，创新开展营商环境日常监测，不断优化营商环境。《广西自贸试验区创新开展营商环境日常监测工作》获简报刊发推广。创新推行“12345”服务模式，项目落地发展和建设周期等取得显著成效。

CHINA (SHANDONG)
PILOT FREE TRADE ZONE QINGDAO AREA

中国（山东）自由贸易试验区

青岛片区

2019年8月，国家批复设立中国（山东）自由贸易试验区青岛片区，实施范围52平方公里，叠加国家试验区新区、综合保税区、中德生态园和经济技术开发区等多重功能政策优势，重点发展现代海洋、国际贸易、航运物流、现代金融、先进制造等产业。青岛自贸片区先后获评中国十大最具投资价值园区、中国最具投资吸引力产业园区之一、高质量发展改革创新十佳园区等称号。国家有关机构综合评估认为：青岛自贸片区在全国67个自贸片区中处于前茅梯队。

一是打造改革创新高地

深入贯彻关于“大胆闯、大胆试、自主改”的总体要求，以制度创新为核心，创新形成285项制度创新成果，11项在全国推广，52项在山东省复制推广。累计完成外贸进出口5327亿元，占近十年的55.4%，年均增速27.3%；实际利用外资21.9亿美元，占近十年的70%，年均增速51%；共引进过亿元以上投资项目593个，其中过亿美元以上项目25个，过50亿元以上项目9个；新增市场主体2.8万户、纳税主体1.42万户，分别是成立前的1.5倍、1.3倍。

二是打造对外开放高地

◆一是畅通陆向物流“大动脉”。做大做强多式联运体系，内陆港站达到31个，海铁联运班列达70条，累计海铁联运超过660万标箱，居全国沿海港口之前茅；创建黄河流域“端到端”物流新模式，降低内陆企业综合物流成本20%以上。

◆二是打造“海空高速公路”。日韩集装箱航线突破70条，数量和班期密度居全国港口前列；全国两个之一航空物流超级货站一期建成运营。

◆三是搭建日本、德国国际合作交流客厅。全省首个世界500强总部——欧力士中日产业超级链接者平台运营，带动加工制造、环境装备、融资租赁等领域一批日资项目落地；中德应用技术学校、中德智能制造技师学院加快建设，智能制造、智慧物流等领域30余家行业领军外资企业集聚发展。

三是打造产业发展高地

聚焦新兴产业和未来产业，扩大科技创新和国际交流合作，智能制造、集成电路、基因科技三大专业产业园加快建设。

◆一是智能制造产业提质扩容。建成全球首个5G+工业互联网全连接示范园区，卡奥斯赋能的海尔中央空调、海尔冰箱互联工厂相继入选全球“灯塔工厂”、总量占山东1/2。

◆二是集成电路产业成园成势。“链主”项目投片、产能提速，高端封测、半导体、新材料“聚链强芯”，打造全国重要的集成电路产业集聚高地。

◆三是基因科技产业快速布局。华大基因谷、清原育种中心开工，全球领先通量测序仪量产，测序酶试剂生产基地国内前茅、全球第二，海洋基因测序全球贡献度28%、中国贡献度49%。正大制药“注射用BG136”通过国家药品监督管理局审查，成为国际首个进入临床试验的抗肿瘤海洋药物。

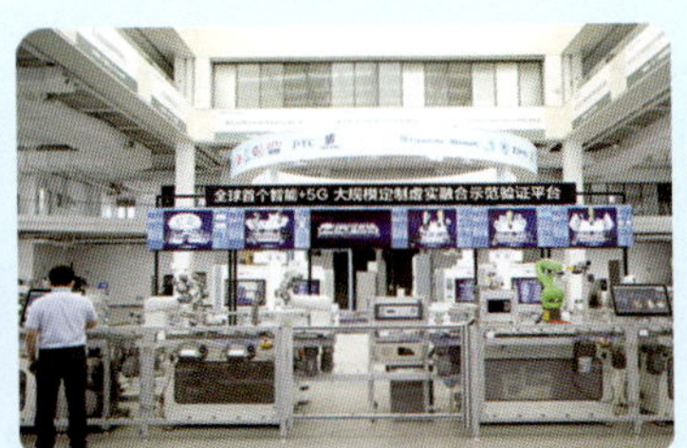

中国(浙江)自由贸易试验区 杭州片区

2020年8月30日，国家批复同意并公布《中国（浙江）自由贸易试验区扩展区域方案》，浙江自贸试验区在全国率先扩区，杭州纳入全国自贸试验区版图。杭州在全国率先提出建设贸易投资便利、创新活力强劲、高端产业集聚、金融服务完善、监管安全高效、具有杭州鲜明辨识度的数字自贸区。

经过三年大胆试、大胆闯，杭州自贸试验区的数字辨识度不断增强，正由单点突破向集成创新升级，为杭州迈向更高水平开放注入了新动能。自贸试验区以占全市1/400的面积贡献了全市19.2%的进出口额、23.8%的实际利用外资金额和22.5%的对外投资备案额。

数字贸易制度型开放动能显著增强

发挥浙江自贸试验区杭州片区、全国首个跨境电商综试区、三轮全面深化服务贸易创新发展试点叠加效应，杭州不断加大数字贸易先行先试，形成数据知识产权证券化、跨境电商海关监管代码创设、本外币合一账户体系、数字人民币试点等137项创新举措，其中，全国首创举措23项。知识产权和专利领域的3项创新成果入选国家第七批自贸试验区改革试点经验，入选数量占全国八分之一；数据跨境流动专用通道在线率和使用率居全国前茅，数据出境安全评估数量和通过率全国前茅；国家评选出30个外贸新业态优秀实践案例，杭州7个入选，数量位居全国前茅。

数字贸易行业龙头企业不断涌现

杭州的跨境电商零售出口平台数占全国三分之二，全球速卖通、来赞达等龙头平台快速全球布局；汇聚全球排名前十位的第三方跨境支付机构5家，跨境支付结算量占全国跨境电商出口额的四成；5个国家服务出口基地，占浙江的62.5%，已聚集海康威视、大华、宇视等多家数字安防龙头企业，拥有中南卡通、网易雷火等多家数字内容领军企业，推动2023年上半年杭州数字服务贸易额同比增长19.6%，总量占浙江的78.2%。杭州数字服务贸易占服务贸易比重超60%，知识密集型服务贸易占服务贸易比重超80%，均远高于全国平均水平；杭州离岸服务外包已连续四年位居全国第二。同时，拥有无忧、遥望、谦寻等综合类和垂直类头部直播平台32家，直播电商企业超5000家、各类主播超5万名，数量位居全国前茅。

数字产业国际竞争力显著增强

杭州片区形成了一条以新一代信息技术为支撑，从关键控制芯片设计，到传感器和终端设备制造、物联网系统集成、网络通信设备、信息软件开发以及电子商务运用，再到网络运营服务、云计算、大数据应用、网络安全的数字经济核心产业全产业链体系。杭州片区数字产业相关企业新增35697家；杭州片区独角兽、准独角兽企业新增320家，上市企业新增32家。

数字自贸赋能城市能级提升

数贸枢纽能级提升。启用萧山机场T4航站楼，成为华东地区第二大航空枢纽，落地浙江省首条第五航权国际货运航线，启动全国第二家航空电子货运试点，启用全国首个智能化国际货站，机场货邮吞吐量位列全国第五。

区域创新能力不断释放，PCT国际专利数快速增长，超过新加坡，连续两年在世界知识产权组织全球创新指数城市中排名第14位，杭州牵头或参与的数字贸易领域标准达30个。

未来，杭州片区将聚焦全球一流的数字开放格局、数字贸易国际枢纽、跨境贸易数字营商环境、数字经济现代化产业体系，打造国内首个数字自由贸易试验区。至2025年，实际利用外资总额增速、外贸进出口总额增速要高于全省平均水平，对外投资备案额增长至40亿美元；数字贸易额增长至2800亿元、跨境结算规模突破8000亿元，彰显自贸提升杭州数字贸易国际地位的新优势；形成20个以上全国首创制度创新成果、对标数字经济伙伴关系协定（DEPA）地方案例数列全国前茅、外贸“单一窗口”用户量全国占比10%以上；杭州片区所在三区构建5个千亿级产业集群、新增国家高新技术企业数2100家、新增上市企业20家。

浙江自由贸易试验区 金义片区

国际陆港枢纽自贸区的进阶之路

2020年8月，中国（浙江）自由贸易试验区赋权扩区到金华，义乌商城、义乌陆港和金义新区三大区块组成的35.99平方公里金义片区纳入自贸试验区范围。金义片区紧紧围绕国家赋予的“1+5”功能定位，即打造世界“小商品之都”，建设国际小商品自由贸易中心、数字贸易创新中心、内陆国际物流枢纽港、制造创新示范地和“一带一路”开放合作重要平台。

站在新一轮对外开放的时代风口上，金义片区锚定“提能升级”新要求，大胆试、大胆闯、自主改，大力推进“国际陆港枢纽自贸区”建设，取得了一批首创性、标志性成果，为全国自贸试验区建设贡献金义力量。

2022年，金义片区以占金华市3‰的面积，贡献了全市33.4%的外贸进出口总额、43.8%的实际使用外资总额、14.5%的新增市场主体、7.9%的税收收入，成为引领带动金华高水平内陆开放的强力引擎。

在浙江自贸试验区的战略大局中错位发展，在金华的优势产业条件上提高站位，拉高标杆、奋勇开拓，全力推进“国际陆港枢纽自贸区”建设。

金义片区与全球40余个跨境电商平台合作，完善跨境电商等数字贸易业态支撑体系建设,全国首创小商品数字自贸应用，累计建成覆盖52个国家的224个海外仓。

从“义新欧”向西，金义片区依陆出境。金义片区创新中欧班列义乌、金东双平台运营模式，辐射欧亚大陆50多个国家160多个城市，构建起“一带一路”货物进出口物流枢纽。今年1—8月，“义新欧”中欧班列开行1783列，同比增长16.3%，稳居全国第三。

从“义甬舟”向东，金义片区依港出海。今年上半年，“义甬舟”海铁联运往返运输集装箱14.4万标箱，约占宁波舟山港海铁联运量的六分之一，成为全国最繁忙的海铁联运线路之一。金义片区上线“第六港区”数字服务平台，义乌到宁波集装箱运输时效提升50%以上，“义甬舟”东联西延辐射力日益增强。

依托“义甬舟”“义新欧”和跨境电商三大通道，金义片区建立起“买全球、卖全球”的贸易格局，着力打造国内国际双循环战略节点，成为“一带一路”开放合作重要平台。今年1—7月，金华市对“一带一路”沿线国家出口1349.1亿元，同比增长12.7%，规模位居浙江省第二。

今年是中国自贸试验区建设十周年，也是金义片区挂牌三周年。奋进的战鼓，再次擂响。这一次，金义片区亮出《中国（浙江）自由贸易试验区金义片区建设“国际陆港枢纽自贸区”工作方案》《中国（浙江）自由贸易试验区金义片区提能升级计划（2023—2027年）》等高水平建设“路线图”，折射出改革不停顿、开放不止步的魄力与担当。

招商电话

义乌区块：0579-85522035

金义新区区块：0579-83200688

中国(辽宁)自由贸易试验区 沈阳片区

Shenyang Aree Of China(Liaoning) Pilot Free Trade Zone

◆ 基本概况

辽宁自贸试验区沈阳片区（以下简称沈阳片区）2017年4月挂牌成立，规划面积29.97平方公里，其中沈阳综合保税区桃仙园区（以下简称综保区桃仙园区）1.452平方公里。这里交通优势显著，坐拥桃仙机场、高铁沈阳南站，苏家屯铁路货运编组站。产业基础扎实，有新松机器人、东软集团、沈飞民机等高科技企业，有中科院沈阳自动化研究所、沈阳材料科学国家研究中心、东北大学浑南校区等科研院所和高校。2022年，沈阳片区首创性改革成果竞相落地，开放平台通道能级显著提升，外向型特色产业加快发展，市场化法治化国际化营商环境持续提升，临空经济区规划建设高点起步，振兴发展开放引领作用更加凸显。

◆ 经验成果

深化首创性改革探索，创新取得新突破。出台《深化自贸区沈阳片区改革开放行动方案》，制定100条清单化创新举措，确定“R56”创新重点方向（R：RCEP；5：五型经济；6：海关监管、政务服务、投资金融、跨境贸易、知识产权、国际医疗），在首创性、集成性创新上聚焦发力。全年共形成国际艺术品保税展示新模式、人民币贸易融资资产跨境转让通道创新等62项制度创新成果，12项金融创新成果获评辽宁省典型案例，22项创新成果获辽宁省复制推广。

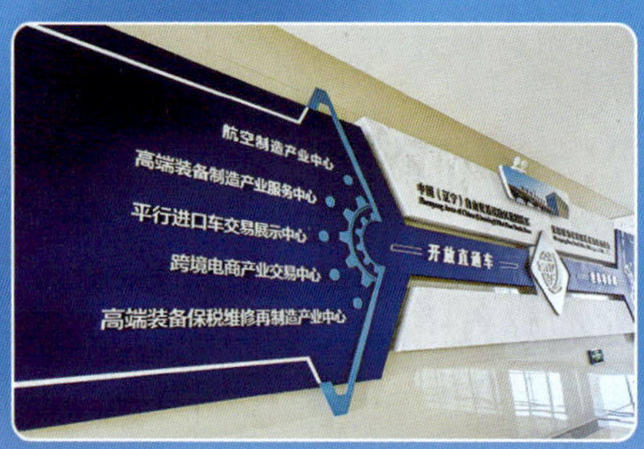

畅通陆空网平台通道，迈出开放新步伐。开工建设东北首个国际艺术品保税服务中心，在全国首次通过中欧班列运抵欧洲艺术品。新开通阿姆斯特丹直飞沈阳全货机航线，宝马中美全货机全国首飞。创新中欧班列“区港直通”管理模式，东北首个开通中欧班列跨境电商运邮新模式，开行东北首列冷链中欧班列，全年开行中欧班列627列。实现跨境电商1210、9610、9710和9810全模式运营，完成交易额22.9亿元，在跨境电商综试区评估中获东北地区名列前茅的好成绩。

加快外向型经济发展，释放产业新动能。推动航空制造、“保税+”、跨境电商等特色产业集聚发展。新“沈飞民机”整合成立，形成以沈飞民机、中航发燃气轮机、南航维修基地、航空产业园为代表的优势集群。爱夫迪（沈阳）北方总部等10个重点“保税+”项目集中开工建设，国内首个全球二手机床展示交易平台上线发布。实施跨境电商连锁体验店培育计划，建成并运营进口消费品展示体验中心，京东东北中心仓、菜鸟东北中心仓试运营。培育“专精特新”产品（技术）23项，专精特新中小企业9家，专精特新小巨人企业4家。

对接高标准国际规则，树立营商新标杆。创新视频抽查海关监管模式，海关通关效率进入全国内陆地区前10名。设立RCEP一站式综合服务窗口，省内首次启用RCEP原产地累积规则惠企服务平台，原产地证书实现“不见面”申领。开设海外人才来沈全速通窗口，实现工作邀请、入境体检、工作许可、居留许可等一体化便捷办理。推行“以管代审”改革，两批845项下放省权全部承接。全省首创司法巡回会客厅，服务化解案件505件。东北首个获批国家知识产权局专利审查员实践基地、国家专利局工作站。

规划建设临空经济区，再造发展新优势。启动沈阳临空经济区规划建设，推动沈阳片区、综保区桃仙园区、沈阳临空经济区一体化发展。在临空经济区148平方公里示范区、108平方公里核心区规划范围内，打造通达全球的区域性航空枢纽、面向东北亚的对外开放门户、国家重要的临空产业创新中心、智慧绿色的现代化航空新城，谋划与沈阳片区重点发展先进制造业和现代服务业的产业功能相契合，以枢纽物流服务为牵引，航空制造与维修、新一代信息技术、生命健康、新材料、智能装备等五大先进制造业为重点，临空现代服务为支撑的“1+5+1”产业体系，为沈阳片区创新发展拓展更大空间。

辽宁自贸区沈阳片区保税加工产业园规划图

全力实施自贸区提升战略
打造向北开放合作新高地

中国（黑龙江）自由贸易试验区黑河片区

2022年，中国（黑龙江)自由贸易试验区黑河片区依托沿边、跨境和开放特色，积极发挥“多区联动优势”，在创新突破中探索新路子、生成新模式，努力实施自贸区提升战略，在推动高水平对外开放中奋力前行。

在强化制度型开放上厚植守正创新沃土。建立创新案例储备库，生成制度创新成果35项，其中11项获评省优秀案例。创新劳务派遣经营许可审批告知承诺制将办理时限从20个工作日压缩到1日办结。创新中小企业“走出去”服务保障综合平台帮助中俄多家重点企业解决双向投资合作中遇到的难题。推出“自走机械通关新模式”创新案例，拉动出口机械数量增长1078%，企业成本下降60%；创新“抵港直装”“船边直提”进出口监管模式，推动进出口额大幅增长，占全省水运口岸总量的61.9%。

在对标国际高标准中打造营商品牌。开设综合窗口，完成“一业一证”改革。首创推出八大营商环境品牌，建立商事主体登记确认制改革。外资企业主体资格远程确认模式为8家外商投资企业完成主体资格证明远程确认登记。建设项目开工审批控制在30个工作日，施工许可缩短到2天。“一件事”套餐服务对俄特色企业各项业务的办结时间全部压缩至0.5个工作日。

在“四大经济”引擎下打造跨境产业集群。谋划数字经济、生物经济、冰雪经济、文创经济新业态。以新基建引领数字经济发展，加快数字经济产业园、云能力中心项目建设，合作打造数字产品进出口加工基地；支持加工企业引进自动化生产线，打造跨境智造产业集群。启动建设生物经济产业园，推进非转农产品、中药材产品交易、绿色能源贸易集散中心的“三个中心”建设，打造进口中草药、俄豆和板材加工产业集群和东北大型俄电绿色能源加工基地。加快跨境文化创意产业园建设，与俄方协同构建“跨境文旅产业链”，打造国际文创旅贸岛。壮大冰雪经济，推进寒地试车、冰雪跨境游、冰雪赛事等项目。规上工业增加值增长16.9%，俄电加工园区利用进口电力超过13亿千瓦时，同比增长390%。中药材企业进口加工俄药增长160%。

在强化跨境合作中推动高水平对外开放。进出口额保持高位增长，增幅为137%。天然气进口112亿元，电力进口15亿元，出口高新技术产品增长508%，专用车销售网络覆盖俄罗斯全境及中亚五国。保税物流中心（B型）出境货物同比增长25倍；跨境电商园区销售额增幅超过20%。哈尔滨—黑河—叶卡捷琳堡国际邮路常态化运营。互市贸易落地加工企业多家具备投产条件。积极打造国家战略能源储备基地，启动申建黑河—布拉戈维申斯克跨境经济合作区。

中国（黑龙江）自由贸易试验区

——绥芬河片区

2019年8月，国家批复设立中国（黑龙江）自由贸易试验区，绥芬河片区占据重要一席，于2019年9月29日正式挂牌启动，面积19.99平方公里。重点发展木材、粮食、清洁能源等进口加工业和商贸金融、现代物流等服务业，建设商品进出口储运加工集散中心和面向国际陆海通道的陆上边境口岸型国家物流枢纽，打造中俄战略合作及东北亚开放合作的重要平台。以自贸创新引领，绥芬河片区正朝着“新时代改革开放新高地”加快迈进。

制度创新更优化。绥芬河片区聚焦贸易、投资、金融、产业等领域，累计形成172项创新案例，其中省案例39项，《绥芬河片区深化金融创新助力跨境贸易新业态发展》获得国家自由贸易试验区简报刊发。

贸易通关更便利。绥芬河海关推进实施“自报自缴”“两步申报”“提前申报”“云签发检验检疫证书”等通关便利改革；与国内16个沿海港口合作推动了内贸货物跨境运输，在全国范围内首次在国际贸易“单一窗口”平台设计“内贸跨境运输办理”模块提升跨境货物通关效率。突破冷冻鸡爪、牛肉、扇贝、二手车等贸易新品种，市场采购贸易试点正式运行，有效带动民贸商场转型升级。

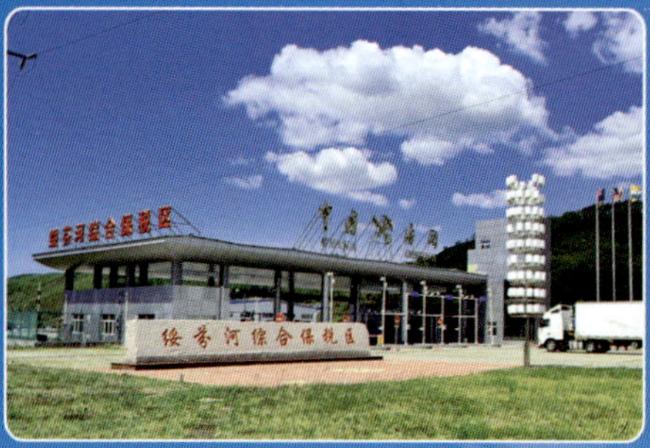

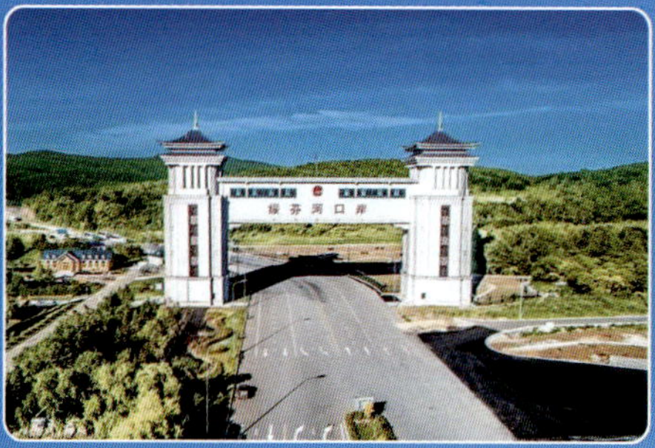

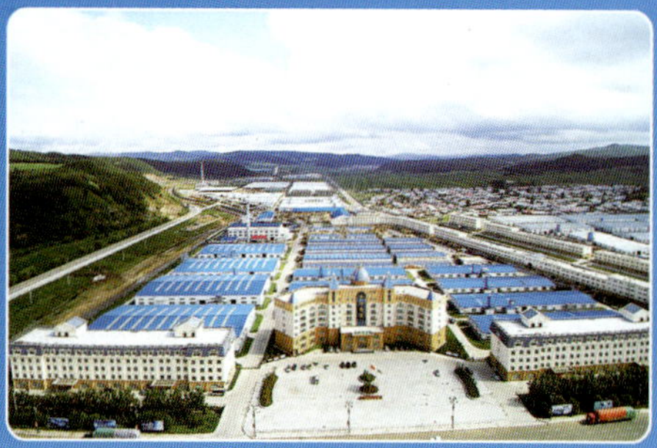

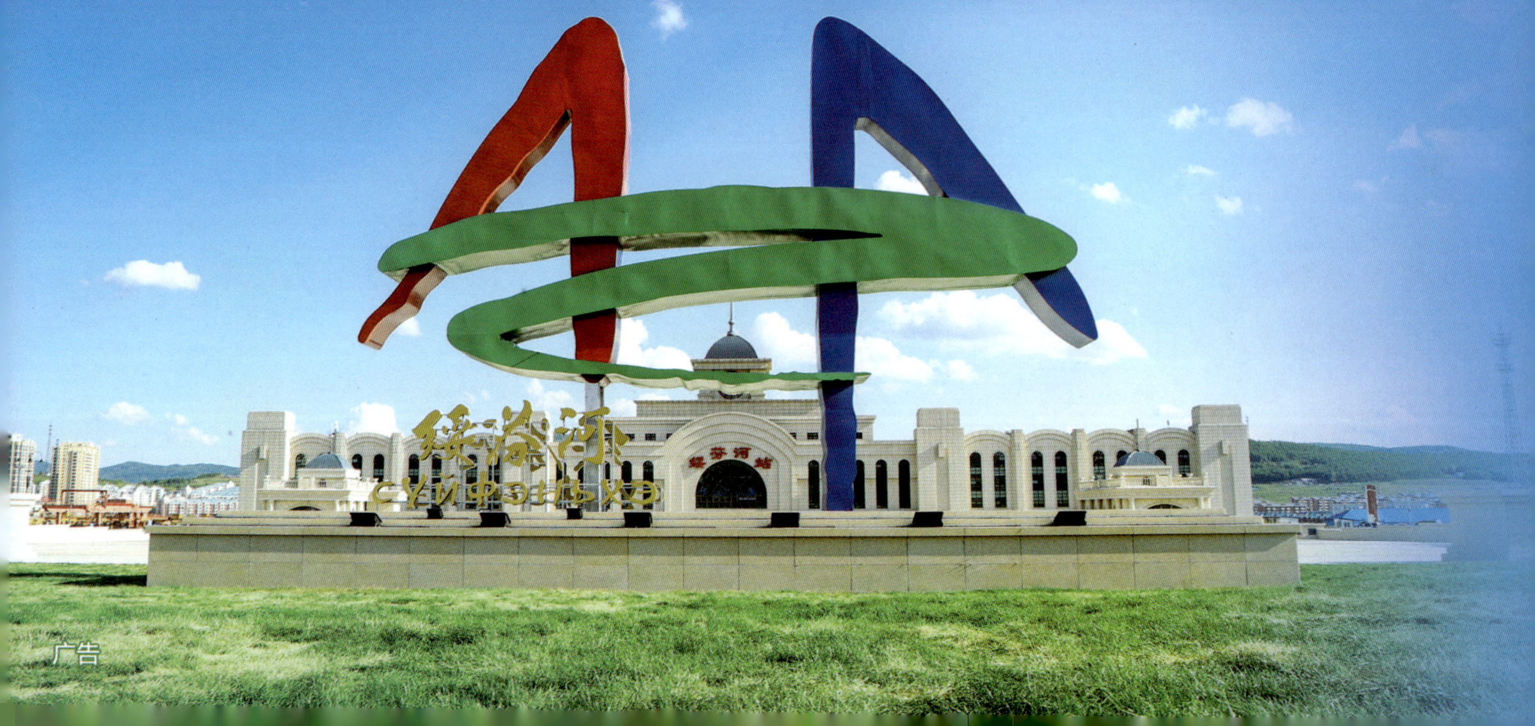

投资准入更自由。对标国内一流标准，打造“六最”特色营商品牌，全面推行“证照分离”改革全覆盖试点，推进商事主体登记确认制改革、“一业一证，证照联办”改革，激发市场活力，绥芬河片区设立以来累计注册企业3800余家。创新建立口岸商品溯源诚信体系，率先在全国范围内将商品“溯源码”、商家“诚信码”有机结合，做到企业信用状况可视、可查。

金融结算更多元。建设跨境金融服务站，集合银行、保险、融资担保等金融机构，打造全方位跨境金融服务。打造线上线下相结合的自贸片区金融超市，线上金融超市对接意向贷款额度占全市信用贷款额度的三分之二；线下金融超市为市场主体提供帮办代办服务，有效节省企业经营成本。

产业发展更集聚。发挥自贸试验区引领牵动作用，构建起以木业、食品（粮食、肉类、水产）、中药材、汽车配件、清洁能源、装备制造等为重点的“生产加工型”产业，以物流、电商、会展、医养、旅游、金融为重点的“现代服务型”产业的多元化产业新格局。

中国（天津）自由贸易试验区

滨海新区中心商务片区

亚洲基础设施投资银行

第十届中国保理论坛

全景图

中国（天津）自由贸易试验区滨海新区中心商务片区面积46.8平方公里，是首批国家双创示范基地、首批国家产融合作试点城区、京津冀金融创新运营示范区的重要承载区。重点聚集发展以供应链金融、绿色金融、平台经济、总部经济、文娱康养等为代表的现代服务业，被定位为天津滨海新区“城市客厅”、现代金融中心和新经济总部基地。

中心商务片区重点布局创新金融产业，努力打造中国北方金融创新中心。目前，累计聚集金融、类金融机构近3000家，注册资金规模超1万亿元，其中，聚集国家批准持牌机构155家，是国内少数的金融全牌照区域之一。商业保理行业发展全国领先，实现了全国首个保理会计准则、首个保理合同范本等20余项全国首创，搭建了首个全国性“中国商业保理行业峰会”，成为行业发展的风向标。商业保理资产总额约占全国的20%，央企背景保理公司约占全国的50%。片区成立以来，累计办理境外投资78.5亿美元，吸引外资107亿美元，成为全国排名前列的跨境投融资聚集区。

此外，中心商务片区依托CBD楼宇及城市载体优势资源,大力布局高端服务业。现已形成以中船重工、人保金服、华融集团等为代表的总部经济；以于家堡环球购为代表的跨境贸易和电子商务产业；以万达传媒、爱奇艺等为代表的泛文创与教育产业；以及以零氪科技、猎聘网、慧策等独角兽企业为代表的科技互联网产业。

抖音直播生态产业园

滨海基金小镇

招商服务热线：022-25201033　25201295　25201597

泰达公众号

泰达政务网

广告

中国(天津)自由贸易试验区 机场片区

天津自贸区机场片区面积43.1平方公里，同时还管理位于中心商务片区的天津港综合保税区4.37平方公里。机场片区是天津市先进制造业和研发转化的重要集聚区，重点发展航空航天、装备制造、新一代信息技术等高端制造业和研发设计、航空物流等生产性服务业。目前，民用航空、装备制造、电子信息、生物医药等先进制造业产业已形成优势，正打造航空制造、维修、再制造一站式服务基地。

挂牌8年多来，机场片区坚持以企业需求为导向，以制度创新为核心，以可复制可推广为基本要求，深入探索、大胆尝试。在航空产业、平行进口汽车、保税维修、临床急需药械、离岸贸易等特色产业方面持续推动制度创新，进一步延长了产业链，形成集群新优势。汇集了空客、中航直升机、古德里奇和庞巴迪等60多家航空龙头项目和知名企业，是我国北方最大的航空产业集聚区之一。平行进口汽车总量占到全国的80%以上，是我国最大的汽车平行进口贸易口岸和交易市场之一。创新发布支持保税维修再制造十条、九条措施、四条模式和环境监管办法，提前3年建成完善的政策体系，12家企业获批开展保税维修再制造试点业务，是我国开展保税维修业务门类最多的区域之一。积极开展临床急需药械进口绿色通道建设，完成13单临床急需药品进口，与海南博鳌和广东大湾区一起成为我国三大临床急需药械进口集中区。依托实体经济，继FT账户分公司模式后，又率先开展离岸贸易“天津模式”创新，出台了支持政策，已形成大宗商品、集团销售和海外工程承包三大业务模式，是继上海和苏州之后发布的第三种和“最接地气”的离岸贸易模式。

下一步，天津自贸区机场片区将积极打造对外开放制度创新高地，加强“自贸+综保”联动创新、系统创新，在保税维修和再制造、临床急需药械进口、离岸贸易等新兴业态重点领域加强首创性突破性改革创新。

中国（重庆）自由贸易试验区

建设自贸试验区是新时代推进改革开放的重要战略举措。重庆自贸试验区始终肩负着为全面深化改革和扩大开放探索新途径、积累新经验的重要职责，深入践行“为国家试制度，为地方谋发展”的初心使命，坚持以制度创新为核心，以可复制可推广为基本要求，积极作为、大胆探索、勇于开拓。

一是全面深化改革和扩大开放。

紧扣新发展阶段深化改革和扩大开放总体要求、战略部署和重点任务，认真谋划推进“十四五”时期重庆自贸试验区建设发展目标、建设思路和具体举措，出台《中国（重庆）自由贸易试验区“十四五”规划（2021—2025年）》。深入推进川渝自贸试验区协同开放示范区建设，联合签署《2022年川渝自贸试验区协同开放示范区共同推动十项重点事项合作协议》。

二是深入推进高水平制度型开放。

全面深入研究梳理CPTPP、DEPA条款，形成《重庆自贸试验区对接CPTPP开展风险压力测试可行性研究》《加入DEPA对重庆的机遇挑战及应对》等研究报告。对标对表CPTPP和DEPA的高标准规则要求，加快推进重点领域改革开放。深化铁路运输单证物权凭证功能试点探索，推动出台《重庆市铁路运输单证金融服务试点工作方案》。创新“跨境电商零售进口商品条码应用”监管新模式，探索“保税+暂时进出境”业务模式。

两江新区(自贸试验区)政务大厅

三是完善改革创新工作机制。

开展自贸试验区十佳案例评选活动和“送政策进片区”活动，发布《中国（重庆）自由贸易试验区蓝皮书（2017—2022）》，着力提升自贸试验区知晓度、美誉度和影响力。优化自贸试验区政策项目“双清单”机制，系统梳理各项改革试点任务及复制推广的制度创新成果落实情况，推动制度创新成果转化为改革发展实效。总体方案确定的151项改革试点任务和国家部署的41项深化改革创新措施已全部落实；国家部署的复制推广经验案例落实率为93.3%。

西部陆海新通道

自贸试验区

CHINA (CHONGQING) PILOT FREE TRADE ZONE
YUZHONG SECTION

重庆自贸试验区渝中板块

渝中板块 2017年4月获批设立，实施范围 4.38 平方公里，是全国为数不多在核心商圈和中央商务区设立自贸试验区的板块，充分发挥自贸试验区、中央商务区、中新互联互通项目核心承载区等“多区叠加”优势，持续深耕总部经济及现代金融、现代商贸、文化旅游、软信服务、健康服务、专业服务等现代服务业，重点探索服务业领域开放、数字经济创新发展、金融领域改革创新，努力建成重庆总部高地、金融高地和现代服务业引领区。截至目前，累计形成自贸制度创新成果 30 余项，探索“汇保通”汇率避险新模式等 5 项在全国复制推广，“互联网+高效货运物流”供应链体系等 11 项在全市复制推广；累计落户世界 500 强马士基、三井物产等重点项目520 余个，累计新增市场主体 1.25 万家，其中，外资市场主体超 200 家，占全市自贸试验区比重的 20%。

- ◆ 成立全国一个设置在核心商圈和中央商务区的自贸区金融机构——重庆银行自贸区分行
- ◆ 在全国首创开展针对中小外贸企业的“汇保通”汇率避险新模式
- ◆ 落地全国首例以乌兹别克斯坦采矿权增资的“一带一路”法律服务新模式
- ◆ 落地全国首笔境外合格投资者投资区域性股权市场业务
- ◆ 落地全国首笔中资城投银行备证转开欧元债业务
- ◆ 在全国率先启用数字金融纠纷银企易诉平台
- ◆ 制定全国首个基于区块链的电子商务价值行为地方标准
- ◆ 打造西部首个核心商圈保税展示交易中心——陆海新通道国际消费中心
- ◆ 举办重庆自贸试验区首届国际中古名表名包展览交易会
- ◆ 落地全市首家注册资本金超百亿元中管金融企业子公司——中银金融租赁有限公司
- ◆ 成立全市首家文旅特色支行——重庆银行文旅特色支行
- ◆ 在全市率先开展“保税展示+跨境电商”快速配送新零售模式试点
- ◆ 在全市率先开展集群注册登记、市场主体“证照联办”、成渝两地证照“互办互发互认”等市场准入新模式
- ◆ 在全市率先上线市场主体分级分类监管平台、零售药店风险预警平台等智慧监管平台
- ◆ 在全市首创“政府+平台+企业+司法机关”四位一体数字经济知识产权保护机制
- ◆ 在全市率先试行消防设计审查告知承诺制
- ◆ 推动成渝地区双城经济圈首单自贸区人民币债在新交所上市
- ◆ 推动全市首笔银担联动自贸区离岸债成功发行
- ◆ 办理全市首例商标纠纷行政调解司法确认案件、涉网络音乐下载类型侵害著作权刑事案件
- ◆ 吸引e码头跨境商品集合店西南首店、CW新零售重庆首店等一批新业态新模式入驻
- ◆ 以不到全市自贸试验区4%的面积，引入约占全市自贸试验区五分之一的外资企业

招商服务热线：023-63847463

中国湖南自由贸易试验区

长沙片区雨花区块

2023年，湖南自贸试验区长沙片区雨花区块始终围绕“为国家试制度，为地方谋发展”使命任务，全力打造“内陆地区改革开放高地”，荣获“2023中国外向型高质量发展十佳园区”。今年1-10月，预计完成外贸进出口总额100亿元；预计完成对非贸易36亿元，同比增长57%；新引进市场主体2218家，新设立企业1172家，引进外资1.01亿美元。

推动改革创新添活力。以制度创新成果积极回应市场主体需求，今年以来，3项成果入选自贸第一批改革试点经验和改革创新典型案例，“高桥经验”入选国家服务业标准化试点企业典型案例，有力驱动了产业转型升级，为经济高质量发展注入了新动力。雨花区块成立以来，累积形成23项制度创新成果，其中全国首创6项、全省首创6项。

突出对非经贸强特色。中非经贸博览会常设展馆转型升级，建成东亚首个尼日利亚海外仓，推动津巴布韦驻华大使馆授权建设运营国家馆，柬埔寨商务联络中心、坦桑尼亚及肯尼亚工商农业商会湖南办事处落地雨花。成功举办第三届中非经贸博览会高桥分展馆系列活动，现场销售产品约200万元，累计签约项目37个，意向合作金额439亿元。

提升项目建设聚势能。新引进中国联通中南研究院、中关村明昇产业园、湖南“市场采购+跨境电商”新模式产业园、国际青年“创业港”、华润国体中心等重点项目，总投资约90亿元。目前，在谈重大项目9个，总投资约100亿元；在建重大项目10个投资约282.4亿元。

强化对企服务优环境。为企业提供外贸咨询、海关备案、报关报检、货运物流、结汇退税等服务。提高“一站式”全程代办服务平台质效，创新“网点全覆盖、内容全方位、受理全时段、跟进全周期、服务全免费”五全服务。成立国有平台公司，开展供应链金融业务，缓解中小微企业融资难融资贵问题。建设跨境人民币结算中心，累计为非洲46个国家和地区460余个客户办理对非跨境收付业务，折合人民币29.77亿元。强化政策扶植，出台专项政策，对企业入驻、平台搭建等方面给予支持，惠及区块企业及项目100余个，年度奖励扶持资金达2240余万元。

中国（浙江）自由贸易试验区 宁波片区

中国（浙江）自由贸易试验区宁波片区于2020年8月获批，面积46km2全部位于宁波市北仑区，是宁波舟山港核心港区承载地。承担国际航运和物流枢纽、国际油气资源配置中心、全球新材料科创中心、国际供应链创新中心、全球智能制造高质量发展示范区等五大战略功能定位。

一是发挥港口硬核，建设大宗配置中心。2022年，宁波舟山港货物吞吐量连续14年位居世界前茅，集装箱吞吐量世界第三，铁矿石吞吐量、原油吞吐量、LNG接卸量、LPG接卸量居全国前列。建有全球名列前茅的原油码头及矿石码头、LNG保税仓和丙烷地下储存洞库。实现国际航行船舶保税LNG加注。打造66云链、大宗易行等大宗商品国际贸易数字化平台。

二是聚焦产业升级，构建特色产业集群。聚焦新能源汽车、绿色石化、高端装备等特色产业链，2022年推进160余个总投资超过2500亿元的重大项目建设。累计聚集近2万家工业制造企业。压铸模具产业集群获评国家中小企业特色产业集群，累计培育国家专精特新“小巨人”企业42家，单项冠军企业11家。

三是拓展新型贸易，创新特色业态模式。推进中国—中东欧经贸合作示范区建设，探索国际中转集拼、“保税分装+跨境进口”等新业态，全国首创跨境电商出口前置仓监管创新模式。2022年，跨境电商进口规模连续六年全国名列前茅，中东欧产品进口规模占全省超50%。

四是深化创新发展，着力提升便利自由。积极对标RCEP、DEPA等高标准经贸规则，累计25项成果获评省“最佳制度创新案例”，3项制度创新获发文推广，2项海事创新机制获国际认可。国际商事法庭挂牌，QFLP、QDLP试点落地，跨境贸易投资高水平开放试点规模领跑全国四个试点区域。

中国（福建）自由贸易试验区

CHINA (FUJIAN) PILOT FREE TRADE ZONE

福建自贸试验区于2015年4月21日挂牌运行，在全国属于第二批。

多年来，福建自贸试验区围绕“打造开放和创新融为一体的综合改革试验区、深化两岸经济合作示范区和海丝沿线国家地区开放合作新高地”战略定位，坚持以制度创新为核心，大胆试、大胆闯，扎实推进各项试验任务，以不到全省千分之一的面积，引进全省近三成新增外资，贡献六分之一外贸进出口额，充分彰显了改革开放试验田作用。

厦门海上世界（海丝中央法务区自贸先行区）

一、融入国家战略

积极探索两岸融合发展新路。率先在50多个服务领域对台开放，引进首创新台资项目30多个；率先采信台湾地区检验检测结果；率先开展台胞台企征信查询、金融信用证书；率先采认台湾地区专业领域职业资格。

深度融入共建“一带一路”。“丝路海运”航线增至100条，通达40多个国家和地区，100多座港口；中欧班列稳定开行至欧洲、中亚、俄罗斯3条国际货运干线，促进沿线国家互联互通共建共享。

平潭公铁两用跨海大桥（连二线海关卡口）

二、改革集成创新

截至2023年，福建自贸试验区重点试验任务绝大部分已实施，累计推出实施20批622项创新举措，其中全国首创275项、对台120项，基本构建了具有福建特色、对台先行的制度创新体系。

自贸试验区外商投资准入负面清单缩减至27项；商事制度“一照一码”、工程建设审批制度改革成为全国改革范本；推动跨境人民币业务创新，创建本外币合一账户体系等，促进金融服务实体经济更加有效；创建海丝中央法务区自贸先行区，打造覆盖法律服务全链条“一站式”泛法务平台。

三、产业集聚发展

截至2023年上半年，区内新增内、外资企业127764户，注册资本27757.7亿元人民币，分别是挂牌前的8.3倍、12.5倍。

坚持制度创新与功能培育相结合，先后制定重点平台建设方案和创新发展提升行动方案，通过“巩固提升一批、新建创建一批、联动发展一批”，建立了世界领先的一站式航空维修基地、全国第二大进口酒口岸，物联网、离岸贸易、文化出口等新业态走在全国前列，有效服务构建国内国际双循环新发展格局。

四、成果复制推广

促进改革试点经验在更大范围推广实施，不断扩大改革红利溢出效应，更好服务区域协同发展。

35项创新成果在全国复制推广，7项试点经验列入全国自贸试验区“最佳实践案例”；9批193项创新举措在全省范围内复制推广；在全省开发区建设自贸创新成果复制推广先行区；推动自贸片区与省内外相关功能领域创新联动、产业联动、招商联动、开放联动、服务联动，实现联动创新发展。

中国（安徽）自由贸易试验区2020年9月24日，揭牌运行、全面启航，翻开了安徽高水平对外开放的崭新篇章。2023年是全国自由贸易试验区建设10周年，也是国家批准设立中国（安徽）自由贸易试验区3周年。两年多来，中国（安徽）自由贸易试验区始终坚持"为国家试制度、为地方谋发展"，全力打造改革开放新高地，勇当现代化美好安徽建设排头兵。截至2022年底，中国（安徽）自由贸易试验区已探索形成了124项制度创新成果；总体方案（2020年—2025年）需完成的112项试点任务已落地见效102项，预计提前两年完成试点任务。

中国（安徽）自由贸易试验区

CHINA (AN HUI)
PILOT FREE TRADE ZONE

2022年，中国（安徽）自由贸易试验区以不到全省千分之一的面积，贡献了全省约四分之一的进出口额、三分之一的实际使用外资额。全区实现进出口1861.9亿元、同比增长26%，高于全省增幅17.1个百分点，其中出口1266亿元、进口596亿元，分别增长29.4%、19.3%，分别高于全省增幅13个、21.2个百分点；实际使用外资6.7亿美元，占全省总量的31%，占比远高于21个自由贸易试验区实际使用外资占全国比重（18%）；新增注册企业1.6万家、增长23%，高于全省平均增速22.9个百分点。

的作用，通过联合相关部门为企业提供政策咨询、账册设立等配套服务，帮助企业解决跨境结算难题，其创新做法具有较强的典型性和普适性，为省内其他企业今后开展类似业务提供可参考的解决方案。为助力企业顺利开展跨境业务，引导企业运用该模式推动产业转型升级提供有益借鉴。

下一步工作思路：

继续深挖新形势下企业经营难点及国际金融服务诉求，加强与国家外汇局、各金融机构的联系，确立"委托境外加工贸易跨境收支结算白名单企业"，引入行业自律监管机制，聚焦新型离岸国际贸易业务，搭建起"人民银行+金融机构+优质企业"的工作机制，进一步提升跨境贸易投资便利化水平，促进外贸新业态新模式健康持续创新发展。

案例 13：药品零售企业经营许可告知承诺制改革

为进一步促进药品零售企业发展，在保障药品安全的前提下，洛阳片区深化"证照分离"改革，优化药品经营许可条件，探索实施药品零售经营许可换证"告知承诺制"，从事前审批向事中事后监管和全程服务转变，提高审批效能，提升办事群众获得感。

主要做法：

明确试点范围。对洛阳片区范围内的药品零售企业在申请变更法定代表人、到期换发、延续业务时，合法合规经营且经营条件在许可有效期内未发生变化，试行告知承诺审批模式。

实施"告知承诺制"。企业通过食品药品行政许可服务及电子检查平台提交药品零售经营许可证、审批告知书、承诺书，市场监督管理局收到申请材料 5 个工作日内完成评审，必要时抽取药品零售连锁门店现场核实，审核后在洛阳片区官网信息公告节点对外公布"告知承诺制"资格，符合资格即可换发新证。

加强事中事后监管。对"告知承诺制"取得许可药品零售企业纳入年度监督检查计划，重点检查经营实际情况与承诺内容是否相符，经营条件是否符合法定要求。对不符合法定经营要求的，按照《中华人民共和国药品管理法》《药品经营许可证管理办法》《药品经营质量管理规范》等相关法律法规予以处罚。以欺骗等不正当手段取得经营许可，实际经营情况与承诺内容严重不符的，按照有关承诺的内容进行处理。

实践效果：

改革后，企业办理药品经营许可证变更（仅限法定代表人变更）、到期换发、延续业务时，申请材料由 12 项减为 3 项，办理时限从 15 个工作日缩短至 5 个工作日，颁证前不再开展现场核查，采取事中事后监管，提高了行政审批效率和质量，减少了企业负担，得到了企业的认可。

下一步工作思路：

持续深化"放管服效"改革，深入探索破解市场主体"准入容易、准营难"的问题，服务市场主体高质量发展，做好"六稳""六保"工作，不断激发市场主体活力，争取更多企业和群众满意的改革成果，为经济社会发展增添动力。

案例 14："建好即验好"创新单体竣工联合验收模式

为破解以往建设单位需在全部工程完工后多头申请、逐个办理，耗费时间长、办理效率低下的难题，洛阳片区联合洛阳市住房和城乡建设局创新实行工程建设项目"建好即验好"的单体竣工联合验收模式，多部门联合、提前介入，工作组跟踪指导、帮办代办，采取工程竣工一幢、验收一幢的方式，实现边建边验收、建好即验好。

主要做法：

单体竣工提前验收。住建部门打破以往项目需整体竣工后再进行验收惯例，以建筑工程施工许可证项目明细为依据，将项目划分为多个单体工程。当部分单体工程符合竣工验收条件时，建设单位可按照项目开发期、施工标段、单体工程等，先行申请联合验收，在符合住建、应急管理、自然资源和规划等部门设定的行业验收条件和标准的前提下，进行单体综合竣工验收，并出具行业审查意见。验收通过的单体工程即可开展下一步工序或者生产运营，做到完工一栋、竣工验收一栋，备案一栋、投产一栋，实现竣工验收提速。

联合验收压缩时限。洛阳市住房和城市建设局牵头出台《洛阳市建设工程竣工联合验收实施细则（试行）》，取消工程竣工备案环节，以竣工联合验收意见书取代竣工验收备案证，明确“一家牵头、一次验收、限时办结”竣工联合验收模式。建立市区两级项目帮办代办服务机制，组建包括住建、自然资源、人防、质量等部门的联合验收小组。主动靠前宣传竣工联合验收政策，对重点工程项目“一对一”定制联合验收帮办工作方案，明确竣工验收阶段的审批事项、审批部门、申报材料、办理时限、进度安排等内容，提前介入协助和指导建设单位边建设、边检测、边准备竣工资料。持续跟踪帮助企业协助办理竣工验收过程需要协调解决的相关问题，提前做好验收前期服务，通过政府部门跑现场服务，让企业少走弯路，大大缩短验收整改时间，实现“统一平台、信息共享、集中验收、限时办结”。

风险分级加强监管。由住建部门制定联合验收工程项目综合风险定级参照标准，依据工程项目规模、预期用途、超规模危大工程数量等因素将工程项目设定低风险、一般风险、较大风险或重大风险等综合风险等级，设定不同办理时限，开展相应频次监督检查，有效防范风险责任发生。同时，强化信用监管，对项目单位承诺事项进行抽查，发现存在未兑现承诺事项等失信行为的，依据情节轻重，在资格资质、招标投标、金融信贷等方面实施联合失信惩戒。

实践效果：

改革前需要6个部门8个事项分别进行的验收，压缩为4个部门6个事项的一次联合验收，企业申报材料由原来的66项精简到30项，竣工联合验收及备案用时压缩至10个工作日以内，大幅缩短项目落地投产时间。同时，结合“不动产权属分割登记”，促进项目单位“单体验、早办证、利融资、速达效”，推动企业提前投产半年以上。2021年，已为洛阳市200余个项目提供竣工验收备案全程帮办服务，项目审批一次性通过率97%以上。共有145个项目“化整为零”，分为716个单体工程。

例如，洛阳片区格力电器（洛阳）中央空调智能制造基地项目作为洛阳市重点招商引资项目，总投资34亿元，总占地1 041亩，厂房建筑面积达85万平方米，规划建设16栋单体建筑，总建设周期27个月。创新单体竣工联合验收模式后，由市级住建部门牵头对其生产车间逐栋进行单独验收，确保智能化生产设备及时进场安装调试，仅用18个月就顺利建成投产，节约时间成本约2亿元，带动就业3 000余人，取得了良好的改革试点成效。

下一步工作思路：

继续深入优化竣工联合验收办理事项和流程，打通联合验收办理难点，为企业项目投资尽快产生收益提供有力保障，进一步增强企业获得感和便利度。

案例15：政务服务标准化试点

开封片区首创“六个一”政务服务标准，建立审批服务事项、管理制度、服务质效监测标准体系，形成从前期受理审批到后期监督评价的全链条新型政务服务标准化模式。

主要做法：

首创“六个一”政务服务标准。开封片区牵头编制开封市地方标准《“六个一”政务服务规范》（DB4102/T 1—2018），一门集中、一口受理、一网通办、一窗发证、一链监管、最多跑一次。一门集中，审批服务职能部门统一进驻政务服务中心；一口受理，各部门分别受理的审批服务事项，由综合受理窗口统一受理；一网通办，所有审批服务事项纳入智慧政务服务平台，实现从受理、审批到监管、监察“一网办理、同步审核、内部流转、数据共享”；一窗发证，所有审批（核）结果一个窗口统一发放；一链监管，通过智慧政务服务平台对审批服务行为和效率全流程电子监察；最多跑一次，通过整合政务资源，拓展服务渠道，优化办理流程，共享部门数据，融合线上线下，实现“最多跑一次”。

建立审批服务标准体系。规范企业申办事项标准，整合事项类型、事权级别、证照有效期、申办条件、审批依据、形式审查、实质审查、审图要点、现场踏勘要点、申请材料等多表要素，形成单一事项标准化样表。规范受理审批人员办理流程标准，整合承诺时限、审批人员、审批环节、各环节办理时限等多表要素，形成单一事项流程确认表。制定事项服务指南，包括《市区级事项服务指南》《省级事项服务指南》，为企业提供全流程的标准化办事指引。出台事项办理标准，明确事项形式审查要点和实质审查要点，为受理、审批人员提供标准化工作指引。

建立管理制度标准体系。按照 ISO 9001 质量体系认证要求，从咨询、受理、审批、服务环境、对外沟通方式及整改要求等环节明确各岗位工作标准和流程，形成 18 个制度标准文件。从文明用语、特色服务、绩效监督、会议要求、消防要求等方面明确工作规范和“特色”服务要求，形成 13 个工作规范标准文件。

建立服务质效监测标准体系。一是建立即评内容标准。围绕政务服务标准化、规范化、便利化三个维度，建立指向清晰、可追溯监督评价标准，办事企业基于直接感受 3—5 分钟内快速完成评价。二是制定触发渠道标准细则。结合办事企业关键标签及所办事项，从即评内容标准中抽取评价指标，建立短信推送和二维码评价两种触发评价渠道，形成质效监测管理模式。

实践效果：

行政成本大幅降低。改革前，省、市、县三级 500 多个行政审批服务事项，需要服务窗口 70 多个、工作人员近百人；改革后，仅需 10 个综合受理窗口、15 名工作人员。

服务水平显著提升。改革前，不能及时精准掌握企业真实办事感受；改革后，利用一手沉淀数据分析企业满意度及办事体验，及时跟进、整改提升，不断提高办事效率。

企业获得感显著提升。标准化体系建立过程中优化流程 738 个，压缩审批材料 1 032 份，最大限度减少材料重复提交，申请材料大幅减少，企业获得感显著提升。

下一步工作思路：

持续深化国家级服务标准化试点，进一步优化完善服务标准化体系，强化标准实施，提高行政审批服务标准化的覆盖率，形成可复制可推广的政务服务标准化创新成果，助力打造营商环境国际化引领区。

案例 16：构建艺术品贸易全链条服务体系

开封片区立足文化产业功能定位，聚焦艺术品贸易全产业链关键环节，致力于打造集艺术品保税仓储、拍卖交易、鉴证服务、艺术品融资、出关担保、物流运输为一体的全产业链综合服务平台，推动建设国际化艺术品交易中心，开辟出文化艺术品贸易发展新路子。

主要做法：

围绕艺术品入出境，实现艺术品的保税仓储、展览展示、拍卖交易、鉴证备案、金融保险等全方位服务，服务形成一个闭环全产业链，不仅为艺术品贸易提供了便捷、节省了成本，还提高了流转效率。

保税仓储方面，一是为艺术品提供恒温恒湿、无紫外线特殊保存技术等环境条件；二是基于自贸试验区保税仓暂时免缴进境关税政策优势，可实现入境免交关税仓储、集成化报关和远程实时查询库存等功能。

拍卖交易方面，打造全覆盖式拍卖交易平台，联合荣宝斋（济南）拍卖公司、北京盈昌国际拍卖公司等举办多场线上线下拍卖会，为艺术品交易拓宽渠道。

鉴证服务方面，与中国检验认证集团共建“中检·河南自贸区艺术品鉴证中心”，面向全社会开展文物艺术品真伪鉴定、评估、溯源等服务，打造具有公信力的社会鉴证服务平台。

艺术品融资方面，联合中原银行开封自贸区文化艺术支行开发“原艺贷”“艺分期”等信贷金融产品，携手推出艺术品质押融资业务、艺术品分期付款业务等，搭建艺术品与金融市场的桥梁，为文化艺术品市场提供更多的数字文化金融产品和服务，促进藏品和资金的高效流转。

出关担保方面，运用关税保函、关税保单担保模式开展临时出仓（区）保税展示新模式，免缴艺术品保税出仓展示海关保证金。

物流运输方面，联合重庆九州珍品国际物流有限公司、集浦供应链管理（上海）有限公司、青岛永翔达国际物流有限公司等国内知名运输企业，为艺术品提供包装、订舱、托运、清关、提货、送货、运输、展览方保险等一站式服务，保障艺术品流通高效化、便利化。

实践效果：

一是文化贸易增长迅速。2020 年开封片区文化贸易出口额约 1.1 亿元，2021 年文化贸易出口额达 4.7 亿元，2022 年上半年文化贸易出口额已达 5.368 亿元，文化贸易呈现快速增长态势，业务范围也由港、澳、台地区扩展至德国、意大利、韩国等国家，文化“国际范”逐渐显现。

二是文化金融成效显著。开封片区通过与中原银行开封自贸区文化艺术支行在文化金融领域深度合作，2021 年共发放金融艺术类贷款 575 笔，授信金额 1 365 万，其中“艺分期”181 笔，授信额度 488 万，“原艺贷”394 笔，授信额度 877 万，为规模文化企业资本融通、艺术品交易等提供支持，也为文创类协会、民间文化艺术爱好者等微型文化客户缓解资金周转困难。

文化出海蓄势待发。开封片区已成功在迪拜和吉尔吉斯斯坦设立“开封自贸区·迪拜国际艺术品展示交易中心”和“开封自贸区·吉尔吉斯斯坦国际艺术品展示交易中心”，其中“开封自贸区·迪拜国际艺术品展示交易中心”成功入选商务部等 6 部门 2022 年“千帆出海”项目，是河南省唯一入选项目，为文化出海奠定更加坚实基础。

下一步工作思路：

继续探索艺术品贸易领域制度创新，不断完善艺术品贸易服务体系，寻找优质项目、加强对外合作，打造立足中部、辐射全国、服务世界的艺术品交易中心。

案例 17：物流仓储用地建设项目配建防空地下室普惠降标改革

为加大现代物流企业纾困减负力度，开封片区会同河南省、开封市人防办，在全国率先推出物流仓储用地建设项目配建防空地下室普惠降标改革。在试点成熟的基础上，推动河南省人防领域立法、修法工作，加速工程建设项目落地投产，提升营商环境法治化水平，为全国人防领域改革提供了“开封模式”和“河南经验”。

主要做法：

省人防办在国家人防办支持下，探索在河南自贸试验区试点相关改革。开封片区管委会会同市人防办，选取重大外资项目“丰树开封现代物流园”为样本，通过广泛调研、科学核算、充分论证，推进人防领域改革举措落地。

一是调整新建民用建筑修建防空地下室核算方法和标准。改革前，防空地下室建设标准按照首层建筑面积、基础埋深和层数等进行核算计算方式复杂，且审批时间较长。开封片区会同开封市人防办在改革试点中，通过简化操作方法，总体平衡核算标准，对各类建设项目统一按照地上总建筑面积

7%的比例修建防空地下室。改革后，为扶持物流仓储行业发展，将此类项目修建防空地下室比例大幅度直降到2%。

二是降低总建筑面积2 000平方米以下物流仓储用地建设项目易地建设费征收标准。新建民用建筑在修建人防工程时，需按照“应建必建”原则，履行人防义务；对于确不能按照规定修建防空地下室的项目，按照“应缴必缴”原则，缴纳人防易地建设费。改革前，物流仓储项目不论规模大小均需修建人防工程或缴纳易地建设费。改革后，将总建筑面积2 000平方米以下的小、微物流仓储用地建设项目的防空地下室易地建设费收费标准降为零，进一步扩大免于缴纳易地建设费实施范围，降低物流仓储企业建设成本。

三是规范防空地下室易地建设条件。改革前，建设单位如不能按照规定修建防空地下室，申请易地建设，需满足地下室净高达不到规定、结构和基础处理困难、面积不足一个防护单元等情形之一，防空地下室易地建设审定条件复杂，企业难以自行把握。改革后，省人防办推动出台《河南省人民防空工程管理办法》（省政府令200号），新增“所在地块被禁止、限制开发利用地下空间”“防空地下室面积小于1 000平方米”等因客观原因不能或者不适于修建防空地下室可以申请易地建设的情形，进一步规范、明晰申请防空地下室易地建设条件。

实践效果：

审批服务提速增效。改革前，建设单位办理人防手续需提供规划方案、施工图等图纸材料，工作人员需现场核对项目地下基础埋深、建筑层数、建筑面积等多项指标，计算方法复杂、审批环节烦琐、操作性不强。改革后，按照地上总建筑面积的比例配建防空地下室面积，计算方法简便，科学合理，公开透明，有效提高服务效能。

企业负担有效减轻。改革试点中，按照7%比例修建防空地下室，以丰树开封现代物流园项目为例，需缴纳易地建设费903.29万元；改革后，按照2%比例修建防空地下室仅缴纳258.08万元。以总建筑面积2 000平方米的物流仓储用地建设项目为例，改革前应配建防空地下室140平方米，折合成易地建设费，建设单位应缴纳防空地下室易地建设费23.8万元；改革后无须缴纳人防易地建设费。此举措大幅度减轻了企业负担，赢得企业高度赞誉。

易地建设更加规范。通过完善因客观原因不能或者不适于修建防空地下室申请易地建设的情形，有效对防空地下室易地建设条件进行了细化、量化。同时明确因地质、地下管道设施密集等客观原因不适于修建防空地下室的，建设单位应当报人民防空主管部门批准，经批准不修建的，按照国家和河南省规定缴纳防空地下室易地建设费等。这一系列规定更为严格规范了申请易地建设条件，缩小了政府部门工作人员的自由裁量权，有效提高了行政审批透明度。

下一步工作思路：

开封片区管委会将会同人防部门，深入推进“放管服”改革工作落实，持续优化营商环境，以扎实工作成效，提高企业和群众的获得感、幸福感。

案例18：探索构建特色金融服务体系助力文化产业发展

为推动文化资源优势转化为产业优势，强化金融支撑，开封片区管委会联合人民银行开封中心支行，通过设立特色金融服务机构，创新特色金融服务产品，建立特色金融发展机制，助力特色文化产业高质量发展。

主要做法：

一是设立特色金融服务机构，提供全方位金融服务。开封片区引入中国银行开封分行等9家金融机构在开封片区建设特色支行，实现金融服务“办事不出园区”。引入深圳文化产权交易所，设立河南自贸区运营中心，为企业提供咨询辅导、孵化及投融资等全方位服务。设立中原银行开封自贸区文化艺术支行，属全国首家文化艺术银行，业务覆盖租赁、投资、版权、抵押、贷款等。联合中国银行在全省率先成立开封市文旅特色银行，搭建服务文旅企业专属融资平台。

二是打造特色金融服务产品，加大金融杠杆扶持力度。围绕中小微文化企业需求，量身定制金融产品。中原银行开封自贸区文化艺术支行推出专属艺术金融信贷产品“原艺贷”“艺分期”。中国银行文旅特色银行针对文旅产业资产轻、周期长、回报慢的特点，重点推进文旅贷、文旅信用贷、住宿行业贷、文旅创业贷等特色金融产品。建设银行推出同业首创的“云税贷”业务，打造“互联网+税务+信贷”全线上信贷模式。郑州银行支持企业研发创新和成果转化，推出“科技贷”产品，最高额度达2 000万元，利率3.85%。此外，打造“专利贷”“税务贷”“供应链融资”“应收账款质押”等产品，支持企业做大做强。

三是建立特色金融发展机制，提供优质服务保障。建立政银企工作对接机制，开封片区成立政银党建专班，定期召开政银企合作对接会，持续跟踪落实成效，推动优质金融服务、贷款资金直达文旅企业。建立金融风险评估机制，开封片区成立类金融企业风险评估委员会，组织开展29次风险评估会。同时，联合金融机构对评级授信管理方式进行改革，提出企业债券、凭证、股权及理财基金等抵质押新模式。建立风险补偿机制，设立5 000万元的开封市文旅产业信贷风险补偿资金，对在汴金融机构为文旅企业提供贷款进行风险补偿、担保、增信。

实践效果：

缓解企业融资难题。截至2022年8月底，政银党建专班遍访企业112家，达成融资协议约22.1亿元，跟踪贷款落地约18.62亿元；中原银行开封自贸区文化艺术支行共发放金融艺术类贷款575笔，授信金额1 365万元；中国银行文旅特色银行已入库文旅企业290家，为10家文旅企业发放贷款6 866万元；建设银行自贸区分行服务小微企业153家，发放贷款5 571万元。

满足不同金融需求。中原银行开封自贸区文化艺术支行针对主流艺术品，联合开发艺术品质押业务，质押率最高50%。“原艺贷”“艺分期”等信贷产品开拓了艺术品销售渠道，为企业及个人提供金融分期服务。2021年12月，全省首笔“红色钧官窑瓷器”个人消费类质押贷款成功放款20万元。

三是带动产业快速集聚。截至2021年底，开封片区文化及相关产业市场主体占企业总数约50%；产业增加值占GDP的比重约为25%。区内入驻类金融企业127家，孵化了全市仅有的2座税收收入超亿元楼宇、3座税收收入超千万元楼宇。

下一步工作思路：

一是强化政银企合作交流机制，搭建专业文化金融平台。联合成立开封市文旅金融服务中心，在开封智慧文旅平台上建立数据模型，构建信用评价体系，为企业融资、银行授信提供信用数据平台。

二是强化改革发展的顶层设计，出台专项服务工作方案。出台《关于做好开封市文旅特色银行金融服务工作的方案》，制定开封市文旅特色银行金融服务保障机制和开封市文旅金融服务中心服务措施，进一步加大主动服务力度。

三是加大对实体经济的支持力度，聚焦文化实体企业成长。从“成本、时效、增信”等方面精准发力，解决文旅企业融资“三大痛点”，建立金融机构与文化实体企业深度合作模式。

案例19：“自贸通”智慧政务服务新模式

为加强数字政府建设、持续优化政务服务，全面提升政务服务智能化、规范化水平，开封片区打造了跨国界、综合性的“自贸通”政策服务平台，提供“线上搭桥+线下推进+数据整合+精准推送+分析预警+决策辅助”一站式综合服务。

主要做法：

一是搭建跨层级、跨部门政策服务平台，拓展便民“服务圈”。整合国家、省、市三级层面以及发改、金融、税务等多部门支持产业发展相关政策，实现线上政策全覆盖，通过优化自贸政策库、自贸研究院、自贸图书馆、自贸大讲堂、自贸数据港等功能版块，打破时间、空间限制，为广大用户提供政策推送、专业解读、智能分析等服务，真正打通便民服务“最后一米”。

二是建立多维度、无差别互动交流渠道，打造网上“直通车”。依托自贸全球通、自贸论坛、企业画像、友情链接、意见建议等功能版块，开封片区管委会以及各部门可以与国内外用户建立实时沟通渠道，实现部门间资源与用户共享，促进相关信息流通，随时为国内外用户提供无差别、跨时空的互动交流服务，实现国内国际“互联互通”。

三是打造专业化、无偿化线下服务团队，提高服务“加速度”。通过优选领域专家、知名律师、金牌讲解等专业人士，组建线下专家团队、注册官团队、政策官团队、法律服务团队、宣讲员团队、营商团队等“六大服务团队”，用户只需线上“一键通”，就可以免费享用专业服务团队的帮扶服务，践行“我为群众办实事”，为群众幸福感“加码”。

实践效果：

一是线上服务能力全面增强。“自贸通”政策服务平台已为国外27个国家、国内34个省市用户提供了服务，为用户提供国家政策、省级政策、开封本地规范性文件汇编、政策解读等。

二是合作交流渠道广泛拓宽。通过“自贸通”政策服务平台，与美国纽约耶曼贾律师事务所、北京市京悦律师事务所及美国纽约分所、河南辽源等十余家国内外律师事务所建立合作，打通国际服务渠道。香港黄金公司、亚洲艺术联盟、俄罗斯泥炭公司、浙江乌铁物流有限公司等用户通过平台了解相关政策后，在开封片区成立公司，开展合作。

三是智慧服务水平大幅提升。“自贸通”政策服务平台先后获得了国家版权局颁发的6项软件著作权登记证书，获得2018年中国信息化（智慧政务）最佳实践奖、2018年新型智慧城市建设创新成果银奖等。

下一步工作思路：

一是进一步完善平台功能。全面接入国内外知名服务平台优质功能，加强数据共享，形成智慧服务“一张网”，进一步提升服务事项规范化、标准化水平。

二是进一步提升服务效能。增加平台智能应答机器人服务功能，在线为用户提供智能化服务，使用联合国六大官方语言为多国用户提供便捷的人性化服务，打造多语种国际化一流服务品牌。

四、河南省政府及相关部门出台的政策措施

（一）《河南省交通运输厅　河南省发展和改革委员会关于命名服务自贸区战略洛阳中亚班列“一干两支”铁海公多式联运示范工程等7个项目为“河南省多式联运示范工程”的通知》（豫交运管函〔2022〕28号，2022年7月4日）

（二）《河南省商务厅　河南省财政厅关于在中国（河南）自由贸易试验区开展贸易调整援助试点工作的意见》（豫商法〔2022〕3号，2022年7月7日）

（三）《中国（河南）自由贸易试验区工作办公室　中共河南省委全面深化改革委员会办公室关于印发河南自贸试验区第四批最佳实践案例的通知》（豫自贸工作办〔2022〕1号，2022年12月6日）

五、大事记

2022年2月9日　河南省副省长何金平到郑州片区调研，强调要落实好省第十一次党代会关于制度型开放战略部署要求，高水平建设河南自贸试验区2.0版。

2022年2月15日　郑州市委十二届二次全体会议暨市委经济工作会议召开。会议强调要深入推进实施制度型开放战略行动，以自贸试验区为引领，完善开放功能体系，扩大国际贸易合作，全面推进开放高地建设。

2022年3月15日　郑州片区办理了河南省首家“歇业”企业的备案手续。

2022年3月25日　河南省委书记楼阳生主持召开省委财经委员会第五次会议，听取河南自贸试验区建设工作情况汇报，指出要用足用好先行先试优势，以航空港实验区、综保区、高新区、经开区为平台，加强产业培育，深化制度创新，按照市场化、专业化、国际化要求，提高运营管理能力，加快制度型开放步伐，不断提升对外开放能级。

2022年3月28日　河南省商务厅厅长、省自贸办主任王振利就自贸试验区制度创新工作接受河南电视台采访。

2022年3月30日　河南省人民政府新闻办公室召开河南自贸试验区建设五周年新闻发布会。五年来，河南自贸试验区累计形成479项改革创新成果，商事制度改革、跨境电商、多式联运、商品期货等领域制度创新走在全国前列，14项创新成果被国家层面采纳推广，80项成果在全省推广。

2022年4月7日　郑州市委全面深化改革委员会召开第十三次会议，审议通过了《中国（河南）自由贸易试验区郑州片区深化改革创新打造新时代制度型开放高地实施方案》。

2022年4月11日　全国首单跨境电商零售进口药品在河南落地，国家跨境电商零售进口药品试点在河南保税物流中心“全球汇”平台完成首单交易，正式启动试点业务。

2022年4月15日　洛阳高新区（自贸区、综保区）产业创新发展大会召开，大会的主题：服务企业、创新发展、打造“风口产业主战场”、建设“经济发展增长极”。

2022年5月31日　开封片区管委会出台《中国（河南）自由贸易试验区开封片区优化营商环境示范区建设方案》。

2022年6月15日　洛阳片区企业在国家外汇管理局洛阳市中心支局支持下成功开展全省首笔委托境外加工贸易结算业务，实现对越南代工厂付汇5.56万美元、对美国终端客户收汇10.12万美元。

2022年6月30日　郑州海关、省发展改革委、省财政厅、省自然资源厅、省商务厅、省税务局、省外汇管理局组成的联合预验收组，对开封综合保税区进行预验收。经现场实地查验、综合评审，开封综合保税区顺利通过预验收。

2022年7月6日　洛阳首个知识产权综合服务窗口在洛阳自贸综合服务中心政务大厅设立，实现20余项涉及专利、商标、版权业务的“一站办结”。

2022年7月15日　奇瑞KD出口基地达产暨集装箱首发仪式在开封综合保税区举行，标志着奇瑞KD出口基地项目顺利落地开封综合保税区。

2022年8月12日　中国·开封自贸试验区迪拜国际艺术品展示交易中心第一批商品从开封片区起航前往迪拜。

2022年8月17日—19日　中央媒体团赴河南自贸试验区开封片区、洛阳片区实地采访，8月26日第一财经《财经夜行线》报道《自贸试验区发展育新机之河南自贸试验区篇》。

2022年8月19日　河南自由贸易试验区郑州片区国际商事争端预防调解中心在郑州片区人民法院正式揭牌成立。

2022年8月22日—23日　河南省副省长何金平带队赴济南参加黄河流域自贸试验区联盟启动暨对外开放高质量发展大会。郑州片区与烟台片区签订《知识产权保护一体化合作协议》。

2022年8月29日　商务部、文化和旅游部、广电总局联合发布《国家文化出口基地第二期创新实践案例》，开封片区“着眼‘双循环’　聚焦国际化构建艺术品进出口贸易全链条服务体系”入选。

2022年9月15日　河南自贸试验区郑州片区人民法院金融岛人民法庭在郑东新区金融岛正式揭牌成立。

2022年9月28日　河南省委、省政府对2021年度营商环境建设先进单位给予通报表扬，河南自贸试验区郑州、洛阳、开封3个片区被评为2021

年营商环境建设先进国家级功能区，分别居全省16个国家级功能区第一位、第三位、第六位。

2022年10月1日　开封片区的河南领创文化出口基地有限公司国家文化出口基地的载体平台——双创园正式对外开放。

2022年10月12日—14日　省商务厅（省自贸办）举办2022年全省自贸试验区经验复制推广线上培训班。

2022年11月22日　开封片区在上海举办2022年中国（河南）自由贸易试验区开封片区日资企业合作恳谈会。

2022年12月13日　省商务厅联合河南财经政法大学举办河南自贸试验区提升战略研讨会，邀请国务院发展研究中心、中国社会科学院、中山大学、南京大学等专家学者以及普华永道、德勤、毕马威等企业相关负责人参会。研讨会发布《中国（河南）自由贸易试验区发展报告（2017—2022）》。

2022年中国（湖北）自由贸易试验区建设概况

中国（湖北）自由贸易试验区工作办公室

王济民

中国（湖北）自由贸易试验区工作领导小组办公室主任

王济民，男，汉族，1971年3月生，在职博士研究生学历，工学博士学位，中共党员。

现任湖北省商务厅党组书记、厅长。中国（湖北）自由贸易试验区工作领导小组办公室主任。

一、经济运行数据

（一）投资情况

2022年，中国（湖北）自由贸易试验区（以下简称湖北自贸试验区）新设企业19 394家，比上年增长3.6%；新设内资企业19 298家，比上年增长3.6%。

新设外商投资企业96家，比上年增长9.1%；合同外资金额8.6亿美元，比上年下降42.0%；实际使用外资金额20.4亿美元，比上年增长15.5%。

新设境外投资企业10家，比上年增长42.9%；新增中方协议投资额4 177万美元，比上年增长616.5%；区内企业中方实际投资额5 999万美元，比上年下降14.0%。

实现税收收入140亿元，比上年下降12.2%。

（二）贸易情况

2022年，湖北自贸试验区货物进出口总额1 575.8亿元，比上年增长4.2%，其中货物进口额644.8亿元，下降3.4%；货物出口额930.9亿元，增长10.1%。前三大贸易伙伴分别是美国、中国香港和中国台湾。

（三）金融情况

2022年，湖北自贸试验区新增金融机构6家，其中新增持牌金融机构1家、非持牌金融机构5家。跨境双向人民币资金池业务结算量3 300万元，跨境人民币结算金额349.4亿元。

（四）创新情况

截至2022年底，湖北自贸试验区高新技术企业3 316家，比上年增长25.5%；主营业务收入232.3亿元。

2022年，湖北自贸试验区新增专利授权16 386件，比上年增长32.4%。

二、建设措施及成效

（一）开放引领作用持续增强

一是提升贸易便利化水平。在全国首创货物贸易“一保多用”管理模式，帮助联想、富士康等外贸企业有效降低出口成本。在全国首推跨境电商“银关保”业务，实现区内跨境电商企业低成本、零保证金向银行申请保函。二是优化开放平台布局。依托自贸试验区优势，先后争取获批宜昌、襄阳综合保税区，强化了三大都市圈开放平台支撑。三是加快开放型经济发展。举办武汉片区外贸主体培育大会、宜昌片区“宜荆荆恩”跨境电商行业峰会、襄阳片区跨境电商产业生态发展对接会等活动，招引霍尼韦尔新兴市场中国总部等标志性项目落户。截至2022年底，湖北自贸试验区进出口总额累计7 350.4亿元，占全省同期的28.6%；累计实际使用外资金额29.8亿美元，占全省同期的 25.8%。

（二）深层次改革有效推进

一是改革任务基本实施。《中国（湖北）自由贸易试验区总体方案》170 项改革试验任务中，除 4 项缺乏承接市场主体外，其余 166 项任务已全部完成。二是制度创新位居前列。探索形成 294 项制度创新成果，其中 27 项经国家批准在全国推广。三办政务改革、工业项目先建后验、单一窗口快速退税获国务院领导点赞；“六多合一”改革、无申请退税、优化企业信用修复获国务院通报表扬。三是创新优势加快转化。在全省复制推广全国自贸试验区制度创新成果 278 项、湖北自贸试验区制度创新成果 294 项，把创新优势转化为治理效能。

（三）产业发展动能加速聚集

一是聚焦光电子信息产业。在全国首创集成电路设计类企业按照高新技术企业“免抵退税”办理出口退税的新路径，实现集成电路设计企业从进口半成品到出口产品的全程保税。二是聚焦生命健康产业。在全国率先推出医疗器械“承诺即投产”便利举措，支持具备能力的生物医药企业转产防疫物资，推动华强科技、康泉医疗等企业率先复工复产、抢占市场。三是积极开展产业招商。在武汉举办首届中国自由贸易试验区发展论坛，签约 24 个重大项目；在海口举办湖北自贸试验区推介会，签约 28 个重点项目。截至 2022 年底，湖北自贸试验区新增企业近 10 万家，是原有存量的 3.6 倍。

（四）人才集聚效应逐步显现

一是加大人才招引力度。在全国率先推行人才注册积分制改革，推出精准服务高端人才的“数字人才卡”，2022 年湖北自贸试验区引才人数超过 1 500 人，较上年增长近一倍。二是开展个人所得税专项奖励。在中西部省份率先出台高端人才个人所得税专项奖励政策。2022 年经报请省政府批准向 1 124 名中外籍高端人才兑现 2.1 亿元奖励。三是推行股权激励支持政策。2022 年为 14 家科技企业发放股权激励资金 2.8 亿元，帮助 500 余名核心技术人员成为企业股东。科技人才有关创新举措推动了湖北自贸试验区高新技术产业发展，截至 2022 年底，湖北自贸试验区聚集高新技术企业 3 316 家，占全省 16.5%。

（五）营商环境不断优化

一是降低用地成本，在全国首创不动产抵押权变更登记改革。二是降低融资成本，在全省率先推出“首贷担”模式，为小微企业在银行获取的首笔经营性贷款提供政策性担保，引导信贷资金精准滴灌小微企业。三是降低数据交易成本，在全国首创财智增信服务联盟，为 4 万余家中小微企业提供融资增信服务，以低成本满足银行对中小微企业贷款高频率数据交换需求。2022 年，湖北省营商办复制推广的 48 个营商环境典型经验，超过三分之一源于湖北自贸试验区先行先试。

三、创新成果及案例

案例 1：人才注册积分制

为深入贯彻落实习近平总书记考察湖北重要讲话精神，加快湖北“科技强省”和“人才强省”建设，深化人才发展体制机制改革，进一步破除人才引进、使用、评价等方面的体制机制障碍，实行更加积极、开放、有效的人才政策，湖北自贸试验区武汉片区（以下简称武汉片区）推广实施人才注册积分制改革。人才注册积分制立足于转变“四唯”倾向，不设人才门槛条件，依循人才成长和科技创新规律，以创新价值和贡献产出为导向，构建人才注册制、积分制制度体系。

主要做法：

不设门槛，破除人才评价“四唯”。注册制不设前置条件、大幅减少人才申报“硬门槛”，综合考虑人才知识、经验、能力、贡献、诚信等因素评价人才，解决人才评价“唯论文、唯职称、唯学历、唯奖项”现象。

评价科学，体现地区引才导向。分类建立量化评价模型和权重分值，根据客观信息，按照评价模型自动积分测算，避免专家评审的主观因素。通过对各指标积分权重的差异化设置，充分体现各地引才用才的实际导向。

实时显示，提升人才服务效率。依托信息化系统，人才填报客观信息，即可实时获知积分分值，迅速了解政策匹配度。同时，大幅缩减申报材料和取消专家评审环节，意味着人才在研究和申报政策方面的精力投入将大幅缩减。

动态评估，激励人才上升发展。人才入选后，可对人才进行动态追踪积分评价，按评价结果对人才层次、匹配政策进行调整，破除人才头衔“终身制”，让人才“能上能下”“能进能退”。

特色亮点：

动态优化积分模型。对历年人才申报和积分情况进行大数据分析，根据地区人才实际情况和用才需求，建立更为科学完备的人才积分评价体系。

提升平台智能化程度。深入推进人才工作信息化、智能化进程，对人才政策、人才服务、人才管理等业务进行信息化集成，打造“一站式”人才服务平台。

建立“认定即享”机制。将人才量化评价与人才资助、子女教育、医疗保健、出行通道等服务权益联动，根据人才评价积分和人才需求，分档分级提供精准服务。

实践效果：

推动“四唯”倾向转变。2022年人才注册服务平台新增注册人数9 743人，新增注册企业1 387家，比上年增长115%。全年共有3 709人申报“3551光谷人才计划”，比上年增长153%（2021年人才申报数1 466人），其中博士832人、硕士1 321人，具有海外求学或工作经历约占三成。

提高政策实施效率。“3551光谷人才计划”依托人才注册制、积分制，从开始申报到兑现政策的时间，由8—9个月缩短至4个月，效率提升近一倍。人才体验明显提升，申报资料从上百页商业计划书简化为仅需提供人才和企业客观信息凭证，完成申报所需时长从平均1个月以上缩短为1周内。

激励自主引育人才。对企业举荐资格引入积分评价，2022年60家拥有人才举荐权的用人主体，举荐高端管理人才、创新人才68名，举荐光谷产业教授（高校—企业）15名。

案例2：东湖科技保险示范区打造“产、学、研、用、金、孵”一体化平台

为进一步推动科技保险全面服务科技创新，为全国保险业服务科技产业发展与创新提供可复制、可推广的经验。武汉片区组织多家保险公司参与，成立武汉东湖科技保险发展促进中心（以下简称科保中心），作为辖区“产、学、研、用、金、孵”一体化平台，为科技企业提供“保险补偿+风险管理+保险融资+管理赋能”的综合服务，聚焦科技企业风险痛点推出一系列重点产品和创新产品，助力企业大胆创新，积极拓展国内国际市场。

主要做法：

搭建“1+N”科保服务体系，增强创新合力。科保中心服务体系分三部分：一是科保中心理事成员公司，目前有8家公司联合共建；二是保险联盟，成员由保险公司、保险中介、保险投资公司、保险科研院所等机构组成，目前已有各类保险机构65家；三是第三方服务机构，引进法律、税务、财务、管理等公司为科技企业服务。通过整合三方面的力量，形成“科保中心+N”的服务体系，成为东湖科技保险创新示范区的“保险服务联合舰队”和“保险服务大超市”。

组建保险示范区“智囊团”，集众智，汇众力。一是组建专家委员会，北京大学、清华大学、中国人民大学、中央财经大学、中南财经政法大学、北京工商大学、复旦大学、武汉理工大学等高校保险教授，以及国务院国资委领导担任专家委员会委员。二是组建专家智库，聘请一批工匠型专家。

建设科技风险管理实验室，提高风控能力。风险管理实验室是《东湖科技保险创新示范区总体方案》中规划的银保监会和湖北省政府共建项目，也是科保中心服务科技企业的重要支撑。已引进人保

财险、平安财险等金融机构以项目方式参与筹备实验室建设，并引入国内外72个精品科技风险管理项目到实验室挂牌服务。该模式不仅是全国首创的建设模式，也为实验室的建设奠定基础。

搭建信息化服务平台，提升服务效力。为提高科保中心服务和运行效率，科保中心开发东湖科技保险信息服务平台，为科保中心业务运行提供全流程的信息化服务。主要功能包括：数据信息、保险商城、补贴流程、保险咨询、保险新闻、政策宣导、风险管理等。通过信息服务平台，实现政府、企业、保险端互联互通，实现信息共享、保险沟通，保险服务线上化、数字化和智能化。

特色亮点：

依托全国首个国家级科技保险创新示范区，为全国以科技保险护航科技创新提供可复制、可推广的经验。一是构建“武汉东湖科技保险发展促进中心+保险机构+第三方服务机构”的服务体系；二是全国首创引进金融机构以项目方式参与筹建风险管理实验室新模式；三是针对绿色企业轻资产缺乏固定抵押物、环保企业服务期限长且产品风险责任大、植物新品种侵权损失大维权难等科技企业风险痛点，不断探索推出针对性强的科技保险新模式，助力科技企业高质量发展。

实践效果：

2022年落地8个科技保险创新产品，其中，全国首单3个，包括“绿色企业贷款保证保险”“植物新品种侵权损失补偿保险”“环保装备产品质量安全责任保险”；全省首单5个，包括“工程质量潜在缺陷保险”“软件首版次保险”“集成电路流片费用损失保险”“海外知识产权侵权保险”“发电行业碳超额排放费用损失保险”。

一是落地全国首单绿色企业贷款保证保险（绿保贷）。武汉片区绿色环保企业众多，其中80%以上的企业均为中小企业，处于初创期或成长期，急需资金投入，但由于自身限制，可供抵押的资产较少，“融资难，融资贵”一直是制约绿色企业发展的难题。为助推绿色企业发展，针对绿色企业轻资产、缺乏固定抵押物的特点量身定制了“绿保贷”这一融资增信产品。“绿保贷”通过政府、银行和保险公司共同分担贷款风险的方式，为绿色企业融资提供保障，为绿色企业融资提供贷款贴息和保费补贴，并为银行绿色贷款建立风险分担机制，是一种成本低、时效快、无抵押的纯信用贷款项目，能有效改善绿色企业融资困境，促进绿色经济发展。通过保险提升绿色企业资信水平，为银行等金融机构发放贷款兜底，能在极大程度上降低绿色企业融资门槛，缓解绿色企业发展过程中的“资金饥渴症”。

二是落地全国首单“环保装备产品质量安全责任保险”。针对部分企业环保公司产品定制化属性强，客户黏性较高，服务期限较长，对风险保障的需求较大，而市面上无法获取相匹配的保险保障方案的问题，科保中心成员单位——中国人民财产保险股份有限公司武汉市东湖开发区科技保险支公司，根据企业风险特点和保险需求制定专属保障方案。环保企业的环保装备在使用过程中，因存在缺陷导致事故，造成使用者或第三者人身损害、直接财产损失或导致的环境污染，由保险公司提供经济赔偿。该项保险对促进环保产品的推广，减少生产者的责任风险损失，保护产品使用者的利益有着重要作用，为环保产品生产企业增加了新的保障。

三是全国首创落地“植物新品种权侵权损失补偿保险”。武汉片区作为“中国种都”的“种芯”，聚集了60余家高新技术种业企业、11家院士专家团队、5家国家重点实验室、3家国家工程技术中心，研制出红莲型水稻、华油系列油菜、鄂莲系列莲藕、全球首张水稻全基因组育种芯片等83项高转化性育种成果。“植物新品种权侵权损失补偿保险”由科保中心成员公司——中国平安财产保险股份有限公司首创，是全国首例以植物新品种权为保险标的的知识产权类保险成果。该项保险对促进制种产品的推广，减少生产者因被侵权造成的经济损失，保护产品权属利益有着重要作用。

案例3：不动产登记“证缴分离”改革

为进一步深化简政放权、强化放管结合、优化服务改革，湖北自贸试验区宜昌片区（以下简称宜昌片区）贯彻中共中央办公厅、国务院办公厅印发的《关于进一步深化税收征管改革的意见》等文件精神，创新性实施“证缴分离”改革，显著提升不动产交易登记服务水平。

主要做法：

转变管理模式。率先提出“证缴分离”服务举措，以“符合条件买方先办”“卖方税费同步追缴”的管理理念，变事前审核为事后管理，将受让方（买方）申请办理不动产权证缴税环节与出让方（卖方）缴纳转让税费环节分离，实现受让方办理不动产权证与出让方税费“脱钩”。受让方只需提供发票、购房合同或者人民法院、仲裁委员会生效的法律文书，缴纳应缴税费后即可办理不动产权证，而不受出让方是否缴税（费）的影响，实现买卖双方的纳税义务解绑，各担其责、权责对等，有效解决了群众关心的办证慢、办证难等问题。

部门联动推进。税务部门牵头，联合自然资源和规划局、住房和城乡建设局等多部门印发《关于不动产交易涉税事项实施“证缴分离”的公告》，梳理、优化、整合不动产权证办理流程，将受让方缴税“嵌入”办证前置环节，不动产过户、缴税、办证并行办理、集中服务，实现不动产交易申请“一窗受理、并联审核、一次办好”。购房者还可通过掌上手机应用程序在线缴税、登记，压缩办证流程与时限，让办证人“少跑路、不跑路”，真正跑出不动产办证“加速度”。

强化风险管理。全程强化房地产开发项目涉税信息共享，及时更新住建、自然资源和规划等部门的涉税信息，建立不动产涉税信息数据库；深入推进房地产开发项目日常税收管理实体化，对纳税人项目立项、规划设计、施工、预售、竣工验收、工程结算、项目清盘等房地产开发全过程情况实行跟踪监控，加大住建部门预售数据与缴税数据比对频次与力度，做到税务管理与纳税人项目开发同步，通过加大征管主观努力程度，使新建商品房交易环节卖方税费于交证前征收到位，避免因欠缴税费产生办证问题。

特色亮点：

在全国率先从制度上破解不动产登记“卡壳”难题。一是在不动产登记领域探索出依托税收大数据精准管理的新模式，厘清买卖双方的责任，保障购房者的合法权益，显著提升不动产交易登记服务水平；二是从制度设计层面，将买方申办不动产权证与卖方缴纳转让税费环节分离，实现买卖双方的纳税义务解绑，化解“卖方不缴税买方办不了证”的历史遗留问题；三是在行业管理层面，构建房地产行业税收共治机制，依托智慧税务建设，实现税务、自然资源、住建等多部门联动，对房地产开发企业应缴税费依法管理、精准服务，进一步提升税法遵从度，降低不动产涉税风险。

实践效果：

“证缴分离”是不动产登记领域管理理念和管理方式的改革创新，由一刀切的管理模式向依托税收大数据精准管理模式转变，厘清买卖双方的责任，将买卖双方的纳税义务解绑，进一步提升税法遵从度，保障购房者的合法权益。

一是办证难题有效化解。通过推行不动产转移登记“证缴分离”，破解各类因卖方税费未缴等原因，导致买方在交齐房款、缴清相应税费后仍无法办证的问题，让产权人能够顺利拿到不动产证，切实维护了产权人的切身利益，有效解决了历史遗留问题，化解了社会矛盾，保障了社会稳定，帮助市场主体有效盘活经营资产，激发市场主体投资创业的热情。通过“证缴分离”方式，宜昌片区2个“办证难”项目的1 300余户购房者顺利拿到了产权证，安置房项目办证也全面启动，“办证难”涉税投诉大幅度下降。自“证缴分离”服务推行以来，宜昌片区已有223家企业、5 005个自然人通过“证缴分离”服务成功拿到不动产权证。

二是办证方式更加灵活。“证缴分离”前，购房者办理产权证需要得到卖方配合，且需要多部门办理，绝大部分购房者委托开发商或第三方代办；“证缴分离”后，购房者单方就可办理涉税事宜，办理方式更灵活。在稳步试点推行“证缴分离”的基础上，税务部门联合不动产登记、住建部门实行“交房即交证”，充分运用线上复核、缴税功能，方便购房者自主完成线上不动产登记申请与税款缴纳，切实提高网上办理比例，让购房人办事更便捷、渠道更畅通、满意度更高。

三是办证流程更加便捷。“证缴分离”后，税务部门优化办税流程，精简涉税资料，能够依托信息系统、部门共享获取的资料，不再要求纳税人单独提供，对符合条件能够当场审核办结的提速至当场即时办结。购房者办税只需提供单方资料，税务部门也只需审核购方资料，且多部门并行办理效率更快、时间更省、资料更简。

四是税费保障更加稳定。加强新建楼盘税收日常管理和风险监控，2022年，新建楼盘交易环节无新增欠税；加强“证缴分离”形成的欠税管理，严格履行欠税追缴流程，按规定采取催报、催缴、强制执行等措施，对于无法联系的纳税人，公告送达追缴文书，追缴欠税123.58万元；强化与相关职能部门配合，通过政府监管账户划缴欠税，协调不动产登记部门，对开发商与欠税金额相当的未售房产实施行政管控2户；获取政府支持，按“证缴分离”的方式积极参与区安置房项目办证专项工作组，宜昌片区16个安置房项目已通过“证缴分离”方式办理2 269户产权证，税费均由财政兜底征收到位。

案例4：内陆“无水港”拓展外贸新通道

为优化襄阳外贸物流服务水平，助力外向型经济高质量发展，湖北自贸试验区襄阳片区（以下简称襄阳片区）借船出海打造内陆“无水港”，多措并举完善铁海联运通道建设，有效提升汉江流域贸易便利化水平。

主要做法：

摸清货源，推进出海通道建设。襄阳传统外贸货物出境港有上海港、宁波港、阳逻港、盐田港、蛇口港、青岛港等，其中92.3%的出口货物通过公路运输至各港口，境内段铁路运输占比较低，国际铁海联运需求较大。经市场调研，襄阳出口货物运往上海方向数量最多，可作为出海通道重点建设方向。围绕货源，襄阳片区开通至上海港的铁海联运班列，将铁海联运在外贸物流中的运量占比由3%提升至8%。

多措并举，降低外贸物流成本。为鼓励外贸出口，襄阳片区围绕通道建设整合资源，优化环节，竭力降低铁海联运物流成本。一是优化铁运费用，大力集聚固定方向货源通过“量价”互保争取铁路公司运费下浮30%以上；二是优化短驳费用，深化与中远海运等大型物流公司合作，优化铁运两端的“门到站、站到港”作业，单个货柜短驳成本减少20%以上；三是优化通道作业，整合保税物流中心、铁路货场、发运车站等物流节点资源，实现无缝连接，提高发运效率。通过优化外贸物流模式，襄阳单个货柜出口物流成本已由18 000元下降至15 000元。

减少环节，畅通内陆无水港。内陆地区外贸铁运占比较低的重要原因在于时效性不强。与汽运相比，铁运作业环节较多，操作复杂，物流时效一般延迟48小时至72小时。襄阳片区与中国远洋海运、马士基三方合作开展“无水港”铁海联运通道建设，襄阳负责落实地方政府优惠政策，中国远洋海运负责货源开发与通道资源整合，马士基负责港口货运服务。三方通力合作，通过港口功能前置优化铁运时效与汽运同等水平，以市场化方式推动通道常态化运营。

特色亮点：

将襄阳纳入马士基系统全球第347号港口目录，实现港口功能内陆化，从襄阳进出的货物可直接签发提单，实现一次订舱、全程服务。创新内陆城市外贸物流通道建设模式，弥补内陆地区不沿边、不靠海的“先天不足”，提高外贸物流效率，降低物流成本，打造内陆开放“新沿海”。

实践效果：

襄阳片区经与中远海运集装箱运输公司、马士基公司合作，成功开通襄阳至上海国际铁海联运通道，同时襄阳被纳入马士基系统全球第347号港口目录，通过港口功能前置，让襄阳成为启运港，从襄阳进出的货物可直接签发提单，实现在本地一次订舱、全程服务。通过创新内陆城市外贸物流通道建设模式，襄阳成为上海港的前置港口，弥补内陆地区不沿边不靠海的“先天不足”，使得本地区企业享有上海港物流服务，有效提高物流效率，降低物流成本，打造内陆新沿海，对提升内陆地区对外开放水平及贸易便利化意义重大。2022年襄阳进出口总额371.5亿元，比上年增长31.2%。铁海联运通道开通以来，已运输货柜10 954个，货值近35亿元。

案例5：推进新型研发机构高效运行营造科技创新生态圈

为深入贯彻落实习近平总书记考察湖北重要讲话精神，在科技自立自强上取得更大进展，湖北自贸试验区武汉片区（以下简称武汉片区）通过加快推进新型研发机构高质量发展，完善科技成果转化服务链条，构建创新主体多元聚合、创新要素互融共生、创新服务多链融合的创新生态体系。

主要做法：

一是构建政产学研金服用综合体系。围绕“政府不能做、高校不去做、市场不愿做、企业想做却又做不了，但科技创新又必须做”的问题，以需求为导向、运行体制灵活高效、研发转化体系健全为目标，建设成立武汉产业创新发展研究院，瞄准打造科技体制改革创新平台、创业投资平台、技术孵化与成果转化平台、吸引与集聚人才平台，以及知识产权与生产性服务平台。截至2023年1月，武汉产业创新发展研究院组建挂牌成立专业研究所7家，企业联合创新中心10家，产学研和公共技术服务平台4家；投资转化科技成果52项；引进领军科学家核心团队和创新创业团队10个，创新创业人才130余人；投资孵化高科技企业37家；与京津冀、大湾区6家高水平创新机构或组织建立协同创新网络。

二是创新“场景实验室+场景孵化器”模式。创新技术和产品在市场推广的过程中，面临应用定型不准、价格定位偏高、用户习惯难以调整等问题，武汉片区支持武汉光电工业技术研究院拓展不同领域、不同阶段的场景合作渠道，打造“场景实验室+场景孵化器”模式，通过场景孵化器帮助创新产品融入解决用户需求的完整解决方案，并找到可推广可复制的市场空间，同时也孵化出更便利、更智能、更人性化的未来场景。

三是加快未来产业布局建设。围绕人工智能产业领域，武汉片区与国内最早开展智能科学与技术基础理论、关键技术和创新性应用研究的中国科学院自动化研究所合作，推动建设武汉人工智能研究院。围绕社会综合治理，聚焦人工智能场景应用，开展东湖高新区国家智能社会治理实验基地建设，武汉片区依托北京大学组建了北京大学武汉人工智能研究院。围绕量子信息技术，聚焦量子科学基础理论研究与核心关键技术攻关，武汉片区与武汉大学合作共建武汉量子技术研究院。

特色亮点：

优化人才政策，建好用好科创基金、大力发展科技金融，健全政产学研金服用转化应用体系，开放更多应用场景，强化激励包容、支持探索创新，推进新型研发机构高效运行，营造高能级科技创新生态圈。

实践效果：

一是吸引集聚了一批高水平研发团队及其成果转化。武汉产业创新发展研究院通过深挖本地优势、集聚各方资源，吸引集聚了一批由知名院士级领军科学家担纲领衔的优质项目。目前，已引进舒红兵、刘经南、徐涛、徐红星、徐卫林等国内外院士专家担任研究所首席科学家，2022年共集聚领军科学家团队和创新创业人才团队10个，创新创业人才130余人，在孵和转化成果52项。

二是积极推动了一批关键核心技术产业化发展。通过打造既能解决基础研究的关键核心问题，又能为产业创新提供科技支撑的高水平创新载体，促进创新链、产业链、资金链紧密结合。武汉片区武汉生物技术研究院孵化培育的武汉禾元生物科技股份有限公司，自主研发出全球首个植物源重组人血清白蛋白注射液生产线，获批国家重大科技专项攻关项目。武汉导航与位置服务工业技术研究院孵化的武汉梦芯科技有限公司，研发出全球首颗北斗高精度AI控制芯片，相关芯片出货量达百万级。

三是搭建运营了一批公共技术服务平台。武汉生物技术研究院的公共技术服务平台可开展基因测序及分析、高通量筛选、分子结构与功能分析等六大专业服务。武汉新能源研究院拥有太阳能发电设备共享平台、锂离子电池研发检测设备共享平台、能源互联网设备共享平台等产业链共享平台体系。武汉产业创新发展研究院聚焦生物产业，搭建纳米抗体产业平台、合成生物中试转化平台；聚焦工业互联网，搭建工业互联网检测评估中心；聚焦创新药物研发，成立创新药物发现与非临床评价服务平台。

四、湖北省政府及相关部门出台的政策措施

（一）《湖北省人民政府办公厅关于做好中国（湖北）自由贸易试验区第六批改革试点经验复制推广工作的通知》（鄂政办发〔2022〕4号，2022年1月31日）

（二）《关于印发中国（湖北）自由贸易试验区建设2022年重点工作的通知》（鄂自贸组发〔2022〕1号）

（三）《关于印发中国（湖北）自由贸易试验区第七批案例的通知》（鄂自贸组发〔2022〕2号，2022年11月14日）

五、大事记

2022年2月8日　国务院发布《关于同意在鄂尔多斯等27个城市和地区设立跨境电子商务综合试验区的批复》。

2022年2月13日　省政府办公厅印发《关于做好中国（湖北）自由贸易试验区第六批改革试点经验复制推广工作的通知》。

2022年2月21日　省委副书记、省长王忠林主持召开省政府常务会议，研究深化湖北自贸试验区建设等工作。

2022年2月25日　省委常委会召开会议，部署推动湖北自贸试验区改革发展等工作。

2022年3月30日　省自贸办、省社科院联合举办推进湖北自贸试验区贸易投资便利化改革创新研讨会。

2022年4月1日　湖北自贸试验区正式挂牌5周年。

2022年4月28日　宜昌综合保税区跨境电商公共保税仓在宜昌片区开始试运营。

2022年5月19日　武汉片区举办外贸主体培育大会。

2022年5月20日　省商务厅副厅长陈华荣主持召开湖北自贸试验区制度创新工作座谈会。

2022年5月27日　襄阳片区综合保税区顺利通过国家正式验收。

2022年5月31日　2022“宜荆荆恩”跨境电商行业峰会暨宜昌市跨境电商协会会员大会在宜昌片区跨境电商产业园举行。

2022年6月10日　武汉片区（东湖高新区）发布“新外资十条”3.0版。

2022年7月6日　湖北自贸试验区推广金融领域制度创新成果。

2022年8月15日—17日　“中央媒体自贸行”活动走进湖北自贸试验区。

2022年9月21日　湖北省自贸办与湖南省自

贸办座谈交流。

2022 年 9 月 22 日　襄阳片区综合保税区正式运营。

2022 年 11 月 14 日　印发《中国（湖北）自由贸易试验区第七批实践案例》。

2022 年 12 月 12 日　武汉片区（东湖高新区）出台《东湖高新区支持工业经济高质量发展的若干政策实施细则》（支持工业经济 25 条）。

2022年中国（重庆）自由贸易试验区建设概况

中国（重庆）自由贸易试验区工作领导小组办公室

章勇武

中国（重庆）自由贸易试验区工作领导小组办公室主任

章勇武，男，1968年8月生，浙江宁海人，研究生学历，管理学博士，中共党员。

现任重庆市商务委员会党组书记、主任，中国（重庆）自由贸易试验区工作领导小组办公室主任。

一、经济运行数据

（一）投资情况

2022年，中国（重庆）自由贸易试验区（以下简称重庆自贸试验区）新增注册企业（含分支机构）17 272家，占全市比重11.28%，注册资本总额1 565.79亿元，占全市比重15.62%，其中新增注册外商投资企业128家。

外商投资合同金额9.61亿美元，实际实用外资金额9.10亿美元，主要投资于租赁和商务服务业，文化、体育和娱乐业，以及建筑业。

备案核准的境外企业10家，境外企业中方协议投资额0.4亿美元，中方实际投资额7.6亿美元。

实现税收收入806.49亿元。

（二）贸易情况

截至2022年11月，重庆自贸试验区进出口总额4 725.73亿元；其中，出口额3 122.29亿元，进口额1 603.44亿元。

（三）金融情况

2022年，重庆自贸试验区新增金融机构27家。区内银行向境外企业发放人民币贷款金额1.3亿元，跨境双向人民币资金池业务结算量36.7亿元，跨境人民币结算金额1 899.6亿元。

二、建设措施及成效

（一）全面深化改革和扩大开放

一是高质量编制重庆自贸试验区“十四五”规划。紧扣新发展阶段深化改革和扩大开放总体要求、战略部署和重点任务，认真谋划推进“十四五”时期重庆自贸试验区建设发展目标、建设思路和具体举措，出台《中国（重庆）自由贸易试验区“十四五”规划（2021—2025年）》。

二是深化贸易投资便利化改革创新。深入贯彻落实国务院《关于推进自由贸易试验区贸易投资便利化改革创新的若干措施》，在逐条研究、深入调研、反复征求意见的基础上提出18条具体落实措施，并印发实施《推进中国（重庆）自由贸易试验区贸易投资便利化改革创新若干措施》。

三是推动开放平台统筹发展。深入推进川渝自贸试验区协同开放示范区建设，联合签署《2022年川渝自贸试验区协同开放示范区共同推动十项重点事项合作协议》。指导新设自贸试验区联动创新区开展制度创新，支持永川高新区联动创新区立足“产城职创”发展优势，创新探索国际化技术转移转化新模式，解决企业技术难题1 000余项，为企业实现经济效益上百亿元。推动自贸试验区与海关特殊监管区域统筹发展，以两路果园港综合保税区为重要平台开展协同创新，联合发布五项重点制度创新成果。

（二）深入推进高水平制度型开放

在自贸试验区初步形成比较完善的政策制度框架基础上，注重与国际高标准经贸规则对接，推进制度型开放，着力打造市场化国际化法治化营商环境。

规则对接方面。全面深入研究梳理《全面与进步跨太平洋伙伴关系协定》（CPTPP）、《数字经济伙伴关系协定》（DEPA）条款，形成《重庆自贸试验区对接CPTPP开展风险压力测试可行性研究》《加入DEPA对重庆的机遇挑战及应对》等研究报告。对标对表CPTPP和DEPA的高标准规则要求，加快推进重点领域改革开放。

标准制定方面。深化铁路运输单证物权凭证功能试点探索，推动出台《重庆市铁路运输单证金融服务试点工作方案》。积极推动铁海联运“一单制”试点，利用区块链技术签发数字提单，推动落地全市首笔亚式期权、中越铁路首票跨境“一单制”数字提单融资业务。

贸易便利化方面。创新“跨境电商零售进口商品条码应用”监管新模式，在全国海关首次实现跨境电商商品条码规范申报，跨境电商商品条码申报率及有效率近98%。探索“保税+暂时进出境”业务模式，落地全市单笔最高奢侈品保税贸易项目5.98亿元，推动历峰高奢名表珠宝集合店落户解放碑。

金融服务方面。在全国首创植物新品种权质押融资模式，有效解决种业企业融资难问题，填补了种业领域知识产权专项信贷产品空白。在全国首创开展针对中小外贸企业的“汇保通”汇率避险新模式，大力破解企业避险难、避险贵、避险繁问题，着力缓解企业衍生交易保证金资金占用压力，为涉外企业应对汇率风险保驾护航。

社会治理方面。首创“山城有信”平台，建设市场主体“一企一码”、重点商品“一品一码”、重点人员“一人一码”，探索建立市场主体全生命周期监管链，已归集数据3 724.34万条，为191.8万家企业精准画像。

人才服务方面。打造“一站式”“一体化”移民事务服务体系，建设中西部地区首家省级移民事务服务中心。实施外国人工作许可和工作类居留许可“一窗办理”创新，实现向一个部门一次性提交一份材料，办结时限由30个工作日缩减至15个工作日。

法治保障方面。重庆国际商事一站式多元解纷中心顺利落成，搭建起涉外商事诉讼、仲裁与调解“一站式”纠纷解决平台。建立“司法赋能进自贸”工作机制，在重点园区打造“一平台三室站”，构建系统化的“诉讼服务、诉调对接、巡回审理、多元化解”等法治服务新矩阵。创新构建打破时间限制的“自助式在线证据交换”审判模式，深入助推法院全流程无纸化办案应用改革，有效规范知识产权小额诉讼案件审理。创建自贸试验区全域商事纠纷“法—商联动”协同化解机制，推动形成“源头预防为先、非诉机制挺前、法院裁判终局”的诉源治理新实践。

（三）完善改革创新工作机制

一是强化创新管理。建立健全制度创新成果培育、收集、提炼、评估、宣传、报送、复制推广等全流程工作体系，印发2022年度重点制度创新计划。新培育形成制度创新成果30项，总结上报商务部10项改革试点经验，在全市范围内复制推广新一批23项改革试点经验和最佳实践案例。

二是强化宣传推介。制定年度宣传计划，统筹策划系列宣传推广活动，以重庆自贸试验区建设五周年为契机，召开新闻发布会，开展重庆自贸试验区十佳案例评选活动和“送政策进片区”活动，发布《中国（重庆）自由贸易试验区蓝皮书（2017—2022）》，着力提升自贸知晓度、美誉度和影响力。

三是强化智力支持。围绕推动自贸试验区高质量发展，召开中国（重庆）自由贸易试验区提升战略研讨会；围绕探索陆上国际贸易规则，与联合国贸法会、商务部联合筹办铁路运单及其他货运单证可转让性国际研讨会；围绕对标高标准国际经贸规则，形成《重庆自贸试验区对接 CPTPP 开展风险压力测试可行性研究报告》上报商务部；围绕艺术品进出口贸易、数字贸易等特色产业，形成专报信息《企业对艺术品进出口管理存“三盼”》《加快推动重庆自贸试验区创新发展数字贸易的对策建议》，形成《加入 DEPA 对我市的机遇挑战及工作建议》呈报市政府。

四是强化任务落实。优化政策项目“双清单”机制，系统梳理各项改革试点任务及复制推广的制度创新成果落实情况，推动制度创新成果转化为改革发展实效。总体方案确定的 151 项改革试点任务和国家部署的 41 项深化改革创新措施已全部落实；国家部署的复制推广经验案例落实率为 93.3%。

三、创新成果及案例

案例 1：探索建立市场主体全生命周期监管链

依托特有的“山城有信”平台，建立健全准入准营退出全生命周期、事前事中事后全链条监管机制，努力提升政府监管效能，促进营商环境迈向更高水平，为市场主体高质量发展全程保驾护航。

主要做法：

多维度绘制市场主体“健康码”。一是建设市场主体“一企一码”。首创“山城有信”平台，与国家企业信用信息公示系统（重庆）、市共享交换平台对接，全量归集准入准营退出环节的基础信息、信用信息、监管信息。二是建设重点商品“一品一码”。整合进口冷链食品、大米的源头信息和环节信息，电梯、锅炉等特种设备的基础信息、使用信息、维保信息记载于所属市场主体名下。三是建设重点人员“一人一码”。将行业禁入数据库，法院“失信被执行人”数据库，黑牌企业数据库中受限人员，特种设备、餐饮食品从业人员及违法违规人员信息记载于涉及市场主体名下。四是建设“健康码”“周期图”。完善市场主体信用风险分类指标体系，引入色度管理概念，为市场主体标注红黄绿“健康码”。研究市场主体生命周期趋势，形成单个市场主体与同行业所有市场主体、全市同类型市场主体生命“周期图”。

多条线编织市场主体“监管网”。一是推动“四个谁”“六个双”落地。围绕“谁审批、谁监管，谁主管、谁监管”原则，厘清部门职责边界。落实“双告知、双跟踪、双反馈，双随机、双评估、双公示”监管机制，力争部门协同联动监管有效。二是推动市场主体监管计划、主管部门认定规则实施。每年下达市场主体监管计划，提升监管统筹性、规范性和科学性。探索推动区县人民政府制定行业主管部门认定规则。三是推动多方参与、综合治理模式上线。运用“山城有信”平台，拓展消费者、市场主体、第三方、监管人员参与监管场景。推动外资、药品等行业协会建立行业管理规则，建立市场监管领域重大违法行为举报奖励等制度，发挥社会监督员、志愿者、新闻媒体等监管作用。

多环节构筑市场主体“保护屏”。一是事前“信用承诺+风险预判”。完善住所（经营场所）登记申报承诺、信用修复承诺等制度，健全后续监管规则。根据重点行业特点和风险程度，在登记环节对有关市场主体采取严格登记、部门会商、监测预警、提级审批等措施。全面运用大数据智能平台，发现问题、研判风险、提前预警、快速处置。二是事中“分级分类监管+重点监管+智能监管”。对直接涉及公共安全和人民群众生命健康的食品药品、特种设备，推行重点监管事项清单化管理和重点领域信用监管。注重各类风险预警结果对“双随机、一公开”抽查比例、频次、概率的影响。首次启用“互联网+监管”“联合监管”模块，率先建成“协同监管”功能，监管人员使用“山城有信”平台实施远程监管。三是事后“信用惩戒+行政处罚+主体退市”。编制市场主体信用档案，规范应用信用奖惩和信用修复制度，探索市场主体信用与自然人信用挂钩机制。紧扣民生领域和新兴行业，查办案件，净化市场。持续做好企业简易注销、批量吊销、主体除名、特殊标注、强制退出等工作，便利市场主体退市。

实践效果：

一是市场主体形象画得更翔实。目前，已为全市所有存活市场主体赋“山城有信”二维码，从基本信息、商品信息、人员信息入手，打通市场监管部门内部业务系统障碍，汇成市场主体数据池，已归集数据 3 724. 34 万条。利用市场主体信用风险分类指标和结果，为 191. 8 万家企业进行画像，并标注红牌、黄牌、绿牌，展示健康状态，为市场监管人员服务。

二是部门协同机制建得更全面。严格执行“四个谁”“六个双”，通过市共享交换平台完成 47. 26 万条涉企经营许可事项数据交互，加大市场监管与行业主管部门的对接，2022 年共开展“双随机、一公开”联合监管任务 141 项，已检查市场主体 1 356 户次。下达 2022 年度市本级市场主体监管计划，涉及 40 个部门 124 项任务；制定行业主管部门认定规则，解决部分领域行业主管部门模糊、部门职责边界不清，以及出现新业态新模式的问题。

三是监管市场主体管得更到位。事前对 2 537 家市场主体采取严格登记、部门会商、监测预警、提级审批等措施，避免“准入不准营”；以智慧监管平台为载体，累计研判案源 9. 13 万条，引领查办案件 6. 79 万件。事中首次启用“互联网+监管”“联合监管”，在烟草、校外培训等领域开展部门联合监管；率先建设“协同监管”，完成“一照多址”“经营场所承诺制”“歇业”等审管衔接任务。事后对 4. 92 万家失信市场主体在行业准入、任职资格等方面依法予以限制；共查办重特大案件 259 件；累计共有 13. 37 万家企业完成简易注销，对 1 100 家市场主体试行除名。

下一步工作思路：

一是以码促管，上线“山城有信”平台，丰富一码查信用、一码查源头、一码查警示、一码保维权、一码知政策等功能，丰富消费者、市场主体、第三方、监管人员应用场景，进一步构建一流营商环境，打造良好消费环境，破解社会共治难题。

二是以智促管，充分运用市共享交换平台、“互联网+监管”、“协同监管”等系统，实现部门间无缝监管，弥补监管空白。

三是以实促管，坚持问题导向，进一步健全事前、事中、事后监管措施，形成监管闭环，提高监管效率。

案例 2：探索建立市场主体除名制度

为持续优化营商环境，建立规范、透明、便捷、高效的市场主体强制退出机制，市场监管部门坚持风险可控、以点带面、稳妥推进原则，选取重庆自贸试验区南岸板块率先开展市场主体除名工作，破解市场主体退出难问题。

主要做法：

一是立足实情，明确适用范围。以清理“失联”“僵尸”等名存实亡的市场主体为目标，结合实际情况，确定对因未按规定期限公示年度报告或因通过登记的住所（经营场所）无法取得联系被列入经营异常名录（或标记为经营异常状态）届满两年，且近两年未申报纳税的企业、个体工商户、农民专业合作社实施除名。

二是立足稳妥，采取联办措施。试点区市场监管部门与当地税务部门联动，确保适用除名制度的准确性。市场监管部门梳理符合条件的除名市场主体名单，与税务部门进行比对，形成拟除名市场主体名单。经相关平台对外公示，公示期间由市场主体提请剔除已办理注销（含注销流程中）、已迁出市外（含迁出流程中）、已移出经营异常名录或取消经营异常状态标注（含修复流程中）、恢复纳税申报的市场主体后，市场监管部门依规定作出除名决定，并对外公示。

三是立足惩戒，严格除名后果。针对被除名市场主体，市场监管部门将在内部市场主体经济户口、外部国家企业信用信息公示系统（重庆），对市场主体名称用“＊（已除名）”代替，未登记名称的个体工商户，直接在已有“＊”后注明（已除名）。市场主体被除名后，不得开展经营活动。考虑释放除名市场主体的名称，只要实施除名的，其他市场主体可以在规定时限届满后申请使用其名称；考虑将除名制度与强制退出制度对接，除名后6个月内未办理清算组公告或者申请注销登记的，可进行强制退出。

四是立足审慎，提供救济路径。被除名市场主体就其逾期未申报纳税行为接受当地税务部门处罚，及时缴纳罚款并补办纳税申请，同时纠正了被列入经营异常名录或标记为经营异常状态违法行为后，可以向区市场监管部门提出除名修复申请；被除名市场主体办理注销登记后，自动作出除名修复；被除名市场主体可对除名决定发起行政复议或行政诉讼，市场监管部门发现对市场主体作出除名决定存在错误的，查证后予以更正，确保救济顺畅。

实践效果：

一是逐步完善主体退市机制。通过落实市场主体除名制度，进一步将经营异常名录、市场主体强制退市等工作进行串联，形成“轻微信用惩戒—严重信用惩戒—强制退市”的递进模式。为厘清各个环节的作用、关系做出一定探索。

二是逐步发挥引导督促作用。按照工作规定和要求，试点区县推行市场主体除名机制过程中，实现依托行政手段倒逼“长期停业未从事经营活动”市场主体主动履行注销手续，从而提升市场主体自律意识，进一步规范市场秩序。

三是逐步融合其他有关工作。在试点过程中，充分考量国家市场监管总局推行或试点市场主体除名制度相关任务事项，做到一并推进。

下一步工作思路：

一是进一步完善市场主体除名制度设计，重点加大除名后果和救济路径的设计；二是建设市场主体除名工作业务系统，实现网上除名和网上修复；三是在实践试点的基础上，加大推广力度。

案例3：率先启用港澳投资者简版公证文书改革

为优化外商投资环境，构建外商投资全流程服务体系，便利香港、澳门特别行政区非自然人投资者来渝投资，加速渝港、渝澳融合建设，市场监管部门进一步简化港澳投资者商事登记流程和材料，在6个国务院要求开展试点的城市中率先启用港澳投资者简版公证文书改革，持续提升外商投资登记质效。

主要做法：

一是降低办事成本，助推投资进程。在维持委托公证人原有查证步骤的基础上，简化版本只需提交3个附件，从之前50页左右缩减为不超过10页，极大减轻了企业负担。

二是突出审查核心，提升审查效率及准确度。简版公证文书要求公司董事/股东决议须确认授权代表人的签字字样和公司的印章样式，授权代表人必须为股东公司的现任董事，制度设计上充分体现了两地法律合规度的衔接，彰显了法律的严谨，便于登记人员的审查，大幅提升了登记审查的效率及准确性。

三是便捷查询文本，确保公证效力。简版公证文书是以资料表格单形式予以呈现的公证版本，方便查阅、登记。用于佐证的资料，如公司周年申报表、公司章程等由中国法律服务（香港）有限公司、中国法律服务（澳门）有限公司予以保存，登记注册机关在必要时可随时查阅、复制。

四是以点带面，提升公证文书普遍适应性。推动重庆市商务委员会、重庆海关、人民银行重庆营管部、国家外汇管理局重庆外汇管理部等用证部门统一做法，确保简化版公证文书在全市各相关领域通行有效，实现单点突破、全面优化的改革效果，为港澳企业在渝投资创造更多便利条件。

实践效果：

改革前，港澳特别行政区到内地投资办理企业登记，其主体资格证明应当在当地公证，并经司法部在港澳地区设立的公司对公证材料审核备案后进行签章转递。公证涉及的材料众多，除投资者本身的注册备案证书外，还包括章程，周年申报表，投资者章程确定的相关决议、决定或授权文件等。

为提升登记注册审查效率，2020 年 7 月，在全市登记注册中全面启用香港特别行政区非自然人投资者主体资格证明简版公证文书，2022 年 2 月，在全市登记注册中全面启用澳门特别行政区非自然人投资者主体资格证明简版公证文书。2021 年，港澳投资者在重庆市以新设方式投资的企业数量和注册资本分别为 451 家、98. 55 亿美元，在同期重庆市新设外商投资企业总数和注册资本的占比分别为 56. 23%、92. 15%，较改革前的 2019 年同期新设企业数增长 20. 27%，注册资本增长 391. 4%。改革推行以来，截至 2022 年 5 月 27 日，共 742 家港澳地区投资者获此改革红利，占同期重庆市新设港澳投资企业总数的 62%。

案例 4：创新川渝自贸试验区涉外商事司法协作新模式

自成渝地区双城经济圈建设以来，重庆两江新区人民法院（重庆自由贸易试验区人民法院）（以下简称两江新区法院）与四川天府新区人民法院（四川自由贸易试验区人民法院）（以下简称天府新区法院）立足自身职能，将司法服务保障成渝两地自贸试验区建设，作为贯彻这一国家战略决策部署的重要抓手，创新两地法院涉外商事领域司法协作新模式，努力为成渝地区双城经济圈建设提供司法保障。

主要做法：

着力完善两地涉外商事纠纷协作办案机制。一是加强跨域多元解纷合作。优化整合两地法院解纷力量，加强多元解纷组织良性互动，健全完善“程序有效对接、平台深度融合、工作高效联动、资源互惠共享”的区域内联合调解新模式。联合开展涉外商事培训，两地法官、调解员、仲裁员共同参加，合力提升涉外商事多元解纷能力和水平。二是实现跨域智能审判。充分运用四川法院“天府智法院 · 融 e 诉”电子诉讼平台与重庆法院“易诉”等全渝数智法院服务平台的技术手段，实现两地司法协作连线，川渝两地法院的审判人员、当事人及代理人可以分别在各自“云法庭”开展庭审工作，进一步提升涉外商事案件办案效率，节省当事人诉讼成本。

协同引导两地市场主体防范和化解风险。一是联合发布《货物买卖合同纠纷诉讼指引》。针对川渝两地自贸试验区商事活动高度集中、发展要素高度聚集、投资贸易高度频繁的现实背景，以及当事人在司法实践中的常见难题，从诉前准备、诉讼准备、诉讼程序举证三方面为当事人提供指引，同时强调发挥自贸试验区多元解纷机制的作用，凸显川渝自贸试验区法院审判专业化特色，实现买卖合同纠纷诉前准备、诉讼程序、多元解纷等多方面、多环节“一本通”。二是联合发布《川渝新区（自贸试验区）涉外、涉港澳台商事典型案例》。依据川渝自贸试验区法院受理的涉外商事案件特点，精选 10 件涉及国际运输、贸易、投资、旅游等领域的典型案件，旨在通过联合发布典型案例，推动国际商事裁判规则的完善，统一成渝地区裁判标准，为从事国际商事活动的成渝地区市场主体提供有益的启示和参考，提高自身防范法律风险、维护合法权益的能力。

不断加强两地涉外商事司法协同平台建设。一是加强司法协同创新理论的总结和交流。两地分别举办两届“西部自贸司法协同创新论坛”及首届“西部陆海新通道法治保障论坛”，北京、上海、广东等 8 地相关法院、行政机关、法律服务机构、高校及科研机构等参加，不断扩大川渝自贸试验区司法协同创新的成果影响。建立研究平台互通机制，加强两地法院司法理论调研合作与交流。二是协同加强自贸试验区法治人才培养。天府新区法院与西南政法大学合作成立中国—东盟法律研究中心天府研究基地，两江新区法院与西南政法大学共建首个高端法治人才联合培养基地，共同加强涉外法律教学研究与实务合作交流。由两地青年干警组建“梦溪译研社”与“两江译站”，不断加强交流互动，形成一批研究翻译成果。

实践效果：

一是两地法治化营商环境进一步优化。两地自贸试验区司法协同创新在成渝地区司法协作工作中处于引领地位，促进两地自贸试验区法治化营商环境不断改善。在2021年度国家发展改革委公布的全国国家级新区营商环境测评中，四川天府新区与重庆两江新区在执行合同、办理破产、保护中小投资者、知识产权保护等法治保障指标中均表现优秀。同时，两江新区法院助力重庆法院“执行合同”指标在世界银行营商环境报告中得分位居全球第三位，在中国社会科学院发布的《中国司法透明度指数报告（2021）》中，两江新区法院得分名列“专门性法院”全国第一。

二是两地司法协作经验和影响力不断扩大。“西部自贸司法协同创新论坛”“西部陆海新通道法治保障论坛”日益成为西部乃至全国自贸试验区总结提炼自贸试验区司法协同创新经验的重要平台。相关工作经验被《法治日报》《人民法院报》等媒体宣传报道，并在首届成渝地区双城经济圈法治论坛上进行交流。成渝自贸试验区司法协同创新工作被最高人民法院评为人民法院服务保障自贸试验区建设亮点举措。

下一步工作思路：

一是合力打造全方位、立体化涉外商事司法协作机制。深化纠纷解决机制协作，探索共建共享运行规范的诉调、诉仲对接平台，依托天府中央法务区和重庆国际商事一站式多元解纷中心，整合两地多元解纷资源，促进纠纷网上联调和在线司法确认。深化司法体制综合配套改革协作，相互借鉴落实推进司法体制改革的经验做法，共同开展司法体制改革重大课题调研。不定期就加强涉外商事审判司法协作保障经济圈和共同优化营商环境等问题，举行专题研讨会。

二是加强审判业务沟通协调，实现两地优势资源互补。通过联合发布会议纪要、审判白皮书、典型案例等形式，加强法律适用标准的沟通协调。建立法律适用信息常态化共享机制，及时传递法律适用规范性文件，及时通报涉两地重大影响案件、关联案件。不定期进行审判业务研讨，对疑难、复杂和新类型案件法律适用统一认识。发挥内陆法律研究中心平台优势，积极推进两地法官统一培训、学习和交流，实现人才资源互通互融。

案例5：创新构建“自助式在线证据交换”新模式

重庆两江新区法院认真践行习近平法治思想，立足人民法院司法职能，充分利用人民法院在线服务、云法庭、“四易”等平台，创新构建打破时间限制的“自助式在线证据交换”的审判模式，在庭前采用线上非同步、非实时方式进行证据交换，形成证据交换报告直接引入庭审环节，同时对接异步调解，深入助推法院全流程无纸化办案应用改革，有效提升知识产权小额诉讼案件审理规范高效。

主要做法：

一是强化信息技术支撑，诉讼参与突破时空限制。拓宽平台多元功能。依托“人民法院在线服务重庆”手机应用程序的送达地址采集、证据交换、举证质证、意见即时交互等多重功能，支持移动端和PC端同步运用。庭前的案件排期、送达等工作由平台功能一键完成，异步在线证据交换有效避免了因庭前准备不充分导致的多次庭审，减少了当事人往返奔波诉累。庭前参与自主化。法官结合具体案情、当事人意愿等因素选择适用自助式证据交换新模式，法官助理在平台发布自助式证据交换的时间要求、自助式证据交换指引。当事人或者诉讼代理人登录进入平台后，根据操作界面上的指引，在线上传电子化诉讼材料，随时、自助利用碎片化时间完成庭前证据交换。诉讼参与各方无须同时在线，当事人可以灵活选择参与时间，法官和法官助理也可以不受排期限制。在指定期限内，当事人可在多轮次对话、交涉基础上充分发表意见。智能化审判方式。相较于传统的线下和在线庭审而言，自助式在线证据交换实现了“非面对面、非同步式”的升级。当事人上传的证据，通过系统自动识别是否符合证据形式，通过智能化的审查方式提高审判效率。完成自助式在线证据交换的案件生成自助式在线证据交换报告，该报告引入电子卷宗供法官查阅，并可直接引入庭审笔录使用。

二是优化审判资源配置，审理环节实现无缝衔接。庭前事务精细管理。法官助理负责管理在平台上进行的证据整理、举证质证等庭前事务，特别是引导当事人通过平台围绕“证据三性”发表意见。知识产权小额诉讼案件的全部证据都可以在法官助理的指导下完成自助式证据交换。法官助理可以同一时间引导多个案件“一对多”自助式质证。庭审调查高效便捷。充分的庭前举证质证，有效避免庭审证据突袭。开庭时，法官直接询问各方当事人对自动生成的自助式证据交换报告内容有无更改或补充，不再重复庭前举证质证内容；如果需要更改意见，需要说明合理理由，并经法官准许。自助式在线证据交换亦有助于当事人的代理人庭前整理案情，充分向当事人本人了解案件基本情况，避免庭后向当事人核实案情造成的诉累。在线异步调解同步开展。如果当事人有调解意向，运用异步平台的交互式留言功能，当事人参与调解更为便捷，并有更充分的咨询和思考时间。同时，法官助理通过查阅自助式证据交换报告可初步把握案件走向，引导当事人充分认知诉讼风险、对裁判结果形成合理预期，进而促成当事人达成调解协议。

三是完善配套指引，推动小额诉讼程序规范高效。注重操作流程规范。根据民事诉讼规范中关于证据交换、书面质证等相关规定，以及上级法院相关指导意见等，制定出台具体意见及操作规程，在进行自助式在线证据交换时，要求各方当事人必须阅读《知识产权案件自助式在线证据交换指引》，法院对各种证据类型举证、质证的要点进行合理提醒，提高当事人在发表举证、质证意见时的准确性、规范性。注重全程留痕。因当事人系自行组织语言形成书面内容，并由系统全程留痕形成报告，内容最大程度还原了当事人的真实意思和全过程，办案过程更加规范、透明。注重诉讼权利保障。自助式证据交换的适用以双方当事人同意为前提，机制的启动、流程、效果，特别是涉及当事人关键权利义务的事项均详细释明，证据交换过程中形成的争议焦点及时告知。

实践效果：

一是提速知识产权小额诉讼解纷。知识产权小额诉讼案件平均审理时长24.98天，与2021年同类案件相比缩短2.12天，提升7.8个百分点。充分利用智慧法院平台、升级模块及创新方法，依托“易诉”平台开展自助式交换证据，大力提高知识产权小额诉讼审判效率，提升当事人诉讼参与体验感，加速解纷、案结事了。

二是以示范性判决促类案一揽子调解。梳理、研判知识产权小额诉讼中具有共通事实争点和法律争点的典型案件，先行审理及判决，以发挥示范案件的引领作用。知识产权小额诉讼中具有代表性的为侵害作品放映权纠纷，示范案件按照程序保障、充分举证、充分辩论原则高效审理，示范判决围绕共通的事实争点和法律争点进行说理，认定共通的事实，阐明共通的法律适用。2022年5月，通过示范性判决促成类案调解133件，促成尚未起诉案件的一揽子调解97件。

三是高质量审判推动营商环境持续优化。努力实现知识产权小额诉讼案件高质量审判，用创新的方式保护创新，激发市场主体创新活力，为持续优化营商环境提供有力司法服务和保障。充分发挥知识产权审判职能作用，全面加强知识产权司法保护，持续助力优化市场化、法治化、国际化营商环境。审理知识产权小额诉讼是优化营商环境重点创新工作之一，在不断摸索、实践、总结的基础上，力争形成一系列可复制可推广的制度创新成果，为全国营商环境建设作出重要示范。

下一步工作思路：

一是观念夯基，践行便民诉讼理念。在新冠疫情的背景下，当事人通过互联网方式参加诉讼的司法需求极为迫切，两江新区法院始终坚持便民诉讼观念，不断思考和构架多层次、全方位的在线诉讼活动方式，以方便人民群众参加诉讼。“易诉”平台的“在线证据交换”升级后，当事人可实现即时登录、在线查询、自助式证据交换、在线调解、在线庭审等功能，通过“一站式”互联网平台快速解决纠纷，解决了人民群众参与诉讼过程中可能产生的多端口登录、多方式验证、多技术要求等痛点和难点。

二是技术突破，升级智慧法院功能。通过“自助式在线证据交换”新模式，当事人在线诉讼活动全程留痕，并无缝对接在线庭审、在线调解，全面助推人民法院全流程无纸化办案应用改革试点工作。“自助式在线证据交换”形成证据交换报告后，法官可在初步判断案情的基础上并征得双方当事人同意后，试点适用录音录像替代书记员庭审记录，辅以庭审智能语音识别技术，有效提升庭审效率，全面实现智能化审判。归档时，一键可将“自助式在线证据交换”中的证据转为电子档案，助力全流程无纸化办案的真正实现。

三是制度跟进，创设提速配套举措。注重操作流程规范，根据改革试点指导意见，进一步制定出台具体操作规程。以律所作为推广“自助式在线证据交换”新模式的示范点，提升诉讼参与有效性。注重对当事人关键权利义务的详细释明，促进案件办理公平公正。

案例 6：创建自贸试验区全域商事纠纷“法—商联动”协同化解机制

重庆两江新区法院创新发展新时代“枫桥经验”，联合市工商联探索建立首个覆盖重庆自贸试验区全域的商事纠纷“法—商联动”协同化解机制，推动形成“源头预防为先、非诉机制挺前、法院裁判终局”的诉源治理新实践，充分释放多元解纷与诉讼服务“1+1>2”的体系化效应，从源头上化解商事纠纷，减少诉讼增量，有力服务保障自贸试验区高质量发展。

主要做法：

坚持多方联动，实现解纷机制多元化。一是汇聚多方力量。联合市工商联发布《关于建立自贸区民营企业商事纠纷诉调对接机制的通知》，构建商事纠纷“法—商联动”协同化解机制，充分发挥重庆市工商联（总商会）桥梁和纽带作用，调动各界社会力量协同参与社会治理。该机制主要针对当事人双方均为民营企业，且住所地在江北、沙坪坝、北碚、渝北、渝中、九龙坡、南岸等七个行政区内的商事案件。在当事人自愿的前提下，邀请与当事人具有一定关系的商会、行业代表、专家等参与调解，不断扩大多元解纷“朋友圈”。二是营造社会氛围。院庭领导深入园区调研，审判法官积极开展“审务进园区”，同时充分运用电视、微信公众号、诉讼网站等媒体渠道，广泛宣传商事纠纷诉调对接的功能、作用和做法，提升民营企业对诉调工作的参与度，引导当事人规范有序地通过诉调对接平台化解商事纠纷。

坚持非诉挺前，实现纠纷解决前沿化。一是组建商事纠纷调解员库。在自贸试验区法院设立商事纠纷调解室的基础上，充分利用所辖七个行政区的调解资源，按照熟悉法律法规、有一定调解能力、公道正派的标准，精心挑选工商联、商会领导及相关领域专家、律师、乡贤等组建自贸区商事纠纷调解员库，为调解工作提供精准人才保障。二是锻造“中立调解”品牌。纠纷当事人住所地位于不同行政区时，为保证调解的中立性和公正性，调解员的选取双方协商不成时，参考仲裁员的选取方式，由双方当事人分别选取自己辖区工商联的一名调解员，再由人民法院指定或随机抽选一名与当事人无关联的第三方调解员协同调解，最大限度维护民营企业的合法权益。

坚持实质解纷，实现司法效能最大化。一是充分发挥“风险防范站”功能。自贸试验区法院与工商联共同建立信息通报机制、联席会议机制、联合研讨会机制，集中归纳、整理、研判自贸试验区民营企业商事纠纷呈现的新态势，全面总结民营企业发展的法律风险，及时总结推广典型案例和经验做法。院庭领导带队深入园区调研，组织开展法治宣传，发出司法建议，向民营企业发送《法律风险提示书》，有效增强了民营企业法律意识和风险防范能力。二是推行类案示范判决机制。梳理总结辖区内保险纠纷、股权纠纷、金融纠纷等类案规律，探索建立“坚持司法示范引领，各方协力多元解纷”的“示范判决机制”建设，通过发挥示范判决的示范、引领作用，构建审判信息互通桥梁，为类案当事人预估裁判结果提供合理参考，促进行业调解组织和人民法院妥善化解类案纠纷。

实践效果：

跨重庆自贸试验区全域的商事纠纷“法—商联动”协同化解机制，充分发挥了人民法院司法职能和工商联桥梁纽带作用，通过主动延伸司法触角，直接到企业“家门口”提供法律咨询服务，将矛盾纠纷化解在最前沿，为企业节省了大量诉讼时间和资金成本，成为民营企业健康发展的便捷“法律服务超市”，是“枫桥经验”在商事纠纷化解领域的积极创新和生动实践。

一是有力强化涉自贸试验区商事纠纷多元化解效果。商事纠纷“法—商联动”协同化解机制建立以来，两江新区法院和市工商联密切配合，已共同成功调解涉及融创、万达城等企业的商事纠纷 20 件，涉案标的额 778 万余元。此外，两江新区法院与市保险行业协会建立诉调对接机制，签署《关于共同建立保险纠纷示范判决机制的意见》。2022 年 1—7 月，通过线上委托调解系统，法院共委托调解案件 221 件，成功调撤保险纠纷案件 45 件，调撤案件占比为 20. 36%。

二是平等高效保障重庆自贸试验区民营企业合法权益实现。依托协同化解机制解决的商事纠纷案件，平均审理期限仅 40 天，大幅提升了相关商事纠纷化解效率，助力民营企业高效、优质解纷。对于住所地位于重庆自贸试验区不同板块的民营企业，分别委托相应区域的工商联指派调解员联合调解纠纷，平等保护各方企业合法权益。

三是有效促进重庆自贸试验区法治化营商环境提升。商事纠纷“法—商联动”协同化解机制切实缩短合同纠纷审理耗时，降低民营企业纠纷化解成本，为重庆自贸试验区法治化营商环境建设贡献了制度创新力量。此外，通过规则提炼、示范判决和司法服务等举措，为重庆自贸试验区企业提供具有可预见性的商事裁判规则，促进商事纠纷源头化解，提高企业法律风险防控能力。

下一步工作思路：

一是进一步创新机制，积极推进“云上解纷”。充分运用现代科技，引入“互联网+多元化解”模式，努力实现工商联与自贸试验区法院调解大数据实时共享，通过线上平台在线委派、在线调解，为辖区企业提供更加多元、优质、高效的商事纠纷诉调对接服务。下一步，探索实行调解案件纳入“易解”平台在线进行，做到全程留痕、动态管理，实现多元解纷从经验决策向数据决策的转变。

二是持续优化运行程序，提升纠纷化解效果。2022 年 8 月，联合市保险行业协会公布一批保险纠纷示范判决，为保险行业持续输送裁判规则。进一步充实特邀调解员库，扩大当事人自愿选择调解员的范围，同时建立调解员的中立选择机制，保障调解程序的公开透明，不断增强调解工作权威性、公正性、可信度。

三是不断延伸司法职能，推动纠纷诉源治理。进一步发挥司法服务效能，探索建立覆盖重庆自贸试验区全域的“一园区一法官”机制，推动人民法院定纷止争从传统开庭审判向纠纷产生的源头和前端延伸，向“防未病”“治欲病”聚焦。

案例 7：“‘关银一 KEY 通’川渝一体化”监管创新

“‘关银一 KEY 通’川渝一体化”监管创新是

重庆海关积极贯彻习近平总书记关于支持建设川渝自贸试验区协同开放示范区的重要指示精神，在海关总署中国电子口岸数据中心大力支持和授权下，聚焦成渝两地企业跨区域办理电子口岸业务的迫切需求，会同成都海关，联合建设银行四川省分行、重庆市分行共同推出的自贸试验区海关监管创新举措，成为全国首例自贸试验区海关监管协同创新成果。

主要做法：

一是实现“重庆+四川”跨关区就近办。通过系统互通，在全国首次实现“电子口岸卡”业务跨关区通办，两地企业可根据需要自行选择在重庆或四川地区办理“电子口岸卡”制发、新增、异常处置解锁、信息变更、电子证书更新等业务，打破“电子口岸卡”只能本地办理的局限。

二是实现“海关+银行”跨窗口多点办。通过创新引入银行第三方机构丰富业务办理网点，帮助企业既可以在川渝两地电子口岸数据分中心办理电子口岸业务，也可通过建行合作代理网点办理，将业务办理“窗口”搬到企业门口，同时企业也可通过“中国电子口岸”官网线上办理。

三是实现“政务+金融”跨领域一站办。融合“一盾双证”技术，拓展“电子口岸卡”金融属性，实现企业持“电子口岸卡”既可以登录“中国国际贸易单一窗口”等平台办理海关业务，也可以通过建设银行企业网上银行、跨境金融综合服务平台、企业手机银行等渠道办理金融业务，“一站式”满足企业“电子口岸入网+线上金融”的综合业务需求。

实践效果：

该创新举措实施后，川渝两地企业无须往返两地奔波，业务办理时间压缩2/3以上，为两地跨区域外贸企业带来更加智慧便捷的全新体验。该项创新获评海关总署“全国海关我为群众办实事‘百佳项目’”，获评重庆“2021成渝地区协同发展创新案例”。

下一步工作思路：

重庆海关将继续深入贯彻落实习近平总书记重要指示批示精神，围绕关于成渝地区双城经济圈和川渝自贸试验区协同开放示范区建设的部署要求，巩固拓展“‘关银一KEY通’川渝一体化”创新成果，进一步优化口岸营商环境，提升成渝地区双城经济圈互联互通水平，以更大力度助推重庆实现高水平开放高质量发展。

案例8：“跨境电商零售进口商品条码应用”监管创新

为促进跨境电商零售进口业务健康发展，重庆海关在海关总署关税司的指导下，创新推动跨境电商商品条码应用，实施“跨境电商零售进口商品条码应用”监管创新，在全国海关首次实现跨境电商商品条码规范申报，跨境电商商品条码申报率及有效率近98%，有效促进跨境电商零售进口业务规范、有序、健康发展。

主要做法：

重庆海关创新推动跨境电商商品条码应用试点，学习借鉴世界海关组织关于“商品条形码”应用的先进经验，充分利用“商品条形码”具有统一性、唯一性和稳定性，且使用范围较广、识别简单的特点，引入属地纳税人管理思路，持续强化企业申报引导，在跨境电商零售进口领域全面实现条码规范申报。在“商品编码”“规格型号”“商品名称”“完税价格”等传统申报要素的基础上，突出“商品条码”申报要素的重要作用，通过条码规范申报促进海关和电商企业不断缩小跨境电商零售进口商品管理颗粒度，为有效识别和准确溯源跨境电商零售进口商品奠定基础，有力推进海关跨境电商数字化征管进程。

实践效果：

一是企业合规管理“省心卖”。“商品条码”能够有效提升电商企业精细化管理水平，降低合规管理成本，帮助企业实现“省心卖”。企业开展跨境电商商品条码应用，实现电商商城系统、仓库系统和清关申报系统数据的串联，在口岸查验、理货环节提高商品识别准确度及商品分类识别效率，上述环节作业时效提高了25%；用条码划分仓储板块，实现高效率入库和出库，有效降低库存成本，同时提高盘点速度和质量，减少盘存误差；运用条码相关数据开展分析，定期监控商品动销率、安全库存等指标，分析销售市场特点、消费者偏好等，以更好调整运营方式；提高了对不同商家疑似正面清单外商品清查的可靠性，极大便利电商企业开展正面清单商品复核。

二是消费者双码溯源"放心买"。"商品条码"有效提高跨境商品透明度，让消费者更加便捷、放心地"买全球"。跨境电商的兴起更好满足了人民群众的购物需求，但跨境商品"看不见""摸不着"的商业特点，让许多消费者购买时产生疑虑。为消除消费者的顾虑，真正实现跨境商品"放心买"，重庆海关鼓励电商企业在进口时申报"商品条码"，便于商品识别和溯源，提高跨境商品透明度。试点期间，西永综合保税区内企业在原跨境电商零售进口商品外包装"商品条码"外加贴"溯源码"，消费者可以用"商品条码"检索商品品名、品牌、出口国、生产厂家等物流资料，也可以通过扫描"溯源码"了解购买商品的贸易商、区内仓储企业、申报报关单号等通关信息，双码比对从而消除购物顾虑。

下一步工作思路：

重庆海关将持续巩固和深化跨境电商零售进口商品条码试点应用成果，不断提升跨境电商零售进口商品监管水平，支持企业实现精细化管理，助推重庆市跨境电商业态保持稳步健康发展。

案例9：打造"一站式""一体化"移民事务服务体系

为打造国际化营商环境，加快建设内陆开放高地，重庆自贸试验区立足"四个坚持"，聚焦外籍人士服务需求，大胆探索、开放创新，由市公安局出入境管理局牵头建设中西部地区首家省级移民事务服务中心，改革试点成效初显。

主要做法：

一是坚持模式创新，构建"1+3+N"管理新体系。以"一站式"办理为核心、"市级中心+区级分中心+区域站点"三级架构为基础、N个政府部门联动协作为关键，在两江新区设立重庆市公安局出入境管理局移民事务服务中心，在外资外企外籍人员聚集的区域设置移民事务服务分中心和站点，在全国率先搭建市级中心抓统筹重协调、区级分中心抓推进重联动、服务站点抓落实重特色的立体化架构，并最大限度探索站点功能特性。园区服务站重点发挥签证申请远程面签、政策咨询等功能，便利企业办证；校区服务站重点发挥提示引导、交流活动等功能，便利留学生掌握签证政策，参与文化交流；社区服务站依托兼职外管员机制，联合韩国人（商）会、新加坡商会等群体组织，畅通需求采集渠道；金融商贸区服务站侧重关注重庆市开放发展战略需求，配合市级部门引入金融商贸领域外籍人才，促进人员要素便利流动。

二是坚持共建共享，打造"一站式"服务新模式。加强顶层协作，推行"一站式"服务，以市级中心为出发点，协调确立服务事项，实现统一建设，全域运用。与市科技局、人社局联动，实现外国人工作许可、工作居留许可"一窗受理、并联审批、跨区通办"；与市民政局、市司法局沟通，实现涉外婚姻收养、涉外法律问题在线咨询；依托开发区、保税港的区位优势，整合招商引资、资源展示、法律宣传、政策推广等内容，开展重要企业专场政策宣介会、澜湄绿色产业技术交流会等对外交流活动；协同市教委研究在重庆大学开展留学生勤工助学试点，三方共同制定实施细则，施行行业、企业"正负清单"，引导留学生选择实习企业；会同重庆外语外事学院在移民事务服务中心挂牌设立涉外人才培养共建基地；联合两江新区组织部设立直通直连、快办快结的外籍高层次人才永久居留申办"快速通道"。

三是坚持科技引领，建设智慧服务新中枢。

突出“云端+终端”理念，一方面，建立横向覆盖职能部门、纵向连接区县站点的“无境”智能服务系统，让重庆市外籍人士在园区内、在校园中、在家门口即可享受远程面签、云端咨询、自助查询等便利服务。联合市公证处在移民事务服务中心实现“涉外远程公证”，为不便或不能跨境取得相关资料的外籍人员提供便利，实现“数据多跑路”“企业人才少跑路”。另一方面，着力资源共享、平台共建，加快与重庆市人民对外友好协会“HOME CHONGQING”等涉外服务平台的深度互链，共同探索打造涵盖外卖打车、保洁装修、租房搬家、演出娱乐等衣食住行消各类生活服务的社会融入线上平台，实现“1+1>2”的效果。

实践效果：

2022年以来，出入境总队已在两江新区、渝中区、高新区设立移民事务服务分中心，在两江新区和睦路社区、爱思开海力士半导体（重庆）有限公司、西南大学、来福士商业中心等设立移民事务服务站。上门服务重庆大学、重庆长安工业（集团）有限责任公司等重要企事业单位，开展出入境政策推介宣讲。协同举办澜湄绿色产业全球技术交流会等活动。

下一步工作思路：

一是结合在渝外国人多以工作和学习事由为主的实际，根据外国人在渝居住分布情况，深入挖掘需求，精准设站建站，在合适的区域择机建设移民事务服务站点，打造涉外服务名片；二是持续丰富完善工作架构，在“市级中心—区级分中心—区域站点”三级架构的基础上，探索谋划“3+PLUS”模式，依托移民事务外管员制度培训专人赋予部分权限，以专管人员的便利流动突破实体实地设站限制，打通移民事务服务体系“最后一公里”；三是加强与教育、文旅部门的沟通协作，提前谋划后疫情时代外籍留学生逐步返华后的生活融入服务，充分利用移民事务服务平台讲好中国故事、推广中国文化。

案例10：实施外国人工作许可和工作类居留许可“一窗办理”

重庆市公安局出入境管理局按照国家移民管理局统一部署，深入贯彻落实“放管服”改革精神，会同市科技局、市人社局试点开展外国人来华工作许可、工作类居留许可“一窗受理”工作，实现外国人工作许可和工作类居留许可办理地点、办理流程和办理时限的全面优化，受到聘外单位和外籍人员的一致好评。

主要做法：

一是突破空间壁垒，变“两头跑”为“一窗办”。市公安出入境管理局、科技局、人社局在重庆市公安局出入境管理局移民事务服务中心共同设立“外国人来华工作服务窗口”，落实“首办首接”“一次性告知”等行政负责制，推动市公安出入境管理局、科技局、人社局相关业务深度融合，实现工作许可、工作类居留许可的咨询、申请、获取均在同一窗口，外国人来渝工作手续办理“只跑一次、只找一人”，极大便利企业办事。

二是突破信息壁垒，变“先后办”为“同时办”。推行“线上+线下”双通道办理，申请人可根据自身需求选择优先在线申请“一证”或窗口同步申请“两证”。市公安出入境管理局、科技局或人社局通过内部共享数据开展流转审批，成功重塑工作流程，由串联式的“先获取工作许可、再获取工作类居留许可”变为并联式的“同步受理、同步审核、同步发证”，两类证件办结时限缩减至15个工作日，有效提升政务体验。

三是突破协作壁垒，变“分头管”为“合力干”。在信息数据、机制建设、基础工作等领域全面深化协作。加强信息数据共享和个案共商研究，结合科技局、人社局资料收集和公安出入境管理局实地走访两方面的优势，有效提升审批核查精度；建立外国人来渝工作联席会议机制，“小切口”快速解决企业聘外瓶颈问题；联合开展政策法规宣传，确保重要企业上门推介、重大项目提前介入、重点环节靠前服务，帮助企业“一次性”掌握聘外流程，“一条龙”办理相关证件，推动实现管服一体。

实践效果：

重庆市已实现外国人在渝办理工作许可和工作类居留许可由找多个部门到找1个部门，跑多次到跑1次，交多份材料到交1份材料，办结时限由30个工作日缩减至15个工作日，惠及数千名在渝工作的外国人。

下一步工作思路：

持续优化“一窗受理、并联审批”工作机制，一方面，推动线上申请全域覆盖，外国人持工作许可受理回执即可向公安出入境部门申办工作类居留许可，全面实现受理、审批、发证全同步。另一方面，推动“外国人来华工作服务窗口”能设尽设，不断深化窗口规范化、专业化建设，为重庆市企业和外国人提供优质、高效、便捷的服务。

案例11：创新开展环评监督检查清单编制

重庆市生态环境局两江新区分局编制出台《重庆两江新区生态环境保护措施监督检查清单编制技术指南》，指导企业开展环评监督检查清单编制。监督检查清单浓缩企业全部项目环评精华于一身，是推进环评与排污许可制度衔接的重要实践，是深化环评改革的重要探索。

主要做法：

一是化繁为简全面瘦身，“厚”环评浓缩为“薄”清单。监督检查清单以最新的生态环境部环评报告表格式中的《生态环境保护措施监督检查清单》为基础，全面梳理环评文件的关键信息，将企业基本情况、主要生产单元、生产设备、污染物排放情况、生态保护、污染防治措施，以及其他环境管理要求等关键因素纳入监督检查清单，剔除对日常环境管理作用较小的符合性分析、影响预测等环节，将企业几百上千页的所有环评报告浓缩为仅有数页的监督检查清单。不仅让环境管理要求一目了然、清晰明了，更极大提升环境管理的便利性，利于企业管理人员日常使用，利于环境管理人员的资料查阅，利于环境执法部门的对照检查。

二是突破创新协调统一，环评排污许可“点面”变“一线”。监督检查清单突出排污许可核心地位，以排污许可技术规范为骨架，环评文件为内容，开创性地突破单个项目环评束缚，对企业整体情况进行梳理，真正打通环评与排污许可。有效解决环评针对项目这个“点”，排污许可针对企业这个“面”之间的管理名录不统一、技术标准不统一、环境要求不统一等问题，更是简化了企业管理成本和压力，将原本分开办理的环评手续和排污许可手续有机结合、“一线”贯通。

三是承前启后动态更新，打造环境监管“闭环”新模式。监督检查清单不仅在企业自身管理，环评、排污许可的环境正向管理中发挥重要作用，同时建立有效动态更新机制，在企业项目申报、重大变动、竣工验收、排污许可等各个阶段，根据实际变化情况进行动态更新，让企业管理人员、生态环境部门管理以及执法人员及时掌握企业信息，形成全过程监管的“闭环”管理，成为企业最重要的管理手段。

实践效果：

自《重庆两江新区生态环境保护措施监督检查清单编制技术指南》出台以来，指导所有项目在编制环评的同时编制监督检查清单，上汽红岩、京东方、长安福特等100余家企业已完成监督检查清单编制。清单让环境管理要求一目了然，极大提升环境管理的便利性，利于企业管理人员日常使用，利于环境管理人员的资料查阅，利于环境执法部门的对照检查。相关企业反馈，通过清单梳理了企业现有的产污类型及治理手段等，足以保证日常管理所需，大幅减轻相关管理人员的工作压力。

下一步工作思路：

重庆市生态环境局两江新区分局将按照“十四五”环境影响评价与排污许可改革要求，用好国家级新区创新平台，深入探索“三线一单”、规划环评、项目环评、排污许可，以及执法全方位管理体系，以监督检查清单为基础，推进环评和排污许可深入融合。探索建立环评创新化管理服务平台，整合监督检查清单、两江新区制造业项目绿色发展环评技术指引、产业链高质量发展生态环境支撑路径研究结果、两江新区本底值监测数据及已审批建设项目环评监测数据等，进一步探索项目环评简化方向，节约企业环评报告编制成本和编制时间，指导企业优化环境管理。成立企业服务专班，探索建立企业服务专员制度，定期对企业开展现场帮扶，及时总结工作经验，开拓创新，进一步优化环境管理服务。

案例 12：创新全国首个针对高新技术企业跨境融资的产品

根据《国家外汇管理局重庆外汇管理部外债便利化额度试点业务操作指引（试行）》，两江新区创新推出全国首个针对高新技术企业的跨境融资产品——科技跨境贷，通过政府引导、市场运作、风险共担，优化高新技术企业外债管理，推动外债便利化额度试点政策在两江新区高质量落地。

主要做法：

一是坚持政府引导与市场运作结合。根据《重庆两江新区科技跨境贷款实施办法（试行）》，明确授权重庆两江新区创新创业投资发展有限公司作为科技跨境贷日常管理运营机构。管理机构与参与合作的银行类金融机构签署合作协议，明确双方权利义务，由其向政府职能部门核实申请企业注册、纳税、社保等情况，综合评判是否为该企业向合作银行出具推荐函。合作银行基于独立审贷、自主确定费用的原则，从企业实际情况出发，结合自身风险控制与承受能力，自主商定信用贷款的额度、期限、利率及手续费率。

二是开拓信用融资模式，创新知识产权担保。开拓“内保外贷”模式，合作银行向企业开具融资性外汇保函、备用信用证或提供离岸直贷等，为企业向境外银行借入外债提供融资服务。企业可通过无抵押、无担保的信用方式，或提供保证担保的方式，或将合法拥有的专利权、商标权、著作权等知识产权作质押担保的方式，或信用保证和知识产权质押组合的方式取得合作银行的授信。

三是降低申办门槛，普惠中小企业。创新型中小微企业多为轻资产企业，融资难、融资贵问题突出，以服务科技创新为导向，将科技跨境贷支持对象限定为年销售收入 4 亿元以下的高新技术企业，最高融资额度为 2 500 万元，最多可连续申请 5 年，且无需抵押。并且通过管理机构出具推荐函的形式有效提升企业在金融市场的信用度和申贷成功率。对于如期归还的企业，对每笔贷款按照一定比例给予贷款贴息。

实践效果：

一是有效降低企业融资成本。据获得贷款的企业数据，境外银行贷款利率约为 1.5%—3%，其他费率约为 1.6%—3.3%，企业融资总成本约为 4.3%—4.9%。依据科技跨境贷政策标准予以贴息后，融资总成本可降至 3%—4%左右。如贷款企业本身有外贸业务（不需锁汇）或选择有离岸资金的境内银行贷款（不需开具保函），融资总成本还可进一步降低。

二是拓宽高新技术企业融资渠道。两江新区现有 600 余家高新技术企业，科技跨境贷帮助两江新区高新技术企业拓宽融资渠道，有效利用境外低成本资金，切实缓解其融资难、融资贵问题。截至 2022 年 9 月，两江新区陆续有 16 家银行参与“科技跨境贷”合作事宜，已为 6 家企业提供约 1 082 万美元贷款。

下一步工作思路：

两江新区将用好用活《重庆两江新区科技跨境贷款实施办法（试行）》，一是通过各渠道加大宣传，提高政策知晓度，主动与合作银行一起走访企业，了解企业经营状况及业务需求，并有针对性地进行外汇政策辅导，打消企业顾虑，鼓励更多企业积极申请，为企业引进海外低成本资金；二是鼓励合作银行改进授信管理，建立科技跨境贷快速审批通道，为申请贷款企业提供快捷、优惠的贷款服务；三是做好贷中贷后风险控制，引导企业落实资金用途，积极用于区内生产经营、区内项目建设和境外项目建设，抑制跨境套利的空间；四是探索审慎增强科技跨境贷灵活性，合理参照企业在上年度末风险资产总额、净资产、实缴资本等发展指标，动态量化配置债务上限，持续探索和丰富各类融资产品，推动各项试点政策落地见效。

案例 13：首创“以航空公司为单元”保税航材监管新模式

在重庆海关、市中新项目管理局的大力支持和指导下，新加坡航空（重庆）保税航材分拨中心（以下简称保税航材分拨中心）在重庆自贸试验区渝北板块内揭牌运营，是全国首例“以航空公司为单元”的保税航材海关监管模式。此模式支持新加坡航空公司中国境内的航材在重庆集中申报进境并按实际需求跨关区调拨，有效提升保税航材流转便利、降低企业运营成本。

主要做法：

一是设立保税航材分拨中心。由重庆海关批准，在重庆江北国际机场的公用型保税仓库，新加坡航空、中华航空、国泰航空、华夏航空等多家航空公司入驻。结合海关总署和新加坡关税局中新海关关际合作机制，新加坡航空集团在公用型保税仓库设立保税航材分拨中心，在国内主要飞行点设立分拨点。

二是实施保税航材统一监管。利用航材序列号唯一性特征，重庆海关实施“一次核准、一次备案、一次申报、一次比对”等“四个一次”统一管理模式，并统一监管设立保税物流账册，实现保税航材在重庆集中申报后，在保税航材分拨中心和其他各分拨点之间跨关区的自由调拨存放。

三是优化保税航材监管流程。为实现“数据多跑路”“企业少跑腿”，提升监管效能，重庆海关将企业在新加坡樟宜机场海关报关数据和其他佐证资料作为保税物流账册进、出、转、存数据的比对参考，通过数据支撑完成对保税仓库的保税核查，最大程度减少对企业正常生产经营活动的影响。

实践效果：

一是促进保税航材国际国内高效流转。根据现有的保税仓库管理模式，航材在不同区域之间调配要分别向属地海关备案和申请，业务办理手续繁琐，有的飞行点没有保税仓库无法存放保税航材，需要随机携带航材，占用了飞机运力，降低了运行效率。“以航空公司为单元”保税航材监管模式可实现不同地区航材库存自由调拨，促进保税航材在国际国内高效流转。

二是有效降低航空公司运营成本。“以航空公司为单元”保税航材监管模式可大幅降低航材保障的重复储备、资金占用、重复建设等运营成本。原有的保税仓库管理模式，一定程度上制约了航材在不同地区自由流转，且航空公司需要承担一笔不小的费用支出和资金占用，还有到其他地区航点租用或者自建保税仓库的费用。通过保税航材分拨中心，上述费用可全部节省，有效降低航空公司的运营成本。

三是推动保税航材产业发展壮大。该项目是中新（重庆）战略性互联互通示范项目航空领域合作的重要可视化成果，是重庆海关在制度型开放、促进贸易便利化方面的重要创新探索，有力促进了与新加坡等共建“一带一路”国家的国际交往和产业合作。该项创新举措有效解决了航空公司机务运维难题，大幅降低航空公司的运营成本，为航空公司应对疫情影响、加快产业复苏起到了积极作用。该项目荣获联合国亚太地区 2022 年度贸易便利创新奖。

下一步工作思路：

持续扩大业务规模。“以航空公司为单元”的保税航材监管模式实现了中新互联互通项目航空领域深度合作，是运用“智慧海关、智能边境、智享联通”理念在中新海关关际合作领域的一次创新实践。下一步，将运用该模式扩大保税航材进出口业务规模，在保税航材领域开展深度合作，促进重庆航空产业和临空经济高质量发展。

探索推进航材共享保障中心。在保障现有航空公司航材使用需求的同时，逐步吸引航空零配件相关企业落户重庆江北国际机场，延伸航空产业链和航材分销产业链，为航空公司提供高效的供应链解决方案，成为国内重要的航材共享保障中心。

案例 14：首创植物新品种权质押融资模式

种业是农业的“芯片”，是建设现代农业的标志性、先导性工程，是国家战略性、基础性核心产业。重庆自贸试验区江北板块积极推动农业银行重庆市分行在全国首创以种业植物新品种权作为独立质押品的融资新模式，有效解决了种业企业融资难问题，填补了种业领域知识产权专项信贷产品空白，开辟了知识产权融资支持种业贸易的新路径。

主要做法：

首创植物新品种权评估体系。植物新品种权是农业领域重要的知识产权。为破解植物新品种权价值评估难的核心问题，农业银行重庆市分行探索构建了植物新品种权的评估体系。评估核心要素包括植物新品种的研发投入、销售金额、预期销售金额、推广种植面积、品种市场竞争力、剩余有效期等，采取市场法和成本法相结合的方式，确保植物新品种权价值得到合理评估。

首创植物新品种权质押风险防控管理体系。一是明确植物新品种权作为质押品，质押率最高可达50%。二是明确融资企业需取得植物新品种权证书、农作物品种审定证书、种植面积 1 万亩及以上等条件，确保植物新品种权有商业价值、企业有合法植物新品种市场销售许可、产品有市场销售基础，质押风险可控。三是规范化管理押品，在资金监管、监测频次、许可转让等方面均制定管理细则，动态管控好押品风险。四是积极与市农业农村委、人民银行重庆营业管理部和重庆银保监局等单位加强对接，确保质押融资符合法律法规及监管要求。

首创种业植物新品种权银行质押标准融资产品。制定种业植物新品种权质押融资操作流程，由享有种业植物新品种权的企业申请，银行指定享有种业植物新品种权评估资质的专业评估机构评定，根据评估价值确定授信额度，企业仅凭种业植物新品种权即可获得融资，无须其他资产或实物作质押物。发放贷款前，农业银行重庆市分行须在农业农村部进行质押登记备案，定期监测押品的有效性、转让和许可情况，确保质押登记合法有效。

实践效果：

一是示范引领种业创新发展。种业是促进农业长期稳定发展、维护国家粮食安全的根本保障，种业植物新品种权质押融资模式通过创建评估体系、构建风险防控管理体系、开发融资产品，为种业企业获取融资开辟了新路径，有利于重庆自贸试验区打造特色优势产业，培育一批有市场竞争力的种子行业“头雁”企业。

二是助推种业贸易发展。该模式的实施，将缓解种业企业融资难问题，提高企业多渠道拓宽种子资源来源、加大研发投入的积极性，有力带动种业贸易发展。2022 年 3 月，重庆市最大的种业公司和种子出口企业——重庆中一种业有限公司获得农业银行重庆市分行全国首笔植物新品种权质押贷款 300 万元。该企业在坦桑尼亚建有农业技术示范中心，与孟加拉国相关机构联合育种水稻，企业获批质押贷款后，将进一步推动研发创新和对外贸易。

下一步工作思路：

一是探索打造植物新品种权质押融资的示范项目，推动植物新品种权质押融资模式在全国复制推广。二是强化对种业领域的信贷支持，助力种业企业创新发展，推动重庆市乃至全国种业对外贸易的突破。三是支持该模式的创新延展，探索向林业、畜牧、水禽等农业领域推广应用。

案例 15：探索“码上信用”监管生态新模式

为持续深化“放管服”改革，加快构建简约高效的事中事后监管体系，重庆自贸试验区九龙坡板块创新大数据仓库监管、亮码经营、监管包容期等举措，寓管于服、管服结合，区分不同领域特点和风险程度，探索“码上信用”监管生态新模式。

主要做法：

打造码上数据仓库。一是打造信用码平台。研发“微信扫码明信”平台，设置扫码公示、扫码明信、扫码查询、扫码投诉、扫码监管等功能，积极推进“企业信用码”实现信息展示集成度高、覆盖人群针对性强、运用场景使用感好的效果。二是建立监管数据仓库。以社会统一信用代码为基础，整合全国信用信息共享平台、国家企业信用信息公示系统平台等监管数据，制定信用信息归集清单，建立九龙坡板块企业信用监管数据仓库，实现信用信息从碎片化向完整性过渡，提升信用监管的全面性和准确性。三是完善信用码信息归集。制定信用码涉企数据归集目录清单，编制数据载入模板范式，建立信息装入和定期更新工作机制，确定专人，明确时限，通过大数据归集和走访摸排等手段，抓取企业经营、信用公示、自律承诺、双随机抽查、案件执法、消费投诉等涉企数据，导入“信用码”平台，确保平台数据充盈、精准。

推行亮码经营模式。一是扩大信用码使用场景。充分吸纳经营户、消费者、执法人员等诉求，升级开发特色模块，丰富信用码使用场景。为经营户开发“主营项目介绍”模块，提升品牌宣传；为消费者开放“投诉评价”界面，增强维权体验；为监管执法人员开发“文书制作”“警示通告”应用界面。二是加大异常企业抽查比例。对未按时公示年报、未按时公示企业信息、隐瞒真实情况弄虚作假、登记的住所或者经营场所无法联系的企业，及时列入企业异常经营名录库，提高“双随机”抽查比例。三是完善信用生态修复。对被列入异常经营名录库的企业，加强教育引导、加快整改落实，尽快移出异常名录；对届满 3 年仍未移出的企业，将列入严重违法失信企业名单，加强惩戒力度，倒逼企业纠正失信行为，消除不良影响。

营造柔性码上生态。一是探索“观察期”管理模式。针对“四新”（新技术、新产业、新业态、新模式）经济等尚不明确的产业，按照“无事不扰”原则，对发现问题设定观察期限，及时引导处置出现的问题，引导健康规范发展。二是制定“包容期”管理制度。建立“容错”机制，对属于《重庆市市场监管领域轻微违法行为不予处罚清单》的 14 类 87 项轻微违法行为以行政指导和服务为主，通过法规宣传、行政提示、行政约谈等柔性监管方式，积极引导和督促企业诚信守法经营。三是落实“触发式”监管机制。设定监管红线，一旦企业存在严重危害国家安全、公共安全、人身健康和生命财产安全，或者对严重破坏生态环境、扰乱社会管理秩序和市场经济秩序、严重损害群众利益、消费者合法权益或者其他严重违法行为的，立即启动监管执法，坚决依法查处。

实践效果：

“码上信用”监管生态新模式率先在重庆自贸试验区九龙坡板块万象城试点，目前 400 余家商户全部“上码”运行，助推万象城 2021 年营业收入突破 56 亿元，全市排名第一。2022 年，九龙坡率先在药店监管中探索“信用码”拓展应用，开启“一人一码”监管模式，已有 133 家药店开始试点。截至 2022 年 9 月，20.7 万家市场主体纳入企业信用监管仓库，全市排名第一。征集企业信用数据共计 200 余万条，收集上传 1 000 余个经营户信息，为“信用码”使用提供有效数据支撑 10.1 万余条。各类人员通过“信用码”查询消费、评价投诉、发布自律公约 4.1 万次。依法移出异常名录企业 589 家，379 名失信被执行人受到任职资格限制，16 家失信企业受到联合惩戒。

下一步工作思路：

一是持续推进信用码建设，提升市场监管效

能。开展“一企一码”“一人一码”试点，实现扫码知经营者信息、投诉信息、从业人员信息等内容。二是完善监管制度，引导和督促企业依法经营。落实柔性执法清单管理制度和不予实施行政强制措施清单，探索触发式监管机制，完善“沙盒监管”、敏捷治理等新型监管手段。

案例 16：探索核心商圈“保税+实体零售”新模式

重庆自贸试验区渝中板块依托解放碑核心商圈国际消费吸附力，创新发展“保税+实体零售”新业态，探索“保税+暂时进出境”业务模式，创新“保税展示交易+跨境电商”业务，集约进口保税完税商品同仓展销模式，加快建设多层次进口商品分销体系，助力重庆国际消费中心城市培育建设。

主要做法：

一是探索“保税+暂时进出境”业务模式。坚持进口与内需衔接扩大消费，联动重庆海关，发挥服务业扩大开放综合试点，立足解放碑步行街开展进口商品展示交易创新试点政策优势，创新“保税+暂时进出境”模式，依托综合保税区政策优势，量身定制监管方案，优化货物先销后税、分送集报等贸易便利化流程，推动奢侈品进口保税展示常态化，实现境外采购保税仓储、国内展示展销、销售分拨配送各环节联动。

二是创新“保税展示交易+跨境电商”业务。发挥洋码头、渝欧等跨境电商平台集聚优势，打造渝欧跨境数字贸易产业园、洋码头保税展示交易中心，搭建进口商品实体体验商业场景，构建多层次进口商品分销体系，汇集精品美妆、营养保健、家居生活、母婴用品等品类，利用跨境电商供给端资源优势，采用线上线下结合经营模式，叠加保税商品线下展示、跨境电商线上交易优惠税率优势，通过“前店后仓+快速配送”运作模式缩短收货时间，真正让利给消费者。

三是集约进口保税完税商品同仓展销模式。打造陆海新通道国际消费中心、“一带一路”（重庆）智能体验馆、中古二手表交易市场等进口商品展销中心，入驻新加坡、泰国、日本等进口馆及德国舒纳屋色彩生活美学中心全国首店、国内进口红酒领导品牌佰酿全国旗舰店等专业馆，同仓开展进口保税完税商品展示展销覆盖多个国家和地区的优质特色商品，构建“进口精品超市（商场）+国别主题馆（进口商品城）+跨境线上平台”的“世界超市”消费生态。

实践效果：

一是丰富了奢侈品保税展示业态。与重庆海关共同推动“高端奢侈品首次在中国西部地区保税进境展示交流活动”顺利完成，落地全市单笔最高奢侈品保税贸易项目 5.98 亿元，推动历峰高奢名表珠宝集合店落户解放碑。

二是满足了进口商品多元化需求。集聚各类国别进口馆、专业馆等进口零售业态 20 余家，进一步丰富了进口商品线下消费场景，为消费者带来更好的跨境商品购物体验。2021 年渝中区社会消费品零售总额突破 1 300 亿元，居全市第一位。

三是集聚了一批外贸进口主体。吸引了更多龙头进口商、经销商、零售商在渝中区集聚，引入 RCEP 贸易促进中心等贸易促进平台，落户重庆市农产品（集团）有限公司、重庆圣悉物流有限公司等外贸龙头企业。2021 年，渝中区实现跨境电商交易额 9.6 亿元，比上年增长 172%。

下一步工作思路：

一是加快培育贸易新业态。探索打造进口名表、收藏类珠宝、高端箱包皮具等高附加值品类保税展示交易平台，培育进口消费增长新动能，促进供给提质和消费升级。

二是加大金融支持力度。鼓励金融机构创新进口信贷融资产品及服务，用好进出口银行等政策性银行优惠利率资金，发展进口项下贸易融资，推动人民币跨境结算，提升进口付汇便利化水平。

三是强化专项政策扶持。完善进口贸易政策体系，在贸易新业态新模式培育、外贸公共服务平台建设等方面强化政策支持，加快集聚一批全球知名品牌、培育一批进口龙头企业、做大一批特色进口集聚区。

案例 17：打造数字金融纠纷银企易诉平台

重庆自贸试验区渝中板块先行先试“数字金融纠纷一体化解决”试点政策，支持重庆市渝中区人民法院积极创新金融审判模式，不断强化立案、审判、执行中互联网、大数据、区块链等技术应用，与建设银行重庆市分行联合首创数字金融纠纷银企易诉平台，破解数字金融纠纷案例立案难、举证难、送达难等问题，实现数字金融纠纷智能化、流程化、批量化全线上闭环处理，有效提高司法供给能力和效率。

主要做法：

严格管理标准，奠定平台使用基础。一是明确数据对接技术标准。确定银企易诉平台（银行端）数据对接标准，细化制定包括当事人身份信息、证据材料、诉讼文书格式等 43 种不同类型及立案、审判、执行等环节相关电子数据在接口对接、安全传输、数据管理等方面的技术标准。建设银行重庆市分行按照该技术标准完成数字金融纠纷银企易诉平台银行端内部系统改造，经认证后，与法院在线诉讼平台完成对接。二是细化电子诉讼材料准入标准。按照在线诉讼应用要求，明确文档、视频、音频、图片等电子化诉讼材料格式标准，对立案、审判、执行等环节线上诉讼材料的容量、清晰度、完整性等进行自动识别、提示，同时对扫描、拍摄不规范的诉讼材料进行自动校正，确保电子诉讼材料合法性、真实性和可用性。三是建立案件办理节点流转标准。针对数字金融纠纷试点案件立案批量化、证据统一化、案情类型化等特点，提取整合关键要素，设计案件办理流程标准，实现数字金融纠纷案件从立案到结案全流程要素式审理。

完善功能模块，提升平台使用效能。一是打通数据流转壁垒。诉讼时，银行仅需通过登录数字金融纠纷银企易诉平台银行端，对线上贷款电子数据进行抓取，平台对电子数据进行加工、整合后，自动生成电子诉状，并通过防泄密、防篡改安全处理后，一键加密批量传输至法院端进行立案。二是搭建证据查验系统。探索“司法+区块链”智慧存证模式，搭建区块链电子存证查验平台，利用区块链电子证据收集、固定和防篡改功能，为接入金融机构提供电子证据存证、查证服务。优化平台一体化证据可视与一键式电子证据查验功能，庭审中法官可直接查看电子证据内容、哈希值（Hash）值对应存证记录及电子证据哈希值值验证结果，降低审查判断难度，提高办案效率。三是探索融合创新机制。积极推动督促程序与数字金融审判融合创新，嵌入电子送达信息匹配与文书识别码功能模块，协同试点金融机构开通使用电子签章。法官通过平台在线审查受理试点金融机构支付令申请，在线审核电子签章后，平台自动识别文书信息并匹配相应电子送达信息，以电子邮件形式送达电子支付令。同时，即时保存上传邮件送达及查看情况，确保送达合法有效。

创新审执机制，促进平台提质增效。一是完善要素审判模式与类案批量联审机制。针对数字金融案件批量化、类型化等特点，整合庭审要素，制定要素导向型证据目录范本、庭审笔录模版及要素式、表格式裁判文书模版。根据当事人意愿通过“云上共享法庭”在线开庭，系统自动抓取要素信息，智能生成庭审提纲，引导当事人围绕庭审要素举证、质证和辩论。同时，推行试点案件批量审理，简化类案批量文书，推广并优化要素式、表格式裁判文书制作，缩短文书制作周期。二是探索适用执行机器人辅助系统应用。针对数字金融案件数量大、标的小、找人难等特点，探索将数字金融纠纷银企易诉平台与执行办案系统对接，除扣划和纳入失信被执行人名单等关键执行环节由执行人员审查操作以外，网上执行立案和线上财产查控均由智能机器人辅助系统自动进行。辅助系统自动抓取执行要素信息，一键生成执行文书和案件信息数据后，回填至一体化平台，助力提升执行效率。三是院银携手深化“云上共享法庭”建设。推动科技赋能审判执行，与建设银行重庆市分行合力打造全市金融机构首家“云上共享法庭”，在行内设置标准出庭室，线上贷款纠纷等案件均可在该法庭参与审理，当事人通过在线庭审手机应用程序，输入庭审系统发送的短信序列码，即可通过“云上共享法庭”远程参与诉讼，真正实现数字金融批量案件线上集中开庭、集中宣判，集中送达。

实践效果：

一是数字金融纠纷批量案件办理效率提升。数字金融纠纷银企易诉平台投入使用以来，平均办理时间缩短至 7 天，平均立案时间缩短至 3 分钟，举证、质证时间大幅缩短。试点案件均实现要素审判与批量审理，简化裁判文书应用率达 99%，审理效率显著提升。

二是电子支付令速审机制成效凸显。数字金融纠纷银企易诉平台投入使用以来，在线审查受理试点金融机构支付令申请并发出全市首批电子支付令 56 份，有效送达率达 100%，平均审理时间缩短至 1 天，审执衔接更加紧凑，为金融机构有效减少收集催收资料时间，缩短催款周期，节约诉讼成本。

三是电子送达成为常态。对有约定电子送达条款的案件全部实行电子送达，平均送达时间从 15 天缩短到 1 天，送达率 100%。对无约定电子送达条款的案件，通过通信运营商查询实名电话号码，积极试行电子送达，有效送达率约 75%，司法送达效率显著提升。

四是诉讼服务更加便捷。通过在试点金融机构设立“云上共享法庭”标准出庭室，试点金融机构足不出户便可参与诉讼，借助数字金融纠纷银企易诉平台，线上集中开庭、集中宣判，集中送达数字金融纠纷案件 1 000 余件。

下一步工作思路：

一是加快数字金融纠纷银企易诉平台优化升级。完善数字金融纠纷银企易诉平台功能模块，推进区块链技术与电子数据认证对接机制，探索适用执行机器人辅助系统应用，无缝对接资产保全平台，进一步扩大数字金融纠纷银企易诉平台应用范围及场景。

二是创新无纸化批量审理模式。引入互联网技术、人工智能技术、云技术及大数据资源，探索批量证据传输与校验，实现司法文书的批量自动生成。

三是深化要素审判模式与类案批量联审机制。大力推广数字金融“表格式”判决书，实现简化类案批量文书，优化数字金融审判资源，提高审判质效，降低诉讼成本。

四是推动金融纠纷源头治理。发挥诉调对接平台功能，完善与银行、保险公司、小贷公司等建立的联系机制，从源头减少金融纠纷。

案例 18：探索“汇保通”汇率避险新模式

重庆自贸试验区渝中板块积极深化金融领域开放创新，政企银联动，建立规避汇率风险信保资金池，在全国首创开展针对中小外贸企业的“汇保通”汇率避险新模式，大力破解企业避险难、避险贵、避险繁问题，着力缓解企业衍生交易保证金资金占用压力，为涉外企业应对汇率风险保驾护航。

主要做法：

建立风险补偿资金池和风险分担机制。一是深化政企银联动。建立政府主导、多方联动、分工协作机制，成立由发展改革委、财政、商务、金融、国资等部门和单位组成的“汇保通”工作小组，制定“汇保通”业务管理办法，联动招商银行重庆渝中支行，开展针对中小外贸企业的“汇保通”规避汇率风险信保业务，为符合条件的企业做外汇衍生交易提供支持，对企业衍生交易保证金信用逾期产生的损失进行风险补偿。二是设立风险补偿资金池。突出地方政府在企业增信、风险补偿等领域的支持引导作用，设立“汇保通”风险补偿资金池，对符合条件的中小外贸企业发生的衍生交易保证金损失进行代偿，用授信额度替代外汇衍生交易所需的保证金，用风险补偿降低授信门槛，用政策担保增加企业信用，增强银行机构开展避险业务的积极性，减少企业保证金资金占压。三是建立风险分担机制。当企业出现避险业务到期无法履约情况，合作银行对该业务进行强制平仓，企业承担平仓损失，合作银行向企业追偿，若出现追偿失败，对未偿部分，由“汇保通”资金池与合作银行按 3∶7 比例分担。补偿采用代偿模式，正常催收后仍未收回，由“汇保通”资金池先进行代偿，避免增加合作银行不良贷款指标。

优化中小外贸企业准入流程。一是建立“正面清单+负面清单”相结合准入机制。“正面清单”，即企业需满足在渝中区内依法注册、依法参保、诚信纳税、具有独立法人资格，持续经营 2 年（含）以上或主要股东、实际控制人有 2 年（含）以上行业从业经验且经营情况良好等 12 项准入条件。“负面清单”，即企业若在市场主体联合征信系统中有重大违规记录、出现连续 2 年经营亏损、实际控制人涉及刑事案件及金融借款合同纠纷诉讼等 10 项情形之一不得准入。二是实施“一户一策+批量授信”模式。“一户一策”模式，即合作银行对各申请企业产销模式、贸易流程、资金需求节点等进行细化分析，结合国际汇率波动和企业实际需求，为其匹配集开户结算、贸易融资、跨境金融、汇率避险等于一体的综合金融服务方案。“批量授信”模式，即搭建授信审批绿色通道，创新“中小外贸企业汇率避险”专项授信模板，实现授信专项额度、专人审查审批、专人放款的“三专”一站式服务，最大限度提高授信审查审批效率。三是降低汇率避险工具成本。合作银行事前对申请企业进行资产、负债、结算、纳税等情况资质审查和外汇衍生品适合度评估，为符合条件的企业开立本外币结算账户，匹配专项授信额度，以专项授信额度替代外汇衍生交易所需的保证金，企业办理外汇衍生交易无须缴纳保证金或只缴纳部分保证金。业务存续期内，合作银行对交易进行动态监测，设置警戒线和补仓线，超过预警线再向企业追加保证金，缓解企业资金压力。

完善汇率避险需求服务与供给。一是加强汇率避险推广宣传。针对中小外贸企业避险意识薄弱、专业人才缺乏、汇率管理机制不健全等痛点，通过制作特色产品手册、发布新媒体宣传视频、组建专业宣讲团队、组织专题培训等方式深入开展企业汇率避险政策、产品和典型案例宣传，引导企业增强汇率避险意识，树立汇率风险中性理念，科学做好汇率风险管理。二是创新汇率避险银企合作。推动汇率避险金融服务与市场需求有效对接，鼓励银行机构丰富避险产品，扩大外汇衍生品服务覆盖面，根据企业不同套保策略需求，为其提供远期结售汇、外汇掉期、外汇期权、跨境人民币结算等个性化产品方案，满足不同业务需求、不同风险偏好、不同市场预期企业避险保值需求。三是优化线上汇率避险服务。支持银行机构完善集定制化避险服务、全方位汇率管理策略、便捷智能平台渠道等于一体的综合避险服务体系，打造涵盖汇率避险、信息服务、风险管理服务等功能的线上智能交易平台，为企业提供专业化、精细化、定制化线上避险服务，引导企业便捷自主进行汇率保值，实现足不出户查询汇率信息、自助完成交易、有效管理存续期业务。

实践效果：

一是有效提升了汇率风险管理。通过运用“汇保通”等新型汇率避险产品，帮助企业增强了风险中性理念，提升了汇率风险管理水平，助力企业科学应对汇率风险敞口，实现更加稳健的经营。区内 80 余家中小外贸企业外贸进出口额实现增长，占全区外贸企业比重的 70%以上。

二是切实降低了避险保值成本。在“汇保通”合作模式下，中小外贸企业实现不缴纳保证金或只缴纳部分保证金，减少了企业流动资金占压，增强了企业运用避险产品规避汇率风险的积极性。区内银行助力企业利用远期、期权等外汇衍生品管理汇率风险规模大幅增长。

三是助推涵养了法治化金融生态。通过建立风险补偿机制，引导银行机构积极丰富避险产品，助力企业健全了汇率管理机制，增强了企业优先使用跨境人民币结算的意识，有效助力汇率市场化改革和人民币国际化风险防控。2021 年，区内银行经常项目下跨境贸易人民币结算额达 615.7 亿元。

下一步工作思路：

一是推动试点扩面。强化政企银对接，加强政策宣导，深入挖掘企业需求，持续加大资金投入，不断降低避险保值成本，在前期试点基础上，将更多符合条件的中小外贸企业纳入“汇保通”汇率避险服务范围。

二是创新产品设计。鼓励银行机构创新更多适应市场需求的避险产品，推广以实时市场分析、高效产品创新、优质客户服务为核心的运营模式，深度融入金融科技，持续提升使用体验，通过订制化方案满足企业多样化避险保值需求。

三是加强风险管理。支持银行机构完善衍生套保业务信用风险评估体系，引入大数据进行数据检验和风险判断，加强风险监测管理，强化对风险计量、风险缓释、中小外贸企业客群潜在风险状况等的动态评估，及时总结风险防范经验。

案例 19：以乌兹别克斯坦采矿权增资的“一带一路”法律服务新模式

重庆自贸试验区渝中板块充分发挥自贸试验区鼓励中外律师事务所合作联营政策优势，支持段和段律师事务所联动其境外分支机构，创新“中国律师主导+外国法律顾问辅助”的“陪、跟、护”全链条涉外法律服务模式，探索突破投资东道国原有司法制度和程序，落地乌兹别克斯坦首例以采矿权进行增资的海外投资项目，突破了乌兹别克斯坦采矿权利人无权以其作为注册资本对外出资的原有司法实践，成为全国首例为中资企业投资乌兹别克斯坦采矿权提供直接涉外法律服务的创新案例。

主要做法：

一是为中资企业涉外经营提供全链条、集成式服务。支持段和段律师事务所发挥自贸试验区允许聘请外籍律师担任外国法律顾问试点政策优势，打破国内律所因缺乏高素质涉外法律人才及在国际法律服务市场上竞争力较弱，较难为中资企业境外本地化运营提供高质量涉外法律服务困境，突破既往国内律所项目交易结束即停止参与模式，深入 H 公司境外生产经营全过程，为公司在乌兹别克斯坦本地化运营提供跨境投资并购、知识产权保护、海外投资法律风险防范等“陪、跟、护”全链条、集成式涉外法律服务，护航“走出去”企业境外设立、投产、经营全过程。

二是建立“中国律师主导+外国法律顾问辅助”服务模式。鼓励段和段律师事务所在共建“一带一路”国家和地区设立境外分支机构，支持其联动乌兹别克斯坦分支机构——段和段中亚业务中心，突破国内律所在涉外项目中较常采取的转委托方式，组建“中国涉外律师+外国法律顾问”内外联动的专项法律服务工作组，由专长涉外法律服务的中国律师和乌兹别克斯坦外国法律顾问组成，并由中国律师统筹指导外国法律顾问开展服务，解决中资企业在海外投资过程中需同时面对国内及投资东道国律师不同意见的困扰，减少企业沟通成本。

三是探索突破投资东道国原有相关司法制度和程序。在原有司法制度和程序中，乌兹别克斯坦矿业主管部门、税务部门和法律届人士普遍认为，矿产资源为国家所有，采矿权利人无权以其作为注册资本对外出资。对于如何合法化将采矿权作为注册资本对外出资鲜有先例可循。段和段律师事务所通过细致研究、全面分析乌兹别克斯坦《公司法》《矿产资源法》《税法典》《会计准则》等法律法规，多次与乌兹别克斯坦矿业、税务、工商等行业主管部门沟通协调，争取其采用关于采矿权为使用权的相关认定，打通采矿权增资从理论到实践的验证。

四是创新“国内国外双循环”的涉外法律人才

培养方式。加快吸纳熟悉共建“一带一路”国家和地区相关法律法规及在国际经贸合作、海外投资保护、跨境投资等特定领域具有丰富实践经验的专业涉外法律人才，针对性采用“内外双循环”方式进行涉外法律人才培养。在国内积极储备共建“一带一路”国家和地区小语种法律人才，重点培养司法部千名涉外律师、重庆涉外法律领军人才；在投资东道国，通过其境外分支机构直接聘请本国律师担任外国法律顾问，并由国内律师就中资企业合规经营需求、实际服务需求等对其开展针对性培训，提高其提供的东道国本国法律服务的实际可行性。

实践效果：

一是打造了扩大开放的司法实践样本。该涉外法律服务模式是乌兹别克斯坦首例以采矿权进行增资的项目，也是首例中资企业在乌兹别克斯坦实现以采矿权增资的海外投资项目，突破了乌兹别克斯坦原有司法实践，为后续中资企业在共建“一带一路”国家和地区开展采矿权投资提供了新的范例。

二是提升了中资企业海外投资运营效益。该涉外法律服务模式为H公司带来了2.5亿美元投资收益，进一步影响了乌兹别克斯坦整个采矿权市场，带动了中资企业赴乌兹别克斯坦等共建“一带一路”国家和地区开展项目投资，助力形成“内外双循环”的良性互动。

三是推动制造业与服务业联动创新。该涉外法律服务模式充分发挥了国内律所“走出去”优势，通过国内律师全过程参与，深入了解制造业企业海外投资需求，解决了企业涉外投资经营采矿权增资难题，促进了法律服务行业与矿业行业的跨行业联动。

下一步工作思路：

一是完善涉外法律服务机制模式。加快在共建“一带一路”国家及中资企业投资的重点区域设立分支机构，发挥外国法律顾问的针对性、专业性，进一步完善外国法律顾问服务机制，为“走出去”企业提供高质量法律服务。

二是打造涉外法律服务示范律所。推动涉外法律人才和专业力量集聚，持续深化国际法律交流合作，探索“互联网+”智慧服务新模式，为自贸试验区建设提供全方位法律服务，打造自贸区涉外法律服务标杆。

三是扩大涉外法律服务示范效应。聚焦企业海外投资法律服务关键环节，打造更多服务中资企业参与共建“一带一路”的示范案例，推动全链条涉外法律服务模式在更大范围推广，进一步增强中资企业海外投资权益保护。

案例20：首创“政府+平台+企业+司法机关”四位一体数字经济知识产权保护机制

为解决版权产业确权、用权、维权难题，重庆自贸试验区渝中板块以重庆数字经济（区块链）产业园为依托，在全市首创“政府+平台+企业+司法机关”四位一体的多维度、立体化数字经济知识产权保护模式，联动市版权局、区法院、区检察院，设立全市首家数字版权区块链服务中心，全市首个知识产权保护法官工作室和知识产权检察官办公室，为数字版权登记、展示、存证、保护、评估、交易、衍生品开发等提供全方位服务，打造版权保护的有益治理范式，护航数字经济产业高质量发展。

主要做法：

一是构建多维立体的数字经济知识产权全链条服务体系。设立全市首家数字版权区块链服务中心，整合政府平台、行业企业、司法机关、公证机构、鉴定机构、行业协会等各方资源，在全市首创“政府+平台+企业+司法机关”四位一体的多维度、立体化数字经济知识产权保护模式，为数字经济企业提供专业化、全方位、全流程的知识产权服务，覆盖企业创新成果孵化、利用、转化、流转等各环节，提供知识产权创造、运用、保护、管理等“一站式”综合服务，将知识产权服务延伸至知识产权创造、运用、保护、管理等各环节。

二是打造“区块链+数字版权”一站式智能服

务平台。发挥区块链技术在数字版权保护领域优势，支持园区区块链技术企业打造数字版权智能化服务平台，利用区块链技术对版权证书信息模型创建、数据录入、版权审核、版权转让、版权查证等进行智能管理，为数字版权登记、展示、存证、保护、评估、交易、衍生品开发等环节提供全方位服务，着力破解数字版权确权、监测维权、交易授权难题，推动实现版权登记、授权、转让、查证、智能交易、侵权监测等功能，打造全链路的数字版权保护生态。

三是健全数字经济知识产权快速协同保护机制。联动区法院、区检察院，挂牌全市首家知识产权保护法官工作室，设立全市首个知识产权检察官办公室，强化多部门协同联动，探索建立数字经济产业知识产权行政执法、维权援助、仲裁调解、企业合规、司法衔接相联动的快速协同保护机制，延伸数字经济知识产权保护链条，为高新技术企业在区块链、工业设计、工业软件开发、5G 安全、信创产业、量子技术等知识产权领域提供全方位、综合性司法服务，全面提升数字经济知识产权创造、运用和保护能力。

实践效果：

一是提升了知识产权保护效能。通过针对性了解园区企业实际需求、困难问题，定期开展网络安全专利、软著权知识讲堂，常态开展法律服务进园区活动等方式，提升了市场主体获得感和满意度，赋能市场主体创新发展。

二是推动企业项目集聚发展。通过加强对数字经济企业的创新引导、培育培训等精准服务，吸引了麒麟软件、趣链科技、金山办公、诺趣网络科技、华南理工大学工业技术研究总院、中国电信区块链与数字经济联合创新实验室等一批重点企业和项目入驻。

下一步工作思路：

一是健全数字版权治理体系。争创数字版权示范园区，加快建立科学明晰、管用有效的数字版权治理体系，引导园区企业完善内部版权制度，进一步提高版权保护意识，服务驱动创新发展。

二是探索社会共治保护模式。推动高等院校、社会力量参与知识产权保护工作，探索社会共治加强知识产权保护，引导知识产权服务机构拓展服务领域、提升服务能力、深化增值服务。

三是强化知识产权创新驱动。健全知识产权评估、质押融资、风险分担机制，推进知识产权保险、知识产权证券化等改革试点，发挥知识产权创新引领作用，赋能数字经济产业创新发展。

四、重庆市政府及相关部门出台的政策措施

（一）《中国（重庆）自由贸易试验区工作领导小组办公室关于印发中国（重庆）自由贸易试验区 2022 年工作要点的通知》（渝自贸办〔2022〕2 号，2022 年 4 月 2 日）

（二）《中国（重庆）自由贸易试验区工作领导小组办公室关于印发推进中国（重庆）自由贸易试验区贸易投资便利化改革创新若干措施的通知》（渝自贸办（2022）3 号，2022 年 4 月 3 日）

（三）《重庆市人民政府办公厅关于印发中国（重庆）自由贸易试验区“十四五”规划（2021—2025 年）的通知》（渝府办发〔2022〕58 号，2022 年 5 月 15 日）

（四）《中国（重庆）自由贸易试验区工作领导小组办公室关于印发中国（重庆）自由贸易试验区工作评价办法（暂行）的通知》（渝自贸办〔2022〕8 号，2022 年 12 月 13 日）

五、大事记

2022 年 1 月 17 日　市政府代市长胡衡华在重庆市第五届人民代表大会第五次会议所作政府工作报告中指出，自贸试验区要“加快建设川渝自贸试验区协同开放示范区，推进联动创新区发展，持续开展首创性、差异化探索，全面提升开放度和竞争力”。

2022 年 2 月 20 日　央视在《大胆闯大胆试！

我国21个自贸试验区这样发挥“火车头”作用》的新闻中报道重庆自贸试验区西永片区以智能终端产业集群为特色，年产电脑、打印机、手机、可穿戴设备1亿台件以上，笔记本电脑产量达到全球30%。

2022年2月23日　经国务院办公厅批复同意，位于重庆自贸试验区内的“重庆两路寸滩综合保税区”更名为“重庆两路果园港综合保税区”，将原两路寸滩综合保税区水港功能区调整至重庆自贸试验区果园港片区。

2022年2月26日　商务部部长王文涛调研中国（重庆）自由贸易试验区展示中心、“一带一路”商品展示交易中心、重庆翊宝智慧电子装置有限公司、重庆飞力达供应链管理有限公司。

2022年2月27日，商务部和重庆市政府签署部市合作协议，明确加大对重庆自贸试验区改革创新支持力度，赋予其更大改革自主权，因地制宜开展差别化探索；支持川渝自贸试验区协同开放示范区建设。

2022年2月28日　市政府第176次常务会议审议重庆自贸试验区贸易投资便利化改革创新措施，强调要深入贯彻落实习近平总书记重要讲话精神和党中央、国务院决策部署，结合重庆实际，加大自贸试验区改革创新力度，全面提升开放度和竞争力，加快建设内陆开放高地，更好融入和服务新发展格局。

2022年3月22日　位于重庆自贸试验区区域内的中国·重庆人力资源产业服务产业园，成功获批国家专业类特色服务出口基地（人力资源）。

2022年3月31日　重庆自贸试验区建设五周年新闻发布会召开，市商务委、市高法院、重庆海关、市政府口岸物流办相关负责人在会上介绍情况并回答记者提问。

2022年4月1日　“我最喜欢的重庆自贸试验区改革案例”评选结果发布，“铁路提单信用证融资结算”“海关特殊监管区域‘四自一简’监管创新”等十个案例获评。

2022年4月3日　中国（重庆）自由贸易试验区工作领导小组办公室印发《推进中国（重庆）自由贸易试验区贸易投资便利化改革创新若干措施》。

2022年4月11日　新加坡航空（重庆）保税航材分拨中心在重庆自贸试验区正式揭牌运营，在全国首创“以航空公司为单元”保税航材海关监管模式。

2022年4月18日　市委书记陈敏尔到重庆自贸试验区西永片区、两江片区调研开放型经济发展情况，勉励自贸试验区积极探索创新，加强与其他开放平台和区域功能互补、协同发展，不断提升开放度和竞争力。

2022年5月15日　重庆市人民政府办公厅印发《中国（重庆）自由贸易试验区“十四五”规划（2021—2025年）》。

2022年6月17日　重庆市政协副主席谭家玲率队到重庆自贸试验区两江新区、沙坪坝、西永合综税保区板块视察。

2022年6月21日　重庆市政协经济信息委与市商务委联合举办以“自贸区新高地 双循环新引擎——聚力书写建内陆开放高地新篇章”为主题的“智汇经济圈”特色履职平台第二期活动。

2022年7月11日　重庆两江新区人民法院（重庆自由贸易试验区人民法院）与四川天府新区人民法院（四川自由贸易试验区人民法院）首次联合发布“川渝新区（自贸试验区）法院涉外、涉港澳台商事典型案例”。

2022年7月22日　中山大学自贸区综合研究院发布“2021—2022年度中国自由贸易试验区制度创新指数”，重庆自贸试验区在省级排名中列第五位，在片区排名中列第十位，稳居全国第一梯队。

2022年8月5日　重庆市获得银保监会和商务部批准开展“铁路运输单证金融服务试点”，成为五个试点省市之一。

2022年8月22日　重庆海关“跨境电商零售进口商品条码应用”获批并正式上线运行，成为重庆海关经海关总署备案通过的又一项自贸试验区创新举措。

2022 年 9 月 22 日　重庆市商务委与两江新区（自贸区）人民法院签署《共同推进“司法赋能进自贸”工作机制建设合作协议》。

2022 年 11 月 3 日　市委副书记、市长胡衡华到重庆自贸试验区西永片区国际物流枢纽园区调研西部陆海新通道建设。

2022 年 11 月 3 日　重庆两江新区（重庆自贸试验区两江新区板块）获批国家进口贸易促进创新示范区。

2022 年 12 月 2 日　重庆首笔人民币自贸区离岸债券在新加坡交易所成功挂牌上市。

2022 年 12 月 13 日　重庆自贸试验区新一批（23 项）改革试点经验和最佳实践案例在全市复制推广。

2022 年 12 月 21 日　中共重庆市委六届二次全会强调，实施自贸试验区提升战略。

2022 年 12 月 28 日　市委书记袁家军、市长胡衡华到重庆自贸试验区西永片区调研推动西部陆海新通道建设并召开座谈会。

2022年中国（四川）自由贸易试验区建设概况

中国（四川）自由贸易试验区工作办公室

徐一心

中国（四川）自由贸易试验区工作办公室常务副主任

徐一心，男，汉族，1966年6月生，1986年7月参加工作，1994年5月加入中国共产党，四川省委党校经济学专业毕业，经济学学士学位。

现任四川省商务厅党组书记、厅长，中国（四川）自由贸易试验区工作办公室常务副主任。

一、经济运行数据

（一）投资情况

2022年，中国（四川）自由贸易试验区（以下简称四川自贸试验区）新设立企业48 699家，比上年下降12.2%；新增企业注册资本4 118.38亿元，比上年增长26.4%。

新设外商投资企业242家，比上年下降19.3%。合同外资金额8.09亿美元，比上年下降76.54%；外商直接投资金额11.01亿美元，比上年下降27.05%。

新设境外投资企业21家，与上年持平；新增中方协议投资额28 510.28万美元，比上年下降42.46%；区内企业中方实际投资额20 534.31万美元，比上年增长72.66%。

实现税收收入279.7亿元，比上年下降8.47%。

（二）贸易情况

2022年，四川自贸试验区货物进出口总额1 112.5亿元，比上年下降1.6%。其中，货物进口额492.5亿元，比上年下降0.1%；货物出口额620亿元，比上年下降2.7%。

（三）金融情况

2022年，四川自贸试验区新增金融机构22家，其中新增持牌金融机构22家、非持牌金融机构0家。跨境双向人民币资金池业务结算量97.52亿元，跨境人民币结算金额558.3亿元。

（四）创新情况

2022年，四川自贸试验区专利授权4 885件。

（五）其他

2022年，四川自贸试验区机场国际（地区）航线131条，旅客吞吐量1 795.1万人次，货邮吞吐量62.9万吨，起降架次14.4万架次。中欧班列（成渝）开行5 298列，与100个境外城市、30个境内城市互通。泸州港完成集装箱吞吐量19.03万标准箱，其中外贸集装箱吞吐量6.13万标准箱。

二、建设措施及成效

（一）立足自贸新阶段，加强顶层谋划设计

加大知识产权、数据流动、竞争中性等领域压力测试，研究制订四川自贸试验区《对接高标准推进制度型开放的意见》，作为未来5年指导自贸试验区建设新的纲领性文件。落实国务院办公厅《关于进一步优化营商环境降低市场主体制度性交易成本的意见》（国办发〔2022〕30号）精神，突出营商环境作为自贸试验区建设主抓手，研究起草《中国（四川）自由贸易试验区对标领航行动实施方案（2023—2025）》，进一步降低制度性交易成本，激

发市场主体活力，塑造自贸试验区竞争软实力、新优势。

（二）提升改革新动能，狠抓改革创新探索

落实国务院《关于推进自由贸易试验区贸易投资便利化改革创新的若干措施》要求，四川省政府研究制定《推进自由贸易试验区贸易投资便利化改革创新若干措施的通知》（川府发〔2022〕14号）。建立“清单制+责任制+销账制”推进模式，梳理年度重点改革任务，形成工作台账，推出12项成果推荐上报第六批国务院改革试点经验，其中6项为首次会同其他自贸试验区联合申报的经验。积极加强对上对接汇报，力争“三张清单”分类审批监管新模式等成果入选。

（三）探索放权新模式，强化改革赋能质效

在同步下放三批共146项省级管理权限到自贸试验区片区和协同改革先行区的基础上，大胆探索、创新推动四川自贸试验区“‘负面清单’+差异化”新模式放权，牵头开展可行性论证研究，研究形成相关工作方案，争取赋予自贸试验区和协同改革先行区更大改革自主权。与业务牵头部门省市场监管局加强配合，持续深化“证照分离”改革，进一步优化营商环境，激发市场主体发展活力。

（四）培育发展新动能，推动优势产业集聚

四川自贸试验区天府新区片区实施建圈强链，提升区域优势产业竞争力。打造生物医药创新链，探索开展区外现代医药保税研发，拓展进出境特殊物品“关地协同”，争取跨境电商零售进口部分药品及医疗器械，加快聚集国内外高端科研机构。做强数字贸易产业链，探索实施跨境数据流动等试点，积极发展转口贸易、离岸贸易等新模式新业态。依托国家数字服务出口基地做好网络游戏审核属地管理试点。加快发展飞机、发动机、模拟机等租赁全产业链，引进高端装备制造、航材配套等临空产业，开展航空航材保税维修业务，不断拓展保税维修目录。川南临港片区聚集产业链条发展临港经济，做强集群。围绕涉水涉港涉外产业，新签约招引年产4万吨高档铜箔项目、30万吨进口固态沥青加温储运项目等13个，签约金额84.5亿元。围绕化工新材料、高端纺织、粮油食品、电子信息、国际贸易五大产业链，着力强链延链补链。

（五）发挥协同新优势，统筹区域联动发展

着眼四川自贸试验区差异化实践任务，开展自贸协同改革联动行动。省内，有序推进两批13家协同改革先行区建设，支持建设协同改革先行区发展联盟。与综合保税区、国家级经济技术开发区、国际合作园区、跨境电子商务综合试验区实施“五区联动”，最大程度发挥政策叠加效应。四川省首个跨境电子商务零售进口退货中心仓模式在成都国际铁路港综合保税区正式投用；川南临港片区上线中国（泸州）跨境电子商务综合试验区公共服务平台。省外，会同重庆自贸试验区联合起草《川渝自贸试验区协同开放示范区深化改革创新行动方案（2023—2025年）》，重点推动中欧班列跨省域共商共建共享合作机制、“关银一KEY通”川渝一体化模式、川渝自贸试验区区域司法协同合作创新、成渝地区双城经济圈一体化税收管理模式等制度创新。与山东等沿黄九省（区）积极筹建黄河流域自贸试验区联盟；与湖南等中西部十省（自治区、直辖市）自贸办共同签署《中西部自由贸易试验区协同开放发展合作协议》；与云南等五省市自贸试验区共同推动中老铁路多式联运“一单制”和单证物权凭证功能改革试点落地落实。

（六）强化履职新支撑，完善推进保障机制

结合新阶段自贸试验区建设新任务新要求，制定进一步加强和改进四川自贸试验区推进工作机制的意见和容错纠错工作办法，修订完善自贸试验区和协同改革先行区工作评价办法，完善督查体系和督查办法，强化考核激励，加强工作评价指标体系规范性、实用性、导向性建设。修订四川自贸试验区统计报表制度，形成《中国（四川）自由贸易试验区统计报表制度（修订）》并印发实施。召开完善海关统计系统会议，补登681家外贸企业数据，数据调整后，2021年自贸试验区进出口额占全省比重提升2.2个百分点。

三、创新成果及案例

案例1：创新“三项改革”套餐式系统集成准入准营审批模式

主要做法：

出台《市场主体准入准营系统集成改革试点方案》，推出“准入即准营”“承诺即准营”和“行业综合许可”三张清单，重构审批流程，精简审批材料，压缩审批环节和时限，实现准入快、准营易。

简易事项“准入即准营”。对申报材料简单、无须现场审查的10个简易事项，实行“准入即准营”。一是“证照同办、即到即批”。在办理营业执照的同时，对关联事项实行“同步受理、当场发证”，办理环节压缩至1个，由“多窗跑”变为“一窗办”。二是“信息共享、多证合一”。将一般经营项目涉企证照事项同步整合到营业执照上，实行“多证合一、一照一码、领照即营业”。三是“一证通办、一照通办”。公布简易事项“一证通办、一照通办”办事指南，实现148个事项仅凭当事人身份证或企业营业执照即可办理。

一般事项“承诺即准营”。对通过事中事后监管纠正不符合审批条件的29个一般事项，推行告知承诺制改革，申请人作出承诺并提交相关材料即可当场获得许可。一是事前定标准。制定工作规程、办事指南、文本模板、监管办法，明确办理条件、不实承诺应承担的责任、事中事后核查的标准和方式。二是审批重承诺。申请人承诺符合审批条件并提交相关材料，审批部门当场做出行政许可决定，许可事项平均办理时间由20天压缩为当场办结。三是事后强监管。依托“互联网+监管”平台，建立审管联动机制，推进审批、监管、执法信息互通互联。实施“一单四库”双随机监管，信用分级分类监管，形成市场监管全流程闭环管理新模式。

复杂事项“一证即准营”。将企业办理频次高、审批环节多、资格条件要求相对较高且涉及多个部门的32个行业审批纳入综合许可。一是分类定制、一次告知。根据群众办事习惯和办理频次，对涉及多个部门审批的事项按照行业分类，第一批已梳理公布套餐式清单96个，个性化定制办事指南，实现一次性告知。二是再造流程、一次申报。设置服务专窗，实现“一窗申报、并联办理、一窗发证”。精简办事材料，申请表单由原来的103套减少为32套，办理环节压缩至平均1个。三是同一现场、一次勘验。对需要现场勘验的事项，制定跨部门行业综合许可勘验标准，实现多个事项一次踏勘、整改意见一口告知、整改情况一趟复审。

实践效果：

通过套餐式准入准营服务，形成准入准营“三张清单”，将传统的以“部门为中心”单个事项审批，转变为“以企业为中心”按行业集成化整合审批，实现“证照同办”“证证同办”。涉企许可审批环节平均由3.2个减为1个，申请材料平均由22个减为15个，平均跑动次数压减到0.2次以下，实现市场主体最快2小时取证营业。

案例2：医疗机构全生命周期数字化监管机制

主要做法：

一是破除行政审批、医政管理、卫生监督执法间的“信息烟囱”系统壁垒。对新建医疗机构审批（备案）同时发放机构二维码和医务人员数字证书，同步获取医疗机构审批系统、医师和护士注册管理系统数据，自建信息系统对接国家、省、市卫生监督执法系统、医师和护士注册管理系统和医疗机构审批系统，破除“信息烟囱”系统，实现一个系统管全程，“事前、事中、事后”有机衔接，形成医疗机构全周期大监管格局。

二是搭建诊疗机构、医务人员和其他医疗审批（备案）等大数据库。将涉及医疗机构的所有审批事项（放射许可、精神药品和麻醉药品许可、医疗广告审批、互联网医院和互联网诊疗服务审批、医师护士注册等）和医政管理事项全部纳入内部平台，建立医疗机构“一户一档”大数据库。通过大数据库将医疗机构、医护人员线上线下医疗行为数据进行实时监控与分析，结合医护人员数字身份认证与执业行为的监管机制，实现监管有迹可循、多点执业可管可控、预警智能化、执法精准化。

深度挖掘大数据平台潜力，建立医疗机构全生命周期监管档案。利用医疗机构、医师、护士等备案信息为索引，为每个医疗机构建立医政、卫监数据全生命周期监管档案，运用“互联网+”、大数据等新兴技术，实现审批（备案）、医政管理、卫生监督、投诉整改、执法处罚等全生命周期监管数据的汇集，建立信用评价制度，运用黑白名单管理机制，为卫生行政管理部门对医疗机构的精准管理提供支撑。

借助大数据平台形成执法部门和社会公众共治格局。对执法人员，运用标准化监督执法路径、全程音视频、AI智能辅助等多种方式，实现对执法全程实时跟踪管理，使执法更规范。通过教学视频、在线培训、法律法规字典等多种方式，提高执法人员业务能力和执法水平，加强监督专业性。对社会公众，直接扫描机构二维码即可查看机构和医务人员资质信息，进行医疗信息公示、患者反馈评价和在线投诉，实现社会监管共治。

实践效果：

提高办事效率。实现审批事项全程“一网通办”和“掌上办理”，诊所等医疗机构的审批 1 个工作日即可完成，办事人员不再需要到窗口即可取得医疗机构执业许可证。

提高监管水平。通过平台融合实现由原来 147 家到全区现有医疗机构的信息化监督全覆盖。每日处理多达 15 余万条线上线下医疗行为数据，通过违规预警监督检查发现违规违法行为，精准执法正逐步发挥作用。通过信息化手段优化工作流程、强化执法人员监督能力，监督执法效率显著提高，以往持续 2—3 个小时的日常监管缩减到现在 1 个小时。

促进行业发展。基于一户一档的全周期监管机制，综合运用不良行为记分、信用激励和信用惩戒等，促进医疗机构依法执业、规范经营，为医疗卫生行业健康发展营造良好市场环境。

案例 3：创新陆路运输“一单制+银担联合”全程货押融资模式

主要做法：

以集装箱为单元建立“移动监管仓库”。陆港公司以集装箱为单元作为“移动监管仓库”，建立货物从境外接收、班列运输、运抵口岸、清关、运输至仓库、放货全流程监控机制，签发“门到门”多式联运“提单”。通过对“移动监管仓”的高效监管，打破了传统模式下仅针对站到站运输、现货仓单融资等单个交易环节融资局限，将同批货物一次性设定货权质押贯穿贸易全链条，为金融机构探索对陆路贸易全程物流金融模式创新解决了基础性问题，延伸了银行机构对企业融资需求的服务周期。

多方合作构建陆上贸易融资新机制。依托多式联运“提单”全程控货优势，成都国际陆港运营有限公司（以下简称陆港公司）与中国银行成都青白江支行、成都新怡融资担保有限责任公司等金融机构合作，多方参与协同打造“一单制+银担联合”新模式。陆港公司对中欧班列在途货物签发多式联运“提单”并打造全程物流监管平台，企业以提单项下货权作质押向银行申请贷款融资，并由担保公司提供第三方担保。通过多方合作，有效解决了中小贸易企业因缺乏担保物而授信难的问题。同时，针对国际班列木材专列等周转快、运量大的大宗产品特点，在授信额度内可实现循环质押融资，极大缓解了企业资金占用压力。

建立风险分担机制，完善风险管理闭环。引入第三方货物处置公司，建立多方参与的市场化风险分担机制，完善监管闭环。当发生弃货时，第三方货物处置公司提供风险兜底，开展违约货物处置，化解金融机构对信贷风险的“后顾之忧”，助力金融机构积极创新并降低信贷门槛，为中小贸易企业提供更大支持。

实践效果：

一是破解中小贸易企业融资难题。自陆港公司与中国银行成都青白江支行、成都新怡融资担保有限责任公司合作以来，已通过“一单制+银担联合”累计为各类企业实现融资 9 526.82 万元，融资费率 5.24%，有效解决了中小贸易企业融资难题。

二是拓宽金融机构获客渠道。对于银行、担保公司等金融机构而言，通过“一单制+银担联合”创新整合资源，突破了传统信贷模式，降低了中小企业信贷风险，不仅提高了金融机构获客能力，还为外贸提质增效提供基础，让低成本资金参与供应链流转，支持中小企业的发展，切实履行支持小微企业、支持普惠金融的社会责任。

案例 4：多层次可视化“智能问税”新模式

主要做法：

双系统协同办税，创新打造“可视化体系”。一是建立“多路智能电话呼叫系统”，实现“一个服务号码、十路同时接入”，解决因咨询较多造成的服务电话占线、服务效率不高等问题。二是建立“智能问税远程协助系统”，创新构建可视化辅导体系，解决表格填报、系统操作等语言沟通困难。

组建“1+2”专业服务团队，构建多层次辅导体系。组建“呼叫中心+第三方社会财税专业人士+税务系统专业人员”的“1+2”专业服务团队。一是选取业务骨干组建“智能问税呼叫中心”，受理纳税人咨询，对问题进行分级分类推送。二是引进第三方社会财税专业人士。首创“借力社会力量服务政务咨询”模式，组织专业基础扎实、实践经验丰富的财税人员，为纳税人解决系统操作等难题。三是部门协同联动辅导。将呼叫中心无法解答的税务疑难问题转接至由各业务科室骨干组成的专家团队处理。

收集整理纳税人需求，制定标准化服务规范。一是启用语音评价定期抽查功能，收集纳税意见，跟踪服务人员解答准确性。二是制定“智能问税”服务规范，确保电话转接、语音沟通、意见回复等动作规范准确。三是每日梳理咨询热点并纳入知识库，开通自助查询和知识导图功能。四是将原有 QQ 服务号、成都税务号、短信平台等载体统一纳入呼叫中心统筹使用，及时推送最新政策、操作规范等内容。

实践效果：

一是接通率大幅提高。“智能问税”项目实施以来，四川自贸试验区青白江片区税务咨询电话接通率 100%，征期日均接听量 463 个，满意度 100%。

二是响应时间极大缩短。“1+2”专业服务团队组建以来，实现“一般事项当场响应，疑难事项极速响应，特殊事项必有响应”，响应率 100%，响应时间明显缩短。

三是服务效能显著提升。构建多层次智能问税辅导体系，统筹部门内部服务架构，充分利用社会资源，解决了企业纳税咨询服务资源紧张等问题，通过“小切口”打通服务企业“最后一公里”，拓展了纳税人享受专业服务的路径。

案例 5：进口特殊物品“关地协同”监管新模式

主要做法：

一是前端核查保真实，园区承诺增信心。发挥产业园区服务企业、熟悉企业的优势，严格按照海关对企业进口特殊物品的资质要求，通过“线上数据调取、线下现场审核”两个途径，对企业的设立经营、证照资质、实验室等级、生物安全管理规范、应急处置预案等 32 项“静态”信息予以采集核查，形成合规企业“白名单”，并通过“园区承诺”形式予以背书，大幅节约海关通过现场、电话、互联网等途径进行涉企信息核查的时间成本。

二是中端平台链环节，全程覆盖扫盲区。搭建关地企三方共享的信息平台，企业作为信息主要提供方，需及时将处理进口特殊物品的6大重点环节、15项关键信息，如销毁废弃物的视频或委托第三方合规处理的文件“云”上传，海关及卫生健康等地方职能部门通过平台查询，即可实时知晓研发活动进展及特殊物品状态，解决过去监管有盲区、有滞后等痛点。

三是末端复验防风险，正反激励强责任。在强调企业主体责任的同时，卫生健康、环保等地方职能部门依据平台掌握的动态信息，针对性地加强对进口企业的现场核查与督导，对入境特殊物品处理方式与平台申报信息一致的企业予以加分，对虚假填报、违规使用、防控不当的企业予以减分，相关信息同步上传至平台，作为海关等关联监管部门下步分级分类给予审批和通关便利化措施的重要参考依据，有效激发了企业合规经营的主动性。

实践效果：

一是企业进口物品时间大幅压缩。通过地方政府主动参与进口特殊物品的前置审批、后续监管，以及关地企三方信息互通平台的搭建，实现“不见面”即可“全链条”“可视化”监管，为海关审批提供及时、可靠、全面的信息支撑，有效增强了海关审批信心。园区企业进口中低风险特殊物品的审批时间已从过去2—3周大幅压缩至3—5天，百利天恒药业、科伦药业等企业新药研发效率得到明显提高，与国际新药研发网络的联系更加紧密。

二是生物安全防范能力显著提高。温江协同改革先行区各类企业机构现有30余家二级生物安全实验室，生物安全防控压力较大。过去卫生健康等职能部门主要以“双随机、一公开”模式开展监管，存在重点不突出、人力耗费大等问题。通过协助海关监管进口特殊物品，职能部门对实验室监管的针对性和有效性明显增强。同时，信息平台不仅打通了关地信息壁垒，也实现了卫生健康、市场监管、环保等职能部门的无缝对接，有利于形成监管闭环。

案例6：智慧评标“五化”新模式

主要做法：

评标工位独立化。将150平方米传统评标室改建为拥有36个独立工位的评标大厅，各工位配备摄像头和话筒，并以半透明玻璃隔断，评审专家进入工位即与其他专家相互“隔离”，解决了传统模式下专家不受外界干扰但相互之间可干扰的问题。

专家派座随机化。定制开发评标服务管理系统，按照同一项目评标专家不相邻的原则随机派座，实现同一项目评标专家不见面、不相邻，解决了传统模式下专家自主选座易“相互串通”的问题。

评标会商在线化。以在线交流取代“面对面”交流，评审专家通过音视频互动，所有过程同步存档并保存十五年，解决了传统模式下专家“咬耳朵”式交流无法被现场监控拾音设备收录的问题。

评标监督智能化。监督人员可在线观看收听评标全过程，专家不会察觉监督人员的存在，但一言一行均在监督人员掌握中，解决了传统模式下现场监督可能干扰正常评标，以及监控室观看实时画面无法及时制止信息传递的问题。

异地评标常态化。与重庆永川、江苏江阴、达州等地交易中心签署《异地远程评标区域合作框架协议》，借助外地专家资源实现异地评标常态化，解决了传统模式下本地专家因“圈子小”导致的“熟人效应”“利益联盟”等问题。

实践效果：

一是让场内评标专家“独立评标”成为现实。线下“不见面”评标实现了评标专家的物理隔离和在线会商，化解了专家间相互干扰风险。异地远程评标避免了“熟人效应”，增加了投标人围猎评标专家的难度，让“有想法”的代理机构无从提前联系、勾兑专家。新模式推行以来，评标质疑率下降35%，项目废标率下降45%，有效促进评标过程公平、公正。

二是让场外对评标全程全方位监督成为现实。整个评标过程即时在后台共享，既有场内业主的现场在线监督，也有纪委、发展改革委等部门的远程即时监督，对“有想法”的专家形成有效震慑，现场违规现象明显下降。

三是让提升评标保障能力成为现实。传统模式下150平方米大厅最多同时容纳5个项目开展评审，新模式下按小规模项目需3名专家计算，36个工位可同时评审12个项目，若每个项目使用1—2名异地专家，场地容纳能力将提升至原来的3—7倍，“项目等场地”变为“场地等项目”。

四、四川省政府及相关部门出台的政策措施

（一）《四川省商务厅关于印发〈关于促进跨境电商零售进口健康快速发展的重点举措〉的通知》（川商贸创〔2022〕6号，2022年4月20日）

（二）《四川省人民政府关于印发推进自由贸易试验区贸易投资便利化改革创新若干措施的通知》（川府发〔2022〕14号，2022年5月12日）

五、大事记

2022年1月19日　四川省陆海新通道发展有限公司在四川自贸试验区天府新区片区正式成立，是一家为高水平共建西部陆海新通道，推进物流产业高质量发展的央地跨省合作平台企业。

2022年2月　最高人民法院发布“人民法院服务保障自由贸易试验区建设典型案例”和“人民法院服务保障自由贸易试验区亮点举措”。四川省高级人民法院民事审判第三庭审结的一起涉外担保合同纠纷案入选典型案例，四川自贸试验区人民法院构建的成渝地区深化自贸试验区司法协同创新、四川天府新区法院构建商事争议调解中心双轨调解机制两项举措入选亮点举措。

2022年4月20日　中国（四川）自由贸易试验区广安协同改革先行区正式揭牌。

2022年5月10日　全国首列采用进境“铁路快通”新模式的中老班列顺利抵达位于四川自贸试验区青白江铁路港片区的成都国际铁路港，并完成所有清关程序，标志着中老班列正式迈入“铁路快通”时代。

2022年6月　中欧班列（成渝）累计开行量突破2万列大关，成为全国中欧班列发展史上的重要里程碑。

2022年7月6日　四川省商务厅副厅长陈友清主持召开四川自贸试验区建设专题会议，传达学习四川自贸试验区暨综合保税区建设推进会议精神，听取四川自贸试验区各片区（区块）和自贸区协同改革先行区上半年工作推进情况，研究当前重点工作。

2022年7月11日　重庆两江新区人民法院（重庆自由贸易试验区人民法院）与四川天府新区人民法院（四川自由贸易试验区人民法院）通过视频连线联合举行新闻发布会，分别通报两地法院涉外商事案件审判情况，并首次发布“川渝新区（自贸试验区）法院涉外、涉港澳台商事典型案例”。

2022年9月19日　首列卢森堡、波兰混编“欧洲通”班列从位于四川自贸试验区青白江铁路港片区的成都国际铁路港驶出，是中欧班列（成都）“欧洲通”班列品牌的又一有力补充，可通过马拉舍维奇站点辐射波兰腹地及部分中欧国家（地区），可通过波兹南站点辐射波兰西部及德国东部、南部地区，并通过波兹南连接卢森堡。

2022年10月30日—11月2日　四川省商务厅党组成员、四川自贸办专职副主任吴舸带队赴云南昆明参加中老铁路多式联运“一单制”研讨会，并代表四川自贸办在会上签订《中老铁路多式联运“一单制”协同开放发展合作协议》。

2022年11月30日　成都国际班列老挝万象、越南河内两个南向通道境外运控中心正式挂牌成立并投入运营，标志着成都国际班列进一步完善了南向大通道运行机构，实现境外班列服务“零时差”。

2022年12月3日　中老铁路开通运营一周年之际，一列满载电动自行车、石材、瓷砖、灯具等

出口商品的国际货运列车从成都双流出发，发往老挝首都万象。这是中老铁路开通以来，首次将区块链技术应用到国际联运链条当中。

2022 年 12 月 12 日　中国人民银行成都分行、国家外汇管理局四川省分局在成都市启动本外币合一银行结算账户体系试点工作。四川自贸试验区天府新区片区高新区块内企业——成都市永力创科技有限公司，成为四川省首批本外币合一账户开立企业。

2022 年 12 月 21 日　泸州第十列中欧班列顺利从泸州港站开出，该趟班列首次接收来自南向通道的货物，证明泸州中欧班列影响范围越来越大。

2022 年 12 月 27 日　由四川天府新区人民法院（四川自由贸易试验区人民法院）打造的全国首家户外一站式、便捷化、家门口 24 小时自助法院——e 法亭 2.0 版在成都莱普敦中心正式投入使用。

2022 年 12 月 29 日　成都国际铁路港，装载着家电、百货等川内本地货物的中老铁路（成都—万象）国际班列发车，该趟班列将经由新成昆铁路衔接中老铁路，这也是新成昆铁路全线通车后，成都首趟通过新成昆铁路运输的中老国际班列。

2022年中国（陕西）自由贸易试验区建设概况

中国（陕西）自由贸易试验区工作办公室

杨 淼

中国（陕西）自由贸易试验区工作办公室主任

杨淼，女，汉族，1973年5月生，福建平潭人，1995年7月参加工作，研究生学历，管理学硕士学位，民建会员。

现任陕西省商务厅厅长，中国（陕西）自由贸易试验区工作办公室主任。

一、经济运行数据

（一）投资情况

2022年，中国（陕西）自由贸易试验区（以下简称陕西自贸试验区）新设立市场主体44 232家，比上年增长32.41%，新增注册资本1 586.77亿元，比上年增长21.85%。其中，新设立企业26 532家、增长48.85%，新增企业注册资本1 581.23亿元、增长21.84%。

新设立外商投资企业165家，比上年下降13.16%，外商投资企业注册资本6.95亿美元，比上年下降18.43%。合同外资金额4.41亿美元，比上年增长589.06%，实际使用外资金额5.64亿美元，比上年增长31.78%。

新设立境外投资企业（备案境外投资机构）14家，比上年增长133.33%；新增中方协议投资额8 235.43万美元，比上年增长1 646.94%；区内企业中方实际投资额7 854.78万美元，比上年增长623.01%。

（二）金融情况

2022年，陕西自贸试验区跨境人民币结算额576 269万元；跨境双向人民币资金池业务结算量7 189万元。截至2022年底，人民币资金池2个。

（三）人文交流情况

2022年，陕西自贸试验区开展国际农业合作培训15 445人次，比上年增长29.59%；新增国际农业合作平台1个，新增国际农业合作园区1个，新增中外合作办学2个。

（四）枢纽功能情况

2022年，按中国铁路西安局集团有限公司折算列口径统计，陕西省从西安国际港务区新筑站实际发出的国际班列共2 488列，比上年增长9.65%。实际发出的国际班列集装箱运量204 085.5标准箱。国际（地区）货运航班2 422架次，比上年下降36.41%；咸阳机场国际（地区）航线货邮吞吐量5.61万吨，比上年下降25.7%。

（五）规模以上企业发展情况

2022年，陕西自贸试验区规模以上企业1 329家，比上年增长10.75%；期末从业人员24.79万人，增长2.4%；规模以上工业总产值2 435.66亿元，增长4.66%；资质以上建筑业总产值547.14亿元，增长26.11%；限额以上批发和零售业企业商品销售额4 153.37亿元，下降14.81%；限额以上住宿和餐饮业企业营业额13.83亿元，增长9.76%；规模以上服务业企业营业收入853.3亿元，增长9.29%。

二、建设措施及成效

2022年，陕西自贸试验区深入贯彻落实习近平总书记关于自贸试验区建设重要指示批示和来陕考察重要讲话重要指示精神，按照省委、省政府工作部署，紧扣战略定位，坚持以制度创新为核心，以可复制可推广为基本要求，在深化改革、扩大开放、促进产业发展、服务国家战略等方面取得了一定成效，进一步发挥了改革开放试验田作用。2022年以来累计形成96项创新案例，其中4项改革创新经验在全国复制推广，15项“最佳实践案例”在全省复制推广。

（一）扎实推进制度创新，持续释放改革红利

一是深化跨区域、跨部门、跨行业集成创新。制定《中国（陕西）自由贸易试验区工作专题组2022年改革事项清单》，从行政审批、投资改革、贸易发展、通关便利、人文交流等九方面确定37项重点改革事项。其中创新出口退税政策、探索保税维修业务新模式、探索影视出海新模式、秦创原精准法律服务模式、国际快件和跨境电商业务集约通关新模式等集成性创新取得明显成效。《陕西自贸试验区建设“一带一路”跨国农业全链条发展体系，着力保障粮食安全》创新案例被国务院自由贸易试验区工作部际联席会议简报刊发在全国复制推广。

二是推进新业态、新模式突破性创新。制定出台《推进陕西自由贸易试验区贸易投资便利化改革创新若干措施》，重点开展“两头在外”保税维修、加快推进多式联运“一单制”等19项新业态、新模式创新。“陕西自贸试验区积极探索服务型制造发展新模式”被国务院自由贸易试验区工作部际联席会议简报刊发在全国复制推广。

三是聚焦重点领域改革创新。围绕贸易便利、金融服务、共建“一带一路”、现代农业产业发展等领域推出多项改革举措。在西安港率先实施“铁路快速通关”业务，推出集拼业务“先报关、后装箱”模式改革，集拼出港企业通关时效提高2—3天；在航空口岸持续开展机坪“直提直装”新模式，实现国际货物24小时“随到随提、随到随装”。建成全国首家“硬科技支行”，探索推出“技术交易服务贷”“高新贷”等差异化特色信贷产品。“探索国际教育创新发展新模式”在全国复制推广，“数字化农业经济发展新模式”“多元化农业保险助推现代农业发展”等创新案例在全省复制推广。

（二）全力优化营商环境，市场活力加速迸发

一是政府服务效能不断提升。深化“证照分离”改革，持续推进“证照联办”“一业一证”改革，探索实行证照联办“五个一”新模式，在全省率先开展市场主体歇业备案业务，让经营困难的市场主体有了“缓冲期”。大力推行全程网办，开展“不见面开标、电子保函”招投标模式。持续推进工程项目审批改革，实施区域评估和审批告知承诺制、联合验收等创新措施，实现交房即交证、拿地即开工。

二是通关效率明显提升。推动航空、铁路口岸场站作业流程标准化建设，持续拓展国际贸易“单一窗口”功能，主要业务覆盖率达100%。在常态化疫情防控形势下，积极开辟绿色通道，采取非接触式办公等方式，助力“陕西制造”化妆品首次出口美国。

三是法治自贸建设深入推进。在陕西自贸试验区设立西安知识产权法庭，建设中国（陕西）知识产权保护中心，10余个涉外法律服务机构相继落地，“一带一路”国际商事法律服务示范区加快建设，多元化纠纷解决机制逐步建立。

四是人才发展环境不断优化。持续优化外国人来华工作许可及流程，鼓励优秀外国留学生毕业后直接在陕西自贸试验区工作。设立人才驿站，颁发陕西省首张外国人才创业工作证。秦创原人才大市场揭牌，搭建“外国专家书屋”和“西安海外人才发展促进中心理事单位”等平台，充分释放人才红利、助力企业发展。

五是金融服务实体经济成效初显。推进中欧班列长安号数字金融综合服务平台项目二期建设，为企业提供融资贷款52.5亿元。丝路国际保理平台发放国际保理美元融资款2 200万美元。推出“科创票链通”融资服务模式，探索构建“科技企业创新能力评价体系”和“秦创贷科技金融服务体系”，搭建京陕“双区联动”的“科技金融超市”。中国银行自贸支行获批跨境人民币结算示范行，上线启动本外币账户一体化管理平台。建成全国首家“硬科技支行”。

（三）发挥通道平台优势，开放型经济发展稳中向好

一是开放通道建设成效显著。持续推出一系列创新举措，助推中欧班列西安集结中心加快建设，西安港成功获批全国首个内陆港口启运港退税试点，中欧班列“长安号”常态化运行国际干线拓展至17条，“+西欧”集结线路增加至17条，2022年6月首开互联互通班列，东西向的亚欧陆海贸易大通道与南北向的西部陆海新通道在自贸试验区实现交汇。2022年，中欧班列“长安号”累计开行4 639列，比上年增长20.8%。发挥自贸试验区第五航权政策优势，先后开通“首尔—西安—河内”等4条第五航权客货运航线。新开通“西安—大阪”等4条全货运航线，累计开通全货运航线42条，其中国际航线23条。

二是开放平台统筹发展稳步推进。加强自贸试验区与综合保税区、经开区等开放平台统筹发展，制定出台《推动海关特殊监管区域与中国（陕西）自由贸易试验区统筹发展若干措施》，开放平台综合效能不断增强。西安高新综合保税区建立智能关务中心，推动区内企业报关效率提高95%以上，2021年度绩效评估结果位列A等，实现陕西省综合保税区全国排名A类“零”的突破。空港综合保税区落地首单增值税一般纳税人资格试点业务，推进“两头在外”保税维修业务。杨凌综合保税区（一期）正式通过海关总署验收并启用。中国邮政速递物流西北（西安）航空电商物流中心项目一期建成投用，落地全省首个国际邮件、商业快件、跨境电商“三关合一”的海关监管场地——陕西邮政西安国际邮件互换局暨中国（西安）邮政跨境电商产业园。中国（西安）跨境电子商务综合试验区建设成效显著，中欧班列长安号全国跨境电商集结中心建设提速，在德国法兰克福等地设立9处海外仓，在全国率先开展跨境电商散货铁路集拼业务，菜鸟跨境电商西北区域保税仓投入运营。

三是外向型经济不断发展壮大。全面落实外资准入前国民待遇加负面清单管理制度，引入全省首家外商独资演出经纪公司，建立全省统一的外商投资公共信息服务平台，完善知识产权保护工作机制，瞄准国内外领军企业，吸引三星二期、法国达能、西门子创新中心、东航赛峰起落架维修等一大批外资企业、项目在区内聚集。陕西自贸试验区已成为全省外向型经济发展的主阵地、全省稳外贸稳外资基本盘的重要支撑。

四是特色优势产业集群加快形成。陕西自贸试验区各功能区聚焦产业定位和比较优势，积极引大招强，延链补链强链，实现错位发展。高新功能区三星、美光、奕斯伟等龙头企业引领电子信息产业规模不断壮大，经开功能区打造以轨道交通装备、输变电装备等为主的高端装备产业集群，国际港务区功能区融资租赁企业占全省的70%以上，浐灞功能区做大做强会展产业，探索会展产业链发展新模式，西咸新区丝路经济带能源金融贸易功能区招引聚集中石油中原港务能源贸易结算中心、中能建业等能源贸易企业，陕西自贸试验区杨凌片区坚持“龙头引领—链式集聚—集群发展”模式，加快现代农业、生物医药、农产品加工、涉农装备制造、农业科技服务业等产业聚集发展，“杨凌农科”品牌已成为国内外农业科技领域的一张靓丽名片。

五是新业态、新模式迅速发展。空港新城功能区2022年临空经济规模突破百亿元，沣东新城功能区培育“检验检测+高端装备制造、生物医药、智能设备、5G车联网”等新模式，国家文化出口基地、西安国家数字出版基地等聚集一大批数字文创企业，“全球云端”零工创客共享服务平台累计实现交易量3.96亿，秦汉新城功能区建成西北地区最大的微生物测序中心，年总产值突破了1亿元人民币。

（四）服务国家战略，“一带一路”经济合作与人文交流取得新进展

一是国际产能合作持续深化。推广“一园两地”新模式，中俄丝路创新园中方园区不断深化陕西对俄合作桥头堡作用，承办第五届中俄工业创新大赛等对外交流活动，俄方园区累计招商入园企业30家，其中陕西企业21家。中欧合作产业园一期聚集了德国博世、法国阿尔斯通、瑞士布勒等欧洲企业投资的9个产业项目。建成西部首个能源类特色供应链合作平台，西安爱菊粮油工业集团有限公司、隆基绿能科技股份有限公司等企业在海外设立生产基地，西安天隆科技有限公司向日本等10余个国家提供新冠病毒检测设备试剂。

二是现代农业国际合作稳步推进。上海合作组织农业技术交流培训示范基地建设稳步推进，总投资4亿元的上合组织现代农业交流中心建成投用，成功举办上合组织国家扶贫干部培训，受到外交部肯定。杨凌国际农业科技创新港聚集11家国际合作研究机构和外资企业，相继成立种业、果业、耕地保护与质量提升、农机装备制造、畜牧、食品工程6个农业产业创新中心，在美国等国建设6个现代农业示范园区。

三是科技教育文化卫生交流合作亮点纷呈。在全球设立离岸创新中心等平台，出口技术3 000余项，实现技术出口额56亿美元，累计落地20余个海外高科技创新项目，吸引外籍人才1 000余名。成立丝绸之路大学联盟和“一带一路”职教联盟，国际汉唐学院、中国书法学院等相继落地。建成丝绸之路文物考古中心、“一带一路”语言服务及大数据平台，丝路国际文化艺术中心建设完工，西安领事馆区对外窗口加快建设，打造《驼铃传奇》《西安千古情》等演艺文化IP，“丝绸之路国际电影节”等影响力不断提升。在“一带一路”沿线国家设立4个“中医脑病诊疗中心”，推动中医药治疗方案和特色产品服务“走出去”。

（五）深化区域协同，辐射带动作用不断彰显

一是持续推进省内联动发展。推动陕西自贸试验区与秦创原相互赋能，规划建设秦创原先导区自贸蓝湾，建成空港国际商务中心等项目。陕西自贸试验区杨凌片区推动杨凌综合保税区和韩城黄河金三角保税加工基地合作，推动异地保税等业务。

二是深化与兄弟自贸试验区交流合作。与中西部5家自贸试验区以及6家地方铁路局集团签署中老铁路多式联运“一单制”合作协议。与山东自贸试验区青岛片区等签订“云端自贸审批互助联盟”政务服务“跨域通办”合作协议，合作单位涵盖10个省区市19个自贸片区，跨省通办覆盖范围进一步扩大。与北京自贸试验区科技创新片区开展跨区域创新合作，为两地科技创新企业提供一站式、全生命周期的金融服务。

三是加快与外省区协同发展。加入黄河流域自贸试验区联盟，与青岛、烟台、济南等沿黄流域9省（区）25个经济功能区协作，开展知识产权协同保护、行政审批一体化跨域通办、跨境贸易便利特色平台等服务合作，赋能黄河流域高质量发展。与北京自贸试验区科技创新片区开展跨区域创新合作，为两地科技创新企业提供一站式、全生命周期的金融服务。与云南、四川等5个自贸试验区以及中国铁路地方局集团探索推进中老铁路多式联运“一单制”改革创新。

三、创新成果及案例

案例1：深耕“两链融合”加速产业聚集

陕西自贸试验区西安经开区功能区通过大中小企业融通型特色载体建设，依托区域龙头企业带动和产业创新联盟，围绕做大做强商用汽车、新材料新能源等特色产业集群，加速“两链”融合和大中小企业融通发展。

主要做法：

一是依托支柱产业链主企业，带动全产业链创新能力提升。西安经开区功能区围绕创建“秦创原先进制造业和科技创新融合发展示范区”，结合区内现代产业体系建设和硬科技产业发展实际，以增强企业自主创新能力为核心，大中小企业融通生态为特色，围绕汽车、高端装备制造、新材料新能源、电子信息4大支柱产业，引导链主企业开展秦创原创新（研发）中心、展示中心试点工作，建立全产业链协同机制，提升产业链上下游企业创新能力。

二是研究产业现状，着力构建优势产业创新链。依托产业集群和龙头企业，构建产业链；依托骨干企业建设十大创新平台和十大工业互联网平台，布局创新链。引导陕汽控股集团、隆基绿能、华天科技、中车永电、西部超导、天隆科技、大医集团等行业龙头和骨干企业参与到不同层级的产业创新布局，强化企业创新主体地位，发挥重大创新平台的辐射带动作用。

三是以需求为导向推进产业链创新链融合发展。依托科研机构和创新企业，围绕创新链布局产业链。推广西北有色金属研究院科技成果产业化模式，瞄准国家战略性需求，实现产品自主研发、技术可控、更新换代，辐射带动上下游产业链聚集发展，目前已形成新材料产业集群；强化商用汽车协同研发与生产运营的数字化、智能化、网联化、轻量化以及新能源化，加速整合各类技术和创新要素，支持以陕汽集团为引领，组织大中小企业开展协同融合型技术创新，集群化聚集汽车领域上下游产业链、创新链、供应链和服务链，挖掘后市场服务价值，打造两链融合发展的生态体系。

四是培育两链融合下企业生态系统。着力瞄准主导产业和硬科技产业，培育大中小企业成长梯队。不断完善科技型中小企业、硬科技小微企业、高新技术企业、小巨人企业、瞪羚企业、独角兽企业、上市和拟上市企业的科技企业成长梯队。重点培育集聚创新创业人才、颠覆性技术创新成果、金融资本等创新要素、具有较高影响力的独角兽企业。深入实施“龙门行动”，加大对科技创新型企业科创板上市扶持力度，形成梯队式、动态化、可持续的企业上市培育机制。

实践效果：

一是形成产业聚集发展平台。通过积极参与秦创原建设，打造横跨西安经开区、渭北新城、阎良区的“秦创原先进制造业示范带”。已经形成了汽车、装备制造、新材料新能源、电子信息等主导产业，正在构建人工智能与机器人、分布式能源与储能、增材制造与再制造、大数据与云计算、生物科技与医疗健康等新兴产业。

二是形成企业发展创新及人才储备平台。建立国家级中小企业公共服务示范平台3家，省级8家，市级17家；国家级小型微型企业创业创新基地3家，省级4家，市级1家。拥有各类平台及称号487个，创新创业载体35家；设立院士工作站18家，留学生创业园、博士后科研工作站5个，企业研发人员4万余人。

三是形成企业分级辅导机制。培育拥有国家专精特新“小巨人”企业15家，陕西省“专精特新”中小企业50家。形成了大、中、小有序衔接的科技企业成长梯队，拥有科技型中小企业1 110家，高新技术企业588家，瞪羚企业42家，科技“小巨人”企业169家，市级“独角兽”成长和种子企业2家，上市企业9家，西部超导、凯立新材料在科创板上市。区内企业累计参与或主导制修订国际、国家及行业标准229件，获得省级以上科学技术奖122项，专利申请量累计超6万件，专利授权数累计2.9万件，《专利合作条约》（PCT）达100件。作为国家科技部首批“技术转移服务试点单位”，年技术交易额超120亿元。

案例2：创新水土保持“区域评估+告知承诺制”模式

为深化“放管服”改革，加快工程建设项目落地，陕西自贸试验区西咸新区空港新城功能区根据新城土地利用规划、控制性详细规划，结合近5年可用土地指标预估，在全省率先启动水土保持区域评估新模式，将原先建设项目水土保持评估由单体评价转变为整体把关、申请后评估评价转变为申请前服务，各部门互认区域评估结果，最大限度优化审批流程，压缩审批时限，实现水土保持审批即来即办，显著降低企业负担，激发区域经济发展活力。

主要做法：

一是开展区域水土保持评估。空港新城功能区审批服务局制定水土保持区域评估细则，明确评估范围、时序进度等要求。邀请省、市水保专家编制区域水保方案，形成《区域水土保持评估报告》，制定《水土保持方案区域评估成果应用指南》，作为编制水土保持方案的参考，方便建设单位掌握主要技术内容和结果。建设单位及相关技术单位在项目可行性研究及水土保持方案编制时，可直接引用评估结果，并说明与结果的符合性。

二是简化水土保持方案审批程序。对已通过区域水土保持评估报告审查的区域，在满足水土保持区域评估要求并符合其他相关部门规划等要求的基础上，项目水土保持方案实行简化审批。原先应当编制水土保持方案报告书的，可简化为编制水土保持方案报告表；对不符合区域水土保持评估和相关规划要求的，仍应编报水土保持方案报告书。

三是全面实施告知承诺管理。对空港新城功能区内已完成水土保持方案区域评估的地区，项目水土保持方案实行承诺制管理。审批部门对申请人一次性告知其审批条件，申请人以书面形式承诺符合审批条件，审批部门对收到的申请材料，仅进行形式审查，并以事中事后监管等方式督促项目建设单位在建设过程中加强水土保持措施，落实承诺内容，实现“宽进严管”的审管联动机制。

实践效果：

开展水土保持区域评估后，企业可从水土保持区域评估成果中获取相应数据直接应用，减少前期基础数据收集、现场调查与勘测、项目水土保持方案编制等方面的时间成本和专家评审等资金成本。据测算，企业从委托第三方到申报用时最快由原来的40天减少到20天，方案报告书编制成本由原来的10万元缩减至5万元，切实减轻企业负担。同时评估范围内的生产建设项目实行告知承诺制管理，简化了审批流程，审批时限由原来的10个工作日，缩短至最快即来即办、现场办结。

案例3：打造中欧班列“长安号”产业链企业发展“加速器”

2021年，人民银行西安分行、国家外汇管理局陕西省分局把支持中欧班列（西安）集结中心建设和中欧班列“长安号”产业链企业发展作为补齐陕西开放不足短板的重要举措，采取“政策+平台+服务”的模式，以“小切口”做好“大文章”，全力支持陕西自贸试验区高质量发展。

主要做法：

一是打好助力融资“政策组合牌”。中欧班列“长安号”产业链企业以轻资产、无抵押、高周转的小微民营企业为主，普遍面临资金压力和融资难题。人民银行西安分行、国家外汇管理局陕西省分局组织工作专班，深入市场主体调研，多方对接政策需求，出台《中欧班列“长安号”产业链相关企业外债便利化额度试点实施细则》，便利中欧班列“长安号”产业链相关企业在一定额度内自主借用外债，缓解企业融资难、融资贵问题。出台《中欧班列（西安）集结中心暨“一带一路”对外承包工程企业国内外汇贷款结汇试点实施细则》，允许对外承包工程企业在额度内将国内外汇贷款结汇使用，进一步鼓励企业“走出去”。大力发展“中欧班列+数字金融+货币政策工具”融资新模式，通过银行授信，由物流或出口企业等原本不具有签发商业承兑汇票资质的企业，以签发带息商业承兑汇票的方式支付运营公司运费，经金融机构贴现后，人民银行给予再贴现支持，形成业务流程和风险闭环，切实支持中欧班列“长安号”产业链企业发展。

二是打好科技赋能“信息聚合牌”。为有效解决中欧班列“长安号”发展瓶颈和运营的信息孤岛、融资结算等问题，打造国内国际双循环的战略链接，人民银行西安分行与国际港务区基于区块链技术打造中欧班列“长安号”数字金融综合服务平台，制定《关于全力提升中欧班列“长安号”数字金融综合服务平台运行效能的通知》，从完善内控机制、发放信用贷款、加强科技赋能、探索数字工具、推动普惠融资等八方面提出具体要求，为实现金融机构核心业务系统与平台直连直通、依托数字金融服务平台线上发放信用贷款、完善尽职免责提供制度保障，全面打造集货物流、贸易流、信息流、资金流“四流合一”智能型数字金融服务平台，便利银行开发更贴合需求、更便捷服务的金融产品，切实为中欧班列“长安号”产业链相关企业融资增信、融资增速。

三是打好金融服务“便捷高效牌”。人民银行西安分行积极推动贸易外汇收支便利化试点政策扩面增量，优化企业办理货物贸易和服务贸易外汇收支业务时的单证审核，减少货物贸易超期限等特殊退汇业务办理环节，简化进口保送单核验手续，银行办理外债和内保外贷、境外放款注销登记等业务时间由一天缩至15分钟。持续扩大跨境人民币便利企业成效，支持“长安号”相关国家和地区金融机构以直接参与者或间接参与者方式接入人民币跨境支付系统（CIPS），便利“长安号”相关企业采用人民币结算；将陕西省空港综合保税区产业发展有限公司、陕西空港国际商贸物流有限公司等24家自贸区企业纳入跨境人民币优质企业“白名单”，享受简化流程办理业务；联合西安国际港务区建立跨境人民币结算业务奖励机制，对人民币跨境结算额前三名的区内企业分别给予10万元、5万元、3万元的一次性奖励，推动跨境人民币政策红利惠及更多“长安号”产业链企业。

实践效果：

一是服务实体经济发展能力明显提升。2021年6月上线跨境金融区块链服务平台中欧班列应用新场景以来，截至2021年底，平台吸引入驻企业333家，国家开发银行等10家试点银行已通过平台为33家企业提供资金支持21.35亿元，据测算，预计增加陕西省外贸进出口总额500亿—600亿元。

二是市场主体获得感和满意度持续提升。2021年，金融机构依托中欧班列“长安号”数字金融综合服务平台开发多种首创信贷产品，中国银行落地全国首笔国际铁路联运提单贷110万元，浦发银行积极落地全国首单中欧班列“长安号”产业链企业外债便利化额度15万美元，建设银行落地首笔线上纯信用运费贷300万元、首单对外承包工程企业国内外汇贷款结汇试点业务1 000万美元，有效缓解企业融资难题，得到市场主体的充分认可。

三是涉外市场主体使用跨境人民币意愿明显提升。跨境人民币政策推动跨境人民币结算便利化和产品创新蓬勃发展，人民币作为“一带一路”沿线国家跨境贸易和投资计价、结算的主要货币地位明显提升。截至2021年底，陕西省与45个“一带一路”沿线国家（地区）累计发生人民币跨境收付1 355亿元，占同期全省跨境人民币收付额的35%，超全国平均水平约20个百分点。

案例4：“中欧班列贷（长安号）”助力小微企业做大做强

为加快建设中欧班列（西安）集结中心，积极助推中欧班列“长安号”跑出加速度。陕西自贸试验区国际港务区功能区联合中国银行陕西省分行创新小微企业融资服务方案，解决小微客户在班列发运时的资金短缺及融资困难等相关问题。

主要做法：

国际港务区功能区联合中国银行陕西省分行，共同推出中银“中欧班列贷（长安号）”信贷服务。

一是共同确定客户准入标准。中国银行陕西省分行与西安自贸港建设运营有限公司（以下简称自贸港公司）共同制定客户准入标准：货运代理企业通过自贸港公司开展货运代理及物流服务时间满1年，企业认证为非失信企业，且无重大道路运输安全事故发生记录，企业规模为国家工信部标准小型或微型企业等。

二是建立“中欧班列贷（长安号）”绿色审批通道。中国银行陕西省分行对“中欧班列贷（长安号）”授信项目建立绿色审批通道，优先受理、优先审批；安排专属人员进行尽职审查，安排高级审批人进行集中审批，在5个工作日内完成审批落地，授信审批实间大幅缩短。

三是提供大额度可循环的授信额度。货代物流企业凭上一年与自贸港公司完整的运费结算记录，向中国银行陕西省分行申请融资服务，审核完成后，银行提供单笔信贷额度最高200万元，总量最高1 000万元的循环授信支持，资金打入货代物流企业与自贸港公司的签约账户，专款专用，实现对资金的监管，贷款期限一年，到期前偿还。

实践效果：

通过“中欧班列贷（长安号）”累计为10家小微企业提供3 000万元授信支持，用于中欧班列“长安号”运费支付，降低企业资金压力，有效提高其自有资金周转效率。

一是降低国际班列客户的融资难度。按照以往银行的资金授信条件，货代企业（小微企业）通常无法办理专项信用贷款业务，不能得到银行的融资支持。此次实践大大降低小微企业贷款难度，通过专款专用的方式，减少银行风险，提高货代企业（小微企业）自有资金的使用效率。

二是缩短小微企业贸易时效，扩大出口贸易规模。旧模式下，小微企业需在班列发运前支付全额运费，使其自有资金通常无法快速用于下一笔跨境贸易操作。新模式下，企业只需提供中国银行要求的贷款资料，即可获得运费融资支持，缩短单笔贸易完成时效，为进一步扩大出口贸易规模打下坚实基础。

案例5：全国首个陆路启运港退税试点政策落地实施

2022年4月18日，搭载中欧班列“长安号”出口到哈萨克斯坦阿拉木图的一批价值70多万元的方底阀口塑编袋，成功享受到了启运港退税政策，4月19日，退税款9.1万元到账，标志着全国首个陆路启运港退税政策在陕西自贸试验区西安国际港务区正式落地实施。

主要做法：

以往出口企业需将货物运到出口离境港口办理结关手续后才能向税务部门申请退税。实行启运港退税政策后，对符合条件的货物自西安国际港站发运后即视同出口，企业即可向税务部门申请办理退税手续。依出口企业申请，从西安国际港站启运的符合条件的货物，经海关办理放行手续后，生成启运港出口货物报关单电子信息，出口企业凭启运港出口货物报关单电子信息及相关材料到主管税务机关即可申请办理退税。主管税务机关根据企业出口退（免）税分类管理类别信息、税务总局清分的企业海关信用等级信息和启运港出口货物报关单信息，为出口企业办理退税。

实践效果：

启运港退税政策落地实施之后，出口企业只需在申报时选用启运港退税，在中欧班列“长安号”发出后即可享受即发即退的退税政策，有效避免因国内段运输等原因造成的退税等待。以前从货物发出到拿到退税需要大约1个月时间，启动启运港退税业务后，企业从货物发出到拿到退税仅需2天时间，退税时间显著缩短，出口企业资金循环速度和回笼速度显著提升，企业资金压力进一步缓解。

启运港退税政策，是西安国际港务区充分借鉴航运发达城市和地区先进经验，创新陕西自贸试验区出口退税监管方式的一次有益探索，有利于引导全国依托中欧班列进出口的贸易企业加快布局陕西，聚集全国货源向西出口，真正做实中欧班列西安集结中心，提升西安国际港务区作为国际陆港的综合竞争力，推动陕西省提高对外开放水平。

案例6：制度创新“沃土”滋养中国旱区种业“硅谷”

种子是国家粮食安全的命脉，陕西自贸试验区杨凌片区（以下简称杨凌片区）作为全国唯一的农业特色自贸片区，以中国旱区种业硅谷建设为主要抓手，在优化服务、科技攻关、成果孵化、金融保障、示范推广等领域，加强制度创新系统集成，着力解决种业“卡脖子”问题，种业品种、科研技术的持续供给能力不断增强，为守护好中国农业之“芯”作出了杨凌贡献。

主要做法：

一是创新政务服务集成，优化种业发展营商环境。杨凌片区以解决种业企业诉求为出发点，以种业领域政务服务“一链办理”（把一项业务中的关联环节在一个窗口“集中办结”）为改革方向，积极承接主要农作物杂交种子及其亲本种子的种子企业生产经营许可证核发等省级管理事权，率先在全省推出农业领域“一业一证”综合许可证改革，许可事项实现清单化管理，建立海关、农业、商务等相关部门组成的服务联合体，集中攻坚，解决先正达等跨国种业企业提出的境内外种质资源无法高效便捷进出实验室进行检测科研等堵点难点问题。政务服务持续优化提升吸引先正达种业科技（中国）有限公司、杨凌秦丰种业股份有限公司等行业龙头企业，陕西荣华农业科技有限公司、西安金鹏种苗有限公司、杨凌千普农业开发有限公司等种业行业单打冠军企业，正大集团、荃银高科等国际种业20强、国内种业10强及优势特色种业企业加速聚集，种业产业集群初具规模。

二是推进创新平台建设，聚力攻关生物育种技术。持续开展种源核心技术攻关，重点抓好“一平台、一联盟、一中心、两基地”（共享实验室平台、种业创新联盟、品种测试评价中心、国家级种业科研创新基地〔旱区农业〕和种质资源引进中转基地）等公共服务体系建设。发起成立杨凌种业创新中心，设立5个工作站和26个专家工作室，开展种业源头创新。依托现有的国家级和省级平台，精准谋划，组建基因组学、表型组学、代谢组学、基因编辑与分子设计育种功能实验室，培育国家级学科群实验室。加快18个重点项目研发实施进度，持续推进转基因、基因编辑等关键技术攻关，为商业化应用强基础、储品种。落实战略合作协议，积极推进在三亚建立杨凌种业南繁基地。

三是加大资源整合力度，集成孵化重大科研成果。深化区校融合，进一步集聚国内外研发机构和创新团队落户杨凌，引进北京、山东、江苏、河南等优势资源，开展实质性合作。与国际玉米小麦改良中心合作，推进杨凌旱区研究中心挂牌运行，围绕旱区生物育种关键问题协同攻关。依托先正达育种技术中心，争取国家玉米种业技术创新中心西北分中心落户杨凌。加快重大突破性品种选育，小麦聚焦优质高产（大田单产750千克以上）、玉米突出耐密宜机收（大田单产1 000千克以上）、油菜强化高产高油（含油量50%以上）。着力孵化一批省级科技进步一等奖、国家科技进步二等奖以上的重大科技成果，为培养新时代种业领军人才和院士专家夯实基础。

四是创新金融精准服务，凝聚政府企业保障合力。聚焦种业领域发展金融服务短板，强化政府支持引领，出台《金融支持种业发展的若干措施》，发起设立种业产业基金。激发金融机构、企业服务种业产业发展积极性，大力开展品种权、生物资产、育种制种设备等抵质押贷款，推进通过制种保险保单质押实现贷款增信，加快探索种业知识产权证券化融资和种业产业链融资业务，创新种业收入保险和科技保险，“多元化农业保险助推现代农业发展”入选全国自贸试验区“最佳实践案例”。

五是创新示范推广模式，打造种业合作交流高地。加快建设杨凌高标准新品种综合示范基地，连续举办六届国际种业展和四届国际种业创新论坛，与国际种业科学家联盟、海南三亚崖州湾科技城签订战略合作协议。组建杨凌种业推广联盟，面向全国推介“西农511”小麦、“伟隆169”小麦、“陕单650”玉米、“秦优1618”油菜等主推品种，持续提高杨凌品种市场占有率。依托杨凌海外农业合作园区举办小麦、油菜、玉米等海外观摩推介会，面向共建“一带一路”沿线国家和地区，进行小麦、玉米和杂粮作物的引种和示范推广。筹办国际旱区农业发展峰会、种业科学家大会等国际交流活动，持续提升杨凌种业知名度和影响力。

实践效果：

截至2021年底，杨凌片区共集聚种业企业87家，年种子交易额约8亿元，审（认）定动植物新品种762个，各类植物品种权交易253项，交易金额突破2.2亿元。引进海外小麦、油菜品种7个，完成播种面积5 205亩，在省内外布局建设13万亩良种繁育基地。

案例7：创新推出AI制图系统
优化企业群众办事体验

陕西自贸试验区西安国际港务区功能区着眼于提升政府治理体系和治理能力现代化水平，持续推进数字政府建设，加快政务服务数字化转型。从企业群众办事的“难点”“堵点”出发，创新推出AI制图系统，解决部分审批事项申报材料中的设施设备布局图不合规造成退件率高的情况，大大提高审批的工作效率和群众满意度。

设施设备布局图是食品经营许可证、卫生许可证、药品经营许可证等高频事项材料清单的重要一项，是作出审批决定的关键材料，但绘制设施设备布局图这关键一环，却成了企业群众办理过程中的“难点”和“堵点”。办事指南中仅显示需要设施设备布局图，但审图标准、成图规范等未做说明。部分办事人员尤其是规模较小的餐馆对场所必备设施设备不清楚、摆放要求不明了，导致提交的成图“五花八门”，因设施设备布局图不合规的退件率达到近50%，办事人员多次到大厅修改布局图才能通过审核，大大降低审批效率，影响企业群众办事体验。

主要做法：

一是事项分类匹配专属模板，制图更加便捷高效。AI制图将企业群众需制图的事项进行分类，包括食品经营许可、药店、医疗器械销售、公共卫生许可等11项高频事项，按照食堂、便利店、浴室等24类情景进行指引，办事人员按照情景引导进行操作，即可对应到每种情景的专属模板，操作使用“一目了然”。

二是特定模板对应特有设施，操作更加清晰精准。AI制图每种模板包含通用设施和其他分类对应设施设备，标注必选为本行业必选设施，其他设施根据情况点选，共有173个设施矢量图和文字标识，让制图企业群众操作简单易行、制图精准规范，成图基本“一次过关”。

三是固定结构叠加智能手绘，选择更加简便多元。AI制图对企业群众常办的场所结构进行分类设置，分为标准结构长方形、扇形和不规则结构智能手绘，手动设置结构属性，一层一图，分层设置，满足企业群众多种需求，让制图企业群众趣味操作，打造“量体裁衣”的多元化服务。

实践效果：

西安国际港务区功能区AI制图系统的上线，有效解决企业群众在制图操作中的疑难困惑，避免因制图不规范而造成的审批不过反复整改甚至推倒重来的情况，减少企业群众和审批人员人力、物力和时间上的浪费。设施设备布局图有了明确、清晰、统一的标准，平均办理时限压缩了40%，因设施设备布局图不合规退件清零，广受企业群众好评。

案例8：开展市场主体歇业备案业务
助力企业降成本渡难关

为贯彻落实《中华人民共和国市场主体登记管理条例》（以下简称《登记管理条例》），持续推进“放管服”改革，进一步优化营商环境，陕西自贸试验区西安高新区功能区在全省率先推行歇业备案制，让经营困难的市场主体有了“缓冲期”，降低市场主体的维护成本，为日后恢复经营积蓄力量。

主要做法：

一是“备案+承诺”，企业歇业“简单办”。西安高新区功能区明确歇业备案适用范围、申请条件和办理流程，符合条件的市场主体只需填写《市场主体歇业备案申请书》和《歇业备案承诺书》，即可办理歇业备案，领取《备案通知书》，业务部门通过国家企业信用信息公示系统向社会公示歇业期限、法律文书送达地址等信息，完成办理流程。

二是“线上+线下”，企业歇业“方便办”。在政务大厅市场准入综合受理窗口新增歇业备案业务，印制歇业备案提交材料规范，市场主体在政务大厅导办台咨询相关业务即可领取规范并被引导到相应窗口办理。同时，在市场主体登记注册业务平台增加“歇业备案”模块，市场主体可以在线上按照引导自主完成业务办理。

三是“帮办+代办”，企业歇业“帮着办”。由于歇业备案业务刚刚开展，许多企业不了解相关业务，往往直接选择注销企业，后续如果要再次营业只能重新申请设立，不利于恢复市场主体活力。西安高新区功能区在政务大厅设立宣传展板，并对工作人员进行培训，要求导办台对来咨询注销业务的市场主体宣传歇业备案政策，并根据需要为市场主体提供全程帮办、代办服务，解决市场主体有事不会办、办不了和来回跑的问题。

实践效果：

歇业备案制的实施有效缓解企业经营困难，为企业发展提供一定“缓冲期”，减少了因为停业而面临被列入经营异常名录或吊销营业执照的风险。2022 年 3 月 9 日，陕西莱宜商贸有限公司不到 10 分钟就成功办理了自贸试验区首例歇业备案业务，进入“休眠”状态，最大程度保证企业经营的连续性，助推经济社会稳定发展。

案例 9：打造丝路会展产业孵化平台

陕西自贸试验区西安浐灞生态区功能区是欧亚经济论坛的永久举办地，也是西安国际会展中心所在地，发展会展产业具有得天独厚的优势。浐灞生态区功能区聚焦会展产业未来发展方向，积极构建会展产业全产业链，汇集会展 IP 策划、会议金融创新、绿色会展搭建、智能会展应用等创新功能，打造丝路会展产业孵化平台，为行业创新发展提供动能。

主要做法：

一是“专业指导+专业运营”的科学化管理机制。结合产业孵化平台和众创空间的运营规律，积极创新会展领域产业管理机制。由中国会展经济研究会进行专业化的发展指导，由西安巨人企业孵化器有限公司开展日常运营服务，由浐灞生态区管委会对运营方进行目标考核和政策创新。根据入驻企业需要，运营方提供有偿专项协助服务，扶持新创企业，满足企业多元化发展需求，做到“专业的人做专业的事”。

二是“自贸注册+自贸服务”的灵活化服务机制。针对孵化平台与浐灞生态区功能区空间分离的情况，浐灞生态区功能区创新管理机制，吸引孵化平台企业在自贸试验区注册地址，享受自贸试验区企业优惠政策及便利化服务。为入驻企业完善配套服务，加大人才支持，集中配建廉租住房、综合服务用房、商业等其他相关配套设施，为入驻企业符合条件的人才提供居住配套；开办丝路会展大讲堂，提供普惠性培训，提高会展从业者职业技能。

三是“融资服务+信息服务”的市场化培育机制。以孵化平台运营单位为主体成立西安创投基金，并申请注册丝路会展产业基金管理公司，为孵化园内新创企业小微企业提供便利化融资服务。通过搭建会展大数据平台，促进国内和本地会展会务产业实现上下游信息共享，实现信息撮合，助力国内会展汇聚西安。积极开展创新创业大赛种子秀路演等运营活动。围绕会展产业核心指标，设置入驻企业共性化的评价体系和目标任务。对每类别综合排名靠前的提名浐灞生态区年度优秀企业，并给予相应表彰。

四是“空间布局+功能布局”的多样化发展空间。在广泛征集各方意见的基础上，浐灞功能区为会展企业量身定制多样化发展空间。针对会展企业业务需求，设置了公共服务区、会展企业办公区、泛娱乐展演区、绿色智能展装区、配套服务区等功能区域，是国内首个集多重功能于一体的会展产业孵化园；针对会展企业类型规模，设置企业办公空间 87 个，共享办公工位 60 个；针对会展从业者办公特性，设置会展会客厅（会展咖啡）、多功能展示厅、健身房、减压室、冥想室、会议室、小型洽谈室等空间，全方位满足会展企业和从业者的需求。

实践效果：

一是“会展+”产业链逐步完善。孵化平台签约入驻包括德国豪特曼展览集团西安办事处、土耳其华商会陕西商会、意大利维罗纳会展集团陕西办事处等为代表的国内外会展产业链相关企业。同时通过孵化平台申请注册西安市绿色会展行业协会等功能机构，成为中国会展经济研究会常务理事单位，为会展产业全产业链聚集发展奠定基础。

二是大数据平台助力企业共享机遇。会展大数据平台现已积累国内会展会务企业信息近 6 万家、其中本地会展会务企业约 1 300 家，实现会展全产业链企业信息共享。成功举办第十二届西安国际汽车展览会、第十一届西安国际汽车工业博览会、第 42 届西安蓝装家博会等 17 场展览活动；举办中国（西安）会展业高峰论坛等 12 场大规模、高标准会议。

三是会展 IP 打造浐灞自贸区品牌。截至 2022 年 6 月，园区入驻企业累计产值 5. 59 亿元，累计引进国际大会与会议协会（ICCA）认证企业 2 家，国际展览与项目协会（IAEE）认证企业 1 家，国际展览联盟（UFI）认证项目 1 个，累计举办各类会议 92 场，展览 71 场，展览面积 191. 9 万平方米。首次举办配套展会——中国（陕西）进出口商品展，展览面积达 7. 2 万平方米，有效发挥欧亚经济论坛的带动和溢出效应，孵化出一批优秀会展 IP，浐灞生态区功能区已成为西安经济发展的重要引擎和城市新地标。

案例 10：构建“一带一路”跨国农业全链条发展体系

为贯彻落实习近平总书记关于粮食安全的重要指示批示精神，陕西自贸试验区充分发挥农业科技优势和中欧班列的贸易大通道作用，积极构建从产能合作到技术输出、粮食运输和金融支撑的跨国农业全链条发展体系，有力保障国内粮食安全，让“中国饭碗”装得更满、端得更牢、成色更足。

主要做法：

一是打造境外农业园区，延伸跨境农业产业链。以企业为主体，以市场为导向，在哈萨克斯坦、吉尔吉斯斯坦等“一带一路”沿线国家布局建设 8 个现代农业示范园区，打造农业跨境产业链和产业集聚区。采取“持股不控股” “订单农业”“订单收购”等新型合作形式，由农业企业与当地政府和农民成立农业合作社和专业公司，实现土地、技术、资本等多种资源融合。中方负责提供优质种子和田间管理技术，园区所在国负责原粮种植、收割等，原粮产出由中方企业进行统一收购，既帮助了当地农民增收，又保障了粮食产量和质量安全。

二是加强农业体系推广，提升跨境农业价值链。组建丝绸之路农业教育科技创新联盟，与当地农业教学科研机构及政府部门开展广泛合作，实现农业技术、标准、设备的全面推广。针对当地气候地理条件，从国内引种小麦等 6 大类 48 个品种，研发培育抗锈、抗旱、高产等适应当地条件的优质品种；提供新型大跨度双拱双膜保温大棚、水肥一体化、基质袋栽培、碳基营养肥及病虫害全程生物防控等设施农业技术，实现水肥气热光高效利用；依托现代农业产业标准化研究推广服务中心，积极推广“生产有记录，流向可追踪，质量可追溯，责任可界定”的农产品质量安全追溯体系，带动相应农业生产装备出口，推动跨境农业产品品质和产值大幅度提高。

三是优化粮食供给模式，畅通跨境农业供应链。在境外园区建设小麦、菜籽等粮食种植、初加工基地，在阿拉山口建设农产品中转分拨中心，充分发挥中欧班列优势，在西安建立农产品集散中心，形成种植、收购、加工、物流、销售一条龙全产业链，助力优质粮油成品、半成品进口。对以原粮形式进口的小麦、玉米等，根据粮食运输特点，探索出散粮袋装两段运输新模式，境外到阿拉山口段采用开口漏斗车进行运输，阿拉山口到西安段采用普通集装箱进行散粮运输，有效降低粮食损耗和物流包装成本，提升粮食运输效率。

四是加强农业金融支撑，强化跨境农业服务链。针对“走出去”农业企业的跨境贸易融资需求，人民银行西安分行依托“再贴现货币政策传导+NRA 账户功能运用+跨境人民币便捷使用”的“三位一体”政策支持体系，创新性打造“央行·跨境票据通”融资新模式，借助央行再贴现工具的引导、支持，使企业融资成本下降 3—4 个百分点，大大提高企业融资效率，规避汇率风险，并最终实现央行资金直达实体经济。同时，为降低农业生产经营风险，积极探索创新农业保险“走出去”模式，从源头保障农业生产经营主体的基本收益，为跨境农业高质量发展注入新动能。

实践效果：

一是推动优质粮食进口。以西安爱菊粮油工业集团为例，平均每年进口哈萨克斯坦非转基因优质油脂 12 200 吨、优质面粉 4 700 吨、有机小麦 5 800 吨，弥补了小麦等粮食的缺口。

二是促进我国土地休耕。境外农业合作园区已建立优质粮食种植基地 150 万亩，未来计划扩展到 500 万亩，可与国内耕地联动开展休耕，有利于改善国内耕地性状，提升土地肥力，减少地下水开采，进一步提升和巩固粮食生产力。

三是完善农业产业链条。建立完善的农产品境外种植、初加工，境内深加工、销售全链条，并嵌入了农业标准化、检验检疫、跨境金融等服务，形成稳定的跨境粮食供应链体系，有力支撑我国粮食进口安全。

四是提升农业技术水平。通过与不同国家和地区的交流合作，探索在不同气候和土壤条件下种子的抗锈、抗旱、产量等方面的性能，丰富种子基因库储备，有效提升土壤肥力、作物病虫防治、蔬菜高效种植以及农业节水灌溉等方面管理水平，为我国种质资源安全和农业技术水平提升提供有力保障。

案例 11：探索服务型制造业发展新模式

陕西自贸试验区西安高新区功能区为推动先进制造业高质量发展，把握制造业服务化和数字化发展趋势，率先依托区内制造业龙头企业探索服务型制造业发展新模式，通过做优制造业核心主业、实施制造业与服务业深度融合、拓展服务路径等方式，有效推动制造业向“制造+服务”“产品+服务”转型，促进制造业规模和效益大幅增长，引领全市制造业转型升级、增强竞争力、实现高质量发展。

主要做法：

一是做优做强制造业核心主业。立足西安高新区产业配套优势，鼓励陕西鼓风机（集团）有限公司、中国西电集团有限公司、陕西法士特汽车传动集团有限责任公司、比亚迪股份有限公司等 20 余家制造业龙头企业试点实施产业链削减工程，按照“制造业核心主业做优做强，非核心主业适度剥离外包”的方式，鼓励制造业通过“揭榜挂帅”制度、组建重点试验室与高水平研发队伍、加大研发投入等方式，全面提升核心产品制造能力和出口竞争力；在此基础上，对处在低附加值、产业链末端的业务板块如铸造、铆焊等，则支持企业借助高新区产业配套实施整体外包，以确保有限要素资源、资金等集中在核心主业领域，助推制造业核心主业快速转型。

二是推动制造与服务深度融合。鼓励龙头制造业企业新增技术服务、数字服务、设计服务等高附加值业务，开展制造业数字化、智能化探索，加速向“制造+服务”“产品+服务”转型。例如，陕西鼓风机（集团）推出全生命周期智能设计制造及云服务系统平台，向用户提供设备健康管理、故障远程智能诊断、设备预警等13种服务，实现“保姆式”工业服务支持；陕西法士特汽车传动集团则突出供应链服务新模式，以“技术+”“商务+”“研发+”“设计+”方式，构建供应链综合服务平台，为上下游企业提供基于供应链的技术、商务、研发、设计等服务；中国西电集团在做好海外输配电产品产业集群的基础上，重点在技术、产业和市场等领域强化全球服务与供应链布局，为用户提供系统工程总包、单元工程总包等工程承包服务，带动技术、设备等快速出海。

三是持续拓展制造业服务边界。西安高新区功能区注重制造业服务功能的配套支撑，出台制造业高质量发展实施意见，从资金、技术、人员、产业配套等多个维度支持服务型制造业快速发展；同时，搭建制造业服务化协同平台，整合研发设计、系统集成、检测认证、专业外包、市场开拓、生产性金融、知识产权等服务资源，为制造业服务化转型提供全方位支持。例如，通过设立制造业发展基金、拓展制造业融资渠道、实施制造业专项资金“拨改投”等方式，为制造业企业向服务型转变提供差异化金融服务；释放秦创原策源地和硬科技示范区叠加优势，统筹组建制造业服务中心、设立国家重点研发基地集群，有效匹配科技等要素资源；西安高新区先后在全球设立8个离岸创新中心、4个海外科技服务站、10个海外研发中心，为全球客户提供优质集成服务功能，确保制造业产品、服务与技术同步出口，切实助推服务型制造业高质量发展。

实践效果：

一是推动制造业向服务型转变。通过做优制造业核心主业、适度外包剥离非主业、强化服务型功能嵌入的改革探索，推动西安高新区20余家制造业龙头企业向“制造+服务”“产品+服务”的成功转型，打造出大企业引领支撑和中小微企业协作配套新格局。服务型板块营收已占制造业龙头企业营收的一半左右，全区服务和技术交易额突破200亿元。例如，陕西鼓风机（集团）在做好高附加值制造业基础上，取消原来与客户服务不直接相关的铸造等18种业务，新增设备全生命周期系统服务、工程设计服务、节能服务等18项工业服务业务，实现集团服务型收入占比接近60%；中国西电集团在试验检测、运维服务、电能治理、综合能源服务等领域实现了新突破，相关业务已在“一带一路”沿线国家实现一体化落地，占到西电国际业务板块营业收入的45%。

二是有效提升制造业国际竞争力。通过制造业与服务贸易的深度融合，推动制造业国际竞争力的有效提升。例如，陕西鼓风机（集团）生产轴流压缩机、能量回收装备、硝酸四合一机组等产品市场占有率分别达到90.32%、80.89%、98%，相关产品和技术出口美国、德国、俄罗斯、印度等40多个国家和地区，累计出口金额达73.82亿元，相关经营指标超过国际一线企业；陕西法士特汽车传动集团已在泰国设立年产5万台变速器的海外工厂，走出了产品出口与技术服务出口并重的新路。

三是制造业服务化路径日渐成熟。西安高新区探索出制造业全产业链条嵌入服务贸易的独特路径，推动标准体系、研发设计、服务外包、工业服务、专业运营、供应链服务、工业互联网、金融支撑、技术输出、科技创新等服务型模式的创新发展。同时，匹配的科技、金融、贸易等政策、平台带动要素资源向制造业领域倾斜，助推西安高新区将产业链向上延伸到研发设计，向下延展到品牌服务等领域，不断提高全要素生产率和产品附加值，成为全国知名的服务型制造业高地。

案例12：开展惠企政策“免申即享”改革

为扎实做好“两稳一保”工作，帮助企业纾困解难，让政策速享尽享，陕西自贸试验区西安高新区功能区积极开展政策兑现“免申即享”改革，通过制定政策清单，优化审批流程，打造线上模块，有效解决政策兑现慢、落地难问题，推动政策红利精准滴灌、直达快享，让企业得实惠增信心。

主要做法：

一是制定“免申即享”政策清单。按照“认定对象清晰、补贴资金明确”的原则，组织科技、工信、发改、商务、文化、财政、金融、农业等8个行业主管部门对高新区“三次创业”系列优惠政策157项政策条款进行梳理，将“新认定创新型产业创新平台、新认定省级首台（套）重大技术装备产品”等19项“认定类”政策条款纳入首批“免申即享”政策目录对外发布。清单实行动态管理，凡符合条件的政策及时纳入，分批发布，不断扩大范围。

二是优化“免申即享”工作流程。进一步优化惠企政策现行受理与兑现阶段流程，推进惠企政策奖补资金兑现由“发布政策申报通知、企业申报、资格预审、汇总政策受理结果、预审会研究审定、政策兑现专题会研究、公示、资金兑现”8大流程优化为“数据比对、意愿确认、拨付到账”3个环节，实现由“企业先报、政府再审”转变为“系统匹配、确认领取”的主动服务模式。

三是打造“免申即享”线上模块。在信用金融服务平台新增政策功能模块，推进科技、工信、发改、财政、金融、人社、税务、应急、市场监管等部门加强数据汇集共享，横向贯通，提供政策智能匹配、精准推送、政策试算、免申即享、智能提醒等功能，实现惠企政策兑现由“企业找政策”向“政策找企业”转变。

实践效果：

2021年7月1日，西安高新区功能区公示了“三次创业”系列优惠政策（修订）第一批“免申即享”条款及拟奖补企业名单。截至2022年6月，全区共有7 124家企业享受“免申即享”扶持资金5 913.17万元，政策申报阶段由30天变为0天，兑现阶段由120个工作日压缩到60个工作日内，整体节约时间60%以上，显著提高兑现拨付效率，降低企业办事时间成本。

案例13：聚“四力”促提升 着力打造产业发展新高地

陕西自贸试验区西安经开区功能区深入贯彻落实中省有关产业链高质量发展的安排部署，以培植完善重点产业链集聚力、承载力、创新力、支撑力为抓手，不断优化供应链、挖掘价值链、完善服务链，着力打造产业发展新高地，引领带动区域经济高质量发展。

主要做法：

一是突出产业集聚力提升。结合产业要素禀赋，梳理确定了商用车产业链、乘用车（新能源）产业链、有色金属材料产业链、超导材料产业链、太阳能光伏产业链、半导体及集成电路产业链、航空动力及零部件产业链等11条重点产业链，以“链式思维”绘制产业生态图谱，解构产业链各环节要素支撑和链条短板，以产业链链长制为抓手，结合招商地图开展产业链精准招商，积极招大引强，吸引一批上下游产业实体，加速全链条资源整合和集聚提升。

二是强调产业承载力建设。注重产业发展质量，持续破解产业转型阵痛，全方位开展“亩均论英雄”综合改革。通过亩均增加值、亩均税收、全员劳动生产率等指标约束，推动资源要素向优质高效领域集中。率先实施“腾笼换鸟”工程，通过整治提升低效工业用地、清理闲置土地、新增工业用地实现100%“标准地”出让，推动高附加值和高贡献产业优先发展。梯度推动已有高耗低效企业通过兼并重组、整体腾退、搬迁入园、改造提升等方式实施转型升级，切实释放产业发展承载空间。

三是加大产业创新力培植。依托秦创原创新平台，率先在重卡、钛及钛合金、太阳能光伏、集成电路等重点产业领域实施“揭榜挂帅”、赛马机制，有效破解卡脖子难题。实施产业创新要素专项计划，加快推动科技要素集聚，加大科技成果转化。搭建“科创+产业”多层次创新载体，与西安交通大学、西北工业大学、长安大学等高校共建创新平台、重点实验室，广聚高层次人才，打造世界级“产业大脑”。同步培育以陕西汽车控股集团有限公司、西安ABB电力电容器有限公司、西安西航集团莱特航空制造技术有限公司、西北有色金属研究院等制造业龙头企业为代表的“链主型”企业和支撑产业链发展的创新型企业，实施产业链相关企业联动创新提升，全面推动主导产业向高端化迈进。

四是夯实产业服务支撑力。突出“市场化运作、一体化配置、协同化攻坚”，加快构建一份生态图谱、一套创新体系、一张招商地图、一批产业实体、一个协同机制、一支人才队伍、一系列政策举措的“七个一”服务支撑体系，助推产业向价值链“微笑曲线”两端发力。搭建产业创新发展服务平台，链接分散的创新成果供给和需求，推动重点领域项目、基地、人才、资金的有效配置，切实提升产业发展支撑能力。

实践效果：

一是创新活力显著增强。西安经开区功能区市场主体创新能力进一步提高，在“卡脖子、补短板、填空白”核心技术和产品方面取得突破。西安经开区聚集各类研发机构268家，高新技术企业510家，企业年发明专利申请量超3 000多件，中央、省市各类创新平台290个；院士工作站18家，现有科技型中小企业近千家，科技“小巨人”企业200多家。在全省第二批重点产业链关键核心技术产业化“揭榜挂帅”项目中，西安经开区功能区共斩获9个项目，获批专项资金3 000万元，占全市近40%，正在释放出强劲的发展潜能。

二是产业规模不断提升。在自贸试验区的辐射带动下，2021年西安经开区地区生产总值实现历史性突破，正式迈入“千亿级俱乐部”，规模以上工业总产值1 967亿元，比上年增长18.6%，其中先进制造业总产值1 733.3亿元、增长18.3%，产值占全市总量近三分之一。亩均工业总产值519万元，单位地区生产总值产出强度较2020年增加1.8亿元，增长量位居开发区前列。截至2022年6月，西安经开区累计入区企业超7万家，世界500强投资项目近百个，央企及行业龙头企业投资项目近两百个，已成为西部地区世界500强和央企投资最密集的区域之一。

三是集群效应日益凸显。西安经开区功能区已初步形成以龙头企业为引领、中小科技企业为支撑的产业发展链条，集聚上下游企业上千家，产业集群效应日益突出。以陕西汽车控股集团、吉利汽车、西安康明斯发动机等为代表，形成涵盖整车制造、发动机、车桥、车架及汽车零部件为核心的汽车产业集群；以中车永济电机有限公司、西安中铁工程装备有限公司、西安阿尔斯通永济电气设备有限公司等为代表，形成轨道交通装备、输变电装备、节能环保装备、工程装备、石油钻采装备及其他专用通用装备为主等高端装备产业集群；以西部超导材料科技股份有限公司、西部金属材料股份有限公司、西部钛业有限责任公司为代表，围绕稀贵金属材料、新型功能材料、复合材料、高分子材料，形成从实验室研发、工程化中试到产业化制造为一体创新链和产业集群。

案例14：构建数智关务服务新体系

为聚力高水平对外开放，提升贸易便利化水平，陕西自贸试验区西安高新区功能区在全国率先建立了以数字化、智能化为特征的关务中心，通过引入科技通关新技术、打通跨系统数据共享、推行智慧监管，为企业提供一站式智能关务服务，有效提升企业报关效率，降低企业报关成本，助力外贸企业高质量发展。

主要做法：

一是设立智能化关务中心。率先建立以通关全链条全流程为核心的智能关务中心，实现海关全业务领域一体化服务，为企业提供归类、报关、查验、账册核销、证书代办、政策咨询、合规咨询、AEO认证、系统设计开发、关务团队等一站式关务服务。同时，嵌入数字化、智能化服务，实现图像识别、电子制单、智能审核、自动申报。推行虚拟内卡平台，打造智能化通关卡口，实现车辆、信息、货物、人员等自动识别、采集，全面提升关务申报准确率。

二是提供个性化关务服务。率先在全国大幅降低通关环节费用，将企业关务服务购买成本调整为市场报关单平均价格的50%，中小微企业可在线注册使用，并根据自身需求个性化定制一站式关务解决方案，关务中心匹配高效关务团队，解决企业报关后顾之忧。同时，与海关、客户等系统平台有效对接，实现报关数据的实时传递、共享，企业通过系统申报后，数据同步传输至海关、客户系统，实现在线查询。

三是实施一体化关务监管。为满足主动式、全方位的监管要求，智能关务中心与国际贸易单一窗口全面对接，首次实现对跨境电商、保税展示交易、一般纳税人、分类监管等同步分类监管；虚拟内卡平台与综保区安防等系统进行对接，对进出综保区的人员、货物、车辆等实施可视化、可控化、自动化监管，根据业务状态自动核扣海关账册底账数据，并实时预警。

实践效果：

西安高新区功能区智能关务中心自上线以来，已为上百家企业提供关务一体化服务，报关时间从传统的30分钟一票到2—3分钟一票，报关效率提高90%以上；累计报关单量超过25万单，报关误差率不到1‰；平均报关单费降至100元每票以内，降幅超50%，累计为企业节约成本上千万元，实现了企业以低成本享受一流报关服务的目标。同时，关务中心打破原有多系统数据无法共享的瓶颈，实现全链条信息互联互通，有效提升海关监管水平，形成了强大导流和集聚效应，巩固了高新区生产服务型物流枢纽的地位。

案例15：探索进口摩托车单车认证监管新模式

为进一步优化服务，降低进口环节制度性成本，陕西自贸试验区西安国际港务区功能区联合西安车站海关创新提出“一次进境、一次检测”进口摩托车单车认证监管新模式，有效解决进口单车贸易企业物流运输成本和时间成本过高的问题。

改革背景：单车认证是一种适用于因特殊用途或特殊原因而未获得强制性产品认证的小批量用于生产和生活消费的进口车辆的特殊认证方式。对于实施单车认证的车辆，由于其首次入境时尚未获得中国强制性产品认证（CCC）证书，需以暂时进口的方式申报。通关后，车辆送至指定机动车检测实验室检测以完成单车认证，车辆完成认证后应复运出境，取得CCC证书后转为一般贸易方式进行申报，并按规定实施入境验证和法定检验等进口查验工作。车辆需要通过“两次进境、两次检测”才能完成进口，进口周期长，检测环节多、运费成本较高，每台摩托车三次装卸及运输成本约6 000元，运输造成车辆外观损伤损失每年约30余万元。

主要做法：

新模式下，进口企业通过中欧班列（长安号）进口的单车认证车辆以保税物流货物运抵西安综合保税区，以暂时进出口方式申报出区进行单车认证检测，检测项目涵盖海关法定检验涉及的安全和环保项目（即将CCC认证检测和上线检测项目整合，同步进行），实现“一次检测”。检测后的摩托车退运至西安综合保税区内进行保税仓储，无须实际退运出境，进口企业以暂时进出口方式申报入区，待其取得CCC证书后，企业实际进口时，海关在实施风险评估的基础上，采信国家强制性产品认证试验报告结果，经综合评定合格后，出具随车检验单，按一般贸易方式申报完成进口手续，做到“一次进境”。

实践效果：

西安国际港务区功能区已完成首批进口摩托车

新模式的测试，新业务模式顺畅进行。在新模式下，企业从原来的“两次进境、两次检测”变为“一次进境、一次检测”，经中欧班列（长安号）进口的单车认证摩托车较海运减少了40天左右的运输时间；整合了CCC检测项目和上线检测项目，大幅提高了检测效率，节省了检测成本。据测算，企业进口摩托车每台节约运输成本、检测成本、外观损失费用等共约2.5万元，企业运营成本大幅降低，吸引更多欧洲进口车辆和摩托车及相关配件搭乘中欧班列“长安号”回程，充分享受贸易大通道红利。

案例16：打造国际化知识产权服务体系

陕西自贸试验区西咸新区为充分挖掘知识产权价值，率先探索构建国际化知识产权服务体系，重点在知识产权管理和服务制度体系、公共服务平台和争端解决机制、国际化交流等方面持续创新、寻求突破，助力西咸新区持续打造高效、便捷、优质的知识产权服务体系。

主要做法：

一是建设知识产权公共服务平台。推出知识产权公共服务线上平台，涵盖检索分析、专利申请、企业服务、法律援助、交易运营、教育培训、政策法规等板块，为各类企业提供多元化知识产权服务，同步围绕主导产业链制作知识产权图谱和导视图，推动重点产业链知识产权快速发展。

二是开展知识产权价值评估。建立具有国际通用性的新型知识产权价值评价体系，开展知识产权价值动态评估，并依据结果嵌入知识产权质押融资等新型场景，有序释放知识产权内在价值。

三是探索知识产权争端解决机制。引入陕西省知识产权保护中心，设立西咸新区知识产权巡回审判庭，“一站式”快速受理各类知识产权举报投诉和侵权纠纷案件，形成集快速预审、快速确权、快速维权、纠纷调解、司法衔接为一体的协同保护机制。

四是推动知识产权国际合作。与世界知识产权组织密切联系，鼓励并协助企业通过《专利合作条约》（PCT）途径进行专利申请，实现知识产权的跨国保护。同时，与俄方建立知识产权合作与交流机制，明确了在中国境内申请的知识产权在俄方园区同样受到保护，委派本国专业人才赴对方园区协助知识产权的跨国保护，扩大国内知识产权适用范围。

实践效果：

一是知识产权服务体系基本构成。西咸新区的知识产权制度体系、公共服务平台及争端解决、跨国合作机制已相对成熟，为区内外3 000余家企业提供上万次的知识产权服务，协助企业申请各类专利5 000余项。

二是知识产权价值得到有效释放。搭建的新型知识产权评价体系具有普适性和权威性，已获得超过70余家国内国际评估机构的认可，并对1 000余件知识产权展开评估，并融入金融等应用场景，实现了知识产权价值的释放。

三是知识产权保护和利用水平不断提升。依托知识产权服务平台，西咸新区范围知识产权公共服务资源供给持续扩大，知识产权创造、运用、交易、保护制度规则逐步建立，知识产权国际合作层次不断提高，有效推动知识产权服务快速发展。

案例17：创新国际商事争端“融解决”机制助力打造国际商事法律服务高地

为更好服务“一带一路”国际经贸合作，进一步完善涉外法律服务体系，陕西自贸试验区西安国际港务区功能区充分发挥区内最高人民法院第六巡回法庭（第二国际商事法庭）、中国国际经济贸易仲裁委员会丝绸之路仲裁中心、陕西自贸试验区公共法律服务中心等法律服务机构优势，创新建立诉讼与仲裁、调解有效衔接的国际商事争端“融解决”机制，有效提升国际商事争端解决效率，助力打造辐射“一带一路”国家和地区的国际商事法律服务高地。

主要做法：

以往国际商事争端在解决的过程中主要通过诉讼、仲裁、调解中的一种方式解决，且中途不可更换。而国际商事争端“融解决”机制则是在国际商事争端解决的过程中逐渐打破诉讼与仲裁、调解的边界，在诉讼程序的设计上吸收仲裁、调解程序的特点，使这三种争端解决方式紧密融合。通过建立调解引导机制、工作衔接机制及结果闭环机制，畅通诉仲对接、诉调对接、调仲结合的多元通道，实现案件在不同组织间无缝衔接、快速流转。对诉讼到法院的案件，法官可引导当事人并经当事人同意，采用仲裁或调解的方式快速达成和解，且仲裁、调解结果可得到法院的确认和执行。

实践效果：

一是创新了国际商事争端解决方式。国际商事争端“融解决”机制突破以往“一讼到底”的纠纷解决方式，使诉讼与仲裁和调解三种纠纷解决方式有机融合，为争端双方提供更加灵活化、便利化的国际商事争端解决方式。2022 年 8 月 18 日，西安市中级人民法院西安知识产权法庭与中国国际经济贸易仲裁委员会丝绸之路仲裁中心合作，成功运用国际商事争端“融解决”机制调解了一起涉外著作权侵权纠纷案，这是陕西省首例运用“融解决”机制，由法院与涉外仲裁机构联合调解的国际商事纠纷案件。

二是提高了国际商事争端解决效率。诉讼程序较为复杂，周期冗长、灵活度差，一套完整的诉讼程序往往需要经历一年左右的时间；仲裁是准司法程序，具有与诉讼类似的强制性、权威性，实行一裁终局制度，一套完整的仲裁程序大概需要三个月左右的时间；调解程序便捷灵活，基本一周以内就能结束。国际商事争端“融解决”机制鼓励引导争端双方采用仲裁或调解等方式快速达成和解，将以往通过诉讼需要一年时间解决的矛盾，在一周到三个月内解决，争端解决效率提升 75%以上，同时也节约了审判资源。

三是保护了国际商事争端双方隐私。诉讼程序法定需公开审理，部分商事争端涉及商业机密，当事人不愿选择诉讼程序。而国际商事争端“融解决”机制采取仲裁或调解等争端解决方式，不需要公开审理，能有效保护国际商事争端双方的隐私和商业机密，逐渐成为解决国际商事争端案件的新趋势。

案例 18：培育检验检测产业集群
着力打造西部检验检测高地

陕西自贸试验区沣东新城功能区以打造西部地区最大检验检测产业集群为目标，通过培植检测产业链、推动检产融合发展、加强国际标准互认等方式，加速构建完整的检验检测产业生态和服务体系，助力检验检测产业量质双升。

主要做法：

一是培育检验检测全产业链。立足打造百亿级检验检测产业集群，强化检验检测行业要素聚集，沣东新城功能区组建检验检测公共服务平台、医疗研发共享平台、国家微检测系统工程技术研究中心等载体，推动质量诊断、测试检验、认证认可、计量审核、改进验证、技术咨询、专业培训等各环节无缝衔接，着力打造服务优、质量好、品牌强的检验检测矩阵，塑造完整产业生态。

二是注重检产融合创新发展。推动检验检测各环节与区内主导产业深度融合，协同发展。依托检测检验产业基础，通过培育“检验检测+高端装备制造”“检验检测+生物医药”“检验检测+智能设备”“检验检测+5G 车联网”等，加快布局高端医疗器械、精密仪器设备、人工智能等生产型项目，为产业的转型提升、高质量发展提供支撑。

三是推动国际标准互认互通。立足为全球客户提供高标准检测检验服务，根据不同国家检测认证要求，构建差异化的检测认证体系，确保各项检测认证结果符合不同国家和地区的准入要求。同时，利用检验检测认证积累的大数据，及时提出国际标准/协议改进建议，在关键领域率先建立行业标准，积极参与各类检验检测标准修订工作。

实践效果：

一是检验检测结构逐步优化。沣东新城功能区内集聚检验检测机构百余家，涵盖生命科学、贸易保障、环境质量、工业品、消费品、装备制造等领域，业务覆盖全国，辐射欧亚，产业生态持续丰富，发展层次不断提升。同时，依托良好的检验检测产业基础，吸引了相关细分领域上下游产业链企业落户，充分释放检验检测服务带动产业发展的潜能。

二是检验检测范围日益拓展。沣东新城功能区内相关细分领域的头部企业与国外顶级检测机构联合开展跨国标准认定与修订，一批具有中国元素的检测标准或协议逐步被认可，相关认证报告在全球绝大部分国家可实现“持报告即可备案入网”，有效降低相关设备进入他国市场的技术壁垒。例如，在5G检测及车联网测试认证服务标准方面，已与欧盟、美国、日本、韩国、澳大利亚等180余个国家的通信服务协议标准衔接。

三是检验检测能力不断增强。区内先后建成国家建筑卫生陶瓷质量监督检验中心、国家食品企业质量安全检测技术示范中心、国家西部基因检测技术研发平台等10余个国家级、省级技术创新和公共服务平台。引入的SGS集团全球首家5G检测认证实验室，已为中兴、华为、三星等全球智能终端制造商提供了上千批次通信领域集成检测服务，助推“中国智造”产品通过5G检测认证服务走向全球市场。

案例19：发挥中欧班列优势 打造西部跨境电商产业高地

陕西自贸试验区西安国际港务区功能区依托中欧班列（长安号）和西安港平台功能，充分发挥跨境电子商务综合试验区、国家进口贸易促进创新示范区、自由贸易试验区和西安综合保税区多区叠加优势，积极融入共建“一带一路”大格局，通过开通电商专列、创新发运模式、优化配套服务、聚焦企业痛点等措施，全力推动跨境电商产业实现跨越式发展，建设西部电商产业创新发展高地。

主要做法：

一是开通电商专列，打造“最优线路”。与奥地利铁路、俄罗斯铁路、德国铁路等境外铁路公司合作，开行杜堡、汉堡、马拉、纽斯等多条跨境电商专列，直达欧洲20余个城市。建设白俄罗斯斯维斯洛奇/波兰谢米亚诺夫卡等换装口岸，绕开传统马拉舍维奇换装拥堵点，11天左右可直达欧洲腹地，大幅提升跨境电商专列的运输时效。同时，根据货源灵活调整发运线路，并可按企业需求定制线路，确保跨境电商班列的平稳、高效发运，助力企业“买全球、卖全球”。

二是创新发运模式，实现“最高效率”。建设中欧班列（长安号）跨境电商集拼中心，开发上线智能化集拼信息管理系统，现场查验数据与海关监管系统数据互联互通，实现信息化管理和高效通关。依托集拼中心，创新集拼发运模式，实行跨境电商散货“先报关，后装箱”新模式，从根本上解决散货集拼中“1票耽误1柜”的痛点，有效提高货物通关效率。开通跨境电商“绿色通道”，对跨境电商包裹运输实施“优先装车、优先制票、优先挂运”等措施，货物即到即查即放行，让跨境电商货物更安全、更经济运输到“一带一路”共建国家。

三是聚焦企业痛点，确保“最低成本”。在德国法兰克福、哈萨克斯坦阿拉木图、卡拉干达和白俄罗斯等地布局建设8个跨境电商海外仓，衔接欧洲的卡班网络、分拨中心等，为跨境商家提供“端到端、门到门”的全链路物流服务，有效减少跨境电商企业资金及库存风险，降低丢包和包裹破损率，企业综合成本下降约10%。创新推出发车时间固定、运行时间稳定、运输费用较低的中欧班列“长安号”公共班列，大幅降低集货时间和运输成本。同时，通过购买自备箱、免除跨境电商企业场站作业费等措施，进一步降低跨境电商企业运营成本。

四是优化配套服务，提供“最好保障”。将工商、税务、政务审批等服务前置至西安西站办事大厅，与铁路运单审批实现一厅办理，为跨境电商企业提供包括注册、登记、纳税、政策咨询、货物发运、仓储等功能在内的一站式综合服务。建设中欧班列长安号数字金融服务平台，嵌入订舱、租箱、发运、报关、物流运输、集装箱动态、数字金融、跨境结算等数字化应用场景和功能，实现线上预约订舱与融资服务，有效解决跨境电商企业信用不足、获得融资难、融资效率低、融资周期长等问题，企业可通过中欧班列“长安号”数字金融服务平台实现全流程数字化跨境运输贸易，助力跨境电商企业便捷出海。

实践效果：

获批国家级电子商务示范基地、跨境电商综合试验区、国家进口贸易促进创新示范区以来，陕西自贸试验区西安国际港务区功能区大力推动跨境电商与中欧班列深度融合，探索出一条独具特色的发展道路，实现跨境电商产业的跨越式发展。

一是拓宽了跨境电商企业的渠道。中欧班列（长安号）常态化开通西安至汉堡、莫斯科、塔什干等17条干线通道，覆盖“一带一路”共建45个国家和地区，跨境电商企业依托中欧班列（长安号）开展对外贸易业务的销售渠道进一步拓宽，销售货品的覆盖面进一步扩大，促进电商企业扩大生产经营规模，加速发展壮大。

二是实现了跨境电商企业的集聚。西安国际港务区功能区先后引进阿里巴巴、京东、亚马逊、eBay、抖音、蜜芽等一批国内外知名跨境电商平台及上下游企业落户发展，区内年销售额过亿元的跨境电商企业6家，累计注册各类电子商务及配套企业2 500余家，吸引各类电商人才，形成了完整的跨境电商产业生态。

三是促进了进出口贸易规模的提升。2021年西安港累计开行跨境电商班列123列，位列全国第一位，出口货物约6 100柜，跨境电商进出口额超20亿元。2022年1—8月，西安港累计开行跨境电商班列120列，跨境电商进出口额18亿元。在中欧班列（长安号）的带动下，西安国际港务区功能区跨境电商产业发展进一步提速，逐渐成为陕西对外贸易新的增长点。

案例20：创新公用型保税仓业务模式 助推外向型经济高质量发展

为弥补开放不足短板，助力外贸保稳提质，陕西自贸试验区沣东新城功能区依托区内公用型保税仓，创新推出“一仓多用”“展仓一体”等模式，构建贸易全链条服务体系，帮助外贸企业开拓国内外市场，助推外向型经济高质量发展。

主要做法：

一是推行“一仓多用、功能互补”。按照国家现行规定，公用型保税仓只能按照“1210保税备货”监管模式，不能直接开展面向消费者跨境电子商务业务，因此，若区内外贸企业需在国内开展电子商务业务，只能从仓库清关后再租赁普通仓库进行备货，这增加了企业仓储、物流、管理等成本。沣东新城功能区创新“一仓多用”模式，使用物理围栏将保税仓划分为保税区与非保区，并共用仓储管理系统，企业仅需将待发货物清关至非保区，完成分拣、打包等二次操作，便可实现仓内保税与非保税货物的调整，并能顺利开展面向消费者的跨境电子商务业务。

二是探索“前展后仓、展仓一体”。在保税仓内开辟专门的商品展示区，为采购双方提供展示、仓储、报关清关、货物展示、线上线下销售、快递配送等服务，让采购商可以在仓库内进行现场选购。把传统贸易从进口、保税到仓储、销售的贸易流程整合在同一仓库内完成，大大节省了企业在不同场地转场的仓储物流成本，提高了贸易效率。

三是搭建“贸易链条、服务体系”。沣东新城功能区依托公用型保税仓，借助京东的国际贸易资源优势，搭建跨境贸易一站式服务平台，完善从仓储物流端、销售平台端到进出口服务端的贸易链条。同时保税仓与多家报关报检公司，国际物流公司等服务代理商签订战略合作协议，为企业提供保税仓储、转口贸易、物流配送、商品展示、贸易对接等全链条服务体系，协助外贸企业开拓国内外市场，助力外贸提质增量。

实践效果：

一是提升了贸易便利化水平。沣东公用型保税仓作为口岸功能的延伸，打通沣东新城功能区与进境口岸之间的贸易通道，弥补了沣东新城缺少对外开放基础设施的短板，为企业开展对外贸易提供了便利。

二是降低了企业经营成本。新模式下，企业不需再租赁非保税仓库，展销在同一仓库进行，节约了转场物流的成本，企业综合经营成本显著降低。以区内一家贸易额 2 000 余万元的公司为例，新模式可为企业节约仓储物流和展销成本约 100 万元，显著减轻了企业负担，提高了企业市场竞争力。

三是推动了外贸企业聚集。新模式助力沣东公用型保税仓成为进口牛肉、酒类、食品等境外商品的区域集散中心，汇集了俄罗斯、西班牙、意大利等 13 个国家的特色商品 400 余种，吸引 50 余家贸易类企业入驻，累计销售境外产品实现贸易额 1. 36 亿元，聚集效应逐步显现。

案例 21：培育网红直播经济新业态
打造国际消费品分销新高地

为进一步扩大对外开放，推动跨境电商高质量发展，陕西自贸试验区西安浐灞生态区功能区依托区内“一带一路”涉外机构、国际会议会展等资源，联合“一带一路”国际商务中心，通过汇聚全球优质货源，集聚网红直播产业，提供特色定制服务，建立实训人才中心，推动直播产业链与跨境电商相融合，有效赋能网红直播带货模式，助力西安浐灞生态区功能区成为国际消费品分销新高地。

主要做法：

一是汇聚全球货源，打造直播供应链。对接“一带一路”优质品牌商家，积极开展类目品牌的全球货源筛选，为区内直播平台提供涵盖服装、美妆、家纺、百货、日化、家居、箱包、食品、饰品、酒类、小家电、母婴、鞋帽等全品类优质货源。充分发挥区内领馆、企业、展会等涉外资源，提高品牌和产品在目标市场的声誉度和感知度，帮助品牌好、质量优的产品打通国际市场，助力企业“走出去”。

二是集聚优质企业，构建直播产业链。积极引进国内直播电商平台、直播机构、MCN 机构、直播电商经纪公司、直播电商服务机构落户西安浐灞生态区功能区，充分利用集群注册功能，为企业落地提供相应的服务与支持。鼓励网红直播企业设立本地总部，为企业提供税收、奖补等政策支持，系统打造网红经济产业链条。

三是优化服务供给，提升直播价值链。针对网红直播企业实际需求，为企业提供仓储、运输、报关、融资等“一揽子”服务，强化网红直播产业发展基础。同时针对不同企业的个性化需求，提供符合其特点的市场定位、品牌策划、IP 与包装设计、渠道对接、品牌日打造、电商运营计划、运营外包服务、直播活动等内容，帮助企业提高竞争力，实现多元化发展。

四是培育主播团队，建强直播人才链。通过与高校、职业技术（技工）院校合作，建立“涉外专业咨询+电子商务”的实训人才培养中心，构建企业、培训机构、政府三方联动的人才培训体系，开展针对网红直播的专业知识培训以及“一带一路”独有品牌及国别培训，培养面向“一带一路”的本地化主播团队。打造境外主播矩阵，通过在线培训、集中学习等方式，输送国内直播技术和手段，培育一批有一定区域影响力的境外主播。通过打造国内外带货主播人才梯队，为区内网红经济发展提供源源不竭的动力。

实践效果：

一是丰富了国际消费品货源。“一带一路”国际商务中心目前已汇集了50多个国家的5 000多种产品，形成了更低成本、更多品牌、更高质量的国内外优质商品资源矩阵，帮助电商企业解决直播货源问题，带动更多国际好货成为直播爆款，加速打造国际消费品分销中心。

二是培育了直播电商人才。实训人才培养中心开展线上线下培训，并为电商专业学生提供实习机会，增加就业的同时，为网红直播产业发展提供充足的人才储备。

三是促进了直播产业发展。“一带一路”国际商务中心孵化网红直播电商企业，招引上下游相关企业，与300多家供应链企业建立合作关系，打造集直播、展示、销售、体验、培训于一体的直播电商产业基地。

案例22：集成退税服务新机制

陕西自贸试验区西安国际港务区功能区持续深化税收征管领域“放管服”改革，聚焦纳税人办税需求，不断改进服务方式，创新服务举措，着力构建“现场办”“上门办”“网上办”集成退税服务新机制，用实际行动为纳税人解难题办实事，提高办税缴费效率，极大增强纳税人的获得感和满意度。“陕西省推出‘税务管家’服务，确保留抵退税政策落实落细”的做法被国务院办公厅作为第九次大督查发现的典型经验做法给予通报表扬。

主要做法：

一是设置“退税专窗”现场指导办。在政务服务大厅设立“退税专窗”，专人专岗受理留抵退税、出口退税、启运港退税等退税业务，第一时间受理、审核、流转、反馈，做到退税“业务有人办、问题有人管、诉求有人答”，同步解答各类涉税咨询业务；实施“先退后补资料、先退后实地审核”的容缺受理模式，打造极简退税办理新模式。

二是推出“税务管家”上门服务办。精选业务骨干，设立“税务管家”，以“专人专管、线上线下”的服务方式，为企业提供精准服务。“税务管家”定期实地深入企业了解经营状况，开展政策宣传辅导，讲解税费政策指引，了解税务诉求，协助企业排查涉税风险。并通过线上为企业提供远程协助办税、政策解读、涉税解答等服务，在线逐一解答企业涉税疑难问题，让税务服务直达快享。

三是推行“非接触式”全程网上办。拓展智能办税服务功能，大力推广“非接触式”全程网办，精简出口退税事项办理流程，通过优化“免填报”智能申报系统，实现退税证明、备案单证在线办理，退税全流程电子化，企业申报出口退税只需通过网络平台提交电子数据，便可做到“审结即退税”“云端退税”。

实践效果：

一是提升了企业退税的便利度。通过“税务管家”上门办、“非接触式”全程网上办以及容缺办理等，实现企业“多走网路，少跑马路”，极大提升企业退税业务办理的便利度。

二是提高了企业出口退税效率。以“启运港退税”为例，报关单放行即可办理退税手续，将以前出口后1个月申报退税的办理时限，压缩至最快2天，退税时间提升约90%，彻底解决一直以来困扰企业的提交材料复杂、环节多、等待时间长等问题。

三是盘活了企业生产经营资金。2022年1—9月，国家税务总局西安国际港务区税务局为企业留抵退税17.14亿元，盘活了企业生产经营资金，极大缓解了企业的资金压力，提振了企业发展的信心。

案例23：创新民族教育“四结对”模式 推动西部大开发战略深入实施

为贯彻落实党的教育方针和民族政策，加强边疆民族地区人才培养、促进民族团结，陕西自贸试验区西安浐灞生态区功能区充分发挥教育资源优势，依托浐灞一中开展西藏班教育创新试点，通过军训结对、班生结对、师生结对、家庭结对等举措，促进不同民族学生之间交往交流交融，树立以民族交融为核心的教育创新示范，在推进西部大开发战略深入实施、促进西部地区协同发展方面发挥引领示范作用。相关经验入选教育部评定的“2020—2021年度全国西藏班新疆班创新案例”，在全国复制推广。

主要做法：

一是班生结对，增进手足情谊。为使陕藏学生在较短时间内增进了解，学校定期开展“班班结对”“生生结对”活动，即陕藏班级结对，陕藏学生结对。结对班级和学生在学习、生活中互相帮助、取长补短，以“团体”的形式同协作、共进步，在长期共同学习生活中增进陕藏学生手足情谊。

二是师生结对，感受家庭温暖。学校实行“德育家庭”导师制，1名教师和8—9名陕藏学生组成小家庭。德育导师除为学生进行学业辅导、心理疏导、生活指导、思想引导外，在学生遭遇疾病时担当起学生父母的责任，联系医院、陪护照料，帮助孩子战胜疾病恢复健康。学校以德育家庭为单位开展庆中秋、迎元旦、趣味运动会、集体过生日、过除夕迎藏历、走亲戚等精彩纷呈的家庭活动。西藏班学生在充满亲情的温暖大家庭中快乐成长，他们把学校当作了家，把老师当作了亲人。

三是军训结对，敞开彼此心扉。学校每学年初对陕藏学生进行军训，全体学生同吃同住同训练，增强陕藏学子团队意识，促进彼此了解。同时开展“手拉手·心连心”体验式拓展训练营，陕藏学生混合编队，一起取队名、选队歌、绘队旗、拟口号，举行毛笔字书写竞赛，在集体游戏中打开心扉，建立深厚友谊。

四是家庭结对，展现民族大爱。学校每年开展“我在西安有个家”陕藏家庭结对活动，动员社会爱心人士与西藏班孩子组成爱心家庭，充分感受文成公主故乡娘舅家的温暖，使他们生活在“西藏有我家、西安也有家、民族是大家、全国是一家”的民族团结氛围中，让西安成为西藏班学生成长、成才的第二故乡。

实践效果：

通过西藏班教育创新，浐灞一中在建国70周年之际，被国务院授予“全国民族团结进步模范集体”荣誉称号。西藏卫视在庆祝西藏和平解放70周年系列报道中，将学校作为内地西藏班（校）代表进行了宣传，在全国内地西藏班（校）和西藏自治区引起强烈反响，促进了陕藏民众间的团结进步。

一是推动了陕藏两地青少年交往交流交融。在校内艺术节、科技节、体育节、读书节、民族运动会等活动中陕藏学生同台演出、同场竞技，在校外各级各类比赛中陕藏学生同心协力、共同进步。在省少数民族传统体育运动会、电脑制作机器人比赛以及市区艺术展演等比赛中，浐灞一中陕藏学子摘金夺银、表现不俗。陕藏学生在交往中增进了友谊，在交流中增长了才干，无形中增强了民族认同感和凝聚力。

二是打造了西藏青少年人才培养的新样板。通过管理方式创新、教学模式创新、育人机制创新，推动不同民族学生交流互通、情感共融、成长成才。西藏班教育创新塑造了西部地区共同发展目标下的“大格局、高素养、同发展”的青少年人才协同培养范式。

三是促进了西藏经济社会和谐稳定发展。西藏班为少数民族地区培养了一大批优秀人才，实现了为西藏快出人才、多出人才、出好人才的政策目标，为西部少数民族地区经济社会发展贡献了重要力量。

案例24：创新构建网络安全产业生态体系

为强化陕西自贸试验区数字经济安全支撑，陕西自贸试验区西咸新区能源金融贸易区功能区围绕网络安全产业的“创新、服务、应用、人才”四位一体统筹布局，引入建设了陕西省首个网络安全运营中心，通过构建创新生态、提供专业安全服务、创新产业应用、人才培养等方式，培育打造全省网络安全的“产学研用”基地，助推全省网络安全产业高质量发展。

主要做法：

一是产业协同，提升网络安全创新能力。引进网络安全产业龙头企业，通过开展校企合作共建研发平台等方式，支持安全企业与高校、科研机构、行业单位等联合在区内成立实验室，开展科技创新孵化。结合政企实际应用场景，围绕痛点、难点问题，组织联合专家团队技术攻关，不断推进关键核心技术攻关和转化，形成以企业为主体、市场为导向、产学研用深度融合的网络安全创新生态体系。

二是多措并举，强化网络安全服务保障。充分发挥网络安全企业的专业服务能力，为区内企业提供网站监测、漏洞扫描、安全防护等服务；加强安全态势感知平台能力建设，对重要信息系统、关键信息基础设施等实行全天候全方位实时监测预警；开展实网攻防演练及网络安全实训，协助省网信办、公安厅、教育厅等相关部门举办网络安全技能大赛、攻防演练大赛等系列赛事活动，提升政府和企业的网络安全攻防意识及能力。

三是场景创新，深化网络安全产业应用。注重数字政府、工业互联网、能源、数字金融、医疗健康等数字化创新场景的网络安全需求，与行业重点企业强化供需对接，通过搭建工业互联网安全在线监测平台、网络安全防护体系等，深化网络安全技术、产品和服务创新应用，不断提高重点行业网络安全防护水平。

四是产教融合，培养网络安全专业人才。在区内设立网络安全空间学院，发挥陕西省高校网络安全学科优势，与高校合作共建网络空间安全研究院、网络安全攻防实验室、大学生实训基地等，为大学生提供丰富的校外实践场景、专项能力培养课堂、网络安全人才培训认证工作，培养实用型、创新型网络安全人才，支撑全省网络安全产业高速发展。

实践效果：

一是网络安全产业生态效应显现。西咸新区能源金融贸易区功能区已打造中国系统西北信创基地、启明星辰西北安全运营中心、中国电信 5G 实验室、中国移动 5G 联创开放实验室等多个产业平台和载体，以及西北首家陕西金融网络安全创新实验室、省级网络安全工程实验室、城市区块链数据安全实验室等技术创新平台，形成城市威胁情报中心、钓鱼演练数据可视化平台等 10 多项研发成果。特别是城市区块链数据安全实验室，通过组建“科学家+工程师”队伍，加强区块链安全技术攻关，有效解决智慧城市和政务云服务中数据可信共享、流通、交易、审计追溯等难点问题。

二是网络安全风险有效降低。通过为区内企业提供安全防护服务，切实满足中小企业安全投入资金有限、安全运维人员及能力不足，但又急需提升自身安全防护能力的迫切需求，大幅提升企业及公众的网络安全防护意识和防护技能。

三是网络安全产业应用成效显著。西咸新区能源金融贸易区功能区内的网络安全服务已覆盖政务、智慧城市、工业互联网、医疗、能源、金融、车联网、电信等 10 余个行业领域以及西北地区的 300 余家政府和企业机构。特别是在能源和金融领域应用成效突出，搭建的全国油库工业互联网安全在线监测平台，成功入选工信部工业互联网试点示范项目；金融网络安全创新实验室为西安银行、陕西省农村信用社联合社、长安银行、秦农银行等多个金融机构提供网络安全保障服务。

四是网络安全人才培养初具规模。网络空间安全学院已与省内西安电子科技大学、西北工业大学、西北农林科技大学、西安理工大学、西安邮电大学等 15 所高校开展校企合作，建立交流和实习实训机制，为全省信息安全产业可持续发展提供了人才保障。

案例 25：精准施策提升金融支持杨凌片区建设质效

人民银行西安分行指导杨凌支行积极推进金融支持杨凌片区建设工作，结合杨凌示范区现代农业产业发展规划和特色经济，聚焦种业、农业科创、供应链金融服务综合施策，组织辖区金融机构不断拓展县域金融服务渠道、创新信贷产品和服务模式，取得良好成效。

主要做法：

一是围绕货币政策传导精准发力。先后印发《中国人民银行杨凌支行关于做好2022年金融重点工作的通知》《中国人民银行杨凌支行关于杨凌示范区2022年信贷稳增长工作的指导意见》，明确金融支持杨凌片区工作事项和任务目标。为保障政策实施，组织召开示范区“稳预期 保增长”信贷工作推进会明确部署工作任务，深入金融机构现场督导，组织金融机构入企入村协调解决实际问题，精准推进信贷投放，提升融资服务能力。

二是充分发挥货币政策工具的引导撬动作用。着力发挥货币政策工具总量和结构双重调节作用，积极落实将普惠小微贷款支持工具的资金比例由1%提高至2%的支持政策，推动管委会出台对使用再贴现工具发放普惠小微贷款的金融机构给予5万元奖励，对新增普惠小微贷款进行贴息、风险补偿和奖励政策，激励金融机构加大对种业、科创企业的支持力度。

三是增设助企纾困服务点切实帮扶企业。在“四贷促进”金融服务站增设助企纾困服务点，组织召开“四贷促进”金融服务站工作推进会，建立并完善“12345”服务模式，印制《金融23条助企纾困》宣传折页、《四贷促进金融产品服务手册》，广泛宣讲政策、推介产品，牵头政银企对接，切实加大金融对涉农小微企业的纾困支持。

四是推动形成政策合力强化激励保障。积极推动并协助示范区管委会印发《杨凌示范区金融支持秦创原创新驱动平台农业板块建设的若干措施》和《杨凌示范区金融支持种业发展的若干措施》，将对普惠小微、科技型、种业企业及受新冠疫情影响较大的交通运输等行业贷款贴息支持及风险补偿政策纳入《杨凌示范区扎实稳住经济一揽子政策措施》，明确对重点企业、重点行业、重点项目普惠小微贷款给予贴息，对中微企业融资成本低、贷款增速高的金融机构给予一定金额奖励，对支持普惠小微企业发生不良造成实际损失的给予风险补偿。

五是创新金融服务精准对接个性化融资需求。灵活运用信贷产品拓展种业信贷覆盖面，运用“农户锦绣前程贷”为蔬菜品种示范园发放经营性贷款，运用“陕农云担贷”为蛋种鸡繁育养殖企业提供信贷支持；创新个性化金融产品支持秦创原现代农业板块建设，推出“科创贷”批量贷款模式、秦创原农业板块重点企业低息贷款，实现示范区首笔分布式光伏贷款成功落地；积极培育应收账款融资核心企业，推广链式金融服务，为陕西建工第十六建设公司上游企业融资200万元，成为全省CA证书接入模式应收账款线上融资业务的“首单”。

实践效果：

一是县域信贷总量稳定增长为杨凌片区发展提供充分支撑。2022年1—11月，全区金融机构人民币各项贷款余额186.28亿元，同比增长14.46%；杨凌示范区小微企业贷款余额54.67亿元，同比增长13.9%；普惠小微贷款余额13.78亿元，同比增长27.27%，支持普惠小微企业1 946家。

二是种业、农业科创领域信贷投放力度不断增强。截至2022年1—11月，全区科技型企业贷款累计投放10.87亿元，种业全产业链贷款累计投放5.12亿元，其中支持种子产业园和智慧农业示范园建设项目贷款3.63亿元，初步形成种业全产业链金融服务，为推动杨凌种业集约经营与技术推广提供了有力的支持。

三是生物资产抵质押融资取得新突破。杨凌“生猪价格指数+期货保险”试点全面落地，生物资产动态评估浮动抵押贷款项目成功在“全国市场监管动产抵押系统”平台搭建生物资产动态评估模型——生猪1.0版本并投入使用，为金融支持乡村产业融资发展拓展了空间。

四是供应链金融服务推动产业链条向乡村延伸。应收账款融资为区内供应链金融服务构建了基础业务模式，有力推进重点产业链核心企业对接工作。建设银行杨陵区支行通过建信融通平台为饲料制造产业链重点企业下游客户提供438.9万元的信贷支持，解决了49户经销商和养殖户融资难题，供应链金融服务已逐步向乡村产业延伸。

四、陕西省政府及相关部门出台的政策措施

（一）《关于印发〈陕西省推进“一带一路”建设2022年工作要点〉的通知》（陕“一带一路”办〔2022〕10号，2022年5月17日）

（二）《陕西省人民政府关于印发推进陕西自由贸易试验区贸易投资便利化改革创新若干措施的通知》（陕政发〔2022〕10号，2022年5月18日）

（三）《陕西省商务厅　西安海关等8部门关于印发〈推动海关特殊监管区域与中国（陕西）自由贸易试验区统筹发展若干措施〉的通知》（陕商发〔2022〕39号，2022年9月1日）

五、大事记

2022年2月16日　省商务厅副厅长、自贸办副主任翟北秦组织召开自贸试验区营商环境评估项目座谈会，与普华永道相关人员就开展2021年陕西自贸试验区营商环境评估项目开展研讨交流，自贸协调指导处相关同志参会。会上普华永道相关工作人员介绍了营商环境评估的目标、评价范围、评估方法和调研流程，详细介绍了评估指标的构成和内容，并提出拟交付的工作成果。与会人员就指标设计和调研方案进行了认真讨论，提出了修改意见。

2022年2月18日　省商务厅副厅长、省自贸办副主任翟北秦主持召开自贸试验区工作例会，总结回顾自贸试验区2021年建设情况，研究安排2022年重点工作。会议研究确定了近期自贸试验区建设的15项重点工作。

2022年2月25日　省长赵一德到省商务厅调研并主持召开座谈会。他强调，要深入学习贯彻党的十九届六中全会精神和习近平总书记来陕考察重要讲话重要指示精神，牢牢把握商务工作是国内大循环的重要组成部分，要抓好平台通道载体建设，在深化自贸试验区改革创新、优化全省综保区布局、推进经开区高质量发展、推动运产贸融合上持续用力，进一步放大优势、释放潜能，促进开放创新增效升级。副省长蒿慧杰、省政府秘书长方玮峰出席座谈会。

2022年2月25日　省自贸办召开陕西自贸试验区2021年度“最佳实践案例”专家评审会。会上，来自15个单位的26名参会选手向9位专家评委及各单位代表展示30个改革创新案例。专家对每个案例进行现场打分，最终对入围的30个案例进行排名并公布。

2022年3月1日　省高级人民法院副院长巩富文来到省商务厅，与省商务厅副厅长、省自贸办副主任翟北秦座谈交流，了解陕西自贸试验区建设发展情况及存在问题。

2022年4月7日　陕西省人民政府新闻办公室举办新闻发布会，邀请陕西省商务厅副厅长、省自贸办副主任翟北秦，陕西自贸试验区西安管委会专职副主任李群刚，陕西自贸试验区杨凌示范区管委会办公室主任苏亚文，陕西自贸试验区西咸新区管委会办公室专职副主任冷彦勋出席，介绍陕西自贸试验区五年建设情况并回答记者提问。发布会由陕西省委宣传部新闻发布工作处处长李惠主持。

2022年4月8日　省自贸办组织召开第三届中国（陕西）自由贸易试验区发展论坛工作筹备会。省商务厅副厅长、省自贸办副主任翟北秦出席会议。会上，翟北秦副厅长对第六届“丝博会”及自贸试验区发展论坛相关情况进行了介绍。自贸协调指导处贺占华处长介绍了论坛方案及分工建议，与会单位进行了现场交流讨论。

2022年4月11日　省长赵一德一行调研中译语通陕西公司，深入了解公司在跨语言大数据、人工智能和语言科技等领域的创新应用成果。中译语通陕西公司总经理李云轶做相关成果汇报。赵一德省长强调，要充分利用两个市场、两种资源，大力拓展对外开放的深度和广度，切实以开放促改革、

促创新、促发展，加快打造内陆改革开放高地。他勉励中译语通持续深耕技术研发，加强语言处理能力和大数据平台建设，不断丰富应用场景，更好服务陕西对外合作交流。

2022 年 4 月 13 日　省自贸办组织召开陕西自贸试验区建设考评及营商环境评估工作部署会。会议首先部署了陕西自贸试验区 2021 年度建设考评相关工作。介绍了考评指标体系，提出了考评工作目标和成果运用方式，通过考评查找短板和不足，推动自贸试验区高质量发展高标准建设。西安交通大学“一带一路”自由贸易试验区研究院介绍了考评工作方案，自贸办各处对考评指标进行了详细解读。

2022 年 4 月 14 日　人民银行西安分行、陕西省地方金融监督管理局联合组织召开 2022 年中国（陕西）自由贸易试验区金融改革创新工作座谈会，会议通报了评估中反映出的近年来金融外汇支持陕西自贸试验区建设工作取得的成效、存在的问题，围绕 2022 年金融外汇支持陕西自贸试验区建设工作要点（征求意见稿）向金融改革创新组各成员单位再次征求意见，参会单位进行了交流发言。

2022 年 4 月 25 日　省商务厅副厅长、省自贸办副主任翟北秦主持召开座谈会，讨论陕西自贸试验区重点工作清单，各相关管委会、功能区参会。

2022 年 4 月 28 日　省长赵一德主持召开省推进“一带一路”建设工作领导小组和中国（陕西）自贸试验区工作领导小组暨对外开放工作座谈会。他强调，要深入学习贯彻习近平总书记关于对外开放的重要论述和来陕考察重要讲话重要指示精神，认真落实党中央、国务院有关决策部署，积极抢抓机遇，加快补齐短板，奋力推动全省对外开放迈上新台阶。

2022 年 5 月 10 日　省商务厅厅长李九红率队赴陕西自贸试验区西咸新区沣东新城功能区和西安高新区功能区调研，先后走访秦创原立体联动孵化器总基地、陕西佰美基因股份有限公司和易点天下网络科技股份有限公司。调研期间，李九红详细询问企业在发展当中需要省商务厅协调解决的问题，并就破解企业发展难题进行深入交流。

2022 年 5 月 12 日　中国（陕西）自由贸易试验区工作领导小组办公室印发《2021 年中国（陕西）自由贸易试验“最佳实践案例”》（陕自贸组办发〔2022〕7 号）。

2022 年 5 月 18 日　陕西省人民政府印发《推进陕西自由贸易试验区贸易投资便利化改革创新若干措施》（陕政发〔2022〕10 号），从提升贸易便利度、提升投资便利度、提升国际物流便利度、提升金融服务实体经济便利度、探索司法对贸易投资便利的保障功能等五方面提出 19 条具体举措。

2022 年 5 月 18 日—19 日　省商务厅副厅长、省自贸办副主任王宏伟带队赴陕西自贸试验区中心片区（西安市、西咸新区）调研，就陕西自贸试验区招商引资以及与所在区域的协同创新、统筹发展工作，与片区及相关功能区负责同志深入座谈。

2022 年 5 月 17 日—20 日　省商务厅副厅长、省自贸办副主任翟北秦带领由省委改革办、省市场监管局、省知识产权局，陕西自贸试验区西安管委会、杨凌示范区管委会、西咸新区管委会，以及高新、经开、国际港务、浐灞、空港新城、沣东新城、秦汉新城、能源金贸区等 8 个功能区自贸办负责同志组成的调研组一行 20 人，赴海南实地考察自由贸易港建设情况。调研组先后赴海口综合保税区、国际知识产权交易所、博鳌乐城国际创新药械展、陵水黎安国际教育创新试验区、三亚中央商务区、崖州湾科技城种子国家实验室等平台项目实地考察，并与海南省商务厅、博鳌乐城管理局、陵水黎安管理局、海南种子创新研究院、海南陕西商会等单位进行座谈交流。

2022 年 5 月 27 日　省商务厅副厅长、省自贸办副主任翟北秦带队赴西北工业大学调研科技成果转化体制机制创新情况，与西北工业大学副总会计师张建新等座谈交流。

2022 年 5 月 27 日　省商务厅副厅长、自贸办副主任王宏伟和省司法厅副厅长李艾平共同带队赴国际港务区调研“一带一路”国际商事法律服务示范区建设工作，调研组一行实地调研了西安知识产权法庭、广东海埠（西安）律师事务所、中欧班列运营中心、最高人民法院第二国际商事法庭（第六巡回法庭）、中国—上海合作组织法律服务委员会西安中心、“一带一路”律师联盟西安中心、西安“一带一路”国际商事争端解决中心，并就如何发挥自贸试验区改革创新优势，推动“一带一路”国际商事法律服务示范区建设进行了座谈交流。

2022 年 5 月 30 日　省商务厅副厅长、省自贸办副主任翟北秦主持召开中欧班列运邮试点和“邮快跨”（国际邮件、国际快件、跨境电商三类业务）一站式通关两项新业务的工作推进会，相关业务负责人进行座谈交流。

2022 年 6 月 1 日　翟北秦副厅长一行三人与西安高新区功能区就产业发展相关情况进行调研座谈。

2022 年 6 月 1 日　省商务厅厅长、省自贸办主任李九红与西安交通大学经济与金融学院副院长赵春艳教授一行四人进行座谈交流，讨论如何深入研究校企合作相关课题。

2022 年 6 月 6 日　省自贸办印发《〈推进自由贸易试验区贸易投资便利化改革创新若干措施〉任务清单》至省级各相关单位和西安市政府、杨凌示范区管委会，要求相关单位统筹推进。

2022 年 6 月 17 日　省商务厅厅长、省自贸办主任李九红与西安交通大学“一带一路”自由贸易试验区研究院就智库建设进行座谈交流，省商务厅副厅长、省自贸办副主任翟北秦参会。

2022 年 6 月 21 日　省商务厅副厅长、省自贸办副主任翟北秦组织省自贸办、厅商务服务中心及承担论坛任务的陕西自贸试验区西安管委会、西咸新区管委会、西安交通大学“一带一路”自由贸易试验区研究院相关负责同志，召开第三届中国（陕西）自由贸易试验区发展论坛第二次工作筹备会。

2022 年 6 月 22 日—23 日　省自贸办陪同省政府参事室赴宝鸡、杨凌调研自贸试验区与综合保税区融合发展。

2022 年 6 月 28 日　中国（陕西）自由贸易试验区西安区域高质量发展专题研讨会召开，市委副书记、市委政法委书记赵璟出席会议并讲话。会议围绕“推动陕西自由贸易试验区西安区域高质量发展”主题开展讨论，充分听取省、市相关部门和专家学者、企业家代表的意见和建议。

2022 年 7 月 13 日—15 日　由省商务厅（省自贸办）主办，西安交通大学“一带一路”自由贸易试验区研究院承办的陕西自贸试验区建设业务培训班于在西安交通大学举办。陕西自贸试验区工作领导小组部分成员单位，以及陕西自贸试验区各片区、功能区约 50 名领导干部参加了本次培训学习。

2022 年 7 月 22 日　省商务厅副厅长、省自贸办副主任王宏伟率团调研重庆自贸试验区多式联运、金融创新等工作。

2022 年 7 月 27 日　省商务厅副厅长、省自贸办副主任翟北秦一行到陕西自贸试验区西咸新区沣东新城功能区调研自贸试验区建设情况并召开座谈会。先后前往西安国联质量检测技术股份有限公司、西安德诺海思医疗科技有限公司及通标标准技术服务（西安）有限公司考察。调研结束后，翟北秦副厅长一行同沣东新城功能区相关部门召开专题座谈会，就如何进一步发挥自贸区体制机制、政策、平台优势，促进科技成果转化，服务国家对外开放战略等方面进行深入研讨和交流。

2022 年 8 月 2 日　省商务厅副厅长、省自贸办副主任翟北秦一行赴陕西自贸试验区西安国际港务片区和浐灞生态功能区考察调研。调研组先后考察了西安京虹显示科技有限公司和西安国际港站综合营业大厅，实地考察西安领事馆区丝路国际文化艺术中心项目，调研亚马逊云科技联合创新中心、中国水利水电第三工程局有限公司。随后，调研组分别在西安国际港务区、浐灞生态区功能区召开座谈会，听取各功能区自贸办上半年自贸工作建设情况、存在的问题和意见建议，以及下半年重点工作计划。

2022 年 8 月 8 日　省商务厅副厅长、省自贸办副主任翟北秦组织省自贸办、厅商务服务中心及承担论坛任务的陕西自贸试验区西安管委会、西咸新区管委会、西安高新区功能区、西安浐灞生态区功能区、西安交通大学“一带一路”自由贸易试验区研究院相关负责同志，召开第三届中国（陕西）自由贸易试验区发展论坛第三次工作筹备会。

2022 年 8 月 15 日　由陕西省人民政府主办，陕西省商务厅、西安市人民政府、杨凌示范区管委会、西安交通大学“一带一路”自由贸易试验区研究院承办的第六届丝绸之路国际博览会重要活动之一“第三届中国（陕西）自由贸易试验区发展论坛”在西安国际会展中心举行。论坛以“引领新经济·重塑新格局·推动新发展”为主题，重点围绕如何发挥自贸试验区先行示范作用，加快打通经济循环堵点，破解开放不足短板，打造特色产业集群进行建言献策。论坛分为领导致辞、主题演讲、专题发布、重点推介、圆桌访谈五个阶段。

2022 年 8 月 23 日　黄河流域自贸试验区联盟启动暨对外开放高质量发展大会在济南开幕。大会主题为“自贸试验区赋能黄河流域高质量发展”，大会举行了 30 个合作项目签约，陕西自贸试验区共有 7 个合作项目在大会上视频签约，涉及园区合作、供应链管理、文化产业、新一代信息技术等方面，并推出陕西 7 项创新成果服务沿黄流域企业发展。会上签订了黄河流域自贸试验区联盟合作备忘录。

2022 年 9 月 1 日　省商务厅、西安海关等 8 部门印发《推动海关特殊监管区域与中国（陕西）自由贸易试验区统筹发展若干措施》(陕商发〔2022〕39 号)，从统筹完善两类区域布局等五个方面提出 21 条推动两类区域统筹发展的政策举措。

2022 年 9 月 16 日　省商务厅副厅长、省自贸办副主任翟北秦参加中国杨凌农业高新科技成果博览会期间的自贸试验区与综合保税区政策推介会并做自贸试验区专题推介。

2022 年 10 月 9 日　省商务厅副厅长、省自贸办副主任翟北秦主持召开自贸试验区西咸新区大健康产业研讨会，省自贸办三个处室、西咸新区自贸办相关人员参会。

2022 年 10 月 17 日　省商务厅副厅长、省自贸办副主任翟北秦主持召开支持自贸试验区大健康产业发展暨干细胞医疗技术应用转化试点研讨会，省卫生健康委、省药监局、省自贸办、西咸新区自贸办等相关人员参会。

2022 年 10 月 26 日—27 日　省商务厅副厅长、省自贸办副主任翟北秦参加商务部 2022 年第四期自贸试验区建设专题培训会。

2022 年 10 月 31 日　第 6 届中国—南亚博览会暨第 26 届中国昆明进出口商品交易会会期活动——中老铁路多式联运“一单制”研讨会在昆明举办，有关自由贸易试验区、中国铁路地方局集团公司以及相关物流、金融等企业负责人近百人线上线下参会交流。云南、四川、陕西、广西、湖南、重庆等自由贸易试验区与中国铁路昆明、成都、西安、南宁、广州、乌鲁木齐局集团公司在会上签署《中老铁路多式联运“一单制”协同开放发展合作协议》。

2022 年 12 月 5 日—7 日　省商务厅副厅长、省自贸办副主任翟北秦线上参加商务部 2022 年第五期自贸试验区建设专题培训班。

2022 年 12 月 15 日　省商务厅副厅长、省自贸办副主任王宏伟参加《中国自由贸易试验区发展报告（2022）》发布会。

2022 年海南自由贸易港建设概况

中共海南省自由贸易港工作委员会办公室

綦树利

中共海南省委
自由贸易港工作委员会
办公室常务副主任

綦树利，男，汉族，湖南汉寿人，1999 年 7 月参加工作，研究生学历。

现任中共海南省委副秘书长，省委全面深化改革委员会办公室、省委自由贸易港工作委员会办公室常务副主任。

2022 年 4 月 10 日至 13 日，中共中央总书记、国家主席、中央军委主席习近平亲临海南考察并发表重要讲话，强调要解放思想、开拓创新，团结奋斗、攻坚克难，加快建设具有世界影响力的中国特色自由贸易港，让海南成为新时代中国改革开放的示范，把海南自由贸易港打造成展示中国风范的靓丽名片，赋予海南更加重要的历史使命，为海南在新的历史起点上推进全面深化改革开放和中国特色自由贸易港建设提供了根本遵循和行动指南。这一系列部署的战略性、针对性、指导性极强，具有强大的真理力量和实践伟力，深刻改变了海南发展的历史进程，成为全省上下干事创业的理论之源、方法之源、动力之源。习近平总书记充分肯定海南全面深化改革开放和自由贸易港建设取得的四个方面成绩：一是自由贸易港建设进展明显，整体推进蹄疾步稳、有力有序；二是全省上下干事创业热情高涨；三是发展质量不断提升；四是发展环境不断优化。习近平总书记在考察中还充分肯定海南各级干部的精神面貌和能力素质明显提高，给予我们极大的鼓舞和鞭策，让全省上下倍感振奋，凝聚起协同推进自由贸易港建设的强大合力。

海南始终牢记习近平总书记殷切嘱托，坚决贯彻党中央决策部署，在中央和国家有关部门的鼎力支持、社会各界的关心帮助下，坚持“闯”为基调、“稳”为基础、远近结合、小步快跑，努力克服超预期变化和超寻常压力，全面启动全岛封关运作准备工作，着手开展封关压力测试，坚守不发生系统性风险底线，推动海南自由贸易港建设蓬勃兴起。2022 年，海南省实现地区生产总值 6 818. 2 亿元；货物贸易进出口总额 2 009. 5 亿元、比上年增长 36. 8%、增速排名全国第二，服务贸易进出口总额 353. 6 亿元、比上年增长 22. 9%；实际使用外资金额超 40 亿美元、比上年增长 15%，实际对外投资近 19 亿美元、比上年增长 137. 5%。

一、坚持正确政治方向，全面贯彻党中央重大战略部署

坚持把学习贯彻党的二十大精神、习近平总书记考察海南重要讲话精神作为最重要的政治任务，科学把握自由贸易港建设方向和节奏。

一是深入学习宣传贯彻党的二十大精神，坚定捍卫“两个确立”、坚决做到“两个维护”。党的二十大报告将海南自由贸易港建设列入党中央新时代十年成就和未来部署。党的二十大胜利闭幕后，第一时间召开省委常委会（扩大）会议、省委专题学习会议、省委理论学习中心组学习会，传达学习党的二十大精神，深刻领会习近平总书记关于学习贯彻党的二十大精神“五个牢牢把握”和“三个下功夫”的重要要求。召开省委八届二次全会，出台

《中共海南省委关于深入学习宣传贯彻党的二十大精神的意见》，对深入持久学习、宣传、贯彻工作作出全面安排部署，在全省迅速掀起学习贯彻党的二十大精神的热潮。

二是深刻领会习近平总书记考察海南重要讲话精神，不折不扣抓好落实。召开省委常委会扩大会议，传达学习习近平总书记考察海南时的重要讲话精神，就学习宣传贯彻习近平总书记重要讲话精神作出部署，在全省迅速掀起新一轮推进全面深化改革开放的热潮。召开省委七届十二次全会，制定学习贯彻落实习近平总书记考察海南重要讲话精神的决定，提炼专题研究事项，对落实情况紧盯不放、持续用力。召开省第八次党代会，将习近平总书记提出的“加快建设具有世界影响力的中国特色自由贸易港”作为党代会报告的主题主线贯穿始终，科学谋划海南未来五年工作。

三是深度谋划指导海南长期发展的基本方略，探索形成“一本三基四梁八柱”战略框架。把习近平总书记系列重要论述要求与海南自由贸易港建设紧密结合起来，在实践中形成“一本三基四梁八柱”战略框架，即坚持以习近平总书记关于海南工作的系列重要讲话和指示批示为根本遵循，以《中共中央 国务院关于支持海南全面深化改革开放的指导意见》《海南自由贸易港建设总体方案》《中华人民共和国海南自由贸易港法》为制度基石，以全面深化改革开放试验区、国家生态文明试验区、国际旅游消费中心、国家重大战略服务保障区为目标定位，以政策环境、法治环境、营商环境、生态环境、经济发展体系、社会治理体系、风险防控体系、组织领导体系为稳固支撑。习近平总书记高度肯定这一战略框架，认为相当于浙江的“八八战略”，是人间正道，要求我们就这么坚定走下去。

二、全力推进全岛封关运作准备工作，封关软硬件设施建设全面铺开

将全岛封关运作作为“一号工程”，举全省之力开展封关运作准备工作大会战。一是封关任务有序推进。研究明确 64 项封关任务及其责任单位、完成时限，倒排工期，稳步推进。深入开展全岛封关制度设计研究，一批重点政策研究取得阶段性进展。二是封关项目顺利开工。立足“一线放开、二线管住”监管需要，第一批全岛封关运作 31 个项目已有 25 个开工建设。加快 8 个对外开放口岸、10 个“二线口岸”、64 个反走私综合执法站基础及配套设施建设。研究推进“二线口岸”监管资源整合，启动海关智慧监管平台建设。三是压力测试稳步启动。围绕货物贸易、服务贸易、外商投资、数据流动以及其他领域等五个方面，提出第一批 27 项测试任务，完成测试方案编制工作。推动加工增值免关税政策试点扩区业务顺利落地，研究提出洋浦保税港区政策扩大到洋浦经济开发区的具体方案。

三、完整、准确、全面贯彻新发展理念，推动经济高质量发展取得新成效

以调结构、增动能、引外力为重点，全省经济运行总量和速度承压，质量和结构趋好。

一是现代化产业体系加快构建。房地产市场调控成功闯关，经济结构不断优化，四大主导产业占全省 GDP 的比重提升至 70%，对经济增长贡献率超 80%。全力做好高端购物、医疗、教育“三篇境外消费回流文章”，世界最大单体免税店海口国际免税城正式开业，博鳌乐城引进国际创新药械 290 种、成为国际创新药械进入我国的快速通道，我国境内首个境外高水平大学独立办学项目——德国比勒费尔德应用科技大学（海南）获批筹建，电子科技大学格拉斯哥海南学院等 6 个中外合作办学机构（项目）获批设立。数字经济营业收入、石化新材料产业产值超千亿，一批新能源汽车、海上风电、芯片设计制造、半导体和通航飞机等新产业、新项目落地开工，百万吨乙烯项目投产。热带特色高效农业向“强”和“优”迈进，增加值突破千亿关口。

二是外向型经济高速发展。经济外向度达到

34.7%，提高7.7个百分点。加大“请进来”“走出去”力度，实施最短外商投资准入负面清单，派出新冠疫情以来全国首个省领导代表团赴中国香港、德国招商，联信国际、太古可口可乐等一批国际知名企业机构落户海南。推动实现西部陆海新通道“铁海联运+内外贸同船”，开通内外贸航线53条，海南国际船舶总吨位历史性跃居全国第二，洋浦保税港区首次进入全国综合保税区发展绩效评估A类行列。

三是创新驱动成效明显。崖州湾实验室挂牌运行，省深海技术创新中心成立，我国首个商业航天发射场开工建设，全球动植物种质资源引进中转基地、南山科考母港等重大科技创新平台加快建设，“陆海空”三大未来产业发力起势。聚焦国家战略需求，开展重大科技项目“揭榜挂帅”，支持企业牵头组建创新联合体、承担重大科技项目，在深水油气开发、热带作物品种资源研究等领域形成一批原创科研成果。高新技术企业连续五年保持40%以上增速，“国家级制造业单项冠军企业”培育实现零的突破。全社会研发投入强度历史性突破1%，投入规模较“十三五”末提高近1.4倍。完善科技评价、开放合作、成果转化等机制，全省技术交易额增长28%。

四是重点园区带动作用凸显。出台支持提升重点园区投融资能力十条措施，园区基础设施建设、重大项目落地、招商引资引智等提质加速，江东新区总部经济和临空产业聚能成链，崖州湾科技城成功发行海南自由贸易港首单欧元境外债券。实施产业园区动态调整机制，对洋浦经济开发区等9个良好等级园区给予奖励和用地等要素保障支持。调整优化东方临港和临高金牌港产业园区管理体制，倾力打造洋浦经济开发区、海南生态软件园、海口复兴城等千亿级园区。海南自由贸易港重点园区累计完成固定资产投资超1 260亿元，累计营业收入超1.8万亿元，分别比上年增长6.6%和31.6%，税收收入约700亿元、占全省税收收入的比重超五成。

四、全力以赴推动政策落地见效，自贸港政策制度体系初步建立

积极推动海南自由贸易港政策制定出台、落地见效，加快构建自由贸易港政策体系。

一是贸易政策方面。动态调整原辅料、自用生产设备“零关税”政策，积极研究调整交通工具“零关税”政策，逐步扩大适用商品范围和适用主体。截至2022年底，共进口“零关税”货物149.6亿元；加工增值内销货值28.5亿元。对标国际高标准经贸规则，出台《海南省落实〈区域全面经济伙伴关系协定〉（RCEP）20条行动方案》和《海南对标CPTPP开展先行先试试点措施》、试点放宽部分进出口货物管理措施。推动跨境贸易发展，实现跨境电商监管全模式畅通，海南口岸进出口整体通关时间快于全国平均水平10%以上。

二是投资政策方面。放宽市场准入特别措施取得阶段性成果，海南电子处方中心、海南国际文物艺术品交易中心等一批重点事项实现“首单效应”，推动非首次临床急需药品和医疗器械审批权、种子生产经营许可证核发权限等10多项审批优化事项落地。深入实施市场准入承诺即入制，出台首个承诺即入制相关立法，取消一批许可事项。深化“证照分离”改革告知承诺事项111项，数量全国第一。鼓励外商投资产业目录在全国通用目录基础上增加72条，条目总数继续保持全国首位。

三是财税政策方面。修订享受个人所得税优惠政策高端紧缺人才清单管理暂行办法，发布鼓励类产业企业实质性运营有关问题的补充公告。15%所得税个人和企业享惠面分别增长122.7%、35.7%。

四是金融政策方面。研究形成资金“电子围网”建设方案，推进多功能自由贸易账户体系建设。在洋浦经济开发区启动跨境贸易投资高水平开放外汇管理改革试点，实施9项资本项目改革措施、4项经常项目便利化措施。成功发行全国首单离岸人民币地方政府债券50亿元。全年跨境收支总额达624亿美元，比上年增长63.8%；跨境人民

币收付 1 456 亿元，创历史新高，比上年增长 160. 6%。

五是航运政策方面。加快推进琼州海峡港航一体化，基本完成南北两岸航运资源整合，调整优化港口功能布局。推动出台支持洋浦经济开发区加快建设的若干政策措施，加快建设“中国洋浦港”船籍港，累计登记国际船舶 34 艘，吸引近 500 家航运产业相关市场主体落户洋浦。

六是人才政策方面。制定出台新版海南自由贸易港高层次人才分类标准，创新推进外国人工作许可和居留许可“两证”合一。全年引进人才超过 10 万人。

七是数据流动政策方面。稳步推进数据共享，有序开展跨境交流专用通道试点。启动第二、三条国际海缆建设，探索构建工业领域数据出境安全管理工作机制，加快推进游戏出海国际数据中心试点，探索发展国际数据产业。

五、把制度集成创新摆在突出位置，营商环境不断优化

坚持高位推动，着力提高改革的系统性、整体性、协同性，推出一批制度创新成果。

一是创新能级持续提升。全年发布两批共 11 项制度创新案例，累计发布 15 批 134 项制度创新成果，其中 8 项被国务院向全国复制推广，6 项得到国务院大督查全国通报表扬，22 项得到部委采纳并在全国复制推广，“海易兑”惠企服务系统入选全国数字政府优秀创新案例。海南自由贸易港三年制度集成创新行动方案（2020—2022 年）顺利收官，复制推广全国其他自贸试验区形成的 278 项制度创新成果，完成省内 121 项制度创新成果复制推广。

二是重点领域改革深入推进。研究出台海南国际教育创新岛和洋浦国际航运枢纽建设制度集成创新方案。建立“土地超市”制度，以“机器管规划”赋能国土空间智慧治理，制定因公共利益收回闲置土地补偿标准，处置闲置土地 5. 15 万亩，“项目等土地”问题得到有效解决。搭建“审管法信”平台，实现审批监管执法信用数据共享和互联互通。深入推进省对市县财政体制改革，财政资源配置效率大幅提升。

三是营商环境不断优化。实施“准入即准营”、政府服务“零跑动”等八大领跑行动，推行企业首席服务专员制度，建立健全“赛马擂台”“病例剖析”等工作机制，滚动发布营商环境示范案例，形成优化营商环境比学赶超的工作格局。挂牌成立全国首个营商环境建设厅，统筹推进营商环境、政务服务、数据共享、社会信用等工作。完善营商环境问题受理平台，推动解决一大批历史遗留问题。全国工商联调查显示，海南省营商环境全国排名前移 4 位。全省市场主体突破 239 万家，增速连续 34 个月保持全国第一。

六、高水平建设国家生态文明试验区，生态环境质量保持全国一流

始终把生态文明建设和生态环境保护作为“国之大者”，着力建设生态一流、绿色低碳的自由贸易港。

一是中央环保督察整改成效明显。全面落实习近平总书记重要批示精神，首轮中央环保督察整改任务全部清零，第二轮中央环保督察整改任务到期完成率达 100%。深入开展中央环保督察整改“回头看”，推进省级生态环境保护例行督察，啃下围填海项目拆除、垃圾填埋场治理等一批“硬骨头”，一批群众反映强烈的突出生态环境问题得到解决。全面推进国土空间用途管制试点，落实最严格的围填海管控和岸线开发管控措施。深入推进“三线一单”生态环境分区管控落地实施。

二是标志性工程建设顺利推进。充分发挥海南热带雨林国家公园“四库”（水库、粮库、钱库、碳库）作用，物种保护和生态价值转化取得积极进展，海南长臂猿等珍稀野生动植物得到恢复并保持逐年增加。清洁能源装机比重达 73%，新能源汽车保有量占比攀升至 10. 5%、跃居全国第二。装配式

建筑面积连续四年翻番，2022年新开工装配式建筑占新建建筑比例超过60%，处于全国领先水平。全省空气质量优良天数比例为98.7%，$PM_{2.5}$浓度降至12微克每立方米，地表水水质优良比例达94.9%，近岸海域优良水质占比达99.7%。

三是“双碳”工作实现新突破。《海南省碳达峰实施方案》印发实施。海南国际碳排放权交易中心获批设立，海南国际蓝碳研究中心正式挂牌，完成首单蓝碳生态产品签约交易。启动博鳌零碳示范区创建，在江东新区、海南生态软件园等开展低碳试点，上线“应对气候变化智慧管理平台”，初步形成碳排放统计核算监测体系。省内首笔碳排放权配额质押贷款、首笔碳中和挂钩项目贷款先后成功落地。

七、加快构建自贸港法规体系，法治保障坚强有力

全面落实《中华人民共和国海南自由贸易港法》，紧贴海南自由贸易港建设急需，逐步制定和完善自贸港法规。

一是出台配套法规专项规划。制定出台《海南省贯彻实施〈中华人民共和国海南自由贸易港法〉配套法规专项规划（2021—2025）》，梳理形成自贸港建设需要制定的法规事项，建设全省统一规范的自由贸易港法规政策文件库。创新推出法治政府建设考核130项指数，全面落实行政执法公示、全过程记录和重大执法决定法制审核“三项制度”，综合行政执法规范化水平明显提升。

二是加快完善自由贸易港法规。统筹运用一般地方性法规、经济特区法规和自由贸易港法规制定权，制定颁布游艇产业促进条例、药品进口便利化若干规定等7项自由贸易港法规。推动第三批调法调规事项落地，对在海南自由贸易港登记，仅从事岛内航行、作业的船舶，取消船舶登记主体外资股比限制。有序推进第四批调法调规事项，已按程序报请国务院审议。

三是完善多元化商事纠纷解决机制。设立海南自由贸易港知识产权法院和三亚崖州湾科技城知识产权特区审判庭，强化知识产权综合司法保护。海南第一、二涉外民商事法庭实行全国独有的跨行政区域“立审执一体化”集中管辖运行机制。海南自由贸易港国际商事仲裁中心建设有序推进，公共法律服务持续优化。

八、统筹发展和安全，风险防控务实有效

坚持管得住才能放得开，将风险防控与政策落实一体谋划、一体部署、一体推进。

一是深化对风险防控重要性的认识。认真汲取几次“大起大落”的历史教训，坚决摒弃急功近利、赚快钱思想，针对发现的苗头性问题，坚持打早打小、防微杜渐，及时有效化解风险隐患。深入开展“根本性问题”研究梳理，制定层层把关机制和风险防控预案，坚决做到“不在根本性问题上犯颠覆性错误”。

二是强化监管设施和平台建设。社会管理信息化平台实战化运行，64个反走私综合执法站挂牌运作，初步构筑近海、岸线、岛内三道防护圈。完善自由贸易港税收风险管理模型，加强实质性运营监管，强化偷漏税风险识别。开发上线海南省地方金融综合风险防范系统，强化对地方金融组织的风险防控。搭建全国首个资金流监测系统。

三是完善风险防控机制。建立离岛免税商品溯源管理体系，开展打击治理离岛免税“套代购”走私专项行动。依法妥善化解海航集团破产重整等金融风险，守住不发生系统性风险的底线。

2022 年中国（山东）自由贸易试验区建设概况

中国（山东）自贸试验区工作办公室

张型成

中国（山东）自由贸易试验区工作办公室副主任

张型成，男，汉族，1965 年 1 月生，山东平度人，1986 年 7 月参加工作，1986 年 3 月加入中国共产党，大学学历，工程硕士学位。

现任山东省商务厅党组成员、副厅长，中国（山东）自由贸易试验区工作办公室副主任。

一、经济运行数据

（一）经济数据

2022 年，中国（山东）自由贸易试验区（以下简称山东自贸试验区）新设立企业 26 558 家，比上年增长 13.9%。实际使用外资金额 28 亿美元，比上年增长 9.3%。货物进出口总额 4 673.2 亿元，比上年增长 21.6%。实现税收收入 440.9 亿元，比上年增长 36.3%，其中出口退税 129.3 亿元、增长 64.9%。跨境人民币结算金额 1 839.7 亿元，比上年增长 77%。新增授权专利 3 106 件，比上年增长 112.2%。

（二）特色数据

2022 年，山东自贸试验区内青岛港港口吞吐量 6.6 亿吨，比上年增长 4.3%，占全省港口吞吐量的 34.8%；集装箱吞吐量 2 567 万标准箱，比上年增长 8.3%，占全省集装箱吞吐量的 68.3%；外贸吞吐量 4.7 亿吨，比上年增长 3.2%，占全省外贸吞吐量的 47.9%。

二、建设措施及成效

山东自贸试验区认真贯彻落实习近平总书记对自贸试验区建设的重要指示批示精神，锚定“走在前、开新局”，不断向改革要动力、向创新要活力，为全省经济社会高质量发展作出新贡献。截至 2022 年底，山东自贸试验区总体方案 1.0 版 112 项试点任务全部实施，进入深化改革创新方案 2.0 时代。依据“从无到有、从断到连、从繁到简、从散到集”的创新逻辑，全国首创性提出制度创新方法论，被商务部国际贸易经济合作研究院作为典型经验上报国务院并在《决策参考》上发表。从“无”到“有”，填补制度空白。针对新经济、新模式、新业态不断出现造成的管理盲区，重点在产业发展、要素供给、营商环境等方面加快填补制度空白，形成 22 项创新成果。从“断”到“连”，完善制度体系。针对各部门管理职能分散、各领域信息孤岛、各区域功能差异造成的“断点”，通过加强部门协同管理、建立信息共享机制、探索区域功能联动等有效方式，促进制度协同和互连，形成 38 项创新成果。从“繁”到“简”，提升制度效能。针对冗余制度交叉、审批流程烦琐、旧有制度僵化造成的“繁”，在精简制度、合理流程、灵活运行等方面实现“简”，提升制度效能，形成 90 项创新成果。从“散”到“集”，加强制度集成。沿着产业链发展脉络、市场主体业务需求和完善服务体系需要，将各项制度有机组合，克服碎片化、分散化问题，加强制度集成，形成 92 项创新成果。截至 2023 年 2 月，山东自贸试验区累计形成 304 项制度创新成果，其中 144 项在全省复制推广，40 项获国家部委认可并推广，5 项被国务院自由贸易试验区工作部际联席会议推广，1 项入选全国“最佳实践案例”。

（一）聚焦服务效能提升，健全工作保障机制

组织召开中国（山东）自贸试验区工作领导小组第二次会议。审议通过《中国（山东）自由贸易试验区联动创新区建设实施方案》等 4 个文件，进一步完善创新考核、容错等工作机制，明确下一阶段方向任务。建立正向激励和容错纠错机制。建立以创新为导向的考核机制，分别出台面向片区、省有关部门的改革创新评价办法，激发片区和省有关部门创新活力；建立容错免责机制，打消干部创新顾虑，激励主动担当作为。

深化投资贸易便利化改革。不折不扣落实国家便利化改革举措，以省政府名义出台《关于推进中国（山东）自由贸易试验区贸易投资便利化改革创新若干措施的通知》，在提升贸易、投资、国际物流、金融服务实体经济便利度方面提出 16 项务实举措。

深化联动创新区建设。出台《中国（山东）自由贸易试验区联动创新区建设实施方案》，推动自贸试验区 3 个片区与 17 个国家级/省级经济技术开发区、高新技术开发区、综合保税区建立联动创新机制，叠加政策与功能优势，重点围绕医疗康养、国际贸易、海洋经济三个优势产业深化产业链供应链合作，进一步扩大制度创新的深度和广度；联合青岛海关等 9 部门出台《关于推动海关特殊监管区域与中国（山东）自由贸易试验区统筹发展若干措施》，提出 13 项具体推进两区统筹发展举措。

谋划深化创新方案。围绕开放型经济新体制先行区、现代产业体系开放样板区、海洋经济创新活力区、RCEP 经贸合作示范区、黄河流域高质量发展引领区“五区”功能定位，制定山东自贸试验区深化改革方案。

（二）聚焦系统集成，形成一批高质量创新成果

2022 年形成具有全国首创性的制度创新成果 22 项。其中“海洋种质资源跨省协同跨国引育路径创新”“聚焦制度创新培育发展高端装备型海洋牧场新业态”被国务院自由贸易试验区工作部际联席会议推广。“入海排污口规范化‘分级分类管理’新模式”等 10 项入选生态环保部自贸试验区加强生态环境保护推动高质量发展案例，总数居全国第一。

推出 4 个集成创新政策包，树立营商环境自贸示范。其中，企业全生命周期政策包，包括企业注册、许可办理、工程项目审批、企业办税、获取信贷、注销退出等 36 项创新政策；国际贸易全流程政策包，包括贸易撮合、货物通关、物流运输、出口退税等 41 项创新举措；金融服务全场景政策包，包括普惠金融、跨境投融资、金融创新等 16 项创新举措；知识产权全链条政策包，包括知识产权保护、运用、服务及司法保障等 10 项创新举措。自贸创新政策包优先在 17 个联动创新区推广实施，取得良好成效。

截至 2022 年底，全省应复制推广的国家级和省级创新成果共有 309 项，其中已复制推广 297 项、复制推广率 96.1%；享惠企业 293 万多家、占全省企业总数 68%。

（三）聚焦国家战略，创建一批高端化载体平台

以山东为支点，西连黄河、东拓海洋、南衔海南和粤港澳，形成横贯东西、连接南北、陆海统筹的自贸区建设新格局。全面融入黄河流域生态保护和高质量发展战略，牵头组建黄河流域自贸试验区联盟，并作为首届东道主，于 2022 年 8 月组织召开联盟启动暨对外开放高质量发展大会，沿黄九省（区）共同签署《黄河流域自贸试验区联盟合作备忘录》，通过《黄河流域自贸试验区联盟工作机制》《黄河流域自贸试验区联盟 2022 年度重点工作》，推动建立社会信用、审批服务、知识产权、物流运输“四个一体化”合作机制，签约 30 个合作项目，发布 56 个服务事项。深度践行海洋强国战略，建设海洋种质资源引进中转基地，联动海南自由贸易港构建“南繁北育”水产苗种产业走廊；实施现代化海洋牧场“百箱计划”，首创平台建造、检验、确权规范，海洋平台确权数量全国第一；创建海洋生态修复新模式，被农业农村部授予中韩联合增殖放流活动永久举办地。主动链接粤港澳大湾区等重点区域战略，依托澳门对葡语系国家中医药商标注册与产品出入境便利通道，打造中医药“借澳出海”新模式，推动宏济堂、省药学科学院等6家企业和机构落地澳门、横琴；与博鳌共建先进医疗技术产业合作示范基地，推动博鳌乐城特许器械与山东共享应用。

（四）聚焦发展动能，打造一批高能级重点产业

山东自贸试验区济南片区（以下简称济南片区）大力发展医疗康养产业，搭建山东省互联网医保大健康平台，创新智慧中药房等中医药发展模式，实现医疗康养服务新供给。成立全国首个省际中药材采购联盟和山东互联网中药（材）交易中心，服务19省86个城市的9 547家医疗机构，首次报量采购规模超106亿元。山东自贸试验区青岛片区（以下简称青岛片区）大力发展国际贸易，全国首创“数字化仓储+数字化交易+数字化金融”的贸易生态体系，推动上海清算所“清算通”系统上线，开展大宗商品数字仓单质押融资业务，国际大宗商品现货交易突破700亿元。山东自贸试验区烟台片区（以下简称烟台片区）大力发展海洋经济，全国首推“海工装备+渔业服务”新模式，打造亚洲最大的海洋渔业规模化养殖基地。先后推出全国首个海水养殖遥感指数、政策性碳汇指数保险等产品，其中“海洋牧场创新指数保险”获评2022年山东省支持经济高质量发展优秀金融创新产品。一批贸易新业态快速增长，易货贸易“0130”实现突破，总额位居全国第二；青岛片区离岸贸易总额占全省比重超80%；烟台片区落地全省首单游戏机全球维修业务，助力保税维修进出口增长38%，同时落地全国首单保税混金业务，2022年矿产品保税混配突破1 200万吨、新增进出口额363亿元。

三、创新成果及案例

案例1：入海排污口规范化“分级分类管理”新模式

2021年，生态环境部、商务部等部门发布《关于加强自由贸易试验区生态环境保护推动高质量发展的指导意见》，指出“高标准推进污水管网全覆盖，实现污水处理稳定达标排放，提高再生水循环利用水平”。烟台是生态环境部确定的全国渤海入海排污口整治试点地区，担负着先行先试探索入海排污口整治经验的重任。烟台片区以建设试点地区为契机，制定出台首个《烟台市入海排污口管理办法》（以下简称《管理办法》），充分聚焦责任主体、管理方式、生态改善，率先搭建起入海排污口“分级分类”精细化管理体系，显著提升陆源污染物排海管控能力，强化和巩固入海排污口专项整治成效，为持续改善海洋生态环境质量提供可复制可推广的“烟台方案”。

主要做法：

分级管理入海排污口。将生态环境保护作为第一要务，制定出台全国首个入海排污口管理办法，根据入海排污口特性和对海洋生态环境的影响程度，明确不同类型入海排污口管理要求，分别实行重点、一般和简化管理，彻底消除监管“盲区”。其中，对工业排污口、污水集中处理设施排污口、港口码头排污口、规模化工厂化海水养殖排污口和规模化畜禽养殖排污口实施重点管理；对农村污水处理设施排污口、规模以下工厂化海水养殖和池塘海水养殖排污口实施一般管理；对其他入海排污口实施简化管理。

实施审批手续分类管理。一方面，对《管理办法》实施前在用的入海排污口取消论证环节，简化审批流程，法定审批时限缩短30个工作日。另一方面，按照“妥善解决历史遗留问题的原则”，创新分类备案模式：有审批或者有备案手续的，自动备案；无审批或者无备案手续，但有环评、排污许可证手续的，可提交备案文件后备案；无审批、备案及其他手续的，需整治验收后备案。

创新精细化监管模式。一是建立智慧化监管平台。动态更新入海排污口台账，实现入海排污口整改、验收、销号信息化管理，形成“一户一档”，实现海洋监督管理“一体化”统筹。二是引入网格化管理模式。出台海洋生态环境保护网格化管理实施方案，建立市、区（县）、镇街（乡）、村居四级海洋生态环境网格监管体系，明确各责任部门职责，实现海洋生态环境监管全覆盖。三是开发使用“湾长制”手机应用程序。对开展巡湾过程中发现的入海排污口、沿岸垃圾等问题，现场拍照并通过“湾长制”手机应用程序移交责任部门，明确完成时限和标准，责任部门将整改照片上传系统进行销号，实现闭环管理。

实践效果：

一是规范提升入海排污口整治成效。入海排污口“分级分类”精细化管理模式，改变了入海排污口长期无序的管理状态，明确了各种类型入海排污口管理要求，从根本上为入海排污口治理提供了可靠的支撑和保障。截至2022年底，全市5 275个入海排污口全部完成整治，整治率100%，为国家探路“海上绿水青山”。

二是持续改善海洋生态环境质量。烟台片区以入海排污口管理为抓手，把好污染物进入海洋的最后一道“闸口”，不断加强海域污染治理效力。在13个点位抽样监测的近岸海域水质优良率全部达到100%。该做法已被《中国环境报》专题报道，向全国推广。

案例2：排污许可“1+1+N”监管新模式

建立覆盖所有固定污染源的排污许可制度是贯彻落实国务院生态文明体制改革要求的重要举措。2021年5月，生态环境部、商务部等多部门联合印发《关于加强自由贸易试验区生态环境保护推动高质量发展的指导意见》（环综合〔2021〕44号），提出“全面实施排污许可制”“推进生态环境‘大数据+监管’”以及“加强生态环境信息化与智慧环保建设”等明确要求。作为全国首批排污许可执行报告自动审核试点区域，烟台片区围绕排污许可管理创新实践，积极开展排污许可前瞻性探索，以一个办法、一个平台和N类应用场景，构建起排污许可“1+1+N”管理新模式，推动排污许可证审批到监管全环节流程优化、环境大数据及时共享和深度开发利用，管理服务效能显著提升。

主要做法：

加强顶层设计，出台1个管理办法。出台并落实《烟台市排污许可“一证式”管理工作办法》。在审批联动环节，建立排污许可证审查会商机制，落实生态环境全系统分块式审查责任，审查会签意见第一时间反馈到排污单位，最大限度节省企业等待时间。在监管联动环节，优化排污许可证清单流转机制，将每个企业的证后监管清单、监管标准和整改时限，及时送达执法、监测、监控等主管单位，实现工作任务与监管目标的无缝衔接。

加强数字赋能，打造1个智慧平台。积极落实《关于构建以排污许可制为核心的固定污染源监管制度体系实施方案》（环办环评函〔2020〕725号）要求，率先建设排污许可大数据智慧平台，该平台由“一套数据库、三个子系统”（数据库，即排污许可全过程数据库；子系统，即排污许可数据高级查询、高级导出子系统，排污许可证执行报告自动审核子系统，排污许可数据应用子系统）组成。以承担国家级试点为契机，争取到国家排污许可证平台数据对接权限，真正实现了数据回流本地、信息实时共享、快速统计分析、智能自动审核、问题多向反馈、许可排放量超标预警等3大类15项实用功能，有效规避人为干预，审核结果自动推送企业邮箱，实现了全程可追溯可复核。

加强数据共享，拓展N类应用场景。依托排污许可证管理系统业务信息模块，畅通数据共享渠道。“排污许可证全过程数据库”为非现场执法、线上审批提供依据，既避免了企业多头反复报送数据，又减少了现场执法对企业的干扰。“排污许可数据应用子系统”能自动生成企业污染物总量减排核算表，为服务保障重点项目、区域减排决策提供数据支撑，也为污染防治攻坚、产业结构调整等提供了科学依据。

实践效果：

一是企业审批管理更加便利。排污许可证及执行报告涵盖庞大、繁杂的环境数据信息，人工处理效率低、极易出错。新的管理模式下，平台自动审核程序以行业专家提前拟定好的审核要点为依据，能自动发现问题并将整改标准自动反馈企业，企业环境数据申报难度大大降低，为企业改进提升提供了有力支撑。排污许可证审批管理整体提速60%以上，其中，简化管理排污单位办理时限由20日压缩至10日以内，重点管理排污单位办理时限由45日压缩至15日以内，信息变更等业务可现场拿证，特殊项目最快当天完成受理、勘查、审核和发证。

二是绿色发展决策更加精准。依托排污许可大数据智慧平台的扩展功能，能够自动提取分析企业生产及治理设施状况、污染物排放数值及限值等信息，有效支撑区内重点行业污染防治和关键污染物总量削减任务。通过各种数据应用模型和数据分析模型，能直接掌握企业生产运行、污染排放状况，为正确筛选“上大压小、上新压旧、上高压低”项目，推动产业结构优化调整起到重要的指导作用。

三是环境治理难题更易解决。针对群众关注的异味扰民问题，平台及时推送周边企业污染物排放名称、种类和排放量占比等信息，与现场执法的VOCs大气走航车进行实时数据比对，可迅速锁定问题企业，推动实现源头治理。同样也能通过对污水处理厂相关纳管企业的特征污染物分析，实现来水超标责任的快速界定。针对不同类别污染物种类，采取原材料置换、泄露检测与修复（LDAR）、配套蓄热式热力焚化炉、蓄热式催化燃烧装置等处理设施等，对20多家企业进行了针对性治理，污染物排放大幅减少，今年以来环境信访投诉数量锐减30%以上。

案例3：海域使用权“进场交易”新模式

烟台作为海洋大市、全国首批海洋经济创新发展示范城市，拥有900多公里的大陆海岸线，2.6万平方公里（相当于陆域1.9倍）的管辖海域面积，海洋资源丰度指数位居全国前列。但长期实行的海洋产权“申请审批制”，使得海洋资源市场化建设滞后、缺乏体系规范、海域实际价值得不到体现，成为海洋“资源变资产、资产变资本”的瓶颈。基于此，烟台片区首创海域使用权“进场交易”模式，探索建立了海域使用权市场化配置政策支撑、规则规范、配套服务等全流程标准化体系，为全国海洋产权市场建设提供了可复制可推广的“山东方案”。

主要做法：

率先实现海洋资源“进场交易”。在自然资源部支持下，积极争取山东省、烟台市共同设立全国首家省级海洋产权交易机构——山东海洋产权交易中心（有限公司），立足山东、面向东部沿海，以市场化手段打造区域性海洋产权交易和流转服务平台。烟台片区积极争取省市级海洋、财政金融等主管部门支持，率先出台、修订更新了《山东省海域使用权招标拍卖挂牌出让管理暂行办法》《山东省无居民海岛使用权招标拍卖挂牌出让管理办法》《烟台市海域使用权招标拍卖挂牌出让管理办法》等一系列政策文件，清晰界定了市场化出让的范围和对象，明确“海域招标、拍卖、挂牌出让，应当在依法设置的产权交易市场公开交易”等规定，结束了以往海域、海岛等资源配置单纯依靠政府行政审批配给资源的模式。

率先建立海域使用权“进场交易”规范。制定全国首个省级海洋产权交易服务地方标准——《海域使用权交易服务规范》，从受理出（转）让申请、发布出（转）让信息、登记受让意向、组织交易签约、发布成交公告、结算交易资金、出具交易凭证等全环节，建立一套具体、可操作的标准化流程规范，填补我国在海域使用权交易标准化建设方面的空白。同时，通过交易系统和网络竞价系统等信息化载体，实现“全流程留痕不可逆”，确保交易过程公开透明、公平高效，为海域使用权交易服务提供科学规范的技术支撑。

率先建立标准化的配套服务体系。积极吸纳各类海洋专业技术及涉海咨询服务机构参与以海域使用权为代表的海洋产权市场建设，加快健全海洋产权交易配套服务体系，满足涉海主体多样化需求。一方面，以行政审批中介服务市场化改革为契机，通过资质依托、资源共享等途径，与评估公司、海域论证环评、海洋环境预报监测等专业机构合作，创新形成了“评估咨询+资源交易+论证环评”的全流程服务模式，不断延伸服务链条、拓展服务功能。另一方面，不断强化海洋经济金融服务平台建设，建立海洋产权抵押融资风险缓释和补偿机制，开发“政府财政+交易平台+金融机构”的新型涉海抵押融资业务模式，为海洋经济发展提供综合性金融服务，培育“海洋+产权+金融”跨界融合发展新业态。

实践效果：

海域使用权出让业务规模全国第一。该模式实行以来，已完成海域使用权市场化出让项目600余宗，并将模式拓展到威海、东营、滨州等多个沿海地市，交易总面积超过170万亩，新增确权海域市场化出让比例超过80%，海域资源市场化出让比例和出让规模均居全国第一，相关业务模式已在威海、东营、滨州等多个沿海地市复制推广。

海洋资源市场化配置效率大幅提升。通过推进海洋资源“进场交易”模式，挖掘出海域作为稀缺资源的真正价值，使海洋资源更多更快地配给到有技术、有实力、懂经营的市场主体，促进海洋资源在不同产业、区域的市场主体间有序流转，实现海洋资源价值最大化。仅2021年下半年，就有经海渔业等20余家国内500强所属企业和国企平台参与海洋资源交易，引领新一轮“资本下海”浪潮。

探索出海洋资源二级市场建设路径。充分发挥交易市场资源集聚优势和产权市场发现价格、发现投资者的功能，通过提供专业评估、信息发布、撮合交易、鉴证登记、投融资咨询、不良资产处置等一站式综合服务功能，累计盘活闲置海域50余宗，为涉海项目融资5亿多元，打通海域资源资产化、海域资产资本化通道。

案例4：全球维修产业核准监管创新

开展“两头在外”保税维修业务是国家推进自贸试验区贸易投资便利化改革创新的举措之一，也是建设综合保税区“五大中心”发展定位中“检测维修中心”的重要内容。烟台片区充分利用片区加工制造企业众多、产业链条完备的优势，鼓励、支持企业开展保税维修业务，创新核准监管模式，建立起全球维修业务的标准化流程，为保税新业态发展提供了可复制推广的参考路径，初步形成以生产订单带动维修订单、以维修订单促进生产订单的良性循环，推动企业有效整合国内国际产业链，打破原有全球产业链布局，发展成为新的经济增长点。

主要做法：

一是通过政策争取集聚维修产业链条。受国家全球维修产品目录限制，片区企业一直无法开展海外生产的游戏机等产品的保税维修业务。烟台片区针对企业诉求，在省自贸办指导下，积极对上争取，成功将掌上游戏机整机、电脑娱乐机整机、AR眼镜、VR眼镜、智能机器人等企业有需求的产品纳入保税维修产品增补目录，标志着全球维修政策落地，富士康等企业可以利用政策优势拉动更多生产订单，吸引游戏机产业链向烟台布局。

二是率先出台三方全球维修监管方案。针对以往自产产品维修监管缺少规范制度约束的情况，建立综合保税区、海关、环保部门协调联动机制，共同研讨全球维修业务落地实施路径。结合海关总署关于综合保税区维修业务的公告内容以及企业实际，从维修业务范围、维修业务核准、海关监管、日常环境监管、检测评估等五方面，出台详实完善、实操性强的监管方案，在以往维修业务基础上进一步明确监管流程，为企业规范开展维修业务打好坚实基础。

三是创新“一窗受理”核准机制。保税维修业务核准工作应由企业在首次开展业务前提出申请，经综合保税区行政管理部门、海关、环保等部门审核确认，并将核准企业名单及时上报备案。为进一步简化企业审批手续，烟台片区创新建立《保税维修业务核准表》，企业填写基本信息、场所情况、维修产品名称、年计划产出和环保要求等内容后，由综合保税区行政管理部门受理后，牵头在政府部门间进行审批流转，三方同意即完成核准程序，极大简化准入手续。

四是实现海关便利化监管。针对进口精密电子元器件在普通环境下拆包，产品容易发生氧化、影响导通性的问题，海关在严密监管的基础上，实施“先进厂、后查验”叠加“上门查验”相结合的“灵活查验”措施，助力进口原料快速进入生产环节，保障供应链、生产链稳定。针对游戏机维修业务定制化、个性化、多批次的特点，率先将归类辅导应用于保税维修业务，企业可以向直属海关申请将拟进出口的货物预先进行商品归类，避免因归类错误造成通关延误或者不必要的处罚。

实践效果：

一是有利于提升企业在全球产业链地位。全球维修模式下，海外生产的产品也可入区维修，企业不仅可以延长供应链、提升产业附加值，还可以通过维修业务争取更多生产加工订单，有利于稳外贸吸增量，进一步调整全球市场布局，带动产业链向国内倾斜。

二是有利于促进贸易经济结构转型升级。保税维修集检测、分析、修理、测试等业务环节于一身，有利于制造业产业及产业集群更广泛参与国际分工协作，与产品前期的设计研发、中期的加工制造共同构成完整的产业链条；有利于推动制造企业从加工贸易转型向技术含量高、利润更加丰厚的服务型贸易延伸，促进保税经济新业态进一步集聚发展。

案例 5：“铁海 E 通”畅通陆海联动、海铁直运新路径

为服务构建内外兼顾、陆海联动、东西互济的黄河流域开放新格局，济南片区联合济南海关创新推出“铁海 E 通”信息化监管模式，通过跨关区物流数据交换和海关作业手续互助互认，推动出口货物跨关区全自动化转关作业，将内陆港物流信息与青岛海关无缝对接，推动构建国内统一大市场。

主要做法：

搭建跨关区数据传输通道。创新应用“铁海 E 通”信息化系统，系统自动采集集装箱号、商业封志、申报信息等物流数据，打通中欧班列对接青岛港口的卡口作业、在途管理等 12 个物流节点及陆海数据传输瓶颈，实现跨关区物流数据共享共用，为海关监管作业场所运营人、港口经营人、货代企业和本地外贸企业提供数据操作平台。有别于青岛海关的“海铁直运”仅为关区内的系统，“铁海 E 通”创新实现了青岛、济南海关两个关区的联动，将物流信息与青岛海关“陆海联动、海铁直运”内陆港监管模式无缝对接，畅通了跨关区物流数据传输通道。

推动海关作业手续互助互认。推动港务部门在董家设立集装箱箱使中心，企业不必赴口岸背箱，在场站内完成报关和转关手续，“铁海 E 通”系统就可自动完成申报信息口岸核销，用数据传输代替了传统的口岸代理操作手续，口岸海关原则上不再对货物进行查验。此外，济南片区进一步实施信任管理，海关直接认可企业的出口集装箱的商业封志，省去了原来需要逐箱施加海关封志的作业环节，全面实现海关作业手续的互通互认。

推动铁路运输与海运船舶无缝对接。推动铁路监管场所与“铁海 E 通”信息化监管系统联动，实现铁路运输无缝对接海运船舶，货物抵达港口后就

能直接集港装船，出口货物通过海铁联运班列编组发运，运费大幅降低，不受天气影响，保证运输时间。外贸企业在“家门口”就可以完成租船订舱、申报、查验等相关手续，货物出内陆港就等于出关。

实践效果：

实现跨关区自动转关作业。畅通黄河流域物流大通道，企业在属地完成报关和转关手续，由“铁海E通”系统自动审核放行，全程无任何人为干预，场所经营人完成出口货物铁路装车手续后，物流信息就将自动发送到口岸。推动铁路运输与海运口岸船舶作业无缝对接，实现了跨关区全自动化转关作业。

提升内陆港整体通关效能。优化现有的铁路出口转关流程，相关口岸作业信息可及时在“铁海E通”系统内反馈留痕，让内陆货物“东向出海”更加便捷。货物放行时间由5小时缩短至即时办结，运输时间从8小时减少到4小时，大大提升了内陆港整体通关效能，提高黄河流域整体对外开放水平。

降低外贸企业综合运营成本。改变过去一体化通关模式下，内陆出口企业报关查验环节多，成本高的难题，出口企业在家门口完成通关查验等海关手续，所有口岸手续可交给系统自动完成，相当于给在内陆港和青岛港之间的出口货物装上了ETC，有效规避了延误风险，为企业节省运输成本约达每箱170元，大大提升了企业的获得感。

案例6：“云端自贸”审批服务跨域协作新模式

为切实加强全国自由贸易试验区间审批服务跨域协作办理，有效提升审批服务异地办理的标准、效能和满意度，促进自贸试验区间审批服务融合发展，青岛片区率先发起创建“云端自贸审批服务联盟”，推行审批服务跨域协作新模式，依托“跨域通办专窗平台”，建立高效便捷的线下跨域通办专窗“云见面”沟通协调机制，有效提升企业、群众异地办事便捷度和获得感，实现政府效率再提高、营商环境再优化、政务服务满意度再提升。

主要做法：

基于云端自贸联盟，构建跨域业务办理沟通渠道。一是创建“云端自贸审批服务联盟”，充分扩展审批资源。青岛片区探索通过互签跨域通办合作协议的形式建立有效联通21个自贸试验区（67个片区）的“云端自贸审批服务联盟”，开启“云端自贸”审批服务跨域协作新模式。合作协议签署后即可成为联盟成员，同时自动享受全部成员单位审批资源，充分拓展可实施跨区域业务办理的覆盖省份范围及业务和事项类型。二是搭建线上专区，精准锁定跨域业务审批人员。研发“跨域通办专窗平台”，增设全国自贸试验区专区。预设21个自贸试验账号及片区账号，将联盟成员审批服务责任部门全面覆盖，通过云端自贸线上专区实现异地业务办理人员的精准对焦，一键直达异地业务窗口，为异地申请人提供精准咨询导办服务和高效办理。三是构建线上沟通平台，实现异地业务“云见面”直办。依托“跨域通办专窗平台”，搭建全国首个线下专窗“云见面”通道，实现自贸试验区间线上“面对面”业务直办。平台通过配有语音、摄像、高拍仪功能的电脑设备，进行文字、文档、图片等传输，实现各自贸试验区间“在线收发资料、实时视频通话、远程指引填报、多地携手联办”。

运用“云见面”模式，实现跨域业务流程再造。一是从远程代收代办到异地“面对面”直办。将异地业务办理窗口同步至本地“通办专窗”，进行现场线上答疑，实现办事企业群众与异地业务窗口审批人员的实时沟通交流，便于申请人第一时间获知办事指南、材料规范、填报要求和业务办理流程等精准信息。二是实现审批材料线上实时修改与审核。通过“云见面”直办通道，申请人可将申请材料提交给异地窗口的审批人员进行实时审核和修改确认，整个过程公开、透明、可预期。三是实现多区域多部门同步、联合办理。基于平台“一对多”沟通功能，对涉及多地多部门的较为复杂的审批服务事项，审批人员可根据需要增加对接区域、部门或人员，线上沟通审批意见，实施联合办理。四是完成审批意见的当场反馈。审批人员对材料审核无误后，可由本地窗口人员上传材料至一体化平台或将材料发送至对方审批人员直接录入审批系统，经审核无误的当场反馈，意见书可直接反馈至申请人，业务现场办结。

推动各自贸区间政务服务多领域创新经验共享。一是定期召开政务服务领域线上沟通交流会。召集联盟成员针对“证照分离”改革、审批业务创新、服务效能提升、营商环境优化等定期开展线上交流研讨，共享创新经验。二是建立业务审批人员的互派轮训和挂职交流机制。建立长效机制，实施联盟成员间审批业务人员互换岗位，交流轮训，促进各自贸区间的紧密交流和学习借鉴。三是探索各自贸试验区间在更多领域开展交流协作。以审批服务为切入点，探索更大范围、更多领域的交流协作。

实践效果：

一是实现各自贸区跨域审批服务资源的有效整合。审批服务跨域直办业务覆盖范围得到极大提升。“云端自贸审批服务联盟”成员涵盖北京、天津、河南、陕西、四川、安徽、江苏、云南、海南等16个自贸试验区31个片区，实现了黄河流域自贸试验区全覆盖。正在对接中的有湖南、湖北、浙江、福建等自贸试验区，后续将持续拓展扩容，实现全国自贸试验区审批服务一体化发展。审批服务跨域可办业务类型和事项得到有效丰富。“云端自贸审批服务联盟”跨域协作新模式有效丰富了自贸试验区间跨省直办业务类型。通过“云端自贸”审批服务跨域通办新模式，已实现438项跨省和全省事项全覆盖，联盟成员在落实国务院公布的“跨省通办”清单基础上，持续加强信息沟通和数据共享，探索业务精准推送办理，实现政务服务供给与企业、群众需求有效对接。

二是提升跨域审批服务效能，改善异地办事体验。首先，有效提高异地业务办理时效性，实现“零退件”。“云见面”直办模式可实现实时交流，使申请人快速锁定审批人员，精准获取业务办理信息，有效压缩审批事项受理、审核时限，提升异地办事业务办理的时效性和精准性。同时，在线实时审核提升了沟通效率，申请人可及时明确办理要求，并根据线上审核情况对修改进行确认，解决了异地申报反复退件的问题。其次，大大提升异地办事体验感和获得感。基于“云见面”模式与联盟成员实现即时、可视、精准的“面对面”互动交流，为跨域业务办理打造了“云端见面，远程受理，异地直办，邮寄送达”的线上线下融合服务全新模式，解决了信息沟通、数据共享、线下机制协调难、沟通不畅等问题。最后，基于“云见面”模式，探索更多事项即办模式。探索借助“跨域通办专窗平台”实现电子扫描档案传输文件的跨域互认，将企业跨省迁移的办理时限从7天压缩至即时办结，提升了服务效能，优化了营商环境。

三是增强创新共享、融合协作，提升跨域协同水平。提升审批服务跨域协同水平。打破自贸试验区间行政审批服务的地域限制，推进审批业务互联互通，有效增强了审批服务跨域协同水平。增强联动创新能力。通过跨域协作进一步加强了区域间创新成果资源共享和借鉴推广，促进各片区间审批服务形成良性联动，推进自贸试验区经济高质量发展。

案例7：“特医食品”质量管理新模式

为推动大健康产业转型升级，济南片区联合市市场监管局构建“特医食品”质量管理新模式，经营环节出台特殊食品专营店规范、医疗机构特医食品经营规范，监管环节创新“抽检分离”新模式，以质量安全推动特医食品产业聚集发展。

主要做法：

一是出台全国首个《医疗机构特医食品经营规范》。指导驻地医疗机构对特医食品经营使用进行规范，省立医院为此调整营养科办公环境，拟打造全国首家特医食品规范化应用示范基地。山东大学齐鲁医院等将特医食品销售纳入了医院信息系统（HIS），消除了以前院内销售“体外循环”存在的安全风险，破解了医疗机构特医食品的老大难问题。

二是出台全国首个《特殊食品专营店经营规范》。鼓励将特医食品、保健食品、婴配奶粉等特殊食品纳入专店经营，一方面提高了消费者对特殊食品的认知度，同时也推动了经营管理能力提升和产业健康发展。

三是“检”“监”结合排风险隐患。执法人员开展监督检查并现场抽样，按照程序送达检测机构进行检验，探索实行“抽样”与“检验”分离，提高问题食品的发现率。

实践效果：

国家市场监督管理总局在答复全国政协委员特医食品产业发展的公开信中对济南出台规范的做法予以了充分肯定。《中国市场监管报》《中国食品安全报》以及营养界等媒体予以大量报道和积极评价。山东省市场监管局将济南做法在全省推广。

一是优化市场流通制度。指导医院规范化使用，开具特医食品处方，创新了除医院、药店以外的销售试点，规范“老、少、病患”用特医产品的销售指导，防范安全风险。

二是完善监管防风险措施。抽检分离新模式的实施，推动“检”“监”结合的有机统一，进一步提高特殊食品监管风险隐患排查的针对性和抽检的靶向性。

三是创新政策等要素保障。出台全国首个地方特医食品管理规范和特殊食品经营规范，打造良好的特医食品经营、消费环境，推进相关医院投放800多台特医食品专柜，推动明湖国际细胞医学产业园、山东大生命科学工程产业技术研究院等平台载体吸引了东阿集团、福胶集团等企业入驻，在现有产值不足1个亿的基础上到2025年预计产值达30亿元。

下一步工作思路：

积极推动特医食品行业健康规范和高质量发展。一是针对企业管理能力薄弱问题，开展面向全省特殊食品生产企业举办公益培训，提升企业生产质量管理水平。二是加强服务指导，组织专家帮助企业分析查找存在问题和薄弱环节，指导企业对发现问题的整改，促进企业管理水平的提高，促进产品质量的提升。

案例8：医疗器械注册人制度跨省委托生产新模式

按照《中国（山东）自由贸易试验区总体方案》要求，烟台片区把生物医药作为重点培育的新兴产业之一，拥有国家批准上市药物200多个、医疗器械150多个，获批及在研的国家一类新药和三类医疗器械95个，入选了全国首批国家级战略性新兴产业集群。北京自贸试验区按照《中国（北京）自由贸易试验区总体方案》提出的“创新发展全球领先的医疗健康产业”有关要求，加快医疗器械审批、保障临床需求，设立医疗器械创新北京服务站，加快医药产业转化速度。

医疗器械注册人制度是加快推进医疗器械产业创新发展、进一步释放医疗器械产业活力的有力举措。注册人制度实施前，注册人必须自己设厂生产产品，如需委托生产，双方必须同时具备注册证和生产许可证。注册人制度实施后，实现了产品注册和生产环节“解绑”。但因属地监管和地方保护等因素，跨省生产仍然要求在当地成立新公司、重新申请产品注册，再办理生产许可证，极大限制了医疗器械企业跨区域合理调配生产资源的需求。针对部分医疗器械长期小批量生产和管理成本高、跨省医疗器械注册申报时间长、跨省委托生产实施难等问题，烟台片区以辖区企业实际诉求为出发点，与北京自贸试验区建立联动会商机制，探索“跨区域”联动，会同本地行业主管部门，形成了“注册人申请—生产许可变更—联动核查—监管协同”跨省办理实施路径，助力医疗器械产业的区域一体化发展。

主要做法：

建立“跨区域”联动。为扶持辖区医疗器械企业发展，烟台片区与北京自贸试验区探索“跨区域”联动，建立联络会商机制，不断总结完善医疗器械注册人制度的政策措施和实操路径，在双方互认和认可的前提下，对跨省委托生产产品清单、委托生产书面申请、行业主管部门同意书等 3 项申报材料和受理申请、现场检查、注册证生产地址变更等操作流程达成共识。具体操作流程：第一步，烟台片区注册人企业列明拟开展医疗器械跨省注册人委托生产的产品清单并提交书面申请，由山东省药品监督管理局出具同意开展医疗器械注册人试点工作的书面意见；第二步，北京市药品监督管理局审核注册人企业提报的相关材料，受理注册人企业变更生产许可证申请；第三步，北京市药品监督管理局联合山东省药品监督管理局对受托方企业现场检查，批准医疗器械注册证生产地址变更。

实施“多视角”监管。为规范和监管医疗器械跨省委托生产行为，保障医疗器械安全性和有效性，烟台片区和北京自贸试验区会商确定建立“品种属人、生产属地”跨区域监管协作模式，明确各自职责，对辖区内的注册人和受托方企业实施联合监督管理。具体工作：注册人企业（烟台片区辖区企业）负责对拟上市医疗器械持续研究，确保提交的临床试验数据真实、完整、可追溯，及时报告不良事件及其风险评估情况，并与受托方企业签订委托合同和质量协议，明确双方委托生产中技术要求、质量保证、责任划分等权利义务；受托方企业（北京自贸试验区辖区企业）履行相关法律法规以及委托合同、质量协议规定的义务，严格执行医疗器械生产质量管理规范，并接受主管部门的监督检查；山东省药品监督管理局（注册人企业监管部门）负责对注册人企业生产的品种纳入重点监测名录，检查医疗器械质量安全，根据收集的不良事件和投诉舆情，及时调整监管频次和方式；北京市药品监督管理局（受托方企业监管部门）对受托方企业开展现场核查，日常监督企业的质量管理体系运行情况，确保生产行为合规受控。

实践效果：

一是打通跨省委托生产“快捷路径”。通过自贸试验区“跨区域”联动，打破省域限制，形成“注册人申请—生产许可变更—联动核查—监管协同”跨省办理实施路径，为国家药品监督管理局出台《关于加强医疗器械跨区域委托生产协同监管工作的意见》提供实践支撑。

二是提高医疗资源利用效率。注册人制度将产品注册和生产环节“解绑”，注册人无须设厂，可通过委托具有资质的生产企业生产，尤其是针对跨区域集团企业，可以实现医疗资源在全国调配。烟台德迈生物科技有限公司 15 个二类医疗器械产品以注册人方式委托北京乐普诊断科技股份有限公司生产，大幅提高了集团内部资源利用率，降低生产和管理成本。

三是压缩注册生产办理时限。未实施医疗器械注册人制度跨省委托生产前，注册人企业在省外进行注册申报和生产许可需 2—3 年。实施该制度之后，办理流程只需 1 个月左右，极大压缩了产品上市周期。

案例 9：自然人股权变更登记办理部门信息共享和“一网即办”

随着我国资本市场的不断发展，区域自然人投资活跃、股权变更频繁，针对新个人所得税法对自然人股权变更“先完税后变更”的监管要求给优化营商环境带来的新课题，青岛市税务局不断深化“放管服”改革，推进数据赋能，在青岛片区先行先试，率先试点建立办理部门信息共享和“一网即办”服务新模式，改善了营商环境，激发了市场主体活力。

按照原流程，自然人股权变更业务需先到市场监管部门提交变更申请、再到税务部门完税、再到市场监管部门完成变更登记、最后再到税务部门办理被投资企业税务登记信息变更，需要在市场监管部门和税务部门之间“两头找、四次跑”，且报送材料种类杂、数量多，办理周期长，流程烦琐。对税务部门来讲，审核纳税人纸质资料，往往凭经验进行审核，效率低下，潜在风险高。为此，青岛市税务局在国家税务总局所得税司的指导下先行先试，对原自然人股权变更流程进行全面升级改造，完善电子税务局特色功能，与市场监管部门互联互通，实现“一网即办”。

主要做法：

一是跨部门数据共享，打破部门信息壁垒。青岛市税务局以被投资企业提报信息为起点、完成税务登记变更为终点，率先实现与市场监管部门共享涉税信息，依托“金税三期”外部交换平台，增加“股权变更完税信息共享”功能，纳税人完成申报缴税、税务部门审核通过后，推送完税信息实时传递至市场监管部门，并向被投资企业办税人员推送告知短信；市场监管部门查验税务推送信息后办理股权变更登记；股权变更登记完成后，税务部门依被投资企业授权自动完成税务登记信息变更。税务与市场监管部门各司其职，优化流程，实现跨部门互联互通。

二是网络实名认证，不跑“马路”跑“网路”。电子税务局设置纳税人诚信承诺书，通过个人所得税手机应用程序、人脸识别系统、移动数字证书实现纳税人实名认证，通过签订电子诚信承诺书，保障电子材料的有效性，提高网上办理的法律效力。税务部门内部实现横向信息联通，自然人股东可通过电子税务局远程申报并签订税库银三方协议，系统推送前台税务人员受理申报并完成跨系统录入后，依三方协议税款自动划转入库，无须纳税人在办税大厅申报缴税，率先实现自然人股权变更网报缴税。

三是跨系统联通申报，网上确认省时省力。自然人股权发生变化时，由被投资企业通过电子税务局发起股权变更业务流程，维护股东信息，报送相关涉税资料；自然人股东实名登录电子税务局对被投资企业填报的信息进行确认；股权变更模块自动计算并预填个人所得税、印花税申报表；自然人股东对预填的申报数据进行确认后，印花税直接扣缴入库，个人所得税则在局端生成股权变更“待办任务”，由前台税务人员受理申报并录入自然人电子税务局（ITS）系统，同时税库银系统自动扣缴税款入库。在数据准确的前提下，自然人股东仅需两次确认，便完成全部操作，为纳税人带来极大便利。

四是在线智能帮办，实现“一网一次办好”。在电子税务局推出“智能指引”小助手，设立15项提醒提示功能，引导被投资企业按照提醒提示事项正确填报相关数据，完成涉税资料的上传，系统自动计算并预填自然人股东的申报表，最大限度减少事后纠错。同时，纳税人还可通过电子税务局实时查询审核意见和股权变更进度，审核更加规范、公开、透明，全力打造网上服务“快车道”，实现“一次办好”。

五是全面精准画像，加强风险防范管控。税务部门依托税收大数据，“一人式”“一户式”集成被投资企业税务登记、财产、财务报表等涉税信息，对纳税人进行全面“精准画像”。建立审核指标库，内设流程监控，将审核进度和审核标准纳入内部监控，自然人股东完税后，系统再次扫描疑点数据，税务审核人员根据系统推送的风险疑点，以及对股权变更价格、成本、费用有影响的财产信息、留存收益等实施“人机结合”审核，对确认的疑点通过电子税务局和短信及时推送纳税人进行补正，强化税收监管，全面防范税收风险。

实践效果：

建立该模式一年以来，试点青岛片区累计办理7 198笔，青岛市全市累计办理6.6万笔，完税凭证前置率100%，累计入库个人所得税税款12.65亿元。

一是办税负担明显减轻。纳税人通过网络即可办理股权变更所有业务，实现了“在线提报申请、智能引导辅助、全程网报缴税、风险自动扫描、变更闭环管理”全流程信息化管理。纳税人需提交的纸质证明材料大大减少。自然人股东办理股权变更业务办结时间由原来的10个工作日压缩至现在的3个工作日，办结时间缩短约70%，办税负担明显减轻。

二是营商环境持续优化。突破税务部门与市场监管部门数据壁垒，健全自然人股权变更直联机制，通过税务部门与市场监管部门的数据共享，实现了股权变更信息在税务部门和市场监管部门的双向传输，股权变更时间大幅压缩，纳税人满意度稳居全国前列，切实优化了青岛市营商环境。

三是税收风险有效防范。一方面系统自动保存被投资企业历次股权变更信息相关资料，为长期跟踪监管被投资企业股权变更提供了数据支撑。另一方面通过与市场监管部门双向信息比对校验，完成股权变更的风险前置、风险识别、风险处理的全链条闭环管理，风险识别准确率较人工审核大幅提升，推进了精准监管。

案例10：人防工程“多合一”审批改革

人防工程是战时保护人民生命和财产安全的重要场所。根据现行政策要求，新建民用建筑需结合修建人防工程，并由建设部门和人防部门分别审批，由于实施过程中人防工程滞后于房屋建筑工程，因此在后期人防工程设计审查过程中可能需要重新调整房屋建筑工程规划及设计，往往导致项目建设单位需要付出更长的设计审查时间、更多的设计修改工作，既增加建设成本，又不利于行业主管部门的后期质量监督和专业化验收。为降低企业建设成本，加强行业监管效能，烟台片区把人防工程审批改革纳入建设项目流程再造和优化营商环境重要内容，创新实施“结合民用建筑修建防空项目”制度改革和流程再造，取消人防工程单独审批和监管，在规划设计、图纸审查、施工许可、质量监督、验收备案等环节，实施全流程全链条合并办理，打造了“多审合一、多证合一、监管合一”人防工程建设审批监管“新样板”。

主要做法：

立项用地规划许可阶段，实施“规划引领、合并审批”。创新将结建人防审批前置并入房屋建筑工程规划审批中，在《规划条件及建设工程规划设计要求》中加入人防工程结合民用建筑修建防空地下室设计意见。

工程建设许可阶段，实施“分类上报、统一审核”。分类上报方面，含结建式人防工程的项目在报审方案的建筑工程总平面图中注明人防内容；易地人防工程的项目在规划设计阶段就提出易地建设申请。统一审核方面，在《建设工程规划许可证》建设规模和《建设工程施工图设计文件审查合格书》人防等级中分别注明人防工程设计面积、人防设计内容，实施《建设工程规划许可证》统一核发和施工图联合审查。

施工许可阶段，实施“申报前置、合并办理”。项目建设单位在办理工程施工许可时，在《建筑工程施工许可证申请表》中填写人防内容，一并提报人防材料；项目审批部门实行统一审批，在出具的《建筑工程施工许可证》建设规模一栏中注明人防工程实际建筑面积。

竣工验收阶段，实施“监督协同、验收合并”。具体由建筑工程质量监督站在实施建筑工程质量监督时一并进行人防工程质量监督，合并建筑工程和人防工程竣工验收，合并建设工程和人防工程的竣工测绘、竣工档案验收、竣工验收备案。

实践效果：

一是提速项目开工时间、节省企业运营成本。通过流程再造推动制度改革，项目建设单位可以在规划许可阶段第一时间知晓开展人防工作的相关数据，为项目拿地即开工、尽早建成达产提供先前条件，进一步促进了人防工程政务服务便利化、审批环节最简化、过程监管集约化、工程建设高效化。该模式实施以来，共计提速项目46个，单个项目平均提速约20天，为企业节省了大量资金成本和时间成本。

二是强化项目监管效能、节省行业管理成本。在后续建设许可阶段、竣工验收阶段将人防工程建设全面融入项目建设基本程序进行管理，制定了分工方案，明确了不同部门的工作职责。质量监督站负责质量监督和竣工验收，充分发挥其专业优势，消除了同一个项目多头质量管理的问题；人防办负责竣工后的行业管理，有利于进一步发挥人防指挥通信等行业管理职能；该模式实施后，既强化了管理效能，又节约了行政管理成本。

案例 11：“‘二合一’勘验+‘验资通’”开辟政银合作新路径

为深化“一次办好”改革要求，持续简化审批手续，减轻企业办事负担，优化营商环境，山东自贸试验区行政审批部门与银行联合创新，推行“‘二合一’勘验+‘验资通’”模式，对审批流程优化再造，提升政务服务效能。其中济南片区针对“民办非学历教育机构设立”，依托“政银合作”平台对现场勘验流程再造，市场主体在银行开设验资专用户后，由先申报转为先勘验，分别勘验转为联合勘验，原办理时限为 90 个工作日，经“二合一”勘验合格的，材料要件形式审查通过后可当天拿证。烟台片区以“政银合作”开辟第三方证明清理先河，在全省率先推出“验资通”新模式，社会组织可通过线上扫码直接在银行开立验资账户，审批、人社等部门直接线上查验，无须通过会计师事务所出具验资报告，推动政务服务迈入“零证明、零见面、零费用”三零审批新时代。

主要做法：

打造“政银合作”平台实现“二合一”联合勘验。一是启动方式由“申请人申报”向“银行推送”转变。改革前，培训机构要先去银行开设验资户，再按照审批要求将申请材料准备齐全后到审批部门进行申报，筹备时间长。改革后，培训机构在银行开设验资户后，银行会将机构信息推送给审批部门，审批部门提前介入，全程指导材料申报，业务办理精准高效。二是审批流程由先提报转为先勘验。改革前，培训机构要先提交申报材料，受理通过后审批部门再安排现场勘验，办理时间长。改革后，审批部门收到银行信息推送后，将现场勘验环节前移，勘验合格后再收取申报材料，材料齐全可当天拿证。三是勘验形式由审批、银行各自勘验转为“二合一”联合勘验。改革前，培训机构在银行开设验资户后，银行先进行“上门核实”，提交申报材料后，审批部门再进行“现场勘验”，培训机构要迎接两次检查。改革后，审批部门将“现场勘验”前移，并与银行的“上门核实”结合，实现仅去机构现场一次。

推出“验资通”打造“零证明”审批新模式。一是建清单，以高频验资事项为试点。组织梳理依申请政务服务事项材料中含有“验资报告”的事项，逐项论证验资报告取消的法律风险，通过精准梳理、专项论证，最终选定“社会团体设立”“民办非企业单位设立”“劳务派遣经营”“基金会设立审批”等 4 项高频业务纳入试点清单，并根据实施情况，对清单实时动态调整。二是搭路径，建立政银合作线上验资路径。推动审批、人社等部门与银行机构建立联动合作机制，打破政府系统与银行系统的数据壁垒，推出“验资通”线上验资平台，实现申请人、银行与审批部门的信息互通，多方互动。申请人可线上申请开立账户并注资，银行可线上开具验资证明，审批、人社等部门可线上获取、查验银行线上出具的验资证明，无须申请人委托会计师事务所出具验资报告。三是强监管，建立事中事后联合监管制度。组织审批、人社等部门，针对审管环节的“业务协同、无缝对接”搭建联合监管机制，个性化调整双向信息推送内容、推送流程等 7 项内容，发现违规行为立即要求限期整改，需要撤销的由主管部门将信息推送给审批部门后作出撤销决定。

实践效果：

办事环节大幅压减。“二合一”联合勘验实现

2 次现场核查缩减为 1 次联合勘查，节省企业接受核查的时间与精力。“验资通”新模式实现企业无须到会计师事务所开具验资报告，免于群众在会计师事务所、审批部门及银行之间来回奔波，平均跑腿次数由 4 次变为 0 次。

申报材料精准瘦身。通过“验资通”系统进行验资、增资的申请人，可通过该系统查阅其注资等相关信息，线上获取银行开具的验资证明，并据此签发登记证书，推动民办非企业单位设立等 4 个事项除了“申请表”等确需申请人提供的材料外，无须再提交证明。

办理时间大幅缩减。“民办非学历教育机构设立”法定时限为 90 个工作日，经审批部门、银行联合“二合一”勘验合格的，纸质材料审核无误后可当天拿证。通过“验资通”线上验资平台，“民办非企业单位的设立”从准备材料到拿到登记证书实现全程网办，平均办理时限由 7 个工作日变为 0.5 个工作日。

办事成本大幅降低。“验资通”推行前，“民办非企业单位的设立”等 4 个事项需要委托会计师事务所开具“验资报告”，收费 600 元到几千元不等。推行后，由线上验资取代验资报告，年办件 200 余件，预计每年可为群众节省验资手续费用 10 万元左右。

案例 12：公积金租房贷服务模式

济南每年新增近 17 万大学生及人才来济就业，成为省会发展的活力源和新市民。他们在租房时往往需要支付半年甚至更长时间的租金，而按规定公积金只能在提供租房证明后按月提取，难以满足新市民的租房资金需求。为此，济南片区联合济南住房公积金中心和齐鲁银行济南自贸区支行、建设银行济南自贸试验区支行等金融机构，于 2022 年 4 月率先创新推出公积金租房贷模式，为新市民提供优惠利率的租房消费贷款和租金打折的优质房源，并通过信息共享实现零材料提取公积金。

该模式提高了公积金缴存人在济南工作、生活的便利化程度，一经推出便引起了社会广泛关注，让新市民来“来泉城，住无忧”，助力济南打造青年发展友好型城市。

主要做法：

该模式具有首创性。率先创新推出公积金租房贷模式，为符合条件的新市民提供专属租房贷，支持公积金缴存人一次性贷款支付阶段性租金，并为其提供优惠利率的租房消费贷款和租金打折的优质房源，通过信息共享实现零材料提取公积金。

一是创新公积金提供方式，打造专属租房贷。联合片区内商业银行，以公积金缴存数据为支撑，开发精准信贷模型，为缴存人租房提供利率优惠的住房公积金租房贷，支持公积金缴存人一次性贷款支付阶段性租金。

二是创新房源供给方式，给予租金新优惠。与房屋租赁主体合作，优选房源用于定向服务，公积金缴存人可享受租房九折优惠，帮助缴存人以优惠租金租到环境优、设施全的长租住房。

三是创新数据传输方式，实现“零材料”提取。深化“区块链+公积金”场景应用，打通汇聚各类政务系统及信息资源，将公积金缴存信息、房产查询、租赁合同等信息，在个人精准授权、全流程可追溯的基础上，全面转化为客户的信用价值，让符合条件的租房人实现每月零材料提取公积金。

实践效果：

公积金服务模式主要面向因本人创业就业、子女上学、投靠子女等原因来到城镇居住，暂未获得当地户籍或获得当地户籍不满三年的各类群体，但不局限新市民群体，凡是有租房等相关需求的客群，均可以申请该贷款，原则上需缴纳至少三个月以上的公积金。

一是让新市民租得起。租房市场出租人一般会要求承租人“押一付 N”或提前支付半年以上房屋租金，给承租人造成巨大的资金压力，而且新市民普遍存在工作时间较短，平均收入较低的困难情况，因此通过商业银行向承租人一次性发放租金贷等消费贷款，缓解了承租人租金支付压力，满足了其安居租房等消费金融需求。通过一次性支付房租具备的议价能力可从出租方得到年租金折扣。针对用途为租金的消费贷款金额最高 5 万元。

二是让新市民租得好。加强对租赁企业和房源的审核，真实可靠、房间设施齐全，厨房、书吧、健身等公共设施齐全，具备创新创业基本环境。重点选择有政府（国资）背景且信誉良好的租赁企业作为合作伙伴，随时关注合作租赁企业的声誉，严禁“高收低租”“长收短付”等情况发生。企业导入或者录入房源后，系统会通过外联渠道审核房源的产权证、收储合同、给房东的打款凭证等一系列信息，确保平台展示房源的合法性、稳定性、针对性。

三是让新市民租得便宜。为符合条件的租房人提供租房九折优惠，帮助其以优惠租金租住环境优、设施全的长租住房，提升其幸福感、获得感。

案例 13：境内运费外汇支付新模式

为全面提升区域贸易智能化、便利化水平，充分发挥金融服务对于实体经济的促进作用，青岛片区率先开展“境内运费外汇支付便利化应用场景试点”。作为全国首个通过接口方式与税务局直联实现境内运费外汇支付便利化的应用场景，青岛片区针对青岛市境内运费外汇支付业务笔数多、金额大的现实情况，以及疫情背景下运费外汇支付业务中现场办理难、办理效率低、发票核验难等共性问题，依托区块链等技术手段，实现防范业务风险、节约运营成本、提升业务办理效率等多重目标，对经济社会数字化转型具有积极意义。

主要做法：

电子发票线上受理，实现业务流程无纸化。传统业务模式下办理境内运费外汇支付业务，开票企业主要向付汇企业寄送纸质发票或提供电子发票，付汇企业凭纸质发票或盖章版电子发票打印件以及发票不会重复使用的承诺函到银行柜台现场办理付汇业务，银行通过税务局网站等渠道逐笔查询发票真实性，对发票进行签注并留存相关单证后完成付汇业务。企业需要承担因邮寄和跑银行带来的时间和费用成本，银行柜台则面临较大验票和柜面付款压力。境内运费外汇支付便利化应用场景上线后，企业可直接通过该场景发起付汇申请并提供发票电子信息，银行线上对发票信息进行批量核验后即可完成付汇业务，业务全程“无接触”“线上化”“无纸化”。

区块链技术智能核验，保障贸易背景真实性。场景与税务局系统对接实现数据联通，银行通过场景可为境内运费发票“验证身份”，保证发票信息真实有效。同时场景引入区块链技术，银行和企业业务办理的付汇申请、发票核验、境内运费外汇支付等全流程均在链上进行，过程中产生的发票核验数据和付汇数据均上链保存，实现跨行付汇数据的可信互认，从而解决发票真实性核验难、无法防范发票重复使用等问题。

批量导入数据，实现“一对多”支付。对于同一笔运费付汇对应多张发票的情况，可通过填写上传发票信息模板表格，批量导入需验证的发票信息，完成发票批量核验，实现同一费用多张发票的“一对多”支付，满足大规模发票真实性核验需求。

实践效果：

一是区块链技术加持，保障业务开展。运用区块链技术，建立外汇局、税务局、银行和企业的业务信息交互核验机制，实现境内运费外汇支付全程线上办理，有效提升青岛地区营商环境，对疫情防控和外贸发展发挥积极的推动作用。

二是提高业务办理效率，提升市场主体满意度。场景打通了外汇局、税务局和银行的数据接口，实现了跨部门区块链数据互通，满足企业足不出户办理付汇业务的需求，做到“企业少跑腿，数据多跑路”，减少企业跑银行的人力成本与时间成本，极大提升了企业的满意度与获得感。

三是防范重复使用风险，便利银行开展真实性审核。场景通过区块链技术实现发票智能化验证和重复及超额使用控制，能够对同一发票对应的历史支付情况进行核验，解决了银行对于电子发票真实性审核的难题，避免了同一发票在不同银行重复使用的风险，有效减轻银行验票和柜面付款压力，提高了银行业务人员展业审核的工作质效，防范了付汇业务风险。

四是提升事后监管效率，强化境内外汇划转业务监测分析。长期以来，青岛市境内运费外汇支付业务笔数多、金额大，同时单笔金额多在5万美元以内，外汇局事后监管难度较大。而依托场景监管端功能，能够有效筛查出发票超额核验等异常线索，便于外汇局对境内外汇划转业务开展监测分析。

案例14："智慧旅检"助推口岸智能化监管

针对新冠疫情以来，口岸进境旅客检疫监管方面存在的健康申明错误率较高、通关效率降低、检疫人员暴露感染风险高等问题，济南片区联合济南海关，进一步加大科技装备和信息化系统研发力度，通过深入研究物联网、人工智能等前沿技术在进境旅客通关中的应用，自主研发智能化、非接触式一体化设备，创新"智慧旅检"进境旅客检疫监管模式，着力解决当前疫情防控常态化下的旅客通关监管问题，为入境检疫提供了更为便捷、安全、可靠的智能化监管，减少疫情防控一线人员和入境人员的接触，提高了旅客通关效率。

主要做法：

创新"一站式"旅检信息智能采集上传技术。"智慧旅检"研发使用智能一体机，设备安装在旅客进境通道中，接入海关业务网。定制智能芯片，集成人脸识别、证照识别、条码扫描、条码打印、红外测温、血氧饱和度测量、音视频交互、多语种翻译等功能于一体，进境旅客在完成电子申报后，可使用一体机"一站式"完成相关后续操作，便捷旅客使用。

研发紧密贴合业务流程的智能化操作系统。"智慧旅检"系统及设备由济南海关自主研发，业务流程贴合监管实际，技术路线符合海关信息化框架标准，且海关掌握全部核心技术、自主可控，根据旅客监管需要及实际业务变化灵活便捷调整优化，不断扩充应用场景。

安全共享、高效利用旅检数据。"智慧旅检"系统与新旅通、口岸公共卫生风险监测预警决策系统（PROSAS）等海关总署级别系统安全对接，开发"审核助手"程序，辅助关员自动调取旅客前期数据，通过与总署旅客通关管理系统的数据交互，快速完成旅客通关审核。在航班监管过程中、结束后，负责流行病学调查的关员将旅客电子数据一键写入"智慧旅检"系统，无须重复录入。

实践效果：

提升旅客通关时效。入境旅客使用"智慧旅检"设备完成现场通关平均约2分钟，将以往需要5种以上设备才能完成的工作集中到1台设备上完成，大大提高了旅客入境检疫效率。

降低疫情传播风险。"智慧旅检"系统对高风险旅客自动判别并声光报警，工作人员对旅客相关信息远程审核，减少了一线工作人员与进境旅客直接接触的频次，有效降低了工作人员密接风险和执法风险，有助于防范境外疫情输入。

保障海关数据安全。"智慧旅检"系统依托于海关业务网，海关关员所有操作全部在现有署级系统中完成，无须另建系统体外循环，从而有效防范了数据泄露风险。

案例15：跨境电商海外仓出口退税新模式

为扶持外贸新业态新模式发展，发挥青岛市作为"一带一路"经济走廊主要节点和海上合作战略支点作用。青岛前湾保税港区税务局和青岛片区创新打通跨境电商出口海外仓货物退税申请、退税条件和资金支持等关键节点，加快出口海外仓出口退税管理新模式，为企业加速资金回笼，拓展海外市场增便利、提信心。

按常规管理办法，出口海外仓货物在办理报关离境进入境外海外仓且通过电商平台销售并取得电商平台付汇后，才可申报退税。该类贸易方式下的出口货物从报关离境到申报退税的时间跨度一般在75天左右，出口货物的资金占用和退税时间相对滞后，已成为制约外贸新业态新模式发展的主要因素之一。

为进一步减轻跨境电商企业流动资金压力，保税港区税务局以制度集成创新拓展信用集成，“区、税、关、银”四方联动建立“白名单”，对高信用企业出口海外仓货物创新试行退税“先行申请”+“金融服务”，以压缩出口退税办理周期，提升出口退税效率，缓解企业资金压力，培育区内企业参与国际经济合作和竞争新优势。

主要做法：

建立出口退税“白名单”机制，构建信用支点。构建青岛片区管委会、海关、税务、银行四方信用集成使用机制，将同时符合四方信用条件的593家优质信用企业，纳入“白名单”并实施信用激励。青岛片区管委会通过政策扶持等措施，鼓励“白名单”拓展跨境电商贸易，为区内企业更快更好“走出去”提供支撑。

科学确立“销售周期”，减轻企业负担。根据出口企业报关进入海外仓货物，对销售时间一般都有较明确的预期。对此，税务机关通过约谈出口企业相关负责人，了解掌握其出口海外仓货物的一般销售周期，并由出口企业通过备案形式提交“销售周期”，为先行申请出口退税和后续风险管理提供条件。

“一般贸易”+“定期清算”，实行退税申请先行。“白名单”企业出口海外仓货物，在货物报关离境且收齐对应报关单和增值税专用发票等信息后，即可通过“单一窗口”“电子税务局”等申报端，先行申报出口退税。由税务部门按“一般贸易”货物退税管理要求，实行即报、即审和即退，先行办理出口退（免）税。对出口海外仓货物，比照“一般贸易”先行办理出口退税后，税务部门根据出口企业先前约定和报备的“销售周期”，定期对出口海外仓货物的销售情况进行核实。通过核实出口货物的销售、收入确认和收汇等信息，以确认实际销售时间和备案的销售周期是否一致，即“定期清算”。

建立出口退税“资金池”，盘活企业资金。“白名单”内出口海外仓企业，根据自身资金需求，可通过青岛片区管委会设立的“资金池”进行融资。对融资产生的利息，由“资金池”按实际发生利息15%给予贴息，对于信用保险项下融资按企业实际发生利息20%给予补贴，以盘活出口企业资金，实现企业融资成本最小化。

实践效果：

一是退税提速，激发企业外贸活力。截至2022年5月25日，青岛片区内企业报关进入海外仓的出口额26 582 519美元（170 893 978元人民币），保税港区税务局按创新后做法，已为出口海外仓企业办理出口退税539.82万元，为企业开拓海外市场增添了信心和力量。区内企业在越南、柬埔寨、韩国等设立海外仓的基础上，已筹划在老挝和泰国自建海外仓，以加快对国际市场的开拓，提升国内商品在国际市场的影响力。

二是制度创新，加快区内贸易新业态聚焦。通过打造出口海外仓出口退税新模式，出口海外仓模式报关出口的货物，从出口到退税时间由75天提速至25天，实现提速67%。

三是优化管理，高效服务市场主体。截至2022年4月，青岛片区内出口退税企业已由1 840家增加到2 665家，增长44.83%；通过“出口退税资金池”，为17家企业提供贷款8 172万元，为出口企业发展增添了“税动力”。通过制度创新和优化服务，提升了出口企业的满意度。为青岛片区转型升级，向一流的国际营商环境迈进注入“助推剂”。

案例16：进出口贸易突发性事件监管新模式

口岸是国家对外开放的门户，人员和经贸往来的桥梁，国家安全的重要屏障。当前进出口贸易活动中危害公众安全、环境安全和国土安全的核生化突发事件的风险大幅上升，而口岸应对机制和能力相对滞后，存在技术研发单一、管理碎片化等问题，无法满足国门安全需要的现状。为此，烟台片区立足维护国门安全，以信息化建设和“互联网+”模式构建突发性事件应对系统，从而实现数据交互、预警分析与处置、决策指挥一体化的全流程监管模式，极大提高口岸应对机制的制度化、规范化、程序化水平，为国门核生化安全作出了贡献。

主要做法：

统一监测流程和标准。在传统的核生化检验检疫过程中，每台仪器设备独立运行，监测数据单独处理；各业务系统之间没有集成，各自孤立运行，缺乏联合处置功能，需要监测人员在不同的系统里分别录入检验信息，导致数据监测、处理、运用没有统一标准规范，监管效率低下。烟台片区充分考虑海关业务的现实情况和工作流程，借助“关检合并”改革，率先搭建起互联网应对监管系统，创新建立起“三库四平台”（核生化信息数据库、应急知识库、分类专家库，数据采集交互平台、报警处置平台、预警分析平台、会商指挥平台），实现重点商品报警阈值统一、数据上报传输格式统一、核与辐射监控与应对工作模式统一。

创新三级垂直管理模式。为提高监管效率，创新三级管理的模式，对使用者进行分层赋权。隶属关基层一线工作人员现场使用数据采集交互平台和报警处置平台，直属关集中审单中心以及相应管理部门使用预警分析平台，总署层面领导、专家使用会商指挥平台。对于数据库、知识库、专家库的使用管理权限分别是隶属关有报送、调阅权限，直属关有报送、审批权限，而总署拥有最高权限。不同的层级可以调阅、查看自己权限下的设备运行、业务监测等情况，总署层面可以通览全国各地的各种数据。三级垂直管理模式畅通了应急处置管理通道，确保突发事件能够在第一时间呈现在相关人员面前，为快速应对突发性事件赢得了时间与先机，也有效避免了一线工作人员过度使用现场裁量权。

构建应急指挥一体化监管机制。依托互联网应对监管系统，建立上报端和指挥端。在上报端，在对联网辐射探测设备监控的情况下，系统可实现对辐射报警进行分析，分别得出不同区域内报警与监管量比值、误报警与报警量比值、威胁报警与报警量比值、无害报警与报警量比值，以及无害报警中引发报警的各类天然放射性物质比值等。预警分析平台根据采集到的辐射探测数据进行分析、整合，绘制辐射探测曲线。在指挥端，上级指挥端（直属海关）可按照监控计划或当前的形势需要，安排相应的布控查验任务，下级执行端（隶属海关）在接到相应的任务后，派出具体工作人员执行具体查验任务，并从平台上反馈查验结果和处置情况。当遇紧急情况时，决策者可通过专家库信息紧急组建专家团队，调度指挥突发事件的处置应对工作，也可以按照专家库提供的专家信息就近组织专家团队赶赴突发事件现场，为应对突发事件赢得宝贵时间，在关键时刻发挥专家团队的专业参谋作用，为最终决策提供专家意见。

实践效果：

监管效力大幅提高。首次实现了将单独运行的核与辐射监控设备以物联网的方式接入网络控制平台，通过对各项数据的统一管理和运用，形成对核生化突发事件的远程监控、风险预警、报警处置和会商指挥一体化监管体系，提高自动化程度，为节省人力提供了帮助，极大缩短了应急预警时间，为保护国门安全、应对口岸进出口贸易突发性事件发挥了巨大作用。

监管范围覆盖面广。截至目前，已实现全国直属海关的313个口岸1 900余台辐射探测设备全覆盖接入，首次实现全国口岸监测终端联网、远程监控、大数据分析、风险预警和应急指挥。2022年第一季度全国海关核辐射监测设备监测总量为1万次，总报警量为3万次，报警比例为0.53%，乌鲁木齐、厦门、湛江等直属海关报告放射性超标事件9起，做到了对核辐射探测设备运行情况、核辐射监测工作基本情况的全面掌控，有效提升海关核辐射监测工作水平。

案例 17：移动查验单兵集成知识产权商标智能识别应用

为全面助力打造智能海关，青岛片区、烟台片区创造性地发挥集成思维，针对需要验核知识产权状况的货物开发智能手机应用程序，旨在提升商标信息核对智能化，有效提高查验效率、促进执法统一性。

主要做法：

打造系统集成应用平台。知识产权海关保护备案系统数据库是海关依职权查发侵权货物的主要数据库，汇集了所有在海关总署备案的知识产权。打造系统集成应用平台，一是实现知识产权海关保护备案系统数据库与海关知识库平台的对接，将商标库融入海关知识库平台，实现与其他业务的有机融合及关联查询；二是将知识产权商标智能识别模型部署到海关知识库平台，在平台中开发“以图查图”功能。

实现商标自动比对。实现移动查验单兵与海关知识库平台对接，关员在现场查验时发现货物有使用文字商标的，使用移动查验单兵拍照后，通过模糊查询或精准查询实现与海关知识库平台的自动识别比对；在货物仅使用图形商标的下，使用移动查验单兵拍照并通过“以图识图”方式，可与海关知识库平台自动识别比对，实时反馈提示。

便利侵权判别。反馈提示会智能关联与识别图形相同或近似的商标，便于海关执法人员对商标假冒或近似的侵权情形进行判别，提高了现场执法的效率与精确度。

实践效果：

大幅提高通关效率。通过移动查验单兵对接海关知识库平台和商标图形自动比对，检查人员在现场即可完成商品的识别、联网、检查、反馈，整个查验过程智能、高效，相比之前现场关员查发疑似知识侵权案例时，需依托其他电子设备手机应用程序或返回办公室依托内网电脑登录知识产权海关保护备案系统，每批货物检查、判断、反馈时间节省约 2 小时，同时可节省大量商品搬倒的费用支出。

有效打击侵权行为。截至 2022 年 4 月底，青岛海关所属黄岛海关使用该平台累计开展商标验核 1 800 余次，共查发侵权案件 57 个，有效打击和遏制了海关知识产权侵权行为，提高了青岛片区知识产权保护水平。

显著提升执法精准度。移动查验单兵对接海关知识库平台相较于传统的人工查验模式，准确度得到了极大提升，降低了对侵权行为误判、错判、漏判的风险，有力提升了青岛片区海关知识产权执法质效。

案例 18：“智惠导服”政务服务新模式

为深化“放管服”改革，提升政务服务效能，济南片区会同济南市行政审批服务局率先建立集在线咨询服务、远程帮办申报、“咨询+受理+办理”于一体的“智惠导服”政务服务创新模式，为企业群众提供 7×24 小时“AI 智能+人工客服”线上帮办服务，实现“去哪办、怎么办”到“全办成”的全链条一对一精准服务，有效解决政务服务咨询与办理脱节，网办效率不高等难题，打造便民利企服务品牌。

主要做法：

搭建全国首个“智惠导服”平台。平台集在线咨询服务、远程帮办申报、“咨询+受理+办理”于一体，上线智能回复、在线会话、语音通话、远程协助、桌面共享、工单转办、在线帮办、预约帮办等功能，为企业群众提供 7×24 小时“智能+人工”线上咨询帮办服务。建立“三级三类”工作推进机制，在市、区县、街镇设置应答、主办、督办岗位，搭建三级考核评价指标体系，保障诉求有效解决。在微信公众号、济南政务服务“一网通办”总门户、“爱山东 · 泉城办”手机应用程序等多平台设置“智惠导服”入口，扩展多渠道咨询入口，提升服务便利度。

实现“咨询+受理+办理”一次办好。一是设计智能问答知识库。覆盖市、区县、街道（镇）、社区（村）3 200余项依申请政务服务事项，梳理高频问答知识库4.6万条，拆分搜索关键词2.2万条，实现企业群众“随办随问、精准推送”。二是咨询端随问随答，审批端一次办好。“企业群众发问，导服立即响应”，导服人员实时在线解答，指导企业按照标准准备材料，在专网提报后一次审批通过，实现一次办好。三是实现高频事项“套餐式帮办”。梳理“我要开餐饮店、便利店、理发店”等高频事项，定制“办事攻略”和“图文指南”，实现企业群众通过“扫一码”即可由帮办人员完成事项办理。

实现政务服务体系融合互通。一是与一体化政务服务自助终端深度融合。在自助终端布设入口，协助开展事项申报，实现市域内通办。二是与“智享地图”平台双向赋能。企业群众通过“智享地图”可连线导服人员，实现“随查随问”，实时推送大厅地址信息，实现“一键导航”。三是与统一预约平台互联互通。确需线下办理时，导服人员提供在线预约链接，便利企业群众实时到厅办理。

实践效果：

该模式大幅提升政务服务在线咨询能力，引导企业优先选择线上渠道办事，网办率明显提高，实现高频事项一次办好，群众满意度显著提升，有效解决政务服务咨询与办理脱节，网办效率不高等难题。

一是网办率明显提高。在引导企业群众优先选择线上渠道办事方面成效显著，通过导服人员有效指引、帮办辅导，使企业群众乐于、善于通过“网上办”“掌上办”“自助办”等方式在线办事。全市政务服务事项网上可办率达99.12%。

二是高频事项一次办好。梳理“我要开餐饮店、便利店、理发店”等高频事项，定制“办事攻略”和“图文指南”，导服人员实时指导企业按照标准准备材料，在专网提报后一次审批通过，实现一次办好，有效提升政务服务效能。

三是满意度显著提升。上线以来，“智惠导服”平台社会认可度不断增强，帮办服务能力持续提升，解决了以往企业群众办事电话沟通不畅、语音指导不直观、咨询申报脱节等问题。截至2022年5月底，“智惠导服”平台已累计为企业群众提供咨询服务53.07万件，政务服务事项网上可办率达99.12%，满意度显著提升。

案例19：住建资质“智慧审批”模式

为深化放管服”改革，济南片区会同济南市行政审批服务局，以数据共享为切入点，开展住建资质“智慧审批”试点，成功对接国家、省、市三级22个住建资质数据库信息端口，率先实现住建资质12类行政许可审批事项143条办理项全部“24小时全天候系统自动受理”，58项高频办理项通过数据库信息抓取比对、自动甄别、智能判定实现“24小时全天候系统自动审批”，有效解决住建资质申报过程中普遍存在的提报材料多、重复提报、核验原件时间长等问题。

主要做法：

率先打通国家、省、市三级住建资质数据库信息端口。成功对接国家、省、市三级22个建设类资质数据库信息端口，企业《营业执照》、可查询的资质证书、人员身份证等材料均无须企业提供，实现信息抓取和共享。通过数据信息共享与审批系统建设的有效结合，为审批工作奠定了扎实的数据基础。

全部事项“24小时全天候系统自动受理”。一是实现身份信息远程核验。在“爱山东·泉城办”手机应用程序平台设立“建设企业资质人员信息核验”功能，通过数据对接，申报人员实现身份信息远程核验，既取消了原件核验环节，又避免了身份信息被盗用。二是实现数据共享代替材料提报。数据库自动甄别提取审批要件信息完成形式审查，无须企业提报材料即可进入受理环节。三是实现自动受理全覆盖。住建资质 12 类行政许可共 143 个办理项已全部实现自动受理。

高频事项“24 小时全天候系统自动审批”。在建设资质领域 12 类行政许可审批事项 143 条办理项中，变更、正常延期、遗失补办等 58 项高频事项可通过系统自动抓取相应资质标准要求的数据，进行在线核对，符合标准要求的，由系统智能判定完成审批，实现“24 小时全天候系统自动审批”。同时，还开发了审批系统“自动公示公告”功能，将原人工汇总、手动推送公示公告信息的方式提升为系统读取审批决定，即时自动推送公示公告信息，实现了从申报、审批、公示全流程“24 小时审批不打烊”。

实践效果：

该模式运行后，企业办理住建资质提供材料率压减 85%，办理时限压缩 94. 4%，每年可减少往返大厅 4. 56 万人次，极大提升了审批效能。

精简提报材料。企业基本信息、资质类别、等级信息、注册人员信息等能够通过数据共享核查的材料均无须企业提供。材料减少率最高可达 100%，最低 36%。

压缩办理时限。住建资质 12 类行政许可事项 143 个办理项中，97 个办理时限优化为“即办”，占总办理项的 67. 8%。改革前，法定办理时限共 3 344 天，改革后共减少了 3 156 天，压缩率达到 94. 4%，极大提高审批效率。

降低企业成本。通过人员信息远程核验和数据信息库的打通，取消全部审批事项的原件核验这一环节。按照原流程，企业提交资质申请和提供整改材料最少需要两次往返窗口核验原件，按照现流程，每年可减少办理人员往返大厅 4. 56 万人次。

案例 20：营业性内地演出“一本通认”

为服务全国统一大市场建设，针对同一剧本在不同地点演出需重新审批问题，济南片区率先开展了营业性演出“一本通认”试点，对经外地审批许可的演出剧本，在济南片区申请演出时，实行“直接采认、即审即办”极简审批模式。

主要做法：

对于文艺表演团体举办的全国统一性演出实现“互通互认”，企业提交一份材料即可办理，申请材料减少 40%，审批环节压缩 75%，减少了跑腿次数，加快了行业准营进程，优化了审批流程、持续提升了企业、群众的满意度和获得感。

一是外地审批同一剧本直认。改革前，审批部门需要对申请单位在演出申办前提交的其他地市已认可的演出剧本进行实质性内容审核；改革后，对已在其他省市区取得《营业性演出准予许可决定》资质的同一剧本直接采认，仅进行形式审核，实现“即审即办”。

二是申请表单“多转一”。改革前，申请单位在申请演出时需提交演员身份证明、场地证明、演出剧本等资料；改革后，申请人仅需提交已取得的演出许可决定书，就能实现演出审批，提高了演出申请效率。

三是审批流程“四合一”。改革前，申请单位在全国文化市场技术监管与服务平台上提交申请材料后需经过受理、审查、决定、办结四个环节；改革后，对已取得《营业性演出准予许可决定》资质的，可直接审批演出，最大限度实现流程简化。

实践效果：

“一本通认”改革是济南片区先行先试、率先探索的重要举措，其价值在于打破区域壁垒，形成协同高效的文化审批模式，便利文艺表演团体跨区域演出，丰富文化产品供给，提高群众文化获得感和幸福感。

一是探索异地互认机制。异地审批结果的直接采认，助推不同的地区实现《营业性演出准予许可决定》的异地互认，解决原有证书区域限制，体现地域经济圈服务市场的导向，推动文化市场发展。

二是降低办事时间成本。将行政审批流程由 4

个精简为1个，极大提高了行政审批效率，降低了办事时间成本、提升了政务服务能力，为申请单位提供高效审批服务，申请单位获得感显著增强。

三是减少审批提报材料。解决同一剧本多地演出多次、反复提交材料的问题，有利于进一步调动营业性演出经营主体的积极性，引进全国优质文化产品，增强精神力量。

案例21：企业登记“智能表单”新模式

企业注册登记后办理业务中，三分之二以上为各类变更业务，涉及情形众多，对应的申请表格、决议内容、章程修正案内容完全不同，给申请人带来诸多不便。青岛片区坚持企业需求导向，持续提升企业登记业务的标准化、智能化，创新企业登记“智能表单”服务新模式，针对申请人的个性需求，系统自动生成全套个性化、标准化的企业登记申请文书，帮助企业轻松完成变更材料申报，有效解决业务变更难点堵点问题。

主要做法：

研发全套文书自动生成功能。针对企业申报端进行流程优化，精准锁定企业登记全业务场景及组合，系统梳理38套基础法律文书模块和61个法律文本组件，覆盖133种市场主体类型，支持设立、变更、备案、注销等业务场景共4 000余种不同业务的排列组合，为申请人实时定制生成全套个性化、标准化文书。

构建业务自动审核逻辑模式。运用OLE（Object Linking and Embedding，对象连接与嵌入）集成、云计算等技术，结合不同业务场景，研发构建新的逻辑模型，设定由系统根据预设逻辑对各业务间多种组合关系进行自动推演、运算、匹配，将原本需要由人工筛选、判断、处理的工作全部转至后台，由技术模型进行智能处理，自动实现多项业务精准匹配，生成个性化办理流程，申请人根据流程引导，一次性完成申报。

精简窗口业务审核流程。改变以往窗口人员根据申请人的业务办理需求进行材料辅导，反复修改确认后上传系统审核或在窗口办理的传统做法，新模式下无须进行业务辅导，将所有后台审核标准全部在自动生成文书过程中前置化，逻辑模型自动引导填写，文书生成过程即是“预审核”过程，文书填写完成，交给窗口审核人员确认后即可完成全部登记环节。

应用数智化手段保障审批安全。线下办理业务时，系统生成的材料添加水印，确保申请人提供材料与系统生成材料的一致性，申请人将系统生成材料打印签字后，可直接用于提报，审核人员无须再对材料规范性进行审核。线上办理业务时，借助“青易办”电子签署中心，对同一次业务、同一份文件，支持多身份即时、在线签署，并为电子文档加盖时间戳、线上存证，提供官方验签服务，确保在线签署安全合规。

实践效果：

一是“零难度”“零成本”申报，破解企业登记难点。例如，企业办理股权转让加董事会变更事项时，需出具原股东会的股东会决议/股东决定、转让后的股东会的股东会决议/股东决定、新章程/章程修正案、股权转让协议、董事会决议/执行董事决定等10多项文书材料，在“审批大脑”辅助下，以上所有材料均可依据企业勾选的变更事项同步自动生成，无须企业自行准备，申请人签字即可办结业务，实现“零难度”“零成本”申报。

二是实现“零退件”“零跑腿”，助力业务全程网办。新模式下，由于系统生成材料准确、完整、有效，可实现业务办理“零退件”。系统可自动校验业务逻辑，无感生成全套登记材料，申请人办理复杂业务无须到窗口办理，网上即可完成全流程申办，实现“零跑腿”。“审批大脑”上线后，智能业务办理量占总办件量的80%以上，大幅提高了网办深度，有效提升了企业群众办事的便利度。

三是实现“零风险”“零辅导”，节省行政资源，提升审批效能。新模式下，生成的文件通过长时间业务论证，逻辑完整、安全可靠，有效防止篡改，申请人可直接用于窗口登记，有效保证申报材料的安全性。据测算，单件业务审核时限可从20分钟缩减至5分钟，大幅节省审查时间的同时，减少了排队等候时间，有效压缩窗口数量。此外，原来一份登记材料顺利通过审核之前需20分钟到30分钟的材料辅导，现在可实现“零辅导”，缓解了业务人员审核压力，有效节省了行政资源。

案例22：“企业除名”市场主体退出新模式

为持续深化“放管服”改革，完善优胜劣汰的市场机制，切实解决目前在清退非正常经营、低效、无效企业工作中经常面临“吊而不销”、行政性强制退出机制明显滞后等多重困境，青岛片区联合青岛市市场监督管理局、青岛市行政审批服务局承接全国试点率先开展“企业除名”市场主体退出，提升不良市场主体清退的准度与速度，探索出一条有温度、有惩戒、有回路的企业退出新路径，畅通市场主体退出新渠道，着力营造“放管结合、宽严相济、进退有序”的良性市场秩序，激发市场主体竞争活力。

主要做法：

首创“企业除名”制度体系，创建除名闭环工作流程。青岛片区联合青岛市市场监督管理局和市行政审批服务局出台《关于开展企业除名试点工作的通知》，明确除名条件、除名流程，确定除名法律后果，形成完整的业务链条，实现企业除名工作的标准化、规范化和制度化。在工商综合业务系统设置“除名模块”，被除名企业以统一社会信用代码（注册号）代替，企业状态进行“一键标记”，不再作为市场主体统计。

推动监管部门联动协作，多方共享企业全量信息。建立市场监管、法院、人社、税务、不动产部门联动监管协作机制，搭建信息共享平台，实现除名企业全量信息多方共享推送，保障数据获取的及时性和精准性。市场监管部门汇总梳理各部门全量信息，负责对符合除名范围的企业进行梳理，形成拟除名企业名单；人民法院负责提供企业涉及审理、办理或者执行中的案件相关信息；人力资源社会保障部门负责提供企业涉及拖欠职工工资、欠缴社会保险相关信息；税务部门负责提供企业涉及欠缴税款及未结涉税事项相关信息；自然资源确权登记部门负责提供企业涉及不动产权利登记情况相关信息。

推行“企业异议+部门自纠”，实现事中事后双救济。为保障除名企业合法权益，企业除名工作，事中设置除名异议环节，事后设置纠错程序，有效构建事中事后快速救济双保障体系。事中除名异议是在公示期内，企业或第三人提出异议申请并能提供相关证明的，经核实不符合除名条件的企业，市场监管部门从拟除名名单中剔除。事后纠错程序是在除名决定公布后，由监管部门再次审查核对被除名企业相关信息，存在错误的及时予以更正。“事中异议处理”和“事后自查自纠”救济模式，进一步夯实市场监管部门事中事后监管工作，彰显柔性执法温度。

实践效果：

顶层设计不断突破，形成企业强制退出机制范本。《关于开展企业除名试点工作的通知》用制度方式进一步明确和规范“僵尸企业”退出的一个新渠道，有效弥补了企业退出的制度缺失。

社会资源有效释放，进一步降低监管执法成本。开展企业除名工作，充分释放字号、名称、地址等社会资源，有助于拓宽市场主体的选择性，助力市场要素自由流动；“僵尸企业”的有效清理，降低了政府监管执法成本，释放更多的人财物力服务于更多市场主体。

提升信息统计准度，打破监管“信息孤岛”。开展企业除名工作，可以将因时间久远、部分股东失联、申请注销程序烦琐等产生的“僵尸企业”、失联企业及时清理，并第一时间将处置信息同步公示到国家企业信用信息公示平台，进一步确保市场主体统计数据的精确性。实现市场监管、法院、人社、税务、不动产等部门的信息共享互通，打破“监管信息孤岛”，有力提升监管效能。

案例23：打造“互联网+”船舶扣押拍卖管理新模式

为进一步规范船舶扣押拍卖行为，满足中外当事人对海事司法的需求，缓解新冠疫情对专业机构验船、意向买主看船不便等因素影响，提高船舶成交率和溢价率，促进船舶市场要素加速向我国集聚及流转，打造市场化、便利化、法治化营商环境，提高海事司法国际公信力，青岛海事法院依托青岛片区企业需求，创新推出了船舶扣押拍卖管理平台，使船舶处置更加高效、费用更加低廉，拍卖成交率和溢价率有效提升，惠及当事人、涉船机构和各方市场主体，使涉船纠纷处理更加公正高效，所涉船舶的处置更加妥当有效，成为服务青岛片区国际航运中心建设、打造国际海事司法争议解决优选地的新经验新方案。

主要做法：

平台以涉案船舶为核心标的物，通过再造线上流程，借助信息科技手段，充分整合线上线下业务流和数据流，部署四个子系统，着力打造内外网同时部署、多主体线上参与、信息数据流实时交互的架构新模式，打破“暗箱”“壁垒”，给予各方主体公平竞争、平等参与的机会，使船舶扣押、评估、拍卖全程留痕，一揽子解决影响船舶扣押拍卖的各环节问题，提升船舶管理智能化水平。

一是打造线上业务办理服务窗口，提升扣押时限内业务办结率。平台在互联网微信公众号上部署“船舶管理服务号”，将传统线下办理移植到线上，向海事请求人和涉船机构提供便捷高效的司法服务，促成涉船案件处置效率进一步提升。海事请求人线上提交扣船申请、查看审查反馈意见和扣船进度、上传担保材料，法院线上审核处理，大大提高审查和实施效率，尤其当涉案船舶正在执行班轮运输和涉外运输任务、异地扣押等紧急场景下，能最大限度满足48小时内扣押的急迫需求。

二是构建“互联网+‘双库’”机制，流程透明可预期。为解决船舶扣押拍卖的两大特有难题——船舶看管和评估检验，平台有针对性地打造了两个子系统，创设了两个独立涉船机构库，赋予机构库“互联网+”基因，确保入库、选取、报价过程公开透明。涉船机构入库标准全面公开。设置“船舶看管和检验评估机构报名平台”和“审核平台”，统一选取标准，向社会持续开放，全面公开涉船机构资质信息和费用信息，有效解决人为因素影响，杜绝涉船机构筛选暗箱操作，填补了船舶这一特殊动产以往无法从全国法院统一部署的鉴定评估系统中选取船舶看管和检验评估机构的制度空白，降低廉洁风险，为实现线上线下规范化管理奠定基础。涉船机构选取及报价全透明。建设海事法院船舶管理专网，打造智能化线上筛选摇号体系，增设利害关系人回避选项，保证机构选取的公平性和随机性，提高司法公信力。同时，公开且留痕的报价系统，为杜绝价格黑幕，保证机构间公平竞争提供了数字技术支持，既避免船方和申请人承担不必要的费用，降低交易成本，又方便内部管理，外部监督，从制度机制上设置了廉政防火墙。

三是开展司法流程数字化改造，推动数据共享为办案提质增效。司法流程数字化。创造性地将流程划分为船舶扣押申请、扣押实施、船舶看管、检验评估、船舶拍卖、债权登记与清偿分配等六大节点，理顺节点衔接逻辑，进一步规范办案程序，提高办案效率，全程线上办理形成业务闭环，所有业务环节均留痕，确保案件办理可追溯。数据处理智能化。通过汇聚整合前述三个子系统产生的所有数据至部署于法院专网的“船舶扣押拍卖管理系统”，保证数据跨网络安全传输实时交互。该系统与全省法院应用的“全流程网上办案系统”高度集成，运用AI深度学习等人工智能技术向审判赋能，法官在法院专网同一页面即可完成涉船案件全部操作。

实践效果：

一是司法为民得到更有效保障。平台运行后，当事人获得了对案件办理进度、机构选取透明度、法官和辅助人员司法作风进行监督的可靠途径，司法为民利民更加扎实稳定。

二是夯实海事司法高质量发展基础。自当事人提交船舶扣押申请至船舶拍卖成功进行价款分配，实现了内部逐层审批，全程节点留痕。在机构选取方面，畅通了选取机构途径，进一步提高了机构委托事项办理的质量和效率，保证了有资质的机构愿意入驻，能够入驻，有公平的受托机会，也保证了无资质的机构没有机会入驻，有问题的机构能够被及时停止受托，甚至被从平台上剔除，实现“良币驱逐劣币”效应，改变了船舶评估、看管环节的乱象，净化了船舶看管、评估领域的生态，有效解决了船舶看管、评估检验环节不透明，不可预期等痼疾，解决了长期以来困扰海事审判的一大难题。经严格审核，目前组建了由 5 家看管机构和 10 家检验评估机构组成的机构库，有效地服务保障了机制运行。

三是助力涉船纠纷快速解决，提升中国海事司法国际影响力。2021 年，青岛海事法院扣押各类船舶 102 艘，其中外轮 12 艘；拍卖变卖船舶 15 艘（含对船），其中外轮 3 艘。上述发生在平台上的船舶扣押、解除扣押、拍卖等行为，因为可竞争可监督可管理，加速了纠纷解决，促使资源要素更快回到市场中去，加快形成了高效便捷公正的营商环境。该平台系全国海事法院首创，受到 2021 年中国—上合组织国家地方法院大法官论坛与会人员广泛赞誉。平台经验可复制可推广可借鉴，对积极行使海事司法管辖权，平等保护中外各方当事人的合法权益，进一步提高海事司法国际公信力，同样具有重要推动作用。

案例 24：海域使用金非税划转跨部门协同联动新模式

青岛市海洋发展局会同税务、大数据、不动产登记等部门在无可借鉴先例的情况下，聚焦自贸试验区“为国家试政策、为地方谋发展”责任，主动谋划、率先开展海域使用金划转税务部门征收先行先试，首创“海洋行政主管部门确定费源信息+共享平台信息交换+税务部门征收+征缴信息反馈”缴费新模式，实现海域使用金划转税务部门征收的“非税划转”跨部门协同联动改革，圆满完成了党中央、国务院关于政府非税收入征管职责划转改革试点相关任务要求。海域使用金非税收入划转跨部门协同联动新模式依托全新开发“海域使用信息管理系统”，破解海洋行政主管部门与税务部门之间数据接口不统一、数据载体不统一、数据要素不统一的“信息壁垒”困局，实现海域使用信息数据等跨部门、跨系统可信采集、传递、共享，大幅降低部门间沟通的时间成本、人力成本。以全国首张海域使用金划转税务征收后的非税收入统一票据，开创海域使用金非税收入划转工作的“青岛模式”。

主要做法：

一是加强协调，深入谋划非税收入划转衔接。海域使用金征收划转事项政策性强，涉及面广，影响重大。为做好划转衔接，青岛市海洋发展局等各相关部门深入研究征缴划转政策和相关文件，强化协调、深入谋划，确保将政策落实落细在每一个环节。在部门协调方面，海洋、税务、大数据和不动产登记等部门，达成“首接负责”共识，明确首次受理部门负责牵头协调、解决、答复海域使用权人。在海域使用权人协调方面，以“线上+线下”相结合方式做好政策宣传，对需逐年缴纳海域使用金的海域使用权人通过电话、微信、邮箱、发放划转缴费明白纸等方式逐一进行告知，明确原缴费方式截止时间，方便海域使用权人缴费。

二是数智先行，开发海域使用信息管理系统。原有的海域信息化管理主要依靠国家海域海岛动态监管系统，不能在青岛市政务云环境中运行，相关信息不能共享，无法实现业务数据的快速汇总和统计。为确保海域使用金非税收入划转工作各部门间数据信息传输高效、准确，青岛市海洋发展局积极争取自然资源部海域海岛管理司支持，在海域海岛动态监管系统基础上，结合数据交互开发设计“青岛市海域使用信息管理系统”。系统增加受理、审批、资料归档等海域管理信息，设计了包含45个字段的《海域使用金数据采集需求表》，按照表内字段对全市所有海域使用项目逐条梳理，逐一审核要素类别。对特殊数据，通过查阅原始档案资料，反复进行讨论比对，用要素表进行纠偏，确保录入数据准确无误。全市用海数据同步上传，做到海域管理信息资源全流程、全覆盖共享。

三是各方联动，完善海域使用金非税收入划转征缴流程。青岛市海洋发展局进一步完善“新增海域使用登记信息流程”“变更、续期海域使用登记信息流程”“抵押海域使用登记信息流程”等流程。海洋、税务、大数据和不动产登记等部门各方联动，研究制定《国有土地使用权出让收入等非税收入划转后征缴流程》，规范费源信息共享、征缴入库流程、误收误缴退库、征缴信息回传等环节流程。“海域使用信息管理系统”系统按照45个关键字段自动读取海域使用数据信息上传“大数据共享平台”，再将税务部门的征缴信息与海洋行政主管部门的费源信息关联，税务、不动产将缴费后和登记后的相关数据回传到海洋管理系统中，做到数据互通、信息共享，形成闭环。各部门依托青岛市“大数据共享平台”建立资源目录，与“海域使用信息管理系统”进行对接，实现“海洋行政主管部门确定费源信息+共享平台信息交换+税务部门征收+征缴信息反馈”缴费流程。

实践效果：

一是为全国海域使用金非税划转提供了“青岛模式”。青岛市海洋发展局会同税务等部门深度研究论证海域使用金划转过程中数据传递流程和方法，确立了费源信息共享、征缴入库流程、误收误缴退库、征缴信息回传等环节，明确了各环节具体实施办法，圆满完成了海域使用金划转税务部门征收试点任务，开出全国首张海域使用金划转税务征收后的非税收入统一票据，为全国贡献了可复制、易推广的海域使用金划转税务部门征收“青岛模式”。

二是极大提升了海域使用金征收划转质效。在制度创新前，海域使用权人在每年缴纳海域使用金期间需持不动产权证书到海洋行政主管部门开具《山东省非税收入通用票据》，持一式四联票据到具有执收资质的银行缴费，再持银行回执联返回到海洋行政主管部门交票核验，领取缴费收据和不动产权证书。个别企业还需持统一票据回单位申请资金后再去银行缴费，每次缴费至少跑两趟。制度创新后，海域使用权人相关信息由海洋行政主管部门直接推送到税务部门，海域使用权人通过本单位财务部门报税系统即可完成海域使用金缴费，也可通过税务部门的掌上办税终端足不出户进行缴费，切实让“数据多跑路、群众少跑腿”，方便了海域使用权人缴费，节约了时间成本和人力成本。据估算，一个缴费流程至少可以为企业节约2人次2个工作日。截至2022年5月30日，青岛片区已有3家用海企业通过该模式缴纳海域使用金，海域使用金非税划转跨部门协同联动新模式已推广至全市千余个海域使用权人。

三是进一步提升海域使用管理信息化水平。青岛市海域使用信息管理系统的上线，不仅标志着青岛片区在海域使用金划转流程告别了传统的手动录入、手动管理的模式，实现了信息管理与传输的数字化、智能化，该成果还进一步被拓展应用至海域使用权登记领域，实现了海洋行政主管部门与不动产登记部门的数据信息自动化、高效化、安全化对接，进一步提升了海域使用管理信息化水平。

案例25：创新“蓝色资产”分类标准
引导资本精准服务海洋经济

青岛片区以贯彻海洋强国发展战略、服务新一轮海洋强省建设行动为目标，努力推动蓝色经济发展，首创推出全球首个“蓝色资产”分类标准。该标准已纳入世界银行集团成员机构国际金融公司（IFC）《蓝色金融指引》并面向全球发布中英文版本。标准进一步健全了我国蓝色金融规则体系，为政府部门引导金融资源精准配置发展蓝色经济以及评估、监管和规范蓝色产业发展提供基础依据。该标准在青岛片区已先行试用，青岛银行作为试点银行已先后承接 IFC 蓝色债券投资 1.5 亿美元和蓝色银团贷款 1.5 亿美元，用于推进标准落地，为全省、全国蓝色产业发展提供有益借鉴。

主要做法：

科学制定蓝色资产分类标准。蓝色金融在国际国内都处于起步阶段，国内外缺乏统一的行业标准作为指导。为填补蓝色资产分类标准的空白，基于《联合国可持续发展目标》《可持续海洋原则》，参考国际资本市场协会（ICMA）《绿色债券原则》，青岛片区管委会与青岛银行、IFC 结合青岛片区特色，在咨询行业专家意见并调研论证的基础上，科学制定了蓝色资产分类标准。一是科学界定蓝色金融行业。标准界定了蓝色金融的行业边界，确定包括清洁供水和水处理、循环经济与海洋塑料污染治理、可持续渔业、海洋友好生物制造业、绿色航运与港口物流、海洋生态修复与可持续旅游、海洋可再生能源等 7 大板块 37 个子行业的合格活动。二是全面对标国际标准。标准采纳海洋管理委员会（MSC）、水产养殖管理委员会（ASC）等认证更加利于海洋生物多样性保护；提出节水率要达到 20%，提高节水领域对外披露的公信力。标准制定将有助于资本识别和投资真正的蓝色企业，引导金融资源精准配置，赋能蓝色经济发展。同时，也为政府部门制定政策和开展有效监管提供基础依据，具有较强的前瞻性和示范引领作用。

编制全球首个蓝色债券框架。为发挥蓝色资产分类标准在金融资源配置中的引领性作用，推动蓝色金融产品和工具创新，在蓝色资产分类标准的基础上，进一步研究制定出全球首个蓝色债券框架。一是确定离岸债券发行机制。框架确立了离岸蓝色债券的发行机制，包括募集资金用途、项目评估和遴选过程、募集资金管理等，支持为具有环境利益的蓝色项目提供融资和再融资服务。二是拟定债券风险管理办法。为强化对蓝色债券项目主体的风险管理，拟定《蓝色债券环境与社会风险管理办法》，对蓝色债券项目进行环境与社会风险尽职调查，推动企业环境与社会信息披露，引导金融资本支持海洋生态保护和可持续发展。

开展蓝色信贷投放机制创新。一是完善蓝色信贷投放政策。出台《支持银行机构服务实体经济政策措施》等，开展金融辅导队专项推介行动，加大“蓝色资产”分类标准推广力度。青岛银行制定《蓝色金融业务推广方案》，建立蓝色项目库，储备重点项目 108 个，蓝色资产超过百亿元。二是搭建平台推动资本与蓝色项目对接。青岛片区管委会同青岛地方金融监管局、人民银行青岛市中心支行、青岛银保监局等协同开展“春雨行动走进自贸区”活动，筛选推送符合蓝色资产分类标准的项目，搭建平台促进资本与蓝色项目高效对接。

实践效果：

一是有效改善传统信贷管理模式。蓝色金融是海洋经济发展的血脉。制定蓝色资产分类标准、提升蓝色金融服务是青岛片区推动蓝色经济高质量发展的创新实践。标准的实施有力推动银行转变传统信贷管理模式，将 ESG（环境、社会和治理）风险评估整合到银行信贷审查流程中，促进信贷资源优化配置，推动我国经济社会转型升级。

二是提升银行国际影响力与美誉度。蓝色资产分类标准制定过程中引入了国际机构合作，匹配国际规则，为蓝色国际金融产品互联互通提供基础支撑。青岛银行作为蓝色金融率先试点银行，一直活跃在蓝色金融的国际舞台，获得联合国环境规划署（UNEP）批准，成为可持续蓝色经济金融倡议会员，同时获得国际金融论坛（IFF）“2021 全球绿色金融创新奖”。

三是为蓝色产业引入资本活水。建立广泛适用的蓝色资产分类标准将拓宽企业蓝色融资的渠道，为海洋经济高质量可持续发展注入新动能。标准积极响应国际倡议，更容易获得国际金融机构的认可，便于吸引国际低成本资金缓解涉海企业融资难、融资贵等问题。同时，蓝色金融资产质量良好，不良率普遍较低，标准发布将引导民间资本盘活蓝色资产，提升蓝色企业融资可获得性。

案例 26：航运企业集成化审批服务新模式

为持续深化航运领域“放管服”改革，精准实现航运审批集成化办理改革目标，青岛片区率先探索试行航运企业集成化审批服务新模式，以“减环节、减材料、联合办、智能办”为出发点，聚焦平台思维，运用数据中台、AI 人工智能、电子签名等技术，研发“航运企业集成化审批服务平台”，将海事、交通、审批、船级社、船舶检验等业务主管部门及与航运企业密切关联的政策、金融、法律服务等多个专业服务领域整合至统一平台，形成业务集中、数据互通、信息汇集、一网感知的专业化、集成化航运审批服务新模式，助力东北亚国际航运枢纽中心建设。

主要做法：

搭建航运集成化审批服务平台，提供一站式办理体验。一是整合航运企业涉及审批事项办理入口。依托全国一体化政务平台统一用户体系，将“海事一网通办”平台、“青岛综合政务审批”等多系统入口整合至航运集成化审批服务平台，实现多系统切换，一站式服务。二是实施航运审批“一链办理”场景式导航。通过线上动态场景式导航页面，将航运企业从主体设立到船舶营运所需办理的营业执照、新增运力、船舶检验、所有权登记、国籍证书、符合证明、船舶安全管理证书、《国内水路运输经营许可证》和《船舶营业运输证》等涉及行政审批、交通运输、海事、船级社、船舶检验 5 个部门的 12 个许可事项，以“一链办理”的模式，进行节点引导，对每个节点的审批单位、时限、方式、入口等进行直观展示和精准导航，让企业一目了然；建立“业务计算器”，只需选择或输入船舶类型、数量和吨级等信息即可精准获取企业经营应当具备的生产条件。同时，对涉及航运许可的全部事项逐一进行标准化梳理，制定办事指南，形成全套文书模板，方便企业对照申报。

聚焦航运企业所需服务，整合各类配套资源。一是设置行业发展政策精准匹配服务。设置政策公告栏，将最新的各类行业发展政策，向航运企业集中展示告知；建立政策计算器，运用数据挖掘等技术，汇聚国家、省、市、区涉及航运及现代物流的奖补扶持政策，企业通过勾选标签，即可精准匹配可享有的奖补政策和服务。二是增设现代航运物流配套服务版块。为服务航运企业全生命周期，设置船舶交易、法律、仲裁、公证、金融、保险六大航运企业配套服务版块，设置船舶交易板块，依托山东港口船舶交易平台，发挥船舶交易催化剂作用，盘活资源；设置金融服务板块，提供银行开户、信贷、融资租赁、普惠金融等服务；设置法律会客厅板块，提供海事、民商事法律咨询、讲座等服务；设置仲裁和公证板块，链接青岛仲裁委官网、公证云，可在线立案，同时有仲裁员、公证员为企业提供专业高效的服务；设置保险服务板块，链接专业保险经纪公司，为航运企业定制保险方案。三是开通 AI 智能咨询服务。依托青岛智能审批助手，将航运审批所涉及到的高频问题、疑难问题，通过智能机器人向航运企业提供 7×24 不间断咨询服务。

打通航运审批数据共享途径，借力数智化赋能。一是通过业务专网间数据共享，实现前置材料免于提交。打通“海事协同管理平台”“海事一网通办平台”“中国海事综合服务平台”等证书查询验证接口，对可共享核验信息，通过证书识别号直接调用，实时反馈证书信息数据、电子证书等内容，实现船舶所有权登记证书、船舶国籍证书等多个水路运输业务前置证书材料免提交。二是通过电子签署中心、电子印章等实现全程网办。传统状态下，航运审批需要大量纸质材料，手动签字后扫描上传，无法实现在线签署。通过集成平台，将水路运输审批接入“青易办”电子签署中心，借助电子营业执照、电子签名、电子印章等技术，确保提交材料的安全性，实现全程电子化办理。

实践效果：

一是提升了企业办事体验，降低了运营成本。航运企业从设立到运营须办理的许可事项涉及多个部门和单位，审批流程较长，办理地点分散，需要多头办理，烦琐不便。通过研发航运企业集成审批服务平台，将所有审批事项集成至一个平台，实现业务办理“一口进”，缩减了审批时限，有效提升办事效率。同时，通过集成化审批服务，降低企业运营的时间和金钱成本。例如，船舶营业运输证可实现“不停航换证”，审批时限压减了 5 个工作日，每年累计可为全市水路运输企业节约经营成本 1 500 万元以上。从航运企业筹办全流程来看，准备期平均缩减 30 天。

二是精简材料、压缩时限，提升了审批服务效能。通过数据共享，可实现船舶所有权登记证书、船舶国籍证书等多个证照免于提交，减少材料 50% 以上，且通过权威数据库查询验证，确保数据真实、可靠。以普通货船船舶营业运输证配发为例，将企业填写的 41 个字段，删减 9 个，优化 11 个，将 8 项申报材料删减 3 项，优化 1 项，减负 50%，实现“轻便”申报。

三是有效拓宽了航运企业服务信息获取渠道。航运企业通用性政策较少，针对不同的船舶和吨级有不同扶持政策。由于行业专业性强、缺乏政策推广工具，航运企业对生产经营准入标准和奖补政策不够清晰。通过政策公告栏、计算器和 AI 智能咨询模块，实现了航运产业政策和服务信息的精准推送，以“一企一策、一船一案”的形式，实施精准助企。同时，企业通过平台可一键获取金融、法律等服务。

案例 27：海洋种质资源跨省协同跨国引育路径创新

烟台片区与海南自由贸易港三亚崖州湾科技城（以下简称崖州湾科技城）在“国家战略引领、资源优势互补、南北高效协同、联动创新发展”原则指引下，充分发挥南北种业引进门户城市作用，通过聚焦“路径互通、产研共融、维权互助”，构筑起北接日韩，南连东南亚的“水产苗种产业走廊”，探索形成以“日韩+烟台片区+内陆市场+海南自贸港+东南亚”的国际水产种业大循环联动路径，推动创新链、产业链、人才链、服务链深度融合，构建全要素全链条的水产种业生态体系，为海洋种质资源实现跨省协同、跨国引育提供可复制、可推广的成功经验。

主要做法：

平台共享，打造“跨国引育”新载体。作为两个种业引进的“门户城市”，在探索国外优质种源跨国引育方面，烟台片区与崖州湾科技城在路径探索、政策加持、自然禀赋、市场供需方面各骋所长。烟台片区依托现有的国家级水产原良种场，率先建成全国首个同时满足海水、淡水环境，兼具鱼虾贝藻参等全品类的海洋种质资源引进中转隔离场，在大西洋鲑、鲈鱼等优质特色种质资源跨国安全引育、高效中转、保障供需方面先行开展路径探索，为崖州湾科技城建设全球动植物种质资源引进中转基地发挥“小试平台”作用。崖州湾科技城充分发挥国家建设全球动植物种质资源引进中转基地战略优势和“南繁硅谷”科研育种的深厚底蕴，加大热带水产种苗等优质水产种源的引进中转，为开展水产新品种研究提供充足的种源供应。同时，两个片区利用各自气候优势，开展以绿鳍马面鲀为代表的北方品种早育技术研究，和以石斑鱼为代表的南方品种北方繁育技术研究，为压缩生长周期，实现全年不限时段、跨纬度养殖、按需供应、陆海精准接力发挥“加速器”作用，进一步畅通“南繁北销”“南育北养”发展新路径。

区域协同，构建“双链融合”新机制。烟台片区与崖州湾科技城通过双向创新“借智”、企业“跨界融合”的方式，搭建协同共享创新平台，围绕水产种业“卡脖子”技术和关键核心技术开展跨区域联合攻关，建立“市场出题、院所解题、政府助题”模式，实施重大攻关项目“揭榜挂帅制”。

依托“海集汇”专注于海洋种业技术转移转化等平台建设，开展常态化信息推送、路演、推介、项目评比等活动，深化以海洋种质资源引进中转为核心的南北创新链精准对接、产业链双向融合。推动海南石斑鱼、金鲳鱼、罗非鱼等“早繁”苗种供应链经验“北上”，带动烟台天源水产、明波水产等国家级水产原良种场，利用北方苗种繁育空窗期发展南海名贵水产苗种繁育养殖。促进安源种业、天源水产传统优势品种“南下”，配合建立南海石斑鱼北方种质库，促进南北种质资源优势互补，探索形成“北鱼南繁、南繁北养”跨区域苗种合作新模式。

产权共护，探索水产种业知识产权新路径。针对我国现行法律法规中没有“水产新品种知识产权”类型、水产新品种缺乏直接知识产权保护、处于创新源头的科研机构和人员得不到有效激励等问题，依托农业农村部科技发展中心——崖州湾科技城分子检测实验室，支持《中华人民共和国种子法》实质性派生品种规则的唯一标准检测方法，通过与烟台大学合作建立基于人工智能的表型分析技术和平台，进一步为水产新品种和微生物检测的分子检测技术提供能力服务，探索共建水产新品种DNA指纹库；依托崖州湾科技城知识产权特区和烟台片区海洋知识产权中心，面向海洋和现代化农业产业开展知识产权快速协同保护工作机制，探索建立包括专利、商标、版权、地理标志“四合一”知识产权在内的“联动维权”服务体系，推进南北“一体化”知识产权保护机制，为两地水产种苗知识产权保护提供更加高效、便捷的快速维权服务。

实践效果：

一是区域协同联动效应进一步释放。在烟台片区与崖州湾科技城共同推动下，辖区间企业签订跨区域“陆海中转”订单数量增长3倍，6家企业围绕“陆基渔业养殖”“深远海渔业养殖”“海洋种质资源引进”等相关领域达成合作。同时带动烟台中集蓝海洋科技有限公司、烟台经海海洋渔业有限公司等北方养殖和装备企业南下开拓海南市场。

二是联动创新成果转化进一步加速。在南北协同机制促进下，多名北方水产种业科学家赴崖州湾科技城“揭榜”，领衔攻关，推进包括种质引进繁育、优良品种选育在内的海洋种业关键核心技术攻关和标准化体系建设，完成多个品种的跨区域繁育中试基地建设。南海石斑鱼烟台种质资源库已经储备云纹石斑鱼、东星斑、驼背鲈（老鼠斑）等12种亲本近3 000尾。利用海南自然要素开展的水产新品种“早育”技术研究，通过对水产种质资源的要素保障、实现了对陆域向海域接力养殖空间的转换的精准把控，拓展、养殖品种生长环境因素的精准把控，陆基养殖周期由之前的15个月缩短为6—8个月，深远海养殖周期由2年缩短至最快10个月，成活率提高至少20%，养殖收益大幅提升。

案例28：北粮南运“海铁联运+客滚甩挂”新模式

长期以来，因铁路敞顶箱与海运集装箱船不兼容、海铁联运各环节受阻等原因，东北地区至山东地区的粮食流通主要以“公转铁”或海运散货等方式为主，操作环节多、货物损耗大、物流成本高，成为制约东北粮食生产企业与山东加工企业做大做强合作规模的主要瓶颈。烟台与大连是友好城市，又同属环渤海经济圈重要支点城市，同时拥有现代化港口等优势资源，基于此，烟台片区与中国（辽宁）自由贸易试验区大连片区（以下简称大连片区）积极对接，加强协同联动，结合各自区位优势和资源优势，创新提出“北粮南运‘海铁联运+客滚甩挂’新模式”，通过整合片区、港口、铁路、船公司、协会等各方资源，消除行业壁垒，打通各部门关键环节，实现运输载体的标准化，构建起粮食从东北粮库到山东加工企业的海铁联运物流新业态。该模式不仅解决了企业跨省合作的强烈诉求，更对助力新一轮东北振兴、畅通东北亚物流大通道具有重要意义。

主要做法：

整合多方资源，建立协调联动机制。借助“烟大航线”（即烟台港—大连港）这一国内少有的“黄金水道”优势，整合港口、船公司、货运公司以及粮食协会等平台资源，组建多方参与的合作联盟。联盟方之间签订合作协议，形成分工明确、运转有序的大宗货源组织和运输闭环管理规范体系，成功开辟“东北粮仓—大连港—烟台港—山东企业”的“北粮南运”新通道。

跨局使用敞顶箱，打通海铁联运关键环节。积极协调对接沈阳铁路局、济南铁路局，争取运输许可，推进原本内部循环使用的铁路敞顶箱跨局使用，实现箱体运输的标准化。这一变化，一方面使粮食在运输过程中一直随敞顶箱中转，降低损耗；另一方面，在运达山东加工企业后，敞顶箱可实现“就地还箱”，避免空箱返航造成的成本浪费。

“甩挂+滚装”，破解敞顶箱下水难题。借助辽宁港口集团大型客滚船投入运营的有利契机，创新运用“甩挂+滚装”形式，破解长期以来因铁路敞顶箱与海运集装箱船不兼容导致的海铁联运难题。依托物流运输车辆，通过甩挂的方式将一个托板的2列敞顶箱运送到滚装船指定位置，敞顶箱随客滚船抵达烟台港，最后经同三高速公路网送达山东粮食加工企业。

实践效果：

充分释放联动效应。该模式是大连片区和烟台片区以解决企业诉求为目的，通过协同联动形成的制度创新成果，充分体现了自贸试验区示范引领作用，是片区联动创新的成功实践。同时，在两个片区的协调推动下，有效联动铁路、港口、海运等资源，消除行业中的壁垒和掣肘因素，打破了铁路行政管辖束缚，突破了原料产地和加工地跨省合作的瓶颈，拓宽了东北至华东地区间的物流运输通道，有力促成了多方共赢的良好局面。

大幅提升运输效能。较传统运输方式而言，“班列+班轮”无缝衔接最大限度减少粮食运输中间环节，有效降低货损，大幅提高抽检效率，配合“一口价”“一单制”便利结算，切实有效降低了运输综合成本，平均每次运输节约时间50%，节省运费10%，降低货物损耗1.5%。30天超长免费堆存期为企业争取了时间、节约了费用。

高效服务循环发展。该模式调整优化了大宗散货运输结构，通过内陆与沿海的互联互通，不仅构建了粮食运输新通道，未来还会将东北地区钢铁、水泥等优质商品源源不断地通过这条崭新的物流通道直供华东等地市场，同步将华东等地的啤酒、焦炭、白色家电等回程商品输送到东北腹地，充分打通优质物资外运和回程商品运输渠道，有效助力畅通国内大循环，不断强化现代化港口的服务能力、辐射能力和吸引力。

案例29：多维度创新促进蓝碳生态系统保护和修复

“蓝碳”又称海洋碳汇，是海洋利用海洋活动及海洋生物吸收大气中的二氧化碳，并将其固定在海洋中的过程、活动或机制。海洋碳汇作为地球上最大的碳库，其碳汇能力的提升对于支撑我国双碳目标实现具有重要意义，同时作为海洋经济发展的新模式、新业态，蓝碳生态系统的保护和修复受到社会各界的高度关注。烟台片区依托山东省海洋资源与环境研究院黄渤海蓝碳监测和评估研究中心创新平台和技术优势，深入开展区域合作，借助多方蓝碳理论研究成果、检测评估办法、实践应用场景等资源优势，在平台建设、标准制定、金融创新等多个维度形成合力，为推进蓝碳生态产品价值实现，形成海洋生态系统保护和修复“大闭环”，探索“跨区共融、实惠共享”的蓝碳发展新路径。

主要做法：

网络化的蓝碳科技创新平台促进生态系统保护和修复。按照国家相关部委与山东省“关于共同推进海洋生态预警工作与海洋生态文明建设战略框架协议”的要求，基于自贸试验区联动创新，开展基地联动合作，围绕打造蓝碳科研创新高地，搭建以

“一中心、三基地”为核心的网络化蓝碳科技创新平台。“一中心”，即烟台片区依托山东省海洋资源与环境研究院，共建黄渤海蓝碳监测和评估研究中心、海草床生态系统养护观测站和海洋生态预警联合实验室，重点对典型生态系统的生物量和沉积物进行调查，全面掌握蓝碳资源家底，建立黄渤海区蓝碳监测动态数据库。“三基地”，即烟台片区与周边地市积极开展联动创新，合作共建山东省海洋资源与环境研究院黄渤海蓝碳监测和评估研究中心长岛基地、威海基地、东营基地，依托岸滩修复整治和滨海湿地生态修复项目的实施，探索利用市场化方式推进滨海湿地与海草床保护修复和科学化治理。

系统化的蓝碳监测与修复标准促进生态系统保护和修复。率先编制完成符合山东省实际的海洋碳汇标准框架体系，申报“海草床碳汇项目核算方法”国家标准1项，海洋碳汇术语海洋行业标准1项，以及柽柳林碳汇项目核算方法、盐沼湿地生态系统碳储量调查与评估技术规范、鳗草生态系统碳储量调查与评估技术规范、海藻场调查技术规范等海洋地方标准4项。其中，围绕海草、柽柳的固碳功能，烟台片区联合专家团队在前期充分调研、监测的基础上，已起草完成海草床、柽柳碳储量调查评估、碳汇监测等标准草案，为后续的海草修复提供支撑，为海草床建设、海草床蓝碳交易等提供技术支持。

特色化的海洋碳汇金融产品促进生态系统保护和修复。通过“政府引导、市场运作、自主自愿、协同推进”的原则，积极引导银行保险业开展蓝色碳汇金融创新，成立全国保险行业领域第一个海洋保险创新研发中心，全国首发政策性海洋碳汇指数保险，以海水年均颗粒有机碳含量为衡量标准，利用卫星遥感等数智化手段，测算海水中颗粒有机碳含量进行精准定损，建立起大区域海水养殖碳汇指数的计量、核算方法及损失保障工作机制。在确定年均颗粒有机碳含量基数前提下，对海水含碳量下降部分进行保险补偿，补偿资金将继续用于提升海洋有机碳含量，维护和改善海洋生态系统，恢复和提高海洋固碳能力和应有的固碳水平。

实践效果：

烟台片区依托山东省海洋资源与环境研究院“开展海洋碳汇试点、探索建立海洋碳汇标准体系”已纳入《中共山东省委全面深化改革委员会2022年工作要点》，目前进展良好、成效显现。

一是蓝碳生态系统本底数据库基本建成。黄渤海蓝碳监测和评估研究中心已在长岛—庙岛西口湾海草床分布区开展实地调查，确定海草、礁体种类，获取了相关数据信息和影像资料；开展的黄河口盐沼典型蓝碳生态系统碳储量现场调查已初步摸清黄河口盐沼碳储量的本底现状及变化趋势，逐步建立起蓝碳监测动态数据库，对于烟台片区探索利用海洋生物和盐生植被进行固碳，建立完善生态补偿机制，推进节能减排和生态环境保护具有重要意义，也为重大生态恢复工程碳汇功能评估技术提供了重要基础数据。

二是蓝碳生态系统各类资源要素加速集聚。积极探索以提升蓝色碳汇增量为导向的海洋生态保护修复新模式，推进一批碳汇渔业项目，不断创新碳汇渔业增汇减碳的途径和措施，充分发挥出海洋渔业的蓝色碳汇功能。与中国海洋大学、烟台大学、山东海洋产权交易中心等达成蓝碳协同创新合作，深入拓展蓝碳经济合作领域。

三是蓝碳生态系统价值多元转化初见成效。不断创新海洋碳汇金融产品，落地全国首单海洋碳汇指数保险，大幅提高人工增汇积极性，建立海洋碳汇资源修复闭环，进一步加大滨海生态海洋碳汇价值应用。烟台片区已完成投保海洋面积10万亩，最高补偿金额达到100万元。同时，推动以碳排放配额作为质押，金融机构碳汇授信融资，为形成“碳排放配额+保险+银行抵押融资”新模式提供切实可行的实施路径。

案例30：国际医疗科研合作和产业化共同体新模式

为抢抓RCEP协定实施的有利契机，推动医疗康养产业对日韩等 RCEP 区域国家开放发展，破解医疗领域国际先进科研技术研发引进和产业化难的问题，济南片区充分发挥制度创新战略优势，探索以本地医疗机构作为产业合作核心应用场景，以自贸试验区制度创新为重要抓手，吸引国际优质医疗人才技术、医院运营管理模式和医疗产业资源集聚的新模式。该模式以医疗机构的资源吸聚能力为核心，推动医药医疗器械研发、生物制药研发、检验检测等医疗科技企业集聚，建设国际医疗科研合作和产业化共同体，构建“医疗+科技+金融”融合发展的产业生态体系。

主要做法：

构建医疗核心应用场景促进产业集聚。充分发挥医疗机构作为研发线索来源端、临床试验验证端、市场销售应用端的优势地位，以医疗机构在临床科研、临床试验过程中的资源优势及临床应用阶段的市场潜力优势，作为推动外国医疗产品和服务在华注册、拓展市场重要抓手，吸引国际高端医疗科研及细胞医学相关领域产业集聚。

创新国际先进药械引进服务。联合本地医疗机构（济南市中心医院）提升国际先进医疗技术和药械引进服务，充分发挥济南市中心医院作为全省第一、全国前五国家药物临床试验机构的专业优势，为国际前沿药物和医疗器械的引进提供临床前立项准入到临床研究的全流程综合服务，加速国际先进药械引入进度。

创新细胞医学等前沿领域产业合作服务。依托园区内细胞医学产业园研发、生产优势，与济南市中心医院临床试验服务平台相结合，开展细胞医学领域前沿科学合作，构建细胞医学领域研发、中试、临床、上市全链条综合服务平台，吸引国际细胞医学领域先进技术入驻并开展成果孵化。

实践效果：

落地国际医疗科研合作项目。东丽公司与济南市中心医院合作的 NV 透析国际科研合作项目获得科技部遗传办发文批复，合作推动集中给液透析（CDDS）系统申报，签约共建国际透析中心。该国际科研合作成果完成后，将率先在济南市中心医院应用，为片区中日国际医疗科技园建成高水平的国际透析中心奠定了坚实基础。

带动医疗康养产业集聚。带动山东颐养健康产业发展集团、济南健康集团等企业总部及国际细胞医学产业园等项目在片区集聚。其中，国际细胞医学产业园项目聚焦免疫细胞治疗、干细胞治疗、基因治疗和再生医学等前沿领域开展国际合作，2023 年全面建成并投入使用，逐步形成细胞医学领域“临床前研发—临床试验—上市后生产”的全链条发展良好态势。

提升国际诊疗服务能力。吸收国际水平专业设计理念，与东丽、佳能、奥林巴斯、三星、贝朗等公司深度合作，建成济南市首个凸显国际特色的综合性国际医疗中心。中心在为市民提供国际水平医疗服务的同时，通过开拓国际医保渠道合作，实现在济外国人就医使用医保便捷支付，优化城市国际化环境。

案例 31：“前置检测”助力输韩食品农产品直接通关

为进一步落实 RCEP“贸易便利化”要求，应对韩国不断提高的食品农产品检测标准要求和企业通关便利化需求，青岛片区管委联合青岛海关技术中心，打造自贸区检测实验室，参照韩国的通关检验要求，超前谋划布局，建设成为首批韩国认可的“国外检测机构”和国内首个能够满足韩国 511 项农残检测要求的实验室。该实验室与韩国相关的部门及机构互联互通，实践“前置检测、结果互认”的检验模式，为食品农产品出口企业规避了到港退运或销毁、客户索赔的风险，解决了高昂的到港各项费用和通关时间冗长的问题，大大提高了我国应对他国技术壁垒的能力，助力我国食品产业升级。

主要做法：

一是与海外机构构建业务合作关系，打造高标准国际化实验室。青岛海关技术中心自贸区实验室与韩国化学融合试验研究院、韩国农水产食品流通公社等韩国相关机构深化互联合作，在政策法规、技术标准、检测方法的差异等方面持续沟通联动，获取一手政策信息，建立软硬件符合要求的高标准国际化实验室，并持续更新对方各方面标准变动情况。

二是创新境内资质认证机制，助力便利化通关。青岛海关技术中心自贸区实验室依据韩国《食品药品检验检测法》，成为首批韩国食品药品安全处（MFDS）的“国外检测机构”，且连续三次顺利通过了韩方的年度机构评审。与此同时不断进行扩项，被韩方认可的检测项目从最初的 28 个扩展到目前的 1 487 个。获批后 MFDS 认可自贸区实验室出具的检测报告，对韩国出口食品农产品的企业凭上述检测报告在韩国通关时可免除 MFDS 的检验检测，可大幅度加快在韩国的通关流程。

三是紧跟国际标准，加强壁垒应对。根据韩国近年来对进口农产品中农药残留限量要求不断提高的现实背景，以及多农残检测方法的农药种类覆盖面扩展至511种的实际要求，实验室在政策和技术法规上开展大量前期调研，超前谋划布局，完善检测能力和技术储备，成为国内唯一能够检测食用油中苯，大蒜等产品中二氧化氯、三氧化氯的实验室，国内第一家具备满足 511 项农残检测要求能力的实验室。

四是强化后台管理规范，保障检测结果客观准确。为保持青岛海关技术中心自贸区实验室的检验结果的有效性，精准制定两方面规范：第一，准确性和客观性管理规范。实验室严格按照 ISO 17025 体系要求对实验室进行管理，实验室人员、仪器、试剂材料、方法和环境等所有因素要满足实验室规范要求，做好实验室质量控制、内部审核、外部审核等一系列质量和技术管理，确保实验室检测结果的准确性。第二，检测样品输韩一致性规范。实验室尽量要求企业接受去现场抽样以获取检测样品的模式，现场确认货物的真实性，做好取样计划和方案，按照取样规范进行取样，以最大程度地保证样品的代表性。

实践效果：

一是大幅降低贸易风险。近年来，MFDS 公布的中国对韩出口的食品农产品中，每年约 200 批检测不合格，这些货品均做退运或废弃处理。对韩国出口的企业持“前置检测”报告，可免去 MFDS 的精密检测，有助企业规避到港退运或销毁的风险、客户索赔的风险。

二是有效降低贸易成本，提高贸易便利。自青岛海关技术中心自贸区实验室可实现输韩农产品 511 项农残前置检测以来，截至 2022 年 4 月，共有 96 批货物进行前置检测，检测项目达 31 821 项，共为企业节省检测费用至少 78 万元；平均每批货物节省通关时间 20 天，避免了因静置检测而产生的堆存费、箱使费等港口物流费用。

案例 32：国产研发测试用车辆购置税征缴管理创新

烟台片区的现代汽车烟台研发中心是现代集团最大的海外研发中心、也是全国唯一的外资综合性研发中心，研发中心进行碰撞试验的测试车辆属于暂时进境货物，期满面临复运出境难题。对此，烟台片区提出购进国产测试用车以提高研发便利度新路径，但国内购入测试用车辆又存在“不上路、不挂牌”却因为取得机动车销售统一发票仍需缴纳车辆购置税问题。针对研发测试用车辆该类问题，烟台片区积极探索，开展专题调研、科学论证、合理建议，结合税收法规与产业特色，全省首创授权汽车经销商与企业建立测试车辆销售“一对一”模式，即汽车经销商销售测试车辆开具增值税专用发票，企业按照购进生产研发用材料进行处理，降低企业研发成本、助力汽车研发升级，为解决此类车企购进国产研发测试用车辆购置税难题开拓了新通道。

主要做法：

创新测试用车辆购进模式。现代汽车烟台研发中心进口试验车辆目前通过暂时进出境货物的方式进口，根据政策规定，属于暂时进境货物的测试用车辆及其零配件无论是否损毁，期满应当复运出境，过程中产生昂贵的运输成本和人员管理成本，且无形中增加了大量场地成本。为解决测试用车便利度问题，烟台片区创新研发测试用车辆购进模式，根据中国新车评价规程相关测试规则要求，采用购进国产测试用车辆的方式，进行相关碰撞测试，既节约了成本，又减轻额外的行政业务量。

国产测试用车辆购置税征缴创新。由于企业购进国产测试车辆数量较少，无法通过厂家直接采购，因此多通过国内授权经销商处进行采购。授权经销商处销售返利模式导致每一辆销售出去的车辆均按照终端销售开具机动车销售统一发票，从而引发测试用车辆购置税问题，由于企业购进测试车辆仅用于碰撞试验，并非上路行驶使用，不符合购置费用用于公路建设的设立初衷。为解决此类企业购进国产测试用车辆购置税难题，促进汽车研发升级，烟台片区创新提出授权汽车经销商与企业建立测试用车辆销售“一对一”模式，研发企业纳入经销商“白名单”管理，汽车经销商销售测试用车辆开具增值税专用发票，企业可按照购进生产研发用材料进行处理，解决了企业降低研发成本的诉求。

实践效果：

极大提高车企研发便利度。通过购进国产研发测试用车辆，解决了以往暂时进境货物的测试车辆运往国外处置的难题，每年可节约 1 000 多万元的处置成本，以及复运出境过程中产生的上百万元的国际物流费用，同时也节省了仓库储存的大量场地成本和岗哨看管等人员管理费用，解决了研发过程中境外测试用车辆复运出境难题，极大提高车企研发便捷性。

有效降低车企研发成本。现代汽车烟台研发中心承担了海外车型在国内上市前的道路测试，涵盖从产品规划、设计、工程设计、原型样车到车辆测试的整车开发全过程，打造出一批具备全球领先技术和行业前沿设计理念的高品质车型，该企业每年购进用于研发碰撞等试验的国产测试车辆数量达 30—40 辆，平均每年花费 500 万—600 万元，需缴纳车购税额 50 万—60 万元，在新模式下，可有效降低企业研发成本。为其他车企购买研发测试用车辆提供相关政策支持，也进一步拉动其他外资车企在华研发投入及合作，带动汽车产业加速集聚发展。

案例 33：日韩投资全周期服务体系

充分发挥自贸试验区、综合保税区、中韩产业园、中日产业园、国际招商产业园“两区三园”叠加优势，从线上线下、招引孵化等多维度开展服务创新，率先推行全周期服务体系，打出服务日韩投资“组合拳”。

主要做法：

一是注重“引”，优化招商体制机制。借助招商发展公司平台，推动社会资本参与国资招商平台混改，成立全省首家混合所有制招商公司，借助民营企业在科创、金融、教育、文旅等方面优质资源，通过实行企业化管理、社会化招聘、市场化薪酬，最大限度提升招商活力，拓宽招商资源渠道。

二是聚焦“育”，全方位促进交流合作。在线上，搭建中小企业双向投资促进公共服务平台，发布各类区内资讯、政策信息，打破信息孤岛，优化片区优质营商环境。建成投用跨境贸易综合服务平台，积极拓展日韩商品跨境贸易消费通道。在线下，全省率先建成中日、中韩经济文化交流中心，采取线上线下相结合的形式，推动两国企业在双向交流中深化理解、达成合作共识。

三是加强“扶”，助力企业发展壮大。聚焦企业发展全生命周期提供精准帮扶。针对想来华发展且尚处在孵化期的企业，提供适宜企业发展的软硬环境，加速企业发展壮大。针对想来华洽谈合作且较为成熟的企业，提供临时性办公洽谈场所，引导其在中日、中韩产业园开展保税展示交易、零部件分拨、检验检测、技术交流等业务，最大限度为企业开展合作提供便利，节约时间和资金成本。针对想来华投资的龙头企业，探讨国外企业以技术和专利评估作价进行入股、国内产业研究院吸收消化再创新的发展新路径。

实践效果：

一是打破日韩投资壁垒，实现更高水平开放。相继落地全省首家韩资人力资源服务机构、首家韩资律所、首家韩商独资职业技能培训机构、首家日资教育培训机构等一批日韩“首字号”项目，设立韩资世界500强项目20个、日资世界500强项目12个。

二是提高招商引资效率，项目集聚效应初显。新增日韩资项目近200个，包括夏普在华投资的全国首家超高清产业研究院、SK高端化工、夏智精密电子、日本住友商事等一系列重大项目，成为全国日韩资企业集聚密度最高的地区之一。2022年上半年，烟台片区实际使日韩资1.16亿美元，占全市使用外资金额的34.6%，比上年同期增长153.3%。

案例34：黄河流域中小微企业“交互式”国际运贸新模式

为提升贸易便利化水平，济南片区利用区块链技术“多方共识、公开透明、不可篡改和可追溯”的特点，建立“交互式”国际运贸服务模式，用数字化手段将物流、仓储、贸易等各参与方链接起来，形成国际运贸服务全流程可视化业务闭环，实现数据联通和相互验证，构建互信、透明、高效、安全、可追溯的数字化贸易服务新生态。

主要做法：

建设交互型服务平台。打造集线上订舱、货物管理、保税预约、堆场预约、台账整理、数据分析、物流状态查询等功能于一体的交互型自助管理服务系统，实现商流、物流、资金流和信息流四流匹配，以多式联运属地操作业务为核心，高度匹配海运、空运、班列运输业务模式，与济南董家铁路货运场站互联互通，实现国际物流运输多端口无纸化操作。

搭建智慧仓储监管系统。构建运营数字化、决策智能化、作业自动化的智慧仓储监管系统，与海关监管系统联通，通过库位码与货物码比对上链，实现库存信息及图像“可视化”，将货物入区申报、入库、出库、出区申报各环节全部上“链”、一键申报、自动进出，实现货物系统状态感知、实时分析、自主决策、精准执行、无死角监管，有效提升海关监管效率，降低外贸企业仓储成本、提高物流企业运营能力。

创新物流数据采集模式。开发“星链式小程序”，充分利用微信小程序使用度高、成本低、操作方便等特点，将一般贸易、文化贸易等庞大的物流信息在“必经的业务节点”上进行有效采集，供全业务链条用户共享。企业可一键采集、更新、查询车辆进出堆场、出入库货物、集装箱堆存等动态情况。

实践效果：

降低运营成本。该模式将服务与贸易高效畅通接轨，实现运贸流程各参与方的互信互认，解决了当前国际运贸参与方众多、跨越不同区域、数据零散、沟通成本高、流程协同低效等一系列问题，大幅节省信息和数据在传递过程中产生的时间和人力成本，为企业提升业务效率50%以上，降低物流成本30%以上。

服务精准便利。与国际贸易单一窗口相结合，协助企业掌握关务进度；并能统计中欧班列进出口集装箱情况，明确利好货品类型，分析文化产品、特色农产品等进出口倾向，帮助企业精准掌握国际市场需求，根据货物倾向及时调整经营方向，集聚我国特色产品出海，助力中国商品“走出去”。

吸引企业集聚。为中小微企业提供一站式国际运贸服务，吸引济南星辉数控机械科技有限公司、成都和品尚供应链服务有限责任公司等2 000余家外贸企业在平台集聚，促进了济南片区跨境贸易互联互通。2022年1—5月，服务进出综合保税区集装箱1 500余个，实现进出口额6.5亿元，促进了济南片区跨境贸易互联互通。

案例35：协同打造服务黄河流域经济“端到端”全程物流新模式

为深入贯彻落实习近平总书记对山东提出的“三个走在前”重要指示要求，更好推动黄河流域生态保护和高质量发展，青岛片区联合青岛海关、港口及铁路部门，会同河南、陕西自贸试验区及当地海关，积极探索航运物流领域的创新举措，以提升运输效率、增强业务时效、节省物流成本为出发点，充分发挥沿黄流域门户功能，以面向全流域的物流业务创新为切入点，积极完善多式联运物流通道，有效实现与内陆城市的资源共享，共同构建内外兼顾、陆海联动、东西互济、多向并进的黄河流域“端到端”一体化物流开放协作发展新模式。

主要做法：

一是协同建立沿黄流域多层次协同机制，强化海港和内陆港联动合作。沿黄九省（区）省会（首府）城市与胶东经济圈五市签署东西互济陆海联动合作倡议，共建海港和内陆港联动合作体系。在海关总署指导下，青岛海关牵头，会同济南海关、郑州海关等，建立沿黄流域“11+1”关际一体协同机制，加强区域关际合作。山东港口青岛港逐步完善郑州、西安等地内陆港布局，将港口服务功能延伸到内陆，协同内陆腹地打造黄河流域对外开放新高地。

二是协同建立一体化信息平台，打造智慧物流模式。充分发挥自贸试验区的纽带作用，聚合铁路、码头等各方物流信息，着力以数字转型、智能升级打通供应链全流程、实现数据互通共享，提升沿黄流域货物运输便利化水平。建立“陆海通”信息平台，集成网络货运、海铁联运、贸易金融等多项业务，实现“一个平台、一个窗口、一个标准、一网通办”，业务办理效率大幅提升。

三是协同打造全程化物流模式，提升联运时效。会同河南开封片区利用港口的集装箱和车队资源，将进出口企业的矿石、粮食等大宗散杂货改为集装箱运输，实现“散改集”“重去重回”，全面提升物流标准化、集约化水平。以开封市“海—铁—公”多式联运进口汽车为例，从迪拜港装箱通过海运至青岛港，铁路转运至郑州陆港，公路运输运抵开封市，打造了“散改集+海铁联运”全程物流新模式，实现了发运零待时、货物零损耗，促进了沿黄流域的经贸往来。

四是协同构建“港口+船公司”“一单到底”服务机制，推动资源聚合。会同河南自贸试验区郑州片区、陕西自贸试验区、山东港口青岛港，在郑州、西安开通内陆港，引入船公司在内陆港设置“还箱点”，打造内陆港在“提箱、用箱、还箱”的口岸功能，从根本上解决内陆进出口企业“调箱难、用箱贵、效率低”的难题。同时，创新打造具有山东港口特色的“陆海通”多式联运“一单制”全程提单，实现“一次托运、一次计费、一份单证、一单到底”，为进出口、内外贸企业提供了“端到端”的全程物流综合服务。

实践效果：

一是进一步畅通沿黄流域国际物流大通道。2021年，山东、河南、陕西等沿黄流域自贸试验区加快推进双向国际物流通道建设，青岛口岸海铁联运箱量完成182万标准箱，比上年增长10%，连续七年位居全国第一。以河南、陕西等内陆地区为例，通过海铁联运“铁海干线运输+公路短途接驳”的运输组织模式，有效减少换装及中间环节、货损货差，全面降低社会综合物流成本。其中，“青岛—郑州”“青岛—西安”双向海铁联运箱量分别完成1万标准箱、1.25万标准箱；“洛阳—青岛”开行海铁联运班列749列，集装箱吞吐量达5.86万标准箱，货值16.9亿美元，为中国一拖集团有限公司、中信重工机械股份有限公司、中铝洛阳铜业有限公司、中钢洛耐科技股份有限公司、洛轴LYC轴承有限公司及周边企业降低运输成本25%以上。

二是进一步提升多式联运集装箱运输效率。通过“散杂货+集装箱+铁路+公路”“一单到底”全程物流模式，进一步提升多式联运集装箱运输效率，有效降低综合物流成本 20%以上，提升“重去重回率”60%以上，提高车主运输效益 16.67%—26.67%。2019—2020 年，河南海铁联运整车进口专列累计进口整车 134 辆，货值共计 4 600 余万元；在开封综合保税区、山东港口陆海国际物流集团、中铁联集郑州中心站等多个部门的合作下，共同完成“开瑞国际号”K60 汽车出口非洲多式联运业务，向阿尔及利亚出口汽车 6 万余辆，实现港口资源和船公司资源的有效互动，为沿黄流域企业开辟了高效的货源保供通道。

三是进一步服务国家“双碳”战略实施。陆海通一体化信息平台减少了服务企业的现场业务办理流程，每年可节约燃油 1 800 多万升，减少碳排放近 5 000 吨。此外，通过电子数据取代 4 000 多万张纸质单据，相当于少砍伐 2 500 多棵 10 年左右树龄的树木，环保效益显著。

案例 36：打造新型大宗商品现货交易数字化平台

青岛片区积极探索大宗商品交易数字化转型和要素畅通流动，依托区内山东国际大宗商品交易市场，探索构建高标准市场体系，助力全国统一大市场建设。以区域内优势产业和大宗商品为依托，以建设拥有特色产品定价话语权的区域大宗贸易枢纽为导向，以营商环境赋能、交易结算优化、交收网络构建、研发能力突破为“四轮驱动”，创新交易规则和贸易模式，形成以高效贸易流通、供应链精准服务、高可信仓单和前沿科技应用为特点的功能体系，完成全国首个大宗商品现货交易数字化平台的搭建，实现传统交易场景的数字化重构。

主要做法：

一是打造数字化交易平台，实现仓单“四流”合一。依托青岛港作为东北亚重要大宗商品流通枢纽的区位优势及资源禀赋，围绕大宗商品现货交易运用云计算、区块链等先进技术，探索打造新型大宗商品现货交易数字化平台，为大宗商品交易结算、交收物流、供应链金融服务、风险管理等在线数字化服务提供可靠的场景实施与应用分析，实现平台交收服务线上化、可视化，为平台仓单“真实性、有效性、唯一性”提供系统保证，促进平台信息流、资金流、货物流、票据流“四流”合一。

二是开发线上交易系统，优化产业供需发展。通过整合电子交易系统、支付结算系统、物流交收系统、信息集散系统、风险防控系统创新构建大宗商品现货交易系统。该交易系统兼顾期货及现货交易的优势，派生出更好满足上线实体企业需求的现货摘挂牌、挂牌预售及挂牌转售等新型交易模式，贸易商可根据不同时间及不同仓库的采购需求自主建立远期订单合约，极大提高了交易安全与效率，实现资金流、物流、合同流及发票流在交易平台的汇聚与统一，助力生产企业“以销定产，提前锁价”，减少交易风险，减少交易信息不对称，有效优化产业供需发展。同时，通过可追溯的交易系统，形成不可逆的档案数据链，为各方监管部门提供有力的数据保障。

三是优化结算清算体系，夯实供应链金融基础。新型大宗商品现货交易数字化平台实现与银行间市场清算所股份有限公司（简称上海清算所）“大宗商品清算通”业务对接，成为首家交易和交收资金都通过“大宗商品清算通”进行清算的现货交易平台，为贸易企业的大宗商品现货交易提供大额实时、规范高效的资金清算结算服务，有效解决了大宗商品贸易企业长期面临的货款划付财务成本高、划付时效性差、履约风险高等问题，并且通过结构完整、逻辑清晰、风险可控的基于区块链技术的数字仓单管理云平台系统的构建，为交易平台实现交收服务线上化、可视化，保证仓单的“真实性、有效性、唯一性”提供了系统保证。

实践效果：

助力全国统一大市场建设。该项创新成果基于推动商品市场数字化改造和智能化升级导向，通过打造新型大宗商品交易平台，进一步降低市场交易成本，营造出稳定公平透明可预期的营商环境，为建设基础规则统一、设施互联互通、要素流动顺畅的高标准市场体系和统一大市场提供了坚强支撑，提升我国特定产品在国际竞争合作中的话语权。签署14家指定交收仓库，落地电子仓单质押融资业务。与淄博合作上线“齐鲁大宗商品交易专区”，优化区域产业结构和发展转型。

解决现货供应与消费需求。通过新型大宗商品现货交易数字化平台，实现全国首笔黄油品种线上交易，黄油品种首次在亚洲地区登陆交易平台，有力改变我国黄油消费和贸易分布格局。黄油企业可以提前锁定价格与利润，生产经营得到多重保障，助力实体经济可持续发展。黄油品种上线当日，平台实现现货交易额3 180万元。

大幅提升资金结算效率。通过银行间支付清算体系对接多家银行，实现交易秒级的钱货实时兑付，将资金划付时效由平时的1—2个工作日，缩减到秒级到账，大幅提高资金划付效率、减少企业财务成本。

案例37：虚拟大学国际化教育服务新模式

为推进教育数字化建设，集聚高端教育资源，拓宽人才培养渠道，济南片区联合市教育局设立济南虚拟大学创新产业园，形成远程智慧课堂、中外合作办学、职业标准教育集于一体的国际教育教学体系，实现留学教育数字化、人才培养国际化、职业教育标准化。

主要做法：

打造智慧在线教学模式。推进虚拟现实、智能语音、机器学习等人工智能技术在教育教学领域的创新应用，联合斯坦福大学研发全球可移动国际化智慧教室，运用5G、AR/VR等新一代信息技术，实现与斯坦福大学、麻省理工学院、南卡罗来纳大学、早稻田大学等上百所世界名校实时教学互连，为学生带来跨越时空、现场级交互的虚实结合在线学习体验。

构建全球合作办学机制。整合国际优质教育资源，与斯坦福大学、加州大学伯克利分校、杜克大学、约翰霍普金斯大学、多伦多大学、大阪大学、早稻田大学等名校建立直通车，推进中外合作办学国际本科、硕士项目以及海内外博士定向班联合培养项目，依托国外顶尖师资及国际教学资源，使学生不出国门就可享受海外名校优质精品课程，培育具有国际视野的复合型人才。创新海外名校先修学分课程、JVU欧洲学院国际大一班课程等教学方式，实现学生可以同步注册多个国家学籍，直升国际高校。

建立标准职业教育体系。建设完整的职业培养体系以及评价体系，与职业院校共建技能培训中心和鉴定中心，促进人才培养与产业需求精准对接，打通职业教育与学历教育之间的壁垒。参与制定电竞行业中国国家职业标准，可颁发人社部认可的电子竞技技能等级证书和全球认可的国际职业技能证书（BTEC），实现国内与国际职业标准融合。

实践效果：

实现留学教育数字化。为全国上百所中学与高校提供“5G+智慧教育”解决方案，推动联合办学由“出入境”转为“上下线”，节省了空间成本与时间成本，实现不出国门即可就读世界名校。在山东、江苏、河南、安徽、广西、甘肃6省区137所高中学校推广使用智慧教学系统，有效促进教育教学智慧化转型。

实现人才培养国际化。与斯坦福大学、麻省理工学院、南卡罗来纳大学、早稻田大学等187所世界名校签约，在全国范围培养了8 000余名优秀学子。推动上海交通大学、北京理工大学、齐鲁工业大学、电子科技大学等省内外院校开展国际合作办学，先后培养商科类专业学生1 200名、工程类专业学生800名、教育类专业学生700名，为社会贡献了一批具有国际视野的高端人才。

实现职业教育标准化。实现校企资源有机融

合，与齐鲁工业大学合作共建电竞专业和电子竞技职业技能评价中心，共计培养近100名电子竞技类专业人才，与山东女子学院共建“南卡国际商务硕士MIB人才培养基地”，加快推动应用型、国际化、复合型人才培养。

案例38：生物医药临床实践服务新模式

为解决前沿医疗技术转化难问题，推动生物医药全产业链开放创新，济南片区联合医疗机构打造生物医药创新临床实践服务平台，构建以临床应用为目的，专家委员会和伦理委员会为支撑，国家临床试验机构为载体，政策咨询和行业监管为保障的公共服务体系，为前沿医疗技术团队提供临床前准入到成果转化的全流程“一站式”综合服务。

主要做法：

该模式为前沿医疗技术团队提供临床前准入到临床后转化应用的全流程“一站式”综合服务，解决了前沿医疗项目缺少转化标准和临床转化渠道，临床研究项目转化效率低、周期长，医疗资源整合利用不充分等关键问题，助力前沿医疗技术成果快速转化落地。

一是建立“从无到有”前沿项目转化服务体系。前沿医疗项目由于技术过于先进，普遍缺乏临床准入和评价标准，临床转化渠道少。平台组建院士牵头的专家委员会和专业伦理委员会，在项目准入阶段强化审查评估，以专家团队意见作为开展临床研究的准入标准，打通临床转化渠道，成立政策服务专班，为项目转化提供政策解读咨询服务，助力前沿医疗项目实现“从无到有”转化突破。

二是完善“从有到优”临床研究服务体系。当前诸多创新项目在临床研究过程中，存在医疗机构服务不积极、研究效率低、周期长等问题。平台充分整合和优化临床资源，发挥各医疗机构特色优势，健全临床研究服务体系，依托国家临床试验机构和专业团队主动为项目临床研究提供优质高效服务，降低临床研究的时间、资金成本，保障项目规范、科学、快速进行临床试验研究。

三是建立专项融资服务体系。在项目成熟阶段，平台专家对优质项目进行推荐，精准对接行业扶持资金及社会资本，解决上市资金短缺问题。

四是开展前沿医疗领域创新试点。依托平台资源整合优势，推动细胞治疗、基因治疗、免疫治疗等前沿医疗技术开展研发和临床研究，制定相关技术标准、应用标准，积极争取临床急需药品绿色通道试点等创新举措在平台率先实施。

实践效果：

一是推动前沿医疗成果孵化。协调海关、税务等部门，支持壹瑞特生物型人工肝研发团队开展保税研发和技术转化，为企业节约近800万美元设备进口费用，推动企业顺利生产出三批次合格产品（细胞反应器）；推动企业与山东省公共卫生临床中心达成治疗肝衰竭患者的临床研究项目合作，通过专家委员会制定生物人工肝临床研究方案，已实现国内首个生物人工肝临床治疗创新突破，项目转化取得阶段性成功。

二是推动前沿医疗技术集聚。吸引山东第一医科大学附属省立医院、山东第一医科大学附属中心医院、山东省大健康精准医疗产业技术研究院等10余家医疗机构、科研机构入驻平台；威高集团、上海韬睿生物、香港毅柏等10余家企业已在平台开展业务，服务人工智能—视网膜影像慢病评估等20余项国内技术领先项目的临床研究和成果转化，实现高端生物医药资源集聚。

三是推动临床研究创新发展。在推动项目开展临床研究过程中，监管部门、医疗机构和项目申报单位持续规范项目申报流程、数据库管理安全、伦理测评体系、临床应用跟踪等环节，建立了标准化的申报、研判、审查等一体化服务流程，在政策法规、伦理道德、生物安全、技术可行、经济效益等方面，为干细胞等前沿医疗技术的临床研究、转化提供了借鉴。

案例 39：节能减排模式创新助力建设绿色化工产业园区

针对化工产业园区能耗高、排放高的问题，烟台片区按照高端化、绿色化、国际化发展方向，高标准建设黄渤海南岸万亿级绿色化工产业基地，高质量实施“双碳”示范工程，创新建立了一套“强化制度设计挖掘减碳潜质，改变能源结构支持绿色转型，布局减碳项目创造全新价值”的节能减排新模式，推动烟台化工产业园区实现绿色低碳高质量发展、助力打造“全国最美化工园区”。

主要做法：

一是强化制度设计，支持企业依托技术创新挖掘减碳潜质。为不断挖掘化工企业节能减排能力，烟台片区创新建立化工企业节能减排“量化”机制，组建碳中和研究中心，深入开展碳中和相关技术的前瞻性研究和成果转化，系统分析碳关税有关问题，配套出台《关于提升安全环保节能水平推动全区化工产业转型升级的实施方案》等系列制度政策，鼓励企业在化工产品设计、制造和应用过程中，加大研发投入力度，突破技术壁垒，依托创新工艺减少三废和其他有害物排放，实现“原料绿色化、过程绿色化、产品绿色化”。

二是改变能源结构，支持骨干企业向绿色低碳转型。烟台片区创新建立“碳顾问”制度，定期宣讲国家可再生能源（绿色电力）消纳政策，研究探索和建立健全绿色电力市场化交易保障机制，形成“绿电”进园消纳新模式，鼓励化工企业通过市场化交易方式购买“绿电”，不断提升“绿电”在总用能中的消费比重。同时持续扩大新能源项目投资，推广应用新技术，将投资项目所产生的电力汇入城市电力系统，用于烟台化工园区降低煤炭消耗，助力建设清洁低碳、安全高效的能源体系，提高企业参与碳达峰碳中和意愿及技术水平，助力园区骨干企业实现绿色低碳发展转型。

三是建立“遴选”机制，支持资源循环利用创造全新价值。为厚植新发展理念，烟台片区创新建立减碳项目“遴选”机制，即筛选和布局既能减少二氧化碳排放、实现变废为宝和资源循环利用，又能推动化工产业延链补链强链，促进产业集约化、链条式发展的减碳项目。高标准规划建设化工园区一体化能量利用热水管网，依托综合智慧能源站，将化工园区的生产废热实施回收再循环利用，既为园区生产供应高品位热能，又为烟台市区的冬季采暖提供清洁热源，在减少碳排放的同时还创造良好的经济效益、社会效益和生态效益。

实践效果：

截至 2022 年底，烟台化工产业园区集聚企业 49 家，其中上市公司 4 家，获评“中国绿色化工园区创建单位”“中国智慧化工园区试点示范单位”。

一是“绿色化学工艺”节能减排效果显现。通过强化制度设计，涌现出一批领先“绿色化学工艺”，1 项被评为美国 Chemical Week 2021 可持续发展最佳循环实践案例，每年可减少 30 万吨盐酸产生，相比传统工艺每年节电 14 亿千瓦时，约减排二氧化碳 49 万吨。

二是化工“头部”企业节能减排效果显现。在全球形势及国家碳政策推动下，烟台化工园区以万华化学集团股份有限公司为代表的头部企业，已全面开启碳排放管理工作，探索制定碳达峰碳中和路径规划，在关注自身减排的同时积极推动供应链上的碳减排，减少产品碳足迹。通过实施创新性氯化氢（HCl）催化氧化技术、渔光互补及资源回收等项目，每年可减排二氧化碳近 800 万吨。

三是布局创新项目节能减排效果显现。引入河海新能源技术发展公司共建综合智慧能源项目后，每年可节约煤炭约 260 万吨，减少二氧化碳排放 670 万吨，节约用水 2 000 万立方米以上，同时保障烟台市 1.1 亿平方米城市供暖，真正实现化工装置节能技术与民用低品位热能技术的完美结合。

案例 40：智能装卸运输一体化模式助力矿产品贸易混配规模提升

作为全国重要的大宗商品接卸口岸，青岛片区、烟台片区依托山东港口青岛港、烟台港，以青岛港国际股份有限公司前港分公司干散货码头、烟台港西港区干散货码头为试点，自主创新和应用“全系统”智能集控、“全流程”智能生产、“全机种”智能操控等信息化技术，优化面向贸易企业、物流企业的服务流程与服务模式，提高码头作业质量与效率，助力打造全球矿产品保税混配中心，扩大矿产品贸易规模，开辟出传统干散货码头向智慧绿色码头转型升级的“山港路径”。

主要做法：

首创干散货自动化无人码头。一是建设干散货智慧绿色码头。山东港口青岛港围绕智慧调度、智慧库场、设备控制三大核心技术，开发了智慧调度、智慧设备管控、智慧堆场系统于一体的干散货码头智能管控平台，实现船舶靠离、生产调度、流程推优、设备和皮带流程调配、流程自动启停、库场动态管理的全过程智能化、自动化管控。首创干散货码头设备全机种、全工艺自动化，完成涵盖全部 9 种机型的机械设备和全部皮带的自动化升级，实现卸船、装车等 7 种作业工艺的全流程自动化；首创远控装载机清舱作业技术，针对船舱内无法接收 5G 信号的技术难题，应用点对点无线对射、激光扫描、远程视频技术，解决数据信号传输难题，突破进口设备技术壁垒，装载机可实时感知舱内状况，实现自动化清舱作业，填补了国内技术空白；全球首创火车车厢智能吸扫机器人、首创火车装车多机种自动协同作业新模式，打造干散货智慧绿色火车清扫与装车作业系统，实现堆取料机自动取料、皮带流程自动运行、装车机自动装车、调车机自动拖车四种不同类型机械协同作业的火车装车新模式；全行业首创基于 AI 分析的无人智能皮带巡检系统，建设皮带无人巡检、装卸作业电子上杆、大型机械自动消防等智慧辅助系统，在干散货码头中率先撤销皮带现场巡检岗位。二是建设全国首个矿石全流程一体化运输装卸系统。山东港口烟台港自主研发了干散货专业化码头全流程全自动控制系统，达到矿石到港卸货、传送、抓取、混配、装船、装车等全流程装卸运输一体化作业的效果，为扩大铝土矿、铁矿石、煤炭等矿种进口提供了有力支撑。创新实施卸船机自动化控制，将抓斗摆动幅度控制在 5 厘米范围内，实现最优运行轨迹规划、最佳抓取点计算；创新实施装车机自动化，实现换厢自动翻板、车厢序号自动识别、空车自动跨越、尾车自动翻板弃料；创新实施四种物料自动混配，建立自动堆取料作业模型，完成堆取料机自动寻址作业，取料过程中流量恒定，混配精度全国领先；创新实施装船自动化控制，具有装船自动换舱、船舶平衡控制等自动化管控功能，实现换舱“停料不停机”。

优化为企业服务的流程与模式。为解决人工过磅作业效率低的问题，青岛港国际股份有限公司前港分公司建设了 5 个无人地磅，促使输运车辆信息自动流转，实现了汽车输运电子化办公。开发岸电费单据、船舶联检单等电子化单据系统，将原有的岸电费收取、船舶联检等纸质单据转化为电子单据，构建了“零跑腿、无接触”的服务新模式，解决纸质单据出票慢、传递效率低、占用客户时间长的问题。青岛港创建“云港通”手机应用程序、烟台港创建“烟港易通”手机应用程序，客户通过手机操作即可实现进出口网上受理、船舶代理、订舱等业务的随时随地办理。

加强内部制度与标准建设。一是优化内部作业流程，梳理从船舶停靠到货物落地业务、生产全过程，缩减设备调度和流程皮带启动 2 道作业环节。二是优化设备作业规程和制度，编制《门机自动化操作规程》《堆取料机自动化操作规程》等，规范设备自动化作业，提升行业管理标准。三是加强标准化体系建设，完成了涵盖船舶装卸作业、火车作业、库场管理等的 14 大类标准化体系编制，清晰界定权责，固化流程，严格标准，为作业效率系统提升奠定基础。

实践效果：

提升为企业服务的质量与效率。青岛港智能管控平台和全流程自动化建设改变了传统人工装卸作业质量、作业标准不稳定的弊端，作业效率更快，服务质量更优。无人地磅已通过输运车辆超100万车次，过磅时间由70秒减少至30秒，货物汽车转运效率提升55%以上。以无人地磅、电子单据等为基础，企业提货业务办理时间由1小时缩减至15分钟以内。通过优化作业流程，减少2道作业环节，火车装车效率提升12%。青岛港依托区关港联动创新机制，创新铁矿石“船铁直转”模式。2021年青岛港完成保税铁矿石进出口总额269.7亿元，2022年1—6月实现保税铁矿石进出口额57.2亿元，为腹地客户和区域经济发展提供了更高质量的服务平台。

实现混配质量速率和贸易规模“双提升”。高精度全自动混配系统打破了仅能对两种不同纯度矿石进行混配的传统界限，实现全国唯一的以专业化流程线方式开展四种物料的精确混配，混配精度始终控制在0.2%的国际领先水平，昼夜混配效率最高可达11万吨，年混配能力3 000万吨。依托矿石智能装卸运输一体化模式，烟台港铝矾土年吞吐量超亿吨、居全球第一。2020年6月，江铜国兴（烟台）铜业有限公司获批全国首个保税混铜业务试点，助力烟台片区建设全球矿产品保税混配中心。2021年共实现矿产品保税混配1 149.5万吨，进出口额261.9亿元，拉动外贸增长16.1%。2022年1—6月，铁矿石、铜精矿、煤炭等进口、混配业务量突破700万吨，实现外贸进出口额超90亿元，成为稳住外贸基本盘的“增长极”。

实现减排、节支、增效。青岛港已通过干散货智慧绿色码头建设实现减员370余人，小港池示范区人员压减50%，年减排二氧化碳超过6万吨，自动化作业效率已达到或赶超人工操作水平，节能20%，安全风险点降低70%，节支增收8 000余万元；烟台港实现码头综合作业效率提升约8%，船舶平均在港停时压缩约6%，火车在港停时压缩20.8%，作业人员减少132人，节支增收4 000余万元。

提升了内部管理和生产安全。一是强化本质安全，实现了人机分离、人货分离，从根本上确保了职工人身安全。二是规范作业标准，从根本上杜绝了不规范操作，减少了人员主观因素、天气客观条件等影响。三是改善工作环境，职工由现场作业移至室内中控作业，从脏苦累险的工作环境中解放出来，由手动作业变为自动作业，降低劳动强度。

案例41：“双元制”职业教育改革赋能产业高质量发展

根据《中国（山东）自由贸易试验区总体方案》关于“支持外商独资设立经营性教育培训和职业技能培训机构”的要求，山东自贸试验区探索职业教育领域国际合作和产教融合发展，引进德国先进职业教育资源，依托济南有关职业学校及企业、青岛西海岸新区中德应用技术学校等，打造实体跨企业培训中心，构建职业技能人才培养新模式，有效破解技能人才服务产业的瓶颈问题，实现人才培养要素融合共享，为企业发展提供高质量的技能人才支撑。

主要做法：

构建“双元三地”技能人才培养新模式。一是构建“双元三地”模式。充分发挥自贸试验区政策和功能优势，推动中德应用技术学校等院校与行业头部企业合作，引进国际化产教融合型企业资源，率先突破政府单一主体举办职业院校传统，形成学校、企业“双元”主体融合办学，“院校+跨企业培训中心+企业”三种场景协同育人的总体格局，分阶段实现职业技能教育的“三对接”。二是共建跨企业技能培育新体系。对标德国职业教育标准，引进德资企业参与共建跨企业技能人才培训体系，共投设施设备、共享校企课程、共培师资队伍、共担经费保障。三是打造技能人才国际化多元评价体系。在青岛职业技术学院中德学院、青岛西海岸新区中德应用技术学校引入德国工商协会（IHK）、手工业协会（HWK）等国际职业资格考核认证机制，开展第三方专业能力资格认证，构建中职（中级工）—高职（高级工）—应用本科（技师）融合发展的职业技能教育链，深度构建学生、院校和企业共同参与的人才质量“三维”评价体系。其中，学生评价采用“232”模式，自我评价和互评相结合，统筹知识与技能、过程与方法、情感态度与价值观，形成个人总结和班级评价；学校评价采取“过程评价+分段考核”方式，进行全程分段考核；企业评价采取“企业标准+素养评价”的方式，委托企业导师从专业技能和学习态度等方面对学生进行评价。

打造“双元制”职业教育改革新模式。一是创新职业教育管理体系，构建“双元”协同育人机制。出台《济南市双元制职业教育制度创新工作方案》《济南市职业学校校企合作促进办法》，围绕推动人工智能、产业金融等重点产业发展，遴选18所应用型本科高校和职业学校，34家企业（含12家德资企业）联合开展双元培育试点。打造综合性产学研公共技术服务平台，实行产教融合型企业认证制度，给予“金融+财政+土地+信用”的组合式激励，实行校企双元培育管理和评价制度，形成人才培养成本校企分担机制和新型分配机制。二是创新“三教改革”，建立“双元制”职业教育本土化标准体系。实行“双主体”育人，根据行业技能标准制定人才培养方案，按照校企双方双元育人协议，分别承担各自培养任务；构建“双元”课程体系，编制以企业需求为导向的教学大纲和培训大纲；建立“双导师”模式，采取校企互聘共用方式，实现学校专业理论学习与企业专业技术技能培训的有机结合；开展“双证”毕业试点，职业院校全面开展“学历证书+若干专业能力证书（1+X）”制度试点，学校与企业直接合作招收学生，教育部门发放学历证书，人社部门发放职业资格证书，推进落实职业资格证书国际对接和互认。三是成立职业教育制度创新联盟，建立专业研究指导平台。由济南市域内的高等职业院校、中等职业学校、技工类院校、济南市双元制职业教育制度创新试点单位及德国海外商会联盟·上海、国际劳工组织、费斯托等AHK—济南项目欧洲五国九大产业深度合作企业，成立双元制职业教育制度创新联盟，建立双元制职业教育制度创新工作联合体，共同开展课题研究、双元制资源开发、师资培训、社会服务、国际交流、标准研发等。依托济南职业学院、山东英才学院等院校成立若干专业委员会，重点开展专业建设指导、教学诊断评估等工作。

实践效果：

校企深度融合助推企业蜂群式引进。青岛片区“双元三地”职教新模式孕育出的青岛中德产教融合联盟极大优化了营商环境中技能人才要素的集聚，直接助力引进京东方、芯恩、富士康等千亿级智能制造产业链企业11家，带动引进300多家企业，其中外资企业60多家，有效实现职业技能教育国际化服务产业发展。济南片区培育了一大批产教融合型企业，在全市第二批39家产教融合型企业中，属于“十强产业”范畴的新一代信息技术企业有18家、高端装备企业有9家、文化创意企业有5家、医养健康企业有4家、现代高效农业企业有1家、新能源新材料企业有1家。

有效推动职业教育纵深发展。青岛片区已建成234个实习实训基地，提供实习实训工位10 267个，专业对口实习率最高达到98.6%，输送高技能人才5万多人。济南片区校企合作共建产业学院已达47个，校内外实训基地3 303个，生产性实训基地10个，专业总人数达到8.6万人，11所院校获批教育部“1+X”证书制度44个项目试点，2个项目列入国家现代学徒制试点项目，有效孵化300余个大学生创业项目，149个项目入选省级大学生创新创业训练项目。

催生相关市场主体落地自贸区并市场化运行。新模式下，青岛片区利用自贸试验区创新政策，吸引德国艾瑞教育集团作为境外独资培训机构落户青岛片区，实施市场化运行，面向园区 40 多家德资企业及 3 000 多家国内企业，每年为青岛片区培训 1 000 多人。济南片区中德合作“双元制”职业技术培训济南项目对欧合作企业已达 20 余家，项目现已升级为中德中国北方职业培训示范推广基地，学校被德国联邦教育与研究部授予“中德双元制职业教育（VETnet 项目）合作单位”。

案例 42：知识产权跨域协同保护“3+2+1+1”新模式

青岛片区为深入贯彻落实《知识产权强国建设纲要（2021—2035 年）》《国务院关于印发“十四五”国家知识产权保护和运用规划的通知》《关于强化知识产权保护的意见》，联合济南片区、烟台片区发起知识产权跨域协同保护“3+2+1+1”新模式，进一步加强知识产权保护工作协作联动力度，全面提升山东自贸试验区跨域协同保护水平，维护公平竞争市场秩序，营造一流营商环境。

主要做法：

设置三个知识产权跨域协作保护中心。基于知识产权行政保护协作、重点商标保护名单交换互认、知识产权纠纷多元调解、知识产权执法保护人才库建设等核心工作，在济南、青岛、烟台三个片区分别设立知识产权跨域协同保护协作中心。协作中心负责片区间知识产权跨域协同保护日常工作对接交流，协作中心主任由各片区知识产权工作负责人担任，并指定专人作为中心联络员进行跨域协调，负责对接知识产权跨域协同保护具体公务事项及其他相关工作。

建立线索通报机制，统一执法程序与执法标准。加强跨片区知识产权违法案件线索的通报移送，各片区在查办案件过程中，发现属于其他片区管辖的违法案件线索，应当及时以书面形式向有管辖权的执法机构通报。因查办知识产权案件需要跨片区发函协查取证时，各片区要优先办理跨域协查案件，优化案件协查流程，提高案件协查效率，及时回函反馈协查结果。对具有区域性、共通性的违法行为线索，可提请启动执法联动机制，成立由主要违法行为地的市场监管部门牵头的专项联合执法行动小组，按照统一时间、统一力量、统一查处、统一裁量的原则，组织执法人员在各自的辖区内开展联合执法行动。

搭建一个知识产权跨域协同保护信息共享平台。上线知识产权跨域协同保护信息共享平台，实现跨域知识产权案件线索及档案信息线上多方实时共享；畅通非正常专利申请和恶意商标注册快速处理联动通道；实现“济青烟”知识产权重点代理服务机构信息同步交换；进行知识产权跨域执法保护重大案件专家会诊，助力知识产权跨域协同保护。同时，设置“先进经验与做法”模块，推送全国各地知识产权跨域协同保护经典案例，提升各片区知识产权跨域协同保护效能。

设立一个海外知识产权纠纷应对指导服务站。依托国家海外知识产权纠纷应指导中心青岛分中心，设立海外知识产权纠纷应对指导联络服务站，建立重点企业联系库、涉外维权专家智库，定期收集企业海外维权工作需求和海外知识产权纠纷案件信息，开展海外知识产权纠纷应对的咨询与指导等工作，整合各片区优质法律资源为企业制定个性化涉外维权法律服务方案，助力企业用好国际国内两个市场、两种资源，提升海外知识产权风险防范意识与应对能力。

实践效果：

形成知识产权跨域协同保护新样板。“济青烟”知识产权跨域协同保护“3+2+1+1”协作新模式，填补了山东自贸试验区知识产权跨域协同保护空白。该模式下，设置 3 个知识产权跨域协同保护协作中心、实现执法程序和执法标准 2 个统一、搭建 1 个信息共享平台，设立 1 个设立海外知识产权纠纷应对指导服务站，以营商环境联建、重点领域联管、监管执法联动、资源共享、协作共进、发展共促“三联三共”为目标，推动山东自贸试验区知识产权跨域协同保护水平与效能。

构筑联合打击、共同防控跨域保护新防线。一改以往知识产权保护“各自为战”的现状，以线索通报机制、执法协查机制、执法联动机制为支撑，对跨片区、流动性、影响重大的知识产权案件，加强统一调度，整合执法资源，集中优势兵力，形成三个自贸片区跨区域联合执法，构筑起联合打击、共同防控的跨域保护新防线。对全国性、世界性体育、会议等大型活动，主办方可申请启用跨域协作各片区的执法人员和执法装备，共同做好重大活动保障工作。

降低跨域执法成本，提升协同保护效率。知识产权跨域协同保护信息共享平台的上线使用，改变了知识产权案件线索通过快递邮寄申请其他区域协助调查的传统做法，线上即可实现多方实时共享；改变对跨区域非正常专利申请、恶意商标注册、知识产权重点代理服务机构信息难以掌握的现状，“济青烟”三片区线上同步秒交换；改变了重大疑难案件久拖不决的现象，实行跨域专家会诊快速处理。此举既大幅降低跨域执法的人财物消耗，又快速提升了跨域协同保护效率。

拓宽海外维权渠道，提高风险应对能力。以青岛片区海外知识产权纠纷应对指导联络服务站为服务枢纽，围绕企业实际需求，丰富联络服务站服务内容，开展特定检索、技术监测和竞争者监测、预警导航、分析评议、远程教育、国际交流等各项服务，为企业研发创新、重点产业发展等提供高质量知识产权信息服务支撑。改善企业知识产权遭受海外侵权，向侵权人主张赔偿时，举证困难，选择放弃或和解的现状；助力企业建立与海外业务发展相匹配知识产权风险防控与预判能力。

案例 43：“住建一张图”数据融合应用创新

为深入贯彻实施国家大数据战略，加快推进“数字政府”建设，济南片区充分发挥数据、信息作为新生产要素的作用，率先开展建筑全生命周期基础数据普查整理，建立数据标准体系，实现项目和建筑数据全落图，显著提升住建行业治理的科学化、精细化、智能化水平，有力推动新型智慧城市建设。“工程建设项目及房屋管理数据标准”通过了省大数据局评审，被纳入“数字山东”标准体系，填补了该领域空白。

主要做法：

打造管理数据标准。国内率先探索形成“工程建设项目及房屋管理数据标准”和“济南市城市自然数字模型分类与编码规则”两项行业标准，实现数据采集、存储、交互、应用的标准化和规范化；整合多平台数据信息，率先统一工程建设项目编码、楼幢编码和房屋编码，赋予每个建筑一个伴随全生命周期的“身份证号”。

建立数据融合管理机制。充分利用 GIS、GPS 等技术手段，投资 7 000 余万元将住建系统管理数据和空间数据进行融合，打造“智慧住建一张图”，展示立项、土地、规划、质量安全、住房保障等 20 余项项目全链条信息，实现精准网格化管理。

打造动态信息数据库。全面普查城市建筑全生命周期数据，对主城区范围内 138 万幢建筑物逐个进行外业调查，整合关联 13 类数据 1.2 亿余条，打通房屋业务数据获取更新渠道，实现动态匹配。

实践效果：

实现建筑工地智能化管理。充分利用在建工程建设项目落图成果，对接工地质安监系统各类数据，实现了全市 2 500 余个工程建设项目扬尘监测、视频监控等“一图统揽”。在新冠疫情防控工作过程中，为阻断建筑工地疫情传播提供了精准数据支撑。

促进老旧小区精准整治改造。汇集全市 15 033 幢老旧楼幢的基础数据，利用无人机和车载移动测量系统采集改造项目现场三维实景、街景数据，形成老旧小区改造情况的全面精准展示。2022 年，该模式为老旧小区改造计划筛查出不合理改造楼幢 70 余个，给出有效参考数据供区县和街道进行修正，实现老旧小区精准整治改造。

助力房地产市场调控。实现 1 600 余个房地产项目、350余万项商品房网签数据及120余万项存量房网签数据落图管理，全面有效分析房地产网签价格、销售周期、购房群体等内容，为房地产市场宏观决策提供精准数据支撑。

提升建筑清查排查效率。率先使用信息化手段开展城市房屋建筑违法建设和违法违规审批专项清查工作，单月清查房屋10万幢，实现了房屋安全动态监管、“双违清查”进度实时监控；率先实现老旧房屋建筑抗震性能“应检尽检”，对1990年以前建成的住宅、大型公建、学校和医院等建筑物进行全面筛查，一天即可完成其他城市三个月筛查量，排查效率大大提高。

案例44：“境外投资一件事”审批服务新路径

为打通企业涉外业务审批的痛点堵点，助力境内企业全面深化与RCEP成员国的经贸合作，烟台片区率先推出“境外投资一件事”审批服务新路径，深挖省级权力下放“后半篇”政策红利，通过事前申请权限全链条下放、事中实行“一个窗口受理、一套材料申报、容缺并联审批”的“一链办”、事后利用政银合作延伸服务链条，实现境外投资者不出国门、即可获得境外准入准营资格，促进外向型企业深度融入国内国际双循环大格局，有效提升抗风险能力及发展质效。

主要做法：

事前，推动境外投资审批全链放权。一是深入调研用权需求。烟台片区以省级负面清单放权为契机，聚焦服务企业全生命周期，对100余家开展境外投资的企业进行调研，梳理出“境外投资项目备案”“境外投资企业备案”2个涉及企业“走出去”需要办理的省级权限。以企业视角的“境外投资一件事”为出发点，做到省级审批权限全链条申请，既能解决企业办事“来回跑、上下跑”问题，又能解决省级权限“放下来用不上”问题。二是接稳用活省级权限。省级权限下放后，将境外投资审批链条上“境外投资项目备案”“境外投资企业备案”2个省级权限事项与“外汇管理备案”事项打包整合、流程再造，编制形成“境外投资一件事”服务指南，构建上下联动、部门协同、运转灵活的办事流程，3个事项由过去的“跑市进省、多头办理”变“全链办、区内办、网上办”，实现企业境外投资审批扁平化、便利化，确保下放权限接得稳、落得实、用得好。

事中，实行“一链办理”审批服务。一是一个窗口受理。省级权限下放后，分属行政审批、商务等多个部门，企业办事仍需多头跑。为提升办事便利化水平，烟台片区启动“一站式”审批服务模式，设置“境外投资”专窗，将3项境外投资审批事项实行“一窗受理”。二是一套材料申报。为简化办事手续、压减申报材料，将3个事项的3套申请材料合并为1套，依托环节合并、信息共享、调用电子证照等手段，实现“营业执照”免提交，“投资主体投资决策文件”“投资主体财务报表”等8份材料简化为“一次提交、多次复用”，实现“一套材料申报、信息无缝流转、跨部门共享”。三是容缺并联审批。过去企业需先申请办理“境外投资项目备案”“境外投资企业备案”并取得批复文件后，才可进入“外汇管理备案”的申请办理。为加快办理进度，将三个事项合并为一个链条，各审批部门加强全链条联动、同步推进，对互为前后置关系的“项目备案批复”等材料予以容缺，先行受理其他材料，助力企业“走出去”资金快速出境。

事后，跟踪延伸配套服务链条。资金出境后，利用政银合作延伸服务链条，配套“一揽子”服务，全方位支持企业提升国际竞争优势。一是建立部门联动定期会商机制。组织发改、商务、审批、外汇部门，对“走出去”企业开展境外投资活动进行研判指导，通过“企业服务专员”机制加强政策宣讲、风险规避培训，做好境外投资风险防控。二是境外“政务”帮代办。对于“走出去”后企业需办理的“外商投资申报”“注册登记”等境外审批手续，利用银行境外网点“语言通、业务精、政策熟”等优势，为企业提供境外投资审批咨询、帮办代办等服务。三是境外“金融”服务打包办。携手中国银行、工商银行等6家金融机构，构建政、企、银三方交流平台，依托银行全球资金结算网络，为企业“走出去”提供境外银行开户、境外贷款、跨境资金流动、集中付款等“打包式”金融服务，同步探索推出“融资信贷”产品，着力破解企业融资难、融资贵问题，全方位服务企业主动拓展国际业务，引导和支持企业扩大对外投资合作。四是境外“政策”代咨询。以中国香港、韩国、日本等国家和地区为突破口，以驻境内的“境外招商机构”为纽带，为企业境外投资享受投资目的地“奖补”政策，提供便利化渠道。

实践效果：

全方位压减办事成本。一是申报材料“由繁变简”。“境外投资项目备案”“境外投资企业备案”“外汇管理备案”3个境外投资事项申报材料从29份减少到19份，材料压减率为34%。二是办理时限“由长变短”。依托“一站式”审批服务，通过信用承诺、并联审批、联合服务，平均办理时限从过去至少30个工作日压减到3个工作日。三是跑腿次数“由N变零”。积极争取相关省级权限下放烟台片区，企业实现全程网上申报、审核，批准文件免费寄递，预计全年为境外投资企业节省费用50余万元。

助力企业高效“走出去”。通过与金融机构、驻境内的境外招商组织联动合作，让服务由“境内”延伸到“境外”、由“政务”拓展到“金融”。目前，已与工商银行、大韩贸易投资振兴公社（KOTRA）驻青岛代表处等达成合作，为赴韩投资企业了解前沿信息、行业前景、惠企政策等提供一站式“直通车”服务。

案例45：“诉前调解+赋强公证”金融纠纷化解新模式

为打造一流的法治化营商环境，有效化解金融纠纷、防范金融风险，济南片区联合法院、公证机构，在全省首创“诉前调解+赋强公证”金融纠纷化解新模式，制定《诉前调解赋强公证办事指南》，在诉讼前进行纠纷调解，调解成功后，公证处按程序出具具有法律效力的公证和解协议书，在一方当事人不履行其规定义务时，可凭公证协议书直接向法院申请强制执行，从而解决了过去当事人不履行义务需要走司法程序的难题。

主要做法：

该模式具有全省首创性。通过“诉前调解”帮助金融机构在公证处进行纠纷化解，避免进入司法程序；通过“赋强公证”，赋予和解协议书法律效力，可申请强制执行。

一是首创具有更强法律效力的公正和解模式。改革前金融纠纷多依靠司法行政等传统模式解决，解纷资源有限、化解成本高于防范成本。改革后发生纠纷时，先在诉讼前进行纠纷调解，调解成功后，双方当事人按照规定办理公证手续，公证处按程序出具具有法律效力的公证和解协议书，在一方当事人不履行其规定义务时，可不经诉讼直接向法院申请强制执行，且无须在裁判文书网公开文书，能够保护当事人的隐私。

二是制定诉前调解赋强公证办事指南。该指南规定了公证机关赋予强制执行效力的债权文书的范围及受理条件，明确了“案件受理及甄别、诉前调解、公证对接、公证办理、执行证书办理”的办理流程，规范了“案件执行、建档立制”的工作流程。

三是建立多元化解沟通机制。建立驻区金融企业联席会议制度，定期同30多家金融机构进行专项对接，其解纷预案及执行衔接，可根据预估纠纷的类型和数量，整体规划解纷进度，畅通纠纷渠道、加强解纷指导；建立金融机构日常对接制度，成立4个对接工作组同21家金融机构进行日常的线上、线下对接，开展解纷指导、举办培训讲座，凝聚多方合力，切实推进金融纠纷源头治理。

实践效果：

有效化解金融纠纷。通过“诉前调解+赋强公证”解纷模式，为片区打造一流的法治化营商环境。

提升案件解决能力。协助9家金融机构初步完成了8 000余件纠纷的要素数据化梳理和证据匹配，将金融要素转化为诉讼要素，统一解纷口径和标准。全面提升了对接工作的汇集、归纳、反馈功能，保证了及时性、深入性，为具体纠纷的解决提供的极大便利。

形成多元解纷合力。减少前松后紧、扎堆执行的矛盾，实现行业调解、人民调解、特邀调解、司法化解等多元解纷方式的有序整合。对裁处标准的释明，可以对诉求、证据、调解及诉讼方案等进行有效的依法指导，保障解纷流水线不卡壳。

案例46：“云端研发”助力中小企业科技创新

科技型中小企业是创新活动的重要承载主体，青岛市科技局根据青岛片区企业需求，积极探索“云端研发”模式，通过大数据平台、工业互联网等方式集聚各类创新要素，畅通产学研渠道，帮助广大科技型中小企业在云上链接外部创新资源（成果、专家、实验设备、中试场地等），组建运营团队深入中小企业，实地了解经营情况，挖掘创新需求，开展企业分级分类分析，进一步开拓创新视野、明晰创新需求、规范研发活动、加大研发投入，有效解决中小企业研发条件薄弱、研发意识不强等问题，助力企业和产业创新能力不断提升。

主要做法：

打造线上平台，首创云上研发中心。针对中小企业研发过程中经常面临的研发周期长、创新资源少、需求不明确、投入意愿差等问题，依托中小企业互联网平台打造“云上研发中心”，引导暂不具备研发条件的企业线上高效精准对接使用外部创新资源，重点发挥平台的生态系统开放性、需求发布即时性、数据对接精准性、资源匹配高效性、线上运营低成本等特点，在线上导入科创资源与科创方案，为企业提供云上研发机构建设运营服务，解决线下投资研发机构的创新贵、创新难问题。

开展企业分级，整合不同类型科创需求。云端研发新模式是企业创新资源整合模式的革命，云上研发机构建设过程也是企业思维和习惯的升级过程。特别是根据企业不同发展阶段和基础条件，对症下药、精准滴灌。一是开拓企业创新视野。对于无法提出明确研发需求的企业，通过“云端研发”同行业借鉴、新技术推荐等方式，帮助企业接入全球创新链、激发创新思维，实现从无到有。二是提升企业创新效率。对于能主动提出创新需求、也能整合一些资源的企业，通过“云端研发”开展更广泛寻源，帮助企业优化创新布局，提升创新效率，实现从有到优。三是节省企业创新成本。对具有一定规模和研发实力的企业，通过“云端研发”跨界整合、产学研融合，减少线下投入成本，帮助企业匹配更多资源、做大做强，实现从优到多。

强化政策支持，围绕产业发展创新赋能。坚持结果导向，突出绩效激励，加大应用推广力度，让“云端研发”模式快落地、见实效。一方面，强化政策引导。发挥政策驱动作用，对于注册使用云上研发中心并实际开展研发活动的企业，每年遴选不超过500家给予资金奖补，提高企业积极性、主动性，推动更多企业探索“云上”科研活动。另一方面，强化标准引领。探索“云上研发中心”行业标准，明确步骤、规范模式、统一逻辑，加快“云端研发”标准化、规范化发展，根据企业云上研发中心建设情况量化赋分，以得分结果衡量运营绩效。

实践效果：

企业对接创新资源更加便捷。青岛片区近50家企业注册云上研发中心，全市1 329家云上研发中心共发布需求342项，对接资源1 681项，深度交互322场，帮助企业解决技术难题142项，形成小试、中试等产业化成果19项，带动一批高科技项目落地青岛片区，加快攻关突破、实现转移转化。

企业开展研发创新更加高效。企业通过云上研发中心发布需求，招募专家“揭榜攻关”，80%以上需求一周内即可得到响应，快的只要几分钟，供需对接时间成本降低90%以上，大幅提升企业研发创新效率。青岛片区的青岛星成激光科技有限公司通过“云端研发”，为激光焊接技术项目找到了应用场景，也攻克了大规模紫铜板焊接技术难题。

企业科技创新生态更加优化。依托“云端研发”平台效应，“政产学研金服用”等各类创新要素紧密融合，创新资源加快流向企业，厚植企业成长的创新创业沃土，将带动年内新增云上研发中心2 000家以上、线下企业研发机构1 000家以上，推动规模以上工业企业研发机构覆盖率年内达到65%以上，三年内实现规模以上工业企业研发机构全覆盖。

有力促进政产学研转型升级。通过“云端研发”，各类创新主体找准了角色定位。中小企业开始更加积极开展研发活动，完成由传统制造企业向科技企业的转型；高校院所开始链接产业需求，完成从科学研究机构向科技输出机构的转型；政府服务以链接企业为己任，不远不扰，完成从管理型向服务型政府的转型。

有力促进科技成果转移转化。借助“云端研发”模式，企业与高校、科研院所之间的距离大幅接近，供需两端可以开展高频深度的产学研对接，使高校、科研院所更接近产业、更贴合市场，科研项目从立项之初就瞄准产业化，对提升促进科技成果转移转化有重要意义。

案例47：基于标准化数字仓单的动产质押融资新模式

为解决大宗商品行业普遍存在的货物难管控、货权不清晰、信息不透明、融资成本高等一系列现实问题，青岛银保监局联合青岛片区引导区内银行机构、仓储物流企业与科技平台企业开展多方合作，以区块链技术为核心，以供应链服务为基础，对传统仓库进行数字化改造，整合仓单存货的物流、信息流、资金流等各类信息，多维度构建可信仓单融资体系，实现大宗商品仓单质押融资业务创新。该模式首创数字仓单标准，于2022年1月被列入国家区块链创新应用试点名单，成为“区块链+贸易金融”特色领域山东省唯一试点，对推动大宗商品产业数字化转型具有重要的示范意义。

主要做法：

搭建区块链数字仓储平台，打造线上物权凭证。支持科技平台企业开发“大宗商品供应链协同服务平台”，应用区块链技术，从货物底层仓储入手对传统仓库进行数字化改造，打通区块链平台与仓储管理系统，利用人工智能等技术手段实现仓储业务的数字化管理，将仓储业务数据化、标准化、权证化，有效解决传统纸质仓单重复开立、易篡改、流转不便等问题，打破传统大宗商品仓库数字化程度低、交易不便、货权不清晰的“黑匣子”状态。

首创数字仓单标准，确保权证安全流转。推动行业协会研究制定全国首个基于塑化、橡胶等件杂货物的数字仓单团体标准并发布，规定了相关数字仓单的要素内容、仓单格式、仓单用途和仓单提货手续，推动在货物存储、货物流转、物权融资、货物处置等场景发挥作用，为更广领域的流转互认创造必要条件，为大宗商品数字仓单质押融资业务在全国复制推广提供参考。

构建可信仓单融资体系，助力银行优化流程。支持银行物流金融系统与区块链科技平台进行系统对接，强化跨链协同应用，合力构建可信仓单融资体系。法律层面，以合同形式对各参与方的权责予以明确，同时将数据直连在互联网法院，确保数字仓单融资模式得到司法认可。技术层面，通过应用区块链、大数据、人工智能等技术，保证了数字仓单的货物真实性、权属唯一性，银行能够做到对大宗商品货物实时有效的管控，有效防范虚开仓单、重复质押、控货不严以及套现逃逸等问题的发生。操作层面，银行通过区块链平台接收客户质押指令，线上核验货物无误后，实时为客户办理放款，有效解决银行在仓单质押融资业务中面临的审核流程长、监管难度大、核验成本高等实际困难。

实践效果：

提升仓储业务管理质效。数字化仓储技术实现了大宗商品从入库、过户、库存查询到出库全部流程的线上化操作，对数字仓单项下货物库内状态进行跟踪、预警，实现可视化管理。在确保货物安全、单据准确的同时，帮助企业提高仓储业务效率，货物入库审核流转效率提高40%以上；提货流程平均压缩了4—5个环节，提货业务效率提高50%左右。

有效满足企业融资需求。数字仓单质押融资模式拓展了大宗商品贸易企业有效贷款抵质押物范围，降低企业融资门槛，帮助企业更加便捷的获得金融支持，保障企业资金链的顺畅流转。在该模式下，橡胶、塑化等大宗商品贸易企业从货物入库到质押放款一般仅用1个工作日，而相比传统的贸易托盘融资方式，该模式能为企业降低年化3%—6%的融资成本，有效满足企业融资需求。

带动形成“探索—创新—复制—再创新”的良好局面。该模式自2020年7月建设银行自贸区支行在青岛片区实现首次落地以来，引起了业内外广泛关注，农业银行自贸区支行、中国银行自贸区支行也结合自身实际分别于2020年11月、2021年1月先后完成首笔区块链货押融资业务。该模式在青岛片区复制推广的创新成果也不断涌现，截至2022年4月，青岛片区已经先后完成橡胶区块链仓单银行质押融资业务、保税原油数字仓单质押融资业务、区块链联盟链跨链流转数字仓单融资业务、原油区块链数字仓单质押融资业务以及基于政府数字新基建的数字仓库提单转仓单质押融资业务等5项全国“首单”，并于2022年1月获批国家“区块链+贸易金融”特色领域区块链创新应用试点。

金融赋能产业发展成效初现。数字仓单质押融资新模式，有效解决了中小贸易企业在融资授信、现货管理以及电子发票办理等方面的切身需求问题，企业落户青岛片区发展的积极性进一步提升。数字仓单质押融资业务落地后，青岛片区注册的各类贸易企业数量平均每月超过200家，注册落户企业数量较业务开展前单月平均增长约40%。

案例48：科创企业融资服务新模式

为服务国家科创金融改革试验区建设，探索金融支持科创企业新模式，济南片区积极整合资源，推动多方协作，创新科创企业融资服务，打造集“科融e贷”企业授信评价、多元化知识产权质押融资于一体的科创企业服务新模式。

主要做法：

搭建“科融e贷”科创企业授信新体系。依托互联网和大数据，在保持传统企业财务分析的基础上，创新引入技术评价和人才评价两个维度，搭建起基于税务信息的财务评价模型、基于知识产权数据的技术评价模型和基于核心团队的人才评价模型，形成科创企业多维立体数字画像，重构科创企业授信评价体系。

打造多元化知识产权质押融资服务模式。构建涵盖融资补贴、专业服务、风险补偿的多元化知识产权质押融资服务体系。出台《济南市知识产权运营服务体系建设专项资金管理办法》等制度性文件，率先实现政策支持对象和融资成本（包含利息、保险、评估、担保等融资费用）的全覆盖；成立知识产权服务联盟，出台联盟服务激励政策，建立贷款、担保、保险、中介和政策激励相捆绑的质押融资服务模式；建立风险补偿机制，将知识产权质押融资风险补偿纳入全市20亿的风险补偿资金池，对符合规定的不良贷款项目实行风险补偿。

实践效果：

有效破解融资难。通过优化科创企业授信评价体系，建立风险补偿机制，设计专项贷款，有效解决科创企业融资难痛点。

有效破解融资贵。济南片区为科创企业贷款提供具有市场竞争力的优惠贷款利率，为科创企业减少综合融资成本及财务费用，“科融e贷”贷款平均利率较普惠型小微企业降低 24 个基点。企业知识产权质押贷款在享受优惠利率的同时，还可申报省市两级贷款补贴，最高可将知识产权质押融资成本降低至零。

有效服务实体经济。通过济南片区科创企业融资服务创新升级，改变以前科创企业办理贷款手续烦琐、资料复杂、利率上浮的局面，引导金融资源快速投入科创领域支持技术创新及低碳应用，进一步拓宽金融服务实体经济的渠道，有效扩大金融"活水"流量。

案例 49：中小企业知识产权证券化发行新模式

《关于推进自由贸易试验区贸易投资便利化改革创新的若干措施》（国发〔2021〕12 号）文件指出，鼓励符合条件的自贸试验区规范探索知识产权证券化模式。知识产权证券化的核心和困难在于合理构建底层知识产权资产，准确评估其价值，把握其现金流质量、稳定性和权属状况，增强证券化产品信用等级并防控各类风险。烟台片区率先实施知识产权储架式发行，将国有企业 AA+信用嵌入到交易架构中增信，开辟了轻实物资产、经营风险高的科技型中小企业中长期融资的新路径。

主要做法：

国企平台参与增信，实现信用从国企到民企的传导。烟台片区以政府"有形之手"，搭建了 AA+国企平台，增信机构作为差额支付人为产品提供流动性支持，其二级子公司作为发行主体和原始权益人，产品设计优先级和次级结构化安排，发行人认购全部次级债券。在此框架下，国有企业信用被层层嵌入到交易架构中，信用从 AA+国有主体传递至实际融资的民营企业，使中小民营企业能够突破自身信用的局限，从资本市场上获得中长期证券融资，并有效避免市场化主体高费率担保的弊病。

创新"一次核准、多次发行"储架式发行模式，破解中小企业融资难题。储架发行制度，即一次核准，多次发行的再融资制度。知识产权证券化储架发行核准再融资申请通过后，在规定有效期内可通过专业化机构研判市场利率，选择最优的发行窗口期分期发行，有效提高了发行效率、控制了发行成本。烟台片区针对性出台中小企业证券化产品发行奖励和风险补偿等配套政策，在进一步降低企业实际融资成本的同时，提高产品的信誉。

政府主导搭建资产遴选专业机制，构建底层知识产权资产。以金融创新支持重点产业发展为出发点，烟台片区建立"政府+国企平台+专业机构"的资产遴选机制，围绕生物医药、石化及化工新材料等十六条重点产业链，梳理创新型人才专利资源及企业知识产权储备情况，面向以发明专利为核心资产的科技型中小企业构建质地优良、风险性小的知识产权基础资产包，由国企平台联合券商和知识产权评估机构走访尽调，确定知识产权价值。同时评估方式上借助专业评估模型，考察专利使用及价值创造情况、企业自身现金流的稳定性以及专利的稀缺性等因素。

实践效果：

缓解了中小科技型企业融资难现状。通过将高科技人力和社会资本两个生产要素结合起来，解决了"知识产权变现难"的"痛点"。2022 年 3 月，烟台片区发行"业达智融——烟台开发区知识产权 1 期资产支持专项计划"（简称专项计划），这是全省首单知识产权证券化系列产品，项目储架规模 10 亿元，首期发行规模 1.32 亿元，惠及 12 家高新技术企业，同步储备 10 余家企业作为储架发行 2 期意向客户。烟台片区储架发行模式将知识产权证券化变成常态化业务，实现了知识产权经济价值的最大化。

助推人才核心技术进入资本市场。支持计划上市融资，帮助企业专利技术拿到资本市场的通行证，不仅让人才核心技术提前触及资本市场，更为其在资本市场亮相打开了新的大门，更容易留住人才，同时有利于后期在更大范围上实现持续融资。

激发知识产权市场活力。"政府+国企+专业机构”的风险防控机制，让入池的知识产权质量优、与主营业务关联度高、产生现金流的能力强，而且风险可控。目前已获多家银行的积极申购，降低了产品发行成本，同时经过评估后的投资决策，让“专利”变“红利”，充分展示了市场对专项计划的信任，助人力资本有“价”更有“市”。

案例 50：企业认证智慧培育新模式

近年来，申请海关高级认证（AEO）资质的企业快速增长，而传统信用培育模式存在“认证培育效率不高、文件审核强度大、关企信息交互不畅通、培育工作难量化”等问题。为破解上述工作难题，济南片区联合济南海关，在海关总署企管司指导下，率先建立企业认证智慧培育系统，实现“资料线上报、关员线上审、意见线上提、问题线上改”，形成了关企新型信息交互渠道，全面提升了培育质效。

主要做法：

建立智能线上信息交互系统。构建关企新型信息交互渠道，形成“资料线上报、关员线上审、意见线上提、问题线上改”的培育模式；实现 8 类专项认证标准“一表”呈现、“一体”查阅智能排序功能，支持关键信息自动检索，提升培育效率。

建设智能数据库、企业档案库。运用数据管理技术，建设智能数据库，开发认证标准、操作规范、企业档案、问题记录等模块，开展认证标准辅导，为企业提出改进建议；开发培育报告功能，智能收集培育过程中各环节发现的问题，提高现场核验效率；前置认证作业的单证审核环节嵌入智慧培育系统，经审核的制度、记录一键转换为认证材料。建立企业档案库，多维度采集企业基础信息、制度文件等 6 类海关现有系统无法掌握的信息资料，直观了解企业经营管理状况，为企业信用管理提供信息支撑。

建立风险防控体系。建立培育记录、问题整改、专家督查等 5 项工作机制，将现有信用管理制度细化为具体认证环节，实现培育过程进系统、留痕迹、全透明；充分发挥数据“点对点”封闭传输等管理优势，避免数据信息丢失、泄露；创新培育进程实时监督模式，依托系统建立远程督导检查机制，有效防范执法和廉政风险。

实践效果：

降低企业申报成本。有效解决企业因反复整改带来的纸质资料多、整改次数多、跑腿频次多等问题，借助电子档案及信息交互技术，为单家企业减少纸张打印 1 万张以上，减少企业筹备资料时间及跑腿次数，降低企业人力资源、时间和手续办理成本。

提升企业申报成功率。企业通过系统可随时获得专业指导，数据库、企业库为企业提供针对性培育意见，便于企业快速整改提升。通过此模式对 32 家企业进行培育试点，整体培育效率较传统模式提升 50%，企业认证通过率由不足 70% 提高至 90% 以上。

提高培育工作效能。通过“智慧培育”功能，打破认证培育时间、空间、人力限制，提升培育人员工作效率，有效提高资料审核速度及针对性，文件审核及培育报告撰写时间分别从过去的 20 小时、2 小时压缩至 4 小时、5 分钟，资料审核效率提升 50% 以上。

案例 51：进口货物增值税“即申即退”新模式

根据《中华人民共和国海关进出口货物征税管理办法》，海关发现多征税款、纳税义务人发现多缴税款、因品质或规格原因退运、因故未装运出口申报退关、散装进出口货物发生短装、商业赔偿货款等 6 种类情形，应企业申请，海关应予以受理税款退还手续，于 30 日查实并通知纳税义务人 3 个月内办理有关退税手续。海关收到企业退税申请后，需要给税务部门发函确认增值税是否已抵扣，如未抵扣方可办理税款退还手续。因海关与税务部门间发函复函效率偏低，多数税款退还手续耗时较长，多则1—2个月，影响企业资金周转利用效率。为进一步缩短退税流程，烟台片区创新建立“关税联动”机制，对辖区企业创新实施进口货物增值税“即申即退”新模式。

主要做法：

关税联动，核查从事中移至事后。海关、税务部门建立协同联动机制，加强数据共享和信息互通，海关为税务开展骗取增值税抵扣核查提供数据支持，税务为海关核实增值税是否已抵扣提供协助，双方分别指定增值税联网核查联系人，实现部门间高效协同。企业提交税款退还申请，海关凭借企业提交的增值税未抵扣的自主声明，与税务部门联系收到答复意见后，先行办理税款退还手续，后续再向税务局发函确认，实现核查后移、作业流程优化。

叠加信用，实施高认企业事中免审。按照“守法便利”的理念，对于经海关认证为高级认证的企业，纳入税款退还信用白名单，办理税款退还手续过程中，只需企业提交增值税未抵扣的自主声明，无须税务反馈答复意见，海关即可直接办理税款退还手续，事中实现免验免审模式，大幅提高退税效率。

事后复核，建立风险防控保障机制。对非高级认证企业实行100%事后核查模式，高级认证企业实行按一定比例抽核模式，对于核查发现骗取增值税抵扣的企业移交海关缉私部门处罚，降低企业海关信用等级，并将信息通报至税务部门，按照相关规定处置。

实践效果：

提升税款退还效率。新模式实施前，在履行税款退还手续时，除海关业务部门需要与税务部门联系核实增值税是否抵扣情况外，海关财务部门还需要与人民银行国库部门联系协作，整体效率偏低，平均税款退还需1个月左右。新模式实施后，税款退还效率由平均1个月压缩至5个工作日，作业效率大幅提高。

减轻企业资金压力。据测算，此举可大幅减轻企业资金压力，提升企业资金周转利用效率。

提高企业守法自律。通过创新模式的实施，引导更多企业守法自律，积极主动加入海关高级认证企业资质，有效推动自贸信用体系建设。

案例52：网络货运平台纳税服务监管新模式

网络货运行业是平台经济重要组成，是数字经济的典型应用，但由于网络货运行业打破了地域管辖概念、且面临海量自然人群体，在税务管理中难以核实业务真实性，存在较高虚开发票隐患。为推动网络货运业务健康发展，济南片区联合济南市税务局首创网络货运“票e开”模式，通过获取交通部门信息，实现网络货运业务真实性校验，通过重构自然人代开发票流程，实现司机“刷脸”即开票，解决了网络货运企业成本发票获取难得问题，纳税信息自动核验提高了监管效率，率先实现交通部门、网络货运企业、货运司机和税务部门在统一平台进行数据核验、极简开票、高效监管，网络货运涉税业务实现规范便捷办理，是自贸纳税服务创新促进平台经济发展的大胆实践。

主要做法：

网络货运平台服务众多货运公司和货运司机，但平台以及监管部门如何确认平台和司机交易行为的真实性，防控税务风险是各地普遍性难题。该模式率先实现交通部门、网络货运企业、货运司机和税务部门在统一平台数据核验，实现网络货运涉税业务规范便捷办理，有利于防控偷税漏税，增加国家税收，实现高效监管。

一是数据共享标准化应用。网络货运行业交通部门与税务部门数据共享并标准化应用，通过在税务端建立网络货运发票合规性管理模块，采集的网络货运企业信息、车辆运行信息、平台企业与司机的订单信息、开票信息等数据，交通与税务部门定期交换共享、资源整合、优势互补，对订单数据多维度协同核验，实现网络货运涉税业务闭环管理。

二是极简开票优化纳税流程。由网络货运平台发起开票申请，货运司机只需手机刷脸确认，税务部门自动核验数据完成开票工作，并实时提供开票申请合规情况提醒、开票确认情况提醒等服务，帮助货运司机顺利完成线上开票，节省到办税服务厅开票的时间和成本。

三是自动核验提高监管效率。对车辆运行的北斗轨迹信息、货车运单信息、网络货运企业开票申请信息、网络货运企业对外开具发票、司机刷脸认证信息等多维度数据电子化抓取比对，自动核验开票真实性，防控虚开发票风险，增加国家税收，提高监管效率。

实践效果：

“票 e 开”模式在某家企业试点，帮助企业从经营困难到月销售额破千万元，切实帮助企业纾困解难，助力企业快速发展。

一是减少纳税成本。“票 e 开”模式构建了一个既满足纳税人所需、可适应新兴业态发展、又符合监督管理方向，流程充分整合、制度创新优化、虚开风险可控、外部数据融通的数字化发票管理与服务体系，优化了企业和司机纳税环节，降低了纳税成本，是以数治税的创新实践。

二是防控虚开发票风险。通过数据互联互通，实施全流程信息监管，明确每一笔订单和开票的真实性，有效防范企业虚开发票风险。税务部门优化服务、高效监管，实现企业、纳税人和税务多方共赢。

三是促进物流产业发展。“票 e 开”模式为网络货运行业成本发票取得提供了便利，可吸引优质网络货运企业落户济南，推动省会现代物流产业快速健康发展。

案例 53：“产业人才地图”精准引才模式

为贯彻人才强国战略，实现人才与产业精准对接，济南片区以建设人才管理改革试验区为契机，建立《人才数据中心建设标准》，打破信息壁垒，汇聚公安、人社、教育等核心部门权威数据，打造区域一体化“产业人才地图”，将人才数量、类型、流向、分布与产业布局有机衔接，实现人才决策科学化、匹配高效化、服务精准化。

主要做法：

人才信息互联互通。围绕人才多、分布广、流动快现状，争取市人才领导工作小组授权支持，建立人才数据中心，打通公安、人社、教育等核心部门的数据共享路径，对全市 900 万户籍人口数据、600 万社保缴费数据和 200 万人才业务数据进行归口汇集，形成巨量人才“数据池”。与学信网、国家职业资格网、全国专技证书系统等权威网站对接，构建人才鉴定模型，对人才“数据池”信息进行逐一比对验证，自动完成达标人才信息分类入库。在“人才地图”展示使用环节通过隐藏人才个人隐私信息，保留专业、学历、职称等需求侧信息保证数据安全。

人才地图精准对接。人才数据中心绘制了全国首个“产业人才地图”，将人才数量、类型、流向、分布与产业布局有机衔接，对全市重点产业人才分布、重点企业分布进行了点对点标注，根据集聚密度自动生成红、黄、蓝三种色系标记，“产业人才地图”对全市产业人才存量、层次、专业领域、分布等供给侧信息和企业急需人才专业、学历、职称等需求侧信息进行综合分析，根据高校生源数量、专业领域、学历层次、毕业年限等数据设定统一标准、形成可视化供需对比，直观展现产业人才结构性矛盾、错配状况及紧缺指数，有针对性地开展精准引才，切实解决了供需错配和结构性矛盾这一产业引才的“卡脖子”难题。“地图缩放”可以精确找到具体企业、人才个人，做到了产业、人才数据从宏观到微观的逻辑展现，数据中心主动对接学籍网信息，构建起涵盖 6 300 余家高校的高校信息库，实现了人才从毕业院校、引进渠道到引才单位的全过程联动分析。

高端人才动态分析。数据中心不仅打通人才信息孤岛，而且为人才引、育、用、留、增等各个环节提供了科学决策依据。一是赋能顶层设计。通过人才数据看板实时分析、动态呈现，清晰观察各类人才的现状和趋势，实现对人才流动指标的实时监测和流失预警，及时帮助决策部门发现问题、预测趋势、把握规律，准确预判人才吸引热度和人才工作形势，为科学制定“十四五”规划和年度工作要点起到决策参考作用。二是精准施策。围绕不同人才需求，数据中心构建了“5150”引才计划、泉城产业领军、拔尖人才等多个专项数据库。系统自动抓取各类人才的专业、地域、年龄、层次、总量等关键信息，形成年度增量对比图和区域分布热点分析图，帮助有关部门精准把握政策实效，实施针对性优化调整。

人才服务“一键直达”。健全“绿色通道、窗口、专员、金卡”四位一体高层次人才服务体系。一是首创“金卡”服务。率先以虚拟的泉城人才服务金卡代替传统实体卡，并配套建成了支撑整套服务流程的后台服务系统。为通过分类认定的高层次人才自动配发可存入微信卡包、象征人才身份、兼具扫码功能的“泉城人才服务金卡”，创新推出泉城人才服务金卡“合伙人”机制，引入市场化主体参与人才服务，对具体落实高层次人才绿色通道待遇的166家单位逐个分配服务二维码，涉及服务领域18个，将线下服务无缝嫁接至信息平台。高层次人才凭泉城人才服务金卡一键扫描机场、火车站、医院、公园、健身房等服务场所二维码，即可享受VIP通行、就医、旅游健身等绿色通道服务待遇。推出人才管理改革试验区泉城人才服务金卡附属卡，为人才家属和未满18周岁孩子提供相同绿色通道和旅游健身服务。二是延伸“指尖”服务。建成集“济南人才网”、济南人才微信服务号、济南人才手机应用程序为一体的移动端服务体系，推进服务功能线上统筹、服务流程按需定制、服务需求即时响应，将人才服务延伸到“指尖”，实现人才业务信息一键推送、人才项目材料一键提交、办理结果一键查询。三是诉求“秒答”服务。建立需求快速响应机制，在济南人才手机应用程序搭建“即时通讯”服务模块，对全市持卡高层次人才和服务专员进行定向匹配。人才个性化服务只需手机一键提出，服务专员即可及时响应，切实做到“有求必应”。同时，强化主动服务理念，通过数据中心呈现的各类人才区域分布热点分析图，实现人才公寓精准布局和服务待遇精准匹配，系统智能匹配和推送符合人才自身特点和条件的职位、人才政策等个性化信息，政策主动找人，“无感知、免打扰”服务模式多场景应用正向其他人才公共服务领域延伸。

实践效果：

产业人才集聚化。通过人才数据看板动态呈现，开启“按图索骥”精准引才的新模式；通过人才“藏宝图”，有效提高引才成功率和留才稳定性，为重点产业发展提供强有力的人才智力支撑。

服务生态最优化。精准把握和多维运用人才数据，政策、平台、服务有机融合的人才“磁场”效应初步显现；通过自动比对信息，主动服务实现“政策找人”，近1万人通过了高层次人才生活补贴审核；依托济南市政务云平台，服务全市人才政策制定，构建全生命周期人才创新创业服务体系。建成了涵盖身份证、学历学位证、职称证、技能证书等基础证明材料的电子证照库，在人才工程申报、服务事项办理和人才落户、人才购房、补贴申领中，实现了跨部门、跨区域、跨行业身份、资格互认，避免了人才在办理相关业务时重复填写基本信息，大大减少了办事流程，服务满意度均为100%，人才获得感、归属感显著增强。

人才数据标准化。通过部门间系统数据互联互通、对接验证方式，开展全市人才资源统计调查，以数据对接、自动鉴别、智能分拣、归类入库的“零人工”模式，开创全过程依托大数据信息技术手段，建设人才数据中心的先河。提升国内人才工作基础信息数字化水平。不仅贯通部门间数据路径，打通人才信息孤岛，还让数据信息在科学决策、资源配置、流程优化中实现良好运用，以数赋能、以数增效、以数咨政，为整个人才引、育、用、留、增等各个环节发挥功效。根据数据中心建设实际，市人才服务中心提取了一整套建设标准，促进了人才数据标准化建设。

案例 54：基于区块链电子证据平台的商事仲裁新模式

青岛片区跨境易货贸易联盟成员单位青岛仲裁委员会主动适应数字经济发展需要，积极推动区块链在商事仲裁中的创新应用。建成国内首个基于5G网络切片技术的区块链电子证据平台并经中央网信办备案，率先在国内发起成立法治区块链链盟，实现电子数据“证据自证”和跨链信息共享协同，破解电子数据举证难、认证难等问题，提升仲裁质效，营造开放安全、便捷高效、法治公平、成本竞争力强的数字化营商环境。

主要做法：

一是打破数据垄断，解决“举证难”痛点。裁判实践中，电子数据已成为独立的证据类型，但交易形成的电子数据通常存储在企业数据平台，纠纷发生后，弱势一方当事人难以从平台获取电子数据。青岛仲裁委员会推动区块链电子证据平台与企业数据平台对接，为市场主体提供免费开放的全生命周期数据存取证服务，交易数据实时固化、加密上传至区块链电子证据平台，纠纷发生后，当事人可“一键调取数据”。

二是实现“证据自证”，破解数据可信难题。传统裁判模式下，电子数据真实性难以被认可，往往需要借助公证、鉴定、证人作证等途径予以佐证。区块链电子证据平台利用区块链技术，对交易数据进行实时固化，并将生成的哈希值同步上传至区块链电子证据平台，破解电子数据易篡改、易伪造等问题。纠纷发生后，当事人通过区块链电子平台，对其提交的电子证据原文与已存储在该平台上的哈希值进行自动校验，即可对电子数据的真实性作出认定。

三是打通数据壁垒，实现跨链信息共享和协同。电子数据在生成、收集、存储和传送过程中会涉及法院、仲裁、公证、司法鉴定等不同的主体，形成一个个“信息孤岛”。青岛仲裁委员会发起成立法治区块链链盟，推动仲裁、司法、公证、征信等机构数据平台对接，实现多个领域跨链信息共享和协同。链盟成员单位包括青岛仲裁委员会、青岛市司法局、青岛金家岭金融聚集区、青岛市工程咨询院、青岛市黄海公证处、宁波仲裁委员会、杭州市国立公证处等。

实践效果：

营造诚实守信营商环境。电子数据一旦上传至区块链电子证据平台，就会保持数据信息原貌，并可做到“一键溯源”，能够客观真实地反映交易事实，维护交易稳定性，降低违约风险，减少纠纷发生。即使发生纠纷，也能排除数据收集人主观恣意，同时降低证据认定对裁判者的依赖，提高裁判结果的公正性、可预期性。

快速恢复交易秩序。传统仲裁模式下，对电子证据真实性的认定，通常需借助公证、鉴定、证人作证等途径，且分散存储在法院、公证、司法鉴定等机构的数据难以实时获取，耗时费力成本高。通过区块链电子证据平台，可以实现一键获取数据、一键核验数据，直接对电子数据的真实性作出判断。同时，法治区块链链盟成员之间的数据可实现互联互通、查询互认，数据协同能力大大提升，仲裁效率明显提高。已受理仲裁案件均在1个月内审结，相较传统模式下适用简易程序的案件审理期限缩短1个月以上。

助力企业数字化转型。区块链在商事仲裁中的应用，降低了企业法律风险和维权成本，提高了纠纷解决质效，为企业数字化转型营造了良好法治环境。区块链电子证据平台已与部分工业互联网、现代金融、国内易货等企业数据平台对接，推动跨境易货、知识产权、股权交易、大宗商品交易等市场主体搭建数据平台，做好与区块链电子证据平台对接相关准备。

案例 55：多元化一站式公共法律服务新模式

为营造国际一流法治化营商环境，充分发挥司法机构和法律服务机构专业资源优势，山东自贸试验区立足区域实际，创新打造多元化一站式公共法律服务新模式，市场主体获得感显著增强。其中，济南片区开通自贸试验区案件办理“绿色通道”，青岛片区打造“三庭一站四中心”法律服务体系，联合推出搭建“线上+线下”“部门+部门”联动机制，将法律咨询、纠纷解决、商事服务等功能高度集成，为企业提供“线上线下自由选、法律事务一站办”“线上智慧审批、线下法治会诊”的高效便捷法律服务，得到广大企业和社会各界的高度认可，为全国自贸试验区法律公共服务提供了具有借鉴意义的山东模式。

主要做法：

打造“三庭一站四中心”法律服务体系。聚焦涉外商事和知识产权保护，依托黄岛区法院创建青岛片区涉外商事法庭、知识产权巡回法庭，依托青岛市中级人民法院创设涉外审判巡回法庭，围绕航贸金领域提供优质的涉外司法服务。其中，知识产权巡回法庭实现知识产权民事、行政、刑事案件“三审合一”的审判模式，对辖区内知识产权一、二审案件基本形成全覆盖。聚焦检察服务，在青岛市检察院和黄岛区检察院支持下，创建检察服务工作站，开通服务现代金融、安全生产企业的“一站式”特色窗口。聚焦多元纠纷化解，联合青岛仲裁委员会创建青岛国际仲裁中心、引进“一带一路”国际商事调解中心（青岛自贸片区调解室）、青岛中世合规研究院（自贸）研究中心、公共法律服务中心，构建了融合仲裁、律师、公证、商事调解等法律服务资源的国际商事争议解决新平台，搭建涉日韩法律与商事综合服务平台，开展多元纠纷化解服务。

开通自贸试验区办案“绿色通道”。针对济南片区新兴产业多、新类型案件多等特点，市检察院组建涉自贸试验区案件专业办案团队，实行涉自贸试验区案件集中统一办理，抽调精干力量，组建专业办案团队。市法院建立专业法官、专家陪审、专家咨询“三专合一”审判配套机制，实现涉自贸试验区案件快速、专业审理。

搭建“线上+线下”“部门+部门”联动机制。青岛片区开发手机应用小程序、微信公众号、热线电话等建立线上企业法律服务系统，企业在线发布法律需求，在国际航运贸易金融创新基地设立自贸法律会客厅，在自贸政务审批大厅设立法律服务专窗，打造了 15 分钟一站式现场法律服务圈。联合有关部门及法律服务机构，推出法律公共服务“自助点餐”模式，帮助企业解决涉法问题和困难，精准提供法律咨询和帮助。济南片区推行线上“智慧办案”，设立独立互联网审判庭，建设“云上诉讼”服务网络，特别是新冠疫情期间为市场主体提供“一网通办”诉讼诉讼便利。推出线下“法治会诊”服务模式，联合有关部门及专业机构，灵活运用“法治会诊”小组、专业“外脑”机构、部门业务专家三类主体，提供精准法律咨询服务或路径指导。

实践效果：

开创一站式法律服务新模式。“三庭一站四中心”的集成式法律服务平台体系模式，打破既往法律服务平台靠单纯引入法律服务机构服务模式，通过将法律服务拆解为若干功能模块并有机组合，率先在全国范围内开创了“功能集成”的服务发展模式，形成对后续其他地区打造集成式法律服务平台具有借鉴意义的行业标准。

服务企业更加精准。通过法律服务专窗和个性化法律自助点餐服务，有力提升了精准服务企业的能力，已有 11 家涉法机构、18 家金融机构入驻客厅，开展 35 期不同形式和内容的法律服务活动，累计服务企业千余家次，企业风险防范能力大幅提升。

法治化营商环境不断优化。通过多元化一站式公共法律服务体系，两片区法治化营商环境不断提升。

案例 56：商业秘密多维度保护创新

对于企业尤其是科技型企业，大约60%创新成果以技术秘密的方式存在，随着跨区域、跨领域、跨企业人员往来交流日益频繁，商业秘密保护问题成为当前影响企业经营的常见风险，保护企业技术信息、经营信息等内容，维护市场公平竞争秩序，迫在眉睫。青岛片区、烟台片区深入贯彻落实国家市场监管总局《全国商业秘密保护创新试点工作方案》有关要求，对标 CPTPP 国际经贸规则中进一步拓宽商业秘密保护范围、加大处罚力度等内容，重点围绕大宗商品、跨境电商、港航物流、集成电路、智能制造、基因科技、生物医药、水产种业等十个产业模块，聚焦四个维度的创新，构建出一整套适应片区高质量发展的商业秘密保护体系，为企业知识产权提供全链条、全方位保护，带动商业秘密保护水平全面跃升。

主要做法：

创新基于产业需求的标准化保护规则。按照企业产业方向、数据信息类型、业态模式等进行分类梳理，选取技术水平先进、产业头部作用突出、发展目标明确、带动示范作用强的重点企业，深入调研和问诊，针对不同类型企业的秘点特征，建立健全与重点产业发展相适应的商业秘密保护制度规则，形成具有片区鲜明特点的统一规范的商业秘密保护指南，推动形成山东省的商业秘密保护地方标准，也为商业秘密行政执法、企业商业秘密管理提供规范化、标准化指导。

创新对标国际经贸规则的跨境保护机制。一是建立境内境外机构共建互通的信息共享机制。针对青岛片区、烟台片区涉外企业众多、涉外交易量大等特点，主动对标 RCEP、CPTPP 等国际经贸规则，联合境内外咨询机构、律师、会计师等专业机构，建立境内外专家智库信息互通和共享机制，探讨商业秘密跨境保护的路径和方案。针对青岛片区华大基因等技术垄断型企业，研究引入公证、法律、技术比对等第三方支持机构，健全相应的商业秘密案件应诉应急机制。二是构建海外商业秘密保护协调解决机制，设立中国（青岛）知识产权维权援助中心窗口、烟台片区知识产权保护中心“单一窗口”，强化涉外案件的快速响应、跟踪分析和风险预警能力，为企业海外维权提供便利。三是建立跨境争议多元解决机制。依托青岛国际商事调解中心、青岛国际仲裁中心、烟台片区国际仲裁院等法律服务机构，建立联动合作机制，探索设立上合组织国家、“一带一路”国家法律服务联盟，建立商业秘密案件多元解决机制，探索国际化、便利化、多元化争议解决路径。

创新多元化立体式服务保障网络。一是构建网格化服务矩阵。充分发挥行业协会对公平竞争的指导作用，依托青岛片区、烟台片区商会、行业协会、科研院所、公证机构等组织，建立商业秘密保护示范基地和示范工作指导站，组建烟台生物医药知识产权运营中心，协助政府提供商业秘密保护宣传、咨询、指导、风险监测、维权等服务。依托商业秘密保护示范指导站，建立商业秘密保护联络员制度，明确工作职责，形成网格化商业秘密服务体系，确保企业能够及时、高效地接受相关服务。二是强化风险防控保障。引入企业商业秘密保护风险诊断服务，对企业保密规章制度适用性风险、管理系统风险、维权风险、法律风险等进行专业诊断。联合保险公司，开发推出维权费用保险专项产品，将商业秘密维权费用纳入保险覆盖范围，确保对企业的有效服务供给。三是搭建司法保护创新平台。围绕解决商业秘密保护取证调查难题，搭建全省首个知识产权犯罪侦查大队，及时查处侵犯企业产品工艺、技术发明、客户信息、原料配方、设计图纸等商业秘密违法行为，快速响应企业维权诉求。

创新基于提升企业商业秘密自主保护能力的管理体系。积极指导片区企业建立一整套商业秘密管理体系，切实做到“七个有”：有明确高效的组织架构，有系统健全的制度体系，有科学合理的信息安全系统，有适度严密的资料管理，有精准严格的人员管理，有智能封闭的区域管理，有密切协同的政企协作。尤其在解决商业秘密保护与企业生产经营收益和便利之间的冲突矛盾，指导企业建立起以“减少商业秘密泄露风险、尽早发现侵权行为、建立商业秘密保护文化”为管理总目标，以“动态平衡、迭代升级、全局参与、文化教育”为基本原则的商业秘密保护机制，通过平衡投入产出、适应环境调整、融入企业文化等创新举措，将商业秘密保护提升至员工的自觉行为，最大程度消除对企业经营的负面影响，保证企业利润最大化。

实践效果：

弥补了全省商业秘密保护标准化建设空白。青岛片区对重点产业的标准化规则研究以及发布的《关于建设商业秘密保护示范区的工作机制》《商业秘密保护示范企业创建要求》《商业秘密保护工作手册》，为省市其他地区开展商业秘密保护提供重要参考。由其编制发布的《商业秘密保护与管理规范》标准，成为青岛市首个商业秘密保护团体标准。

为推动商业秘密保护提供了有效的实践路径。青岛片区实施的商业秘密保护创新发展新模式，细化分为创新制度规则、对标国际规则、建设联动机制、强化执法监督、健全服务保障、加强宣传推介6个方面的25项具体工作措施，通过实行任务清单制度，有效提升了政府各责任部门的办事效率和工作质量，从而将创新保护模式落到实处。烟台片区突出抓好海洋经济、生物医药等重点产业的商业秘密保护，现已将化工新材料产业的80余家研发企业和50多个市级以上研发平台，海洋工程产业的10余家规模以上企业和“蓝鲸1号”等一批全球一流的深水平台技术，生物医药产业95个获批及在研的国家一类新药和三类医疗器械纳入商业秘密保护重点名录，并为其提供了全方位、高质量的商业秘密保护。

实现企业商业秘密保护效能和主体意识明显提升。青岛片区通过开展商业秘密保护宣传，以及咨询、辅导等方式，有效保护企业核心竞争力，形成“政府引导、市场主导、部门协作、企业负责”的商业秘密保护体系，在青岛市处于领先位置。烟台片区通过建立完善的商业秘密保护体系，推动企业员工积极遵守保密制度及流程，在参与商务活动、对外沟通联络等工作中更加严谨和规范；企业也真正做到风险监控，将员工的不规范活动及时扑灭在萌芽之中，把知识产权侵权、泄密风险降到最低。

案例57：环评改革助力自贸试验区绿色低碳高质量发展

山东省生态环境厅自觉把环境影响评估（以下简称环评）工作放在经济社会发展大局中考量，特别是针对自贸试验区济南、青岛、烟台三个片区，给予充分的改革自主权和试点支持，下真功夫，出真措施，在牢牢守好生态环境底线的同时，不断激发市场活力、增强发展创新力，助力自贸试验区持续健康高质量发展。

主要做法：

培育环评试点。将自贸试验区作为改革的桥头堡，着力培育环评改革试点，推动自贸试验区自主改革、自主创新。一是在自贸试验区推进环评打捆审批。在《山东省生态环境厅关于进一步深化环评“放管服”改革的意见》（鲁环发〔2020〕48号）指导下，2021年9月，青岛在全省率先印发了《青岛市小微企业打捆环评审批改革试点实施方案》，在自贸试验区重点推进，取得良好效果。在青岛试点基础上，2022年省生态环境厅印发了《关于开展项目环评打捆审批工作的通知》（鲁环发〔2022〕10号），在全省范围铺开推广。二是在自贸试验区推进“三线一单”减污降碳协同管控试点。相关试点均已获国家批准，正在加快组织实施，旨在为推动减污降碳协同管控积累经验。

创新改革举措。一是切实优化环评审批服务。自贸试验区建立服务重大项目清单，提前介入、专人对接，逐个跟进指导服务。二是推进规划环评和项目环评联动。在烟台片区，借助园区规划环评等区域化评审评估结果，首创“全链条全周期供地管理模式”，形成了从选址、设计到验收全链条，从项目洽谈到达产全周期的制度集成创新，为好项目、实项目早落地、早投产提供保障。

坚持环评源头预防。在自贸试验区，充分发挥“三线一单”画框子、定规则作用，将“三线一单”作为区域发展政策、发展规划及重大项目环境准入的重要参考和依据，推进生态环境精细化管理，增强高质量发展动能。同时，充分发挥规划环评在优化开发布局、促进产业升级、完善基础设施等方面的积极作用，以规划环评引领项目资源配置。

实践效果：

靶向发力减轻企业负担。在环评审批过程中开辟绿色通道，即来即审、并联提速，审批时限、审批要件均压缩至全国最优。在青岛自贸片区，针对自贸试验区范围内青岛前湾报税港区、青岛西海岸综合保税区两个已完成规划环评审查的园区，依据《青岛市深化环境影响评价审批制度改革实施方案（试行）》实施“区域规划环评+告知承诺审批”管理模式，对符合区域准入条件的入驻项目实施环评告知承诺制审批，缩短审批时限，推进项目尽快落地投产。

优化自贸试验区产业功能布局。烟台自贸片区规划环评从决策层面提前介入，科学提出优化调整建议，有效规避区域环境功能冲突。烟台哈工程研究院建成投用，烟台大学科教园区、八角湾创新科技职业学院、卫生健康职业学院等4所高校院所加速建设，华为、百度、腾讯等3个行业巨头进驻合作，已逐步成为创新之区、人才之城、会展之滨、活力之湾。

四、山东省政府及相关部门出台的政策措施

（一）《山东省人民政府办公厅关于印发〈建设高标准市场体系行动方案〉实施方案的通知》（鲁政办发〔2022〕2号，2022年1月20日）

（二）《中国（山东）自由贸易试验区联动创新区建设实施方案》（鲁政办字〔2022〕20号，2022年3月16号）

（三）《关于印发〈中国（山东）自由贸易试验区改革创新评价办法〉的通知》（鲁自贸组办字〔2022〕2号，2022年3月17日）

（四）《关于印发〈中国（山东）自由贸易试验区改革创新容错纠错实施办法〉的通知》（鲁自贸组办字〔2022〕3号，2022年3月17日）

（五）《山东省人民政府办公厅关于做好中国（山东）自由贸易试验区制度创新成果推广工作的通知》（鲁政办字〔2022〕24号，2022年3月22号）

（六）《关于印发〈中国（山东）自由贸易试验区建设2022年工作要点〉的通知》（鲁自贸组办字〔2022〕4号，2022年4月6日）

（七）《山东省人民政府印发关于推进中国（山东）自由贸易试验区贸易投资便利化改革创新若干措施的通知》（鲁政字〔2022〕70号，2022年4月13号）

（八）《关于推动海关特殊监管区域与中国（山东）自由贸易试验区统筹发展若干措施的通知》（鲁商发〔2022〕6号，2022年6月6日）

（九）《关于推进中国（山东）自由贸易试验区制度创新成果评选和复制推广工作的通知》（鲁自贸组办字〔2022〕5号，2022年6月8日）

（十）《山东省人民政府关于支持黄河三角洲国家农业高新技术产业示范区高质量发展的意见》（鲁政字〔2022〕118号，2022年6月25日）

（十一）《关于印发〈省直部门服务中国（山东）自由贸易试验区改革创新评价办法〉和2022年度重点任务的通知》（鲁自贸组办字〔2022〕6号，2022年9月1号）

（十二）《山东省人民政府关于印发山东省制造业数字化转型行动方案（2022—2025年）的通知》

（鲁政字〔2022〕201 号，2022 年 10 月 22 日）

（十三）《中国（山东）自由贸易试验区药食同源商品进口通关便利化改革试点方案》（鲁商字〔2022〕161 号，2022 年 12 月 27 号）

（十四）《山东省人民政府办公厅关于做好中国（山东）自由贸易试验区 57 项制度创新成果复制推广工作的通知》（鲁政办字〔2022〕165 号，2022 年 12 月 26 号）

五、大事记

2022 年 2 月 17 日　省委副书记、青岛市委书记陆治原调研山东自贸试验区青岛片区建设情况。强调青岛片区要深入学习贯彻习近平总书记关于自由贸易试验区建设的重要指示要求，认真落实党中央决策部署和省委、省政府工作要求，深化制度创新，加快产业发展，锚定目标、加压奋进，推动青岛自贸片区建设取得新成效。

2022 年 2 月 28 日　中国（山东）自贸试验区工作领导小组第二次会议召开，省委副书记、省长周乃翔主持会议。会议深入贯彻落实习近平总书记关于自贸试验区建设的重要指示批示精神，总结分析山东自贸试验区建设进展情况，审议通过《2021 年山东自贸试验区制度创新成果》《中国（山东）自由贸易试验区改革创新评价办法》《中国（山东）自由贸易试验区改革创新容错纠错实施办法》《中国（山东）自由贸易试验区联动创新区建设实施方案》。

2022 年 8 月 5 日　省委常委、副省长江成调研烟台片区建设工作，强调自贸试验区是改革开放的高地、高质量发展的引擎，烟台市要高度重视、抢抓机遇，举全市之力加快烟台片区建设，带动全市经济社会开放创新发展。要坚持高起点、高标准、高效能，以突出特色为引领，以创新创造为先导，以高质量发展为目标，以高效服务为保障，打造中日韩投资贸易合作的先行区、海洋智能制造的集聚区、国家科技成果和国际技术转移转化的示范区。

2022 年 8 月 10 日　省委常委、副省长江成调研济南片区建设工作，详细了解片区简政放权新举措、互联网医保健康服务平台建设服务、文化贸易创新与海外推广、跨境电商新业态新模式发展等情况。指出济南片区 3 年来取得了显著建设成效，有力拉动了开放型经济发展，济南市要进一步重视自贸试验区建设发展，建好对外开放的大平台，带动全市经济社会高质量发展。要高起点、高标准、高效能推进济南片区建设，确保各项任务落地落实，要坚持问题导向，不断加大制度创新力度，着力打造特色产业集群，推动自贸试验区持续健康发展。

2022 年 8 月 22 日—24 日　举办黄河流域自贸试验区联盟启动暨对外开放高质量发展大会，商务部党组书记、部长王文涛视频致辞。9 省（区）商务部门签署合作备忘录，在促进制度协同创新、区域融合发展、产业互利合作、商贸物流畅通等 4 个方面展开合作。发布 56 项促进企业发展优质服务事项，建立社会信用、行政审批、知识产权保护、物流运输等一体化合作机制。举办 7 场专题对接交流活动，集中签约合作项目 30 个。

2022年中国（江苏）自由贸易试验区建设概况

中国（江苏）自由贸易试验区工作办公室

汤大军

中国（江苏）自由贸易试验区工作办公室副主任

汤大军，男，汉族，1969年5月生，在职研究生学历，中共党员。

现任江苏省商务厅党组成员，省自由贸易试验区工作办公室副主任。

一、经济运行数据

2022年，中国（江苏）自由贸易试验区（以下简称江苏自贸试验区）新设立企业1.34万家，其中内资企业1.31万家、外商投资企业255家；合同外资金额41.2亿美元，实际使用外资金额22.6亿美元；备案境外投资机构243个，中方协议投资额18.5亿美元，中方实际投资10.6亿美元；实现税收收入567亿元；进出口总额5 840亿元，其中进口额2 870亿元、出口额2 970亿元。

二、建设措施及成效

习近平总书记在党的二十大报告中强调，要稳步扩大规则、规制、管理、标准等制度型开放，加快建设海南自由贸易港，实施自由贸易试验区提升战略，扩大面向全球的高标准自由贸易试验区网络；在第五届中国国际进口博览会开幕式上，习近平总书记再次强调要实施自由贸易试验区提升战略，发挥好改革开放综合试验平台作用。2022年以来，省委、省政府深入学习贯彻党的二十大精神，认真落实习近平总书记关于自由贸易试验区建设和对江苏工作重要讲话指示精神，先后召开省委常委会会议、省委深改委会议、省政府常务会议，并召开省自贸试验区工作领导小组第四次、第五次会议，压茬部署推进自贸试验区建设重点任务。省商务厅（自贸办）会同省有关部门进一步解放思想、真抓实干、奋发进取，推动江苏自贸试验区建设取得一系列新进展新成效。

（一）坚持大胆试、大胆闯、自主改，全力推动重点改革任务落实

一是深化制度创新。始终坚持问题导向、目标导向、结果导向，持续深化首创性、集成化、差别化改革探索。截至2022年底，总体方案113项改革试点任务总体落地实施率达98%，三个片区累计总结形成制度创新成果279项；“海事政务闭环管理”“应用电子劳动合同信息便捷办理人力资源社会保障业务”“知识产权质押融资模式创新”“健康医疗大数据转化应用”“专利导航助力产业创新协同联动新模式”等5项入选国务院第七批复制推广经验，国家复制推广经验案例总数达到24项；“移动查验单兵集成知识产权商标智能识别应用”“长三角海关特殊监管区域木质进境货物包装检疫监管新模式”等两项在国家部委完成备案，总数达到8项；120项制度创新成果在省内复制推广。

二是深化系统集成改革。加快推进自贸试验区生物医药全产业链开放创新发展试点，省自贸办会同省有关部门制定出台的22项支持政策全部落地，自贸试验区生物医药产业产值增速超过20%，产业竞争力位居全国前列。省科技厅支持自贸试验区创

新主体申报立项30余个生物医药领域科技计划项目；省卫生健康委支持江苏自贸试验区南京片区（以下简称南京片区）成立区域医学伦理审查委员会，为生物医药企业开展涉及人的生物医学研究提供伦理审查服务。省自贸办、省科技厅、南京海关、省药监局印发《中国（江苏）自由贸易试验区苏州片区生物医药研发用物品进口“白名单”制度试点方案》，将2家企业、6种研发用物品纳入“白名单”试点；南京海关与上海海关合作开展特殊物品风险评估结果互认改革试点；南京片区上线“宁研通”参比制剂公共服务平台。省地方金融监管局、江苏银保监局支持自贸试验区推广临床试验责任险等创新金融产品；支持30余家自贸试验区生物医药企业在境内外上市。

（二）对标高标准国际经贸规则，积极探索高水平制度型开放

省自贸试验区工作领导小组印发《关于支持中国（江苏）自由贸易试验区对标高标准国际经贸规则探索高水平制度型开放的政策措施》，省政府印发《关于推进江苏自贸试验区贸易投资便利化改革创新的若干措施》，努力提升贸易便利化、投资便利化、运输物流便利化、金融服务实体经济和服务保障水平。2022年，江苏自贸试验区实现进出口总额5 836亿元，占全省进出口总额的10.7%；实际使用外资金额22.6亿美元，占全省实际使用外资金额的7.3%。

一是提升贸易便利化水平。南京海关大力推广“提前申报”“两步申报”改革，实施“船边直提”“抵港直装”等监管方式创新，不断提升通关效率；会同上海海关共同实施长三角海关高新技术货物布控查验协同模式，将18家企业、122项商品纳入试点。江苏海事局施行沪苏一体化交通组织，推行诚信国际航行船舶“直进直靠、直离直出”。南京片区搭建FTA惠企“一键通”企业服务平台，江苏自贸试验区苏州片区（以下简称苏州片区）上线便利企业关税查询的“经贸规则计算器”。

二是大力培育贸易新业态新模式。南京海关支持保税维修等外贸新业态新模式发展，19家综合保税区内企业和6家江苏自贸试验区内企业开展保税维修业务，进出口货值超130亿元。全省综合保税区和保税物流中心网购保税进口货值7.12亿元，跨境电商退货中心仓办理退货业务8 158票。江苏自贸试验区连云港片区（以下简称连云港片区）铜精矿保税混矿业务扎实开展，入区矿石10.3万吨、货值16.81亿元。人民银行南京分行支持江苏自贸试验区发展新型离岸国际贸易，共办理新型离岸国际贸易外汇收支便利化业务34.2亿美元。苏州片区深化高端制造全产业链保税模式改革，落地“关证一链通”等创新举措，建设保税监管区块链平台。连云港片区盛虹炼化（连云港）有限公司获批原油非国营贸易进口资格。

三是推动服务业扩大开放。省司法厅支持香港、澳门、台湾地区律所与内地（大陆）律所在自贸试验区开展业务合作，制定实施《香港特别行政区和澳门特别行政区律师事务所与内地律师事务所在江苏实行合伙联营的试行办法》和《台湾地区律师事务所与大陆律师事务所在江苏开展联营试点工作实施办法（试行）》。省通信管理局推进自贸试验区增值电信业务开放试点。江苏银保监局支持渣打银行在江苏自贸试验区设立支行，支持苏州银行与新加坡凯德基金共同设立全省首家公募基金。连云港海事局制定出台船舶登记便利政策，推动连云港中韩轮渡有限公司“和谐云港”“紫玉兰”号开展国际船舶登记。江苏自贸试验区获批建设外资总部经济集聚区，落地江苏自贸试验区首家外商独资医疗机构，集聚60余家省级跨国公司总部和功能性机构。

四是促进数据跨境有序流动。省发展改革委支持苏州片区争取开展中新数字贸易合作试点。省自贸办、省委网信办制定出台《关于支持中国（江苏）自由贸易试验区推动数据跨境安全有序流动若干工作措施》《江苏省数据出境安全评估申报工作指引（第一版）》。南京片区焦点科技股份有限公司"中国制造网外贸电商平台业务"通过国家网信办数据出境安全评估，成为跨境电商领域全国首个数据合规出境案例。

（三）完善市场化配置机制，加快集聚优质要素资源

一是促进资金跨境流动。人民银行南京分行（国家外汇管理局江苏省分局）扎实推进苏州片区资本项目外汇业务创新试点，办理信贷资产跨境转让试点业务 10 笔、金额 3 545 万美元，跨国公司本外币一体化资金池业务试点备案企业 1 家，跨境融资便利化试点业务 5 笔、金额 15.14 亿美元，一次性外债登记试点业务 58 笔、金额 101 亿美元，合格境外有限合伙人（QFLP）外汇管理改革试点业务 2 笔、金额 9 868 万美元。省地方金融监管局、人民银行南京分行（国家外汇管理局江苏省分局）扎实推进合格境内有限合伙人（QDLP）对外投资试点，苏州片区苏州元禾钟山私募基金管理有限公司设立江苏省首支 QDLP 专项基金。

二是提升金融服务实体经济能力。人民银行南京分行、省地方金融监管局引导金融机构加大对绿色企业和碳减排项目金融支持力度，南京片区将 52 家企业纳入"金融重点支持绿色企业名录库"。江苏银保监局指导中国银行连云港分行为片区企业中欧班列铁路运单项下信用证提供融资 31.31 万欧元。省地方金融监管局、江苏证监局支持江苏自贸试验区企业通过资本市场融资，支持符合条件的公司通过发行债券、资产证券化、不动产投资信托基金（REITs）进行融资。

三是打造高端人才集聚区。省公安厅、省科技厅推动实施自贸试验区外国人工作许可和居留许可"一窗通办、并联办理"，共办理外国人工作类居留许可近 4 000 人次，签发 5 年以内工作居留许可 1.3 万件。省人力资源和社会保障厅向江苏自贸试验区三个片区所在设区市下放石油化工工程高级职称评审权限，探索开展国（境）外职业技能比照认定，在全国率先制定发布国（境）外职业技能比照认定目录，支持苏州片区、南京片区开展国际职业资格比照认定试点。南京片区聚焦数字科技、生命健康等领域集聚海外高层次人才、归国留学生万余人。苏州片区试行长三角外国高端人才互认。

四是强化产业用地保障。省自然资源厅将江苏自贸试验区符合条件的生物医药产业项目用地纳入工业和生产性研发用地保障线范围；在符合产业功能导向和项目主导产业用途的前提下，在江苏自贸试验区试点允许受让人自主确定土地产业用途比例。南京片区创新打造土地复合利用全流程模式，探索覆盖规划编制、土地供应、建设手续办理、不动产权登记的全流程操作路径。

（四）强化科技和产业创新，加快培育新经济和新支柱产业

一是加强关键核心技术研发攻关。省科技厅聚焦高端芯片、人工智能、纳米材料等特色领域，支持中科院苏州纳米所、南京数脉动力牵头实施"基站用千瓦级 GaN（氮化镓）功率器件及毫米波收发前端芯片关键技术研发"等 20 余项产业技术研发和科技成果转化项目；在江苏自贸试验区实施"低碳节镍型超低温容器钢研发及产业化"等重大科技项目，支持苏州片区开展碳达峰碳中和区域重大科技示范工程。省工业和信息化厅将南京片区集成电路设计服务、苏州片区微纳制造、连云港片区现代中药纳入省制造业创新中心培育名单；支持南京片区打造支持先进工艺的全流程电子设计自动化（EDA）工具平台；支持苏州片区加快建设省微纳制造创新中心。

二是大力培育战略科技力量。苏州实验室揭牌成立，成为国家在江苏布局的规格最高、规模最大、产业影响力最广泛的大型综合研究基地。连云港片区江苏康缘药业股份有限公司的"中药制药过程新技术国家重点实验室"等国家重点实验室重组加快推进。国家集成电路设计自动化技术创新中心落户南京片区，国家生物药技术创新中心发布首批技术攻关项目榜单。苏州片区加快建设国家新一代人工智能试验区，获批建设语言计算国家新一代人工智能开放创新平台。江苏自贸试验区新认定高新技术企业1 600余家，总数超过4 000余家。

三是打造战略性新兴产业和先进制造业集群。南京片区、苏州片区生物药品制品制造入选科技部创新型产业集群。省发展改革委支持江苏自贸试验区打造战略性新兴产业集群，建设省级工程研究中心、产业创新中心。省工业和信息化厅将南京片区集成电路和轨道交通、苏州片区生物医药和纳米新材料、连云港片区生物医药等产业纳入省先进制造业集群培育重点支持对象，连云港片区医药产业、苏州片区电子信息产业等国家级新型工业化产业示范基地参加国家发展质量考核评价获得五星级称号。

四是强化知识产权保护运用。省知识产权局支持南京、苏州知识产权保护中心获批新增节能环保、数字智能制造和电子信息产业领域专利预审权，两中心全年受理专利预审2 100余件、授权1 100余件。深化知识产权金融创新，2022年江苏自贸试验区完成知识产权质押融资124笔、金额超过50亿元；发布知识产权证券化产品4笔，累计储架规模超10亿元；南京片区发行全国首单交易所“特定信托”知识产权证券化项目。

五是大力发展数字经济。省工业和信息化厅支持苏州片区高标准建设国家新一代人工智能创新应用试验区，苏州华兴源创科技股份有限公司、艾信智慧医疗科技发展（苏州）有限公司、知行汽车科技（苏州）股份有限公司入围工信部“人工智能产业创新任务揭榜挂帅”潜力单位。南京片区加快建设省区块链产业发展集聚区、省区块链技术创新应用试验区。建设省级智能网联汽车先导区，苏州片区“苏州城市出行服务与物流自动驾驶先导应用试点项目”入围交通部试点项目。省通信管理局支持南京、苏州、连云港建设国际互联网数据专用通道。

（五）加快转变政府职能，营造市场化、法治化、国际化一流营商环境

一是优化审批服务。省政务办持续深化自贸试验区“证照分离”改革，推进照后减证和简化审批，南京片区“对外贸易、民办教育、医疗服务、药品经营、道路运输”等事项平均审批时限提速超过50%，惠及企业2万家。省市场监管局拓展“住所在线核验”和“一照多址”改革，支持连云港片区开展商事主体登记确认制改革试点，片区企业数较获批前增加8.5倍。省自然资源厅支持连云港片区开展海域使用权与海上建（构）筑物一体登记试点。省住房和城乡建设厅指导苏州片区开展建设工程消防验收备案告知承诺制试点。省税务局实施“非接触式”退税，所有出口退税事项均可线上办理。江苏海事局政务服务中心、船员考试中心进驻南京片区，创新海事“政务+信用”便利化服务模式。

二是强化事中事后监管。加快健全以“双随机、一公开”监管为基本手段、以重点监管为补充、以信用监管为基础的新型监管机制。三个片区制定双随机任务865项，检查市场主体2.3万余家，联合检查占比近一半。强化信用监管，连云港片区在全省率先出台《连云港市食品生产食品安全信用等级评定管理办法（试行）》。南京片区构建3级81项通用分类指标体系，对区内16万家市场主体进行分区分类分级监管。

三是强化竞争政策的基础性地位。省市场监管局支持江苏自贸试验区建立“大数据+智库+第三方评估”公平竞争审查外部监督机制。南京片区制定公平竞争审查第三方评估实施办法，面向全国聘请11名专家开展公平竞争审查。苏州片区出台涉公平竞争审查举报处理办法、公平竞争审查抽查工作办法。省知识产权局开展对未在中国注册的驰名商标给予与注册商标同等的权利保护研究。南京片区入选全国第一批商业秘密保护创新试点，搭建全国首个商业秘密公证保护平台。省国资委扎实推进国企改革三年行动，督促指导企业建立信息公开制度。

四是完善商事纠纷多元化解机制。省法院支持挂牌成立苏州自贸试验区法庭，实现三个片区审判机构全覆盖，向最高法院争取指定片区所在地基层法院集中管辖本市涉外民商事案件。苏州国际商事法庭“构建涉外商事多元纠纷解决新模式”入选最高人民法院“人民法院服务保障自由贸易试验区建设亮点举措”。省法院、省司法厅制定《关于建立诉讼与仲裁工作协调配合机制的意见》，促进诉讼与仲裁协调配合，提升仲裁公信力。

五是强化风险防控。省通信管理局依托国家工业互联网安全技术保障平台江苏分平台，对 139 家重点工业互联网平台企业、48 家标识解析企业、5.6 万家规模以上工业企业开展数据安全监测，累计发现各类数据安全风险一万余条。

（六）推动协同联动发展，更好服务重大国家战略

一是加快打造亚欧重要国际交通枢纽。连云港港 30 万吨级航道全面建成，上合组织（连云港）国际物流园铁路专用线和装卸场站项目、徐圩新区多式联运中心一期建成运营。中哈（连云港）物流合作基地数字化调度中心建成投用，实现智能化、可视化、无人化作业，集装箱进出场量增幅超 10%。

二是大力发展多式联运。省交通厅支持连云港片区打造“新亚欧大陆桥集装箱多式联运示范工程”，大力发展多式联运，在兰州通道新增“一单到底”模式，在“徐州—连云港”推广应用海铁联运“一单制”，完成集装箱运输量 2 440 标准箱。连云港片区建设“蓝宝星球”多式联运信息平台，初步形成以港口为核心、服务多式联运各环节的业务协同和信息共享平台。

三是支持与省内高水平开放平台联动发展。加大改革试点经验复制推广力度，持续推动国家前六批 278 项制度创新成果在省内复制推广。省自贸试验区工作领导小组制定出台《关于进一步支持中国（江苏）自由贸易试验区联动创新发展的若干措施》，支持江苏自贸试验区与省内 57 个国家级开发区、国际合作园区等重点开放平台联动改革、联动开放、联动创新。省科技厅推动苏南自创区和自贸试验区联动发展。省交通厅支持南京禄口国际机场与自贸试验区联动开放，优化布局国际客运货运航线网络，提升国际航空货运保障能力。

四是推动长三角自贸试验区联动发展。加强与上海、浙江、安徽等长三角自贸试验区互学互鉴，牵头举办长三角自贸试验区制度创新论坛，发布长三角自贸试验区第二批制度创新案例，江苏省 3 项案例入选。围绕对标高标准国际经贸规则、推动实体经济转型升级、打造一流营商环境、发展数字经济等开展交流研讨。

三、创新成果及案例

案例 1：“科创数金”助力破解科技企业融资难题

科技型企业作为实现创新驱动、推动经济高质量发展的主力军，具有轻资产、高风险、高成长等特点，但在融资过程中也面临抵押物少、银企信息不对称等问题。为有效缓解科技企业融资难、融资贵、融资慢等问题，充分激发科技企业创新活力，南京片区着力打造“科创数金”政企银一体化数字金融服务平台（以下简称“科创数金”平台），通过挖掘科技企业创新价值，将科技企业创新能力转化为信用价值，推动企业创新变现。

主要做法：

一是整合企业经营数据，发挥大数据信用效能。“科创数金”平台有效整合南京片区企业工商信息、经营状况信息、政策申报信息、企业资质信息、知识产权信息、风险信息 6 大类超 37 万条企业数据，建立“企业大数据库”，并将碎片化数据分析提炼为结构化数据，发挥企业大数据在融资中的信用效能，实现“让数据说话”。

二是搭建价值评价模型，实现综合价值自动评级。“科创数金”平台建立涵盖管理能力、知识产权、创新能力、行业及市场环境、财务状况 5 个维度共 88 项指标的科技企业综合价值评价模型，利用大数据自动评级评分，引导银行从侧重抵质押物的“资产价值型”思维，向侧重科技实力的“创新价值型”思维转变。

三是创新授信测算模式，优化企业融资效率。“科创数金”平台在整合各银行授信政策的基础上，创新打造科技企业授信额度测算模式，使银行由“在项信贷评审”转变为“企业整体信贷能力测评”。银行可在最高授信额度内提供贷款，实现银行先期授信、企业按需贷款。

四是推动融资科技增信，助力企业降本增效。“科创数金”平台重点突出对融资企业的科技创新能力和未来发展潜力的评价，对创新能力强、成长性好的科技企业，适当提高授信额度，将技术“软实力”转化为融资的“硬通货”，实现“科技增信”，在一定程度上解决企业“融资难”的问题。企业发布融资需求时，可选择三家意向银行进行竞标报价，银行实时受理、快速响应，有效解决“融资贵”的问题。“科创数金”平台与银行信贷系统直连，实现业务流、信息流互联互通，信贷全流程线上化操作，有效解决“融资慢”的问题。

实践效果：

“科创数金”平台自2021年6月底上线试运行以来，不断加强与金融机构合作，实现与南京银行、北京银行、江苏银行、邮储银行、苏宁银行等五家银行的API数据接口对接互联，并与招商银行、南京银行深入开展隐私计算、模型共建，实现银行模型在“科创数金”平台上的应用部署。以纳博特南京科技有限公司为例，该公司是一家专注工业机器人的科技企业，此前因为强抵押物少，融资遭遇瓶颈，在注册登录“科创数金”平台并发布融资需求后，很快就有多家银行工作人员对接，通过“科创数金”平台的银行竞标模式，企业结合自身经营情况和融资需求，对比各家银行的利率情况，选择合适的合作贷款银行，迅速获得300万元的银行贷款。

下一步工作思路：

一方面，南京片区将持续迭代数据模型、优化升级平台功能，以提高科技企业融资服务的可得性和满意度，持续提升科技金融服务能力；另一方面，加大“科创数金”平台系统的宣传推广力度，让更多有需求的企业能够从中受益。

案例2：出口纺织品碳中和标识服务

随着欧盟委员会公布碳边境关税政策提案，计划向他国征收碳排放进口税，中国的生产型外贸企业将面临更为严峻的国际贸易形势，作为其中的碳排放大户，纺织服装类企业的绿色数字化转型迫在眉睫。为破解这一难题，南京片区支持区内企业利用数字化手段，开展出口纺织品碳中和标识服务，围绕纺织服装产业的供应链、生产、运输、运营四个主要环节，加快对接国际低碳贸易规则，为突破国际碳关税绿色贸易壁垒提供宝贵经验。

主要做法：

一是搭建碳核算服务平台，收集碳足迹过程数据。南京片区支持打造碳擎—企业数字化碳管理平台（以下简称数字化碳管理平台），以纺织品从纱线到成衣的生产全周期为核算边界，系统收集纺织品原料成分、能源消耗量、生产过程废弃物处理方式、原料及成品的运输方式和距离等碳足迹相关数据。在此基础上，将数字化碳管理平台收集到的数据汇总至国家权威的温室气体核算标准库，自动核算出纺织品生产全周期的碳排放量。同时，南京片区还专程邀请国际第三方认证机构，依据国际认证标准ISO 14067，对企业产品的碳足迹数据予以核查认证，以增加操作流程的公信力和数据结果的准确性。

二是指导生产全周期减碳，推动碳汇林抵消碳排放。考虑到出口纺织品所涉及到的供应链、生产、运输、运营四个主要环节都需要消耗大量能源，指导督促相关纺织服装企业在产品生产全周期内，通过选择低碳能源面料供应商、减少使用降解性差的生产材料、“绿电”用于生产及运输等一系列具体举措实现节能减排。同时，鼓励企业积极开展造林活动以吸收和固定二氧化碳，用于抵消产品生产所造成的碳排放，形成的碳汇聚量依据在国家发改委备案的森林碳汇方法学，由第三方机构进行核准。

三是标注碳中和认证标识，扫描二维码回溯全程。通过“碳中和”综合评估认证的纺织品，可按照一物一码的方式，在每件商品的标签上标注“碳中和”中文标识，并加贴独立二维码，终端用户通过扫码可查看产品生产全周期各个环节中的碳排放数据以及实现产品碳中和的途径。同时，所有的二维码相关数据均通过区块链技术进行存证，保证数据公开透明、永久有效且不可篡改，并可随时查看溯源。

实践效果：

在南京片区的支持和指导下，数字化碳管理平台与国内某知名外贸服装企业合作，率先在全国推出了第一批经数字化认证的碳中和纺织品服装，并在海外的亚马逊购物网站上架发布。数字化碳管理平台在前期对这批服装（共计 11 020 件）开展生产全周期碳足迹盘查，经核算，产生的碳排放量约为 30.619 吨，其中原材料部分 21.526 吨、生产部分 8.968 吨、运输部分 0.125 吨，相关数据均通过了国际第三方权威认证机构的认证核实。同时，该企业拥有一片属于自己的碳汇林，造林规模达 18 亩，项目测算可产生碳汇聚量达 30.64 吨，足以抵消生产这批服装所产生的碳排放量，有效实现产品碳中和。这批服装在亚马逊购物平台发布后反响火爆，不仅引起境外客户的“野性消费”，还得到电商平台的气候友好型流量置顶推送，在国际市场上成功树立绿色环保企业和产品形象。

下一步工作思路：

一是助力需求企业，扩大服务范围。南京片区将复制推广出口纺织品碳中和标识服务模式的相关经验做法，对接更多有碳中和标识服务需求的纺织服装企业，带动更多企业产品绿色低碳转型，提升中国纺织服装企业在国际上的品牌形象和市场竞争力。

二是面向重点领域，丰富应用场景。随着国际贸易“碳关税”覆盖领域进一步扩大，将有更多出口行业产生碳中和认证、标识服务需求。南京片区将结合具体应用场景，面向机电、化工、钢铁、轻工等出口行业，提供更多符合国际低碳贸易标准、行业规范的碳中和标识解决方案，助力更多出口行业低碳转型，积极参与国际竞争。

三是对接经贸规则，构建认证体系。南京片区将结合先行先试的成功经验，积极参与构建“江苏碳足迹标准”“中国碳足迹标准”，在全国率先对标高标准国际经贸规则，探索和建立绿色低碳贸易标准和认证体系，促进江苏制造和中国制造绿色低碳转型，巩固提升在国际市场竞争中的优势地位。

案例 3：“宁研通”助力药企研发提质增效

参比制剂作为仿制药研发过程中，用于质量和疗效一致性评价的对照药品，具有工艺合理、质量稳定、疗效确切等优点，其中很多原创性新药在国内并未上市，仅在境外一些国家上市有售。从事仿制药研发的医药创新企业，在自行寻找境外参比制剂原研厂商及供应商的过程中普遍存在耗时长、价格高等困难，而市场第三方中介机构鱼龙混杂，服务质量参差不齐，供货质量和效率也无法得到充分保证。为破解这一难题，南京片区创新打造“宁研通”公共服务模式，以专业的服务平台为依托，助力企业优化参比制剂进口采购流程，并提供专业化质检服务以确保购入产品的质量效果，为医药创新企业仿制药研发打下坚实基础。

主要做法：

一是集聚优势资源，搭建服务平台。在省市场监管局、省药品监管局等部门联合指导下，南京片区集聚生物医药公共服务领域的优势资源，建设“宁研通”公共服务平台（以下简称“宁研通”平台）。“宁研通”平台致力于打造“货源渠道+质检保障”的一站式参比制剂综合服务体系，实现集采购、通关、检测、储存等核心环节于一体的全链条服务，实行跟踪监测的闭环管理机制，给企业带来便捷与高品质服务的同时，保障全流程合法合规。

二是收集企业需求，优化采购流程。“宁研通”平台充分摸排区域内医药创新企业在参比制剂方面的实际需求，在此基础上，与境内外众多参比制剂经销商展开对接谈判，进行甄别选择。其中，符合条件的优质经销商将被纳入平台供应商资源库，建立参比制剂直接采购渠道，从而进一步压缩进口采购流程，降低获取成本。同时，“宁研通”平台切实指导企业根据自身需求，进行参比制剂遴选，并协助整理相关材料向监管部门申请一次性进口批件，待获得批件后，参比制剂经销商可发货并通过指定口岸入关，最终入库转运至需求企业。

三是加强质量检测，提供保藏服务。为保障购入参比制剂的产品质量，“宁研通”平台凭借中国合格评定国家认可委员会（CNAS）认可的药物检测能力，构建参比制剂高水平质检体系，对到库的参比制剂按照国际质量标准进行全批次药品检测，确保质量合格后才能批准转运至需求企业，以保障企业的仿制药一致性评价科学有效。同时，针对入库的参比制剂，“宁研通”平台投入智能冷藏室（包含冷链运输）、P2 实验室等先进设备以提供全流程标准化保藏服务，确保参比制剂存储、检测、运输全流程安全可控。

实践效果：

“宁研通”平台运行以来，已针对区域内南京绿叶制药有限公司、南京健友生化制药股份有限公司、江苏先声药业有限公司等 50 余家医药创新企业进行深入调研，梳理参比制剂服务需求 100 余项，接受服务咨询 200 余次。同时，初步完成供应商资源库建设，并已与深圳市博智生物科技有限公司、深圳市祥根医药有限公司、北京顺悦科技有限公司、广州佰瑞医药有限公司、泰州佩齐医药有限公司、江苏华为医药物流有限公司、广州市桐晖药业有限公司、五洲药物国际贸易有限公司（澳门）、香港医药国际贸易公司有限公司（香港）、Arctom（美国）等海内外供应商进行深入对接，签订战略合作协议。“宁研通”平台已服务南京片区 16 家企业，完成单抗药物、脂质纳米颗粒、多肽抗体等数十个研究用药（生物制品）的清关到货。

下一步工作思路：

“宁研通”平台下阶段将按照国家《药品经营质量管理规范》（GSP）的相关要求打造参比制剂以及临床试验药品供应链体系。建设符合 GSP 要求的仓储及配套设施，全面推行计算机管理信息系统的应用，加强药品购销渠道、仓储环境管控，解决票据管理、冷链管理及运输管理等难点问题。同时，探索建立参比制剂物流标准，以推动药品冷链体系化管理，进一步提高“宁研通”平台的服务水平。

案例 4：区域性生物样本库共享应用

随着科学技术的进步，人类医学事业发展正从基础医学研究向精准医学研究迈进，高质量可溯源的生物样本作为病因学研究的关键资源尤为重要，生物样本库的建设也因此得到了广泛的关注和重视。我国的生物样本库建设总体尚处于起步阶段，仍存在规范化程度不足、低层次重复建设、共享应用机制不够完备等问题。南京片区立足自身产业发展需求，秉持规范化、集约化、共享化的核心理念，创新打造区域性生物样本库，以卫生信息平台为基础，为南京片区的生物医药产业发展提供充足的资源保证和场景支持。

主要做法：

一是“体系+标准”，打造规范化服务流程。南京片区生物样本库以样本存储自动化、信息化、标准化为导向，引入先进的 BioStore II 全自动智能化 -80℃样本存储管理系统，依托软件控制机械臂操作、样本信息自动扫描录入、独立制冷系统等配置，形成自动化程度高、操作便捷、标准规范的信息化服务体系。同时，制定出台生物样本采集使用相关的操作标准，从样本采集前的申请、伦理审查、知情同意到采集时的处理、注释、储存，再到采集后的包装、运输、使用、销毁，对每一个操作环节进行过程管理，通过相应的质量管理体系，对不规范的操作行为进行及时纠偏。

二是“自持+托管”，促进集约化资源配置。南京片区生物样本库的建立，有效避免以医院为单位，分散建设小型样本库带来的资源浪费，科学统一的管理模式和操作流程，一定程度上保证了样本数据的规模和质量。同时，伴随着生物样本保藏资质的获批，南京片区生物样本库在自持海量样本数据的基础上，能有效服务于无样本存放条件，但有样本存储需求的医疗机构、科研院所和企事业单位。通过引入质量认证体系，确保样本库在操作流程、质控管理、安全保障、信息化处置等方面完全符合相关行业标准，保障存储者“存”得放心、“取”得自在、“用”得方便、“花”得实惠。

三是“互通+开放”，创新共享化合作方式。南京片区生物样本库在推进信息化建设，管理好自身样本资源的基础上，积极参与多中心研究合作，以实现资源数据在安全前提下的互通共享，最大化开发生物样本的价值。同时，向有医学研究需求的医疗机构、科研院所和企事业单位开放相关的样本资源数据。为保证数据的安全性，需求单位必须在样本库指定的工作场地内浏览和使用样本资源数据，并签订相关的保密协议，研究单位只能带走生成的研究性成果，不能复制、泄露相关的资源数据信息。

实践效果：

南京片区生物样本库联合省内重点三甲医院，汇集 22 个遗传资源库，集成近 300 万份样本资源信息，19 万份实体存储样本，以 ISO 20387 为标准规范流程，实现存储样本高质量管控、数据信息完整可用。在此基础上，携手金陵海关驻江北办事处，为有生物制品进出口需求的企业提供专项咨询、样本存储托管等服务。同时，样本库与南京市疾控中心、南京医科大学、江苏省人民医院、中国药科大学、东南大学附属中大医院、南京鼓楼医院等单位开展合作，助力南京慢性病样本库、江苏省儿童血液肿瘤中心分中心等医疗合作项目落地南京片区。

下一步工作思路：

一是加强标准化制度管理，增强法律意识。严格按照国家《人类遗传资源管理条例》的相关要求执行《知情同意》，通过内部讲座、检查、必要情况下处罚的方式，提高样本保藏的伦理意识，最大化减少伦理风险，保护相关企业、科研人员、捐赠者的合法权益。

二是重视专业化人才培养，充实服务力量。注重生物样本的科学研究和与生物样本相关联的学科建设，探索建立科学化、规范化、系统化的人才培训体系和相关实践基地，以充实专业化的人才服务团队，增强服务力量。

三是构建有偿化服务体系，提升造血能力。合理制定生物样本的有偿使用服务价值体系，合理收取生物样本资源的有偿使用费用，用于生物样本库的运行和维护，形成以资源养资源的良性循环。

案例 5：“海外仓离境融”构建跨境贸易数字生态链

为优化贸易结构，进一步促进跨境电商等贸易新业态发展，南京片区在海关监管部门的指导和支持下，积极探索出口产品“海外仓”发展新模式。针对 2020 年跨境电子商务出口海外仓监管模式（“9810”监管模式）实施后，跨境电商企业出口海外仓产品报关离境，从实际离境到实现销售，收取外汇，需要长达半年左右时间的难题，南京片区会同市商务部门、南京海关和税务等部门，创新打造“海外仓离境融”公共服务平台，由海关提供货物实际离境信息，平台进行风险分析评估后对接金融机构，对试点企业进行融资支持。

主要做法：

一是部门联动，搭建公共服务平台。由南京片区牵头，会同商务、海关、中国出口信用保险公司以及相关金融机构，共同搭建“海外仓离境融”公共服务平台，为出口海外仓（“9810”模式）的跨境电商企业提供金融服务。在海关对企业货物申报及实际离境信息完成验核后，平台以海关、税务等部门的企业评级信息为依据，通过数据模型对企业经营质量、风险状况、信用资质等方面进行综合评估，为企业融资提供精准“画像”，金融机构据此向海外仓出口企业进行融资支持。

二是追踪闭环，提供全链融资服务。金融机构为企业提供的出口“海外仓”融资服务，主要包括应收款项（含可申报退税）融资、信保融资和运费融资支持。其中应收账款融资主要为企业提供基于贸易订单产生的货款信用融资。信保融资以企业的出口信用保险保单为标的进行融资支持，实现企业信用和政策性保险的系统整合。运费融资支持以运费应收账款为标的，由中国出口信用保险公司等相关机构提供运费应收账款保险，由银行提供融资服务，保障跨境物流企业经营安全，应对运费波动给企业造成的资金压力。

三是多方参与，打造风险防控体系。南京片区通过优化“9810”监管模式，联合属地海关、外汇管理、税务等部门和金融机构构建风险防控体系，防范可能存在的虚假贸易风险。通过签订多方保密协议确保企业商业机密不泄露的同时，海关仅对相关企业提供贸易真实性判别，确保海关等职能部门监管数据安全。

实践效果：

一是海外仓业态融资流程优化。通过搭建服务平台，解决海外仓企业从货物离境到确认销售和收汇的时间较长、垫付或占用资金较大的难题，提高金融机构授信审批放款的时效，海外仓企业贸易融资资金到账期缩短至 3 个工作日以内，缓解企业资金占压困难，提升资金利用率与周转率。

二是海外仓业态金融服务全链护航。自 2021 年 10 月该项目在南京片区成功落地以来，已有 9 家试点企业通过该项目共计成功获得中信银行 2 940 万元优惠利率贷款，其中，南京片区企业江苏美达环球科技产业有限公司 2021 年 10 月 14 日出口至德国亚马逊海外仓一批温湿度计，货值 34 300 美元，3 个工作日内即获得中信银行南京分行 17 万元（包括应收账款融资、信保货物融资、运费融资等）优惠利率贷款。

下一步工作思路：

一是进一步完善全生态链综合服务体系。采取自动匹配、“点餐服务”等方式，为需求企业跨境贸易提供涵盖应收账款、信保货物、运费保险等全生态链综合服务，实现海外仓仓储、“门到门”全链路物流等模块化点餐式服务的目标，打造南京片区跨境贸易数字生态链。

二是进一步深化区块链监管服务模式。利用区块链溯源技术对海外仓建设、运营及相关入仓货物进行全链条管理和服务，构建海外仓全球资源共享和保供体系。探索建立商务、海关、税务、外汇管理等监管部门及金融、物流、仓储等服务企业对跨境贸易生态链全过程的风险联防联控机制，一处疑点全链联动，直至疑点消除或成案，保障平台高效运行。

案例 6：打造外籍人才医疗保障新模式

南京片区作为长三角地区改革开放的前沿和窗口，各领域对外合作交流频繁。南京片区医保部门从优化医疗机构布局、提升医疗服务水平着手，努力为外籍人才提供更优质、更便捷的就医条件。在区域范围内畅通外籍人才医疗服务绿色通道，提供预约诊疗和外语服务。同时，加大全球医疗资源开放合作，在试点医院开展国际医疗保险结算服务，与境外主流国际医疗保险公司认证签约，可基本满足外籍人才的国际医疗保险结算需要。对于外籍人才的基础医疗需求，则尽可能通过本地化的医保模式予以满足。

主要做法：

一是集聚全科医疗资源，打造国际化就医环境。南京片区试点在区域内南京医科大学第四附属医院（以下简称南医大四附院）成立国际诊疗中心，专门面向外籍人才提供高端医疗保健服务。服务内容主要包括全科综合门诊、预约专家门诊、健康体检、预防接种和住院医疗等项目。诊室、就医流程说明等均配有中英文两种标识，就诊、检查、办理入院及出院手续等安排专人陪同，医护人员与外籍患者通过英语交流，实时了解患者需求。

二是获得国际医保认证，建立市场化结算机制。南京片区经过市场调研，引入高端医疗险服务商 MSH CHINA（万欣和）负责代理国际医保结算业务。该公司与国外许多大型健康商业保险公司有长期合作关系，在国内拥有医疗网络和信息服务平台，可提供对接国际医疗保险预约、咨询、结算等服务。在南京片区的积极推动下，南医大四附院成功通过国际医疗保险定点医疗机构的资格审核，并与万欣和公司签署直接付费网络服务和首选医院协议。协议签订后，国际医疗保险参保人可通过信息服务平台选择南医大四附院就诊，医院进行诊疗服务后，将相关费用明细上传至网络服务平台，通过线上与万欣和公司进行信息交互和诊费结算，参保人无须垫付费用。

三是兼顾基础医疗需求，提供本地化医疗保险服务。为充分调动外籍人才在南京片区就业安居的积极性，南京片区医保部门大力推动区域内外籍人才“凡聘必保”，规定用人单位招用外籍人才的（包括南京片区企业自聘或境外派遣），自办理就业证件之日起 30 日内为其办理社会保险登记，依法缴纳包括医疗保险在内的社会保险费，让外籍人才的基础医疗需求得到较好保障。同时，南京片区结合外籍人才实际需求，引入定制化商业医疗保险产品，为外籍人才提供更多元化的医疗保险服务。

实践效果：

南医大四附院国际诊疗中心运营以来，提供的现代化医疗服务及国际化医保结算途径，为南京片区外籍人才提供便利。例如，某外国专家有高血压病史，需要长期治疗，南京片区工作人员了解情况后，及时协调医疗险服务商（万欣和）进行上门服务，主动对接该外籍人才购买国际医疗保险的公司，在最短的时间内推动南医大四附院通过该公司的定点机构认证，顺利完成网上签约；国际诊疗中心按流程帮助患者预约专家，安排就诊时间，患者就医并确认费用无误后即直接离院；整个过程高效、便捷，切实保障外籍人才按照保险合同规定享受相关待遇和服务。

下一步工作思路：

一是制定出台涉外医疗服务管理规范。开展疾病谱调查，掌握南京片区涉外医疗服务中常见的就诊疾病，为制定涉外诊疗规范提供依据，进一步明确门诊、住院治疗、手术治疗、转院护送、急救处置等各项具体服务的相关流程和管理要求。

二是配合筹建涉外医疗服务社区诊所。以现有医院层级的国际诊疗中心为依托，延伸医疗保障服务链条，在外籍人才居住较为集中的“国际社区”附近，探索筹建具备相应条件的社区诊所，开展涉外医疗服务，社区点与医院形成两级服务网络，满足外籍人才不同层次的医疗保健需求。

三是重点加强涉外医疗人员引进培训。加强涉外医疗服务培训，聘请相关专家进行短期授课，授课内容主要包括涉外纪律、礼仪、语言、文化习俗、医疗保险政策等方面。同时，定期到先进地区考察，实地了解国外门诊和住院诊所的流程规范。

案例 7：多平台集成助力物流数字化

为提高物流效率、降低物流成本、增强智能化水平，苏州片区将苏州得尔达国际物流有限公司“海外仓+服务平台”、双循环供应链大数据底座以及苏州工业园区报关有限公司智能合规通关数字贸易平台、跨境全流程供应链可视化平台等平台集成融合，以数字化赋能传统物流，助力国内外贸易高质量发展。

主要做法：

一是搭建“海外仓+服务平台”。在苏州市政府倡导企业“买全球、卖全球”，不断推动企业打开国内市场、融入国际市场的背景下，围绕苏州片区推出的跨境电商政策，利用大数据、云计算、人工智能、区块链、虚拟现实等新技术开发搭建“海外仓+服务平台”。该平台旨在对接关务、制造企业、金融机构、保险机构、航运公司等数据，有助于构建跨境电商全流程数据化管理模式，共建物流大通道，加快推动“苏州制造”和跨境贸易供应链物流服务体系的深度融合。

二是打造双循环供应链大数据底座。大数据底座包括三个核心模块：供应链上下游企业资金数据模块，通过海量数据沉淀为企业融资和结算业务提供数据支持；全产业链保税区块链模块，推动产业链核心企业和上下游企业同时上链，为贸易真实性和数据稳定性提供保障，简化海关监管流程；企业信用等级评定模块，为进出口企业各类信用等级评定提供数据支持。

三是构建智能合规通关数字贸易平台。运用AI技术，打通企业、物流、通关等各外贸供应链节点，改善通关营商环境，促进区域企业合规管理，通过区域外贸数据沉淀，实时反映区域外贸经济情况。

四是开发跨境全流程供应链可视化平台。运用“互联网+”模式，将商品归类信息、口岸信息、通关申报状态、实货状态、海外仓信息、跨境贸易信息、仓配信息、运输节点以及跨境其他孤立信息全部集成。通过整合调度、运输、实货等现有数据资源，实现“单—车—货—人”的匹配，进而实现各层次全覆盖管理，准确把握货物运输状态、提送货状态、轨迹路线。该平台有助于及时进行意外应急处理，提高运营效率，便于管理层进行数据监测、分析研判、展示汇报，规避由于货物丢失、损坏等造成额外成本的风险，满足公司掌控供应链的要求。

实践效果：

一是降低运营成本。借助“海外仓+服务平台”，可提前预估客户销售数量、合理降低海外仓库存，并帮助客户去库存。“海外仓+服务平台”同公司现有客户系统对接率已达30%，为客户的生产计划提供全程的数据支撑。借助“海外仓+服务平台”和物流信息系统，使用头程运输、仓储管理和本地配送等流程帮助客户提高20%的跨境物流时效。

二是提升企业信用等级。借助动态数据库对授信过程实时监控、分级预警、精准把控，实现授信决策“零风险”；授信额度、授信效率最高提升30%。通过自主研发的区块链服务（BaaS）平台，一键部署区块链服务，定向开源，推动更多核心企业“上链”，实现全程保税监管，减少企业操作环节20%工作量，降低企业成本超百万元。通过与中国出口信用保险公司的平台对接和数据共享，结合企业业务能力（EBC）系统，将智慧物流平台功能应用于更多物流操作场景，操作准确率提升到99%以上，助力企业信用等级评定100%合规。

三是提升通关效率。运用“AI+OCR”技术提高通关智能化水平，提升通关效率20%。优化区域营商环境，缩短通关时间30%，通关成本下降20%。促进区域企业合规管理，100%对标AEO合规管控。直联“单一窗口”，健全完善区域数字外贸平台。

四是提升物流配送效率。集成跨境物流节点，实现供应链全程可视化，沟通时效提升20%。运用数据看板管控，满足100%作业数据透明化。通过实时监控，预警运营风险，保障货物交付，运营时间缩短30%。运用数据还原，实现100%可预警可追溯可分析。

下一步工作思路：

一是升级“海外仓+服务平台”功能。利用先进科技手段加速平台创新升级，让跨境电商海外仓服务成为“苏州制造”开展国际贸易的首选和外贸创新发展的排头兵，帮助“苏州制造”卖家快速响应海外消费者需求的变化；利用苏州制造业供应链的成熟和完整度优势，灵活调整自身产品，积极开拓“一带一路”沿线市场，参与“丝路电商”建设，把握RCEP发展机遇，实现逆势增长、提质增效，充分发挥跨境电商在稳外贸、促转型、扩消费等方面的积极作用。

二是强化双循环供应链大数据底座支撑作用。

将更多供应链数据源整合进“大数据底座”，结合区块链技术实现数据高效监管，确保数据的安全性，并根据需要为政府部门制定政策和企业分类管理提供数据支持，为企业发展提供更多增值服务。

三是加快智能化开发助力数字贸易。继续发挥苏州工业园区报关有限公司自身科技的引领优势，深耕企业需求，提升外贸供应链的合规程度、通畅程度和效率，实现贸易数字化到数字贸易的转变。把外贸供应链建设成一条标准化、数字化、智能化、自动化的供应链，进而推动跨境供应链产业整体技术及服务的进步。

四是提供个性化产品服务。5G 物联网时代已经来临，后期将叠加客户不同场景需求，开发来样定制衍生产品，比如叠加温度、湿度、动态实时视频传输等。不断提升产品内涵满足客户个性化需求，丰富产品线增加收益。

案例 8：苏州国际商事法庭构建多元纠纷解决新模式

随着国际商事活动日益频繁和外向型经济持续发展，苏州地区国际商事纠纷案件数量和相关司法需求不断增长，迫切需要加强涉外商事审判专业化建设，为苏州乃至江苏打造一流的法治化、国际化营商环境提供更为有力的司法服务和保障。2020 年 11 月，经最高人民法院批复，苏州国际商事法庭在苏州片区内设立，作为全国首家在地方法院设立的国际商事法庭，集中管辖苏州市辖区内相应涉外商事案件及与开放型经济密切相关的案件。法庭在全面推进高质量执法办案的基础上，主动对标世界银行营商环境评价指标中的“替代性纠纷解决指数”要求，充分发挥诉讼、调解、仲裁在涉外商事争议解决中的作用，积极推动涉外商事纠纷多元化纠纷解决机制建设，促进更多纠纷灵活、高效解决。

主要做法：

一是首创涉外商事纠纷中立评估调解机制。在坚持当事人自愿原则的基础上，引入国际商事专家委员会专家委员、资深涉外律师等专业人员作为中立评调员，对涉外商事案件中的争议问题、纠纷处理方案提供专业评估意见。并以此为基础，牵头进行调解或引导当事人协商和解，促进纠纷有效化解。

二是构建涉外商事业务司法协同机制。法庭以构建司法协作共同体为着力点，积极联系外事、商务及司法等部门就加强配合协作、发挥各自优势、更优护航外向型经济高质量发展等问题深入研讨，并建立涉外、商事及司法三个维度的司法服务协同机制。与市外办、出入境管理支队等部门加强涉外维度的协同，确保在遵守外事规定以及涉外交往准则基础上，有效保障企业对外经贸往来有序进行；与市商务局、外汇管理局中心支局、地方金融监管局等部门加强商事维度的协同，提升涉外商事法律服务成效；与市司法局、仲裁委员会加强司法维度的协同，强化多元解纷机制建设及仲裁司法审查工作的沟通协调。

三是提升涉外商事纠纷化解的智能化水平。加强智慧审判苏州模式的深度应用。通过为境外当事人提供身份在线验证、委托代理视频见证等服务，并运用远程视频听证、调解、电子质证“随讲随翻”、法律法规“随讲随查”等信息化功能，为涉外商事纠纷的诉讼、调解以及中立评调提供扎实的技术支持，促进纠纷高效化解。

实践效果：

一是满足中外市场主体的多元司法需求。涉外商事多元化纠纷解决新模式充分发挥仲裁、调解以及诉讼等各种纠纷解决方式在处理涉外商事争议中的优势。其中，法庭创新设立的中立评估调解机制作为商事争议解决的新方式，具有专业、便捷、低成本和恢复商业关系等独特优势。对中外当事人而言，这一机制不仅具备人民调解的亲和特点，还能提出更具专业性和建设性的意见，进而形成个性化解决方案。中立评调在诉调融合中务求“预”与“和”的实效，为健全多元化纠纷解决机制拓展了新空间，注入新内涵，为探索一站式涉外商事纠纷处理机制，打造国际一流法治化营商环境发挥了重要作用。

二是提升涉外商事解纷服务效能。以涉外商事业务司法协同机制为基础，为司法协同机制的创新应用作出有益探索。2021 年 10 月，在乌干达某水业公司与苏州某机械公司设备买卖纠纷案中，对于该跨境贸易中的相关领域专业问题，委托市商务局具有海外投资纠纷处理经验的专业人员为双方提出切实可行的预处理方案，再由法官从法律角度进行协调，最终双方达成和解，案件得到圆满解决，涉案设备也顺利出口至乌干达，纠纷得到实质性化解。

三是提供普惠均等、智能精准的司法服务。法庭充分运用信息技术手段，在涉外商事案件中为跨境诉讼当事人办理委托代理视频见证、举行在线听证调解，体现了对中外当事人诉讼权利的平等保护，为跨境诉讼当事人提供了更加优质、高效、便捷的司法服务。通过发布涉外商事审判白皮书及典型案例、举办法庭“开放日”活动、与企业和企业家代表座谈交流等方式，针对企业投资经营过程中的痛点、难点进行答疑解惑，促进中外市场主体形成对裁判规则、尺度的稳定预期，增进对我国法律和司法工作的了解和认同。

2022 年，“苏州国际商事法庭构建涉外商事多元纠纷解决新模式”入选最高人民法院发布的“人民法院服务保障自由贸易试验区建设亮点举措”。

下一步工作思路：

苏州国际商事法庭将加快推进与行政监管部门、行业协会、仲裁机构的沟通协作，进一步健全完善涉外商事纠纷多元解纷机制建设，为苏州片区更高水平的对外开放提供更加有力的司法服务和保障。

一是进一步加强与仲裁、调解机构的深度协作。积极吸纳专业机构共建涉外商事纠纷一站式解决平台，与上海经贸商事调解中心、苏州仲裁委员会等专业机构签署合作备忘录，实现调解服务覆盖诉前委派、诉中委托、诉中邀请全流程。同时，在纠纷解决中引入专业机构的仲裁员、调解员，进一步增强涉外商事争端解决机制的专业性。

二是进一步对接涉外商事纠纷化解多元需求。依托资源优势，为当事人提供具有多种领域专业知识背景的中立评调员名册，满足不同主体解纷需求。积极落实将调解机构出具的调解书纳入司法确认范畴，主动为非诉解纷提供司法服务与保障。明确“一案一方”个性化对接方式，结合案件特点及中外当事人需求，提供个性化解纷建议，在尊重意思自治基础上，引导选择更适合个案的解纷途径。

案例 9：优化非申报货物进出区监管模式

苏州片区综合保税区贸易功能区（以下简称贸功区）以体制机制创新助力一流营商环境建设，探索开展企业非申报货物进出区管理优化试点，以先入区后申报代替原先的先申报后入区，有效解决非保税货物查验烦琐、内贸货物运送低时效及拼车货物入区备案难问题，切实提升货物进出的通达度和便利度，增强企业获得感，为深入推动外向型经济发展释放创新红利。

主要做法：

率先实现目标企业全方位精准识别。贸功区通过全方位精准识别试点目标企业，推动试点工作高效开展。一是精准识别试点目标企业。对已办理海关登记注册、依法合规经营、并经海关前置资格审核同意的企业，适用非申报货物简便进出区便利措施。二是建立跨部门管理协作。苏州片区海关部门强化属地管理，全面掌握区内企业生产经营情况，对重点企业行业进行精准“画像”，准确掌握企业产、运、营轨迹。

全面优化非申报货物进出区流程。构建“线上+线下”一体化监管流程，全方位优化货物进出区管理。一是实施“告知承诺制”。企业进出区实行“告知承诺制”，由市场主体作出承诺、达到审批条件即可简化进出区流程。二是实行“软件引导制”。开发投入非申报货物专用管理系统，引导贸功区非申报货物从专用卡口进入，进入后进行系统登记。三是推行“自主操作制”。开发手机应用程序，企业或司机可随时随地通过手机端完成系统操作。

加大事中事后监管力度。率先建立企业非申报货物进出区事中、事后跨部门综合监管机制，加大监管力度。一是创新“网格化”监管模式。牵头安监、公安、市场监管、环保、交管等部门，重点对化工、危化品、危废处置等行业领域进行事中细化监管，全面提升安全水平。二是开展事后稽核查。苏州片区海关部门利用科技手段在不影响企业生产经营前提下，对非申报货物开展事后稽核查。三是构建“信用约束制”。对于携带违规货物进区的企业进行处罚并列入黑名单，同时培育一批 AEO 高信用等级企业，强化企业自律水平。

完善关地协作机制。统筹协调推进监管优化，会同苏州片区海关部门完善联防联控协作，实施联合巡查，定期召开例会，互通相关信息，共同建立企业信用信息推送、告知和预警制度，以完善的制度机制保障试点工作行稳致远。

实践效果：

一是大幅提升货物进出区便利化水平。通过先入区后申报监管模式的创新，极大提升综合保税区货物进出区便利性，提高企业送货时效性，切实增强企业获得感。目前受惠企业 53 家，每票非保税货物通关效率提升 30%。

二是显著增强对区内外企业吸引力。先入区后申报试点提升了对区内外企业的吸引力。试点后，区外多家企业先后入驻，区内部分企业也取消外迁，并增加了用地规模。贸功区仓库供不应求，2022 年底开始打造生物医药商贸流通服务平台，新建仓库载体 7.5 万立方米；优尼派特（苏州）物流有限公司陆续扩租仓库 5 000 平方米，并拓展南通斯堪尼亚分拨中心项目。

下一步工作思路：

持续优化新监管模式服务水平，总结评估模式运行情况，进一步完善操作规程，优化“关地”协作，着力提升监管质效，营造更高效、更便捷、更贴心的营商环境。

案例 10：“检速达”风险防控机制

苏州片区立足安全、高效、便捷原则，在全国首创“检速达”风险防控机制，通过对案件的分析研判，注重从末端发现前端治理中带有普遍性、趋势性的问题，向企业、相关部门针对性制发《法律风险提示函》并跟踪整改落实，有效推动风险预判和防范化解，大幅提升社会治理法治化水平，为优化营商环境、推动经济社会快速发展保驾护航。

主要做法：

一是主动“把脉问诊”，防范风险隐患。树立主动服务的司法理念，建立“一企一档”，全程跟踪涉企案件办理情况。秉承检察“三必看”原则，一看企业有无违法违规事实、二看有无风险隐患、三看有无提示必要，对涉案企业全面“法治体检”，全方位防范企业在经营管理、制度机制等方面的风险隐患。

二是出台办案指南，精准识别风险隐患。创建《经济犯罪案件司法审计指南》，重点指引办案人员及时发现企业运营、财务管理等方面的风险隐患；建立《知识产权权利人权益保障办案指引》，全程规范知识产权类案件办理，敏锐发现企业知识产权保护方面的风险隐患。

三是引入同行评价，助力风险精准防控。针对涉及商业保理、私募基金、知识产权等新型疑难复杂案件暴露的专业风险隐患，创新引入“同行领域平行评价机制”，邀请相关行业、领域具备专业知识、专业技能的人员，以同行领域的视角和平行评价的方式辅助办案，厘清商业保理、私募基金、知识产权等行业涉及新型疑难复杂案件中的经营模式、行业规范、专业术语等专业问题，提出针对性风险防控建议，从源头防范并遏制风险隐患。

四是切实推进企业合规，着力强化专项治理。通过实地走访、约谈、公开听证等方式，进一步核实企业问题、了解企业诉求，经综合研判后，于 10

日内向相关企业发送《法律风险提示函》，推动企业合规经营。开发“企业商业秘密检察保护双百平台”，对企业填报情况自动测评，形成风控报告，通过大数据分析，梳理区域或系统的共性风险隐患，提升企业合规管理水平。针对扰乱市场秩序、妨碍金融管理等问题，进行类案分析评价，与行业主管部门沟通后，于15日内向相关主管单位、行业协会制发提示函，共同推动专项治理。

实践效果：

一是借助制度创新，大幅提升社会治理法治水平。“检速达”风险防控机制是在全国检察机关中首创的制度创新成果，该机制帮助企业完善风险内控机制，推动行业专项治理，大幅提升社会治理法治化水平，为推动经济社会良好运转保驾护航。

二是显著提升风险治理成效，形成引领示范效应。化解各类金融风险隐患，取得良好成效。对“私募投资基金”“商业保理”“股权投资”等新型金融概念相关的风险治理成效显著，向行业协会、监管部门等制发《风险防控提示函》30余份，推动中国证券投资基金业协会完善私募基金规则制度、江苏省民政厅加强省属基金会非法融资风险防控、深圳市地方金融监督管理局等部门规范商业保理行业运行，为辖区内3 000余家企业提供知识产权、商业秘密风险防控建议，共推动专项治理5次，实现“办理一案、治理一片”的效果。

三是引导企业加强风险防范，形成良好示范效应。向阿迪达斯（苏州）有限公司、康宝莱（中国）保健品有限公司苏州分公司、上海新光化工有限公司等20余家企业就知识产权权利人如何与司法机关加强沟通配合、维护自身合法权益等进行指导和风险提示，并就构建更加科学、严密的知识产权保护体系提出对策建议。其中一起假冒知名化妆品牌案件获评2020年江苏省知识产权十大典型案件，一起侵犯计算机软件著作权案件获评2022年度江苏省打击侵权盗版十大典型案件，一起侵犯国家领导人著作权案获评苏州2022年度知识产权保护十大典型（协同保护）案例。

四是立足国内服务全球，平等保护各类市场主体。通过双语提示机制，克服语言交流困难，将防控效果辐射至外资企业。如在办理一起法资企业的职务侵占案中，发现该公司在职权分工、收款制度等方面存在经营漏洞，向公司法籍负责人现场送达法语版《法律风险提示函》，得到对方感谢与好评。

下一步工作思路：

一是加强专业建设，提升风险防控能力。通过引入专家外脑、加强学习培训等方式，提升防控建议精准度和专业性，增强防控效果。同时，提高检察官释法说理能力，采取主动邀请、实地走访等形式，加强与被提示对象的沟通联系，提高接受度与信赖感。

二是拓宽宣传渠道，扩大风险防范效果。针对普遍性、趋势性的风险隐患点，通过法治讲座、宣传海报、自媒体等方式，多渠道开展预防宣讲。组建法治宣讲团，深入机关、企业、社区、学校等，结合典型案例开展面对面普法活动，增强重点人群防范意识。

三是建立联动机制，形成风险治理合力。加强与公安、法院和行政执法部门的协作配合，做好线索移送、信息共享等，及时发现风险隐患。依托现代科技，引入相关单位的各类案件进行大数据分析研判，做到精准防控、精准建议，打造风险防控联动机制。

四、江苏省政府及相关部门出台的政策措施

（一）《江苏省政府印发关于推进江苏自贸试验区贸易投资便利化改革创新若干措施的通知》（苏政发〔2022〕38号，2022年3月20日）

（二）《中国（江苏）自由贸易试验区工作领导小组关于印发支持中国（江苏）自由贸易试验区对标高标准国际经贸规则探索高水平制度型开放政策举措的通知》（苏自贸组发〔2022〕3号）

（三）《中国（江苏）自由贸易试验区工作领导小组关于印发进一步支持中国（江苏）自由贸易

试验区联动创新发展若干措施的通知》（苏自贸组发〔2022〕4号，2022年5月13日）

（四）《省自贸办　省科技厅　南京海关　省药监局关于印发中国（江苏）自由贸易试验区苏州片区生物医药研发用物品进口“白名单”制度试点方案的通知》（苏自贸办〔2022〕7号，2022年12月14日）

（五）《省市场监管局关于印发支持中国（江苏）自由贸易试验区南京片区高质量发展若干措施的通知》（苏市监〔2022〕63号）

五、大事记

2022年1月24日　省商务厅召开新闻发布会，介绍江苏自贸试验区建设发展情况。

2022年2月20日　省政府召开常务会议，审议支持江苏自贸试验区贸易投资便利化改革创新的政策措施。

2022年3月8日　省商务厅分管负责同志参加商务部线上调研，汇报江苏自贸试验区建设发展情况及下一步思路打算。

2022年3月9日　广西壮族自治区商务厅到江苏专题考察调研自贸试验区建设工作。

2022年3月17日　省委全面深化改革委员会召开第二十三次会议，审议支持江苏自贸试验区贸易投资便利化改革创新的政策措施。

2022年5月5日　省自贸试验区工作领导小组召开第四次全体会议，强调要坚持以习近平新时代中国特色社会主义思想为指导，胸怀“两个大局”、牢记“国之大者”，坚持稳字当头、稳中求进，完整准确全面贯彻新发展理念，加快服务构建新发展格局，坚持有效市场和有为政府相结合、目标导向和问题导向相统一，高效统筹疫情防控和经济社会发展，统筹发展和安全，以更大力度改革创新、攻坚克难，努力建成贸易投资便利、高端产业集聚、金融服务完善、监管安全高效、辐射带动作用突出的高标准高质量自由贸易园区，着力打造新时代改革开放新高地，为扛起新使命、谱写新篇章提供有力支撑，以实际行动迎接党的二十大胜利召开。

2022年8月30日　省政府召开中国（江苏）自由贸易试验区设立三周年专题新闻发布会，介绍江苏自贸试验区建设发展情况，发布江苏自贸试验区制度创新十佳案例。

2022年12月8日　省商务厅分管负责同志参加南京片区自贸提升战略研讨会并致辞。

2022年中国（河北）自由贸易试验区建设概况

中国（河北）自由贸易试验区工作办公室

张泽峰

中国（河北）自由贸易试验区工作办公室主任

张泽峰，男，1972年8月生，研究生学历，经济学博士学位，中共党员。

现任河北省商务厅党组书记、厅长，中国（河北）自由贸易试验区工作办公室主任。

一、建设措施及成效

2022年，在省委、省政府的坚强领导下，中国（河北）自由贸易试验区（以下简称河北自贸试验区）坚持以习近平新时代中国特色社会主义思想为指导，认真学习贯彻党的二十大和省委十届三次全会精神，全面落实党中央、国务院重大决策部署和省委省政府工作安排，立足服务京津冀协同发展重大国家战略，以制度创新为核心，以抓投资上项目为着力点，切实履行“为国家试制度、为地方谋发展”的职责使命，改革发展各项工作取得扎实成效。

制度创新取得扎实成效。2022年，河北自贸试验区累计形成各类制度创新成果62项。其中，河北自贸试验区曹妃甸片区（以下简称曹妃甸片区）“创新集成赋权模式实现海事静态业务高效办理全覆盖”制度创新案例在国务院自由贸易试验区工作部际联席会议简报专版刊发面向全国推广；河北自贸试验区雄安片区（以下简称雄安片区）“基于隐私计算技术的银行卡营销服务”创新应用经人民银行总行批准入选第四批金融科技创新监管工具，“深入开展数字人民币试点创新应用”制度创新成果入选国务院服务贸易发展部际联席会议办公室全面深化服务贸易创新发展试点第二批“最佳实践案例”。面向全省推广了两批39项制度创新案例：从分布看，包括雄安片区8项、正定片区9项、曹妃甸片区15项、大兴机场片区廊坊区域6项、省政务服务办1项；从领域看，包括贸易投资便利化领域11项、政府职能转变领域19项、产业开放发展领域1项、金融创新领域4项、京津冀协同领域4项。2022年，河北自贸试验区实际使用外资金额、合同外资金额、进出口总额、税收收入分别比上年增长40.1%、147.4%、3.9%和19.9%。河北自贸试验区以全省万分之六的国土面积，吸引了占全省26.2%的新设外商投资企业，创造了占全省17.3%的实际使用外资金额和12.5%的外贸进出口总额。

（一）加强组织领导，统筹推动自贸试验区高质量发展

省领导亲力亲为推动自贸试验区工作。倪岳峰书记在省委十届三次全会、省委经济工作会议等重要会议上对河北自贸试验区改革发展作出安排部署，深入有关片区调研检查，提出充分用好自贸试验区政策、努力营造最优营商环境等明确要求。王正谱省长到省商务厅调研指导，要求自贸试验区加大抓投资上项目力度、推动各项创新举措落地见效，并到有关片区实地察看项目建设情况。金晖副省长上任伊始就到省商务厅调研，对自贸试验区改革发展工作提出具体要求。

省领导小组办公室积极发挥统筹协调作用。加强督导推动，认真落实省领导小组会议精神和省委、省政府主要领导指示要求，建立年度重点工作任务台账，召开河北自贸试验区工作会等多次专题会议，调度督导各片区和省有关部门扎实推进改革发展重点任务和重要事项，狠抓末端落实，确保取得实效。加强顶层设计，围绕构建中国式现代化开放强省场景要求，积极开展工作谋划，制定推进河北自贸试验区创新发展专项行动方案，为自贸试验区高质量发展提供支撑。加强协调对接，省商务厅主要领导和分管领导带队到省市场监管局、省药监局、省工信厅、省税务局、省政务服务办、石家庄海关、人民银行石家庄中心支行等部门开展系列专题对接交流，共同研究推动河北自贸试验区改革发展任务落实。

各有关市和雄安新区切实履行主体责任，省有关部门主动担当作为。石家庄、唐山、廊坊市和雄安新区管委会作为自贸试验区建设主体，党委主要负责同志多次主持召开片区领导小组会议，对片区改革发展工作进行研究部署。省有关部门充分发挥职能作用，积极跑办对接国家有关部委，出台支持河北自贸试验区改革发展的政策措施。石家庄海关、人民银行石家庄中心支行、省药监局、省通信管理局等部门围绕通关便利化、金融创新、开放型功能平台建设等方面向国家对口部委汇报跑办，积极争取多项政策和试点落地河北省。省商务厅、省财政厅、石家庄海关、省发改委、省工信厅、省自然资源厅、省生态环境厅、省税务局、省市场监管局、省外事办公室、河北海事局等部门在出台专项政策措施、给予资金奖补等方面提供了大力支持。

（二）积极开展改革探索，形成一批实效性强的制度创新成果

推动各片区和省有关部门聚焦贸易投资便利化、金融创新、产业开放、政府职能转变等重点领域，积极开展首创性、差别化改革探索，着力增强制度创新实效，推动形成一批首创性制度创新成果。

推动多项试点任务落地见效。一是深入推进金融科技创新监管试点。人民银行石家庄中心支行会同雄安片区立足建设金融创新先行区定位，推进“沙盒机制”探索，“基于隐私计算技术的银行卡营销服务”创新应用经人民银行总行批准入选第四批金融科技创新监管工具。二是探索开展外商投资股权投资类企业（QFLP）试点。雄安片区印发实施《河北雄安新区外商投资股权投资类企业试点暂行办法》，落地河北自贸试验区首笔 QFLP 基金，交通银行旗下的香港上市公司交银国际控股有限公司发起设立的“交银（河北雄安）股权投资基金”完成外汇登记，基金外资规模 2 亿元。三是推动跨国公司跨境资金集中运营管理政策落地。国家外汇管理局河北省分局备案批准河北常山生化药业股份有限公司开展跨国公司跨境资金集中运营业务，集中运营管理境内外资金，集中境外放款额度 1.43 亿美元。常山药业（香港）有限公司等境内外成员企业可开展集中外债额度、集中境外放款额度和经常项目资金集中收付业务。四是推动本外币合一银行结算账户体系试点落地。人民银行石家庄中心支行推动雄安片区正式启动本外币合一银行结算账户体系试点工作，研究制定本外币合一银行结算账户体系试点监督管理方案、业务操作指引等制度，目前工商银行河北雄安分行、农业银行河北雄安分行、中国银行河北雄安分行、建设银行河北雄安分行的 16 个网点正在开展试点工作。

推动多项创新政策举措推广应用。一是持续优化通关监管模式。石家庄海关深入推进“两步申报”“提前申报”等通关便利化改革，2022 年进口、出口货物整体通关时间分别压缩至 33.43 小时、0.90 小时，比 2017 年分别压缩 79.11% 和 94.43%，优于全国平均水平。二是推动跨境双向人民币资金池政策落地。人民银行石家庄中心支行为中国旭阳集团（香港）有限公司开展跨境双向人民币资金池业务完成备案手续，备案净流入（出）额度上限为 28.41 亿元。建设银行正定自贸区支行为企业办理向境外成员企业汇出资金，涉及金额 2 亿元，为跨国企业集团内资金双向流动打通渠道，助力企业优化资金管理。三是推进实施商事主体变更登记确认制。省市场监管局等部门会同雄安片区、正定片区稳妥推进变更确认制试点工作，出台商事主体变更登记确认制登记试点办法，制定商事主体变更登记确认制申请人信用承诺书，减少变更登记提交材料数量，提升变更登记审批效率50%以上。四是多项首笔金融创新业务落地河北。雄安片区落地全省首笔境外机构境内外汇账户（NRA）业务，河北自贸试验区正定片区（以下简称正定片区）落地全省首笔通过跨境人民币支付系统（CIPS）标准收发器办理的跨境人民币支付业务，曹妃甸片区落地河北自贸试验区首单贸易外汇收支便利化试点业务，河北自贸试验区大兴机场片区（以下简称大兴机场片区）廊坊区域落地全省首笔人民币国际信用证福费廷搭桥转卖业务。2022年，四个片区跨境收支和结售汇总额分别比上年增长27.91%、50.69%。

推动形成一批首创性制度创新成果。一是优化海事静态业务高效服务。曹妃甸片区会同河北海事局创新集成赋权模式，将37项海事政务事项全部赋权曹妃甸片区政务服务大厅，将9类17项海事静态业务的办理模式由串联审批改为并联办理，缩减申请材料数量50%以上，缩短船舶办证时间60%以上，一次性办结率由55%提升至85%。该项成果以国务院自由贸易试验区工作部际联席会议简报形式向全国推广。二是创新开展保税混矿代理收汇和境内原币划转业务。国家外汇管理局河北省分局会同曹妃甸片区基于企业业务需求积极向国家外汇管理局申请，成功获批全国首创开展保税混矿代理收汇和境内划转业务，截至2022年12月，完成代理收汇100多万美元。三是推进口岸物流车辆服务平台建设。石家庄海关对接国际贸易“单一窗口”，为企业提供统一车辆监管信息一站式申报服务，车辆数据申报缩短至5秒，压缩时间超90%，单日节约人工约100人。四是创新边检管理服务新模式。曹妃甸片区会同曹妃甸出入境边防检查站实行优化边检政务服务、优化边检勤务监管、优化船员换班救援的“三优化”模式，在保障冬季能源供应、巩固新冠疫情防控成果的基础上，平均压缩每艘国际船舶靠港时间1.5小时。五是建立知识产权行政裁决快速反应新机制。正定片区联合石家庄市知识产权局实行制度化管理、精细化应用和信用化监管工作法，充分发挥知识产权行政裁决在化解专利侵权纠纷中的“分流阀”作用，排查片区企业120余家次，主动服务企业快速维权。六是建设地下空间数字化治理新体系。大兴机场片区廊坊区域制定地下空间数据标准，建立地下空间数据动态更新机制，推动数据审查标准化智能化，实现了313项数据标准统一和规范采集，帮助企业每个新建项目节省约30天的时间。

（三）推动优势外向型产业集聚，对全省经济发展的带动作用日益显现

立足产业发展，坚持抓投资上项目，加快推动平台建设，强化产业政策支持，持续优化营商环境，外贸外资实现较快增长，开放发展水平明显提高。

抓投资上项目，加快推动重点产业集聚。一是招商引资成果丰硕。省自贸办举办河北自贸试验区重点产业招商推介会，签约京东（正定）智能电商结算基地等7个产业项目，总投资额26亿元；借助中国国际进口博览会、中国—东盟博览会等重大活动平台，组织举办曹妃甸片区国际招商推介会、正定片区产业招商洽谈会、雄安片区企业对接沙龙等招商对接活动，加强与世界500强企业和知名跨国公司的对接合作；指导各片区聚焦生物医药、港航服务、航空科创等重点产业，组织开展112场线上线下招商推介活动，中化新能源、生物医药保税研发基地、逆戟鲸跨境电商、挖酒网总部基地及诚融科技供应链等204个项目成功签约，签约金额近800亿元。二是重点产业项目顺利推进。制定项目建设和产业开放发展工作方案，筛选了65个投资规模大、带动作用强的产业项目，建立项目台账，强化要素保障，分级包联帮扶，定期协调调度。橡一科技医药股份有限公司包装新材料工业园、福田雷萨（唐山）新能源汽车产业基地、国药科技城·医药供应链 CSO 中心等项目顺利推进，雄安片区中国科学院雄安创新研究院、中国电信雄安互联网产业园等一批市场化疏解项目开工建设，全年完成项目投资额 112.3 亿元，超年度计划 26.9%。

建平台提能级，为产业发展提供有力支撑。一是加快构建对外开放通道。曹妃甸片区 20 万吨级航道、新天 LNG（液化天然气）一阶段配套码头等项目建设完工，首次实现 40 万吨级船舶满载直航。渤海远洋（河北）运输有限公司注册设立，将以“港、货、船、航”全链条一体化经营模式，建立覆盖全球主要港口的海运网络。正定片区先后开行石家庄至塔什干和阿拉木图的中欧、中亚班列，新开通石家庄至捷克俄斯特拉发和俄罗斯莫斯科国际货运航线。二是积极搭建贸易平台。正定片区药品进口口岸成功获批，首批进口药品顺利通关；国际邮件互换局获批设立，即将验收运营；雄安综合保税区项目基础设施建设基本完成，正在履行设立申报程序；大兴机场片区进境食用水生动物、植物种苗等指定监管场地获批并通过验收。三是着力建设金融创新平台。雄安片区加快商品指数编制运营服务平台建设，并正式发布自主研发指数产品“中证商品期货指数”；曹妃甸片区大宗商品交易中心完善金融、仓储、物流等功能，2022 年完成焦炭、烟煤、尿素交易 35.88 万吨，成交额 8.9 亿元；雄安片区依托大宗商品交易中心，谋划设立具有国际影响力的矿产资源交易中心，助力提高我国在全球铁矿石市场定价话语权。

强化政策支撑，为产业发展提供服务保障。一是强化国家政策落地实施。贯彻落实商务部、海关总署等 8 部门推动海关特殊监管区域与自贸试验区统筹发展若干措施，围绕完善布局、优化管理、用好政策、产业发展、改革创新等方面出台推动两类区域统筹发展的 18 条措施。二是省直部门持续加强支持力度。省发展改革委、省市场监督管理局、省外事办公室聚焦产业发展、公平竞争、外事管理等领域出台专项支持政策。省政务服务办下放新一批 25 项省级经济管理权限。省财政厅积极兑现 2021 年度奖补资金 6 223 万元。省法院、省司法厅推动设立正定片区、曹妃甸片区人民法庭和仲裁中心。三是各片区出台多项产业政策。正定片区、大兴机场片区分别制定生物医药产业 20 条、重点产业 30 条政策措施，雄安片区、曹妃甸片区分别出台高质量发展和高水平创新的意见，为重点产业开放发展提供有力支撑。四是省自贸办积极探索产业联动。印发推动石家庄国际陆港、北戴河生命健康产业创新示范区开放发展的若干措施，推动有关片区与省内开发开放区域产业联动、融合发展。

（四）主动服务和融入国家重大战略，推动京津冀自贸试验区协同发展取得积极成效

积极推动三地自贸试验区联动创新发展，主动承接北京非首都功能疏解和京津科技成果转化，服务推动京津冀协同发展取得积极成效，相关经验做法在国务院自由贸易试验区工作部际联席会议简报专版刊发。

协同开展制度创新。以全国唯一跨省市设立的大兴机场片区为载体，推出综合保税区跨省市共建共享机制、征地协商联动、市政资源兼容等一批新模式、新政策。曹妃甸片区创新实施疏解项目全周期服务模式，保留企业名称，简化税务流程，实行资质互认，确保北京迁移企业“请得来、接得住、留得下”。省协同办、省自贸办积极推动三地自贸试验区协同联动，主动研提的多项政策建议纳入国家发改委、商务部印发的有关推进京津冀自贸试验区协同发展的意见，为争取贸易便利化、产业融合发展、政务服务“同事同标”等方面的国家试点政策提供了重要依据。

有序承接疏解项目。雄安片区把承接疏解项目作为重大政治任务，推动中国卫星网络集团、中国中化集团、中国华能集团开工建设，中国矿产资源集团注册落户并完成总部选址，中国中铁产业集群入驻。曹妃甸片区打造“类北京”营商环境，服务保障北京巴威高端装备制造、北汽福田雷萨新能源汽车、裕龙春秋粮油仓储及泊位码头等优质项目落地运营。大兴机场片区廊坊区域借助区位优势，吸引北京中科合盈数据科技有限公司等一批北京企业入驻，总投资额约44亿元。

推动要素便利流动。三地政务服务部门推出第4批26项京津冀自贸试验区“同事同标”事项，已实现179项政务服务事项无差别受理、同标准办理和结果互认。三地人民银行共同指导建设“京津冀征信链”，推动跨机构、跨行业、跨地域信息互联互通和多方数据融合应用。省市场监管局推动落实京津搬迁企业继续享有原资质认证，为15家搬迁到曹妃甸片区的京津企业办理了相关变更手续。

二、创新成果及案例

案例1：国际航行船舶落户“双跨”协作新机制

为深入推进放管结合并优化服务改革，曹妃甸片区会同河北海事局，改变以往碎片化服务方式，围绕便利国际航行船舶落户深化了横纵联动。通过将需要河北海事局与曹妃甸海事局不同层级办理的事项实现跨层级联动，与港航部门、船检部门实现跨部门协同，创新打造了“双跨”船舶落户协作服务机制。该机制极大程度地压缩了国际航行船舶落户所需办理的时间以及企业经营的成本，为加快打造具有国际竞争力的港航服务业营商环境提供了有力的海事服务保障，跑出了船舶落户自贸试验区的“海事速度”。

主要做法：

建立跨层级海事服务联动工作机制。以企业和群众“一件事、一次办”为原则，将河北海事局与曹妃甸海事局需不同层级处室办理的海事行政许可、行政确认、行政备案等事项，通过“移动政务大厅、流动政务窗口”形式在曹妃甸片区实现跨层级海事政务服务联合办理或协同办理。

建立跨部门涉海服务合作共建机制。从航运企业船舶登记协同办证整体链条出发，加强与港航部门、船检部门的沟通合作，并调整优化船舶所有权证书、国籍证书、最低安全配员证书、油污保险证书和无线电台执照等9大类17项证书的办理流程，实施跨部门同步受理、同步审查、并联办理，实现一次申请、一站式办结。同时，通过信息共享、创新服务机制、签订合作备忘录、召开联席会议等方式，建立船舶协同办证服务机制，最大限度缩短船舶办证时间，实现船舶转籍登记“无缝衔接”。

建立首席服务官制度。设立“首席服务官”并公布服务电话，对涉及本部门、本领域的审批服务工作全程领办代办。“首席服务官”根据辖区企业和办事群众需求提前介入、主动协调，按照全方位、全周期、全流程一对一精准服务，积极提供办事流程指引和指导分析。同时密切关注办件进度，对接相关部门统筹协调推进，切实提高审批效率及一次通过率。

实践效果：

“双跨”协作，变“多地跑”为“一地办”。河北海事局“移动政务大厅”进驻曹妃甸片区，通过深化“横纵”联动，直属局、分支局双向合作，跨层级、跨部门联合办理，减环节、减证明、减时间、减跑动次数，改变以往秦皇岛、曹妃甸两地“反复跑、多头跑”事项发生。国际航行船舶落户区内事区内办实施后，申请人办理相关事项累计需跑动次数由10余次减至1次，办结时限大幅压缩，办事成本显著下降。

精准服务，大幅加快船舶证书办理速度。国际航行船舶落户曹妃甸片区涉及的层级多、链条长、成本高。首席服务官将被动式服务升级为主动服务，全面梳理10项业务办事清单，全程指导企业进行材料准备、线上线下组合申请，紧凑衔接办理各项业务，内部联系提前预审，将全部证书的办结时间缩短78个工作日。截至目前已有6条船舶受益，平均为每条船舶的经营企业节省经营成本1 500余万元。

有效指导，提升服务体验感和满意度。针对船舶落户自贸试验区业务涉及证书种类多、办证环节多的特点，联合中国船级社秦皇岛分社编制《船舶落户曹妃甸自贸区业务指导手册》，对船舶登记及检验业务进行整理和细化，涵盖21项常见业务的办理指南、申请表格、填写示范、相关合同和说明的参考样本等，让广大服务对象在咨询、办理时能够获得第一手精准信息，有效提高办事的便利度和精准度，完成企业群众“一次办成一件事”的目标。

下一步工作思路：

构建跨层级服务网络。建立直属局与分支局双层级的审批帮办代办服务体系，形成跨层级统筹、上下联动的服务网络。立足精准、高效、便民，为办事企业群众规划并指导实施容缺并联办理、线上线下组合办理和告知承诺制办理、提前服务性预审的办事“路径图”，有效提升办事效率，挤压办事等待“空窗”时间，缩短办事审批时限。

构建海事“翼站”。搭建海事“翼站”，提供服务性预审。构建线上政务服务平台，着力提升政务服务标准化、网络化、智慧化水平，实现申请事项远程视频核验、实时网络对话。服务对象可先行提交申请材料，按照预审意见完善申请材料后再向海事管理机构提交正式申请，海事管理机构对服务性预审审核意见为“通过预审”的申请压缩办结时间，提升海事政务办理工作效率、方便行政相对人。

建立“双跨”信息共享平台。建立曹妃甸片区涉海服务机构信息共享平台，建立科学严谨的工作机制和流程，实现实时数据共享、回传，打通数据交互共享通道，提升片区内涉海机构协办质效。通过网上公众服务界面接受船方咨询，船方也可通过信息共享平台查询船舶办证进度。

案例2：电煤运输海事服务全流程监管模式

曹妃甸片区紧紧围绕优势产业，牢牢把握自身在全国能源运输格局中的重要地位，积极构建电煤运输全过程海事服务监管机制，全力开展电煤运输“保安、保通、保畅、保运”工作。通过集成赋权强化审核、优化政务办理及审核流程，动态调整多方合作、提前计划靠离泊位，多措并举规范管理，提升运营检查效率等，确保电煤能源水上运输合法、高效、安全，并为其他大宗货物水上运输海事管理提供有效的示范经验。

主要做法：

集成赋权强化审核，优化政务办理及审核流程。一是构建集成赋权模式。通过集成赋权，创新实现海事静态业务高效办理全覆盖，切实提升电煤船舶静态手续办理效率。二是强化电煤船舶安全管理体系审核效率。对电煤新注册航运公司的安全管理体系，开展临时审核时，实施提前预审、当日发证，确保新增船舶临时审核证书当场可取。三是实施全网通办船舶体系审核。实施船舶体系审核网上办理，对于接受其他海事部门委托审核的电煤船舶，做到审核与服务相结合，保障航运公司和所属船舶安全运行。

动态调整多方合作、提前计划靠离泊位。一是编制入港电煤船舶动态清单。针对电煤船舶实时运行情况，制定动态清单，全面掌握辖区通航环境变化，及时安排电煤船舶交通管制后的疏港交通组织。二是搭建多方合作机制。通过积极搭建海事、港方、货主、船方、拖轮、引航、代理等七方合作机制，有效协调相关单位，优先安排电煤船舶引航和拖轮作业，及时调度有进出港需求的电煤船舶到临时待泊区锚泊。三是电煤运输船舶靠离泊位动态计划。依托海事船舶报告制管理平台及海事局“大数据+智能交通服务系统”，科学分析研判电煤运输船舶靠离泊动态需求，在保障一天4次发布船舶靠离泊动态的基础上，及时按需调整船舶进出港安排，实现电煤船舶随来随靠，随靠随走。

多措并举规范管理，提升运营检查效率。一是实施模块化检查机制。将船舶检查流程分为“选、验、查、签”四个模块，将船舶检查内容划分为驾驶台等十个模块，做到一船只查一次，有效保障船舶检查质量和效能。二是电煤船舶事故和违法行为加速处理。本着“教育为主、处罚为辅”的原则处理发生违章的电煤船舶，实施海事违法行为自助式快速办结制度，对轻微违法行为及时采取纠正措施，未造成危害的可免予立案调查。三是推行担保放行制度。船舶提供担保并委托授权代理全权处理后，可对船舶放行。

实践效果：

有力提升电煤运输船舶在港周转速度。通过通航服务机制创新，电煤船舶从到达锚地至离港整个流程、全要素、全节点都得到有效优化和疏通，电煤船舶单船平均在港时间从 48 小时压缩至约 36 小时，大力提升电煤运输船舶在港周转速率。

切实提高海事政务服务效率。通过推行《曹妃甸海事局常见海事行政处罚证据收集标准》，将海事行政处罚立案后的调查取证时间从 48 小时缩短至 2 小时。通过“船舶证书海事与船检机构协同办证”等机制创新，全面优化 11 项业务办理流程，将原本需分别在河北海事局、曹妃甸海事局办理 10 本证书的时间，从 80 个工作日缩减至 2 个工作日，实现了船舶政务服务的“曹妃甸速度”。

有效提升电煤船舶安全管理水平。通过运用船舶交通管理系统（VTS）、闭路电视监控系统（CCTV）、船舶自动识别系统（AIS）等监管手段加大巡航力度，有效降低水上交通事故发生频率。同时，通过安全管理体系审核和在全国首创的“模块化”船舶安全检查机制，辖区航运公司和所属电煤船舶安全管理持续改善，切实提升船舶检查质量。2021 年以来，未发生一起水上交通事故、污染事故和因安检滞留影响电煤船舶船期的情况。

大幅提高曹妃甸港区电煤运输量。电煤运输三条绿色新通道相互协同，实现电煤运输各环节的紧密衔接、畅通无阻，有效提高运输效率，实现电煤运输量的大幅增加。2021 年曹妃甸港区完成电煤吞吐量 2.1 亿吨，比 2020 年同期增长 50.4%。

下一步工作思路：

持续深化多方合作机制信息化水平。在确保符合新冠疫情防控政策的前提下，持续深化电煤运输多方合作机制信息化水平，加强信息沟通，提升工作效率，形成多方合力，尽可能提升船舶靠妥后有效作业时间，进一步压缩船舶在港停留时间。

推行煤储告急电厂运输船舶优先靠离泊工作机制。通过多渠道及时了解辖区电煤目的港主要电厂煤储情况，畅通船方和海事沟通渠道，对于煤储告急电厂运输船舶，VTS 中心将优先安排其靠离泊动态，保障电厂正常运行。

扩大保电煤服务举措覆盖范围。做好保电煤服务举措经验总结，紧贴辖区货物运输实际，在前期实施取得良好效果的基础上，扩大保电煤服务举措覆盖范围，进一步释放航运便利化政策红利。

案例 3：京津冀路港航煤炭数智化综合服务体系

曹妃甸片区以提升曹妃甸煤炭港口综合服务功能为核心，通过成立大数据中心、构建煤炭物流数智化交互体系，打造从产地到港口的煤炭智慧数据物流链，并通过建立多功能数智化服务平台、培育煤炭物流全链条数智化服务机制，形成煤炭贸易路港航全产业链数智综合服务机制，显著提升京津冀区域煤炭路港航物流全链运营效率，拓展曹妃甸港口煤炭运输市场，有效助力区域煤炭行业高质量集群发展。

主要做法：

成立大数据中心，构建煤炭物流数智化交互体系。利用数据仓储技术建立煤炭贸易大数据中心，实现路港航全产业链资源数据的集中管理。借助曹妃甸煤炭协会旗下煤炭物流研究中心的技术支持，不断强化大数据采集应用功能。与超过 300 家船企合作，通过对采集到的各航运价格进行加权计算，开发北方海运煤炭运价指数（NCFI），指导平台客户分析决策。引入 ODA 大数据、集成云合同 API 和积分履约保障系统，促进交易达成。通过提供现场、平仓两种交易方式和线上支付结算功能，联通唐山、秦皇岛等地海港及鄂尔多斯、山西朔州等地内陆港，并对各港口数据进行实时采集分析，完成海港与内陆港物流信息数据的深度融合，打造从产地到港口的煤炭数据物流链。

建立多功能数智化服务平台，培育煤炭物流全链条数智化服务机制。以大数据中心为支撑，以曹妃甸煤炭协会旗下的“曹妃甸煤炭网”为基础，构建兼具数据集成和智能服务特征的平台载体，为注册企业提供交易、物流、金融、大数据及延伸解决方案等煤炭全领域多功能服务。通过PC端和移动端两种方式，向用户提供环渤海煤炭港口进车、船舶、场存和价格数据，以及上下游的煤炭产地数据和煤炭需求数据。以产运需联动为导向，利用物联网、云计算、大数据、区块链等智能化技术手段，将上中下游涉及的站台、铁路、港口、运输企业纳入整体框架，并引入贸易环节所涉及的结算中心、电子合同、认证中心、银行、海事、理货、质检等机构，搭建起集数据资讯、货物交易、路港航物流、智能产品、解决方案五个版块为一体的煤炭电子商务平台，促进实现煤炭物流“运输进度可视化、数据采集自动化、预警调度智能化”等功能，形成煤炭贸易路港航全产业链数智综合服务机制的创新示范载体。

实践效果：

客户满意度明显增强。通过实现一键查询万条产地煤炭坑口和汽运价格、路港航三方运输数据及各大电厂生产经营情况、国际市场和宏观经济等信息，有效填补大宗散货贸易中的信息缺口，促进了矿、路、港、集疏运可互通关键节点的数据聚合，使客户可通过平台实现路、港系统铁路请车、批车等关键节点数据的实时获取，完成对船舶预到、靠泊、作业等航运数据动态跟踪，能充分满足客户提出的个性综合服务诉求。创新平台的整体交易便利度显著提升，交易效率提高30%，资金周转效率提高10%，客户满意度达到90%以上。

运输效能显著提高。综合服务平台通过“港口+数字化”对现有供应链的效率升级，实现铁路发运、货物进港、场地堆存、费用台账间的数据互联及物流各环节精细化、动态化、标准化、可视化管理，不仅提高了物流系统智能化分析决策和自动化操作执行能力，还显著提升运输过程的监管力度和工作效率。数据录入的准确率从原来的92.2%提升到99.7%，货物周转次数平均减少2.4次，货物倒运次数平均减少2.1次，运输等待时间降低2.6天，无效物流作业量减少3 254.2吨。

综合服务水平大幅提升。平台可以根据客户需求提供包括智慧露天矿解决方案、智慧井工矿解决方案、智慧站台解决方案、智慧园区解决方案、智慧电厂解决方案、数字贸易商解决方案等以“数智化”为核心的煤炭产业全流程智慧供应链服务和专业性分析报告，助力企业打造新优势、增强新动能，提高业内综合竞争力。智慧站台解决方案通过构建智慧物联网管控平台，形成全流程智能分析、集中控制、智能告警、智慧决策、自动执行的智能化体系，显著提升了站台运行效率，其中自动巡检系统减少盘库时间约7天；自动化车底异物检测、煤炭异物检测、重车偏载检测、车厢号抄写系统提升装运效率88%；装卸司机预先管理系统减少车辆排队时间7小时，提升司机过磅效率72%，提高路面交通通行效率32%。

下一步工作思路：

完善平台船货衔接系统。继续完善数据共享功能，通过将物流信息及时推送相关承运人、船方、港口、货主，相关企业和单位，实现船方、物流企业、终端企业等市场信息的数据共享，并探索研究运力与货源的自动匹配功能，实现需求方发布信息后即可完成系统的业务自动匹配，进一步提升贸易和企业运营效率。

增强供应链金融服务功能。探索以物流可靠性为基础，运用区块链技术积极开发供应链金融等新型服务功能，建设数字化、智能化交易中心，为煤炭生产商、贸易商和用户提供更加完备的服务。

案例4：招商引资全流程服务集成式创新

大兴机场片区廊坊区域为构建临空特色鲜明的

产业生态链、专业完备的区域配套链、高效透明的营商服务链，通过“链长制”招商体系明确招商方向、“智能辅助选址系统”实现精准落地、“土地证与项目审批流程并行”模式加快项目进度、“预审与全流程辅导”审批机制优化服务能力、“产业服务联络中心”机制提升跟踪服务水平，打造了覆盖招引、选址、建设规划、审批、运营等重点环节的招商服务新机制，为招商服务集成式创新提供了新模板。

主要做法：

“链长制”招商体系明确招商方向。在招商环节，建立了“链长制”招商体系，形成处级干部链长负责、全员入组下达招商指标的工作机制，并围绕主导产业成立专班，对接了解企业的实际诉求，在科技成果转化、产业合作、投资基金等方面研究出台靶向更为明确的支持各产业链发展的专项措施，更好地推进产业高质量发展。

“智能辅助选址系统”实现精准落地。在项目选址阶段提供“智能辅助选址系统”，利用大数据技术对区域内各地块的规划情况、意向热度、周边配套设施等情况进行清晰、直观的全景展示，通过全局把握、科学评估、个性选择，推动区内资源得到最优化利用，促进产业集聚发展。

“土地证与项目审批流程并行”模式加快项目进度。在项目建设规划环节将项目审批流程前置，推行不同审批场景串联审批改并联审批，将土地证办理与环境影响评价、节能评估、水资源论证等项目审批流程同时进行，压缩项目落地流程，降低项目投产用时。

“预审与全流程辅导”审批机制优化服务能力。在项目审批阶段推行预审服务与全流程审批辅导机制，审批人员提前介入项目，在指导办理各项前置手续的同时，协助准备后续事项材料，减少报送错误率。在企业办事前明确告知全部材料清单，办事中设立专人引导，提供全流程项目审批服务。

“产业服务联络中心”机制提升跟踪服务水平。在项目运营阶段建立产业服务联络中心，协助对接政府、企业与公众三方，通过网格化管理、敏捷化服务以及线上线下的闭环化管理，形成企业诉求一触即发的反应机制，及时跟踪和解决落地企业面临的困难。

实践效果：

促进主导产业集聚。“链长制”工作模式，实现了产业链精准招商，有效促进延伸产业链、完善供应链、提升价值链，推动重点产业集聚集约发展，提升招商引资实效，成功引入国药科技城、华芯·无限航材保障中心、熙麦（廊坊）智联网航空供应链等重大项目。“智能辅助选址系统”帮助项目方寻找最优地段，实现精准招商，避免出现资源错配现象，已累计为159个地块提供了选址服务。

优化项目办事效率。通过土地证办理与环境影响评价、节能评估、水资源论证等项目审批流程并行推进，将办齐落地所有相关手续时间压缩20%，大幅降低项目投产用时。借助流程图、预审批、全辅导手段，变被动服务为主动服务，为企业提供清晰、直观、精准的全流程办事指引，优化了项目办事效率，提高了政务服务水平，实现了“最多跑一次”。

推动解决企业急难愁盼问题。产业服务联络中心为政府部门、市场主体提供了高效交流的平台，推动政府部门更加精准地为企业排忧解难。为解决因未设立不动产登记机构，导致企业不动产权证办证困难事宜，区内有关部门牵头进行多方协调，探索跨区不动产联合办证模式，切实解决企业项目落地诉求，优化企业落地服务。

下一步工作思路：

探索和加强重点环节联动。在完善招引、选址、建设规划、审批、运营等重点环节流程的基础上，强化不同环节的联动发展，着力推动招商环节引领发展环节，落地环节联动审批环节，围绕主导产业形成更为紧密和有效的政策服务体系。

争取重点环节实现更大创新。在守住风险底线的前提下，进一步简化建设规划、审批等环节的事项和流程，在政策制定和企业服务方面完善“链长制”工作机制，推动产业服务联络中心形成机制化长效化服务体系。

应用数据系统提升招商精准性有效性。充分利用系统数据，针对不同类型的产业项目，通过各类业态绩效占比，提出优化产业链匹配建议及优惠政策方案，推荐招商候选企业。

案例5：增值税一般纳税人资格试点服务创新

正定片区立足综合保税区和自贸试验区“双区叠加”优势，坚持“多方位精准解读政策、多部门联动凝聚合力、多举措培育试点企业”“三个多”工作原则，积极推进海关特殊监管区域增值税一般纳税人资格试点工作，为促进双循环和稳外贸发挥了积极作用，也为省内借鉴推广提供了重要示范。

主要做法：

2021年11月5日，国家税务总局批准同意正定片区石家庄综合保税区开展增值税一般纳税人资格试点业务。正定片区管委会与税务、海关、财政部门对接，按照“三个多”工作原则指导，推出事前评估、联合受理、为企业量身定制等多项首创举措，积极落实相关试点推进工作。

一是多方位解读，精准开展事前政策评估。增值税一般纳税人资格试点政策对于进口设备占有量较大且处于海关监管年限内的加工企业，并不适用，会形成税负增加的“倒挂效应”。正定片区综合保税区税务部门积极做好试点政策宣传落实工作，联合财政、海关共同深入企业开展事前评估，引导区内企业充分评估自身情况，根据产品特点、业务方式、上下游企业类型等，模拟计算税收负担，精准辅导意向企业做好成本核算分析，实现科学、合理、精准决策。

二是多部门联动，统筹协调凝聚工作合力。正定片区综合保税区税务部门牵头成立协调工作专班，积极与当地财政、海关沟通，联合建立信息共享、问题共商机制，深化部门协作，共同推动政策落实落地，联动联办避免企业“来回跑、多头跑”。同时加强跟踪调研，及时反馈企业政策执行中的困难和问题，做好风险防范和应对，帮助企业尤其是区内加工企业用足用好政策。

三是多举措扩容，强化宣传培育推广试点。为有效扩大政策覆盖面，积累更多的试点经验，正定片区综合保税区税务部门帮助企业量身定制，明确了“一个标准”即研究制定适用试点政策的企业标准，并有针对性地进行宣传辅导：料件成品均有进出口且国内采购比例较大的企业；货物内销比例较大且进口自用设备金额不大的企业；因新建综合保税区或其他类型海关特殊监管区域升级为综合保税区时被划入综保区范围，且无搬迁计划的企业。税务部门还持续加强与正定片区管委会和海关、商务等部门的协作配合，在宣传辅导、招商引资上形成合力。

实践效果：

打通了和其他区域之间的双循环堵点。取得试点资格后，该政策赋予区内企业经济活动“增值税一般纳税人”身份，享受境内区外企业增值税一般纳税人政策以及“退（免）税”“免、抵、退税”政策，解决企业增值税进项发票无法取得并抵扣的问题，可有效降低企业经营成本。正定片区石家庄综合保税区有4户企业顺利通过税务部门申请，可按规定开具增值税专用发票，抵扣增值税进项税额，有效提升区内企业更好统筹利用国际国内“两个市场、两种资源”的能力，打通双循环的政策堵点，推动区域实现更高水平开放、更高质量发展。

帮助企业降低成本、盘活资源，增强区内企业获得感。成为资格试点企业后，区内区外双重身份叠加，既保持其“关外”交易待遇，其“关内”交易又适用区外政策，从政策上实现了“两条腿走路”，生产能力盘活和经营堵点打通。

为稳外贸提供有力支持，提升了企业抵御风险的能力。企业成功成为资格试点企业后，把传统的“两头在外”的“单向开门”，转变为面向国内国际两个市场灵活双向的“双向开门”，为促进外贸稳定增长提供有力支持。在国际市场持续低迷的大环境下，为企业开拓国内市场带来了政策红利。

下一步工作思路：

一是继续加强部门协助。正定片区综合保税区税务局将持续加强同海关、财政等相关部门的沟通协作，形成工作合力，有序推进正定片区综合保税区一般纳税人资格试点工作，为区内企业创造更好的税收营商环境，密切跟进试点工作情况，服务正定片区综合保税区高水平开放高质量发展。

二是更实更细服务企业。试点工作过程中，高度重视企业反映的问题，主动征询纳税人需求，及时为企业答疑解惑，做好相关政策衔接，积极疏通问题堵点，切实帮助纳税人解难题办实事。

案例6：智慧港口船舶集疏运管理新模式

曹妃甸片区紧紧围绕功能定位，利用大数据、云计算、工业互联网、人工智能等先进技术，探索基于大宗散货、件杂业务的智慧港口船舶集疏运管理新模式，通过打造船舶集疏运智慧调度系统，加强港航资源整合，一站式办理港口相关业务并与可视化监管平台对接联动，实现港口、船东、船代、货主、货代、监管机构等互联互通、资源共享、业务协同。该模式重构了曹妃甸港多边界、系统化的港航生态圈，带动了港航产业创新发展。

主要做法：

一是实现港口船舶集疏运智慧调度。通过打造船舶集疏运智慧调度系统，充分考虑货源需求、航线资源、船舶计划与作业动态等因素，依据货源地就近、泊位空闲、堆场和机械适用等条件和原则，形成算法模型，选择最适合作业码头安排船舶靠泊和装卸作业。该系统还为整个港口船舶集疏运业务提供统一指挥、调度、监控的智能管控工具，将传统船舶、货代、船代和航线业务进行数字化突破创新，加强港航资源整合，提升了业务协同性，实现港航管理的数字化高效运转。

二是实现港口相关业务一站式办理。通过门户网站为港口企业提供便捷、可靠、安全的在线操作服务，企业可以在线进行业务预约和船舶申报，并实时掌握船舶动态，全程跟踪订单物流，客户无须再登录其他系统即可完成港口船舶集疏运相关一系列业务操作。该系统通过统一收费标准、规范计费模式，对辖区内各种船舶的港务费、服务费、代理费等费用进行在线对账和结算，利用第三方支付平台的优势，提升支付的便捷性。此外，该系统利用数据分析技术，充分挖掘平台汇聚的数据价值，为客户提供运力调配、运输周期预测、产品需求预测、船舶供应计划、智能船货匹配及租船订舱等更多个性化数据增值服务。

三是实现港航管理部门可视化监管。通过可视化监管技术打造可视化监管平台，将由传统的信息逐级汇报、人工汇总统计、人工决策转变为基于可视化监管平台的全方位智能化监管，打造以规范监管、精准监管、协同监管、信用监管为核心的“互联网+监管”体系，全面提升港航治理现代化水平。同时，该平台可与港口船舶集疏运相关业务应用系统对接联动，汇聚港口海量数据，发挥港航数据价值，利用大数据分析以及云计算技术。通过对港航生产、管理、服务、应急等工作进行快速有效的分析和决策，以统计图表、趋势预测、智能预警等多种形式输出分析结果，实现标准、数据、检查、管制、预警等全方位业务协同与互联互通。

实践效果：

一是港口船舶集疏运管理实现了高效联动。智慧港口船舶集疏运管理新模式提供一站式船务代理和船舶资源调度与跟踪服务，最大化整合了港航各环节资源，实现系统间船舶报港、费用收取等事务的联动与各类信息的同步传输，船舶调度效率显著提高，港航业务协同能力和管理水平全面提升，增强了曹妃甸港的影响力和吸引力。

二是港口企业业务办理效率显著提高。平台秉承智慧港口建设的先进理念，将原有的线下手续办理、线下结算费用、纸质单据传递等流程全部数字化，大大提升港口企业业务办理效率。平台上线以来，每月即有数十条船通过平台办理码头手续，年服务船舶预计 2 000 艘次以上。与传统代理公司跑办、码头人工办理业务与财务结算相比，每艘次为代理公司节省跑办时间 4 小时以上，同时为每家码头经营公司节约 5 人以上的人力成本。

三是港航管理部门监管能力得到提升。平台上线后，解决原有监管模式信息传递失真、决策依据不全、监管时效性差等痛点，全面提升了港航管理部门的监管水平和工作效率。

下一步工作思路：

加强监管部门间对接，高水平建设国际贸易“单一窗口”，增加外贸船代和货代的数字化服务功能，加强海关、海事、边检等多部门数据互联互通，提升监管信息标准化、规范化和自动化程度。拓展船舶后方服务市场，通过标准化、信息化、数字化的新方法应用和人工智能、区块链等新技术导入持续创新商业模式，在国内外船东、租家、船舶管理公司、货主、港口、船厂间建立彼此信赖、公正透明的港口航运服务平台，提供保险、外轮供应、船舶维修、船员培训等相关服务，为航运生态圈企业创造更大的价值。

案例 7：二手车出口综合服务新体系

曹妃甸片区利用自贸试验区先行先试优势，围绕唐山二手车出口试点业务积极创新，通过优化二手车出口通关服务，建立二手车出口跨境电商综合服务平台，设立河北省首个综合保税区车管所，完善了二手车出口各环节服务体系，为曹妃甸、唐山市二手车进出口贸易和产业发展注入了强大动力。

主要做法：

创新二手车出口通关服务机制。曹妃甸海关结合片区实际情况，为片区企业量身定制二手车出口监管方案。安排专人负责办理每批二手车出口手续，提供 24 小时预约通关服务，并开设“二手车出口办理专窗”，提供“一对一”通关服务，指导企业提前办理申报手续，进一步压缩出口通关时间。同时，建立异常情况应急处理机制，为企业的二手车出口业务“保驾护航”。

打造线上二手车出口跨境电商贸易新业态。根据二手车出口业务流程特点，利用互联网、大数据、物联网等创新技术，建立线上二手车出口跨境电子商务综合服务平台。通过智能匹配国内外供需数据，构建国内车企供应商与海外消费者的协同网络，拓宽企业销售渠道。同时，平台将二手车出口企业原本分散、需要分批审核的环节汇集到平台统一审核，并对业务各个关键节点加以控制，形成了收车、交易、转移登记、整备、检测、出口、注销、售后服务等环节全流程可追溯的完整生态闭环。

成立河北省首个综合保税区车管机构。为便于二手车出口企业办理业务，唐山市交警支队设立河北省首个综合保税区车辆管理所即曹妃甸综合保税区车辆管理所分所。车管所着力服务二手车进出口业务，设有综合业务办理窗口 4 个，配备全方位业务办理设备，提供车辆登记、过户、注销、年检、验车等“一站式”车管服务，打造了集“进口车注册、二手车转移出口、机动车检验、驾驶证补换领”等业务功能于一体的综合示范点。

实践效果：

二手车出口业务快速发展。2021 年 6 月，唐山市曹妃甸片区泰飞贸易有限公司利用跨境电商数字贸易链平台系统成功出口两辆半挂车牵引车头，在曹妃甸综合保税区装船起航发往尼日利亚拉各斯，总货值约 30 万元，落地了河北省首单二手车出口业务。截至 2022 年 8 月，曹妃甸片区共完成二手车出口 1 043 辆，金额超过 2 520 万美元，是我省唯一实现二手车出口的试点地区，弥补了我省二手车出口业务的空白，助力相关企业二手车出口业务实现突破。

二手车交易服务水平显著提升。通过打造二手车出口跨境电商综合服务平台，实现二手车溯源体系建设，充分保障出口车辆的备件供应和售后服务质量。同时，将原本需要分批审核的环节整合到服务平台实现同步审核后，内部审批时效较原来缩短50%，服务企业办理二手车出口业务效率显著提升。

下一步工作思路：

提升二手车出口服务能力，在综合保税区车管所车辆登记、过户、注销、年检、验车等原有业务基础上，增设考试科、违法处理室、体检中心等业务功能，进一步提升二手车出口服务能力。打造二手车出口产业集聚区，发挥曹妃甸片区二手车出口试点优势，探索构建集拍卖交易、配件供应、汽车拆解、五大总成再制造、装备认证、金融保险于一体的二手车出口市场体系。

案例 8：“超级自动站”助力湖区/淀区生态环境治理

雄安片区坚持生态优先、绿色先行的发展理念，搭建了国内集水文、水质、气象、空气质量等多种生态数据综合监测为一体的“超级自动站”和生态环境机动监测体系。在构建一纵一横数据共享体系，打通各层级、各部门数据流通壁垒后，利用生态环境智能分析模型对监测数据多维度分析，在此基础上完善了生态环境风险处置机制，打造了湖区/淀区生态环境治理的新模式。该模式不仅节约了基站等各项基础设施的建设成本，更提升了生态环境监测的精准度，充分防范并处置了生态环境风险，有效发挥了数据的支撑和保障作用，为湖区/淀区生态环境治理提供了决策参考和依据。

主要做法：

一是搭建“天、空、地、淀”立体化监测网络。在雄安新区现有生态环境监测网络基础上，采用“固定监测+移动监测+卫星遥感”的方式，建设了集水文、水质、气象、空气质量等因素监测于一体的水质监测“超级自动站”，每一个站点均能实现超20项重要指标的实时监测。在不断增加数据收集广度的同时，最大限度节约建设监测成本，为数据分析提供坚实基础。考虑到白洋淀圩田纵横、沟壑繁杂的地理特征，创新性建设白洋淀生态环境机动监测体系，提升以“无人机/船+遥感”“无人机/船+传感器”“无人机/船+VR”为载体的灵活机动监测能力，实现不仅进得去，还能测得准。同时购置水质移动监测车和监测船等平台，基本实现了对白洋淀湿地水质的全域监测。

二是构建一纵一横数据共享体系。构建雄安新区生态环境大数据监管平台和生态环境监测智慧中心，纵向打通国、省、市、县四级生态部门的数据渠道，横向汇聚雄安新区水利水文、地调、气象、城市管理等业务主管部门的相关数据，全面提升数据的准确性和利用效率。并在此基础上，建设以河流或监测站为单元的数据档案体系，精准化提升数据业务属性，形成条目清晰、关联互通的生态环境数据中心。

三是构造生态环境智能分析模型。按照生态环境部和省生态环境厅的标准规范，结合雄安新区实际情况，率先开展环保信息模型（EIM）建设。通过设计一套覆盖环境监测全领域的标准体系，再充分利用本地和环境“上下游”的监测数据，构造了生态环境智能分析模型，全面提升生态环境状态多维度综合分析研判能力。同时面向白洋淀流域对主要入淀河流进行水环境预警预测，实时掌握污染物浓度的变化趋势及影响范围，从而提高污染源精准化监管水平和环境预警应急能力。

四是完善生态环境风险处置机制。通过监测网络发现数据异常后，第一时间向社会发布水质预警，按照应急响应机制，监测部门加密水质监测比对，执法部门排查问题根源，向河流上游的生态环保部门通报有关情况，根据事件类型和排查结果有针对性地采取处置措施，确保不让一滴污水进入白洋淀。

实践效果：

显著节约了建设成本。通过建设涵盖多项重要指标的监测网络，避免了各项基站等基础设施的重复建设，有效降低了土地成本、财政成本、人力成本，并提高了整个基站的运维效率。截至2022年4月，雄安新区已建成各项监测指标高度集成的3个“超级自动站”，符合新区规划建设特色的3个集装箱站和6个浮船站，实现了对多指标的立体化实时监测。

大幅提升了监管数据质量。通过汇集各个部门和各种生态环境的数据，有效打通了各系统之间的数据渠道，实现了生态数据共享和数据融合、治理及标准规范的统一，实现了对全域生态环境状况的远程监管和分析，提高了数据的利用价值。截至2022年3月，数据中心共汇集各类数据近6 000万条，累计实现与其他部门数据共享700万余次，整理形成15大类46子项的数据目录体系。

有效防范了生态环境风险。通过建设生态环境智能分析模型，开展环境质量监测数据汇聚和综合分析，雄安新区生态环境监测精准度不断提高，为打好防治水、大气、土壤污染攻坚战奠定了坚实基础。2021年，平台共发布46期水质预警，实时推送237期应急水质监测，发现9次较大府河上游来水水质异常事件，为雄安新区生态环境治理提供了决策参考和依据，有效发挥了数据的支撑和保障作用。

下一步工作思路：

继续完善白洋淀流域“天、空、地、淀”立体化智慧管理系统，补充监控系统等内容。探索基于区块链的各环境要素的采样及实验室全过程质控管理系统，健全基于5G的立体生态质量监管系统，助力日常管理及应急指挥，实现现场化、场景化应用。梳理年度水质异常事件，对跨界水体水质进行在线数据分析。系统利用无人机巡查影像，掌握白洋淀及入淀河流排污、季节变化等特点，形成无人机监控应急监测支撑体系及模式。

案例9：“全链条整合+全部门互通+全流程管理”的财政非税收入监管改革

非税收入是政府财政收入的重要组成部分，为进一步深化非税收入收缴监管领域“放管服”改革，雄安片区积极应用区块链技术完善非税收入管理机制，整合所有财政非税业务，在缴费、电子票据开具、报销等环节，生成全链条唯一凭证；将171家执收单位均纳入财政非税收入一体化系统，推动全部门数据互通；对所有财政电子票据在平台实现电子开票、自动核销、全程跟踪和源头控制，实现全流程管理。该举措彻底告别纸质非税票据，提升非税收入运行效率，大幅提高政务服务水平，为完善非税收入领域政府监管提供了制度创新经验。

主要做法：

一是应用区块链技术推动非税收入全链条“上链”。通过将区块链技术引进财政非税收入一体化系统，使非税收入缴款码成为电子票据生成、传送、储存和使用全程的唯一凭证，无法被人为更改确保票据的真实性，以此贯通缴费、电子票据开具、报销全链条，并实现缴款码与票据状态信息实时更新对应，即每笔非税收入资金到账时，系统会按照适配规则自动同步更新缴费信息。

二是将所有执收部门纳入系统推动全部门信息互通。为解决过去不同执收单位信息不互通的问题，将现有171家执收单位均纳入财政非税收入一体化系统，实现覆盖所有缴费渠道、辐射所有执收单位，推动非税数据跨部门、跨区域共同维护和利用，实现了“一张网全覆盖”。

三是促进财政非税标准化推动全流程透明管理。通过统一的财政票据公共服务平台，用票单位根据统一规定领取票据后再通过短信、邮件、二维码、通知单等方式向缴纳单位或个人传输财政电子票据信息，实现对所有财政电子票据在平台实现电子开票、自动核销、全程跟踪和源头控制的全流程管理。

实践效果：

有效提高非税收入运行透明度。平台每笔业务均实现预算、收缴、出票、报销的全流程上链运行，解决收费项目和金额执行标准不统一、执收执罚自由裁量权滥用等问题，为财政资金的收缴和规范管理提供强有力的支撑。截至 2021 年底，共上链数据 306 万笔，票面金额 314.3 亿元。

有效提高非税收入运行效率。通过使用统一的平台和标准，有效提高财政部门事前、事中、事后监管效率，解决了财政票据重复作废、重复开具或利用作废票据开具或利用废票套取资金等问题。

有效降低市场主体办事成本。实现非税收入多渠道电子化收缴，通过扫描二维码可直接实现银行、企业、个人和政府的对接，让数据跑替代群众跑。过去缴纳非税收入需一周左右时间，目前实现即时缴费即时出票，群众不跑腿，出票零等待。

下一步工作思路：

一是继续完善非税收入监管新机制。雄安新区新增的执收单位信息接入非税区块链系统，扩大业务范围，改造预算信息区块链接入接口，接入雄安新区预算信息业务数据。

二是加快拓展新模式运用范围。依托雄安新区数字基础设施（数字身份、雄安云等），同时结合新区已建设的区块链非税电子票据管理平台，以个人健康数据账户建设为基础，全新改造院级信息化系统和基层公卫体系，打通医疗健康信息和数据共享通道，打造多平台联动的未来城市公共医疗卫生和健康管理服务平台。

案例 10：人防建设项目管理模式创新

人防建设是国防建设的重要组成部分，是增强国家整体防卫能力的重要措施。雄安片区通过率先公开人防工程创新规则、调整人防工程配建比例、差异化界定防护区域和推动人防行政许可事项变备案事项等一系列创新性的改革，构建了制度公开透明、人防义务合理分担、军民融合更加紧密、行政审批便捷高效的人防建设项目管理模式，为人防工程项目建设管理探索了具备引领性和前瞻性的制度创新经验。

主要做法：

一是率先公开人防工程创新规则，提升管理透明度。雄安片区系统梳理了工程项目立项直至竣工验收全流程人防政务事项，并结合雄安新区实际，在通过现状评估、试点先行、专家论证、法治审查的基础上，逐项制定规则规范，并以雄安新区管委会名义印发《雄安新区工程建设项目配建人防工程管理办法（试行）》（以下简称《管理办法》）。《管理办法》中的所有规则规范均进行了政务公开，特别是在国内率先公开了民用人防工程配建规则和防护等级，充分落实了习近平总书记对雄安新区提出的在规划、建设的理念上，要体现出前瞻性、引领性的要求，实现了高质量高标准的建设。

二是调整人防工程配建比例，减轻人防义务负担。雄安片区为有效避免人防义务畸轻畸重现象的出现，改变了省内其他地市和国内同类设防城市按不同建筑样式区分不同配建比例（2%—100%不等）的做法，创新性地提出按地上（地下）总建筑面积 8%的比例配建人防工程，极大程度上减轻了雄安新区的人防义务负担。结合新区实际，增补“地上建筑面积小于地下建筑面积”类型建筑配建人防工程的面积计算规则，使人防义务负担方式在全国范围内过渡最平顺。《管理办法》设专章明确了 4 类 11 种较高等级人防工程的换算系数，创设了覆盖面最广、种类最全的等级置换规则，全方位实现人防义务科学分担。

三是差异化界定防护区域，促进地下空间融合发展。《管理办法》在国内率先以专章篇幅明确了独立地下空间、轨道交通、综合管廊、重要经济目标、隧道工程等五类城市关键基础设施的军民融合要求。针对独立地下空间，雄安片区在国内率先提出地下空间“适合防护区域”和“不适合防护区域”概念。其中，将轨道交通自然通风段、独立地下空间下沉式广场等难以实现密闭性能的区域，界定在密闭设防区域外，不必再要求企业必须配建人防工程。

四是强化事中事后监管，推动人防政务审批体系高效运转。历经十二个工程建设项目试点并有一定的风险防控经验后，雄安片区在国内率先将“新建民用建筑修建人防工程”和“城市地下空间开发兼顾人防”等两项人防行政许可事项改为行政备案事项，将事前审批调整为事中事后监管。同时，取消人防工程勘察、设计、图审、监理、检测、防护防化设备企业等社会主体进入新区从业时的备案准入制度，建立起“宽进严出”的人防行业市场监管机制，并将防护防化设备第三方检测改为企业自行检测，以常态化“双随机”执法检查强化事中事后监管，在确保风险可控的基础上，压缩企业办事成本。

实践效果：

人防义务负担有效减轻。通过将“不适合防护区域”界定在密闭设防区域外，在更符合客观规律的同时，每年减轻制度成本超过 2 700 万元，其中，经第三方测算仅东西轴主要市政工程（第二版方案）一个项目可减轻投资 1. 36 亿元。

企业经营成本大幅缩减。将人防工程防护防化设备第三方检测改为企业自行检测，每年可额外减轻企业负担 3 000 万元，仅容东片区安置房该项目设备企业自行检测后，已为企业节省成本超过 1 750 万元。同时，取消人防许可和准入备案、不再图审等行政审批事项的放松和便捷高效也有效帮助企业节约了制度成本，激发了市场主体的活力。

军民融合建设更加融洽。独立地下空间等五类城市关键基础设施军民融合要求的提出，在确保和平时期功能实现的前提和不增加或基本不增加经济投入的基础上，通过适当的技术措施兼顾灾时和战时工况，有效提升了其灾时应灾和战时防空抗毁能力。例如，雄安新区多处公园内的独立地下空间，已实现平时用作停车场，灾时用作救灾物资储备库，战时作为食品储备供应站的功能。

廉政建设效果更加突出。系统全面公开人防工程配建规则，实行较高等级工程等级置换措施后，人防制度更加公开透明，人防义务分担更加科学合理，营造了风清气正、竞争有序的干事创业环境。

下一步工作思路：

一是持续推送“明白卡”。以简单易懂的“明白卡”形式，提前向区内企业介绍片区建设项目配建人防工程政策和流程，让企业办事更舒心。

二是推进制度落地见效。进一步优化片区内人防建设“不再审批”与建设项目整体建设审批流程的制度衔接，让企业办事更顺心。

三是做好事中事后监管。全程跟踪片区内建设项目配建人防工程落地实施情况，主动做好事中事后监管，避免执行偏差，让企业更放心。

案例 11：工程建设项目全流程审批服务

正定片区全面深化“放管服”改革，持续优化营商环境，积极探索工程建设项目审批改革服务，构建科学、便捷、灵活、高效的工程建设项目服务管理体系，事前实施“容缺受理、先建后验”优化审批备案流程；事中创新性实行“三函两表一单”，帮助企业解决项目建设遇到的问题，加快项目建设；事后通过企业自检自验和“双随机、一公开”抽查等方式，强化监管效能；成立专业帮办队伍，在项目建设全流程提供“店小二”式跟踪服务，做到工程建设项目审批流程优化、审批用时减少、企业负担减轻，为我国优化工程项目建设治理探索了经验。

主要做法：

一是明晰政策指引，事前优化审批备案流程。出台《正定高新区在建项目管理办法》，以优化审批和便捷高效为目标，实施“容缺受理、先建后验”。制定《正定高新区企业备案项目建设流程图》，采取一次性告知，编制权责事项清单和办事指南。一方面，将开工许可申领层级从内部 3 个合并为 2 个，合并质监、安监、节能、消防验收、验收竣备等 5 个职能，一窗受理，实现相关结果共享，缩短报批准备时间。另一方面，将工程竣工档案验收纳入联合验收，消防工程设计审查纳入施工图审查，取消工业项目教育配套证明，压缩企业报送材料。

二是实行“三函两表一单”，事中帮助项目加快建设。首创性实行“三函两表一单”（即建筑工程常见问题提示函、工程监督档案提示函、报备事项提示函、进度报备表、消防报备表、整改通知单）制度，常见问题提示函用于企业对照自查，防患未然；监督档案提示函告知企业必存资料清单，加快验收进程；报备事项提示函让企业不遗漏监管，提前安排不误工期；进度报备和消防报备表便于关键节点提前介入服务企业；整改通知单有时限、有内容，让企业明明白白改到位。“三函两表一单”让企业明白如何加快工期、哪些红线不能碰、哪些要监督、哪些要见证，确保项目建设加快进度、合法依规。

三是加强各方联动，事后强化监管效能。强化事中事后监管力度，开工前建设、施工、监理三方负责人签订质监工作承诺，压缩常规监管环节和次数，采取企业自检自验和“双随机、一公开”抽查。加强事后环节监管，依法依规对失信企业进行惩戒，充分发挥信用“震慑”作用，打造市场主体不敢失信、不能失信、不愿失信的营商环境。

四是成立专业帮办队伍，全程提供高水平服务。审批、监管部门积极转变职能，变管理为服务，成立专业帮办队伍，在项目建设全流程提供“店小二”式跟踪服务。在项目建设前期，“面对面”指导企业按照报审的材料要求和时间节点准备相应资料，非要件容缺后补或边建边办，即报即受理；项目在建过程中，及时跟进，上门解读政策、指导服务，帮助项目单位协调解决遇到的问题。

实践效果：

工程建设项目管理效能显著增强。正定片区强化对工程建设项目审批事项的实时监控、跟踪服务，提高了审批效能和审批质量，仅半年就为企业办理用地规划许可证 7 个、建设工程规划许可证 13 个、建筑工程施工许可证 15 个、组织联合验收 9 次、竣工备案 9 个。通过多部门联合，进一步提高了各职能部门的工作效率和服务水平，营造有利于企业发展的政务环境，形成了“超前服务”“专员领办”的良好局面。

市场主体工程建设效率大幅提升。通过“容缺受理、先建后验”等做法，减少至少 3 项重复报备材料，与过去相比，平均节省企业手续跑办时间 30 天，平均投产时间压缩 60 天。

推动一批重点项目签约落地。工程建设项目全流程审批服务新模式促进了营商环境的不断改善，助推企业大幅缩短建设工期、快速实现投产达效，对企业的吸引力明显增强。2021 年，仅正定高新区就签约项目 33 个，新开工项目 11 个，续建项目 11 个，投产项目 12 个，入园高新技术企业 48 家，四上企业 110 家，腾讯云启、均和云谷、京东（正定）智能电商、新大地机器人等数字经济产业项目纷纷入驻。

下一步工作思路：

一是进一步优化审批流程。借鉴先进地区经验，充分发挥自贸试验区政策优势，研究深化改革措施，有效整合审批职能，优化再造审批流程。尝试将民生类项目纳入“拿地即开工”范畴。探索科技研发类用地和政府投资类划拨用地“拿地即开工”的审批路径和报建流程。同时，强化培训，提升有关工作人员业务能力、业务素养和服务质量。突出“极速办理、极简审批、极优服务”理念，不断完善和拓展服务内涵。

二是进一步强化事中事后监管。强化部门联合和信息共享，深化“互联网+监管”，探索“云监管”，不断推进对企业的诚信管理、信用监管，进一步落实建设单位主体责任，依法依规加强对失信企业的约束惩戒，加快构建以信用为基础的新型监管机制。

案例 12：专利侵权纠纷行政裁决新模式

随着正定片区市场主体不断壮大，专利侵权纠纷案件增多，高效解决专利侵权纠纷的需求迫切。正定片区联合石家庄市知识产权局，积极探索专利侵权纠纷行政裁决新模式，靶向定位重点保护方向，打造案源追溯体系；健全行政裁决配套制度，推动案件快速处理；对正定片区内企业专利侵权纠纷开展诉前调解、司法确认、行政裁决和调诉衔接，实现侵权纠纷多元化解决。切实维护了公平竞争的市场秩序，保障了专利权人和社会公众的合法权益，为完善我国行政裁决制度做出新的探索。

主要做法：

一是精准定位靶向发力，打造案源追溯体系。依据不同的专利号和不同的市场主体，靶向定位重点保护方向，提供订单式监管和服务。通过走访和跟进产业聚集区、专业市场、展览展会、科技企业以及专利机构，畅通发现专利侵权线索的五种渠道，主动介入企业生产、使用、销售、许诺销售等专利侵权高发环节，形成“市、区”（石家庄市与自贸试验区片区）联动机制，充分发挥片区相关管理机构和执法机构在办理案件中的行政职能，聚焦生物医药、高端制造等现代产业和重点领域发明专利，开展“知识产权溯源专项行动”，精准对接企业诉求，积极寻找线索，调查取证、落实裁决。

二是提高行政裁决透明度，推动案件快速处理。夯实制度基础，将涉及专利侵权纠纷的“作出处理”“作出决定”等表述调整为“作出行政裁决”。总结现行做法，借鉴其他部门有益经验，落实国家知识产权局细化专利侵权纠纷行政裁决程序规范和实体标准，健全配套制度，减少模糊地带。主动公开专利侵权纠纷行政裁决工作的依据、法定职责和案件受理范围，公开案件办理程序和流程，保障涉案、涉纠纷各方知情权。按照受理和办案权限，制定完善并明晰督办、转办、移送等程序，规范办案流程，创新工作方式，推行立案登记，简化立案手续；实行案件送达信息网上公告，方便案件送达；推行专利侵权纠纷案件书面审理，为当事人节约时间；探索行政裁决与专利确权程序联动，提高办案效率，构建职责清晰、权责对等、运转高效的专利侵权案件快速处理机制。

三是加强专利保护联动，实现侵权纠纷多元化解决。结合“国家知识产权侵权纠纷检验鉴定建设试点”“国家电商民营企业知识产权保护试点”“河北省专利侵权纠纷行政裁决示范建设试点”等三项试点建设，正定片区充分利用石家庄市知识产权局组建的知识产权维权援助、侵权纠纷检验鉴定、专业市场知识产权保护联盟、专利风险预警、正定片区知识产权执法联动等多个平台，实行专利保护纵横联动工作模式，紧密对接解决片区内企业涉及的专利纠纷。同时充分发挥正定片区知识产权服务工作站及河北省（医药）知识产权维权援助分中心作用，对片区内企业专利侵权纠纷开展诉前调解、司法确认、行政裁决和调诉衔接。

实践效果：

专利纠纷案件调处效率大幅提高。通过专利侵权纠纷行政裁决新模式，节省了专利权利人的维权成本，快速及时化解矛盾，专利侵权纠纷案件调处、维权效率提升，办案周期由原来平均 3 个月压缩至 1 个月，实现了“一般案件当月结案、重大复杂案件三个月结案”的总体目标。

推动行政裁决制度进一步完善。专利侵权纠纷行政裁决新模式进一步完善了现有行政裁决制度，将涉及专利侵权纠纷的“作出处理”“作出决定”等表述调整为“作出行政裁决”表述，制定完善并明晰督办、转办、移送等程序，为我国完善行政裁决制度做出新的探索。

下一步工作思路：

一是完善平台功能，织密专利保护网络。建立专利保护信息平台，形成咨询、诉讼、仲裁、调解等多种方式集成合一的专利纠纷解决机制，不断织密专利保护网络。

二是强化智力支持，打造专业化人才队伍。建立完善专家库体系，同时加强能力建设，通过集中培训、业务指导、案件研讨、考核评估等方式培养能办案、善办案的专利侵权纠纷行政裁决专业人才队伍。

三是加大宣传力度，提升市场主体专利保护意识。积极开展多种形式的线上线下宣传活动，着力强化各类市场主体的专利保护意识。定期入企开展专利保护培训和专利保护座谈会，积极引导企业强化创新意识，高水平、高效益运用和保护专利权，推动企业高质量发展。

案例 13："一站式"法律综合服务模式

曹妃甸片区为实现自贸案件"管得好"、自贸纠纷"解得快"、自贸争议"就地裁"，积极打造司法服务一流、管理机制一流、审判质效一流的诉讼服务综合体。通过升级区内诉讼服务中心功能、构建多元调解共治模式、建立仲裁案件协作机制、创新交流与合作机制，为当事人提供高效的诉讼、调解、仲裁"一站式"法律服务，不断满足各类主体对更专业、更便捷、更具自贸特色的司法服务需求，为其他自贸试验区探索开放、高效的法律服务体系提供有效示范。

主要做法：

升级自贸试验区诉讼服务中心，实现自贸案件"管得好"。曹妃甸区人民法院将自贸试验区诉讼服务中心与自贸试验区巡回法庭有机融合，为当事人提供全能、高效率的诉讼服务。一是完善诉讼服务中心功能。在原曹妃甸区临港人民法庭的基础上，将诉讼服务中心延伸覆盖至人民法庭，将人民法庭升级为自贸试验区诉讼服务中心（自贸试验区巡回法庭），使得诉讼服务中心兼具诉前调解、登记立案、诉讼保全、集约送达、司法鉴定、开庭审判等综合职能，为当事人切实打造全功能诉讼服务中心。二是加强自贸试验区内审判体系建设。除涉民商事案件外，自贸试验区内行政案件、环境资源类（非刑事）案件由自贸试验区诉讼服务中心集中管辖，审慎对待创新过程中的新情况、新问题，倡导契约精神、维护交易安全，营造鼓励创新的良好氛围。三是加强智慧法院建设。建设"云上诉讼服务"平台，实现网上立案、网上缴费、网上送达、网上质证、网上开庭，实现"让数据多跑路，让群众少跑腿"，为市场主体降低诉讼成本，提供诉讼便利。

打造自贸试验区多元调解共治模式，实现自贸纠纷"解得快"。自贸试验区诉讼服务中心积极探索构建"法庭+N"的多元解纷模式，整合充实调解资源，构建有效协作机制。一是探索与自贸试验区管委会建立"行政+司法"协作机制，就信息互通、涉自贸试验区全功能诉讼服务、人才培养交流、招商引资、行政事业审批等方面加强行政和司法的横向联系，加强在外商投资、执行合同、民营经济保护、环境保护等领域的协同联动。二是与曹妃甸区公安交通警察支队探索建立涉自贸试验区道路交通事故责任纠纷案件的快速理赔机制，就损失鉴定、诉前保全、事故调解形成合作框架机制，形成涉自贸试验区道路交通事故责任纠纷案件的诉外、诉前和诉中化解三道防线。三是探索与人社、司法、工会等部门建立涉自贸试验区农民工案件的快速化解机制，切实保障农民工合法权益，优化自贸试验区营商环境。四是借助"冀时调"解纷平台，开展互联网法庭线上调解，实现自贸试验区案件异地跨域调解。

建立自贸试验区仲裁案件协作机制，实现自贸案件"就地裁"。曹妃甸法院与唐山仲裁委员会建立合作机制，唐山仲裁委员会在诉讼服务中心设立自贸试验区仲裁工作站，在诉讼服务中心设置仲裁登记立案窗口，实现案件仲调有序衔接。同时，对于涉自贸试验区的仲裁保全案件开辟绿色通道，设置专门审判团队及时依法办理，确保涉自贸试验区仲裁案件的快速解决。

加强交流与合作机制创新，形成司法服务保障合力。一是深入贯彻落实服务唐山海洋经济"1+5"法院司法协作座谈会的会议精神，贯彻落实与天津海事法院、唐山沿海地区法院及法庭签署司法协作协议内容，全方位加强海洋生态环境司法保护力度，就案件管辖等方面充分进行司法协作，为唐山涉海经济发展和津冀海洋经济融合提供良好法治环境。二是贯彻落实与正定片区等其他三个片区签订的司法协作框架协议，全面深化司法协作，服务保障自贸试验区高质量发展。

实践效果：

司法服务效率大幅提升。自贸试验区诉讼服务中心被附加巡回法庭的开庭审判职能后，能够提供完整的诉讼案件处理服务，整体功能得到大幅提升，可实现诉讼纠纷的诉前调解、登记立案、诉讼保全、集约送达、司法鉴定以及诉讼审判等综合职能，成为了真正的“一站式”诉讼服务中心。诉讼服务中心不断优化业务流程、提升服务效率，平均审理时长大幅缩短，简易程序适用率显著提升。

诉源治理效果显著。曹妃甸片区通过诉讼审判机制的不断完善，强化了对行政案件、环境资源类（非刑事）案件的集中管辖，显著提升了原有的诉前调解、诉讼保全、集约送达等职能的效率。其中，诉前调解成效尤为突出。与自贸试验区诉讼服务中心成立之前相比，曹妃甸片区民事诉讼案件同期收案数量减少35%，案件调撤率高达89.8%，万人成讼率进一步降低。

仲裁效率明显提升。诉讼服务中心在与专业仲裁机构的合作和支持下，高标准制定了《曹妃甸自贸区仲裁规则》，并通过积极构建法律仲裁专业人才资源库，不断完善片区内的仲裁处理机制，有效实现了仲裁案件“一窗受理”的便利化仲裁服务功能。仲裁功能实施以来，曹妃甸片区共仲裁民商事案件11件，仲裁保全案件4件，仲裁调解率达73%。

下一步工作思路：

一是拓展自贸诉讼服务范围。积极探索建立自贸试验区法院，扩大案件管辖范围，研究探索将知识产权、涉外民商事案件申请下放到自贸试验区法院纳入管辖范围。

二是加快涉外司法审判队伍建设。争取引入一批熟悉国际条约、国际惯例等具有涉外法律知识的专业人才，最大限度保障案件审判的专业化。

三是加强国际商事海事司法人才培养。努力培养一批能够在知识产权、涉外、金融、投资、贸易等审判领域具有国际影响的法官，为自贸试验区建设提供有力司法人才保障。

案例14：高技能人才“选引育管励”全链条培养机制

曹妃甸片区针对港口建设过程中对知识型、技能型、创新型特色职业技能人才的实际需求，构建了“选引育管励”全链条培养高技能人才新模式。根据片区港口发展特色制定了职业道德“一票否决”人才选拔新标准，打通了“政府+企业”的人才引进合作路径，开设了“订单式”技能提升培训专班，探索了省级、自贸试验区级、企业级多层次多元化的人才评价体系，搭建了物质激励、荣誉与机会激励、事业激励相结合的人才激励保障体系。优化了自贸试验区企业人才队伍结构，提升了港口人才技能水平，增强了企业创新能力，为特色港口建设提供高质量人才保障，为未来建设世界一流贸易港口提供了有力支撑。

主要做法：

一是塑造港口工匠精神内涵，制定“以德为先”的职业技能人才选拔新标准。坚持以“工匠精神”引领高技能人才培养工作，激发员工敬畏职业、追求完美的精神，鼓励员工精益求精、勇于创新。同时加强对高技能人才科学精神、职业道德的培养，突破原有以“学历+年资”为要素的人才选拔框架束缚，坚持把品德作为人才选择的首要内容。成立评定委员会，针对企业员工职业道德、团队管理能力、自我管理能力、工作技能、成就需求、市场意识等指标开展科学评测，将职业道德评价结果作为人才职称评定、职务晋升的首要指标，实行职业道德考核“一票否决制”。

二是强化企业人才需求导向，打通“政企协同”的职业技能人才引进路径。支持片区内企业坚持以总体发展战略对高技能人才的需求为导向，紧紧围绕知识应用能力、生产作业能力、技术创新能力的提升，有针对性地引进高技能、高水准的港口工匠。曹妃甸片区出台《关于支持中国（河北）自由贸易试验区曹妃甸片区人才发展聚集的若干政策》，制定以促进片区港口特色发展为目标的人才引进举措，积极引导企业制定产业升级转型特色高技能人才引进方案，打通“政府+企业”的人才引进合作路径。

三是更新港口人才需求动态清单，打造“订单式”的职业技能人才培训新形式。利用曹妃甸片区企业设立的国家、省、市各级技能大师工作室，重点开展技能革新、带徒传艺，以点带面推进高技能人才培养，打造各类知识型、技能型、创新型的一流高技能人才队伍。同时建立港口特色技能人才需求动态清单，利用曹妃甸大学城职业技术类学院和企业高技能人才培训基地，针对港口产业需要的电工、钳工、特种作业工等专业技术工种，开展“订单式”技能提升培训，全面提升职工技能水平，从生产端和需求端出发培养高素质人才。

四是规范港口人才评价标准，探索“多层次”的职业技能人才评价体系。为调动广大职工提高技能水平的积极性，借助唐山市“凤凰英才”计划人才认定标准，结合曹妃甸片区临港经济特征，出台片区紧缺急需人才认定、资金审批实施办法，科学评定人才技能等级，加快自贸试验区特色高技能人才培养，同时推动企业建立以自主评价、职业技能竞赛、综合业绩为主要评价方式，形成市级、自贸区级、企业级多层次多元化的具备港口特色职业技能人才评价体系。

五是创新港口人才保障体系，搭建“特色立体”的职业技能激励模式。曹妃甸片区出台了《紧缺急需人才引进实施办法》《高级技师、技师生活补贴实施办法》和《技能大师工作室经费支持实施办法》，对于港口高技能紧缺人才配偶就业、子女入学、重大疾病治疗、生活补贴提供服务保障，对技能大师工作室提供经费支持用于培训用品购置、技能交流推广，打造物质激励、荣誉与机会激励、事业激励相结合的立体激励模式，激发了职工学习创新和干事热情。

实践效果：

区域人才队伍逐步壮大，充分满足港口需求。通过对人才“引、育、用、留”，建立了与企业相适应的人才队伍，有效促进地方产业做大做强。2021 年，新增、培育各类专业技术人才 4 917 名。通过“海外赤子智力引擎赋能河北曹妃甸自贸区”活动，引入海外人才 15 名，充分满足片区港口重点产业发展需求。

区域人才技能明显提升，实现人才高质量发展。通过人才激励措施及人才培养计划，三友集团和京冀曹妃甸协同发展示范区 2 个人才团队获得“唐山市市长特别奖”。同时组织唐山首钢京唐曹妃甸港务有限公司等 11 家企业参加第四届“唐山工匠”职业技能大赛。

企业创新能力显著增强，产业发展效果显著。区域高技术人才促进片区企业科技创新水平显著提升，新认定规上工业企业研发机构 23 家，规模以上工业企业研发机构占比达到 60%，推动区域产业规模以上工业增加值同比增长 14. 5%，助力曹妃甸区入围 2021 年中国工业百强区。

下一步工作思路：

广开门路，诚恳吸引人才。全力推进人才强区战略，结合片区岗位实际需求和工作发展大局，研究制定人才引进方案，有计划、分批次引进高技能人才。

制度保障，强化培养人才。建立规范灵活的人才管理机制，完善人才培养、引进、激励等工作运行机制，最大程度为企业的用人制度和人才队伍优化更新提供有利的制度保障和政策环境。

一体化服务，用心留住人才。加大政策支持力度，不断优化服务环境加速高技能人才聚集，落实人才引进优惠政策，对引进人才在安置、住房、子女入学、交通、医疗等方面给予最好的待遇保障，为高技能人才的成长创造足够的空间，实现区域经济发展和人才培养“双丰收”。

案例 15：城市地下空间数字化治理新体系

大兴机场片区廊坊区域以完善地下管线管理为

切口，推动建设集地下空间数据库管理、信息更新、数据查询与统计、空间分析、应急决策等功能于一体的地下空间管理系统，围绕该系统对数据标准、数据采集和数据审查等进行改革探索，形成了地下空间数字化治理新体系，将各类地下空间数据与地上情景一体化呈现，推动地下空间高效利用与精细化管理，提升城市规划和应急事件应对能力，为城市地下空间数字化治理做出了示范。

主要做法：

制定地下空间数据标准，夯实数据基础。针对当前地下空间数据标准不统一等问题，大兴机场片区廊坊区域在数据采集和使用方面进行了标准化。一是制定了7项地下空间管线统一的数据标准，包含24类地下管线现状数据，实现313项数据标准统一和规范采集。二是规范数据应用，对工作人员设定权限，遵循数据安全管理标准，形成安全、完整、有序的地下空间数据仓库，提高政府数据资产的规范性和安全性。

建立地下空间数据动态更新机制，打通数据壁垒。为推动地下空间数据部门共享，保障地下管线数据实时更新，大兴机场片区廊坊区域建立数据动态更新机制。一是数据统一归集，明确由廊坊市地下管线管理委员会办公室负责地下管线综合信息系统平台的建设及日常维护，地下管线工程建设完成后将相关数据统一向该办公室备案并由其进行核实。二是数据采取覆盖工程建设全流程，印发了《廊坊市地下管线工程信息动态管理办法》，明确了工程项目在设计、报建、验收以及管线迁移、变更、废弃等阶段的相关备案要求，建立符合区域实际情况的地下管线数据更新机制，实现地下管线信息动态管理。

推动数据审查标准化智能化，转变审查管控模式。在数据规范化、标准化的基础上，进一步明确地下空间管理中需重点审查的指标及数据，通过建设可视化监测数据平台，依托辅助分析功能，自动评估选定范围内的风险数据，例如管线挤占、挖断、塌陷等隐患，并自动生成数据报表，将以往的人员审查模式转变为智能化审查模式，避免数据审查人为因素干扰，提高决策的科学性和合理性。

实践效果：

精准掌握地下空间数据。依托数据动态更新机制，地下空间管理系统已持续归集了廊坊区域近20年的管线数据，为区域内相关单位科学有序地组织地下空间合理利用提供数据资源和支撑，确保数据的全面性和有效性。

有效提升地下空间数据服务水平。缩减数据处理时间，每个新建项目帮助企业节省约30天的空间测量勘察、数据转换建模的时间成本。缩减勘测周期，基于系统平台的数据监测功能，有效缩减新项目规划设计阶段对现状管线勘测、成果归集以及沟通协调的时间及各项成本，平均每个项目可缩减约10天。

大幅降低政府复勘成本。通过地下空间数据的标准统一和信息的有效汇聚，依托313项地下空间数据服务以及数据格式的转换、质检工具，实现服务成本的大幅缩减，每年可节省政府在重复勘察管线状态、重复规划分析等地下空间管控的投资约300万元。

助力提高城市应急管理水平。地下空间管理新体系不仅节约了成本投入，精准满足地下空间业务审查需求，提高了地下空间建设和管理的安全度。依托系统可为“廊坊市防汛排涝预警专项规划”提供在线基础数据，数据分析成果与实际的契合度达到98%，在突发应急事件时可实现地下位置的精准判断，智能分析最快解决路径，生成最佳解决方案，以便快速应急处置突发故障。

下一步工作思路：

挖掘数据应用价值。进一步健全地下管线工程信息动态管理办法，完善数据录入与调用机制，促进数据共享与综合管理。通过进一步挖掘数据价值，创新数据应用场景，拓展地下空间管理系统使用效能，为城市发展预测提供更为可靠的依据，辅助城市规划建设与决策管理。

推动健全城市数据资产体系。与已建设的地下空间管理系统进行深度融合，探索构建城市全要素、全尺度的标准空间体系和空间编码，规范空间数据汇聚、融合和切割的计算规则，整合“地上—地表—地下”的数字资产管理体系，建设廊坊区域的城市市政基础设施管理信息系统。

案例 16：告知承诺规范化标准化改革创新

为深入推进简政放权、优化服务改革，河北自贸试验区创新推动告知承诺制改革。通过大幅放宽告知承诺制的事项，实行事项清单化、文本标准化管理并完善以市场主体自律为核心的审批全流程信用监管，创新打造了告知承诺规范化、标准化新机制。该机制切实提升了审批服务规范化、标准化、便利化水平，激发了市场主体的活力，为打造一流营商环境探索了经验。

主要做法：

一是科学确定改革范围，梳理公布告知承诺事项清单。在自贸试验区“证照分离”改革已开展告知承诺事项的基础上，对除直接涉及国家安全、公共安全、生态环境保护和直接关系人身健康、生命财产安全以及依法应当当场作出行政审批决定之外的省级以下高频事项，按照容缺预审型、容缺受理型、告知承诺型等分类进行梳理，确定实行告知承诺的事项，并实行清单化管理。

二是规范审批服务标准，制定告知承诺标准化文本。在自贸试验区对纳入推行告知承诺的事项，明确告知承诺文本要素和一次性告知文本内容，逐项制定告知承诺事项标准化承诺文本和一次性告知示范文本，列出可量化、可操作、不含兜底条款的经营许可具体条件，全面规范告知承诺审批标准。在申请人向审批部门提交签章后的告知承诺书及相关申请材料后，若符合申请条件，审批部门将当场作出行政审批决定，实现许可立等可取，大幅提升审批服务的效率和水平。

三是完善监管具体举措，建立“信用+监管”工作机制。推行告知承诺审批，事中事后监管是主要风险点。结合自贸试验区告知承诺审批的特点，建立“信用+监管”工作机制。推动各行业主管部门加强事中事后核查，将承诺及其履行情况信息纳入信用记录，对不履行承诺的申请人依法依规实施失信惩戒，充分发挥信用在事中事后监管的作用。

实践效果：

行政审批效率显著提高。通过推行告知承诺，政府职能和管理模式深刻转变，政府管理理念实现重大变革，从以严格审核为主的准入前审批转为以信用为支撑的事中事后监管，从市场准入的审查者转为事中事后监管者。通过优化审批流程、缩短审批时间，既降低了企业资金、时间等制度交易成本，又通过推进登记注册便利化，让企业既进得了市场“大门”，也入得了行业“小门”。自实行告知承诺制度以来，曹妃甸片区累计办理告知承诺事项 102 项，尤其是在办理公共场所卫生许可、道路货物运输许可、危险化学品经营许可等事项时，为企业平均节省审批时间 10 个工作日以上，大大提高了审批效率，让企业群众办事更有温度。

企业守信经营自觉性明显提升。通过推行告知承诺，企业在申请许可时充分了解到自身应承担的责任和应遵守的承诺，以《告知承诺书》的形式定时、定量加以约束后，企业深入了解了失信违诺产生的后果，树立了守信履诺的责任意识。在实践中，各片区通过告知承诺取得许可的企业明显对信用建设更为积极，在经营中更注意维护自身信用，能主动向审批人员了解相关法律法规和政策文件并遵照执行。既大大增强了企业的诚信经营意识，又减轻了部门监管责任，提升了部门监管质效。

市场发展活力进一步激发。通过推行告知承诺，企业创新创业活力充分释放，经济发展动力显著增强，对外开放水平稳步提高。自 2021 年各片区实行告知承诺制以来，中国石化集团、中磊国际咨询、中国五矿、河北航空等各类知名企业纷纷入驻自贸试验区投资兴业。

下一步工作思路：

扩大实行告知承诺事项范围。适时对自贸试验区实行告知承诺的事项推广至全省。同时，对除风险较大、纠错成本较高、损害难以挽回以外的其他行政许可事项，在全省范围内分期分批逐步推行告知承诺制。

建立健全信用监管机制。依托全国信用信息共享平台（河北）、各行业信用信息系统等，将申请人告知承诺履行承诺情况全面纳入信用记录，实现信用信息互联互通共享。推进信用风险分类监管，按照信用风险等级，实施精准监管。

持续强化事中事后监管。探索运用大数据、物联网、人工智能等手段，通过“双随机、一公开”、重点监管、“互联网+监管”等方式，推进常态化跨部门联合抽查，对新技术、新产业、新业态、新模式等实行包容审慎监管，量身定制监管模式。

案例 17：绿色建筑评级认证前置改革创新

利用绿色金融手段创新支持绿色建筑发展，是贯彻落实生态发展理念、助力双碳目标实现的重要举措，是优化金融资源配置、加快建筑业转型升级的重要途径。雄安片区立足建设金融创新先行区的功能定位，针对绿色建筑投资行为在前、绿色信贷认定在后的特点，将绿色信贷认定前置到项目建设以前，解决了项目建设与项目融资期限错配问题，有效保证了绿色建筑项目及时享受绿色信贷差异化优惠政策，进一步提升了绿色金融服务能力。

主要做法：

一是建立绿色建筑星级预评价的备案登记制度。对照《绿色产业指导目录（2019 年版）》（发改环资〔2019〕326 号），将近零能耗建筑、达到绿色建筑星级标准的绿色建筑、建筑可再生能源应用、装配式建筑、既有建筑节能和绿色化改造、物流绿色仓储、绿色建造、绿色建材、绿色建筑施工和绿色节能服务等九大类确定为绿色信贷重点支持领域，并逐项确定绿色星级评价标准。同时，印发《关于开展绿色建筑星级预评价备案登记的通知》，根据星级评价标准以及建设单位提供的施工建筑工程施工图，对绿色建筑开展预评价工作，为绿色信贷前置审批打下基础。

二是建立绿色信贷认定环节的前置审批机制。针对确定的九大类绿色信贷重点支持领域，制定《雄安新区银行业金融机构支持绿色建筑发展前置绿色信贷认定管理办法（试行）》，将绿色建筑贷款认定环节前置至项目建设阶段，并按照绿色星级评价标准，建立绿色建筑星级预评价备案登记制度，建设单位只需取得规划建设部门出具的星级绿色建筑预评价登记函，即可到金融机构申请绿色建筑贷款，在绿色建筑建设阶段就可享受优惠的利率。

绿色信贷前置认定流程对比

模式	建设前	建设中	建设后
新模式	取得星级绿色建筑预评价登记函。	对符合条件的绿色建筑项目认定绿色信贷，落实差异化政策。	对项目进行严格把关，对不符合绿色建筑要求的实行退出机制。
原模式		按照绿色建筑要求进行项目建设，并在项目完工后取得星级评价。	取得星级评价后到银行机构进行认定，落实差异化优惠政策。

三是完善风险防控机制。加强对绿色信贷的监督管理，由规划建设部门定期对绿色建筑进行核查、排查。针对建筑项目竣工验收后与项目设计不符或 1 年内仍未取得绿色建筑标识等情况，及时敦促该建筑项目退出前置绿色信贷认定，并由金融机构取消该项目所涉贷款的绿色信贷认定，撤回在当地人民银行的备案，且由该项目建设单位返还已享受的绿色信贷差别化政策优惠。

实践效果：

企业融资成本显著降低。相较于建设单位只有在绿色建筑建成并取得绿色星级评价才能获得绿色信贷优惠的传统做法，雄安片区创新绿色信贷前置认定新模式，使绿色建筑项目在建设期就可以享受到绿色信贷差别化贷款优惠政策，有效缓解企业在项目建设阶段的资金压力。雄安新区首批13个绿色建筑前置信贷认定项目已落地，按已发放贷款133亿元测算，每年可以帮助企业节约财务成本3 990万元。

推动实现高质量发展。通过覆盖绿色建筑领域上下游产业以及绿色建筑项目供应链上下游中小企业的普惠金融优惠政策，吸引更多优质金融资源向绿色低碳产业倾斜，充分激活企业绿色业务拓展的主动性，助力雄安新区高质量发展。

助力加快实现双碳目标。绿色建筑节能减排效果显著，据统计每万平方米绿色建筑每年可节约标煤240吨左右。雄安新区实施绿色信贷前置认定后，首批13个绿色建筑前置信贷认定项目，涉及商务服务中心等多个绿色建筑共1 032万平方米，每年可实现减碳30.96万吨。

下一步工作思路：

坚持政府引导，搭建绿色建筑发展机制。依托雄安新区大规模开发建设优势，持续推进“绿色建筑项目和信贷同步审批机制”“绿色建筑碳减排计量监测报告机制”“绿色建筑贷款审批绿色通道机制”等机制创新，探索绿色建筑与绿色金融协同发展的新思路、新路径。

强化市场主导，优化绿色金融服务体系。推动金融机构绿色转型，支持金融机构搭建全产品、全渠道、综合化的绿色金融产品体系。打造一批从事碳减排相关计量、检测、认证的第三方服务机构，为企业研发绿色低碳技术和绿色产品提供支持。

完善监管机制，有效防范绿色信贷风险。完善相关监管机制，加强对绿色建筑和绿色信贷认定的监督管理，有效防范绿色建筑贷款违约风险，防止出现绿色建筑项目杠杆率过高、资本空转和“洗绿”等问题，守住不发生系统性金融风险底线。

案例18：工程建设项目竣工联合验收模式

雄安片区致力于打造项目竣工联合验收全面深化改革的“样板”，将房屋建筑和市政工程等7类建设项目纳入竣工联合验收范畴，采取“统一平台、一口进件、统一受理、并联推进、限时办结、一口出件”的模式，在保证程序规范的基础上，大大简化了验收流程，提高了验收效率，减轻了企业负担。

主要做法：

“两个一”统一多领域规范标准。出台《河北雄安新区工程建设项目竣工联合验收管理办法》，将房屋建筑和市政基础设施、公路、水利、城市轨道交通、园林绿化、林业、生态治理等雄安新区全部在建的7类项目验收进行流程统一、信息管理统一。流程统一分解为10类验收子项，每一类项目的联合验收均由这10类验收子项组合而成，为联合竣工验收打下制度基础；信息管理统一在片区全域实施竣工建筑信息模型（BIM）管控，并通过统一竣工验收测量成果报告技术标准，为联合竣工验收打下技术基础。

“两个减”再造全链条审批流程。全面精简办事流程，建设单位仅需通过雄安新区政务服务网向雄安新区管委会提交一次竣工验收申请，其工程立项、土地使用批准文件、建设工程规划许可证等7项竣工验收必备材料就可被各专业验收部门共享，有效避免了企业重复跑腿、反复报送的情况。全面压缩办理时限，10类专项验收程序并联办理，限时办结，相关的验收子项在并联办理环节互不影响，其中资料审核由牵头部门接到申请2个工作日内进行核验并出具意见，现场验收在资料审核合格后4个工作日内由牵头部门组织开展，并在2个工作日内出具验收意见，整个验收过程控制在10个工作日以内。

“两个责”保障全过程建设项目质量。严格落实竣工验收主体质量责任制，建设、勘察、设计、施工、监理等单位和人员按照各项法律、法规、工程建设标准、合同约定等从事工程建设活动，在工程设计使用年限内对工程质量依法承担相关责任。严格落实执行竣工验收人员责任制，所有参与工程竣工联合验收的人员需签字确认并认真履行职责，确保工程竣工联合验收公正、廉洁。

实践效果：

实现了规则统一。房屋建筑和市政基础设施项目、公路项目、水利项目、城市轨道交通项目、园林绿化项目、林业项目、生态治理项目等7类项目的验收流程执行10类专项验收的统一标准，进一步规范了管理。

精简了申报材料。通过开展联合验收，对不同部门间需要审核的相同材料以及出具的审批结果在平台内进行整合共享，最多达7项文件可以共享，最大程度减少建设单位需提交的申请材料，建设单位申请验收所需提交的材料缩减至10项。

提升了服务效率。建设单位所有审批材料实行网上申报，验收部门实行一窗受理与网上集成办理，大大压缩了办理时间，提升了服务效率。以容东片区建设项目验收为例，711栋安置房、10所学校和1个社区服务中心从正式启动竣工验收直至通过联合竣工验收，均在1个月内完成（包括整改时间），创造了全国用时最短建设项目竣工验收记录。

下一步工作思路：

进一步深化审批改革。按照“领跑者”标准，在优化流程、减少事项和申报材料上进一步深挖，继续探索减事项、减环节、减材料、减时间、减费用“五减”举措，推动实现更高质量的工程建设项目联合竣工模式。

进一步完善系统建设。按照优化后的审批流程和事项，进一步完善系统建设，通过简化系统界面操作和减少信息填写事项等措施，使政务系统更加便捷。

进一步强化监管服务。以“双随机、一公开”监管为抓手，推进审批管理系统延伸应用，完善项目审批系统信用信息模块功能，完善透明化监管机制。

案例19：区块链技术赋能服务企业新模式

雄安片区积极应用区块链技术探索创新发展模式，在拓展新业态新模式、推动传统产业数字化转型领域先行先试，首创了基于区块链技术的产业互联网平台，通过政银企数据的安全共享和智能分析，实现政策支持、融资贷款、政务服务等企业全生命周期集成服务。

主要做法：

以区块链手段建立企业数据保险箱。充分利用区块链技术可溯源、不可篡改的特性，为每个企业建立“数据保险箱”。针对企业在平台填报的数据，一是建立数据安全保障机制，确保所有数据均在“链”上管理，未经企业授权任何人不能随意获取企业数据，真正做到了谁的数据谁做主；二是建立数据真实保障机制，确保了企业填报数据的连续性，最大程度保障企业填报数据的真实性。

以大数据手段实现政策自动推送。针对传统产业转型升级过程中企业对奖补政策获取渠道受限、申报过程复杂的问题，产业互联网平台通过将各级各部门出台的奖补政策统一归集到一个网络端口，逐项列明适用对象、申报条件、申报材料、审批流程和兑现方式等，实现了奖补政策从申请到兑现全过程的网上一站受理、全程不见面审批。平台对企业数据、奖补政策参数结构化，利用大数据手段将政策和企业进行智能匹配，对满足政策条件的企业进行智能化精准推送，变“企业找政策”为“政策找企业”。

全链条数据融通助力中小企业融资。面对传统产业转型升级过程中中小企业面临的融资难融资贵问题，产业互联网平台通过打通企业经营数据与银行融资系统的信息渠道，建立银企良好的链上信任，实现“一键申请、快速放款”。依托区块链技术数据可溯源、不可篡改的特性，并通过建立企业数据造假及修改惩处机制，金融机构可从平台获取企业的真实经营情况，推动企业以优质信用为依托，变数据为信用，变信用为资金。

实践效果：

产业政策兑现高效便捷。产业互联网平台采取的网上一站受理、全程不见面审批的政务服务模式，大幅提高了奖补政策兑现效率，审批时长由原来的10天减少为1天。同时，企业仅需一次填报即可永久记录信息，后续申报其他扶持政策无需重复填报，有效减轻了企业负担。

企业融资能力大幅提高。产业互联网平台依托区块链技术既保障了数据的真实性，又解决了银企信息不对称难题，有效降低了银行放贷过程中的信用风险，提高了中小企业的融资成功率。

促进了传统产业转型升级。产业互联网平台通过开发跨境电商公共服务功能，链接整合海关、外汇管理、国税等部门业务功能，为雄安新区传统出口企业打开海外销售渠道，推动跨境电商快速发展。

下一步工作思路：

打造全国领先的智能政策服务平台。在现有政策大数据库的基础上，将各级政策进行全面结构化，形成系统全面的政策大数据，通过人工智能技术，研发政策计算器功能，实现企业申报材料自动匹配，为企业提供“一站尽享、一网通办”的政策服务。

持续优化金融信贷模式。基于区块链技术开发产业互联网平台金融风险防控体系，持续完善数据增信机制，促使银行“实物抵押+线下核验”的传统授信模式变革为“交易信用+平台累积的数据信用+基础信用”的动态授信模式，创新金融服务模式，不断提升金融服务能力和水平。

打造跨境贸易“一站式”服务。依托产业互联网平台，聚焦做优做强跨境贸易，加强与银行、保险、民航、铁路等相关行业对接，打造集通关服务、仓储物流、支付结算、金融保险、综合查询等功能于一体的“一站式”贸易服务平台。

案例20：施工总承包企业信用评价改革

为推进工程建设领域信用体系建设，维护公平诚信的建设市场秩序，进一步推动简政放权和政府职能转变，雄安片区聚焦施工总承包企业这一关键群体搭建信用管理体系，对信用评级较好的企业进行奖励，依法依规对失信企业进行惩治，切实激励施工总承包企业遵纪守法、加强自律，有效保障了建设工程质量。

主要做法：

明确信用评价信息。印发《河北雄安新区施工总承包企业信用评价管理办法（试行）》，将企业信用信息细化为正面信用信息、负面信用信息和严重失信信息。其中正面信息将党建联建信息创新性地作为企业评价参考，推动17家施工总承包企业开展党建联建工作，在助力乡村振兴、推动项目建设等方面取得积极成效。负面信息包括行政处罚、合同违约等方面的信息。确认信息后，逐项明确每项信息的认定依据。

建立企业信用评价体系。各施工总承包单位将所需提供的信息通过雄安新区信用评价管理系统进行申报，由雄安新区规划建设部门进行记录、归集、评价和公示，并按照基础分值加正面信用信息得分减去负面信用信息平均得分算出总分，按照90、80、70、60及以下得分，将企业分为A、B、C、D以及“存在严重失信信息的企业”共5个档次，按季度发布信用评价结果。

明确信用评价奖惩机制。施工总承包企业信用评价结果作为雄安新区建设项目招投标、日常监管、专项检查等方面的参考依据。对于连续3年被评为A类的施工总承包企业，在工资保证金管理地区承建工程项目连续3年未发生工资拖欠，且按要求落实用工实名制管理、农民工工资专用账户和施工总承包单位代发工资制度的，其新增工程项目免于存储工资保证金；对于评价为B类的企业，有关主管部门加强指导，帮助企业做大做强；对于评价为C和D类的企业，有关主管部门加大日常行业监管力度；对于存在严重失信信息的企业，依法依规在一定期限内限制或禁止其参加雄安新区政府投资、国有投资建设工程招投标活动。

实践效果：

保证项目建设顺利开展。截至2022年9月，容东片区安居工程配套燃气工程、容西片区燃气一期、二期调压站及入廊管线工程施工招标共2个项目已在招投标环节采信施工总承包企业信用评价结果，大幅降低了建设单位履约风险，有效保障了建设项目保质保量顺利开展。

减少项目施工违法违规。相关部门根据工程质量、安全文明、扬尘治理等方面的行政处罚情况，分别对12家施工总承包单位共计实施差异化监管15次，大幅度减少了建设项目施工过程中的违法违规问题。

形成一批工程技术标准。在信用评价机制的激励下，施工总承包企业积极参与雄安新区关于住宅工程分户验收、智慧工地建设、装配式综合管廊工程、综合管廊运营维护、绿色施工技术标准、建筑信息模型系统（BIM）实施与应用等方面共6项工程技术标准的研究制定工作，为打造“雄安质量”贡献了重要力量。

下一步工作思路：

继续依法合规开展施工总承包企业信用评价工作，按季度公布信用评价结果，重点对建设工程质量安全、农民工工资保障等方面的行为实施常态化信用惩戒，真正激励施工总承包企业遵纪守法、加强自律。不断深化信用评价结果在工程招投标环节的应用，根据试点情况，会同有关部门研究论证进一步应用信用评价结果的实现路径，适时修订《河北雄安新区施工总承包企业信用评价管理办法（试行）》，强化施工履约管理与建设项目招投标的联动。

案例21：工程建设项目极简审批新模式

雄安片区基于大规模开发建设的需求，以合法合规、便捷高效为基本原则，建立并持续完善“一会三函”审批制度，按照“宜证则证、容缺受理、函证结合”的审批思路，通过搭建工程建设项目审批改革公共服务平台，形成了法定许可和“一会三函”并联运行、同时审批的完整审批链条，创造了工程建设项目极简审批的“雄安模式”。

主要做法：

一是加强顶层设计，优化建设项目审批模式。深入推进工程建设项目审批制度改革，将“证照分离”改革经验应用到工程建设项目审批领域，创新采取“宜证则证、容缺受理、函证结合”的审批思路，将法定许可审批与“一会三函”审批模式相结合。一方面，通过向工程建设方授予“三函”允许其在获取相关法定许可前即可推进项目建设；另一方面，建立工程建设项目用地规划、工程建设、施工和竣工验收等阶段的法定许可并行审批制度，同时规定工程建设方可采取“容缺后补”的方式在项目验收前将各阶段的法定许可证件补齐。

二是深化平台赋能，建立全部门全流程的联合审批系统。充分利用“大部门制、扁平化管理”的体制机制优势，精简行政审批层级、整合部门间资源，快速接入相关审批部门及水电气等市政公用服务单位，整合分散在申办、受理、审批和监管等环节的业务系统，建立了覆盖全部门全流程的联合审批系统。再造审批流程，按照项目投资和立项方式进一步梳理细化审批流程，由原来的8大类项目类型细化为18类，为企业提供更加精准的审批服务。

三是拓展创新应用，创设“一码贯穿·项目一棵树”。为高效推行“一会三函”审批制度并保障项目符合法定程序，适应雄安工程建设项目划分层级多、关系复杂特点，雄安片区创建“一项一码”规则，赋予每个项目一套编码，覆盖一级项目的一函到施工许可证所属的末端工程，以树状的形式将各层级的覆盖全生命周期的全量项目一并展现出来。依托项目统一编码，形成“项目一棵树”，便于各类项目的统计展示，为新区各部门提供按图索骥的项目审批调度、监管等配套服务。

实践效果：

大幅缩短工程建设项目投产达效时间。通过审批模式的优化，实现政府投资类项目从项目立项到施工许可审批时限控制在 30 个工作日内，企业投资核准类项目从项目立项到准予开工建设审批时限控制在 14 个工作日内。企业投资备案类项目经告知承诺后即可开工，有效缩短从建成到投入使用的时间周期，让信用良好的企业提前投产获益，有力保障了大规模开发建设的“雄安速度”。

大幅优化了工程建设领域企业办事体验。通过实现多类信息在审批过程中的共用、复用，减少材料重复提交和信息的重复录入，极大减轻了企业申报负担。联合审批系统上线以来，企业普遍反映系统操作简便、工作指引性强，工程建设领域营商环境得到进一步优化。

有力保障了工程建设领域的“雄安质量”。通过整合各部门的管理（业务）系统形成一个“联合审批体”，便利审批机构实现对项目立项、工程建设、施工以及竣工验收全生命周期的监督和管理，在提升审批效率的同时，有效防范因审批程序不规范、标准不统一带来的风险。联合审批系统实现了雄东片区、容西片区安置房等大批量工程项目手续的集中办理，为打造工程建设领域的“雄安质量”提供了有效支撑。

下一步工作思路：

持续完善审批平台功能，提升审批服务效能。不断推进平台优化整合功能，加快推出“多评合一”“商品房预售许可”“工程项目帮办代办”等功能模块，不断整合优化涉及工程项目审批的服务功能，通过信息化手段优化“一会三函”审批流程，有力支撑雄安新区大规模建设和承接北京非首都功能疏解。

强化部门协同和数据共享，提升项目审批效率。通过整合、对接、改造等方式，加快工程建设项目审批平台与区块链系统、智慧工地系统等平台的融合打通，强化相关审批机构之间的审批流程衔接，建立信息互联互通、审批联动高效的部门协作机制。

加强事中事后监管，保障项目健康有序开展。优化法定许可与“一会三函”制度之间的衔接，实行审批环节亮灯预警管理，及时分析研判审批运行情况，有效防范项目审批过程中与法定程序冲突带来的风险，确保工程建设项目的有序开展。

案例 22：法务资源集约服务新模式

正定片区通过搭建民商事纠纷协调处理综合服务平台，强化责任主体联动衔接，建立社会矛盾纠纷多元化解中心工作机制，出台多项支持政策等综合措施，创新打造自贸试验区多元立体法务服务体系，更好构筑了自贸试验区改革发展的法治保障。

主要做法：

一是搭建民商事纠纷协调处理综合服务平台。正定片区主动与法律服务机构以及审判、仲裁等机构协作，在石家庄市公证协会、石家庄市知识产权局、石家庄仲裁委员会等部门大力支持下，先后成立了正定片区公证处、河北省（医药）知识产权维权援助中心、全省首家“一带一路”国际商事调解中心正定片区调解室、正定片区仲裁中心等机构，并与河北省贸促会就共建“一站式涉外法律服务平台”签署合作备忘录建立合作机制，在公证、知识产权纠纷调解、援助、仲裁、“一带一路”商事调解、国际商事争议预防与解决、商事认证、法律宣传、培训和咨询等领域，提供一揽子法律服务，搭建了自贸试验区多元立体法务服务平台。

二是强化责任主体联动衔接。各相关单位积极推动自贸试验区法治建设，正定片区与河北省知识产权保护中心、石家庄市中院、石家庄市市场监督管理局、石家庄市公安局、石家庄市司法局等单位建立日常联络机制、信息交流和调研研讨制度等工作机制，不定期地加强沟通对接，积极探索建立司法审判、行政执法和民事调解之间资源共享、优势互补、合作联动、有机衔接的工作模式，满足自贸试验区纠纷化解需求，确保多元化纠纷解决机制的顺利运行。

三是建立社会矛盾纠纷多元化解中心。该中心联合法院、公安、司法行政、乡镇人民政府、信访、劳动监察等部门，提供免费法律咨询服务，进行联合接待、联合调解、联合处理，努力实现“最多跑一地”的工作目标。当出现纠纷时，积极引导市场主体自助选择仲裁调解、调解室调解、诉前调解、仲裁、诉讼等方式进行解决。同时，选派经验丰富的法官和法官助理和民调员组建“诉前调解1+1+1团队”，加强调解人员培训指导，借助“智慧法院”和“冀时调”等线上平台开展线上调解，减轻当事人的诉讼成本。

四是建立自贸试验区法律服务绿色通道。设置自贸试验区案件服务窗口，为自贸试验区主体开辟绿色通道，为企业提供现场、线上、跨域、移动微法院等多样化立案渠道，提供立案咨询、诉讼保全、案件信息查询等一站式司法服务平台。

实践效果：

提升了正定片区法务资源聚集水平。正定片区已基本形成法治功能架构，初步建立了自贸试验区调解、仲裁、诉讼衔接机制，实现了集约化、社会化管理和服务，对优化营商环境发挥了重要作用，促进了重点产业聚集和法律服务、专业人才的引进。

强化了正定片区法治保障。依托法律仲裁中心、“一带一路”国际商事调解中心正定片区调解室、知识产权维权援助中心、中国贸促会（河北）自贸试验区服务中心等平台，灵活地满足了市场主体的不同法务需求，构筑了自贸试验区全方位法治保障。正定仲裁中心已服务片区近百家市场主体，开展法律咨询等服务；正定片区调解室已为10余家市场主体开展境内外投资贸易提供法律、金融、财务、税务、环境、行业与政策咨询等专业咨询；知识产权维权援助中心已面向20余家市场主体推广2个专利险种，为2家企业提供专利授权资助2项，为5家企业提供马德里商标等商标服务，为30余家拥有发明专利的企业提供咨询服务，对新大地等10家企业提供导航、专利预警分析服务；中国贸促会（河北）自贸试验区服务中心为正定片区80余家企业办理数百份商事认证业务，并提供相关涉外商事法律服务。

实现了正定片区纠纷化解最优化。社会矛盾纠纷多元化解机制不仅在预防纠纷、减少诉讼方面起到积极作用，而且市场主体普遍受益，得到广泛认可，进一步增强了依法经营、依法治企、依法维权意识，助力自贸试验区企业健康发展。

下一步工作思路：

持续与省政法委、市政法委、市中级人民法院等相关部门沟通对接，加强调研，协调推进，争取正定片区中央法务区规划落地，吸引会计、金融、科技、税务、仲裁、调解、认证、司法鉴定等相关机构进入中央法务区，促进高端服务聚合，力争形成全面覆盖、无缝衔接的国际国内法律服务体系，为打造具有市场化、法治化、国际化自贸试验区营商环境贡献力量。

案例23：“人才生态”服务建设新模式

正定片区积极与石家庄市、正定县联动创新，建成全省首家国家级人力资源服务产业园“中国石家庄人力资源服务产业园正定园区”，通过构建多主体人才服务联合机制、多元化人才服务平台载体、多维度人才服务保障体系，多措并举培育最优“人才生态”，进一步加速人才聚集，激发人才活力，发挥人才效能，助力企业高水平高质量发展。

主要做法：

一是打造多主体人才服务联合机制。通过石家庄市、正定县、正定片区组织部门联动协作，合力推动正定片区人才工作，相继出台《关于高质量建设人才强市的实施意见》《关于进一步吸引留住人才的若干措施（试行）》《关于推动中国（河北）自由贸易试验区正定片区人才聚集的若干措施》《正定县专业技术拔尖人才选拔管理办法》等一系列支持政策，制定石家庄市人才绿卡（A卡、B

卡）、正定县人才绿卡（C卡）等管理办法，在人才认定、资金支持、衣食住行等方面实行更加积极、开放、有效、全面的人才服务联合机制，实现多部门改革共振，共同营造良好“人才生态”。

二是搭建多元化人才服务平台载体。建成全省首家三位一体的国家级人力资源服务产业园，其中“中国石家庄人力资源服务产业园正定分园”坐落在正定片区。园区实行企业扶持奖励资金“免申即享”办理模式，加快推动人力资源服务或相关企业入驻，促进多层次、专业化产业集群聚集。设立一站式海外人才服务站，专门为外国人才提供落地、创业、交流等一站式服务，着力打造“类海外”人才发展环境，促进更多海外人才落地发展。片区注重引导企业与科研院所、高校加强合作，签订项目合作（技术开发）协议，为人才创新搭建载体。积极建设社会实践基地，先后与南开大学、天津大学等高校签订共建协议，组织优秀学生开展社会实践等系列活动，吸引优秀人才在片区落地发展。

三是构建多维度人才服务保障体系。构建“组织领导+定向服务+专业队伍+N”多维度人才服务保障体系。成立人才工作领导小组，强化成员单位沟通配合，增强人才工作整体合力；建立领导联系服务专家工作机制，一对一定向服务专家人才，广泛听取意见建议；构建专业化服务队伍，聘请市政府特约研究员、企业人才为特约顾问，为人才工作提供智力支持；不断丰富拓展服务内容形式，包括政策宣讲、体验参观、专题培训、座谈交流、典型选树、校企联姻、沙龙联谊、创新创业大赛等一系列线上线下活动，形成全覆盖、点对点、心连心的高质量人才服务。

实践效果：

“人才生态”不断完善。采取对人才企业实地调研、走访座谈、电话回访等方式，帮助人才企业纾困解难，为人才企业转型升级提供了有力支持。通过培育最优“人才生态”，有效提升了园区企业入驻率，截至2022年6月底，已有68家企业入驻正定新区国家级人力资源服务产业园。

“人才生态”聚集效应明显。截至2022年6月底，引进市人才绿卡A卡人才12名、B卡人才348名。全市成功举办首届“海石杯”高层次人才创新创业大赛，带动海内外项目和人才集聚正定片区。优选40余家重点商超、汽车销售、文化旅游、餐饮酒店、娱乐健身等商业门店和经营企业加入人才绿卡服务联盟，厚植“人才生态”沃土。

“人才生态”辐射带动作用突出。中国石家庄人力资源服务产业园设立后，带动周边12个县（市、区）建成人力资源服务工作站，正定片区“人才生态”也不断优化，创新的外溢效应较为明显。片区内企业与华北电力大学、山东大学等30余所高校签订项目合作协议，合作完成科研项目，共建技术创新平台，加强人才引进与培养，发挥了最优“人才生态”对企业和经济发展的促进作用。

下一步工作思路：

进一步提升人才服务能力。推动建立人才电子信息平台，实现人才管理服务精准化，便捷化，高效化。加强重点产业、重点企业的人才服务能力建设。

进一步加大政策支持力度。在项目资金、个人补贴、生活服务等方面进行差异化探索，形成更优的“人才生态”，提升片区人才服务的竞争力，打造人才服务正定品牌。

积极主动融入京津冀协同发展。加强区域合作，大力引进京津优秀人才，为自贸试验区建设和石家庄市高质量发展提供更多人才支撑。

案例24：知识产权行政裁决快速反应新机制

正定片区联合石家庄市知识产权局，破解以往知识产权侵权裁决单打一、碎片化、效能低难题，以行政裁决为切入口，实行“三化工作法”，即制度化管理、精细化应用、信用化监管，创新了知识产权行政裁决快速反应机制，构建了综合应用新生态，提升了工作效能，探索完善知识产权保护规则，为维护创新主体合法权益、优化营商环境发挥了重要作用。

主要做法：

制度化管理推动裁决提速提效。针对知识产权行政裁决结果送达时间长、送达效率较低、送达批次碎片化等问题，推动行政效能提速，明确规定凡是口审中当庭宣布结果的，均当庭签字送达；串案和地域比较集中的，均以基层局为送达单元，召集当事人集中送达，并进行现场培训，确保后续事项有效衔接，提前对接；舆情关注的重要案件和当事人急需的，专人专办，2 个工作日内送达。同时，实施规范结果公示制，实行 5 个工作日内在门户网站公示，推行公示内容制式化，将主要要素内容一一明确，建立公示抽查制度，成立抽查组，一个月一抽查。推动基层监管无缝衔接，建立裁决结果推送台账确认制，5 个工作日内以传真或邮件形式向基层推送。

精细化应用创新裁决结果使用新场景。依据裁决结果，分析侵权易发领域和商品种类，对行业、市场主体、产品类别等维度进行分析，研判专项整治和监管重点，有针对性地组织相关行业、市场主体培训，传授相关防范知识，合力推动专项整治和检查，推动行业自律，堵塞监管漏洞。先后锁定了生物医药、电子信息、电商、展会等重点领域和环节，开展“知识产权溯源护航”和“电商、网购领域专项整治”，就“刮丝器”案件、水龙头案件等采取整治回头看行动，并组织专项培训。

信用化监管以裁治乱确保落地有效。印发《进一步做好专利行政保护领域信用监管专项工作要点》，将裁定侵权成立与重复侵权的，分别列为信用风险“较高”“高”监管等级，向社会公示，除常规监管外实施重点监管，提高检查频率和比例，并对符合条件的，按程序列入联合惩戒范畴。将侵权行为纳入信用监管，以信用监管提升行政裁决结果运用效果。

实践效果：

健全了知识产权行政裁决制度，完善了正定片区知识产权保护体系。积极发挥了正定片区在知识产权行政裁决规则探索与制定方面的创新试验田作用，构建了知识产权保护职责清晰、权责对等、运转高效的工作体制机制。通过细化知识产权行政裁决程序规范和工作方法，健全配套制度，减少模糊地带，夯实了知识产权保护的制度基础。

发挥了知识产权行政保护快捷高效和矛盾纠纷多元化解优势，提升了知识产权行政裁决效能。自办法实施以来，办理正定片区专利侵权纠纷行政裁决案件 2 件，对作出专利侵权行为成立裁决的案件均按照“三化工作法”落实处置。通过对裁决结果制度化规制，使得行政诉讼无一败诉。通过创新精细化应用，加大了对小微企业、电商、支柱产业保护。通过推动信用化监管，较好地维护了市场秩序。通过以案说法，有针对性地组织相关行业、市场主体培训。“正定片区 2022 年专利侵权预警护航企业创新发展培训会”“正定片区知识产权保护座谈会暨知识产权保护创新发展研习会”定向收集企业相关建议 17 条。

化解了社会矛盾纠纷，保障了人民群众和企业的知识产权合法权益。实施“三化工作法”以来，积极高效开展“知识产权溯源护航”“电商、网购领域专项整治”等行动，针对正定片区生物医药、电子信息、电商、展会等领域和环节，排查片区企业 120 余家，排查侵权案件线索 8 条，立案 2 件，充分发挥了知识产权行政裁决在化解专利侵权纠纷中的“分流阀”作用，维护了社会和谐稳定。

下一步工作思路：

一是进一步做强保护链条。针对片区特点，建立行政保护技术调查官制度，规范技术调查官参与行政裁决办案工作，指导知识产权纠纷调解组织开展在线诉调对接，聚焦大型赛事或重要展会，加强知识产权保护，提高保护质量。

二是加强与公安、司法、市场监管等部门的协同保护。联合多部门举办正定片区知识产权宣传周活动，吸引骨干企业参与，联合开展正定片区重点行业知识产权保护专项行动，提升协同保护、多元

保护社会效能

三是加强知识产权信用管理。实施差异化监管，将“故意侵犯知识产权”等行为列入严重违法失信名单，优化市场化、法治化、国际化营商环境。

案例 25：“标准化+大数据”智慧监管新机制

为落实党中央、国务院《关于加快建设全国统一大市场的意见》等战略部署，正定片区联合石家庄市市场监督管理局，深化简政放权、放管结合、优化服务改革，完善“双随机、一公开”监管，依托“标准化+大数据”构建智慧监管新体系，形成“一网联动、随机抽查、协同监管、综合执法”的监管新机制，为推进市场监管公平统一、全面提升市场监管能力、加快建设全国统一大市场进行了有益探索，积累了宝贵经验。

主要做法：

一是实施标准“三级跳”，打造监管“升级版”。为有效破解“双随机、一公开”监管工作中存在的标准不统一、流程不规范、随意性强、工作效率低等突出问题，用科学严谨的标准统一规范监管行为，实现监管标准“三级跳”。第一，“起跳”——全国首创“四双四一”抽查规范。即“双匹配一确认、双编组一随机、双指导一授权、双随机一表格”，解决了“双随机、一公开”跨部门联合抽查的组织和技术难题，在短时间内推动了“双随机、一公开”跨部门联合抽查的全面落实。第二，“再跳”——推行“五四三二一”标准化监管模式。该模式包括以下五个方面：即成立了领导小组工作制度、领导小组办公室工作制度、专项业务培训制度、部门会商工作制度、实地核查工作制度等五项工作制度；实行“四双四一”抽查规范；加强与风险分类监管、大数据监管和综合执法“三个有机结合”；依托河北省双随机监管平台、国家企业信用信息公示系统两个平台；以及以“一个标准”为目标，全面推进“双随机、一公开”全流程整合。第三，“三跳”——制定地方标准规范监管。为实现一个标准搞监管的目的，制定发布地方标准《“双随机、一公开”监管工作规范》（以下简称《规范》），细化了“一单、两库、一细则”，统一了抽查、公示系统平台，充分发挥“双随机、一公开”监管对违法“利剑高悬”、对守法者“无事不扰”的作用。

二是依托大数据技术，创新智慧监管新模式。首先，建设完善指挥中心。建设并完善石家庄市大数据与双随机监管指挥中心，强化对工作的统一指挥和调度，运用“互联网+监管”理念和技术，对市场主体实施信用分类监管和智慧化监管。其次，多点结合让数据说话。探索建立企业风险分类管理机制，推进企业信用风险分类管理与双随机抽查、重点监管、专项整治等监管方式的有机结合，提高精准化、智慧化监管效力。利用市场监管总局企业信用风险分级结果，在全系统开展企业信用风险分级分类双随机抽查。第三，创新提出以特定风险点确定“双随机、一公开”抽查范围的思路。利用系统“警示信息”模块指导市场监管领域部门进行跨部门“双随机、一公开”抽查。

三是探索推行创新举措，强化包容审慎监管。探索实行“包容期”管理制度，对新设立的“三新经济”市场主体给予1—2年“包容期”，在“包容期”内通过行政指导等柔性监管方式，引导和督促企业依法经营。建立市场轻微违法违规经营行为容错机制，制定石家庄市市场监管局《首违不罚工作实施方案》《市场轻微违法违规经营行为免罚清单》和《“三新经济”市场主体轻微违法违规经营行为免罚清单》，推行“首违不罚”。

实践效果：

一是创新建立企业信用风险指数体系，为市场监管工作提供科学依据。通过综合企业的年报信息、行政处罚信息、投诉举报信息、网络舆情信息、法人关联信息类多维度数据，形成“企业信用风险指数”。对正定片区 6 900 余家市场主体进行分析，生成通用风险预警信息 21 类，重点领域风险预警信息 5 类，风险提示信息 11 类，共标记 1 500 余户存在风险的市场主体。通过大数据分析，帮助确定了高危风险行业，对指导片区企业分类监管和“双随机”监管工作提供了科学依据。

二是积极助力全国统一大市场建设，全面推进市场监管公平统一。充分发挥自贸试验区在全国统一大市场建设中的创新试验田作用，大力推进联合检查，以监管对象为联结点，对涉及同一业态有多个监管主体，明确牵头部门，制定“一业一查”部门联合抽查计划。2022 年共对 37 个行业组织开展了部门联合检查，抽查结果全部进行了公示，实现了部门间违法线索互联、监管标准互通、处理结果互认，有力促进了公开、公平、公正执法。

三是实现了监管组织形式、监管随机抽查和监管工作流程的标准化科学化精准化。对“双随机、一公开”监管措施、机制、标准做出严格规范，统一制定了抽查计划，对列入清单的抽查事项全部制定了“抽查事项现场检查作业指导书”，做到工作程序固化、监管过程留痕、责任问题可溯。对监管流程进行了细化，形成了一整套可量化、易操作、能追溯、重运用的内容标准体系。同时，还规范了台账式抽查计划方案和表格化工作流程，规范了自动化抽取过程和公开化结果运用。

下一步工作思路：

充分利用大数据等技术手段，加快推进智慧监管，提升跨省通办、共享协作的信息化水平。鼓励行业协会商会、新闻媒体、消费者和公众共同开展监督评议。对新业态新模式继续加强监管创新，及时补齐相关制度和标准空缺。

案例 26：省市下放行政审批事项承接机制创新

曹妃甸片区紧扣“放管服”改革，围绕承接权限下放中存在的承接能力不足、“最后一公里”不畅等问题，通过创新审批流程，提升承接下放权限能力，探索形成承接下放权限的新路径。

主要做法：

一是优化审批服务模式，提升省市权限下放的承接能力。以审批流程再造为牵引。解决用海项目审批难点，曹妃甸片区通过对审批流程进行全面梳理，由唐山市政府召开专项工作会议，提供配套审批机制，开辟海域使用权申报专用通道，曹妃甸片区申报时，可使用市政府专用文号向省政府直接行文，大大缩短了申报时间。以一站式集成服务为支撑。创新审批服务，实现一站式集成。曹妃甸片区将省、市、县三级行政审批事项全部集中至片区政务中心，创新采用“无差别受理”方式进行受理，实现片区行政审批事项只进一扇门。

二是建立健全体制机制，提升省市权限下放的承接效率。建立权限诉求收集机制。广泛开展调研，片区管委会组织审批权限下放调度会 6 次，对权限下放工作进行专题调度，向片区内各园区、区属各国有企业征求意见，了解市场需求。健全权限下放对接机制。在省级行政许可事项清单中筛选本片区急需下放的行政许可事项，并安排区直部门参加省级行政许可下放事项对接会，与 29 个省直部门逐项对接，及时向上级部门提出用权需求，为曹妃甸片区争取到更多的审批权限。完善权限授权机制。曹妃甸片区成立了由片区管委会牵头，相关区直单位参加的承接跑办小组，制定授权委托书任务分解表，做好委托权限的委托书签订及下放权限的审批账户开通配置等工作。

三是完善审批配套措施，强化承接权限下放的服务保障。成立专门审批机构。在片区行政审批局成立独立审批科室，专门负责承接审批业务事项，努力提升审批业务水平。做好人才培养工作。针对审批工作政策性和专业性强的特点，片区通过“以老带新”“业务大讲堂”“互动式教学”等方式，全面加强审批业务技能培训学习。做好政策保障工作。出台《关于做好省级、市级权限承接工作方案》，明确承接原则、责任部门、完成时限，为承接工作提供政策依据。

实践效果：

提高行政审批服务效率。通过承接海域使用审核权限下放，将原本由省自然资源厅审批的海域使用权下放至曹妃甸片区管委会，创新探索形成了“海域使用权‘五步极简’审批新模式”，将招拍挂类项目用海16个审批环节精简为5个，审批时间减少91天，审批提效达51%。

吸引企业落户形成产业集聚。农业农村厅审批的饲料生产许可权限下放到曹妃甸片区后，由省、市、县三级审核的许可变成了由片区一级审批即可办理。目前已吸引京粮（曹妃甸）农业开发有限公司等多家企业入驻，项目全部建成投产后预计年产能50万吨，整体成本降低约1亿元。曹妃甸区国际贸易集团有限公司与唐山坤旺农业科技有限公司合作，从俄罗斯进口玉米5 590吨，进口贸易额191.75万美元，在保税加工成饲料后，转口销售，实现保税料件入区到成品出区的全线业务链条。吸引了11家进口粮食加工企业落户综合保税区，稳定粮食生产加工产业链、供应链，形成了粮食副产品保税加工集群带动效应。

助力政务服务制度创新。曹妃甸片区通过积极承接权限下放工作，简化审批流程，压缩审批时间，为市场主体提供了“片区事、片区办”的优质服务。

下一步工作思路：

继续对标先进地区，积极争取急需的省级审批权限下放至片区，不断优化审批程序，开展流程再造，推动“放管服”改革不断落到实处；同时加强省级权限监管工作，开展承接工作回头看，确保做到监管工作不留死角，实现全覆盖。

案例27：工程项目“拿地即开工”改革创新

曹妃甸片区聚焦工程项目改革，创新性地将原本要等项目“拿地”后才开展的建设用地规划许可、建设工程规划许可、施工许可等审批环节，全部前置到签订土地出让合同前进行模拟审批服务，签订土地出让合同与完成各类审批许可同步落实，全面提高项目审批速度，实现“拿地即开工”。

主要做法：

一是转变项目申请主体，由项目单位转变为项目所在园区管委会。由项目所在园区管委会将用地范围图、规划条件及项目相关信息推送至“多规合一”业务协同平台，自然资源和规划部门在统筹把握相关控制性指标及建设要求基础上，确定规划条件和建设要求。项目所在园区管委会根据给定的规划条件和标准，高质高效编制完成工程设计方案及相关评估评价报告，并作为建设项目申请主体，按照《唐山市建设工程设计方案服务协同和联合审查实施细则》履行方案服务协同和联合审查，取得方案联合预审查意见。

二是重置项目审批流程，在公告期内进行模拟审批。将原本要等项目“拿地”后才开展的施工图审查、建设用地规划许可、建设工程规划许可、施工许可等审批环节，全部前置到签订土地出让合同前进行模拟审批服务，提前做好准备工作，待项目拿地后可直接进行批复，最大限度加速项目建设。出让公告期间，各审批部门视同建设单位已取得土地使用权，按照唐山市工程建设项目审批要求，对项目业主办理投资项目核准备案、建设用地规划许可、建设工程规划许可、建筑工程施工许可提交的材料开展模拟审批，在签订土地出让合同前完成全部模拟审批程序，推演和发现各环节存在的问题，同时出具模拟审批结果，企业可在取得土地使用权属证明文件后取得开工文件。

三是加强评估事项支持力度，推动工程建设改革。政府出台“拿地即开工”集成创新实施方案，向社会公开“拿地即开工”审批模式申请表、流程图及承诺书。同时，由政府出资，在曹妃甸片区开展区域节能评估、区域水保评估、区域地灾评估等评估评价事项，评估结果应用于社会投资新建一般工业类项目“拿地即开工”审批程序，进一步减轻企业压力。

实践效果：

大幅压缩审批用时。现行的社会投资工程建设项目取得施工许可审批流程中，企业签订土地出让合同后拿到施工许可前全部手续的审批用时为20个工作日。而随着“拿地即开工”审批改革的实施，企业在签订土地出让合同后当天即可拿到项目核准或备案意见、建设用地规划许可、建设工程规划许可、施工许可等全部审批手续。同时，将企业拿地后才能开展的“设计方案编制、评估评价报告编制、施工图编制与审查”等耗时较长的非行政部门办理事项和行政部门模拟审批环节，全部前置到签订土地出让合同前，充分利用土地出让和交易公告期的空档期，可为项目开工节约跨度用时4个月以上。

有效减少报建成本。通过“拿地即开工”审批改革，工程建设项目审批主流程审批事项报建材料由66项精简至26项，相较改革前减少60%以上。项目申请和发起的主体由项目单位转变为项目所在园区管委会后，签订土地出让合同前相关信息的录入和推送由园区管委会负责，企业无须到场办理任何事项，免去项目单位前期各项审批手续的跑办，大幅降低项目单位报建成本。

企业切实享受到改革红利。例如，唐山曹妃甸银宇进出口贸易有限公司的钢铁保税深加工项目于2021年12月1日线上发起“拿地即开工”申请程序，历时30天，于12月30日完成全部审批流程；“拿地即开工”为项目建设按下了“加速键”，企业对早日投产充满了信心。

下一步工作思路：

一是探索改革模式升级迭代。进一步深化“拿地即开工”改革，将现行以“模拟审批”为核心的“拿地即开工”模式，升级为以“承诺制”为核心的“承诺即开工”模式。

二是继续优化审批服务。力争在现有基础上再压减10%；对于所有纸介质许可决定和证照，全部提供免费邮寄服务；进一步完善预约办、延时办、上门办、帮办代办等便民利企措施。

三是探索审批范围扩展。进一步扩展“拿地即开工”审批范围，探索将城市更新项目、划拨类项目纳入拿地即开工审批范畴，服务经济社会发展。

案例28：边检“三优化”管理服务新模式

曹妃甸片区紧紧围绕自身功能定位发展优势产业，着力提升国家大宗商品贸易通关便利化水平。曹妃甸出入境边防检查站在新冠疫情防控常态化的形势下，结合口岸实际，通过建立优化边检政务服务、边检勤务监管、船员换班救援的“三优化”模式，打造边检管理服务的曹妃甸样板，在保障冬季能源供应安全、巩固疫情防控成果的基础上，有力吸引大宗商品贸易集聚，提升港口货物吞吐量，助力曹妃甸片区国际大宗商品贸易稳定发展。

主要做法：

一是优化边检政务服务模式，提升管理服务能效。推行“互联网+边检”的查验模式，依托国际贸易“单一窗口”实现出入境（港）船舶100%网上申报、网上办检，符合条件的船舶到港即可作业，有效减少大宗商品船舶等待时间。启用边检行政许可“网上窗口”；服务对象可通过电脑、手机等客户端“随时随地”申办、领取上下外国船舶许可和船舶搭靠外轮许可，有效减少跑办时间，在实现“让数据多跑路，让群众少跑腿”的同时，最大程度避免人员聚集，防范交叉感染。

二是优化边检勤务监管模式，实现码头精准管理。健全完善航运企业、港口企业、边检机关三方联络机制，明确职责分工，深化协作配合，充分发挥企业管理主动性，提升综合管控能力。依托边检港口综合管理系统科学评估风险，对大宗商品船舶分别制定针对性管理举措，实现精准管控。科学划分警务区，优化警力配置，在码头一线设立警务室，实现警力下沉、靠前服务，建立警力支援受援机制，确保遇有突发情况能够稳妥处置。

三是优化船员换班救援模式，保证船员生命健康。在驻地联防联控机制的领导下，与卫生健康、海关、海事等部门建立协作机制，针对船员换班及紧急救援工作搭建特事特办“绿色通道”，把人员检查环节前置到码头一线，实行无接触式验放，最大限度提高换班效率，保障船员生命健康。

实践效果：

提升船舶在港周转率。通过优化政务服务、勤务监管模式，疫情防控工作进一步严密，通关便利化程度进一步提升，每艘船舶靠港实际平均压缩1.5小时，有效提高船舶在港周转率，降低企业经营成本。

保障冬季能源供应稳定。通过优化政务服务、勤务监管模式，能源类大宗商品船舶通关效率进一步提升。以液化天然气（LNG）为例，2021年以来曹妃甸靠泊LNG船舶55艘次，较上年增长31%；接收量375万吨，较上年增长22%，冬季天然气安全稳定供应得到有力保障。

巩固疫情防控成果。通过优化船员换班救援模式，为船员提供便捷、高效、人性化的通关服务。严格落实闭环管理要求，有力保障船员换班工作安全、有序、顺畅实施，守住了疫情防控“零输入、零感染、零传播”底线。

助力自贸区大宗商品贸易发展。通过“三优化”服务改革，进一步优化了曹妃甸片区通关营商环境，有效吸引大宗商品贸易集聚，助力曹妃甸片区国际大宗商品贸易稳定发展。

下一步工作思路：

一是建立长效多方共管机制。在现有联防联控合作机制的基础上，推动与其他联检单位在信息互换、监管互认、执法互助等方面开展更深入、更广泛的合作，共同探索构建口岸管控的新模式。

二是提升边检管理服务水平。深化港口边检勤务改革创新，深入应用信息科技手段，提高通关效率，进一步优化营商环境。

三是提高疫情外防输入能力。严格落实各项防控举措，统筹抓好常态化疫情防控和服务地方经济发展工作，实现管控无死角，筑牢疫情外防输入屏障。

案例29：“行政+司法”联动协作新机制

曹纪甸片区为营造良好经济发展环境，提供优质高效的司法和行政服务，曹妃甸片区管委会与地方法院共同搭建司法创新协作平台，进一步加强法律服务保障，提升司法服务效率，降低曹妃甸片区的司法服务成本，取得了良好成效。

主要做法：

一是建立服务保障机制。签订司法协作协议，充分发挥人民法院服务职能，在涉及自贸试验区的招商引资、行政审批等事项中，司法靠前服务，由自贸区人民法庭提供法律咨询和保障。充分发挥行政和司法在多元化解纠纷机制中的引领、推动和保障作用，加强行政和司法的横向联系，加强在外商投资、执行合同、民营经济保护、环境保护等领域的工作交流，实现诉源治理、多元解纷，促进解纷资源的科学合理配置。

二是建立信息互通机制。一方面，曹妃甸片区管委会与唐山市法院实现信息互通。无论当事人在曹妃甸区法院或在唐山市法院起诉，均可在当地提出诉讼申请，就近提交材料。经初步审核、传输资料后，及时对当事人作出回复，符合立案条件的立即跨域立案。另一方面，与曹妃甸区就涉及自贸试验区投资贸易、金融创新、知识产权、环境资源、行政改革等重点领域进行信息互通，曹妃甸片区管委会就自贸区有重大诉讼风险的情况及时通报曹妃甸区法院，在导入司法程序前先行预警。曹妃甸区法院就审理的重大影响典型案例及时通报曹妃甸片区管委会，引领自贸区企业在经营过程中注重法律风险的预防及化解。同时，双方通过联合发布会议纪要、典型案例等形式，推动完善曹妃甸片区法治规则体系。

三是建立诉讼服务一体化协作机制。依托中国移动微法院、“冀时调”等平台，加强“一站式”交流与合作，将涉及曹妃甸片区的诉讼案件统一由自贸区人民法庭集中管辖，加强了登记立案、诉前调解、财产保全、调查取证、委托送达、行政争议纠纷诉前化解等工作的协调联动，并由自贸区内经济园区配备一名法律联络员，与自贸区诉讼服务中心（自贸区人民法庭）进行工作对接，建立涉自贸区诉讼案件的绿色通道，做到第一时间为片区企业提供优质高效便捷的一站式司法服务。

实践效果：

健全司法服务体系。通过“行政+司法”机制，加强自贸区法律服务保障，同时突出自贸区涉外、涉海法律服务保障特色，目前遇到涉外商事海事相关的法律问题，可商请自贸区人民法庭法官共同研究相关法律问题，并可商请唐山中级人民法院法官共同研究相关法律问题和本辖区地方性法规、相关政策适用、统一司法裁判尺度等，提供了更加丰富的法律服务支撑，完善了自贸区司法保障体系。

提升司法服务效率。将司法资源下沉园区，延伸法律服务链条，诉源治理效果显著提升，曹妃甸工业区（含自贸区片区）诉讼案件同期收案数量减少35%，案件调撤率达到74.2%，其中曹妃甸自贸片区诉讼案件同期收案数量减少21%，案件调撤率达到77.8%，使得万人成讼率大幅降低，平均审理时长大幅缩短，简易程序适用率显著提升。通过建立“行政+司法”协作机制，加大行政争议诉前化解力度，行政诉讼案件同期收案数量下降77.8%，服判息诉率显著提升。

降低司法服务成本。通过管辖协调机制，打通原有的案件受理审理壁垒，实现跨区域立案协作。通过允许当事人就近提出诉讼申请、跨区域立案，减少了当事人异地传递资料的时间成本，优化了片区企业法律服务体验。

下一步工作思路：

推动唐山市中院、曹妃甸法院、曹妃甸片区管委会三方建立定期联席会议制度，提供优质司法保障。在自贸区诉讼服务中心设立知识产权保护站，提供涉及专利、商标、著作权等知识产权法方面法律咨询，提供快速维权、纠纷调解功能。

案例30：跨区域不动产登记发证前置服务新模式

由于发展初期的大兴机场片区廊坊区域（以下简称廊坊区域）尚未形成独立的行政区域，没有设立独立的不动产登记机构，不独立具备不动产权证发证条件与跨区县不动产登记需求的先例，导致跨区不动产登记业务办理周期存在巨大的不确定性。为坚定企业入区发展信心，保障落地企业早日开工建设，抢抓发展机遇，廊坊区域通过政企服务前置模式，以主动介入、落实跨区解决方案、材料预审等方式，推进跨区域协调联动，形成了跨区域不动产登记发证的解决方案，为解决暂未形成行政区划的新兴区域跨区域土地办证问题提供了“廊坊”思路。

主要做法：

梳理项目落地流程，主动介入项目准备期。在企业形成选址意向的初期，廊坊区域即开始着手准备项目落地的用地规划流程。一是升级“政企服务前置”模式，主动提前介入项目准备期。通过查阅相关法律条文、咨询律师等途径，尝试在依法依规前提下，寻找突破现有工作机制的创新方法。二是秉承“保姆式为企服务”理念，由廊坊区域规划部门负责人亲自组织并参与项目实地勘测等工作，并协调各级部门的共同积极推动不动产登记发证相关工作，保障企业后续落地进程。

构建跨区不动产登记长效机制，联动落实解决方案。为解决区内项目用地涉跨永清、固安两县，而廊坊区域又暂不具备独立发证条件的问题，廊坊区域依据国家《不动产登记暂行条例》第七条相关内容，积极协调联络所跨县级行政区域的不动产登记机构。一是联合形成解决思路。通过多轮沟通与综合考量，在报送至上一级人民政府不动产登记主管部门前即达成一致，为问题解决探索沟通机制。二是总结提出解决方案。在实践经验基础上，廊坊市政府形成了最终的《专题会议纪要》，明确指定其中一县级行政区域的不动产登记机构负责，并且以后同类问题照此执行，为后续办理跨区域不动产登记工作明确了解决方案，减少项目反复协商报送的次数，节约项目办结时间。

完善政务服务机制，保障业务顺利办结。不断完善企业服务机制，引入“材料预审”制度。在确认了跨区域不动产证的办理机构后，政务工作人员提前介入，一是从政府角度提醒企业预先准备事项办理所需材料，并指导企业办理各项手续。二是协助准备后续事项材料，待前置手续办理完成后，指导企业尽早缴纳土地出让金、递交申请并办理登入，进一步压缩项目办理时限，不仅帮助市场主体节省办理时间，减少报送错误率，争取一次办好全部事宜，还能够保证不动产权证的顺利、快速办结。

实践效果：

一是大幅缩短跨区域不动产登记发证用时。通过“政企服务前置”及“材料预审”服务，廊坊区域协助宸信无人机科技发展（廊坊）有限公司等多个产业用地完成了跨区域不动产权的登记，大幅缩减跨区域不动产证办理的前期准备时间，并保证了企业在缴纳土地出让金后次日就获取了不动产权证书，节省了企业办理跨区域不动产证的时间，为企业早日开工投产提供了切实保障。

二是明确了跨区域不动产登记发证流程。借助前期项目探索，廊坊区域跨区域土地确定了在永清县不动产登记中心的不动产登记发证工作，为后续在跨区域土地选址的项目扫清落地障碍，优化了推进产业项目集聚的制度性支撑。同时，为其他涉及跨区县地块的新兴区域探索了最优、最快的解决思路。

三是进一步优化区域营商环境。廊坊区域通过创新“政企服务前置”模式，探索更深的跨区域联动合作，完善了区内企业服务模式，为企业落地提供坚实的制度保障，持续优化区域营商环境，提升区域招商吸引力，为企业在区高质量发展提供沃土。

下一步工作思路：

廊坊区域将进一步优化企业落地服务，推动相关部门开展实质性合作，探索建立重大项目全流程协同审批机制，积累多部门、跨区域联动的工作经验，为企业审批进一步减流程、缩时间，持续完善区内营商环境。

案例 31：“四位一体”探索打造“双碳”产业发展示范样板

曹妃甸片区为推进产业绿色发展，深入落实党中央碳达峰碳中和重大战略决策部署，以满足区域碳中和产业创新发展需求为目标，构建“四位一体”（方案规划到位、要素保障到位、平台建设到位、精准服务到位）产业服务新模式。通过环境系统评估梳理存在的碳排放问题，制定了重点区域“双碳”工作方案和配套措施，出台人才集聚和人才要素保障政策，构建“政府搭台、企业出题、院校参与、产学研用、协同创新”的交流合作新模式，打造企业“低碳”专题项目服务团。实现了二氧化碳和污染物排放大幅度降低，创新人才要素保障政策体系效果显著，激发了企业技术创新的活力和动力，切实推动了“政校企”交流合作与项目落地，为我国绿色发展提供了区域示范样板。

主要做法：

一是建好“绿色样板”，制定重点区域“双碳”工作方案。委托中国环境监测总站和生态环境评估中心开展系统评估，梳理碳排放问题 2 300 余项。基于《温室气体排放核算与报告》，按照国家有关重点行业碳排放核算方法，帮助区内重点企业开展碳核算工作。曹妃甸片区始终坚持问题导向，制定重点区域“双碳”工作方案和配套措施，有序推动片区“双碳”工作开展。

二是加强顶层设计，创新人才要素“一站式”保障体系。引导落户企业由规模速度型向质量效益型转变，推动工业固废综合利用技术装备研发、工艺创新，出台《唐山市曹妃甸区关于人才集聚政策相关规定（试行）》，为创新型人才提供生活补贴、子女教育、人才公寓、健康医疗等“一站式”保障。同时市工信局出台相关政策，对区内企业研发机构给予最高20万元的资金补助，对创新平台建设给予最高200万元的资金补助，激发企业技术创新的活力和动力。

三是强化交流合作，搭建“政产学研用”科创服务平台。曹妃甸片区在产业方面重点发挥主导作用，努力探索以低碳循环、绿色发展为导向的高质量发展之路，推动企业绿色发展与效益提升同步进行。搭建首钢京唐与新西兰唐明集团、美国朗泽科技公司技术国际合作平台，推动区内企业与北京科技大学、东北大学、华北理工大学等多所高校和科研院所成立技术联盟，形成“政府搭台、企业出题、院校参与、产学研用、协同创新”的交流合作模式，为实现“双碳”目标提供科技支撑。

四是抓实任务落地，打造企业“低碳”专题项目服务团。围绕低碳发展目标，曹妃甸片区加强组织协调，协助企业跑办工信、发改等部门，加快产业结构和能源结构优化调整，深入开展精品钢铁、绿色化工、装备制造等重点领域节能减排和能效提升工作。组建低碳项目落地跟踪服务团，为企业落地落实低碳项目提供全过程服务，为重大低碳项目落地提供高速通道。

实践效果：

一是多项碳中和产业项目落地实施。首钢京唐投资225亿元扩建二期一步工程，打造沿海最大精品钢清洁生产制造基地；华润电厂追加70亿元投资建设二期3号、4号百万机组，成为全球设计能耗最低的超洁净煤电机组；中冶瑞木拓展建设无害化利用产线和电池回收示范线，列入京津冀地区电池资源回收的示范项目；首钢朗泽公司谋划拓展二期二氧化碳制乙醇项目，实现工业尾气资源的高效清洁利用。全力帮助首钢京唐通过全工序超低排放评估验收，获评钢铁长流程A级企业。

二是形成碳捕集利用与封存产业发展集群。形成了以首钢京唐为龙头，华润电力、中冶瑞木、首钢朗泽等多家企业参与共建的“双碳”共治联盟，实现不同行业企业间纵向闭合、共生耦合和资源循环。首钢京唐公司2021年建成了国内首例白灰窑尾气二氧化碳回收示范项目，华润电力（唐山曹妃甸）公司碳捕集（CCUS）示范项目，被纳入河北省第一批二氧化碳捕集利用封存试点项目。

三是大幅度降低二氧化碳和污染物排放。通过能源高效转化、阶梯利用的新模式，共计年减少二氧化碳排放量超过57万吨，实现从特别排放限值到超低排放的跨越。其中通过碳捕集利用与封存项目，每年可回收利用二氧化碳23万吨。2021年，首钢京唐公司“低碳清洁高效炼铁工艺和技术集成”科研成果荣获中国钢铁工业协会和中国金属学会冶金科学技术奖一等奖。

四是废弃物循环利用技术实现突破。首钢朗泽公司建成全球首个工业尾气制燃料乙醇项目并获得全球首张饲料新产品证书，利用生物发酵技术将首钢钢铁工业尾气中CO直接转化为燃料乙醇、蛋白饲料及天然气项目可年产燃料乙醇4.5万吨，联产菌体蛋白5 000吨、天然气600万标准立方米。

下一步工作思路：

一是探索建设曹妃甸零碳科技产业园。加强顶层设计，结合碳达峰约束的要求研判未来十年的走势和增量空间，规划建设零碳科技产业园，积极引进绿色低碳科技产业项目。

二是探索绿色金融创新融资。探索绿色金融创新，积极对接零碳基金、碳资产管理、零碳科技研发等机构，通过市场机制促使企业主动参与低碳经济和绿色产业，助力做强做优低碳绿色产业链条。

三是加快固碳技术推广应用。以首钢朗泽为示范基地，广泛推广将工业尾气中一氧化碳直接转化为燃料乙醇、蛋白饲料及天然气的联产菌体蛋白先进固碳技术。在产能规模500万吨以上的唐山钢铁企业实现技术推广应用；加强与西北、西南钢铁企业合作，力争将固碳技术推广到全国。

案例32：跨区域市政公共资源供应兼容模式

北京大兴国际机场综合保税区是全国首个跨省级行政区域建设的海关特殊监管区域，京冀两片区管委会依托各方优势构建了跨区域市政基础设施兼容互通模式。在联席会议机制基础上，建立了“联合管委会+京冀属地管委会+平台公司”的三级统筹协调管理机制，制定“灵活调用”跨区域市政公共资源的应急管理合作框架，推行以“价廉质优”为原则选用供应方的实施路径。实现了市政公共资源跨区域的统一管理，强化了资源的统筹调配和高效利用，提升了资源配置服务水平，为跨区域市政公共资源管理模式做出了前沿探索，为京津冀协同发展拓宽了合作领域。

主要做法：

一是建立“联席会议机制+三级管理体制”，实现市政公共资源统一管理。对于跨区域市政资源的建设和供应采用了联席会议工作机制，并建立了“联合管委会+京冀属地管委会+平台公司”的三级统筹协调的管理体制，形成跨区域市政公共资源系统的整体统一性，实现一体化管理。

二是创新“灵活调用”模式，提高市政公共资源应急管理能力。以“相互兼容、灵活切换”方式建设京冀跨区域市政基础设施，对于区域内的水、气、信等资源供应可启动突发事件的即时供应，为公共产品的跨区域调配打下坚实基础；为综合保税区市政公共资源使用的稳定性、可靠性与安全性提供了双重保障，提高了综合保税区市政资源的应急管理能力。

三是统筹协调市政公共资源供应价格，提升资源配置服务。基于“价廉质优”原则比较选用日常供应方，统筹协调供应企业和供应价格，提升跨区域资源配置服务能力。

实践效果：

一是实现了资源的跨区域高效利用。跨区域市政公共资源的兼容供应，为综合保税区市政公共资源使用的稳定性、可靠性与安全性提供了双重保障，实现了资源的高效利用，同时也提高了区域市政公共资源的应急管理能力。

二是改善了区域的营商环境。区域内市政公共资源的兼容供应，保证资源的持续供给，保障了企业的生产经营。以水资源为例，与各自供应相比，可为企业节约水费0.48元每立方米，有效降低了企业的生产经营成本。

三是增强了招商引资的吸引力。跨区域园区内资源灵活调用模式以及高效的管理体制机制，大大增强了招商引资的吸引力。综合保税区封关验收短短5个月，已吸引40多家企业入驻，落地南洋投资、国际医药研发孵化器、智能仓储物流中心、综合保税区公共服务平台、多式联运库等大项目。

下一步工作思路：

进一步深化京冀跨省市协商共建模式。北京、河北自贸试验区将继续在京冀跨区域协同发展方面开展广泛协商联动，探索更大范围的合作共建。一是在促进京冀人才一体化发展方面开展合作，探索建设联动协作的人才资源共享体系，推动人才在京冀两地高效便捷流动。二是在产业链协同发展方面促进合作，探索多元化产业对接合作模式，优化产业链上下游布局，推动资源互补，协同打造高质量产业集群。

进一步探索跨区域市政公共资源供应。北京大兴国际机场综合保税区将探索在更多市政公共资源实现跨区域兼容供应，为企业减少更多的成本投入，持续增强综合保税区的招商吸引力，为河北省承接北京非首都功能纾解提供坚实市政保障基础。

案例33：跨省市土地征收联动协商机制

针对跨省市交界地区土地征收存在的行政权属与实际权属界线不一致问题，京冀两片区管委会积极协同，实行“综合保税区土地组卷工作按照地籍库数据界线组卷、依据实际权属界线补偿”模式，通过权责明晰、强化联动，推动组卷报批工作由地块所属片区管委会开展，安置补偿费用由地块实际所有权人所属的片区管委会承担，高效完成综合保税区范围内跨行政区的土地征收和农转用工作，切实维护被征地农民的合法权益，保障综合保税区高效顺利封关运行。

主要做法：

一是强化沟通，建立跨省市界土地统一征收补偿协商机制。为有效消除跨省市界土地征收信息壁垒、打破“一亩三分地”的固化思维、大兴片区主动筹划、积极沟通，组织京冀两区片就勘测定界、权属补偿和安置方式等问题召开多场专题会议，促进形成常态化沟通模式。在推进实施过程中，两地相关部门及时互相提供区域征地组卷报批时所需的文件和数据，确保资料共享渠道畅通，有效促进其他相关部门（自然资源部门等）的沟通对接。

二是责权入位，构建跨省市界土地征收权属界线错位解决机制。跨省市行政界线与土地权属界线的不一致，往往导致土地征收时农民诉求难以充分解决，并带来潜在社会问题。在土地征收时，由于牵涉到跨地区管理部门和管理权属的不一致，导致征收时农民的合理诉求难以通过统一的管理渠道得以充分汇集。管理部门和被征收农民之间错位的沟通机制，使农民的需求难以得到充分表达和解决，极易造成民众不满、甚至带来社会不稳定问题。为及时解决相关矛盾，切实保障被征地农民利益、确保后续供地用地进程顺利，大兴机场片区严格划分责权，实行“综合保税区土地组卷工作按照地籍库数据界线组卷、依据实际权属界线补偿”的模式进行土地征收。即，组卷报批工作由地块所属片区管委会开展，安置补偿费用由地块实际所有权人所属的片区管委会承担。由于权责明晰，具体实施中，两地管理部门能够结合实际情况、充分沟通，依法合理制定补偿安置方案，切实保障农民的合法权益。

实践效果：

一是跨省市地块土地征收实现高效收官。秉持共建共管共享的理念，大兴机场片区推动京冀两地通过土地征收协商共享联动机制，仅用90余天就完成跨省地块的全部征收工作，征收流程用时较常规方式大幅缩减约50%，高质量完成综合保税区征地工作的报批、补偿、农转非安置等工作，极大提升综合保税区工程建设效率，确保综合保税区顺利封关验收运营。

二是跨省地块土地征收实现“零纠纷”。通过与被征收土地农民建立“预沟通”机制，及时沟通了解农民所问所需。同时，结合以上创新的土地征收模式，有效解决了农民诉求，避免农民因地价补偿差异而产生争议和矛盾，确保农民对安置工作的高满意度，实现了农民与政府部门的“零纠纷”。

下一步工作思路：

进一步深化京冀跨省市协商共建模式。北京、河北自贸试验区将继续在京冀跨区域协同发展方面开展广泛协商联动，探索更大范围的合作共建。一是在促进京冀人才一体化发展方面开展合作，探索建设联动协作的人才资源共享体系，推动人才在京冀两地高效便捷流动。二是在产业链协同发展方面促进合作，探索多元化产业对接合作模式，优化产业链上下游布局，推动资源互补，协同打造高质量产业集群。

进一步优化土地征收“预沟通”模式。京冀两地将继续探索在土地征收工作前期建立与相关农民的“预沟通”模式，通过“前期调解，预先解决”的方法，提前解决纠纷争议，缩短土地征收工作的时间，加快城市建设步伐，提升群众满意度。

案例34：京津冀国际海铁联运“一单到底”模式创新

正定片区充分发挥自贸试验区、综合保税区和石家庄国际陆港开放平台叠加优势，实现国际海铁联运货物“一张提单、一条专列、一次性贯通海铁运输全环节”，推动京津冀地区首个内陆型国际海铁联运“一单到底”创新模式落地，实现了自贸试验区内外创新联动、国际物流区港联动和京津冀发展区域协同。

主要做法：

一是创新管理组织模式，实现自贸试验区内外创新联动。正定片区充分发挥自贸试验区和石家庄综合保税区功能，按照“政府统一领导、平台统一运营、企业分类运作”模式，由正定片区石家庄综合保税区与石家庄国际陆港合资成立石家庄陆港供应链有限公司，由该公司作为统一的运营平台，推动石家庄国际陆港“核心区”和正定片区石家庄综合保税区“功能互补区”联动发展。以业务合作为纽带，吸引各类市场主体广泛参与，构建“1+X”核心企业联盟，并充分发挥自贸试验区创新政策外溢效应，推进运输枢纽共商共治共享。

二是双核驱动集货集拼，打造陆海贸易双向互济新通道。正定片区石家庄综合保税区发挥产业和政策优势，采取“预约通关”“随到随放”“优先验放”等措施，为货物通关提供便利服务及物流政策支持，并积极组织协调物流货代公司在正定片区石家庄综合保税区开展集货业务，货物通关后运至石家庄国际陆港，依托中欧班列图定化运行和海铁联运等方式，实现“陆上丝绸之路”和“海上丝绸之路”的无缝衔接。同时，将石家庄国际陆港设为自有集装箱还箱点，企业可就近在石家庄国际陆港提箱和还箱，无须再去天津港提箱。

三是促进京津冀协同，实现内陆城市国际海铁联运“一单到底”。在天津市港航管理局、天津港（集团）有限公司、天津外轮代理有限公司、中国铁路北京局集团有限公司石家庄货运中心等部门大力支持下，联合马士基（中国）航运有限公司、中铁天津集装箱中心站，将石家庄国际陆港纳入马士基全球运输系统，使其成为国际运输的始发港。正定片区和石家庄国际陆港联合优化货源，采用海运集装箱进行全程运输，货物实现从石家庄国际陆港始发到天津港，并由马士基公司直接运达国外目的港，全程由马士基公司签发提单，实现京津冀地区国际铁海联运“一单到底”。

实践效果：

一是提升了正定片区石家庄综合保税区和石家庄国际陆港企业的资金周转效率。该模式下可实现正定片区石家庄综合保税区与石家庄国际陆港企业自主选择属地办理清关手续，企业既享受了提前退税红利，加快了资金周转效率，也扩大了国际陆港货源渠道。

二是以石家庄陆港型国家物流枢纽为核心的网络化国际物流骨干体系初步形成。正定片区以多式联运为核心的骨干物流网络不断拓展，已构建起横贯东中西、连接南北方的对外交通通道和经济走廊，有力支撑了以石家庄陆港型国家物流枢纽为核心的网络化国际物流骨干体系。河北港通物流、跨境电商产业园已建成投用，签约入驻企业 10 余家，国际物流产业上下游配套服务更加完善。

三是大幅降低了京津冀地区海铁联运成本。京津冀地区海铁联运原本不仅速度慢、时间长、环节多，而且成本高。现在实施国际海铁联运“一单到底”新模式后，实现了货物“一张提单、一条专列，一次性贯通海铁运输全环节”，此外国际班轮公司将石家庄国际陆港设为自有集装箱还箱点，减少了集装箱车辆空驶时间和路程，货物运输时间根据不同地点可缩短 1—2 天，一个集装箱可节省路费约 2 500 元，大幅降低了企业运输的时间和经济成本。

下一步工作思路：

一是以“全域自贸”理念释放正定片区改革创新红利。用好自贸试验区国际物流创新政策，拓展口岸开放功能，提升营商环境建设水平，推动适铁临港产业开放发展。

二是更好发挥正定片区石家庄综合保税区的集货作用。加强与国内外大型物流企业、港口企业、货代公司合作，实现集货集拼的量能提升。创新陆港物流组织，织密全链条物流网络，深度融入“一带一路”、京津冀协同产业链供应链，强化冀中南地区物流网络联系，提升综合物流枢纽能级。

三是加快打造综合公共物流信息平台。实现信息互联互通和业务交流合作，指导入驻的各类企业为客户提供专业化物流及供应链服务。积极与地中海航运等国际海运巨头接洽，进一步加强中欧班列运营，提升国际海铁联运效能。

案例 35：承接北京非首都功能疏解“全周期”服务创新

曹妃甸片区聚焦服务京津冀协同发展大局，重点解决北京转移产业请不来、接不住、留不下的问题，通过优化政务服务，保留北京迁移企业原名称不变，简化税务迁移办理流程并推动资质互认，打造“类北京”营商环境，实现了北京迁移企业“请的来”“接得住”“留得下”。在促进产业协同发展全面提速的同时，教育、医疗等社会协同发展水平不断提高，为服务北京非首都功能疏解贡献了“曹妃甸经验”。

主要做法：

推介宣传有力度，实现“请的来”。一是“勤沟通”。与北京市国资委、经信委、中关村管委会等部门深入合作，连续 5 年在京举办京津冀协同发展推介大会，逐渐打造具有影响力的曹妃甸品牌。二是“保名称”。推行北京企业整体搬迁曹妃甸片区“落地迁”模式，北京来曹企业只需变更注册地址，保留企业原北京名称不变，最大程度维护企业商誉，增强企业来曹意愿。

要素流动无障碍，保证“接得住”。一是简化税务迁移办理流程。对拟迁至曹妃甸片区的京津冀区域纳税信用级别为 A 级、B 级的企业实现税务迁移全程网上办理，同时保留企业原有纳税信用级别等资质信息、增值税期末留抵税额等权益信息，直接在曹妃甸片区使用。二是推动资质互认。高新技术企业资质、技能人才资质、非充装特种设备生产资质实现京冀互认，直接办理变更；食品生产资质和充装特种设备生产资质，实施资质办理简化，经审核合格后，可继续使用原企业认证证书。

营商环境“类北京”，确保“留得下”。一是政务服务京冀同事同标。推进京冀自贸试验区“同事同标”改革，分三批次实现京冀自贸试验区 153 项政务服务“同事项名称、同标准办理”。二是政务服务京冀通办。结合京冀（曹妃甸）人力资源和社会保障服务中心，在曹妃甸片区政务服务中心设立京冀社保缴纳窗口，办理两地社保缴纳业务；结合北京政务服务部门，设立北京政务服务自助机，可办理北京政务服务事项 179 项。三是不断优化审批流程，实行“一枚公章管审批、一口受理全程服务”，开辟绿色通道，提高审批效率，落实项目落地全程代办和项目建设投产一条龙服务。

实践效果：

一是产业协同转移全面提速。曹妃甸片区通过开展全流程创新服务北京转移企业，落实项目落地全程代办和项目建设投产一条龙服务，正逐步成为京津产业转移的首选地。截至 2022 年 8 月，已有北京巴威锅炉、北京市政集团、中恒科兴、北京实亿科技、北京科嘉德等 42 家北京转移项目主体在曹妃甸片区注册并开展业务，涉及能源科技、国际贸易、工程设计、物流和供应链等多个产业和领域。

二是社会协同发展取得积极进展。曹妃甸片区正在成为京冀协同创新的新基地、非首都功能疏解的新空间。在教育领域，北京景山学校曹妃甸分校和北京曹妃甸国际职教城正式开学，北京电气工程学校在曹妃甸片区设立实习教育基地，有效提升曹妃甸片区教育水平。在医疗领域，与北京安贞医院、北京友谊医院、北京妇产医院、北京中医药大学东方医院等知名医院，通过举办大型义诊、专题讲座、重点领域合作等方式建立合作关系，不断提升曹妃甸片区医疗水平，得到社会各界广泛赞誉。

下一步工作思路：

继续深化制度创新，深入对接片区京企，就企业搬迁转移中存在的问题进行深度研究，把企业需求作为开展创新工作的主要抓手，持续服务北京产业转移。加强同天津自贸试验区合作，以津曹自贸试验区线上会谈为契机，加强交流合作与创新驱动，形成新的示范带动作用。复制推广京津改革试点经验，曹妃甸片区将积极推动北京、天津先进经验在曹妃甸片区复制落地，为来曹的京企、津企提供“类京津”的创新发展环境。

案例 36：生物医药产业供应链金融服务创新

正定片区管委会与区内金融机构密切联动，运用供应链金融服务区内生物医药企业，解决链上企业经营资金困难问题，帮助企业克服由于疫情反复、原材料价格波动造成的资金短缺难题，促进正定片区生物医药产业发展。

主要做法：

一是与金融机构联动发掘产业链金融需求。正定片区针对片区内产业发展特点，筛选区内生物医药龙头企业作为产业链核心企业，为其产业链上的链条企业设计、提供全流程线上融资服务。首先，对其供应链条上中小企业情况进行全面梳理，了解金融需求；其次，针对肝素粗品、肠衣、医疗器械、包装等供应企业在供应链上的定位，紧紧围绕应收账款、存货、仓单等节点提供相应的金融服务，满足供应链上不同企业的金融需求。

二是帮助链主企业获得供应链融资授信额度。为了支持金融机构更好了解片区内链主企业及其上下游企业的资信情况，通过组织“一对一”企业座谈走访、银企对接洽谈会等，帮助金融机构深入了解链主企业的上游供应商、相关交易量、交易周期等，形成更为精准的企业信用画像。在此基础上，金融机构专门设计“一企一策”信用额度授信方案，审批专项供应链融资授信额度提供给区内生物医药链主企业。

三是为供应链上下游企业提供融资服务。运用互联网、物联网、大数据、区块链、人工智能等技术，与核心企业及第三方服务平台合作，结合生物医药企业结算支付特点，银行可以基于真实的交易场景，以链主企业开立的付款承诺（确认）函为依据，通过电子信息交互方式，为其遍布全国的产业链多层供应商提供全流程、在线操作的应收账款融资等服务。

实践效果：

一是支持生物医药企业做大做强。通过为正定片区内河北常山生化药业股份有限公司（以下简称常山生化）提供融资授信额度支持，帮助常山生化建设成为国内肝素全产业链均衡发展的龙头企业，推动公司业绩持续增长，保持了国内市场的领先优势。

二是提高产业链上下游融资便利化水平。常山生化是肝素产业供应链中重要的链主企业，其上游企业主要为肝素粗品生产商。受新冠疫情以及生猪价格剧烈波动的影响，该企业上游客户遇到了前所未有的挑战。通过为该企业审批 5 000 万元供应链融资额度，帮助其上游中小企业解决了流动资金短缺问题，某上游企业在一天之内就获得了现金，实现了上游企业应收账款的即时变现，为常山生化这一链主企业实现保供稳链提供了重要的金融支撑。

下一步工作思路：

进一步加强与正定片区内金融机构的协同联动，扩大链主企业供应链授信和投放额度，使更多供应链条上企业能够获得供应链融资。强化供应链融资平台建设，延伸服务场景，以数字化提升供应链全链条管理，实现核心企业采购、销售、仓储、运输等全链条的智能管理，形成订单流、物流、信息流、资金流四流合一，以科技金融赋能生物医药企业发展。

案例 37：“债券发行+CRMW 信用保护”融资新模式

曹妃甸片区积极支持区内企业探索融资新模式，利用债券融资支持工具提升融资能力。曹妃甸国控投资集团有限公司（以下简称曹国控）推出

“债券发行+信用保护”融资新模式，发行河北省首单信用风险缓释凭证（CRMW）为债券发行增信，引入优质投资人，降低综合融资成本，缓解企业融资难、融资贵问题。

主要做法：

引导CRMW参考实体扩围。曹妃甸片区管委会秉持与市场主体风险分散共担，与银行、证券公司等市场机构形成合力的创新理念，引导曹国控联合金融机构借助CRMW发行债券，推动CRMW参考实体由主体评级AAA向AA+、AA发行人扩围，改变以往参考实体主要集中于高评级发行人的现状，促进CRMW政策功能进一步释放。

完善CRMW定价机制。利用人工智能等新技术增加对企业、债券违约历史数据的获取渠道，为定价模型提供基础条件。加强CRMW定价理论研究，完善CRMW定价机制，密切结合曹国控所处行业、规模、资本结构等公司特质性因素建立起违约距离与真实违约概率一一对应关系，同时结合企业所处宏观经济、市场环境、公司财务状况、资产变现率等因素确定最终价格。

创设CRMW助力债券发行。推动曹国控在债券发行的同时创设CRMW，将投资者面临的企业违约风险转换为创设机构的违约风险。CRMW投资者作为信用保护工具的买方，在购买曹国控债券的同时，配套购买银河证券的CRMW，并支付凭证费用；银河证券作为信用保护工具的卖方，为凭证投资者提供信用保护，为曹国控提供债券增信服务。若到期日债券发行主体出现违约事件，投资者可将所持债券转让给CRMW发行机构，CRMW发行机构先行支付到期日债券本金和利息，为债券持有人提供信用风险保护。

实践效果：

有效助力企业提高融资能力。不同于传统的债券发行业务，“债券发行+CRMW信用保护”融资新模式可以有效助力企业提高融资能力，提高债券融资成功率。2022年4月26日，在联合创设5 000万元CRMW的背景下，AA+评级的曹国控成功发行18亿元中期票据，顺利引入了优质投资者，有效降低了综合融资成本。同时，曹国控债券在二级市场的流动性得到有效增强，树立了正面市场形象。

降低债券投资者投资风险。“债券发行+CRMW信用保护”融资新模式有效提振了投资者信心，缓解投资者对企业债券发生违约事件的担忧，通过将所持债券转让给凭证发行机构，降低投资者所面临的信用风险。

促进资本市场直接融资业务发展。通过CRMW信用风险保证功能，自贸试验区内更多信用评级较低、风险相对较高的企业可有效解决融资难、融资贵问题，获得在资本市场发行债券等直接融资的机会，提高直接融资业务规模，缓解更多企业融资困难。

下一步工作思路：

积极推动建立健全市场化法治化的债券违约处置机制，明确企业破产、债权追索、欺诈发行、中介机构责任等情形的司法解释与执行问题。推动信用信息共享平台、人民银行征信中心等多方数据进行有效整合与适度共享，甄别财务造假的失信企业，降低信息不对称程度，提高金融市场效率，营造有利于CRMW市场化运作的宏观环境。继续扩大CRMW覆盖范围，探索为创设机构信用下沉提供激励，鼓励引导创设机构向低等级企业主体进行适度倾斜，使CRMW等信用保护工具逐渐覆盖到长期限、低评级的信用债，支持更多企业发债融资。

案例38：企业银行账户“异地代理见证”服务创新

为应对新冠疫情期间企业开立银行账户面临的新问题、新挑战，方便企业就近办事，曹妃甸片区积极推动建设银行曹妃甸自贸区支行（以下简称自贸区建行）创新企业账户服务模式，采用“异地代理见证”方式，实现企业在本地完成异地开户手续，节省跑办成本，有效提升自贸区金融服务水平。

主要做法：

建立"异地代理见证"服务标准流程。曹妃甸片区积极支持自贸区建行建立"异地代理见证"企业银行账户服务标准流程。在法定代表人不方便到异地提供证明的情况下，开户企业可向异地开户网点提出申请，指定本地任一家建行营业网点作为开户见证行，见证网点代理完成审核后，将审查结果反馈至异地开户网点，无须再专程到开户网点即可完成开户业务办理。

构建自贸区重点产业客户服务快通道。自贸区建行与曹妃甸片区管委会合作建立自贸区企业清单化管理制度和动态更新机制，为自贸区四大重点产业企业构建绿色服务快通道，拓展深化"异地代理见证"服务方式。自贸区重点产业企业有"异地代理见证"业务需求时，本地建行会第一时间与异地建行联系并预约业务办理时间，提前安排办理窗口，专人专员沟通对接，帮助片区重点产业企业实现异地"不见面"快速办理开户业务。

建立健全风险防控体系。全面考虑"异地代理见证"开户业务的风险和安全隐患，遵从监管机构的相关法规标准，制定覆盖完整业务流程、各个环节的风控措施，有效记录和保管开户证据，必要时引入第三方认证手段，保证业务的可信与公正。同时，本地建行与异地建行强化深度合作，加强事后监督审查力度，相互配合落实金融监管部门账户全生命周期管理、动态复核等要求，确保账户安全稳定。

实践效果：

协助企业异地开户，减少企业跑办成本。通过"异地代理见证"账户服务新模式，解决异地开户法人无法到场的难题，缩短企业跑办时间，节省交通、住宿等跑办成本。自贸区建行采用"异地代理见证"方式，帮助原本需要去湖南办理开户业务的唐山市中瑞电力燃料有限公司成功开户，办结时间控制在半天内，大大便利了企业的设立。

拓宽账户服务渠道，强化金融服务保障。"异地代理见证"创新了银行账户服务新方式，在企业不能实际到开户网点等特殊情况下，也能帮企业顺利完成业务办理，有效拓宽了企业远距离账户服务渠道，强化银行金融服务保障，提升了企业客户的体验感。

促进贸易投资便利，助力企业业务发展。自贸区建行通过"异地代理见证"服务模式，针对企业客户的特殊业务需求，为客户特事特办、急事急办，提供高效快捷的高质量服务，助力企业异地业务开展，进一步优化了曹妃甸片区营商环境，提高了贸易投资便利化水平。

下一步工作思路：

积极拓宽"异地代理见证"业务服务范围，如异地见证激活和补办社保卡、异地见证联名账户大额取款、异地见证农民工工资账户开户等业务，持续优化企业银行账户服务。积极探索打破金融机构界限限制，推动与各大银行系统加强合作，实现数据共享、业务互通，争取让更多企业享受到更加便利的异地代理见证服务。

案例 39："区块链+福费廷"服务中小微企业融资创新

大兴机场片区廊坊区域（以下简称廊坊区域）通过建立政银企沟通机制，主动对接企业，在充分了解区内企业金融诉求情况下，帮助区内企业定制化国际贸易融资金融综合服务方案，依托建行"区块链系统"落地了全省首笔人民币国际信用证福费廷搭桥转卖业务，拓宽区内中小微企业快速融资渠道，优化金融服务，提升金融自由便利水平。

主要做法：

主动对接企业，为业务落实落细提供真实参考。廊坊区域联合建行廊坊临空经济区支行，建立政银企沟通机制，在充分调研了解企业在发展过程中与资金相关的主要难点、堵点，形成企业金融活动诉求台账。帮助企业制定解决方案。依据企业反馈问题，切实分析并加快定制适宜区内企业实际情况的国际贸易融资金融综合服务方案。

采用“区块链+”技术，为业务快速办结提供平台支撑。传统的福费廷搭桥转卖业务是以邮件或电话方式沟通，此案例将“区块链”技术作为福费廷业务办理渠道，廊坊区域充分利用建行“区块链”平台，将发布业务消息、询价报价、发送邀约、债权转让、资料传递等环节借助区块链系统进行传输，将融资信息以多边信任、防篡改、共识算法的优势全程电子化传输，打破了固有办理模式，提高人民币国际信用证福费廷搭桥转卖业务融资效率。依托“区块链”系统，大幅加快业务落地速度，为保证中小微企业物资的及时供应提供资金保障。

多方协调联动，为业务顺利落地提供安全保障。廊坊区域牵头建立银政企沟通机制，为企业及各方银行提供沟通平台，就业务办理组织多次协调沟通讨论。同时，银行借助业务优势对对手银行机构及所涉企业的资信及风险控制能力开展了细致缜密的核查，在保障了交易的隐私、安全、可监管审计性的同时，实现业务的有序衔接和资金高效划拨，为业务快速安全落地提供保障。

实践效果：

大幅节约银企业务办理时间。廊坊区域应用建行“区块链”系统开展福费廷业务，使业务流程由原国际资金清算系统（SWIFT）1—2天缩短到目前的2小时完成，大大提升了业务效率，提高了企业的融资感受，为企业及银行节约80%的时间。

切实减轻企业融资负担。国际信用证福费廷业务有效解决企业因贷款授信手续严格、额度有限且办理流程较长等原因造成的融资难、融资贵、放款周期长的困境，实现融资业务流程线上化、凭证电子化，有效缓解企业短期资金缺口的融资难题，为纾解中小微企业经营发展难题提供有效的解决方法。特别是在今年美元升值空间不断提升的情况下，使用人民币结算开立国际信用证并进行后续融资，减少企业使用美元结算资金成本。

金融服务业加快发展。廊坊区域已落地全省首笔建行区块链下人民币国际信用证福费廷搭桥转卖业务，金额为1.26亿元。该业务的成功办理有效提升廊坊区域内银行本外币综合服务能力，为后续自贸区金融创新业务的开展提供了一定借鉴意义，为区内其他金融机构进一步探索、开展金融开放业务提供具有可参考可复制的工作思路。规避了国际金融风险，为中小微企业融资开辟了新的融资渠道。

下一步工作思路：

一是将持续推广“区块链+福费廷”业务模式，鼓励更多银行、企业主体加入建行区块链系统，开展福费廷搭桥转卖业务，为区域经济发展注入更多金融“活水”。二是积极开展金融创新业务宣传，充分用好政银企沟通机制，积极对接更多有需求的主体开展例如福费廷转卖等创新金融业务，为满足更多中小微企业的金融需求提供更多支持。三是研究相关政策优惠，扶植中小微企业在进行国际贸易时采用福费廷业务进行资金融通，给予优质的企业额外的授信额度，为其融资提供便利条件，提升其融资能力，进而提高其竞争力。

四、河北省政府及相关部门出台的政策措施

（一）《河北省发展和改革委员会关于印发支持中国（河北）自由贸易试验区创新发展若干措施的通知》（冀发改服务〔2022〕45号，2022年1月10日）

（二）《河北省人民政府办公厅关于印发河北省对外开放“十四五”规划的通知》（冀政办字〔2022〕6号，2022年1月15日）

（三）《廊坊市中级人民法院关于印发〈关于为廊坊自由贸易试验区高质量发展提供优质高效司法服务和保障的意见〉的通知》（廊中法发〔2022〕1号，2022年1月28日）

（四）《关于推动海关特殊监管区域与中国（河北）自由贸易试验区统筹发展若干措施的通知》（冀商自贸字〔2022〕1号，2022年3月30日）

（五）《河北自贸试验区工作办公室关于发挥自

贸试验区对外开放政策优势推动河北高邑经济开发区（石家庄国际陆港）建设现代商贸物流重要基地的若干措施》（冀自贸协调字〔2022〕1号，2022年4月18日）

（六）《河北省人民政府办公厅关于向中国（河北）自由贸易试验区下放省级行政许可事项的通知》（冀政办字〔2022〕64号，2022年5月10日）

（七）《石家庄海关关于促进外贸保稳提质的十五条具体措施》（2022年5月26日）

（八）《河北自贸试验区推进工作领导小组办公室关于印发河北自贸试验区第四批制度创新案例的函》（冀自贸办字〔2022〕7号，2022年5月31日）

（九）《唐山市委市政府关于支持中国（河北）自由贸易试验区曹妃甸片区高水平创新发展的意见》（唐发〔2022〕8号，2022年6月12日）

（十）《河北自贸试验区工作办公室关于充分发挥自贸试验区政策优势推动北戴河生命健康产业创新示范区开放发展的若干措施》（冀自贸协调字〔2022〕3号，2022年6月21日）

（十一）《雄安新区印发〈关于促进中国（河北）自由贸易试验区雄安片区高质量发展的意见〉》（雄安字〔2022〕18号，2022年8月20日）

（十二）《国家药监局　海关总署关于增设石家庄航空口岸为药品进口口岸的公告》（2022年第71号，2022年8月26日）

（十三）《河北省人民政府外事办公室关于外事支持中国（河北）自由贸易试验区建设的若干措施》（2022年11月13日）

（十四）《河北自贸试验区推进工作领导小组办公室关于印发河北自贸试验区第五批制度创新案例的函》（冀自贸办字〔2022〕15号，2022年11月17日）

（十五）《河北自贸试验区雄安片区推进工作领导小组办公室关于中国（河北）自由贸易试验区雄安片区行政许可事项目录》、《中国（河北）自由贸易试验区雄安片区除行政许可外事项目录》（雄安自贸办发〔2022〕3号，2022年11月20日）

（十六）《雄安新区关于支持中国（雄安新区）跨境电子商务综合试验区高质量发展的工作方案》（雄安综试办发〔2022〕1号，2022年12月26日）

五、大事记

2022年1月10日　省发展改革委印发《关于印发支持中国（河北）自贸试验区创新发展若干措施的通知》，提出加快投融资体制改革、推进贸易自由化便利化、发展数字经济、加强生态环保和能源安全、发展现代物流和现代服务业等6条支持政策。

2022年1月14日　省商务厅厅长、省自贸办主任张锋与石家庄市政府分管负责同志进行座谈，听取了正定片区有关工作进展和下一步工作考虑的情况汇报，就下一步重点工作进行了对接交流。省商务厅副厅长、省自贸办副主任张记方出席会议。

2022年1月15日　省政府办公厅印发《河北省对外开放“十四五”规划》（冀政办字〔2022〕6号），提出实施自贸试验区高质量发展重点工程，主要通过开展制度创新、产业链提升、精准引资、开放创新平台建设等四个行动，提升自贸试验区重点领域制度创新水平，加速高端高新市场主体集聚，加快进口药品口岸、大宗商品交易中心等开放平台建设。

2022年1月21日　“交银（河北雄安）股权投资基金”顺利在雄安新区完成工商登记注册，实现了雄安新区首笔外商投资股权投资基金（QFLP基金）落地。该基金由境外投资人资金通过QFLP形式入境，主要投资于底层资产为未上市科创型企业股权的项目或产品。

2022年1月21日　中国（河北）自由贸易试验区正定片区仲裁中心挂牌设立。中心将在创新服务机制、拓宽服务领域、增强服务能力等方面开展积极探索，有助于进一步健全和完善国际商事争议多元化解机制，为正定片区建设提供优质高效的法律服务和法制保障。

2022年1月28日 廊坊市中级人民法院印发《关于为廊坊自由贸易试验区高质量发展提供优质高效司法服务和保障的意见》（廊中法发〔2022〕1号），围绕投资自由化便利化、贸易转型升级、金融开放创新、知识产权保护等方面司法保障提出22条具体举措。

2022年1月29日 省委书记、省人大常委会主任、省自贸试验区推进工作领导小组组长王东峰到正定片区调研检查，实地察看了重点项目建设进展情况，就高标准高质量建设正定片区、加大招商引资力度、狠抓大项目好项目落地、深化改革锐意创新等提出明确要求。

2022年2月7日 石家庄海关所属正定海关为河北诚信集团办理了一份输往韩国的RCEP原产地证书，这是2月1日RCEP对韩国生效后，河北省签发的首份RCEP项下输韩国的原产地证书。货物抵韩后凭该证书缴纳的关税税率可由8.0%降为0，税款减免3万余元。

2022年2月11日 省商务厅厅长、省自贸办主任张锋主持召开全省商务工作会议，要求聚焦投资贸易便利化、金融创新、政府职能转变等重点领域，积极开展首创性、差别化改革探索，加快形成新一批可复制推广的高质量制度创新成果。

2022年2月16日 国务院服务贸易发展部际联席会议办公室印发《全面深化服务贸易创新发展试点第二批“最佳实践案例”》，正定片区“打造生物医药知识产权全链条保护和运用体系”、雄安片区“深入开展数字人民币试点创新应用”两项制度创新案例成功入选并专版刊发。

2022年2月16日 省商务厅组织各片区召开制度创新工作专题视频对接会，邀请商务部国际贸易经济合作研究院专家参会指导。会议主要听取了制度创新工作推进情况，评估了各片区形成的新一批制度创新成果。省商务厅副厅长、省自贸办副主任张记方，商务部国际贸易经济合作研究院副院长崔卫杰出席会议并讲话。

2022年3月3日—4日 省商务厅副厅长、省自贸办副主任张记方先后主持召开3场自贸试验区创新发展对接交流会，分别听取了雄安片区、正定片区、曹妃甸片区近期工作进展和下步工作谋划的汇报，并就下一步重点工作进行了深入交流。

2022年3月4日 省商务厅联合石家庄海关、国家外汇管理局河北省分局、中国工商银行河北省分行共同举办中国（河北）自由贸易试验区贸易便利化发展论坛，省商务厅厅长、省自贸办主任张锋，中国工商银行河北省分行行长田耕出席论坛并致辞。论坛签署了《中国（河北）自由贸易试验区贸易便利化备忘录》，各方表示将在支持河北自贸试验区创新发展、服务实体经济、提升贸易便利化水平等方面进行深入合作。

2022年3月5日—9日 省商务厅厅长、省自贸办主任张锋带队到秦皇岛、唐山和沧州调研督导期间，座谈研究自贸试验区联动创新区建设。会议指出要大力推进自贸试验区建设，抓紧研究自贸试验区创新联动发展，加快形成新一批可复制推广的高质量制度创新成果。省商务厅副厅长、省自贸办副主任张记方参加调研。

2022年3月10日 省商务厅厅长、省自贸办主任张锋一行到河北意和医学检验实验室考察调研，就推动相关领域制度集成创新与实验室主要负责同志和有关专家进行了交流座谈。省商务厅副厅长、省自贸办副主任张记方陪同调研。

2022年3月22日 省委书记、省人大常委会主任、省自贸试验区推进工作领导小组组长王东峰主持召开领导小组第四次会议，深入学习贯彻习近平总书记重要指示精神和党中央、国务院决策部署，传达学习中央有关会议和文件精神，听取了2021年我省自贸区建设工作情况汇报，安排部署了2022年重点工作。省委副书记、省长、省自贸试验区推进工作领导小组组长王正谱出席会议。省领导葛海蛟、高云霄参加会议。

2022年3月31日 省商务厅、石家庄海关等8部门联合印发《关于推动海关特殊监管区域与中国（河北）自由贸易试验区统筹发展若干措施的通知》

（冀商自贸字〔2022〕1号），就加强海关特殊监管区域与自贸试验区布局、管理、政策、产业开放和制度创新等方面统筹发展提出18条政策举措和2条保障措施，促进两类区域优势互补、协同发展。

2022年4月2日　唐山市委常委、曹妃甸区委书记侯旭赴河北自贸区曹妃甸片区现场调研，实地考察了曹妃甸片区进口商品展示中心项目、通益机电装备再制造项目、海事船舶智慧交通服务系统建设情况，对项目推进、案例创新和平台运营等工作提出具体要求。

2022年4月5日　在人民日报头版刊发长篇通讯《走雄安，看高质量发展：5年来，雄安新区着力建设开放发展先行区——构筑开放新高地》，重点报道雄安片区持续深化制度创新，着力发展贸易新业态新模式，加快培育合作和竞争新优势，努力打造层次更高、领域更广、辐射更强的开放型经济新高地。

2022年4月13日　省商务厅厅长、省自贸办主任张锋主持召开河北自贸试验区工作办公室主任办公会议，传达学习省领导小组第四次会议精神，研究贯彻落实的工作思路和具体举措，审议了有关规章制度文件，就提升制度创新能力、推动优势外向型产业发展等重点工作提出具体要求。省商务厅副厅长、省自贸办副主任张记方参加会议。

2022年4月13日　省自贸办会同商务部国际贸易经济合作研究院召开线上调研会，就河北自贸试验区京津冀协同发展领域制度创新方向和重点任务进行座谈交流，省有关部门和各片区管委会有关人员与商务部国际贸易经济合作研究院专家进行了深入沟通交流，与会专家就做好下一步京津冀协同发展领域制度创新工作提出了意见建议。

2022年4月18日　省自贸办印发《关于发挥自贸试验区对外开放政策优势推动河北高邑经济开发区（石家庄国际陆港）建设现代商贸物流重要基地的若干措施》（冀自贸协调字〔2022〕1号），围绕用好自贸试验区国际物流创新政策、拓展口岸开放功能、推动适铁临港产业开放发展、打造国际化营商环境等5个方面提出18条政策措施，支持高邑经济开发区加快建设石家庄陆港型国家物流枢纽，打造全国现代商贸物流重要基地样板。

2022年4月21日　省自贸办会同人民银行石家庄中心支行在正定片区组织召开河北自贸试验区金融创新政策宣讲培训会议，进一步推动自贸试验区金融领域制度创新政策落地见效，深入调研自贸试验区内企业金融政策需求，搭建银企对接平台。

2022年4月22日　省商务厅副厅长、省自贸办副主任张记方在正定片区主持召开重点工作专题调度会议，研究分析2022年以来片区改革发展情况，统筹解决重要事项，指导推进重点工作落实。

2022年4月26日　省委书记、省人大常委会主任、省自贸试验区推进工作领导小组组长倪岳峰到正定片区调研检查，实地察看了重点项目建设进展，强调要充分用好自贸试验区政策，向改革要动力，向创新要活力，努力营造最优的营商环境。倪岳峰书记参观了河北一然生物科技有限公司的研发中心、发酵车间和产品展厅，鼓励企业强化科技创新，加大产品研发，争当行业排头兵。省委副书记、省长、省自贸试验区推进工作领导小组组长王正谱参加调研。

2022年4月26日　大兴机场片区廊坊区域制定出台《北京大兴国际机场临空经济区廊坊片区（自由贸易试验区）产业发展暂行办法》（廊临管发〔2022〕5号），从航空科创、生命健康、总部经济、跨境电商、人才发展、中介机构招商引资等6个方面提出30项具体措施，加快优质项目导入，促进产业开放发展。

2022年5月10日　省政府印发《关于向中国（河北）自由贸易试验区下放省级行政许可事项的通知》（冀政办字〔2022〕64号），明确提出向各片区下放25项省级行政许可事项，其中雄安片区3项、正定片区4项、曹妃甸片区11项、大兴机场片区7项，主要包括中外合作职业技能培训项目设立审批、二级注册结构工程师执业资格认定、执业药师注册等事项。

2022 年 5 月 11 日　雄安片区管委会与中国农业银行河北雄安分行签署合作备忘录，双方将按照资源共享、优势互补、务实推进、协同发展的原则，共同推进雄安片区高质量建设发展。

2022 年 5 月 12 日　省高院民三庭、市中院民五庭有关同志赴正定片区调研自贸区司法保障服务工作，组织召开司法保障专题会议，就推动全省法院系统加大对自贸片区司法支持和法律保障力度进行了研讨交流。

2022 年 5 月 13 日　省商务厅副厅长、省自贸办副主任张记方主持召开视频专题调度会议，传达学习党中央、国务院和省委省政府关于项目建设和开放发展的重要指示精神，听取了各片区工作汇报，研究分析了 2022 年以来项目建设和利用外资等有关工作情况，安排部署下阶段重点任务。

2022 年 5 月 13 日　省自贸办联合省建设银行以云端线上方式组织举办“2022 年河北自贸试验区片区政策推介会”，全省百余家优质外贸企业在线参加。各片区立足自身功能定位，围绕重点产业，推介开放举措和支持政策，发布招商项目。与会企业就关心的产业项目、政策措施等进行了在线咨询和洽谈对接。

2022 年 5 月 14 日　石家庄综合保税区与石家庄国际陆港联合开行首趟“区港联动”中欧班列。班列从石家庄国际陆港驶向乌兹别克斯坦首都塔什干，标志着石家庄陆港型国家物流枢纽建设迈向新征程。

2022 年 5 月 15 日　凯西供应链管理（河北雄安）有限公司以跨境电商出口海外仓（9810）模式在雄安海关申报出口货值 1.6 万元的双肩背包，标志着跨境电商出口海外仓（9810）业务模式在雄安新区落地实施。

2022 年 5 月 19 日　省商务厅副厅长、省自贸办副主任张记方带队赴省税务局开展工作对接，调研了解了税收征管“精细服务”改革试点有关工作进展情况和取得的成效，研究探讨了税务领域支持自贸试验区制度创新和开放发展的具体举措。

2022 年 5 月 20 日　正定片区首列中亚班列成功开行。满载 45 个集装箱的中亚班列，从石家庄货运中心正定货场驶出，经霍尔果斯口岸出境，目的地为哈萨克斯坦中心城市阿拉木图。

2022 年 5 月 26 日　石家庄海关出台《关于促进外贸保稳提质的十五条具体措施》，明确提出支持正定片区石家庄国际邮件互换局建设，统筹推动综合保税区和自贸试验区两类区域优势互补、协调发展等支持举措。

2022 年 5 月 31 日　河北自贸试验区推出面向全省推广的第四批 16 项制度创新案例。其中，贸易投资便利化领域 4 项，包括“国际航行船舶落户‘双跨’协作新机制”“电煤运输海事服务全流程监管模式”“京津冀路港航煤炭数智化综合服务体系”“招商引资全流程服务集成式创新”；政府职能转变领域 9 项，包括“‘超级自动站’助力湖区/淀区生态环境治理”“‘全链条整合+全部门互通+全流程管理’的财政非税收入监管改革”“人防建设项目管理模式创新”“工程建设项目全流程审批服务”“专利侵权纠纷行政裁决新模式”“‘一站式’法律综合服务模式”“高技能人才‘选引育管励’全链条培养机制”“城市地下空间数字化治理新体系”“告知承诺规范化标准化改革创新”；产业开放发展领域 1 项，即“‘四位’一体探索打造‘双碳’产业发展示范样板”；京津冀协同领域 2 项，包括“跨区域市政公共资源供应兼容模式”“跨省市土地征收联动协商机制”。

2022 年 5 月 31 日　北京市“两区”办、天津自贸试验区管委会办公室、河北省自贸办在北京、天津、河北、韩国首尔、仁川等 5 地联合举办京津冀自贸试验区韩国专场线上招商活动。活动重点推介开放平台主要功能、智慧港口便利化措施、特色园区产业项目和营商环境整体优势。三地自贸试验区相关片区负责同志与韩国有关政府部门、自贸港（区）管理部门、商协会负责人，以及 30 余家韩国企业代表就共同关心的产业项目进行了在线沟通交流，达成了一批合作意向。

2022年6月1日　省商务厅副厅长、省自贸办副主任张记方一行到正定片区调研督导抓投资上项目工作，并就河北省商务领域推出的稳住经济一揽子政策措施进行宣传解读。

2022年6月6日　石家庄市委书记张超超主持召开中国（河北）自由贸易试验区正定片区推进工作领导小组第十次会议，提出要认真落实省委书记倪岳峰在正定县调研时的讲话精神，以及省自贸试验区推进工作领导小组第四次会议要求，推动正定片区建设发展迈出更大步伐。

2022年6月12日　唐山市委市政府印发《关于支持中国（河北）自由贸易试验区曹妃甸片区高水平创新发展的意见》（唐发〔2022〕8号），围绕深入推动改革创新、加速重点产业聚集、完善配套保障政策、加强组织实施等4方面提出19条具体举措。

2022年6月16日　曹妃甸片区管委会和天津自贸试验区管委会就开展多方位合作进行线上会谈。双方就津冀自贸区联动创新、产业链互补、进一步深化合作举措等方面进行探讨，表示将进一步拓展合作领域，坚持创新驱动，在招商引资、协同创新发展等方面持续合作。

2022年6月21日　省自贸办印发《关于充分发挥自贸试验区政策优势推动北戴河生命健康产业创新示范区开放发展的若干措施的通知》（冀自贸协调字〔2022〕3号），围绕贸易投资便利化、数字医疗产业创新发展、生物医药产业开放发展等9个方面提出28条政策措施，全力支持、推动北戴河生命健康产业创新示范区与河北自贸试验区产业融合、联动发展。

2022年6月23日　河北自贸试验区首单贸易外汇收支便利化试点业务落户建设银行唐山曹妃甸自贸区支行，该业务的落地标志着以中粮（唐山）糖业有限公司为代表的优质试点企业在货物贸易对外付款时可享受优化单据审核及免于办理进口报关单核验手续两项便利化服务，体验“秒”申请跨境支付。

2022年6月26日　省自贸试验区工作办公室联合中国银行河北省分行、中国建设银行河北省分行、中国工商银行河北省分行、交通银行河北省分行，以“现场参会+网络直播+视频会议”等线上线下相结合的方式，组织举办河北自贸试验区重点产业招商推介会。会议邀请了京东、华能、华润、五矿等知名央企民企，以及新加坡丰益国际、法国威立雅等世界500强企业，共计近200家企业代表视频出席。各片区围绕营商环境优势、产业发展特色和制度创新举措进行专题推介，发布了雄安综合保税区、正定片区金融创新及进口商品展示交易中心、曹妃甸片区船用燃油供应基地、大兴机场片区廊坊区域国药科技城·医药供应链CSO中心等23个重点招商项目，成功签约了长江三峡集团雄安能源、中国银行雄安分行等7个项目，协议总投资额26亿元。

2022年6月26日　大兴机场片区廊坊区域举办第五届中国国际临空经济发展高端会议，河北临空集团有限公司与中国国际工程咨询有限公司、普华永道咨询北京有限公司等8家行业协会机构签署战略合作协议，廊坊临空经济区与北供环球贸易港、吉诺卫创新疫苗生产基地及诚融科技供应链等14个项目签约，协议投资额达168.1亿元。

2022年6月28日　石家庄海关主要负责同志带队到正定片区考察调研并召开工作座谈会，研究贯彻落实倪岳峰书记、王正谱省长在正定片区调研指导精神，讲解介绍海关促进外贸保稳提质系列措施。

2022年6月28日　唐山恒星供应链管理有限公司向日本名古屋海外仓出口的宠物剪刀在曹妃甸综合保税区海关申报成功，标志着跨境电子商务出口海外仓（9810）业务模式在曹妃甸综合保税区落地实施。

2022年6月28日　大兴机场片区廊坊区域召开银企对接会，组织廊坊诚融科技有限公司与工商银行廊坊分行、工商银行万庄支行进行对接座谈，双方就跨境金融、结购汇等金融业务进行了深入探讨。

2022 年 6 月 30 日　“曹贸通”一站式外贸综合服务平台上线仪式暨推介会议签约仪式举行，“曹贸通”与中国银行、中国出口信用保险公司等 8 家单位签订战略合作协议。

2022 年 7 月 6 日　省卫健委有关领导率调研组到正定片区调研，指导生物医药产业创新发展。调研组实地察看了河北一然生物科技股份有限公司、河北百龄细胞生物科技有限公司等区内企业的科技创新情况，与企业代表进行座谈交流。

2022 年 7 月 14 日　廊坊临空经济区管委会与武汉国家生物产业基地建设管理办公室在廊坊临空中心成功签订大健康与生物技术产业战略合作协议，将共同成立的武汉光谷生物城北京创新中心落户廊坊临空经济区，以促进双方在生物产业发展、园区开发建设、优质产业项目等领域开展深度合作。

2022 年 7 月 19 日　大兴机场片区廊坊区域与中国石油天然气股份有限公司河北销售分公司在廊坊临空中心成功签订战略合作协议，双方将在综合能源、清洁能源、新型能源等领域深入开展合作，助推大兴机场片区廊坊区域率先实现能源服务升级，打造高质量、智慧型能源保障系统。

2022 年 7 月 20 日　大兴机场片区廊坊区域临空经济区建设银行支行与廊坊银行、建设银行系统内分行协同联动，成功办理了全省首笔区块链下人民币国际信用证福费廷搭桥转卖业务，总金额 1.26 亿元人民币。该笔业务是大兴机场片区廊坊区域首单创新型国际贸易融资业务。

2022 年 7 月 22 日　商务部国际贸易经济合作研究院有关专家赴正定片区考察调研，实地走访了河北常山生化药业股份有限公司、河北港通物流有限公司、河北一然生物科技股份有限公司等重点企业，深入了解了企业发展情况和政策诉求，召开制度创新座谈会就进一步提升制度创新质量进行了业务指导和实务培训。省商务厅副厅长、省自贸办副主任张记方陪同调研。

2022 年 7 月 22 日　曹妃甸片区综合保税区至青岛的集装箱外贸内支线正式开通，将进一步完善曹妃甸片区综合保税港的功能，畅通企业至东北亚地区出口通道，新增和俄罗斯东方港的互联互通，提升曹妃甸片区综合保税区外贸企业的国际竞争力。

2022 年 7 月 25 日—27 日　国务院自由贸易试验区工作部际联席会议办公室以线上形式组织开展自贸试验区制度创新成果复制推广工作专题培训班，省自贸办组织各片区有关人员约 50 余人参加了线上培训。

2022 年 7 月 26 日　国家外汇管理局河北省分局调研组对曹妃甸片区企业唐山曹妃甸实业港务有限公司保税混矿业务情况进行现场调研，并与企业代表进行了座谈交流。下一步省外汇管理局将以企业需求为导向，积极向国家外汇管理局争取保税混矿项下外汇跨境集中收汇创新政策，解决企业“急难愁盼”问题，助力曹妃甸片区国际大宗商品贸易高质量发展。

2022 年 7 月 28 日　国泰君安证券股份有限公司河北雄安分公司正式注册成立，成为雄安片区首家证券分支机构，将聚焦雄安新区承接北京非首都功能过程中三类客户的增量业务，重点提供高标准的投融资综合解决方案和富高客户财富管理服务，打造成为适应雄安新区发展需求、具有示范效应的特色型机构，全周期服务雄安新区高标准高质量建设中的资本市场投融资需求。

2022 年 8 月 15 日　曹妃甸片区完成河北省首笔美元 NRA 账户不落地结汇业务，标志着国家外汇管理局河北省分局“允许注册且营业场所均在自贸试验区内的银行为境外机构办理其境内外汇账户结汇业务”的政策措施正式在曹妃甸片区落地，有助于吸引更多境外资金集聚自贸试验区，为推动金融创新服务实体经济积累了经验。

2022 年 8 月 19 日　科技部高技术研究发展中心有关领导率调研组一行赴廊坊临空经济区、自贸片区调研考察并举行交流座谈会。会上双方就加快推进廊坊临空经济区、自贸片区产业发展深入交流，下一步希望双方能够进一步达成战略共识，全力促进科技赋能临空产业高质量发展。

2022 年 8 月 20 日　雄安新区印发《关于促进中国（河北）自由贸易试验区雄安片区高质量发展的意见》（以下简称《意见》）（雄安字〔2022〕18 号）。《意见》围绕赋予更大自主权、突出开展改革创新、加快平台打造和产业集聚发展、加强对内对外合作、强化财税金融支持、提供优质人才服务保障等 6 个方面提出 22 条支持举措。

2022 年 8 月 26 日　国家药监局、海关总署联合印发《关于增设石家庄航空口岸为药品进口口岸的公告》（2022 年第 71 号），经国务院批准，同意增设石家庄航空口岸为药品进口口岸。石家庄药品进口口岸的成功获批，标志着河北省正式拥有了自己的药品进口口岸，在全国 300 多个地级以上城市中，石家庄成为第 28 个拥有药品进口口岸的城市。

2022 年 8 月 31 日　全球跨国企业高峰论坛暨廊坊临空经济区（自贸区）三周年国际招商引资推介会在上海成功举办。会议围绕临空产业打造、跨国企业参与等领域，深入探讨政企携手建设临空经济区之路。俄罗斯空桥货运、时美达国际货代、嘉和生物、中国法国商会等 30 余家跨国企业及机构代表出席论坛。

2022 年 9 月 1 日　全国首例“数字人民币穿透支付业务”落地雄安。中国建设银行河北雄安分行通过“雄安新区建设资金管理区块链信息系统”，成功落地数字人民币穿透支付业务，实现了数字人民币在新区区块链支付领域应用场景新突破，促进了数字金融体系的形成。

2022 年 9 月 2 日　曹妃甸片区成功举办“凤还巢”惠企政策宣讲会，围绕片区发展优势、产业基础、招商方向等方面进行了全方位宣讲，搭建了政企交流平台，取得了良好效果。

2022 年 9 月 9 日　省通信管理局根据《工业和信息化部办公厅关于印发〈开展第二类增值电信业务相关许可事项告知承诺审批试点工作实施方案〉的通知》精神，积极支持自贸试验区企业进入电信领域，在河北自贸试验区内设立的公司申请经营省内第二类增值电信业务时，适用告知承诺审批。

2022 年 9 月 14 日　全省首笔数字人民币科技企业财政补贴在雄安发放。中国农业银行河北雄安分行通过雄安新区产业互联网平台，为新区科技企业库企业办理全省首笔数字人民币财政补贴发放业务，实现了数字人民币在河北省财政领域应用场景新突破，实现了金融科技创新与财政政策数字化的有机结合。

2022 年 9 月 14 日　廊坊市第三季度重点项目集中开工仪式临空经济区分会场活动在南部片区高端制造港地块举行，吉诺卫创新疫苗生产基地、北供环球贸易港等 6 个大兴机场片区廊坊区域重点项目集中开工，总投资 64.96 亿元。

2022 年 9 月 15 日　唐山港曹妃甸港区东区二港池多用途泊位工程取得施工图设计批复，成为曹妃甸片区完成的首个港口建设工程施工图设计审批事项。该工程建设 2 个 5 万吨级多用途泊位及相应配套设施，使用港口岸线长度 600 米，设计年通过能力 360 万吨。

2022 年 9 月 16 日　正定片区、大兴机场片区廊坊区域在河北省（东盟博览会）重点产业和项目推介会上围绕片区区位优势、产业特色、营商环境、招商支持等内容，采用“现场参会+网络直播+视频会议”等方式进行了主题推介，吸引了多家 RCEP 国家商协会和知名跨国公司代表汇聚云端。

2022 年 9 月 19 日—21 日　省自贸办组织各片区参加商务部 2022 年第二期自贸试验区建设专题培训班。商务部自贸区港司副司长马成芳出席开班式讲话。培训班邀请了中国国际经济交流中心、国务院发展研究中心的多位国内知名专家学者围绕以开放创新构建自贸试验区新优势、打造产业鲜明的自贸试验区等主题作专题讲座。

2022 年 9 月 22 日　省政府新闻办召开石家庄药品进口口岸建设情况新闻发布会，省商务厅、省市场监督管理局、省发展改革委、石家庄市政府、石家庄海关等负责同志出席发布会并回答记者提问。河北自贸试验区将支持推动正定片区依托石家庄生物医药产业基础，发挥“药品进口口岸+自贸试验区+综合保税区+跨境电商综试区”政策叠加优势，加快招引医药产业龙头企业和跨国项目，积极培育新型市场主体，加速形成生物医药产业集群，持续推动正定片区生物医药产业开放发展。

2022 年 9 月 28 日　唐山市曹妃甸区人民法院自由贸易试验区人民法庭挂牌成立，部分全国、省、市人大代表，政协委员参加了揭牌仪式。曹妃甸区自贸试验区人民法庭将有力推动曹妃甸片区高质量发展。

2022 年 9 月 28 日　曹妃甸片区综合保税区海贸汇进口商品体验中心正式开园。海贸汇进口商品体验中心总占地面积 142 亩，总建筑面积 17.3 万平方米，项目总投资约 9 亿元。

2022 年 9 月 29 日　来自西班牙等国家的 60 吨进口红酒通过“仓储货物按状态分类监管”方式，在大兴机场综合保税区海关智能卡口“秒级”放行，成为首家“仓储货物按状态分类监管”企业入区的首批货物。这标志着“仓储货物按状态分类监管”政策在大兴机场综合保税区正式落地。

2022 年 10 月 11 日　省商务厅厅长、省自贸办主任张泽峰到正定片区考察调研，参观了国际邮件互换局、药品进口口岸配套设施，听取了国际邮件快件处理场所建设和口岸医药物流中心运营情况汇报，走访了盛华企业集团、常山生化药业等片区重点企业，察看了金融创新及进口商品展示交易中心项目建设进度，就加快开放型功能平台建设，推动生物医药、跨境电商等重点产业开放发展提出具体要求。省商务厅副厅长、省自贸办副主任张记方参加调研。

2022 年 10 月 12 日　省商务厅在唐山市召开河北自贸试验区工作会议，听取了四个片区管委会的工作汇报，总结了设立三年来的建设发展工作，并就下一步工作作出安排部署。省商务厅党组书记张锋出席会议并讲话。省商务厅副厅长、省自贸办副主任张记方主持会议，唐山市政府副市长张月仙致辞。

2022 年 10 月 13 日　曹妃甸片区召开 2022 年度制度创新表彰大会，宣读了《关于表彰 2019—2021 年度制度创新工作突出贡献单位的决定》，并为 21 家获奖单位颁奖。省商务厅副厅长、省自贸办副主任张记方出席会议并讲话。

2022 年 10 月 16 日　唐山市曹妃甸自贸区综合法律服务中心挂牌成立。服务中心是集涉外律师、涉外公证、仲裁、法律援助等业务全进驻的“一站式”综合法律服务平台，为片区优化营商环境、拓展国际市场、参与国际经济合作提供有力保障。

2022 年 10 月 21 日　雄安站枢纽片区人民法庭正式挂牌成立，成为新区法院人民法庭“6+1+1+N”总体布局的重要组成部分。雄安站枢纽片区人民法庭将立足雄安新区承接北京非首都功能疏解和自贸试验区建设发展，集中管辖雄安站枢纽片区、河北自贸试验区雄安片区和雄县北部 4 个乡镇的一审民商事案件。

2022 年 10 月 25 日　从捷克俄斯特拉发至石家庄的国际货运航班安全进港，首批进口药品顺利通关，标志着石家庄药品进口口岸正式投入运营。今后药品口岸将有效减少进口药品中间环节，有利于医药企业参与国际医药大流通，助力河北自贸试验区乃至全省生物医药产业开放创新和跨越式发展。

2022 年 10 月 27 日　交通银行曹妃甸自贸区分行成功在曹妃甸片区为企业开立首个人民币 NRA 账户，提高了境外企业在片区结算的便利程度，拓宽了境外企业跨境结算渠道。

2022 年 11 月 3 日　省商务厅厅长、省自贸办主任张泽峰带队赴上海自贸试验区学习考察，参观了保税区域行政服务中心、保税区展示馆等地，同有关负责人和专家进行了深入沟通交流。上海金融与发展实验室副主任、复旦大学上海自贸区综合研究院研究员张湧博士，上海自贸试验区保税区管理局有关负责同志陪同考察。

2022 年 11 月 3 日　商务部等 8 部门决定增设

29 个国家进口贸易促进创新示范区，唐山市曹妃甸区成为河北省唯一入选地区。

2022 年 11 月 4 日　河北自贸区大宗商品交易中心首单正式成交，交易品种为焦炭，交易量 2.7 万吨，交易额 7 290.7 万元。交易中心将着力以平台经济迅速活跃商品流通，繁荣市场经济，加速产业集聚，加快推进自贸试验区的发展和提升，促进建设国际商贸物流重要枢纽、新型工业化基地、全球创新高地和开放发展先行区。

2022 年 11 月 6 日　在第五届中国国际进口博览会期间，唐山市投资环境推介会暨中国（河北）自由贸易试验区曹妃甸片区国际招商推介会在上海举办。活动围绕高端装备制造、新能源等重点行业，邀请了德国肖特集团、国华能源投资有限公司等知名企业和商协会代表等 220 余人，签约了京东（唐山）外贸物流运营中心项目、敬业集团贸易项目等 16 个项目，协议投资额 279.9 亿元。

2022 年 11 月 7 日　在第五届中国国际进口博览会期间，河北自贸试验区正定片区（上海）产业招商对接会在上海举办。会议邀请了兴顺（新加坡）药业、脉全医疗器械等客商以及中国工商银行、中国银行、东方证券承销保荐有限公司等央企国企和金融投资机构代表，详细介绍了片区区位优势、产业布局和投资环境，发布了数字科技产业园、生物医药产业园等园区产城融合重点项目。

2022 年 11 月 8 日　曹妃甸综合保税区海贸汇进出口汽车服务贸易产业园正式开园。产业园位于海贸汇进口商品体验中心，是包含平行进口车销售、二手车出口、车辆整备、汽车金融及保险等多功能服务于一体的服务贸易产业园区。

2022 年 11 月 13 日　省外办印发《关于外事支持中国（河北）自由贸易试验区建设的若干措施》，聚焦建立协调机制、加强政策支持、强化信息服务、深化国际交往、提升外事管理等 5 个方面出台 19 条政策措施，全力支持推动河北自贸试验区开放发展。

2022 年 11 月 17 日　河北自贸试验区推出面向全省推广的第五批 23 项制度创新案例，其中包括“增值税一般纳税人资格试点服务创新”“智慧港口船舶集疏运管理新模式”“二手车出口综合服务新体系”等贸易便利化领域 3 项，“生物医药产业供应链金融服务创新”“‘债券发行+CRMW 信用保护’融资新模式”“企业银行账户‘异地代理见证’服务创新”“‘区块链+福费廷’服务中小微企业融资创新”等金融创新领域 4 项，“绿色建筑评级认证前置改革创新”“工程建设项目竣工联合验收模式”“区块链技术赋能服务企业新模式”“施工总承包企业信用评价改革”“工程建设项目极简审批新模式”“法务资源集约服务新模式”“‘人才生态’服务建设新模式”“知识产权行政裁决快速反应新机制”“‘标准化+大数据’智慧监管新机制”“省市下放行政审批事项承接机制创新”“工程项目‘拿地即开工’改革创新”“边检‘三优化’管理服务新模式”“‘行政+司法’联动协作新机制”“跨区域不动产登记发证前置服务新模式”等政府职能转变领域 14 项，“京津冀国际海铁联运‘一单到底’模式创新”“承接北京非首都功能疏解‘全周期’服务创新”等京津冀协同发展领域 2 项。

2022 年 11 月 20 日　河北自贸试验区雄安片区推进工作领导小组办公室印发《中国（河北）自由贸易试验区雄安片区行政许可事项目录清单》、《中国（河北）自由贸易试验区雄安片区除行政许可外事项目录清单》（雄安自贸办发〔2022〕3 号），共梳理 207 个行政许可事项和 145 个除行政许可外事项，明确了片区政务服务权责，进一步提升了片区政务服务精细化管理水平。

2022 年 11 月 23 日　中国中铁产业集群疏解落地雄安新区揭牌暨启动仪式在雄安新区举行。中国中铁股份有限公司旗下 10 家企业同步整体搬迁到雄安新区，统筹投资建设中铁雄安基地，这是入驻雄安新区的首个央企产业集群，对片区吸纳和集聚创新要素、高起点布局高端高新产业具有重要意义。

2022年11月28日　曹妃甸区属重点国有企业唐山国控科创集团申报实施的“曹妃甸新能源产业链示范基地项目”成功入围中欧碳中和合作项目办公室组织评选的《2022年度中欧碳中和创新合作示范项目名单》，是河北省唯一入围的项目，对曹妃甸片区新能源产业转型起到示范带动作用。

2022年11月29日　省商务厅厅长、省自贸办主任张泽峰出席“扩大高水平制度型开放　实施自贸试验区提升战略”研讨会。会议由复旦大学上海自贸区综合研究院和中国（萧山）长三角自由贸易智库联盟联合主办，邀请了来自河北、浙江、上海等全国18个省市的商务主管部门、自贸区管委会负责同志及业内专家学者和研究机构的百余位代表在线参会。省商务厅副厅长、省自贸办副主任张记方作交流发言。

2022年12月3日　三一新能源商用车产业园项目在曹妃甸区举行开工仪式，省委常委、唐山市委书记武卫东出席活动并宣布项目开工。产业园整体规划755亩，主要建设新能源商用整车生产车间及办公、研发、停车场等辅助设施。

2022年12月12日　我省本外币合一银行结算账户体系试点在雄安新区正式启动，标志着我省银行账户管理体制改革取得新突破。

2022年12月15日　由商务部国际贸易经济合作研究院组织的《中国自由贸易试验区发展报告（2022）》发布会成功举办，商务部国际贸易经济合作研究院院长顾学明、商务部自贸区港司副司长万错致辞。商务部国际贸易经济合作研究院副院长崔卫杰发布了《中国自由贸易试验区发展报告（2022）》并对其内容进行解读。省商务厅副厅长、省自贸办副主任张记方代表我省作发言。

2022年12月23日　河北自贸试验区改革发展情况新闻发布会召开。省商务厅副厅长、省自贸办副主任张记方介绍了河北自贸试验区设立以来在制度创新、项目建设、平台打造、区域协同等方面取得的成效，同时就第5批制度创新案例有关情况回答了记者提问。雄安片区、正定片区、曹妃甸片区、大兴机场片区廊坊区域相关负责同志分别回答了记者提问。

2022年12月26日　经国家外汇管理局批复，曹妃甸片区可开展保税混矿代理收汇和境内划转业务，实现全国首创，对深入扩大金融领域开放创新、提升金融服务水平、促进重点产业发展具有重要意义。全国其他地区可参照该批复办理此类业务。

2022年12月26日　雄安片区印发《关于支持中国（雄安新区）跨境电子商务综合试验区高质量发展的工作方案》（雄安综试办发〔2022〕1号），围绕深入推进跨境电商综试区建设等目标，提出加快跨境电商主体引育、推动线下产业园建设等7条重点工作举措，为跨境电商综合试验区高质量发展提供政策保障。

2022年12月28日　河北省航运龙头企业渤海远洋（河北）运输有限公司正式落户曹妃甸片区，揭牌仪式在石家庄举行。曹妃甸片区将依托产业基础、港口资源和配套政策优势，创新发展现代港航物流服务，助力渤海远洋公司做大做强，吸引产业链配套企业入驻片区，推动港航服务业高质量发展。

2022年中国（云南）自由贸易试验区建设概况

中国（云南）自由贸易试验区工作领导小组办公室

李晨阳

中国(云南)自由贸易试验区工作领导小组办公室主任

李晨阳，男，1968年3月生，汉族，湖南湘乡人，1987年8月参加工作，中共党员，史学博士、二级研究员、博士生导师、云南大学特聘教授，云岭学者，享受国务院政府特殊津贴。

2021年11月任云南省商务厅党组书记、厅长，中国（云南）自由贸易试验区工作领导小组办公室主任。

一、经济运行数据

（一）投资情况

根据云南省市场监管局数据统计，2022年，中国（云南）自由贸易试验区（以下简称云南自贸试验区）新注册企业15 711家（内资企业15 641家、外商投资企业70家），比上年下降22.6%，占全省新注册企业总数的6.7%。

云南自贸试验区昆明片区（以下简称昆明片区）新注册企业14 183家（内资企业14 132家、外商投资企业51家），比上年下降22.9%，占昆明市新注册企业总数的15.6%。

云南自贸试验区红河片区（以下简称红河片区）新注册企业374家（内资企业372家、外商投资企业2家），比上年下降55.9%，占红河州新注册企业总数的3.1%。

云南自贸试验区德宏片区（以下简称德宏片区）新注册企业1 154家（内资企业1 137家、外商投资企业17家），比上年增长10.5%，占德宏州新注册企业总数的32.0%。

（二）贸易情况

2022年，云南自贸试验区进出口总额949.8亿元，比上年下降16.5%。其中，进口额260.04亿元，增长2.9%；出口额689.75亿元，下降22.0%。分片区统计，昆明片区进出口总额666.76亿元、下降7.4%；红河片区进出口总额64.81亿元、下降63.1%；德宏片区进出口总额218.23亿元、下降9.8%。

根据昆明海关统计，2022年，云南自贸试验区海关标注企业完成进出口总额926.2亿元，比上年下降12.9%，占云南省进出口总额的27.7%；其中，进口额239.21亿元、增长16.1%，出口额686.99亿元、下降19.9%。分片区统计，昆明片区进出口总额666.76亿元，下降7.4%，占云南自贸试验区进出口总额的72.0%，占昆明市进出口总额的33.4%，占云南省进出口总额的19.9%；其中，进口额72.97亿元、增长63.1%，出口额593.79亿元、下降12.0%。红河片区进出口总额41.21亿元，比上年下降67.7%，占云南自贸试验区进出口总额的4.4%，占红河州进出口总额的12.3%，占云南省进出口总额的1.2%；其中，进口额12.05亿元、下降18.5%，出口额29.16亿元、下降74.2%。德宏片区进出口总额218.23亿元，比上年增长1.1%，占云南自贸试验区进出口总额的23.6%，占德宏州进出口总额的72.4%，占云南省进出口总额的6.5%；其中，进口额154.19亿元、增长5.3%，出口额64.04亿元、下降7.8%。

根据云南省商务厅统计，2022年，云南自贸试验区（河口北山、瑞丽互市点）边民互市进出口总额23.6亿元，比上年下降67.7%，占云南省边民互市进出口总额的17.9%；其中，进口额20.83亿元、下降55.6%；出口额2.76亿元、下降89.5%。分地区统计，河口完成边民互市进出口总额23.6亿元，下降50.8%；其中，进口额20.83亿元、下降51.8%，出口额2.76亿元、下降42.9%。瑞丽边民互市进出口为0元。

（三）实际使用外资情况

根据云南省商务厅统计，2022年，云南自贸试验区实际使用外资金额6102万美元，比上年下降49.6%，占云南省实际使用外资金额的8.7%。分片区统计，昆明片区实际使用外资金额5946万美元，下降45.9%，占云南自贸试验区实际使用外资金额的97.4%，占昆明市实际使用外资金额的12.5%，占云南省实际使用外资金额的8.5%；红河片区实际使用外资金额156万美元，下降86.0%，占云南自贸试验区实际使用外资金额的2.6%，占红河州实际使用外资金额的8.3%，占云南全省实际使用外资金额的0.22%；德宏片区实际使用外资金额0美元，下降100%。

二、创新成果及案例

（一）加快转变政府职能领域

案例1：退役军人“四个一”权益保障模式

为进一步维护退役军人合法权益，完善退役军人服务保障体系，官渡区聚焦自贸试验区“延边+跨境”的特色，牢固树立“不断加强退役军人服务保障体系建设”理念，以齐抓共管拧成“一股绳”、基础配套建设“一个样”、优势互补打通“一公里”、军民鱼水汇成“一条心”为举措，着力建好官渡区退役军人服务保障体系建设，让军人成为全社会尊崇的职业，夯实稳边固防的基石。

主要做法：

一是齐抓共管拧成“一股绳”。严格按照中央和省区市的要求，由区退役军人局统筹安排服务保障退役军人事项，构建“政府机构领导+事业单位贯彻落实+社会力量协助”的“三驾马车”，齐头并进建设好推动退役军人服务保障体系；实施退役军人服务中心、军人之家深度融合发展，推动退役军人服务保障，做好思想引导、生活帮扶、解决问题等“服务引导一条龙”，确保要求、举措贯彻落实；大力发挥社会力量，成立志愿服务队，“设身处地”解决全区退役军人遇到的难题。

二是基础配套建设“一个样”。严格按照“五有”（有机构、有编制、有人员、有经费、有保障）标准，设置有服务大厅、创就业中心、展示厅、阅读吧等功能场所，扎实开展就业创业扶持、政策咨询等服务保障工作；大力推广新时代“枫桥经验”，建成维权中心，做好信访接待、权益保障等工作，建成“枫桥式”退役军人服务站，做到“大事不出街道、小事不出社区”，切实做到人员、编制、经费全到位，服务保障体系全覆盖。

三是优势互补打通“一公里”。党建引领推进退役军人服务保障建设，把“站”里的服务放进“家里”，将阵地规范化布置和亲情化服务为抓手，强化服务保障功能，发挥资源优势，实现暖心服务；推进官渡区军人之家“爱国主义教育和党委机关红色教育基地”建设，设置军人荣誉墙、文化长廊、烈士浮雕、名册等，教育引导广大退役军人坚定理想信念“听党话、感党恩”；组织开展重点人员“大走访”活动，全面掌握了解重点人员相关情况，着力化解不稳定因素；聘请法律顾问每周五到军人之家坐班，扎实做好服务对象的法律维权、纠纷调解服务，实现“1+1>2”的服务效果。

四是军民鱼水汇成“一条心”。积极利用社会力量，成立几十支退役军人志愿者服务队和2支军嫂志愿者服务队，协助社会悬挂“光荣牌”、参加社区环境治理、疫情防控等，推动退役军人、军属参与到官渡区经济、社会建设中；设置日新路双拥文化长廊；每月定期组织街道工作人员、退役军人召开“退役军人议事会”，充分发挥民主协商作用，集体议事，解决退役军人生活、工作难题，了解退役军人需求，营造浓厚的“军民鱼水一家亲”氛围。

实践效果：

一是退役军人服务保障体系日益完善。建成区退役军人服务中心，构建“全面覆盖、分级负责、上下联动”的工作体系和“服务、议事、宣传、活动、联谊、接待”六位一体的拥军爱军服务工作格局，涵盖“十大服务”功能，解决退役军人难题；全区 8 个街道、99 个社区“两级退役军人服务站”全面建成；8 个街道退役军人服务站全面落实“示范型”退役军人服务站建设标准，其中关上街道退役军人服务站按“标杆型”标准建设、矣六街道办事处星宇社区率先建成“枫桥式”退役军人服务站，被云南省退役军人事务厅推荐为全国典型。

二是退役军人就业创业工作持续优化。充分发挥云南省首个退役军人人才基地的辐射带动作用，建成退役军人创业园中园，持续推动落实退役军人就业创业，组织政策宣讲、就业培训和招聘会，切实帮助、解决退役军人就业难、创业难问题，推动全区退役军人投身到社会经济发展中。

三是基层社会治理持续注入新能量。充分发挥榜样引领的示范作用，充分挖掘优秀退役军人代表背后的崇高精神和鲜活故事，用身边事教育身边人，引导退役军人见贤思齐、崇德向上，切实加强退役军人用实际行动筑起基层社会治理防线。

四是切实加强部门联动合力创新局面。与区医保局积极沟通对接，解决退役军人“两险补缴”问题；与区民政局进行数据共享，精准掌握生活困难退役军人基本情况；与区市监督管理局、税务局、金融机构及工商联等相关单位协调，为退役军人创业提供更多的优惠便利条件；与区级各部门、社会企业等积极联络，为符合政府安置的退役军人提供岗位，服务好、保障好全区退役军人生活、工作各类事项，进一步增强退役军人获得感、幸福感和满意度。

下一步工作思路：

一是完善服务保障体系建设。加强对街道、社区退役军人服务指导，年底前力争 70%以上社区退役军人服务站达到示范型退役军人服务站建设标准；强化退役军人服务站与军人之家深度融合，努力打造有家建家、爱家护家的退役军人服务文化，促进广退役军人“回家、看家、建家、爱家、护家”，不断增强退役军人的归属感、获得感和幸福感。

二是提升工作人员业务能力。组织服务中心（站）业务能力培训，提升专兼职工作人员的业务能力和服务水平；计划开展请进来教、走出去学活动，组织服务中心（站）工作人员参加知识讲座、座谈交流、观摩学习等，不断开阔视野，提升思维层次，打造一支态度正、业务精、服务好的官渡区退役军人服务保障工作人员队伍。

三是加强探索推动创业就业。争取更多的退役军人创业优惠条件，对接更多优质创业项目，帮助更多的退役军人顺利创业；深入研究探索创业园区入驻军创企业“白名单”制度可行性，给予军创企业更多实惠；拓展与金融机构合作渠道，建好退役军人创业就业金融扶助平台；继续对接更多就业岗位，努力满足不同年龄、不同层次、不同能力的退役军人就业需求，帮助更多退役军人顺利就业、成功创业。

四是注重退役军人教育培训。积极对接省内外人才资源，为退役军人提供更多学习培训、展示能力、发挥作用的机会，多手段引导退役军人群体积极助力国家经济建设、参与社会事务；充分发挥官渡区军人之家“爱国主义教育基地和党委机关红色教育基地”作用，广泛开展双拥共建活动，扎实做好拥军优属各项工作，巩固和完善群众性、社会化的大拥军工作格局。

案例 2：“告知承诺+云勘验”人力资源行政许可新模式

为持续深化“放管服”改革，进一步推动照后减证和简化审批，创新和加强事中事后监管，有效优化营商环境、激发市场主体发展活力，昆明片区（官渡区）创新行政许可审批，通过“告知承诺+云勘验”模式，实现企业“零见面”“零跑腿”办证，办结时限从法定最长3个月缩短到1个工作日。

主要做法：

一是把信用档案嵌入审批流程。官渡区认真分类梳理，将“劳务派遣经营许可”“设立人力资源机构（含外资）服务许可”“民办职业培训学校设立、分立、合并、变更及终止审批”3个许可事项全部纳入告知承诺制审批范围，制作科学规范的告知承诺书示范文本，一次性告知企业许可条件和承担的法律后果，对作出承诺并按要求提供材料的企业，行政审批部门当场作出审批决定，踏勘程序后移，便于企业更快速设立并开展业务。

二是建立踏勘全程工作痕迹。勘验前第一时间与申请人对接，通过微信、电话告知申请人勘验标准规范，保障“云勘验”一次办结，缩短办理时间，提高服务效率。实行“谁审批、谁负责”的终身负责制，严禁随意提高或降低许可法定条件，确保办事申请人“一次办好”。

实践效果：

一是缩减市场主体准入时间。官渡区将行政许可事项纳入告知承诺制审批范围，并在全省首次正式启用“告知承诺+云勘验”审批方式，实现“不见面”办证，办结时限从法定最长3个月缩短到1个工作日。

二是促进人力市场诚信建设。在办理行政许可过程中，鼓励企业开展诚信建设，对诚实守信企业实行“告知承诺+云勘验”审批，实行绿色通道受理等便利服务措施，对存在失信行为的企业按照一般审批流程办理，发现企业不符合许可条件的，依法调查处理，并将失信违法行为记入企业信用记录，依法依规实施失信惩戒，及时将企业履行承诺情况纳入信用记录，并归集至全国信用信息共享平台。

下一步工作思路：

一是规范人力资源市场秩序。根据工作需要，每年对辖区内劳务派遣经营企业进行1—2次实地监察，每年定期开展1次人力资源市场秩序专项行动，开展“双随机、一公开”检查。完善年度核验公示制度，对未按规定报送年度报告、拒绝履行信息公示义务，以及存在隐瞒情况、弄虚作假等行为的劳务派遣经营企业，依法依规作出处理。

二是推进骨干企业评选工作。通过正向激励措施，重点培育一批有核心产品、成长性好、具有国际竞争力的综合性人力资源服务企业，加快发展有市场、有特色、有潜力的专业化人力资源服务骨干企业，引导人力资源服务企业细化专业分工，向价值链高端延伸。

案例3：失业保险稳岗返还“免申即享”服务模式

为缓解新冠疫情影响下企业生存发展压力，做好稳定和扩大就业工作，昆明片区（官渡区）创新失业保险稳岗返还工作举措，于2021年率先在全省开展失业保险稳岗返还“免申即享”服务。通过大数据比对、流程再造、信用监督等方式，实现惠企政策奖补资金兑现企业“免申”、平台“智审”、资金“直达”，有效解决政策兑现中存在的企业看不明白、不会申报和部门审核费时、审批较慢等问题，推动惠企政策奖补资金应享尽享、快速兑现，开启惠企政策直通车。

主要做法：

一是整合数据，为政策兑现企业和个体工商户精准“画像”。坚持“应整合、尽整合”，强化部门协作，推进市人社、市税务、市监、市发改等部门数据汇集共享，夯实“免申即享”数据支撑。同时，扎实推进数据汇集，为企业和个体工商户精准“画像”、精准匹配政策提供数据保障。

二是再造流程，实现惠企资金“政策找人”。充分运用政策条件清单与整合到的企业和个体工商户数据智能匹配，精准锁定符合条件的企业和个体工商户。同时，将最耗时的审核环节前置，推行信用审批优先，实施并联审批、智能审批等，将原来的“申请、受理、审核、提交收款材料、核拨、拨付”6大流程重新设计、梳理，优化为“数据比对、拨付到账”2个环节，实现由“企业申报、分别审批、资金拨付”转变为“企业无感、智能审核、事后监管”的主动服务模式。

三是强化监督，确保政策兑现全程可控。平台在事前、事中、事后分别设置了“三道关卡”，实现政策兑现和行政审批数据全程留痕。确定返还名单范围，通过大数据比对，精准匹配、筛选出符合政策条件的企业和甄别个体工商户名单。资金拨付前，增设“异议处置流程”，对外公示5个工作日，确保及时处理遗漏企业和有争议的款项，最大限度保证资金发放不错漏。资金拨付后，不定期进行抽查。

实践效果：

一是精准匹配，实现“人找政策”向“政策找人”转变。失业保险稳岗返还“免申即享”通过政策“大数据”与企业“大数据”的双向匹配，精准筛选出符合政策条件的企业名单，有效解决政企信息不对称、政策知晓率低等问题，真正做到“吃干榨净”惠企政策。“免申即享”使政策覆盖面与以往相比有大幅度增长，惠及企业数与2020年相比增长38.73%。

二是数据核查，实现企业被动申请向系统自动匹配转变。企业足不出户获得失业保险稳岗返还款，助企“免申兑”“零跑兑”是本次惠企政策兑现“免申即享”服务的一大亮点。用“系统筛选”替代“企业申报”、“数据跑路”替代“人工传递”、“智能审核”替代“人工审核”后，以往3个月的工作，现在仅需一周就可完成审核和拨付，大大节省时间成本和企业“脚底成本”。

三是系统智审，有效防范企业申报时填报数据不准确和数据造假等情况。在部门审批中，“为熟人破例”“有人情好办事”等问题屡禁不止。失业保险稳岗返还“免申即享”模式通过优化审批流程，自动核查企业信息，并结合信用等级评价结果和企业“黑名单”，对符合条件的企业，由系统自动审批代替相关部门审批，最大可能避免审批过程中人情因素的影响与干扰，准确判断企业是否应该享受稳岗返还资金。同时，在事前、事中、事后分别设置“三道关卡”，实现政策兑现和行政审批数据全程留痕、在线追溯，真正让该享受的“一个也不能漏”、不该享受的“一个也不能有”。

下一步工作思路：

进一步扩大“免申即享”适用范围模式，逐步将生育保险津贴、各类残疾人补贴、退休办理等业务加入“免申即享”套餐。

案例4：打造以纳税人为中心的智慧税务生态链

2021年3月，中共中央办公厅、国务院办公厅印发《关于进一步深化税收征管改革的意见》，要求“深化税收征管制度改革，着力建设以服务纳税人缴费人为中心、以发票电子化改革为突破口、以税收大数据为驱动力的智慧税务”，昆明片区税务部门对标先进、立足实际，打造智慧办税综合服务平台，树立纳税服务品牌，创新“双线”建设管理，税务服务实现从无差别向实时智能、个性精细转变，全力打造优质税收营商环境。

主要做法：

一是建设智慧税控中心，加强风控研判管理。以纳税人为中心，依托片区智慧城市大数据平台（IOC），融合税收大数据、人工智能、云计算、商业智能（BI）报表等信息技术，探索研发数据应用分析模型，把金三系统、电子税务局、增值税发票和自然人税收管理系统的大数据进行关联、集中、分析，打破数据壁垒，提高案头分析能力，建设以税源监控、纳税服务、风险管控和内控机制为内核的税务征管纳服内控生态链。通过成立税收风险管理团队，以国税大数据云平台风险防控系统运用为基础，实现中、高风险涉税事项集中快速反应，有效增强税收专业管理能力。

二是新开设全职能综合服务窗口，打造多元智能税厅。归集整合纳税服务全部事项开设综合服务窗口，寓监管于服务，创新办税申报全流程、全闭环服务监管模式，推行“双随机、一公开”监管。在税务12366咨询服务热线外，建立多部门联动呼叫中心，一站式解决纳税人问题咨询。加强电子发票推广，探索“一人管理、团队服务”集约化税收征管新方式；打造“智慧化无人值守办税服务厅”，各类自助设备物联互通，实现线上线下办税无缝衔接。同时延伸税务服务范围，在综合服务中心、街道社区、重点园区等纳税人较为集中的区域设置“办税微厅”。

三是创新多途办税形式，提升纳税辅导宣传。依托云南省网上电子税务局，推广“非接触式”网络办税服务，以“导税咨询台+流动导税”形式，引导纳税人多渠道办税，推行“新办企业套餐式服务”“容缺办理”“告知承诺”等创新举措，同时，开展多元化缴费辅导，结合实际情况和政策适用向企业宣讲增值税、土地使用税等税种纳税时间和计征方式，畅通税企沟通渠道，融洽征纳关系，构建政府主导、部门协调、社会参与的减税降费共治机制，形成减税降费合力，落实缓缴纳税政策，银税互动纾解中小微企业资金压力。

实践效果：

一是发票自助终端办，全天服务不间断。在24小时办税服务厅，纳税人可自助办理包含发票发售、验旧、代开、认证，完税证明开具，以及车船税业务等在内的涉税业务，突破过去窗口服务8小时制约，填补节假日服务盲区，真正实现“服务不分时”和“办税更便捷”，减负税务窗口服务压力，实现纳税人方便度和税务部门办税质效“双提升”。同时打造服务品牌，优流程，提质效，严格履行首问责任制和一次性告知等服务制度。

二是有效开展线上办，银税互动结硕果。新冠疫情下为方便纳税业务办理，昆明片区以“不见面”办税为落脚点，发挥党员先锋作用，依托电子税务局，在327项业务中，上线网络办理209项，突破办税时空限制，“非接触式”办理率达86.73%，总体“非接触式”办理率名列全市第三名。截至2021年11月，通过建设银行“云税贷”、工商银行“税务贷”等8家银行贷款产品对昆明片区919家企业发放贷款合计约8.12亿元，“银税互动”助力企业发展。

三是减税降费及时办，点面结合有成效。2021年昆明片区减税降费超25亿元，内资个体减免数达1.2万家，“减税降费+缓税缓费”助力企业纾困解难。通过“纳税人学堂”、微信等方式向纳税人推送政策宣传短信，为落实国家延缓缴纳税费政策，昆明片区利用税企通、电话告知等方式，及时对辖区制造业中小微纳税人开展延缴政策培训辅导工作，实现政策信息全覆盖。同时，推进机关党建与税收宣传融合，丰富税收宣传载体，增强企业政策知晓理解，及时申报享受税收优惠政策。

下一步工作思路：

一是全力提升税务营商环境水平。加强制度规范建设和科技运用赋能，依托制度创新，努力践行“办税不求人、审批不见面、最多跑一次”一流税收营商环境，深化拓展“非接触式”办税广度范围，打造税务便利升级版，增强税收现代化能力建设。

二是巩固减税降费释放政策红利。聚焦“减税降费”及新冠疫情下各项税收优惠政策安排，确保相关政策举措纳税人应知尽知，快享尽享。确保存量基数，主抓专项，提高认识，紧盯惠民富民、促进共同富裕政策落实，解决好群众“急难愁盼”问题。

三是推进税收治理体系和治理能力现代化建设。进一步拓宽组织收入和分析预测的维度，提高预测准确性；对片区新业态，如跨境电商、专业市场、平台经济等潜力优势企业，主动开展调查研究，积极创新税务监管方式和纳税服务模式，着力挖掘新税源，促进收入体系增收。

案例 5：以集群注册促进珠宝直播规范发展

为深入推进市场主体住所（经营场所）登记便利化改革，先行先试开展“集群注册试点”，优化营商环境、激发市场主体活力、促进平台经济规范健康发展，德宏片区以珠宝直播行业为试点，修订完善集群注册登记试点办法，进一步减少限制、放宽条件、降低门槛，破解行业痛点。

主要做法：

一是出台试点办法、认定托管企业。自 2020 年 5 月云南省政府决定在云南自贸试验区开展“集群注册试点”后，德宏片区率先启动试点工作，2020 年 9 月出台试点办法，10 月完成 2 家托管企业资格认定。

二是完善试点办法、放宽限制条件。2022 年，对 2020 年出台的集群注册登记试点办法进行修订完善，取消托管企业数量限制，取消托管资格事前审批、托管场所事前核查，改为登记后部门间信息共享和事中事后监管，取消托管场所面积限制、租赁期限限制。

三是解决开户难题、促进财税管理。指导托管企业成功为珠宝直播市场主体代办营业执照、办理纳税登记并建立代理记账服务关系；同时推动托管企业与商业银行建立合作关系，破解集群登记企业开户难的问题。

实践效果：

一是市场主体活力逐步释放。截至 2022 年 4 月，集群注册登记的市场主体累计近 200 家。

二是直播行业更趋规范发展。通过集群注册登记的商家同时由托管企业代理纳税登记，并委托具有代理记账资质的托管企业（或托管企业的合作代理记账机构）代理记账，实现珠宝直播行业“集群注册登记+银税统筹”，可以破解瑞丽市珠宝直播行业最大的痛点——行业整体纳税合法性不足的问题，促进市场主体依法纳税合法经营。同时，托管企业、电商监管部门形成合作关系，对于直播商家规范经营也有促进作用。

三是金融服务进一步优化。德宏片区金融机构已成功集群注册企业开立银行账户，集群注册企业开立银行账户的路径已经打通。

下一步工作思路：

进一步探索推进“一业一证”“一照多址”“集群注册”等改革，加强与珠宝行业协会、珠宝电商平台、直播电商线下基地、毛料公盘运营企业，以及珠宝商家和主播互动，运用网络治理和社会治理理念，充分发挥市场决定性作用和更好发挥政府作用，促进德宏片区珠宝业高质量规范发展，形成全国直播电商、平台经济和集群注册改革的典范。

案例 6：工业园区“零疫情、零停产”做法

为有效落实统筹疫情防控和经济社会发展要求，工业园区不断优化新冠疫情防控措施，统筹抓好封闭管理、制度化管理、发展生产等工作，形成行之有效的园区疫情防控做法。

主要做法：

一是社会面封闭管控。园区员工 90%以上为缅籍人员，针对园区劳动密集型企业聚集的特殊性，实行“园区封闭、人不出园、严禁聚集”的社会面管控措施。首先，制定园区网格化管理工作方案和服务规定，落实楼栋分片包干责任制，实施企业人员增减日报制、动态管理，做好楼栋人员排查、卫生巡查、消杀督查、宣传引导等工作，确保无失管漏管。其次，组织各家企业对复工情况及用工情况进行摸底排查，对外来人员、返岗人员、缅籍务工人员造册登记并及时统计上报，采取有针对性的防控措施，做到不漏报、不迟报、不重报。最后，组好园区出入管理。制定无关人员一律不准进入园区、园区内缅籍人员一律不准出园区、园区外缅籍人员一律不准进园区等“七条”防疫规定并严格执行。科学设置园区入口处通行查验点、进出通道隔离栏和起降杆、喷洒消杀通道、外来物品摆放消杀台。

二是建立健全应急响应机制。首先，制定出入园区管理、企业外出办事管理、缅籍工人签证管理，企业员工招录管理四套措施；实时关注员工行程动向和身体异常信息、员工隔离观察、清洁消毒工作、企业复工复产申请书、企业承诺书、员工健康承诺书、复工复产条件审核七类机制。其次，严格审批报备，企业复工前必须制定复工期间疫情防控工作方案，并按要求提供相应的复工复产材料至园区，经园区管委会初审、市级联合组复审两步现场审核通过后即可开工。最后，做好人员及健康管理。制定外籍人员管理规定及员工日常健康管理措施，建立企业返岗职工“花名册”，实行健康状况“一人一档”管理，详细掌握每名职工及家庭成员健康状况和假期出行信息，全面排查是否接触外省及重点涉疫地区人员等情况。

三是加强宣传教育。通过园区微信工作群、朋友圈、宣传栏、社区广播、LED 电子屏、企业走访宣传等形式，实现园区疫情防控宣传全覆盖，让员工实时了解最新消息，应用中缅双语开展日常宣传和巡查。

实践效果：

园区基地取得无一家企业关闭停产的“零疫情、零停产”抗疫成绩。千方百计组织好企业生产，2021 年实现工业总产值 7.6 亿元，固定资产投资 2.32 亿元，2022 年一季度园区内企业实现工业总产值 1.23 亿元。

（二）贸易便利化与转型升级领域

案例 7：“跨境电商+边民互市”转型升级创新模式

边民互市贸易是兴边、富民、睦邻的重要手段。为进一步优化红河片区边民互市发展方式，推动红河片区边民互市转型升级，结合红河片区边民互市实际，提出“跨境电商+边民互市”转型升级创新模式。作为边境地区的重要产业，跨境电子商务对边境地区经济、社会产生综合连带效应。在云南经济转型升级的背景下，明确跨境电子商务的优势、地位与作用，使其成为新的经济增长点为云南经济发展增添后劲，推动云南经济进入新的发展阶段。

主要做法：

一是推进边民互市一、二级市场线上平台建设。一级市场方面。在边民互市双边一级市场领域推行“电子交易+区块链存证溯源+跨境结算业务”改革试点，引导、组织边民成立边民互市合作社，中方边民与越方商铺自行通过互联网开展网上预购（预售）、电子交易、跨境电子结算、区块链存证等。网上预购（预售）拓宽边民进货、销售渠道，节省大量时间成本；区块链存证通过银行、商铺、边民、海关四方数据上链，为交易数据提供存证、溯源双重保障，保证数据信息不被篡改且随时可查验、多维度监管；跨境电子结算提升了结算的效率和准确性，保障了交易数据的可还原性。二级市场方面。通过边民互市进口的商品在办结完海关手续后，采用“互联网+电商服务平台”模式，进入到国内二级市场交易平台进行电子交易，经征税后可进入国内流通市场和落地加工环节。

二是优化边民互市通关、结算流程。一方面，推行“跨境电商+边民互市”拼车出口模式。以往越南民众通过互联网在国内购买的商品到达河口后需要依靠人力运输至老街，再由老街分发至越南各地。边民人力运输效率低、查验难、无法统计，且到达老街后还需再次分发，增加了人力成本、时间成本的同时也加大了部分商品损耗率。中国—东盟（河口）跨境电商物流产业园启用后，通过口岸物流智能分拣系统，采取分送集报的形式，只需在跨境电商商品上贴具可查询商品信息的二维码，在流水线上进行分拣查验后，便可精准将同类、同目的地跨境电商商品和边民互市商品进行拼车出口，既创新监管、降低成本，又解决了跨境电商信息不对称、难统计等问题。另一方面，推进跨境结算全流程电子化。通过富滇银行自主开发的跨境通系统，开展边民互市交易电子化结算。参与边民互市的边民只需在银行开设结算账户，在电商服务平台登记备案，并与银行、电商服务平台签订三方协议，即可进行电子交易结算。双方边民交易完成后，电商服务平台将交易订单提交中国（云南）自由贸易试验区红河片区边境贸易服务中心审核，核实无误后以区块链存证数据的方式向结算银行发送。边民互市贸易跨境电子结算业务，实现边民互市业务跨境汇款、收款、账户管理、国际收支申报“全流程、电子化、一站式”综合金融服务和“真边民、真交易、真结算”。

三是多形式完成边民互市申报。远程申报，是为地域偏远、交通不便、身体不适，以及“防疫抗疫”期间的边民，提供足不出户办理申报业务的线上操作平台，边民在家利用手机即可完成申报。该模式既简化了申报流程，又降低了边民成本，同时采取物理认证识别和智能引导操作方式，减少边民操作困难。采取边民合作组织代理交易。按照商务部门、海关核定的中越边民互市商品种类组织边民形成边民互市专业合作社，为成员开展边民互市贸易提供报关、报检、货物装卸运输、仓储、保管等配套服务；亦可为成员边贸商品加工提供技术、设备、设施及其他相关配套服务。通过合作社的方式，扩大边民的凝聚力和影响力，提高边民互市贸易的规模及专业化程度。

实践效果：

一是实现了边民互市货运量的快速增长。边民互市出口货品拼车模式将国内电商与跨境电商高效整合，有序规范南溪河口岸转场北山口岸，边民互市出口呈现井喷态势。2022 年 1—5 月，完成边民互市交易额 5. 476 亿元，互市交易量 12. 992 万吨。

二是提升了边民互市结算的效率。红河片区边境贸易服务中心在大数据服务平台的支持下，一方面通过数字化的技术手段优化互市贸易跨境结算流程，大大缩短结算业务办理时间，银行仅用 30 分钟就为 19 位边民线上批量办理跨境结算资金 14. 97 万元，开具首笔 15. 74 万元的边民互市商品二次交易增值税专用发票。另一方面通过实现边民互市物流和资金流规模的统一，为云南边民互市规范健康发展，提供更加便利化、规范化、专业化的跨境金融服务。

三是确保边民互市贸易数据的真实性。出口通关模式、结算模式的创新使原本未能纳入统计的商品纳入统计范畴，还原了边民互市贸易数据的真实性。在边民互市贸易出口商品种类统计方面，由模式创新前仅有 7 种互市出口商品纳入海关统计增加至 200 余种；边民互市贸易额方面，以 2020 年 1—4 月为例，边民互市出口额 6 343 万元，同比增长 162 倍。

下一步工作思路：

一是继续加大对边民互市一、二级市场进行升级改造。进一步完善边民互市一、二级市场电商服务平台的建设，加快边民互市贸易商品加工及流通模式的转变，通过信息化技术手段，不断规范边民互市的交易秩序，为各监管职能部门建立监管通道，打破信息壁垒，达到信息共享，数据存证，溯源可信，降低执法风险。

二是进一步探索“互联网+边民互市”模式。在对一、二级市场业务进行升级改革的同时，进一步探索“互联网+边民互市”模式，促进边民互市商品的落地加工，推动“区县”一体化融合发展。

案例 8：跨境农副产品和食品第三方溯源体系

越南与我国在农副产品和食品方面贸易往来密切，但由于越南生产管理较为落后，出口至中国的农副产品和食品存在农残超标、微生物污染及携带有害生物的风险。为保证鲜活农副产品进口安全可控，按照国际食品法典委员会提出“‘可追溯性’是风险管理的关键”，红河片区通过建立第三方溯源体系对拟进口的农副产品和食品进行检验检疫和溯源管理，以追溯码为信息载体，实现货物来源可追溯、流向可跟踪，责任可追究。确保进口农副产品和食品质量安全可控。

主要做法：

建立溯源信息平台。中检公司建立第三方溯源信息平台，并将进口农副产品和食品的产地信息、生产商信息、物流运输信息录入溯源信息平台，终端消费者和市场监管部门可以通过手机扫码的方式快速查询货物的生产运输、检测报告等。

前置进口商品检验检疫流程。由中检公司派技术人员赴越南对果园内果实、枝、叶和加工厂内原料以及待进口货物进行随机取样，带回国后经国内检验检疫机构对样品进行植物检疫、农残及微生物等检测，并录入溯源平台。

装运全流程监管。对拟进口货物进行监装和监贴溯源标签，并在中检溯源信息平台同步录入货物产地信息、生产商信息、物流运输信息，待货物运抵河口口岸前将溯源标签激活。

加强对外政策宣讲。向越南果农、加工厂负责人及出口商，宣讲中国关于农副产品和食品进口检验检疫的相关要求，以及海关政策法规，一方面提升农副产品和食品检验检疫合格率，另一方面让出口商了解我国相关法律法规，少走弯路。

实践效果：

一是确保食品及农副产品质量安全。通过赴越南实地随机采集样本，确保样本客观性，并由国内有资质检验检疫机构对样本进行检测，全流程监贴溯源标签，确保进口货物的质量安全。

二是精准溯源产品信息。终端消费者可通过扫描二维码在第三方检验平台了解货物产地、生产商、物流等信息，确保终端消费者享受透明消费和安全消费。

三是方便问题产品召回。溯源码实现对问题产品全流程监管，发生安全事故时便于对责任主体追责，对问题产品进行召回，解决进口农副产品和食品跨境长途运输及层层批发分销过程中产品分散，责任不清等问题。

四是提升企业宣传效果。进口企业可以将产品和企业宣传信息录入到溯源码中，当终端消费者扫描溯源码时即可浏览相关产品和企业宣传信息，有助于提升其产品的市场占有率。

下一步工作思路：

一是推进海关采信第三方检验检疫结果。根据《中国（云南）自由贸易试验区总体方案》任务分工，红河片区将推进海关采信第三方检验检疫结果相关工作，拟进口货物到达口岸后，海关现场核验溯源标签，采信溯源标签里的检验结果，完成审单核验工作，实现快速通关，促进口岸贸易发展。

二是扩大第三方检验结果采信商品覆盖范围。根据《中国（云南）自由贸易试验区总体方案》任务分工，红河片区将稳步推进自越南进口商品溯源体系建设，扩大第三方检验结果采信商品范围，实现自红河片区进口商品溯源多行业覆盖。

三是加强第三方检验结果采信制度风险防控。红河片区将加强对第三方检验机构的监管，督促第三方检验机构规范取样、检测流程，规避第三方检验风险，敦促第三方检测机构严格执行国家对实验室资质和能力认可的规范要求，加强行业自控，对红河片区进口产品进行严格把关，提升第三方检验结果采信制度风险防控。

案例9：口岸智慧化管理保障货物通关

按照省委、省政府关于加强云南省智慧口岸建设，打造全国一流口岸的总体目标和要求，结合国家、省、州“十四五”口岸发展规划，将畹町口岸打造成为疫情防控常态化下通关成本最低、通关效率最高、营商环境最优的现代化口岸标杆。

主要做法：

织密调度防控“天网”。对畹町口岸芒满通道1.5平方公里缓冲区内的围栏、各闭环管理区出入口、远端角落等重点部位增加监控密度，设立总监控调度室，实行实时监控与回放监督相结合，分为安保、感控、监管、通关4个屏进行监督，各有侧重，严格落实“1个调度，4个是否”要求，即：调度通关顺畅，督查是否严格值守卡口、是否有人窜区、是否有人抛物、是否规范防护作业。

运用智慧管理系统。建设安装集装箱通关识别系统，启用国际物流信息平台，科学管理进出口商品种类，动态调整口岸管控措施；建立口岸统一的“一站式服务、一个窗口收费”管理平台，降低收费标准、减少办事环节、提升口岸服务。

实践效果：

有力防控疫情。通过织密监控“天网”，推行“无接触”远程调度工作模式，实现口岸通关情况实时掌握。

保障便利通关。2022 年 1—6 月，畹町口岸芒满通道出入境车辆 25 269 辆次，日均 140 辆次；进出口货物 62. 28 万吨，日均 3 441 吨；进出口贸易额 37. 98 亿元，日均 2 098 万元。与新冠疫情前的 2019 年相比，日均货运量恢复到 55. 5%，日均贸易额增长 342. 6%。

下一步工作思路：

一是形成口岸大开放格局。积极推动畹町口岸功能区与陆港新城铁路枢纽联动发展，积极推广集装箱跨境物流模式，对标国际港口开放发展模式，提升与强化畹町口岸海公铁联运跨境物流的枢纽服务能力。

二是构建多式联运格局。不断丰富跨境运输方式，积极推广甩挂和跨境直达运输，有效融合芒令铁路口岸功能，构建公铁联运等跨境物流新模式，降低跨境物流成本，进一步提升口岸竞争力。

（三）投资领域改革

案例 10：官渡创新招商模式，打造数字化产业投资地图

为有效解决实际招商过程中招商信息不对称、资源数据不统一、部门协同不够齐等问题，切实提高招商引资效率和质量。昆明片区（官渡区）强化空间规划、产业导向、片区改造、公共资源、政策导向“五图叠加”，创新打造数字化产业投资地图，实现“线上+线下”互融招商模式，快速筛选招商信息，提高招商转化率和服务水平。

主要做法：

一是整合筛选数据指标。产业投资地图整合各部门大量数据，集中收集全区经济统计指标，特别是产业招商相关数据，如全区各项主要经济指标、专项规划信息、各类产业政策、不同产业载体、片区土地信息、人口资源数据、公共资源数据等，充分挖掘数据价值，避免出现不同部门资源基础数据处于半沉睡状态。

二是着重体现数字赋能。以数字化为抓手加速实现数字化招商，实现“半沉睡数据”进阶为“数据驱动”“数据赋能”，驱动各类数据去解决实际招商问题，把传统人工招商服务切换到高效自动化模式，体现“数字化”招商价值。

三是确保数据信息有效。认真整理官渡区产业空间规划图、控制性详细规划图、交通路网图、公共资源图、政策导向图等发展规划信息，清晰官渡区的产业楼宇、学校、医院、公园、居民小区、土地等大量异构数据，建立部门数据更新和市场化数据更新两条数据更新路径，实现多源信息的链接和融合。

四是量身设定数据模块。以服务投资、服务招商、服务落地为重点，突出核心功能，对产业投资地图所采数据按城市经济信息、城市发展信息、重点投资项目信息等模块进行整理分类，同时对区内重点楼宇、商场、地块等未来产业载体类信息进行详细分类，在此基础上，通过对入驻和即将入驻企业的实地调研访问，根据企业对产业投资地图的需求设想，通过数字孪生技术实现产业招商数字化。

五是注重运用需求导向。在产业投资地图的呈现和交互需求方面，根据区情区貌和需求场景实现定制化，通过开发专业的手机应用程序和微信小程序呈现产业招商地图等便携式使用需求。同时基于产业、辖区版图、空间规划、片区改造、公共资源、政策导向、交通系统以及重点招商的项目等数据维度，进行数据收集归纳和分析，形成八大数据模块，更加直观、高效地呈现有效的招商信息。

六是突出资源叠加成效。通过数字孪生搭建官渡模型，直观了解官渡资源，清晰展示官渡投资机遇，精准呈现官渡投资优势，便捷发现官渡投资项目，实现 GIS 定位、数据同屏叠加、图层叠加。针对区域重点产业项目，将其项目产业数据化，通过空间规划、人口分析、土地资源整理、交通体系分析以及楼宇软硬件指标，三维立体展现项目信息。

实践效果：

一是实现招商方式便捷高效。通过产业投资地图随时调取区域相关数据，第一时间服务客商，通过小程序的便携性，使招商工作可随时随地展开，不受空间和设备的限制，实现无纸化招商，节约招商准备工作的时间成本。已通过产业投资地图手机应用程序顺利引进中国电子信息产业集团有限公司、中译语通科技股份有限公司等数字经济龙头，与北京百度网讯科技有限公司等重点企业和项目签订框架协议。

二是招商项目展示效果精准全面。通过数字孪生等技术立体还原城市发展蓝图的不同维度，呈现项目与产业、载体、物业、配套等资源的数据关联，按照招商对象需求，精准展示客商关注的招商资源要素，让客商直观全面了解项目内容。

三是企业自主快速选址确定投资。企业可通过扫描二维码进入官渡产业投资地图小程序直观快速了解官渡区，并通过产业方向、租金、面积、周边配套等条件检索，精准快速匹配产业项目和土地资源，并“一键式”联系专业招商人员进行对接洽谈。

四是实现人人懂业务个个能招商。通过微信小程序及手机应用程序，可使全区各部门快速掌握区情和招商信息，全面展示区域优势，详细了解政策详情，有效改变招商部门人员有限、其他部门招商信息不熟悉的情况，促进全区形成人人能招商的良好氛围。

下一步工作思路：

一是丰富完善数据信息。不再局限于展示重点项目，继续在产业投资地图中填充基础数据，更加详尽的展示细分信息，降低招商和投资的信息获取时间成本。从投资者角度出发，采集更多商业维度、市场角度的信息，更加全面、客观呈现官渡招商资源和要素优势。

二是精准提供投资报告。搭建投资机会报告生成模型，根据不同产业、不同量级、不同投资方式的客商需求，精准呈现官渡招商资源，“一键式”为客商提供投资机会报告。

三是强化微信小程序版本。改进微信小程序版本，通过技术手段展示更多资源要素，进一步加强资源匹配和落地选址筛选功能。开展小程序版本宣传工作，在辖区公共机构、旅游景点、重点商超、广告大屏等场所推广产业投资地图微信小程序版本，提高产业投资地图使用率，强化信息宣传效果。

（四）金融开放领域

案例 11：非主要货币“互开本币账户+货币对存”跨境结算机制

中越两国地缘相通、人文相近、商脉相连，随着云南自贸试验区建设工作的展开，两国边境贸易日趋紧密，边贸结算量日益增大。为主动融入国家发展战略，扩大对外开放，红河片区积极推进中越银行间边贸结算业务合作，摸索出一套科学、完整的非主要货币报价、交易、结算机制，为中越客商提供良好、便捷的服务，受到两国客商及当地政府好评，也为促进两国边境地区经济发展作出重要而积极的贡献。

主要做法：

一是加强对外交流，深化双边金融合作。红河片区通过“中国农业银行泛亚业务中心”与越南 11 家银行建立合作关系，签订《跨境人民币结算合作协议》《边贸网银》《越南盾现钞调运协议》等合作协议。同时形成双边互访交流与信息互通共享机制，建立同业授信，形成共同服务自贸试验区建设的金融合作纽带，促进中越金融交流合作。

二是互开本币账户，建立非主要货币跨境结算机制。中越双方银行在《跨境人民币结算合作协议》下通过互开同业结算账户，即中方银行在越方合作银行开立越南盾同业存款账户，越方合作银行在中方银行开立人民币同业存款账户，双边银行每日往来资金按当日汇率进行轧差后相互对存不同币种相同金额资金完成结算。

三是严守金融风险，建立风控与应急管理机制。通过建立市场风险、操作风险、国别风险、银行信用风险等风险控制机制，以及系统故障应急管理机制和汇率变动应急管理机制，形成一套完善的金融风险管理应急措施。

实践效果：

一是开创全新非主要货币结算模式。通过“互开本币账户+货币对存”机制，延伸非主要货币结算服务触角，形成完善的越南盾跨境结算机制，为境内外客户使用非主要货币跨境支付结算提供便利。截至 2022 年 4 月底，共办理越南盾结售汇业务 302 笔，金额合计 7 166 亿越南盾，折合人民币 2.08 亿元；办理对存业务 299 笔，金额合计 7 285 亿越南盾，折合人民币 2.08 亿元。

二是进一步推进人民币国际化。通过人民币与越南盾的直接交易，畅通越南盾跨境结算渠道，促进人民币与越南盾区域性银行间市场的形成，进一步推进人民币的国际化进程。

下一步工作思路：

一是打破传统，创新升级越南盾结算方式。为进一步丰富非主要货币结算方式，便利自贸试验区跨境往来资金结算，红河片区将力争通过中国农业银行泛亚业务中心在越南盾信用证和保函业务方面取得创新突破。

二是加强监管，联合多部门建立风险防控机制。为防控非主要货币跨境结算存在的各类风险，按照《国家外汇管理局关于印发货物贸易外汇管理法规有关问题的通知》（汇发〔2012〕38 号）、《跨境人民币业务管理办法》、《中国农业银行泛亚业务中心非主要货币业务管理办法（试行）》（农银云规章〔2016〕25 号）等相关规章制度，红河片区联合多部门建立联合风险防控机制，加强金融风险防控，保障云南自贸试验区跨境资金往来。

案例 12：内外联动创新跨境人民币结算模式

为积极响应国家“一带一路”倡议，促进德宏片区跨境金融创新，更好服务中缅经济走廊建设，中国工商银行德宏分行与中国工商银行仰光分行内外联动开通“中缅通—中缅跨境汇款”结算业务，该业务是一种新型对缅跨境人民币结算模式，打通中缅两国银行之间资金汇款渠道，突破了多年以来中缅银行间结算难的困境，推动中缅双边本币结算迈出突破性的一步。

主要做法：

“中缅通”普通版模式（中缅人民币—缅币账户间结算）。依托境内中国工商银行与境外中国工商银行仰光分行运用核心业务处理系统和快捷、安全的清算网络，通过境外中国工商银行仰光分行进行人民币与缅币互换。业务流程：中国进口企业在中国工商银行德宏分行开立人民币结算账户后用人民币购买缅币，将缅币汇到缅甸出口企业在缅甸银行开立的账户；缅甸进口企业在缅甸银行用缅币购买人民币后将人民币汇到中国出口企业在中国工商银行德宏分行开立的账户，转换汇率由中国工商银行仰光分行提供。

“中缅通”升级版模式（中缅人民币—人民币账户间结算）。紧抓缅甸中央银行第 48 号令“允许在中缅两国边境地区直接使用人民币和缅币进行贸易结算”契机，中国工商银行仰光分行积极争取成为缅方指定结算银行之一。业务流程：中国进口企业在中国工商银行开立人民币结算账户后，提供进口贸易单据，用人民币汇到缅甸出口企业在缅甸银行开立的账户，缅甸企业收到人民币后可根据实际情况结汇或留存，汇率由缅甸企业每日自行与中国工商银行仰光分行询价；缅甸进口企业在缅甸银行用缅币购买人民币或企业自有人民币存款汇到中国出口企业人民币账户。

实践效果：

自“中缅通—中缅跨境汇款”业务开办以来至2022年5月31日，累计办理378笔，金额19 606.63万元人民币。其中，普通版模式（中缅人民币—缅币账户间结算）累计办理244笔，金额17 286.83万元人民币，汇出资金用途为驻缅办事处办公经费、支付进口矿产品货款，汇入资金用途为收回出口货物货款；升级版模式（中缅人民币—人民币账户间结算）累计办理134笔，金额2 319.8万元人民币。汇出资金用途为中国企业进口货款、少部分为对缅投资款，汇入资金用途为中国出口企业收回的出口货款。

一是提高了跨境人民币业务水平。打通中缅两国银行账户之间资金直汇路径，实现人民币与缅币直接结算。中缅经贸、投资可直接签订人民币合同，降低美元合同引起的交易成本增加、汇率风险等问题。

二是规范货币市场。通过银行以合法的人民币清算渠道取代地下钱庄、现钞交易，保障账户资金安全，把中缅贸易结算引导到安全合规的银行结算渠道中去。

三是跨境结算资金得到安全保障。“中缅通—中缅跨境汇款”业务直接通过中国工商银行总行进行转汇，不经过美国、欧洲等地中间行，通过“工银速汇”及中国工商银行遍布全球的清算网络进行清算，效率高，到账及时。

下一步工作思路：

一是以缅甸央行48号令为契机，以“中缅通”为引擎，带动德宏片区与缅甸木姐地区更多银行参与到通过人民币账户间跨境汇款模式。下一步德宏片区管委会将引导其他商业银行参与到该结算模式中，进一步完善中缅贸易结算渠道，使中缅跨境结算向规范化方向发展。

二是为更好利用缅甸央行出台的一系列政策，进一步加强中缅金融合作，致力于解决中缅贸易及结算的诸多痛点、难点，德宏片区国际贸易和金融工作局积极推进中缅边境银行机构会晤交流机制，探讨双边银行合作模式，助推中缅贸易结算长期持续发展。

三是“中缅通”升级版（中缅人民币—人民币账户间结算）模式下，中国进口企业无须考虑汇率成本问题，缅方收款企业可根据自身业务需要在30天内结汇或在账户内留存人民币，德宏片区将以该政策优势鼓励和引导瑞丽市进出口企业通过工商银行进行结算，积极宣传和推广“中缅通”业务，充分发挥中国工商银行作为中资在缅外资银行的优势，为进出口企业提供更有针对性的金融服务，规范中缅两国经贸往来。

案例13：中缅跨境贸易服务创新模式

近几年来，公安部门严厉打击网络新型犯罪和非法经营犯罪活动，大量查封、冻结企业和个人银行账户，给中缅贸易正常结算带来巨大影响，特别是2020年6月份大批量的银行账户被查封、冻结，民间兑换点被强制关闭，中缅贸易传统结算模式基本瘫痪，中缅贸易结算遇到前所未有的困难。

由于中缅尚未签订货币互换协议，且受两国传统贸易差异和结算模式差异的影响，加之两国报关数据不一致，造成银行间不能正常结算，导致多种贸易方式下均采用民间汇兑方式，民间汇兑方式对单证不加审核，也不区分资金的合法性，跨境资金中掺杂着赌资、毒资、电信诈骗等非法资金，不规范的结算方式为跨境违法犯罪活动进行资金转移留下空间。

为解决中缅贸易正常结算困境，由云南自由贸易试验区国有资本投资运营有限公司独资成立瑞丽市通汇金商业服务有限公司，作为过渡方案，行使中缅贸易结算汇兑服务职责，公司通过提供贸易单证，服务于贸易真实性客户，行使中缅贸易结算汇兑桥梁职责，保障边境贸易稳定。

主要做法：

成立服务主体。一是优化中缅贸易结算工作领导小组职能，统筹组织工作推进，指导推动中缅跨境贸易服务创新，协调外地公安机关冻结账户相关事宜。二是成立中缅跨境贸易服务公司，为中缅跨境贸易企业提供贸易信息咨询和贸易真实性审核服务并依据报关单金额收取一定比例服务费。三是在缅甸选择若干家符合以下五项条件的缅甸贸易公司作为中缅跨境贸易服务缅方合作公司：熟悉中缅跨境贸易与结算法律法规与业务流程、有着较高商业信誉并具有较强资金实力、与缅方众多跨境贸易企业有着长期良好的合作关系、能够代理缅方企业办理跨境贸易业务、在中国境内银行开立有人民币NRA账户。

理顺业务流程。贸易服务公司与缅方合作公司签订人民币NRA账户协管协议，明确在缺少贸易服务公司付款或收款说明的情况下，缅方合作公司的人民币NRA账户行不得为缅方合作公司办理其人民币NRA账户资金付款或收款。引导贸易服务公司、缅方合作公司分别与境内贸易企业、缅方贸易企业签订服务协议、代理协议。贸易服务公司，建立服务对象“白名单”制度并动态管理、报商务部门备案，依据货物进出口报关单、贸易合同等材料要件提供贸易真实性审核服务，审核通过后通过相应账户支付、收款。

加强风险管控。严格合规性审核，要求人民币NRA账户银行遵照“展业三原则”在业务单证审核、审慎经营、持续监测和内控管理等环节加强一致性尽职审查，防范异常资金跨境流动。优化风险管理，在贸易服务公司审核过程中做好信息真实、有效、合法、合规核查，加强单证档案管理。主管部门加强检查指导，对NRA账户开展日常监测。

下一步工作思路：

准确分析面临的形势和挑战，立足现实、着眼未来，先行先试、大胆创新，进一步探索建立中缅贸易汇兑结算过渡措施，实现既严厉打击跨境违法犯罪活动，又确保合法满足中缅贸易资金汇兑需要。

（五）辐射中心建设领域

案例14：协同打造海外绿色低碳园区新样板

2020年7月，中老两国正式签署《关于合作建设万象赛色塔低碳示范区的谅解备忘录》，作为两国政府应对气候变化的南南合作项目，昆明片区积极协同片区企业云南省建设投资控股集团有限公司推动赛色塔低碳示范区建设，通过引入国内新能源装备和数字智能系统，发展高新绿色低碳产业，促进国际产能深化对接合作，培育绿色生产生活方式，助力赛色塔园区绿色低碳发展，打造东南亚国家低碳环保典范，为“一带一路”沿线国家综合开发区低碳发展提供经验借鉴。

主要做法：

一是利用国内新能源装备优势。发挥国内在新能源车辆、环境监测设备、太阳能LED路灯等方面制造产能优势，开展路灯安装、维护以及新能源车的充电、驾驶、维护等的全系列培训工作，以低碳交通带动低碳生活方式的转变，以低碳照明提升绿色基础设施建设水平，以低碳能力建设、技术交流和宣传活动增强应对气候变化能力和低碳发展意识，从“软、硬”两方面推动绿色可持续发展理念的落地。

二是推进智能低碳基础设施建设。落地智慧园区应用示范工程智慧能源管理平台，完成厂区楼舍智能水、电表的采购安装和水电预付费平台等的建设，实现水电系统在线缴费支付、远程抄表统计等智能、低碳管理，有效解决人工抄表工作量大易出错、数据统计难、缴费拖延等问题，促进园区能源管理无纸化和数字化建设，提升入园企业和租户的居住体验。绿色智能设备赋能园区绿色低碳建设，助力赛色塔低碳示范区实现跨越式发展。

三是引驻高新绿色低碳产业。深化绿色产业招商，在昆明片区综合服务中心设置展示沙盘，向区内外企业宣介推广示范区建设成效。已有来自中国、日本、新加坡、泰国等国家和地区的 100 多家知名企业投资设厂。以老挝首个石油炼化项目为例，通过雨污循环系统、硫磺回收可再生技术，实现废物再利用，提高经济附加值，该项目立足低碳发展理念，降低碳排放，为绿色低碳产业在示范区创新发展提供借鉴意义。

实践效果：

一是赛色塔综合开发区成功入选赛色塔低碳示范区。积极协助老挝环境部赛色塔低碳示范区申报工作，通过组建项目团队，加强与属地政府、海关、生产企业、物流公司等的对接，历时 4 年，顺利通过中国生态环境部评选，成为中国在发展中国家开展的 10 个低碳示范区合作项目之一。

二是引领带动园区经济绿色低碳环保发展。以新能源汽车设备带动绿色低碳生产，塑造绿色发展格局，助力园区企业打造绿色工厂，为老挝工业园区低碳转型提供示范样板。

三是成为构建中老命运共同体行动计划的重要内容。中老应对气候变化南南合作万象赛色塔低碳示范区的揭牌，标志着赛色塔低碳示范区建设进入新阶段，是中老两国共同推动绿色低碳经济发展的重要成果，也是落实中老命运共同体行动计划的重要举措。

下一步工作思路：

一是深化赛色塔低碳示范区绿色低碳建设。协助赛色塔低碳示范区推进项目二、三期基础设施建设，确保到 2025 年园区企业总数达到 200 家，吸纳就业超过 2 万人，同时加快推进智慧城市、景观绿化、园林湖体等工程项目，培育绿色现代生产和生活方式，全方位助力赛色塔低碳示范区和万象新城成为老挝乃至东南亚国家中低碳环保城市的典范。

二是协同推进绿色产业招商。为有效践行绿色低碳发展理念，昆明片区将积极协同云南建投深化产业招商合作，发挥自贸试验区在跨境产能合作、金融服务等方面的创新经验，招引一批高附加值、绿色低碳的新兴产业，提高赛色塔低碳示范区绿色低碳经济产值比重，助力老挝 2050 年实现净零碳排放目标。

案例 15：中老铁路物流信息联动新机制

习近平总书记在中老铁路通车仪式上强调“要把中老铁路维护好、运营好，把沿线开发好、建设好，打造中老铁路黄金线路，造福两国民众”。云南、山东、四川、广西等地自贸试验区充分发挥自身优势，积极推动中老铁路和中欧班列等跨境物流对接，在集货、通关、物流、监管、分拨等方面联动创新，接力共促对外开放。昆明片区发挥中老铁路重要枢纽作用，依托昆明中铁联集王家营中心站，携手四川自贸试验区成都青白江铁路港片区、山东自贸试验区济南片区、广西自贸试验区钦州港片区等自贸片区，建立市场相通、创新相促、产业相融的联动机制，通过跨区域联动创新有效解决片区间信息不通、产业不融和通道不畅等问题，实现中老铁路扩增量、优存量、提质量，共促国家南向开放战略，为打造贯通东南亚与东北亚黄金线路奠定基础，服务国内国际双循环、内外贸一体化大趋势。

主要做法：

一是物流协同联动，实现国内国际市场相通。在通道建设上，云南自贸试验区昆明片区与山东自贸试验区济南片区、四川自贸试验区成都青白江铁路港片区、广西自贸试验区钦州港片区签署跨省自贸联动协同合作协议，建立铁路物流一体化联动，集拼云南、四川、山东、广西货物，链接中欧班列和中老班列，同步打造区域性集装箱空箱调配对流中心。在金融保障上，设计全程多式联运解决方案和操作规则，比如，四川自贸试验区成都青白江铁路港片区首创实现多式联运“‘一单制’+全程保险”，实现货物“一次委托、一口报价、一单到底、一票结算、全程保险”。在对话机制上，昆明片区牵头成立中老泰国际多式联运物流联盟，服务解决各片区实际需求和问题。

二是实现信息共享，实现贸易便利创新相促。在信息便利上，建立信息共享机制，实现登记注册、行政许可、知识产权、质量资源的跨区互认通办，实现中老铁路沿线城市61项事项市场一体化监管，与山东自贸试验区济南片区共享企业信用、通关、报税、物流、仓储等信息。在通关便利上，昆明海关出台支持磨憨铁路口岸通关便利化措施13项，使用智能化设备，满足RCEP规则下易腐货物6小时通关要求。各片区属地海关通力合作，利用智慧化通关模式，提高通关时效。在执法便利上，与广西自贸试验区钦州港片区建立联检合作，对低风险危险货物过境转关实行直接出港便利化监管措施；与老挝、泰国建立海关联络员会议机制，同老挝边境海关建立工作会谈机制。

三是强化优势互补，实现内外协同产业相融。在跨境产能协同上，建立联席会议机制，以片区城市优势产业为链条，实现资源禀赋和集结运力多重叠加，打通中老铁路双循环供应。比如，云南自贸试验区昆明片区鲜花水果实现专列对发，迅速分拨至全国各地；山东自贸试验区济南片区将昆明等地的文化系列产品通过中欧班列运往“一带一路”沿线国家，推进日韩商品经昆明进入南亚、东南亚市场，引导云南花卉中药材进入日韩市场。在跨境班列协同上，实现中老班列与中欧班列无缝衔接，与四川自贸试验区成都青白江铁路港片区共享中老铁路综合扶持政策、运营模式；广西自贸试验区钦州港片区利用西部陆海新通道，将昆明市作为货物运往内陆腹地和南亚地区重要物流集散节点，实现西部地区和南亚、东南亚进出口货物双向平衡。

实践效果：

一是跨区联动扩大黄金线路“增量”。自中老铁路首趟国际货物列车开行以来，四川、重庆、江苏、广东、上海、山东、广西等地发往南亚、东南亚国家的货物在昆明集结，陆续开行国际冷链、“澜湄快线”、市场采购贸易等专列，带来了客货齐增效果。

二是激活资源做优黄金线路“存量”。中老铁路运输网已覆盖国内9省区市的15个主要城市，辐射带动老挝、泰国、新加坡等“一带一路”沿线国家，有效激发沿线“存量”企业产能合作潜力，有效解决物流运输成本高企的瓶颈。中老铁路运输成本约每吨0.6元每公里，较公路运输时间缩短了2/3，运费节省30%左右；较相邻铁路运输时间缩短2—3天；较海运时间缩短80%以上，且采用国际通用标准集装箱，全程最快仅需26个小时。

三是精准发力提升黄金线路“质量”。中老铁路有效拓宽物流服务半径，带动沿线城市的企业融入全球供应链生态圈。云南自贸试验区昆明片区推进“省会+口岸”产业协同发展，中越、中老、中缅高速公路境内段全线贯通，中缅海公铁联运首运成功，山东自贸试验区济南片区加速实现中欧班列与中老班列衔接，为泰国、越南、缅甸等东南亚国家开辟内陆运输通道。四川自贸试验区成都青白江铁路港片区依托中老班列的常态化开行，加大与昆明、磨憨—磨丁经济合作区的合作，谋划布局建设多式联运转运中心、仓储物流园区等，促进运贸一体化发展。

下一步工作思路：

一是加强通道经济建设。依托中老铁路和山东自贸试验区济南片区毗邻日韩和云南自贸试验区昆明片区链接“一带一路”沿线国家优势，强化“通道经济”思维，共同组成对外开放“立体网络”，协同推进面向日韩和孟老印缅的国际RCEP相关贸易规则研究，形成辐射东亚、东南亚，链接东北亚的贯通纽带。

二是提高货物通关时效。开展“提前申报”“两步申报”“空检陆放”等便捷申报模式。全面实施进出境铁路舱单、运输工具无纸化申报。加强中老铁路沿线海关交流合作，落实海关认证企业管理措施，促进中老沿线枢纽站点海关间数据交换、信息共享，提升国际班列跨境运输便利化水平。

三是深化跨境物流合作。联合各地自贸片区，共同发起“中老铁路国际运力协作联盟”，与山东自贸试验区济南片区探索建立铁路运单融资平台，共同推进跨境易货贸易在通关监管、外汇结算、信息物流等领域的创新路径。推进中欧班列与中老铁路运力融合对接，重点解决缺箱、空箱等问题。

三、云南省政府及相关部门出台的政策措施

（一）《云南省人民政府关于印发云南省推进自由贸易试验区贸易投资便利化改革创新实施方案的通知》（云政发〔2022〕20号，2022年4月6日）

（二）《云南省人民政府办公厅关于印发“十四五”中国（云南）自由贸易试验区建设规划的通知》（云政办发〔2022〕57号，2022年6月26日）

四、大事记

2022年4月6日　云南省人民政府印发《云南省人民政府关于印发云南省推进自由贸易试验区贸易投资便利化改革创新实施方案的通知》。赋予自贸试验区贸易投资便利化更大改革自主权，推动贸易投资便利化改革集成创新，不断提升自贸试验区贸易投资便利化水平，主要内容包括五方面15条创新举措。一是提升贸易便利度。明确开展进口贸易创新、释放新型贸易方式潜力、推进“两头在外”保税维修业务、提升医药产品进口便利度4条举措。二是提升投资便利度。明确加大对港澳投资开放力度、开展网络游戏属地管理试点、提高土地资源配置效率3条举措。三是提升跨境物流便利度。明确推进开放通道建设、加快推进多式联运“一单制”2条举措。四是提升金融服务实体经济便利度。明确创新账户体系管理、开展融资租赁公司外债便利化试点、开展知识产权证券化试点、完善期货保税交割监管政策4条举措。五是探索司法保障贸易投资便利化。明确探索赋予多式联运单证物权凭证功能、完善仲裁司法审查2条举措。

2022年6月26日　云南省人民政府办公厅印发《云南省人民政府办公厅关于印发“十四五”中国（云南）自由贸易试验区建设规划的通知》（以下简称《规划》）。《规划》立足新发展阶段，完整、准确、全面贯彻新发展理念，构建新发展格局，高标准建设自贸试验区的基本蓝图和行动纲领。《规划》在总结自贸试验区挂牌成立以来的实践成效，分析已有发展基础及面临的发展形势基础上，形成“13554”发展规划框架（一个指导思想、“三个发展定位”、“五个新的发展目标”、“五项重点任务”、“四项保障措施”）。《规划》共5章，包括建设成效和发展环境、总体要求、发展任务、保障措施、环境评价说明，系统提出“十四五”时期云南自贸试验区建设发展思路、基本原则、战略定位、发展目标、发展任务及保障措施。

2022年8月1日　中国（云南）自由贸易试验区工作领导小组办公室关于印发《中国（云南）自由贸易试验区产业发展重点创新指引（2022）版》和《中国（云南）自由贸易试验区产业招商引资指引（2022版）》的通知。主要包括产业发展制度创新指引、产业发展招商引资指引两大板块，进一步明确自贸试验区产业发展主攻方向，引导产业协同布局、错位发展、精准招商，加快形成产业空间优势互补、集群式发展的新格局。

2022年8月29日　中国（云南）自由贸易试验区工作领导小组办公室印发《关于推进多式联运“一单制”和单证物权凭证功能试点工作方案的通知》。依托中老铁路和中缅印度洋新通道，研究推广标准化海公铁、公铁等多式联运单证，探索多式联运组织模式，在“一单制”基础上完善全程无缝运输服务。探索建立多式联运运营平台，制定多式联运服务规则，加强铁、公、水、空运输方式在一体化组织中的货物交接、合同运单、信息共享等方面的制度对接。探索建立智能转运系统，充分利用大数据、物联网等技术，提升多式联运换装转运自动化水平。以中老铁路国际班列和中缅印度洋新通道建设为重点，突出云南区位优势，围绕中老铁路，探索以陆运为主的新型多式联运单证。探索开展以铁路货物运单作为控货权凭证，为货主提供国

内信用证结算服务；试行开展基于国际铁路联运运单项下的国际信用证结算服务。探索铁路运单变为“铁路提单”’创新实施国际铁路提单信用证融资和结算，着力破解陆路贸易融资难题。

2022年9月9日　中国（云南）自由贸易试验区工作领导小组办公室印发《中国（云南）自由贸易试验区工作领导小组办公室关于做好第三批改革试点经验省内复制推广的函》。在第一批和第二批改革试点经验复制推广工作的基础上，形成自贸试验区第三批全省范围内复制推广改革试点经验。复制推广的主要内容包括：政府职能转变领域，“政务电力智慧服务模式”“生态环保监管执法‘三方共建’新模式”等18项；贸易便利化领域，“打造面向南亚东南亚本地农特产品市场采购贸易方式出口模式”“边民互市跨境电商新模式”等6项；投资便利化领域，“保税货物租赁区区联动新模式”等3项；金融开放创新领域，“内外联动创新跨境人民币结算模式”“以多层次融资租赁服务助力小微市场主体发展”等4项；沿边社会治理领域，“边境地区司法交流合作模式”1项；辐射中心建设领域，“‘沿边省（区）+跨境口岸’统筹融合型开放”“中老铁路物流信息联动新机制”等6项。

2022年9月29日　云南省人民政府印发《云南省人民政府关于委托中国（云南）自由贸易试验区各片区管委会行使部分省级行政职权事项（第二批）的决定》。按照“谁审批、谁监管，谁主管、谁监管”的原则，云南省人民政府研究决定，委托中国（云南）自由贸易试验区昆明片区、红河片区、德宏片区管委会行使32项省级行政职权事项（第二批），其中行政许可19项、行政确认2项、行政裁决1项、其他行政权力10项。

2022年中国（黑龙江）自由贸易试验区建设概况

中国（黑龙江）自由贸易试验区工作办公室

刘海城

黑龙江省商务厅
党组书记

刘海城，男，1966年4月生，汉族，黑龙江依安人，1989年7月参加工作，黑龙江省委党校经济管理专业毕业，研究生学历，经济学学士学位，中共党员。

现任黑龙江省商务厅党组书记。

一、经济运行数据

（一）投资情况

2022年，中国（黑龙江）自由贸易试验区（以下简称黑龙江自贸试验区）新设立企业7 167家，比上年增长10.8%。新设立外商投资企业37家，比上年增长54.2%，占全省新设立外商投资企业总数的25.7%；合同外资金额3.14亿美元，比上年增长82.7%；实际使用外资金额3 499万美元，占全省实际使用外资金额的6.9%。实现税收收入88.1亿元。

（二）贸易情况

2022年，黑龙江自贸试验区货物进出口总额397.65亿元，比上年增长48.5%，占全省进出总额的15.0%。其中，货物进口额288.98亿元，增长52.0%；货物出口额108.67亿元，增长39.9%。

（三）金融情况

2022年，黑龙江自贸试验区新增金融机构9家，其中新增持牌金融机构8家、非持牌金融机构1家。跨境人民币结算金额242.36亿元。

（四）创新情况

2022年，黑龙江自贸试验区新增高新技术企业722家，营业收入446.37亿元。新增发明专利授权496件。

（五）其他

2022年，黑龙江自贸试验区对俄进出口总额316.09亿元，比上年增长68.8%，占黑龙江自贸试验区进出口总额的79.5%。其中，对俄进口额234.34亿元，增长59.1%，占黑龙江自贸试验区进口额的81.1%；对俄出口额81.74亿元，增长105%，占黑龙江自贸试验区出口额的75.2%。

二、建设措施及成效

2022年，在黑龙江省委、省政府的坚强领导下，在商务部等国家部委的悉心指导下，黑龙江自贸试验区紧扣自身战略定位，围绕总体方案改革试点任务落实，以制度创新为核心，融入和服务新发展格局，体制机制不断健全、创新意识显著增强、营商环境持续优化、项目主体加速落地，各项工作取得积极成效，在全省改革开放大局中的“排头兵”作用更加显现。

一是高位部署统筹推进，全力打造自贸试验区建设新格局。黑龙江省委、省政府高度重视自贸试验区建设，提出明确指导意见和发展思路，为黑龙江自贸试验区建设提供坚强组织和领导保障。商务部等部委大力支持黑龙江自贸试验区先行先试，黑龙江自贸试验区绥芬河片区（以下简称绥芬河片区）获批全省唯一市场采购贸易方式试点和国家进口贸易促进创新示范区。省自贸办制定出台2022年自贸试验区建设重点工作和自贸办重点工作，编制印发《中国（黑龙江）自由贸易试验区发展报告（2022）》。

二是开展特色差异化探索，全力打造对俄和沿边开放合作新优势。黑龙江自贸试验区立足对俄及东北亚和沿边开放合作的战略定位和独特优势，以创新推动重点领域和关键环节实现新突破。在优化政务服务领域，在全国首创"一枚印章管审批""一支队伍管执法"等改革创新模式，实现审批、监管和执法"三权分离"。在产业培育领域，创新"深哈飞地经济模式"，全力打造深圳（哈尔滨）产业园区，实现发展理念、体制机制、科技创新、高端产业对接融合发展。在跨境合作领域，支持绥芬河、黑河等地发展以农产品和中药材等商品加工为重点的互市贸易落地加工产业，并引导片区企业入驻俄自由港和超前发展区，打造境内外联动的木材、粮食及中药材等重点产业集群。2022年以来共生成两批共计40项省级创新实践案例和10项复制推广典型案例，在全省范围印发，推动各市地、各部门在深化改革、扩大开放过程中学习借鉴、复制推广。

三是持续优化营商环境，全力打造对标国际高水平标准新样板。黑龙江自贸试验区深化"放管服"改革，"证照分离"改革全覆盖扎实推进，一网通办、容缺受理、不见面审批等实现新突破。加快制定自贸试验区条例，推动条例列入2022年省政府立法计划预备项目。主动引入国际第三方机构对自贸试验区营商环境开展评估，制定实施《中国（黑龙江）自由贸易试验区营商环境整改方案》，编制中省直部门待推进任务台账，推进相关单位按照台账要求进行整改落实。联合普华永道发布《中国（黑龙江）自由贸易试验区成立三周年营商环境评估报告》，落实好《中国（黑龙江）自由贸易试验区优化营商环境行动计划（2021—2023年）》《关于进一步强化中国（黑龙江）自由贸易试验区公平竞争审查工作的实施意见》《中国（黑龙江）自由贸易试验区反垄断工作指引》等，着力打造市场化、法治化、国际化营商环境。

四是大力开展招商引资，全力打造东北老工业基地发展新动能。建立招商引资调度机制，定期召开自贸试验区经济运行情况调度会议，深入研判经济形势，部署下步重点工作。制定印发《关于加快推进中国（黑龙江）自由贸易试验区外向型经济发展的指导意见》，落实好《中国（黑龙江）自由贸易试验区产业创新发展行动方案（2021—2023年）》，研究制定《关于开展中国（黑龙江）自由贸易试验区重点产业平台招商指引的指导意见》，围绕重点产业开展产业链集成创新。落实好《中国（黑龙江）自由贸易试验区协同发展先导区建设实施方案》，印发《3个新设中国（黑龙江）自由贸易试验区协同发展先导区建设实施方案》，组织实施好哈尔滨江北一体化发展区和经开区、大庆经开区和高新区首批协同试点工作，打造"以自贸试验区为一体，三个片区和协同先导区为两翼"的"一体两翼"开放新格局。

五是加大宣传推介力度，全力打造龙江交流合作新名片。黑龙江自贸试验区充分利用中央、省内外媒体和新媒体等平台，持续做好宣传推介，《人民日报》刊登《黑龙江自贸试验区：创新制度，奋力推动高水平对外开放》。围绕自贸试验区建设三周年，制定《中国（黑龙江）自由贸易试验区三周年重点工作》《中国（黑龙江）自由贸易试验区三周年宣传招商推介活动工作方案》，举办"最北自贸试验区 奋力谱写新篇章"系列推广活动，不断树立"最北自贸试验区"品牌形象。在中国国际进口博会期间举办"黑龙江这十年·对外开放"成就展，以自贸试验区为特色，集中展示全省对外开放成就。

六是提升统计考核质效，全力打造服务高质量发展新体系。积极探索统计工作新办法、新模式，实施并修订《中国（黑龙江）自由贸易试验区统计报表制度》，全面客观反映黑龙江自贸试验区建设成果和特点。组织实施《中国（黑龙江）自由贸易试验区建设工作考核评价办法》及实施细则并修改完善，对2021年度建设情况分别进行实地考评，较好实现以评促改、以评促建效果。深入开展课题研究，组织商务部国际贸易经济合作研究院、哈尔滨工业大学、黑龙江省社会科学院等专家开展深化改革方案、重点产业平台、对俄合作等制度创新课题研究，开展前瞻性制度设计和探索研究。坚持调研带培训，先后赴江苏、浙江、福建、陕西等地学习借鉴成熟经验，举办和参加了多场自贸试验区专题培训研讨活动，打造高素质和专业化自贸试验区人才队伍。

三、创新成果及案例

案例1：依托“飞地经济”探索协同发展新路径

为进一步深化对口合作、创新区域合作模式，深圳市政府与哈尔滨市政府以深圳（哈尔滨）产业园（以下简称深哈产业园）为依托，共建首个深哈合作“飞地经济”项目。深哈产业园按照“政府引导、市场运作、企业主体、合作共赢”的理念，以产业互补和营商环境优化为切入点，以“能复制皆复制，宜创新即创新”为原则，结合哈尔滨本土产业发展情况，构建园区“1+N”政策体系，并以政策为驱动，创新园区服务体制和运作模式，为哈尔滨全面学习深圳经验、创新体制机制、探索深圳审批事项在园区直接落地提供路径，为深圳打开通往远东的窗口按下“快捷键”，更为我国探索发展“飞地经济”新模式提供样本。

主要做法：

创新合作理念。一是坚持科技赋能。科技合作是两市合作重要内容，深哈产业园积极搭建以“哈尔滨大学大所+深哈产业园+深圳科技企业”为核心的“1+1+1”产学研深度融合合作机制。二是坚持政策引领。积极推动深圳政策和深圳服务企业的理念与做法复制到深哈产业园。截至2021年底，累计复制45项深圳先进政策，梳理形成123项政策清单，逐步形成“成熟一个复制一个推广一个”的“带土移植”机制。三是坚持“招大引强”。以龙头带动产业上下游集聚，建设产业生态圈，助推哈尔滨产业结构转型升级。

创新服务机制。一是推出行政审批认可清单。梳理新区与深圳认可清单。二是建立特区仲裁庭审服务中心，提供商事纠纷服务。三是设立深哈人才园，开展全流程人才服务、全产业链人力资源产业集聚和全方位人才孵化。四是成立对外宣传展示中心，通过招商窗口前移、主动对接、服务先行，拓宽招商渠道，加快项目洽谈的成果转化。

创新管理模式。一是打造服务企业“闭环”模式。围绕企业全生命周期，建立园区“1+1+3+X”运营服务体系。二是推进“智慧+园区”的开发模式。引入《深圳市城市规划标准与准则》《深圳市城市规划条例》《深圳市法定图则编制技术指引》及深圳相关园区管理先进经验。

实践效果：

产业转型升级取得实效。强化产业配套和供应链本地化，明确“3+1”产业定位，建立“3+18+45”产业清单，重点推进信创产业、人工智能、传感器、机器人和石墨烯等5个细分产业发展。重点引进华为鲲鹏、哈尔滨工业大学人工智能研究院等龙头项目。

实现资源最优配置。“飞地经济”模式有效破解土地、人力等资源约束，形成“飞出地”和“飞入地”互利共赢局面。充分发挥深圳国际仲裁院、深哈人力资源产业园、深圳证券交易所哈尔滨工作站的作用，让深圳、哈尔滨两个城市从体制机制创新、营商环境优化、科技成果转化、多层人才引进、产业集群发展、现代金融服务、智慧园区建设和市场运营服务等8个方面实现深度合作，有效推动区域经济一体化发展，促进区域协同发展。

下一步工作思路：

一是围绕深哈产业园建设经验，研究推出《关于在深哈产业园区内推行行政审批“深圳许可，新区认可”的实施方案》等创新成果。二是进一步推进深圳经验“带土移植”，争取推出更多创新事项。三是借鉴深哈产业园合作模式，探索与省内口岸城市共建合作产业园，构建“店厂仓”分立分设的对外贸易新模式。

案例 2：探索综合办学水平发展性督导评价改革

习近平总书记在全国教育大会讲话中指出，要深化教育体制改革，健全立德树人落实机制，扭转不科学的教育评价导向，坚决克服“五唯”的顽瘴痼疾，从根本上解决教育评价指挥棒问题。松北区教育局依据《国家中长期教育改革和发展规划纲要（2010—2020 年）》《教育部关于深入推进教育管办评分离促进政府职能转变的若干意见》《教育部关于推进中小学教育质量综合评价改革的意见》和中共中央、国务院 2020 年 12 月印发的《深化新时代教育评价改革总体方案》精神，把握“五区叠加”的历史机遇、深化“放管服”改革、推动“管办评”，通过政府购买服务的方式，委托专业的第三方教育评价机构进行中小学校综合办学水平发展性督导评价改革。

主要做法：

一是转变角色、回归本位。通过改革转变政府直接管理为间接管理，使政府的教育角色回归本位。发挥政府主导作用，运用市场机制，规范、有序引进独立的第三方教育评估专业机构参与服务供给，形成改善教育公共服务的合力。

二是主体多元、同心共建。通过改革改变过去评价既由教育行政部门制定规则，又由教育行政部门开展实施，评价主体单一的现状，实现评价过程中第三方教育评价机构、教育行政部门、学校、教师、学生、家长和社会等利益相关者共同参与，形成共同心理建构。

三是科学有效、健全体系。坚持科学有效，改进结果评价，强化过程评价，探索增值评价，健全综合评价。深入推进教育质量综合评价改革实验，建立以发展素质教育为导向的科学评价体系，为学生全面发展和学校教育教学质量提升保驾护航。

四是专业队伍、高效公正。改进过去由非专业评价队伍担负专业评价任务带来的不专业问题，形成以专业的评价体系和评价标准，衡量学校专业行为，给予专业指导的健康高效的评价生态，体现评价的客观、公平、公正。

五是运用技术、数据发声。改进教育评价模式工具单一等技术问题，有效运用大数据和信息技术，用数据发声，提高评估本质和效度，提高教育评价的科学性、专业性、客观性。

六是指标稳定、持续发力。为保证评价的可持续性和常态性，松北区教育局多次组织有关专家和相关人员，认真推敲、细致研磨评价指标。改变过去评价学校教育缺少科学的评价指标和体系问题，提高学校自主评价能力，彻底改变学校以往被动接受评价的局面。

实践效果：

一是教育发展态势蓬勃向上。松北区教育局分层推进改革项目，分类攻克瓶颈难题，分步落实目标任务，区域教育质量评价改革提供有效支撑与引领，加速推进各项改革进程。越来越多的学生选择在松北区学校就读，基础教育学校在校生数量每年以 8%左右的速度持续提升，教育吸引力和影响力逐年增强，为“十四五”教育大发展、快发展奠定扎实基础。

二是教师精神面貌焕然一新。通过对学校、校长和教师进行的评价改革，使一批名师和高学历年轻教师、一批励精图治的校长开始成长和汇聚，全国知名校长投身松北区，全区教师队伍结构得到进一步优化。

三是学校办学质量全面提升。目前，义务教育巩固率保持在 99%以上，建档立卡贫困家庭辍学学生实现“动态清零”，近三年中考报考率、优秀率、及格率、低分率“四率”指标呈向好趋势，高分段考生人数逐年递增。松北区教育局“管办评”分离策略和学校发展性督导评估，倒逼校长们要具有超强的引领力、思考力、学习力，初步形成有效赋能课改的运行机制，建构富有校本特色的课程体系，积淀了课堂品质提升的行动范式，培育了聚焦学生素养有效生长的教育品牌，为后续松北区教育快速发展注入了动力，奠定了基础。

四是有效探索评价改革新路径。区教育局积极改变工作思路，创新工作模式，与上海闵行区教育评估事务所及有关专家研究协商、充分论证，采取远程线上评价模式。为保障新路径的有效实施，区教育局特建立评价过程的“观察协调机制”“线上评价分层管理机制”“线上评价技术保障机制”。

办学质量评价改革，从“用好教育评价指挥棒”发力，构建多元主体、多级评价、多维指标的教育质量评价体系；充分运用评价结果，放大评价激励效能，以评促改、以评促建、以评促优的教育生态初步形成。前期实践探索成果已获得哈尔滨市第二十七次社会科学优秀科研成果二等奖。

下一步工作思路：

依托省教育厅和省教师发展学院的行政和政策优势，充分利用改革试验区及省重点改革项目优势，争取国家、省级教育行政机构评价改革的共建与合作。一是发挥政府主导作用，有序引进更优质的第三方教育评估专业机构参与服务供给，形成改善教育公共服务的合力。二是进一步改进结果评价，强化过程评价，探索增值评价、健全综合评价。三是进一步改进评价工具技术，有效运用大数据和信息技术，用数据发声，提高评估本质和效度。进一步推进黑龙江自贸试验区对全省改革开放的辐射带动和示范引领作用。

案例3：打造“四度四化”的“三级”政务服务品牌

为进一步转变政府职能，加快推进“放管服”改革，大力优化营商环境，深入实施审批服务便民化，持续提升行政效能和政务服务水平，黑龙江自贸试验区哈尔滨片区（以下简称哈尔滨片区）在“互联网+政务服务”总体框架下，加强顶层设计和集约建设，通过服务对象“点菜”的方式向街道、社区窗口及园区合理下放事权，更好方便企业和群众在“家门口”办事，打造标准化、智能化、便利化、系统化的服务体系和有温度、有速度、有精度、有黏度的服务方式，叫响“四度四化”的“三级”政务服务品牌。

主要做法：

按需下放，因地制宜。为进一步掌握适宜下放至街道、社区窗口及各园区的二、三级服务事项，区行政服务中心、审批局、营商局等相关工作人员先后多次到园区、孵化器、各街道办事处及社区展开调研，就适宜下放街道的服务事项向街道和社区工作人员进行调研摸底，并就事项所需要件、办事流程、行业专网、电子证照核验、填报表单份数、办件数据回传和年办件量等内容进行充分沟通论证，做到合理规划、科学研判、按需下放、因地制宜，最终确定了《街镇政务服务事清单（二级）》《社区（村屯）便民服务事项清单（三级）》《各园区政务服务事项清单》，确保符合企业群众“家门口”办事的实际需求。

合理谋划，积极推进。一是加强街道、社区、园区（孵化器）便民服务窗口建设。结合调研情况及哈尔滨片区实际情况，制定《哈尔滨新区江北一体发展区加快推进“三级”政务服务体系建设的实施方案》，分别对一级、二级、三级政务服务机构所担负的主要工作职能、人员管理、设备配置等内容进行明确。通过科学设置办事窗口，合理规划服务区域，提供自助服务、拓展套餐服务、增加特色服务。按照统一服务标准、统一服务规范和统一操作平台的要求，实现事项全区联办，构建一个线上线下一体化融合发展、三级服务机构联网联动、层级清晰、便民利企、服务快捷高效的全区政务服务大通道。二是召开协调会议，确定试点工作推进流程。通过面对面的方式讨论分析在推进“三级”政务服务体系建设过程中，各试点单位面临的问题，同时研究解决办法，争取做到提前谋划、妥善解决、顺利推进。

开展培训，试点运行。由区行政服务中心组织专人制定培训计划，面向试点街镇、社区分别对清单所涉事项业务办理规范、省政务服务平台操作流程和礼仪形象等内容进行培训指导，取得了良好效果；并分别到试点街镇和社区“一对一”指导省政务服务平台网络配置，推动试点单位正式开启试运行模式。

实践效果：

通过统一事项标准、统一服务规范和统一操作平台达到服务“标准化”，通过在各级政务服务中心配置自助服务一体机、高拍仪等设备实现设备“智能化”，企业群众可在“家门口”办事，实现办事“便利化”，构建以区级政务服务中心为主，二、三级政务服务中心为辅的“系统化”服务模式。“三级”政务服务体系试运行开展以来，通过领办帮办确保服务“有温度”；企业、群众就近办事实现服务“有速度”；事项办理标准化达到服务“有精度”，以企业群众需求为导向体现了服务“有黏度”。

下一步工作思路：

加强舆论宣传。各职能部门要通过采取线上“云课堂”、巡回宣讲团、流动赶大集等方式让政策解读、法律宣传和服务援助进街镇、进社区、进企业，真正与企业和群众打成一片，把新区的优惠政策、便民举措送到企业和群众家门口，进一步打造优质的服务环境，创建具有新区特色的三级联动政务服务体系。

二是清单动态调整。对试运行过程中存在的问题和困难及时沟通，积极协调相关部门予以解决，并根据试运行情况对服务事项清单进行动态调整。

三是建立长效工作机制。加大人员、资金、场地等保障力度，确保各项任务措施落实到位。相关下放、集中、进驻事项的职能部门做好事项“后勤”保障、培训工作，待试运行模式成熟后在全区进行广泛推广。

案例 4：打造一体化劳动保障维权服务中心

哈尔滨片区成立以来，片区民政和人力资源社会保障局始终坚持“服务、便民、高效、严谨”的原则，针对自贸试验区劳动争议纠纷案件多样化、复杂化的新趋势，通过打造“调解前置、居中监管、仲裁兜底”的一体化、一站式维权服务中心，进一步打造和谐用工环境，促进黑龙江自贸试验区营商环境整体优化提升。

主要做法：

“调解—劳动监察—劳动仲裁”一体化维权服务新机制的基本内容是监察、仲裁两部门在各自的职责范围内，合力发挥自身优势，对劳动案件进行联合调处，推动黑龙江自贸试验区内劳动用工争议“快接、快办、快审、快结”，形成“一站式”维权、“一体化”调处的维权服务新格局。

劳动保障维权服务中心共设置五个功能区，分别为维权窗口、综合调解室、立案室、监察室及仲裁庭。维权窗口负责案件的接收及指引工作，另设有填表区、休息区，方便办事群众咨询、办理和休息，解决来访人员拥挤问题。维权窗口指定工作人员对全区所有涉及劳动维权案件进行统一受理登记，详细了解案情并梳理。综合调解室负责处理由维权窗口移交过来的案件，按照法律法规的规定并结合“快速、高效、便民”原则，由综合调解室进行调解程序，尽最大努力使劳动案件在调解窗口得到圆满解决。达成调解协议的案件经当事人申请履行维权置换手续，未达成调解协议的案件转入下一程序。立案室负责立案，对无法完成调解程序以及其他应当立案受理的案件进行统一的立案处理，并按照案件的具体情况分配由劳动监察或者劳动仲裁立案受理，在严格保证案件处理时效前提下，尽快立案，以减少当事人等待时间。案件立案之后第一时间将案件转入劳动监察或者劳动仲裁审理办结。

实践效果：

哈尔滨新区劳动保障维权服务中心大厅打造“一窗式”劳动保障维权服务平台，按照“一窗受理、后台分办、一站办结”模式，调解环节前置，仲裁程序兜底，劳动监察部门全程介入管控。

通过一窗受理，从源头建立体系台账，通过台账直观反映案件信息，有利于后期数据整理分析及研判，同时科学精准分配案件，避免劳动者多门投诉，提高维权效率。

通过调解前置，集中整合所有优势资源主攻调解工作，经过多批次、多回合的调解过程之后，将调解结案的可能做到最大化，调解率有很大提高。一些疑难案件，得益于调解环节，在履行后续法律程序时案情更加清晰明确、诉求更加明确，有效缩短立案过程和时间。

通过监察全程接入管控，维权中心有效整合工作力量，针对不同工作任务、工作需求，更快、更高效完成相关检查任务。

下一步工作思路：

一是在维权中心增加法律援助、咨询等涉法服务功能，增强维权中心一站式维权服务的专业性和快捷性。

二是结合“后疫情”常态下实际需要，依托新区智慧人社手机应用程序、抖音平台等载体，推出劳动保障维权服务中心云端版，宣传阵地抖音版，优化劳动保障维权服务中心云端版，逐步开通远程投诉、受理、调处功能，打造一站式维权版本“2.0”。

三是通过教育培训实践，进一步提高调解人员协调能力、语言表达能力、法律运用能力、综合分析能力等业务技能。在工作中成为依法办案的能手，精通法律的强手，掌握政策、熟悉业务、善于维护的多面手。

四是总结劳动维权服务中心组建过程的经验、方法，探索哈尔滨新区劳动维权服务中心的体系建设，通过“大数据”分析区内案件在各街镇、各行业的分布情况，依据案件分布情况，有针对性地在各街镇、产业园区试点建立街道层面的劳动维权服务中心。

案例5：创新科研用地管理新模式

为大力推进支持科技创新、科技服务等相关新产业、新业态方面政策制度的改革创新工作，哈尔滨片区（哈尔滨新区）开展科研用地管理改革创新试点政策课题研究工作，以科技创新城核心区已出让科研用地为研究对象，起草《关于创新科技创新城核心区科研用地管理的意见（试行）》。

主要做法：

挖潜激活现有土地。一是支持开发强度适度提高，以符合哈尔滨新区总体规划和科技创新城核心区城市设计有关要求为原则，拟实施土地再开发的科研用地，可依法申请调整控制性详细规划和规划条件，经履行法定程序同意调整的，允许适度提高容积率、建筑密度、建筑限高等开发强度相关规划指标。二是鼓励功能兼容复合利用。以兼容功能服务和从属于科研办公主要功能为原则，允许科研用地灵活兼容一定比例不可分割转让的配套用房和可分割转让的服务业用房；以国家现行地价评估技术规范为基础，拟定科研用地可分割转让服务业用房地价的核算规则，明确其土地利用和不动产登记土地用途和房屋用途的管理方式。三是鼓励空间立体开发，以适用、经济、安全、绿色、美观为原则，鼓励科研用地统一规划、合理布局、充分利用地上和地下空间，有机结合各类功能建设混合功能建筑，提高空间利用效率。四是探索节地激励措施，以激励应用节地技术、高效利用土地为导向，设定免计容积率计算和免收土地出让金的相关具体规则。五是允许房屋有限分割转让，以吸引科技创新、科技服务相关新产业、新业态加速集聚为目的，科研用地土地使用权人与新区管委会签订产业发展监管协议，明确整宗土地房屋分割转让相关约定的，允许一定比例房屋以幢、层、间等固定界限为基本单元进行分割转让。

完善产业监管。哈尔滨新区管委会设立科技创新城核心区科研用地产业监管领导小组，区工信科技局为牵头部门，明确职责分工，建立产业监管制度，统筹开展产业监管协议签订、产业监管履约核查等相关工作，保障核心区科研用地相关产业稳健、持续发展。一是签订产业监管协议，明确产业发展和项目引进目标、规划建设、房屋分割转让、履约保障金、股权变更约束、违约责任和惩戒措施等相关条款内容。二是开展产业监管履约核查，在科研用地项目竣工投产后、投产后每3—5年、土地出让年期到期前1年等阶段开展常态履约核查。

设立竣工逾期免责窗口期。科研用地存在未能按土地出让合同约定竣工期限如期竣工情形的，土地使用权人在本意见首次发布实施后一年内，承诺无条件承担土地出让合同约定的竣工违约责任，并与区自然资源局签订土地出让合同补充条款约定整宗土地再开发开竣工期限的，如能够按照约定的土地开发开竣工期限完成整宗土地开发建设，经区自然资源局核实开竣工情况并报新区规土委会议批准后，免除原有竣工违约责任。以此办法为激励，督促土地使用权人尽快实施土地再开发，依法依规完成整宗土地开发建设。

实践效果：

一是将原有单一功能科研用地改造为功能兼容复合利用的兼容性科研用地，使科研用地的利用更加符合科技创新、科技服务等相关新产业、新业态的发展需求，是贯彻落实创新驱动发展战略和《哈尔滨新区条例》“探索创新型产业用地政策”有关要求的实际行动和创新举措，在兼容功能占比、兼容功能种类、房屋分割转让比例等方面都明显优于国内其他城市同类政策。

二是制定了激励存量土地再开发的多专业、全链条、综合性创新政策。将土地、规划、建设、不动产登记、房屋交易、产业监管等多专业政策有机结合，加强各职能部门工作的联动和协调，形成有效促发展、切实保稳健的合力。

三是有限灵活、加强管控，平衡与其他类别用地的关系。通过挖潜激活现有土地中五个方面的灵活措施，调整核心区科研用地的地价与权利，合法、合理平衡其与核心区商业商务用地、深哈产业园新型产业用地（M0）、核心区商业商务用地在地价和权利方面的关系；通过完善产业监管制度措施，弥补核心区科研用地在产业发展监管政策方面短板，保障核心区发展稳中求进、稳中向好。

四是尊重历史、实事求是，激励和督促科研用地尽快完成整宗土地开发建设。由于哈尔滨市签订土地出让合同的惯例，竣工违约惩罚标准过高难以执行，土地开发建设竣工期限管理未能得到落实。在这种情况下，核心区科研用地普遍存在未能按土地出让合同约定的竣工期限如期竣工的情形，竣工违约责任未处置影响土地再开发的依法依规实施。为此，拟定政策本着尊重历史、实事求是的原则，设立土地出让合同竣工违约免责窗口期，激励和督促科研用地土地使用权人在有限的时间内，尽快完成整宗土地的开发建设。区自然资源局将研究制定规范国有建设用地开竣工管理的相关具体规定，加强土地供后监管。

下一步工作思路：

下一步，将以《关于创新科技创新城核心区科研用地管理的意见（试行）》为基础，由区有关职能部门牵头研究制定科研用地房屋分割转让职责分工和工作流程、加强建设工程审批和施工图审查监管、签订产业发展监管协议和开展产业监管履约核查等事前规范、事中和事后加强监管相关具体规定，并根据政策实施情况适时进行补充完善，保障科研用地管理政策改革创新切实可行、有效实施。将适时在哈尔滨片区（哈尔滨新区）全域落实科研用地管理政策的改革创新，并可配合省有关部门推动在全省范围内落实科研用地管理政策的改革创新。

案例6：创新国际商事争端预防与解决新模式

黑龙江自贸试验黑河片区（以下简称黑河片区）率先提出创建中国（黑龙江）自由贸易试验区国际商事争端预防与解决黑龙江基地新模式，统筹全省涉外法律服务资源、构建“国际商事争端预防与解决工作体系”，妥善解决涉外国际贸易纠纷，有效维护自贸试验区企业海外市场的合法权益。为国内外当事人提供高效便捷、灵活多样的涉外国际商事法律服务。

主要做法：

一是开展专业化服务，保障黑龙江自贸试验区经贸合作目标实施。充分发挥黑龙江省高级人民法院、哈尔滨市中级人民法院、黑河市中级人民法院、绥芬河市人民法院的主观能动性，积极与北京、上海、广州、深圳、杭州等地国际商事调解中心开展合作交流，积极吸纳国内各涉外商事纠纷解决专业机构共建“国际商事争端预防与解决工作体系”纠纷解决平台，共同培养打造国际化、专业化法律人才队伍。将北京、上海、广州、深圳、杭州等地的仲裁员、调解员引入到黑龙江自贸试验区企业涉外纠纷解决案件中来，联合建立国际商事争端预防与解决平台，推进实施联合工作模式，进一步增强“国际商事争端预防与解决工作体系”纠纷解决机制专业性。

二是开展多元化选择，尊重自贸试验区区当事人意思自治。打破诉讼、仲裁、调解程序之间的界限，实现诉调、诉仲、仲调程序有序对接，为自贸试验区当事人提供多样化的纠纷解决方式，满足不同主体解纷需求，从机制上保障自贸试验区当事人自主选择纠纷解决方式，自由处分程序或实体权益的权利。积极探索将国际商事争端预防与解决黑龙江基地出具的调解书纳入到司法确认范畴内，主动为非诉讼纠纷解决方式提供司法服务与保障，进一步增强“国际商事争端预防与解决工作体系”纠纷解决机制实效。

三是开展一体化管理，实现自贸试验区机构间协调联动。探索建立诉讼费、仲裁费与调解费的转付衔接机制，简化程序，扫清制度衔接障碍，实现案件全流程管控，对接程序一体化管理。由专人负责案件的对接与日常事务联络，建立“国际商事争端预防与解决工作体系”联席会议制度、数据通报制度、联系协调制度，定期通报对接工作运行情况，及时协调解决困难，听取意见建议、总结经验做法，实现不同机构间的数据共享，不断优化改进工作模式，真正为当事人提供立体化、集约化的“一站式”涉外商事法律服务。

实践效果：

一是扩大诉调对接适用范围，实现国际调解功能全覆盖。完善诉调对接工作制度，与深圳前海国际商事调解中心、东莞商事调解中心、温州商事调解中心等商事调解机构签订合作协议，实现诉前委派调解、诉中委托调解、诉中邀请调解，全流程覆盖。利用“国际商事争端预防与解决工作体系”纠纷解决机制优势，发挥仲裁机构调解商事纠纷更专业的功能，更好实现诉源治理。

二是出台诉调对接工作规则，完成两起中俄涉外国际商事调解案件。在遵循合法、便民、自愿、公平、效率、保密、有利于解决纠纷原则基础上，推出《国际商事争端预防与解决工作规则（试行）》，明确案件类型及条件，理清案件对接程序，严格案件管理职责，规范有序推进诉调对接工作，切实提升矛盾化解质效。2021 年，黑河市贸促会调解中心联合黑龙江省贸促会调解中心与俄罗斯阿穆尔州工商会，共同开展国际商事争端纠纷解决工作，成功调解 2 起中俄企业间的涉外商事争端纠纷案件，涉案金额达 800 万元人民币。

下一步工作思路：

一是加强国际商事争端预防与解决平台信息化建设。加快推进“国际商事争端预防与解决工作体系”纠纷解决机制的信息化建设，实现平台智能化办事、办案、办公，为国内外当事人提供更加简洁、高效、智能的线上大调解工作体系解纷服务，做到当事人“一次办好，零跑腿”。充分利用大数据，实现对“国际商事争端预防与解决工作体系”纠纷解决机制的评测监管，精细化案件管理，确保平台建设实效。

二是加强国际商事争端预防与解决工作体系纠纷解决机制相关课题研究。扩大与国内各仲裁机构、商事调解中心的合作交流，加强各方对“国际商事争端预防与解决工作体系”纠纷解决机制中立法、法律适用等相关问题的课题研究，加强理论与实践探索，为“国际商事争端预防与解决工作体系”纠纷解决机制的不断完善和优化提供智力保障。

三是加强国际商事争端预防与解决工作体系纠纷解决平台与其他机构的合作交流。针对诉讼中的不同类型案件，加强与国内政府机关、自由贸易试验区、行业协会、基层组织等沟通交流，探索共同建立多样化、专业化的涉外纠纷解决平台，回应不同自贸试验区当事人多元解纷诉求，实现诉源治理工作提质增效。

案例 7：“数字自贸试验区”政务服务体系集成创新

黑河片区通过数字化手段，基于现有建设成果基础之上，遵循黑河智慧城市建设相关标准，以政务云平台为基础、以自贸试验区运行管理及应急指挥中心为抓手，实现统一管理和高效协同。将黑河片区打造成为国内一流、具有特色的智慧自贸片区。

主要做法：

构建互联互通的基础设施体系。坚持公共基础设施集约化、一体化建设，优化资源配置，减少重复投资，促进资源高效合理利用，提升基础设施运行效率和服务能力。一是完善集约化政务平台。按照集约化建设的原则，在现有“1+N”（1 个市级政务云平台，N 个区级政务云节点）框架下，优化市区一体化政务云服务体系。二是规范统一政务网络架构。进一步完善电子政务外网，按照“纵向到底，横向到边”的要求，加快推动各级、各部门接入，提升网络运行保障水平，形成跨层级、跨系统、跨部门、跨业务的“全市一张网”服务支撑能力。

统一构建汇聚融合的数据资源体系。坚持数据资源统筹管理，构建覆盖各级、各部门政务信息资源的一体化大数据中心体系，打破信息孤岛，拔掉“数据烟囱”，实现跨层级、跨地域、跨系统、跨部门、跨业务共享应用。一是强化政务数据统筹管理。进一步规范政务信息资源目录，形成统一标准、动态更新的政务信息资源目录体系，进一步完善法人单位、公共信用、宏观经济、空间地理和电子证照等基础信息资源库。二是扩大政务数据共享开放。巩固政务信息系统整合共享成果，逐步扩大政务信息资源共享交换覆盖范围，进一步提升政务信息资源共享交换平台服务能力和效能，强化省、市、区三级平台级联，提升数据共享交换支撑能力，提高企业和群众办事便利程度。

统一构建先进适用的应用支撑体系。坚持基础应用支撑资源共享共用，统一规划设计、统一标准建设、统一部署应用，为各级、各部门业务应用提供公共服务支撑。一是深化电子证照服务应用。全面推进“多证合一”改革，深化电子证照在政务服务事项受理、审批等领域应用，切实解决企业和群众办事重复提交材料、证明等问题。按照“办好一件事”改革、优化营商环境行动等有关要求，梳理企业和群众办事高频证照，推动业务办结时电子证照同步签发。二是加快其他共性服务应用。积极完善非税收入统缴平台，按照“成熟一项、接入一项、上线一项”的原则，实现政府非税收入网上支付。按照国家统一规范，建设完善电子印章系统，完成与国家电子印章系统对接；持续推进电子印章服务能力建设，形成统一的政务服务电子印章支撑体系。

统一构建可管可控的安全保障体系。坚持总体国家安全观，完善安全管理和技术保障机制，构建全方位、多层级、一致性防护体系，保障数字政府基础设施和信息系统平稳、高效、安全运转。一是完善安全管理机制。建立权责清晰的安全管理体系，落实主体责任和监督责任。落实“同步规划、同步建设、同步实施”要求，加强政务领域云、网、平台、数据、系统等关键基础设施安全保护，提高系统访问、技术应用、运维服务、数据流动等方面安全管理能力。二是强化安全技术支撑。加强敏感数据保护，实现数据安全预警和溯源，完善数据产权保护，加大对数字技术专利、数字版权、数字内容产品及个人隐私等的保护力度。按照国家密码管理政策要求和相关技术标准，规范和深化密码在数字政府各领域应用。加强大数据、人工智能等技术在安全保障领域深度应用，推动安全运维自动化和专业化，提升安全事件应急响应能力。

统一构建持续优化的标准规范体系。坚持标准先行，建立健全数字政府标准规范体系，以标准化支撑引领政府数字化转型，高标准建设数字政府。一是推动政务服务标准化。以企业和群众眼中的“一件事”为标准，围绕深化“办好一件事”改革，推进政务服务流程优化再造，细化办事指南。加快改变传统以部门为中心的审批服务模式，从方便企业和群众办事角度，全面设计改造审批服务流程。二是推进数字转型标准化。结合国家标准化综合改革建设，加强国家标准规范的宣传解读和推广实施，健全完善政府数字化转型总体要求、数据共享、业务管理、技术应用、安全运维、系统集成等标准，构建具有黑龙江省特色的政府数字化转型地方标准体系。

实践效果：

一是构建自贸区门户网站。黑河片区门户网站作为重要的宣传窗口，对外发布业内的重要新闻、提供行业资讯、人才引进政策，同时这也是政府部门宣传政策法规，发布公告的媒介，也是自贸区企业、民众服务的入口。可以通过自贸区门户网站浏览人才引进服务信息、了解法律法规相关政策、政府投资信息、企业融资信息、创新创业等服务内容。

二是绩效考核管理。通过整合完善以绩效考核和项目管理为主体的信息渠道，建设政府工作平台，提供更加丰富的信息服务。通过政务单一窗口模式，实现专业窗口向综合窗口、各自受理向统一受理转变。构建反馈机制，及时收集整理使用者的意见建议，跟踪分析使用者对平台服务满意度、公共服务资源使用率等数据，优化资源配置，改善工作和服务质量。

三是建设智慧招商体系。智慧招商体系的建设，进一步规范招商引资过程管理，项目跟踪过程更透明。同时增进了与投资方的沟通和相互了解，加强了招商引资项目和投资项目的跟踪管理，促进投资项目和招商引资项目的签约实施，从而大大提高招商引资的绩效。

四是跨境电商综合管理。跨境电商综合管理体系是一套把通关、口岸、物流、金融等监管和公共服务、商业服务功能线上化、集成化、透明化的线上服务平台，将产业发展需要的各类功能与服务进行重新整合，对各类数据进行高效处理和应用，从而大幅提升地区贸易、物流、通关和其他商业运营的总体效率，降低企业运营成本和社会总成本，从生态层面构筑了有助于产业发展的良好机制。

下一步工作思路：

一是推进政务服务数字化转型。根据经济社会数字化、网络化和智能化发展趋势，深入推进“互联网+政务服务”，加快构建权威、便捷的一体化在线政务服务平台，提升政务服务网上供给能力，促进政务服务规范化、便利化。

二是推进公共服务数字化转型。充分发挥大数据优化公共资源配置的作用，推进大数据创新成果与公共服务深度融合，不断提升基本公共服务均等化、普惠化、便捷化水平。

三是推进社会治理数字化转型。将大数据作为提升社会治理能力的重要手段，通过高效采集、有效整合、深化应用，提升科学决策和风险防范水平，打造精准治理、有效监管、多方协作的社会治理新模式。

四是推进宏观决策数字化转型。统筹汇聚政府和社会数据资源，强化关联分析和挖掘应用，提升政府基于大数据的科学决策能力和风险防范水平。

五是推进区域治理数字化转型。围绕新型智慧城市，数字园区、社区、乡村和智慧海洋等重点领域，加强信息基础设施建设，深化数据技术应用，开展示范创新引领，提升区域治理的数字化、智能化水平。

案例 8：创新打造"数字化+智慧文旅生态圈"

黑河片区依托黑河市智慧旅游服务平台打造"数字化+智慧文旅生态圈"，该模式通过整合线上线下旅游服务平台、经验和服务水平，为游客免费提供数字化支撑，助力景区智慧化应用，为黑河快速有效提升景区管理水平，推进全域智慧化和全域旅游开辟了新的道路。

主要做法：

一是实时数据分析及应急管理。黑河旅游大数据监管服务平台是集大数据分析、应急指挥、数据分享等功能于一体的跨平台系统，通过引入 5G 及人脸热力识别技术，可实现全市各县（市、区）主要景点即时人流显示分析。做到景区智能化视频监测展示管理及数据分析，24 小时旅游大数据智能化管控和旅游行业智能分析、即时智能应急指挥。

二是打造线上全域旅游服务平台。"一部手机游黑河"是全省旅游总入口"趣龙江"首个落地的地级市的移动应用端，该系统引入 GIS 高德定位、二维码、5G、物联网等先进技术，基于游客当前位置，智能推荐旅游产品和服务，为游客提供行前、行中、行后一站式智能化服务。

三是一站式旅游落地服务平台。黑河旅游服务中心是全省功能最全、信息化程度最高，集智能化、产业化、便捷化于一体，是提供手续办理、智能体验、形象展示、自驾车服务、产品展销、咨询投诉、交通集散等全域旅游一站式服务的综合性平台。同时设立边境旅游接待大厅，实现出境游相关手续快速办理，打通出入境便利化这一首要环节，待黑河赴俄旅检口岸开关后，将实现年服务游客 10 万人以上。

实践效果：

一是提升文旅产业运营效率。该举措依托"黑河智慧旅游平台"实时大数据分析，全省首创线上旅检口岸排队实时信息发布等功能，可实现赴俄一小时通关，让游客游玩时间更加合理充裕，避免过关等待产生的人流聚集。

二是文旅产业的智能化管理。依托智慧旅游服务平台的各类数据，更容易识别差异化、个性化的公共服务需求，由此可以提升文旅产业的公共服务效率，也可以为管理部门的市场监管提供技术支撑，从而推动数字文旅产业的进一步发展。

下一步工作思路：

智慧旅游服务平台是利用数字技术对文旅产业进行全方位、多角度、全链条的改造过程，旨在打破文化和旅游产业的边界，实现文旅产业深度融合发展。随着该举措的进一步渗透，各类传统文化资源和旅游资源借助该举措得以"活起来"，由此不断创造文旅产业新资源，催生文旅融合新业态，推动形成数字文旅新生态和数字化新型产业链。

案例 9：建立边境区校人才联合培养模式

黑河片区作为我国最北自贸片区，在人才培养上，充分利用本地高校在科研、培训方面资源优势，建立长期稳定合作关系，多方面开展校政产学研合作，不断助力片区特色产业项目建设，为边疆经济建设和片区对俄合作事业的可持续发展提供人才和智力支持。

主要做法：

黑河片区因地制宜，充分利用中俄 4 300 多公里边境线上我国境内唯一一所普通高等本科院校——黑河学院在对外经贸、俄语和艺术方面师资力量资源，利用"三大基地"及园区企业等培训平台，加大对俄语和跨境电商等人才培养力度，着重培养具有外语基础又有跨境产业相关知识的复合型应用人才。

一是依托俄语基地培养涉外骨干。借助黑河学院为发展国际化办学特色与雅罗斯拉夫国立师范大学联合建设的俄语人才培训基地，根据自贸片区机关事业单位和园区企业涉外事务实际需要，签订俄语人才孵化协议，开设形式灵活的培训班次，实行"订单式"俄语人才培养模式。

二是依托共建基地打造直播网红。黑河片区跨境电商直播基地与黑河学院直播专业共建直播实践教学基地，签订基地共建协议书，完成实践教学基地评估报告，确定管理、人员互动、实践教学系列工作机制，形成一套可长期实施的电商直播教学、实践、实习、实训、就业的合作体系。

三是依托油画基地提升文化底蕴。黑河作为“一带一路”中蒙俄经济走廊重要节点城市，是开展对俄文化交流的首选之地。以黑河片区的设立为契机，按照黑河市委市政府的总体规划，依托大黑河岛国贸城开发建设“黑河俄罗斯油画城”跨境旅游集群招商引资项目。与黑河学院艺术学院共建油画培训基地，俄罗斯美协定期、有计划、分批次向油画城派驻画家现场作画，形成以“油画艺术品+共享经济+交易中心+互联网+文创衍生产品”为产业突破口的油画产业集中区，为力争成为黑河乃至黑龙江省的优势特色产业项目与文化旅游名片筑牢坚实根基。

四是依托产业培育数控人员。与黑河学院联合完善调整对俄跨境新商业产业学院、大数据人工智能产业学院人才培养工作，解决企业发展瓶颈难题。

五是依托交流启用人才智库。充分利用黑河学院“人才智库”储备，邀请学院优秀教师为自贸片区企业免费提供专业理论知识讲座。学院为黑河片区各单位与俄罗斯远东地区经济、文化、地缘政治的交流、合作提供全方位战略咨询服务，发挥对外贸易与合作中心联系俄方政府、高校各类人才作用，为黑河学院人才聘用、人员互访、学术交流等形式广泛开展人才智力交流合作，促进人才智力项目对接，形成片区与黑河学院良性互补互动人才交流合作机制。

实践效果：

政校合作愿景展现。黑河片区和黑河学院经管学院围绕科研合作、人才培养和社会服务等方面签署合作框架协议。2021 年，黑河学院与黑河片区在专项课题研究、干部教育培训、人才培养培训、大学生实习实训等方面合作长效机制达成合作意向。

共建基地成效显著。黑河片区为学院实习实训大学生开展初入职场、创业技能等方面培训、辅导和政策咨询。通过相关培训，助推学生们提升实践能力、增长见识、开阔视野，提高学生们分析问题、解决问题能力的同时，提升他们的责任心和团队意识，有利于他们走向社会、适应社会、融入社会。

创新聚力服务发展。黑河片区与黑河学院共同努力处理和解决好创新与规范、理论与实践、优势与互补、经济效益与社会效益等方面关系。学院协助片区完成《加强中国（黑龙江）自由贸易试验区黑河片区环境风险评估与环境监管的建议》，协助黑河银建保税物流中心有限公司制定《突发环境事件应急预案》等，提出切实可行的环境应急处理措施，为片区环境应急管理和完善突发事件环境应急预案提供依据，助推片区经济高质量发展。

下一步工作思路：

一是发挥体制联合优势，培育高素质人才。未来世界的竞争是人才的竞争，培养人才是推动片区各项事业发展的必然要求。作为职能部门，片区将继续延续联合本地高校办学的黑河片区人才培养主模式，与园区企业举办校企人才培养订单班，培养一批适应黑河片区产业项目振兴道路复合型高端人才，进一步促进校企联合培养，实现专业与产业、教学与生产、学历教育与职业教育无缝对接。

二是拓展基地实践作用，培养应用型人才。进一步加大基地投资力度，真正做到校企合作，联合办学，从抓好“教、学、做、训”四个环节入手，把学校的日常实训融入片区机关企事业工作中，使教学与工作生产、学生与单位企业有机融合，扩大实训基地的基本内涵和实质，利用基地加大技能培训，把握社会对人才需求节奏，提升学生就业能力，把需要工作的人培养成片区工作需要的人，搭建高校为企业培养高素质准职业人的桥梁纽带。

三是运用智库充实储备，培养潜力股人才。全面完善成果运用机制，畅通学院人才储备智库与片区人才需求协作交流渠道，将黑河学院智库成果推向实际应用，使智库的优秀学生、专家、学者等人才可以参与到各领域的建设发展中。可聘任专家作为片区常驻工作角色，对联系单位的工作进行长期跟踪服务，在日常工作中切实发挥智库智囊团作用。

案例 10：创新中俄林业产业合作跨境联动发展模式

为深入贯彻落实中俄两国元首会晤确定的“对各领域合作作出新规划，推动两国关系持续高质量发展”的战略要求，绥芬河片区充分发挥境内外联动的发展优势，扩大国际产能分工合作，形成中俄林业合作境内外园区联动、上下游产业衔接的发展模式。

主要做法：

一是畅通“双循环”，构建木材贸易加工全产业链。依托毗邻俄远东丰富的林木资源优势，构建从境外到境内进口加工复出口的木业全产业链。具体做法：在境外，引导企业“走出去”，建设境外园区开展木材初加工，保障国内木材加工的原材料供应；在境内，发挥绥芬河边境经济合作区承载作用，引进优质企业，开展精深化、品牌化、规模化落地加工。

二是规则“标准化”，提升木业企业行业竞争力。针对木产品境外项目竞标缺乏技术标准支撑、制约木材加工企业开辟海外市场的现实问题，绥芬河片区对接中国林业科学院木材工业研究所、黑龙江省林业科学院等专业化科研院所，专项开展规则研究和技术攻关，推动中国林业科学院木材工业研究所与绥芬河市炜达木业有限公司等企业合作，结合国际规则、市场需求、客户体验等，参与制定《井干式木结构建筑技术规程》等国家标准和《结构用集成材产品认证规则》《规格材产品认证规则》等团体标准，为自贸试验区推动本地特色产业参与国际市场规则探索了新路径。

三是校地“两促进”，加快木材产学研深度融合。与东北林业大学签署战略合作框架协议，围绕人才培养实习实训、科教产研深度融合、木材产业升级发展等方面建立长期合作关系，在绥芬河片区设立实习实训基地、科研合作基地，助力科技成果转化；专项编制《绥芬河木业产业“十四五”发展规划》，提出短、中、长三期目标，明确主攻方向和实施路径，为产业长远发展提供理论支撑；推动高校与园区合作交流，定期组织专家深入园区和企业开展木材干燥、技术创新等培训，帮助企业突破技术壁垒，解决生产难题，助力企业平稳健康发展。

实践效果：

通过探索中俄林业产业合作跨境联动发展模式，绥芬河片区木业加工产业集群基本形成，2021年绥芬河林业产业示范园区入选国家林业和草原局第二批国家林业产业示范园区。绥芬河建立全省最大对俄进口木业加工产业基地，年均木材进口量达600万立方米，落地加工率约为45%，年产地板表板3 800万平方米，地板280万平方米，实木橱柜1万立方米。通过开展木业产业跨境合作，畅通橱柜企业出口渠道，巩固拓展欧美市场。

下一步工作思路：

一是助力中俄林业产业合作。积极融入共建“一带一路”，引导企业借助远东港口群辐射东北亚和我国南方沿海消费地，持续提高通关效率、降低物流成本，实现大进大出、快进快出。积极与深圳盐田港等龙头企业合作，采取市场化形式开发斯拉维扬卡港口，拓宽木材进出口渠道。与外事、海关等部门加大沟通对接，支持企业用好用活俄远东自由港和超前发展区政策，扩大境外木材产业园区规模，不断延伸木材跨境合作产业链。

二是持续释放自贸外溢效应。以自贸片区为依托，以边境经济合作区为支撑，释放政策型园区与产业型园区叠加效应，为跨境产业合作发展当标杆、做表率。借鉴推广该模式向粮食、中药材、水产品等领域延伸拓展，在更多领域实现跨境产业合作。服务区域经济，延伸合作触角，充分挖掘各自比较优势，与周边县市区开展对外贸易、跨境加工、产品研发等分工合作，带动沿边开发开放协同发展。

三是推动木材产业转型升级。研究建立木材精深加工科技创新中心，提升科技实力，推动木材产业向精深加工转型发展。大力发展数字经济，引导传统木业企业推广工业互联网、智能工厂、智慧车间、5G等先进技术，实施智能化生产经营，提升制造业数字化、网络化、智能化水平。引导企业强化现代化管理理念，整合优势资源，孵化木业行业上市企业。加快品牌化塑造培育，打造品牌价值高、市场美誉度好的“拳头产品”，以品牌化引领产业提档升级。

案例11：推动国家木结构标准化制定

为切实推动绥芬河片区创新发展，带动传统木材行业转型升级，绥芬河市工业信息科技局联合绥芬河片区内木材企业与国内外高校、科研院所合作，通过政府主导，企业参与，依托科研院所共同制定木结构国家标准和集成材行业标准，拉长精深加工产业链条，打响“自贸牌”，提高绥芬河片区内木制品产业在国内外的竞争力、影响力。

主要做法：

绥芬河片区内木结构产业正在从粗放式发展逐步走向规范发展阶段。市工信科技局对绥芬河片区内木制别墅（木屋）生产企业走访调研时发现木结构建筑缺乏自身的工程建设标准或规范，企业生产木制别墅（木屋）标准不一，尤其在国外木制别墅（木屋）项目竞标时，缺乏技术标准支撑，不利于国外竞标，限制木屋生产企业发展。因此制定木结构建筑技术规程及相关标准对于绥芬河片区产业发展意义重大。

自2019年开始，市工信科技局结合区域特色和企业需求，在中国林业科学院木材工业研究所主导下，工信科技局调集绥芬河片区内木材企业技术力量与绥芬河市炜达木业有限公司针对木结构销槽承压强度及钉连接承载力，反复测试数据，最终出台《木结构销槽承压强度及钉连接承载力特征值确定方法》《井干式木结构建筑技术规程》等国家标准和《结构用集成材产品认证规则》《规格材产品认证规则》等团体标准。成功探索了一条地方企业与科研院所合作的创新之路，为黑龙江自贸试验区推动本地特色产业参与国际市场规则探索出一条可复制、可推广的新路径。

实践效果：

随着《木结构销槽承压强度及钉连接承载力特征值确定方法》《井干式木结构建筑技术规程》等国家标准的通过，大大降低企业成本，有效提升我国木别墅产业在国际市场的核心竞争力。

一是有效提升了木别墅（木屋）的生产效率，企业只需按照建筑技术规程生产，采用流水线作业，增加企业生产熟练度。

二是大幅降低企业成本。根据标准生产木屋，在主要结构方面避免浪费原料，可减少企业成本，有效提高相关企业的市场竞争力。

三是通过木材行业木别墅（木屋）产业国家标准，打通绥芬河片区木材行业产品进入国内外市场的渠道，成功探索地方主导产业与国家科研院所共同制定标准，树立行业领导品牌，拥有规则话语权的新路径。

下一步工作思路：

在总结参与制定《木结构销槽承压强度及钉连接承载力特征值确定方法》《井干式木结构建筑技术规程》国家标准工作经验之上，形成可复制可推广成果，积极推动绥芬河片区提拉米苏、桦树茸等本地化特色产品制定国家标准或行业标准。在实际工作中，不断提升政府、企业在规则标准领域的应用意识、应用能力和应用水平。

案例12：打造“绥意办”特色政务服务品牌

为深入推进新型“智慧城市”建设，绥芬河片区推出全省县级城市首个城市服务手机应用程序“绥意办”，促进政府服务水平进一步提升。从市民和企业角度，整合城市各项资源，推进城市服务便利化，提升城市生活满意度。

主要做法：

“绥意办”城市服务手机应用程序是绥芬河片区创新服务的重要举措，是绥芬河市打造“城市品牌”过程的一项重要内容，是提供城市服务的终端窗口。“绥意办”手机应用程序主要依托全省政务服务平台接口提供各类政务服务和公共服务资源，利用牡丹江市政务信息资源共享平台提供部分查询服务，整合本地旅游信息成为一体化、全天候掌上便民服务大厅。

一是整合服务信息及功能，“化繁为简”。整合绥芬河市民、企业需要的各项政务服务和公共服务。改变原来办理服务入口多，手机应用程序繁杂的缺点，将本地市民和企业生活、生产、经营中涉及的服务事项整合到一个入口，不需要在多个平台和手机应用程序中反复下载、切换。

二是联动多个省内服务平台，“互通有无”。与全省网上服务平台联动。依托全省服务平台接口，利用牡丹江政务信息资源共享平台，实现数据共享，避免全新平台导致的审批人员多次录入重复审批问题。

实践效果：

“绥意办”手机应用程序已上线运行。“绥意办”启动后，能让市民更便捷地获得政府服务、更广泛地参与城市管理，了解本地新闻动态和社会热点，体验各类生活便民应用，不断满足人民群众日益增长的个性化、多样化需求。比如市住建局审批建筑业资质，企业提交完所有的资料后，可以在半天内完成三个审批环节。新冠疫情期间，分散办事服务，有效缓解大厅办事压力。

下一步工作思路：

未来将根据需求，提供囊括绥芬河本地衣食住行各项信息，各处旅游景点的查询、预订，公交车乘坐、医院预约、挂号、供热费、物业费缴纳等功能，方便本地百姓生活；结合本地商业街、商场、商户展示，结合信用评分、排名等信息，提升商业可信，促进工商业繁荣；企业办事服务，结合利企政策查询，助推企业发展。同“绥意游”“绥意融”等手机应用程序和平台形成多种形式的城市内容集群，打造“绥意”智慧城市品牌。

案例 13：优化服务模式
保障中欧班列“零等待”通关

长期以来，绥芬河出入境边防检查站深入贯彻国家移民管理局和总站工作部署，服务国家对俄合作战略大局，通过采取革新勤务模式、优化服务举措、深化内外协作等措施，有效克服新冠疫情影响，推动中欧班列运量逆势增长。

主要做法：

精准融入发展大局。一是深度支持驻地发展。认真落实中央关于加强新冠疫情防控和服务经济社会发展工作要求，把边检工作融入国家对外开放与地方发展大局中思考谋划，围绕服务中欧班列、保障能源输入、大宗货物进出口等方面出台 5 项经贸发展支持举措，在优化查验流程、通关模式和工作机制上推陈出新，全方位助力口岸深度对外开放发展。二是精准保障复工复产。准确把握服务复工复产政策要求，持续推进“放管服”改革，全面做到 24 小时全天候不间断查验与全岗位提前迎候待检，配套出台中欧班列优先查验等专项服务举措，确保班列“零等待”顺畅通关，有效保障口岸长期发展需求。三是积极回应群众诉求。定期组织开展走访调研、外部评价和新闻发布会等活动，深入了解掌握服务对象对边检服务的评价和诉求，及时研议改进服务举措，确保边检履职与驻地发展紧密结合、同频共振。

提升服务保障效能。一是革新勤务组织模式。为深度激发铁路口岸列车通关效能，绥芬河出入境边防检查站集思广益、大胆创新，在新冠疫情期间推行实施“非接触”检查模式，实施“监控检查厢体、镜头采集资料、远程传输比对、备案资料后台复核、证件分区录入”等工作措施。二是持续深化用警效能。针对新冠疫情防控实际，科学调整警力配比，采取跨队助勤、机关援勤、错峰支援等形式，大幅提升用警效率，最大限度确保通关顺畅。结合新冠疫情形势变化，不断调整防控策略，增强服务管理效能，切实做到精准查验、快速验放，确保口岸通关顺畅、安全稳定。三是加强智能通关应用。充分利用科学技术突破通关查验瓶颈，创新应用便携式高清视频资料采集仪、红外监控系统等设备，提升列车查验效率。广泛运用高清监控网络、无人机巡查等信息化手段，对出入境列车以及进出限定区域的人员、车辆等目标进行实时动态监管和智能分析预警，有效提升口岸综合指挥调度能力。

持续深挖合作潜能。一是深度融入属地防控机制。加强对接协调、及时掌握工作需求，为驻地社会面防控提供有力数据支撑，使边检“大数据”真正化作全市精准防控“大效能”。推动属地政府牵头建立货运列车闭环式管理联防机制，明确铁路口岸执勤现场至车站作业场区沿途监管责任，织严织密从口岸到社会面的全链条、全流程防控防线。二是密切联勤协作配合。深化警种协同、部门协同、区域协同、军警联动的防控作战模式，持续增强联检联勤单位协作配合，与绥芬河公安局、安全局、边境管理大队、解放军、铁路车站等单位建立24小时常态联络机制。同时协调铁路与海关部门共享车体检查结果，推动货运列车查验实现“即过即查”，检查速度和查验精度得到同步提升。三是加强跨境通关协作。充分发挥涉外优势，密切关注口岸俄方入出境限制措施变化，实时掌握俄方通关政策，积极开展跨境警务合作，在深化双边沟通中凝聚共识、联防互利。

实践效果：

一是提升了通关效率。通过在新冠疫情期间推行实施“非接触”检查模式等系列举措，将列车查验时间由30分钟缩短至15分钟，货运列车查验效率大幅提升、人员染疫风险降到最低。

二是畅通了协调机制。通过召开、参加联席会议，签订协作机制，有效完善口岸联防联控、情报信息互通、涉边案事件协同处置等工作措施，实现“点对点”联络、“实体化”运行、“无缝化”协作。

三是促进了跨境合作。2021年度与俄边检机关直通电话沟通，推送涉疫司机信息，有效杜绝染疫司机再入境现象，着力解决制约通关效率的瓶颈，进一步促进双方口岸高质量发展，形成合作双赢新局面。

下一步工作思路：

加强执法合作，保障通关安全顺畅。一是加强境内执法合作，形成自贸试验区反恐维稳动态感知和应急处置工作合力，全力维护国门口岸安全稳定。二是加强对俄合作，及时采集通报预警信息，前置布防管控警力，压缩口岸候检时间。同时利用直通电话、信函和会谈会晤机制等对俄交流平台，协助属地政府深化对俄合作，推动俄方边检机关便利通关举措。

强化科技赋能，提升班列通关效率。建议相关单位牵头，建立中欧班列服务管理系统，将国际铁路运输信息化建设纳入电子口岸建设范围，实现各口岸查验部门对班列、人员、货物的申报、查验、放行等信息的全面共享，做到一次申报，多头办理。

案例14：冰城海关创新推动加工贸易改革

自贸试验区设立以来，海关总署一直坚持以制度创新、可复制可推广为基本要求，积极探索并建立海关监管创新制度。全国各直属海关围绕方案要求、企业需求推出一系列对标国际高水平自贸规则，体现自贸试验区特色，聚焦贸易投资便利化的海关监管创新举措。在此基础上，冰城海关以自贸创新举措为核心推出加工贸易领域业务改革。

改革前，黑龙江省加工贸易企业需要到其所在地主管海关办理加工贸易手（账）册设立、变更、核销等手续，加工贸易审核标准不统一，审核质量不高，企业需要多次往返，提交材料也不尽相同。作为沿边地区，黑龙江省加工贸易商品种类主要为木材、亚麻及飞机、汽车等。木材和亚麻类产品在实际生产中，不同批次的料件因品质差异，造成相应出口货物的实际单耗存在差异，飞机、汽车制造类加工贸易企业，由于委托方对产品设计、型号和标准要求的调整，成品的料件耗用会随之发生变化，因此，企业对加工贸易手册报核前申报单耗需求较大，核销时间长，成本高。为推动加工贸易产业转型升级，切实解决加工贸易海关监管领域内问题，适应企业发展需求，冰城海关在深入调研基础上推出以自贸创新为核心的加工贸易业务改革。

主要做法：

集成系统，整合机构。组建加工贸易核批中心。将改革前加工贸易手（账）册由企业所在地主管海关审核，改为全省集中审核作业，形成跨部门、跨地域、跨层级集中审核作业模式，核批中心负责全省加工贸易手（账）册设立、变更、核销审核。

优化审核作业流程。精简程序，变逐级核批为一级核批，加工贸易手（账）册设立、变更、核销由二级核批改为一级核批。取消环节，对企业备案资料库审核、归并关系审核、手册设立（变更）复审、手册核销复审、外发加工申报表人工审核、外发加工收发货登记、深加工结转申报表、深加工结转收发货登记、余料结转申报表审核、余料结转报关、内销征税联系单、限制类商品担保征收单确认、余料结转风险担保金等13个环节予以取消。

监管制度创新。黑龙江自贸试验区内加工贸易企业根据生产加工情况，在书面承诺规范管理、相关资料完整有效，配合海关单耗核定，并留存成品样品的前提下，自主选择料件消耗申报环节，一次承诺，多次适用；海关通过强化事中监管和事后核查，简化事前审核，改变之前按成品核定单耗为按合同核定料件消耗。此项创新举措由冰城海关提出，已获得海关总署备案，在黑龙江省先试先行，获得企业一致好评。

推动企业集团加工贸易监管模式落地。企业集团加工贸易监管模式，是指海关实施的以“企业集团”为单元，以信息化系统为载体，以企业集团经营实际需求为导向，对企业集团实施整体监管的加工贸易监管模式。冰城海关针对企业需求进行改革试点，一企一策制定监管模式，明确保税流转方式与监管手段。该项改革将综合保税区外加工贸易从现有以合同为单元的手册管理、以企业为单元的账册管理，向以企业集团为单元进行管理的新型监管模式转变，有效促进保税料件在集团企业间的自由流通。企业集团加工贸易监管模式实现集团间企业保税料件及监管期内不作价设备的自由流转，简化了业务办理手续、免除了全工序外发加工环节担保，打破以往保税料件不能跨经营企业直接流转的局限，有助于集团企业一体化运作，稳定产业链供应，助力企业融入双循环，实现高质量发展。

实践效果：

海关监管效能有效提升。企业办理相关业务的便利度大幅提高，成本有效降低，改革前，企业需要一个部门多人专职负责海关业务，改革后，企业海关直联互通，企业网上申报、在线交流，仅需1人办理。海关在加工贸易业务改革中引入“告知承诺、自主声明”的审核管理模式，符合国家深化“放管服”改革、优化营商环境的要求，企业作出的“一次承诺，多次适用”承诺声明既便利企业申报操作，又简化了海关审核作业，有效提升效率，降低企业运营成本。

业务办理速度大幅提升。改革前，加工贸易手（账）册设立、变更、核销需要二级核批，相关审核需要5个工作日。改革后，相关业务办理只需要一级核批，通过无纸化传输，提高办事效率，实现“简单业务即时办结、一般业务当日办结、复杂业务尽快办结”，企业的发展需求得到有效满足。

推动“单向”管理向“双向”治理转变。在企业自律基础上，海关落实每季度内销集中申报，实现企业对加工贸易账册“自主备案、自主报核、自主缴税”、按月集中办理内销保税货物申报和纳税手续。采取企业自主声明的方式进行管理，既赋予了企业自主权，又强化了企业如实申报的法律责任，推动企业由“他律”向守法“自律”转变，同时在整个手册执行过程中加贸部门加强日常监督监控，适时提出核查需求，强化加工贸易业务的事中事后监督，有效促进贸易便利化。

案例15：创新可分装类食品集中规模化出口举措

黑河片区以扩大辖区食品出口为着手点，以出口食品生产企业备案核准为手段，以对俄罗斯传统干调食品类贸易为基础，试点进行自贸区可分装类食品集中规模化出口，兼顾出口食品法律法规要求及俄罗斯市场需求，开拓黑河边境中俄可分装类食品贸易新格局。

主要做法：

为解决扩大黑河片区出口食品需求，辖区无相关生产企业，而俄罗斯市场需求激增情况，黑河片区采用区内分装企业申请出口食品生产企业备案核准形式对俄出口可分装类食品。

一是可分装类食品的确定。可分装类食品包括：粉丝、紫菜、榨菜、干调类（干辣椒、八角、桂皮、胡椒粉等）、调味品类（酱油、醋、料酒、油辣椒等）、炒货类（炒花生、炒瓜子等）。

二是区内企业获得市场监督管理局分装许可。企业取得分装许可后采购国内散装食品原料，分装成小包装食品。

三是相关企业通过海关出口食品生产企业备案核准。具有分装能力的企业，自愿向海关提出出口食品生产企业备案核准，确保产品符合进口国要求，卫生管理体系持续运行，做好产品溯源管理，获得哈尔滨海关核准后出口产品。

四是集中规模化出口。首先扶持1家企业进行出口测试，坚持底线思维，为避免行业垄断，按照竞争有序的原则，选取1—3家企业进行分装出口，企业之间建立沟通协作机制，针对各自在俄方市场占有率等情况合理确定出口类别。

五是各部门联合发力。自贸片区管委会、海关、市场监督管理局、商务局等部门建立联系沟通机制，在法律允许框架下，联合发力，共同促进该举措顺利实施。口岸部门开设“绿色通道”，对上述产品提供优惠政策。

实践效果：

一是确定重点、步步为营。重点针对俄罗斯布拉戈维申斯克市相关产品市场情况，针对市场需求大的产品进行分装出口，扩大黑河片区企业出口份额，稳定每年出口量后，逐渐涉足其他品种。

二是做好溯源、提升质量。出口企业严格做好进厂原料的验收，做好入库、加工、出口记录，便于溯源；出口企业按照相关要求，做好食品分装工作，落实产品质量第一责任人的要求，确保出口食品产品质量。使黑河片区企业出口分装食品溯源工作水平、产品质量得以提升。

三是政策叠加、共同发展。通过“一般贸易+边民互市贸易”的方式，关注政策叠加，扩大举措效果。

四是强化监管、杜绝违法。在帮扶的同时，全面考虑实际操作中可能产生违法的情况，守住制度创新底线，使自贸片区扩大食品出口的举措更加规范、合法。

五是市场联动、合作互赢。黑河片区分装企业逐渐形成规模，在黑河市形成干调类食品批发市场，占据俄罗斯阿穆尔州干调食品市场，在俄罗斯形成批发销售市场，扩大黑河边境贸易新的增长点。

案例16：创新自贸试验区法庭司法保障新模式

为提高司法服务保障自贸试验区建设水平，黑河市爱辉区人民法院围绕地缘优势，成立自由贸易试验区法庭，秉持“三个面向”“三个便于”“三个服务”总体思路，紧跟发展步伐、紧扣问题导向、紧盯百姓需求，倾力打造“审判精准化、服务国际化、队伍专业化”新时代人民法庭，为自贸片区稳步健康发展保驾护航。

主要做法：

一是资源整合，建立精准化审判机制。多点位谋划，进一步优化人员配置，整合民事、刑事、行政、立案部门审判资源，组建“团队”办案模式。建立涉自贸片区案件司法统计制度，加强与行业协会对接，完善自贸片区涉法信息集中、风险评估、系统性风险预警机制，推进一体化管理。高效运作，引入“诉前调解+速裁”机制，开通快立、快审、快结、快执“绿色通道”，妥善审理与黑河边境经济合作区、黑河片区、边境小额贸易等发展密切相关的民商事纠纷，实现简案快审、繁案精审。依托智慧法院平台，为出国务工人员提供在线诉讼服务，积极引导群众“一站式”在线化解民商事纠纷，减少当事人的诉累。规范境外送达，成立集约送达中心，结合涉外审判特点及公证机构参与司法辅助事务的相关经验，与黑河公证处试点开展委托送达涉外民商事案件诉讼文书项目，积极协助送达最高人民法院涉外司法文书，确保境外送达依法高效开展。

二是协同配合，提供优质化诉讼服务。制度保障方面，围绕黑河片区功能定位，对涉外交易活动、市场主体司法需求进行分析研判，出台符合自贸片区特点的服务保障意见。联动协作方面，与上级法院、自贸片区管委会形成融洽的条线配合，建立联席会议工作机制，推动与自贸片区管委会等相关单位信息共享与行动协同。源头治理方面，指导黑河片区企业解决复工复产项目建设中遇到的法律问题，以生态环境保护为核心，针对边境小额贸易方式进口俄电政策下，高耗能和高污染企业的涌入问题，及时发出司法建议，促进环境综合治理；坚持开展“送法进企业、商会”活动，针对片区内涉俄案件多的实际，翻译制作俄文诉讼文书样式和法律宣传手册，在导诉服务设施设备中建立俄语导诉功能，编制中俄常用法律词汇手册，聘请专业翻译公司在庭审中提供翻译服务，在黑龙江大桥口岸联检区、进出口岸、进出口边贸服务公司放置诉讼便民服务手册、风险防范手册。

三是工学结合，加强专业化人才培养。为尽快适应自贸审判工作需要，满足黑河片区建设发展过程中的司法需求，与上海浦东、深圳前海多地的全国先进法院建立合作关系，围绕队伍建设、人才培养、司法协作等司法实践进行互动交流，多维度提升法庭干警自贸审判专业化水平。秉持互信互利、创新创造、长治长效的理念，进一步加强与黑龙江自贸试验区三片区管辖法院的司法协作，深化自贸区司法服务中的改革创新举措、审判工作方式方法、多元解纷等实践研究，为在更广领域、更深层次交流合作，服务保障自贸片区经济高质量发展奠定坚实基础。

实践效果：

助力黑河片区法治建设是黑河市爱辉区人民法院服务保障国家战略的重要使命。“诉前调解+速裁”、联动协作、对接交流等工作机制的建立，切实增强服务保障黑河片区法治建设的自觉性、针对性、主动性、实效性，推动审判能力现代化；联学共建、研讨交流开阔了法官们的国际视野，推动理念创新、理论创新和制度创新，深化与自贸试验区法院间的司法交流合作，促成黑河片区审判智库的建立；破解了案多人少、境外诉讼难、送达难等困扰审判工作的难题，提高司法质量、效率和公信力，为创建黑河片区国际化、市场化、法治化营商环境，全面深化改革，扩大对外开放，推动黑河兴边富民、全面振兴提供有力司法保障。

下一步工作思路：

一是搭建涵盖调解、仲裁、诉讼的多元解纷线上平台，积极运用新技术为涉外民商事纠纷提供多元化解决途径。

二是探索建立知识产权审判庭，审理由基层法院受理的一审知识产权民事、行政、刑事案件，健全自贸片区知识产权保护体系。

三是与国际接轨，加强后备人才培养和选拔，健全完善日常对外沟通联络机制，邀请国内法学专家学者及知名人士授课，继续办好“爱辉法治论坛”，打造北方知名的自贸试验区法庭论坛。

案例 17：“智审”模式助力商事诉讼跑出“加速度”

优化自贸试验区法治化营商环境，商事纠纷高效化解机制必不可少。哈尔滨市松北区人民法院自贸区法庭着眼“执行合同”“保护中小投资者”指标，着力提高商事诉讼审判效率，建立涉企商事类案快审机制，依托提升网络信息化适用率，让企业诉讼不再“来回跑”，取得良好法律效果和社会效果。

主要做法：

一是建立商事案件要素式审判机制。2021 年 5 月，哈尔滨市松北区人民法院自贸区法庭充分运用数字法院内嵌分流系统，实现商事案件繁简分流、快慢分道。制定《哈尔滨市松北区人民法院商事案件要素式审判制度》，将事实清楚、权利义务关系明确、当事人争议不大的诉讼标的额在 50 万元以下的买卖合同纠纷、信用卡纠纷、金融借款合同纠纷、股东知情权纠纷案件，适用要素式审判方式进行简案快办。适用要素式审理的案件，自贸区法庭在向双方当事人送达相关法律文书时，即一并送达案件要素表，办案人开庭审理时围绕事实要素推进庭审，通过审查当事人填写的要素表，归纳无争议事实和争议焦点，梳理证据，确定庭审调查的重点。对双方无争议事实结合相关证据直接确认，对争议事实引导当事人举证、质证和辩论，不受法庭调查、法庭辩论等程序限制，采用要素式裁判文书形式，提高文书制作效率。

二是涉企商事类案电子送达全覆盖。哈尔滨市松北区人民法院自贸区法庭依托数字法院办案系统，对买卖合同纠纷、信用卡纠纷、金融借款合同纠纷、股东知情权纠纷涉企商事类案全部进行电子送达。法官助理通过办案系统向当事人发送短信，当事人收到短信后点击链接，即可浏览诉讼材料。省去当事人来院自取诉讼材料的时间，或传统邮寄诉讼材料的在途时间，当事人是否查阅短信均能给予反馈，便于法官助理及时跟踪当事人查看情况，大大提高送达效率，方便当事人参加诉讼。

三是制定庭前会议制度。为进一步强化庭审实质化职能，优化司法资源配置，涉企类案中对于当事人对程序性问题存在较大争议的，证据材料较多、案情重大复杂的，当事人诉讼请求较多的，当事人对事实、证据存在较大争议等情形的案件，启动庭前会议制度。通过庭前会议制度核对当事人的身份信息、代理权限，告知相应的权利义务，明确是否申请不公开审理、有关人员回避，审查案件管辖权等程序性事项；明确庭审时间及其他鉴定、勘验、审计等日程安排，审查案件的复杂性；明确、固定各方诉讼请求；明确抗辩权的种类、固定答辩意见；根据当事人的申请决定调查收集证据、委托鉴定，要求当事人提供证据，进行勘验，进行证据保全；组织交换证据、确定证人名单、由双方对证据进行质证；根据各方诉辩意见，明确争议焦点，包括事实和法律适用的争议焦点；组织调解。

四是涉企商事类案一次庭审全覆盖。买卖合同纠纷、信用卡纠纷、金融借款合同纠纷、股东知情权纠纷类案，根据庭审要素表，归纳无争议事实和争议焦点，梳理证据，确定庭审调查的重点，做到一次性庭审查清案件事实，提高庭审质效。

实践效果：

哈尔滨市松北区人民法院自贸区法庭通过“在线类案诉讼要素指导全覆盖+电子送达全覆盖+类案一次庭审全覆盖+类案要素式判决达 90%”的商事案件智慧审判模式，2021 年共审结案件 1 112 件，法官人均结案 556 件，高于全省基层法院法官人均结案数 363 件、高于哈尔滨市基层法院法官人均结案数 133. 3 件；涉企类案平均审判周期简易程序案件缩短 26 天，普通程序缩短 44 天。

下一步工作思路：

哈尔滨市松北区人民法院自贸区法庭将对其他商事案件的特点进行调研，适当扩大适用类案快审机制的案件类型，力争将80%的商事案件引入类案快审机制，进一步提升商事纠纷化解效率，努力为自贸区经济高质量发展提供有力有效的司法服务和保障。

案例18：补齐口岸基础短板 助力边境贸易创新发展

黑龙江省交通投资集团积极推动有关政策落地，利用国家赋予边民的边贸优惠政策，叠加绥芬河片区的制度创新，通过鼓励落地加工、优化税收、完善互贸系统等管理办法，深度探索推进“边民+边贸合作社+落地加工”模式，建立完善互市贸易信息系统，确保“源头可溯、责任可究、风险可控”，以合作社的形式“集中式”申报，“直通式”通关，实现互贸俄粮进口与加工的“破冰”式突破，项目将助力弥补国粮储备短板，完善粮食应急保障体系。开展“互联网+边境贸易”，将多国优质商品通过互贸商品展示、展销，坚持以互市贸易为基础建设东北亚跨境物贸体系，实现“兴边富民”的国家战略，推动黑龙江省成为我国向北开放的重要窗口和东北亚地区合作中心枢纽。

主要做法：

一是完善边民互市贸易功能定位。绥芬河富民铁路互市贸易园区成立于2019年初，是以铁路运输物流方式开展边民互市贸易的园区。园区采取“一区两国”园区设计，构建一流互贸通关体系，实现中俄边民之间的对等互贸。以一流海关监管设施、一流互贸通关体系、一流全程管家服务，有力推动广大边民进口商品用于边民生活、生产和发展致富。绥芬河富民铁路互市贸易园区交易规模逐年递增，2019年交易规模3.2万吨，2020年交易规模近15万吨，2021年利用全年五分之一的短暂通关时间，创造交易量超10万吨、交易额超5.5亿元的业绩。

二是发展适合边境贸易特点的电商新业态。互贸商品展销中心园区集聚体验特色食品出炉的温度感、购买全球折扣商品的冲动感、享受互贸商品价格的实惠感，成为绥芬河跨境旅游新的购物、消费打卡地。园区将发展“互联网+边境贸易”，引导企业入园以线上推广、线下交易方式，构建边境地区现代流通体系和跨境电商市场营销体系，降低交易成本，拓宽边境贸易渠道，扩大边境贸易规模。

三是鼓励边民互市贸易多元化发展。为补齐绥芬河口岸进口俄粮仓储、集散、落地加工的基础设施短板，于2021年4月开工建设绥芬河互贸（国际）物流加工园区，项目建成达产后可实现10万吨级储粮规模，俄粮年加工吞吐量可达50万吨至80万吨，实现产值近50亿元，上缴地方税收2亿余元，提供就业岗位1 200人，间接带动2 500人就业，成为绥芬河市地方经济发展新的增长极。园区实施“互市贸易+落地加工”创新模式，发展当地优势产业，扩大边民就业渠道，搭建俄粮互贸加工产业平台，打造进口俄粮的集散中心，助力实现国家粮食进口供给安全、俄粮进口生物物种安全、俄粮有机食品质量安全。园区建成后将带动当地物流运输、商贸流通、金融服务、进口商品落地加工等产业发展；为中小企业提供互市贸易基础设施、经营场所、一体化服务，有助于带动当地就业和中小企业发展。

四是培育发展边贸商品市场和商贸中心。绥芬河公路互贸国际物流园区项目建成达产后货物年吞吐量可达30万吨，实现贸易总额20亿元，税收贡献1亿元。提供就业岗位800人，间接带动2 000人就业。园区配有2万平方米的展销中心，1万平方米的现代数控冷库、暂养池，补齐绥芬河公路口岸进口俄罗斯海产品基础设施短板。园区将开展对韩国、蒙古、白俄罗斯、哈萨克斯坦、乌兹别克斯坦等国互贸业务，通过线上推广互贸政策，将更多互贸允许进口的优质商品通过俄罗斯自由贸易港等方式进口至绥芬河公路口岸，鼓励优秀的邻国企业进驻园区从事原料进口加工，延伸下游产业。园区将实现商品展示展销、批发零售、集聚物流配送功能，打造成中国特色商贸中心，从而带动边境地区旅游、购物、餐饮、物流等服务业发展，助力绥芬河口岸经济腾飞。

案例 19：利用风险补偿资金池缓解科技型企业融资困难

为充分落实深化科技创新与金融创新融合，拓展特色品牌业务，进一步支持哈尔滨市科技企业发展，依据黑龙江省《关于深入实施创新驱动发展战略推荐科技强省建设若干意见》《黑龙江省新一轮科技型企业三年行动计划（2018—2020）》文件精神，哈尔滨银行制定市科技企业贷款风险补偿资金池贷款业务品种。资金池资金由市财政安排，在合作银行设立资金专户，专款专用，哈尔滨市科技金融服务中心受托管理风险补偿资金池，哈尔滨银行新区科技专业支行作为风险补偿资金池业务承办支行，负责开办科技企业风险补偿贷款业务。

主要做法：

科技企业风险补偿贷款是指向纳入风险补偿资金池支持范围的科技企业发放的，用于支持科技企业发展的贷款业务。市科技金融服务中心受托管理风险补偿资金池，对哈尔滨银行提供贷款所产生的本金和利息损失进行部分补偿。

银行对贷款项目中信用贷款部分超过 50%的信贷业务方可纳入风险补偿资金池支持范围。信用贷款包括无质押、无担保贷款，或由企业实际控制人提供个人连带责任保证担保取得的贷款，或企业以专利权、股权、应收账款等无形资产、流动资产作为质押取得的贷款。科技企业风险补偿贷款首贷业务风险分担比例为由服务中心受托管理的风险补偿资金池承担 80%，哈尔滨银行承担 20%，非首贷业务风险分担比例为由服务中心受托管理的风险补偿资金池承担 70%，哈尔滨银行承担 30%。

实践效果：

风险补偿资金池业务为科技型企业解决融资难题，通过科技型企业的技术力量带动金融扶持。哈尔滨银行新区科技专业支行运用“风险补偿贷款”模式，客户贴息后负担利率仅为 2.625%，为科技型企业切实解决融资难题。

下一步工作思路：

下一步哈尔滨银行将针对科技型企业园区开展线上线下产品宣讲活动，使创新产品及相关配套政策能够传达到科技型企业身边，让更多的科技型企业能够享受到金融创新的红利，为科技型企业插上金融创新的翅膀，助力科技型企业快速健康发展。

案例 20：异地分行联动解决供应链企业融资难题

光大银行黑龙江分行与天津分行积极开展自贸联动，成功为联合承包商驻津央企中国天辰工程有限公司（以下简称中国天辰）与驻黑央企哈尔滨电气国际工程有限责任公司（以下简称哈电国际）办理保理业务融资，实现供应链异地业务联动。哈电国际与中国天辰于 2020 年 12 月 2 日签署烟台港西港区液化天然气（LNG）项目接收站工程《合作合同》，由哈电国际向中国天辰支付该项目所产生的相关费用。中国天辰为增加流动性，考虑办理应收账款融资，同时不能增加企业表内负债；哈电国际希望在不增加表内负债的情况下利用银行授信支付款项。

主要做法：

有效解决客户痛点。天津分行在了解客户需求后第一时间联系光大银行黑龙江分行商议方案，鉴于双方客户均有不能增加表内负债的要求，最终确定国内无追索权“1+N”保理，占用哈电国际保理买方信用担保额度，买断中国天辰应收账款。

调整授信方案，激活自贸客户授信。光大银行黑龙江分行迅速调整哈电国际原授信方案，根据国内无追索权“1+N”保理业务方案，将已过期且未使用的综合授信额度调整为保理买方信用担保额度，充分利用业务机会，激活自贸客户哈电国际授信，巩固自贸区重点客户产业链、供应链核心地位。

加强分行联动，促使业务落地。光大银行黑龙江分行与天津分行两地联动，快速整合已有授信资源，多措并举使项目成功落地，在哈电国际授信额度利用率不足的情况下，通过其上游供应商中国天辰的资金需求，优化光大银行黑龙江分行供应链金融产品并及时切入，有效满足客户个性化需求的同时，加强光大银行与央企合作的深度与广度，践行了光大银行服务自贸区供应链实体交易。

实践效果：

通过此次联动“1+N”保理业务落地，中国天辰的保理款在天津分行形成有效年末资金沉淀，黑龙江分行实现哈电国际在光大银行黑龙江分行授信额度的首笔使用，为后续业务开展打开局面。自贸联动拉动客户融资总量（FPA）增长，实现分行双赢，银企双赢。

下一步工作思路：

一是发挥光大银行E-SBU战略（生态圈战略）部署和光大银行全牌照金融服务优势，集光大集团之资源、力量，抓跟进、抓落实，围绕“三大一新”“两重一心”产业战略，服务地方经济，在综合授信、供应链金融、跨境联动和贸易融资等方面，助力自贸区核心企业快速发展，实现龙江全面振兴、全方位振兴的工作目标。

二是紧跟国家自贸试验区发展战略，深入贯彻落实《黑龙江银保监局支持中国（黑龙江）自由贸易试验区金融服务工作的措施》，积极参与支持国内大循环、国内国际双循环，抓住各项改革开放、便利化政策带来的创新机遇，发挥集团E-SBU协同、银行部门间、分行间联动优势，综合运用商行、投行、资管、租赁等手段，拓宽自贸客户群体，提升综合金融服务和价值创造能力。

三是在构建以国内大循环为主体、国内国际双循环相互促进的新发展格局下的大背景，关注诸如跨境电商、市采通模式、海外仓建设、离岸经贸等新业态，提升构建金融科技支撑新业态的能力，提高跨境金融创新性场景综合服务能力，助力带动我国传统外贸企业、跨境电商和物流企业“走出去”，拓展国际市场，提高价值链水平。

案例21：登记财产“三证”齐发快速审批

黑河片区采用登记财产“并联”审批方式，实现用最短时间办结《国有土地使用权出让合同》《建设用地规划许可证》和《不动产权证书》（简称“三证”），在具备条件的情况下，可同日领取“三证”。

主要做法：

一是完善工作协同机制。黑河片区成立自然资源和税务部门牵头的工作专班，以完善服务、压缩时限作为切入点，针对交地、规划、发证各环节症结，颗粒化拆分、条目化细化工作任务，建立横纵结合的高效工作协调机制，提升不动产登记协同办理时效，更好服务项目建设和企业发展。

二是建立并联办理模式。优化工程建设项目审批和不动产登记流程，将审批许可工作“串联”改为“并联”，在项目摘牌签订《土地成交确认书》后，一次性告知办证有关事项，提前对办理国有建设用地使用权首次登记时所需的材料进行前期预审，提前开展信息录入、权籍落图落宗、权籍调查表制定等工作。

三是完善数据共享通道。在签订《土地成交确认书》并公示无异议后，通过部门之间人员互动、信息互通、资料共享，让信息数据跑起来，最大限度减少企业负担。

实践效果：

办理时限变短。通过“并联”审批方式，将原来需要15天办结的事项，缩短为1天内办结；对于不具备同日办理“三证”条件的，可同日办理《国有土地使用权出让合同》《建设用地规划许可证》后，在短时间内办理完毕《不动产权证书》。

实现首次“三证”同日齐发。黑河片区在瑷珲互贸产品落地加工区项目土地摘牌签订《土地成交确认书》时，一次性告知《建设用地规划许可证》和国有建设用地使用权首次登记的办理流程以及所需材料，《土地成交确认书》公示无异议后，1个工作日内领取到“三证”，实现首次“三证”同日齐发。

下一步工作思路：

黑河片区将围绕省市优化营商环境工作部署和黑河市“三区一平台一枢纽”发展定位，对标国际高标准，聚焦重点项目，深化部门联动，优化审批流程，为企业压时限、减负担、降成本，持续优化片区营商环境。

案例22：大数据平台国土空间治理新模式

哈尔滨片区在保护生态环境的基础上集约配置土地资源，采用卫星遥感、无人机航测等地理信息和互联网技术，统一数据标准，加载土地利用、城乡规划行政管理历史数据和现状实时数据，集合形成多源数据库和管理平台，为哈尔滨片区自然资源管理、生态保护、城乡建设等领域动态管理和生态文明建设提供了信息化支撑。

主要做法：

一是多举措厘清国土资源家底。以无人机航测正射影像图为基础，结合现场调查全面收集整理了1986年至2020年期间哈尔滨片区土地“批、征、储、供、登、建、用”七个主要环节的原始行政审批档案，共约85万页。通过关联数据库对这些档案属性信息全部进行数字化，对其中的空间位置信息全部矢量化。实现规划、土地、自然资源行政管理工作的全面“清家底”和以地块为单位的全信息链接，解决以往各种调查、规划编制、行政管理信息不集中、不对称问题，实现所有信息集成化。

二是实时更新多源共享数据库。通过定期更新多源大数据库卫星遥感影像图和确认的行政管理结果，将自然资源利用保护、规划审批、不动产登记等形成的档案进行扫描整理，提取属性信息录入数据库，并且将各类档案变成电子文档后，链接到每一个地块，通过管理平台可清晰看到每一个地块的变化情况。同时，哈尔滨片区的所有行政部门都可以提出数据需求，实现数据全域共享。

三是“天眼”助力守护蓝天黑土。首先利用月度卫星遥感获取全域高分影像，通过人机交互比对历史数据筛选变化图斑，再利用无人机航测获取实时影像，针对确属破坏资源的违法行为进行实地调查测绘，为制止查处提供详细信息和数据，实现卫星、无人机、实地调查“三位一体”的监测模式。针对特殊需求，通过合作的卫星中心调取任意时间高分遥感影像。

实践效果：

提供精准数据支撑。多源大数据平台2021年初打造完成，现已向土地储备中心、招商局、综合执法局开放需求图层和数据，由原来一家使用的“孤岛”开始向有关部门多点辐射式展开，打通信息共享通道，为多项业务工作提供数据支撑。例如，通过平台项目选址模块对招商局引进的项目，精准定位可利用土地资源，大幅缩短项目选址周期。

优化工作流程标准。土地调查成果数据库建成后，在自然资源行政管理领域、耕地保护执法监察、生态保护环境监察、国土空间规划编制、城市发展建设等领域得到全面应用，发挥了重要作用。例如在国土空间规划“三区三线”划定、永久基本农田调整完善工作中，通过大数据平台叠加各图层土地属性信息并应用当月遥感影像作业，保证永久基本农田划定工作的实时性和准确性，避免利用老影像产生的划定不实问题，同时减少了80%的外业人工核查，提高了工作效率，节省了工作成本。

有效提升监管效能。通过每月一次附带空间地理坐标的数据更新，实现对片区地上资源变化行为“地毯式”筛查。本年度排查各领域违法行为86处，及时推送至综合执法局，将各类违法行为扼杀在萌芽状态，实现“早发现、早制止、早处理”，避免因发现不及时而造成的行政处罚成本增加。

下一步工作思路：

下一步，哈尔滨片区自然资源局将继续完善功能载体，利用卫星遥感技术，努力在时空云维度上取得突破，形成全方位卫星遥感影像平台。同时，完善系统成果共享机制，以土地信息作为基础，更新农业、交通、生态等数据，形成“部门联动、横向衔接、统筹协同”的工作新局面，以高质量的国土空间规划编制引领哈尔滨片区高质量发展。

案例 23：劳务派遣经营许可审批告知承诺制

为落实《国务院关于深化“证照分离”改革进一步激发市场主体发展活力的通知》要求，黑河片区对劳务派遣经营许可审批开展行政许可事项告知承诺制，优化审批流程，压缩办理时效。

主要做法：

实行“告知承诺制”。黑河片区积极探索在劳务派遣经营许可证审批领域开展行政许可事项“告知承诺制”，明确劳务派遣经营许可证实施“告知承诺制”工作方案及具体流程。

明确许可证审批材料清单。明确列出告知承诺程序所需材料清单，企业只需提交《劳务派遣行政许可申请书》、公司章程、验资机构出具的验资报告或财务审计报告、经营场所的使用证明即可办理，后续可在规定期限内补交材料。

明确告知法律依据与法律责任。行政审批部门清晰明确的告知申请人相关程序的法律依据、获准条件所需材料、不真实承诺承担的法律责任，申请人以书面形式承诺其符合许可条件且主动接受监管，并在承诺的规定期限内补交申请材料。

实践效果：

节约了企业办理时间。改革前，企业办理劳务派遣经营许可证法定时限为 20 个工作日；实行“告知承诺制”后，企业提交营业执照复印件、委托人代理证明及告知承诺书，当日即可领取《劳务派遣经营许可证》，为企业大大缩减办理时限。

减少了企业往返次数。“告知承诺制”解决了由于申请材料不符合条件、不齐全而造成的申请人“白跑一趟”“往返跑”等情况，真正做到“不设路障设路标”，大大提升申请人办事体验感和认同感。

下一步工作思路：

下一步，黑河片区将围绕企业准入便利化，继续加大容缺力度，探索“告知承诺”受理与“网上预审”“预约上门”等审批新方式，建立“证照分离”数据库，完善大数据平台受理服务评价、补证到期提醒、违约黑名单公示等功能。

案例 24：商品房预售信息公示新模式

哈尔滨片区建立商品房预售信息公示系统，购房者可通过操作终端了解到预售房源的实时状态和有关信息，有效维护购房者合法权益，降低信访率。

主要做法：

一是搭建了全省首创的哈尔滨片区商品房预售信息公示系统。通过与市住建部门后台数据实现信息交换，保证两端信息一致性，实现房地产开发企业和政府主管部门之间商品房预售相关信息的实时互通、公开化、透明化，进一步规范市场秩序，优化营商环境。

二是对已安装运行的预售公示系统终端显示器的运行情况进行后台监控。汇总操作端使用后反馈的建议，调试设备，进一步完善公示系统综合功能。

三是在公示系统终端设备上加装摄像装置。远程监控预售公示系统使用情况，确保购房者能够通过公示系统终端设备了解实时、准确、全面的房源信息情况。

四是在商品房预售公示系统上公示哈尔滨片区房地产开发企业评价等级。

实践效果：

该平台已搭建完毕，正式运行。终端设备在哈尔滨片区（预售）现售项目销售案场完成安装，覆盖哈尔滨片区活跃销售项目，预售公示系统及摄像装置已安装完成且调试完毕，并配置监控显示大屏，实时对预售公示系统使用情况进行远程监控和有效监督。将各级政府发布的利好政策在终端显示器上滚动播放。

下一步工作思路：

下一步，哈尔滨片区将扎实做好预售公示系统常规运行维护工作，加强巡查各销售案场对公示系统终端设备的摆放位置及使用情况，及时为售罄的项目办理注销，同时将设备回收，为新入市项目进行审批、安装。

案例 25：中小企业“走出去”服务保障综合平台

黑河片区通过在俄罗斯布拉戈维申斯克市（以下简称布市）设立办事机构，加强与跨国法律咨询、保险、金融、财政、海关等机构合作，为区域间、企业间、部门间提供相互交流、沟通互鉴、加强合作的综合平台。

主要做法：

创新“多仓联动”新模式。黑河片区推出跨境电商货运物流“多仓联动”数据集成集运新模式，依托黑河跨境电商园区核心功能区打造“边境仓”，提供电商运营、仓储物流、集疏运服务；在境外搭建海外仓，提供海外仓储和配送分拨支持；在哈尔滨、苏州、义务等中心城市设立各类专业中继仓，其他商品汇集地设置前置仓，建立利用大数据分析带动进出口货物分拨业务高效有序的协同体系，为贸易企业“走出去”提供仓储物流平台。

建设离岸境外中小企业孵化中心。搭建俄罗斯布市境外孵化中心，为“走出去”企业提供俄罗斯远东地区人才、资本、技术、市场、供应链等政策信息，协助企业对接政府部门及相关团体，并提供免费服务的办事员、俄语翻译、食宿及办公场所等服务。

建设中俄法律咨询服务平台。委托国浩律师（上海）事务所建立中俄法律咨询服务平台，向中俄双方企业和机构提供优质的双向法律咨询服务，进一步促进中俄经贸、艺术、文化、投资等各领域地方合作，解决企业不了解中俄两国政策法律等困扰。

提供银行、保险等领域金融服务。在银行领域，黑河片区依托中国银行提供的便利结算和融资服务，支持开展贸易和投资。与俄罗斯布市中国银行开展联动，积极推进代理卢布现钞解缴业务，推动卢布和人民币现钞跨境调运服务。2021 年跨境人民币结算金额 22 亿元，居全省地市级首位。在保险领域，平台与中国出口信用保险公司黑龙江分公司在境外投资领域深度合作，通过建立出口信用风险防范体系，构筑经贸交流合作信息沟通平台，开展信用保险业务，建立重点项目支持清单等差异化服务，为企业和项目提供专项保险融资及咨询支持。

实践效果：

为企业跨境合作牵线搭桥。黑河片区境外孵化中心为多家中俄企业提供综合服务，成功促成黑河市顺兴经贸有限公司与俄罗斯超市的果蔬供货渠道，搭建了黑河市银河经贸有限责任公司与俄罗斯部分建筑施工单位保温材料的供货协议，达成了俄罗斯本地食品公司与黑河丰泰进出口有限公司稳定的合作关系。俄罗斯本土的快递公司 CDEK 公司通过黑河设在布拉戈维申斯克市的境外孵化中心寻找到我国稳定的合作伙伴，开展了中国跨境物流新通道。

为企业“走出去”提供跟踪服务。2021 年，黑河利源达集团与徐工集团拟在俄罗斯投资兴建境外工厂，境外孵化中心积极协助项目方与俄罗斯布市政府部门开展关于建厂选址、配套政策、法律法规、风险评估等相关事宜的对接，并派专人随黑河利源达集团抵达徐州，合作方徐工集团现场解答部分关于俄罗斯政策法规的问题，为中方在俄罗斯投资建厂提供了重要参考信息。

为企业“走出去”提供跨境金融服务。运用各类开发贷款、PPP项目融资、产业基金等各类债权和股权融资，为区内各类基础设施建设提供资金支持。发挥中银集团海内外和多元化经营优势，助力自贸区内企业在国内银行间市场和海外市场发行自贸区建设专项债券。发展跨境并购贷款融资。利用海外低资金成本，支持企业跨境并购、境外发展。为企业引入社会资本、境外资本参与项目建设提供综合服务，拓宽公司与国际资本市场沟通的渠道。支持新丝路集团“两国双园”建设，推进建设新丝路别洛戈尔斯克木材储运基地。

下一步工作思路：

一是夯实产业服务支撑力。加强形势分析和政策解读，指导企业建立健全合规体系、加强海外市场布局与应对国际经贸摩擦风险的能力。

二是加强中俄法律咨询服务平台的功能拓展工作。协助企业与当地法律部门等相关部门或所属单位进行协商、投诉、申请、诉讼等事宜，实现中俄法律援助双向互通机制。

三是积极融入国内国际双循环相互促进的新发展格局。通过召开中俄企业联席会议，及时沟通投资信息，促成企业合作，助推企业优化产业链布局，提升国际竞争力。

案例26：“一件事”套餐服务对俄特色企业

黑河片区针对对俄特色产业市场主体，编制发布“一件事”套餐办事指南，搭建线上线下双线办理模式，让“群众来回跑”转变为“部门协同办”，实现对俄特色事项“一次申请、一张表单、一套材料、一次办好”。

主要做法：

一是梳理对俄特色“一件事”相关行政审批事项。以黑河片区大豆、中草药、木材深加工等重点产业为抓手，从企业群众办事的角度，筛选出市场主体需求量较大的特色“一件事”目录清单，共梳理五大套餐50项实施事项清单目录。

二是制定出台对俄特色“一件事”相关制度文件。梳理、出台对俄特色“一件事”改革所需的五份配套制度文件（含政策解读、清单解读、工作指导、工作方案、工作机制等），并对外公布。利用办事系统和公示栏目公布相关文件内容，让拟投资注册企业了解政策、清晰流程、明确路径，做到“心中有数”。

三是构建线上线下双车道办理模式。线下在黑河片区政务服务中心开设对俄特色“一件事”受理窗口，由俄语导办全程受理，实现一窗受理、一口出证。在政务服务平台开设对俄特色“一件事”专栏，公布事项清单目录和材料清单，开放预约办理。

实践效果：

简化办事申请。将分散在不同部门多个政务服务事项的办理条件、办理流程、申报要件等要素进行整合，企业办理任一项业务只需要填写一张申请表，准备一份申报材料，便可完成俄特色“一件事”全流程办理。

压缩办理时限。覆盖企业群众办成“一件事”的主要内容，切实为企业群众办理业务带来方便。通过提前告知，线上指导企业群众填报相关材料，预约办理等服务，将各项业务的办结时间全部压缩至0.5个工作日内，同时为企业刻制印章，提供企业开办大礼包，实现“零等待”“零费用”。

下一步工作思路：

下一步，黑河片区将进一步丰富完善“一件事”办理清单，通过数据共享、业务协同等举措，重新设计业务流程图，并围绕重点环节开展监督。

案例27：外资企业主体资格远程确认

黑河片区创新推出“外商投资企业主体资格证明远程确认”，为外资企业来片区投资兴业提供极大便利，解决了新冠疫情期间主体登记业务境外投资人（自然人）“来不了，不能办”的发展难题。

主要做法：

一是建立网办通道实现线上远程确认。针对持有护照曾由中国使（领）馆签证并经出入境管理部门确认过入境手续的境外投资者，因新冠肺炎疫情或其他不可抗因素，本人无法持护照原件到登记机关进行现场确认的，黑河片区通过线上会议等方式对外资企业主体资格证明进行确认，组织2名工作人员、境外投资者及法律文件授权委托人共同召开视频会议，确认境外投资者成立公司的真实意愿，工作人员视频截图或存档影音文件，委托人当场签署、提交《外商投资企业股东主体资格确认书》，完成境外投资者线上确认程序。

二是开通外资准入“容缺受理”绿色通道。外资企业无须通过国际快递邮寄申请材料，只需通过视频提交登记申请材料的原件扫描件及截图，在承诺提交的材料真实有效后，由片区市场监管部门代收并全程帮办。

实践效果：

推动外资企业落地。黑河凯旭投资有限公司是首家享受该便利化举措的企业，企业通过手机应用程序视频会议方式完成境外投资者身份核验确认，不到一天就领取了营业执照。

节省企业成本。通过线上确认、实名认证，材料即时传输等举措，实现了从过去出国验证到现在网上提交的重要突破，办理时间从30多天压缩到当天办结，大幅节约企业时间成本和费用成本。

下一步工作思路：

下一步，黑河片区将推动外国投资者主体资格证明文件在省内各自贸片区实现互认，探索外国投资者只提供由已受理片区出具的主体资格相关证明，实现异地登记。

案例28：数字口岸助力数字经济发展

绥芬河片区充分发挥区位和政策优势，持续推进跨境贸易便利化，大力实施智慧通关，创建智能数字口岸运行体系，推动口岸联动应急治理，有效支撑口岸通关和服务体系，推动通道经济向枢纽经济、产业经济、数字经济转型升级。

主要做法：

大力发展电子口岸建设。绥芬河片区已实现H2018通关管理系统、H986集装箱检查系统、铁路列车影像抓拍系统、公路物流监控系统和公路电子地秤测量系统，建立口岸疫情防控视频指挥中心，六位一体的立体化、系统化高科技设备监管通关系统，以及完善的铁路口岸电子监控系统，对铁路沿线实行24小时不间断的立体化监管，高效助力口岸进出口贸易便利化。

实施“95306‘数字口岸’系统”。2020年7月，“95306‘数字口岸’系统”在绥芬河铁路口岸投入应用，标志着铁路国际联运各方将实现数据网上共享、快速申报查询、中外文信息自动翻译，使铁路国际联运更加高效便捷。基于新冠疫情防控常态化现状，“数字口岸”创新探索减少接触的高效运输模式，借助信息化技术赋能，铁路舱单信息确认升级为电子审核，铁路舱单归并、数据传输实现无纸化，企业不到场即可完成舱单归并、放行等操作，通关无纸化水平和全链条运作效率大幅提升。

推动班列常态化开行。口岸各部门充分发挥职能作用，持续创新数字通关服务模式，为中欧班列畅通发展保驾护航。建立跨区域进出口结关、舱单核销、转关核销等工作联系机制，为企业提供专人专岗、延时办公等服务，实行7×24小时预约通关，开通中欧班列通关“绿色通道”。推动海关总署及哈尔滨海关支持中欧班列发展的若干措施落地落实，深化自主选择通关模式、转关自动核放等便利措施。

实践效果：

实现了监管体系现代化。整合监管设施资源，全方位电子眼视频全程监管替代了传统的人力巡查监管，有效避免传统人力巡查监管存在的费时、费工、费力、随意性和不彻底性的固有缺陷，对整个铁路口岸沿线全域范围内的场面实现全方位、多层次、可追溯的实时动态监管，有力地推动国家“三互大通关”工作见效落地。

推动了货运通关便利化。“数字口岸”的建设和“单一窗口”的启用，让国际铁路联运申报到海关放行的时间由原来的12小时缩短至30分钟以内，最快只需几分钟，无纸化通关比例接近100%，极大提升了中欧班列、“哈绥俄亚”班列的通关效率，在国际上为我国的开放贸易打出了一张靓丽的“名片”。真正实现“让数据多跑路、让企业少跑腿”，企业获得感和满意度不断提升。

下一步工作思路：

下一步，绥芬河片区将积极向上申请口岸数字经济专项建设资金，筹建边境贸易货物监管中心和口岸公共服务平台，推动货物进出实现信息化系统管理；接入国家国际贸易“单一窗口”，通过报关代理、收费“一站式”服务，实现互贸商品快验快放，优进优出。

案例29：“三个强化”助企提升RCEP享惠水平

冰城海关贯彻落实党中央、国务院决策部署，积极作为、主动出击，以出口原产地证书签发工作为抓手，突出问题和需求导向，坚持“三个强化”，助力企业提升《区域全面经济伙伴关系协定》（RCEP）享惠水平，全力以赴促进外贸稳中求进。

主要做法：

强化政策宣传。建立原产地企业交流群，开展线上宣讲会，结合原产地规则和本区域进出口贸易特点进行深入分析和探讨，细致讲解RCEP政策。关注企业咨询量较大和反映较集中的问题，动态更新咨询问题库，对重点问题加强引导宣传，提高政务服务水平和业务办理效率。

强化服务效能。结合工作难点，组织专题学习RCEP原产地规则、RCEP降税清单、RCEP原产地证明，提升业务工作水平。充分利用智能化手段，为企业及时签发原产地证书，保证企业在第一时间通关。大力推广原产地证书自助打印工作，在冰城海关辖区两个现场配备原产地自助服务一体机，企业可实现出口原产地证书全流程线上办理。对以非优惠证书代替优惠证书享受协定税率、自贸协定证书不符合双边协定等情况加强监控，有效防控税收风险。

强化企业帮扶。建立“一企一策”“问题清零”等RCEP实施重点企业帮扶机制，向重点企业介绍RCEP规则和享惠流程，挖掘RCEP原产地证书签发潜力，指导利用RCEP自贸协定规则获取贸易中的话语权，推动企业积极申请海关AEO高级认证企业等国际认证资质，享受更多国际通关便利，提升国际市场竞争力。

实践效果：

冰城海关全面落实RCEP规定的市场开放承诺和规则，引导地方和企业适应区域市场更加开放的环境，使企业更好把握RCEP带来的机遇，促进经济高质量发展。2022年1—9月，冰城海关签发RCEP原产地证书283份，货值1 091.5万美元，RCEP原产地证书自助打印率90.94%。

下一步工作思路：

下一步，冰城海关将持续推进便利化改革，充分利用智能化手段，实现7×24小时为企业及时签发原产地证书，保证企业在国外第一时间清关；同时，大力推广原产地证书自助打印工作，通过视频教学，现场指导等方式指导企业使用原产地证书自助打印功能。

案例30：“政融增信”担保新模式

绥芬河片区积极探索金融赋能贸易通关举措，联合政府性融资担保公司与海关、金融机构等部门，创新推出“政融增信”海关事务担保新模式，帮助片区贸易企业缓解资金周转压力，提升货物通关效率。

主要做法：

针对需求组建工作专班。近年来，绥芬河口岸过货量在全省占比持续保持高位运行，对俄贸易规模不断扩大，催生片区外贸企业对资金周转效率、货物通关效率提出更高要求。绥芬河片区针对企业需求，组建由金融服务中心牵头，海关、银行等机构参与的工作专班，主动对接木材、粮食、矿产品等重点领域外贸企业，实地调研、详细梳理企业在货物通关环节产生的资金周转难、增信难、通关时间长等问题，探索新模式新思路，为外贸企业供增信担保创新服务。

联动合作创新担保模式。加强政府性融资担保公司与银行合作，签订总对总合作协议，对企业进行联合评估。对于评估合格的企业，由政府性融资担保公司为企业进行担保，由银行机构为企业向海关出具分离式保函，助力企业开展海关事务担保范围内的业务。该模式实现了保函申请人和被担保人相互分离，政府性融资担保公司作为授信额度主体向银行申请，外贸企业无须向银行存入保证金，即可成为保函的被担保人。

数据共享防范金融风险。建立“多维监管+预警评判”风险防控机制，改变过去相关部门独立监管模式，推动地方政府与海关建立企业信息共享、联合信用评估、事中风险预警、事后处置联系配合等工作机制，并在政府性融资担保公司确有需求、保证数据安全前提下，协调海关、税务、商务等部门将企业进出口、税收等情况供政府性融资担保公司参考决策。

实践效果：

率先开展全省首笔“政融增信”业务。2022年10月8日，黑龙江省鑫正融资担保集团有限公司牡丹江分公司、龙江银行绥芬河自贸片区支行成功为绥芬河综合保税区企业办理黑龙江省首笔“政融增信”海关事务担保业务，分离式保函总金额10万元。

有效提升企业资金使用效率充分享受政策红利。该模式通过引入政府性融资担保公司为企业增信，极大缩短银行保函办理周期，降低企业经营成本。通过担保增信替代现金保证金，减少企业资金投入，降低企业财务成本。受资金量小、信用等级低等因素制约的企业，通过该模式办理海关事务担保业务，能够充分享受到“分送集报”“保税展示交易”等海关政策红利，从而提升货物通关效率和企业资金使用效率。

下一步工作思路：

绥芬河片区将进一步扩大“政融增信”海关事务担保新模式业务覆盖面，将该业务向其他银行机构复制推广，让更多外贸企业享受到创新举措红利，为外贸企业发展注入金融“活水”。

案例31：金融综合服务超市

绥芬河片区积极打造线上线下模式相结合的金融超市，线上形成金融供需接洽综合平台，提供贷款融资服务、金融产品推广、便民服务项目、个人客户服务、首贷续贷服务、政银企云对接等金融服务，线下服务大厅驻点提供金融咨询、洽谈对接、业务受理等服务，面对面解决企业金融需求。

主要做法：

一是整合金融资源，实现集成共享。由金融服务中心牵头，成立金融超市建设工作专班，组建信息采集组、平台建设组和宣传推广组，对接银行、保险公司、证券公司、典当行、小贷公司、融资性担保公司、民间借贷登记中心等，收集贷款授信产品、跨境结算产品、贸易融资产品、个人业务产品及保险产品等，将资源整合后，编制成线上金融产品宣传手册。手册产品链接下方附有金融机构经办网点位置、经办人员联系方式等信息，便于企业根据需要直接进行联络沟通，实现金融产品在移动互联网上的延伸。

二是数字科技赋能，打造线上平台。平台建设组以微信公众平台为载体，以绥芬河市金融服务中心事业单位法人证书信息实名注册绥芬河片区金融超市微信公众号。平台共设计六大模块，分别为贷款融资服务、金融产品推广、便民服务项目、个人客户服务、金融政策解读和首贷续贷服务。同时，通过数字化智能内容创意设计软件对收集的产品信息进行编辑、制作、整合、归纳，使金融超市的六大模块“骨骼”更强壮，“肌肉”更结实。

三是设立超市大厅，提供“面对面”交流。线上“金融超市”建设完成后，金融服务中心致力于打造“超市平台全覆盖+超市大厅优服务”的线上线下模式相结合的片区金融超市，为全市企业和个人提供更加便捷的金融服务。线下服务大厅位于片区便民服务中心，设有金融超市综合服务窗口和银行受理业务窗口 2 个窗口，设立接待咨询区、业务受理区、服务体验区 3 个功能区。金融机构派专人驻点值班，开展现场咨询和业务办理，利用设备现场为企业受理线上信用贷款、银行账户开户申请等业务，并开通相关服务热线，定期举办培训讲座、银企对接等活动，为企业提供全方位立体化的金融服务，实现企业只递交“一套材料”，金融诉求“一次办好”的目的。

实践效果：

一是业务办理便捷化，实现“一指化”优选。金融超市上架 160 余款产品，提供金融需求相关配套服务，协助用户在线查征信、查询金融产品、查询优惠活动、申请融资贷款、预约不动产等 17 个政务服务项目，把金融业务从传统物理柜台搬到应用最广泛的手机平台金融超市的“货架”上，缩短了服务的空间和距离，实现足不出户办理业务，提升了客户的体验度，便于用户实现金融产品“一指化”优选和金融机构“一次性”对接。

二是服务对接专属化，提供“私人订制”。金融超市设置服务专员，每名专员都是具有 5 年以上跨境结算和信贷工作经验的专业顾问，可以为企业进行一对一服务。同时，超市专员熟悉银行、保险等各类产品和准入门槛，在收到金融需求后 48 小时内提出“私人订制”融资意见，匹配金融产品，为企业节省人力物力和时间。

三是融资渠道顺畅化，破解企业融资瓶颈。绥芬河片区金融超市可提供多种贷款融资服务，有效缓解企业“融资难”“融资贵”及“融资繁”等问题，重点打通民营和小微企业融资“最后一公里”，切实增强金融服务实体经济能力。

下一步工作思路：

绥芬河片区将进一步丰富金融产品，优化平台功能，提供更加便捷、高效、优质的金融服务，构建一个金融机构覆盖广泛、金融产品创新集聚、企业满意度好的全方位、立体化、一站式的金融服务平台，将绥芬河片区金融超市打造成广大企业和市民信赖的金融品牌。

案例 32：知识产权金融服务联合体

2022 年 3 月 24 日，黑龙江省知识产权局、黑龙江银保监局、中国人民银行哈尔滨中心支行联合印发《关于成立黑龙江省知识产权金融服务联合体的通知》（黑知联发〔2022〕1 号），启动黑龙江省知识产权金融服务联合体建设工作，推动整合知识产权金融服务全流程资源，打通知识产权金融服务全链条各节点之间的信息壁垒，推动黑龙江省知识产权质押融资提质增效、扩面增量。

主要做法：

一是发展壮大联合体规模。创建之初，通过邀请方式吸收黑龙江省与知识产权金融服务相关的企事业单位作为成员单位。2022 年 3—6 月，成员单位由最初的 3 家（黑龙江省知识产权局、黑龙江银保监局、中国人民银行哈尔滨中心支行），发展为 41 家，其中银行机构 20 家、保险机构 9 家、投资机构 1 家、担保机构 2 家、知识产权价值评估机构 2 家、知识产权服务机构 4 家。

二是拓展丰富金融服务产品。联合体知识产权金融服务联合体现有 55 项知识产权金融服务产品。如中国银行黑龙江省分行、中国建设银行黑龙江省分行、浦发银行哈尔滨分行、兴业银行哈尔滨分行等 10 家银行机构共推出“惠如愿 · 知惠贷”“大中型企业知识产权贷款”等知识产权质押融资产品；中国人民财产保险公司黑龙江省分公司、中国太平洋财产保险公司黑龙江分公司等 7 家保险机构共推出 32 项知识产权保险产品。

实践效果：

一是组建各市地知识产权金融服务联合体。牡丹江市、佳木斯市、大庆市、鸡西市、七台河市、鹤岗市、绥化市、黑河市、大兴安岭地区等 9 个市（地）成立知识产权金融服务联合体，有效解决企业与银行、政府部门之间信息不对称等难题，让不同的企业群体了解到更多的惠企政策。

二是激发科创企业创新活力。搭建联合体成员合作平台，激发科创企业作为市场主体、创新主体的活力，开展多部门协作的创新合作伙伴关系，使部门间信息共享、优势互补，共同推进专精特新企业、高新技术企业、知识产权优势企业等中小企业高质量发展。2022 年上半年全省专利商标质押融资登记金额达到 8.99 亿元，同比增长 193.15%。

下一步工作思路：

下一步，省知识产权局将进一步推动自贸片区结合实际建立知识产权金融服务联合体，搭建起多层次、多领域的知识产权金融服务合作，促进知识产权质押融资入园惠企行动纵深开展，推动知识产权金融更好支撑我省科技经济发展，为助力黑龙江省创新驱动发展战略实施，服务黑龙江全面振兴全方位振兴贡献力量。

案例 33："国担快贷"破解融资难题

绥芬河片区针对企业缺少抵押物导致贷款授信额度低的问题，联合黑龙江省鑫正融资担保集团有限公司推出"国担快贷"业务，贷款授信额度从 300 万元提升至 500 万元，助力小微企业解决融资难题。

主要做法：

一是主动对接，确定白名单企业。中国工商银行总行根据客户的流水或以往贷款情况，确定工商银行的"白名单"企业。工商银行绥芬河片区支行积极与上级行对接，定位"国担快贷"受众企业，制定了绥芬河片区"白名单"企业名单。

二是简化手续，让企业最多"跑一次"。"国担快贷"的"白名单"企业，只需一次性向银行提供基础贷款手续，即可等待线上提款，取消担保公司单独审核借款人资质环节，简化贷款流程。

三是完善合作框架，满足企业多元融资需求。依托银行成熟的风控体系和黑龙江省鑫正融资担保集团有限公司完善的担保体系，在经营快贷业务管理办法内筛选结算贷、税务贷、泛交易链等场景纳入合作框架，利用国担体系已签订的协议增信，采取见贷即保模式，省去担保公司单独审核借款人资质环节，缩短贷款审批链条，最大程度提升担保贷款效率。

实践效果：

增加了贷款授信额度。贷款额度在原有基础上提升了 1.2—2 倍，最高额度可达 500 万元，有力支持小微企业疫情期间正常经营发展。2021 年 12 月 17 日，中国工商银行绥芬河片区支行成功为某木材企业审结全省县域支行首笔"国担快贷"190 万元，2022 年陆续又为两家小微企业授信 900 万元。

降低了综合融资成本。"国担快贷"的贷款利率目前在 3.85%，利率比原场景最高降低 0.5 个百分点，担保公司担保费率不超过 1%每年，综合融资成本在 4.85%左右。

完善了贷款风险分担机制。银行与担保公司建立贷款风险分担机制，降低了银行贷款风险，提高银行贷款意愿，增加资金投放额度，夯实业务规模基础。

下一步工作思路：

下一步，绥芬河片区将继续对"国担快贷"白名单企业跟踪服务，提升客户对普惠线上产品的信任度和依赖性，扩大业务覆盖面；并加大宣传力度，让更多有需求的企业了解"国担快贷"业务，帮助企业纾难解困。

案例 34："相约周五"大中小企业融通发展平台

哈尔滨片区搭建"相约周五"大中小企业融通

发展平台，旨在加强片区内企业融通发展，形成大型企业引领推广、中小企业广泛应用的融通发展模式，借力“相约周五”系列活动将全区“双创”工作推向高潮、引向纵深，为经济社会发展提供新动能。

主要做法：

开展定向采购主题活动。为助力哈尔滨片区“双创”中小企业融入大企业供应体系，培育和壮大“双创”市场主体，分别开展黑龙江省建设投资集团有限公司和哈尔滨电气集团有限公司面向中小企业定向采购洽谈会，在同等条件下，两集团公司将优先考虑与哈尔滨片区供应商进行合作。

开展“创业加速度路演训练营”专题活动。建立“创业加速导师库”，聘请知名投融资专家、企业家、行业专家担任导师，开展商业计划书制作、导师提问答辩等实战演练，提升片区中小企业创业者路演水平。

开展“专家讲坛”专题活动。邀请哈尔滨工业大学教授和哈尔滨工大卫星技术有限公司专家对新兴产业技术方向、行业政策、产品推广及应用等进行解读，提升哈尔滨片区企业对前沿技术方向和趋势的把握能力，探索产学研合作机会，促进科技成果转化。

开展“政策解读”专题活动。连续举办自贸区人才政策、高新技术企业申报、《哈尔滨新区暨黑龙江自由贸易试验区哈尔滨片区关于鼓励产业集聚推动高质量发展的若干政策措施（试行）》（黄金30条）、《中国（黑龙江）自由贸易试验区哈尔滨片区关于加强对外开放深化改革创新的若干政策措施》（又称新驱25条）等政策解读活动，为企业提供现场咨询服务。

实践效果：

一是产业技术创新开放生态效果明显。通过搭建“相约周五”大中小企业融通发展平台，推动龙头企业向中小企业开放资源、场景、应用、创新等需求，采购本地中小企业首创高科技产品。哈尔滨片区科技型企业、中小企业围绕上下游产业链和价值链与行业龙头企业开展了广泛的专业化合作，参与了一批重大科技项目及关键技术、产品研发推广，有效促进科技成果在片区转化落地。

二是龙江数字经济产业核心示范区发展良好。深圳（哈尔滨）产业园区全力打造龙江数字经济产业发展核心示范区，华为“一总部双中心”、国家工业互联网中心、思灵机器人、库柏特科技等42家企业正式落户园区，以新一代信息技术、人工智能为核心的数字经济产业集聚度达78.1%，成为全省数字经济发展的“新标杆”。

下一步工作思路：

下一步，将持续举办“相约周五”系列活动，为哈尔滨片区培育发展新动能提供支撑，打造更高水平龙江数字经济产业发展核心示范区。

案例35：企业上市培育新体系

哈尔滨片区为响应以资本市场促进地方经济转型升级的号召，紧跟国家步伐，构建“多方联动、上下齐动、靶向推动”的自贸区企业上市培育体系，推动企业申报进入多层次资本市场，实现再发展。

主要做法：

优化后备资源。充分调动各行业主管部门、园区服务公司、大专院校、科研院所、金融机构、有关商协会力量，结合片区产业发展方向和区域发展重点，每年集中筛选一批主营业务突出、竞争能力较强、盈利水平较好、具有发展潜力的企业，尽早发现、及时跟进，形成可持续发力的良好态势。

实施分类培育。实行“个转企、小升规、规改股、股上市”的全流程培育，对实力有待增强、条件尚不成熟的企业，引导做好规范运营工作，协助企业解决改制上市过程中遇到的困难和问题。

打通上市路径。与深圳证券交易所、上海证券交易所、北京证券交易所、地方股权交易市场建立良性互动，开展长期合作，建立信息共享与工作协同机制，加强培训合作，促进资本市场与实体经济有效对接。建立绿色通道，为企业上市培育对象做好对口联络、配套服务和政策支持工作。

提升服务水平。建设高素质的证券、会计、法律、咨询等企业上市专业化服务队伍，建立优质中介专家库，为政府和企业提供上市融资政策咨询和专业指导。举办“北交所专场培训”“企业家沙龙”“融资路演训练营”等专题活动，通过“点对点对接、面对面服务”帮助企业解决融资、上下游产业链对接以及了解多层次资本市场等实际需求。

实践效果：

片区企业实现首发上市。2021年8月黑龙江出版传媒股份有限公司上市，标志着黑龙江省文化企业实现主板上市的历史性突破，也成为黑龙江省“十四五”开局之年首家主板上市公司。

下一步工作思路：

下一步，哈尔滨片区将进一步健全完善工作机制，以企业需求为导向，用政策激励一批优质企业，用服务打造一批上市企业，持续优化政策兑现流程，加深专业化服务力度，推动片区企业上市实现新突破。

案例36：“职业赋能+就业促进”人才服务品牌

2022年6月，哈尔滨片区成立职业指导工作室，创新人才服务“品牌引领”战略，打造体系建设有高度、引才聚才有力度、留才育才有精度、执行政策有速度、校地合作有深度、就业服务有温度的专业化“六度服务”品牌。

主要做法：

深入推进校企对接。针对重点高校毕业生，组织片区重点企业开展线上“直播带岗”促就业活动。同时，根据企业的实际需求，组织企业到目标高校开展各类形式的“政校企”合作对接活动，在“双元制”“定向班”“技能鉴定”“订单班”“冠名班”“现代学徒制”等方面开展广泛合作。

开展“菜单式”培训。转变以往传统宣讲模式，变“填鸭式”培训为“互动式”学习，根据企业和人才的“口味”点单，定制个性化培训服务，增强培训效果。一是成立“企业与人才法律服务中心”。围绕劳动法、税法、民法典等就业创业人员关注热点内容，组织区司法局优秀干部成立讲师团队，配合行业大咖、技术专家和企业高管，为企业和人才开展专业普法。二是开设“智汇法务在线”专栏，分享案例、法规，邀请律师及专家对劳动用工、权益保护、防范法律风险等问题进行一对一咨询、视频在线授课等，为哈尔滨片区企业和人才解答劳动用工、权益保护、防范法律风险、公证、民事调解等方面疑难问题。

实践效果：

品牌形象有效树立。通过日常服务、专场招聘会、“政校企”合作、讲座培训、人才活动，以及人才平台进行全方位多角度地推广宣传哈尔滨片区的人才服务品牌。2022年5月，在省人社厅主办的第二届公共就业服务专项业务竞赛优秀就业服务项目评选中，“人才就业服务品牌建设项目”荣获全省第二名。

平台影响力显著提升。人才公益服务平台已形成由微信号、视频号、微博号、头条号，以及企业、人才群组成的“三微一端”媒体矩阵，并与官媒、自媒体联动，同步推广。平台每日推送就业招聘信息、人才政策解读、政策申报指南、哈尔滨片区企业推介等文章，为哈尔滨片区企业免费发布招聘岗位。

下一步工作思路：

下一步，哈尔滨片区将继续发挥职业指导工作室的引领示范带动作用，打造公共就业服务领军人才梯队，培养就业指导后备人才，提升公共就业服务效能。

案例37：职业教育与产业融合发展试验区

哈尔滨片区创新打造龙江教育与产业融合发展先行先试区，通过建立政府、学校、社会组织与企业协同育人的新型技能型人才培育体系，打造教育与产业融合样板，推动职业教育更好服务自贸试验区产业发展，为全省职业教育深化产教融合提供借鉴。

主要做法：

建立产教融合实体运行联盟。成立哈尔滨片区产教联盟，以深哈人才资源产业园、科技创新产业园等为载体，建立生物医药、国防工业、数字经济、绿色食品、电子商务等重点产业产教融合子联盟5个，搭建行业科研创新、成果转化、信息对接、教育服务平台，赛、展、评、服资源融合共享平台，形成优势产业群。

出台奖励政策文件。哈尔滨片区针对优秀企业和500强企业，开展职业教育产教融合实践专项调研，制定出台《哈尔滨片区一体化发展区促进产教融合支持职业教育高质量发展政策》，提出具体奖励方案。

落实企业员工培训认证制度。构建技术技能人才分类培养培训体系，开展服务新基建、新模式、新业态发展等职业教育和培训。落实企业职工培训制度，支持企业设立职工培训中心、高技能人才培训基地和技能大师工作室，推动行业企业建立首席技师制度。

开展校企互聘互兼人才交流。制定哈尔滨片区职教“双师型”教师标准和考核认定办法，建设“双师型”教师培养培训基地、企业实践基地。制定行业技能大师入职高职院校的任教标准，学校试点年薪制、协议工资、项目工资等分配机制。实施“绝技绝艺”团队建设计划，鼓励职校聘请高技能人才担任特聘兼职教师，支持高校、职校和企业建立技术创新混编团队，由片区财政和企业资助提供经费。

实践效果：

职业教育结构不断优化调整。初步构建满足产业发展和社会经济需求的片区职业教育体系。支持哈尔滨片区院校试办本科层次职教学校和专业，开展职业启蒙和劳动教育，设立职业实习、技能实践基地。

产教融合持续深化。推动以深哈产业园区为引领，利民、江南园区和科技创新城片区为集聚，产教融合企业、职业学校和公共实习基地为支撑的“一核三区多点”的产教融合发展格局。联合哈尔滨工业大学、哈尔滨工程大学、省绿色食品科学研究院等高校科研院所，合作建立科技创新、数字经济等产教融合园区和技术创新创业孵化园。

共建学院推动多元办学。支持哈尔滨片区内企业、学校共建产业学院，龙头企业建立企业学院，支持省农业工程职业学院、省建筑职业学院与企业试办混合所有制二级学院，建设混合所有制专业（群），形成多元办学格局，打造人才培养实体。

下一步工作思路：

下一步，哈尔滨片区将建立健全改革创新机制，加快重点任务和重大项目落地实施，鼓励产教融合型企业和职业院校攻坚关键领域改革，支持国家和省产教融合发展项目早出成果。

案例38：跨境中药材全产业链集群

黑河片区抓住口岸进口俄罗斯药材由5种增加到15种的发展机遇，利用中俄资源优势和边民互市贸易政策优势，布局加工生产基地，吸引中药化妆品和保健品等领域龙头企业集聚，构建两国三地中药材研发、生产、跨境销售全产业链集群体系。

主要做法：

搭建中药材管理服务平台。黑河片区立足政策发展优势和机遇，打造全国最大进口药材综合服务平台，组建黑河片区中国药材集团公司，打响“进口俄罗斯中药材第一市”品牌，实现中药材年交易量10万吨，已成为发展俄罗斯中药材落地加工产业的集聚区。

打造进口中药材集散中心。利用黑河片区中药材集聚和交通运输优势，建设规模最大、集产地加工、质量检测、运输配送、全程可追溯的全国中药材物流生产基地，有效降低物流成本，将来自俄罗斯远东地区的高品质中药材运至国内各地，为国内中医药产业提供前端产品。

形成“境外种植+境内精深加工”发展模式。鼓励在俄罗斯野生药材主产地开展人工种植，利用五年时间争取将国内种植面积提高至5万亩左右，将总产量稳定在4万吨左右。加大黑河片区中药材落地加工能力，培育精深加工能力，增大中药材附加值。按照“点面带结合”原则，重点支持扩建一批企业，形成布局合理的现代化深加工产业集群，创造中药材加工精品，打造国内外知名品牌。

实践效果：

进口中药材加工企业相继落地。自2020年11月至2022年8月末，黑河片区完成进口俄罗斯药材51批次通关备案，共进口中药材365吨，全部实现落地加工。先后吸引了10家进口中药材加工企业落户黑河片区，4家企业通过GMP认证获得药品生产许可证，其中黑河市宝康中草药材科技有限公司是黑龙江自贸试验区首家获得《药品生产许可证》的民营企业；国药集团冯了性（佛山）药材饮片有限公司投资1.5亿元建设的研发加工项目建成投产；黑龙江省优通国际商贸有限公司投资1.2亿元的饮片加工项目进展顺利。

基础设施配套不断完善。黑河片区投资500余万元改造的1.2万平方米中俄药材产业研发平台（一期）投入运营，可容纳6—7家企业入驻生产，项目二期正在有序推进。符合药品批发企业GSP认证的中药材仓储基地已启动建设。

下一步工作思路：

下一步，黑河片区将与黑龙江中医药大学等省内科研机构以及珠海中药产业园、澳门等药企建立合作关系，建设中药材研发中心、中药材加工中心、跨境俄语人才基地及孵化中心，适时举办黑河片区中药材产业发展高层论坛和中药文化节等活动。

案例39：中俄产业园区跨境联动融合发展

绥芬河片区强化政策型园区和产业型园区互动，深度对接俄罗斯远东自由港、超前发展区，畅通国际国内“双循环”，形成产业园区跨境融合互动模式。

主要做法：

突出“差异定位”，强化园区主体功能。发挥自贸试验区“一区引领”，综合保税区、边境经济合作区、互市贸易区、跨境电商综合试验区、境外园区等“多区联动”平台优势，细分政策类园区和产业类园区承载功能，推动各园区既分工明确又协同互补，为产业发展搭建大平台。境外园区突出“缓冲”功能，15家企业入驻俄罗斯远东自由港和超前发展区，对接国际经贸准则，充分利用利润税、财产税、土地税和保险金等方面的减免政策，建设农业、林业、渔业等产业型园区，稳定境内产业链原材料资源供应。综合保税区突出“政策”功能，释放保税、免税、退税等特殊税收和外汇政策优势，重点开展委内委外加工、保税研发、保税维修等业务。边境经济合作区突出“承载”功能，探索“小组团”滚动开发模式，重点承载实体产业落地发展。互市贸易区突出“引导”功能，推动粮食、油料作物落地加工，扎实推进兴边富民。跨境电商综合试验区突出“平台”功能，开通“9610”“1210”等多元电商交易方式，满足各类市场主体需求，将保税展示延伸到市区，盘活闲置民贸市场，带动商贸、旅游、市场繁荣发展。

突出“跨境融合”，强化中俄产能合作。结合境外优质资源和境内加工承载的双重优势，深度挖掘境内外两个市场、两种资源，大力开发具有沿边特色的跨境产业集群。一是木材产业集群。引导企业建设境外林业产业园区，采伐加工后的原材料回运到国内，以边境经济合作区为载体，在境内完成70%生产工序后，出口到俄罗斯境外园区完成剩余工序，可获得俄罗斯原产地证明，构建进口加工复出口的跨境木业全产业链，畅通对欧美出口渠道。二是食品产业集群。支持企业在境外投资农业产业园区，种植玉米、小麦等作物，依托综合保税区政策，入区保税加工成面条、面点、饲料等产品出口，有效降低关税，形成以俄粮为原料的跨境加工集群。将综合保税区、边境经济合作区与互市贸易区政策协同发展，依托全国唯一的对俄铁路互贸点，开展油菜籽、亚麻籽等大宗商品互贸交易，在边境经济合作区内建设互贸（国际）物流加工园区，承载互贸进口商品落地加工及综合保税区内农产品委托加工，为食品产业规模化发展奠定基础。三是中药材产业集群。以绥芬河片区“准许进口15种俄罗斯中药材落地加工”为抓手，挖掘中药材产业发展新动能，建设中饮药片加工园区，招引中药材加工企业落户。推进“龙头企业+产业基地+合作社+种植大户”中药材种植模式，建设规模化标准示范基地，保证优势原材料稳定供给。

突出“保障支撑”，助力产业良性发展。大力发展支撑口岸经济体系的现代服务业，为跨境产业发展保驾护航。一是物流支撑。运营“哈绥俄亚”陆海联运班列，服务“中欧班列”，开通莫斯科至绥芬河“中俄直列”，启动哈萨克斯坦至绥芬河“互贸专列”，与国内16个沿海港口建立内贸货物跨境运输体系，畅通龙江“出海口”，构建起“向北开放”的物流支撑体系。二是金融支撑。创新金融产品，推出俄籍自然人及代理人跨境人民币支付业务、代理边民支付外汇服务；创设黑龙江地区首例木材经营信用贷款，有效解决木材贸易企业不能提供有效抵押物、申请贷款难度较大的问题；发挥外贸发展金、工业贷款周转金等政策类资金“四两拨千斤”作用，引导金融机构设立门槛低、效率高的金融产品，帮助企业解决暂时性资金短缺问题。三是政策支撑。绥芬河片区出台“一揽子”政策，从转作风、优环境、促发展等方面形成全方位政策支撑体系。四是政务支撑。推行“容缺式审批”“一枚印章管审批”等商事登记改革，工程建设项目审批时限压缩一半，企业开办“照、章、银、税、金、保”六个环节一日办结，最大限度让企业和投资者办事“不出区、不出市”。倡导一线工作法，市级领导和职能部门定期进工厂、走企业、下工地，为企业和项目提供优质高效服务。

实践效果：

木材加工实现精深化。建立全省最大的对俄进口木业加工产业基地，年平均木材进口量达600万立方米，落地加工率约为45%。年产地板表板3 800万平方米，实木橱柜1万立方米，地板280万平方米，木屋1 000套，木制工艺品500立方米，初步形成木业全产业链集群。

食品加工实现高端化。以综合保税区为加工贸易集散中心，年加工能力突破100万吨，主要生产挂面、烘焙食品、大豆油、亚麻籽油、玉米压片、混合饲料等，创新“粮头食尾”“农头工尾”的境内外联动模式，构建起完整的跨境农业产业链条。

中药材加工实现集群化。77家中草药进口加工企业落户，冠硕、域外本草、祁草堂、鹤州药业、华世融承等进口中草药加工项目良性运营。中药材种植6 000亩，组建中药材专业合作社6家，家庭农场2家，中草药“种+加+销”现代组织形式日益完善。

下一步工作思路：

下一步，绥芬河片区将在现有基础上，挖掘释放园区政策功能，做大做精产业层级，持续拓展市场空间，重点推动园区承载能力、产业发展能级、辐射带动效应和保障支撑体系“四个提升”，带动中俄跨境联动融合发展模式优化升级。

案例40：农业跨境合作产业链

绥芬河片区充分发挥口岸优势，开拓境外农产品“供给端”，畅通农产品进口“贸易端”，做大做强入境农产品“加工端”，形成“头外尾内、粮头食尾、农头工尾”的农业跨境合作产业链条，有力推动“兴边富民”战略的实施。

主要做法：

扩大境外投资规模，强化农产品“供给端”。绥芬河片区积极融入“一带一路”倡议，立足“两种资源、两个市场”，推动自贸试验区与俄罗斯远东自由港、超前发展区联动发展，企业出口到俄罗斯的机械设备享受自由港政策返还17%的增值税，在超前发展区内可享受增值税、企业所得税减免返还等政策，支持企业在俄购买、租赁土地，主要从事大豆、玉米、小麦、燕麦等农作物种植以及生猪和奶牛畜牧养殖，年产玉米7万吨、大豆5万吨、燕麦草1万吨。

完善平台资质功能，优化农产品“贸易端”。绥芬河片区具有粮食进口指定口岸资质；招引深圳盐田港集团股份有限公司开通“中外中、中外外”航线，推动铁路口岸敞车回运俄粮；发挥综合保税区和互市贸易区政策优势，建设国内唯一的对俄铁路互贸点，招引黑龙江省交通投资集团建设互贸（国际）物流加工园区，建设专业化粮食和油料类加工区，构建产业融资平台，破解长期困扰沿边中小企业的融资难题。

推动产业项目建设，深化农产品“加工端”。绥芬河片区全力构建“头在境外、尾在境内”的跨境农业产业链条，打造“粮头食尾”“农头工尾”的境内外联动模式，依托互市贸易免关税和进口环节增值税，保税区进口农产品免配额及加工后产品按实际状态征税等政策，围绕小麦、大豆、亚麻籽、混合饲料、食品等重点方向，大力发展粮食精深加工产业，在综合保税区建立农牧产品加工基地，年产10万吨玉米压片、10万吨豆油、42万吨混合饲料。

实践效果：

拉动了口岸贸易增长。2021年，绥芬河口岸进口粮食类商品63.2万吨（其中车皮23.2万吨，集装箱40万吨），铁路互贸点进口粮食类商品9.35万吨。

形成了地区产业名片。重点发展大豆、玉米、小麦、亚麻籽、油菜籽等深加工产业，培育精酿啤酒、俄麦挂面、非转基因饲料、绿色粮油等地区产品名片。

打造了跨境农业产业集群。通过探索中俄农业产业合作跨境联动发展模式，绥芬河片区集仓储交易、保税加工、委托加工、研发制造为链条的“境内外联动、上下游衔接”的跨境农业产业集群基本形成。

下一步工作思路：

下一步，绥芬河片区将继续鼓励金融机构与远东发展部门加强信息沟通，加大对境外农业投资企业的信贷支持力度；将进一步推进技术创新体系建设，扶持境外投资企业扩张产业链、产品链和技术链；加快发展“电子商务+境外农业”，推动境外农业种养殖企业开展线上直播销售业务；鼓励和扶持中方企业联合组团租赁土地，与俄方大型农业企业合资经营，实现中俄资源、资本、市场、技术、人才等要素优化整合。

四、大事记

2022年1月5日　黑龙江自贸试验区发布第四批20项省级创新实践案例，包括政府职能转变、贸易转型升级、金融开放创新、法律服务建设、知识产权保护、人才服务创新六个领域，省级创新实践案例达到100项。

2022年1月6日　黑龙江省商务厅（自贸办）举办自贸试验区对接国际高标准经贸规则专题培训。

2022年4月13日　印发《3个新设中国（黑龙江）自由贸易试验区协同发展先导区建设实施方案》，组织实施哈尔滨江北一体化发展区和经开区、大庆经开区和高新区首批协同试点工作，打造“以自贸试验区为一体，三个片区和协同先导区为两翼”的“一体两翼”开放新格局。

2022年4月27日　黑龙江自由贸易试验区发布第五批20项省级创新实践案例，包括政务服务、数字治理、贸易便利化、金融创新、产业培育、法律服务、综合改革等七个领域，省级创新实践案例达到120项。

2022年6月27日—7月4日，黑龙江省商务厅（自贸办）对三个自贸片区2021年度建设情况进行实地考评，推动自贸试验区以评促建工作。

2022年8月30日　围绕自贸试验区建设三周

年，举办“最北自贸试验区 奋力谱写新篇章”系列推广活动，树立“最北自贸试验区”品牌形象。

2022 年 9 月 16 日　黑龙江省自贸办与广西、云南省自贸办共同签订《沿边自由贸易试验区协同创新发展框架协议》，探索沿边开放合作新模式，助推沿边开放开发水平不断提升。

2022 年 11 月 5 日—10 日　黑龙江省商务厅（自贸办）在上海中国国际进口博览会期间举办“黑龙江这十年·对外开放”成就展，以自贸试验区为特色，集中展示全省对外开放成就。期间，召开中国（黑龙江）自由贸易试验区成立三周年营商环境评估报告发布会，向投资者呈现黑龙江自贸试验区营商环境工作成效。

2022 年 11 月 16 日　黑龙江自由贸易试验区发布第六批 20 项省级创新实践案例，涵盖优化政务服务、投资贸易便利化、金融创新、培育新动能、跨境合作等五个领域，省级创新实践案例达到 140 项。

2022 年 11 月 22 日　黑龙江省外事办举办中国（黑龙江）自由贸易试验区线上推介会。

2022 年 12 月 19 日　中国（黑龙江）自由贸易试验区以“龙粤携手　共创商机”为主题，举办中国（黑龙江）自由贸易试验区广东招商推介会。会上进行龙粤项目签约仪式，龙粤自贸区共签约项目 6 个，项目金额 25.5 亿元。

2022年中国（北京）自由贸易试验区建设概况

中国（北京）自由贸易试验区（国家服务业扩大开放综合示范区）工作领导小组办公室

刘梅英

中国(北京)自由贸易试验区(国家服务业扩大开放综合示范区)工作领导小组办公室专职副主任

刘梅英，女，1978年2月生，汉族，江西赣县人，2003年7月参加工作，2000年4月加入中国共产党，中国矿业大学企业管理专业研究生毕业，中国矿业大学管理科学与工程专业在职研究生，管理学博士学位，副研究员。

现任北京市商务局党组成员、中国（北京）自由贸易试验区（国家服务业扩大开放综合示范区）工作领导小组办公室专职副主任。

一、经济运行数据

（一）投资情况

2022年，中国（北京）自由贸易试验区（以下简称北京自贸试验区）新设立企业17 390家，比上年下降1.52%。新设立外商投资企业247家，比上年下降51.95%；合同外资金额175 932万美元，比上年下降1.36%；实际使用外资金额84 319万美元，比上年下降28.92%。

2022年，北京自贸试验区共填报入库外资项目277个，主要来源于科技服务118个、健康医疗服务30个、商务服务25个和专业服务25个。其中重大项目57个，主要来源于科技服务33个、商务服务9个、高端产业3个和健康医疗服务3个。

2022年，新设立境外投资企业65家，比上年下降35%；新增中方协议投资额90 084.46万美元，比上年下降44.94%；区内企业中方实际投资额41 283.28万美元，比上年下降4.24%。北京自贸试验区"走出去"企业对外直接投资4.13亿美元，主要投资目的地是中国香港、开曼群岛，主要投资行业为科学研究和技术服务业，信息传输、软件和信息技术服务业。

实现税收收入1 261.4亿元，比上年增长4.20%。

（二）贸易情况

2022年，北京自贸试验区货物进出口总额3 382.46亿元，比上年下降13.36%。其中，货物进口额2 371.54亿元，比上年下降10.18%；货物出口额1 010.91亿元，比上年下降20.01%。

按贸易方式统计，北京自贸试验区货物贸易出口额中，一般贸易占比为53.93%，加工贸易占比为12.38%，其他贸易方式占比为33.69%；进口额中，一般贸易占比为56.72%，加工贸易占比为2.99%，其他贸易方式占比为40.29%。

按企业性质统计，北京自贸试验区货物贸易出口额中，国有企业占比为43.47%，外资企业占比为43.85%，民营企业占比为12.68%；进口额中，国有企业占比为16.80%，外资企业占比为49.83%，民营企业占比为33.36%。

按商品类别统计，北京自贸试验区主要出口商品为燃料油和液晶显示板，出口额占比分别为25.56%、5.74%；主要进口商品为药品和新冠抗原诊断试剂，进口额占比分别为12.36%、8.22%。

按国别市场统计，北京自贸试验区货物贸易前三大主要出口目的地为中国香港、日本、美国，出口额占比分别为17.63%、10.37%和7.77%；前三大进口来源地为日本、德国、爱尔兰，进口额占比分别为27.89%、13.98%和9.82%。

2022年，北京市服务进出口总额1 472.9亿美元，比上年增长6.3%；其中，服务进口额830.3亿美元、增长10.2%，服务出口额642.6亿美元、增长1.7%。主要得益于知识密集型服务贸易稳定增长，知识密集型服务进出口额726.6亿美元，增长4.1%，占服务进出口总额的比重达49.3%。分行业看，运输，其他商业服务，以及电信、计算机和信息服务行业规模最大；运输，保险，以及电信、计算机和信息服务行业增速最高；保险，建筑，个人、文化和娱乐服务行业占全国同类别比重最高。

（三）金融情况

2022年，北京自贸试验区新增金融机构14家，其中新增持牌金融机构11家、非持牌金融机构3家。跨境双向人民币资金池业务结算量160.22亿元，跨境人民币计算金额6 034.28亿元。

（四）创新情况

2022年，北京自贸试验区新增高新技术企业2 866家，营业收入4 410.3亿元。新增专利授权4 508件。

（五）其他

外向型经济特征显著。截至2022年底，北京自贸试验区规模以上企业中，外商投资企业1 058家，占比为22.4%，是全市外商投资企业数量占比的2.1倍；规模以上外商投资企业营业收入1.1万亿元，占北京自贸试验区营业收入的48.9%，规模以上外商投资企业户均营业收入10.6亿元、利润额5 101.3万元，分别是北京自贸试验区平均水平的2.2倍和1.3倍。

企业研发强度持续提升。2022年，北京自贸试验区规模以上企业研发费用比上年增长11.9%，比全市平均增速高1.3个百分点；研发强度（研发费用/营业收入）为2.5%，比全市平均水平高0.2个百分点。

创新型企业发展态势良好。2022年，北京自贸试验区503家规模以上“专精特新”企业实现营业收入1 159.2亿元，比上年增长5.9%，高出全市“专精特新”企业平均水平4.3个百分点；442家规模以上科技服务业企业实现营业收入770.6亿元，比上年增长2%，高出全市规模以上科技服务业平均水平1.1个百分点。

二、建设措施及成效

2022年，中国（北京）自由贸易试验区（国家服务业扩大开放综合示范区）（以下简称“两区”）建设着眼增强显示度，国家批复任务实施质效加速释放，梯度制度创新格局逐渐形成，市区联动的招商引资体系持续优化，重点园区（组团）承载能力有效提升，在国家服务业扩大开放试点示范评估中以90.3分名列参评省市第一位，18项制度创新案例向全国复制推广，高水平开放和持续改革的动力源更加强劲稳定。

（一）落好批复试点任务“金种子”，点面结合释放新质效

难点政策落地取得新突破。支持人类遗传资源服务站在京开展业务、在京设立国家金融科技风险监控中心、汽车平行进口试点、将符合规定的部分艺术品进口关税税率降为零等一批国家事权政策获批，截至2022年底，国务院批复的3至5年期251项任务中，已落地实施244项。

高含金量政策扩面增效。技术转让所得税优惠政策减免税额增长近2倍，惠及40余家企业，减免税额超5亿元；公司型创投企业所得税优惠政策单笔为企业减免税款943余万元；高新技术企业“报备即批准”政策试点企业190家，较常规流程压缩80%以上；北京股权投资和创业投资份额转让平台累计上线基金份额转让项目36单，上线基金份额96.88亿份；知识产权保险试点覆盖北市472家企业的4 818件专利，保障金额超过53.6亿元；本外币合一银行结算账户体系试点，累计新开账户近3 000户；本外币一体化资金池试点企业扩至15家，保持全国领先，累计为企业节约成本1.5亿元。

突破性政策迭代升级。深化外债便利化改革试点，出台6项资本项目便利化改革试点政策，将外债一次性登记试点实施范围由中关村海淀园扩大至北京自贸试验区，首创非金融企业多笔外债共用一个外债账户；出台新视听改革创新发展15条举措；率先在全国实现机动车、船舶、知识产权担保信息统一查询服务；落地全国首个认股权综合服务试点，进一步拓宽科创企业融资渠道；金融科技创新监管试点全国领先，发布4批23个金融科技创新应用，3个创新应用率先在全国“出箱”；在全国率先开展保险领域金融科技监管沙箱试点；营利性外商投资职业技能培训机构办学管理办法正式实施；升级境外职业资格认可、职业资格考试、人力资源开发“三个目录”，进一步拓展人才引进的行业和渠道，近百名境外人员获得相关职业资格证书。

（二）耕好政策制度“试验田”，守正创新开辟新局面

全产业链开放收效明显。科技创新方面，首次出台支持外资研发中心设立和发展的相关规定，认定英特尔等29家外资企业为本市首批外资研发中心；国际科研活动开放合作不断加深，北京蛋白质组研究中心与14家国际机构签署合作谅解备忘录；国际科技成果转移转化更加顺畅，中德产业合作双中心、阿拉伯进出口商业联合会中国运营中心等组织相继揭牌落地。数字经济方面，北京大数据交易所数据交易规则体系不断完善，设立数据资产登记中心，发布《数据资产登记指引》，落地全国首笔1 000万元数据资产评估质押融资贷款；成立全国首个国际数据交易联盟；设立全国首家数字经济地方标准化非法人技术组织；涉企信用信息共享平台“京津冀征信链”、北京数据托管服务平台等全国首创性平台建成投用；数据出境取得突破，推动医疗、金融、民航等5大行业重点企业完成数据出境风险自评估，落地全国首个成功评估出境案例。生物医药方面，开展生物医药研发用物品进口“白名单”制度试点，设立药品医疗器械创新服务站，支持外资企业转化进口第二类医疗器械在京申请注册；成功获批我国首家通过“生物样本库质量和能力认可”现场评审的第三方生物样本保藏服务平台；创新性搭建“保税+特殊物品集中查验”新平台；国内首家国际研究型医院通过竣工验收，研究型病床已达3 000张；跨境电商销售医药产品试点企业已达6家，验放清单400余万单，涉及金额4.3亿元。绿色金融方面，首次提出我国金融机构应对气候变化的国际性倡议——《气候友好银行北京倡议》；密云区、通州区气候投融资试点成功获批；中欧绿色与创新产业协会登记设立；“STOXX中国邮政储蓄银行A股ESG指数”成功推出，全球多币种“碳中和”主题境外绿色债券成功发行；北京首单CCER（国家核证自愿减排量）抵质押贷款、首支百亿规模绿色基础设施投资基金、首单绿色（碳中和）商业房地产抵押贷款支持证券（CMBS）等落地。

全环节改革亮点纷呈。知识产权方面，在全国率先为创新药发明专利申请人向外国申请专利开辟保密审查绿色通道备案，审查周期由一个月压缩至一周内；率先建成海外知识产权公共服务信息库；推动WIPO GREEN（联合国世界知识产权组织全球绿色技术平台）城市加速项目在中国的首个试点落户北京；构建行政和司法双保护模式，试点将专利侵权纠纷裁决下放到自贸试验区各组团，为企业提供全方位专利维权保障。国际人才方面，落地全国首个事业单位聘用外籍人员试点；实施外籍人才来华工作许可和居留许可“两证联办2.0模式”，将办理时间压缩至5个工作日内，对于重点引进的外籍顶尖人才实现两证“立等可取”；下放外国高端人才（A类）自主认定权，将66家重点创新主体纳入“白名单”单位；“1+X+17+N”外籍人才服务工作网络进一步推进，已在11个区建成21个外国人来华工作服务站厅。跨境贸易方面，全市首个国家级进口贸易促进创新示范区获批；国家级服务出口基地达 14 个，数量居全国首位；开通“企业单证保管箱”，400 余家企业使用，存证管理十多类近 250 万条业务单据信息；打通“空海陆邮”通道，空港口岸提货时间节约 50%；建设大兴机场与首都机场“双枢纽”电子货运平台，两场通关物流数据实现全程共享；实施“船边直提、抵港直装”改革，2 000 多家企业开展该业务，直提率、直装率分别达到 23.91%和 14.15%。投资便利化方面，在全国率先试点开展施工许可告知承诺审批、消防验收告知承诺审批、联合验收“一口受理”，进一步推进工程建设项目全流程“多测合一”改革；支持自贸试验区内符合条件的财务公司取得衍生品业务资质，中油财务有限责任公司等 4 家财务公司取得远期结售汇业务资质；演出经纪机构从事营业性演出活动审批事项的承诺办理时限统一缩减至 10 个工作日内；“一站式”办理不动产登记与水电气过户举措在自贸试验区先行先试。国际收支方面，优质企业贸易外汇收支便利化试点工作扩容增效，11 家试点银行为 98 家试点企业累计办理便利化试点业务近 6.1 万笔，涉及金额超 2 000 亿美元；中关村外债便利化试点扩容升级，惠及 107 家高新技术企业；简化合格境外有限合伙人（QFLP）制度外汇管理，北京两家企业已获批 4 亿美元试点额度。对接 RCEP 方面，上线 RCEP 经贸规则一点通系统，帮助企业便捷享受关税优惠政策红利；在重点园区建设 RCEP 创新服务中心，打造 AEO 高级认证孵化基地；落实 RCEP 缔约国快运货物通关 6 小时内放行便利措施，为 123 家企业签发 RCEP 证书 2 630 份，助力企业享受境内外关税优惠超过 1 300 万元人民币。

政策会诊活力初显。离岸贸易方面，出台离岸贸易专项支持政策，搭建“京贸兴”新型国际贸易公共服务平台，接入 140 个国家海关报关数据、全球 99%船舶数据、99%合规性数据；新增 8 家离岸贸易企业落地。时尚消费方面，北京市 4 家企业成为北京市平行车进口试点企业，一家企业成为试点平台。落实离境退税政策，促进离境退税商店同比增长 40%，数量超过 1 000 家，居全国领先，52 个市级重点商圈覆盖率 100%。文化贸易方面，将港澳服务提供者在自贸试验区投资设立旅行社的审批权限下放至所在区；高标准创建国家文化与金融合作示范区，打造文化金融“生态圈”；引进里森画廊等国际顶级画廊；北京“文创板”平台线上汇聚文化企业 1 万余家，对接融资超过 300 亿元。美丽健康方面，引入日本化妆品检定协会驻中国首家办事处及运营公司；2022 年新注册落户昌平企业 24 家；美妆直播基地已入驻企业及 MCN 机构（网红经纪公司）15 家，开设直播场次 230 余次，交易金额超 3 000 万元。

（三）打好招商引资“组合拳”，市区联动激发新动能

项目招引声势强劲。一是招商渠道向多维度拓展。首次编制印发投资促进中长期规划，印发实施投资促进数字化转型发展行动计划；开展“投资北京全球合作伙伴”工作，首批 8 家合作伙伴正式授牌；在英国、比利时、以色列等国家地区建立 10 家“两区”全球联络站，推动“两区”推介体系化建设。二是精准化保障机制逐步完善。企业服务管家工作管理办法正式印发，进一步明确了服务要求和规范；建立市级服务外资企业工作专班，形成了接诉、办理、督促、反馈的闭环工作体系；针对 105 个招商引资重大项目，建立市领导调度工作机制，组建市、区联合项目组，形成常态化沟通机制。三是立体化宣传体系不断优化，上线运行“两区”政策导航平台；持续开展“两区”链接全球、“两区”大讲堂、主题沙龙等境内外宣介活动，累计举办近 200 场。组织召开系列新闻发布会，精心打造 1 集深度专题报道和 10 集重点园区纪录片，在凤凰卫视等媒体播出，收视人数达 3.37 亿。

项目质量不断提升。瑷瑞（北京）新能源产业发展有限公司新设项目等 104 个 5 000 万美元以上外资大项目在京聚集。新一批标志性项目落地，如“中亚三国”首家在华银行代表处、沙特达兰卡集团亚太区总部、德国特瑞拓工业数控中国区总部、全国最大城商行的理财子公司——北银理财有限责任公司等陆续落地；全市首家外资私募证券投资基金管理人完成登记。

开放型经济逆势攀升。2022年，在国际关系面临深刻调整、国内新冠疫情波动的大背景下，北京市实际使用外资金额174.1亿美元，比上年增长12.7%，高于全国增速4.7个百分点；北京市企业全年对外非金融类直接投资金额69.29亿美元，比上年增长5.3%，高于全国增速2.5个百分点；北京市外贸进出口总额3.6万亿元，比上年增长19.7%，创历史新高，高于全国12个百分点。

（四）建好开放发展“主阵地”，多点支撑打造新样板

园区整体建设基础不断夯实。在体制机制改革方面，海淀区、顺义区积极探索建立“管委会+运营公司（平台）”模式；昌平区、大兴区、延庆区、经开区等制定完善了招商引资平台激励办法。在功能提升方面，“六单”管理模式全面施行，20个园区共梳理政策清单334条、空间资源清单1 404.9万平方米、目标企业清单933家、企业诉求清单336条、政策建议清单359条、政策收获清单151条、项目收获清单722个。在招商服务体系建设方面，丰台区建立产业招商地图，实现精准招商；经开区、大兴区创新建立海外招商工作站，搭建境外招商平台；中关村朝阳园上线“赋能站”小程序；石景山组建10亿元规模的现代创新产业基金。

差异化探索有了新进展。海淀组团中关村科学城获评知识产权服务领域特色服务出口基地；实施住所标准化等级和“集群注册”，600余个区块链政务服务应用场景落地。昌平组团全力打造“一站一室一厅一平台一中心”的自贸服务体系；飞镖国际创新平台项目一期项目投入运营，已入驻12家生物医药企业。朝阳组团第四使馆区总体建设方案获得国家批复；落地全市首个“B&R · RCEP创新服务中心”。顺义组团成立首都机场临空经济区（天竺综保区）管委会，推动波音维修基地、博乐德艺术空间等一批特色产业项目落地。通州组团落地全国首个元宇宙数字艺术产业园；成立全球ESG投融资研究中心。大兴组团落户全市首家“中外合一、多证综办”的出入境一体化综合服务厅；设立数据跨境安全与产业发展协同创新中心。亦庄组团建设“两区”政务服务中心，打造国际化营商环境生态。东城、西城、门头沟围绕数字文创、金融科技、人工智能等产业特色，着力推进“数字隆福寺”“数字人民币示范街区”“中国京西智谷”建设。房山、平谷、怀柔分别打造服务全国的第三方自动驾驶测试平台、数字农业联合创新中心、全国首个基于区块链应用的影视全栈式一体化线上服务平台。

综合保税区建设升级扩容。天竺综合保税区二期围网完成海关总署备案批复；在全国率先实施卡口智能化监管创新试点；ATCC（美国菌种保藏中心）亚太菌种库、亚洲细胞库等生物资源库入驻综合保税区，新增上下游企业、机构等6家，辐射带动科研、制药等企业20余家；罗尔斯—罗伊斯在中国大陆首家合资维修公司在区内落地。大兴国际机场综合保税区进入实质化运营，成功引进南洋投资、上海医药、首航航材等一批优质项目，区内已注册企业107家，已完成进出口额约3亿元人民币，实际使用外资金额1 450万美元。中关村综合保税区申报已启动，北京科兴生物制品有限公司等42家企业有入区意愿。亦庄综合保税区新选址有序推进。

类海外环境产业园区呈现新面貌。中德产业园布局发展新能源智能汽车、智能装备、数字经济和先进制造服务业的“3+1”产业，吸引奔驰、宝马、Ameco等90家德企入驻，总投资近400亿元，汇集德籍高管及工程师120余人。中日产业园与中国驻日大使馆、日本贸易振兴机构等国际商协会及大型商社建立招商合作机制，已落地外资企业60家，国际合作项目35个；落地北京首个知识产权保险工作示范园区与巡回审判法庭，引入国际知识产权服务机构。

三、创新成果及案例

案例 1：北京大兴机场成为重大工程建设的绿色样板

主要做法：

一是坚持新发展理念。大兴机场从建设之初就注重绿色建设，秉持新发展理念，推进全周期绿色建设。大兴机场研究编制并印发了系列绿色建设纲领性文件，确保绿色理念在机场全寿命期中在各功能区全方位贯彻落实。进入运营期，大兴机场发布了《北京大兴国际机场绿色机场建设行动计划》，制定了绿色机场“十四五”规划、运营期绿色机场推进方案，决战决胜蓝天保卫战，重点推行能源精细化管控，继续打造运营期绿色机场亮点。

二是创新驱动发展。大兴机场注重科技创新，承担国家科技支撑计划课题 3 项；民航科技重大专项 5 项。为行业标准建设作出一定贡献。根据工程建设需要，开展了海绵机场构建、大型耦合式地源热泵系统关键技术等 20 多项绿色技术的工程化应用研究，实现科技成果在建设中的落地。

三是推进标准制定。编制《绿色航站楼标准》《绿色机场规划导则》《民用机场绿色施工指南》等三项行业标准，已由民航局正式颁布实施，其中《绿色航站楼标准》入选中国向“一带一路”国家推荐的 10 部民航标准，编制的适用于全球的《绿色机场评价标准》充分体现了大兴机场对于行业绿色发展的引领与示范带动作用，为全球民航贡献“中国智慧”。

特色亮点：

北京大兴国际机场提出“一增、一减、一中和”的低碳工作思路：增加供给侧绿色能源占比、减少消费侧能源消耗与碳排量、针对中间差值部分积极推进碳中和，建成单体面积最大的绿色三星航站楼、民航首个“海绵机场”等一批示范工程，取得一系列标准、规范、论著、奖项成果，积极开展生态文明宣传，建成民航首个绿色发展教育基地，在中国绿色低碳机场建设发展史中具有里程碑意义。

实践效果：

一是普及绿色建筑。大兴机场 100%按绿色建筑标准建设。其中，70%以上的建筑达到中国最高等级的绿色建筑三星级标准。绿色航站楼荣获中国最高等级的绿色建筑三星级设计认证和节能建筑 AAA 级设计认证，航站楼能耗低于 29. 51 千克标准煤每平方米，比国家公建节能标准提高 30%，每年减少二氧化碳排放 2. 2 万吨。

二是应用可再生能源。第一，地源热泵供能。以景观湖作为集中埋管区，形成稳定可靠的地源热泵系统，可满足周边 257 万平方米建筑的供暖制冷需求。大兴机场持续推进一期续建项目地源热泵覆盖，在卫星厅前期工作中，同步开展应用研究，探索将地源热泵用于航站楼供能，供能面积约 45 万平方米。第二，太阳能光伏发电。在停车楼、能源中心及飞行区侧向跑道旁等区域大力推进太阳能光伏系统建设，全场装机容量 7 兆瓦。全部投用后，可实现年节约标准煤 1 900 吨。2022 年，公共区停车楼屋顶光伏发电项目实现并网发电，全年累计发电超 270 万千瓦时。第三，使用绿色电力。大兴机场积极参与绿色电力交易，使用来自青海省、山西省的水电、风电及太阳能绿色电力。

三是以电代油应电尽电。第一，新能源汽车。截至 2022 年底，大兴机场飞行区内共有民航牌照汽车 2 025 辆，其中新能源汽车 1 594 辆，占比为 79%，新能源车辆占民航总体的新能源车辆的 20%，在国内外机场中遥遥领先。同时，配套建设充电桩 500 余个，方便车辆就近充电。第二，飞机地面空调及供电。大兴机场所有近机位全部配备地井式飞机地面空调和 400Hz 静变电源系统，可保障飞机在停靠港湾期间，关闭飞机辅助动力系统（APU）发动机，降低燃油消耗。

四是科技引领高效运行。全向型跑道。充分利用空地一体化运行仿真技术、优化设计，在国内首创带有侧向跑道的全向跑道构型，可实现东、西、南、北全方向飞行，有效减少航线绕行带来的燃油消耗，同时还能降低噪音对城区的影响。飞行区建设高级地面引导系统（A-SMGCS），整体达到国际民航组织（ICAO）规定的IV级标准。2022年飞行区A-SMGCS全场景应用平台建设进入试运行阶段，实现航空器机位需求与高杆灯智能联动，累计节电超500万千瓦时。

五是加强生态环境保护。环境监测。大兴机场在红线外布设32个噪声监测点，在红线内建设2座空气质量监测主站，17座监测子站，实现对周边噪声影响及场区空气质量的实时监测，并开展后评估，辅助行业及地方主管部门进行决策。海绵机场。通过建设机场内“池、渠、湖”形成调蓄容量330万立方米，雨污分离率、污水处理率、污水回用率均达到100%。通过雨水、中水等循环利用，实现非传统水源利用率30%。2022年，航站楼内雨水回收系统启用，应用于景观补水，累计节约用水约5 000吨。除冰液再生。大兴机场建成全国首套除冰废液及再生设施，除冰废液内有效物质回收利用率可达90%以上。

案例2：探索建立碳资产综合监测管理模式

主要做法：

充分发挥市场化力量，大力推进低碳引领项目建设。北京自贸试验区通州组团（以下简称通州组团）创新实践社会资本投资与引领机制，与国家能源集团建立战略合作，高效推进投资建设综合智慧能源项目，该项目是集屋顶光伏、地源热泵、新型储能为一体的综合智慧能源项目。依托国家能源集团在智慧能源项目建设、运营管理方面的丰富积累，保障零碳园区的高质量建设，为城市副中心引导用户侧负荷参与市场化需求响应、“做低碳引领者”建设目标试点创新了建设模式，探索了实施路径。

相比于国内以政府和地区电网公司为主的建设和运营模式，通州组团由供能方投资建设电源及数字化能源管理系统，由投资方和用能方共同对工程建设、数字化智能化运行情况进行监督，提高项目运行带来的额外收益，并实现收益共享，提高双方参与度，保障项目的高效运行和规模化发展。

特色亮点：

碳资产综合监测管理平台实现碳耗追踪。碳资产综合监测管理平台物联接入多类能耗表计，可实现试点区域实时能耗和碳耗的追踪，自动进行碳排放量计算，实现碳排放监测、碳配额分配、碳核查、碳交易、绿证交易等全流程碳管理服务，确保碳管理全流程安全、可追溯、可信赖。同时，该平台可根据试点区域能源碳足迹，实时跟踪碳排放、碳减排情况，并基于强大的数据质量分析与治理能力，设定、优化碳中和路径，为我国综合智慧能源行业零碳服务树立新标杆。

推进能源改革，保障供能系统高效运行。为保障电力资源综合高效调动、实现智慧化管控，通州组团探索搭建综合智慧能源控制中心。该控制中心可充分调动试点区域内所有分布式发电设施、储能设施和地源热泵等柔性负荷资源，通过电力市场化机制提升负荷侧灵活调控能力，服务电网安全稳定运行，加速新能源的本地化利用，实现试点区域“源—网—荷—储”一体化协同控制和电力自补给，降低区域内综合能耗及碳排放指标。

实践效果：

项目入选2021年9月国家能源局首批整县（市、区）屋顶分布式光伏开发试点名单。试点区域综合智慧能源控制中心屋顶光伏部分在2021年底正式投入运行。项目全部建成后预计每年可生产绿电约3 500万千瓦时、减排二氧化碳3.48万吨。同时，综合智慧能源控制中心配套建设了响应速度快、运行灵活的电池储能环节，可参与电力市场调峰等辅助服务，从而实现用户侧需求响应，完善规范储能电站价格形成机制，为探索和完善电力市场定价机制提供参考。

案例3：创新生态环境正面清单 探索差异化监管新模式

主要做法：

2021年7月，《北京市生态环境监督执法正面清单管理暂行办法》印发实施，提出将污染小、吸纳就业能力强等高新企业优先纳入生态环境监督执法正面清单。北京自贸试验区海淀组团（以下简称海淀组团）企业成为优先考虑的对象。

海淀组团按照《关于加强自由贸易试验区生态环境保护推动高质量发展的指导意见》（环综合〔2021〕44号）要求实施生态环境监督执法正面清单。经过科学论证和遴选，将中国资源卫星应用中心、科美诊断技术股份有限公司、大唐微电子技术有限公司等20家单位纳入生态环境监督执法正面清单。

被纳入正面清单并不是意味着企业不会受到处罚。为避免企业“大错不犯、小错不断”，海淀组团针对企业不同情形细化了管理规定，探索创立“首犯提醒、首违不罚”机制，对清单内企业出现一次轻微免罚行为将书面提醒1次，在一个自然年度内累计两次则立刻移出清单，并且原则上3年内不再将其纳入。对于清单内因管理不善导致超标排放且未主动报告，或存在恶意偷排、篡改台账记录、逃避监管等恶意环境违法行为的企业，将依法严肃处理，立即移出清单且永不得再次纳入，列为“双随机、一公开”特殊监管对象，并向社会公开。

特色亮点：

对于纳入清单的企业，海淀组团充分利用在线监控、视频监控、遥感、热点网格、用能监控、大数据分析等科技手段开展非现场检查。执法人员定期通过电话或视频的方式联系企业，对企业的污染物排放及产废情况进行摸排掌握。

不同于现场检查往往涉及多个部门，对企业生产影响较大。执法人员通过各种科技手段及电话视频等方式开展非现场检查，只需与企业相关负责人进行对接即可。降低现场检查对企业正常生产的影响，切实减轻企业负担。

2021年9月正面清单实施以来，共对清单内20余家企业进行非现场检查70余家次，大大提高执法人员与企业的沟通效率，既保证了差异化监督监管、夯实监管执法效能，又能将有限的执法资源集中于主观恶意排污、违法犯罪的企业。

实践效果：

在强化监管执法的同时，寓服务于监管，切实解决企业痛点难点。通过开展环保法律法规讲解、重点问题答疑等方式，助力提升企业废气、废水、危废规范化和精细化管理水平。

海淀组团多家正面清单企业是生物医药类研发公司，这些公司拥有多间实验室，实验室的环境管理问题往往成为企业管理的难点。针对企业这一痛点，海淀组团对医药研发生产单位进行了环境法律法规培训，现场通过法规培训、发放法律法规宣传册、答疑解惑、环保问题互动、业务指导等形式，使企业充分了解保护环境对企业发展的重要性。

对于正面清单企业开展的一系列帮扶行动，大大激励了企业的环保热情，让企业负责人意识到只有做好环境保护设施的运行管理、确保企业污染防治设施稳定运行、污染物稳定达标排放，企业才能取得更长远的发展。

案例4：向全球发布《气候友好银行北京倡议》 推进绿色金融与可持续发展

主要做法：

一是立足国内，对标国际，凝聚发展共识。北京市地方金融监督管理局联合中国工商银行组建《气候友好银行北京倡议（草案）》编制团队，遵循《巴黎协定》《联合国可持续发展目标》等国际共识，广泛吸收中国在气候与环境治理、生态文明与可持续发展等领域的积极成果，围绕金融机构气候友好愿景目标和战略规划、公司治理、企业文化、投融资策略、全面风险管理体系、信息披露制度、可持续发展路径、国际合作等八个方面，统一行动框架，为金融机构参与和融入全球气候治理提供行动坐标。

二是充分研讨，严谨论证，争取积极支持。《气候友好银行北京倡议》文本形成后，北京市地方金融监督管理局会同中国工商银行组织多轮次、多视角、多领域专题研讨，突出金融服务的使命和责任，汇聚全球学界、业界集体智慧，求同存异、与时偕行。先后邀请中国人民银行、中国银保监会、中国证监会司局级专家，联合国环境署、世界自然基金会、亚洲基础设施投资银行、中国环境科学学会气候投融资专业委员会、“一带一路”绿色发展研究院、北京创绿研究院、部分外资金融机构等资深专家，围绕倡议内容、表达方式、国际影响等深入研讨论证，并征求了国家发展改革委和外交部意见，获积极支持。

三是重磅宣推，密集传播，提高倡议国内国际影响力。组织人民网、新华社、《北京日报》、北京电视台、《金融时报》、《中国证券报》等权威媒体和专业媒体，通过密集、持续、联合报道，提高《气候友好银行北京倡议》国内外认知度和影响力。在中国银行业协会组织的“银行业十件大事”评选中，《气候友好银行北京倡议》获评“2021 年银行业十件大事”之一。

特色亮点：

一是开创性提出国际性倡议，彰显大国首都金融责任担当。据统计，在已发布的 16 个国际气候类倡议中，尚没有中国主导发起的倡议。作为国家金融管理中心，北京理应在践行习近平生态文明思想，服务可持续发展，融入和参与全球绿色金融治理等方面积极作为、率先行动。《气候友好银行北京倡议》的推出，是积极贯彻落实中央“双碳”目标和深入实施绿色北京城市战略的重要举措，也是立足国家金融管理中心功能定位、推动绿色金融国际合作、促进我国深度参与全球金融治理的积极探索。

二是高规格对外发布，推动构建气候友好的金融治理体系。全球系统重要性金融机构是全球金融体系的重要支撑，承担着全球资金配置、信息交互、风险防控的重要职能。2021 全球系统重要性金融机构会议围绕应对全球气候挑战进行了深度交流和广泛探讨，并向全球发出《气候友好银行北京倡议》，对全球系统重要性金融机构增进绿色发展理念，统一行动框架，形成互促互鉴的治理机制具有重要意义；进一步凸显倡议的高规格、国际性、引领性，为推动构建气候友好的金融治理体系作出积极贡献。

实践效果：

一是倡议理念进一步深化推广。北京市地方金融监督管理局积极推广《气候友好银行北京倡议》，联合中国人民银行营业管理部等 7 部门发布《“两区”建设绿色金融改革开放发展行动方案》，将“推广《气候友好银行北京倡议》理念，积极拓展绿色金融国际合作空间”作为具体任务措施，促进国内外金融机构深度参与全球绿色金融治理，推动北京市绿色金融领域改革发展取得显著效果。绿色金融国际交流合作不断加强，北京城市副中心中欧绿色与创新产业协会成功在京落地。

二是倡议理念落实取得积极进展。《气候友好银行北京倡议》发出以来，有效推动金融机构更加重视绿色发展。辖内金融机构践行主体责任，强化环境信息披露报告，完善绿色金融组织体系，持续创新绿色金融产品与服务。2022 年，北京市绿色信贷余额达 1.5 万亿元，比上年增长 36.4%；北京市非金融企业（含央企）全市场发行绿色金融债券超 1 900 亿元，发行量居全国首位；碳市场各类碳排放权产品累计成交 9 848.87 万吨，成交额 34.88 亿元，试点碳配额成交均价居全国第一。

案例 5：保税功能助力国际文物艺术品贸易新业态发展

主要做法：

一是创新开展国际文物艺术品保税展览展示。国家对外文化贸易基地（北京）（以下简称北京基地）拿出 1.5 万平方米展示空间搭建艺术品保税共享平台；汇集国内外知名拍卖行、艺术品机构及藏家，举办北京艺术双年展、国际艺术品博览会等活动，同步进行线上展览，打造“永不落幕”的国际文物艺术品博览会。北京基地已完成文物鉴定中心、文物修复中心、考古新发现博物馆、数字敦煌艺术馆等建设，创新开展文物艺术品沉浸式情景互动体验、区块链存证等业务，为国际展览机构提供文化贸易全流程服务。

二是利用保税功能服务线上拍卖。基地建设普通、精品、博物馆等各级别保税仓储设施近万平方米，出租率长期保持在90%以上。部分实现远程访问、网络监控、数据采集、控温控湿等功能的智慧库房货物仓储周转率达到。同时，北京基地充分利用保税政策创新文物艺术品线上交互式展览和拍卖，全面降低企业运营和管理成本。

三是搭建文物艺术品全球集货平台。通过与国外顶级艺术品贸易机构和物流公司合作，聚合全球文化艺术品贸易企业优势，借助已有服务渠道，建立覆盖全球的集货网络，服务网点遍布欧洲、北美洲、东南亚等50多个国家地区、200多个城市，可提供全球主要城市的文物艺术品门到门服务，从而实现文物艺术品全球集货，拓宽海外文物回流的货源渠道，有效促进文物艺术品进出口额的递增。

四是持续提升跨境贸易便利化水平。北京市文物进出境鉴定所进驻基地，将文物进出境监管职能延伸到基地，就地完成文物进出境审核，极大简化区内企业及相关机构的文物进出境审核手续，缩短文物艺术品存储、展示、交易的进出境审核时间，有效提升区内企业和相关机构的文物艺术品进出境审核效率。

五是拓展国际文物艺术品金融业务。基地创新开展了关税保证金保函业务、艺术品买卖和质押金融业务，为入区企业提供物流、报关清关和关税免担保全链条服务，助力企业降低关税保证金成本，搭建藏家与平台之前的业务桥梁，促进平台金融业务向好发展。联合中国人寿财产保险股份有限公司共同拓展关税履约保证保险业务，目前协助企业取得上千万的关税履约保证保险额度。

特色亮点：

北京基地是全国首个国家级文化保税园，是目前全国唯一的国家对外文化贸易和国家文化出口“双基地”。北京基地充分发挥北京天竺综合保税区政策优势、首都国际机场航线优势、北京文化市场资源优势，创新打造国际文物艺术品保税贸易平台，推动国际文物艺术品保税展示、保税拍卖等新业态新模式发展，促进文物艺术品的国际交流和跨境贸易，助力北京市“全国文化中心”建设。

实践效果：

一是创新了文化贸易模式。基地将保税制度、信用管理与文化产业发展有机结合，开展制度创新，培育文化艺术品保税仓储、拍卖服务、展览展示、鉴定修复等新业态。2021年以保税仓储功能服务线上拍卖文化艺术品和文物206件，为海关特殊监管区域探索发展文化产业提供了可借鉴的模式。

二是加快了文化企业集聚。基地依托产业发展平台，积极引进博乐德艺术空间、中华老字号懋隆文化等一批重点企业和项目入区。2022年，园区入驻文化企业达138家，三年实现翻倍，文化产品和服务进出口额19.6亿元，比上年增长68.8%。

三是促进了中外文化交流。通过搭建博览会等展览展示平台，基地已累计汇聚约200余家国际收藏机构和国际画廊参与园区展览展示业务，涉及英国、法国、德国、意大利、西班牙、日本等15个国家和地区。累计举办北京艺术双年展、国际文物艺术品博览会、国际艺术贸易论坛、国际文化贸易创新发展论坛等活动120余场，规模性活动10余次，展示文物艺术品和当代艺术品超过10 000件，总价值150亿元。

案例6：离岸贸易数字化服务创新发展新模式

主要做法：

一是搭建新型国际贸易服务平台。第一，丰富服务功能应用，实现了贸易核验评估、数据辅助查询、风险监测预警、贸易全景分析等四大功能，帮助银行提升离岸贸易审核效率，以及贸易真实性、“三反”等风险管理能力。第二，着眼平台数据安全合规，由国家互联网应急中心北京分中心提供数据安全服务支持，确保贸易数据跨境流动合规性。第三，探索开展市场化运营，按照“政府主导、市场化运营”原则，通过属地平台公司搭建服务平台，兼顾了公共属性和探索市场化运营，为贸易数字化服务蹚出一条新路。

二是推动境内外离岸贸易数据互通共享。依托大数据、云服务、区块链等创新技术手段，平台“一站式”整合了离岸贸易涉及的航运、空运、陆运、船舶、海关、“三反”等多维度数据，并通过对数据匹配、整合和关联，经过交叉核验、“三反”名单过滤、贸易风险评估，可自动生成关于贸易真实性、合规性的核验信息报告，为银行决策提供辅助判断依据；同时为银行和企业提供全面数据查询服务功能、个性化风控辅助设置，解决离岸贸易境外物流等信息真实性难以核查等痛点，提供了最大可能的便利。

三是加强离岸贸易创新发展政策支持。北京市商务局等 7 部门会同大兴等区研究和出台《北京市促进离岸贸易创新发展的若干措施》，围绕建立离岸贸易协调工作机制、推进跨境结算便利化和融资便利化、完善监管保障措施、强化离岸贸易要素保障、促进离岸贸易创新发展、加强离岸贸易风险防范等 6 个方面，提出了 14 项措施，着力推动释放北京新型国际贸易方式潜力。

特色亮点：

搭建新型国际贸易服务平台，以境外物流等多维度的可信数据整合应用为核心，结合跨部门监管信息共享，助力金融机构提升对企业离岸贸易真实性管理及审核效率，为离岸贸易健康有序发展提供合规支撑，进一步提升贸易便利化水平。

实践效果：

一是促进离岸贸易企业降费增效。依托平台多维度数据整合应用，自动实现贸易物流数据核验、“三反”名单过滤及风险预警评估，银行对离岸贸易业务处理时间可由原来约 7 个工作日降低至 2—3 天。离岸贸易普遍存在的贸易真实性审核难度大、审核时间较长、需要提交的证明单据多、核心运输单据获取难、准入办理的企业少等主要问题得到有效解决。同时，结合全面的境外数据查询服务，帮助银行和企业有效地评估境外交易对手风险，降低相关贸易及合规风险成本。

二是提升金融机构离岸贸易风控管理。平台生成的贸易背景真实性核验信息报告涵盖贸易及“三反”等风险预警，为金融机构进一步提高对企业离岸贸易背景真实性的审核能力、提升其业务办理效率及风控管理提供了助力。工商银行、农业银行、中国银行等多家银行已通过平台对 10 多家企业离岸和跨境贸易业务进行核查，反响很好。

三是加速离岸贸易集聚发展。在监管支持、系统辅助、政策利好的有利条件下，北京自贸试验区大兴组团从无到有，第一批意向合作银行已明确 9 家中外资机构，吸引 20 多家离岸贸易企业入驻平台，储备了几十家意向贸易企业，已完成离岸贸易业务核验金额超 1 亿元；同时，组团内已落地 10 多家贸易企业，积极推动了区域离岸贸易创新集聚发展。

四是带动提升开放型经济竞争力。离岸贸易体现全球贸易链中订单中心和结算中心功能，代表了区域参与国际市场竞争、配置全球市场资源的能力。平台作为北京市新型国际贸易稳存量、争增量的重要抓手，服务全域金融机构及离岸贸易企业，有效满足了众多企业开展离岸贸易的内在需求，对于北京市离岸贸易加速进入常态化、规模化、规范化发展，提升开放型经济竞争力发挥了重要的支撑作用。

案例 7：大中小企业融通创新新模式

主要做法：

海淀组团深入挖掘大中型行业领军企业、新型研发机构、科研院所、创业企业等各类型市场主体的创新和发展需求，依托翠湖科创平台（以下简称翠湖科创），探索“3C+两中心”的服务新模式，建立创新资源有效互通、深度协同发展机制，形成大企业、大院所与中小创业企业之间的创新联动。

一是创新3C业务体系，支撑各方可持续发展。海淀组团创新“3C业务体系”，以翠湖科创为“基石角色”，整合科研、产业、资本、服务等创新要素，构建“企业联合孵化（CSI）、企业联合技术合作（CSTC）、企业联合风险投资（CSVC）”三位一体的业务体系，推动科技和经济紧密结合，打通科技成果从研发到市场化的渠道，加速科技成果产业化落地发展。企业联合孵化。面向代表市场需求的大企业和代表前沿技术的初创企业与高校院所，提供“征集筛选—赋能投资—服务管理”一体化的孵化解决方案，挖掘获取和培育创新资源，发挥“一手托两方”的作用。企业联合技术合作。一方面，围绕企业研发需求，通过线上线下等多种途径，整合试验资源，为大中小企业提供测试、技术支持等服务。另一方面，围绕企业的核心研发方向和难点，整合各方资源，开展联合攻关，共同推动研发创新突破。企业联合风险投资。以大企业产业资本为主，联合实创系基金及社会资本，联合赋能硬核科技创新。投资方式包括产业资本独立投资，领军企业领投、其他企业、实创基金、翠湖科创平台联动跟投，约定份额按比联合投资，共建基金、母基金等。

二是共建大企业开放创新中心，推动技术需求侧联动创新。面向产业“需求侧”，深度定制开放创新服务，通过分析其产业布局需求和市场需求，绘制其产业图谱，补充创新图谱，进一步在联合孵化、联合技术合作、联合风险投资（3C业务）等方面深化合作，以开放式创新，突破多元技术革命带来的创新难题。

三是共建前沿技术创新中心，加速技术供给侧落地转化。面向技术“供给侧”，为区域新型研发机构、科研院所成果转化项目提供孵化协助和产业对接，包括软环境、硬环境、产业促进机制、产业投资与金融服务等。由市科委、中关村管委会和中关村科学城管委会指导，北京实创科技园开发建设股份有限公司（实创股份）、北京实创科技园经营服务有限责任公司（实创科服）和翠湖科创等单位发起海淀组团创业合伙人招募计划产业品牌活动，举办产业对接会、加速营、融资私董会、大企业走访、科技成果转化对接会等多类型产业创新活动。通过联动政府、园区、企业、高校院所、资本、服务机构、协会联盟多方，链接创新主体、聚集产业资源及需求，发掘创新创业项目，促进前沿技术成果就地加速转移转化，助力创业项目本地化发展。

特色亮点：

围绕海淀组团打造科技体制改革先行示范区的功能定位，以创新需求为牵引，着眼破解领军企业与中小企业创新协同难的问题，打破“创新孤岛”，探索“大中小企业融通创新”新模式，构建以“服务产业需求侧的反向孵化、链接创新供给侧的成果转化”为特征的新机制，助力北京科技创新中心建设。

实践效果：

一是大中小企业进一步融通发展。推动大中小企业实现开放式合作，拓展创新能力。一方面，通过优化资源配置，投资机构投资标的质量进一步优化，高校院所科研力量与市场化企业技术成果对接成效显著。截至2021年底，累计开展培训、沙龙等辅导活动36场，服务企业575家次；开展投融资对接活动50场，覆盖初创企业380家次，投资机构百余家，协同孵化体系服务企业共实现融资约1.5亿元，航天智控（北京）监测技术有限公司、北京微焓科技有限公司、平方和（北京）科技有限公司等企业成功获得实创系基金投资；联合40余家大企业，开展大中小企业对接活动74场，累计对接创业企业超600家次，共收集创新需求122项，投资需求23项。另一方面，企业设备使用率得到提高，缓解了企业自建实验室使用不饱和与设备不齐全的痛点。依托龙芯中科技术股份有限公司、北京中科飞鸿科技股份有限公司大企业共建实验室，累计为38家企业提供162次检验检测、技术指导等服务。

二是创新技术产品产业化进程加快。创新创业项目产业化水平进一步提高。翠湖科创与纳通科技集团共建了纳通翠湖产业协同创新中心，建立医疗领域生态社群，形成项目观察池机制，并逐步推进共建联合技术平台和联合投资平台工作等。2021年组建了300余人的医疗产业生态社群，对接74家企业，其中16家企业进入路演交流；1 300人次参与线上产业交流活动，从源头上推动科技创新成果从实验室走向市场，构建支撑推动科技成果转化的生态环境，加速科技成果转化进程。

三是高端创新资源进一步聚集。通过加强区域产业资源深度协同，打通产业链，以产业链带动产业和创新要素的聚集、落地，对高端资源的吸引力更高、各类主题合作黏性更强。已积累北京创新小水智能科技有限公司、北京中辰至刚科技有限公司、北京晶泰科技有限公司等多家创新资源储备，新引进风伯（北京）科技有限公司、北京清创人和生态工程技术有限公司两个京外优质项目落户海淀组团。

案例8：生物医药产业孵化“飞镖”加速服务新模式

主要做法：

一是整合集成资源，营造4.0产业创新生态圈。北京自贸试验区昌平组团（以下简称昌平组团）积极营造世界领先的4.0创新生态圈。首先，对标国际顶级生物医药研发实验室标准，搭建Class A级别的共享实验室、独立实验室、细胞培育等中试平台，并组建专业的运营管理团队。其次，强化专业化系统化解决方案支撑。对全区和全市生物医药领域前沿研发资源进行整合集成，并建立紧密联系工作机制，为企业提供专业化的运营和EHS（环境、健康、安全）管理、实验室基础设施和服务、高端公共仪器设备和相关智能化管理。第三，通过集聚创新资源、赋能创新创业企业，集成生物医药临床转化研发实验、检测验证综合服务、中试生产车间、公共技术服务平台、专业化研究平台、驻场研发管理与组装体系等功能，提供高品质、模块化、弹性化的空间产品和专业服务。

二是政企联合共建，完善专业技术平台支撑。在创新平台的系统建设上，注重与合作伙伴深化合作，通过联合共建方式加强专业技术服务支撑，以提升创新平台原始发现、技术突破、技术转化到产业转化的能力。创新平台已与国际知名仪器公司美天旎（Miltenyi）、丹纳赫（Danaher）等联合共建专业化研究中心，包括基因与细胞治疗中心、蛋白组学实验室、药物筛选中心等，为入驻科学家提供众多高端仪器设备和运维管理，推动项目研发持续开展和仪器设备优化同步进行，确保科学家研发工作时效性和仪器设备使用适配性。

三是强化龙头引领，打造“大企业研发创新中心”。围绕创新平台运营，积极对接全球生物医药领域龙头企业，通过联合打造“大企业研发创新中心”的方式，促进大企业开放合作，发挥创新引领作用，与创业者、投资者、高校科研机构和临床研究组织（CRO）等搭建生态体系。目前创新平台通过与勃林格殷格翰（Boehringer Ingelheim）、礼来（Lilly）等国际知名药企合作，在神经科学、细胞治疗、数字化生物学与生物计算机、合成生物学四大领域建立大企业研发创新中心，通过嫁接集成全球创新资源，建立“产学研用”一体化体系，构筑起大中小企业融通创新格局，放大医药健康生态价值，辐射带动创新创业企业发展。

四是延伸服务链条，搭建研发组装管理体系。为补齐CRO公司在生物医药研发转化服务方面的短板和不足，创新平台专注于传统CRO公司不具备优势的个性化研发、对物流和沟通时效要求高的CRO服务、项目组装和实施管理等环节，全面提升企业链式服务水平。目前创新平台充分利用北京生物医药产业生态优势，组建平台自有研发团队，创新性建立驻场 CRO 服务以及研发组装管理体系，可提供整体研发组装、为驻场企业提供合同研发服务/全时当量服务服务等，降低创新软门槛，实现项目高效转移、无缝衔接。

五是强化轻重结合，打破高投资、长周期局限。创新平台突破以生物医药领域创新企业自主参与项目选址、设计、建设、研发、运营等全流程的传统创新机制，昌平 4.0 代加速器强化“轻重结合”，通过国际一流的共享实验室、专业器材设备、共享空间等重资产的投入，以及系统化专业化服务运营等轻资产的投入，打破生物医药企业研发高投资、长周期的局限，助推不同阶段生物医药企业加快发展进度，更快获得投资机构投资。

特色亮点：

昌平组团充分发挥生物医药产业优势，与飞镖创新中心（ATLATL）合作共建第四代飞镖加速器——“北京飞镖国际创新平台”，聚焦生物医药企业创新转化新趋势新要求，强化政企合作，助力北京市打造具有全球影响力的生物医药产业集群，提升生物医药领域创新转化能力，增强对原始创新成果落地、孵化、加速的支撑作用。

实践效果：

一是精准助力产业创新。平台集研发中心、加速转化和早期孵化功能为一体，通过为企业提供项目评估咨询、知识产权、法律、金融、研发等综合服务以及高效、配套的科研转化流程，创新产业生态模式。创新平台目前已入驻德国研究型制药公司勃林格殷格翰、华深智药科技（北京）有限公司、神济昌华（北京）生物科技公司等 7 家国内外药物开发、基因编辑、新型治疗技术、AI 药物设计等研发领域创新企业，意向企业 5 家，一期入驻率已达到 70%，融资总额已达 8 亿元，精准助力在地生物医药产业加速发展。

二是大幅降低创新成本。将研发型企业共性化需求集中于创新平台，用共享模式减少企业重复投资。通过提供灵活的共享空间和专业服务快速适应企业发展中的变化需求，解决传统模式下创新型企业易受前期大量资金和时间投入负累的问题，降低企业风险。通过提供共享空间和设备，将传统模式下自建研发中心 6—12 个月的时间缩减至 1 周内完成选址到入驻的全过程，实现空间和设备在新进项目循环利用，提升系统效率，降低企业成本。

三是经济社会效益显著。创新平台三期建成后，将可同时服务 150 余个生物医药加速创新项目（团队），平均培育周期 1.5—3 年，项目融资或超 200 亿元，可引进 10 余家国际知名企业开放创新合作项目，吸引跨国药企、先进技术装备机构、专业服务机构共同构建创新生态。5 年累计可实现 20—30 家项目在昌平区就地转化落地，将带动就业、投资、税收等系列社会贡献度，促进科技生产力的转换。

案例 9：创新开展人力资源服务改革

主要做法：

一是创新劳动合同服务模式。为满足企业临时用工需求，提升劳动合同使用灵活性，制定《以完成一定工作任务为期限的劳动合同简易示范文本》及签订指引，指导区内企业根据不同生产经营特点灵活选用；在自贸试验区内推广使用电子劳动合同，引进第三方签署平台、人力资源公司以及数字认证技术公司，帮助企业制定使用电子劳动合同的个性化解决方案，并依托园区、产业联盟等组织，提供使用电子劳动合同的集中解决方案，帮助企业人力资源管理转型升级。

二是扩大劳务派遣员工使用范围。《中国（北京）自由贸易试验区条例》明确，允许自贸试验区内企业扩大劳务派遣员工使用范围，根据用工需求，通过劳务派遣方式引进研发岗位临时性人员。以地方立法形式，在全国首次突破劳务派遣用工制度。健全国际人才公共就业服务体系，落实国际人才服务保障，支持北京城市副中心开展国际人才服务管理改革，将海外科研人员及其工作的辅助人员列入劳务派遣用工范畴。

三是对特定行政许可申请实行告知承诺制。优先将“放管服”改革和“优化营商环境”政策措施在自贸试验区内先行先试，就区内企业申请经营劳务派遣业务和部分特殊工时行政许可，实行告知承诺制。探索劳务派遣在科技创新、国际商务服务、高端产业等不同片区的经营和发展，满足自贸试验区内企业灵活多样的用人需求。推进特殊工时管理创新，以服务促规范，引入信用监管和社会监督，满足企业特殊工时需求。

四是畅通灵活就业人员职称评审渠道。符合本市职称评审条件的灵活就业专业技术人员，可按照相关专业的申报条件和程序，由行业协会、学会等组织履行公示推荐等程序，申报本市职称评审，其本人在灵活就业期间的科研工作业绩可以作为职称评审的重要依据。鼓励自贸试验区内有条件的企业，积极开展试点，开展职业技能等级自主评价，开发新职业评价标准规范。

特色亮点：

一是着眼服务创新。为帮助企业灵活用工，在全国首次制定《以完成一定工作任务为期限的劳动合同简易示范文本》及签订指引，在全国率先推广使用电子劳动合同，在行业和相关领域发挥了示范引领作用。

二是着眼政策突破。将通过劳务派遣方式引进研发岗位临时性人员写入《中国（北京）自由贸易试验区条例》，在全国首次以地方立法形式突破劳务派遣用工制度。允许扩大劳务派遣员工使用范围，让一些科研院所、高新技术企业解决了紧缺急需人才的使用需求。

三是着眼制度改革。劳务派遣和特殊工时行政许可审批制度改革，涉及用工制度、企业管理和职工权益，一直是企业、职工关注的重点。在自贸试验区内先行先试，实行告知承诺制改革，着重加强事中事后监管，将“放管服”改革平稳落实落地。

四是着眼体系集成。围绕增强企业用工灵活性，在法律依据、资质审批、过程管理、人才保障、纠纷处理等各个环节，进行整体思考，分别进行不同的制度设计和政策优化，推动劳动用工管理体系创新，实现企业外部管理和内部用工均流畅贯通的劳动用工“双循环”。

实践效果：

一是助力企业降本增效。已指导建成电子劳动合同签署平台 26 个，覆盖职工超过 100 万人。据跟踪测算，企业实行电子劳动合同，在招聘、签署(续订、变更、解除)、保管、调用等劳动合同管理各个环节，降低成本超过 40%，同时人力资源管理效率提高超过 60%，形成“46”效应，并且企业规模越大，效应越明显。

二是打通市场引才新通道。在北京建设科创中心、着力解决一批“卡脖子”技术过程中，部分专业研究机构因受编制、海外人员限制等客观因素，无法按条件增配人员，于是依托自贸区政策，通过劳务派遣方式及时引进相关领域的尖端人才及其团队，并提供社会保障、积分落户、职称评审等关联服务，探索一条市场化引进、专业化服务的引人、用人、留人新路子，有利于形成高端人才在京聚集的新生态。

三是提升为企服务效能。推行告知承诺制改革后，同时推行不见面审批，实现企业办事零跑腿，两项行政审批的审批时限从法定 20 个工作日压减为 0. 5 个工作日，进一步提升为企服务效能，企业办事体验显著改善，涌现出企业享受相关服务后主动联系媒体报料宣传的事例。

四是推动劳动用工全流程管理创新。通过自贸试验区立法解决企业扩大劳务派遣用工的依据问题，通过告知承诺制解决企业劳务派遣和实行特殊工时的资质问题，通过劳动合同示范文本和电子劳动合同助力企业规范用工提高人力资源管理效率，通过完善职称评审体系帮助企业用好人才留住人才，通过协调劳动关系三方机制、集体协商促进企业与职工共同发展、妥善处理劳动争议，真正让企业发展无忧，用人无忧。

案例 10：跨境贸易全链条数字化服务赋能新模式

主要做法：

一是建立集成化政企服务，数据汇集和数据共享，北京自贸试验区 CBD 国际商务服务平台可实现对自贸区企业信用的监管。基于自贸试验区建设过程中优化事中事后监管的需求以及企业对精细化服务的需求，需要将政府职能从“被动服务企业”向“主动服务企业”转变，同时加强监管的精准度和有效性。通过平台政企服务，为北京自贸试验区企业聚合实现企业注册、产业政策申报、招商服务、证照办理、资质认证、海外人才引进等线上服务能力，为迁入企业提供数字化的产业服务支持，第一时间掌握企业需求，联动平台内产业资源为其提供服务。

二是为全球供需两端的进出口跨境贸易企业提供交易撮合、集中采购、跨境结算、仓储物流、贸易融资等跨境贸易全流程“一站式”服务闭环，大大提升贸易便利化。平台在国际经贸板块构建了进出口贸易和跨境投资服务专区，重点覆盖 RCEP 成员国家、“一带一路”沿线等地区国家的经贸服务。其中进口贸易与各国大使馆经济部门、贸发局、商协会联动，批量引进跨国贸易公司进驻平台建设国家馆，国内采购企业可通过平台实现一手货源的统一采买。出口贸易专区，通过与国有大型物流和远洋运输公司业务系统对接，平台上线了国际物流头程运输、海外仓和尾程配送服务，吸引大批跨境电商和一般贸易企业进驻平台。以数字单证为核心，集贸易结算融资、跨境航运、物权流转等多场景于一体，提供信息和单据的数字化传输及智能化服务，利用区块链技术，确保信息的真实、不可篡改与可追溯，为交易参与方营造互信互利的贸易金融环境。

三是全面实现“专业服务+公共服务+消费服务”系统化集成，建立完整服务贸易生态，实现区域高端商务资源的数字化、可视化。平台上线了国际征信、财税服务、人力资源、知识产权、商事仲裁等专业服务，为企业和专业机构建立专属黄页，线上推介服务内容、服务案例，支持企业发布采购寻源信息或开展业务咨询和服务预约。

特色亮点：

一是便利性与低成本。在平台的特色模式下，通过聚合底层工具构建跨境贸易全流程服务闭环，企业可在平台完成贸易撮合、跨境交易、物流仓储、报关清关、支付结算、贸易融资等一系列跨境贸易服务，大大提升企业获得跨境金融服务、跨境贸易服务的便利性，平台的建设将有利于企业间建立互相机制，达成合作快速成交，从而缩短企业在市场上获得相应服务的时间周期，降低企业经营成本。

二是通过交易场景吸引企业。平台建立了 B2B 供需双方的服务和产品资源库，平台自身将成为促成实物贸易和服务贸易的重要数字化基础设施，促进跨境贸易和服务的达成，形成重要的交易场景，吸引包括金融机构、支付公司、跨境贸易企业、外贸服务企业入驻平台，注册落地，在朝阳形成货物流转在外，信息、资金流转在内的新型服务贸易经济格局。这对于“两区”建设具有重要借鉴意义。

实践效果：

一是汇聚政企银，助力跨境贸易跨区域协同。平台上线以来，已接入 16 家银行进行金融产品和金融创新案例的发布和展示。平台联合多家金融机构举办超过 20 余场银企对接活动；市商务局、朝阳区海关等政府部门和进出口协会线下举办超 15 场经贸磋商活动，参会企业数量超过 500 家。线上为 35 个国家和地区举办 120 余场数字会展与跨境对接活动，对“两区”创新政策体系、产融便利化、企业痛点进行解答和业务对接，超过 80%的企业和金融机构达成业务合作。

二是聚焦企业需求，打破 B2B 供需信息壁垒，聚合底层工具构建跨境贸易全流程服务闭环，实现跨产业撮合。平台重点聚焦服务 RCEP 成员国和

“一带一路”沿线国家的企业，引进日本、法国、西班牙、意大利、新西兰、俄罗斯等国家（地区）的跨境贸易企业超过200家，建立经贸合作专区，组织国外优质产品和品牌引进中国市场，促进海外国家相关企业在中国设立销售公司或产业基地。平台累计促成跨境交易撮合近50亿元，梳理联络国内生产和出口企业千余家，成功撮合家具、电器、百货等各类商品出口近千万件。

三是发挥朝阳区进出口贸易产业优势，打造跨境贸易聚合服务平台，吸引外贸服务企业集聚。平台聚合了跨境贸易服务机构，面向外贸企业提供聚合性服务。该平台建设进一步扩大外贸服务类企业的业务，吸引20家以上沿海地区以及海外的货运代理、仓储物流服务类机构入驻平台、吸引100家以上的跨境电商企业进驻平台，其中50%左右的跨境贸易服务机构已筹备在朝阳设立业务分公司或地区总部。

四是模式的创新性与跨产业应用。在CBD国际商务服务平台模式下，通过聚合底层工具构建跨境贸易全流程服务闭环，企业可在平台完成贸易撮合、跨境交易、物流仓储、报关清关、支付结算、贸易融资等一系列跨境贸易服务，大大提升企业获得跨境金融服务、跨境贸易服务的便利性。

四、北京市政府及相关部门出台的政策措施

（一）《北京市市场监督管理局关于在中国（北京）自由贸易试验区和北京经济技术开发区食品生产监管领域进一步落实“证照分离”改革工作的通知》（京市监发〔2022〕11号，2022年1月21日）

（二）《“两区”建设国际人才服务保障全环节实施方案》（京政字〔2022〕7号，2022年3月1日）

（三）《北京市关于支持外资研发中心设立和发展的规定》（京政办发〔2022〕11号，2022年3月26日）

（四）《中国（北京）自由贸易试验区条例》（北京市第十五届人民代表大会常务委员会第三十八次会议通过，2022年3月31日）

（五）《北京地区深化资本项目便利化改革试点政策实施细则》（京汇〔2022〕12号，2022年4月4日）

（六）《把握RCEP机遇　助推“两区”高水平发展行动方案》（京商函字〔2022〕379号，2022年4月12日）

（七）《“两区”建设知识产权全环节改革行动方案》（京办发〔2022〕9号，2022年4月29日）

（八）《北京市科技创新开放发展行动方案》（京科服发〔2022〕114号，2022年5月12日）

（九）《北京海关“四优四提促五子”促进外贸保稳提质若干措施》（北京海关，2022年5月13日）

（十）《关于支持北京“两区”建设提升地区跨境贸易投融资便利化水平的意见》（银管发〔2022〕56号，2022年5月20日）

（十一）《北京市人民代表大会常务委员会关于促进国家服务业扩大开放综合示范区建设的决定》（北京市人民代表大会常务委员会公告〔十五届〕第74号，2022年5月25日）

（十二）《北京市推进跨境贸易便利化全环节改革行动方案》（京商总部字〔2022〕5号，2022年5月30日）

（十三）《北京市数字经济全产业链开放发展行动方案》（京经信发〔2022〕41号，2022年5月30日）

（十四）《北京市生物医药研发用物品进口试点方案》（京药监发〔2022〕166号，2022年6月20日）

（十五）《国家外汇管理局北京外汇管理部关于开展优质企业贸易外汇收支便利化试点的指导意见》（京汇〔2022〕29号，2022年6月21日）

（十六）《北京市促进离岸贸易创新发展的若干措施》（京商运指字〔2022〕1号，2022年6月

29日）

（十七）《北京市境外职业资格认可目录（2.0版）》（京人社事业发〔2022〕19号，2022年6月29日）

（十八）《中国（北京）自由贸易试验区投资自由便利专项提升方案》（京商资发〔2022〕6号，2022年8月5日）

（十九）《“两区”建设绿色金融改革开放发展行动方案》（京金融〔2022〕249号，2022年8月10日）

（二十）《国家服务业扩大开放综合示范区和中国（北京）自由贸易试验区对境外人员开放职业资格考试目录（2.0版）》（京人社事业发〔2022〕36号，2022年8月29日）

（二十一）《“两区”建设国际收支便利化全环节改革工作方案》（京商运指字〔2022〕3号，2022年11月21日）

（二十二）《北京市“两区”重点园区（组团）发展提升专项行动评价办法（试行）》（北京市“两区”工作领导小组办公室，2022年12月12日）

五、大事记

2022年1月4日　在北京市政务服务中心2022年首个工作日，北京市贸促会为北京德宝来进出口有限责任公司签发首份RCEP项下优惠原产地证书，助力企业有效运用原产地规则，把握RCEP新机遇。

2022年1月4日　北京海关为北京大源非织造股份有限公司出口到日本的一批无纺布产品审核签发首份RCEP原产地证书。RCEP协定生效后，出口产品在RCEP成员国市场的通关成本进一步降低，将使产品竞争力提升。

2022年1月5日　150亿元注册资本的央企投资平台公司——中冶长城投资有限公司正式落户北京自贸试验区顺义组团。该公司由A股上市公司中国冶金科工股份有限公司100%持股，是世界500强企业——中国五矿集团和中国冶金科工集团旗下的重要骨干企业。

2022年1月17日　全国首家综合保税区内特殊物品公共查验平台在北京天竺综合保税区正式启用。该平台打造了全程监管、实时监控、分级分类、快捷便利的监管模式，使企业实现一次开箱能同时满足企业收货、发货、理货、查验四项要求。

2022年1月24日　北京市第一支人民币投贷定向基金——璟泉善信（北京）国际股权投资基金合伙企业（有限合伙）落户CBD，企业注册资金2.78亿元人民币。

2022年2月2日　全国首单数字人民币自动驾驶新场景在北京经开区率先启用，数字人民币再添新应用场景。

2022年2月18日　境外基金专业人才职业资格认可特别程序试点落地北京，以进一步贯彻落实了国家关于便利境外金融专业人才在境内从业的有关对外开放政策。

2022年2月23日　北京国有资本运营管理有限公司成功发行10亿欧元三年期境外债券，为北京市属企业首次欧元债发行史上单笔规模最大、评级最高且息差最窄的发行。

2022年3月17日　中国人民银行批准中国中信金融控股有限公司和北京金融控股集团有限公司的金融控股公司设立许可，为央行发放的首批金融控股公司牌照。

2022年3月18日　北京海关所属中关村海关为北京福田国际贸易有限公司出口的24台卡车签发了RCEP原产地证书，这是北京地区首份对马来西亚的RCEP原产地证书。

2022年3月22日　国民养老保险股份有限公司在北京金融街正式开业，注册资本金111.5亿元。

2022年3月31日　北京市首单CCER（国家核证自愿减排量）质押贷款落地，助力“双碳”目标实现。

2022年4月1日　北京市首个“B&R · RCEP

创新服务中心”正式成立，该中心由北京CBD管委会、北京朝阳海关联合打造。

2022年4月11日　北京市委书记、市“两区”工作领导小组组长蔡奇主持召开市“两区”工作领导小组第四次全体会议。

2022年4月14日　北京数据托管服务平台正式投入使用，成为国内首个可支持企业数据跨境流通的数据托管服务平台。

2022年4月18日　北京市邮政管理局向北京快达供应链管理有限公司颁发了国际快递业务经营许可证，这是全国第一家由省级邮政管理部门核准的国际快递业务许可企业，是自贸试验区“下放国际快递业务（代理）经营许可审批权”政策的第一个项目。

2022年4月21日　北京市首个针对中小微企业的外汇衍生品补贴扶持政策发布，即为北京CBD管委会发布的《促进中国（北京）自由贸易试验区国际商务服务片区北京CBD高质量发展引导资金管理办法（试行）》。

2022年4月25日　大兴机场综合保税区首批货物顺利通关，标志着大兴机场综合保税区正式进入运营阶段。

2022年4月28日　《北京市智能网联汽车政策先行区乘用车无人化道路测试与示范应用管理实施细则》正式发布，在国内首开乘用车无人化运营试点。

2022年6月10日　北京天竺综合保税区二期围网通过现场验收，扩容至5.466平方公里，待备案后全部投入运营。

2022年6月30日　京津冀首个新型国际贸易公共服务平台——北京自贸试验区“京贸兴”新型国际贸易公共服务平台试运行上线，标志着大兴自贸试验片区全力推进国际贸易数字化示范区建设迈向新阶段。

2022年7月5日　北京博锐开放政策研究院正式登记设立，将主要承担市“两区”工作领导小组及其办公室交办的“两区”建设有关战略规划等的理论和实践研究，为北京高水平开放推动构建新发展格局提供智力支撑。

2022年7月9日　北京文化产权交易中心舞台剧版权交易服务平台成立，逐步形成“版权+”国际贸易模式，逐步形成“版权+”国际贸易模式。

2022年7月12日　RCEP专项服务和质量基础设施“一站式”服务正式进驻北京经开区政务服务中心“两区”建设服务窗口。

2022年7月20日　国内首个无人化出行服务商业化试点落地北京经开区，标志着国内无人化出行服务从示范运营迈入商业化试点新阶段。

2022年7月27日　商务部自贸区港司主要领导来京调研北京自贸试验区建设情况。

2022年7月27日　北京市首家“中外合一、多证综办”的出入境一体化综合服务厅落户大兴区，可“一站式”办理工作许可、9类签证、停留证件、4类居留证件、永久居留、社会保险、医疗保险等多项业务。

2022年7月28日　北京市政协召开议政性主席会议，围绕“积极对接国际高水平自由贸易协定规则，推动‘两区’建设取得新进展”专题协商议政。

2022年8月19日　北京知识产权海外纠纷法律费用保险试点项目正式落地，为企业海外布局提供支撑，助力北京市营造国际一流的知识产权营商环境。

2022年8月22日　北京市委书记蔡奇同志主持召开市“两区”工作领导小组专题会议。

2022年8月29日　“两区”建设第二批市级改革创新实践案例印发。

2022年9月1日　2022年中国国际服务贸易交易会“北京日”暨“两区”建设两周年主题活动在国家会议中心举办。北京市委书记蔡奇讲话，商务部部长王文涛出席。

2022年9月1日　2022北京“两区”建设国际合作暨投资北京峰会亮相中国国际服务贸易交易会。会上发布了最新《北京市投资发展报告》《北京数字贸易发展白皮书》、10个国际合作项目和10个境内外园区招商合作需求。

2022年9月1日　发布“两区”建设十大最具影响力政策，反映了“两区”建设的核心价值和企业、社会的期盼。

2022年9月2日　全球化智库（CCG）与北京市“两区”工作领导小组办公室联合主办的北京“两区”建设与企业全球化论坛（第九届中国企业全球化论坛）在国家会议中心举办。

2022年9月6日　北京市政府召开常务会议，传达学习贯彻习近平总书记向2022年中国国际服务贸易交易会致贺信精神，研究纵深推进“两区”建设促进首都高质量发展等事项。

2022年9月8日　中国银行北京分行成功落地北京地区首笔境内企业境外上市登记业务，标志着北京地区深化资本项目便利化改革试点政策中的境内企业境外上市登记业务正式落地。

2022年9月30日　“两区”政策导航平台1.0版正式上线试运行。

2022年10月15日　生态环境部办公厅印发自由贸易试验区加强生态环境保护推动高质量发展案例，北京自贸试验区报送的4个案例入选。

2022年10月20日　“两区”亮相第27届澳门国际贸易投资展览会（MIF）线上展厅。

2022年11月3日　北京首都国际机场临空经济区（北京天竺综合保税区）获批成为北京首个国家进口贸易促进创新示范区。

2022年11月12日　商务部印发国家服务业扩大开放综合试点示范建设最佳实践案例，北京市国家服务业扩大开放综合示范区14项举措纳入其中。

2022年11月17日　全国首个认股权登记和转让综合服务试点在北京市区域性股权市场开展并启动，试点将着力畅通认股权全生命周期的良性循环，更好地解决科创企业融资难、融资贵问题。

2022年11月29日　《中国（北京）自由贸易试验区和国家服务业扩大开放综合示范区工作推进评估指标体系（试行）》印发实施。

2022年12月13日　北京市获得国家服务业扩大开放综合试点示范建设首次综合评估第一名。

2022年12月15日　第二十五届京港洽谈会“两区”主题活动在北京和香港同步线上成功举办。

2022年12月27日　天竺综保区规划调整二期用地验收获海关总署批复。

2022年12月28日　新冠疫情以来北京赴港首办境外投资推介，10余项目达初步意向。

2022 年中国（湖南）自由贸易试验区建设概况

中国（湖南）自由贸易试验区工作领导小组办公室

沈裕谋

中国（湖南）自由贸易试验区工作办公室主任

沈裕谋，男，1971 年 8 月生，1994 年 12 月加入中国共产党，在职研究生学历，经济学博士。

现任湖南省商务厅党组书记、厅长，中国（湖南）自由贸易试验区工作办公室主任。

一、经济运行数据

（一）投资情况

2022 年，中国（湖南）自由贸易试验区（以下简称湖南自贸试验区）实际使用外资金额 3.17 亿美元，比上年增长 74.3%；新设立企业 14 902 家。获批以来，湖南自贸试验区累计新设立企业 2.7 万家，引进重大项目 271 个，三类 500 强投资项目 45 个。

（二）贸易情况

2022 年，湖南自贸试验区进出口总额 2 135.88 亿元，比上年增长 27.8%，占湖南省进出口总额的比重超 30%；有进出口实绩企业 1 285 家，较上年增加 388 家；

（三）创新情况

《中国（湖南）自由贸易试验区总体方案》（以下简称《总体方案》）121 项改革试点任务实施率达到 95.04%，形成湖南特色制度创新成果 47 项，其中全国首创性成果 23 项；国家要求复制推广的 278 项制度创新成果，湖南省具备复制推广条件的 266 项已经全部完成。

二、建设措施及成效

（一）制度创新成果不断涌现

坚持把制度创新作为自贸试验区的核心任务，主动对标国际先进经贸规则，稳步扩大制度型开放，系统发力、重点突破。扎实推进《总体方案》改革试点任务落实，加强督查调度和联合攻坚，121 项改革试点任务已实施 115 项，系统优化了行政管理职能和流程，深化了投资领域改革，提升了贸易便利化水平，扩大了金融领域创新开放。重点推进湖南特色制度创新，加强重点调度和创新研究，形成外国人来华工作“三窗合一”、进口转关货物内河运价不计税、“邮快跨”同场集约监管、知识产权“前置保护”等湖南特色制度成果 47 项，其中 23 项具有全国首创性。出台深入推进湖南自贸试验区改革创新的若干措施，深入实施 4 个方面 80 项改革创新举措，进一步促进国际投资贸易发展，加快开放平台通道建设，激发改革创新活力动力。加强创新能力建设，组织起草《中国（湖南）自由贸易试验区制度创新促进办法》并即将出台；选聘 29 名专家组建首批“智囊团”，打造高水平智库。全面总结评估创新发展质量，聘请商务部国际贸易经济合作研究院对湖南自贸试验区开展第三方评估，全面体检、精准把脉自贸试验区建设发展情况，《综合评估报告》评价，湖南自贸试验区“创新思路正确，改革成果的含金量高，制度创新的质量已经步入第一方阵”。

（二）开放引领作用加快彰显

以对外开放为优先导向，坚持眼光向外，加快开放型经济高质量发展，引领全省内陆地区改革开放高地建设。着力提升外贸外资发展水平。积极培育发展市场采购贸易、保税维修、跨境电商新零售等外贸新业态，加大利用外资工作力度。2022 年，湖南自贸试验区进出口额占全省比重达 30.26%，较上年提升 2 个百分点；在全国 21 个自贸试验区（港）中，湖南自贸试验区进出口总额排第 11 位；利用外资排第 15 位，增幅排第 4 位。引领抢抓重大开放机遇，出台《关于支持支持中国（湖南）自由贸易试验区长沙片区融入“一带一路”推动全方位对外开放实施方案（2022—2026）》，加快打造“一带一路”重要枢纽节点；抢抓 RCEP 市场开放新机遇，出台落实 RCEP 行动计划，举办“通道进市州、RCEP 进园区”系列活动。2022 年，湖南与“一带一路”沿线国家、RCEP 其他成员国进出口额分别增长 46.4%、27.6%。推进区域协同联动发展，加强与海南、云南、广西等自贸试验区（港）交流合作，与云南自贸试验区签署战略合作及中老铁路多式联运“一单制”创新合作 2 份协议。组织全国自贸试验区协同开放合作论坛，与中西部 9 家自贸试验区共同签署战略合作协议。与邵东、溆浦、桑植等地结对建设“同飞工程”，落地“创新飞地”企业 67 家、项目 36 个。

（三）三大战略任务稳步推进

积极探索湖南自贸试验区“一产业、一园区、一走廊”建设新路径新模式，打造湖南自贸试验区特色品牌。

产业方面，持续提升高端装备制造业国际竞争力。挂牌建设以来，工程机械产业规模实现从 800 亿到 1 700 亿的历史性跨越式发展。三一集团、铁建重工、山河智能稳居全球工程机械 50 强。创新支持制造业智能化国际化转型发展，探索开展工程机械二手设备出口、融资租赁、保税维修再制造业务，博世长沙工厂、三一重工 18 号工厂入选全球灯塔工厂。

园区方面，新型易货贸易试点成效明显，已完成对 4 个非洲国家共 12 笔易货贸易订单。加快建设跨境人民币中心，开通 6 个非洲国家对公即期结售汇业务，促成全国首笔肯尼亚先令汇至中国并兑换成人民币业务。加强对非平台建设，建立全国首个对非技术贸易措施研究评议基地，推进非籍人员来湘工作出入境便利化改革试点。深化中非农业合作，联手马达加斯加等 5 个非洲国家共设离岸（中国）产业创新与交流中心。2022 年，湖南实现对非洲进出口额 556.6 亿元，比上年增长 42.8%，创历史新高。

走廊方面，深度对接粤港澳大湾区和长江经济带，湖南自贸试验区岳阳片区（以下简称岳阳片区）探索“组合港”模式，湖南自贸试验区郴州片区（以下简称郴州片区）探索建立全链条承接粤港澳产业转移新机制，不断创新机制承接长江经济带和粤港澳大湾区产业转移，着力招大引强招新引优，大众奥迪、比亚迪 IGBT、三一新能源、正威新材料、岳阳攀达等重大项目加快建设。

（四）国际市场积极有效开拓

积极破解企业进入国际市场的各种瓶颈障碍，扶持企业加快“走出去”。在标准探索上下功夫，打造芙蓉标准化产业集聚区，已吸引集聚标准化产业链企业 80 余家；加强与马来西亚标准局互认合作，打造进入东盟市场绿色通道；设立全国首个植物提取物技术性贸易措施研究评议基地，提升国际经贸规则话语权。在通关便利上出实招，长沙海关成立工作专班，协助海关总署推动中非海关 AEO 互认合作，目前已经与乌干达、南非实现 AEO 互认，AEO 企业在这两个国家可享受通关便利，显著降低了贸易成本。在物流发展上求突破，首开湖南直飞非洲（长沙—亚的斯亚贝巴）货运航线，国际货运航线增至 10 条。中欧班列（长沙）首开西欧进口班列，2022 年发运量居全国第三。城陵矶港集装箱吞吐量突破百万标准箱，增速居长江主要港口首位。湘粤非、东盟班列发展势头良好，粤港直通“跨境一锁”业务恢复开通。

（五）市场主体活力持续激发

着力打通企业涉外经营堵点难点痛点，充分释放自贸创新红利，持续激发市场主体活力。营造国际一流营商环境，在全国第六批自贸试验区中率先出台条例，法治保障不断加强；设立外国人来华工作一站式服务中心，率先实施知识产权“前置保护”模式，国际化人才、技术等高端要素加速聚集；“互联网+政务服务”全面推进，政务服务便利化水平大幅提升，市场化法治化国际化营商环境加快形成。制度创新助力降低运营成本，“邮快跨”同场集约监管，压缩通关时间50%，节约综合运输成本30%；进口转关内河运费不计入完税价格，每个冷柜、普柜完税价格可分别扣减运费4 300元、2 600元，拉平了内陆口岸与沿海口岸进口关税成本。支持企业探索发展新业务，充分发挥自贸试验区先行先试优势，在药食同源进口、保税维修再制造、干细胞研究应用等领域开展有益尝试，培育新经济增长点。落实兑现配套支持政策，2021年度省财政支持自贸试验区项目84个、资金总额2.928亿元，2022年预算安排2.2亿元；湖南自贸试验区长沙片区（以下简称长沙片区）出台人才新政45条，一次性兑现人才奖励1.02亿元。

三、创新成果及案例

案例1：进口转关货物内河运费不计入完税价格审价创新模式

主要做法：

企业将进口货物通过长江内河从上海港转关运至岳阳城陵矶港口，此前由于无法将海运段和内河段运费精准区分，进口货物的内河运费计入关税完税价格，导致企业缴纳关税成本增加。

长沙海关通过科学计算并征得海关总署同意，率先在岳阳片区开始试点，将进口转关货物内河段运费从关税完税价格中依法剔除，降低企业进口关税成本。

实践效果：

通过该项改革，每个40英尺冷柜和普柜可分别从进口关税完税价格中扣减运费4 365元和2 610元，肉类和粮食进口可分别降低税负约1.5%和3.1%，拉平了内陆口岸与沿海口岸的进口关税成本。

案例2：“三化”联动助力区域制造业智能化转型

主要做法：

长期以来，制造业企业在智能化转型过程中普遍缺乏高端智库指导、示范场景和评估标准。

湖南自贸试验区通过引进和培育66家智能制造系统集成解决方案供应商，健全国内高端智库与产业园区供需链，以“资源协同化”解决制造业企业智力资源少的问题；通过推行模板示范场景榜单，实施揭榜挂帅机制，以“实施精准化”指导企业破解不会转的问题；通过建立标准测试评价认定规则，开展应用成效标准化评估，以“评估标准化”解决制造业智能化转型项目管理难的问题。

实践效果：

通过该项改革，全省获批国家级智能制造试点示范项目达16个、智能制造综合标准化与新模式应用项目达27个，位居全国前列。区域工程机械行业规模实现了从800亿到1 600亿的历史性跨越式发展，三一集团、中联重科、铁建重工、山河智能等4家企业稳居全球工程机械50强。

案例3：知识产权“前置保护”新模式

主要做法：

传统模式下，知识产权电子数据“存证难”“验证难”，尤其未注册成为知识产权的、有潜在价值的电子数据以及商业秘密在面临纠纷时，认定程序复杂，企业获得司法保护的难度较大。

湖南自贸试验区知识产权服务中心率先运用区块链技术不可篡改的特性，通过“区块链+隐私计算”开发数字知识产权存证平台并免费提供给企业使用，让企业生产经营过程中产生的未注册成为知识产权但有价值的数据以及商业秘密，生成数字指纹在平台登记存证，确保数据全流程可溯源、全数据可核验、全链路可信举证，为数字经济形态下的知识产权保护提出了全新的解决方案。

实践效果：

截至2023年7月，已有300余家企业运用知识产权“前置保护”新模式存证150余万件。

案例4：创新绿色设计产品评价制度

主要做法：

针对制造业企业，此前只有国家级绿色设计产品评价体系，绿色设计产品评价标准少，覆盖面窄，湖南很多优势企业和产品缺乏对应的评价标准，获得绿色设计产品认证难，开拓国际市场容易遭遇绿色壁垒。

湖南自贸试验区在全国率先出台《湖南省绿色设计产品评价管理办法》，发布126项绿色设计产品标准入库计划。通过设立专家委员会、建立评价标准库、加强绿色设计产品评价管理，从产品设计源头抓起，在原材料选用、生产、销售、使用、回收、处理等各个环节促进传统制造业转型升级，加快构建绿色制造体系，推动绿色产品、绿色工厂、绿色园区和绿色供应链全面发展，助力打造世界级先进制造业集群。

实践效果：

通过该项改革，湖南已出台54个绿色设计产品团体标准，评选出34个省级绿色设计产品，向工信部推荐的150个产品中有83个获得国家级绿色设计产品称号，在破除绿色贸易壁垒、提高先进制造业产品国际竞争力方面取得明显成效。

案例5：建立高校跨境电商等贸易新业态人才培训基地

主要做法：

长沙片区联合组织、人社、商务等部门，在全国率先出台《中国（长沙）跨境电子商务综合试验区跨境电子商务职业技能人才培训及评价规范》，通过建立高校跨境电商等贸易新业态人才培训基地、开展职业技能考评和专业人才AI画像、搭建企业与人才交流平台，形成“高校培养+政府考评+企业选用”的完整闭环。

实践效果：

该项改革有效解决了跨境电商等贸易新业态人才紧缺的难题。同时，能积极引导各大高校紧贴市场需求设置专业，培养出专业技能更强的人才。目前已建立7所高校人才培训基地，每年可培养跨境电商专业人才3 000人以上。

案例6：外汇收支结算新模式支持保税货物转卖

主要做法：

企业转卖保税货物场景多达十几种，对应的资金流、货物流、信息流等各类信息复杂多样，此前在进行外汇收支结算时，存在企业需提供凭证多、交易真实性审核难、审核时间长等问题。

国家外汇管理局湖南省分局通过指导银行自律机制，制定《中国（湖南）自由贸易试验区保税货物转卖交易结算便利化公约》，重点解决保税货物转卖过程中银行“尽职调查难”“交易真实性把握难”等主要问题，建立以“物权凭证”作为交易真实性审核核心的保税货物转卖外汇收支结算新模式。

实践效果：

通过该项改革，企业办理保税货物转卖业务所需时间从5天以上减少至0.5天，湖南自贸试验区贸易便利化水平进一步提升。

案例7：外籍人才来湘工作管理服务实行“一口受理，并联审批”

主要做法：

外籍人才来湘工作原来需多次往返三个不同地

方，分别办理国际旅行健康检查证明书、工作许可证和居留许可证三项手续，部门之间沟通不便，办证流程多、费时长、成本高。

湖南自贸试验区积极探索外籍人才来华工作居留便利化举措，在全国率先整合科技、公安和海关三个部门的办事窗口，设立“湖南自由贸易试验区外国人来华工作一站式服务中心”，实现外籍人才来湘工作管理服务三项手续“一口受理，并联审批”。

实践效果：

通过该项改革，三个部门联合办公、并联审批，形成了快捷高效的管理服务机制，外籍人才办理三项手续由原来需要跑三地六次变成只需跑一地一次，办理时间由30个工作日缩减至7个工作日。

案例8：“触发式”市场监管新模式

主要做法：

市场监管业务量大、业务复杂，存在人工执法效率低、成本高、取证固证难等问题。

长沙片区针对市场监管重点领域，创新构建“触发式”监管模式。通过建立智能监测平台、制定监管标准和划定信用风险等级，明确“触发式”监管底线，采取“浅触预警、深触核查、无触不扰”方式，智能化实现全行业覆盖、全过程存证、全天候监测。

实践效果：

通过该项改革，长沙片区实现市场监管“无处不在”“无事不扰”。市场监管效率明显提高，行政执法成本明显降低，市场主体获得感明显增强。

案例9：“一码集成”规范涉企检查

主要做法：

原来涉企检查部门多、事项繁杂，存在多主体重复检查、涉企检查频次高等问题。

长沙片区创新搭建“一码集成”涉企检查平台，以一个二维码规范涉企检查事前、事中、事后全流程监管。将各类涉企检查项目重新归类整理，合并同类项，结合清单管理方式，明确制度规范和制定涉企检查计划，实现涉企检查事项“一码归总”；职能部门凭码检查，企业看码受检，平台实时监测备案验码管理，实现涉企检查过程“一码规范”；各职能部门、受检企业可通过云平台共享检查结果，实现涉企检查结果“一码共享”；实施13个部门43项检查事项数据化及“云备案”，实现涉企检查信息“一码追溯”。

实践效果：

通过该项改革，有效避免了多主体重复检查，区内涉企检查频次比此前下降约40%，企业满意度大幅提升，营商环境进一步优化。

案例10：国际邮件、国际快件和跨境电商业务集约发展新模式

主要做法：

国际邮件、国际快件、跨境电商三类业务原来分别在三个不同的场所，采用三种不同的系统和模式进行操作和监管，存在重复投资建设、人力物流成本高和企业通关时间长等问题。

湖南自贸试验区通过长沙海关、湖南邮政管理局整合监管场地、机构和信息化系统，实现“邮快跨”三类业务同场监管、集中消杀和快速通关。

实践效果：

通过该项改革，“邮快跨”业务日均处理能力提升6倍，平均通关时间压缩50%，企业综合运输成本降低约30%。短短一年多时间，自贸长沙临空区块跨境电商贸易额增长近5倍。

案例11：工程机械二手设备出口新模式

主要做法：

“一带一路”发展中国家对工程机械二手设备需求量大，我国虽然工程机械二手设备存量大，但

出口规模较小、标准缺失、退税不畅、售后缺乏，存在资源浪费、环保压力大等问题。

湖南作为工程机械制造大省，有4家（三一重工、中联重科、铁建重工、山河智能）全球工程机械50强企业。湖南自贸试验区立足产业优势，通过组建湖南工程机械二手设备出口行业联盟，制定质量鉴定、价值评估、安全、环保等相关标准，探索完善工程机械二手设备出口涉税和售后服务机制，进一步打通工程机械二手设备出口堵点。

实践效果：

通过该项改革，湖南自贸试验区率先为全国工程机械行业探索出二手设备出口的可行路径，推动行业绿色低碳发展，拓展了与“一带一路”沿线国家的经贸合作。

案例12：构建应对东盟技术性贸易措施综合服务体系

主要做法：

国外技术性贸易措施导致我国企业出口商品取得进口国家认证的环节多、时间长、成功率低。

鉴于马来西亚SIRIM准入证书在东盟国家普遍适用，为深入对接RCEP，畅通与东盟贸易通道，湖南自贸试验区以马来西亚为突破口，积极构建应对东盟技术性贸易措施综合服务体系。建立技术性贸易措施专家库，开展常态化监测并及时通报技术性贸易措施的动态。建立多种类产品检测实验室，打造“检测、认证、清关”一站式服务平台，支持区内企业与马来西亚标准机构加强战略合作，开展境内认证。

实践效果：

通过该项改革，湖南华晟检测有限公司成为全国首个与马来西亚国家标准局SIRIM达成战略合作的民营企业，并为全国企业服务。国内产品出口至马来西亚的认证流程由原来10个环节压缩至3个，认证时间由90天缩短至15天，出口至东盟认证成功率由60%上升到95%。

案例13：定制涉税服务助力新设企业快速“安家”

主要做法：

新办纳税人常因对管理规定不了解、对税费政策不熟悉、填报资料不规范等原因，导致部门反复找、企业多头跑、涉税风险高。

省税务局在湖南自贸试验区率先推行企业开办涉税业务一网通办，再造区内企业开办涉税流程；将出口退税无纸化申报的范围从区外一类企业扩展到区内一二三类企业；将区内新办生产企业比照纳税信用最高级别A级纳税人进行管理；在税费征管信息系统对自贸试验区新办纳税人缴费人加注身份标识，精准推送税费优惠政策和办税缴费提醒；提供政策性出口信用保险和外商海外资信查询渠道。

实践效果：

通过该项改革，湖南自贸试验区企业纳税缴费所需时间压减10%以上，企业增值税专用发票最高开票限额审批时限由原来的10个工作日压缩至5个工作日，新设企业有税申报率和开票金额呈增长趋势。

案例14：标准化聚集区赋能产业高质量发展

主要做法：

此前，国内缺少聚焦标准化产业建设的园区，产业受重视程度不高，发展缓慢。同时大部分中国企业及社会组织在国际标准制定方面缺乏话语权。

长沙片区通过打造“芙蓉标准化小镇”，建设标准化产业集聚区。引进英国标准化协会、法国标准协会、美国保险商实验室等多个国际标准化组织建立分支机构，构建“一中心、五平台”（标准化产业创新中心、标准化理论研究平台、标准化人才培育平台、标准化项目供给平台、标准化成果展示平台、标准化产业孵化平台）的国际标准化产业园；设立全国首个“质量诊所”，远程解决企业利用标准促进质量管理、质量创新难题；设立全省首个标准信息咨询窗口，免费提供标准咨询服务；开发“标准贷”金融模式，以标准化能力水平评估贷款额度；设立“标准化教学实验基地”，开展标准化人才培育，升级标准化服务水平。

实践效果：

通过该项改革，芙蓉标准化产业集聚区成功引进国际标准机构及配套企业 70 余家，成立行业标准化工作委员会 30 余个，参与指导多个国家及地方标准化试点项目，“标准化+产业”集聚效应逐渐显现。

案例 15：中非跨境人民币中心赋能中非经贸合作

主要做法：

中非跨境支付原来存在汇兑成本高、资金流转效率低、对非投资渠道不畅通等问题。

中国工商银行联合南非标准银行，运用区块链技术，在长沙片区打造中非经贸合作领域的第一个跨境贸易金融服务平台——中非跨境人民币中心。长沙片区以中非跨境人民币中心为载体，开立了全国首笔区块链保函，进一步将平台功能逐步延伸覆盖到整个交易链条，中非直连汇款产品实现了中国工商银行与南非标准银行间不经系统外代理行中转，提供人民币与南非兰特两大币种之间便捷高效的跨境汇款服务。同时，中国工商银行与多家非洲银行开展人民币账户合作，推动人民币对非小币种交易，完成肯尼亚先令、尼日利亚奈拉等小币种挂牌，开通对公即期结售汇及人民币跨境购售交易。

实践效果：

通过该项改革，长沙片区开辟人民币在对非经贸往来中的流通新路径，有效帮助企业拓展跨境融资，大幅提高对非经贸合作资金流转速度，进一步深化了中非经贸合作。

四、大事记

2022 年 1 月 11 日　《中国（湖南）自由贸易试验区条例》经湖南省第十三届人民代表大会常务委员会第二十八次会议审议通过，并于 2022 年 3 月 1 日正式施行。

2022 年 1 月 29 日　省政府印发《中国（湖南）自由贸易试验区世界级先进制造业集群专项规划》《中国（湖南）自由贸易试验区联通长江经济带和粤港澳大湾区国际投资贸易走廊专项规划》《中国（湖南）自由贸易试验区中非经贸深度合作先行区专项规划》和《中国（湖南）自由贸易试验区长沙片区产业发展规划》《中国（湖南）自由贸易试验区岳阳片区产业发展规划》《中国（湖南）自由贸易试验区郴州片区产业发展规划》。

2022 年 2 月 28 日　湖南自贸试验区“翰瑟公司与中意公司买卖合同纠纷案”作为中部地区唯一案例入选最高人民法院发布的“人民法院服务保障自由贸易试验区建设典型案例”。

2022 年 4 月 29 日　长沙经开区区块联合山河智能装备股份有限公司通过融资租赁方式，推动工程机械设备出口 RCEP 成员国的融资租赁首期合同成功签署，首期投放资金 1 000 万元，达成湖南自贸试验区首单“融资租赁+工程机械设备出口”试点业务。

2022 年 5 月 18 日　湖南自贸试验区发布首批制度创新成果 47 项，其中，全国首创制度创新成果 23 个。

2022 年 6 月 9 日　湖南、云南两省自贸试验区签署战略合作协议，共同推进西部陆海新通道建设，共同开拓东盟和南亚市场。

2022 年 6 月 20 日　湖南湘免国际贸易有限公司在长沙黄花综合保税区 7 号保税仓举行揭牌暨开仓仪式，标志着全省首个湘琼合作项目落地湖南自贸试验区。

2022 年 6 月 30 日　中国（湖南）自由贸易试验区长沙地铁 6 号线“开往自贸的地铁”主题空间

站在迎宾路口站揭牌，“自贸临空号”专列地铁首发。

2022年7月25日　省政府正式出台《深入推进中国（湖南）自由贸易试验区改革创新的若干措施》，明确提出四大方面80项改革创新任务，着力打造自贸试验区改革创新2.0版。

2022年7月28日—29日　阿尔及利亚、南非、尼日利亚等15个非洲国家驻华使节走进长沙片区，近距离感受湖南自贸试验区蓬勃的改革动力，聆听创新热土之上的开放故事。

2022年8月30日　湖南自贸试验区工作领导小组印发《关于做好中国（湖南）自由贸易试验区协同联动区申建工作的通知》，标志着湖南自贸试验区协同联动区建设工作全面启动。

2022年9月7日和9日　借助第二十二届中国国际投资贸易洽谈会平台，湖南自贸试验区分别在厦门和泉州举办招商推介会和外贸和跨境电商专场推介会。

2022年10月24日　商务部公示，拟将江苏、浙江（含宁波）、福建（含厦门）、广东（含深圳）、北京、上海、重庆、湖南和新疆等9个地区作为内外贸一体化试点地区。

2022年11月11日　依托第三届湖南（岳阳）口岸博览会平台，中西部自由贸易试验区协同开放发展论坛在岳阳举办，论坛上中西部10省（市）自贸试验区签署协同开放发展协议，全面推动协同创新、协同开放、协同发展。

2022年11月16日—17日　国务院参事室调研组来湘调研自贸试验区建设并举行专题研讨会，邀请沿海先进自贸试验区领导专家到湘分享成功经验。

2022年12月9日　由岳阳海关会同岳阳自贸片区创新推出的“综合保税区优化进出区管理新模式”获得海关总署批复，将在全国率先试行综合保税区进出区管理模式改革，此举将有力促进湖南自贸试验区高水平对外开放。

2022年12月下旬 大陆集团全球首家5G数字化超级工厂——长沙工厂、攀华集团湖南攀达年产150万吨型钢项目等重大项目在湖南自贸试验区顺利投产。

2022年中国（安徽）自由贸易试验区建设概况

中国（安徽）自由贸易试验区建设工作领导小组办公室

方 旭

中国（安徽）自由贸易试验区工作办公室主任（兼）

方旭，男，汉族，1968年1月生，安徽南陵人，研究生学历，硕士学位。

现任安徽省商务厅党组书记、厅长，中国（安徽）自由贸易试验区工作办公室主任（兼）。

一、经济运行数据

（一）投资情况

2022年，中国（安徽）自由贸易试验区（以下简称安徽自贸试验区）新设立外商投资企业68家、比上年增长33.3%。实际使用外资金额6.7亿美元，占安徽省实际使用外资金额的31.0%。实际使用外资主要来源地为香港（到资6.5亿美元、占安徽自贸试验区总量的96.6%），主要行业为科学研究和技术服务业（到资4.8亿元、占全区安徽自贸试验总量的71.4%），到资亿元以上项目1个（蔚来控股有限公司、到资3.9亿美元）。

新设立境外投资企业19家、比上年增长1.4倍；新增中方协议投资额1.8亿美元、比上年增长2.1倍。

（二）贸易情况

2022年，安徽自贸试验区进出口总额1 861.9亿元，比上年增长26.0%，高于全省进出口增速17.1个百分点；其中，出口额1 266亿元、增长29.4%、高于全省增幅速13个百分点，进口额596亿元、增19.3%、高于全省增速21.2个百分点。分商品看，机电产品出口额、进口额分别增长26.0%、24.5%，分别高于全省机电产品增速7.5个、21.3个百分点；高新技术产品出口额增长22.2%，高于全省高新技术产品出口增速12.2个百分点。主要出口目的地为美国、荷兰、德国等地，主要进口来源地为中国台湾、韩国、日本等地。

（三）金融情况

截至2022年底，安徽自贸试验区共聚集银行保险支行支公司以上层级机构83家，其中银行机构47家、保险机构36家，包括25家以“自贸试验区”冠名的支行支公司、11家科技型支行支公司。

2022年，安徽自贸试验区跨境双向人民币资金池业务结算量4.2亿元、比上年增长2.4倍，跨境人民币结算金额378.8亿元、比上年增长96%。

（四）创新情况

截至2022年底，安徽自贸试验区实有高新技术企业2 404家，占全省总量的15.7%；拥有科技型中小企业2 356家，占全省总量的14.5%。

（五）其他

2022年，安徽自贸试验区新增注册企业1.6万家、占全省总量的3.9%，比上年增长23%，高于全省平均增速22.9个百分点；实现税收收入306亿元、占全省总量的6.9%；固定资产投资增长1.2%；规模以上工业战略性新兴产业产值增长4.5%；“四上”企业营业收入9 366亿元、增长19.4%。截至2022年底，区内从业人员41.5万人。

二、建设措施及成效

截至2022年底，安徽自贸试验区已探索形成

124项制度创新成果；安徽自贸试验总体方案（2020—2025年）需完成的112项试点任务已落地见效102项，预计提前两年完成全部试点任务。

开放引领有效彰显。对标国际国内先进水平，重点围绕投资、贸易、金融等领域，加快推进便利化自由化改革。贸易便利度大幅提升。全国首创跨境电商保税零售进口退货管理新模式、竹木草出口检验新模式，大幅提升通关效率。探索完成新型易货贸易首单试点，率先建立“试点企业+试点商品”“双白名单”制度。开通合肥首条对欧盟固定货运航线，合肥国际货运航线增至7条。投资便利度明显改善。实施外商投资准入前国民待遇加负面清单管理模式，加强重大外资项目协调服务，提升国际医疗服务、教育等生活配套水平。推动蔚来汽车、睿力集成电路有限公司、信义光伏产业（安徽）控股有限公司等重点企业增资扩股。金融服务实体经济便利度加快提升。推动首单合格境外有限合伙人（QFLP）试点落地。主导产业加速集聚。

主导产业开放创新初见成效。围绕主导产业开放创新需求，推出集成电路、新能源和智能网联汽车、量子信息、生物医药等4个产业的76项创新举措，解决了一批企业关注的堵点痛点。科创成果转化强劲赋能。在全国率先推出横向课题结余经费出资科技成果转化新模式，10余家企业入选试点；深化产业化经费股权投资改革试点；拓展科研人员职务科技成果所有权试点，实现职务科技成果的批量转化。科创平台建设步伐加快。依托合肥科大硅谷、中国科学技术大学科技商学院、中国科学院合肥创新院、国际人才城等平台，推动开展国际科技合作交流以及科技成果转化新模式等试点，多路径推进科技成果转化。

营商环境持续优化。致力打造市场化、法治化、国际化营商环境。颁布施行《中国（安徽）自由贸易试验区条例》；实施安徽自贸试验区特别清单，推动向片区下放25个部门的212项管理权限，惠及近万家企业；加快推进环评与排污许可“两证合一”等改革，审批周期由60个工作日压缩到5个工作日。创新实施低效用地全流程处置模式，完成近2 400亩低效土地处置盘活。

辐射带动作用彰显。积极服务长三角一体化发展战略，5项案例入选长三角自贸试验区制度创新案例。创新片区产业合作机制，组建长三角G60科创走廊产业技术创新联盟，探索推动政策标准共制、创新资源共享。与上海共建长三角创新飞地与研发创新平台，形成“研发在上海、产业化在安徽”的协同发展模式。

三、创新成果及案例

案例1：跨境电商网购保税零售进口促销报备新模式

主要做法：

线上促销报备审核。在原有模式下，企业需要线下向海关报送纸质材料，并由工作人员初审后反馈给企业进行修改，并再次提交给海关进行审核。在新模式下，企业可通过芜湖跨境电商公共服务平台上的促销报备系统（企业端）直接上传促销报备信息，海关可通过系统海关端直接审核反馈，实现促销报备“线下”转“线上”。

系统自检自查。企业可通过申报端的数据整合功能，自动整合促销时间段内相关清单数据，生成相应的风险提示，降低促销活动超出备案范围促销的风险，海关可通过系统中的网上巡查功能对促销活动进行实时监控，巡查结果可实现留痕管理，弥补原促销报备业务监管手段缺失的不足。

风险自主研判。海关可利用系统的数据分析功能，分类处置“三单”信息，针对商家制造“秒杀”、伪造虚假交易、伪瞒报价格等方式偷逃税款行为，建立风险分析模型，自动生成风险信息，强化跨境电商网购保税零售进口风险研判。

实践效果：

一是“数据多跑路”，降低企业经营成本。通过在跨境电商公共服务平台中的促销报备系统，企业可以足不出户实现信息的录入、传导，实现跨境电商零售进口促销报备的数字化和智慧化。审核时间由原来的2天压缩至3小时以内，企业可实现当天报备当天审核当天促销。

二是台账电子化，减少企业违规风险。企业可通过促销报备系统随时查看促销报备的相关资料包括促销时段、商品、申报清单等，节省了在繁多的纸质资料中逐页翻阅的时间，削减了资料更新不及时、收集整理乱归类带来的企业违规风险。针对申报价低于原价的促销，海关巡查并记录促销报备30次，发现并处置异常促销活动5次。对是否超备案范围促销进行风险提示，共计查看并处置风险提示4条，完结促销报备5份，弥补原促销报备业务监管手段缺失的不足。

案例2：芜湖港智慧港口建设新模式

主要做法：

一是打造“5G+”智慧港口创新应用。基于芜湖港集装箱和煤炭生产区域，融合5G通信技术、设备远控技术、自动化控制技术等技术，开展5G应用场景建设。建设支持高带宽、高可靠低时延、海量连接的5G网络，实现朱家桥码头5G全覆盖。全国首次落地C-IWF（Customized-Inter Working Function，定制化信令互通网关）。引入移动边缘计算（Mobile Edge Computing，MEC）技术保障港口数据安全、降低通信时延，打造芜湖港5G专网，并在此基础上广泛开展5G创新应用，提升芜湖港自动化、信息化、智能化水平，打造“绿色、环保、高效”的智慧港口，为港口解决好自动化设备的通信问题提供了全新方案。

二是建成长江上第一座“集装箱无人智能堆场”。综合采用物联网、大数据、5G通信等现代信息技术，构建设备智能远程控制、实现港区“物流自动化、服务便捷化、管理高效化”。设备智能远程控制功能可实现场桥设备自动行走、智能寻箱、自动取送，最大程度减少人工参与。集卡车进入闸口，司机扫码进入，车号、箱号等相关信息会被录入数据系统，自动分配位置，集卡车到指定场桥停泊，场桥自动识别、自动执行作业，实现场桥终端、智慧堆场无人场桥、集卡终端、皮带秤集中控制等场景应用。

三是开展内河港口集装箱区块链DO模式应用。加快推进港口集装箱业务单证电子化进程，在集装箱单证无纸化平台基础上，探索开展内河港口集装箱区块链DO（Delivery Order，提货单）模式，率先在全国内河港口中实现区块链无纸化进口放货，打破以往客户在芜湖港完成进口业务流程需在船务公司、港口及其他相关单位之间往返多次的困境。该模式基于区块链技术实现货主、船公司和码头间的资源共享、信息互通，提供数字化、无接触进口提货方案，客户几乎足不出户，即可在网上一键完成所有进口换单操作。

四是建成新型港口无人道口。建设新型港口无人道口，通过道口联网与远程控制系统，包括车辆号牌的识别、集装箱箱号识别、射频识别（RFID）电子标签阅读器、路障系统、电子地磅自动称重、声光报警、LCD/LED显示屏、电子栏杆等先进技术，实现道口智能远程控制、无人值守等功能，提供车辆、货物的联网管理、风险分析等服务，极大地提高道口通行效率。

实践效果：

显著提升物流效率。该模式优化了进口集装箱运输业务模式，降低了物流企业通关成本，提升了水路运输服务水平。相比传统的人工场桥，单机作业效率整体提升50%。行走速度提高122%，小车行走速度提高33%，起升速度提高66%。实现集卡扫描进港，通过时间控制在1分钟内，最短可实现5秒过闸，通行效率提高75%以上。

大幅降低物流成本。通过人机分离，设备操作模式由“一对一”转变为“一对多”，8台远控场桥三班作业现最多只需9名操作人员，人力资源投入减少67%，综合人工成本每年节约200余万元，有效降低安全风险和职工劳动强度。

有效防控交易风险。基于区块链技术，与物联网、云计算结合，可以对商品运输交易的整个过程实时查看数据信息，进行追溯、监控，大幅减少可疑交易，降低监管成本，促进市场透明化和监管的便捷性，降低交易过程风险，规范市场发展。截至2022年底，集装箱设备交接单（EIR）平台注册各类船、货代、运输公司客户量120余家，注册集卡车辆1 000余辆。累计完成电子设备交接单90万余箱。收到电子装箱单20万余份；通过区块链平台接收和办理进口箱放行近2 000自然箱。放货提箱过程安全便捷，未发生任何错提、延误等问题。

案例3：横向课题结余经费出资科技成果转化模式

主要做法：

一是允许横向课题结余经费出资入股科创企业。以往，横向课题结余经费主要用于项目组的后续科研工作。合肥创新院通过“揭榜挂帅”承担国际2021年度全面创新改革任务，允许横向课题结余经费出资入股科创企业。即在鼓励技术发明人在技术等无形资产持股基础上，将横向课题结余经费以现金方式参股，所形成的国有股权纳入职务科技成果单列管理范围，并将85%的收益奖励给技术团队。横向课题结余经费出资的项目，须得到合肥创新院批准同意、与单位共享转移转化收益、产权清晰的科创企业。

二是出台横向课题结余经费管理制度。印发《中科合肥技术创新工程院横向经费管理办法》《中科合肥技术创新工程院科技成果转化管理办法》，健全横向课题结余经费全生命周期管理制度，确保横向课题结余经费依规高效使用。

三是完善投资项目的股权退出机制。结余经费形成的股权可择机退出，依据合肥创新院内部程序自行选择包括协议转让、股权回购、并购重组等股权退出方式，按程序办理股权退出手续。

实践效果：

合肥创新院选取合肥中科星翰科技有限公司、安徽中科光仪科技有限公司等10余家采取科研团队“技术入股+现金入股”模式成立的在孵企业，拟作为横向科研项目结余经费出资的标的投资项目。

案例4：深化科研人员职务科技成果所有权试点改革

主要做法：

一是建立权属分配的赋权模式，明确使用范围。经学校审核通过后，学校与技术团队（或发明人）签署协议，在科技成果转化前对所有权进行权属分割。对于科技成果在省内许可、转让、作价入股进行转化时，将80%的股权和收益分配给技术团队（或发明人），学校持有20%；对于科技成果在省外许可、转让、作价入股进行转化时，将70%的股权和收益分配给技术团队（或发明人），学校持有30%。学校职务科技成果赋权试点主要针对已有的职务科技成果所有权，赋权的科技成果具备权属清晰、应用前景明朗、承接对象明确、科研人员转化意愿强烈等条件。对可能影响国家安全、国防安全、公共安全、经济安全、社会稳定等事关国家利益和重大社会公共利益的成果暂不纳入赋权范围。

二是建立权责明晰的赋权体系，规范操作流程。第一，在赋权管理方面，中国科学技术大学校长工作会议、党委常委会议是职务科技成果赋权试点的最高领导与决策机构，审定赋权试点管理办法和处置方案，决策其他重大事项。校长工作会议负责对赋予科研人员职务科技成果所有权进行决策，并提交党委常委会议讨论决定；授权分管校领导对赋予科研人员职务科技成果长期使用权进行决策。第二，中国科学技术大学组建了试点改革工作小组，负责赋权试点的日常管理，其中：科技成果转移转化办公室负责科技成果的申请、维护、赋权协议的签订以及赋权后的权属变更等；中科大资产经营有限责任公司负责科技成果作价入股的赋权相关事宜；先进技术研究院负责科技成果中介交易服务、相关科技成果的应用开发、转化和运营。第三，在操作流程方面，技术团队（或发明人）向学校申请提交成果转化实施方案，经所在学院（或重点科研机构）和转化办审查并报分管校领导审批通过后，在省级以上技术交易平台、学院（或重点科研机构）以及转化办网站进行公示，公示期不少于15日；公示期结束无异议，由转化办提交校长工作会议、党委常委会议审议，审议通过后，技术团队（或发明人）与学校签订赋权协议。技术团队成员分配比例由团队内部协商确定，并形成书面协议向学校备案。

三是建立赋权政策的承接基金，实现闭环运作。对于学校持有的20%—30%部分的科技成果，建立赋权政策的专项承接基金按照市场化方式进行转移转化。基金由中科大资产经营有限责任公司下设成果转化公司、高新集团、高新集团指定基金管理平台共同出资设立，规模约2亿元。基金为双GP（普通合伙人）单牌照管理模式，其中高新基金公司为基金管理人和执行事务合伙人；成果转化公司参与部分基金管理职能，参与管理费分成。基金用于购买学校持有的20%—30%部分的知识产权，再用无形资产出资方式进行。收益分配时，各合伙人按照实缴或约定出资比例先回本，对于剩余可分配的收益，20%作为业绩奖励分配给管理人，管理人各分配50%；剩余部分按照实缴出资比例分配给合伙人，高新集团分配部分的20%用于持续支持科大成果转化。

四是建立尽职免责的防控机制，强化考核评价。学校领导人员履行勤勉尽职义务，严格执行决策、公示等管理制度，在没有谋取非法利益的前提下，免除追究其在科技成果定价、自主决定资产评估以及成果赋权中的相关决策失误责任。中科大资产经营有限责任公司以成果转化方式获得的国有股权，从获得股权日起3年内不纳入国有资产保值增值考核范围。建立学校职称评定、岗位管理和考核评价制度，对转移转化业绩突出的机构和人员给予奖励。

实践效果：

科技成果转化效率大幅提升。改革前，科技成果所有权属于高校持有，成果转化面临上级主管部门、财政部门的审批，流程漫长，一个成果的转化周期需要数年时间。改革后，科研人员拥有科技成果的所有权，转化方案由学校审批，转化效率大幅提升。

有效激发科研人员的创业激情。通过改革，科研人员拥有职务科技成果的所有权，可以按照市场化模式，自主选择许可他人实施、转让成果、作价投资等方式，充分激发科研人员创业和转化的积极性，有利于吸引、留住一大批高层次的科研人才在本地创新创业。

加快提升区域产业层级。中国科学技术大学赋权试点支持的项目基本都是老师团队的科研精华，涉及芯片、肿瘤药物、防腐材料等多个细分领域。赋权改革有利于加快推动一大批高精尖科技成果项目在本地转移转化，对于突破“卡脖子”技术、推动“科大硅谷”加快建设，具有十分重要的意义。

形成了循环发展的新模式。通过建立赋权政策的专项承接基金，引入专业的管理团队，不仅满足了学校持有的部分科技成果按照市场化方式转化的需求，实现了赋权试点的闭环运作，同时产生的收益可反哺学校，进一步支持科技成果就地交易、就地转化、就地应用，实现了“循环发展”的新模式。

案例5：设立知识产权融资风险补偿基金，完善质押融资风险分担补偿机制

主要做法：

一是高度重视，科学规划行动方案。省市场监管局会同省银保监局、省发展改革委、省证监局印发《安徽省知识产权质押融资入园惠企行动方案（2021—2023年）》，明确主体责任、明晰工作目标。将开展知识产权质押融资创新试点相关任务明确到相关市、县、园区，形成可复制的经验在全省

推广。

二是规范运作，制定管理办法。为规范风险补偿基金的管理和运作，合肥市制定《合肥市知识产权融资风险补偿基金管理办法（试行）》，明确风险补偿基金规模为2 000万元。合肥兴泰金融控股（集团）有限公司子公司合肥市兴泰担保资产管理有限公司为基金管理人。

三是合理设置，明确分担比例。根据金融机构开展知识产权融资项目的类别，将质押贷款分为银行直接发放、担保公司提供担保后发放、保险公司提供知识产权质押融资贷款保险后发放三种类型，当纳入风险补偿基金支持的企业融资项目损失发生时，风险补偿基金分类别给予补偿，最高承担50%。同时，加强政策引导，2021年，合肥市将市级高质量发展政策中知识产权质押贷款项目调整为对发放知识产权质押贷款的银行，按贷款金额的1%给予补助，提高金融机构积极性。

四是高效运行，设计金融产品。指导基金管理人根据风险补偿基金涵盖范围，设计纳入“知识产权质押贷”的产品。其中，产品要求贷款企业为合肥市登记注册的独立法人，银行利率不超过当期LPR（贷款市场报价利率）的1.3倍；担保机构标准不高于贷款金额的1%；保险公司收费标准不高于贷款金额的1.2%；贷款资金仅用于流动资金周转等生产经营活动，不得用于权益性投资。

实践效果：

一是加强顶层设计，强化法律保障。《安徽省知识产权保护办法》明确要求县级以上人民政府推动建立知识产权领域金融创新工作机制。合肥市市场监管局以《合肥市科技创新条例》制定为契机，参与知识产权章节制定、修改工作，将“深化知识产权融资服务”纳入立法范畴，从法律层面予以保障，进一步强化知识产权运用，服务高质量发展。

二是强化协作，拓宽融资渠道。编制《合肥市知识产权质押融资工作指南》，将合肥市各银行知识产权质押贷款相关金融产品、风险补偿基金解读、知识产权质押登记办理流程、省市县三级知识产权质押融资政策等详细梳理成册，结合全市知识产权质押融资工作推进会、知识产权质押融资入园惠企银企对接会等加大宣传力度，搭建政银企合作互惠平台，畅通银企沟通，拓宽企业融资渠道，不断提高知识产权质押融资的普及度和惠益面。

三是严控风险，畅通产品运行。风险补偿基金设立以来，已有8家商业银行（杭州银行、九江银行、中国银行、中国建设银行、中国工商银行、徽商银行、兴业银行、合肥科技农村商业银行）、5家政府性融资担保机构（金鼎担保、合肥滨湖源泉融资担保、合肥国控建设融资担保、高新担保、兴泰科技担保）加入风险补偿基金产品合作。

案例6：一份“信用报告”代替多张“合规证明”的企业上市服务新模式

主要做法：

一是明确申请对象，聚焦重点领域开展试点。制定并发布企业信用信息报告代替行政合规证明实施方案，明确申请对象为拟在国内外上市、上市公司再融资、参与上市公司并购重组、上市公司发行公司债券、场外交易市场挂牌等，并注册在合肥高新区的企业。同时，规定了首批试点范围，主要为企业上市过程中开具无违规证明需求比较集中的八大领域，包括对外投资、市场监管（含质监、食药监）、税务（含社保缴纳）、人力资源社会保障、安全生产、消防安全、环境保护、城市规划土地管理等。

二是明确责任部门，简化办理流程。企业信用信息报告由合肥市社会信用体系建设联席会议办公室（以下简称信用联席办）出具，全称为《法人、非法人组织公共信用信息报告》，内容包括企业基础登记信息，以及报告期内行政许可、行政处罚、守信激励、失信惩戒、重点关注和资质、资格信息等，涉及区经贸、市场、税务、生态等多个部门。企业在申请企业信用信息报告时，线上向合肥高新区推进企业上市工作办公室（以下简称上市办）提交申请。区上市办审核受理后，向市信用联席办申请查询并获取《法人、非法人组织公共信用信息报告》，最终交由企业签收。

三是大数据支撑试点，确保信息完整准确。合肥片区率先在全省成立公共信用信息共享服务平台（即“信用合肥”），归集全市司法、行政部门以及公用企业事业单位的信用数据，这让高新区的上市服务创新试点拥有完备的数据基础。同时，依托“区域经济大脑”数字平台，入库国家级科技型中小企业、高新技术企业、高成长企业等1.82万余家，建成多部门数据信息融合法人库，并接入工商税务、银行信用、政府采购、知识产权、司法舆情等29类149项数据，实现1.52亿条企业数据信息动态更新。通过市、区两级平台海量的数据信息共享，以及人工智能等新技术手段的应用，为企业信用信息报告的准确性提供有力保障。

实践效果：

一是降低企业上市合规证明申请成本。过去，企业上市前涉及对外投资、市场监管、税务等11个部门的20多项合规审查证明材料，不同部门对材料的要求不一，手续烦琐，沟通成本高昂。现在，企业仅需对接高新区上市办一个部门，参照模板填写并提交一份申请材料即可申请信用信息报告，申请成本大幅减少。

二是缩短企业上市合规证明申请时间。开展企业上市服务新模式后，企业可在线提交申请材料，“只需跑一次”即可拿到信用信息报告，业务办理时限从30天左右缩短到3天。2022年4月，合肥芯谷微电子股份有限公司成功申请了首份信用信息报告。

三是促进区域数字政务再升级。通过建立区域经济大脑与信用合肥信息共享机制，大力推动自贸试验区信用体系建设，加快推进大数据与信用信息深度融合，促进区域数字政务再升级。上市服务模块已实现发掘增量、分层管理、要素保障、合规证明出具到政策兑现的全流程线上服务模式。

案例7：市场采购贸易与跨境电商深度融合

主要做法：

贸易方式互通。跨境电商拥有平台配套齐全、受众群体广、灵活性强、获取订单容易的优势，B2B直接出口货物可以实行全国通关一体化。蚌埠本地的市场采购货物可以使用转关和通关一体化方式出口。为推动两种新业态融合发展，省内各城市的跨境电商货物可以在符合要求的组货仓完成组货后，使用市场采购通关一体化方式出口。

促进平台融合。跨境电商经营者主要是中小微企业或者是个人工商户，往往是前店后场或者是中介角色，缺乏实物展览和仓储支撑，为搭建跨境电商小商品的线下平台，蚌埠海关积极配合地方商务部门开展市场采购展销中心宣传招商活动，积极邀请阜南柳编、凤阳玻璃器皿等浓厚地域特色小商品入驻展厅，同时允许两种贸易新业态共享市场采购组货仓，解决跨境电商经营者仓储困难问题，同时也提高了组货仓的利用效率，为两种贸易新业态组货拼箱提供便捷。

实践效果：

该融合方式实现了市场采购贸易与跨境电商的有机结合，助推市场采购模式从线下向线上迈进，有效解决跨境电商企业货物出口订仓难的问题，拓宽新业态出口渠道，同时也让市场采购贸易的经营者看到跨境电商的独特优势，吸引更多商户采用跨境电商实现出口业务，对推进“市场采购+跨境电商”融合发展具有良好的示范带动作用。蚌埠中恒商贸城市场采购贸易已于2021年11月5日成功申报市场采购叠加跨境电商首单，目前已在合肥、蚌埠两地开展跨境电商货物使用市场采购通关一体化方式出口业务。

案例8：海关特殊监管区域“分送集报”模式出区进口法检商品监管新模式

主要做法：

一是优化企业申报。以海关特殊监管区域辅助管理系统为载体，加载后台参数将企业申报的“分送”货物数据与法检商品目录进行比对，自动甄别筛选应检商品；同时在申报端向企业提供勾选预设参数，企业在几乎不增加工作量的情况下一次性完成应检货物申报。系统通过设置布控参数，对申报数据进行集中处理，并自动转至现场查检等相关岗位。系统通过设置固定的查验记录格式提示应检项目，避免漏检。按照便利企业端、规范海关端的基本思路，以信息化管理手段降低企业违规风险和海关执法风险以及廉政风险。集中申报的报关单按照无法实施查验报关单处置，遇查验指令命中的，按规定程序办理解控。

二是集中检验、分批核销集约监管。根据海关特殊监管区域内办理法检商品“分送集报”业务企业的需求，可以在法检商品出区进口前，向海关申请在区内实施集中检验；检验合格的，分批出区时凭集中检验合格的结果办理核销，无须逐批实施检验；进一步降低企业通关时间和物流成本，也利于海关执法资源集约化。

三是许可证件管理前置审核。比照上述“分送集报”法检商品的管理逻辑，叠加“分送”前涉及许可证件管理的前置审核，通过信息化手段管控，从而降低企业违规风险和海关执法风险以及廉政风险。

实践效果：

一是关检业务深度融合。通过信息化管理手段，将涉关“分送集报”业务和涉检法定检验监管要求深度融合、同步实施，在守牢质量安全监管底线的基础上，保障海关特殊监管区域便利通关举措稳步运行。

二是通关效率有效提升。通过信息化辅助管理系统弥补金关二期系统“分送集报”业务的相关功能，在原有的企业申报数据基础上进行后台分析，让“数据多跑路、企业少跑腿”，企业申报渠道更为便捷、申报内容统一规范。化“批批检验”为“集中检验、分批核销”，大幅减少企业时间和物流成本，也有效集中海关执法资源。

三是风险防控持续强化。通过对出区进口“分送集报”货物申报数据的统一甄别，防范应检货物漏检的质量安全风险，以及因此带来的企业违规风险和海关执法风险。通过系统自动选择查检货物，避免海关自主选择“分送集报”货物查检对象可能带来的廉政风险。

案例9：“芜湖—洋山”长江支线运输航线共舱管理新模式

主要做法：

主要运作模式是由若干支线经营人共同投入船舶组成运力，舱位对社会开放共享，按照对外公布的固定班期往返于芜湖港与上海洋山港之间的公共服务航线。

舱位共享。通过船舶支线经营人共投运力，舱位开放共享，提供舱位共享平台，逐步推行船货分离。

固定班期。以“五定班轮”的模式循环周转运输，港口码头采取优先靠泊、优先装卸的优先制度，确保时效。

单点挂靠。船舶靠港实施单点挂靠模式，即船舶在上海洋山各码头只停靠一次，实行严格的“点对点”运行，服务效率大幅度提升。

实践效果：

整体效率提升。共舱航线正式运作以来，通过先靠泊、优先装卸，船舶待港时间由原来的48小时减少到24小时，提高集装箱船舶周转效率，货运周期大幅缩短；固定班期模式，使船舶计划准点率达到100%；舱位开放共享，吸引更多的代理公司参与其中，船舶装载率大幅提升，由原来的54%提高到77%，每周12个进出口航次班期更加稳定。

有效解决空箱供给。在新冠疫情肆虐，集装箱空箱一箱难求的环境下，依托共舱航线，仅3个月就实现调入空箱9 681标准箱，有效缓解了腹地企业用箱困难。

案例 10：集装箱联合服务中心开启“空箱前置”新模式

主要做法：

一是推广空箱预服务新模式，积极应对封控影响。按照信息前置、空箱前置的总体要求，依托共仓航线，启动芜湖空箱前置服务，因新冠疫情期间空箱回流较少，难以依赖空箱回流，造成大量货物无法按时发出，采用新模式后提前调配空箱到芜湖港，不完全依赖空箱回流。2022 年 3 月 31 日，芜湖港“空箱前置”项目正式落地，首批 30 个集装箱已前置芜湖港堆场。

二是强化运营服务中心，提升长江支线运输质效。“芜湖集装箱联合服务中心”将上海港的服务前置、信息前置，客户在芜湖港就可以享受到和上海港相同的服务，缩短用箱周期，满足企业发运需求。新模式采用后，不仅建立了水上运输通道，保障了客户发运需求，同时降低了物流成本，相对于公路运输单箱可节约 1 500 元左右，降低成本 30% 以上。

三是加大宣传推介力度，开展上门营销。聚焦货主企业货物发运需求，充分发挥芜湖至上海直达航线服务优势，集聚口岸代理效能，为进出口企业量身定制“陆改水”运输方案。

实践效果：

一是优化了港口生产调度。各港口根据统一部署要求，优化作业流程，加强调度，保障集装箱船舶优先靠泊、优先作业，提高集装箱船舶周转效率；统筹社会集卡资源，保障港口集疏运体系正常运转。

二是扩大了运输规模。空箱前置主要是服务于贸易条款为上海出口的货物，相对传统的陆改水业务，除了空箱资源相对有了保障外，客户对船公司的选择更加灵活，用箱期更加有保障。采用新模式后，截至 2022 年 5 月，港口吞吐量同比增长 9% 以上。

案例 11：贷投批量联动金融服务新模式

主要做法：

一是发挥联动合力，实施批量化金融服务。建立白名单制度，定期组团分批向试点银行推荐科技含量高、发展前景明朗的科创企业，每批次推荐企业原则上不少于 10 家。试点银行、合肥高新创业投资管理合伙企业等单位在推荐名单内开展科创贷投业务，充分发挥银行与政府、债权与股权的联动作用，推动“逐客逐户”的商行贷款模式向批量化融资的投行理念转变。

二是激发内生动力，充分调动各方积极性。根据企业贷款金额的不同，开展分级评估。企业贷款额度不高于 500 万元，由试点银行自行评估，并对推荐企业开展尽职调查，在 5 个工作日内完成审查审批，明确授信额度、期限和利率。企业贷款额度不低于 500 万元，采用联合评估。即试点银行为主，合肥高投等单位为辅，联合对推荐企业开展尽职调查，信息共享、成果互认。同时，由试点银行对推荐企业进行自主授信审核，并成立业务指导委员会，主任委员由高新区分管主任兼任，财政局、科技局、合肥高新创业投资管理合伙企业（高新集团）、试点银行等委派 1 名兼任委员，指导委员会会议定期召开，研究提出科创企业授信额度、期限和利率等意见，作为试点银行授信重要参考依据。

三是创新业务模式，建立投资收益增值回拨机制。创新设立超额风险补偿资金池，资金来源初期以财政资金投入为主，后期以股权期权（认购权）溢价收益回拨为主，首期额度 2 000 万元，用于科创企业批量联动系列产品，发挥风险补偿、产品增信、信贷引导等作用。根据产品运行和资金放大以及安全系数情况，可逐步增加超额风险补偿资金池规模。

四是强化运营监管，建立风险防控补偿机制。试点银行承担贷款核心环节，履行放贷程序，并建立单独的业务台账，将贷款信息及时向高新区财政局进行反馈，按月向省银协提供业务开展情况。贷款发放后，试点银行需对借款企业进行贷后管理，高新区相关单位加强信息共享和工作指导。如借款企业出现经营异常或其他严重影响其正常经营等不利情况时，各方按协议约定，相互提示、提醒，并及时采取制止、挽救措施。

实践效果：

自2021年10月底在合肥市高新区启动试点以来，首批4家试点银行已对128家科技企业发放3.55亿元“贷投联动”贷款。2022年，为充分发挥“贷投批量联动”政策效果，进一步总结试点经验，在合肥、蚌埠、滁州、芜湖、宣城、安庆等市推广，指导6市建立规模7 600万元的风险补偿资金池，累计为157家企业发放4.94亿元“贷投联动”贷款，联动股权投资28.44亿元，取得了良好成效。

案例12：“商业银行授信+担保公司增信”外贸汇率避险新模式

主要做法：

一是建立“3+1+X”对接机制。建立“3+1+X”对接机制，其中“3”是国家外汇管理局蚌埠市中心支局、蚌埠商务和外事局、安徽自贸试验区蚌埠片区（以下简称蚌埠片区）管委会，“1”是商业银行，“X”是企业。由国家外汇管理局蚌埠市中心支局牵头，联合蚌埠商务和外事局、蚌埠片区管委会，通过交叉比对梳理企业信息，为银行“一对一”精准服务，积极拓展“首办户”，扩大汇率风险业务覆盖面提供支持。

二是探索“商业银行授信+担保公司增信”新模式。传统套期保值业务银行要求占用企业授信敞口或缴存一定比例保证金，中小微企业受制于授信额度只能选择缴存保证金办理套期保值业务，对其本不宽裕的流动资金造成较大压力，不利于企业稳健经营。蚌埠片区积极探索“商业银行授信+担保公司增信”外贸汇率避险新模式，通过商业银行与担保公司合作，引入第三方担保，为中小微企业叙做衍生品业务提供担保授信支持，使其免于缴纳保证金，切实降低企业套期保值成本，有效解决“套保难，套保贵”的问题，进一步提升中小微企业国际竞争力。

三是减费让利切实惠及涉外主体。引导商业银行持续扩大减费让利幅度，切实惠及市场主体。例如，农业银行给予大型企业超过300万美元的远期结售汇130个基点优惠，给予中小微企业普遍100个基点的优惠；徽商银行给予大型贸易企业远期结售汇业务80个基点优惠；工商银行为大型企业远期购汇业务在优惠报价的基础上再优惠50个基点。

实践效果：

一是提升了商业银行汇率避险产品服务水平。安徽省首笔第三方担保方式办理的套期保值业务于2022年6月9日顺利落地，企业不但免于缴纳2 500美元保证金，且通过银行、担保公司和企业的三方协议享受更高的结汇点差优惠，预计可多结汇1 020元。

二是增强了企业汇率“风险中性”意识。依托蚌埠片区、市场采购平台、商业银行、自律机制公众号等多平台，采用多种类、全方位宣传，有效促进套保知识普及，中小企业汇率“风险中性”意识明显增强。

三是提高了企业运用汇率避险工具能力。辖区市场主体综合运用汇率避险工具的能力得到提升，实现辖区外汇衍生品业务大面幅扩面增量，有效帮助企业规避汇率波动风险。

案例13：软件产品增值税即征即退新模式

主要做法：

一是对接退税政策，明确对象范围。增值税一般纳税人销售其自行开发生产的软件产品，按13%税率征收增值税后，对其增值税实际税负超过3%的部分实行即征即退。增值税一般纳税人将进口软件产品进行本地化改造后对外销售，其销售的软件产品同样可享受即征即退政策。注册在安徽自贸试验区合肥片区（以下简称合肥片区）的增值税一般纳税人，均可通过该系统办理软件产品增值税即征即退。

二是建立软件系统，打通数据壁垒。结合退税业务需求，利用企业纳税以及高新区法人库数据，与相关专业公司合作，新建软件产品增值税即征即退系统，打通安徽省电子税务局部分端口（无须改造电子税务局系统），直接获取退税企业增值税纳税申报以及电子缴款凭证等相关数据，按照人工智能算法实现退税材料的自动生成，再报税务部门进行审核。

三是规范操作流程，实现自动审核。注册认证。企业使用“皖事通”账号或者电子税务局账号登录系统，并完成用户授权认证。数据初始化。系统识别企业软件著作权，形成软件著作权列表，企业根据列表上传对应软件著作权附件，作为后续软件产品比对信息库和软件著作权资料打印依据。填报资料：企业在进行退税业务办理过程中，仅需上传纳税申报表、发票清单、电子缴款凭证等资料，相关退税数据可根据企业软件著作权证和开票信息自动计算得出。纳税人确认信息无误后，自动生成《退（抵）税申请审批表》、退税声明书、软件产品增值税超税负申请返还问题的请示、软件产品销售清单、办税服务事项资料传递单、送达回证等资料。各项资料仅部分字段需要手工填写，其余信息可由系统自动填写。数据审核。税务审核人员可通过系统自动审核，减少税务人员工作量，提升管理，优化服务，精准助力企业发展。

实践效果：

改革前纳税人需要提供12套表格等材料，退税周期约30天。改革后纳税人仅需提供4套表格材料，其余可由系统自动生成，退税周期约一周。目前系统方案已经初步完成设计，正在征求税务部门意见。

案例14：“双保贷”业务试点

主要做法：

一是创新银信保三方合作模式，引入“信保+担保”双保险机制。银行与中国出口信用保险公司、安徽省内主要担保公司共同签署《“银行、担保、信保”融资合作备忘录》，并与省商务厅签订四方协议。双保贷产品通过财政贴息贴费方式，引导出口信用保险机构、融资担保机构双向发力，在发挥出口信用保险分险增信作用的同时，也发挥政策性融资担保资金增信作用，从而降低银行的贷款风险敞口，撬动金融机构帮助中小微外向型企业拓宽融资渠道，促进银行加大信贷投放力度。

二是筛选外向型中小企业，建立企业动态资金池。对申请“双保贷”业务的企业设置严格核查条件，并制定企业名单，采取动态更新的管理机制。企业在需符合在合肥片区内依法注册成立、未列入海关不良信息记录、未列入人民法院失信被执行人名单、具有真实的贸易背景、历史收汇记录良好、与买卖方有稳定的合作关系、资信符合银行授信业务等基本条件之外，还需符合已在中国出口信用保险公司安徽分公司方投保短期出口（进口）信用保险、上年度进出口额6 500万美元以下、贸易外汇收支企业分类为A类等特定条件后才能被允许通过申请。

三是精细产品功能，精准助企纾困解难。“双保贷”产品试点区域内的中小进出口企业采用当前主要国际结算方式与境外买/卖家进行贸易往来并投保信用保险，针对这一特性拓展产品功能，将多笔账期不一的应收账款/预付款对应保单项下索赔权及赔款权转让给银行，银行即可根据转让规模的一定比例向企业提供融资。同时市担保基金还会进行增信，企业在“信保+担保”的双保险下，能够方便快捷地获得银行发放的纯信用贷款，降低融资门槛和融资成本。

四是聚焦关键环节，建立风险防控机制。建立“双保贷”产品风险动态监测机制，引入政策性担保机构共担风险，在入池、资金池动态管理和代偿索赔三个关键环节建立严格的风险管控机制，制定三重资质审核降低政策、信用和汇率风险，必要时进行代偿补偿与债务追偿。银行通过大数据风控系统，对企业资质审核把关，并及时跟踪企业流水、工资代发情况，严格按照管理规定对资金流向进行监测，对于出现异常企业进行警报；商务部门提供企业进出口情况；引入担保公司，根据客户资质情况，审核企业情况并提供担保。

实践效果：

一是提升中小型企业融资额度，提高融资效率。2022年4月1日省商务厅、省财政厅联发发文，在合肥片区开展“双保贷”试点业务。华夏银行合肥分行与中国民生银行股份有限公司合肥分行已推出“双保贷”产品，合作的保险、担保机构包括中国出口信用保险公司安徽分公司、合肥海恒融资担保有限公司等安徽省内主要担保公司。首批超过6家企业已从中受益，发放融资方面共2 300多万美元，应收账款转让方面累计实现30多笔应收账款转让，金额达到400万美元。同时，进一步降低企业融资成本，通过“低成本贷款+担保费率补贴+融资利率贴息”等方式，年融资平均成本低于融资金额的2%。

二是多方合作，综合解决融资难点并规避风险。通过与中国出口信用保险公司（信保）、安徽省内主要担保公司（担保）的合作，有效实现金融机构的合力助企，使产品具有保收汇、补贴息、免申报以及门槛低的四大特色，分别解决企业收款不放心、贷款利率高、手续太烦琐以及办理门槛高的四大痛点。该产品无须额外提供抵质押担保，可与企业进出口贸易进行有效匹配，利率低，融资灵活、手续简便，同时还能有效规避汇率风险，实现提前收汇。

案例15：“供应链票据+担保”业务新模式

主要做法：

一是创新“供应链票据+担保”模式。由核心企业在供应链平台开出电子商票，小微企业在平台上接受商票后，由民强担保公司提供保证，将政府性融资担保业务范围扩大到供应链票据领域，银行对担保商票进行贴现，小微企业实现低成本的融资。通过“供应链票据”和“国有担保公司担保”的创新结合，进一步畅通中小企业融资渠道，提升链属企业供应链融资可得性、便利性和灵活性。

二是打造“供应链票据保e贴”。创新打造“供应链票据保e贴”，推出供应链票据银票，实现等分化签发，票据签发可以0.01元为单位拆分，使企业用票更加灵活。此外，还嵌入了供应链场景，企业可直接通过供应链平台完成供应链票据业务操作，推进了票据的供应链场景化使用，服务更多链上中小微企业，为他们提供更便捷、更优质的金融服务，推动普惠金融发展。

实践效果：

一是大大降低企业融资成本。产业链核心企业用供票支付货款，上下游企业凭借这张供票进行融资，产业链上下游企业的资金压力都得到了缓解，而且融资成本也大为降低。贴现利率较同期贷款利率低100—150个基点，有效节约了小微企业融资成本。

二是畅通了企业融资渠道。由于供应链场景下企业间的真实交易关系更具可见性，且供应链票据可以有效实现信用传递，让产业链上的中小微企业分享核心企业的优质信用。“供应链票据保e贴”进一步畅通了中小企业融资渠道，提升了链属企业供应链融资可得性、便利性和灵活性。市民强担保公司通过“巧用核心企业信用、活用供应链票据”的方式，有效缓解了小微企业三大障碍“信用弱、周转资金缺、融资贵”。

三是更好发挥票据的优势作用。供应链票据具有凭证法定流通性好、融资体系健全的特点，与供应链金融高度契合。供应链票据通过票据流转模式和系统运行逻辑的创新，使票据与供应链企业之间的交易往来更加紧密耦合，信息透明度更高，信用与风险识别机制更加清晰，更好地发挥了票据对推动供应链金融发展的优势作用。

案例16：弱流通性货币结算新模式

主要做法：

根据企业不同的境外业务结算需求，建立健

全“一户一策”制度。“一户一策”即针对每户企业实际境外业务开展情况，制定弱流通货币的跨境收付方案，内容包括业务种类、业务国别、业务币种需求，最终形成MT103汇款（单笔客户汇款）报文内容。以往传统的跨境结算收付模式会让企业受到商业银行弱流通性货币的储备限制，造成汇路闭塞，无法成功办理汇款业务。针对这种情况，商业银行通过境内付款银行和境外中转银行的联动合作，通过企业自身单一美元或欧元账户即可原地拓宽汇款路径，全面实现弱流通货币的跨境结算，打通“一带一路”企业用汇无忧的“最后一公里”，充分满足企业收付汇币种繁多的国际结算需求。

实践效果：

一是拓宽汇款路径，“一带一路”沿线国家企业打破弱流通货币跨境结算壁垒。实现“一户百币”，为企业提供了弱流通性货币安全、高效“付出去”“收回来”的汇款路径。“一带一路”企业（其他有需求的境内涉外企业均可）可通过在银行开立的美元、欧元、人民币账户办理125个弱流通性货币付汇业务、41个弱流通性货币收汇业务，通过该种结算模式可以打破弱流通性货币的壁垒，全面且自由收付贸易国当地币种，解决了企业在金融管制严格的国家无法畅通使用美元、欧元等大币种进行结算而影响正常外贸业务开展的难题。

二是打通企业用汇“最后一公里”，保障企业业务正常开展，企业外向程度增强。弱流通性货币跨境结算新模式的应用，让企业用汇无忧，有效保障了企业及时履约，境外业务的正常推进，控制了法律、税务和汇率风险，为企业持续扩大海外业务规模夯实基础。

中信银行股份有限公司蚌埠分行已成功落地安徽省首笔弱流通性货币跨境结算业务，也是中信银行股份有限公司全国区域内首笔业务。已为在非洲、中东有境外承包工程的企业提供此类汇款业务服务，弱流通性货币包括不限于几内亚法郎、宽扎、第纳尔、西非法郎等。

案例17：中小微外贸企业“银保互联+池融资”模式

主要做法：

一是银保互联，融资便捷。外贸出口企业采用信用证、托收或赊销方式向境外付款人销售货物，中国出口信用保险公司安徽皖南营业部为企业提供短期出口贸易信用保险。搭建银保互联平台，出口企业将已投保的应收账款所有权和保单项下索赔权及赔款权益转让给商业银行，商业银行为企业提供融资服务，提高应收账款回款速度。运用数字赋能手段，提高银保联动水平，畅通融资渠道，实现“让数据多跑路，让企业少跑腿”，为外贸企业提供“足不出户”“全程线上”的优质产品体验，将大幅便利外贸企业业务操作，降低企业运营成本。

二是池化管理，汇零为整。“银保互联+池融资”针对中小微外贸企业应收账款笔数多、单笔金额小、期限不同的特点，将出口企业已投保的多笔账期不一且符合应收账款转让条件的零散款项形成“池”，对于小微出口企业已投保的多笔应收账款，无论其期限长短、金额大小，均可入“池”，商业银行后续根据银保互联数据，做好新增应收账款入“池”与到期应收款出“池”动态管理，保证“池”金额的稳定，帮助中小微企业将零散的应收账款集中管理，放大金融供给能力。

实践效果：

一是信用主导，解决融资难题。中小微外贸企业轻资产，缺少抵质押物，融资渠道单一，在传统贸易融资模式下存在困难，引入银保互联机制后，银行获得了保单项下索赔权，规避了风险，可为企业提供纯信用贷款，商业银行为单个客户纯信用授信额度最高可达1 000万元，既减轻了担保压力，也提高了融资便利，进一步缓解企业融资压力，满足企业快速回笼出口应收收账款需求。辖内首笔500万元“银保互联+池融资”业务已审批落地。

二是精简流程，提升融资效率。中小微外贸企业进口商分散，订单笔数多，账期不一，分批办理出口融资手续相对烦琐。“银保互联+池融资”模式汇聚多笔期限3个月至1年不等的应收账款，统一入“池”管理，提供一年期贷款，为出口企业提供稳定的资金来源。该模式为一次授信、持续用信，由原有的笔笔授信，单笔审批平均近一个月，简化为仅需首次审批，后续授信最快当天即可放款，有效简化了银行审批流程，提高了办理时限，极大节省了企业人力与时间成本。

案例18：“跨境市场采购贸易”线上全流程自助入账收汇模式

主要做法：

针对贸易外汇收支企业名录为A类的市场采购出口商，实施便利化管理，辖内商业银行为其提供线上全流程自助入账收汇服务。以往的线下收结汇模式需要银行工作人员在工作日人工逐笔审核收汇信息，匹配报关单后，为市采客户办理入账结汇手续，时间长、效率低，企业资金使用受限较大。“跨境市场采购贸易”线上全流程自助入账收汇模式，通过银行系统与市场采购联网平台开展系统对接，境外买家支付外币到辖内商业银行指定账户，将来账信息发送至市场采购平台，市场采购出口商自行登录市场采购平台，查询来账信息，确认来款信息，发起收汇登记。银行系统立时匹配收汇登记信息与来款报文信息，自动完成反洗钱及高风险国家业务筛查，确定该笔业务不涉及相关风险后，直接将收汇款项打入市场采购出口商的经常项目项下美元结算户。

实践效果：

一是节省企业人力成本。“跨境市场采购贸易”线上全流程自助入账收汇模式打破了传统的线下收结汇的固有模式，减少了企业准备收汇材料、与银行业务办理人员沟通的过程，节省了办理业务的时间，满足其移动化办公需求。

二是缩短资金入账时间。全部过程均通过线上办理，市场采购出口商在市场采购平台系统自助发起收汇登记，银行系统7×24小时自动校验、放款，做到“即传即办”，大大缩短了资金入账时间，有效提高企业资金使用效率。

三是提高监管效率。交易全程电子化，贸易各方可随时通过系统查询处理进度，实现贸易全程可追溯，使得贸易全程的监督和管理变得更加高效。

案例19：工业园区综合能源纳管体系创新

主要做法：

一是设置节点进行管理定位。节点管理模块支持节点的新增、修改、删除、查看等功能，实现区块链网络中节点的可视化管理。部署成功的节点可查看服务器地址和端口等信息。节点类型分为“共识节点”和“观察者节点”两种，共识节点负责完成共识并稳定产出区块，观察者节点只负责同步区块，并对外部提供接入区块链的接口服务，亦可进行监管审计。

二是区块链化网络管理。创建联盟链，支持私有化部署、云部署、混合部署等多种方式。联盟链可灵活增删不同类型的节点，并实时查看链上节点信息，实现区块链网络的可视化管理。联盟链监控支持针对联盟链整体和各节点的监控数据，主机监控则支持主机和主机上服务进程的监控。支持区块链运维态势感知、威胁警告。动态监控区块链和智能合约的运行状态，及时汇报链上安全状况信息。

三是完善有效安全保障。使用加密技术对具有隐私保护要求的数据提供隐私保护的机制并进行数据管理，实现匿名支付协议，使用户在发起交易时，不但可以隐藏交易金额，也可以做到交易的发送方和接收方匿名。已编译的合约在部署时，选择部署方签名后进行部署合约，已部署的合约在调用成功后方可获取存证内容。

实践效果：

一是数据实时共享。区块链的去中心化技术降低了组织与组织之间的数据共享成本，降低了组织内部的数据共享边界阻力，实现了数据共享先导。智慧光伏运维平台启用区块链技术，数据使用效率提高了约 50%，成本节约了约 15%—20%。

二是安全实时监控。平台的实时监控模式让监控全域完全处于安全监管之下。从数据、信息、画面等全方位把控监控区域内的各项指标。监控范围也可以覆盖到系统末端。同时，数据可视化显示让运维人员可以直观观察到安全隐患，信息同步化上送让运维人员可以及时的得知系统变化，重点画面覆盖让运维人员可以随时查看重点区域的现场状况。处于实时监控模式的系统，覆盖率能达到 90%以上，人工成本节约了近 50%，安全效率能提高至 95%。

三是应用场景可复制。平台的建设对于提高光伏电站的发电管理水平、促进光伏发电的效率提升、降低光伏电站的安全事故、实现我国的应对气候变化减少温室气体排放的目标具有重要的社会效益。平台所涉及的技术与产品，具备示范推广条件，在用户侧响应、智慧绿电和智能微网行业具有广泛的应用前景，未来可以和其他地区平台相对接，打造更广阔的生态空间。

案例 20："智能+共享+绿色"打造"共享工厂"新模式

主要做法：

一是以政府的支撑"扩局"，政企合作共塑产业新生态。安徽自贸试验区芜湖片区（以下简称芜湖片区）积极探索"工业互联网+智能制造"为传统产业赋能新模式，出台《芜湖市关于深化"互联网+先进制造业"发展工业互联网实施方案》，成立芜湖 5G+工业互联网产业发展联盟，为工业互联网项目提供研发政策支持。为了支撑各共享工厂设备高效运营，满足小批量混线生产的"柔性要求"，在芜湖电信的云计算中心为企业部署连接全国已经投建和即将投建的共享工厂的云端生产管理系统和家具行业产品数据中心的平台，为企业发展赋能。仅 2021 年下半年，通过"共享工厂"新模式，芜湖机器人产业龙头埃夫特共完成 2 800 万元产值，市场业务范围扩大到江苏、四川、河南、山东、重庆等 5 省市。

二是以市场的逻辑"破局"，助力中小企业"机器人自由"。芜湖市在市场调研的过程中，发现内陆省份的劳动密集型产业集聚区内，存在众多中小企业面临产业升级、安全环保、人力资源不足等问题，急需通过工业机器人来提升产品质量和降低生产成本。但是对于大多数劳动密集型中小企业来说，自建机器人生产线的投资门槛高，后期运营面临着一定的困难。芜湖市联系埃夫特机器人公司，依托国际领先的工业机器人应用技术破解行业发展之痛。在江西省南康家具产业园区内，芜湖市联系江西本地的龙头公司和埃夫特公司共享合作组建喷涂机器人共享工厂，集中进行喷涂作业。该模式解决了家具企业投资门槛和技术不足的问题，并化解了当地企业的"用工荒"和职业病防护风险。

三是以创新的技术"造局"，充分挖掘数据价值。共享工厂解决了工业机器人的规模化应用问题。芜湖市帮助埃夫特和阿里云共同打造行业内首个云边端一体化智能机器人云平台，整合自主研发的机器人技术、视觉技术、人工智能技术和云计算技术，将阿里云工业大脑作为埃夫特智能机器人云平台的技术底座，通过将视觉技术、轨迹规划技术、人工智能技术、自动控制技术和工艺模型及数据的集成，智能机器人云平台可降低工程师编程与算法应用的门槛，提高机器人的自主性和智能化水平，进一步满足小批量混线生产的"柔性要求"。首个共享中心投入使用后，单件产品节省消耗品成本 217%，单工件人工费节省 230%。产品合格率由 95%提升至 98%。

实践效果：

共享制造是制造业与新一代信息技术融合发展的必然趋势。借助 AI、大数据及物联网技术，芜湖市在构建共享工厂方面"小试牛刀"，其创新性探索，为创新资源配置方式，培育共享制造新模式新业态提供了有益的示范。

一是完成了要素重新组合。依托龙头机器人企业建设共享工厂，通过模式创新推动行业生产方式的变革，在资本、技术、劳动等要素的重新组合中放大技术创新和产品创新的效应，解决了工业机器人商业化应用难题。

二是提供了绿色发展解决方案。“共享工厂”不仅提供行业先进的智能设备和技术，更是通过环保设施的投入一举解决高污染、高能耗的问题，让当地家具企业能够专心技术与市场，产业走上了良性发展道路，为政府提供了行业转型升级、绿色发展的解决方案。

三是实现了制造业的服务化。共享工厂让机器人行业从“卖机器人”转变为“提供机器人服务”，政府平台和企业共同投资的合作模式，让机器人企业从“供应商”转变成“合伙人”。在高端制造的基础上，提升了增值服务的体系和附加值，为企业开辟了另一条赛道。

案例 21：环境科技企业知识产权“授信池”模式

主要做法：

一是搭建安徽省首个自贸区知识产权基层服务站。联动搭建知识产权保护服务站。打造“服务送入园”的零距离知识产权服务新模式，为企业提供“线上+线下”相结合的知识产权全方位服务。安徽自贸试验区企业可就近获得零距离的申请、运用、保护维权的全链条服务。

二是创新知识产权定价及融资评估体系。探索创新知识产权定价及融资评估体系。由合作银行对接国家知识产权局引入包括技术维度、法律维度和经济维度三个方面共 9 个大项 32 个子项的企业专利基础数据和价值数据。通过专利数据，建立知识产权综合评价平衡打分卡，对科技企业的技术布局、公司竞争力、研发规模稳定性、技术影响力和技术质量进行量化评价，有效解决融资中知识产权定价评估难的问题。

三是创新建立科创企业“白名单”批量推荐机制。建立科创企业“白名单”批量推荐机制，将生产经营、财务状况和信用记录良好的且获得有效科创企业认证资格作为筛选标准，形成“白名单”企业库，从而精准嫁接政银企资源，更有效地链接知识产权保护及融资服务。

实践效果：

一是放大财政资金支持效应，为科技型企业做足金融要素保障。建立“资源共享、风险共管、优势互补、多赢互利”的新型政银合作关系，将实现财政资金的放大利用，杠杆放大作用显著。

二是“服务送入园”实现知识产权服务保护零距离。落地自贸试验区知识产权基层服务站后，作为一个运作规范、人员专业、回应及时的服务平台，将为自贸区企业提供申请专利、商标、著作权，进行知识产权管理、转化和运用，进行知识产权保护维权等方面的咨询和建议，对于涉及纠纷的及时介入解决。

案例 22：建立引进海外高层次人才和急需紧缺人才职称评审绿色通道

主要做法：

一是突破限制，创新人才评价导向。突破传统人才评价机制重理论轻实践、重资质资历轻能力贡献等人才发展不良倾向，推进以破“四唯”为核心的人才分类评价机制改革，把品德、能力和业绩作为衡量人才的主要标准，建立健全以科研诚信为基础，以创新能力、质量、贡献、绩效为导向的人才评价体系。对符合条件的人才可不受户籍、地域、身份、年限等限制，直接申报认定相应级别职称。

二是唯才是举，拓展人才评价范围。围绕省十大新兴产业“双招双引”等重大战略部署，聚焦产业功能平台建设、科技创新和成果转化等，为一批战略“帅才”、产业“英才”、青年“俊才”、制造“匠才”开展快速职称评审。针对在某个领域作出突出贡献、学历不高却有上有重大科技创新突破、能够解决某个领域“卡脖子”技术难题或复杂工程问题等可以直接评定正高级职称，为人才引育留用提供高效人才评价服务。

三是去繁就简，优化人才评价流程。发挥用人单位前置把关作用，在材料申报、评审实施等环节，除引进人才必须提供要件之外，优化流程，简化申报材料。对个别急需人才引进的用人主体，探索建立随到随评的响应机制。

实践效果：

一是集聚高层次人才和紧缺人才。建立基于创新价值、能力和贡献导向的新型人才分类评价机制，在安徽自贸试验区逐步形成“人人皆可成才，人人尽展其才”的良好人才发展格局。

二是畅通人才职业发展通道。建立以同行专家评审为基础的业内评价机制，针对引进人才职称衔接和断层问题，提供职称绿色通道。不拘泥于现有职称和继续教育，通过对工作实绩的考核，直接给予认定高级职称，畅通了人才职业发展通道，释放人才发展活力。人才认定时长由原先的一年缩减至半年。

三是持续优化人才发展环境。畅通非公有制经济组织、社会组织和新兴职业等领域人才申报评价渠道，实现“人才评价进企业”，向109所高校、12家三级医院、1家科研单位下放职称自主评审权，完全实现用人单位自评自聘、用人自主。

案例23：低效用地全域处置模式

主要做法：

一是明确认定标准，实施动态监管“一地一档”。对于已认定的低效用地项目，设立“一地一档”，包括土地出让合同、投资协议、土地使用权证、企业经营数据、企业调查档案等，统一纳入低效用地项目库实施动态监管。

二是出台规制办法，凝聚部门合力“协同作战”。依托合肥高新区社会创新管理中心，组建低效用地处置专班（以下简称专班），制定《高新区闲置和低效用地处置工作意见（试行）》《高新区闲置和低效用地议事规则》《高新区闲置和低效用地处置工作专项绩效考核办法》等规制办法，统筹推进低效用地处置工作。社会创新管理中心负责谋划低效用地处置顶层设计、协同推进和监督评价，负责管理低效用地项目库。建设发展局会同自规分局，负责处置工作中涉及的控规调整、规划编制工作，并对用地项目违法违规行为进行监管。自然资源合规划分局负责指导低效用地清理处置工作，负责协同相关部门做好低效用地认定，并对部门出让、划拨用地合同中违约责任进行监管追责。经济贸易局负责开展“亩均效益”为核心的企业研判，负责提供工业企业相关经济指标数据。投资促进局负责完善招商协议中新增用地违约条款，并对项目用地相关奖励、优惠等政策进行复核认定。

三是规范处置流程，依据分析结果“一地一策”。低效用地案件线索通常来源于部门提供、信访举报、领导交办等途径。为更全面摸排区域内的低效用地项目，高新区块对区域内所有建设用地项目开展“健康体检”。即由专班牵头组织土地、安全、环保、消防、税务等部门，对企业、项目建设情况开展现场调查，包括进入土地使用权单位检查、组织技术单位现场勘测以及对相关人员的询问等，及时发现符合低效用地认定标准的项目，并通过向项目建设企业下达律师函、进行违法行为处置以及协商谈判等方式，开展低效用地处置。

四是强化风险防控，创建智库咨询“三师模式”。专班牵头建立以律师、土地估价师、规划师“三师”为基础的专家咨询库，对低效用地处置工作提供咨询论证，确保各项流程合法合规。其中，律师负责配合对违约项目下达律师函，为低效用地处理提供全流程的法律保障。土地评估师负责对地块价值进行市场化估价，并对有偿收回土地进行技术指导。规划师负责协助建设发展局，依据高新区产业发展方向，对收回地块规划编制提供咨询服务。专家咨询库实行动态管理，每半年根据需求进行调整，并报管委会备案。同时，低效用地处置工作纳入管委会年度绩效考核，相关部门的履职尽责情况以及工作成效接受纪检、审计部门的监管督查。

实践效果：

一是提高低效用地处置效率。通过清理低效用地，进一步盘活区域土地资源，提高土地利用效率，为更多新项目、好项目入驻提供空间保障。

二是降低低效用地发生概率。通过为用地项目提供“健康体检”，有助于帮助企业尽早发现问题，降低企业综合管理成本，提升生产经营水平，并在源头上减少低效用地发生的概率。

三是提升区域产业发展层级。通过实施全流程低效用地处置模式，及时清退一批低效用地企业，为人工智能、集成电路以及未来产业领域的新项目、好项目落户提供了物理空间，有效破解土地供给不足的矛盾，加快促进园区产业结构的优化升级，助力世界一流高科技园区加速建设。

案例 24：创新开展企业住所标准化登记试点

主要做法：

一是搭建标准化地址库。打通各部门数据信息壁垒，通过蚌埠市不动产登记中心的不动产登记信息在安徽政务服务网蚌埠分厅企业开办平台的衔接，搭建实时更新的全市标准化地址库。

二是自主选择验证机制。申请人在办理企业登记时，在“申报承诺+清单管理”基础上，增加自主选择住所（经营场所）验证功能。申请人仅需填写不动产权号、产权人姓名（名称）、产权人证件号三个信息，即可提交。后台通过调取标准化地址库对应信息进行校验核对。比对成功后，经产权人验证授权，系统自动带出标准化地址，用于企业住所（经营场所）申报。

三是建立快速处置机制。充分运用“双随机、一公开”监管方式，开展监督抽查，对通过住所（经营场所）承诺，且未进行住所验证的市场主体，依法开展事中事后监管。对提供虚假承诺或材料，取得登记的，予以撤销或者吊销营业执照，同时在国家企业信用信息公示系统平台予以公示，营造诚实守信、诚信经营的市场环境。

实践效果：

通过企业住所标准化登记改革，一是实现企业住所的精准登记、规范化表述，无论是企业的客户还是政府、司法机关，更加方便的精准“定位”；二是有效避免虚假登记，防止住所被冒用，解除了产权人的后顾之忧，促使更多的有效经营场所被释放。2022 年 10 月 24 日，冯玉华女士在蚌埠市企业开办平台通过住所标准化申报模式完成了蚌埠乃天电子商务服务有限公司的注册，领取了全省首张住所标准化营业执照。

案例 25：综合管家园区管理服务新模式

主要做法：

政府管家式审批，提高审批效率。一是集中承接审批事项。管委会组建行政审批局，集中承接省、市、区 382 个赋权事项，做到“一站承接、一窗受理、一章审批”，并将关联度高的审批事项集中归类，设置规划建设、经济发展、市场监管三个审批板块，提升审批办理效率。二是定制化审批服务。充分调研企业诉求，着力解决企业的堵点、痛点、难点问题，为片区内企业提供定制化审批服务，一对一给予解答指导。从项目立项、规划、环评、建设等环节量身定制审批套餐，通过项目清单制详细梳理企业的办事需求及流程，并为每个项目匹配专班，红黄牌限时办结，及时反馈企业的任何问题。

第三方保姆式服务，减轻企业负担。针对企业生产经营中的环保、安全、市场监管等这些隐患大且易被忽视的问题，管委会先后引进第三方专业机构，组成一支“全科体检”队伍，协助减轻企业负担。首先，专家队伍对园区内企业开展全方位的现状调查评估，协助园区做到入驻企业“一企一档”。

其次，针对存在问题制定详细整改方案，实现“一企一策”，对问题较大的企业组织专家会诊，提出整改要求或改进建议，并协助企业进行针对性整改。同时，定期开展各行业培训宣传，协助企业应对突发事件，建立并完善各项规章制度和应急救援体系。

企业积极参与，三方共建绿色园区。由管委会牵头制定园区规划设计，第三方提出专业化实施意见，企业积极落实。鼓励新项目采用新材料、新工艺、新设备、新技术；老项目逐步淘汰高能耗、高污染工艺等，助力构建三方协同，共同打造节约集约、绿色低碳的园区高质量发展模式。

实践效果：

一是营商环境进一步优化。通过管家式的审批服务，从企业端出发，一站式办理企业所有事项，审批时效大大提升的同时，让企业享受到贴心管家服务，改变了以往企业跑多家部门提交资料的窘境，从之前的求人办事变成上门服务，让企业获得感大大提升。企业在政务大厅综合窗口仅需 0.5 个工作日就能一次性完成营业执照、税务登记、免费公章等业务办理；通过告知承诺办理经营许可证将用时压缩 80%。一般工业项目“拿地即开工”网上审批快道，为项目早开工、早建设、早投产，提供有力保障审批。

二是解决了企业“不及时、不专业、不到位”的问题。托管服务协助企业将问题“发现在初始，消灭在萌芽”，大大降低了企业生产经营中可能存在的风险。对于企业安全管理人员尤其是小微企业来说，管委会帮助他们解决后顾之忧，改变了以往企业因缺乏专业队伍和能力而形成问题隐患经常被通报处罚的情况，从而让企业专注生产经营。同时为企业搭建起一个防范、交流、学习的平台，企业逐步从“被动管理”向“主动作为”转变。

三是实现园区管理标准化。企业绿色转型后，不仅节约生产成本，大大提高了企业的生产能力，还可以争取国家、省市各类扶持奖补资金，通过争取光伏发电奖补资金 60 余万元，逐步建立健全与园区产业发展相匹配的配套政策标准，相继出台了《芜湖综合保税区建设管理标准》，园区管理形成了良性循环。

案例 26：环评与排污许可“两证合一”改革

主要做法：

一是依据项目特点，明确分类管理模式。“两证合一”。依据《建设项目环境影响评价分类管理名录》《固定污染源排污许可分类管理名录》，对需要报批环境影响（以下简称环评）报告书（表）且排污许可需审批的，环评文件与排污许可一同审查、一证颁发。对环境影响评价和排污许可均属登记管理的，取消环境影响评价登记，企业可直接开展排污许可登记。“环评承诺审批制+排污许可备案制”。依据《建设项目环境影响评价分类管理名录》《固定污染源排污许可分类管理名录》，对需要报批环境影响报告书（表）且排污许可属登记管理的，环评文件采取告知承诺审批，将排污许可管理要求写入环评批文，方便企业排污许可登记。

二是建立抽检机制，强化事中事后监管。对于告知承诺审批管理类项目，建立抽查制度和定期检查制度，制定严格的事中事后监管方案。在“双随机、一公开”要求的基础上，加大比例进行文本质量抽查复核，对擅自简化环评内容，存在弄虚作假行为，结论不可信的，予以撤销环评批文，责令停止建设并恢复原状，并对建设单位及环评编制单位依法依规予以严厉处罚。将“两证合一”“环评承诺审批制+排污许可备案制”类项目列入生态环境执法机构日常监察重点。对于不按承诺落实环保措施、超标超总量排放污染物的，责令停止建设、停产整治，情形严重的报管委会关闭；同时，将其纳入信用黑名单并在媒体上曝光，失信企业不再享受改革政策。

三是明确主体责任，强化中介机构考核。企业依法采取措施防止污染和生态破坏，严格按照核定的浓度及数量排污，明确企业履行环境风险防范责任，并依法承担无过错侵权责任和举证责任。强化对环评机构、环境服务机构的评定，对其经营规范性、服务质量和执业信用等情况进行考核，对在服务过程中不负责任或者弄虚作假，致使环评文件失实的，依法处置，并视情实施服务等级、区域等方面的限制，直至暂停其经营业务。对造成的环境污染和生态破坏负有责任的，与造成环境污染和生态破坏的其他责任者承担连带责任。

实践效果：

大幅压缩了审批周期。目前已完成3家告知承诺备案、2家告知承诺审批，项目审批周期由改革前的60个工作日，压缩到5个工作日。

促进科技成果快速应用。通过改革，缩短了环评与排污许可审批周期，避免了以往因审批周期过长导致的市场流失等问题，有利于光伏新能源等新技术、新产品的快速落地。

案例27：创新探索实施免罚清单制度

主要做法：

对符合《生态环境轻微违法违规行为免罚清单》（简称《免罚清单》）规定情形的环境违法违规行为，依法依规作出不予处罚决定。加大对《免罚清单》实施情况的组织调度和监督检查力度，确保执行不走偏。严格免罚程序，对于符合不予处罚条件的轻微违法违规行为，依据《中华人民共和国行政处罚法》和《环境行政处罚办法》等相关规定进行认真调查、核实，提出不予处罚建议。严格案件法制审核，经案件处罚单位集体审议通过后，方可作出不予处罚决定，并做好结案归档、备查。同时，注重加强企业环境保护法治教育，提升企业环境保护意识。利用“环企精准云普法”平台，组织重点排污企业法人、副总、环保技术人员参与在线学法，进行在线考试。开展环保设施向公众开放，让公众参与环保监督，敦促企业守法生产。

实践效果：

《免罚清单》实施以来，实现生态环境轻微违法免罚案件“全覆盖”。通过给予企业一定的容错空间，让市场主体在“有温度的执法”氛围中，获得相应的容错支持和发展空间，容错免罚的人性化执法社会反响良好。

案例28：“集成问诊+流程再造”审批新模式

主要做法：

一是重塑审批流程。优化审批流程。对原有办理环节的事项进行精简，将工改系统中项目策划生成、立项用地规划许可阶段、工程建设许可阶段、施工许可阶段及竣工验收阶段共5个阶段，改进优化为“策划阶段—建设阶段（边建边办）—验收阶段”3个阶段，实现工程建设项目审批的优化再造。

二是前置项目问诊。在项目策划阶段，先行采取部门会商机制，对建设项目进行预审，告知企业工程审批相关政策，明确所需办理事项和要求。根据项目具体情况生成项目审批路线图、申请资料清单和第三方服务中介库。让企业按图索骥，清晰办事时需和路径，使企业申请建设许可更加顺畅。

三是扩大承诺范围。告知承诺制不再仅限于审批材料承诺，审批事项也可承诺，实行告知承诺制的范围由原先的施工许可事项扩大至包括从立项到竣工验收备案等全流程所有行政许可、备案、审查、服务等事项。企业只需以书面形式承诺其符合指定条件，在规定的时限内完成或者在后续审批环节中办理，通过以承诺办结方式优化前置条件办理流程，从而大大压缩办件事项时限。行政审批局作出审批决定后，履行监督检查职责，做到审批监管联动，将履行承诺的情况纳入事后监管内容。

四是推行并联审批。通过并联审批，将审批时间相近、所需审批材料互相关联的纳入同一阶段受理。建立企业申请材料和行政许可数据池，统一各部门事项受理材料清单系统字段，许可数据自动归集至数据池，实现所需审批数据自动抓取。增强部门之间协作能力，避免企业重复与不同部门对接，从而缩短审批时间，提高审批效率。

五是提供集成服务。建设综合窗口，对标上海设立无差别综合受理窗口，推行“一窗受理、一表申报、一章审批、一网办件、一次办结”的审批新模式，已申报安徽省地方标准。创新服务方式，打造7×24小时政务服务大厅，提供“保姆式”帮办代办服务，开展“首席服务官”“市民体验官”“窗口无否决权”等创新工作。推行数字监管，依托市委编办的网格化市场智慧综合监管平台，开发“数字监管”电子地图，实现“主体可定位、数据可归集、政府可监管”。

实践效果：

精简了申报材料。统一各部门事项受理材料清单系统字段，针对多个事项重复使用的材料，企业只需提交一次，后续如有需要进行材料复用。同时建立申请材料和行政许可数据池，所需审批数据自动抓取，许可数据自动归集至数据池，平台通过共享材料功能进行材料提取。目前已对核心阶段的6个部门13个事项，提供统一申请材料清单，大幅减少企业所需提供材料。

压缩了审批时间。工程建设项目通过前置提供材料清单、提前进行图审等改革举措，实行多环节并联审批，将核心流程总时限由平均35个工作日缩减为平均15个工作日。打通并实现一般工业项目“拿地即开工”，实现从提交申请到取得建设用地规划许可证等三证最快仅3天，相比以往节约80%。

提供了更优服务。设立省内首个无差别综合受理窗口，完善“前台综合受理，中台专业支撑，后台分类审批”服务流程，企业仅需向一个窗口、一名工作人员、递交一次材料或提出一次诉求就能办理芜湖片区承接的事项。不断创新政务服务方式，打造7×24小时政务服务大厅，提供“管家式”帮办代办服务，开展“窗口无否决权”“业务大练兵”“容缺受理”等举措提升政务服务水平。

案例29：吊销未注销企业强制注销改革创新

主要做法：

一是明确清理对象，建立动态工作台账。明确适用强制注销的企业标准，即吊销营业执照后已满三年、无欠缴税费且没有未缴销发票、无在缴社保人员和拖欠工资记录、无登记在册的不动产权利、无在诉案件和待执行案件、无股权质押或被冻结的企业。同时，在充分摸排的基础上，建立强制注销企业台账，并建立动态销号机制，对纳入台账管理的吊销未注销企业按照吊销时间段，分类分期予以处置，对被实施强制注销的企业及时移除管理名单。

二是凝聚部门合力，创新分类处置模式。为确保试点改革顺利推进，合肥片区建立跨部门协同工作机制，明确了“一监管五核实”的具体责任。“一监管”即市场监管部门负责对吊销未注销企业实施事中事后监管，对符合条件的吊销未注销企业予以强制注销，并负责做好吊销未注销企业强制退出的公告、送达等工作，改变了催告或者通知公司清算义务人进行依法自行清算的传统模式。“五核实”即市场监管部门负责核实吊销未注销企业是否存在股权质押或者被冻结情形；法院负责核实企业是否存在在诉案件和待执行案件信息；人社部门负责核实企业是否存在在缴社保人员欠费和拖欠工资记录信息；自然资源部门负责核实企业是否存在不动产登记信息；税务部门负责核实企业是否存在欠缴税费和未缴销发票。对于强制吊销企业，根据实际情况进行分类处置：对于能够取得联系的企业，由市场监管部门督促其在期限内办理注销登记；对于无法取得联系的企业，由市场监管部门通过国家企业信用信息公示系统进行公告，督促企业依法组织清算并在规定期限内办理注销登记；对于经催告、通知后满六个月，仍然未能办理注销登记的企业，市场监管部门将根据《中华人民共和国行政许可法》规定，启动强制注销。

三是设立救济途径，建立容错处理机制。公示期内，企业或第三人提出存在动产抵押等不宜作出除名决定的情形，经核实不符合除名条件的企业，登记机关从拟除名名单中剔除。企业被除名后，登记发现企业除名存在错误的，及时予以更正。在强制注销改革中，各级市场监管人员已履职尽责，出现一定偏差或失误，或因政策界限不明确、先行先试出现失误或未达预期的，予以容错处理。同时，加强吊销未注销企业强制注销试点政策的引导宣传，积极引导吊销未注销企业的负责人、股东等强化责任意识和信用意识，主动履行清算和注销登记义务，相关工作接受社会舆论监督。

实践效果：

一是畅通企业退出渠道。除名制实施方案试行一个月以来，已对安徽自贸试验区范围内芜湖骏腾建筑支撑租赁有限公司、芜湖市思泉商贸有限公司等31家企业进行除名公告，已完成安徽自贸试验区范围内除名要求的30%，解决了企业退出难的问题。

二是提高了市场主体统计数据真实性。通过开展吊销未注销企业强制注销改革试点，降低未注销企业数量，从而减少了相关“字号名称”等社会资源的占用，同时也降低了政府加强监管服务的行政成本，提高市场主体统计数据真实性。

三是提高了强制注销依法合规水平。通过明确当事人享有被催告、告知、陈述申辩以及申请听证、复议、诉讼等权利，明确企业利害关系人异议权利，确保企业强制注销的救济途径畅通、便捷，确保强制注销依法合规、稳妥审慎。

案例30：数字服务出口统计新模式

主要做法：

明确统计范围。结合《商务部办公厅　中央网信办秘书局　工业和信息化部办公厅关于组织申报国家数字服务出口基地的通知》和《合肥高新区国家数字服务出口基地建设实施方案》，明确数字服务企业的认定范围，即在高新区块注册（工商、税务、统计关系都在区内），采用数字技术进行研发、设计、生产，并通过互联网和现代信息技术手段为用户交付产品和服务的企业。

建立企业名录库。在现有企业名录库的基础上建立数字服务出口企业名录库，按照数字服务核心企业、数字服务关联企业进行分类，并分别进行统计监测。数字服务核心企业业务范围主要包括：软件、社交媒体、搜索引擎、通信、云计算、卫星定位等信息技术服务，数字传媒、数字娱乐、数字学习、数字出版等数字内容，以及其他通过互联网交付的服务外包等；数字服务关联企业业务范围主要包括：产品和服务部分涉及数字技术的，产品和服务部分通过互联网和现代信息技术手段为用户交付的，服务外包中涉及数字技术或数字化交付等。

制定统计标准。根据数字服务出口企业名录库中企业数字服务相关业务合同以及涉外业务情况，分别制定相应的纳统标准。数字服务核心企业的营业收入100%纳入数字服务营收统计，其中涉外业务部分数据纳入数字服务出口统计。数字服务关联企业根据业务合同中数字服务以及涉外业务服务占比情况，确定数字服务占比系数，系数范围为1%—99%。依据占比系数计算出企业数字服务营业收入，其中涉外业务部分数据纳入数字服务出口统计。企业名录库名单和数字服务占比系数在年度中不进行调整，新增企业每半年纳入一次，占比系数每年调整一次。

实践效果：

一是提高数字服务出口统计准确率。改革前，数字服务数据缺少统计标准，普遍存在漏统、错统、复统现象，造成数字服务出口情况“家底不清”。改革后，片区根据新的统计标准对数字服务出口数据进行统计，基本实现数字服务出口数据的应统尽统。截至2021年底，合肥高新区共有数字服务企业423家，其中出口企业82家；主营业务收入5 991.16亿元，比上年增长36%；数字服务出口总额5.5亿美元，比上年增长19.57%。

二是为政策决策提供有力支撑。改革后，能为政府部门提供更精准、直观、客观的数据支持，有利于统计监测区内数字服务企业的发展情况，有利于及时制定、调整相关政策。在数据的支撑下，2021年合肥高新区修订了世界领先科技园区政策，明确设置了数字服务出口奖励条款，进一步支持企业开展国际化业务。

三是助力数字经济产业快速发展。统计体系的完善，能够进一步反映数字经济产业发展的情况，有助于规范引导企业调整发展战略，有助于扩大数字服务产业集聚效应，促进数字经济创新发展，增强国际竞争力。

四、安徽省政府及相关部门出台的政策措施

（一）《安徽省地方金融监督管理局　安徽省商务厅　安徽省市场监督管理局　国家外汇管理局安徽省分局　安徽证监局关于印发〈安徽省自贸试验区合格境外有限合伙人（QFLP）境内股权投资试点暂行办法〉的通知》（皖金〔2022〕8号，2022年1月20日）

（二）《安徽省人民政府办公厅关于印发安徽省“一业一证一码”改革试点工作实施方案的通知》（皖政办秘〔2022〕9号，2022年1月22日）

（三）《关于印发支持中国（安徽）自由贸易试验区联动创新区建设十项措施的通知》（皖自贸办〔2022〕2号，2022年1月28日）

（四）《关于印发推动海关特殊监管区域与中国（安徽）自由贸易试验区统筹发展若干措施的通知》（皖商办〔2022〕7号，2022年1月29日）

（五）《省市场监督管理局（省知识产权局）关于落实中国（安徽）自由贸易试验区特别清单事项的通知》（皖市监发〔2022〕17号，2022年3月2日）

（六）《关于印发中国（安徽）自由贸易试验区2022年工作要点的通知》（皖自贸〔2022〕1号，2022年3月5日）

（七）《中国（安徽）自由贸易试验区条例》（安徽省第十三届人民代表大会常务委员会第三十三次会议通过，2022年3月25日）

（八）《安徽省商务厅　安徽省财政厅关于印发〈安徽自贸试验区建设创新激励经费管理实施办法（暂行）〉的通知》（皖自贸办函〔2022〕20号，2022年6月16日）

（九）《安徽省人民政府办公厅关于印发安徽省推进企业上市“迎客松行动”计划的通知》（皖政办〔2022〕8号，2022年6月28日）

（十）《中国（安徽）自由贸易试验区建设工作领导小组办公室关于印发主导产业开放创新试点若干举措的通知》（皖自贸办函〔2022〕25号，2022年9月22日）

（十一）《关于印发中国（安徽）自由贸易试验区新型易货贸易试点工作方案（暂行）的通知》（皖自贸〔2022〕3号，2022年10月29日）

（十二）《安徽省人民政府关于印发支持风险投资创业投资高质量发展若干措施的通知》（皖政秘〔2022〕241号，2022年12月19日）

（十三）《关于印发中国（安徽）自由贸易试验区2023年工作要点的通知》（皖自贸〔2022〕3号，2022年12月31日）

五、大事记

2022年1月7日　安徽省首张“一照通”营业执照在蚌埠片区发放。

2022年1月23日　本源量子自主建设的两大实验室——量子芯片制造封装实验室和量子计算组装测试实验室在合肥片区中安创谷科技园正式启用。

2022年2月7日　合肥片区中国（合肥）声谷入选商务部发布的专业类特色服务出口基地名单。

2022年2月23日　安徽省副省长、中国（安徽）自贸试验区建设工作领导小组副组长主持召开省自贸试验区建设工作领导小组专题会议。

2022 年 2 月 24 日　举办中国（安徽）自贸试验区建设新闻发布会（第八场）。

2022 年 2 月 28 日　合肥片区“祖冲之号”入选 2021 年度中国科学十大进展发布；合肥中欧班列首趟“蚌合欧”城际定向班列开行。

2022 年 3 月 2 日　蚌埠片区仲裁中心揭牌。

2022 年 3 月 9 日　合肥片区大众汽车中国首个新能源汽车研发测试场在合肥开工。

2022 年 3 月 22 日　芜湖片区管委会与皖南医学院弋矶山医院举行“科研转化战略合作协议”签约仪式。

2022 年 3 月 25 日　安徽省第十三届人民代表大会常务委员会第三十三次会议通过《中国（安徽）自由贸易试验区条例》。

2022 年 3 月 26 日　安徽首笔资本项目数字化服务试点业务在自贸试验区合肥片区成功落地。

2022 年 4 月 1 日　出口货物退（免）税备案单证无纸化试点落地蚌埠片区；《中国（安徽）自由贸易试验区蚌埠片区设立外商投资人才中介机构实施办法（暂行）》正式施行。

2022 年 4 月 11 日　省委书记、中国（安徽）自贸试验区建设工作领导小组第一组长赴合肥市调研中科院量子创新研究院和生物医药重点企业。

2022 年 4 月 18 日　蚌埠片区建设工作领导小组召开 2022 年度第一次会议。

2022 年 4 月 22 日　举办中国（安徽）自由贸易试验区建设新闻发布会（第九场）。

2022 年 4 月 26 日　蚌埠片区知识产权维权援助工作站挂牌成立；境外机构人民币与外汇衍生品交易创新政策在芜湖片区正式落地。

2022 年 4 月 27 日中国（安徽）自由贸易试验区第一张企业境外投资证书在蚌埠片区办理。

2022 年 5 月 7 日　芜湖片区涉外商事司法服务法官办公室正式成立。

2022 年 5 月 27 日　芜湖片区实现“易货贸易”首单出口报关。

2022 年 5 月 21 日—30 日　安徽省商务厅“法治护航　皖美自贸”——《中国（安徽）自由贸易试验区条例》主题展览在安徽省法治宣传教育基地开展。

2022 年 5 月 31 日　中国（安徽）自由贸易试验区蚌埠片区 6 个海外仓成功入住浙江省“海外智慧物流平台”。

2022 年 6 月 1 日　蚌埠市市场监管局印发《中国（安徽）自由贸易试验区蚌埠片区强化竞争政策实施试点意见》，是安徽省内自贸试验区出台的首个强化竞争政策实施试点意见。

2022 年 6 月 6 日　芜湖片区知识产权保护中心揭牌成立。

2022 年 6 月 9 日　安徽省首笔第三方担保方式办理的套期保值业务在中国（安徽）自由贸易试验区蚌埠片区落地。

2022 年 6 月 30 日　“APEC 商务旅行卡服务直通车”授牌仪式在安徽自贸试验区合肥片区举行。

2022 年 7 月 8 日　长三角自由贸易试验区联盟举行第二次工作会议。

2022 年 7 月 19 日　蚌埠市禹会区人民法院自由贸易试验区人民法庭挂牌成立。

2022 年 7 月 20 日　安徽省副省长、中国（安徽）自贸试验区建设工作领导小组副组长主持召开自贸试验区建设工作专题会议，研究安徽自贸试验区建设进展及易货贸易试点推进情况。

2022 年 7 月 25 日—27 日　安徽省副省长、中国（安徽）自贸试验区建设工作领导小组副组长带队赴海南自贸区港调研。

2022 年 7 月 28 日　白犀牛智能无人配送上市总部项目落户合肥片区。

2022 年 8 月 3 日　举办中国（安徽）自贸试验区第十场新闻发布会。

2022 年 8 月 10 日　芜湖市跨境电商“9610”海关监管场所在芜湖片区正式开工建设。

2022 年 8 月 15 日　合肥片区“科创中国”中安创谷创新基地成功入选中国科学技术协会 2022

年度“科创中国”创新基地认定名单；蚌埠片区知识产权纠纷人民调解委员会正式挂牌成立。

2022 年 8 月 17 日　芜湖片区与航天科工集团智能科技研究院举行项目合作签约暨“未来城市与智能网联产业研究院”揭牌仪式。

2022 年 8 月 25 日　芜湖片区与马鞍山郑蒲港新区现代产业园区签署战略合作协议。

2022 年 8 月 30 日　合肥片区华夏合肥高新创新产业园 REITs 正式获证监会批准注册，成为安徽省本土企业首单公募 REITs 产品。

2022 年 9 月 2 日　合肥高新法院自由贸易试验区人民法庭正式揭牌成立。

2022 年 9 月 9 日　芜湖片区知识产权维权援助工作站及公证办理点、仲裁服务点共同揭牌成立。

2022 年 9 月 29 日　召开中国（安徽）自由贸易试验区两周年制度创新成果发布会。

2022 年 9 月 27 日—30 日　组织开展自贸试验区建设两周年“媒体行”宣传活动。

2022 年 9 月 30 日　蚌埠片区管委会与浙江自贸试验区宁波片区管委会签署战略合作协议。

2022 年 10 月 19 日　芜湖片区与宣城联动创新区签署战略合作协议。

2022 年 11 月 4 日　信义集团玻璃装备国际贸易仓储项目落户芜湖片区。

2022 年 11 月 9 日　省政府第 196 次常务会议讨论通过关于调整实施中国（安徽）自由贸易试验区特别清单有关情况的报告。

2022 年 11 月 11 日　芜湖片区向安徽啦啦数字科技有限公司颁发了首张“网络货运”道路运输经营许可证。

2022 年 11 月 20 日　芜湖片区年内跨境电商 1210 业务单量突破 300 万单大关。

2022 年 11 月 21 日　蚌埠片区企业蚌埠高新投资集团有限公司成功发行安徽省首笔中国（上海）自由贸易试验区离岸债券，是全国首笔农商行备证上海自贸区离岸债券。

2022 年 11 月 24 日　合肥片区企业国仪量子（合肥）技术有限公司于安徽省合肥市召开电子显微镜新品发布会，推出了世界上首台分辨率达到 2.5 纳米的商用钨灯丝扫描电子显微镜。

2022 年 11 月 25 日　芜湖片区与浙江自贸试验区舟山片区签订战略合作协议。

2022 年 12 月 12 日　蚌埠市自贸区进口商品展示交易中心暨虹桥品汇蚌埠分中心正式开业。

2022 年 12 月 27 日　芜湖片区鸠江区块顺利完成跨境电商“9610”出口首单测试，完成了阶段性建设任务目标。

2022 年 12 月 28 日　省委书记、中国（安徽）自由贸易试验区建设工作领导小组第一组长主持召开中国（安徽）自由贸易试验区建设工作领导小组第三次会议。

法 规

LAWS AND REGULATIONS

中国（湖南）自由贸易试验区条例

（2022年1月11日湖南省第十三届人民代表大会常务委员会第二十八次会议通过）

目　　录

第一章　总　　则

第一条　为了推进和保障中国（湖南）自由贸易试验区建设发展，根据有关法律、行政法规和国务院批准的《中国（湖南）自由贸易试验区总体方案》，结合本省实际，制定本条例。

第二条　本条例适用于经国务院批准设立的中国（湖南）自由贸易试验区（以下简称自贸试验区），包括长沙片区、岳阳片区、郴州片区（以下简称片区）以及国务院批准的自贸试验区扩展区。

第三条　自贸试验区以制度创新为核心，以可复制可推广为基本要求，主动服务国家开放战略，打造先进制造业集群、联通长江经济带和粤港澳大湾区的国际投资贸易走廊、中非经贸深度合作先行区和内陆地区改革开放新高地，努力建成贸易投资便利、产业布局优化、金融服务完善、监管安全高效、辐射带动作用突出的高标准高质量自由贸易园区。

第四条　长沙片区重点对接“一带一路”建设，突出临空经济，重点发展高端装备制造、新一代信息技术、生物医药、电子商务、农业科技等产业，打造全球高端装备制造业基地、内陆地区高端现代服务业中心、中非经贸深度合作先行区和中部地区崛起增长极。

岳阳片区重点对接长江经济带发展战略，突出临港经济，重点发展航运物流、电子商务、新一代信息技术等产业，打造长江中游综合性航运物流中心、内陆临港经济示范区。

郴州片区重点对接粤港澳大湾区建设，突出湘港澳直通，重点发展有色金属加工、现代物流等产业，打造内陆地区承接产业转移和加工贸易转型升级重要平台以及湘粤港澳合作示范区。

自贸试验区可以根据国家战略发展要求和国际国内产业发展趋势，对片区产业发展重点领域进行动态调整。

第五条　片区应当根据功能划分和产业发展规划，建立协商联络机制，实现合作互补、差异化发展。

支持省内非片区区域根据自身产业特色，与自贸试验区实现产业链的协同联动发展。支持省内非片区区域企业入驻自贸试验区发展，探索建立自贸试验区片区和企业原所在地的地方税收分享机制和业绩统计制度。

第六条　鼓励单位和个人在自贸试验区对法律、法规和国家政策未明确禁止或者限制的事项开展创新活动。

对在自贸试验区制度创新和建设发展中做出重大贡献的单位和个人，可以依照有关规定给予表彰奖励。

开展创新活动出现失误或者偏差，但符合国家确定的改革方向，决策程序符合法律、法规规定，履行了勤勉尽责义务，未牟取不正当利益、未恶意串通损害社会公共利益的，对有关单位和个人可以予以免责。

第七条 自贸试验区应当统筹发展和安全、开放和安全的关系，建立健全涵盖外商投资、金融、贸易和数据等的风险预警机制，加强对重大或者系统性风险的防范。

第八条 建立自贸试验区统计监测制度，科学、有效地组织开展自贸试验区统计工作。自贸试验区内国家机关、企业事业单位和其他组织等应当依照有关规定，真实、准确、完整、及时地提供统计所需的资料。

第九条 省人民政府完善以支持改革创新为导向的考核评价体系，将片区所在市人民政府支持自贸试验区建设发展的相关工作纳入绩效考评管理范围。

第十条 自贸试验区实施改革创新措施，需要调整或者停止适用有关法律、行政法规、部门规章的，依照法定程序报有权机关批准；需要调整或者停止适用有关地方性法规、地方政府规章的，由制定机关依法办理。

第二章 管理体制

第十一条 中国（湖南）自由贸易试验区工作办公室负责组织落实自贸试验区改革试点任务，统筹协调自贸试验区建设发展有关事务，履行下列职责：

（一）贯彻执行自贸试验区建设发展的法律、法规、规章和政策；

（二）研究拟订自贸试验区发展规划、重大工作计划，完善自贸试验区制度建设；

（三）协调、指导、督促自贸试验区改革试点任务落实，检查评估落实情况，总结创新案例，复制推广创新成果；

（四）对接国家自贸试验区工作主管部门，争取国家有关部门支持；

（五）加强与其他自贸试验区（港）的交流联络，建立合作机制；

（六）指导片区科学推进重大项目，合理安排本地区财政资金、债券资金，积极引进社会资本，推动自贸试验区加快发展；

（七）负责自贸试验区对外宣传工作，统筹媒体资源，加强建设成果推介；

（八）省人民政府赋予的其他职责。

第十二条 省人民政府有关部门应当积极支持自贸试验区建设发展，承担自贸试验区有关改革创新任务，出台具体支持政策和措施。

海关、税务、外汇管理、金融监管等中央在湘单位应当落实自贸试验区投资开放、贸易便利和金融创新等政策措施，支持自贸试验区改革创新工作。

自贸试验区应当健全与海关、税务、外汇管理、金融监管等中央在湘单位的沟通协调机制，争取国家有关部门支持投资开放、贸易便利和金融创新等方面的改革创新措施在自贸试验区先行先试。

第十三条 片区所在市人民政府承担自贸试验区片区建设发展主体责任，加强政策、资金、组织、人才等保障，推进自贸试验区改革创新。

第十四条 片区所在市人民政府设立的片区管理机构具体负责片区建设、管理与服务等事务，履行下列职责：

（一）组织实施片区发展规划、实施方案；

（二）落实自贸试验区的政策措施和片区改革试点工作，探索改革创新的制度举措；

（三）制定实施片区管理制度；

（四）依法行使片区内的行政许可等经济社会管理权限；

（五）负责片区内的招商引资、经济贸易、统计等经济事务的管理，统筹片区重大项目建设、产业发展和优化营商环境等相关工作；

（六）协调有关部门在片区内的行政管理工作；

（七）省、片区所在市人民政府赋予的其他职责。

第十五条 省人民政府、片区所在市人民政府根据自贸试验区建设发展需要，依法向片区管理机构赋予有关经济社会管理权限。

片区管理机构根据建设发展需要，可以依法向省、片区所在市人民政府申请行使有关经济社会管理权限。

省、片区所在市人民政府对赋予的管理权限进行指导和监督，并根据行使情况对赋予的权限进行动态调整。

第十六条 在自贸试验区建立统一的监管信息共享平台，促进信息的收集和共享。有监管职责的单位应当及时主动提供信息，参与信息共享，并依托监管信息平台，提高联合监管和服务的效能。

第三章 投资开放和贸易自由便利

第十七条 实行外商投资准入前国民待遇加负面清单管理制度。外商投资准入负面清单外的领域，按照内外资一致的原则实施管理。

自贸试验区应当落实外商投资安全审查制度。

第十八条 加大对总部经济发展的政策支持力度，鼓励企业在自贸试验区设立总部、地区总部及研发中心、结算中心和物流中心。

第十九条 依法保护投资者合法拥有的股权、知识产权、投资收益以及其他合法权益，符合条件的境外投资者可以自由转移其合法投资收益。

第二十条 鼓励自贸试验区内投资者开展多种形式的境外投资。境外投资一般项目实行备案制，国务院规定保留核准的除外。

第二十一条 服务和融入国家“一带一路”建设，支持建设面向“一带一路”沿线国家和地区的跨境寄递服务网络、国际营销和服务体系。

完善对“一带一路”沿线国家和地区的法律、投资环境、质量安全标准、突发公共事件等信息的发布制度，建立境外资产和人员安全风险预警和应急保障机制。

第二十二条 自贸试验区海关特殊监管区域与境外之间的管理为一线管理，海关特殊监管区域与境内区外之间的管理为二线管理。按照“一线放开、二线安全高效管住、区内流转自由”的原则，在自贸试验区建立与国际贸易等业务发展需求相适应的监管模式。

自贸试验区加强跨关区运输、通关、监管等方面协作，扩大第三方检验结果采信商品和机构范围，探索开展进口转关货物内河运费不计入完税价格、药食同源进口通关便利化等贸易监管新模式。

第二十三条 实行国际贸易“单一窗口”服务模式，实现海关、税务、外汇管理和金融监管等部门之间的信息互换、监管互认、执法互助，推动部门之间的数据协同、简化和标准化。

自然人、法人和非法人组织可以通过“单一窗口”一次性提交各部门要求的标准化电子信息，处理结果通过“单一窗口”反馈。

依托国际贸易“单一窗口”，加强湘企出海服务、水运物流服务、空港信息平台等地方特色应用项目的开发建设。

第二十四条 支持下列贸易新业态的发展：

（一）支持符合国家法律法规和重金属精矿等相关标准要求的矿产品入区，支持开展矿石混配业务；

（二）支持承接钻石进出口及高端饰品加工贸易，拓展宝玉石检测评估、矿源追溯等交易服务功能；

（三）支持在综合保税区内开展“两头在外”的高技术含量、高附加值、符合环保要求的保税维修和进口再制造；

（四）支持出版图书、影视传媒、动漫游戏等文化产品出口，促进文化产业发展；

（五）支持培育数字服务出口，探索建立兼顾安全和效率的数字产品贸易监管模式，促进高端数字贸易业态集聚发展；

（六）探索在教育、工程咨询、商务服务等领域，分层次逐步取消或者放宽跨境交付、境外消费、自然人移动等模式的服务贸易限制措施。

第二十五条 利用中西部地区国际性展会留购展品免征进口环节税收政策，推动会展产业与湖南优势产业融合发展，培育国际性专业展会，对参展企业给予通关、检验、运输监管和金融外汇等方面支持。

第四章 金融创新

第二十六条 探索与经济发展需求相适应的货物贸易外汇收支便利化举措，允许自贸试验区内银行按照“展业三原则”办理购付汇、收结汇及划转等手续时，自主决定审核交易单证的种类。

支持开展资本项目外汇支付便利化改革，简化资本项目外汇支付手续，放宽跨国公司跨境资金集中运营管理准入条件，促进跨境投融资结算便利化。

第二十七条 探索开展境内人民币贸易融资资产跨境转让业务。

自贸试验区内银行机构可以将经营范围内合法的、确定的、可转让的且尚未到期的境内贸易融资资产向境外机构进行跨境转让并以人民币进行跨境结算，同时做好相关人民币跨境资金流动风险监测预警管理。

第二十八条 鼓励各类金融机构在符合国家相关法律法规的前提下，在自贸试验区设立分支机构，进行金融产品、业务和服务等方面的创新。支持金融机构运用区块链、大数据、生物识别等技术提升金融服务能力。

第二十九条 提高国际铁路货运联运水平，探索将铁路运输单证作为信用证议付单证。

探索融资租赁服务装备制造业发展新模式，支持进口租赁国内不能生产或者性能不能满足需要的高端装备。在符合国家有关规定的前提下，开展境内外租赁资产交易。

第三十条 支持与实体经济发展需求相适应的外商股权投资。开展外商投资股权投资企业合格境外有限合伙人试点。放宽外商设立投资性公司申请条件，降低外国投资者的资产总额要求，取消对外国投资者在中国境内已设立外商投资企业的数量要求。

第五章 先进制造业集群

第三十一条 利用国际国内两个市场、两种资源，加强系统集成创新，重点打造形成工程机械、先进轨道交通装备、航空航天装备和信创产业、先进材料、新能源等先进制造业集群。

第三十二条 自贸试验区应当提升集群创新能力、培育集群发展主体、推动集群绿色发展、壮大集群平台经济、增强集群集聚能力、深化集群开放合作、提升要素服务水平，增强引进外资的水平和质量，建设国家重要先进制造业高地。

第三十三条 自贸试验区支持建设面向集群的工业互联网平台，推动集群建设“5G+工业互联网”融合应用先导区，探索建立工业跨境电商服务平台，促进制造业数字化智能化转型。

第六章 国际投资贸易走廊

第三十四条 加强与长江经济带协同发展，积极对接粤港澳大湾区建设，参与内地与香港、澳门建立更紧密经贸关系的安排合作，实现市场一体、标准互认、政策协调、规则对接，打造国际投资贸易走廊。

第三十五条 加快长沙四小时航空经济圈建设，推动第五航权落地，拓展国际（地区）航空客货运航线，提升中欧班列（长沙）运营规模和质量，加快发展长沙陆港型物流枢纽。

提升岳阳城陵矶港区功能，建设岳阳港口型国家物流枢纽，全面推进黄金水道建设，支持企业有序发展岳阳至香港水路直航航线，积极拓展至东盟、日韩等国家和地区接力航线。

支持郴州开辟直通港澳的快速通道，建设湘粤赣省际区域物流枢纽。

第三十六条 积极探索承接沿海产业转移的路径和模式，开展飞地经济合作，建立健全区域间互动合作和利益分享机制。

探索建立跨省域资质和认证互认机制，企业跨省迁入自贸试验区后，在履行必要的审核程序后继续享有原有资质、认证。

第三十七条 片区应当建立长江经济带、粤港澳大湾区等重点地区驻点招商机制，可以委托社会组织承接招商工作。鼓励各片区建立联动招商机制，加强招商信息共享与合作。

第七章 中非经贸合作先行区

第三十八条 利用中国—非洲经贸博览会平台，引导对非经贸企业集聚发展，建设中非经贸深度合作先行区，培育非洲非资源性产品在华集散交易加工中心、中西部地区对非客流和物流中心。

第三十九条 举办中国—非洲经贸博览会，打造国际知名展会品牌，建立中非合作常态化机制。建立闭会期对接交流机制，促进对非务实合作。对在展期内销售的进口展品落实税收优惠政策。

第四十条 打造湘粤非铁海联运通道，拓展长沙至非洲主要航空枢纽的客货运航线网络，发展岳阳至非洲主要港口的江海联运接力航线，支持建设对非国际智慧物流信息平台。

第四十一条 建设非洲在华非资源性产品集散、交易、加工中心，设立非洲特色产品品类展销馆，建设非洲特色非资源性产品“非洲投资生产—融资进口—保税加工—全球销售—易货贸易”产业链。

第四十二条 探索开展中非易货贸易，创新易货贸易模式，建立具有信息发布、交易撮合、金融服务等功能的易货贸易服务体系。

第四十三条 推进中非海关“经认证的经营者”互认合作，建立非洲货物进口绿色通关机制，提高口岸通关便利化水平。

第四十四条 探索创新对非经贸合作金融平台和产品，支持建设中非跨境人民币中心，推进跨境人民币业务政策在对非跨境贸易、清算结算、投融资等领域落地，提升对非金融服务能力。

第四十五条 支持自贸试验区内企业在非洲重点国家和地区进行投资，支持建设中非投资贸易驻地服务中心，为中非经贸合作提供信息搜集、对接撮合、项目落地的经贸服务。

第八章 服务与保障

第四十六条 营造公平便利的准入环境，完善公平竞争制度，实现各类市场主体平等进入市场。不得妨碍各类市场主体依法平等进入和退出市场、限制商品和要素在地区之间自由流动，不得实施歧视性优惠政策。

第四十七条 深化商事制度改革，实行商事主体登记确认制，实现企业名称自主查询、自主申报，推行全程电子化登记，推进证照分离、“一业一证”改革。

第四十八条 借鉴在市场运行规则、管理模式等方面的国际通行规则和国际惯例，营造市场化、法治化、国际化营商环境，坚持依法平等保护自贸试验区内各类市场主体。

建立畅通有效的政企沟通机制，采取多种方式及时听取市场主体的反映和诉求，建立企业诉求处理机制。

第四十九条 实行严格的知识产权保护制度，建立多元化知识产权争端解决与快速维权机制，完善行政保护与司法保护衔接机制。

第五十条 加强生态环境保护工作，执行环境保护法律法规和标准，鼓励自贸试验区内企业实行国际通行的环境和能源管理体系标准认证。

第五十一条 推进城乡建设用地总量管理、科学配置、全面节约、高效利用。建立健全土地集约利用标准体系，对用地强度、利用结构、投入产出、亩均税收等指标进行监测评价；实行与土地节约集约相挂钩的周转用地指标奖励政策。

第五十二条 片区所在市人民政府应当设立自贸试验区人才发展专项资金，对高层次人才、团队及其创新项目予以支持，应当制定高层次人才引进有关奖励政策。

片区所在市、县（市、区）人民政府应当建立完善海内外高层次人才居留、户籍、住房、就医、社保以及配偶随迁、子女入学、父母康养等服务体系。

建立和完善外国人来湘健康体检、工作许可、居留许可管理服务“三窗合一”制度。

支持具有港澳执业资格的金融、建筑、规划等领域专业人才经相关部门或者机构备案后，为自贸试验区内企业提供专业服务。

第五十三条 省人民政府、片区所在市、县（市、区）人民政府应当加大投入，安排资金支持自贸试验区建设发展。

第五十四条 鼓励片区管理机构以领导聘任制、人员合同制和薪酬绩效制等形式引进高层次人才和急需人才，加强人才培养和人才引进。

片区可以探索设立法定机构或者委托社会组织承接专业性、技术性或者社会参与性较强的公共管理和服务职能。

第五十五条 完善招商诚信制度，切实履行向投资者依法作出的政策承诺以及依法订立的各类合同。确因国家利益、社会公共利益需要变更或者终止政策承诺和合同的，依法对投资者的损失予以补偿。

第五十六条 对新技术、新产业、新业态、新模式按照鼓励创新原则，实行包容审慎监管，在确保质量和安全的前提下，留足发展空间，不得简单化予以禁止或者不予监管。

第五十七条 实行基于监管对象信用状况以及风险程度的分级分类监管制度，推行守信激励和失信惩戒联动机制。

第五十八条 培育和发展专业化、国际化的律师事务所、仲裁、调解、公证、鉴定等法律服务机构。

支持省内律师事务所与香港、澳门律师事务所设立合伙联营律师事务所，鼓励省内律师事务所与香港、澳门律师事务所以及外国律师事务所开展合作。

第五十九条 建立调解、仲裁、诉讼有序衔接的多元化商事纠纷解决机制，开展国际仲裁、商事调解服务，提升商事纠纷争议解决的国际化程度。

第九章 附 则

第六十条 本条例自2022年3月1日起施行。

中国（上海）自由贸易试验区临港新片区条例

（2022年2月18日上海市第十五届人民代表大会常务委员会第三十九次会议通过）

目　录

第一章　总　　则

第一条　为了深入推进中国（上海）自由贸易试验区临港新片区（以下简称临港新片区）建设，保障深层次、全方位、高水平改革开放，打造更具国际市场影响力和竞争力的特殊经济功能区，根据国务院批准的《中国（上海）自由贸易试验区临港新片区总体方案》和有关法律、行政法规，制定本条例。

第二条　本市推进临港新片区高标准、高质量建设，对标国际上竞争力最强的自由贸易园区、自由贸易港，加大开放型经济的风险压力测试，建设以前沿产业集群、新型国际贸易、高端国际航运、跨境金融服务为代表的开放型产业体系，实现临港新片区与境外投资自由、贸易自由、资金自由、运输自由、人员从业自由和信息快捷联通。

临港新片区应当建设成为集聚海内外人才开展国际创新协同的重要基地、统筹发展在岸业务和离岸业务的重要枢纽、企业走出去发展壮大的重要跳板、更好利用两个市场两种资源的重要通道、参与国际经济治理的重要试验田。

第三条　中国（上海）自由贸易试验区临港新片区管理委员会（以下简称管委会）作为市人民政府的派出机构，负责具体落实临港新片区各项改革试点任务，依法履行相关管理职责。

市人民政府在临港新片区建立综合审批、相对集中行政处罚的体制和机制，由管委会集中行使本市有关行政审批权和行政处罚权。管委会实施行政审批和行政处罚的具体事项，由市人民政府确定并公布。

市有关部门按照各自职责，支持管委会的各项工作。浦东新区、奉贤区、闵行区等区人民政府应当与管委会加强协作，并按照各自职责承担相关行政事务。

海关、海事、税务、金融监管、通信管理等部门在各自职责范围内依法支持临港新片区建设和改革开放，并可以根据发展需要在临港新片区设立分支机构。

第四条　根据国家规定，临港新片区参照经济特区管理，支持临港新片区自主发展、自主改革和自主创新。

本市地方性法规和政府规章中有关规定不适应临港新片区发展的，管委会应当会同市人民政府有关部门按照程序提出调整或者停止该规定在临港新片区适用的建议。

本市需要先行试点的重大改革举措，临港新片区具备条件的，在临港新片区优先试点。

第五条　本市建立健全有利于临港新片区建设

发展的财政保障体制，为临港新片区的建设、管理等提供财政保障。

第六条 本市促进临港新片区和长三角其他地区的协同发展，逐步放大临港新片区辐射带动效应。

第二章 投资自由便利

第七条 本市应当配合国家有关部门制定放宽市场准入特别清单（特别措施），在临港新片区实施。

临港新片区实行以过程监管为重点的投资便利措施，深化行政审批制度改革，推动政府职能转变。

临港新片区根据国家进一步扩大开放的总体部署，有序推进电信、科研和技术服务、教育、卫生等重点领域扩大开放；对于国家在其他领域的扩大开放政策措施，临港新片区争取先行先试。

第八条 根据国家规定，在临港新片区建设以下金融要素平台：

（一）国际金融资产交易平台，便利境内外投资者参与配置全球资源；

（二）场内全国性大宗商品仓单注册登记中心，为企业进行仓单交易和仓单质押融资等提供便利；

（三）国际油气交易中心，支持推出更多交易品种。

第九条 临港新片区实行市场主体登记确认制。登记机关对市场主体提交的登记材料实行形式审查，材料齐全且符合法律规定的，予以确认。除依法须经批准的项目外，市场主体凭营业执照依法自主开展经营活动。

临港新片区优化市场主体退出机制，建立市场主体强制退出制度。

第十条 外国投资者在中国境内的出资、利润、资本收益、资产处置所得、知识产权许可使用费、依法获得的补偿或者赔偿、清算所得等投资及收益，可以依法以人民币或者外汇自由汇入、汇出。

临港新片区内的金融机构可以凭外国投资者无争议的合法收益证明和税务凭证，无延迟办理汇入、汇出手续。

第十一条 对外国投资者的投资不实行征收。在特殊情况下，临港新片区为了公共利益的需要依照法律规定对外国投资者的投资实行征收的，应当依照法定程序、以非歧视性的方式进行，按照被征收投资的市场价值，及时给予公平、合理的补偿，并承担从征收之日起至支付之日止按合理利率计算的利息。

第十二条 管委会对注册在临港新片区的地方企业开展本市权限内的境外投资项目，实施备案管理。管委会应当引导和规范企业境外投资方向，为临港新片区的企业提供信息服务，推动境外投资高质量发展。

第三章 贸易和运输自由便利

第十三条 国务院批准设立的洋山特殊综合保税区探索对境外抵离物理围网区域的货物，依据风险情况，实施以安全监管为主、体现更高水平贸易自由化便利化的监管模式；创新跨境电子商务服务模式，建立跨境电子商务国际配送平台，在洋山特殊综合保税区指定区域探索设立为区内生产经营活动提供配套服务且不涉及免税、保税、退税货物和物品的消费服务设施，设立保税展示交易平台。

经相关部门批准，洋山特殊综合保税区外、临港新片区内的企业可以享受洋山特殊综合保税区内部分政策。

第十四条 临港新片区内企业经批准，可以开展高附加值、高技术含量、符合环保要求的保税维修、检测业务。维修、检测后的产品，应当根据其来源复运至境外。

第十五条 临港新片区内企业进口特定类别境外再制造产品的，可以根据国家规定按照新品实施进口管理。

临港新片区内试点企业可以按照国家规定，进口汽车发动机关键零部件、高端医疗设备等旧机电产品用于再制造业务。

第十六条 根据国家统一部署，在临港新片区实行跨境服务贸易负面清单管理。对清单之外的跨境服务贸易，按照内外一致的原则管理。

第十七条 符合条件的国际航行船舶可以开展以洋山港为国际中转港的外贸集装箱沿海捎带业务。

推进“中国洋山港”国际船舶登记，试点实施与国际惯例接轨的船舶登记管理制度。根据国家部署，经授权的船舶检验机构可以对登记为“中国洋山港”籍的国际航行船舶开展法定检验、入级检验。

注册在临港新片区的航运公司或者海员外派机构，可以异地缴纳其船员社保。

临港新片区内企业经批准，可以试点开展国际航行船舶液化天然气等新型燃料加注业务。

第十八条 注册在洋山特殊综合保税区内的企业，在洋山特殊综合保税区内提供交通运输服务、装卸搬运服务和仓储服务等取得的收入，按照国家规定免征增值税。

第十九条 登记为“中国洋山港”籍的境内制造船舶，从事国际运输或者港澳台运输业务的，按照国家规定视同出口，给予增值税退税。

符合条件的出口企业对其自洋山港离境的集装箱货物，按照国家规定在启运港口岸出发时即可申请出口退税。

第四章 资金自由便利

第二十条 在临港新片区内取消外商直接投资人民币资本金专用账户，在资金使用符合中国人民银行相关规定的前提下，结算银行可直接为企业办理资本金入账业务。临港新片区内的金融机构可以通过自由贸易账户，在风险可控的前提下，按照法律法规规定，借鉴国际通行的金融监管规则提供便利的离岸金融服务。

根据国家金融监管部门授权，开展临港新片区内非金融企业外债便利化试点，支持私募股权投资基金跨境投资，稳步放宽跨境资产转让业务限制，便利外商投资企业境内再投资。

临港新片区内符合条件的商业银行按照国家部署，试点开展离岸人民币业务。

第二十一条 根据国家规定，实施跨境货物贸易、服务贸易和新型国际贸易结算便利化措施，临港新片区内商业银行在充分了解客户和业务并开展尽职审查的基础上，对区内符合条件的企业实行凭收付款指令直接办理贸易外汇收支业务。

第二十二条 根据国家金融监管部门授权，探索放开临港新片区内境内个人开展境外投资、临港新片区内就业的境外个人开展境内投资。支持金融机构为引进的境外人才提供便利的跨境金融服务。

第二十三条 鼓励跨国公司在临港新片区内设立全球或者区域资产管理中心。临港新片区内符合条件的跨国企业集团可以建立本外币一体化资金池，在境内外成员之间集中开展本外币资金余缺调剂和归集业务，资金按实际需要兑换，对跨境资金流动实行双向宏观审慎管理。

第二十四条 临港新片区内符合条件的金融机构可以进入金融期货市场，探索依托上海相关交易所投资黄金、石油等大宗商品。

第二十五条 市地方金融监管部门应当会同管委会、国家金融监管部门驻沪（临港新片区）机构建立健全临港新片区金融工作协调机制。

临港新片区建立金融监管部门之间以及金融监管部门与有关管理部门之间的信息共享机制，实现监管和服务信息互联互通、共享共用。

临港新片区依托跨境资金流动监测中心等，支持金融监管部门运用科技手段提升金融监管和服务水平。

根据国家主管部门授权，在临港新片区简化区内企业发行外债备案管理。

第五章 人员从业自由便利和人才保障

第二十六条 临港新片区内经备案的企业或者机构邀请的外籍人员入境从事交流、访问、商贸、就业等相关活动的，可以享受更加便利的签证服务。

在临港新片区工作的外籍人员，可以申请有效期五年以内的工作类居留许可。管委会可以推荐在临港新片区内工作的外籍高层次人才、紧缺人才以及符合条件的外国投资者申请永久居留，上述人员的外籍配偶、未成年子女可以随同申请。

本市推动外国人永久居留证件在临港新片区的便利化应用，便于持证人在临港新片区居留、学习、工作。

按照国家部署，管委会会同市出入境管理部门，推动移民政策实践基地建设，开展移民融入服务。

第二十七条 管委会对临港新片区内用人单位聘请或者拟聘请的外籍高科技领域人才、技能型人才，以及其他经认定的外籍紧缺急需人才，可以放宽年龄、学历和工作经历等限制，符合条件的可以给予两年以上的外国人来华工作许可。

取得境外高水平大学本科及以上学历的优秀外籍毕业生，与临港新片区内用人单位签订劳动合同的，可以给予外国人来华工作许可。在临港新片区工作的符合条件的入外籍留学人员，可以直接办理长期海外人才居住证。对在临港新片区内留学人员创业园创办企业的外籍高校毕业生，直接给予工作许可，其创业经历视同工作经历。临港新片区内企业按照有关规定，可以招收外籍实习生。

第二十八条 本市按照国家要求，逐步放开临港新片区内专业领域境外人才从业限制，允许具有境外职业资格的金融、建筑、规划、设计等领域符合条件的专业人才经备案后，在临港新片区内提供服务，其在境外的从业经历可视同国内从业经历。

符合条件的境外人员可以担任临港新片区内法定机构、事业单位、国有企业的法定代表人。具体管理办法由管委会会同本市相关部门制定。

第二十九条 对临港新片区用人单位录用的非上海生源普通高校应届毕业生，在申办常住户口时给予政策倾斜。临港新片区内符合条件的用人单位引进的紧缺急需人才可以在临港新片区申办常住户口。符合条件的留学回国人员可以在临港新片区申办常住户口。

对持有本市居住证的在临港新片区工作的国内人才，缩短居住证转办常住户口年限。对持有本市居住证在临港新片区工作并居住的人员，实行居住证专项加分制度。

第三十条 本市根据临港新片区发展需要，可以针对在临港新片区稳定就业且稳定居住的人才实施差异化住房政策。

第三十一条 临港新片区符合条件的境外人才可以享受人才个人所得税优惠政策。

用人单位可以为在临港新片区就业的符合条件的外籍人员办理本市职工基本医疗保险（含生育保险）。

第六章 数据流动

第三十二条 本市根据国家部署，以临港新片区为先导，推进国际数据港建设，构建国际互联网数据专用通道、新型互联网交换中心等新型基础设施，打造全球数据汇聚流转枢纽平台。

第三十三条 按照国家相关法律、法规的规定，在临港新片区内探索制定低风险跨境流动数据目录，促进数据跨境安全有序流动。

在临港新片区依法开展跨境数据活动的自然人、法人和非法人组织，应当按照要求报送相关信息。

第三十四条 本市支持临港新片区推进国际数据产业发展，培育发展数据经纪、数据运营、数据质量评估等新业态，建立数据跨境流动、数据合规咨询服务、政企数据融合开发等公共服务平台。

本市推动互联网数据中心、信息服务等增值电信业务在临港新片区试点开放。

第三十五条 本市支持在临港新片区建立与数字贸易相关的知识产权综合服务平台、数字贸易跨境支付结算平台等公共服务平台，建设数据服务出口基地、文化产品出口基地等数字贸易领域国家级基地、数字贸易人才培养实践基地，探索推进数字贸易规则制度建设，培育国际化的数字贸易品牌。

第七章 前沿产业发展

第三十六条 临港新片区应当强化科技创新策源功能，建设世界顶尖科学家社区，布局国际联合实验室、科技创新研发转化平台和重大科学技术设施，推进集成电路、人工智能、生物医药、民用航空、智能新能源汽车、高端装备制造、绿色再制造、氢能等前沿产业发展，形成全产业链融合的前沿产业集群。

第三十七条 临港新片区探索建立人工智能产品技术示范应用风险补偿机制，鼓励市场主体率先应用人工智能技术提升全要素生产率和服务水平。管委会可以在全市能效指标框架下自主布局建设人工智能算力平台。鼓励区内企业开放应用场景，将人工智能创新产品和技术的应用列入研发费用的，按照国家规定实行加计扣除。

第三十八条 市人民政府在国家授权范围内，可以批准临港新片区内符合条件的医疗机构进口少量临床急需的境外已经上市的抗肿瘤药等药品和第二类、第三类医疗器械。进口的药品和医疗器械应当在指定医疗机构内用于特定医疗目的。

临港新片区内有条件的医疗机构可以按照国家规定，自行研制国内尚无同品种产品上市的体外诊断试剂，在执业医师指导下在本单位内使用，并按成本收费。

第三十九条 经本市行业主管部门同意后，相关企业和机构可以在临港新片区全域开展智能网联汽车道路测试、示范应用和商业试运营。

经国家行业主管部门批准，通过车端和路端的实时感知检测、云端实时处理，探索在临港新片区特定区域开展高精地图绘制试点。

第四十条 与氢燃料电池应用相关的制氢项目可以在临港新片区符合条件的特定区域布局建设，鼓励企业利用可再生能源离网发电制氢，推进可再生能源制氢加氢一体化。在临港新片区率先探索氢燃料电池汽车商业化应用及配套氢燃料电池汽车加氢站的建设和管理。

第四十一条 除可能影响国家安全、国家利益和重大社会公共利益的情形外，临港新片区内符合条件的高等院校、科研机构可以将本单位利用财政性资金形成的或者接受企业、其他社会组织委托形成的归单位所有的职务科技成果所有权赋予成果完成人（团队），或者赋予科研人员不低于十年的职务科技成果长期使用权。

第四十二条 本市对临港新片区新增建设用地指标实行市级单列，与减量化指标脱钩。鼓励临港新片区内存量产业用地提容增效，按照规划和产业导向，存量工业和仓储用地经批准提高容积率和增加地下空间的，不再增收土地价款。临港新片区鼓励工业、仓储、研发等产业用地多用途混合利用。

临港新片区探索城市地下空间竖向开发、分层赋权等土地管理改革创新，在建设用地的地上、地表、地下分别设立使用权。

第四十三条 对临港新片区内符合条件的从事集成电路、人工智能、生物医药、民用航空等关键领域核心环节生产研发的企业，按照国家规定实行企业所得税减免。

第八章 风险防范

第四十四条 本市建立针对临港新片区的全面风险防范工作机制，聚焦投资、贸易、金融、安全生产、生态环境、生物安全等领域，实行分类监管、协同监管、智能监管，形成行业自律、业界自治、社会监督、政府监管的综合监管体系。

临港新片区建立涉及检疫、原产地、国际公约、跨境资金等方面的风险监测机制，实现全流程风险实时监测和动态预警管理。

第四十五条 管委会会同行业主管部门、区内企业和相关运营主体建设经济运行分析、制度创新、风险防范、事中事后监管、政务服务等功能集成的一体化信息管理服务平台，在投资、贸易、金融等领域构建特色应用场景。一体化信息管理服务平台数据归集和使用的具体办法，由管委会会同本市相关部门制定。

本市支持临港新片区推动将产生于区内的市场监管、公安、海关、海事、税务、商务、教育、金融、应急管理等领域的公共数据接入一体化信息管理服务平台，推动电子证照等各类数据资源的共享和应用。

享受洋山特殊综合保税区政策的企业应当接入平台，以满足海关、外汇管理等特殊监管和服务需求，企业应当保证接入平台数据的真实性、准确性、及时性和有效性。

第四十六条 管委会根据市场主体的信用等级实施差异化监管，可以对守信主体在贸易监管、外汇管理、税收征管、政府采购、招标等方面提供便利；对失信主体依法实施惩戒，相关失信信息依法纳入本市公共信用信息服务平台。对在规定期限内纠正失信行为、消除不良影响的失信主体，按照相关规定及时进行信用修复。

第四十七条 临港新片区应当持续优化能源结构，建设清洁低碳安全高效的综合能源体系，强化光伏和海陆风电开发。

鼓励临港新片区内企业申请国际通行的环境和能源管理体系标准认证，自愿与管委会签订高于法定要求的环境保护协议，采用先进技术和生产工艺节约能源，减少污染物和温室气体排放。

第九章 权益保障

第四十八条 管委会应当会同相关部门和单位建立企业合规监督评估机制，开展企业合规指导，引导企业建立健全合规管理体系。开展合规指导时可以引入企业合规师、律师、注册会计师、税务师等第三方进行合规评估。

第四十九条 临港新片区探索设立知识产权交易平台，建立知识产权市场价格评估机制，开展知识产权证券化、知识产权质押融资、专利商标保险等知识产权金融服务，建立知识产权信用担保机制。

探索注册在临港新片区的企业可以采用风险可控的金融方式提供海关知识产权事务担保。

第五十条 临港新片区应当强化竞争政策基础地位，创新公平竞争审查工作机制，开展竞争政策实施成效评估和竞争评估，保护和促进市场公平竞争。

第五十一条 临港新片区依法保障新就业形态劳动者的基本权利和劳动权益，完善平台型企业劳动用工制度，推进平台就业人员职业伤害保障试点。

第五十二条 临港新片区建设一站式争议解决中心。加强临港新片区国际商事纠纷审判组织建设，完善涉外商事纠纷调解、仲裁、诉讼一站式争议解决机制。

在临港新片区设立调解组织的，可以向市司法行政部门申请登记。

境外知名仲裁机构及争议解决机构经市司法行政部门登记并报国务院司法行政部门备案后，可以在临港新片区内设立业务机构，并接受市司法行政部门的监督管理。

第五十三条 取得相关资质或者当事人指定的外籍人员，可以采用线上或者线下方式出席涉临港新片区相关商事仲裁、调解程序。

执业年限满一年的外国律师，可以受聘担任注册在临港新片区内的律师事务所的法律顾问。鼓励注册在临港新片区内的律师事务所引进获得特许律师执业许可的中国籍涉外法律服务人才。

第十章 附 则

第五十四条 本市制定的浦东新区法规和管理措施，在临港新片区的浦东新区范围内可以适用。

第五十五条 本条例自 2022 年 3 月 1 日起施行。

中国（浙江）自由贸易试验区条例

（2017年12月27日浙江省第十二届人民代表大会常务委员会第四十六次会议通过 2022年3月18日浙江省第十三届人民代表大会常务委员会第三十五次会议修订）

目 录

第一章 总 则

第一条 为了推进和保障中国（浙江）自由贸易试验区建设，推动形成更高层次改革开放新格局，建设更高水平开放型经济新体制，打造新时代改革开放新高地，促进高质量发展建设共同富裕示范区，根据有关法律、行政法规和国务院批准的《中国（浙江）自由贸易试验区总体方案》《中国（浙江）自由贸易试验区扩展区域方案》等规定，结合本省实际，制定本条例。

第二条 本条例适用于经国务院批准设立的中国（浙江）自由贸易试验区（以下简称自贸试验区），包括舟山片区、宁波片区、杭州片区和金义片区。

第三条 推进自贸试验区建设以油品和天然气（以下简称油气）为核心的大宗商品资源配置基地、新型国际贸易中心、国际航运和物流枢纽、数字经济发展示范区和先进制造业集聚区，探索建设中国特色自由贸易港。

第四条 自贸试验区应当以数字化改革为引领，加强数字经济领域国际规则、标准制定，推动传统产业数字化转型，发展数字产业、数字贸易、数字物流、数字金融，按照整体智治理念创新数字化监管服务模式，建设数字自贸区。

第五条 自贸试验区各片区应当根据国家确定的功能定位，坚持首创性和差别化发展，突出自身特色，加强联动协同，实现优势互补、相互促进。

舟山片区打造以油气为核心的大宗商品全球资源配置基地，建设具有国际影响力的国际油气交易中心、国际海事服务基地、国际石化基地、国际油气储运基地和大宗商品跨境贸易人民币国际化示范区。

宁波片区打造具有国际影响力的油气资源配置中心、国际供应链创新中心、全球新材料科创中心、智能制造高质量发展示范区，建设链接内外、多式联运、辐射力强、成链集群的国际航运枢纽。

杭州片区打造全国领先的新一代人工智能创新发展试验区、国家金融科技创新发展试验区和全球一流的跨境电商示范中心，建设数字经济高质量发展示范区。

金义片区打造世界“小商品之都”，建设国际小商品自由贸易中心、数字贸易创新中心、内陆国际物流枢纽港、制造创新示范地和“一带一路”开放合作重要平台。

第六条 健全自贸试验区联动创新机制，推进自贸试验区与省人民政府确定的联动创新区政策联动、功能互补、优势叠加，引领全省高质量发展，形成省域全面开放新格局。

支持自贸试验区加强对外交流与合作，参与“一带一路”建设，融入长江经济带发展和长江三角洲区域一体化发展等国家战略，依托中国—中东欧国家经贸合作示范区，增强对区域经济发展的辐射带动作用。

第七条 鼓励和支持自贸试验区就法律、法规未禁止的事项先行先试，对标国际国内先进经验和规则，探索改革创新。

改革创新出现失误，但是符合国家和省确定的改革方向，决策程序符合法律、法规规定，且勤勉尽责、未牟取私利，主动挽回损失、消除不良影响或者有效阻止危害结果发生的，对有关单位和个人不作负面评价，免除相关责任。

第二章 管理体制

第八条 自贸试验区推进简政放权、放管结合、优化服务改革，建立精简高效、权责明晰的行政管理体制。

探索在自贸试验区设立专业机构或者委托社会组织承接专业性、技术性以及社会参与性较强的公共管理和服务职能。

第九条 省自贸试验区议事协调机构负责统筹协调自贸试验区建设发展工作，研究自贸试验区改革发展的重大事项。

省商务主管部门承担自贸试验区议事协调机构日常工作，协调推进自贸试验区改革试点任务，组织实施自贸试验区创新经验和成果复制推广，建立和完善信息发布、项目推进、评估推广工作机制，履行省人民政府赋予的其他职责。

第十条 自贸试验区各片区管理机构（以下简称片区管理机构）负责自贸试验区本片区建设、管理等工作，履行下列职责：

（一）负责落实国家和省有关自贸试验区的各项政策措施，制定行政管理制度；

（二）组织实施片区各项发展规划，协调推进改革试点任务和重大投资项目建设；

（三）统筹协调片区内投资贸易、金融服务、招商引资、开发建设、人力资源、统计等有关工作，完善事中事后监管体系；

（四）协调海关、海事、边防检查、海警、金融监管、税务、邮政管理等部门在片区的相关工作；

（五）依法履行知识产权保护、生态环境保护、安全生产等有关职责；

（六）统筹发布片区各项公共信息，开展对外联络和交流；

（七）履行省、片区所在地设区的市人民政府赋予的其他职责。

片区所在地设区的市应当建立自贸试验区议事协调机制，统筹协调片区建设发展工作。

第十一条 省、片区所在地设区的市人民政府根据自贸试验区建设的实际需要，依法向片区管理机构授予相关的省级、市级管理权限。

省、片区所在地设区的市人民政府及其有关部门应当根据自贸试验区建设的实际需要，将其管理权限委托片区管理机构或者相关管理部门行使，但法律、行政法规明确规定不能委托行使的除外。

片区管理机构可以根据自贸试验区建设的实际需要，提出授权或者委托事项清单，依照法定程序报有权机关批准后向社会公布。

第十二条 海关、海事、边防检查、海警、金融监管、税务、邮政管理等部门驻自贸试验区的工作机构，依法履行相关行政管理职责，落实有关自贸试验区的政策措施，支持自贸试验区改革创新工作。

省人民政府及其有关部门应当支持自贸试验区落实改革试点任务，优先在自贸试验区实施重大改革举措、布局重大创新平台，在规划、资金、土地、能源利用等方面给予支持。

片区所在地设区的市、县（市、区）人民政府应当加强片区发展所需的资金、土地、人才等保障，推动自贸试验区改革创新。

片区管理机构应当建立健全与驻自贸试验区工作机构、有关部门的沟通协调机制。

第十三条 省、片区所在地设区的市人民政府应当定期对自贸试验区建设发展情况进行评估，总结改革创新经验并及时推广。

第十四条 自贸试验区建立行政咨询机制，发挥智库作用，为其在制定发展规划、重大项目引进、重要改革措施实施等方面提供决策咨询。

第三章 投资贸易自由便利

第十五条 自贸试验区对外商投资实行准入前国民待遇加负面清单管理制度。外商投资负面清单按照国家有关规定执行。负面清单以外的领域，按照内外资一致、竞争中性的原则，建立相适应的事中事后监管制度。

外商投资项目需要办理核准、备案的，按照国家有关规定执行。

自贸试验区应当建立健全外商投资企业投诉工作机制，及时处理外商投资企业或者其投资者反映的问题，协调完善相关政策措施。

第十六条 自贸试验区对跨境服务贸易实行负面清单管理制度，放宽服务贸易市场准入，扩大优质服务进口，推进服务贸易自由化。跨境服务贸易负面清单按照国家有关规定执行。

第十七条 自贸试验区实行市场主体便利化登记制度，通过全程电子化登记方式，按照规定实行企业名称自主申报制、企业住所（经营场所）申报承诺制。

自贸试验区实行市场主体便利化退出制度，对符合条件的市场主体实行简易注销程序。

第十八条 自贸试验区对涉企经营许可事项实行告知承诺制。实行告知承诺制的行政许可事项的具体范围和程序，由片区所在地设区的市人民政府按照国家和省有关规定确定、公布。

行政许可部门应当将法定许可条件、违反承诺后果一次性书面告知申请人。对符合规定可以在行政许可决定后补交的申请材料，实行容缺办理、限期补交；申请人书面承诺按照规定期限补交容缺的申请材料的，应当当场作出行政许可决定。

第十九条 自贸试验区实行国际投资、国际贸易“单一窗口”服务模式。省商务、口岸主管部门按照各自职责建立综合管理服务平台，提供信息对接、政策推送等服务，实现海关、海事、边防检查、税务、外汇、邮政管理等部门之间信息互换、数据共享、监管互认、执法互助。

自然人、法人和非法人组织可以通过综合管理服务平台一次性递交监管部门需要的标准化电子信息，监管部门应当通过平台实时显示处理状态，并及时反馈处理结果。

第二十条 自贸试验区海关特殊监管区域与境外之间的管理为一线管理，自贸试验区海关特殊监管区域与境内海关特殊监管区域外之间的管理为二线管理，按照一线放开、二线安全高效管住、区内流转自由的原则，建立与国际贸易业务发展需求相适应的监管模式。

第二十一条 自贸试验区海关特殊监管区域按照国家规定实施进口货物入区保税制度。对境内入区的不涉及出口关税、不涉及贸易管制、不要求退税且不纳入海关统计的货物、物品，实施便捷进出区模式。

自贸试验区海关特殊监管区域实施仓储货物按状态分类监管制度，区内保税存储货物不设存储期限。

注册在自贸试验区海关特殊监管区域内的融资租赁企业，进出口飞机、船舶和海洋工程结构物等大型设备涉及跨关区的，在执行现行税收政策的前提下，根据物流实际需要，实行海关异地委托监管。

第二十二条 境外进入自贸试验区的货物，应当接受入境检疫；除进口再生原料、危险化学品及其包装、散装商品等法律、法规规定应当实施检验的货物外，进入自贸试验区海关特殊监管区域的其他货物免予检验。进出自贸试验区的保税展示商品免予检验。

第四章 大宗商品资源配置

第二十三条 自贸试验区按照国家战略布局，合理规划油气储运、保税燃料加注、石化产业、矿石中转、粮食中转加工等区域布局，加强岸线、海域等资源要素保障，完善港口、码头、管网、储罐、堆场、航道、锚地、地下油库等基础设施，推动油气全产业链投资便利化和贸易自由化。

自贸试验区应当贯彻绿色、低碳发展战略，通过科技创新与产业提升，推动油气全产业链向绿色、低碳转型，实现高质量发展。

第二十四条 从事国际航行船舶保税燃料油供应的企业，应当按照国家和省有关规定，取得国际航行船舶保税燃料油供应资格。

取得国际航行船舶保税燃料油供应资格的企业，其单艘供油船舶在一个作业航次内可以对多艘受油船舶供应保税燃料油；同一公用型保税仓库可以同时存储多家供油企业的保税燃料油，供油企业可以利用公用型保税仓库开展保税燃料油供应业务，开展保税燃料油跨关区、跨港区直供业务。

支持自贸试验区按照国际通行船用液化天然气供受规则，开展国际航行船舶液化天然气加注业务。

第二十五条 自贸试验区以原油、成品油、液化天然气为重点，利用全球资源，布局形成大型油气储运基地。

自贸试验区应当完善以原油为主要品种的油气储备体系，开展原油、汽油、柴油、航空煤油、液化天然气等储备，建立国家储备、企业储备相结合的储存体系和运作模式，健全油气储存应急调峰机制和国家储备轮换机制。

第二十六条 自贸试验区应当按照国际标准建设油气接卸泊位、储运罐区、输油管道等设施，开展油气储备国际合作，与国际供应商共建油气储存基地，形成国际油气保税交割体系。

自贸试验区内的油气仓储设施建设项目符合国土空间规划的，可以利用建设用地地下空间建设。

支持自贸试验区开展铁矿石、铜精矿等矿石储备，依托国家储备，推动矿石贸易。

第二十七条 支持自贸试验区建立政府储备和企业储备相结合的粮食储备体系，增强粮食安全保障能力。

支持自贸试验区创新粮食进口检疫审批制度，对符合规定的非关税配额粮食可以以港口存放方式办理检验检疫审批，进口后再确定加工场所。

第二十八条 自贸试验区应当优化原油精炼、油品加工、精细化工产业布局，完善石化产业上下游一体化产业链，按照规定扩大油气加工领域投资开放。

鼓励和支持国内外投资者以资源、资金、技术等形式参与石化基地的建设和经营。

第二十九条 自贸试验区依托依法设立的大宗商品交易场所，开展油气、矿石、煤炭、金属、化工品、粮食等大宗商品现货交易，发展大宗商品交割、仓储、保税业务。

鼓励在自贸试验区内的大宗商品交易场所开展场外交易，推进产能预售、订单交易等交易模式创新，建设符合国际惯例的大宗商品场外交易市场。

鼓励境内外金融机构、金融技术企业、金融信息服务企业在自贸试验区内参与大宗商品交易市场建设。

第五章 新型国际贸易促进

第三十条 省、片区所在地设区的市人民政府应当制定政策，支持自贸试验区发展跨境电子商务、市场采购贸易、外贸综合服务、保税维修、新型离岸贸易、新型易货贸易等外贸新业态，以数字贸易为核心建设新型国际贸易中心。

第三十一条 自贸试验区应当建立适应跨境电

子商务贸易特点的海关、税务、外汇、邮政等管理制度，推动跨境电子商务创新发展。

支持银行与跨境电子商务平台通过系统直连模式，开展贸易真实性审核。银行在满足交易信息采集、真实性审核的条件下，可以按照规定凭借交易信息为市场主体提供经常项目下跨境人民币结算服务。

支持自贸试验区建立完善跨境电子商务零售退货处理机制，开展全球库存同仓存储、自由调配，实现内外贸货物、退换货商品一仓调配。

第三十二条 自贸试验区应当推进服务贸易数字化转型，促进旅游、文化、运输等服务业和跨境电子商务融合，整合移动支付、关税、外汇等服务，建设数字服务贸易综合平台，支持企业开展以数字内容为载体的服务贸易和数字技术贸易，推动数字服务贸易发展。

第三十三条 自贸试验区应当完善市场采购贸易机制，健全多种贸易拼箱货物运输单证签发、流转制度，规范组货人管理，并建立相应的监管措施。

第三十四条 自贸试验区应当制定支持外贸综合服务发展的政策措施，创新出口退税监管方式，建立完善外贸综合服务绩效评价指标体系，引导外贸综合服务企业按照国家标准、行业标准和地方标准开展经营业务。

第三十五条 支持自贸试验区内企业按照综合保税区维修产品目录和国家规定开展保税维修业务。

省商务主管部门应当会同有关部门制定保税维修业务扶持政策，报省人民政府同意后实施。

第三十六条 支持自贸试验区发展离岸贸易。银行应当按照国家和省有关规定，为企业真实合规离岸贸易业务提供服务，按照展业原则，结合客户信用分类和业务模式，开展交易真实性和合理性审核，提高跨境资金结算便利。

支持银行参照国际惯例探索开展油气转口贸易跨境人民币结算。

第三十七条 支持企业加快重点市场海外仓布局，完善全球服务网络，建立自主运输销售渠道。

支持拥有海外仓的企业拓展外贸新业务，建立完善物流体系，向供应链上下游延伸服务，提升海外仓增值服务功能。

鼓励企业通过海外智慧物流平台对接海外仓供应与需求信息，提高海外仓资源的管理和利用效率。

第三十八条 自贸试验区应当整合境内仓、海外仓和结算等全球供应链服务体系，建设易货贸易服务平台，支持企业开展日用消费品、农产品、大宗商品之间的国际易货贸易。

第六章 国际航运与物流枢纽建设

第三十九条 支持自贸试验区建立高度开放的国际运输管理体系，形成具有国际竞争力的航运发展运作模式，建设全球智能物流枢纽。

自贸试验区应当加强与口岸监管部门的协作配合，建立海港、陆港、空港、信息港“四港”联动的信息物流平台，推动数字口岸信息互通互融，实现港航、物流等企业与口岸监管部门之间数据联通、即时共享。

第四十条 支持自贸试验区与“一带一路”相关国家和地区建立航运物流合作机制，在通关、检验检疫、认证认可、标准计量等方面开展合作与交流，优化航运物流发展环境，保障贸易供应链安全。

第四十一条 支持自贸试验区开展国际中转、集拼、分拨业务，设立国际转口集拼中转业务仓库，建设国际中转集拼中心。

中资非五星旗国际航行船舶可以以宁波舟山港为中转，开展外贸集装箱沿海捎带业务。

符合条件的出口企业对其自宁波舟山港离境的集装箱货物，可以按照国家规定在启运港口岸出发时申请出口退税。

自贸试验区可以设立海事特别服务区，对途经的国际航行船舶通航、作业简化相关手续，加强事中事后监管。

第四十二条 支持宁波舟山港推进航道和锚地资源一体化利用、拖轮服务和引航管理一体化服务、口岸一体化监管。

支持宁波舟山港口型、金华生产服务型、义乌商贸服务型国家物流枢纽建设，发展海陆联运，提升江海联运中转、分拨、配送等服务功能。

支持宁波舟山港与义乌港双港口一体化联动发展，建立多式联运转场机制，促进海港功能和口岸功能向义乌港、华东国际联运港等延伸。

第四十三条 自贸试验区应当加快推进集装箱智能化作业建设，拓展船舶代理、货物代理、船舶交易等航运服务功能，提升现代航运服务能力。

自贸试验区应当加快拓展国际航运服务，集聚船舶管理、航运交易、航运信息、航运保险、航运仲裁、海损理算、邮轮游艇旅游等国际航运现代服务产业，提升国际航运服务功能。

第四十四条 自贸试验区推进“义新欧”中欧班列市场化、国际化、专业化经营，构建复合型多式联运通道，制定并推行标准化多式联运运单等单证，发展与“一带一路”相关国家和地区间的国际中转业务。

第四十五条 支持自贸试验区与杭州、宁波临空经济示范区协同发展，支持开辟“一带一路”相关国家和地区国际航线，推动简化国际航线的经营许可审批程序；支持杭州萧山国际机场、宁波栎社国际机场扩大航权安排，开展航空货邮国际中转业务。

第四十六条 自贸试验区推进全球快递智能骨干网络和快递智控服务平台建设。支持快递物流企业在《区域全面经济伙伴关系协定》确定的区域市场和中亚、欧洲、北美等重点地区组建境外分拨体系，开展快递物流服务。

注册在自贸试验区内的快递物流企业符合规定条件的，经省邮政管理机构批准，可以从事国际快递业务经营。

第七章 数字经济发展示范与先进制造业集聚

第四十七条 自贸试验区推进数字经济创新发展，全面拓展数字产业化、产业数字化、数字生活新服务，打造全要素、全产业链、全价值链连接的数字经济发展示范区。

第四十八条 自贸试验区应当根据片区特色和实际，优化新型数字基础设施布局，推进物联网、工业互联网、新一代移动通信网、数据中心等建设，加快交通、物流、能源、市政等传统基础设施的数字化改造，促进传统基础设施和新型数字基础设施融合发展。

第四十九条 支持自贸试验区与杭州城西科技创新大走廊、宁波甬江科技创新大走廊、浙中科技创新大走廊等开展协作，推动数字产业联动发展。

第五十条 支持自贸试验区发展新一代信息技术、生命健康、新材料、智能制造装备等高端产业，推进先进制造业集聚、产业链协同、供应链高效。

第五十一条 自贸试验区应当通过规划引导、政策支持、市场主体培育等方式，加快建设新一代信息技术产业集群，发展高端软件、数字安防、集成电路、网络通信、智能计算等产业。

第五十二条 自贸试验区应当建设生物医药公共技术服务平台和开放性专业实验室，为生物医药相关技术研究提供服务和技术支撑。支持区内医药企业与国内外医药科研机构开展合作，推进药物研发产业化，促进生命健康产业创新发展。

自贸试验区优化生物医药全球协同研发的试验用特殊物品检疫查验流程，提高通关效率。

第五十三条 自贸试验区应当建立完善关键零部件国际国内双回路供应政策体系，推动先进材料产业创新中心建设，通过引进国内外顶尖孵化器、加速器企业等方式，构建科技资本、技术交易、离岸外包相结合的新型产业模式，推动新材料产业集群建设。

第五十四条 自贸试验区应当推动智能制造技术创新应用，支持区内企业拓宽人工智能应用场景，通过网络协同制造、数字化车间、智能工厂等方式，促进制造业融合化、集群化、生态化发展。

第五十五条 自贸试验区应当制定政策，促进区内企业开展协同研发，加大产业共性基础技术研发投入，组织建设共性技术服务平台和开放性专业实验室，推动生物技术、新材料、智能制造等领域的核心技术攻关。

支持国内外知名高校、科研机构和高新技术企业在自贸试验区内设立研发机构，建立离岸研发、就地转化的产学研合作机制，推动科研成果转化和制造业优化升级。

第八章 要素保障与监管服务

第五十六条 自贸试验区应当采取措施，支持银行、保险公司、证券公司、基金管理公司等各类金融机构入驻，按照国家规定取消外资银行、证券公司、基金管理公司等金融机构业务范围限制。

鼓励金融机构根据国家有关规定，在自贸试验区开展金融产品、业务、服务和风险管理等方面创新。

第五十七条 支持自贸试验区推进人民币跨境使用、简化经常项目外汇收支手续等方面的改革，建立与自贸试验区相适应的本外币合一银行结算账户管理制度，实现本币账户与外币账户在开立、变更和撤销等方面标准、规则和流程统一，促进跨境贸易、投资融资结算便利化。

自贸试验区内符合要求的企业可以按照规定，凭跨境人民币结算收付款说明或者收付款指令，直接办理货物贸易、服务贸易跨境人民币结算以及资本项目人民币收入在境内的合规使用。

符合条件的企业和个人可以按照国家规定在自贸试验区内兑换、使用数字人民币。支持符合条件的地区探索数字人民币应用试点。

第五十八条 支持银行在自贸试验区优先开展境外贷款业务，鼓励优先采用人民币贷款。

支持自贸试验区发展与油气等大宗商品贸易相关的总部经济，放宽跨国公司外汇资金集中运营管理业务准入条件。在自贸试验区内设立的法人机构可以按照规定，开展跨国公司外汇资金集中运营管理业务和跨国企业集团跨境双向人民币资金池业务，享受跨境投资融资汇兑、调剂便利等政策。

第五十九条 鼓励自贸试验区内企业通过应收账款融资服务平台对应收账款进行确认，开展应收账款、订单、仓单等质押融资业务。

鼓励自贸试验区内企业开展知识产权质押融资，通过区块链技术开展存证等业务，推动数据产品确权、评估、质押和转让。

第六十条 自贸试验区应当创新针对石油行业的特殊风险分散机制，支持开展能源、化工等特殊风险保险业务，加大再保险对巨灾保险、特殊风险保险的支持力度。

支持在自贸试验区内设立服务石油行业、数字经济、先进制造业的专营保险公司或者分支机构，设立为保险业发展提供配套服务的保险经纪、保险代理、保险公估等保险专业中介机构。

第六十一条 支持自贸试验区设立战略性新兴产业投资平台，创新股权投资等方式，加大政府产业基金对重点产业支持力度，吸引带动社会资本投向重大产业项目、初创型企业等。支持政府投资基金投向区内种子期、初创期科技企业，建立政府出资让利和退出机制。支持在自贸试验区开展合格境外有限合伙人试点。

第六十二条 省、片区所在地设区的市人民政府及其有关部门在制定土地利用计划时，应当优先保障自贸试验区建设合理用地需求。

支持自贸试验区制定差别化供地政策，采用长期租赁、租赁和出让结合、先租赁后出让、弹性年期出让等多种方式供应土地。

自贸试验区可以实行产业链供地，支持对产业链关键环节、核心项目涉及的多宗土地实行整体供应。

第六十三条 支持自贸试验区创新人才工作体制机制，构建具有国际竞争力的人才制度体系，通过合作办学、共建人才实习实训基地等方式加强人才培养，加大吸引高层次、高技能创业创新人才力度。

自贸试验区建立以用人主体认可、业内认同和业绩薪酬为导向的综合人才评价制度，设立人才发展专项资金，对高层次和高技能人才、团队及其创新项目予以支持。

自贸试验区对符合条件的高层次、高技能人才按照国家和省有关规定，实施税收优惠政策和补贴激励措施；鼓励企业提高管理层、核心骨干持股比例，提高研发团队以及重要贡献人员分享科技成果转化收益比例。

省人民政府有关部门和片区所在地设区的市、县（市、区）人民政府有关部门应当为自贸试验区引进高层次、高技能人才提供出境入境、停留居留、工作许可、配偶就业、子女就学和住房医疗等方面的便利服务。

第六十四条 鼓励自贸试验区在数据交互、业务互通、监管互认、服务共享等方面加强国际合作，推动制定和实施数据资源权益、数据产品交易、数据跨境流动分类监管、数据跨境安全等方面的标准和规则，推进数据交易中心建设。

自贸试验区应当根据功能定位和区位特色优势，结合企业需求，依托一体化智能化公共数据平台，在贸易、投资、金融等领域构建特色应用场景，推动开发数据衍生产品，提高数字服务水平。

第六十五条 自贸试验区应当完善综合监管体系，整合监管信息资源，加强贸易、投资、生态环境、安全生产、金融、数据等重点领域监管，依托一体化智能化公共数据平台，实现监管数据共享，提升风险防范和安全监管水平。

自贸试验区应当加强社会信用体系建设和应用，完善守信激励和失信惩戒机制，建立健全信用评估、信用修复制度，鼓励开展企业信用风险分类管理工作。

第六十六条 自贸试验区应当配合国家有关部门做好外商投资国家安全审查工作，建立健全境内外追偿保障机制。

对属于国家安全审查范围的外商投资，应当依法申请国家安全审查。片区管理机构发现属于国家安全审查范围的外商投资，应当告知投资者或者境内相关当事人向国家有关部门申请国家安全审查。

第六十七条 自贸试验区应当加强生态环境保护，执行生态环境准入清单和进出境环境安全准入管理制度，建立健全与自贸试验区建设发展水平相适应的生态风险防控体系，提高环境应急能力。

自贸试验区应当加快产业结构优化升级，打造先进绿色制造业，推动发展现代绿色服务业，构建绿色供应链，建设高质量发展引领区。

支持自贸试验区建设低碳试点先行区，在绿色低碳发展、生态环境治理、国际合作等方面开展制度创新。

鼓励自贸试验区内企业申请国际通行的环境和能源管理体系标准认证，自愿与片区管理机构签订高于法定要求的环境保护协议，采用先进技术和生产工艺节约能源，减少污染物和温室气体排放。

第六十八条 自贸试验区应当建立健全安全生产管理制度，制定安全生产区域规划，建立风险管控和隐患排查治理双重预防机制，加强应急救援能力建设，提升区域应急保障水平。

第六十九条 自贸试验区应当完善知识产权综合管理体制和知识产权公共服务体系，健全涉外知识产权执法协作机制，加强知识产权行政保护与司法保护的衔接，促进知识产权行政执法标准和司法裁判标准相统一，完善知识产权纠纷诉讼与调解对接机制。

支持自贸试验区建立知识产权海外纠纷预警机制和协调解决机制，完善知识产权海外维权援助服务。

鼓励自贸试验区内企业设立知识产权保护维权互助基金，提升自我维权能力。

第七十条 自贸试验区应当健全国际商事纠纷

多元化解决机制，推动国际商事纠纷诉讼机制与仲裁、调解机制有机衔接，并利用一站式国际商事纠纷多元化解决平台为当事人提供便利快捷的纠纷解决服务。

支持自贸试验区发展专业化、国际化的仲裁、调解、鉴定、公证、域外法查明等法律服务，支持境内外高端法律服务人才在自贸试验区依法开展专业法律服务。推进境内外律师事务所联营、合作，为自贸试验区建设提供国际化法律服务。

加强自贸试验区审判组织建设，依法设置与自贸试验区发展相适应的审判机构。

第九章　附　　则

第七十一条　国家有关适用于自贸试验区改革试点措施调整，或者国家规定其他区域改革试点措施可以适用于自贸试验区的，按照国家规定执行。

第七十二条　本条例自 2022 年 5 月 1 日起施行。

中国（安徽）自由贸易试验区条例

（2022年3月25日安徽省第十三届人民代表大会常务委员会第三十三次会议通过）

目 录

第一章 总 则

第一条 为了推进和保障中国（安徽）自由贸易试验区高标准高质量建设，加快打造具有重要影响力的改革开放新高地，根据有关法律、行政法规和《中国（安徽）自由贸易试验区总体方案》，结合本省实际，制定本条例。

第二条 本条例适用于经国务院批准设立的中国（安徽）自由贸易试验区（以下简称自贸试验区），包括合肥片区、芜湖片区和蚌埠片区（以下简称片区）。

第三条 自贸试验区建设应当坚持党的全面领导，坚持解放思想、改革创新，先行先试、示范引领，系统集成、协同配套，优化布局、高效联动的基本原则。

自贸试验区建设应当以制度创新为核心，以可复制可推广为基本要求，对标国际先进规则，加大开放力度，开展差别化探索，建设辐射带动作用突出的高标准高质量自由贸易园区。

第四条 合肥片区、芜湖片区和蚌埠片区应当根据国家规定的功能划分，结合区位特点和产业特色，加强联动合作，实现优势互补，协同发展。

合肥片区重点建设具有全球影响力的综合性国家科学中心和产业创新中心引领区。芜湖片区重点建设战略性新兴产业先导区、江海联运国际物流枢纽区。蚌埠片区重点建设世界级硅基和生物基制造业中心、皖北地区科技创新和开放发展引领区。

第五条 对法律、法规未明确禁止或者限制的事项，鼓励自然人、法人和非法人组织在自贸试验区开展创新活动，充分激发市场主体活力。

建立鼓励改革创新的激励机制，对自贸试验区建设作出重大成绩和突出贡献的单位和个人，按照规定给予表彰、奖励。

第六条 建立鼓励改革创新的容错纠错免责机制。在自贸试验区进行的创新出现失误或者未能实现预期目标，但是符合国家和省确定的改革方向，决策和实施程序符合法律、法规规定，未牟取私利，没有造成重大损失和严重不良影响或者主动挽回损失、消除不良影响的，对有关单位和个人不作负面评价，免予追究相关责任。

经确定予以容错的单位和个人，在绩效考核、评先评优、职务晋升、职称评聘和表彰奖励等方面不受影响。

第七条 在自贸试验区内，优先试点重大改革举措，优先适用开放发展政策，优先布局符合自贸试验区产业发展方向的重大项目、研发平台、基础设施。

省、片区所在地的市对同类事项的支持政策，力度优于自贸试验区的，普遍适用于自贸试验区；

对特定区域的政策措施，有利于自贸试验区发展的，自贸试验区可以直接适用。

第八条 自贸试验区建设应当符合国土空间规划，节约集约用地，保护生态环境。

第二章 体制机制

第九条 自贸试验区按照统筹管理、分级负责的原则，建立精简高效、权责明晰的行政管理体制，推进治理体系和治理能力现代化。

第十条 中国（安徽）自由贸易试验区建设工作领导小组负责组织领导和统筹协调自贸试验区工作，研究决定自贸试验区建设发展的重大事项。领导小组办公室设在省商务主管部门，主要职责是：贯彻落实关于自贸试验区工作的决策部署和工作安排，指导督促、协调推进自贸试验区改革试点任务，开展总结、评估、考核以及经验复制推广，发布相关信息，承担日常工作。

中国（安徽）自由贸易试验区片区建设工作领导小组负责研究本片区建设发展的重大事项，统筹推进本片区改革试点具体工作。领导小组办公室设在片区管理机构。

第十一条 片区所在地的市人民政府对片区建设负主体责任，应当为片区建设发展工作提供资金、用地、组织、人才等保障，对国家和省有关部门下放片区的经济社会管理权限，出台配套管理措施，推进片区改革创新。

第十二条 片区管理机构负责推进片区改革试点工作和承担片区的建设、管理与服务等具体事务，履行下列职责：

（一）组织实施片区相关政策措施；

（二）开展片区各项试验试点工作；

（三）探索实践改革创新的制度举措；

（四）发布片区公共数据信息；

（五）为市场主体提供指导、咨询等服务；

（六）省、片区所在地的市人民政府赋予的其他职责。

片区的社会管理、公共服务等事务实行属地管理。

第十三条 省、片区所在地的市应当推动自贸试验区片区与海关特殊监管区域统筹发展，推进两类区域管理机构整合，理顺管理体制，逐步实现由同一管理机构统一负责两类区域的产业发展、制度创新、招商引资以及人才引进等事项。

第十四条 省人民政府建立自贸试验区特别清单。片区所在地的市人民政府应当根据自贸试验区特别清单授权或者委托片区管理机构行使市级经济社会管理权限，做好相关改革和管理工作。

片区管理机构根据发展需要，可以提出行使省级、市级管理权限的事项；所提事项按照规定程序报有权机关批准，纳入特别清单后实施。

各片区应当根据授权或者委托事项，向社会公开包括权力事项、公共服务事项和行政权力中介服务便利化事项清单。

第十五条 自贸试验区应当建立健全与海关、边检、海事、税务、金融管理等中央和国家机关驻皖单位的沟通协调机制，争取国家有关部门在自贸试验区开展改革试点、提供政策支持。

第十六条 省人民政府及其有关部门应当支持自贸试验区的改革创新工作，在政策、资金、规划、土地等方面优先提供支持，向国家争取改革试点任务并推动落实。

第十七条 建立以正向激励为主导的评价体系。除国家及省规定以外，不得设置对片区管理机构的考核、检查和评比项目。对依照省规定开展的考核、检查和评比，应当简化程序、减少频次。

第十八条 自贸试验区建立决策咨询机制，加强与智库、高校、科研机构的交流合作，组织开展前瞻性研究和重大创新举措论证，为自贸试验区建设提供智力支持和决策参考。

第十九条 建立自贸试验区统计监测制度，监测和分析经济运行情况。省有关单位、各片区管理机构应当真实、准确、完整、及时报送有关统计资料。

第二十条 自贸试验区应当建立评估、推广机制，对改革创新工作进行综合评估或者专项评估，及时总结、复制、推广改革创新成果；可以根据工作需要，委托第三方开展评估工作。

第二十一条 规划建设自贸试验区联动创新区，开展改革试点经验叠加复制和集成创新，强化政策联动、产业对接，形成优势互补、各具特色、共建共享的协同发展格局。经中国（安徽）自由贸易试验区建设工作领导小组确定的联动创新区，参照适用本条例的有关规定。

第三章 投资开放与贸易便利

第二十二条 自贸试验区应当依法放宽外商投资领域，实行高水平投资自由化便利化政策，营造稳定、透明、可预期和公平竞争的市场环境。

第二十三条 自贸试验区应当对外商投资实行准入前国民待遇加负面清单管理制度，执行国家发布的自贸试验区外商投资准入特别管理措施。

负面清单以内，符合自贸试验区发展实际的特殊投资项目，自贸试验区可以在省人民政府支持下争取国家的特别授权或者审批豁免。

在负面清单以外的领域，按照内外资一致的原则实施管理。

在科研和技术服务、电信、教育等领域加大对外开放力度，放宽注册资本、投资方式等限制。

第二十四条 自贸试验区应当完善外商投资服务体系，提供覆盖产业准入、设立、运营到退出的外商投资全流程服务，健全外商投诉处理工作机制，依法保护外商投资合法权益。

第二十五条 自贸试验区应当对标高标准国际经贸规则，推进建立与国际投资、贸易通行规则相衔接的制度体系，鼓励企业统筹开展国际和国内贸易，实行内外贸一体化发展。支持培育进口贸易促进创新示范区，推动贸易转型升级。

第二十六条 自贸试验区应当促进发展贸易新业态新模式，推动完善海关监管、税收征管、跨境支付、信息物流等支撑系统建设，适应新型贸易发展。

自贸试验区可以审慎探索开展易货贸易试点，创新易货贸易形式。法律、行政法规明确禁止或者限制的除外。

自贸试验区应当创新跨境电商新型监管服务模式，构建跨境电商公共服务、金融服务、智能物流、电商信用、统计监测和风险防控机制，建立健全跨境电商产业链和生态圈。

支持自贸试验区内企业按照综合保税区维修产品目录开展“两头在外”的保税维修业务，探索研究开展高技术含量、高附加值、符合环保要求的自产出口产品保税维修。

第二十七条 自贸试验区应当创新服务贸易管理，按照国家有关规定实行跨境服务贸易负面清单管理模式，放宽服务贸易准入，扩大优质服务进出口。

第二十八条 省、片区所在地的市人民政府应当根据片区地理位置、区位优势，加强陆海空联运通道建设，加快港口航道、专用铁路、航空货运等重大综合交通设施建设，提升交通枢纽能级；支持合肥江淮联运中心和国际航空货运集散中心、芜湖江海联运枢纽和航空货运枢纽港、蚌埠淮河航运枢纽建设，构建内畅外联的现代化综合运输体系。

自贸试验区应当加快建设多式联运基地，高标准对接国际多式联运规则，推进多式联运“一单制”，支持多式联运经营企业布局境外服务网络。

第二十九条 片区所在地的市人民政府应当配合海关等部门加快自贸试验区通关一体化改革，推进自贸试验区口岸和海关特殊监管区建设，拓展口岸功能，促进通关便利。

自贸试验区内海关特殊监管区域与境外之间为一线管理，区内海关特殊监管区域与境内区外之间为二线管理。按照一线放开、二线安全高效管住的原则，优化海关监管模式，在海关特殊监管区域实施差异化监管。

自贸试验区内应当积极探索企业集群保税管

理；允许对符合条件的集团公司实施集团保税监管。

在进出口环节推进第三方检验检测结果采信。

第三十条 自贸试验区实行国际贸易“单一窗口”服务模式，促进口岸信息安全共享，研究推广贸易融资、信用保险、出口退税等地方特色应用。

第四章 创新驱动发展

第三十一条 实施创新驱动发展战略，支持在自贸试验区率先开展创新体制改革试点，加快建设科技创新攻坚力量体系，建设具有重要影响力的科技创新策源地。

第三十二条 省、片区所在地的市应当完善科技管理体制和科研组织机制，支持自贸试验区扩大研发机构在人员聘用、职称评定、绩效激励等方面的创新自主权。

第三十三条 省、片区所在地的市应当支持自贸试验区开展前瞻性基础研究和多学科交叉前沿研究，支持自贸试验区开展关键核心技术攻坚，强化关键核心技术攻坚平台建设，提升创新链整体效能。

第三十四条 自贸试验区应当积极参与并支持建设国家实验室、合肥综合性国家科学中心、合肥滨湖科学城、合芜蚌国家自主创新示范区、全面创新改革试验省等创新平台，探索科技创新、制度创新和开放创新相互促进、融通发展的新路径、新模式。

第三十五条 鼓励支持境内外科研机构、高校院所和企业在自贸试验区设立或共建研发机构，支持企业、事业单位、科技类民办非企业单位（社会服务机构）牵头组建新型研发机构；支持行业领军企业牵头组建体系化、任务型的创新联合体。

第三十六条 鼓励在自贸试验区内探索科技创新和实体经济发展深度融合，加快研发产业化，重点培育产业创新能力，强化创新链产业链精准对接。

省、片区所在地的市应当采取措施，支持自贸试验区打造“政产学研用金”科技成果转化机制。

第三十七条 鼓励境内外科研机构在自贸试验区依法设立总部或者分支机构，支持建设国际科技合作基地，重点支持在自贸试验区内建设国际化创新创业平台，重点吸引国际知名孵化器、创业投资机构、高端创新创业人才集聚。

自贸试验区应当以科创加产业为引领，协同沪苏浙深化科技体制改革和创新开放合作，开展长三角科技创新联合攻关，加快建设长三角 G60 科创走廊，推动长三角科技创新共同体建设。

第三十八条 自贸试验区应当建立以人才资本价值实现为导向的分配激励机制，对聘用的科技人才可以按照规定实行协议工资、项目工资等薪酬方式，探索和完善分红权激励、超额利润分享、核心团队持股跟投等中长期激励方案。

建立柔性引才机制，引进国内外各类人才到自贸试验区创新创业。自贸试验区应当为人才签证、停留居留、技术移民、项目申报、就业创业、子女入学、住房和医疗保障等提供便利。

第三十九条 自贸试验区应当建立健全知识产权评估机制、质押融资风险分担机制以及方便快捷的质物处置机制，完善知识产权交易体系，培养知识产权服务人才，探索建立符合国际通行规则的跨国技术转移和知识产权分享机制。

自贸试验区应当加强对大数据、人工智能、基因技术等新领域新业态知识产权的保护力度，完善多元化知识产权纠纷解决机制、维权援助机制和协同保护机制。

探索有条件的科技创新企业规范开展知识产权证券化试点。

支持国内外知识产权服务机构在自贸试验区依法设立办事机构，开展相关业务。

第五章 金融服务

第四十条 落实放宽金融机构外资持股比例、

拓宽外资金融机构业务经营范围等措施，鼓励和支持各类金融机构在自贸试验区落实金融开放措施，为区内产业发展、科技创新和成果转化以及跨境投资贸易便利化提供金融服务。

第四十一条 省、片区所在地的市、自贸试验区应当支持金融机构建立与自贸试验区发展相适应的金融服务体系，创新金融产品和服务，为自贸试验区内市场主体提供精准金融服务。

支持符合条件的银行、保险、证券、基金、持牌资产管理机构等各类金融机构入区发展，发挥其组合工具、多种产品等优势，带动信贷、理财、信托等各类金融资本在自贸试验区集聚。

第四十二条 鼓励自贸试验区内金融机构创新跨境人民币业务模式，推进资本项目收入支付便利化改革，促进跨境投融资汇兑便利化。

支持自贸试验区内有条件的银行业金融机构在依法合规、风险可控的前提下发展跨境融资业务。探索开展合格境外有限合伙人政策试点。

支持银行保险机构依法依规开展跨境电商人民币结算，创新跨境电商线上融资方式，探索跨境金融综合服务。

第四十三条 自贸试验区应当推动绿色金融产品创新发展，鼓励符合条件的企业发行绿色债券、绿色票据等融资工具，增加对绿色项目的融资供给。

鼓励各类金融机构加大对自贸试验区内融资租赁企业支持力度。鼓励融资租赁公司依托自贸试验区发展跨境业务，扩大高端装备进口。

第四十四条 省、片区所在地的市人民政府应当采取下列措施，支持自贸试验区开展科技金融创新：

（一）加强国家科技成果转化引导基金与安徽省科技成果转化引导基金合作；

（二）支持设立科技金融服务专营机构和特色分支机构；

（三）鼓励保险公司发展科技保险，拓宽服务领域，加大科技研发和科技成果转移转化的保障力度；

（四）支持各类金融组织探索多样化的科技金融服务和金融产品创新；

（五）鼓励区内符合条件的科技创新企业通过首次公开发行股票、再融资、发行债券、并购重组等形式融资，促进科技企业孵化和科技成果产业化；

（六）鼓励以市场化方式设立各类基金，支持创投风投等社会资本投向自贸试验区内重大产业项目、初创期科技企业等。支持政府投资基金投向区内种子期、初创期科技企业，建立政府出资让利和退出机制。

第六章 产业优化升级

第四十五条 加快发展自贸试验区现代产业体系，提升在全球产业链、供应链、价值链中的地位，建设成为具有重要影响力的新兴产业聚集地。

在自贸试验区围绕平台、企业、项目等关键支撑，优先布局建设产业创新中心、制造业创新中心、技术创新中心和公共技术服务平台，提高产业链供应链稳定性和现代化水平。

第四十六条 省、片区所在地的市应当采取下列措施促进自贸试验区高端制造业发展、推动自贸试验区制造业转型发展和优化升级、推进战略性新兴产业融合化集群化生态化发展：

（一）组织申报重点产业纳入国家先进制造业集群；

（二）推进国家新一代人工智能创新发展试验区建设；

（三）鼓励国家先进制造产业投资等基金投向新兴产业；

（四）实施新型制造工程，加快制造业向智能制造、绿色制造、精品制造、服务型制造转型；

（五）建立重大新兴产业专项、重大新兴产业工程、重大新兴产业基地、国家战略性新兴产业集群梯次推进的格局。

第四十七条 推动自贸试验区生产性服务业向专业化和价值链高端延伸，推进生活性服务业向高品质和多样化升级；推动先进制造业和现代服务业深度融合，培育融合发展新业态新模式。

自贸试验区应当加快发展现代物流、研发设计、科技服务、法律服务、知识产权服务、信息技术服务、金融服务等生产性服务业，推动现代服务业集聚发展。

第四十八条 促进自贸试验区数字经济和实体经济深度融合，加快推动数字产业化，产业数字化。提升数字经济发展能级，推进关键核心技术突破，引进和培育数字经济领域企业，实现数字经济产业聚集发展。

第四十九条 自贸试验区应当积极参与、支持和推动合肥都市圈、合芜蚌国家自主创新示范区、皖江城市带承接产业转移示范区和皖北承接产业转移集聚区等区域联动发展，推动产业分工、基础设施、公共服务、环境治理、对外开放、改革创新等协调联动发展。

第五十条 自贸试验区应当成为绿色低碳发展的先行区，推进清洁能源、节能环保等绿色产业集聚发展，提升绿色低碳发展水平。

鼓励自贸试验区内企业申请国际通行的环境和能源管理体系标准认证，采用先进生产工艺和技术，节约能源，减少污染物和温室气体排放。

第五十一条 在自贸试验区实行产业链供地，对产业链关键环节、核心项目涉及的多宗土地实行整体供应。

鼓励自贸试验区内存量产业用地提容增效，按照规划和产业导向，存量工业和仓储用地经批准提高容积率和增加地下空间的，不再增收土地价款。鼓励工业、仓储、研发等产业用地多用途混合利用。

第七章 服务国家重大战略

第五十二条 自贸试验区服务和融入长三角一体化发展、长江经济带发展、中部地区崛起和“一带一路”建设，加强各自贸试验区之间的对接联动，发挥对区域经济发展的示范引领和辐射带动作用。

第五十三条 发挥自贸试验区在长三角自由贸易试验区联盟中的作用，推动长三角自贸试验区共同打造对外开放高地，促进长三角区域一体化高质量发展。

深化长三角一体化开放合作，加快长三角国际贸易“单一窗口”建设，积极融入虹桥国际开放枢纽，共推长三角知识产权公共服务一体化。共建产业合作园区，探索建立跨区域利益分享机制。

第五十四条 自贸试验区应当服务长江经济带高质量发展，加快建设新阶段现代化美丽长江（安徽）经济带。

加快引江济淮工程建设，建立与沿江重要枢纽城市联运模式，推进与长江经济带沿线其他口岸互联互通；支持长江、淮河中上游地区集装箱在自贸试验区内中转集拼业务发展。

第五十五条 自贸试验区应当落实中部地区崛起战略，积极参与构建中部地区省际合作机制，与中原经济区、武汉城市圈、长株潭城市群、鄱阳湖生态经济区在战略规划、产业协同、要素配置、生态环保、口岸通关等领域全面合作。

第五十六条 自贸试验区应当与“一带一路”沿线国家和地区开展科技创新合作，积极参与沿线国家基础设施建设，共商共建重大合作项目。

自贸试验区应当参与建设本地区连接中亚、欧洲的铁水联运大通道，发挥中欧班列国际运输功能，提升其运营规模、效率和质量。

第八章 优化营商环境

第五十七条 自贸试验区应当优化法治环境、政务环境、市场环境、社会环境，深化行政管理体制改革和提高行政管理效能，强化竞争政策的实施，构建市场化、法治化、国际化营商环境。

第五十八条 自贸试验区应当最大限度精简审批事项、评估事项和下放审批权限，优化审批流程，提高审批效率，提供高效优质服务。

第五十九条 片区所在地的市人民政府应当深化自贸试验区商事制度改革，开展“一业一证一码”改革，实行商事主体登记确认制，提升企业开办、企业注销便利化服务水平。

在自贸试验区登记设立的市场主体到自贸试验区联动创新区再投资或者开展业务的，可以依法享受相应的优惠政策。

自贸试验区应当全面实行证照分离，对涉企经营许可事项实行清单管理，通过直接取消审批、审批改为备案、实行告知承诺等方式为企业开展相关经营活动提供便利。

推进相对集中行政许可权改革试点，相对集中行政许可的具体事项，按照规定报经批准后实施。

第六十条 片区所在地的市人民政府应当在自贸试验区内建设统一的监管信息共享平台，促进监管信息的归集、交换和共享。片区管理机构、驻片区机构和有关部门应当及时主动提供信息，参与信息交换和共享。

自贸试验区推行“互联网+监管”，加强事中事后监管，对新业态实行包容审慎监管，推动形成市场主体自律、业界自治、社会监督、政府监管的综合监管体系。

在自贸试验区建立健全市场主体轻微违法行为不予行政处罚、从轻或者减轻处罚制度，加强对违法行为当事人的教育、引导，促进经营者依法、诚信经营。

第六十一条 支持自贸试验区依法引进和发展专业化、国际化法律服务机构，优化自贸试验区法律服务行政审批事项，提供高质量涉外法律服务。

自贸试验区推动建立与国际投资贸易通行规则相适应的调解、诉讼、仲裁等多元商事纠纷解决机制。建立健全与全国其他自贸试验区跨区域合作交流机制，协同开展仲裁程序、调解方式、审理裁决等方面制度创新。

支持国际商事争端预防与解决组织在自贸试验区运营，为区内企业提供事前预防、事中调解、事后解决全链条商事法律服务。

第六十二条 自贸试验区应当建立全面风险防范工作机制，聚焦投资、贸易、金融、安全生产、生态环境、生物安全等领域，实行分类监管、协同监管、智能监管，提升风险防范水平和安全监管水平。

自贸试验区应当建立涉及检疫、原产地、国际公约、跨境资金等方面的风险监测机制，实现全流程风险实时监测和动态预警管理。

第六十三条 自贸试验区改革创新需要暂时调整或者停止适用有关法律、行政法规、部门规章规定的，有关机关应当及时提出建议，依照法定程序争取国家支持。

自贸试验区改革创新需要调整或者停止适用有关地方性法规、地方政府规章或者规范性文件的，片区管理机构应当及时提出建议，由制定机关依法作出决定。

第九章 附 则

第六十四条 国务院批准的自贸试验区扩展区域，依照本条例执行。

第六十五条 本条例自 2022 年 5 月 1 日起施行。

中国（北京）自由贸易试验区条例

（2022 年 3 月 31 日北京市第十五届人民代表大会常务委员会第三十八次会议通过）

目 录

第一章 总 则

第一条 为了高标准、高质量建设中国（北京）自由贸易试验区，促进首都经济高质量发展，根据国务院批准的《中国（北京）自由贸易试验区总体方案》和有关法律、行政法规的规定，结合本市实际，制定本条例。

第二条 中国（北京）自由贸易试验区（以下简称自贸试验区）建设和管理活动适用本条例。

第三条 自贸试验区应当以制度创新为核心，以可复制可推广为基本要求，以安全可控为前提，落实创新驱动发展、京津冀协同发展等战略要求，围绕“四个中心”城市战略定位，立足提升“四个服务”水平，助力国际科技创新中心、国家服务业扩大开放综合示范区建设和数字经济发展，着力构建京津冀协同发展的高水平对外开放平台。

自贸试验区应当对标国际先进规则，深化高水平开放，统筹发展和安全，建设投资贸易便利、营商环境优异、创新生态一流、高端产业集聚、金融服务完善、国际经济交往活跃、监管安全高效、辐射带动作用突出的自由贸易园区。

第四条 自贸试验区包括科技创新片区、国际商务服务片区、高端产业片区。

科技创新片区重点发展新一代信息技术、生物与健康、科技服务等产业，打造数字经济试验区、全球创业投资中心、科技体制改革先行示范区；国际商务服务片区重点发展数字贸易、文化贸易、商务会展、医疗健康、国际寄递物流、跨境金融等产业，打造临空经济创新引领示范区；高端产业片区重点发展商务服务、国际金融、文化创意、生物技术和大健康等产业，建设科技成果转换承载地、战略性新兴产业集聚区和国际高端功能机构集聚区。

科技创新片区、国际商务服务片区、高端产业片区（以下简称片区）应当根据自贸试验区发展定位和目标，错位发展，优势互补，加强协作，相互促进。

第五条 鼓励自贸试验区先行先试和制度创新，充分激发各类市场主体活力。

本市建立健全自贸试验区制度创新容错机制。对制度创新未能实现预期目标，但符合改革方向和有关决策程序的，依照国家和本市有关规定免予追究责任或者从轻、减轻追究责任。

第六条 自贸试验区各项制度创新措施具备条件的，应当推动在中关村国家自主创新示范区和国家服务业扩大开放综合示范区建设中全面实施。

第二章 管理体制

第七条 本市设立自贸试验区工作领导小组，统筹协调、整体推进自贸试验区建设发展；自贸试验区工作领导小组办公室负责领导小组的相关工作。

片区所在的区设立自贸试验区工作领导小组及办公室，负责本区自贸试验区建设发展的具体工作。

第八条 片区所在的区应当明确区域管理机构，承担自贸试验区建设、管理和服务等具体事务。片区所在的区经市人民政府批准，可以设立不以营利为目的、实行企业化管理的法定机构，履行区域管理机构职责。

第九条 市、区人民政府及其有关部门依法履行行政管理和公共服务职能，支持自贸试验区建设。

市人民政府及其有关部门应当按照简政放权、高效便捷的原则，向片区所在区人民政府及其有关部门或者区域管理机构下放行政管理权限和公共服务职能。

片区所在区人民政府、区域管理机构或者法定机构应当及时制定和修订行政管理权限和公共服务职能清单，并向社会公布。

第十条 市级有关部门应当按照各自职责推动实施本行业、本领域的制度创新和改革试点，争取国家授权，做好自贸试验区建设发展工作。

自贸试验区应当加强与海关、边检、金融管理、税务等国家有关部门驻京机构的合作协调，提出相关领域改革创新举措，在自贸试验区先行先试。

第十一条 本市设立自贸试验区新型研究机构，承担政策创新、国际合作、学术交流、成效评估等方面工作。

新型研究机构在组织架构、运行管理等方面进行创新，面向全球选聘专兼职研究人员和相关人员，创建国际高端智库。

第三章 投资开放与贸易便利

第十二条 自贸试验区依法实行外商投资准入前国民待遇加负面清单管理制度；负面清单以外的领域，按照内外资一致的原则实施管理；外商投资企业依法平等适用国家支持企业发展的各项政策。国家对外商投资项目和外商投资企业管理另有规定的，从其规定。

第十三条 自贸试验区制定投资促进政策，创新招商引资方式和激励机制，完善项目调度和跟踪服务机制，建立新增市场主体、产业项目区域联动和利益共享机制，统筹招商引资工作。

自贸试验区建立投诉工作机制，畅通投诉渠道，及时受理和处理投诉，保护市场主体合法权益。

第十四条 支持符合首都城市战略定位的市场主体在自贸试验区设立地区总部、研发总部等多种形态总部，并开展实体化运行。

第十五条 本市推动自贸试验区境外投资综合服务和风险防控体系建设，完善企业境外投资综合服务平台，优化境外投资管理流程，整合信息和服务资源，提高市场主体境外投资便利化水平；加强境外投资风险预警和应急处置工作，提高防范和化解境外投资风险水平。

第十六条 自贸试验区实行国际贸易单一窗口服务模式，拓展业务服务功能，实现口岸管理相关部门之间信息共享、监管互认、执法互助。

第十七条 按照通关便利、高效安全的原则，优化自贸试验区通关程序，压缩通关时间，降低通关成本，提高通关效率；对标国际贸易通行规则，建立与国际贸易业务发展相适应的监管模式。

本市推进自贸试验区企业信用信息系统建设，根据企业信用评价和商品安全风险评估情况，按照国家规定实施通关便利措施。

第十八条 支持自贸试验区发展跨境电子商

务，探索跨境电子商务新模式；推动发展离岸贸易，创新离岸贸易业务；探索新型易货贸易方式，促进国际贸易新业态、新模式发展；发展绿色贸易，推动国际贸易与生态环境协调发展。

第十九条 自贸试验区按照国家规定实行跨境服务贸易负面清单制度。支持自贸试验区优化服务贸易行业结构，建设特色服务出口基地；推动服务外包转型升级，鼓励研发、设计、维修、咨询等领域服务外包发展；提高中国国际服务贸易交易会市场化、国际化程度，构建国际服务贸易主平台，促进服务贸易创新发展。

第二十条 自贸试验区内的综合保税区应当创新发展保税研发、保税展示、保税维修等保税服务，培育特色产业，强化综合保税区主导功能，推进服务贸易新业态发展。支持具备条件、确有需求的区域申报综合保税区。

第四章 科技创新

第二十一条 自贸试验区应当面向国际科技创新前沿，聚集国际高端科技要素资源，营造国际一流的科技创新生态，搭建高端开放科技创新平台，服务国际科技创新中心建设。

第二十二条 支持自贸试验区发展众创空间、创业基地，促进科技企业孵化器专业化、市场化、国际化发展；鼓励科技领军企业在自贸试验区发展，设立研发中心；发挥政策优势，吸引国际知名研发机构、科技服务机构落地；支持建设国家实验室、全国重点实验室、世界一流新型研发机构，形成科技创新资源聚集效应。

第二十三条 支持自贸试验区内企业、高等院校和科研院所拓展国际交流，培育具有国际影响力的高水平学术活动；鼓励对接国际大科学计划项目，推动重大科技基础设施向全球开放共享。

第二十四条 支持自贸试验区内企业、高等院校和科研院所设立科技成果转化平台，提供研发试制、测试检验、中试熟化、产业开发、供需对接等服务，促进科技成果转化。

第二十五条 本市平等保护自贸试验区各类市场主体知识产权，指导市场主体建立健全商业秘密保护机制，探索互联网、大数据、人工智能等领域的知识产权保护措施；支持设立知识产权保护机构，建立快速审查、快速确权、快速维权的保护机制；建立健全海外知识产权维权和风险预警机制。

第二十六条 推进知识产权交易中心建设，健全交易服务体系，完善交易规则，培育高水平的知识产权评估机构等专业服务机构，建立公允的知识产权价值评估机制，鼓励外国专利代理机构等境外知识产权服务机构设立常驻代表机构，为自贸试验区内市场主体提供服务。

自贸试验区创新知识产权金融服务机制，完善知识产权质押融资风险分担和补偿机制。在风险可控的前提下，支持金融机构扩大知识产权质押融资规模，扩展知识产权保险业务，推进知识产权证券化。

第二十七条 支持人民法院在自贸试验区加强知识产权审判机制创新，强化知识产权审判职能。

第五章 数字经济发展

第二十八条 本市加强自贸试验区新一代信息基础设施建设，探索构建安全可控的国际互联网数据专用通道，优化通信服务能力，为区内市场主体提供优质服务。

第二十九条 自贸试验区支持数据资源与产业发展深度融合，推动数字产业化和产业数字化，构建具有国际竞争力的数字产业集群。

第三十条 本市在自贸试验区探索制定信息技术安全、数据隐私保护、跨境数据流动管理等重点领域规则，建立市场主体数据保护能力的第三方认证机制，健全安全评估，完善监测管理，分级分类推动数据安全有序流动。

第三十一条 本市在自贸试验区推进建立数据确权、数据资产、数据服务等交易标准，以及数据交易流通的定价、结算、质量认证等服务体系，规范交易行为。高标准建设国际大数据交易所，建立健全数据交易规则、技术实现路径和商业模式，提供面向全球的数据价值发现、数据资产交易服务。

第三十二条 支持自贸试验区对标国际先进水平，推动数字贸易规则、标准体系和统计调查制度建设，加强区块链等数字技术的应用，发展数字贸易新业态新场景。

自贸试验区建设贸易数字化示范区等数字贸易园区，推动数字贸易企业集聚，促进数字贸易发展。

第三十三条 自贸试验区在风险可控的前提下，开展数字领域的国际合作，促进数据跨境传输、数字产品安全检测与认证、数据服务市场安全有序开放等领域互惠互利、合作共赢，推动数字贸易港建设。

第六章 金融服务

第三十四条 本市完善自贸试验区金融基础设施布局，加强金融服务平台建设和运营；支持金融机构在自贸试验区拓展业务，创新金融产品和服务；吸引外资金融机构在自贸试验区依法设立或者参股商业银行、证券、基金、期货、保险等机构；促进国际金融组织聚集发展。

第三十五条 支持金融机构在自贸试验区内设立服务科技创新企业的专营机构，创新金融产品和工具；引导保险资金支持科技创新企业发展，设立社会化长期资本基金，服务科技创新企业需求。

第三十六条 推动自贸试验区发展绿色金融，支持自愿减排交易机构建设，开展绿色信贷资产证券化、绿色债券、绿色股权投融资业务，构建绿色金融服务体系；支持绿色金融评级机构发展，参与制定和应用国际领先的绿色金融标准。

第三十七条 支持自贸试验区金融科技应用场景试验区建设，促进金融科技项目落地；支持法定数字货币试验区建设；鼓励金融机构和大型科技企业依法设立金融科技公司，创新金融科技业务。

第三十八条 在自贸试验区实施便利的外汇管理措施，便利跨境资金流动；推动扩大跨国公司本外币一体化资金池试点范围；发挥人民币国际投贷基金作用，开展人民币境外直接投资等业务。

第三十九条 鼓励自贸试验区内金融机构稳妥有序发展离岸金融，丰富离岸金融业务，创新离岸金融产品。

第四十条 鼓励自贸试验区内金融机构开展多元化全球资产配置，建设全球财富管理中心；支持金融机构在自贸试验区设立专业的财富管理机构；支持符合条件的外商投资企业作为私募基金管理人，开展股权投资和资产管理业务。

第四十一条 自贸试验区吸引再保险机构聚集，发展再保险业务，便利再保险交易，拓展国际再保险市场。

第四十二条 本市在自贸试验区建立健全金融风险监测和预警机制，强化反洗钱、反恐怖融资和反逃税工作，利用信息技术创新风险研判和风险防控手段，建立金融风险联防联控体系，提升金融风险防控能力。

第七章 优势产业开放

第四十三条 自贸试验区发展医疗健康、专业服务、教育服务、文化旅游、航空服务等优势产业，形成现代服务产业集聚的开放平台。

第四十四条 鼓励自贸试验区开展干细胞、人工智能医疗器械等临床前沿医疗技术研究；优化研发用试剂、材料、设备、无特定病原体级和无菌级实验动物，以及急需药品、医疗器械等的通关和审批流程；优化医药研发用小剂量特殊化学制剂的管理，支持建立备货仓库；开展去中心化临床试验试点，推进医疗健康数据共建共享；规范建设国际研究型医院、病房，促进医药研发成果孵化；开展跨境远程医疗，促进互联网医疗发展。

第四十五条 支持在自贸试验区设立咨询、仲裁、调解、人力资源、资产评估等专业服务机构，建立跨领域多资质的综合专业服务机制，在符合条件的区域建设专业服务综合示范区。

境外知名仲裁及争议解决机构按照有关规定登记备案后，可以在自贸试验区内设立业务机构。

第四十六条 支持自贸试验区引进国外优质教育资源，开展高水平合作办学，推进职业教育国际合作示范项目；允许外商投资单独设立以中国公民为主要招生对象的经营性职业技能培训机构；允许外国留学生依法在自贸试验区内勤工助学。

第四十七条 支持自贸试验区创新文化业态，推动网络视听、网络游戏、数字音乐、电子竞技等业态健康发展；支持建设国家文化出口基地，促进文化信息、创意设计、游戏和动漫版权、数字影视等领域文化贸易；创新文化艺术品和文物进口保税贸易发展模式，完善出区免担保模式，实施便利化管理；支持举办国际文化、旅游交流活动，推进文化国际交流。

第四十八条 自贸试验区发展航空维修、航材租赁等航空服务产业，优化航材保税监管模式，对飞机维修企业航空器材包修转包修理业务实施便利化措施，对飞机跨境租赁业务实施异地监管模式；支持自贸试验区内市场主体开展与国际标准相衔接的航材共享和航材维修业务，发展飞机融资租赁、货运飞机保税租赁业务。

第八章 京津冀协同发展

第四十九条 自贸试验区应当落实京津冀协同发展战略，与天津自贸试验区、河北自贸试验区建立合作机制，联合开展制度创新，推进制度创新成果共享互用。

第五十条 自贸试验区开展京津冀跨区域产业合作，推动建立总部与产业基地、园区共建、整体搬迁等多元化产业对接合作模式，深化产业链协同发展。

第五十一条 支持自贸试验区开展京津冀技术市场融通合作；便利人才跨区域自由流动；推动金融、物流等数据信息共享共用；健全联合授信机制，完善一体化征信体系。

第五十二条 自贸试验区应当与天津自贸试验区、河北自贸试验区共同参与“一带一路”建设，依照稳妥有序的原则，共建、共享境内外合作园区。

第五十三条 自贸试验区与天津自贸试验区、河北自贸试验区开展政务服务合作，促进政务服务数据共享，推动同一政务服务事项采用相同的服务标准，实现政务服务事项标准互认、结果互认、跨区域通办。

第五十四条 支持北京大兴国际机场临空经济区内的北京自贸试验区片区与河北自贸试验区片区联动发展。河北自贸试验区大兴机场片区大兴区域可以参照本条例执行；对属于国家事权的事项，应当报请国家有关部门同意。

第九章 管理创新

第五十五条 本市争取国家授权和改革试点，在自贸试验区对已经制定强制性标准的领域，推行行政许可事项告知承诺制、审批改为备案等方式。

第五十六条 支持自贸试验区开展企业投资项目审批改革，对建设项目的环境、水、交通影响等事项进行区域评估，建立工业及服务业标准地供地制度，扩大行政许可事项告知承诺范围。

第五十七条 自贸试验区在符合国土空间规划和土地用途管制要求的前提下，可以实施综合用地模式，实现一宗地块具有多种土地用途，同一单体建筑多种使用功能并存；试行产业链供地，对产业链关键环节、核心项目整体供应土地。

第五十八条 市、区人民政府按照自贸试验区发展实际，统筹运用基金和资金，对符合条件的项目给予支持；推动政府投资基金和市场化产业投资基金协调联动，支持重点产业项目发展。

市人民政府对需要通过政府债券资金支持、符合债务管理要求的自贸试验区基础设施和公益项目，优先纳入发债计划予以保障。

第五十九条 自贸试验区按照国家规定，落实投资贸易、科技创新、人才引进等领域的税收优惠政策。

第六十条 本市建立健全自贸试验区统计调查制度，及时统计相关数据，分析自贸试验区经济运行状况。

第六十一条 完善自贸试验区公证、调解、仲裁、行政裁决、行政复议、诉讼等有机衔接、相互协调的多元化纠纷解决机制，支持国际商事争端预防与解决组织为自贸试验区内市场主体提供商事法律服务。

第六十二条 本市推动自贸试验区开放型经济风险防范体系建设，对投资、贸易、网络、生物安全、生态环境、文化安全、人员进出、反恐反分裂、公共道德等领域，落实外商投资安全审查制度，完善反垄断审查、行业管理、用户认证、行为审计等管理措施。

第十章 人才保障

第六十三条 本市建立健全自贸试验区人才发展的体制机制，创新人才引进政策，支持自贸试验区内市场主体、高等学校、科研机构面向全球吸引人才，为高层次人才、创新创业人才购买和租赁住房、医疗保障、出入境等提供便利；赋予区域管理机构区级人才落户推荐权；赋予综合保税区管理机构工作居住证办理权。

第六十四条 设立自贸试验区一站式人才服务窗口和服务站点，优化外国人工作许可、工作居留许可审批流程，健全容缺受理机制；完善网上办事系统，推进审批事项在线办理。

第六十五条 自贸试验区内市场主体可以扩大劳务派遣员工使用范围，根据用工需求，通过劳务派遣方式引进研发岗位临时性人员，增强用工灵活性。

第六十六条 自贸试验区搭建人才创新创业服务平台，举办创新创业交流论坛、峰会等活动，鼓励各类人才在自贸试验区就业、创业。

第六十七条 本市建立健全过往资历认可机制，支持符合条件的具有境外职业资格的专业人才在自贸试验区从事专业服务。

第十一章 附 则

第六十八条 本条例自 2022 年 5 月 1 日起施行。

中国（天津）自由贸易试验区条例

（2015 年 12 月 24 日天津市第十六届人民代表大会常务委员会第二十三次会议通过 根据 2022 年 9 月 27 日天津市第十七届人民代表大会常务委员会第三十七次会议《天津市人民代表大会常务委员会关于修改〈中国（天津）自由贸易试验区条例〉的决定》修正）

目 录

第一章 总 则

第一条 为了推进和保障中国（天津）自由贸易试验区建设，推动实行更高水平改革开放，根据有关法律、行政法规和《中国（天津）自由贸易试验区总体方案》《进一步深化中国（天津）自由贸易试验区改革开放方案》，结合本市实际，制定本条例。

第二条 本条例所称中国（天津）自由贸易试验区是指经国务院批准在天津设立的自由贸易试验区（以下简称自贸试验区）。

第三条 自贸试验区以制度创新为核心，加快政府职能转变，扩大投资领域开放，推动贸易转型升级，深化金融领域开放创新，建立与国际贸易投资规则相衔接的制度框架和监管模式。

第四条 自贸试验区应当成为贸易自由、投资便利、高端产业集聚、金融服务完善、法治环境规范、监管高效便捷、辐射带动效应明显的国际一流自由贸易园区，打造成为服务“一带一路”建设和京津冀协同发展的高水平对外开放平台，进一步发挥自贸试验区全面深化改革和扩大开放试验田作用。

第五条 本市建立自贸试验区联动创新机制，强化自贸试验区改革与本市相关改革的联动，各项改革试点任务具备条件的在滨海新区范围内全面实施，或者在全市推广试验。

第六条 自贸试验区鼓励创新、宽容失败，保护制度创新的主动性、积极性，营造自主改革、积极进取的环境。

对在自贸试验区改革创新工作中作出突出贡献的单位和个人，按照有关规定给予表彰、奖励。

第二章 管理体制

第七条 自贸试验区建立权责明确、管理高效、信息公开、运转协调的行政管理体制。

第八条 中国（天津）自由贸易试验区推进工作领导小组，负责领导自贸试验区整体改革工作，研究决定自贸试验区改革的重大事项。

第九条 中国（天津）自由贸易试验区管理委员会（以下简称自贸试验区管委会），履行下列职责：

（一）推动落实《中国（天津）自由贸易试验区总体方案》《进一步深化中国（天津）自由贸易

试验区改革开放方案》和各项改革创新措施；

（二）组织研究自贸试验区深化改革创新的政策措施；

（三）总结评估自贸试验区形成的改革创新经验，提出可复制、可推广创新成果建议；

（四）协调研究和解决自贸试验区改革创新中的难点和问题；

（五）组织推介自贸试验区改革创新发展政策，发布自贸试验区重要信息；

（六）市人民政府赋予的其他职责。

自贸试验区各片区的管理机构，承担相应片区的管理责任。

第十条 鼓励、支持自贸试验区管委会创新体制机制，在自贸试验区管委会设立承担相应行政职能、实行企业化管理的法定机构，具体负责自贸试验区制度政策研究、产业创新发展等工作。

第十一条 市人民政府及其有关部门应当根据自贸试验区改革创新需要，依法向自贸试验区下放市级经济管理权限和市人民政府确定的其他管理权限。

第十二条 自贸试验区应当公布法律、法规规定实施的行政许可目录，统一行政许可事项办理标准、程序，简化办理流程。

自贸试验区各片区实行相对集中行政许可权制度，依法统一行使相关行政许可权。

第十三条 自贸试验区应当依法履行行政监督管理职责，建立与自贸试验区相适应的行政监督管理体制，加强事中事后监管。

自贸试验区各片区实行相对集中行政处罚权制度，依法统一行使相关行政处罚权。

第十四条 自贸试验区建立风险防控和预警体系，完善突发事件应急预案及处置机制，确保改革试验合理可控。

第十五条 海关、海事、边检、金融、税务、邮政等国家有关驻津机构，依法履行相关行政管理职责，落实有关自贸试验区的政策措施，支持自贸试验区改革创新工作。

第十六条 市人民政府有关部门和滨海新区等相关区人民政府应当支持自贸试验区改革创新，承担自贸试验区其他相关行政管理职能。

第三章 投资开放

第十七条 自贸试验区在金融服务、航运服务、商贸服务、专业服务、文化服务、社会服务等现代服务业和装备制造、新一代信息技术等先进制造业领域扩大开放，重点在融资租赁、商业保理、离岸贸易、航空航天、数字经济、人工智能、生物医药、保税维修、航运物流、跨境电商等业态开展先行先试。

鼓励跨国公司在自贸试验区设立地区性总部、研发中心、销售中心、物流中心和结算中心。

第十八条 自贸试验区对外商投资依法实行准入前国民待遇加负面清单管理制度。外商投资准入负面清单以外的领域，按照内外资一致的原则实施管理。

国家对外商投资项目和外商投资企业管理另有规定的，从其规定。

第十九条 在自贸试验区内登记设立的市场主体可以到区外再投资或者开展业务，国家有专项规定要求办理相关手续的，按照规定办理。

第二十条 支持在自贸试验区内开展市场主体登记确认制改革试点。

市场监督管理部门应当优化服务流程，创新服务方式，尊重企业登记注册自主权。

第二十一条 鼓励取得国际资质的外籍和港澳台地区专业服务人员和机构，在自贸试验区内依照国家有关规定开展相关业务。

第二十二条 支持自贸试验区内自然人、法人和其他组织开展多种形式的境外投资合作，对投资主体直接开展的非敏感类项目依法实行备案管理。

自贸试验区建立境外投资合作综合服务平台，完善境外资产和人员安全风险预警和应急保障体系。

第二十三条　支持自贸试验区建设创新创业特区，聚集高水平创新创业资源，构建完善的创新创业体系，营造大众创业、万众创新的环境。

建立自贸试验区与国家自主创新示范区的联动机制，利用国家自主创新示范区的辐射政策，聚集高端科技要素，探索区域科技合作新模式，建设具有创新示范和带动作用的区域性创新平台。

第四章　贸易便利

第二十四条　自贸试验区实行国际贸易“单一窗口”管理服务模式，实施贸易数据协同、简化和标准化，拓展符合自贸试验区创新发展的特色业务服务功能，加快推进“单一窗口”功能覆盖海运和贸易全链条，推动运输和通关便利化、一体化，推进“单一窗口”与“一带一路”沿线国家和地区口岸信息互换和服务共享。

第二十五条　自贸试验区积极培育新型贸易方式，建设新型贸易产业集聚区，大力发展服务贸易，在风险可控的前提下，加快推进金融保险、文化旅游、教育卫生等高端服务领域的贸易便利化，探索兼顾安全和效率的数字产品贸易监管模式，推动贸易转型升级。

鼓励开展大宗商品交易、保税展示交易、期货保税交割、汽车平行进口等新型贸易业务。支持开展境内外高技术、高附加值产品维修和再制造业务试点。

支持在海关特殊监管区域依法合规开展面向全球的保税文化艺术品展示、拍卖、交易业务。

支持建设国家进口贸易促进创新示范区。

第二十六条　自贸试验区支持国家新一代人工智能创新发展试验区建设，推动建设人工智能产业研发、制造、检测、应用中心，探索设立人工智能产业领域社会组织，开展人工智能重大问题研究、标准研制、试点示范、产业推进和国际合作。

第二十七条　自贸试验区内医疗机构根据自身的技术能力，按照有关规定开展干细胞临床前沿医疗技术研究项目。

自贸试验区支持符合国家有关规定的药品申请优先审评审批，为区内医疗机构依法进口临床急需少量药品和第二类、第三类医疗器械提供便利化服务。

支持企业和具备条件的医疗机构利用自贸试验区医药产品进口便利、生物医药全球协同研发等政策便利，开展出生缺陷疾病、肿瘤等重大疾病的防治应用。支持在自贸试验区开展国际合作，引进国际多中心临床试验，与国外机构同步开展重大疾病新药临床试验。

第二十八条　自贸试验区支持跨境电子商务发展，落实跨境电子商务进出口税收相关政策，在交易、支付、物流、通关、退税、结汇等方面依法给予便利。

支持开展保税备货、境内交付模式的跨境电商保税展示业务。鼓励企业建设出口产品海外仓和海外运营中心，开展跨境电子商务跨区域合作。

第二十九条　在自贸试验区内注册的快递物流企业符合规定条件的，经市邮政管理部门批准，可以从事国际快递业务经营。

自贸试验区支持经营国际快递业务的企业通过自营、合资、并购和联盟等方式拓展国际寄递物流网络，增强服务跨境电商能力。

第三十条　在自贸试验区按照通关便利、安全高效的原则，对标国际通行规则，实施高水平的贸易自由化便利措施，优化海关监管模式和程序，提高通关效率，降低通关成本。

第三十一条　在自贸试验区海关特殊监管区域实施“一线放开”、“二线安全高效管住”的通关监管服务模式。

自贸试验区海关特殊监管区域支持研发、加工、制造、再制造、检测、维修、货物存储、物流分拨、融资租赁、跨境电商、商品展示、国际转口贸易、国际中转、港口作业、期货保税交割等业态发展。

推动自贸试验区与海关特殊监管区域统筹发

展，支持将自贸试验区中与海关特殊监管区域相关的改革试点经验，经政策评估后，优先复制到自贸试验区以及自贸试验区外的本市其他综合保税区。

第三十二条 自贸试验区深化国际船舶登记制度创新，推动国际船舶登记配套制度改革。实行以“天津东疆”为船籍港的国际船舶登记制度，提高船舶登记效率，落实现有中资“方便旗”船舶税收优惠政策。

鼓励发展航运金融、航运保险、国际船舶运输、国际航运经纪、国际船舶代理、国际船舶管理、国际船员服务和国际邮轮旅游等国际航运现代服务业。

支持保税船用燃料油供应管理模式创新，允许液化天然气作为国际航行船舶燃料享受保税政策。

自贸试验区实施海港空港联动，发展海运集装箱和航空快件国际中转集拼业务，支持符合条件的船舶在国内沿海港口与天津港之间开展沿海捎带业务。

第三十三条 自贸试验区支持建设亚太经济合作组织绿色供应链合作网络天津示范中心，探索建立绿色供应链管理体系，实施绿色产品清单制度，鼓励开展绿色贸易。

第三十四条 发展过境集装箱班列运输，建设跨境物流中心，开展高端产品国际集装箱班列物流服务。

鼓励开展海上、陆路、航空货运代理服务及多式联运代理服务、集装箱班列承包等，服务“一带一路”沿线国家和地区的转口贸易发展。

第三十五条 自贸试验区支持发展网络货运等平台经济新业态，鼓励平台企业依法合规开展模式创新，探索建立适应平台经济发展的监管模式，构建与平台经济创新发展相适应的制度环境。

第三十六条 自贸试验区支持国家数字服务出口基地建设，打造数字服务贸易创新平台，培育发展数据经纪、数据运营、数据质量评估等新业态，推进数字贸易创新发展。

第五章 金融创新

第三十七条 按照风险可控、服务实体经济的原则，在自贸试验区内稳步开展扩大人民币跨境使用、深化外汇管理改革、促进租赁业发展等试点工作。

鼓励各类金融机构根据国家规定，在自贸试验区进行金融产品、业务、服务和风险管理等方面的创新。

第三十八条 支持建立与自贸试验区相适应的账户管理体系，促进跨境贸易、投融资结算便利化。发挥自由贸易账户功能，实现分账核算管理。按照国家部署，在自贸试验区开展本外币合一银行账户体系试点。

鼓励自贸试验区内企业利用境内外资源和市场进行跨境贸易和投融资。

第三十九条 支持银行探索离岸转手买卖的真实性管理创新，为企业在自贸试验区开展真实合规离岸贸易业务提供优质金融服务。

第四十条 在自贸试验区推动跨境人民币业务创新发展，鼓励在人民币跨境使用方面先行先试：

（一）支持自贸试验区内金融机构和企业按宏观审慎原则从境外借用人民币资金，用于符合国家宏观调控方向的领域，不得用于投资有价证券、理财产品、衍生产品，不得用于委托贷款。自贸试验区内的银行业金融机构可按规定向境外同业跨境拆出短期人民币资金。

（二）支持自贸试验区内企业和金融机构按规定在境外发行人民币债券，募集资金可调回区内使用。自贸试验区内企业的境外母公司可按规定在境内发行人民币债券。

（三）支持自贸试验区在充分利用全国统一金融基础设施平台的基础上，完善现有的以人民币计价的金融资产、股权、产权、航运等要素交易平台，面向自贸试验区和境外投资者提供人民币计价的交割和结算服务。

（四）支持自贸试验区内符合条件的企业按规定开展人民币境外证券投资和境外衍生品投资业务。支持自贸试验区内银行机构按照银行间市场等相关政策规定和我国金融市场对外开放的整体部署为境外机构办理人民币衍生品业务。支持自贸试验区内设立的股权投资基金按规定开展人民币对外投资业务。

（五）支持自贸试验区内符合条件的跨国企业集团按照相关规定开展跨境双向人民币资金池业务。

（六）支持自贸试验区内工作或者居住的境内外个人按照相关规定办理跨境人民币业务。

第四十一条 在自贸试验区推行以下外汇管理制度改革：

（一）促进贸易投资便利化。在真实合法交易基础上，进一步简化流程，自贸试验区内货物贸易外汇管理分类等级为A类的企业，货物贸易收入无需开立待核查账户，允许选择不同银行办理经常项目提前购汇和付汇。简化直接投资外汇登记手续，直接投资外汇登记下放银行办理，外商投资企业外汇资本金实行意愿结汇。放宽自贸试验区内机构对外放款管理，进一步提高对外放款比例。

（二）实行限额内资本项目可兑换。在自贸试验区内注册的、负面清单外的境内机构，按照每个机构每自然年度跨境收入和跨境支出均不超过规定限额，自主开展跨境投融资活动。限额内实行自由结售汇。符合条件的自贸试验区内机构应在天津地区银行机构开立资本项目--投融资账户，办理限额内可兑换相关业务。

（三）推动外债宏观审慎管理，逐步统一境内机构外债政策。自贸试验区内机构借用外债采取比例自律管理，允许区内机构在净资产的一定倍数内借用外债，企业外债资金实行意愿结汇。

（四）支持发展总部经济和结算中心。放宽跨国公司外汇资金集中运营管理准入条件。进一步简化资金池管理，允许银行审核真实、合法的电子单证，为企业办理集中收付汇、轧差结算业务。

（五）支持银行发展人民币与外汇衍生产品服务。注册在自贸试验区内的银行机构，对于境外机构按照规定能够开展即期结售汇交易的业务，可以办理人民币与外汇衍生产品交易，并纳入银行结售汇综合头寸管理。

（六）支持开展合格境外有限合伙人试点。

第四十二条 在自贸试验区推行以下改革，促进租赁业发展：

（一）支持自贸试验区内租赁公司利用国家外汇储备，开展飞机、新型船舶、海洋工程结构物和大型成套进口设备等租赁业务。

（二）允许自贸试验区内符合条件的融资租赁收取外币租金。

（三）支持租赁公司依托自贸试验区要素交易平台开展以人民币计价结算的跨境租赁资产交易。

（四）允许自贸试验区内租赁公司在境外开立人民币账户用于跨境人民币租赁业务，允许租赁公司在一定限额内同名账户的人民币资金自由划转。

（五）支持出口租赁、离岸租赁等跨境租赁业务依法合规发展。

（六）鼓励保险资金支持租赁业发展，丰富保险投资工具。

（七）支持拓展战略性新兴产业融资租赁业务和租赁标的物范围。

第四十三条 自贸试验区支持商业保理行业创新集聚发展，鼓励区内符合资质要求的商业保理企业开展离岸、跨境、跨省市国际保理业务。

第四十四条 自贸试验区支持供应链金融创新发展，鼓励银行等金融机构为产业链提供结算、融资和财务管理等系统化的综合解决方案，提高金融服务的整体性和协同性。

第四十五条 自贸试验区支持发展绿色金融，吸引培育绿色金融机构，打造高效绿色金融服务体系；支持绿色金融评级机构发展，参与制定和应用国际领先的绿色金融标准。

第四十六条 自贸试验区落实中小微企业贷款风险补偿金机制，鼓励银行等金融机构向中小微企业提供贷款等支持。积极发展信用保险，鼓励保险业金融机构向中小微企业提供贷款保证保险服务，建立贷款保证保险风险补贴机制，鼓励保险机构开发为中小微企业服务的保险产品。

第四十七条 金融管理部门应当加强对金融风险的监测与评估，建立与自贸试验区金融业务发展相适应的风险防范机制。开展自贸试验区业务的金融机构和特定非金融机构应当按照规定，向金融管理部门报送相关信息，履行反洗钱、反恐怖融资和反逃税等义务，配合金融管理部门管制跨境异常资金流动，落实金融消费者和投资者保护责任。

第六章 服务京津冀协同发展

第四十八条 增强天津口岸服务辐射功能，推动京津冀区域性通关便利化协作。支持优化内陆营销网络布局，按照国家规定实施启运港退税政策。

支持在自贸试验区注册的符合条件的企业将保税展示交易业务扩展至本市其他区域和北京市、河北省。

支持北京市、河北省的企业在自贸试验区建设专属物流区，完善京津冀集疏运体系和保税物流网络。

第四十九条 本市与北京市、河北省建立自贸试验区创新合作机制，发挥自贸试验区在促进京津冀以及北方地区科技创新、引领地区产业升级等方面的积极作用，促进创新资源和创新成果开放共享。

第五十条 自贸试验区应当发挥融资租赁等特色金融产业优势，服务天津市和北京市、河北省实体经济，促进区域经济转型发展。

支持在自贸试验区内设立京津冀协同发展基金、京津冀产业结构调整基金。允许境外投资者以人民币资金投资自贸试验区内用于京津冀协同发展的基金。

第五十一条 支持京津冀地区金融机构在自贸试验区开展跨区域金融协同创新与合作，优化金融资源配置。

支持京津冀地区金融机构为自贸试验区内主体提供支付结算、异地存储、信用担保等业务同城化综合金融服务，降低跨行政区金融交易成本。

第五十二条 自贸试验区应当加强与北京、河北自贸试验区的政务服务合作，实现政务服务事项标准互认、结果互认、跨区域通办。探索建立京津冀三地自贸试验区联合授信机制，健全完善京津冀一体化征信体系。

第五十三条 鼓励京津冀三地产权交易市场、技术交易市场、排污权交易市场和碳排放权交易市场在自贸试验区内开展合作，促进区域排污权指标有偿分配使用。

第七章 营商环境

第五十四条 坚持运用法治思维、法治方式，在自贸试验区开展行政体制、投资、贸易、金融等领域的改革创新，建立同国际投资和贸易通行规则相衔接的制度体系，营造市场化、法治化、国际化的营商环境。

市人民政府有关部门、自贸试验区管委会会同国家有关驻津机构，根据自贸试验区的实际需要，研究提出推进投资开放、口岸通关、贸易便利和金融创新等方面的改革创新措施，争取国家支持在自贸试验区先行先试。

第五十五条 自贸试验区内各类市场主体的平等地位和发展权利，受法律保护。区内各类市场主体在监管、税收和政府采购等方面享有公平待遇。

第五十六条 自贸试验区应当将本市制定的有关自贸试验区的地方性法规、政府规章、规范性文件、办事程序等信息及时公开，方便社会公众查询。

第五十七条 自贸试验区按照国际通行做法实施更加积极的人才引进和激励政策，对境外人才在入境、出境、签证居留、项目申报、创新创业、子女入学、社会保障等方面提供便利。

第五十八条 自贸试验区依法构建和谐劳动关系，推动企业和职工开展劳动报酬、劳动保护等事项的集体协商。发挥工会在维护职工权益、促进劳动关系和谐稳定方面的积极作用。

第五十九条 自贸试验区加强知识产权保护工作，健全与国际接轨的知识产权管理体制机制和保护制度，优化知识产权行政保护与司法保护的衔接机制，搭建便利化的知识产权公共服务平台，完善知识产权服务体系。

第六十条 自贸试验区依法加强环境保护，鼓励区内企业实行国际通行的环境和能源管理体系标准认证，采用先进生产工艺和技术，节约能源，减少污染物和温室气体排放。

第六十一条 自贸试验区实行信用分级分类管理，依法实施守信激励和失信惩戒，建立健全信用承诺制度，构建以信用为基础的新型监督管理机制。

第六十二条 自贸试验区应当配合国家有关部门实施外商投资国家安全审查工作。

第六十三条 自贸试验区实施反垄断工作机制。自贸试验区经营者集中达到国家规定的反垄断申报标准的，经营者应当事先向国家有关部门申请经营者集中反垄断审查。对垄断协议、滥用市场支配地位以及滥用行政权力排除、限制竞争等行为，相关执法机构应当依法开展调查。

第六十四条 支持中国国际经济贸易仲裁委员会、中国海事仲裁委员会、天津仲裁委员会等仲裁机构，在自贸试验区设立机构，开展仲裁业务。

鼓励行业协会、商会等社会组织独立或者联合依法开展专业调解，建立调解与仲裁、诉讼的对接机制。

第六十五条 鼓励律师事务所、会计师事务所和知识产权服务、报关报检、检验检测、认证、船舶船员代理、评估、公证、司法鉴定、信用服务等专业服务机构，在自贸试验区开展业务。

第六十六条 自贸试验区建立综合评估机制，对自贸试验区试点政策执行情况进行综合和专项评估，必要时可以委托第三方机构进行独立评估。

第八章 附 则

第六十七条 国家规定的自贸试验区投资、贸易、金融、税收等改革试点措施发生调整，或者国家规定其他区域改革试点措施可适用于自贸试验区的，按照国家规定执行。

第六十八条 本条例自公布之日起施行。市人民政府2015年4月17日公布的《中国（天津）自由贸易试验区管理办法》（2015年市人民政府令第15号）同时废止。

中国（湖北）自由贸易试验区条例

（2018 年 9 月 30 日湖北省第十三届人民代表大会常务委员会第五次会议通过 根据 2022 年 11 月 25 日湖北省第十三届人民代表大会常务委员会第三十四次会议《关于集中修改、废止部分省本级地方性法规的决定》修正）

目　录

第一章　总　　则

第一条　为了推进和保障中国（湖北）自由贸易试验区建设，深化改革开放，推动经济高质量发展，根据有关法律、行政法规和国务院批准的《中国（湖北）自由贸易试验区总体方案》，结合本省实际，制定本条例。

第二条　本条例适用于中国（湖北）自由贸易试验区（以下简称自贸试验区）的建设和管理。

自贸试验区包括武汉片区、襄阳片区、宜昌片区以及国务院批准的自贸试验区扩展区域。

第三条　自贸试验区应当坚持改革引领、开放先导、创新驱动、产业聚集、绿色发展，建立与国际投资贸易规则相衔接的制度体系，建设战略性新兴产业和高技术产业集聚区、全面改革开放试验田、内陆对外开放新高地，在实施中部崛起战略和推进长江经济带发展中发挥示范作用。

第四条　自贸试验区内建立鼓励改革创新、宽容失败的激励机制和容错纠错机制，完善以支持改革创新为导向的考核评价体系，激发创新活力。

对法律法规未明确禁止的事项，自然人、法人和其他组织可以在自贸试验区开展创新活动。

在自贸试验区进行的创新存在失误错误或者未实现预期目标，但是符合改革方向，决策程序未违反法律法规规定，且勤勉尽责、未牟取私利、未恶意串通损害公共利益或者他人合法权益的，免予追究相关单位和个人的责任。

对在自贸试验区改革创新中作出突出贡献的单位和个人予以表彰和奖励。

第二章　管理体制

第五条　按照统筹管理、分级负责的原则，建立权责明确、部门协调、运行高效的自贸试验区管理体制。

第六条　省人民政府、自贸试验区片区所在地的市人民政府（以下简称市人民政府）应当加强对自贸试验区建设的组织领导，将自贸试验区的发展纳入国民经济和社会发展规划，制定自贸试验区发展规划和政策措施，完善自贸试验区建设评估机制和绩效考核制度。

省人民政府设立的自贸试验区工作领导小组（以下简称省领导小组）负责统筹协调自贸试验区建设和管理工作，研究决定自贸试验区建设的重大事项。

市人民政府设立的自贸试验区片区工作领导小组负责统筹协调本片区建设和管理工作，组织实施各项改革试验任务。

第七条 中国（湖北）自由贸易试验区工作办公室（以下简称省自贸办）承担省领导小组的日常工作，组织落实自贸试验区改革试点任务，协调自贸试验区有关事务，履行省领导小组赋予的其他工作职责。

第八条 自贸试验区各片区管理机构（以下简称片区管理机构）行使市级相关管理权限，负责片区改革试验的具体事务，履行下列职责：

（一）负责实施《中国（湖北）自由贸易试验区总体方案》，落实国家和省、市有关自贸试验区的各项政策措施；

（二）组织实施自贸试验区各项发展规划，协调推进改革试点任务和重大投资建设项目；

（三）负责自贸试验区内投资贸易、金融服务、科技创新、生态环境保护、产业发展、人才支撑、市场监管等有关工作；

（四）协调海关、边防、金融、税务等部门在自贸试验区的相关事务；

（五）依法履行知识产权保护职责，配合做好反垄断审查、国家安全审查；

（六）建立综合统计制度和信息发布机制，及时发布自贸试验区相关信息；

（七）履行省、市人民政府赋予的其他职责。

第九条 省、市人民政府及其有关部门根据自贸试验区建设和改革创新需要，依法授权片区管理机构行使相关的省级、市级管理权限，推动关联、相近类别审批事项全链条授权；不能授权的，应当依法采取委托形式，法律法规明确规定不得授权或者委托的除外。

片区管理机构根据需要，可以提出行使省级、市级管理权限的目录，依照法定程序报省、市人民政府批准后实施，并向社会公布。

第十条 省、市人民政府有关部门应当按照各自职责，依法承担自贸试验区有关改革创新工作任务，并将其纳入年度目标考核管理。

第十一条 海关、边防、金融、税务等部门驻自贸试验区的工作机构（以下简称驻区工作机构）依法履行相关行政管理职责，加强对自贸试验区工作的政策支持。

片区管理机构应当与驻区工作机构建立联动互通机制，为驻区工作机构履行职责和落实国家支持自贸试验区先行先试的政策提供便利和协助。

第十二条 自贸试验区各片区建立相对集中的行政执法和综合行政审批服务体系。集中实施行政许可、行政处罚和行政强制的具体事项，应当按照规定报批，实行清单管理，并向社会公布。

第十三条 自贸试验区应当建立健全专家咨询机构，为自贸试验区的发展规划、重要改革措施、重大项目引进等提供专业咨询和决策支持。

第十四条 自贸试验区各片区可以借鉴国内外先进经验，结合片区实际，采用市场化运营管理模式，由专业运营公司负责片区的规划、建设、管理和服务等工作。

第十五条 省人民政府应当建立自贸试验区与省内国家级开发区、重点产业园区协同发展机制，实现优势互补、政策互惠、资源共享、相互促进；定期对自贸试验区改革创新经验进行总结评估，并及时复制推广。

第三章 投资开放与贸易便利

第十六条 自贸试验区对外商投资实行准入前国民待遇加负面清单管理制度。

负面清单外的领域，按照内外资一致的原则，外商投资项目实行备案制，国务院规定对国内投资项目保留核准的除外。

负面清单内的领域，外商投资项目实行核准制，负面清单明确禁止外商投资以及国务院规定对外商投资项目实行备案制的除外。

外商投资企业应当依法登记注册，并通过企业登记系统以及国家企业信用信息公示系统向商务主管部门报送投资信息。

除特殊领域外，取消对外商投资企业经营期限的特别管理要求；清理和取消外商投资企业在资质资格获取、招投标、权益保护等方面的差别化待遇，健全各类市场主体依法平等准入相关行业、领域和业务的公平竞争管理体系。

第十七条 支持、引导自贸试验区内企业通过并购、参股、股权投资等形式开展境外投资或者设立境外研发机构。自贸试验区内企业开展境外投资，实行以备案制为主的管理方式。

自贸试验区应当在产业合作、融资保障、知识产权保护、外汇管理、国家安全审查等方面创新机制，完善管理和服务，建立境外投资风险预警和应急处置机制。

第十八条 自贸试验区实行国际货物贸易单一窗口服务模式，推动海关、边防、海事、税务、外汇管理等监管部门信息互换、监管互认、执法互助。

探索推动将国际贸易单一窗口服务模式拓展至服务贸易领域，逐步将服务贸易的支付结算、资质登记、出口退税、自然人移动等纳入单一窗口管理。

第十九条 自贸试验区海关特殊监管区域与境外之间的管理为一线管理，海关特殊监管区域与境内区外之间的管理为二线管理，按照“一线放开”“二线安全高效管住”的原则，建立与国际贸易发展需求相适应的监管模式。

第二十条 加强商品归类和原产地预裁定等工作，探索境外货物通关部分事项由入关审查转为后续稽查，提高国际贸易通关效率。

境外货物进入海关特殊监管区域、保税监管场所（以下统称围网区域），可以实行先入区、再报关的通关模式；在围网区域申报出境的货物，可以实行先出区、再报关的通关模式。对围网区域内保税存储货物不设存储期限；对围网区域间流转的保税货物允许自行运输。

海关特殊监管区域实施货物状态分类监管制度，探索拓展货物状态分类监管制度的适用范围。

第二十一条 境外货物进入自贸试验区，应当接受入境检疫；除重点敏感货物外，进入围网区域的其他货物免予检验。

围网区域的货物出区进口前，依照企业申请，实行预检验，一次集中检验，分批核销放行。对流转于围网区域内企业之间的仓储物流货物，免予检验检疫。进出自贸试验区的保税展示商品免予检验。

海关按照法律法规规定和国际通行规则，建立和完善第三方检测结果采信制度。推进进出口产品质量追溯体系建设，实现重点敏感产品全过程信息可追溯。

第二十二条 自贸试验区应当按照国家规定开展税收政策试点改革，实施促进投资贸易、金融发展和人才集聚的有关税收激励政策。

按照税制改革和国际惯例要求，在不导致利润转移和税基侵蚀的前提下，完善境外所得税收抵免的税收政策。

自贸试验区建立便捷的税务服务体系，全面推行网上办税，提供在线纳税咨询、涉税事项办理情况查询等服务，逐步实行跨区域税务通办，实现办税便利化。

第二十三条 自贸试验区实行内外贸一体化发展，鼓励自贸试验区内企业统筹开展国际和国内贸易，培育贸易新型业态和功能。

自贸试验区支持新型要素交易平台、保税展示交易、境内外检测维修与再制造、跨境电子商务、外贸综合服务、技术贸易、对外文化贸易与版权贸易、中医药服务贸易和服务外包等多种贸易业态发展。

第二十四条 自贸试验区探索完善服务贸易市场准入制度，放宽或者逐步取消限制措施，有序推进对外开放。

自贸试验区发展仓储物流、研发设计、检验检测、维修、国际结算、分销、展览等服务贸易，重点建设数字产品与服务、维修、研发设计等特色服务出口基地。

鼓励法律、会计、税务、知识产权、报关、认证、船舶和船员代理、公证、司法鉴定等第三方专业机构在自贸试验区开展业务。

第二十五条 自贸试验区应当加大对跨境电子商务的扶持力度，支持跨境电商企业、跨境电商平台企业、跨境电商服务企业以及跨境电商公共机构和组织等开展跨境电商业务，在通关、税收征管和支付结算等方面依法给予便利。

鼓励企业建设出口产品海外仓和海外运营中心。在符合相关监管政策前提下，支持跨境电商网购保税进口商品进入围网区域时先理货后报关。支持开展保税备货、境内交付模式的跨境电商保税展示业务。

鼓励跨境电商行业开展跨国家、地区、行业之间的交流，支持跨境电商企业参加境内外展会，提高跨境电商行业的运营能力和发展水平。

第二十六条 自贸试验区简化自贸试验区内有关单位和组织申请外国人工作许可的审批流程，按照国家规定放宽签证、居留许可有效期限，提供出入境、停居留便利。

对接受自贸试验区内有关单位和组织邀请开展商务贸易的外籍人员，出入境管理部门应当按照国家规定给予过境免签和临时入境便利。

第二十七条 支持自贸试验区发挥多双边经贸合作机制作用，加强与境外的国际贸易投资合作。

推进与“一带一路”沿线国家和地区在海关、认证认可、标准计量等方面的合作与交流，开展贸易供应链安全与便利合作。

第四章 金融服务

第二十八条 支持自贸试验区扩大金融领域对外开放，增强金融服务功能，推进科技金融创新，健全金融风险防控体系。

鼓励各类金融机构根据国家规定，在自贸试验区进行组织体系、金融产品、业务、服务和风险管理等方面的创新。

第二十九条 自贸试验区探索建立本外币账户管理体系，开展自由贸易账户金融服务，实现分账核算管理，促进跨境贸易、投融资便利化。

第三十条 自贸试验区探索以资本项目可兑换为重点的外汇管理改革。

拓宽自贸试验区内企业资本项下外币资金结汇用途，企业资本项目外汇收入实行意愿结汇，境外投资者的投资收益可以按照国家规定自由转移。

放宽跨国公司外汇资金集中运营管理准入条件，进一步简化资金池管理和经常项目外汇收支手续。

统一中外资企业的借债标准，符合条件的中外资企业可以自主开展跨境融资。允许内保外贷项下资金调回境内使用。

第三十一条 自贸试验区内企业经常项下和直接投资项下以及个人货物贸易与服务贸易可以直接办理跨境人民币结算业务。支持互联网支付机构开展跨境电子商务人民币结算。

支持自贸试验区内跨国企业集团和融资租赁机构开展跨境双向人民币资金池业务。

鼓励自贸试验区内金融机构和企业在境外发行人民币债券。支持自贸试验区银行向境内机构的境外项目发放人民币贷款。

第三十二条 支持符合条件的发起人在自贸试验区内设立金融租赁、汽车金融、消费金融公司和企业集团财务公司等非银行金融机构。在符合法律法规及政策导向的前提下，支持外资在自贸试验区内设立金融机构，扩大外资金融机构业务范围。

第三十三条 支持自贸试验区内的证券经营机构依法拓展境外证券投资相关业务。

支持在自贸试验区内设立健康保险、科技保险和内河航运保险等专业保险机构，扩大出口信用保险覆盖面。完善保险市场体系，推动保险产品研发中心、再保险中心等功能型平台建设。

第三十四条 自贸试验区统一内外资融资租赁

准入标准、审批流程和事中事后监管，支持境内外投资者在自贸试验区设立融资租赁企业。

支持开展跨境融资租赁服务，鼓励企业采用融资租赁方式开拓国际市场和引进国外先进设备，扩大高端设备进口。

第三十五条 支持自贸试验区内银行业金融机构开展信贷资产证券化业务；鼓励金融机构开展动产融资业务，利用动产融资统一登记平台，服务中小企业发展。

第三十六条 支持自贸试验区培育科技金融组织体系，创新科技金融产品和服务模式，完善股权、技术等资本和要素交易市场，建立健全科技金融服务风险分担机制。

拓宽科技企业直接融资渠道，建立投融资结合的综合化金融服务体系。支持自贸试验区内金融机构开展投贷联动、供应链金融、知识产权质押融资、知识产权证券化等产品创新。

符合条件的外资机构可以在自贸试验区发起管理人民币股权投资和创业投资基金，鼓励境外创业投资机构和风险投资机构在自贸试验区开展业务。

支持自贸试验区内金融机构发展知识产权保险、信用保险、小额贷款保证保险等科技保险业务。

第三十七条 自贸试验区应当加强金融监管协作，配合金融监管部门完善金融风险监测和评估机制，以大数据监管为依托建立与金融业务发展相适应的风险防范机制。

在自贸试验区开展业务的金融机构和特定非金融机构应当按照规定，向金融监管部门报送相关信息，履行反洗钱、反恐怖融资和反逃税等义务，配合金融监管部门监管跨境异常资金流动，保护金融消费者和投资者权益。

第五章 创新驱动发展和服务长江经济带建设

第三十八条 自贸试验区全面推进产业技术创新、科技成果转移转化、国际创新合作等领域改革，完善以企业为主体的技术创新体系。

第三十九条 自贸试验区建立知识产权综合管理体制和知识产权公共服务体系，建立专利导航产业发展机制，加强产业链关键环节的专利预警和导航，引导重大项目、重点企业加强知识产权储备与战略布局。

引导企业开展知识产权海外布局，鼓励企业申请境外专利、商标注册及版权输出，对在境外授权的发明专利、注册商标及版权登记作品给予一定奖励。

鼓励自贸试验区与高校、科研院所合作共建知识产权公共服务平台和创新支撑平台。

第四十条 支持自贸试验区深化人才发展体制机制改革，探索构建具有国际竞争力的人才制度体系。

自贸试验区设立专项资金，对引进高层次人才、团队及其创新项目予以支持。对持有外国人永久居留证的外籍高层次人才在自贸试验区内创办科技企业等创新活动，给予其与中国公民同等的待遇。

自贸试验区应当制定高层次人才和技能型人才的引进、培养、服务、激励等相关管理办法，为人才签证、停居留、执业、创新创业、住房、子女入学、就医等提供便利。

第四十一条 自贸试验区推进跨国教育和人才培养合作，支持境外知名大学、科研教育机构与中方合作在自贸试验区内创办人才培养机构，鼓励中外教育机构共建学校和人才实习实训基地。

第四十二条 自贸试验区制定措施，吸引跨国公司在自贸试验区内设立总部、研发中心，支持在自贸试验区内建设国际化创新创业平台，重点吸引国际知名孵化器、创业投资机构、高端创新创业人才集聚。

鼓励自贸试验区内的企业、高校院所在境外设立研发机构，参与国际科技项目合作。探索通过并购、技术转移、合作参股等多种方式在境外建立孵化基地、产业园和创新平台等。

第四十三条 自贸试验区应当制定产业发展战略规划，完善信息技术、新能源、新材料、生命健康、智能制造、大数据、高技术服务业等核心产业上下游产业链，构建人才、研发、金融、营销、物流、信息服务等配套的产业生态环境。

支持自贸试验区依托国家重点平台布局实施重大标志性项目，培育、打造中部地区和长江经济带世界级产业集群。

第四十四条 在自贸试验区内建立生态环境硬约束机制，明确环境质量要求，促进自贸试验区绿色产业集聚发展。

第四十五条 推动自贸试验区物流行业发展，推进多式联运的规划和建设，完善技术标准和服务规范。

引进国际物流企业在自贸试验区内建立总部、营运中心，支持在自贸试验区内设立国际邮件互换局和交换站。

支持中部、长江经济带其他地区在自贸试验区建设专属物流园，完善与中部、长江经济带其他地区集疏运体系和保税物流网络。

第四十六条 推进中欧班列在自贸试验区的发展，优化、拓展班列线路。发挥中欧班列国际运输功能，加快布局境外营销服务网络，在境外设立代表处、办事处等。

第四十七条 依托自贸试验区发展长江航运业务，培育航运保险、海事仲裁、船舶检测认证、船舶经纪等高端航运服务业态。

放宽船舶融资租赁登记地选择，简化换证程序。逐步开放中国籍国际航行船舶入级检验，允许特定条件下租用外籍船舶从事临时运输。扩大内外贸同船运输、国轮捎带运输适用范围。

第四十八条 自贸试验区加强与沿海沿江港口、“一带一路”沿线港口合作，建立跨区域港口联盟、港航联盟，增强江海联运服务功能。

第四十九条 支持自贸试验区与中部、长江经济带其他地区建立协同发展机制，推进传统产业的跨区域整合、技术改造和转型升级，支持承接符合环保等要求的先进产业、国内外知名企业生产基地等向自贸试验区内转移，推动中部地区和长江经济带产业合理布局。

第五十条 增强口岸服务辐射功能，推进自贸试验区与中部、长江经济带其他地区口岸互联互通，探索开展货物通关、贸易统计、经认证的经营者互认、检验检测认证等方面合作，打造中部和长江经济带国际贸易大通道。

第五十一条 构建区域商品交易集散中心、信息中心和价格形成中心，支持中部地区产权交易市场、技术交易市场、排污权交易市场和碳排放权交易市场在自贸试验区内开展业务。

第六章　综合管理与服务

第五十二条 自贸试验区应当创新行政管理方式，减少行政审批事项，加强事中事后监管，推动形成行政监管、行业自律、社会监督、公众参与的综合监管体系。

第五十三条 省自贸办应当参照国际通行的营商环境评价指标，制定自贸试验区营商环境科学评价体系，委托第三方机构开展自贸试验区企业开办、施工许可、产权登记、信贷获取、投资者保护、纳税、破产清算等方面的评估，定期编制、发布自贸试验区营商环境报告。

第五十四条 自贸试验区推进证照分离、多证合一、一照一码等商事制度改革，简化企业登记程序，实现企业登记全程电子化。

实行企业名称自主申报制度，除涉及前置审批事项或者企业名称核准与企业设立登记不在同一机关外，企业名称不再实行预先核准。

支持自贸试验区放宽企业住所登记条件，按照分类型分业态，推行住所信息申报制、一址多照、一照多址、集群注册、托管登记等便利化措施。

第五十五条 片区管理机构、驻区工作机构和有关部门应当明确职责边界，依法公布行政权力清单、责任清单和权力运行流程图。

第五十六条 片区管理机构应当创新审批服务模式，推进审批服务标准化，在企业设立、经营许可、人才引进等方面实行一口受理、集中审批、限时办结、跟踪服务等服务制度。

第五十七条 自贸试验区应当按照公开透明、便捷高效和信息共享的原则，推进电子政务建设，整合优化网上办事系统及业务流程，实现政务服务一网通办。

自贸试验区应当为自贸试验区内企业定制专属网页，为企业提供政务信息个性化推送服务。

第五十八条 自贸试验区推行行政许可告知承诺制度。许可部门将法定许可条件告知申请人，申请人承诺符合法定许可条件的，许可部门可以依照承诺作出许可决定，但涉及公共安全、人身财产安全、金融安全、生态环境保护等国家规定不适用告知承诺制的事项除外。

许可部门应当在许可决定作出后，对被许可人是否符合法定许可条件进行检查；经检查不符合法定许可条件的，责令限期整改；整改后仍不符合条件的，撤销行政许可。

告知承诺制许可事项的具体范围和程序，由省人民政府依法确定并向社会发布。

第五十九条 自贸试验区应当依法将市场主体的信用信息纳入省社会信用信息平台，实行守信联合激励和失信联合惩戒。

鼓励和支持信用服务机构开发和创新信用产品，扩大信用服务领域和范围，参与国际合作，推动信用调查、信用评估、信用担保、信用保险等信用产品和服务在行政管理、公共服务、市场交易、生产生活中的应用。

第六十条 自贸试验区创新环境保护管理制度，实施企业环保承诺制，探索分类管理、同类简化、试行备案的建设项目环评管理模式，建立环境保护联防联控协作机制。

第六十一条 自贸试验区应当建立涉及外商投资的国家安全审查工作机制，配合国家有关部门开展自贸试验区内外商投资国家安全审查工作。

当事人应当配合国家安全审查工作，提供必要的材料和信息。

第六十二条 自贸试验区应当建立反垄断审查工作机制，配合国家有关部门，对企业涉及经营者集中、垄断协议、滥用市场支配地位以及滥用行政权力排除、限制竞争等行为，依法开展调查和执法工作。

第六十三条 自贸试验区应当完善公众参与制度，鼓励和支持企业、利益群体、相关组织和公众对自贸试验区建设提出意见建议，参与试点政策评估和市场监督。

行业组织应当根据自贸试验区建设需要，制定并组织实施行业规划、服务标准、行业公约、职业道德等制度，规范会员行为，发挥行业自律的引导作用。

第七章 法治环境

第六十四条 自贸试验区改革创新需要暂时调整或者停止适用有关法律、行政法规、部门规章的部分规定的，有关部门应当及时提出意见，依照法定程序报请在自贸试验区先行先试。

自贸试验区改革创新需要暂时调整或者停止适用有关地方性法规、政府规章或者规范性文件的，由制定机关按照法定程序作出决定。

第六十五条 自贸试验区应当加强知识产权保护工作，建立统一的知识产权执法体制和快速协同保护机制，完善跨区域知识产权协同保护体系，健全涉外知识产权执法协作机制。

第六十六条 自贸试验区完善多元化、国际化商事争议解决机制，加强行业性、专业性调解组织的建设，探索建立与境外商事调解机构的合作机制，协同解决跨境纠纷。

行业协会、商会以及调解组织等可以参与自贸试验区商事纠纷调解，发挥争议解决作用。

第六十七条 鼓励商事纠纷当事人遵循意思自治原则通过仲裁化解商事纠纷，当事人可以依照法律或者国家有关规定，协议选择仲裁规则、适用法律、审理方式和仲裁庭的组成方式等。

仲裁机构应当依据中国缔结的国际条约、法律法规并借鉴国际商事仲裁惯例，适应自贸试验区特点，完善仲裁规则，提高商事仲裁的国际化程度，提供独立、公正、专业、高效的仲裁服务。

第六十八条 自贸试验区培育和发展专业化、国际化的律师、仲裁、调解、公证、鉴定等法律服务机构，鼓励境内外法律服务机构和人才在自贸试验区开展法律专业服务。

第八章 附 则

第六十九条 本条例自 2019 年 1 月 1 日起施行。

鼓励外商投资产业目录（2022 年版）

中华人民共和国国家发展和改革委员会
中华人民共和国商务部 **令**

第 52 号

《鼓励外商投资产业目录（2022 年版）》已经 2022 年 7 月 29 日国家发展和改革委员会第 22 次委务会议审议通过和商务部审签，并经国务院同意，现予以发布，自 2023 年 1 月 1 日起施行。

国家发展和改革委员会主任：何立峰

商务部部长：王文涛

2022 年 10 月 26 日

附件：《鼓励外商投资产业目录（2022 年版）》

鼓励外商投资产业目录
（2022 年版）

为落实外商投资法及其实施条例，根据国民经济和社会发展需要，鼓励和引导外国投资者在特定行业、领域、地区投资，制定本目录。

本目录共包括两部分，一是全国鼓励外商投资产业目录，二是中西部地区外商投资优势产业目录。

2020 年 12 月 27 日国家发展改革委、商务部发布的《鼓励外商投资产业目录（2020 年版）》自 2023 年 1 月 1 日起废止。

全国鼓励外商投资产业目录

一、农、林、牧、渔业

1. 木本食用油料、调料和工业原料的种植、开发、生产

2. 绿色、有机蔬菜（含食用菌、西甜瓜）、干鲜果品、茶叶栽培技术开发、种植及产品生产

3. 酿酒葡萄育种、种植、生产

4. 啤酒原料育种、种植、生产

5. 糖料、果树、牧草等农作物栽培新技术开发及产品生产

6. 高产高效青贮饲料专用植物新品种培育、开发

7. 花卉生产与苗圃基地的建设、经营

8. 橡胶、油棕、剑麻、咖啡种植

9. 芳香植物的育种、种植，精油的萃取

10. 中药材种植、养殖

11. 农作物秸秆资源综合利用、有机肥料资源的开发、生产

12. 森林资源培育（速生丰产用材林、大径级用材林、竹林、油茶等经济林、珍贵树种用材林等）

13. 林下生态种养

14. 畜禽标准化规模养殖技术和智能化养殖技术开发与应用

15. 种畜禽和水产苗种繁育（不含我国特有的珍贵优良品种）

16. 防治荒漠化、水土保持和国土绿化等生态环境保护工程建设、经营

17. 水产品养殖、深水网箱养殖、工厂化水产养殖、生态型海洋增养殖

18. 高效节水灌溉、农田土壤改良及生态治理、

盐碱地等耕地后备资源综合利用、绿色农田建设及技术开发与应用；农村环境整治、农村生活污水和垃圾治理、水生态环境治理与修复相关工程建设及技术开发与应用

19. 农产品仓储保鲜冷链物流设施建设

20. 智慧农业（软件技术与装备集成应用，农业生产经营管理数字化改造）

21. 农村电子商务及乡村新型服务业，包括适应农业生产规模化、标准化、机械化的农业生产性服务，以及乡村生活服务

22. 休闲农业和乡村旅游业，休闲观光、农事体验、户外拓展、生态康养、劳动教育实践基地建设

23. 安全高效环保饲料及饲料添加剂（含维生素、蛋氨酸、饲料酶），动物促生长用抗菌药物替代产品开发、生产

二、采矿业

24. 石油、天然气（含页岩气、煤层气）的勘探、开发和矿井瓦斯利用

25. 提高原油采收率（以工程服务形式）及相关新技术的开发与应用

26. 物探、钻井、测井、录井、井下作业等石油勘探开发新技术的开发与应用

27. 提高矿山尾矿利用率的新技术开发与应用及矿山生态恢复技术的综合应用

28. 我国紧缺矿种（如钾盐、铬铁矿等）的勘探、开采和选矿

三、制造业

（一）农副食品加工业

29. 宠物饲料、食品开发、生产

30. 水产品加工、贝类净化及加工、海藻保健食品开发

31. 蔬菜、干鲜果品、禽畜产品加工

（二）食品制造业

32. 高温杀菌乳（132℃并保持很短时间的杀菌）的开发、生产

33. 干酪和再制干酪、干酪制品生产

34. 婴幼儿配方食品、婴幼儿辅助食品、特殊医学用途配方食品及保健食品的开发、生产

35. 烘焙食品（含使用天然可可豆的巧克力及其制品）、方便食品、冰淇淋及其相关配料的开发、生产

36. 糖果、口香糖、蜜饯、酸奶生产

37. 森林食品加工

38. 植物蛋白仿生肉食品开发、生产

39. 天然食品添加剂、天然香料新技术开发与生产

40. 无菌液态食品包装材料的开发、生产

（三）酒、饮料和精制茶制造业

41. 果蔬汁类及其饮料、蛋白饮料、茶饮料、咖啡饮料、植物饮料的开发、生产

（四）纺织业

42. 采用非织造、机织、针织、编织、三维立体编织等工艺及多种工艺复合、长效整理等新技术，生产功能性产业用纺织品

43. 采用数字化智能化印染技术装备、染整清洁生产技术（酶处理、高效短流程前处理、针织物连续平幅前处理、低温前处理及染色、低盐或无盐染色、低尿素印花、小浴比气流或气液染色、数码喷墨印花、泡沫整理等）、功能性整理技术、新型染色加工技术、复合面料加工技术，生产高档纺织面料；智能化筒子纱染色技术装备开发与应用

44. 符合环保要求的特种动物纤维、麻纤维、桑柞蚕丝、彩色棉花、彩色桑茧丝类天然纤维的加工技术与产品生产

45. 废旧纺织品分选、回收、利用

46. 治疗性医疗卫生用纺织品、人造皮肤、可吸收缝合线、疝气修复材料、新型透析膜材料、介入治疗用导管、高端功能型生物医用敷料等的生产和研发

（五）纺织服装、服饰业

47. 高支棉纱的生产

48. 采用计算机集成制造系统的服装及服装半成品生产

49. 功能性特种服装生产

（六）皮革、毛皮、羽毛及其制品和制鞋业

50. 皮革和毛皮清洁化技术加工

51. 皮革后整饰新技术加工

52. 皮革废弃物综合利用

53. 高性能弹性体鞋材生产

（七）木材加工和木、竹、藤、棕、草制品业

54. 林业三剩物，“次、小、薪”材、废旧木材和竹材的综合利用新技术、新产品开发、生产，木竹材生产污染控制治理、细微颗粒物减排与粉尘防爆技术开发与应用

55. 木结构及木质建材新技术、新产品开发、生产

56. 废旧木材循环利用新技术、新产品开发、生产

（八）文教、工美、体育和娱乐用品制造业

57. 高档地毯、刺绣、抽纱产品生产

（九）石油加工、炼焦和核燃料加工业

58. 酚油加工、洗油加工、蒽油加工、萘油加工、煤沥青制备高端化学品（不含改质沥青）

（十）化学原料和化学制品制造业

59. 有机硅新型下游产品开发、生产

60. 合成材料的配套原料：过氧化氢氧化丙烯法环氧丙烷、过氧化氢氧化氯丙烯法环氧氯丙烷、萘二甲酸二甲酯（NDC）、1，4－环己烷二甲醇（CHDM）、5万吨/年及以上丁二烯法己二腈、己二胺、降冰片烯生产

61. 多乙烯多胺产品生产

62. 高碳α烯烃共聚茂金属聚乙烯、COC/COP环烯烃聚合物等高端聚烯烃的开发、生产

63. 合成纤维原料生产：1,3-丙二醇

64. 合成橡胶生产：丙烯酸酯橡胶、氯醇橡胶，以及特种氟橡胶、硅橡胶、氟硅橡胶、热塑性聚氨酯橡胶等特种橡胶

65. 工程塑料及塑料合金生产：聚苯硫醚、聚醚醚酮、聚酰亚胺、聚砜、聚醚砜、聚芳酯（PAR）、聚苯醚、特种聚酰胺（PA）及其改性材料、液晶聚合物等产品

66. 精细化工：催化剂新产品、新技术，染（颜）料商品化加工技术，电子化学品和造纸化学品，皮革化学品，油田助剂，表面活性剂及关键原料精制环氧乙烷的氮气保护双壳塔安全生产技术，水处理剂及关键原材料生产，高固体分、无溶剂、水性、电子束固化、紫外光固化、反应型的胶粘剂及包括高端丙烯酸丁酯和高端丙烯酸辛酯、聚酯多元醇、固化剂在内的关键原材料的生产，密封胶、胶粘带及关键原材料生产，高效、安全、环境友好等增塑剂（聚酯类增塑剂等）、无卤阻燃剂、永久抗静电剂、有机热稳定剂、成核剂等新型塑料助剂生产，无机纤维、无机纳米材料生产，颜料包膜处理深加工，环保型表面处理技术产品开发、生产，腐植酸类精细化工产品开发、生产

67. 水性油墨和胶粘剂、电子束固化紫外光固化等低挥发性油墨和胶粘剂、环保型有机溶剂材料、环保型有机无溶剂材料生产

68. 天然香料、合成香料、单离香料以及香料组分的中间体柠檬醛的生产

69. 高性能涂料、胶粘剂，高固体分、水性、粉末、辐射固化、无溶剂等低VOCs含量工业涂料及配套树脂，水性工业涂料及配套水性树脂（包括高端丙烯酸丁酯和高端丙烯酸辛酯）生产

70. 高性能氟树脂、氟膜材料，医用含氟中间体，符合国际公约的零ODP和低GWP制冷剂、清洗剂、发泡剂等生产

71. 氢燃料绿色制备技术（化学副产品制氢、生物制氢、来自可再生能源的电解水制氢等）开发、储存、运输、液化

72. 大型、高压、高纯度工业气体（含电子气体）的生产和供应

73. 碳捕集利用与封存（CCUS）项目建设和经营

74. 从磷化工、铝冶炼中回收氟资源生产

75. 林业化学产品新技术、新产品开发、生产

76. 环保用无机、有机和生物膜开发、生产

77. 新型肥料开发、生产：高浓度钾肥、复合型微生物接种剂、复合微生物肥料、秸杆及垃圾腐熟剂、特殊功能微生物制剂、腐植酸类肥料

78. 高效、安全、环境友好的农药新品种、新剂型、专用中间体、助剂的开发、生产，以及相关清洁生产工艺的开发与应用、定向合成法手性和立体结构农药生产

79. 生物农药及生物防治产品开发、生产：微生物杀虫剂、微生物杀菌剂、农用抗生素、生物刺激素、昆虫信息素、天敌昆虫、微生物除草剂

80. 废气、废液、废渣综合利用和处理、处置

81. 有机高分子材料生产：飞机蒙皮涂料、稀土硫化铈红色染料、无铅化电子封装材料、彩色等离子体显示屏专用系列光刻浆料、小直径大比表面积超细纤维、高精度燃油滤纸、表面处理自我修复材料、超疏水纳米涂层材料、超高折光学树脂材料、环保可回收太阳能组件用共挤背板及背板用塑料材料、汽车启停铅蓄电池隔膜、储能铅蓄电池隔膜

82. 林业生物质能源新技术、新产品开发、生产及应用

83. 石化化工原料低碳升级工艺开发：电驱动乙烯裂解；逆向水煤气变换和部分氧化的工艺，将二氧化碳与轻烃作为原料转化为一氧化碳

（十一）医药制造业

84. 新型化合物药物或活性成份药物的生产（包括原料药和制剂）

85. 氨基酸类：发酵法生产色氨酸、组氨酸、蛋氨酸等生产

86. 新型抗癌药物、新型心脑血管药及新型神经系统用药的开发、生产

87. 采用生物工程技术的新型药物生产

88. 艾滋病疫苗、丙肝疫苗、避孕疫苗及宫颈癌、疟疾、手足口病等新型疫苗生产

89. 海洋药物的开发、生产

90. 药品制剂生产：采用缓释、控释、靶向、透皮吸收等新技术的新剂型、新产品

91. 新型药用辅料的开发、生产

92. 动物专用抗菌原料药生产（包括抗生素、化学合成类）

93. 兽用抗菌药、驱虫药、杀虫药、抗球虫药新产品及新剂型生产

94. 新型诊断试剂的开发、生产

95. 细胞治疗药物研发与生产（禁止外商投资领域除外）

96. 疫苗、细胞治疗药物等生产用新型关键原材料、大规模细胞培养产品的开发、生产

97. 新型药用包装材料与技术的开发、生产（中性硼硅药用玻璃，化学稳定性好、可降解，具有避光、高阻隔性的功能性材料，COP 环烯烃聚合物药包材料，气雾剂、粉雾剂、自我给药、预灌封、自动混药等新型包装给药系统及给药装置）

98. 罕见病用药、儿童专科用药的开发、生产

99. 医药制造业相关耗材开发、生产：分离纯化介质、固相合成介质、手性拆分介质、药物杂质控制检测耗材等

（十二）化学纤维制造业

100. 差别化、功能性聚酯（PET）的连续共聚改性［阳离子染料可染聚酯（CDP、ECDP）、碱溶性聚酯（COPET）、高收缩聚酯（HSPET）、阻燃聚酯、低熔点聚酯、非结晶聚酯、生物可降解聚酯、采用绿色催化剂生产的聚酯等］；阻燃、抗静电、抗紫外、抗菌、相变储能、光致变色、原液着色等差别化、功能性化学纤维的高效柔性化制备技术研发；智能化、超仿真等功能性化学纤维生产；原创性开发高速纺丝加工用绿色高效环保油剂生产

101. 高性能纤维及制品的开发、生产：碳纤维（CF）、芳纶（AF）、芳砜纶（PSA）、超高分子量聚乙烯纤维（UHMWPE）、聚苯硫醚纤维（PPS）、聚酰亚胺纤维（PI）、聚四氟乙烯纤维（PTFE）、聚苯并双噁唑纤维（PBO）、聚芳噁二唑纤维（POD）、玄武岩纤维（BF）、碳化硅纤维（SiCF）、

聚醚醚酮纤维（PEEK）、高强型玻璃纤维（HT-AR）、聚（2,5-二羟基-1,4-苯撑吡啶并二咪唑）（PIPD）纤维

102. 纤维及非纤维用新型聚酯生产：聚对苯二甲酸丙二醇酯（PTT）、聚萘二甲酸乙二醇酯（PEN）、聚对苯二甲酸环已烷二甲醇酯（PCT）、二元醇改性聚对苯二甲酸乙二醇酯（PETG）、聚乳酸（PLA，以非粮生物质为原料）

103. 利用新型可再生资源和绿色环保工艺生产生物质纤维，包括新溶剂法纤维素纤维（Lyocell）、以竹、麻等为原料的再生纤维素纤维、聚乳酸纤维（PLA）、甲壳素纤维、聚羟基脂肪酸酯纤维（PHA）、动植物蛋白纤维、聚丁二酸丁二醇酯（PBS）等

104. 尼龙 11、尼龙 12、尼龙 1414、尼龙 46、尼龙 56（以非粮生物质为原料）、长碳链尼龙、耐高温尼龙等新型聚酰胺，差别化、功能性、高附加值改性尼龙（包括尼龙弹性体、共聚尼龙、尼龙工程塑料、阻燃尼龙）开发、生产

105. 垃圾填埋场防渗土工膜开发、生产

（十三）橡胶和塑料制品业

106. 有机硅制品的开发、生产、应用

107. 生物可降解塑料及其制品的开发、生产、应用

108. 新型光生态多功能宽幅农用薄膜、无污染可降解农用薄膜开发、生产

109. 废旧塑料的分选、回收和再利用

110. 塑料软包装新技术、新产品（高阻隔、多功能膜及原料）开发、生产

（十四）非金属矿物制品业

111. 节能、环保、利废、轻质高强、高性能、多功能建筑材料开发、生产

112. 模压注塑、模挤一体化成型产品开发、生产

113. 以塑代钢、以塑代木、节能高效的化学建材品生产

114. 新型装配式建筑构件智能制造

115. 年产 1 000 万平方米及以上弹性体、塑性体改性沥青防水卷材，宽幅（2 米以上）三元乙丙橡胶防水卷材及配套材料，宽幅（2 米以上）聚氯乙烯防水卷材，热塑性聚烯烃（TPO）防水卷材生产

116. 新技术功能玻璃开发、生产：透红外线无铅硫系玻璃及制品、光学性能优异多功能风挡玻璃（光透射率≥70%）、镀膜隐私风挡玻璃、隔音风挡玻璃、太阳能风挡玻璃、导电变色风挡玻璃、电加热风挡玻璃、抬头显示风挡玻璃、真空玻璃、高纯（≥99. 998%）超纯（≥99. 999%）水晶原料提纯加工

117. 薄膜电池发电玻璃、太阳能集光镜玻璃、建筑用光伏发电玻璃生产

118. 8 万吨/年及以上无碱玻璃纤维粗纱（单丝直径>9 微米）池窑拉丝生产，5 万吨/年及以上无碱玻璃纤维细纱（单丝直径≤9 微米）池窑拉丝生产，超细玻璃纤维（单丝直径≤5 微米）、可降解玻璃纤维、异形截面玻璃纤维、耐碱玻璃纤维、低介电玻璃纤维、石英玻璃纤维、高硅氧玻璃纤维、高强高弹玻璃纤维、陶瓷纤维等高性能及特种玻璃纤维生产，玻璃纤维毡、布等制品生产

119. 光学纤维及制品生产：传像束及激光医疗光纤、超二代和三代微通道板、光学纤维面板、倒像器及玻璃光锥

120. 陶瓷原料的标准化精制、陶瓷用高档装饰材料生产

121. 水泥、电子玻璃、陶瓷、微孔炭砖等窑炉用长寿命节能环保（无铬化）耐火材料生产

122. 多孔陶瓷生产

123. 无机非金属新材料及制品生产：复合材料、特种陶瓷、特种密封材料（含高速油封材料）、特种摩擦材料（含高速摩擦制动制品）、特种胶凝材料、特种乳胶材料、水声橡胶制品、纳米材料

124. 有机-无机复合泡沫保温材料生产、建筑高性能节能保温材料、现代集中农业养殖业保温隔离材料生产

125. 高技术复合材料生产：连续纤维增强热塑性复合材料和预浸料、耐温>300℃树脂基复合材料成型用工艺辅助材料、可生物降解树脂基复合材料、增材制造用树脂基复合材料、树脂基复合材料（包括体育用品、轻质高强交通工具部件）、特种功能复合材料及制品（包括深水及潜水复合材料制品、医用及康复用复合材料制品）、碳/碳复合材料、高性能陶瓷基复合材料及制品、金属基和玻璃基复合材料及制品、金属层状复合材料及制品、压力≥320MPa 超高压复合胶管、大型客机航空轮胎、聚酯结构发泡材料（用于轻质高强交通工具部件、风电叶片芯材、建筑建材等领域）

126. 精密高性能陶瓷原料生产：碳化硅（SiC）超细粉体（纯度>99%，平均粒径<1μm）、氮化硅（Si_3N_4）超细粉体（纯度>99%，平均粒径<1μm）、高纯超细氧化铝微粉（纯度>99.9%，平均粒径<0.5μm）、低温烧结氧化锆（ZrO_2）粉体（烧结温度<1 350℃）、高纯氮化铝（AlN）粉体（纯度>99%，平均粒径<1μm）、金红石型 TiO_2 粉体（纯度>98.5%）、白炭黑（粒径<100nm）、钛酸钡（纯度>99%，粒径<1μm）

127. 高品质人工晶体及晶体薄膜制品开发、生产：高品质人工合成水晶（压电晶体及透紫外光晶体）、超硬晶体（立方氮化硼晶体）、耐高温高绝缘人工合成绝缘晶体（人工合成云母）、新型电光晶体、大功率激光晶体及大规格闪烁晶体、金刚石膜工具、厚度 0.3mm 及以下超薄人造金刚石锯片

128. 非金属矿精细加工（超细粉碎、高纯、精制、改性）

129. 超高功率石墨电极生产

130. 珠光云母生产（粒径 3-150μm）

131. 多维多向整体编制织物及仿形织物生产

132. 利用新型干法水泥窑、烧结墙体材料生产无害化处置固体废弃物

133. 建筑垃圾再生利用

134. 工业副产石膏等产业废弃物综合利用

135. 非金属矿山尾矿综合利用的新技术开发与应用及矿山生态恢复

136. 耐高温及耐腐蚀滤料开发、生产

（十五）有色金属冶炼和压延加工业

137. 高新技术有色金属材料及其产品生产：高温超导材料，记忆合金材料（钛镍、铜基及铁基记忆合金材料），超细（纳米）碳化钨及超细（纳米）晶硬质合金，超硬复合材料，贵金属复合材料，轻金属复合材料，新一代信息技术产业、航空航天装备、电力装备、先进轨道交通装备、生物医药及高性能医疗装备、海洋工程装备及高技术船舶、节能与新能源汽车、高档数控机床及机器人、农机装备、节能环保领域用高性能轻金属及铜合金材料深加工，泡沫铝，原子能级海绵锆，钨及钼深加工产品

138. 符合稀土新材料要求的稀土高端应用产品加工

139. 高性能铝钛硼晶粒细化剂生产

（十六）金属制品业

140. 航空、航天、船舶、汽车、摩托车轻量化及环保型新材料研发、制造（专用铝板、铝镁合金材料、摩托车铝合金车架等）

141. 用于包装各类粮油食品、果蔬、饮料、日化产品等内容物的金属包装制品（应为完整品，容器壁厚度小于 0.3 毫米）的制造及加工（包括制品的内外壁印涂加工）

142. 建筑用钢纤维制造

（十七）通用设备制造业

143. 高档数控机床及关键零部件制造：五轴联动数控机床、数控坐标镗铣加工中心、数控坐标磨床

144. 大型（装炉量 1 吨以上）多功能可控气氛热处理设备、程控化学热处理设备、程控多功能真空热处理设备及装炉量 500 公斤以上真空热处理设备、全纤维炉衬热处理加热炉制造

145. 报废汽车拆解、破碎及后处理分选设备制造

146. FTL 柔性生产线制造

147. 高端精密工具制造、纳米复合涂层及高端加工设备生产制造

148. 亚微米级超细粉碎机制造

149. 400 吨及以上轮式、履带式起重机械制造

150. 工作压力≥35MPa 高压柱塞泵及马达、工作压力≥35MPa 低速大扭矩马达的设计与制造

151. 工作压力≥25MPa 的整体式液压多路阀，电液比例伺服元件制造

152. 阀岛、功率 0.35W 以下气动电磁阀、200Hz 以上高频电控气阀设计与制造

153. 使用温度在-120℃以下或 530℃以上的阀门生产

154. 静液压驱动装置设计、制造

155. 压力 10MPa 以上非接触式气膜密封、压力 10MPa 以上干气密封（包括实验装置）的开发、制造

156. 重复精度小于等于 0.03 度，轴向跳动小于等于 0.02mm 气动执行器设计、制造

157. 噪声与振动污染控制设备制造：声屏障、消声器、阻尼弹簧隔振器

158. 汽车用高分子材料（摩擦片、改型酚醛活塞、非金属液压总分泵等）设备开发、制造

159. 商用车第二代轮毂轴承（THU2）、第三代及以上轿车轮毂轴承、高中档数控机床和加工中心轴承、高速线材和板材轧机轴承、高速铁路轴承、振动值 Z4 以下低噪音轴承、各类轴承的 P4 和 P2 级轴承、风力发电机组轴承、航空轴承、飞机发动机轴承及其他航空轴承、医疗 CT 机轴承、深井超深井石油钻机轴承、海洋工程轴承、电动汽车驱动电机系统高速轴承（转速≥1.2 万转/分钟）、工业机器人 RV 减速机谐波减速机轴承、盾构机轴承、机加工数控机床、大型轴承热处理设备制造

160. 高速列车用齿轮变速器，船用可变桨齿轮传动系统，大型、重载齿轮箱的制造

161. 耐高温绝缘材料（绝缘等级为 F、H 级）及绝缘成型件制造

162. 蓄能器胶囊、液压气动用橡塑密封件开发与制造

163. 高精度、高强度（12.9 级以上）、异形、组合类紧固件制造

164. 微型精密传动联结件（离合器）制造

165. 大型轧机连接轴制造

166. 机床、工程机械、铁路机车装备等机械设备再制造，汽车零部件再制造

167. 1000 万像素以上或水平视场角 120 度以上数字照相机及其光学镜头、光电模块的开发、制造

168. 办公机械（含工业用途）制造：多功能一体化办公设备（复印、打印、传真、扫描），打印设备，精度 2 400dpi 及以上高分辨率彩色打印机头，感光鼓

169. 电影机械制造：2K、4K 数字电影放映机，数字电影摄像机，数字影像制作、编辑设备

170. 船舶污染物港口接收处置设施建设及设备制造，港口危险化学品、油品应急设施建设及设备制造

171. 工业节水工艺、技术开发应用和相关装备制造

（十八）专用设备制造业

172. 矿山无轨采、装、运设备制造：200 吨及以上电动轮矿用自卸车，移动式破碎机，5 000 立方米/小时及以上斗轮挖掘机，8 立方米及以上矿用装载机，2 500 千瓦以上电牵引采煤机设备等

173. 物探（不含重力、磁力测量）、测井设备制造：MEME 地震检波器，数字遥测地震仪，数字成像、数控测井系统，水平井、定向井、钻机装置及器具，MWD 随钻测井仪

174. 石油勘探、钻井、集输设备制造：工作水深大于 1 500 米的浮式钻井系统和浮式生产系统及配套海底采油、集输设备

175. 口径 2 米以上深度 30 米以上大口径旋挖钻机、直径 1.2 米以上顶管机、回拖力 300 吨以上大型非开挖铺设地下管线成套设备、地下连续墙施工钻机制造

176. 520马力及以上大型推土机设计、制造

177. 100立方米/小时及以上规格的清淤机、1000吨及以上挖泥船的挖泥装置设计、制造

178. 防汛堤坝用混凝土防渗墙施工装备设计、制造

179. 土木工程结构防震减灾装置制造

180. 水下土石方施工机械制造：水深9米以下推土机、装载机、挖掘机等

181. 公路桥梁养护、自动检测设备制造

182. 公路隧道营运监控、通风、防灾和救助系统设备制造

183. 铁路大型施工、铁路线路、桥梁、隧道维修养护机械和检查、监测设备及其关键零部件的设计、制造

184. 多元素、细颗粒、难选冶金属矿产的选矿装置制造

185. 100万吨/年及以上乙烯成套设备中的关键设备制造：年处理能力40万吨以上混合造粒机，直径1 000毫米及以上螺旋卸料离心机，小流量高扬程离心泵

186. 金属制品模具（铜、铝、钛、锆的管、棒、型材挤压模具）设计、制造

187. 汽车车身外覆盖件冲压模具，汽车仪表板、保险杠等大型注塑模具，汽车及摩托车夹具、检具设计、制造

188. 汽车动力电池专用生产设备的设计、制造

189. 精密模具（冲压模具精度高于0.02毫米、型腔模具精度高于0.05毫米）设计、制造

190. 6万瓶/小时及以上啤酒灌装设备、5万瓶/小时及以上饮料中温及热灌装设备、3.6万瓶/小时及以上无菌灌装设备制造

191. 氨基酸、酶制剂、食品添加剂等生产技术及关键设备制造

192. 10吨/小时及以上的饲料加工成套设备及关键部件制造

193. 楞高0.75毫米及以下的轻型瓦楞纸板及纸箱设备制造

194. 单张纸多色胶印机（幅宽≥750毫米，印刷速度：单面多色≥16 000张/小时，双面多色≥13 000张/小时）制造

195. 单幅单纸路卷筒纸平版印刷机印刷速度大于75 000对开张/小时（787毫米×880毫米）、双幅单纸路卷筒纸平版印刷机印刷速度大于170 000对开张/小时（787毫米×880毫米）、商业卷筒纸平版印刷机印刷速度大于50 000对开张/小时（787毫米×880毫米）制造

196. 多色宽幅柔性版印刷机（印刷宽度≥1 300毫米，印刷速度≥350米/秒），喷墨数字印刷机（出版用：印刷速度≥150米/分，分辨率≥600dpi；包装用：印刷速度≥30米/分，分辨率≥1 000dpi；可变数据用：印刷速度≥100米/分，分辨率≥300dpi）制造

197. 计算机墨色预调、墨色遥控、水墨速度跟踪、印品质量自动检测和跟踪系统、无轴传动技术、速度在75 000张/小时的高速自动接纸机、给纸机和可以自动遥控调节的高速折页机、自动套印系统、冷却装置、加硅系统、调偏装置等制造

198. 电子枪自动镀膜机制造

199. 平板玻璃深加工技术及设备制造

200. 新型造纸机械（含纸浆）等成套设备制造

201. 皮革后整饰新技术设备制造

202. 土壤污染治理及修复设备制造

203. 农产品加工及储藏新设备开发、制造：粮食、油料、蔬菜、干鲜果品、肉食品、水产品等产品的加工储藏、保鲜、分级、包装、干燥等新设备，农产品品质检测仪器设备，农产品品质无损伤检测仪器设备，流变仪，粉质仪，超微粉碎设备，高效脱水设备，五效以上高效果汁浓缩设备，粉体食品物料杀菌设备，固态及半固态食品无菌包装设备，碟片式分离离心机

204. 农业机械制造：农业设施设备（温室自动灌溉设备、营养液自动配置与施肥设备、高效蔬菜育苗设备、土壤养分分析仪器），配套发动机功率

200千瓦以上拖拉机及配套农具，低油耗低噪声低排放柴油机，大型拖拉机配套的带有残余雾粒回收装置的喷雾机，高性能水稻插秧机，棉花采摘机及棉花采摘台，适应多种行距的自走式玉米联合收割机（液压驱动或机械驱动），花生收获机，油菜籽收获机，甘蔗收割机，甜菜收割机、自走式葡萄收获机

205. 林业设施设备制造：苗木花卉智能温室、精准灌溉、施肥、育苗等设备，苗木干径叶根系径流、种子活力、土壤养分等分析仪器，大功率（240kW）林地作业底盘及其配套机具，多功能整地、植树、抚育、采伐、集材等中小型机，困难立地造林机械，林地剩余物收集、打捆、木片、粉碎及其综合利用机，大中型植保与施药喷雾机，小型精准施药装备或仿生施药机器人，林木球果采集、油料果实收获机，大中型树木移植机、灌木平茬装备、高效剪枝设备，林木蓄积量快速测量设备

206. 木材加工设备制造：快速色差识别技术设备，快速实木板材量尺设备，快速结疤检测设备，实木表面缺陷检测设备，锯木制材成套装备技术，人造板材表面缺陷快速检测设备、在线质量分级设备，旋切单板质量在线检测设备，实木家具漆膜打磨粉尘处理设备，板式家具板件快速分拣设备，家具制造智能仓库

207. 林业灾情监控设备制造：林区快速救援装备、高精度导航定位设备，无人机火情、灾情监测预警设备，灭火、除虫设备

208. 农作物秸秆收集、打捆及综合利用设备制造

209. 农用废物的资源化利用及规模化畜禽养殖废物的资源化利用设备制造

210. 皮革、毛皮及其制品先进智能制造加工专用设备制造

211. 节肥、节（农）药、节水型农业技术设备制造

212. 机电井清洗设备及清洗药物生产设备制造

213. 电子内窥镜制造

214. 眼底摄影机制造

215. 医用成像设备（高场强超导型磁共振成像设备、X线计算机断层成像设备、数字化彩色超声诊断设备等）、医疗影像智能辅助诊断系统及关键部件的制造

216. 医用超声换能器（3D）制造

217. 硼中子俘获治疗设备制造

218. 图像引导适型调强放射治疗系统制造

219. 血液透析机、血液过滤机制造

220. 全自动生化监测设备、五分类血液细胞分析仪、全自动化学发光免疫分析仪、高通量基因测序系统、分子诊断设备制造

221. 药品质量控制新技术、新设备制造

222. 天然药物有效物质分析的新技术、提取的新工艺、新设备开发、制造

223. 生物医药配套耗材生产设备研发、制造

224. 非PVC医用输液袋多层共挤水冷式薄膜吹塑装备制造

225. 人工智能辅助医疗设备制造

226. 高端放射治疗设备制造

227. 高端手术器械、理疗康复设备、可穿戴智能化健康装备制造

228. 危重病用生命支持设备制造

229. 移动与远程诊疗设备制造

230. 呼吸机、ECMO、监护仪、PCR仪制造

231. 微创手术医疗设备开发、生产：3D成像、电子显微系统、手术机器人、机械臂、助听器及人工耳蜗等

232. 钬激光和二氧化碳激光治疗类产品的研发、生产

233. 新型支架、假体等高端植入介入设备与材料及增材制造技术开发与应用

234. 应急救援装备生产制造

235. 新型纺织机械、关键零部件及纺织检测、实验仪器开发、制造

236. 电脑提花人造毛皮机制造

237. 高新太阳能电池生产专用设备制造

238. 碳捕集利用与封存（CCUS）设备制造、温室气体监测计量设备制造

239. 大气污染防治设备制造：低 NOx 燃烧装置、烟气脱氮催化剂及脱氮成套装置、工业有机废气净化设备、柴油车排气净化装置、含重金属废气处理装置

240. 水污染防治设备制造：卧式螺旋离心脱水机、膜及膜材料、50kg/h 以上的臭氧发生器、10kg/h 以上的二氧化氯发生器、紫外消毒装置、农村小型生活污水处理设备、含重金属废水处理装置

241. 固体废物处理处置设备制造：污水处理厂污泥处置及资源利用设备、垃圾填埋渗滤液处理技术装备、建筑垃圾处理和资源化利用装备、危险废物处理装置、垃圾填埋场沼气发生与发电装置、废钢铁处理设备、医疗废物集中处置设施

242. 铝工业赤泥综合利用设备开发、制造

243. 尾矿综合利用设备制造

244. 废旧塑料、电器、橡胶、电池回收处理再生利用设备制造

245. 废旧纺织品回收处理设备制造

246. 废旧机电产品再制造设备制造

247. 余热余压余气利用设备制造

248. 水生生态系统的环境保护技术、设备制造

249. 移动式组合净水设备制造

250. 非常规水处理、重复利用设备与水质监测仪器制造

251. 工业水管网和设备（器具）的检漏设备和仪器制造

252. 日产 10 万立方米及以上海水淡化及循环冷却技术和成套设备开发、制造

253. 钢铁、造纸、纺织、石化、化工、冶金等高耗水行业节水工业设备制造

254. 特种气象观测及分析设备制造

255. 地震台站、台网和流动地震观测技术系统开发及仪器设备制造

256. 滚动阻力试验机、轮胎噪音试验室制造

257. 供热计量、温控装置新技术设备制造

258. 氢能制备与储运设备及检查系统制造

259. 新型重渣油气化雾化喷嘴、漏汽率 0.5% 及以下高效蒸汽疏水阀、1 000℃及以上高温陶瓷换热器制造

260. 海上溢油回收装置制造

261. 低浓度煤矿瓦斯和乏风利用设备制造

262. 洁净煤技术产品的开发与利用及设备制造（煤炭气化、液化）

263. 大型公共建筑、高层建筑、石油化工设施、森林、山岳、水域和地下设施消防灭火救援技术开发与设备制造

264. 智能化紧急医学救援设备制造

265. 水文监测传感器制造

266. 核反应堆主工艺设备设计、研发、制造

267. 金刚石复合片（PDC 钻头）开发、生产

268. 砂石粒形、级配在线分析技术及其装备开发、生产

269. 精密电子模具开发、生产

270. 用于骨缺失患者种植修复的牙种植体系统开发、生产

271. 滑雪场冰雪重型装备、轻型装备；客运索道、造雪机、压雪机等专用装备产业研发、生产

272. 封闭负压引流护创材料、细菌纤维素膜及聚氨酯泡沫敷料等高分子材料敷料制造

273. 五层及以上共挤出单向、双向拉伸薄膜生产线建设，阻隔涂层生产线建设

（十九）汽车制造业

274. 汽车发动机制造及发动机研发机构建设：升功率不低于 70 千瓦的汽油发动机、升功率不低于 50 千瓦的排量 3 升以下柴油发动机、升功率不低于 40 千瓦的排量 3 升以上柴油发动机、燃料电池和混合燃料等新能源发动机

275. 汽车关键零部件制造及关键技术研发：双离合器变速器（DCT）、无级自动变速器（CVT）、电控机械变速器（AMT）、汽油发动机涡轮增压器、粘性连轴器（四轮驱动用）、自动变速器执行器（电磁阀）、液力缓速器、电涡流缓速器、汽车安全

气囊用气体发生器、燃油共轨喷射技术（最大喷射压力大于 2 000 帕）、可变截面涡轮增压技术（VGT）、可变喷嘴涡轮增压技术（VNT）、达到中国第六阶段污染物排放标准的发动机排放控制装置、智能扭矩管理系统（ITM）及耦合器总成、线控转向系统、颗粒捕捉器、低地板大型客车专用车桥、吸能式转向系统、低拖滞盘式制动器总成、铝制转向节、大中型客车变频空调系统、汽车用特种橡胶配件，以及上述零部件的关键零件、部件

276. 汽车电子装置研发、制造：发动机和底盘电子控制系统及关键零部件，电子控制系统的输入（传感器和采样系统）输出（执行器）部件，电动助力转向系统电子控制器，嵌入式电子集成系统、电控式空气弹簧，电子控制式悬挂系统，电子气门系统装置，电子组合仪表，ABS/TCS/ESP 系统，电路制动系统（BBW），变速器电控单元（TCU），轮胎气压监测系统（TPMS），车载故障诊断仪（OBD），发动机防盗系统，自动避撞系统，汽车、摩托车型试验及维修用检测系统，自动驾驶系统、车载电子操作系统、车载电子操作系统应用程序开发（APP）、抬头显示技术、汽车避让转向辅助系统、碰撞报警系统（FCW）、自动制动控制系统（ABC）、自动紧急制动系统（AEB）、电子驻车制动系统（EPB）、线控制动系统、自适应巡航系统（ACC）、前视摄像系统、轮速传感器

277. 新能源汽车关键零部件研发、制造：能量型动力电池单体；电池正极材料（比容量≥180mAh/g，循环寿命 2 000 次不低于初始放电容量的 80%）及前驱体材料，电池负极材料（比容量≥500mAh/g，循环寿命 2 000 次不低于初始放电容量的 80%）、电池隔膜（厚度≤12μm，孔隙率 35%—60%）；电池管理系统，电机控制器，电动汽车电控集成；电动汽车驱动电机系统（高效区：85%工作区效率≥80%），车用 DC/DC（输入电压 100V—400V），大功率电子器件（IGBT，电压等级≥750V，电流≥300A）；插电式混合动力机电耦合驱动系统；燃料电池发动机（质量比功率≥350W/kg）、燃料电池堆（体积比功率≥3kW/L）、膜电极（铂用量≤0.3g/kW）、质子交换膜（质子电导率≥0.08S/cm）、低铂催化剂、碳纸（电阻率≤3mΩ·cm）、空气压缩机、氢气循环泵、氢气引射器、增湿器、燃料电池控制系统、升压 DC/DC、70MPa 氢瓶、车载氢气浓度传感器；电动汽车用热泵空调；电机驱动控制专用 32 位及以上芯片（不少于 2 个硬件内核，主频不低于 180MHz，具备硬件加密等功能，芯片设计符合功能安全 ASIL C 以上要求）；一体化电驱动总成（功率密度≥2.5kW/kg）；高速减速器（最高输入转速≥12 000rpm，噪声低于 75dB）；热管理及控制系统（电动压缩机、冷媒组合阀、电子水泵、高效静音电子冷却风扇、高效鼓风机、新能源车集成化模块等）；锂电池铝塑膜（厚度 152μm±10%，外层剥离强度≥6.5N/15mm，内层剥离强度≥10N/15mm，内层耐电解液剥离强度≥9.0N/15mm，成型性≥5.5mm）

278. 车载充电机（满载输出工况下效率≥95%）、双向车载充电机、非车载充电设备（输出电压 250V~950V，电压范围内效率≥88%）和高功率密度、高转换效率、高适用性无线充电、移动充电技术开发及装备制造

279. 智能汽车关键零部件研发、制造：传感器、车载芯片、中央处理器、车载操作系统和信息控制系统、车网通信系统设备、视觉识别系统、线控底盘系统；新型智能终端模块、多核异构智能计算平台技术、传感器融合感知技术、车用无线通信关键技术、基础云控平台技术；新型安全隔离架构技术、软硬件协同攻击识别技术、终端芯片安全加密和应用软件安全防护技术、无线通信安全加密技术、安全通讯及认证授权技术、数据加密技术；测试评价体系架构研发，虚拟仿真、实车道路测试等技术和验证工具，整车级和系统级测试评价方法，测试基础数据库建设

280. 与 L3/L4/L5 自动驾驶相关的硬件及关键零部件制造：激光雷达，毫米波雷达，智能摄像头

281. 充电桩、储能充电桩制造，充电/储能一

体化节能综合设施或解决方案开发、制造

（二十）铁路、船舶、航空航天和其他运输设备制造业

282. 达到中国摩托车第四阶段污染物排放标准的大排量（排量>250ml）摩托车发动机排放控制装置制造

283. 民用飞机设计、制造、维修：干线、支线飞机，通用飞机

284. 民用飞机零部件制造、维修

285. 民用直升机设计、制造

286. 民用直升机零部件制造

287. 地面、水面效应航行器制造及无人机、浮空器设计、制造

288. 航空发动机及零部件、航空辅助动力系统设计、制造、维修

289. 航空航天用新型材料开发、生产

290. 民用航空机载设备设计、制造

291. 航空地面设备制造：民用机场设施、民用机场安全保卫设施、飞行试验地面设备、飞行模拟与训练设备、航空测试与计量设备、航空地面试验设备、机载设备综合测试设备、航空制造专用设备、航空材料试制专用设备、民用航空器地面接收及应用设备、运载火箭地面测试设备、运载火箭力学及环境实验设备、无拖把飞机牵引设备、集装货物装载机、飞机除冰设备

292. 民用卫星设计、制造，民用卫星有效载荷制造

293. 民用卫星零部件制造

294. 星上产品检测设备制造

295. 大中型邮轮、小型邮轮的设计、研发，邮轮内部装饰、数字影音、信息化系统等专业配套研发、制造

296. 深远海养殖平台、大型养殖工船、深海矿产资源开发装备等新型海洋工程装备的设计、研发

297. 船用 LNG 双燃料动力、纯电池动力、氢燃料电池动力、甲醇燃料动力、氨燃料动力、生物质燃料动力等清洁能源和新能源动力的设计、研发

298. 船用甲板机械、舱室设备的设计、研发

299. 船舶通讯导航系统设备的设计、研发

300. 游艇及专业配套设备的设计、研发

301. 智能船舶的智能系统总体设计以及智能感知系统、智能航行系统、智能能效管理系统等设计、研发

302. 深远海油气钻井平台（船）、浮式液化天然气装置（FLNG）、浮式储存及再气化装置（FSRU）等海洋油气装备的设计、研发

303. 海上风电装备、海洋新能源装备（含潮流能、波浪能、温差能等）的设计、研发

304. 单点系泊系统、液货围护系统、水下生产系统等专用系统的设计、研发

305. 船舶总装建造精度管理控制、数字化造船、预舾装和模块化、高效焊接、绿色涂装、超高压水除锈、智能焊接生产线、智能化分段流水线、智能管子加工生产线等绿色智能装备的设计、研发

（二十一）电气机械和器材制造业

306. 100 万千瓦超超临界火电机组用关键辅机设备制造：安全阀、调节阀

307. 火电设备的密封件设计、制造

308. 水电机组用关键辅机设备制造

309. 输变电设备及关键组部件制造

310. 新能源发电成套设备或关键设备制造：光伏发电、光热发电、地热发电、潮汐发电、波浪发电、垃圾发电、沼气发生与发电；大尺寸异质结基体材料制造

311. 斯特林发电机组制造

312. 直线和平面电机及其驱动系统开发、制造

313. 高技术绿色电池制造：动力镍氢电池、锌镍蓄电池、钠盐电池、锌银蓄电池、锂离子电池、太阳能电池、燃料电池等

314. 电动机采用直流调速技术的制冷空调用压缩机、采用 CO_2 自然工质制冷空调压缩机、应用可再生能源（空气源、水源、地源）制冷空调设备制造

315. 太阳能空调、采暖系统、太阳能干燥装置

制造

316. 生物质干燥热解系统、生物质气化装置制造

317. 生物天然气原料预处理及进料、发酵、提纯、沼液处理装置制造

318. 交流调频调压牵引装置制造

319. 高压真空元件及开关设备，智能化中压开关元件及成套设备，使用环保型中压气体的绝缘开关柜，智能型（可通信）低压电器，非晶合金、卷铁芯等节能配电变压器制造

（二十二）计算机、通信和其他电子设备制造业

320. 高清数字摄录机、数字放声设备制造

321. TFT-LCD、OLED、AMOLED、激光显示、量子点、3D 显示等平板显示屏、显示屏材料制造（6 代及 6 代以下 TFT-LCD 玻璃基板除外）

322. 偏光片基膜、扩散膜研发、制造

323. 电子书材料（电子墨水屏等）的研发、制造

324. 直径 8 英寸及以上硅单晶制造

325. 直径 12 英寸及以上硅片制造

326. 大屏幕彩色投影显示器用光学引擎、光源、投影屏、高清晰度投影管和微显投影设备模块等关键件制造

327. 激光投影设备制造

328. 超高清及高新视频产品制造：4K/8K 超高清电视机、4K 摄像头、监视器以及互动式视频、沉浸式视频、VR 视频、云游戏等高新视频端到端关键软硬件等

329. 数字音、视频编解码设备，数字广播电视演播室设备，数字有线电视系统设备，数字音频广播发射设备，数字电视上下变换器，数字电视地面广播单频网（SFN）设备，卫星数字电视上行站设备制造

330. 集成电路设计，线宽 28 纳米及以下大规模数字集成电路制造，0.11 微米及以下模拟、数模集成电路制造，掩膜版制造，MEMS 和化合物半导体集成电路制造及 BGA、PGA、CSP、MCM、LGA、SIP、FC、WLP 等先进封装与测试

331. 大中型电子计算机、万万亿次高性能计算机、便携式微型计算机、大型模拟仿真系统、工业控制机及控制器制造

332. 量子、类脑等新机理计算机系统的研发、制造

333. 超大规模集成电路制造用关键装备开发、制造

334. 集成电路封装及测试设备制造

335. 计算机数字信号处理系统及板卡制造

336. 图形图像识别和处理系统制造

337. 大容量光、磁盘驱动器及其部件开发、制造

338. 100TB 及以上存储系统制造、8TB 及以上 SSD 固态硬盘制造及智能化存储设备制造

339. 计算机辅助设计（三维 CAD）、电子设计自动化（EDA）、辅助测试（CAT）、辅助制造（CAM）、辅助工程（CAE）系统及其他计算机应用系统制造

340. 软件产品开发、生产

341. 电子专用材料开发、制造（光纤预制棒开发与制造除外）；表面封装技术（SMT）用无铅焊锡膏、高纯度（电子级）多晶硅材料开发、制造

342. 电子专用设备、测试仪器、工模具制造

343. 新型电子元器件制造：片式元器件、敏感元器件及传感器、频率控制与选择元件、混合集成电路、电力电子器件、光电子器件、新型机电元件、高分子固体电容器、超级电容器、无源集成元件、高密度互连积层板、单层、双层及多层挠性板、刚挠印刷电路板及封装载板、高密度高细线路（线宽/线距 $\leq$ 0.05mm）柔性电路板等

344. 触控系统（触控屏幕、触控组件等）制造及组装

345. 虚拟现实（VR）、增强现实（AR）、融合现实（MR）设备研发、制造

346. 发光效率 140lm/W 以上高亮度发光二极

管、发光效率 140lm/W 以上发光二极管外延片（蓝光）、发光效率 140lm/W 以上且功率 200mW 以上白色发光管制造

347. 高密度数字光盘机用关键件开发、生产

348. 可录类光盘生产

349. 3D 打印设备及其关键零部件研发、制造

350. 卫星通信系统设备制造

351. 光通信测量仪表、速率 40Gbps 及以上光收发器制造

352. 超宽带（UWB）通信设备制造

353. 无线局域网（含支持 WAPI）、广域网设备制造

354. 100Gbps 及以上速率时分复用设备（TDM）、密集波分复用设备（DWDM）、宽带无源网络设备（包括 EPON、GPON、WDM-PON 等）、下一代 DSL 芯片及设备、光交叉连接设备（OXC）、自动光交换网络设备（ASON）、40Gbps 以上 SDH 光纤通信传输设备制造

355. 基于 IPv6 的下一代互联网系统设备、终端设备、检测设备、软件、芯片开发、制造

356. 第四代及第五代及后续移动通信系统手机、基站、核心网设备、光传输设备、网络检测设备开发、制造

357. 应用于第五代移动终端（手机、汽车、无人机、虚拟现实与增强显示等）的视觉传感器（数字相机、数字摄像头、3D 传感器、激光雷达、毫米波雷达等）及其核心元组件（光学镜片与镜头、激光器、感光芯片、马达、光电模块等）、物联网终端的开发、制造

358. 云计算设备（包括服务器、存储设备云及云服务设备高精密机构件等）、软件和系统开发

359. 整机处理能力大于 6.4Tbps（双向）的高端路由器、交换容量大于 40Tbps 的交换机开发、制造

360. 空中交通管制系统设备制造

361. 基于声、光、电、触控等计算机信息技术的中医药电子辅助教学设备，虚拟病理、生理模型人设备的开发、制造

362. 可穿戴智能设备、智能无人飞行器等智能消费设备制造

363. 智能家居平台系统及设备制造

364. 覆铜板专用电子级玻璃纤维布开发、生产

365. 关键软件、不同设备接口数据互通技术等的开发与研制

366. 晶圆制造及再生

367. 智慧健康养老产品的研发、制造（老年用品及辅助产品制造，老年医疗器械和康复辅具制造，老年人智能与穿戴设备制造等）

368. 有机高分子材料生产：锂离子电池隔膜；高新技术有色金属材料及其产品生产：化合物半导体材料（砷化镓、磷化镓、磷化铟、氮化镓）

369. 高纯电子化学品、高性能光刻胶开发、生产

370. 新技术功能玻璃开发、生产：屏蔽电磁波玻璃、微电子用玻璃基板、电子级大规格石英玻璃制品（管、板、干锅、仪器器皿等）、10.5 代及以上 TFT-LCD 基板玻璃、高性能锂铝硅玻璃、OLED 玻璃、触控玻璃、柔性玻璃等电子信息显示用玻璃、信息技术用极端材料及制品（包括波导级高精密光纤预制棒石英玻璃套管和陶瓷基板）

371. 蓝宝石基板研发、生产

（二十三）仪器仪表制造业

372. 土壤墒情监测设备制造

373. 工业过程自动控制系统与装置制造：现场总线控制系统，大型可编程控制器（PLC），两相流量计，固体流量计，新型传感器及现场测量仪表

374. 自动化、智能化、多功能材料力学性能测试仪器，工业 CT、三维超声波探伤仪等无损检测设备制造

375. 大型精密仪器、高分辨率显微镜（分辨率小于 200nm）开发、制造

376. 高精度数字电压表、电流表制造（显示量程七位半以上）

377. 无功功率自动补偿装置制造

378. 安全生产新仪器设备制造

379. VXI 总线式自动测试系统（符合 IEEE1155 国际规范）制造

380. 煤矿井下监测及灾害预报系统、煤炭安全检测综合管理系统开发、制造

381. 工程测量和地球物理观测设备制造

382. 环境监测仪器制造

383. 无线远传智能水表制造

384. 水库大坝安全智能监控仪器制造

385. 水文数据采集、处理与传输和防洪预警仪器及设备制造

386. 海洋勘探监测仪器和设备制造

387. 市政管网和输水管道渗漏监测仪器制造

388. 核仪器、仪表研发和制造

389. 辉光放电质谱仪开发、生产

390. 透射电子显微镜开发、生产

（二十四）废弃资源综合利用业

391. 煤炭洗选及粉煤灰（包括脱硫石膏）、煤矸石等综合利用

392. 全生物降解材料的生产

393. 废旧电器电子产品、汽车、机电设备、橡胶、金属、电池回收处理

394. 赤泥及其他冶炼废渣综合利用

395. 退役风电叶片及废弃光伏组件回收处理

396. 黄河泥沙综合利用

四、电力、热力、燃气及水生产和供应业

397. 采用单机 60 万千瓦及以上超超临界机组的支撑性和调节性电源建设、经营

398. 采用背压型热电联产、热电冷多联产、30 万千瓦及以上超（超）临界热电联产机组电站的建设、经营

399. 单机 30 万千瓦及以上，采用循环流化床、增压流化床、整体煤气化联合循环发电等洁净煤发电项目以及利用煤矸石、中煤、煤泥等低热值煤发电项目的建设、经营

400. 发电为主的大型水电站及抽水蓄能电站建设、经营

401. 核电站的建设、经营

402. 新能源电站（包括太阳能、风能、地热能、潮汐能、潮流能、波浪能、生物质能等）建设、经营

403. 气源落实地区天然气调峰电站、天然气分布式能源站的建设、经营

404. 燃气发电与可再生发电互补系统开发与应用

405. 垃圾焚烧发电厂建设、经营

406. 清洁能源微电网的建设、经营

407. 使用天然气、电力和可再生能源驱动的区域供能（冷、热）项目的建设、经营

408. 海水利用（海水直接利用、海水淡化）、苦咸水利用

409. 供水厂的咨询设计、投资、建设、经营

410. 再生水厂的咨询设计、投资、建设、经营

411. 污水处理厂的咨询设计、投资、建设、经营，污泥处理与处置设施的咨询设计、投资、建设、经营

412. 机动车充电站、电池更换站建设、经营

413. 加氢站建设、经营

414. 生物天然气项目建设、经营

415. 绿色植物绝缘油的研发、应用、生产

416. 新型储能装备研发、制造、建设和运营（含锂离子电池、液流电池、压缩空气、飞轮、氢储能等各类储能技术）

417. 电力源网荷储一体化和多能互补电源建设

五、交通运输、仓储和邮政业

418. 铁路干线路网及铁路专用线的建设、经营

419. 城际铁路、市域（郊）铁路、资源型开发铁路和支线铁路及其桥梁、隧道和站场设施的建设、经营，轮渡的建设

420. 高速铁路、城际铁路基础设施综合维修

421. 公路、独立桥梁和隧道的建设、经营

422. 公路货物运输公司

423. 港口公用码头设施的建设、经营

424. 民用机场的建设、经营（不包含空中交通管制）

425. 公共航空运输公司

426. 农、林、渔业通用航空公司

427. 国际海上运输公司

428. 邮轮旅客国际海上运输业务

429. 国际集装箱多式联运转运设施建设及快速转运换装设备、标准化运载单元的研发、推广、应用

430. 国际船舶管理机构、船员外派机构

431. 输油（气）管道、油（气）库的建设、经营（不包括航空输油管道、油库）

432. 煤炭管道运输设施的建设、经营

433. 物流业务相关仓储设施建设，特别是自动化高架立体仓储设施，包装、加工、配送业务相关的仓储一体化设施建设、经营

434. 与快递服务相关科技装备及绿色包装的研发应用、绿色物流设施设备的研发应用

435. 托盘及集装单元共用系统建设、经营

436. 农村、社区物流配送

437. 一般商品的共同配送、鲜活农产品冷链物流和特殊药品低温配送等物流及相关技术服务的提供和运用

438. 大宗商品进出口分拨物流中心建设

439. 乡村道路客运设施建设及乡村道路客运公司

六、批发和零售业

440. 电子商务零售（含跨境电商，不包括法律法规实施特殊管理的药品医疗器械等商品）

441. 电子商务供应链公司（含跨境电商，不包括法律法规实施特殊管理的药品医疗器械等商品）

442. 商贸企业、餐饮企业的统一配送和分销网络建设

443. 氦气的经营

444. 汽车加气站建设、运营

445. 进口汽车批发和零售

446. 文创产品零售业

七、信息传输、软件和技术服务业

447. 电子商务系统开发与应用服务，各类专业资产交易平台建设、经营

448. 在线教育、在线医疗、在线办公系统开发与应用服务

八、租赁和商务服务业

449. 国际经济、科技、环保、物流信息、商务、会计、税务咨询服务

450. 工程咨询服务

451. 以承接服务外包方式从事系统应用管理和维护、信息技术支持管理、银行后台服务、财务结算、软件开发、离岸呼叫中心、数据处理等信息技术和业务流程外包服务

452. 现代高端装备的维护与维修、数字化生产线改造与集成、专业维修服务和供应链服务

453. 会议、展览及相关服务

454. 创业投资企业

455. 知识产权服务

456. 家庭服务业

457. 人力资源服务

458. 月子中心产后母婴服务

459. 旅游会展

460. 语言服务产业（包括翻译、本地化服务、语言技术开发应用、语言资源服务等）

九、科学研究、开发和产品、技术服务业

461. 生物工程与生物医学工程技术、生物质能源开发技术研发

462. DNA 编码化合物库技术研发

463. 兽医和宠物营养科学研究、技术服务

464. 智能器件、机器人、神经网络芯片、神经元传感器等人工智能技术研发与应用

465. 同位素、辐射及激光技术研发

466. 海洋开发及海洋能开发技术、海洋化学资源综合利用技术、相关产品开发和精深加工技术、海洋医药与生化制品开发技术研发

467. 海洋监测技术（海洋浪潮、气象、环境监测）、海底探测与大洋资源勘查评价技术研发

468. 综合利用海水淡化后的浓海水制盐、提取钾、溴、镁、锂及其深加工等海水化学资源高附加值利用技术研发

469. 海上石油污染清理与生态修复技术及相关产品开发，海水富营养化防治技术、海洋生物爆发性生长灾害防治技术、海岸带生态环境修复技术研发

470. 节能环保和循环经济技术研发与应用

471. 资源再生及综合利用技术、企业生产排放物的再利用技术研发与应用

472. 环境污染治理及监测技术研发

473. 清洁生产技术开发与服务，传统能源清洁运营、工程施工与技术服务，清洁生产评价、认证与审核

474. 碳捕集利用与封存（CCUS）技术开发与服务

475. 绿色建筑节地与室外环境、节能与能源利用、节水与水资源利用、节材与材料资源利用、室内环境与运行管理综合技术研发与利用

476. 放射性废物处理技术研发与应用

477. 危险废物利用处置设施专业化建设、经营和技术咨询服务

478. 化纤生产及印染加工的节能降耗、三废治理新产品和新技术

479. 磷石膏综合利用技术研发与应用

480. 防沙治沙与沙荒修复技术研发

481. 草畜平衡综合管理技术研发

482. 现代畜牧业废弃物资源化综合利用技术研发与应用

483. 农药新型施药技术研发与应用

484. 民用卫星应用技术研发

485. 检验检测认证服务

486. 研究开发中心

487. 高新技术、新产品开发与企业孵化中心

488. 第五代移动通信技术研发与应用

489. 物联网技术研发与应用

490. 区块链技术研发与应用

491. 工业设计、建筑设计、服装设计等创意产业

492. 城乡规划编制服务（城市、镇总体规划服务除外）

493. 低碳、环保、绿色、节能、节水的先进系统集成技术及服务

494. 环境友好型技术的开发及应用

495. 专业设计服务

十、水利、环境和公共设施管理业

496. 河道、湖泊水环境治理、水生态修复和管理保护与经营

497. 城市封闭型道路的建设、经营

498. 城市地铁、轻轨等轨道交通的建设、经营

499. 垃圾处理厂，危险废物处理处置厂（焚烧厂、填埋场）及环境污染治理设施的建设、经营

500. 城市停车设施建设、经营

501. 出租车、有轨电车、公交等公共交通系统的建设、运营

十一、教育

502. 非学历类职业培训机构

503. 非学历类语言类培训机构（面向中小学生和 3 至 6 岁学龄前儿童的除外）

504. 非学历类艺术培训机构（面向中小学生和 3 至 6 岁学龄前儿童的除外）

505. 职业院校（含技工学校）

十二、卫生和社会工作

506. 残疾人和儿童服务机构（儿童福利机构、未成年人救助保护机构、收养登记机构除外）

507. 养老服务（含居家社区养老服务、机构养

老服务以及养老机构、社区养老服务机构建设运营等）

508. 医疗机构

509. 精神康复机构

510. 心理咨询机构

511. 孤独症儿童康复机构

512. 居家适老化改造、老年人宜居环境改造、公共设施适老化及无障碍改造

513. 养老服务相关专业教育，养老服务技能培训，家庭照护技能培训，老年教育

十三、文化、旅游、体育和娱乐业

514. 演出场所经营

515. 体育场馆经营、健身、竞赛表演及体育培训和中介服务

516. 旅游基础设施建设及旅游信息服务

517. 游览景区管理、智慧化景区建设与服务业

518. 户外运动营地等健身场地设施的建设、运营和管理

519. 智能体育产品和服务的研发、普及与推广

中西部地区外商投资优势产业目录

山西省

1. 牧草饲料作物种植及深加工

2. 小杂粮、马铃薯种植及产品开发、生产

3. 退耕还林还草、天然林保护等国家重点生态工程后续产业开发

4. 节水灌溉和旱作节水技术、保护性耕作技术开发与应用

5. 矿区生态系统恢复与重建工程

6. 非金属矿（高岭土、石灰石、硅石、石英砂）综合利用（勘探、开采除外）

7. 石墨烯、碳纤维（复合材料）等碳系材料的生产设备（气象沉淀、碳化烧结等）的研发、制造

8. 煤层气和煤炭伴生资源综合开发利用

9. 煤制液体燃料生产

10. 焦炭副产品综合利用

11. 棉、毛、麻、丝、化纤的高档纺织、针织及服装加工生产和相关产品的研发、检测

12. 天然药、原料药、中成药的深加工（不含涉密处方）

13. 玄武岩纤维生产

14. 高档玻璃制品、高技术陶瓷（含工业陶瓷）技术开发和产品生产

15. 特殊品种（超白、超薄、在线 Low-E、中空、超厚）优质浮法玻璃技术开发和深加工

16. 非金属矿（铝矾土、芒硝、耐火粘土、珍珠岩）综合利用、精加工及应用（勘探、开采除外）

17. 镁、铝等有色金属精深加工

18. 不锈钢制品生产

19. 汽车零部件制造：六档以上自动变速箱、商用车用高功率密度驱动桥、随动前照灯系统、LED 前照灯、轻量化材料应用、离合器、液压减震器、中控盘总成、座椅、电机及控制系统、主动安全及自动驾驶控制系统、燃料电池系统及零部件

20. 高速列车用钢、非晶带材等钢铁新材料的开发、生产

21. 铝合金材料及制品生产

22. 钢丝绳芯橡胶输运带生产

23. 液压技术系统及模具生产

24. 旱地、山地中小农业机械及配套机具制造

25. 光伏太阳能发电站的集装箱式储能箱的设计和制造

26. 三轴以上联动的高速、精密数控机床及配套数控系统、伺服电机及驱动装置、功能部件、刀具、量具、量仪及高档磨具磨料生产

27. 大型煤矿综采设备和防爆机电产品生产

28. 核电物料转运设备及其配套件生产

29. 新型医疗器械设备及医用材料生产加工

30. 金属矿山的供配电设备制造，包括 IP65 等级户外电气设备的设计和制造、户外预装式电气室

的设计和制造、无人值守预装式电气室的设计和制造、移动式电气室的设计和制造、户外/井下撬装式高低压配电中心的设计和制造、PLC 可编程系统的制造和编程

31. 智能手机、平板电脑等智能终端产品及关键零部件的技术开发、生产

32. 光通讯产品生产

33. 洗中煤、焦炉煤气余热发电、供热等综合利用

34. 火电厂废弃物等的综合利用

35. 地热能开发、生产、利用

36. 宽带业务和增值电信业务（限于中国入世承诺开放的电信业务）

37. 公路旅客运输公司

38. 城市燃气、热力和供排水管网建设、经营

39. 储能技术研发与生产应用（含抽水蓄能、电化学储能、压缩空气储能、飞轮储能、氢储能、热储能等）

40. 生物质能开发、生产、利用

41. 艺术表演培训和中介服务及文化用品、设备等产业化开发

42. 旅游景区（点）保护、开发和经营及其配套设施建设

43. 文旅康养产业发展开发和利用

内蒙古自治区

1. 标准化设施蔬菜基地、集约化蔬菜育苗场建设

2. 牧草饲料作物种植和深加工

3. 绿色农畜产品（乳、肉、绒、皮毛、马铃薯、果蔬）生产加工

4. 沙生中药材、沙区生态经济林、沙区瓜果、沙区设施农业、沙料建材、沙区新能源和沙漠旅游休闲等沙产业

5. 退耕还林还草、退牧还草、天然林保护、退田还湖、退耕还湿、荒漠化防治等国家重点生态工程后续产业开发

6. 节水灌溉和旱作节水技术、保护性耕作、中低产田改造、盐碱地改良等技术开发与应用

7. 铜、铅、锌、镁、铝等有色金属精深加工

8. 非金属矿（高岭土、红柱石、膨润土、白云石、石墨、珍珠岩、沸石）综合利用、精加工及应用（勘探、开采除外）

9. 棉、毛、绒、麻、丝、化纤的高档纺织、针织及服装生产加工和相关产品的研发、检测

10. 煤层气和煤炭伴生资源综合开发利用

11. 洁净煤技术产品的开发与利用以及配套加工服务（煤炭气化、液化、水煤浆、工业型煤）

12. 天然气下游化工产品开发和利用（列入《天然气利用政策》限制类和禁止类的除外）

13. 利用乙烯与氯气通过氧氯化法生产 30 万吨/年以上 PVC，废盐酸制氯气等综合利用技术开发及应用

14. 高性能硅油、硅橡胶、树脂，高品质氟树脂，高性能氟橡胶，含氟精细化学品和高品质含氟无机盐等开发、生产

15. 硅材料生产及其应用

16. 动植物药材资源开发、保护和可持续利用：内蒙古道地药材和特色蒙药材种植基地建设、濒危药用植物保育基地建设、种子种苗基地建设、道地药材提取物工厂研发中心建设

17. 少数民族特需用品、工艺美术品、包装容器材料、日用玻璃制品、特色旅游商品纪念品生产

18. 碳纤维产品生产及其应用

19. 天然气压缩机（含煤层气压缩机）制造

20. 高性能石油和天然气用钢管特殊扣加工

21. 蒙医药、蒙医医疗设备的研究、开发

22. 汽车整车制造，专用汽车（不包括普通半挂车、自卸车、罐式车、厢式车和仓栅式汽车）制造（须执行《汽车产业投资管理规定》）

23. 汽车零部件制造：六档以上自动变速箱、商用车用高功率密度驱动桥、随动前照灯系统、LED 前照灯、轻量化材料应用（高强钢、铝镁合金、复合塑料、粉末冶金、高强度复合纤维等）、

离合器、液压减震器、中控盘总成、座椅

24. 储能技术研发与生产应用（含抽水蓄能、电化学储能、压缩空气储能、飞轮储能、氢储能、热储能等）

25. 太阳能、风能发电设备及零部件制造

26. 洗中煤、焦炉煤气余热发电、供热等综合利用

27. 宽带业务和增值电信业务（限于中国入世承诺开放的电信业务）

28. 公路旅客运输公司

29. 城市燃气、热力和供排水管网建设、经营

30. 高等教育机构

31. 动漫创作、制作及衍生品开发

32. 文化演出场所建设、艺术表演培训等服务

33. 体育场馆设施建设、体育赛事（不含电子竞技）运营及体育健身休闲服务

34. 健康医疗旅游开发

35. 冰雪、森林、草原、沙漠生态旅游资源开发、建设、经营

36. 旅游景区（点）保护、开发和经营及其配套设施建设

37. 资源枯竭型城市资源精深加工和接续产业等项目

辽宁省

1. 节水灌溉和旱作节水技术、保护性耕作技术开发与应用

2. 退耕还林还草等国家重点生态工程后续产业开发

3. 畜禽数字化智能化养殖技术开发与应用

4. 优质麦芽生产基地建设及啤酒生产

5. 镁、锆石加工及综合利用

6. 棉、毛、麻、丝、化纤的高档纺织、针织、服装及衣着附件加工生产和相关产品的研发、检测

7. 生物医药技术开发、生产，天然药、原料药、中成药的深加工（不含涉密处方）

8. 高性能子午线轮胎的生产：无内胎载重子午胎，低断面和扁平化（低于55系列）、大轮辋高性能轿车子午胎（15吋以上），航空轮胎及农用子午胎

9. 铝合金、钛合金熔炼及精深加工

10. 不锈钢制品生产

11. 金属包装、自动化立体仓库及仓储物流设备制造

12. 环保设备（大气、污水、固废处理设备）制造及其解决方案应用

13. 智能测控装置及关键零部件制造

14. 高档数控机床伺服装置制造

15. 汽车零部件制造：六档以上自动变速箱、商用车用高功率密度驱动桥、随动前照灯系统、LED前照灯、轻量化材料应用（高强钢、铝镁合金、复合塑料、粉末冶金、高强度复合纤维等）、离合器、液压减震器、中控盘总成、座椅、汽车主被动安全保护装置、汽车启停电机、新能源汽车驱动装置及控制系统、高效、超高效电机用定子与转子在线自粘生产

16. 新型医疗器械设备及医用材料生产加工

17. 高精度铜、铝及合金板带材深加工

18. 非易失性存储器的设计、研发、制造

19. 化合物半导体材料的生产及加工

20. 数字医疗系统、社区护理、个人健康维护相关产品开发与应用

21. 储能技术研发与生产应用（含抽水蓄能、电化学储能、压缩空气储能、飞轮储能、氢储能、热储能等）

22. 生物质能开发、生产、利用

23. 船舶管理、航运经纪等现代高端航运服务业

24. 公路旅客运输

25. 公路货运场站设施的建设和经营

26. 鲜活农、林、牧、渔产品冷链物流及相关技术服务的提供和运用

27. 宽带业务和增值电信业务（限于中国入世承诺开放的电信业务）

28. 城市燃气、热力和供排水管网建设、经营

29. 节约用水技术改造、技术研发和推广应用

30. 数字视听与数字家庭产品开发（有线电视网络、网络视听节目服务除外）

31. 高等教育机构

32. 旅游景区（点）保护、开发和经营及其配套设施建设

33. 资源枯竭型城市资源精深加工和接续产业等项目

34. 温泉资源开发及温泉度假村建设、经营

吉林省

1. 节水灌溉和旱作节水技术、保护性耕作、中低产田改造、盐碱地改良等技术开发与应用

2. 燕麦、藜麦、绿豆、红小豆等杂粮杂豆农产品开发、生产

3. 人参、鹿茸、山葡萄、果仁、山野菜、蓝莓、菌类、林蛙、柞蚕、蜂蜜、五味子、蒲公英等长白山特色生态食品、饮品的开发、生产

4. 利用境外资源的木材加工

5. 禽畜养殖及生产加工

6. 啤酒制造产业

7. 饮用天然矿泉水生产

8. 硅藻土资源开发及综合利用（勘探、开采除外）

9. 动物骨制品深加工技术开发与产品生产

10. 棉、毛、麻、丝、化纤的高档纺织、针织、服装及服装半成品加工生产和相关产品的研发、检测

11. 褐煤蜡萃取

12. 动植物药材资源开发、保护和可持续利用

13. 可降解生物基材料及制品的研发和生产加工

14. 草铵膦及草铵膦中间体的开发、生产

15. 特殊品种（超白、超薄、在线Low-E、中空、超厚）优质浮法玻璃技术开发和深加工

16. 碳纤维原丝、碳纤维生产及其生产所需辅助材料、碳纤维复合材料及其制品生产

17. 粘胶短纤维、粘胶长丝的生产

18. 玄武岩纤维新材料的生产、开发

19. 高性能子午线轮胎的生产：无内胎载重子午胎，低断面和扁平化（低于55系列）、大轮辋高性能轿车子午胎（15吋以上），航空轮胎及农用子午胎

20. 铝合金材料及制品生产

21. LED、新型元器件等节能产品生产

22. 生物医药技术开发、生产，现代中药制品生产

23. 医疗设备及关键部件开发、生产

24. 冰雪体育和旅游用品生产

25. 索道缆车、游乐设施等旅游装备制造

26. 换热器设备的生产制造

27. 汽车零部件制造：六档以上自动变速箱、商用车用高功率密度驱动桥、随动前照灯系统、LED前照灯、轻量化材料应用（高强钢、铝镁合金、复合塑料、粉末冶金、高强度复合纤维等）、离合器、液压减震器、中控盘总成、座椅

28. 汽车线束加工技术开发与产品生产

29. 专用汽车（不包括普通半挂车、自卸车、罐式车、厢式车和仓栅式汽车）制造（须执行《汽车产业投资管理规定》）

30. 智能手机、平板电脑等智能终端产品及关键零部件的技术开发、生产

31. 生物质能开发、生产、利用

32. 宽带业务和增值电信业务（限于中国入世承诺开放的电信业务）

33. 公路旅客运输公司

34. 汽车金融服务

35. 城市燃气、热力和供排水管网建设、经营

36. 高等教育机构

37. 动漫创作、制作及衍生品开发

38. 冰雪旅游资源开发及滑雪场、酒店等配套设施建设、经营

39. 旅游景区（点）保护、开发和经营及其配

套设施建设

40. 温泉资源开发及温泉度假村建设、经营

41. 观光农业、休闲农业的开发和经营及其配套设施建设

42. 资源枯竭型城市资源精深加工和接续产业等项目

43. 艺术表演培训、中介服务

黑龙江省

1. 退耕还林还草、天然林保护等国家重点生态工程后续产业开发

2. 黑土地保护利用技术的研发、创新

3. 节水灌溉和旱作节水技术、保护性耕作技术开发与应用

4. 矿区生态系统恢复与重建工程

5. 利用境外资源的木材加工、木制品生产

6. 锰、铁矿石选矿及综合利用

7. 高档肉牛繁育、加工

8. 饮用天然矿泉水生产、天然苏打水生产

9. 日处理甜菜3 000吨及以上甜菜制糖及副产品综合利用

10. 马铃薯繁育及深加工

11. 绿色食品生产

12. 奶粉、奶油、奶酪、液态奶、功能奶等乳制品生产

13. 营养性豆奶粉、传统豆制品、功能性蛋白产品、大豆磷脂等非转基因大豆制品生产加工

14. 生物医药技术开发、生产，天然药、原料药、中成药的深加工（不含涉密处方）

15. 少数民族特需用品、工艺美术品及特色旅游商品纪念品生产

16. 冰雪体育和旅游用品生产

17. 艺术陶瓷、日用陶瓷、工业陶瓷的研发、生产

18. 石墨的高端应用和精深加工

19. 非金属矿（高岭土、石灰石、硅石、石英砂）综合利用（勘探、开采除外）

20. 非金属矿物新材料产业技术研究与开发

21. 石墨烯、碳纤维（含复合材料）等碳系材料的研发生产及终端产品制造

22. 硅基及光伏新材料开发、生产

23. 钛制品加工

24. 切削刀具、量具、刃具制造

25. 现代农业装备及配套农机具的生产：大马力拖拉机配套零部件、水稻插秧机及其它种植机械、玉米收获机、谷物联合收获机、其它收获机及配套零部件

26. 高性能子午线轮胎的生产：无内胎载重子午胎，低断面和扁平化（低于55系列）、大轮辋高性能轿车子午胎（15吋以上），航空轮胎及农用子午胎

27. 燃气轮机研发、制造

28. 清冰雪设备制造

29. 精密超精密机床制造

30. 专用汽车（不包括普通半挂车、自卸车、罐式车、厢式车和仓栅式汽车）制造（须执行《汽车产业投资管理规定》）

31. 汽车零部件制造：六档以上自动变速箱、商用车用高功率密度驱动桥、随动前照灯系统、LED前照灯、轻量化材料应用（高强钢、铝镁合金、复合塑料、粉末冶金、高强度复合纤维等）、离合器、液压减震器、中控盘总成、座椅、电子组合仪表

32. 医疗设备及关键部件开发、生产

33. 生物质能开发、生产、利用

34. 核电装备的生产：核电电机、电缆、核岛堆内构件等关键配套部件研发生产

35. 电网智能管理控制系统设备制造

36. 数字经济相关产业（不涉及网络视听节目服务）：数字商贸、智慧物流等互联网生产服务，智能制造技术研发，公共服务平台和企业创新赋能中心建设，动漫等数字内容服务

37. 宽带业务和增值电信业务（限于中国入世承诺开放的电信业务）

38. 公路旅客运输公司

39. 高等教育机构

40. 城市燃气、热力和供排水管网建设、经营

41. 动漫创作、制作及衍生品开发

42. 文化演出、艺术表演培训和中介服务等产业化开发

43. 体育场馆设施建设、体育赛事（不含电子竞技）运营及体育健身休闲服务

44. 森林、冰雪旅游资源开发及滑雪场建设、经营

45. 温泉资源开发及温泉度假村建设、经营

46. 旅游景区（点）保护、开发和经营及其配套设施建设

47. 观光农业、休闲农业的开发和经营及配套设施建设

48. 资源枯竭型城市资源精深加工和接续产业等项目

49. 康养产业

50. 寒地特色生物产业及寒地测试等寒地产业

安徽省

1. 节水灌溉和旱作节水技术、保护性耕作技术开发与应用

2. 高岭土、煤层气（瓦斯）、矿井水及天然焦等煤炭伴生资源综合利用（勘探、开采除外）

3. 非金属矿（方解石、膨润土、高岭土、凹凸棒粘土、石灰石、石英砂）综合利用（勘查、开采除外）

4. 绿色食品生产

5. 棉、毛、麻、丝、化纤的高档纺织、针织及服装加工生产和相关产品的研发、检测

6. 功能性环保再生涤纶长丝的研发及生产

7. 皮鞋、运动鞋等整鞋制造

8. 天然药、原料药、中成药的深加工（不含涉密处方）

9. 煤焦油深加工

10. 纳米材料等新材料研发、制造

11. 长寿节能环保耐火材料生产

12. 铜、锌、铝等有色金属精深加工及综合利用

13. 高档无缝钢管、石油油井管制造

14. 包装装潢印刷品印刷

15. 特殊品种（超白、超薄、在线 Low-E、中空、超厚）优质浮法玻璃技术开发和深加工

16. 利用木薯、麻风树、橡胶籽等非粮植物为原料的生物液体燃料（燃料乙醇、生物柴油）生产

17. 高性能子午线轮胎的生产：卡车轮胎、无内胎载重子午胎，低断面和扁平化（低于 55 系列）、大轮辋高性能轿车子午胎（15 吋以上），航空轮胎及农用子午胎

18. 高端医用器械、医用敷料制造

19. 汽车零部件制造：六档以上自动变速箱、商用车用高功率密度驱动桥、随动前照灯系统、LED 前照灯、轻量化材料应用（高强钢、铝镁合金、复合塑料、粉末冶金、高强度复合纤维、铝基复合材料等）、离合器、液压减震器、中控盘总成、座椅、轴承

20. 新型干法水泥成套设备制造

21. 电动叉车、30 吨以上液压挖掘机及零部件开发与制造

22. 燃气轮机研发、制造

23. 500 万吨/年及以上矿井、薄煤层综合采掘设备，1 000 万吨级/年及以上大型露天矿关键装备；大型冶金成套设备等重大技术装备用分散型控制系统（DCS）

24. 难选金属矿产选矿设备和大型冶金成套设备制造

25. 医疗设备及关键部件开发、生产

26. 符合国家 1 级能效或 2 级能效家用电器开发、生产

27. 半导体照明材料上下游产品及相关设备的研发、制造

28. 集成电路材料、装备、芯片制造及化合物半导体材料、器件研发、制造

29. 平板显示屏及上下游材料、零部件、装备的研发、制造

30. 智能手机、平板电脑等智能终端产品及关键零部件的技术开发、生产

31. 智能语音、量子通信等设备研发、制造

32. 组件零部件胶膜（EVA）、光伏玻璃、背板、接线盒等基础材料制造

33. 新能源领域能源转换用新材料研发、生产

34. 工程勘察设计、平面设计和自动控制系统设计等创意产业

35. 废弃纸张再利用

36. 生物质能开发、生产、利用

37. 公路旅客运输公司

38. 旅行社

39. 高等教育机构

40. 动漫创作、制作及衍生品开发

41. 城市燃气、热力和供排水管网建设、经营

42. 旅游景区（点）保护、开发和经营及其配套设施建设

43. 资源枯竭型城市资源精深加工和接续产业等项目

江西省

1. 脐橙、蜜桔、甜柚、茶叶、光皮树、油茶、苎麻、竹、山药、荞头、莲、葛、花生、芝麻、艾草等特色、优势植物及道地药材和药食两用作物种植及深加工

2. 园林花卉初级或精深加工

3. 饮用天然矿泉水生产

4. 富硒农产品、食品的开发、生产

5. 铜矿选矿、伴生元素提取及精深加工及循环利用

6. 高岭土、粉石英、硅灰石、海泡石、化工用白云石、花岗石、青石等非金属矿产品精深加工

7. 氟硅有机材料研发、生产

8. 棉、毛、麻、丝、化纤的高档纺织、针织及服装加工生产和相关产品的研发、检测

9. 木质家具设计、利用境外木材资源的木质家具加工

10. 工艺品、园艺用品、竹木制品生产

11. 箱包、服装配饰开发生产

12. 皮鞋、运动鞋等整鞋制造

13. 单条化学木浆 30 万吨/年及以上、化学机械木浆 10 万吨/年及以上、化学竹浆 10 万吨/年及以上的林纸一体化生产线及相应配套的纸及纸板生产线（新闻纸、铜版纸除外）建设，采用清洁生产工艺、以非木纤维为原料、单条 10 万吨/年及以上的纸浆生产线建设

14. 年产 10 万吨以上利用木薯类植物的生物液体燃料生产

15. 利用钨、镍、钴、钽、铌等稀有金属资源深加工、应用产品生产及循环利用

16. 利用乙烯与氯气通过氧氯化法生产 30 万吨/年以上 PVC，废盐酸制氯气等综合利用技术开发与应用

17. 天然药、原料药、中成药的研发与生产（不含涉密处方），满足我国重大、多发性疾病防治需求的通用名药物首次开发和利用

18. 艺术陶瓷、日用陶瓷、工业陶瓷的研发、生产

19. 高性能子午线轮胎的生产：无内胎载重子午胎，低断面和扁平化（低于 55 系列）、大轮辋高性能轿车子午胎（15 吋以上），航空轮胎及农用子午胎

20. 包装装潢印刷品印刷

21. 通讯终端产品及零部件的研发与生产

22. 新型电子元器件覆铜板制造

23. 汽车零部件制造：六档以上自动变速箱、商用车用高功率密度驱动桥、随动前照灯系统、LED 前照灯、轻量化材料应用（高强钢、铝镁合金、复合塑料、粉末冶金、高强度复合纤维等）、离合器、液压减震器、中控盘总成、座椅

24. 医疗设备及关键部件开发、生产

25. 空调、高效节能压缩机及零部件生产

26. 太阳能发电设备及零部件制造

27. 基于锂电池、钠电池、铝电池等新能源电池的分布式储能设备的研发、制造和工程安装

28. 半导体芯片上下游产品研发与生产

29. 半导体照明材料上下游产品及相关设备的研发、制造

30. 锂电池等锂产品生产专用设备的研发、制造

31. 光学部件及镀膜技术的研发、应用及制造

32. 光伏发电系统集成技术开发与应用

33. 宽带业务和增值电信业务（限于中国入世承诺开放的电信业务）

34. 公路旅客运输公司

35. 商业连锁经营、跨区域代理经营等新型流通业

36. 基于虚拟现实（VR）或增强现实（AR）设备的职业和技能培训服务

37. 动漫创作、制作及衍生品开发

38. 养生休闲服务、休闲旅游等休闲产业

39. 旅游景区（点）保护、开发和经营及其配套设施建设

40. 基于虚拟现实（VR）或增强现实（AR）设备的文化创意（不涉及网络视听节目服务），包括软件、硬件开发以及相关虚拟产品和现实周边产品的设计、生产、销售

河南省

1. 优质茶、柳条、大蒜、花生、菊花、金银花、树莓、山茱萸、猕猴桃、香菇酱、粉条、芝麻、食用菌、柑桔、杏梨、软籽石榴等优势及特色农产品和药食两用作物的种植、加工

2. 退耕还林还草、天然林保护等国家重点生态工程后续产业开发

3. 节水灌溉和旱作节水技术、保护性耕作技术开发与应用

4. 调味面、米制品生产

5. 铜、镁、锌、铝、铅、贵金属等有色金属精深加工

6. 棉、毛、麻、丝、化纤的高档纺织、针织及服装加工生产和相关产品的研发、检测

7. 煤层气（煤矿瓦斯）抽采和利用技术产品开发、生产

8. 焦炭副产品综合利用

9. 超硬材料产品生产

10. 天然药、原料药、中成药的深加工（不含涉密处方）

11. 数字化包装装潢印刷品印刷

12. 特殊品种（超白、超薄、在线 Low-E、中空、超厚）优质浮法玻璃技术开发和深加工

13. 高性能子午线轮胎的生产：无内胎载重子午胎，低断面和扁平化（低于 55 系列）、大轮辋高性能轿车子午胎（15 吋以上），航空轮胎及农用子午胎

14. 石墨烯、碳纤维（复合材料）等碳系材料的生产设备（气象沉淀、碳化烧结等）的研发、制造，石墨烯、碳纤维（含复合材料）等碳系材料的研发生产及终端产品制造

15. 液压管材产业生产、研发、检测

16. 汽车零部件制造：六档以上自动变速箱、商用车用高功率密度驱动桥、随动前照灯系统、LED 前照灯、轻量化材料应用（高强钢、铝镁合金、复合塑料、粉末冶金、高强度复合纤维等）、离合器、液压减震器、中控盘总成、座椅

17. 新型医疗器械设备及医用材料生产加工

18. 防疫、防护产品及其生产设备的研发、生产

19. 硅基材料生产、加工及应用

20. 三轴以上联动的高速、精密数控机床及配套数控系统、伺服电机及驱动装置、功能部件、刀具、量具、量仪及高档磨具磨料生产

21. 智能化现代农业装备及配套农机具的生产

22. 300 马力以上配备无级变速器轮式拖拉机，300 马力以上拖拉机关键零部件制造：无级变速拖拉机发动机、变速箱、液力联合控制系统、双输入双输出无级调速装置

23. 500万吨/年及以上矿井、薄煤层综合采掘设备，1 000万吨级/年及以上大型露天矿关键装备；12 000米及以上深井钻机、极地钻机、高位移性深井沙漠钻机、沼泽难进入区域用钻机、海洋钻机、车装钻机、特种钻井工艺用钻机等钻机成套设备

24. 电能综合管理自动化设备制造

25. 太阳能光伏产品生产制造

26. 智能手机、平板电脑等智能终端及关键零部件开发、生产

27. 空调、电冰箱、高效节能压缩机及零部件制造

28. 生物医药技术开发、生产

29. 生物质能开发、生产、利用

30. 宽带业务和增值电信业务（限于中国入世承诺开放的电信业务）

31. 公路货运场站设施的建设和运营

32. 公路旅客运输公司

33. 创意设计、工业设计、软件设计及生产

34. 高等教育机构

35. 动漫创作、制作及衍生品开发

36. 城市燃气、热力和供排水管网建设、经营

37. 观光农业、休闲农业、设施农业的开发和经营及其配套设施建设

38. 健康医疗旅游开发

39. 旅游景区（点）保护、开发和经营及其配套设施建设

湖北省

1. 农林牧渔特色产业发展、研发、加工及出口（不含粮食作物）

2. 农作物新品种选育和种子生产

3. 茶叶种植、加工及收购服务

4. 保护性耕作技术开发与应用

5. 饮用天然矿泉水生产

6. 富硒农产品、食品的开发、生产

7. 高档纺织品及服装工艺技术开发

8. 无纺布及医用纺织品生产

9. 动植物药材、保健品资源的开发、保护和可持续利用，植物花叶根茎产品研发、籽粒榨油深加工

10. 棉、毛、麻、丝、化纤的高档纺织、针织及服装加工生产和相关产品的研发、检测

11. 皮鞋、运动鞋等整鞋制造

12. 包装装潢印刷品印刷

13. 生物医药技术研发、生产

14. 石墨烯、碳纤维（复合材料）等碳系材料的生产设备（气象沉淀、碳化烧结等）的研发、制造，石墨烯、碳纤维（含复合材料）等碳系材料的研发生产及终端产品制造

15. 绿松石精细加工

16. 铜矿及其他有色金属产品延伸加工及循环利用

17. 特殊品种（超白、超薄、在线Low-E、中空、超厚）优质玻璃技术开发和深加工

18. 钟表生产制造

19. 陶瓷卫浴产品生产

20. 空调、高效节能压缩机及零部件制造

21. 节能、节水、环保设备制造及其解决方案应用

22. 汽车零部件开发与制造：六档以上自动变速箱、商用车用高功率密度驱动桥、随动前照灯系统、LED前照灯、轻量化材料应用（高强钢、铝镁合金、碳纤维、复合塑料、粉末冶金、高强度复合纤维等）、离合器、液压减震器、汽车动力转向器、中控盘总成、座椅、燃油共轨喷射系统相关产品、涡轮增压发动机、电机及控制系统、主动安全及自动驾驶控制系统及其关键件和零部件

23. 车用压缩氢气塑料内胆碳纤维全缠绕气瓶

24. 高性能子午线轮胎的生产：无内胎载重子午胎，低断面和扁平化（低于55系列）、大轮辋高性能轿车子午胎（15吋以上），航空轮胎及农用子午胎

25. 三轴以上联动的高速、精密数控机床及配

套数控系统、伺服电机及驱动装置、功能部件、刀具、量具、量仪及高档磨具磨料生产

26. 特种钢丝绳、钢缆(平均抗拉强度>2 200MPa)制造

27. 激光医疗设备开发与制造

28. 高端油气开采装备(石油机械压裂装备)制造

29. 数字医疗系统、社区护理、个人健康维护相关产品开发与应用

30. 柔性显示屏、显示屏材料生产

31. 太阳能发电设备及零部件制造

32. 光电子技术和产品(含光纤预制棒、半导体发光二极管 LED)开发与制造

33. 集成电路材料、装备、芯片制造及化合物半导体材料、器件研发、制造

34. 锂资源加工和相关锂产品的研发、制造

35. 医药化工原料废气、废液、废渣的综合利用

36. 新型医疗器械设备及医用材料生产加工

37. 防疫、防护产品研发、生产

38. 企业食品安全追溯体系开发和建设

39. 生物质能开发、生产、利用

40. 储能技术研发与生产应用(含抽水蓄能、电化学储能、压缩空气储能、飞轮储能、氢储能、热储能等)

41. 宽带业务和增值电信业务(限于中国入世承诺开放的电信业务)

42. 公路旅客运输公司

43. 光储充一体化系统、新能源汽车充电设备技术的开发与应用

44. 商业连锁经营、跨区域代理经营等新型流通业

45. 动漫创作、制作及衍生品开发

46. 城市燃气、热力和供排水管网建设、经营

47. 旅游景区(点)保护、开发和经营及其配套设施建设

48. 健康医疗旅游开发

湖南省

1. 节水灌溉和旱作节水技术、保护性耕作技术开发与应用

2. 油茶等木本油料的种植和加工

3. 企业食品安全追溯体系开发和建设

4. 农牧食品行业全产业链建设与运营

5. 棉、毛、麻、丝、化纤的高档纺织、针织及服装加工生产和相关产品的研发、检测

6. 皮鞋、运动鞋等整鞋制造

7. 箱包、玩具、假发、特色工艺品开发生产

8. 竹木高端环保家具、重组竹材、户外竹材、一次性餐具、竹纤维产品开发与制造

9. 高性能混凝土掺和剂

10. 锰锌精深加工

11. 铋化合物生产

12. 铝基轻金属材料深加工

13. 艺术陶瓷、日用陶瓷、工业陶瓷的研发、生产

14. 天然药、中成药的深加工(不含涉密处方)

15. 激素类药物深度开发

16. 特种(超白、超薄、在线 Low-E、中空、超厚等)优质玻璃技术开发和深加工

17. 高端建筑用热轧无缝钢管、核电用管、超临界高压锅炉用无缝钢管及成品油套管等大口径钢管材加工

18. 高性能子午线轮胎的生产:无内胎载重子午胎,低断面和扁平化(低于 55 系列)、大轮辋高性能轿车子午胎(15 吋以上),航空轮胎及农用子午胎

19. 硬质合金精深加工

20. 双金属高速锯切工具

21. 新能源汽车热管理系统及控制系统研发、制造,包含电驱热管理系统,电池热管理系统以及乘客舱热管理系统及其控制系统的研发、制造

22. 汽车零部件及汽车电子装置开发与制造:

六档以上自动变速箱、商用车用高功率密度驱动桥、随动前照灯系统、LED 前照灯、轻量化材料应用（高强钢、铝镁合金、复合塑料、粉末冶金、高强度复合纤维等）、离合器、液压减震器、中控盘总成、座椅、燃油共轨喷射系统相关产品、涡轮增压发动机、电机及控制系统、主动安全及自动驾驶控制系统

23. 三轴以上联动的高速、精密数控机床及配套数控系统、伺服电机及驱动装置、功能部件、刀具、量具、量仪及高档磨具磨料生产

24. 30 吨以上液压挖掘机、6 米及以上全断面掘进机、320 马力及以上履带推土机、6 吨及以上装载机、600 吨及以上架桥设备（含架桥机、运梁车、提梁机）、400 吨及以上履带起重机、100 吨及以上全地面起重机、钻孔 100 毫米以上凿岩台车、400 千瓦及以上砼冷热再生设备、1 米宽及以上铣刨机；关键零部件：动力换挡变速箱、湿式驱动桥、回转支承、液力变矩器、为电动叉车配套的电机、电控、压力 25 兆帕以上液压马达、泵、控制阀

25. 60C 及以上混凝土输送泵、50 米及以上混凝土泵车、混凝土布料机、混凝土搅拌运输车、混凝土喷射机械手；起升机械：塔式起重机、50 米及以上高空作业车、50 吨级以上轮胎吊；路面机械：12 米及以上沥青路面摊铺机、4 吨以上沥青混凝土搅拌设备、26 吨以上全液压压路机、垃圾收运和处理设备及系统等产品

26. 大型工程机械关键零部件制造：动力换挡变速箱、湿式驱动桥、回转支承、液力变矩器、为电动叉车配套的电机、电控、压力 25 兆帕以上液压马达、泵、控制阀

27. 油茶、竹木产业生产加工机械装备制造

28. 新型橡胶机械成套设备制造

29. 新型医疗器械设备及医用材料生产加工

30. 广域电磁勘探装备开发、生产

31. 大型地下工程装备数字样机及数字孪生开发、生产

32. 电子产品整机、光电子、电子材料、电子元器件、零部件的开发和制造

33. 智能手机、平板电脑等智能终端产品及关键零部件的技术开发、生产

34. 太阳能、风能发电设备及零部件制造

35. 3D 玻璃和陶瓷用感光油墨开发、生产

36. 显示与半导体用高纯金属材料开发、生产

37. 生物质能开发、生产、利用

38. 宽带业务和增值电信业务（限于中国入世承诺开放的电信业务）

39. 公路旅客运输公司

40. 动漫创作、制作及衍生品开发

41. 城市燃气、热力和供排水管网建设、经营

42. 文化演出场所建设、艺术表演培训等服务

43. 体育场馆设施建设、体育赛事（不含电子竞技）运营及体育健身休闲服务

44. 健康医疗旅游开发

45. 旅游景区（点）保护、开发和经营及其配套设施建设

46. 自然遗迹保护、开发和经营及其配套设施建设

广西壮族自治区

1. 农作物新品种选育和种子生产

2. 水果、坚果、含果油、香料及饮料作物种植深加工及综合利用技术研发与应用

3. 退耕还林还草等国家重点生态工程后续产业开发

4. 动植物药材资源开发、生产

5. 营养性豆奶粉、传统豆制品、功能性蛋白产品、大豆磷脂等非转基因大豆制品生产加工

6. 日处理甘蔗 5 000 吨及以上的蔗糖精深加工及副产品综合利用

7. 松香深加工

8. 饮用天然矿泉水生产

9. 啤酒制造产业

10. 木、竹、藤、金属、塑料家具的设计、

制造

11. 棉、毛、麻、丝、化纤的高档纺织、针织及服装加工生产和相关产品的研发、检测

12. 鞋帽、玩具、假发、箱包、皮具开发生产

13. 单条化学木浆30万吨/年及以上、化学机械木浆10万吨/年及以上、化学竹浆10万吨/年及以上的林纸一体化生产线及相应配套的纸及纸板生产线（新闻纸、铜版纸除外）建设，采用清洁生产工艺、以非木纤维为原料、单条10万吨/年及以上的纸浆生产线建设，先进制浆、造纸设备开发与制造，无元素氯（ECF）和全无氯（TCF）化学纸浆漂白工艺开发与应用

14. 石墨烯、碳纤维（复合材料）等碳系材料的生产设备（气象沉淀、碳化烧结等）的研发、制造，石墨烯、碳纤维（含复合材料）等碳系材料的研发生产及终端产品制造

15. 碳酸钙精深加工

16. 锂离子电池用三元和多元、磷酸铁锂等正极材料、中间相炭微球和硅碳等负极材料、单层与三层复合锂离子电池隔膜、氟代碳酸乙烯酯（FEC）等电解质与添加剂开发、生产；废旧电池资源化和绿色循环生产工艺及其装备制造

17. 不锈钢制品生产

18. 铜、铝合金材料及制品生产

19. 锌、锡、锑、钨、锰、铟等金属精深加工

20. 艺术陶瓷、日用陶瓷、工业陶瓷的研发、生产

21. 天然药、原料药、中成药的深加工（不含涉密处方），壮医药、壮医医疗设备的研究、开发

22. 生物医药技术研发及生物药品生产，通过仿制药质量和疗效一致性评价的通用名药物开发和生产

23. 医疗仪器设备、器械及卫生材料、医药用品、药用辅料的研发、制造

24. 特殊品种（超白、超薄、在线Low-E、中空、超厚）优质浮法玻璃技术开发和深加工

25. 利用木薯、麻风树、橡胶籽等非粮植物为原料的生物液体燃料（燃料乙醇、生物柴油）生产

26. 高性能子午线轮胎的生产：无内胎载重子午胎，低断面和扁平化（低于55系列）、大轮辋高性能轿车子午胎（15吋以上），航空轮胎及农用子午胎

27. 汽车整车制造，专用汽车（不包括普通半挂车、自卸车、罐式车、厢式车和仓栅式汽车）制造（须执行《汽车产业投资管理规定》）

28. 汽车零部件制造：六档以上自动变速箱、商用车用高功率密度驱动桥、随动前照灯系统、LED前照灯、轻量化材料应用（高强钢、铝镁合金、复合塑料、粉末冶金、高强度复合纤维等）、离合器、液压减震器、中控盘总成、座椅

29. 符合非道路四阶段排放标准发动机制造

30. 甘蔗种植机、甘蔗收获机等农机具研发及制造

31. 新型橡胶机械成套设备制造

32. 大型工程机械关键零部件制造：动力换挡变速箱、湿式驱动桥、回转支承、液力变矩器、为电动叉车配套的电机、电控、压力25兆帕以上液压马达、泵、控制阀

33. 高端制药设备的开发、生产

34. 光储充一体化，新能源汽车充电设备技术的开发应用或生产加工

35. 智能手机、平板电脑等智能终端产品及关键零部件的技术开发、生产

36. 药物筛选平台、临床技术转化平台、中试放大平台等药物、医疗器械产品研发和生产第三方技术平台

37. 宽带业务和增值电信业务（限于中国入世承诺开放的电信业务）

38. 公路旅客运输公司

39. 会议、展览策划筹备及相关服务

40. 国际船舶代理、外轮理货

41. 船舶供应、第三方船舶管理、航运仲裁、海损理算、航运交易、航运租赁、保税仓储、国际物流配送、航运信息服务、船员服务、海事培训等

航运服务业

42. 跨境旅游、跨境物流、跨境人力资源服务等跨境产业合作的投资开发

43. 高等教育机构

44. 城市燃气、热力和供排水管网建设、经营

45. 动漫创作、制作及衍生品开发

46. 养生休闲服务、休闲旅游等休闲产业

47. 健康医疗旅游开发

48. 旅游景区（点）保护、开发和经营及其配套设施建设

49. 体育场馆设施建设、体育赛事（不含电子竞技）运营及体育健身休闲服务

50. 特色旅游工艺品设计及生产

海南省

1. 农作物、畜禽优良品种选育和种苗生产

2. 热带果树种苗引进、培育、经营

3. 水产品加工及副产品综合利用

4. 椰子、燕窝深加工

5. 海防林恢复、天然林保护、节水灌溉和旱作节水等技术的开发与应用

6. 农业废弃物回收利用技术开发与应用

7. 饮用天然矿泉水生产

8. 生物医药技术开发、生产

9. 海南省中药、民族药的研发、生产

10. 海底矿物勘查、开采

11. 以境外木、藤为原材料的高端家具生产

12. 旅游工艺品创意设计及生产

13. 天然气下游化工产品开发和利用（列入《天然气利用政策》限制类和禁止类的除外）

14. 高性能子午线轮胎的生产：无内胎载重子午胎，低断面和扁平化（低于55系列）、大轮辋高性能轿车子午胎（15吋以上），航空轮胎及农用子午胎

15. 5MW及以上海上风电机组技术开发与设备制造、海上风电场建设

16. 新型医疗器械设备及医用材料生产加工，特别是拥有自主知识产权的医疗仪器设备及器械研发与生产

17. 海洋石油勘探、开采、生产相关的设备研发、制造、检验、维修、销售及配套产业

18. 精密机械手表、机械时钟及零部件制造，智能手表及零部件制造

19. 新能源汽车设计、研发及零部件制造

20. 防疫、防护产品及其生产设备的研发、生产

21. 新能源、清洁能源动力船舶研发

22. 邮轮的设计、制造、维修及相关基础设施设备建设和供船服务、旅游产品经营服务

23. 游艇的设计、制造、维修及相关基础设施设备建设和供船服务、旅游产品经营服务

24. 海洋工程设备研发、制造

25. 高尔夫用具制造

26. 光电子技术和产品（含光纤预制棒、半导体发光二极管LED）开发、制造

27. 智能手机、平板电脑等智能终端产品及关键零部件的技术开发、生产

28. 航天相关设备制造

29. 高端消费品经营

30. 离岸新型国际贸易（技术先进型服务）

31. 宽带业务和增值电信业务（限于中国入世承诺开放的电信业务）

32. 公路旅客运输公司

33. 现代供应链创新与应用

34. 航空油料保障

35. 船用产品、物料供应等船舶供应

36. 国际水上客货运输及辅助业务

37. 国际船舶代理、外轮理货

38. 船舶供应、第三方船舶管理、航运保险、航运仲裁、海损理算、航运交易、航运金融、航运租赁、保税仓储、国际物流配送、航运信息服务、船员服务、海事培训等航运服务业

39. 大宗商品贸易（国家实行配额管理的商品除外）

40. 品牌体验店、品牌直销购物中心、连锁便利店、主题商城

41. 贸易经纪、代理与服务

42. 新能源汽车及零配件销售

43. 全球集拼分拨系统研发及运营管理

44. 旅游、生态、文化主题酒店的建设、运营

45. 机械设备经营租赁

46. 医药器械外包服务（合同研究组织 CRO、医药生产外包 CDMO）

47. 医药咨询

48. 园区管理服务

49. 高端化工品、化工新材料、天然气化工产业的工艺、装置和技术的研发及设计

50. 证券公司、期货公司、保险公司

51. 创业投资、天使投资、其他期货市场服务、资本投资服务

52. 融资租赁服务

53. 医疗设备、公务机、新能源汽车经营租赁及维修服务

54. 钻石、宝玉石珠宝等消费精品设计、加工、制造和贸易

55. 旅行社

56. 外籍人员子女学校

57. 普通高中和高等教育机构

58. 高端专业医疗、康复、护理等医疗卫生服务

59. 城市燃气、热力和供排水管网建设、经营

60. 电影院的建设、经营

61. 互联网上网服务营业场所

62. 动漫创作、制作及衍生品开发

63. 演出经纪机构

64. 娱乐场所经营

65. 体育健康休闲、体育旅游、养生休闲等休闲服务

66. 健康医疗旅游、体育旅游开发

67. 乡村民宿、旅居车旅游的开发和经营及配套设施建设

68. 观光农业、休闲农业的开发和经营及其配套设施建设

69. 旅游景区（点）保护、开发和经营及其配套设施建设

70. 海洋、热带雨林生态旅游资源开发、经营及其配套设施建设

71. 城市综合体概念的旅游社区、旅游度假区

72. 智能体育

重庆市

1. 农林牧渔特色产业发展、技术研发、产品加工及出口

2. 啤酒制造产业

3. 上游石油天然气（特别是四川盆地）矿权空白区域的海相页岩和湖相页岩的勘探、开采和选矿，页岩油气技术开发与应用

4. 天然气下游化工产品生产和开发（列入《天然气利用政策》限制类和禁止类的除外）

5. 聚氨酯主要原料、组合料，高性能、高附加值聚氨酯、工程塑料及下游新材料创新应用产品开发、生产

6. 天然药、原料药、中成药的深加工（不含涉密处方），中医药加工及生物成分萃取，特色原料药和中间体、海外汉方药、化学仿制药生产

7. 生物医药技术开发、生产

8. 石墨烯、碳纤维（复合材料）等碳系材料的生产设备（气象沉淀、碳化烧结等）的研发、制造，石墨烯、碳纤维（含复合材料）等碳系材料的研发生产及终端产品制造

9. 气凝胶节能材料的技术开发和生产应用

10. 长寿节能环保耐火材料生产

11. 特殊品种（超白、超薄、在线 Low-E、中空、超厚、本体着色）优质浮法玻璃技术开发和深加工，汽车级优质浮法玻璃（用于汽车玻璃>产量的 85%及以上）的技术开发

12. 木、竹、藤、金属、塑料家具的设计、制造

13. 棉、毛、麻、丝、化纤的高档纺织、针织及服装加工生产

14. 玩具开发生产

15. 艺术陶瓷、日用陶瓷、工业陶瓷的研发、生产

16. 铝、镁精深加工

17. 环保设备（大气、污水、固废处理设备）制造及其解决方案应用

18. 排气量 250ml 及以上高性能摩托车整车制造及重要零部件制造

19. 汽车整车制造，专用汽车（不包括普通半挂车、自卸车、罐式车、厢式车和仓栅式汽车）制造（须执行《汽车产业投资管理规定》）

20. 高性能子午线轮胎的生产：无内胎载重子午胎，低断面和扁平化（低于 55 系列）、大轮辋高性能轿车子午胎（15 吋以上），航空轮胎及农用子午胎以及列入《当前优先发展的高技术产业化重点领域指南》的子午线轮胎关键原材料

21. 汽车零部件制造：满足国六排放标准及以上的增压直喷汽油机/清洁高效柴油机/驱动系统零部件（离合器、减振器、双质量飞轮）、六档以上自动变速箱（AT、DCT、AMT）、座椅、传动轴、电动转向系统零部件、新能源专用发动机/变速器；新能源车用动力锂电池、驱动电机、电控系统、电制动、电仪表、能量回收系统、电空调、远程监控系统等关键零部件；传动/安全/车身/行驶/信息控制系统、高级驾驶辅助系统（ADAS）、自动驾驶控制系统等智能汽车关键部件；DPF、GPF、SCR 等发动机后处理系统、替代燃料发动机 ECU 控制策略及软硬件；轻量化底盘及车身；轻量化材料应用（高强钢、铝镁合金、复合塑料、粉末冶金、高强度复合纤维等）、行业共性技术平台（汽车风洞、轻量化、全球研发中心等）建设等

22. 储能技术研发与生产应用（含抽水蓄能、电化学储能、压缩空气储能、飞轮储能、氢储能、热储能等）

23. 天然气分布式能源燃气轮机、内燃机的研发、制造

24. 太阳能发电设备及零部件制造

25. 线宽 0.25 微米以下大规模数字集成电路制造

26. 计算机、智能手机、家用电器、智能家居等智能终端产品及元件、器件的技术开发、生产

27. 显示屏、芯片制造用电子特气、化合物半导体、电子化学品的生产、应用

28. 新型医疗器械设备及医用材料、康复用设备及关键部件的开发生产

29. 500 千伏及以上高压直流换流变压器研发、制造

30. 三级能效以上节能环保型家电整机，压缩机、电机、变频器、液晶面板等关键零部件生产，无线输电、裸眼 3D、体感输入等新技术开发

31. 半导体照明材料上下游产品及相关设备的研发、制造

32. 二氧化碳回收、一氧化碳等特殊工业气体制备及应用

33. FINEX 技术及高速、无头连轧技术研发、应用

34. 高精度、高可靠性过程测量仪表，智能传感器制造

35. 商业连锁经营、跨区域代理经营等新型流通业

36. 宽带业务和增值电信业务（限于中国入世承诺开放的电信业务）

37. 平行进口汽车符合性整改

38. 医药和医疗器械研发和生产第三方技术平台运用

39. 高等教育机构

40. 城市燃气、热力和供排水管网建设、经营

41. 数字创意、动漫创作、制作及衍生品开发（不涉及网络视听节目服务）

42. 旅行社经营、旅游景区（点）保护、开发和经营及其配套设施建设

43. 金融机构的金融科技产品研发、应用和服

务输出

44. “三农”、小微企业、个体工商户小额贷款金融服务

45. 太阳能热利用及光伏发电应用一体化建筑，节能建筑、绿色建筑、装配式建筑技术、产品的研发与推广，城镇园林绿化及生态小区建设

四川省

1. 农林牧渔特色产业发展、技术研发、产品加工及出口（包括中药、红薯、柠檬、茶叶，水果酿酒等）

2. 节水灌溉和旱作节水技术、保护性耕作技术开发与应用

3. 上游石油天然气（特别是四川盆地）矿权空白区域的海相页岩和湖相页岩的勘探、开采、选矿，页岩油气技术开发与应用

4. 饮用天然矿泉水生产

5. 啤酒制造产业

6. 棉、毛、麻、丝、化纤的高档纺织、针织及服装加工生产和相关产品的研发、检测

7. 皮鞋、运动鞋等整鞋制造

8. 文具、玩具、教学用具、箱包开发生产

9. 重型瓦楞纸板及纸箱设备制造

10. 木、竹、藤、金属、塑料家具的设计、制造

11. 体育用品及相关产品研发、制造

12. 聚氨酯主要原料、组合料，高性能、高附加值聚氨酯、工程塑料及下游新材料创新应用产品开发、生产

13. 天然药、原料药、中成药的深加工，特色中药材的种植、养殖及加工（不含涉密处方）

14. 生物医药及医药中间体、生物制剂的研发、生产

15. 高端医疗设备及医用材料开发生产

16. 高端医用器械、生物医药制造

17. 恶性肿瘤、心脑血管疾病、神经退行性疾病、糖尿病、自身免疫性疾病、血液系统及其它重大疾病药物生产

18. 流行性呼吸系统疾病、肝炎等重大传染病预防性疫苗及肿瘤、心脑血管新型疫苗生产

19. 钒钛资源综合利用新技术和新产品研发、制造

20. 钛合金精深加工

21. 天然气下游化工产品生产和开发（列入《天然气利用政策》限制类和禁止类的除外）

22. 含氟精细化学品和高品质含氟无机盐生产

23. 特殊品种（超白、超薄、在线 Low-E、中空、超厚）优质浮法玻璃技术开发和深加工

24. 石墨烯、碳纤维（含复合材料）等碳系材料的研发生产及终端产品制造

25. 石墨的高端应用和精深加工

26. 线缆线束（包含高端汽车线缆线束、工业用线束、LVDS 连接线、线缆及配套高分子材料等）的生产制造

27. 硅材料及晶硅光伏新材料的开发、生产

28. 应用于工业、医学、电子、航空航天等领域的特种陶瓷生产及技术、装备开发；陶瓷清洁生产及综合利用技术开发

29. 3D 车载盖板玻璃制造（车内显示屏防护材料）

30. 锂资源加工和相关锂产品的研发、制造

31. 新型放化疗、医用机器人、新型数字医学影像设备等高端诊疗整机设备研发及生产

32. 节能、低温家庭储藏粮食设备研发与制造

33. 大型游乐设施研发制造及检验检测

34. 汽车整车制造，专用汽车（不包括普通半挂车、自卸车、罐式车、厢式车和仓栅式汽车）制造（须执行《汽车产业投资管理规定》）

35. 高性能子午线轮胎的生产：无内胎载重子午胎，低断面和扁平化（低于 55 系列）、大轮辋高性能轿车子午胎（15 吋以上），航空轮胎及农用子午胎

36. 汽车零部件及汽车电子装置开发与制造：六档以上自动变速箱、商用车用高功率密度驱动

桥、随动前照灯系统、LED前照灯、轻量化材料应用（高强钢、铝镁合金、复合塑料、粉末冶金、高强度复合纤维等）、离合器、液压减震器、中控盘总成、座椅、燃油共轨喷射系统相关产品、涡轮增压发动机、电机及控制系统、主动安全及自动驾驶控制系统

37. 30吨以上液压挖掘机、6米及以上全断面掘进机、320马力及以上履带推土机、6吨及以上装载机、600吨及以上架桥设备（含架桥机、运梁车、提梁机）、400吨及以上履带起重机、100吨及以上全地面起重机、钻孔100毫米以上凿岩台车、400千瓦及以上砼冷热再生设备、1米宽及以上铣刨机；关键零部件：动力换挡变速箱、湿式驱动桥、回转支承、液力变矩器、为电动叉车配套的电机、电控、压力25兆帕以上液压马达、泵、控制阀

38. 太阳能发电设备及零部件制造

39. 全钒液流电池开发、生产

40. 储能技术研发与生产应用（含抽水蓄能、电化学储能、压缩空气储能、飞轮储能、氢储能、热储能等）

41. 3 000kW以上大型、重型燃气轮机高温部件及控制系统的研发、制造

42. 半导体照明材料上下游产品及相关设备的研发、制造

43. 精密电子注塑产品开发、生产

44. 液晶电视、数字电视、节能环保电冰箱、智能洗衣机等高档家用电器制造

45. 智能手机、平板电脑等智能终端产品及关键零部件的技术开发、生产

46. 半导体、光电子器件、新型电子元器件等电子产品用材料开发、生产

47. 新型电子元器件制造：高速、敏感电子（气）连接器

48. 医疗及康复用器械、设备及关键部件的开发、生产

49. 天然气压缩机（含煤层气压缩机）制造

50. 环保设备制造及其解决方案应用

51. 工业尾矿及工业生产废弃物及低品位、复杂、难处理矿的资源化利用

52. 工业过程自动控制系统与装置制造：现场总线控制系统，可编程控制器（PLC），两相流量计，固体流量计，新型传感器及现场测量仪表

53. 商业连锁经营、跨区域代理经营等新型流通业

54. 宽带业务和增值电信业务（限于中国入世承诺开放的电信业务）

55. 公路旅客运输公司

56. 观光旅游、体育航空类通用航空公司

57. 卫生咨询、健康管理、医疗知识等医疗信息服务

58. 城市燃气、热力和供排水管网建设、经营

59. 动漫创作、制作及衍生品开发

60. 艺术表演培训和中介服务及文化用品、设备等产业化开发

61. 旅游景区（点）保护、开发和经营及其配套设施建设

62. 健康旅游开发

63. 开发数字文体旅游、康养体育旅游、音乐旅游等产品

贵州省

1. 茶叶的种植、开发、培育、销售、深加工及新品种的育种、推广

2. 富硒农产品种植、栽培技术开发（不含粮食作物）；富硒农产品、食品的开发、生产（不含粮食作物）

3. 蓝莓的种植、开发、培育、销售、深加工及新品种的培育、推广

4. 特色药用植物种植、加工和制药新工艺开发

5. 退耕还林还草、天然林保护等国家重点生态工程后续产业开发

6. 节水灌溉和旱作节水技术开发与应用

7. 马铃薯、魔芋等产品深加工

8. 畜禽、辣椒、苦荞、山药、核桃深加工

9. 棉、毛、麻、丝、化纤的高档纺织、针织及服装加工生产和相关产品的研发、检测

10. 体育用品及相关产品研发、制造

11. 针状焦生产、粗苯精深加工产业

12. 用先进技术对固定层合成氨装置进行优化节能技改项目建设、运营

13. 利用甲醇开发 M100 新型动力燃料及合成氨生产尾气发展新能源

14. 利用工业生产二氧化碳废气发展工业级、食品级二氧化碳

15. 己二酸生产

16. 采用先进技术建设 30 万吨/年及以上煤制合成氨及配套尿素项目建设、运营

17. 动植物药材资源开发、保护和可持续利用

18. 特殊品种（超白、超薄、在线 Low-E、中空、超厚）优质浮法玻璃技术开发和深加工

19. 铝等有色金属精深加工

20. 高性能铝合金系列产品开发

21. 新型短流程钢铁冶炼技术开发及应用

22. 非高炉冶炼技术（直接还原法）开发与应用

23. 磨料磨具产品生产

24. 新型凿岩钎具的开发及用钢材料生产

25. 制酒、制茶用生产设备的制造

26. 新能源电池正负极材料的加工（磷酸铁锂、六氟磷酸锂加工）

27. 半导体照明材料上下游产品及相关设备的研发、制造

28. 动力锂电池材料研发、生产

29. 汽车整车制造，专用汽车（不包括普通半挂车、自卸车、罐式车、厢式车和仓栅式汽车）制造（须执行《汽车产业投资管理规定》）

30. 汽车零部件制造：六档以上自动变速箱、商用车用高功率密度驱动桥、随动前照灯系统、LED 前照灯、轻量化材料应用（高强钢、铝镁合金、复合塑料、粉末冶金、高强度复合纤维等）、离合器、液压减震器、中控盘总成、座椅

31. 有特色优势的特种工程机械、架桥铺路机械、破碎机械、液压基础件、数控机床、节能环保装备、4MW 燃汽轮机及以下产品的开发、制造

32. 复式永磁电机抽油机系列化产品开发、生产

33. 微型马达生产制造

34. 复杂地质条件的矿用开采、掘进、提升、井下运输等特种设备及产品的开发、制造

35. 适用于西部山区的轻便、耐用、低耗中小型耕种收和植保、节水灌溉、小型抗旱设备及粮油作物、茶叶、特色农产品等农业机械开发、制造

36. 太阳能发电设备及零部件制造

37. 宽带业务和增值电信业务（限于中国入世承诺开放的电信业务）

38. 公路旅客运输公司

39. 演出经纪机构

40. 城市燃气、热力和供排水管网建设、经营

41. 茅台生态带综合保护及赤水河流域遥感技术应用

42. 旅游景区（点）保护、开发和经营及其配套设施建设

43. 少数民族特需用品、工艺美术品、银饰、刺绣、蜡染等特色手工艺品、旅游纪念品生产

44. 康养旅游开发

云南省

1. 咖啡、茶叶、油茶、油桐的种植、开发、培育、销售、深加工及新品种的育种和推广

2. 新型天然橡胶开发、应用

3. 天然香料香精生产技术开发及制造

4. 退耕还林还草、天然林保护等国家重点生态工程后续产业开发

5. 高原湖泊保护、污染治理

6. 节水灌溉和旱作节水技术开发与应用

7. 乡村民宿及休闲农业的开发性经营及配套基础设施建设

8. 丘陵山区通用动力平台及配套耕作、栽插、中耕、植保、收获等农业机械研发、制造

9. 高原葡萄育种、种植、生产及葡萄酒酿制

10. 啤酒制造产业

11. 有色金属精深加工

12. 水果、坚果、含油果、香料和饮料作物种植和深加工

13. 日处理甘蔗 3 000 吨及以上的蔗糖精深加工及废糖蜜、蔗渣、蔗叶、滤泥、酒精废液等副产品综合利用

14. 营养食品、保健食品开发和生产

15. 特色食用资源开发及应用

16. 符合生态与环保要求的亚麻加工、开发及副产品综合利用

17. 利用木薯、麻风树、橡胶籽等非粮植物为原料的生物液体燃料（燃料乙醇、生物柴油）生产

18. 棉、毛、麻、丝、化纤的高档纺织、针织及服装加工生产和相关产品的研发、检测

19. 鞋帽、玩具、假发、箱包、皮具开发生产

20. 动植物药材资源开发、保护和可持续利用

21. 以境外木、藤为原料的高端家具生产

22. 体育用品及相关产品的研发制造

23. 包装装潢及其他印刷

24. 民族特需品、特色工艺品及包装容器材生产

25. 生物医药技术开发、生产

26. 天然药、原料药、中成药的深加工，中医药加工及生物成分萃取，特色原料药和中间体、海外汉方药、化学仿制药生产（不含涉密处方）

27. 特殊品种（超白、超薄、在线 Low-E、中空、超厚）优质浮法玻璃技术开发和深加工

28. 绿色铝、绿色硅、绿色钛的生产、精深加工及其应用

29. 有特色优势的特种工程机械、数控机床、节能环保装备开发、生产

30. 生物质能发电设备制造

31. 太阳能、风能发电设备及零部件制造

32. 绿色农业节能环保智能化农机装备（农产品清洗、分级分选、干燥、包装等农机装备）研发、制造

33. 高效植保、产地烘干、精深加工、秸秆处理等环节与耕种收环节机械化集成配套研发、制造

34. 汽车整车制造，专用汽车（不包括普通半挂车、自卸车、罐式车、厢式车和仓栅式汽车）制造（须执行《汽车产业投资管理规定》）

35. 石灰石矿山固体废弃物综合治理

36. 第四代、第五代及后续移动通信系统电信设备、智能终端、零部件的生产制造和相关软硬件的技术研发、技术服务

37. 新型数据中心相关软硬件系统、设备、零部件的生产制造、技术研发和技术服务

38. 物联网相关软硬件系统、设备、零部件的生产制造、技术研发和技术服务

39. 跨境物流和冷链物流

40. 宽带业务和增值电信业务（限于中国入世承诺开放的电信业务）

41. 商业连锁经营、跨区域代理经营等新型流通业

42. 储能技术研发与生产应用（含抽水蓄能、电化学储能、压缩空气储能、飞轮储能、氢储能、热储能等）

43. 观光农业、休闲农业的开发和经营及其配套设施建设

44. 艺术表演培训、中介服务，生态旅游资源开发

45. 旅游景区（点）保护、开发和经营及其配套设施建设

46. 文化演出场所建设、演出经纪机构

47. 健康医疗旅游开发

西藏自治区

1. 高原特色农畜产品（青稞、牛、羊等）种植、养殖及生产加工

2. 牧草饲料作物种植及深加工

3. 退耕还林还草、天然林保护等国家重点生态工程后续产业开发

4. 节水灌溉和旱作节水技术开发与应用

5. 盐湖资源的开发利用

6. 饮用天然矿泉水生产

7. 牛羊绒、皮革产品深加工及藏毯生产

8. 花卉与苗圃基地的建设经营

9. 林下资源的培植技术研发和林下产品深加工

10. 青稞、牧草等农作物新技术的开发利用

11. 高原特色食品资源开发利用及生产加工

12. 天然药、原料药、中成药的深加工（不含涉密处方）

13. 藏药新品种、新剂型产品生产

14. 少数民族特需用品、工艺美术品、包装容器材料、日用玻璃制品及特色旅游商品纪念品生产

15. 环保设备制造及解决方案应用

16. 太阳能、地能、风能发电设备及零部件制造

17. 新型医疗器械设备及医用材料生产加工

18. 矿区生态系统修复与重建工程

19. 宽带业务和增值电信业务（限于中国入世承诺开放的电信业务）

20. 公路旅客运输公司

21. 商业网点建设、仓储物流基础设施建设、商业连锁经营、跨区域代理经营等流通业

22. 储能技术研发与生产应用（含抽水蓄能、电化学储能、压缩空气储能、飞轮储能、氢储能、热储能等）

23. 城市燃气、热力和供排水管网建设、经营

24. 观光农业、休闲农业的开发和经营及配套设施建设

25. 旅游景区（点）保护、开发和经营及其配套设施建设

26. 温泉资源开发及温泉度假村建设

陕西省

1. 农作物新品种选育和种子生产

2. 小杂粮、马铃薯、红薯、辣椒、苦荞、山药、核桃种植及产品开发、生产及深加工

3. 富硒特色农产品开发（不含粮食作物）

4. 中药材生产质量管理规范（GAP）生产基地建设

5. 退耕还林还草、天然林保护、水源地保护等国家重点生态工程后续产业开发

6. 节水灌溉和旱作节水技术、保护性耕作技术和设施农业技术开发与应用

7. 棉、毛、麻、丝、化纤的高档纺织、针织及服装加工生产和相关产品的研发、检测

8. 动植物药材资源开发、保护和可持续利用

9. 煤炭分制利用：煤制甲醇—烯烃及下游煤制芳烃—乙二醇聚酯生产

10. 煤炭液化制油品及化学品生产

11. 天然气下游化工产品的生产与开发（列入《天然气利用政策》限制类和禁止类的除外）

12. 生物医药技术开发生产

13. 特殊品种（超白、超薄、在线 Low-E、中空、超厚）优质浮法玻璃技术开发和深加工

14. 钒合金制品生产加工

15. 铝、镁、钛金属精深加工

16. 动物专用抗菌原料药（包括抗生素、化学合成类）、动物疫苗生产

17. 五轴以上联动的高速、精密数控机床及配套数控系统、伺服电机及驱动装置、功能部件、刀具、量具、量仪及高档磨具磨料生产

18. 新型医疗器械设备及医用材料生产加工

19. 防疫、防护产品及其生产设备的研发、生产

20. 配电开关控制设备制造

21. 高炉煤气能量回收透平装置设计制造

22. 汽车整车制造，专用汽车（不包括普通半挂车、自卸车、罐式车、厢式车和仓栅式汽车）制造（须执行《汽车产业投资管理规定》）

23. 汽车零部件制造：商用车用符合第六阶段及以上排放标准的中重型发动机、高功率密度驱动

桥、随动前照灯系统、LED 前照灯、离合器、液压减震器、中控盘总成、座椅、轻量化材料应用

24. 高压输变电及控制设备的研发

25. 集成电路及生产设备研发生产

26. 智能手机、平板电脑等智能终端产品及关键零部件的技术开发、生产

27. 柔性显示屏、显示屏材料生产

28. 接触显示和通讯终端产品及零部件的研发、生产

29. 商业连锁经营、跨区域代理经营等新型流通业

30. 宽带业务和增值电信业务（限于中国入世承诺开放的电信业务）

31. 公路旅客运输公司

32. 会议、展览策划筹备及相关服务

33. 高等教育机构

34. 动漫创作、制作及衍生品开发

35. 城市燃气、热力和供排水管网建设、经营

36. 体育赛事（不含电子竞技）运营及体育健身休闲服务

37. 观光农业、休闲农业的开发和经营及其配套设施建设

38. 养生休闲服务、休闲旅游等休闲产业

39. 旅行社

40. 旅游景区（点）保护、开发和经营及其配套设施建设

41. 资源枯竭型城市资源精深加工和接续产业等项目

甘肃省

1. 节水灌溉和旱作节水技术、保护性耕作技术开发与应用

2. 瓜果、蔬菜、花卉种子的开发、生产

3. 现代丝路寒旱农业优势特色农畜产品规模化标准化种植、养殖及深加工

4. 利用境外资源的木材加工

5. 特色中药材的种植、养殖及加工，中药材生产质量管理规范（GAP）生产基地建设

6. 天然气下游化工产品生产和开发（列入《天然气利用政策》限制类和禁止类的除外）

7. 石油及化学产业的延伸加工

8. 化工原料废气、废液、废渣的综合利用

9. 防疫、防护产品及其生产设备的研发、生产

10. 生物医药及医药中间体、生物制剂的研发、生产

11. 医疗设备及关键部件开发、生产

12. 石墨烯、碳纤维（复合材料）等碳系材料的生产设备（气象沉淀、碳化烧结等）的研发、制造，石墨烯、碳纤维（含复合材料）等碳系材料的研发生产及终端产品制造

13. 铝、铜、镍等有色金属精深加工

14. 高新技术有色金属材料及其产品生产：锂电池电极用铝箔，电解铜箔、高性能铜镍

15. 钛合金加工

16. 高密度、高精度、形状复杂的粉末冶金零件及汽车、工程机械等链条的制造

17. 石油钻采、炼化设备等高端装备制造

18. 汽车整车制造，专用汽车（不包括普通半挂车、自卸车、罐式车、厢式车和仓栅式汽车）制造（须执行《汽车产业投资管理规定》）

19. 不锈钢制品生产

20. 高性能铝合金系列产品开发

21. 新型短流程钢铁冶炼技术开发及应用

22. 锂离子电池开发、生产

23. 集成电路研发、封装、测试

24. 数控机床、金属切削机床的生产及研发

25. 自润滑轴承、各类机械轴承及零部件制造

26. 高中低压输配电气设备生产

27. 汽车零部件制造：六档以上自动变速箱、商用车用高功率密度驱动桥、随动前照灯系统、LED 前照灯、轻量化材料应用（高强钢、铝镁合金、复合塑料、粉末冶金、高强度复合纤维等）、离合器、液压减震器、中控盘总成、座椅

28. 太阳能、风能发电及设备制造业

29. 商业连锁经营、跨区域代理经营等新型流通业

30. 动漫创作、制作及衍生品开发

31. 城市燃气、热力和供排水管网建设、经营

32. 体育场馆设施建设、体育赛事（不含电子竞技）运营及体育健身休闲服务

33. 养生休闲服务、休闲旅游等休闲产业

34. 旅游景区（点）保护、开发和经营及其配套设施建设

青海省

1. 高原动植物资源保护、种养与加工利用

2. 枸杞、青稞等种植及深加工

3. 饲料加工

4. 退耕还林还草、退牧还草、天然林保护、水土保持及水生态综合治理等国家重点生态工程后续产业开发

5. 节水灌溉和旱作节水技术、保护性耕作技术、设施农业技术、光伏农业技术开发与应用

6. 有机天然农畜产品基地建设和产品精深加工

7. 特色手工艺品、工艺美术品、旅游纪念品设计生产

8. 长寿节能环保耐火材料生产

9. 石英、石膏等优势非金属矿产品及深加工制品（勘探、开采除外）

10. 铜、铝、镁等有色金属精深加工

11. 钛金属精深加工

12. 镍金属精深加工

13. 铝基、镁基、钛基、锂基及镍基等新型金属合金材料的研发及生产

14. 中、藏药新品种、新剂型产品生产

15. 特殊品种（超白、超薄、在线 Low-E、中空、超厚）优质浮法玻璃技术开发和深加工

16. 聚甲醛、聚苯硫醚等工程塑料生产

17. 烯烃下游精深加工产品

18. 工业尾矿及工业生产废弃物及低品位、复杂、难处理矿的资源化利用

19. 汽车整车制造，专用汽车（不包括普通半挂车、自卸车、罐式车、厢式车和仓栅式汽车）制造（须执行《汽车产业投资管理规定》）

20. 半导体照明材料上下游产品及相关设备的研发、制造

21. 太阳能、风能发电设备及零部件制造

22. 光伏发电系统集成技术开发与应用

23. 锂电产品生产及专用设备研发、制造

24. 宽带业务和增值电信业务（限于中国入世承诺开放的电信业务）

25. 公路旅客运输公司

26. 水利工程的建设和运营

27. 城市及农村燃气、热力和供排水管网建设、经营

28. 商业连锁经营、跨区域代理经营等新型流通业

29. 体育场馆设施建设、体育赛事（不含电子竞技）运营及体育健身休闲服务

30. 生态旅游资源保护性开发和经营及其配套设施建设

宁夏回族自治区

1. 马铃薯种子生产

2. 瓜果、蔬菜、花卉种子的选育生产

3. 退耕还林还草、退牧还草、天然林保护等国家重点生态工程后续产业开发

4. 节水灌溉和旱作节水技术、保护性耕作技术开发与应用

5. 枸杞、葡萄、马铃薯、小杂粮等种植及深加工

6. 沙生中药材、沙区生态经济林、沙区瓜果、沙区设施农业、沙料建材、沙区新能源和沙漠旅游休闲等沙产业

7. 饲料加工

8. 牛乳蛋白、干酪素等高端乳制品深加工

9. 棉、毛、麻、丝、化纤的高档纺织、针织及服装加工生产和相关产品的研发、检测

10. 旅游工艺品创意设计及生产

11. 高性能硅油、硅橡胶、树脂，高品质氟树脂，高性能氟橡胶，含氟精细化学品和高品质含氟无机盐等开发、生产

12. 碳基材料、碳纤维开发、生产

13. 氨纶纤维制造

14. 钽、铌等稀有金属材料的精深加工

15. 铝合金、镁合金、硅、锰合金等新材料的研发及生产

16. 绿色电极糊、冷捣糊的开发及生产

17. 电池及电子专用材料制造

18. 液晶显示材料及有机电致发光显示材料制造

19. 高性能子午线轮胎的生产：全钢子午轮胎、无内胎载重子午胎，低断面和扁平化（低于55系列）、大轮辋高性能轿车子午胎（15吋以上），航空轮胎及农用子午胎

20. 汽车整车制造，专用汽车（不包括普通半挂车、自卸车、罐式车、厢式车和仓栅式汽车）制造（须执行《汽车产业投资管理规定》）

21. 三轴以上联动的高速、精密数控机床及配套数控系统、伺服电机及驱动装置、功能部件、刀具、量具、量仪及高档磨具磨料生产

22. 500万吨/年及以上矿井、薄煤层综合采掘设备，1 000万吨级/年及以上大型露天矿关键装备

23. 枸杞智能采摘机械研发生产

24. 太阳能发电系统、风力发电场建设及运营

25. 特殊环境自动控制、智能化仪器、仪表、阀门技术开发

26. 宽带业务和增值电信业务（限于中国入世承诺开放的电信业务）

27. 公路旅客运输公司

28. 国际货物多式联运、公铁海多式联运、国际道路货物运输，国际物流供应链管理

29. 高等教育机构

30. 旅行社

31. 城市燃气、热力和供排水管网建设、经营

32. 养生休闲服务、旅游休闲度假等休闲产业

33. 旅游景区（点）保护、开发和经营及其配套设施建设

新疆维吾尔自治区（含新疆生产建设兵团）

1. 肉牛、肉羊现代化标准化养殖

2. 休闲农业的开发和经营及配套设施建设

3. 退耕还林还草、退牧还草、天然林保护等国家重点生态工程后续产业开发

4. 节水灌溉和旱作节水技术、保护性耕作技术、设施农业、有机农业的开发与应用

5. 优质番茄、甜菜、香梨、葡萄、西甜瓜、红枣、核桃、杏子、石榴、辣椒和枸杞等优质特色农产品的种植及深加工

6. 葡萄副产物（葡萄叶子、葡萄籽等）加工

7. 优质酿酒葡萄基地（葡萄原酒、葡萄蒸馏酒供应基地）建设及葡萄酒（干葡萄酒、冰葡萄酒、传统慕萨莱思葡萄酒）生产

8. 高档营养配方、优质工业乳粉、奶酪、酪蛋白、奶油、炼乳、酸奶等固态、半固态乳制品生产

9. 饲料加工

10. 亚麻、沙棘、薰衣草、玫瑰花的种植及其制品生产

11. 纺织服装产业零配件和辅件制造

12. 棉、毛、麻、丝、化纤的高档纺织、针织及服装加工生产和相关产品的研发、检测

13. 鞋帽、玩具、假发、箱包、皮具开发生产

14. 大理石、东陵玉、蛭石、云母、石棉、菱镁矿、石灰石、红柱石、石材等非金属矿产的综合利用（勘探、开发除外）

15. 石墨的高端应用和精深加工

16. 煤炭加工应用技术开发

17. 油气伴生资源综合利用

18. 放空天然气回收利用

19. 特色药用植物种植、加工和制药新工艺开发

20. 民族特需用品、工艺美术品、包装容器材

料、日用玻璃制品及手工地毯、玉雕、民族刺绣等特色手工艺品、旅游纪念品生产

21. 新型医疗器械设备及医用材料生产加工

22. 特殊品种（超白、超薄、在线 Low-E、中空、超厚）优质浮法玻璃技术开发和深加工

23. 铝基、硅基及高分子膜新材料的研发及生产

24. 铜、锌、铝等有色金属精深加工

25. 农副产品加工设备制造

26. 智能化现代农业装备及配套农机具的生产

27. 专业剪毛机械设备的制造，包括：软轴式剪毛机，硬轴剪毛机，电动剪毛机及配套剪毛刀片、零部件

28. 电子元器件、手机、智能穿戴、计算机外围设备等电子产品组装

29. 环保设备制造及其解决方案应用

30. 汽车整车制造，专用汽车（不包括普通半挂车、自卸车、罐式车、厢式车和仓栅式汽车）制造（须执行《汽车产业投资管理规定》）

31. 杂粮加工专用设备开发、生产

32. 太阳能、风能发电设备及零部件制造

33. 石油及采矿等特种设备制造

34. 智能电网设备、电气成套控制系统设备制造

35. 小型清雪设备制造

36. 钢铁冶金固体废弃物综合利用、脱硫石膏、煤粉灰、电石渣综合利用及制品、污水净化处理成套设备制造

37. 化工原料废气、废液、废渣的综合利用

38. 宽带业务和增值电信业务（限于中国入世承诺开放的电信业务）

39. 公路旅客运输公司

40. 商业连锁经营、跨区域代理经营等新型流通业

41. 机械设备经营租赁

42. 城市燃气、热力和供排水管网建设、经营

43. 旅行社

44. 健康医疗旅游开发

45. 旅游景区（点）保护、开发和经营及其配套设施建设

46. 冰雪运动和旅游用品生产

47. 沙漠旅游、沙漠康养、沙区生态农业、沙料建材等沙漠经济产业

附　录

APPENDIX

全国海关特殊监管区域分布及名单（截至2022年12月31日）

序号	省、自治区、直辖市	名　称
1	北　京	北京天竺综合保税区
2		北京大兴国际机场综合保税区
3	天　津	天津东疆综合保税区
4		天津滨海新区综合保税区
5		天津港综合保税区
6		天津泰达综合保税区
7	河　北	曹妃甸综合保税区
8		秦皇岛综合保税区
9		廊坊综合保税区
10		石家庄综合保税区
11	山　西	太原武宿综合保税区
12	内蒙古	呼和浩特综合保税区
13		鄂尔多斯综合保税区
14		满洲里综合保税区
15	辽　宁	大连大窑湾综合保税区
16		大连湾里综合保税区
17		大连保税区
18		营口综合保税区
19		沈阳综合保税区
20	吉　林	长春兴隆综合保税区
21		珲春综合保税区
22	黑龙江	绥芬河综合保税区
23		哈尔滨综合保税区
24	上　海	洋山特殊综合保税区
25		上海浦东机场综合保税区
26		上海外高桥港综合保税区
27		上海外高桥保税区
28		松江综合保税区
29		金桥综合保税区
30		青浦综合保税区
31		漕河泾综合保税区
32		奉贤综合保税区
33		嘉定综合保税区

全国海关特殊监管区域分布及名单（截至2022年12月31日）（续）

序号	省、自治区、直辖市	名　称
34	江　苏	张家港保税港区
35		苏州工业园综合保税区
36		昆山综合保税区
37		苏州高新技术产业开发区综合保税区
38		无锡高新区综合保税区
39		盐城综合保税区
40		淮安综合保税区
41		南京综合保税区
42		连云港综合保税区
43		镇江综合保税区
44		常州综合保税区
45		吴中综合保税区
46		吴江综合保税区
47		扬州综合保税区
48		常熟综合保税区
49		武进综合保税区
50		泰州综合保税区
51		南通综合保税区
52		太仓港综合保税区
53		江阴综合保税区
54		徐州综合保税区
55	浙　江	宁波梅山综合保税区
56		宁波保税区
57		宁波北仑港综合保税区
58		宁波前湾综合保税区
59		舟山港综合保税区
60		杭州综合保税区
61		嘉兴综合保税区
62		金义综合保税区
63		温州综合保税区
64		义乌综合保税区
65		绍兴综合保税区
66		台州综合保税区

全国海关特殊监管区域分布及名单(截至2022年12月31日)(续)

序号	省、自治区、直辖市	名　　称
67	安　徽	芜湖综合保税区
68		合肥经济技术开发区综合保税区
69		合肥综合保税区
70		马鞍山综合保税区
71		安庆综合保税区
72	福　建	厦门海沧港综合保税区
73		泉州综合保税区
74		厦门象屿综合保税区
75		厦门象屿保税区
76		福州保税区
77		福州综合保税区
78		福州江阴港综合保税区
79	江　西	九江综合保税区
80		南昌综合保税区
81		赣州综合保税区
82		井冈山综合保税区
83	山　东	潍坊综合保税区
84		济南综合保税区
85		东营综合保税区
86		章锦综合保税区
87		淄博综合保税区
88		青岛前湾综合保税区
89		烟台综合保税区
90		威海综合保税区
91		青岛胶州湾综合保税区
92		青岛西海岸综合保税区
93		临沂综合保税区
94		日照综合保税区
95		青岛即墨综合保税区
96		青岛空港综合保税区

全国海关特殊监管区域分布及名单(截至2022年12月31日)(续)

序号	省、自治区、直辖市	名　称
97	河　南	郑州新郑综合保税区
98		郑州经开综合保税区
99		南阳卧龙综合保税区
100		洛阳综合保税区
101		开封综合保税区
102	湖　北	武汉东湖综合保税区
103		武汉经开综合保税区
104		武汉新港空港综合保税区
105		宜昌综合保税区
106		襄阳综合保税区
107		黄石棋盘洲综合保税区
108	湖　南	衡阳综合保税区
109		郴州综合保税区
110		湘潭综合保税区
111		岳阳城陵矶综合保税区
112		长沙黄花综合保税区
113	广　东	广州南沙综合保税区
114		广州白云机场综合保税区
115		深圳前海综合保税区
116		深圳盐田综合保税区
117		福田保税区
118		深圳坪山综合保税区
119		广州黄埔综合保税区
120		广州保税区
121		广东广州出口加工区
122		东莞虎门港综合保税区
123		珠海保税区
124		珠澳跨境工业区珠海园区
125		珠海高栏港综合保税区
126		汕头综合保税区
127		梅州综合保税区
128		湛江综合保税区

全国海关特殊监管区域分布及名单(截至2022年12月31日)(续)

序号	省、自治区、直辖市	名 称
129	广 西	钦州综合保税区
130		广西凭祥综合保税区
131		北海综合保税区
132		南宁综合保税区
133		梧州综合保税区
134	海 南	海南洋浦保税港区
135		海口综合保税区
136		海口空港综合保税区
137	重 庆	重庆西永综合保税区
138		重庆两路果园港综合保税区
139		重庆江津综合保税区
140		重庆涪陵综合保税区
141		重庆万州综合保税区
142		重庆永川综合保税区
143	四 川	成都高新综合保税区
144		成都高新西园综合保税区
145		绵阳综合保税区
146		成都国际铁路港综合保税区
147		泸州综合保税区
148		宜宾综合保税区
149	贵 州	贵阳综合保税区
150		贵安综合保税区
151		遵义综合保税区
152	云 南	昆明综合保税区
153		红河综合保税区
154	陕 西	西安综合保税区
155		西安关中综合保税区
156		西安高新综合保税区
157		西安航空基地综合保税区
158		宝鸡综合保税区
159		陕西西咸空港综合保税区
160		陕西杨凌综合保税区
161	甘 肃	兰州新区综合保税区

全国海关特殊监管区域分布及名单（截至2022年12月31日）（续）

序号	省、自治区、直辖市	名 称
162	宁 夏	银川综合保税区
163	新 疆	阿拉山口综合保税区
164		乌鲁木齐综合保税区
165		霍尔果斯综合保税区
166		喀什综合保税区
167	青 海	西宁综合保税区
168	西 藏	拉萨综合保税区

资料来源：海关总署。

全国保税物流中心（B 型）分布及名单（截至 2022 年 12 月 31 日）

序号	省、自治区、直辖市	项目名称
1	北京	北京亦庄保税物流中心
2	天津	天津经济技术开发区保税物流中心
3		蓟州保税物流中心
4	河北	河北武安保税物流中心
5		唐山港京唐港区保税物流中心
6		辛集保税物流中心
7	山西	山西方略保税物流中心
8		山西兰花保税物流中心
9		大同国际陆港保税物流中心
10	内蒙古	巴彦淖尔市保税物流中心
11		包头市保税物流中心
12		七苏木保税物流中心
13		赤峰保税物流中心
14	辽宁	营口港保税物流中心
15		盘锦港保税物流中心
16		铁岭保税物流中心
17		锦州港保税物流中心
18	吉林	吉林市保税物流中心
19		延吉国际空港经济开发区保税物流中心
20	黑龙江	黑河保税物流中心
21		牡丹江保税物流中心
22	上海	上海西北物流园区保税物流中心
23		虹桥商务区保税物流中心
24	江苏	连云港保税物流中心
25		徐州保税物流中心
26		如皋港保税物流中心
27		大丰港保税物流中心
28		江苏海安保税物流中心
29		新沂保税物流中心
30		靖江保税物流中心
31		南京空港保税物流中心

全国保税物流中心（B型）分布及名单（截至2022年12月31日）（续）

序号	省、自治区、直辖市	项目名称
32	浙江	杭州保税物流中心
33		义乌保税物流中心
34		湖州保税物流中心
35		湖州德清保税物流中心
36		宁波栎社保税物流中心
37		宁波镇海保税物流中心
38	安徽	蚌埠（皖北）保税物流中心
39		合肥空港保税物流中心
40		安徽皖东南保税物流中心
41		铜陵（皖中南）保税物流中心
42		皖江江南保税物流中心
43	福建	厦门火炬（翔安）保税物流中心
44		漳州台商投资区保税物流中心
45		泉州石湖港保税物流中心
46		翔福保税物流中心
47	江西	龙南保税物流中心
48	山东	青岛西海岸新区保税物流中心
49		烟台福山回里保税物流中心
50		菏泽内陆港保税物流中心
51		鲁中运达保税物流中心
52		青岛保税港区诸城功能区保税物流中心
53	河南	河南德众保税物流中心
54		河南商丘保税物流中心
55		河南民权保税物流中心
56		河南许昌保税物流中心
57	湖北	黄石棋盘洲保税物流中心
58		宜昌三峡保税物流中心
59		襄阳保税物流中心
60		仙桃保税物流中心
61		荆门保税物流中心
62	湖南	长沙金霞保税物流中心
63		株洲铜塘湾保税物流中心

全国保税物流中心（B型）分布及名单（截至2022年12月31日）（续）

序号	省、自治区、直辖市	项目名称
64	广东	佛山国通保税物流中心
65		东莞保税物流中心
66		东莞清溪保税物流中心
67		深圳机场保税物流中心
68		中山保税物流中心
69		湛江保税物流中心
70		江门大广海湾保税物流中心
71	广西	防城港保税物流中心
72		柳州保税物流中心
73	海南	三亚市保税物流中心
74	重庆	重庆铁路保税物流中心
75		重庆南彭公路保税物流中心
76		重庆果园保税物流中心
77	四川	成都空港保税物流中心
78		天府新区成都片区保税物流中心
79		南充保税物流中心
80	云南	昆明高新保税物流中心
81		腾俊国际陆港保税物流中心
82	甘肃	武威保税物流中心
83	青海	青海曹家堡保税物流中心
84	宁夏	石嘴山保税物流中心
85	新疆	奎屯保税物流中心

资料来源：海关总署。

中国跨境电子商务综合试验区名单（截至 2022 年 12 月 31 日）

序号	所属地区	名称	获批时间	批次
1	浙江省	中国（杭州）跨境电子商务综合试验区	2015 年 3 月 7 日	第一批
2	浙江省	中国（宁波）跨境电子商务综合试验区	2016 年 1 月 12 日	第二批
3	浙江省	中国（义乌）跨境电子商务综合试验区	2018 年 7 月 24 日	第三批
4	浙江省	中国（温州）跨境电子商务综合试验区	2019 年 12 月 15 日	第四批
5	浙江省	中国（绍兴）跨境电子商务综合试验区	2019 年 12 月 15 日	第四批
6	浙江省	中国（湖州）跨境电子商务综合试验区	2020 年 4 月 27 日	第五批
7	浙江省	中国（嘉兴）跨境电子商务综合试验区	2020 年 4 月 27 日	第五批
8	浙江省	中国（衢州）跨境电子商务综合试验区	2020 年 4 月 27 日	第五批
9	浙江省	中国（台州）跨境电子商务综合试验区	2020 年 4 月 27 日	第五批
10	浙江省	中国（丽水）跨境电子商务综合试验区	2020 年 4 月 27 日	第五批
11	浙江省	中国（金华）跨境电子商务综合试验区	2022 年 1 月 22 日	第六批
12	浙江省	中国（舟山）跨境电子商务综合试验区	2022 年 1 月 22 日	第六批
13	河南省	中国（郑州）跨境电子商务综合试验区	2016 年 1 月 12 日	第二批
14	河南省	中国（洛阳）跨境电子商务综合试验区	2019 年 12 月 15 日	第四批
15	河南省	中国（南阳）跨境电子商务综合试验区	2020 年 4 月 27 日	第五批
16	河南省	中国（焦作）跨境电子商务综合试验区	2022 年 11 月 14 日	第七批
17	河南省	中国（许昌）跨境电子商务综合试验区	2022 年 11 月 14 日	第七批
18	天津市	中国（天津）跨境电子商务综合试验区	2016 年 1 月 12 日	第二批
19	上海市	中国（上海）跨境电子商务综合试验区	2016 年 1 月 12 日	第二批
20	重庆市	中国（重庆）跨境电子商务综合试验区	2016 年 1 月 12 日	第二批
21	安徽省	中国（合肥）跨境电子商务综合试验区	2016 年 1 月 12 日	第二批
22	安徽省	中国（芜湖）跨境电子商务综合试验区	2019 年 12 月 15 日	第四批
23	安徽省	中国（安庆）跨境电子商务综合试验区	2020 年 4 月 27 日	第五批
24	安徽省	中国（马鞍山）跨境电子商务综合试验区	2022 年 1 月 22 日	第六批
25	安徽省	中国（宣城）跨境电子商务综合试验区	2022 年 1 月 22 日	第六批
26	安徽省	中国（蚌埠）跨境电子商务综合试验区	2022 年 11 月 14 日	第七批

中国跨境电子商务综合试验区名单（截至2022年12月31日）（续）

序号	所属地区	名称	获批时间	批次
27	广东省	中国（广州）跨境电子商务综合试验区	2016年1月12日	第二批
28		中国（深圳）跨境电子商务综合试验区		
29		中国（珠海）跨境电子商务综合试验区	2018年7月24日	第三批
30		中国（东莞）跨境电子商务综合试验区		
31		中国（汕头）跨境电子商务综合试验区	2019年12月15日	第四批
32		中国（佛山）跨境电子商务综合试验区		
33		中国（梅州）跨境电子商务综合试验区	2020年4月27日	第五批
34		中国（惠州）跨境电子商务综合试验区		
35		中国（中山）跨境电子商务综合试验区		
36		中国（江门）跨境电子商务综合试验区		
37		中国（湛江）跨境电子商务综合试验区		
38		中国（茂名）跨境电子商务综合试验区		
39		中国（肇庆）跨境电子商务综合试验区		
40		中国（韶关）跨境电子商务综合试验区	2022年1月22日	第六批
41		中国（汕尾）跨境电子商务综合试验区		
42		中国（河源）跨境电子商务综合试验区		
43		中国（阳江）跨境电子商务综合试验区		
44		中国（清远）跨境电子商务综合试验区		
45		中国（潮州）跨境电子商务综合试验区		
46		中国（揭阳）跨境电子商务综合试验区		
47		中国（云浮）跨境电子商务综合试验区		
48	四川省	中国（成都）跨境电子商务综合试验区	2016年1月12日	第二批
49		中国（泸州）跨境电子商务综合试验区	2019年12月15日	第四批
50		中国（德阳）跨境电子商务综合试验区	2020年4月27日	第五批
51		中国（绵阳）跨境电子商务综合试验区		
52		中国（南充）跨境电子商务综合试验区	2022年1月22日	第六批
53		中国（眉山）跨境电子商务综合试验区		
54		中国（宜宾）跨境电子商务综合试验区	2022年11月14日	第七批
55		中国（达州）跨境电子商务综合试验区		

中国跨境电子商务综合试验区名单（截至2022年12月31日）（续）

序号	所属地区	名称	获批时间	批次
56	辽宁省	中国（大连）跨境电子商务综合试验区	2016 年 1 月 12 日	第二批
57		中国（沈阳）跨境电子商务综合试验区	2018 年 7 月 24 日	第三批
58		中国（抚顺）跨境电子商务综合试验区	2019 年 12 月 15 日	第四批
59		中国（营口）跨境电子商务综合试验区	2020 年 4 月 27 日	第五批
60		中国（盘锦）跨境电子商务综合试验区		
61		中国（鞍山）跨境电子商务综合试验区	2022 年 11 月 14 日	第七批
62	山东省	中国（青岛）跨境电子商务综合试验区	2016 年 1 月 12 日	第二批
63		中国（威海）跨境电子商务综合试验区	2018 年 7 月 24 日	第三批
64		中国（济南）跨境电子商务综合试验区	2019 年 12 月 15 日	第四批
65		中国（烟台）跨境电子商务综合试验区		
66		中国（东营）跨境电子商务综合试验区	2020 年 4 月 27 日	第五批
67		中国（潍坊）跨境电子商务综合试验区		
68		中国（临沂）跨境电子商务综合试验区		
69		中国（淄博）跨境电子商务综合试验区	2022 年 1 月 22 日	第六批
70		中国（日照）跨境电子商务综合试验区		
71		中国（枣庄）跨境电子商务综合试验区	2022 年 11 月 14 日	第七批
72		中国（济宁）跨境电子商务综合试验区		
73		中国（泰安）跨境电子商务综合试验区		
74		中国（德州）跨境电子商务综合试验区		
75		中国（聊城）跨境电子商务综合试验区		
76		中国（滨州）跨境电子商务综合试验区		
77		中国（菏泽）跨境电子商务综合试验区		
78	江苏省	中国（苏州）跨境电子商务综合试验区	2016 年 1 月 12 日	第二批
79		中国（南京）跨境电子商务综合试验区	2018 年 7 月 24 日	第三批
80		中国（无锡）跨境电子商务综合试验区		
81		中国（徐州）跨境电子商务综合试验区	2019 年 12 月 15 日	第四批
82		中国（南通）跨境电子商务综合试验区		
83		中国（常州）跨境电子商务综合试验区	2020 年 4 月 27 日	第五批
84		中国（连云港）跨境电子商务综合试验区		
85		中国（淮安）跨境电子商务综合试验区		
86		中国（盐城）跨境电子商务综合试验区		
87		中国（宿迁）跨境电子商务综合试验区		
88		中国（扬州）跨境电子商务综合试验区	2022 年 1 月 22 日	第六批
89		中国（镇江）跨境电子商务综合试验区		
90		中国（泰州）跨境电子商务综合试验区		

中国跨境电子商务综合试验区名单（截至2022年12月31日）（续）

序号	所属地区	名称	获批时间	批次
91	北京市	中国（北京）跨境电子商务综合试验区	2018 年 7 月 24 日	第三批
92	内蒙古自治区	中国（呼和浩特）跨境电子商务综合试验区	2018 年 7 月 24 日	第三批
93		中国（赤峰）跨境电子商务综合试验区	2019 年 12 月 15 日	第四批
94		中国（满洲里）跨境电子商务综合试验区	2020 年 4 月 27 日	第五批
95		中国（鄂尔多斯）跨境电子商务综合试验区	2022 年 1 月 22 日	第六批
96		中国（包头）跨境电子商务综合试验区	2022 年 11 月 14 日	第七批
97	吉林省	中国（长春）跨境电子商务综合试验区	2018 年 7 月 24 日	第三批
98		中国（珲春）跨境电子商务综合试验区	2019 年 12 月 15 日	第四批
99		中国（吉林）跨境电子商务综合试验区	2020 年 4 月 27 日	第五批
100		中国（延吉）跨境电子商务综合试验区	2022 年 11 月 14 日	第七批
101	黑龙江省	中国（哈尔滨）跨境电子商务综合试验区	2018 年 7 月 24 日	第三批
102		中国（绥芬河）跨境电子商务综合试验区	2019 年 12 月 15 日	第四批
103		中国（黑河）跨境电子商务综合试验区	2020 年 4 月 27 日	第五批
104		中国（同江）跨境电子商务综合试验区	2022 年 11 月 14 日	第七批
105	江西省	中国（南昌）跨境电子商务综合试验区	2018 年 7 月 24 日	第三批
106		中国（赣州）跨境电子商务综合试验区	2019 年 12 月 15 日	第四批
107		中国（九江）跨境电子商务综合试验区	2020 年 4 月 27 日	第五批
108		中国（景德镇）跨境电子商务综合试验区	2022 年 1 月 22 日	第六批
109		中国（上饶）跨境电子商务综合试验区		
110		中国（萍乡）跨境电子商务综合试验区	2022 年 11 月 14 日	第七批
111		中国（新余）跨境电子商务综合试验区		
112		中国（宜春）跨境电子商务综合试验区		
113		中国（吉安）跨境电子商务综合试验区		
114	湖北省	中国（武汉）跨境电子商务综合试验区	2018 年 7 月 24 日	第三批
115		中国（黄石）跨境电子商务综合试验区	2019 年 12 月 15 日	第四批
116		中国（宜昌）跨境电子商务综合试验区	2020 年 4 月 27 日	第五批
117		中国（襄阳）跨境电子商务综合试验区	2022 年 1 月 22 日	第六批
118	湖南省	中国（长沙）跨境电子商务综合试验区	2018 年 7 月 24 日	第三批
119		中国（岳阳）跨境电子商务综合试验区	2019 年 12 月 15 日	第四批
120		中国（湘潭）跨境电子商务综合试验区	2020 年 4 月 27 日	第五批
121		中国（郴州）跨境电子商务综合试验区		
122		中国（衡阳）跨境电子商务综合试验区	2022 年 11 月 14 日	第七批
123		中国（株洲）跨境电子商务综合试验区		

中国跨境电子商务综合试验区名单（截至2022年12月31日）（续）

序号	所属地区	名称	获批时间	批次
124	广西壮族自治区	中国（南宁）跨境电子商务综合试验区	2018年7月24日	第三批
125		中国（崇左）跨境电子商务综合试验区	2020年4月27日	第五批
126		中国（贺州）跨境电子商务综合试验区	2022年11月14日	第七批
127		中国（柳州）跨境电子商务综合试验区		
128	海南省	中国（海口）跨境电子商务综合试验区	2018年7月24日	第三批
129		中国（三亚）跨境电子商务综合试验区	2020年4月27日	第五批
130	贵州省	中国（贵阳）跨境电子商务综合试验区	2018年7月24日	第三批
131		中国（遵义）跨境电子商务综合试验区	2020年4月27日	第五批
132		中国（铜仁）跨境电子商务综合试验区	2022年11月14日	第七批
133	云南省	中国（昆明）跨境电子商务综合试验区	2018年7月24日	第三批
134		中国（德宏）跨境电子商务综合试验区	2020年4月27日	第五批
135		中国（红河）跨境电子商务综合试验区	2022年1月22日	第六批
136		中国（大理）跨境电子商务综合试验区	2022年11月14日	第七批
137	陕西省	中国（西安）跨境电子商务综合试验区	2018年7月24日	第三批
138		中国（延安）跨境电子商务综合试验区	2020年4月27日	第五批
139		中国（宝鸡）跨境电子商务综合试验区	2022年1月22日	第六批
140	甘肃省	中国（兰州）跨境电子商务综合试验区	2018年7月24日	第三批
141		中国（天水）跨境电子商务综合试验区	2020年4月27日	第五批
142	福建省	中国（厦门）跨境电子商务综合试验区	2018年7月24日	第三批
143		中国（福州）跨境电子商务综合试验区	2019年12月15日	第四批
144		中国（泉州）跨境电子商务综合试验区		
145		中国（漳州）跨境电子商务综合试验区	2020年4月27日	第五批
146		中国（莆田）跨境电子商务综合试验区		
147		中国（龙岩）跨境电子商务综合试验区		
148		中国（南平）跨境电子商务综合试验区	2022年11月14日	第七批
149		中国（宁德）跨境电子商务综合试验区		
150	河北省	中国（唐山）跨境电子商务综合试验区	2018年7月24日	第三批
151		中国（石家庄）跨境电子商务综合试验区	2019年12月15日	第四批
152		中国（雄安新区）跨境电子商务综合试验区	2020年4月27日	第五批
153		中国（廊坊）跨境电子商务综合试验区	2022年11月14日	第七批
154		中国（沧州）跨境电子商务综合试验区		

中国跨境电子商务综合试验区名单（截至2022年12月31日）（续）

序号	所属地区	名称	获批时间	批次
155	山西省	中国（太原）跨境电子商务综合试验区	2019 年 12 月 15 日	第四批
156		中国（大同）跨境电子商务综合试验区	2020 年 4 月 27 日	第五批
157		中国（运城）跨境电子商务综合试验区	2022 年 11 月 14 日	第七批
158	青海省	中国（海东）跨境电子商务综合试验区	2019 年 12 月 15 日	第四批
159		中国（西宁）跨境电子商务综合试验区	2020 年 4 月 27 日	第五批
160	宁夏回族自治区	中国（银川）跨境电子商务综合试验区	2019 年 12 月 15 日	第四批
161	新疆维吾尔自治区	中国（乌鲁木齐）跨境电子商务综合试验区	2020 年 4 月 27 日	第五批
162		中国（喀什）跨境电子商务综合试验区	2022 年 1 月 22 日	第六批
163		中国（阿拉山口）跨境电子商务综合试验区	2022 年 11 月 14 日	第七批
164		中国（伊犁哈萨克）跨境电子商务综合试验区		
165	西藏自治区	中国（拉萨）跨境电子商务综合试验区	2022 年 11 月 14 日	第七批

资料来源：根据国务院文件整理。

中国国民经济与社会发展总量指标

指　标	单　位	1978年	1990年	2000年	2021年	2022年
人口						
年末总人口	万人	96 259	114 333	126 743	141 260	141 175
城镇人口	万人	17 245	30 195	45 906	91 425	92 071
乡村人口	万人	79 014	84 138	80 837	49 835	49 104
国民经济核算						
国内生产总值	亿元	3 678.7	18 872.9	100 280.1	1 149 237.0	1 210 207.2
第一产业	亿元	1 018.5	5 017.2	14 717.4	83 216.5	88 345.1
第二产业	亿元	1 755.1	7 744.1	45 663.7	451 544.1	483 164.5
第三产业	亿元	905.1	6 111.6	39 899.1	614 476.4	638 697.6
人均国内生产总值	元	385	1 663	7 942	81 370	85 698
就业和失业						
就业人员	万人	40 152	64 749	72 085	74 652	73 351
#城镇就业人员	万人	9 514	17 041	23 151	46 773	45 931
城镇登记失业人员	万人	530	383	595	1 040	1 203
居民收入						
全国居民人均可支配收入	元	171	904	3 721	35 128	36 883
城镇居民人均可支配收入	元	343	1 510	6 256	47 412	49 283
农村居民人均可支配收入	元	134	686	2 282	18 931	20 133
财政						
一般公共预算收入	亿元	1 132.3	2 937.1	13 395.2	202 554.6	203 703.5
一般公共预算支出	亿元	1 122.1	3 083.6	15 886.5	245 673.0	260 609.2
能源						
一次能源生产总量	万吨标准煤	62 770	103 922	138 570	427 115	466 000
能源消费总量	万吨标准煤	57 144	98 703	146 964	525 896	541 000
固定资产投资						
全社会固定资产投资总额	亿元		4 517.0	32 917.7	552 884.2	579 555.5
#房地产开发	亿元		253.3	4 984.1	147 602.1	132 895.4
对外贸易和实际使用外资						
货物进出口总额	亿元	355.0	5 560.1	39 273.3	390 921.7	420 678.2
出口额	亿元	167.7	2 985.8	20 634.4	217 287.4	239 654.0
进口额	亿元	187.4	2 574.3	18 638.8	173 634.3	181 024.2
外商直接投资	亿美元		34.9	407.2	1 809.6	1 891.3
主要农业、工业产品产量						
粮食	万吨	30 477	44 624	46 218	68 285	68 653
棉花	万吨	217	451	442	573	598
油料	万吨	522	1 613	2 955	3 613	3 654
肉类	万吨	943	2 857	6 014	8 990	9 328
原煤	亿吨	6.18	10.80	13.84	41.26	45.59
原油	万吨	10 405	13 831	16 300	19 888	20 472
水泥	万吨	6 524	20 971	59 700	237 724	212 951
粗钢	万吨	3 178	6 635	12 850	103 524	101 796
发电量	亿千瓦时	2 566	6 212	13 556	85 342	88 487

中国国民经济与社会发展总量指标（续）

指 标	单 位	1978 年	1990 年	2000 年	2021 年	2022 年
建筑业						
建筑业总产值	亿元		1 345	12 498	293 027	311 980
消费品零售						
社会消费品零售总额	亿元	1 559	8 300	38 447	440 823	439 733
运输和邮电						
客运量	万人	253 993	772 682	1 478 573	830 257	558 738
货运量	万吨	319 431	970 602	1 358 682	5 298 499	5 152 571
邮政业务总量	亿元	14.9	46.0	232.8	13 698.3	14 316.7
电信业务总量	亿元	19.2	109.6	4 559.9	17 197.5	17 497.5
移动电话用户	万户		1.8	8 453	164 282	168 344
固定电话用户	万户	193	685	14 483	18 070	17 941
金融						
金融机构人民币各项存款余额	亿元	1 155	13 943	123 804	2 322 500	2 584 998
金融机构人民币各项贷款余额	亿元	1 890	17 511	99 371	1 926 903	2 139 853
科技、教育、卫生、文化						
研究与试验发展经费支出	亿元			896	27 956	30 870
技术市场成交额	亿元			651	37 294	47 791
在校学生数						
#普通、职业本专科	万人	86	206	556	3 496	3 659
普通高中	万人	1 553	717	1 201	2 605	2 714
初中阶段	万人	4 995	3 917	6 256	5 018	5 121
小学阶段	万人	14 624	12 241	13 013	10 780	10 732
医院数	万个	0.93	1.44	1.63	3.66	3.70
医院床位数	万张	110	187	217	741	766
执业（助理）医师	万人	98	176	208	429	444
社会保障						
参加基本养老保险人数	万人		6 166	13 617	102 871	105 301
参加基本医疗保险人数	万人			3 787	136 297	134 570
参加失业保险人数	万人			10 408	22 958	23 807
参加工伤保险人数	万人			4 350	28 287	29 111
参加生育保险人数	万人			3 002	23 752	24 608
社会保险基金收入	亿元		187	2 645	96 937	102 034

数据来源：国家统计局。

注：1. 2000 年社会消费品零售总额根据第四次全国经济普查结果及有关制度规定进行了修订。

2. 本表价值量指标中，邮政、电信业务总量 2000 年及以前按 1990 年不变价格计算；2021 年起邮政业务总量按 2020 年不变价格计算，电信业务总量按上年不变价格计算；其余指标按当年价格计算。

3. 2022 年社会保障数据为快报数。2017 年及以后大部分省份参加新型农村合作医疗的人员并入城乡居民基本医疗保险参保人数中；2016 年及以前主要为城镇基本医疗保险参保人数。

京津冀、长江经济带、长江三角洲主要经济指标（2022 年）

指　标	单　位	京津冀	占全国比重（%）	长　江经济带	占全国比重（%）	长　江三角洲	占全国比重（%）
人口							
年末常住人口	万人	10 967.0	7.8	60 806.0	43.1	23 694.0	16.8
国民经济核算							
地区生产总值	亿元	100 292.7	8.3	559 766.4	46.5	290 288.8	24.1
第一产业	亿元	4 795.0	5.4	37 785.4	42.8	10 894.8	12.3
第二产业	亿元	29 694.1	6.2	224 358.3	46.7	119 140.4	24.8
第三产业	亿元	65 803.6	10.4	297 622.7	46.9	160 253.6	25.3
对外贸易							
货物进出口总额	亿元	50 523.0	12.0	193 045.4	45.9	150 724.8	35.8
出口总额	亿元	13 101.0	5.5	119 087.8	49.7	91 038.9	38.0
进口总额	亿元	37 422.0	20.7	73 957.6	40.9	59 685.9	33.0
农业							
主要农产品产量							
粮食	万吨	4 166.6	6.1	24 152.8	35.2	8 585.8	12.5
棉花	万吨	14.2	2.4	24.4	4.1	3.6	0.6
油料	万吨	116.7	3.2	1 765.2	48.3	302.9	8.3
工业							
规模以上工业企业利润总额	亿元	4 765.4	5.7	38 210.3	45.5	20 168.8	24.0
建筑业							
建筑业总产值	亿元	25 568.8	8.2	173 862.0	55.7	85 497.7	27.4
消费品零售							
社会消费品零售总额	亿元	31 086.3	7.1	222 625.5	50.6	111 179.9	25.3

数据来源：国家统计局。

注：1. 长江经济带包括上海、江苏、浙江、安徽、江西、湖北、湖南、重庆、四川、贵州、云南。

2. 长江三角洲包括上海、江苏、浙江、安徽。

三大需求对国内生产总值增长的贡献率和拉动

年　份	最终消费支出		资本形成总额		货物和服务净出口	
	贡献率（%）	拉动（百分点）	贡献率（%）	拉动（百分点）	贡献率（%）	拉动（百分点）
1978	38.7	4.5	66.7	7.8	-5.4	-0.6
1980	78.1	6.1	20.1	1.6	1.8	0.1
1981	89.4	4.6	-1.7	-0.1	12.3	0.6
1982	56.7	5.1	22.6	2.0	20.7	1.9
1983	75.0	8.1	33.0	3.6	-8.0	-0.9
1984	69.3	10.5	41.3	6.3	-10.6	-1.6
1985	71.9	9.7	79.6	10.7	-51.5	-6.9
1986	50.6	4.5	15.2	1.4	34.2	3.1
1987	41.5	4.8	25.9	3.0	32.6	3.8
1988	43.8	4.9	55.3	6.2	0.9	0.1
1989	79.4	3.3	0.0	0.0	20.6	0.9
1990	89.0	3.5	-69.4	-2.7	80.5	3.2
1991	61.2	5.7	37.2	3.4	1.6	0.2
1992	56.9	8.1	52.3	7.4	-9.2	-1.3
1993	58.5	8.1	54.8	7.6	-13.3	-1.9
1994	35.1	4.6	33.7	4.4	31.2	4.1
1995	46.7	5.1	46.1	5.0	7.2	0.8
1996	62.3	6.2	33.8	3.4	3.8	0.4
1997	42.6	3.9	14.5	1.3	42.9	4.0
1998	65.6	5.1	27.7	2.2	6.7	0.5
1999	88.7	6.8	21.2	1.6	-9.9	-0.8
2000	78.8	6.7	21.7	1.8	-0.5	0.0
2001	50.0	4.2	63.5	5.3	-13.5	-1.1
2002	58.1	5.3	40.0	3.7	1.9	0.2
2003	36.1	3.6	68.8	6.9	-4.9	-0.5
2004	42.9	4.3	62.0	6.3	-4.9	-0.5
2005	56.8	6.5	33.1	3.8	10.1	1.1
2006	43.2	5.5	42.5	5.4	14.3	1.8
2007	47.9	6.8	44.2	6.3	7.8	1.1
2008	44.0	4.2	53.3	5.1	2.7	0.3
2009	57.6	5.4	85.3	8.0	-42.8	-4.0
2010	47.4	5.0	63.4	6.7	-10.8	-1.1
2011	65.7	6.3	41.1	3.9	-6.8	-0.6
2012	55.4	4.4	42.1	3.3	2.5	0.2
2013	50.2	3.9	53.1	4.1	-3.3	-0.3
2014	56.3	4.2	45.0	3.3	-1.3	-0.1
2015	69.0	4.9	22.6	1.6	8.4	0.6
2016	66.0	4.5	45.7	3.1	-11.7	-0.8
2017	55.9	3.9	39.5	2.7	4.7	0.3
2018	64.0	4.3	43.2	2.9	-7.2	-0.5
2019	58.6	3.5	28.9	1.7	12.6	0.7
2020	-6.8	-0.2	81.5	1.8	25.3	0.6
2021	58.3	4.9	19.8	1.7	21.9	1.9
2022	32.8	1.0	50.1	1.5	17.1	0.5

数据来源：国家统计局。

注：1. 本表按不变价格计算。三大需求指支出法国内生产总值的三大构成项目，即最终消费支出、资本形成总额、货物和服务净出口。

2. 贡献率指三大需求增量分别与支出法国内生产总值增量之比。

3. 拉动指国内生产总值增长速度分别与三大需求贡献率的乘积。

中国分地区网上零售额（2022 年）

地　区	网上零售额（亿元）	比上年增长（%）	#实物商品网上零售额（亿元）	比上年增长（%）
全国总计	**137 853.2**	**4.0**	**119 642.1**	**6.2**
北　京	11 153.3	-1.2	8 190.0	-0.6
天　津	1 851.4	13.1	1 634.6	14.4
河　北	4 192.5	16.4	3 891.5	16.8
山　西	847.4	15.2	701.3	21.1
内蒙古	500.2	0.5	344.4	-1.2
辽　宁	2 145.8	15.2	1 818.1	14.2
吉　林	555.3	-7.4	408.4	-9.5
黑龙江	744.0	4.5	618.0	4.9
上　海	11 760.6	-10.0	9 991.5	-10.9
江　苏	12 208.9	5.1	10 782.8	7.0
浙　江	19 476.6	1.6	17 306.7	9.8
安　徽	3 435.6	9.5	3 019.0	11.4
福　建	7 738.0	9.3	7 142.2	9.7
江　西	2 598.5	18.1	2 311.8	17.5
山　东	6 698.7	7.5	5 957.1	9.6
河　南	3 665.5	13.1	3 088.8	16.7
湖　北	3 744.2	7.2	3 216.0	6.7
湖　南	2 549.0	11.3	2 116.7	14.5
广　东	29 478.4	5.6	27 144.8	5.9
广　西	1 056.9	8.4	785.9	15.0
海　南	572.4	10.9	443.8	23.0
重　庆	1 352.2	6.3	1 002.8	11.0
四　川	4 161.1	2.3	3 419.0	5.5
贵　州	564.5	14.0	383.8	13.3
云　南	1 080.5	5.1	810.1	7.3
西　藏	91.4	-4.9	75.4	-4.9
陕　西	1 643.6	8.7	1 378.1	12.2
甘　肃	293.4	1.7	224.2	14.4
青　海	82.8	3.8	53.1	6.2
宁　夏	167.3	-2.3	108.2	19.3
新　疆	344.5	-7.7	257.9	-6.5

数据来源：国家统计局。

中国分地区货运量和货物周转量（2022 年）

地 区	货运量（万吨）	#铁路	#公路	#水路	货物周转量（亿吨公里）	#铁路	#公路	#水路
全国总计	**5 152 571**	**498 424**	**3 711 928**	**855 352**	**231 783**	**35 945.7**	**68 958.0**	**121 003.1**
北 京	18 918	368	18 549		1 017	791.6	225.4	
天 津	52 898	11 754	30 382	10 761	2 666	574.3	604.9	1 486.6
河 北	232 136	30 212	196 727	5 197	14 234	5 506.0	7 890.3	837.9
山 西	211 540	104 514	107 024	1	6 473	3 308.7	3 164.3	0.0
内蒙古	211 615	84 906	126 709		5 221	3 079.7	2 141.0	
辽 宁	166 281	22 394	139 403	4 484	4 611	1 304.5	2 777.5	529.1
吉 林	46 467	5 654	40 813		1 874	596.9	1 276.7	
黑龙江	52 119	12 955	38 616	547	1 852	969.3	846.1	36.2
上 海	141 059	512	44 846	95 701	32 370	20.7	844.4	31 504.6
江 苏	279 143	10 010	159 936	109 197	11 829	382.0	3 207.6	8 239.7
浙 江	321 583	5 453	205 935	110 195	13 545	286.6	2 650.4	10 607.9
安 徽	394 061	7 912	245 982	140 167	11 282	849.0	3 696.0	6 736.8
福 建	169 091	4 816	106 939	57 336	11 340	206.4	1 260.6	9 873.3
江 西	196 926	5 200	178 366	13 360	5 120	619.1	4 086.4	414.2
山 东	334 165	36 174	276 906	21 085	14 273	1 896.7	7 912.6	4 464.2
河 南	259 983	12 156	230 055	17 772	11 751	2 748.0	7 716.2	1 286.9
湖 北	209 475	6 279	144 979	58 217	7 544	1 224.1	2 058.8	4 261.3
湖 南	213 251	4 827	186 123	22 301	2 932	1 015.6	1 465.0	450.9
广 东	351 809	11 707	242 474	97 628	28 078	362.7	2 710.3	25 005.0
广 西	213 331	9 805	163 219	40 307	5 173	741.4	1 885.6	2 545.9
海 南	30 007	911	6 844	22 252	9 964	13.0	39.5	9 911.2
重 庆	135 491	1 899	111 915	21 678	3 880	303.7	1 063.3	2 513.2
四 川	186 423	8 045	172 329	6 049	3 202	1 068.5	1 858.0	275.6
贵 州	94 999	6 672	87 870	456	1 417	680.2	722.9	14.2
云 南	145 857	6 009	139 217	630	2000	528.0	1 463.4	8.4
西 藏	4 024	91	3 934		130	27.7	102.8	
陕 西	164 723	43 505	121 188	30	4 369	2 497.9	1 871.0	0.0
甘 肃	72 945	8 861	64 084		3 681	1 990.2	1 690.3	
青 海	18 467	3 594	14 874		703	527.4	175.3	
宁 夏	48 623	10 160	38 463		874	276.0	597.8	
新 疆	88 293	21 068	67 225		2 503	1 549.6	953.6	
不分地区	86 868				5 876			

数据来源：国家统计局。

注：不分地区合计中包括民航、管道等完成数。货运量和货物周转量的全国总计等于分省数与不分地区数据之和。

中国港口货物、集装箱吞吐量（2022年）

港口	货物吞吐量		外贸货物吞吐量		集装箱吞吐量	
	总计（万吨）	比上年增长（%）	总计（万吨）	比上年增长（%）	总计（万标准集装箱）	比上年增长（%）
全国总计	**1 568 453**	**0.9**	**460 728**	**-1.9**	**29 587**	**4.7**
沿海合计	**1 013 102**	**1.6**	**412 719**	**-1.5**	**26 073**	**4.6**
辽　宁	74 051	-6.0	24 233	-11.1	1 195	5.3
河　北	127 667	3.4	34 769	7.3	498	3.7
天　津	54 902	3.7	30 530	3.8	2 102	3.7
山　东	189 036	6.1	98 755	-0.8	3 757	9.0
上　海	66 832	-4.3	39 834	-4.0	4 730	0.6
江　苏	43 654	14.5	15 910	-6.1	609	12.6
浙　江	154 094	3.4	59 036	-0.2	3 796	8.8
福　建	71 408	3.2	25 766	-0.7	1 800	3.1
广　东	175 517	-3.4	63 319	-4.3	6 490	1.0
广　西	37 134	3.7	16 756	0.4	702	16.8
海　南	18 806	-7.7	3 810	1.2	392	17.2
内河合计	**555 351**	**-0.3**	**48 009**	**-5.7**	**3 515**	**5.2**
黑龙江	363	-8.5	95	0.1	1	6.7
山　东	8 397	27.5			4	—
上　海	5 945	-16.8	25	—		
江　苏	280 674	-0.7	39 691	-6.7	1 784	8.9
浙　江	37 876	-13.6	235	-10.8	143	17.3
安　徽	60 793	4.2	1 553	2.0	214	4.9
江　西	22 592	-1.4	469	5.7	89	13.3
河　南	2 265	5.1			3	112.3
湖　北	56 467	15.6	1 917	7.2	313	10.0
湖　南	14 166	0.5	408	-11.4	123	49.4
广　东	29 284	4.6	2 920	-1.9	575	-11.5
广　西	19 619	-1.1	111	-3.7	124	4.9
重　庆	12 795	—	463	—	113	—
四　川	3 216	57.3	123	-12.2	29	9.5
贵　州	28	12.3				
云　南	873	45.1				

数据来源：国家统计局。

人民币对主要外币年平均汇价

（中间价）

单位：人民币元

年　份	100 美元	100 日元	100 港元	100 欧元
1981	170. 50	0. 773 5	30. 41	
1982	189. 25	0. 760 7	31. 15	
1983	197. 57	0. 831 8	27. 36	
1984	232. 70	0. 978 0	29. 71	
1985	293. 67	1. 245 7	37. 57	
1986	345. 28	2. 069 4	44. 22	
1987	372. 21	2. 579 9	47. 74	
1988	372. 21	2. 908 2	47. 70	
1989	376. 51	2. 736 0	48. 28	
1990	478. 32	3. 323 3	61. 39	
1991	532. 33	3. 960 2	68. 45	
1992	551. 46	4. 360 8	71. 24	
1993	576. 20	5. 202 0	74. 41	
1994	861. 87	8. 437 0	111. 53	
1995	835. 10	8. 922 5	107. 96	
1996	831. 42	7. 635 2	107. 51	
1997	828. 98	6. 860 0	107. 09	
1998	827. 91	6. 348 8	106. 88	
1999	827. 83	7. 293 2	106. 66	
2000	827. 84	7. 686 4	106. 18	
2001	827. 70	6. 807 5	106. 08	
2002	827. 70	6. 623 7	106. 07	800. 58
2003	827. 70	7. 146 6	106. 24	936. 13
2004	827. 68	7. 655 2	106. 23	1 029. 00
2005	819. 17	7. 448 4	105. 30	1 019. 53
2006	797. 18	6. 857 0	102. 62	1 001. 90
2007	760. 40	6. 463 2	97. 46	1 041. 75
2008	694. 51	6. 742 7	89. 19	1 022. 27
2009	683. 10	7. 298 6	88. 12	952. 70
2010	676. 95	7. 727 9	87. 13	897. 25
2011	645. 88	8. 105 0	82. 97	900. 11
2012	631. 25	7. 903 7	81. 38	810. 67
2013	619. 32	6. 332 3	79. 85	822. 19
2014	614. 28	5. 819 6	79. 22	816. 51
2015	622. 84	5. 154 3	80. 34	691. 41
2016	664. 23	6. 124 3	85. 58	734. 26
2017	675. 18	6. 024 4	86. 64	763. 03
2018	661. 74	5. 989 0	84. 43	780. 16
2019	689. 85	6. 334 7	88. 05	772. 55
2020	689. 76	6. 462 6	88. 93	787. 55
2021	645. 15	5. 873 5	83. 00	762. 93
2022	672. 61	5. 126 1	85. 89	707. 21

数据来源：国家统计局。

中国黄金和外汇储备

年 份	黄金储备（万盎司）	外汇储备（亿美元）
1978	1 280	1. 67
1980	1 280	-12. 96
1981	1 267	27. 08
1982	1 267	69. 86
1983	1 267	89. 01
1984	1 267	82. 20
1985	1 267	26. 44
1986	1 267	20. 72
1987	1 267	29. 23
1988	1 267	33. 72
1989	1 267	55. 50
1990	1 267	110. 93
1991	1 267	217. 12
1992	1 267	194. 43
1993	1 267	211. 99
1994	1 267	516. 20
1995	1 267	735. 97
1996	1 267	1 050. 29
1997	1 267	1 398. 90
1998	1 267	1 449. 59
1999	1 267	1 546. 75
2000	1 267	1 655. 74
2001	1 608	2 121. 65
2002	1 929	2 864. 07
2003	1 929	4 032. 51
2004	1 929	6 099. 32
2005	1 929	8 188. 72
2006	1 929	10 663. 44
2007	1 929	15 282. 49
2008	1 929	19 460. 30
2009	3 389	23 991. 52
2010	3 389	28 473. 38
2011	3 389	31 811. 48
2012	3 389	33 115. 89
2013	3 389	38 213. 15
2014	3 389	38 430. 18
2015	5 666	33 303. 62
2016	5 924	30 105. 17
2017	5 924	31 399. 49
2018	5 956	30 727. 12
2019	6 264	31 079. 24
2020	6 264	32 165. 22
2021	6 264	32 501. 66
2022	6 464	31 276. 91

数据来源：国家统计局。

中国货物进出口总额（人民币值年度表）（1981—2022 年）

金额单位：百万元人民币

年 份	进出口总额	出口总额	进口总额	贸易差额	比上年增长（%）		
					进出口	出 口	进 口
1981	73 534	36 761	36 773	-12	—	—	—
1982	77 137	41 383	35 754	5 629	4.9	12.6	-2.8
1983	86 015	43 833	42 182	1 651	11.5	5.9	18.0
1984	120 103	58 056	62 047	-3 991	39.6	32.4	47.1
1985	206 671	80 886	125 785	-44 899	72.1	39.3	102.7
1986	258 037	108 211	149 826	-41 615	24.9	33.8	19.1
1987	308 416	146 995	161 421	-14 426	19.5	35.8	7.7
1988	382 179	176 672	205 507	-28 835	23.9	20.2	27.3
1989	415 592	195 606	219 986	-24 380	8.7	10.7	7.0
1990	556 012	298 584	257 428	41 156	33.8	52.6	17.0
1991	722 575	382 710	339 865	42 845	30.0	28.2	32.0
1992	911 962	467 629	444 333	23 296	26.2	22.2	30.7
1993	1 127 102	528 481	598 621	-70 140	23.6	13.0	34.7
1994	2 038 190	1 042 184	996 006	46 178	80.8	97.2	66.4
1995	2 349 994	1 245 181	1 104 813	140 368	15.3	19.5	10.9
1996	2 413 386	1 257 643	1 155 743	101 900	2.7	1.0	4.6
1997	2 696 724	1 516 068	1 180 656	335 412	11.7	20.5	2.2
1998	2 684 968	1 522 354	1 162 614	359 740	-0.4	0.4	-1.5
1999	2 989 623	1 615 977	1 373 646	242 331	11.3	6.1	18.2
2000	3 927 325	2 063 444	1 863 881	199 563	31.4	27.7	35.7
2001	4 218 362	2 202 444	2 015 918	186 526	7.4	6.7	8.2
2002	5 137 815	2 694 787	2 443 027	251 760	21.8	22.4	21.2
2003	7 048 345	3 628 789	3 419 556	209 232	37.2	34.7	40.0
2004	9 553 909	4 910 333	4 643 576	266 757	35.5	35.3	35.8
2005	11 692 177	6 264 809	5 427 368	837 441	22.4	27.6	16.9
2006	14 097 474	7 759 789	6 337 686	1 422 103	20.6	23.9	16.8
2007	16 692 407	9 362 714	7 329 693	2 033 020	18.4	20.7	15.7
2008	17 992 147	10 039 494	7 952 653	2 086 841	7.8	7.2	8.5
2009	15 064 806	8 202 969	6 861 837	1 341 132	-16.3	-18.3	-13.7
2010	20 172 234	10 702 284	9 469 950	1 232 334	33.9	30.5	38.0
2011	23 640 195	12 324 056	11 316 139	1 007 916	17.2	15.2	19.5
2012	24 416 021	12 935 925	11 480 096	1 455 829	3.3	5.0	1.4
2013	25 816 889	13 713 143	12 103 746	1 609 398	5.7	6.0	5.4
2014	26 424 177	14 388 375	12 035 803	2 352 572	2.4	4.9	-0.6
2015	24 550 293	14 116 683	10 433 610	3 683 073	-7.1	-1.9	-13.2
2016	24 338 646	13 841 929	10 496 717	3 345 212	-0.9	-1.9	0.6
2017	27 809 924	15 330 943	12 478 981	2 851 962	14.3	10.8	18.9
2018	30 500 813	16 412 781	14 088 032	2 324 749	9.7	7.1	12.9
2019	31 562 732	17 237 363	14 325 369	2 911 994	3.5	5.0	1.7
2020	32 221 524	17 927 883	14 293 640	3 634 243	2.1	4.0	-0.2
2021	38 741 462	21 425 524	17 315 938	4 109 587	20.2	19.5	21.1
2022	41 801 160	23 741 154	18 060 006	5 681 147	7.9	10.8	4.3

资料来源：海关总署。

中国货物进出口总额（美元值年度表）（1981—2022 年）

金额单位：百万美元

年　份	进出口总额	出口总额	进口总额	贸易差额	比上年增长（%）		
					进出口	出　口	进　口
1981	44 022	22 007	22 015	-8	—	—	—
1982	41 606	22 321	19 285	3 036	-5.5	1.4	-12.4
1983	43 616	22 226	21 390	836	4.8	-0.4	10.9
1984	53 549	26 139	27 410	-1 271	22.8	17.6	28.1
1985	69 602	27 350	42 252	-14 902	30.0	4.6	54.1
1986	73 846	30 942	42 904	-11 962	6.1	13.1	1.5
1987	82 653	39 437	43 216	-3 779	11.9	27.5	0.7
1988	102 784	47 516	55 268	-7 752	24.4	20.5	27.9
1989	111 678	52 538	59 140	-6 602	8.7	10.6	7.0
1990	115 436	62 091	53 345	8 746	3.4	18.2	-9.8
1991	135 634	71 843	63 791	8 052	17.5	15.7	19.6
1992	165 525	84 940	80 585	4 355	22.0	18.2	26.3
1993	195 703	91 744	103 959	-12 215	18.2	8.0	29.0
1994	236 621	121 006	115 615	5 391	20.9	31.9	11.2
1995	280 864	148 780	132 084	16 696	18.7	23.0	14.2
1996	289 881	151 048	138 833	12 215	3.2	1.5	5.1
1997	325 162	182 792	142 370	40 422	12.2	21.0	2.5
1998	323 949	183 712	140 237	43 475	-0.4	0.5	-1.5
1999	360 630	194 931	165 699	29 232	11.3	6.1	18.2
2000	474 297	249 203	225 094	24 109	31.5	27.8	35.8
2001	509 651	266 098	243 553	22 545	7.5	6.8	8.2
2002	620 766	325 596	295 170	30 426	21.8	22.4	21.2
2003	850 988	438 228	412 760	25 468	37.1	34.6	39.8
2004	1 154 554	593 326	561 229	32 097	35.7	35.4	36.0
2005	1 421 906	761 953	659 953	102 001	23.2	28.4	17.6
2006	1 760 438	968 978	791 461	177 517	23.8	27.2	19.9
2007	2 176 175	1 220 060	956 115	263 944	23.6	25.9	20.8
2008	2 563 255	1 430 693	1 132 562	298 131	17.8	17.3	18.5
2009	2 207 535	1 201 612	1 005 923	195 689	-13.9	-16.0	-11.2
2010	2 974 001	1 577 754	1 396 247	181 507	34.7	31.3	38.8
2011	3 641 864	1 898 381	1 743 484	154 897	22.5	20.3	24.9
2012	3 867 119	2 048 714	1 818 405	230 309	6.2	7.9	4.3
2013	4 158 993	2 209 004	1 949 989	259 015	7.5	7.8	7.2
2014	4 301 527	2 342 293	1 959 235	383 058	3.4	6.0	0.4
2015	3 953 033	2 273 468	1 679 564	593 904	-8.1	-2.9	-14.1
2016	3 685 557	2 097 631	1 587 926	509 705	-6.8	-7.7	-5.5
2017	4 107 138	2 263 345	1 843 793	419 552	11.4	7.9	16.1
2018	4 622 415	2 486 682	2 135 734	350 948	12.5	9.9	15.8
2019	4 577 891	2 499 482	2 078 409	421 073	-1.0	0.5	-2.7
2020	4 655 913	2 589 952	2 065 962	523 990	1.7	3.6	-0.6
2021	5 995 790	3 316 022	2 679 768	636 254	28.8	28.0	29.7
2022	6 270 114	3 560 539	2 709 574	850 965	4.6	7.4	1.1

数据来源：海关总署。

2022年中国货物进出口国别（地区）总值表

金额单位：千美元

进口原产国（地） 出口最终目的国（地）	进出口	出 口	进 口	比上年增长（%）		
				进出口	出 口	进 口
总 计	**6 270 113 574**	**3 560 539 251**	**2 709 574 323**	**4.6**	**7.4**	**1.1**
亚洲	**3 167 431 980**	**1 680 618 996**	**1 486 812 984**	**4.4**	**8.2**	**0.5**
阿富汗	592 290	550 274	42 016	13.5	16.6	-15.1
巴林	2 003 452	1 752 198	251 254	14.4	29.6	-37.1
孟加拉国	27 598 190	26 616 457	981 733	11.0	11.8	-6.2
不丹	168 576	165 721	2 854	56.0	53.3	26 034.8
文莱	3 063 986	815 365	2 248 621	7.6	31.1	1.0
缅甸	24 782 389	13 287 640	11 494 749	34.7	29.1	41.9
柬埔寨	15 776 187	13 937 985	1 838 202	17.6	23.1	-12.3
塞浦路斯	1 196 982	1 163 246	33 736	34.7	35.2	16.9
朝鲜	972 875	839 198	133 677	223.3	245.5	130.2
中国香港	301 661 219	293 909 860	7 751 358	-15.3	-15.2	-19.4
印度	134 685 738	117 199 600	17 486 138	8.2	21.6	-37.8
印度尼西亚	148 531 852	70 641 037	77 890 815	20.0	18.1	21.9
伊朗	15 680 251	9 326 553	6 353 698	7.6	15.6	-2.3
伊拉克	53 081 775	13 686 571	39 395 204	43.4	32.1	47.8
以色列	25 353 215	16 388 211	8 965 003	12.2	8.8	19.0
日本	356 740 000	172 345 427	184 394 574	-3.5	4.7	-10.0
约旦	6 396 293	5 650 419	745 875	47.3	44.2	75.6
科威特	31 410 282	4 911 288	26 498 995	42.7	15.5	49.2
老挝	5 617 983	2 266 709	3 351 274	30.3	38.5	25.3
黎巴嫩	2 525 674	2 461 633	64 041	69.7	70.9	33.7
中国澳门	4 260 582	4 181 227	79 355	32.1	33.0	-2.8
马来西亚	201 557 807	91 719 206	109 838 601	15.6	20.0	12.1
马尔代夫	440 741	440 685	56	11.3	12.5	-98.7
蒙古	12 198 395	2 866 217	9 332 178	34.1	30.5	35.3
尼泊尔	1 660 367	1 638 552	21 814	-13.4	-13.3	-17.7
阿曼	40 381 778	4 139 988	36 241 790	25.8	17.9	26.8
巴基斯坦	26 266 805	22 850 784	3 416 021	-4.6	-4.5	-4.7
巴勒斯坦	155 869	155 849	19	21.8	22.1	-94.3
菲律宾	86 489 240	63 471 022	23 018 218	7.2	13.5	-7.0
卡塔尔	26 519 884	3 934 140	22 585 744	55.3	1.9	71.0
沙特阿拉伯	115 776 796	37 720 549	78 056 246	34.4	29.2	37.0
新加坡	113 064 191	79 422 476	33 641 715	21.8	46.9	-13.3
韩国	359 991 101	160 974 999	199 016 102	0.2	10.3	-6.7
斯里兰卡	4 191 368	3 696 439	494 930	-27.5	-28.0	-23.9

2022年中国货物进出口国别（地区）总值表（续）

金额单位：千美元

进口原产国（地） 出口最终目的国（地）	进出口	出 口	进 口	比上年增长（%）		
				进出口	出 口	进 口
叙利亚	422 361	420 120	2 241	-11.6	-11.8	74.7
泰国	133 770 632	77 217 727	56 552 905	2.9	13.2	-8.4
土耳其	38 326 525	33 822 215	4 504 310	12.9	17.1	-10.8
阿联酋	98 835 784	53 419 115	45 416 669	37.9	24.0	59.0
也门	3 390 574	2 757 306	633 268	12.3	8.8	30.3
越南	231 818 235	143 875 697	87 942 539	1.5	5.6	-4.7
中国	121 125 663	—	121 125 663	-22.0	—	-22.0
中国台湾	318 563 512	81 626 377	236 937 135	-2.3	4.8	-4.6
东帝汶	425 336	279 979	145 357	15.9	10.3	28.5
哈萨克斯坦	31 090 282	16 249 405	14 840 877	24.1	18.1	31.4
吉尔吉斯斯坦	15 423 677	15 342 016	81 661	109.3	110.5	2.4
塔吉克斯坦	2 570 592	2 196 811	373 780	41.0	33.3	113.0
土库曼斯坦	11 174 108	860 550	10 313 559	52.0	69.2	50.7
乌兹别克斯坦	9 700 124	7 423 710	2 276 414	21.8	27.8	5.6
亚洲其他国家（地区）	444	443	0	1 957.9	83 721.0	-99.6
非洲	**279 391 193**	**162 287 393**	**117 103 800**	**11.2**	**11.5**	**10.6**
阿尔及利亚	7 377 975	6 234 491	1 143 484	0.1	-0.9	5.8
安哥拉	27 237 378	3 997 195	23 240 184	16.1	64.0	10.5
贝宁	1 924 712	1 667 697	257 014	33.3	37.5	11.0
博茨瓦纳	611 629	218 720	392 909	44.4	-12.8	127.5
布隆迪	126 188	116 115	10 073	-5.2	-6.7	17.1
喀麦隆	3 772 886	3 116 920	655 966	-9.6	22.9	-59.9
加那利群岛	2 202	2 197	4	10.6	11.3	-72.8
佛得角	91 759	91 738	20	8.5	10.0	-98.2
中非	77 085	52 059	25 026	-5.1	15.3	-30.6
塞卜泰（休达）	79	75	4	-60.8	-25.8	-96.3
乍得	1 367 393	281 154	1 086 239	153.9	-17.8	452.0
科摩罗	65 303	65 226	78	19.2	19.3	-32.0
刚果（布）	6 547 736	948 973	5 598 762	21.7	41.6	18.9
吉布提	3 289 440	3 192 706	96 734	28.8	27.8	73.3
埃及	18 009 272	16 989 445	1 019 827	-8.6	-5.6	-40.1
赤道几内亚	1 732 145	227 746	1 504 399	29.5	86.2	23.8
埃塞俄比亚	2 657 850	2 204 264	453 586	2.4	-1.2	23.9
加蓬	4 518 561	571 593	3 946 968	49.9	33.0	52.7
冈比亚	490 331	446 188	44 142	-15.5	-16.8	-1.0
加纳	10 108 764	7 767 304	2 341 460	7.6	-2.1	59.7
几内亚	6 767 531	2 246 071	4 521 460	37.7	5.9	61.8

2022 年中国货物进出口国别（地区）总值表（续）

金额单位：千美元

进口原产国（地） 出口最终目的国（地）	进出口	出 口	进 口	比上年增长（%）		
				进出口	出 口	进 口
几内亚比绍	55 693	55 690	3	−36.8	−36.8	130.7
科特迪瓦	4 402 845	3 434 926	967 919	18.7	11.7	52.9
肯尼亚	8 366 779	8 097 783	268 996	22.6	22.8	19.1
利比里亚	7 530 125	7 515 120	15 005	32.1	32.3	−36.9
利比亚	5 275 377	2 338 632	2 936 744	−1.7	11.7	−10.3
马达加斯加	2 057 614	1 431 003	626 611	32.0	15.2	98.3
马拉维	289 847	277 242	12 606	1.4	0.5	28.5
马里	665 646	577 997	87 649	−7.1	−1.9	−31.3
毛里塔尼亚	2 101 246	927 291	1 173 955	−20.8	3.6	−33.2
毛里求斯	985 866	954 244	31 622	10.7	11.6	−11.5
摩洛哥	6 572 333	5 663 317	909 016	2.5	1.4	10.0
莫桑比克	4 556 761	3 218 698	1 338 063	14.7	13.8	16.9
纳米比亚	1 141 940	548 026	593 914	2.0	42.2	−19.1
尼日尔	991 994	674 285	317 709	30.5	72.6	−14.0
尼日利亚	23 574 081	21 976 870	1 597 211	−5.9	−0.2	−47.3
留尼汪	245 513	245 403	110	−0.4	−0.4	592.7
卢旺达	474 536	404 069	70 467	32.2	22.3	145.3
圣多美和普林西比	15 429	15 279	150	2.6	2.5	13.0
塞内加尔	4 259 878	3 991 295	268 582	14.8	22.0	−38.9
塞舌尔	92 502	92 432	70	39.7	39.7	435.1
塞拉利昂	1 322 997	558 593	764 404	52.2	16.0	97.3
索马里	1 031 651	1 024 268	7 383	3.5	3.9	−31.5
南非	56 429 424	23 983 856	32 445 569	5.0	15.4	−1.5
西撒哈拉	1 115	1 114	1	19.8	19.7	905.9
苏丹	2 882 689	2 005 393	877 296	13.1	13.3	12.5
坦桑尼亚	8 176 883	7 640 017	536 866	23.6	27.0	−11.1
多哥	3 293 326	3 101 032	192 294	−4.4	6.5	−63.9
突尼斯	2 124 225	1 869 673	254 553	0.3	1.9	−10.0
乌干达	1 124 730	1 066 469	58 261	8.0	6.9	32.7
布基纳法索	604 739	500 724	104 015	−4.4	13.7	−45.9
刚果（金）	21 628 324	5 066 536	16 561 788	50.1	85.4	41.8
赞比亚	6 700 872	971 639	5 729 233	29.8	26.1	30.5
津巴布韦	2 414 853	1 115 540	1 299 313	29.1	22.4	35.6
莱索托	82 420	60 183	22 237	−23.5	−28.4	−6.0
梅利利亚	45	45	0	−90.1	−90.2	276.4
斯威士兰	81 959	81 178	781	55.9	58.3	−39.6
厄立特里亚	605 708	147 994	457 714	31.6	115.3	16.9

2022 年中国货物进出口国别（地区）总值表（续）

金额单位：千美元

进口原产国（地） 出口最终目的国（地）	进出口	出　口	进　口	比上年增长（%）		
				进出口	出　口	进　口
马约特	57 308	57 283	25	3.0	3.0	542.5
南苏丹	392 565	155 593	236 972	−10.5	11.9	−20.9
非洲其他国家（地区）	3 135	2 783	353	−0.5	−2.5	18.6
欧洲	**1 229 052 087**	**741 152 241**	**487 899 846**	**5.0**	**6.9**	**2.2**
比利时	44 145 778	35 426 481	8 719 298	15.1	19.0	1.7
丹麦	15 884 917	10 169 695	5 715 223	−10.9	−6.3	−18.0
英国	102 709 517	80 918 520	21 790 996	−7.5	−5.3	−15.1
德国	226 679 405	115 804 679	110 874 726	−3.0	1.5	−7.2
法国	80 880 814	45 512 205	35 368 609	−4.0	0.0	−8.6
爱尔兰	23 236 641	5 141 047	18 095 594	4.1	9.7	2.7
意大利	77 430 457	50 559 277	26 871 180	5.2	16.7	−11.3
卢森堡	848 851	524 424	324 427	−51.6	−63.6	3.4
荷兰	129 979 285	117 470 741	12 508 543	12.6	15.8	−10.7
希腊	13 699 506	12 863 720	835 785	15.5	18.1	−14.0
葡萄牙	9 003 561	5 967 203	3 036 358	2.7	12.2	−12.0
西班牙	51 421 054	41 658 084	9 762 970	7.1	16.6	−20.5
阿尔巴尼亚	885 764	700 545	185 219	18.3	19.9	12.6
安道尔	25 593	25 402	191	424.0	509.3	−73.3
奥地利	13 362 166	5 121 401	8 240 765	−2.9	−4.2	−2.1
保加利亚	4 117 600	2 844 079	1 273 520	0.5	23.7	−29.2
芬兰	9 825 420	4 553 016	5 272 404	7.7	20.0	−1.1
直布罗陀	18 031	18 012	19	198.6	198.7	109.6
匈牙利	15 502 550	10 453 703	5 048 847	−1.2	3.3	−9.4
冰岛	501 344	311 094	190 250	39.9	50.6	25.3
列支敦士登	258 293	64 327	193 966	−1.1	−9.0	1.8
马耳他	2 550 934	1 965 729	585 206	−6.4	−9.5	5.7
摩纳哥	26 225	11 882	14 342	11.5	127.0	−21.5
挪威	13 155 347	5 182 537	7 972 810	−13.4	18.0	−26.2
波兰	42 984 342	37 929 476	5 054 866	2.8	4.5	−8.8
罗马尼亚	10 440 743	7 363 641	3 077 102	2.8	10.7	−12.3
圣马力诺	14 714	9 697	5 017	4.4	12.4	−8.1
瑞典	20 530 200	11 384 822	9 145 378	−1.6	3.5	−7.3
瑞士	57 000 536	7 629 809	49 370 727	29.3	22.5	30.4
爱沙尼亚	1 237 421	946 553	290 868	−4.0	−6.0	3.3
拉脱维亚	1 400 076	1 024 734	375 342	1.4	−10.3	57.0
立陶宛	1 877 268	1 786 602	90 666	−28.4	−18.3	−79.1
格鲁吉亚	1 387 932	1 239 037	148 895	16.7	22.8	−17.2

2022 年中国货物进出口国别（地区）总值表（续）

金额单位：千美元

进口原产国（地） 出口最终目的国（地）	进出口	出 口	进 口	比上年增长（%）		
				进出口	出 口	进 口
亚美尼亚	1 387 006	479 535	907 471	-2.1	45.6	-16.6
阿塞拜疆	1 376 794	1 130 924	245 870	15.1	14.1	19.9
白俄罗斯	5 053 734	3 251 760	1 801 974	33.2	20.2	65.5
摩尔多瓦	290 726	205 842	84 883	2.9	15.7	-18.9
俄罗斯	190 020 877	75 641 047	114 379 831	29.5	12.6	43.7
乌克兰	7 643 906	3 294 678	4 349 228	-59.9	-64.5	-55.5
斯洛文尼亚	7 424 414	6 834 933	589 481	25.2	29.0	-6.7
克罗地亚	2 413 834	2 255 201	158 633	5.2	15.4	-53.3
捷克	23 630 774	18 216 520	5 414 254	11.8	20.7	-10.5
斯洛伐克	12 143 974	4 434 905	7 709 069	0.5	-2.3	2.1
北马其顿	413 548	234 577	178 971	-29.7	5.6	-51.1
波黑	307 890	185 184	122 706	12.4	35.8	-10.8
梵蒂冈	72	70	1	-95.6	-95.7	571.3
法罗群岛	116 979	2 196	114 783	25.6	32.4	25.5
塞尔维亚	3 524 557	2 169 249	1 355 308	9.6	-2.8	37.8
黑山	266 005	218 743	47 263	148.4	128.4	317.1
欧洲其他国家（地区）	14 712	14 703	9	1 153.9	1 283.2	-91.5
拉丁美洲	**484 459 622**	**251 806 206**	**232 653 416**	**7.9**	**11.0**	**4.8**
安提瓜和巴布达	104 693	103 645	1 049	-6.7	-5.3	-61.0
阿根廷	21 316 058	12 723 883	8 592 175	20.3	20.1	20.6
阿鲁巴	62 986	62 778	208	-9.4	-9.7	3 283.1
巴哈马	402 319	393 495	8 825	-17.6	-16.4	-48.8
巴巴多斯	186 427	159 875	26 552	-26.3	-32.7	74.2
伯利兹	323 122	322 411	711	89.4	89.0	1 475.0
玻利维亚	1 934 808	1 062 709	872 099	18.5	7.6	35.2
博内尔	3	3	0	—	—	—
巴西	171 263 049	61 894 168	109 368 881	4.9	16.2	-0.5
开曼群岛	54 435	54 421	14	49.7	50.1	-86.8
智利	66 875 851	22 419 419	44 456 433	2.2	-13.8	12.7
哥伦比亚	22 568 072	15 520 207	7 047 865	13.9	9.3	25.5
多米尼克	34 771	34 339	432	-0.7	2.3	-69.8
哥斯达黎加	4 366 909	2 358 095	2 008 815	43.0	5.4	146.3
古巴	864 574	412 929	451 645	-15.0	-27.7	1.4
库拉索	60 931	60 918	13	54.2	54.2	193.4
多米尼加	4 781 614	4 253 351	528 263	11.7	8.1	51.7
厄瓜多尔	13 060 218	6 240 804	6 819 414	20.0	15.1	24.9
法属圭亚那	39 016	39 014	2	0.1	0.2	-89.4

2022年中国货物进出口国别（地区）总值表（续）

金额单位：千美元

进口原产国（地） 出口最终目的国（地）	进出口	出 口	进 口	比上年增长（%）		
				进出口	出 口	进 口
格林纳达	22 245	22 224	21	11.9	11.9	-14.8
瓜德罗普	67 913	67 900	13	22.9	22.9	28.7
危地马拉	4 910 984	4 338 370	572 614	13.9	12.3	27.2
圭亚那	1 868 838	565 810	1 303 027	166.1	48.0	307.3
海地	630 912	628 328	2 584	-19.7	-19.6	-42.1
洪都拉斯	1 579 067	1 549 828	29 239	-1.5	-1.3	-14.3
牙买加	1 026 526	1 011 818	14 708	28.9	28.0	139.9
马提尼克	47 741	47 604	137	22.0	22.0	24.5
墨西哥	94 694 102	77 259 392	17 434 710	10.0	15.4	-8.9
蒙特塞拉特	384	374	11	66.3	74.2	-35.3
尼加拉瓜	753 029	717 822	35 208	-7.0	-8.5	40.5
巴拿马	13 732 144	12 510 566	1 221 578	23.1	25.1	5.9
巴拉圭	1 971 378	1 886 716	84 662	7.9	6.5	55.9
秘鲁	37 541 619	13 415 460	24 126 159	0.9	2.3	0.2
波多黎各	2 280 447	968 215	1 312 232	-4.6	-4.9	-4.4
萨巴	7	7	—	—	—	—
圣卢西亚	35 908	35 855	53	43.2	43.8	-60.2
圣马丁岛	4 708	4 705	4	-15.5	-15.5	24.5
圣文森特和格林纳丁斯	21 187	21 183	3	-34.8	-34.8	55.4
萨尔瓦多	1 883 979	1 650 563	233 416	9.8	10.2	6.7
苏里南	359 487	313 677	45 810	16.1	17.2	9.4
特立尼达和多巴哥	1 301 766	539 986	761 780	23.9	29.7	20.1
特克斯和凯科斯群岛	10 049	9 959	90	101.5	100.7	262.8
乌拉圭	7 413 710	2 956 430	4 457 280	15.3	5.4	23.0
委内瑞拉	3 799 248	2 965 623	833 625	21.4	38.9	-16.1
英属维尔京群岛	108 299	108 240	59	453.1	456.4	-54.1
圣其茨和尼维斯	15 111	14 466	645	11.4	12.1	-3.8
圣皮埃尔和密克隆	17	16	0	-82.7	-82.9	402.2
荷属安的列斯	25 021	25 015	6	73.1	73.2	-26.8
拉丁美洲其他国家（地区）	53 937	53 588	349	312.9	322.4	-7.9
北美洲	**850 459 221**	**630 868 070**	**219 591 151**	**2.8**	**2.1**	**4.8**
加拿大	95 551 097	53 261 413	42 289 684	18.1	5.6	38.8
美国	754 451 910	577 517 401	176 934 509	1.1	1.8	-1.0
格陵兰	367 511	791	366 720	53.9	47.6	53.9
百慕大	83 622	83 577	45	5.7	5.7	124.7
北美洲其他国家（地区）	5 081	4 888	193	76.8	70.7	1 548.0

2022 年中国货物进出口国别（地区）总值表（续）

金额单位：千美元

进口原产国（地） 出口最终目的国（地）	进出口	出 口	进 口	比上年增长（%）		
				进出口	出 口	进 口
大洋洲	**257 965 277**	**93 806 226**	**164 159 051**	**-1.9**	**18.0**	**-10.6**
澳大利亚	220 381 874	78 248 145	142 133 729	-3.5	19.5	-12.7
库克群岛	12 184	11 361	823	101.2	183.8	-59.9
斐济	539 029	495 696	43 333	21.8	28.1	-22.0
盖比群岛	7	7	—	—	—	—
马克萨斯群岛	25	25	—	—	—	—
瑙鲁	12 438	12 331	107	10.1	10.2	-0.4
新喀里多尼亚	2 066 311	168 092	1 898 220	62.7	12.2	69.4
瓦努阿图	105 675	94 860	10 815	9.3	11.8	-8.6
新西兰	25 078 446	9 109 339	15 969 107	2.0	8.1	-1.2
诺福克岛	1 752	1 752	0	83.3	83.3	217.6
巴布亚新几内亚	5 205 100	1 408 606	3 796 494	29.3	37.3	26.5
社会群岛	657	657	—	—	—	—
所罗门群岛	493 912	192 382	301 530	2.4	19.1	-6.0
汤加	55 366	55 364	2	4.5	4.5	-95.4
土阿莫土群岛	2	2	—	—	—	—
土布艾群岛	0	0	—	—	—	—
萨摩亚	122 165	121 220	945	20.7	20.5	46.9
基里巴斯	41 786	41 784	1	9.1	9.1	-74.8
图瓦卢	33 063	33 052	11	-28.8	-28.8	-70.3
密克罗尼西亚联邦	30 295	30 194	101	-18.0	54.9	-99.4
马绍尔群岛	3 471 417	3 471 242	175	8.8	8.9	-93.6
帕劳	53 261	53 134	127	57.6	57.6	48.3
法属波利尼西亚	154 143	150 713	3 430	15.7	17.0	-20.9
瓦利斯和富图纳	2 000	2 000	0	-18.1	-17.6	-98.8
大洋洲其他国家（地区）	104 367	104 267	99	-16.9	-16.8	-70.3
国别（地区）不详	**1 354 193**	**120**	**1 354 073**	**-34.3**	**306.8**	**-34.3**
东南亚国家联盟（ASEAN）	**964 472 501**	**556 654 863**	**407 817 638**	**11.0**	**17.3**	**3.4**
欧洲联盟（EU）	**843 848 968**	**559 376 118**	**284 472 850**	**2.7**	**9.1**	**-7.9**
亚太经济合作组织（APEC）	**3 866 178 313**	**2 144 299 413**	**1 721 878 900**	**1.2**	**4.5**	**-2.5**

数据来源：海关总署。

注：1. 东南亚国家联盟成员包括：文莱、柬埔寨、印度尼西亚、老挝、马来西亚、缅甸、菲律宾、新加坡、泰国、越南。

2. 欧洲联盟成员包括：奥地利、比利时、保加利亚、塞浦路斯、捷克、克罗地亚、丹麦、爱沙尼亚、芬兰、法国、德国、希腊、匈牙利、爱尔兰、意大利、拉脱维亚、罗马尼亚、立陶宛、卢森堡、马耳他、荷兰、波兰、葡萄牙、斯洛伐克、斯洛文尼亚、西班牙、瑞典。

3. 亚太经济合作组织成员包括：澳大利亚、文莱、加拿大、智利、中国、中国香港、印度尼西亚、日本、韩国、墨西哥、马来西亚、新西兰、巴布亚新几内亚、秘鲁、菲律宾、俄罗斯、新加坡、中国台北、泰国、美国、越南。

2022 年中国货物进出口收发货人所在地总值表

金额单位：千美元

收发货人所在地	进出口	出　口	进　口	比上年增长（%）		
				进出口	出　口	进　口
总　计	**6 270 113 574**	**3 560 539 251**	**2 709 574 323**	**4.6**	**7.4**	**1.1**
北京市	546 088 960	88 087 739	458 001 221	16.0	-7.0	21.7
中关村国家自主创新示范区	11 763 316	4 513 122	7 250 194	-40.2	-61.9	-7.6
北京经济技术开发区	25 900 434	7 239 056	18 661 378	-17.9	-43.3	-0.5
天津市	124 611 021	56 081 935	68 529 086	-3.9	-5.4	-2.7
天津滨海新区	86 692 526	31 392 153	55 300 373	-4.9	-9.4	-2.1
天津经济技术开发区	37 642 258	17 743 347	19 898 911	-10.0	-8.7	-11.1
河北省	82 388 594	49 278 934	33 109 660	-0.3	7.7	-10.2
石家庄市	17 655 895	11 228 815	6 427 080	-22.6	-15.3	-32.8
石家庄高新技术产业开发区	12 743	10 006	2 737	-5.7	7.7	-35.2
唐山市	22 389 241	8 566 752	13 822 489	3.7	42.4	-11.3
曹妃甸经济技术开发区	66 175	65 755	420	—	—	—
秦皇岛市	6 659 468	4 065 149	2 594 318	13.9	22.2	3.0
秦皇岛经济技术开发区	4 821 520	2 723 259	2 098 261	10.7	16.8	3.6
保定市	6 613 401	6 018 685	594 716	4.3	5.4	-5.4
保定高新技术产业开发区	39 806	37 623	2 183	-27.3	-29.4	52.3
廊坊市	8 043 574	3 161 178	4 882 396	2.2	-13.6	15.8
廊坊经济技术开发区	759 493	306 453	453 040	13.1	-50.9	869.9
雄安新区	—	—	—	—	—	—
山西省	27 508 143	18 017 011	9 491 132	-16.6	-10.8	-25.6
太原市	21 950 612	14 515 430	7 435 182	-20.8	-15.7	-29.1
太原经济技术开发区	15 673 076	11 950 304	3 722 772	-28.8	-19.5	-48.1
太原高新技术产业开发区	257 991	114 098	143 893	165.3	48.0	613.7
大同市	679 693	492 658	187 035	36.3	18.7	124.1
大同经济技术开发区	536 838	375 970	160 869	43.5	16.9	207.0
晋中市	616 129	522 427	93 701	17.4	9.2	102.4
晋中经济技术开发区	75 723	71 424	4 299	103.6	93.0	2 237.0
长治市	221 894	196 418	25 476	3.6	0.8	32.6
长治高新技术产业开发区	76 548	74 514	2 034	-4.2	-3.2	-31.4
内蒙古自治区	22 526 734	9 193 821	13 332 913	18.3	25.0	14.0
呼和浩特市	2 763 569	1 401 329	1 362 241	11.9	12.4	11.3
包头市	3 629 707	1 710 101	1 919 607	-3.0	-1.6	-4.2
包头高新技术产业开发区	41 972	39 291	2 681	67.5	57.8	1 716.1

2022年中国货物进出口收发货人所在地总值表（续）

金额单位：千美元

收发货人所在地	进出口	出　口	进　口	比上年增长（%）		
				进出口	出　口	进　口
二连浩特市	1 031 291	415 837	615 454	-36.3	28.3	-52.5
满洲里市	2 239 258	742 207	1 497 051	19.8	77.9	3.2
辽宁省	118 658 179	53 693 797	64 964 382	-0.5	5.2	-4.7
沈阳市	21 096 667	7 799 552	13 297 114	-3.5	4.2	-7.5
沈阳经济技术开发区	3 129 442	1 851 157	1 278 286	5.7	16.1	-6.4
沈阳高新技术产业开发区	1 566 094	942 812	623 283	-15.2	-20.0	-6.8
大连市	71 874 554	31 299 844	40 574 710	9.3	4.7	13.1
大连经济技术开发区	26 016 441	12 110 817	13 905 623	-8.0	-6.3	-9.4
大连市高新技术产业园区	901 373	754 894	146 480	-0.7	6.1	-25.2
鞍山市	5 965 128	2 950 460	3 014 668	-13.9	24.3	-33.8
鞍山高新技术产业开发区	62 562	52 472	10 090	-35.6	-12.5	-72.9
丹东市	2 364 509	2 008 294	356 215	21.2	23.7	9.1
营口市	7 060 525	3 961 982	3 098 543	-12.1	0.8	-24.5
营口经济技术开发区	31 045	15 140	15 905	-52.4	-46.0	-57.3
吉林省	23 389 600	7 515 361	15 874 239	0.7	37.6	-10.7
长春市	16 624 817	3 115 585	13 509 232	-8.7	21.8	-13.7
长春经济技术开发区	1 968 580	622 253	1 346 327	-1.0	5.0	-3.6
长春高新技术产业开发区	1 000 564	389 951	610 614	33.3	26.3	38.2
吉林市	1 214 434	841 031	373 402	-5.2	4.9	-22.1
吉林高新技术产业开发区	77 573	50 093	27 479	-4.9	-17.2	30.4
珲春市	2 290 818	830 741	1 460 077	39.2	60.7	29.3
黑龙江省	39 686 687	8 131 184	31 555 503	28.6	17.4	31.9
哈尔滨市	5 774 265	2 023 174	3 751 090	8.5	-23.7	40.5
哈尔滨经济技术开发区	1 819 254	270 380	1 548 874	-9.1	-57.5	13.4
哈尔滨高新技术产业开发区	1 147 128	349 955	797 174	60.7	40.3	71.6
大庆市	21 169 901	999 037	20 170 864	31.2	27.5	31.4
大庆高新技术产业开发区	888 920	514 264	374 656	-13.6	2.9	-29.2
黑河市	2 465 589	363 361	2 102 228	127.3	153.7	123.3
绥芬河市	2 767 630	1 005 424	1 762 206	10.2	87.1	-10.7
绥化市	980 682	409 495	571 188	46.9	73.8	32.2
绥化经济技术开发区	112 877	112 875	1	76.8	76.8	—
上海市	625 812 556	255 854 902	369 957 654	-0.4	5.2	-4.0
上海漕河泾浦江高科技园区	9 968 270	4 083 154	5 885 116	-4.0	-3.4	-4.4

2022 年中国货物进出口收发货人所在地总值表（续）

金额单位：千美元

收发货人所在地	进出口	出 口	进 口	比上年增长（%）		
				进出口	出 口	进 口
上海经济技术开发区	1 472	1 462	10	-84.2	-37.3	-99.9
上海闵行经济技术开发区	1 518 838	793 700	725 138	-14.1	-3.8	-23.2
上海浦东新区	368 004 982	133 200 727	234 804 255	-0.5	4.9	-3.3
江苏省	814 311 012	519 320 670	294 990 342	1.9	4.6	-2.5
南京市	93 604 802	56 613 950	36 990 852	-2.6	-4.5	0.5
南京高新技术外向型开发区	1 590 874	1 344 451	246 423	-3.7	0.6	-22.2
无锡市	110 587 727	72 710 150	37 877 577	4.7	11.4	-6.1
无锡高新技术产业开发区	58 264 709	34 568 586	23 696 123	2.5	13.0	-9.8
常州市	48 453 724	37 644 491	10 809 233	4.3	11.3	-14.5
常州高新技术产业开发区	1 054 814	795 782	259 031	-5.2	-1.2	-15.9
苏州市	386 368 136	232 318 428	154 049 708	-1.4	0.9	-4.7
苏州工业园	107 787 299	52 398 396	55 388 903	-3.7	-3.1	-4.3
苏州高新技术产业开发区	42 670 468	28 399 486	14 270 982	-2.1	2.1	-9.5
南通市	54 894 050	35 255 379	19 638 671	6.4	3.9	11.1
南通经济技术开发区	11 030 306	6 715 463	4 314 842	17.2	15.0	20.8
连云港市	16 029 206	5 917 376	10 111 830	11.1	-0.6	19.3
连云港经济技术开发区	4 648 880	1 675 789	2 973 092	3.1	-23.7	28.6
浙江省	703 302 656	515 913 579	187 389 077	9.8	10.7	7.2
杭州市	113 897 170	77 553 945	36 343 225	0.0	7.8	-13.5
杭州经济技术开发区	11 888 500	6 705 213	5 183 287	-4.8	1.3	-11.6
杭州高新技术产业开发区	2 788 321	1 885 358	902 963	54.0	34.2	122.3
宁波市	190 459 188	123 682 394	66 776 794	3.3	4.9	0.5
宁波经济技术开发区	27 445 843	12 240 730	15 205 113	1.2	1.3	1.2
宁波高新技术产业开发区	4 269 132	3 054 281	1 214 851	10.2	15.7	-1.7
宁波杭州湾经济技术开发区	1 525 068	1 114 852	410 216	28.4	33.1	17.0
温州市	44 184 104	37 570 165	6 613 939	18.6	19.5	14.2
温州经济技术开发区	2 444 037	2 418 338	25 700	20.0	21.2	-35.5
湖州市	24 440 792	22 501 054	1 939 738	6.2	7.5	-7.1
湖州经济技术开发区	29 742	12 609	17 133	34.0	-36.9	669.3
湖州莫干山高新技术产业开发区	63 670	30 644	33 026	—	—	—
金华市	102 646 848	89 517 295	13 129 553	12.8	8.6	53.3
金华经济技术开发区	944 100	855 630	88 470	10.6	7.0	63.2
安徽省	113 089 656	71 344 253	41 745 404	7.5	15.7	-4.2

2022年中国货物进出口收发货人所在地总值表（续）

金额单位：千美元

收发货人所在地	进出口	出　口	进　口	比上年增长（%）		
				进出口	出　口	进　口
合肥市	54 252 472	34 497 771	19 754 701	7.0	12.6	-1.5
合肥经济技术开发区	21 036 180	12 133 398	8 902 782	15.3	12.8	19.0
合肥高新技术产业开发区	8 879 284	7 073 891	1 805 393	6.8	12.9	-11.8
芜湖市	13 607 726	9 467 522	4 140 204	18.1	25.0	5.0
芜湖经济技术开发区	7 814 176	5 877 107	1 937 069	23.4	29.4	8.4
芜湖高新技术产业开发区	240 486	205 801	34 685	14.6	22.1	-16.1
蚌埠市	3 005 968	1 821 343	1 184 626	10.4	39.4	-16.4
蚌埠高新技术产业开发区	443 875	299 142	144 732	13.0	39.1	-18.5
淮南市	1 197 846	1 162 976	34 871	77.6	91.9	-49.1
淮南经济技术开发区	298 778	295 925	2 853	70.0	72.1	-24.7
淮南高新技术产业开发区	28 138	28 138	—	192.2	192.2	—
马鞍山市	6 663 057	3 153 659	3 509 398	-8.2	2.1	-15.8
马鞍山经济技术开发区	426 517	358 664	67 853	93.3	133.8	0.9
马鞍山慈湖高新技术产业开发区	535 433	506 601	28 832	8.9	7.5	39.8
铜陵市	9 910 499	1 128 223	8 782 276	-8.4	4.7	-9.8
铜陵经济技术开发区	457 574	364 114	93 460	-7.5	2.0	-32.0
安庆市	3 896 922	3 072 961	823 961	60.4	73.5	25.4
安庆经济技术开发区	794 463	534 470	259 993	659.5	564.3	976.6
桐城经济技术开发区	7 390	4 857	2 532	—	—	—
滁州市	6 263 942	5 188 960	1 074 982	4.2	4.4	3.4
滁州经济技术开发区	2 276 841	1 675 802	601 039	-22.3	-27.4	-3.5
六安市	1 514 059	1 409 483	104 577	10.0	13.0	-19.6
六安经济技术开发区	399 943	386 190	13 752	29.7	30.1	18.9
宣城市	3 335 834	3 065 147	270 687	18.0	17.6	21.6
宁国经济技术开发区	718 686	663 858	54 828	37.3	36.0	54.9
宣城经济技术开发区	150 779	143 379	7 400	—	—	—
池州市	1 723 899	493 468	1 230 430	21.4	51.9	12.3
池州经济技术开发区	571 901	175 310	396 592	30.2	68.0	18.5
福建省	297 386 870	182 051 070	115 335 800	4.8	9.6	-2.1
福州市	54 699 334	38 380 536	16 318 798	7.2	13.8	-5.8
福州经济技术开发区	6 146 017	3 701 610	2 444 407	17.0	17.3	16.6
福州高新技术产业开发区	47 056	46 848	208	16.3	18.1	-73.3
厦门市	138 526 830	69 952 096	68 574 735	1.1	5.1	-2.7

2022年中国货物进出口收发货人所在地总值表（续）

金额单位：千美元

收发货人所在地	进出口	出　口	进　口	比上年增长（%）		
				进出口	出　口	进　口
厦门火炬高技术产业开发区	4 852 774	2 706 927	2 145 847	-20.3	10.0	-40.8
平潭	3 168 081	1 824 109	1 343 972	7.4	32.1	-14.4
平潭综合实验区	3 168 081	1 824 109	1 343 972	7.4	32.1	-14.4
江西省	99 377 202	75 558 430	23 818 773	29.1	33.2	17.7
南昌市	19 879 645	14 077 796	5 801 849	-0.4	1.7	-5.0
南昌经济技术开发区	2 098 835	1 198 555	900 281	29.1	16.3	51.2
南昌小蓝经济技术开发区	860 703	853 999	6 705	172.1	170.4	1 473.8
景德镇市	3 531 624	2 510 496	1 021 128	180.2	101.4	7 242.1
景德镇高新技术产业开发区	131 979	125 021	6 958	18.4	22.1	-22.9
萍乡市	3 402 033	3 333 666	68 367	19.4	18.7	70.0
萍乡经济技术开发区	1 361 425	1 359 556	1 869	65.4	66.0	-52.1
九江市	14 510 241	11 927 717	2 582 524	44.0	50.0	21.4
九江经济技术开发区	3 096 662	2 344 051	752 611	61.6	51.1	106.1
九江共青城高新技术产业开发区	265 001	263 624	1 377	-9.8	-9.7	-24.7
新余市	6 991 767	3 188 846	3 802 921	111.5	124.1	101.9
新余高新技术产业开发区	314 534	286 893	27 641	6.2	7.0	-0.7
鹰潭市	6 409 988	1 771 234	4 638 754	-4.1	-3.0	-4.5
鹰潭高新技术产业开发区	380 733	239 051	141 681	108.0	113.4	99.5
赣州市	14 684 372	11 915 928	2 768 444	28.4	33.4	10.3
赣州经济技术开发区	4 693 184	3 495 614	1 197 571	34.4	49.8	3.4
龙南经济技术开发区	289 142	280 832	8 310	2 495.3	2 907.3	361.0
瑞金经济技术开发区	462 416	457 088	5 328	103.2	107.6	-27.2
赣州高新技术产业开发区	864 299	365 190	499 109	103.0	302.0	49.0
宜春市	7 499 922	7 062 659	437 264	52.1	55.3	13.7
宜春经济技术开发区	958 424	878 821	79 603	33.7	26.6	250.0
宜春丰城高新技术产业开发区	295 862	220 163	75 700	59.7	80.0	20.4
上饶市	7 452 683	6 638 647	814 036	51.1	53.7	33.0
上饶经济技术开发区	17 595	17 469	126	-67.3	-67.5	24 661.1
吉安市	10 696 146	9 065 667	1 630 479	30.1	33.7	13.1
井冈山经济技术开发区	2 131 304	1 833 909	297 396	21.2	21.5	19.5
吉安高新技术产业开发区	3 265	3 265	—	—	—	—
抚州市	4 318 781	4 065 774	253 007	30.4	32.9	-0.4
抚州高新技术产业开发区	639 234	612 635	26 599	131.5	130.7	152.1

2022年中国货物进出口收发货人所在地总值表（续）

金额单位：千美元

收发货人所在地	进出口	出 口	进 口	比上年增长（%）		
				进出口	出 口	进 口
山东省	482 858 791	288 357 287	194 501 503	10.2	12.1	7.6
济南市	32 453 190	20 877 364	11 575 826	14.3	23.5	0.6
济南高新技术产业开发区	16 762 326	8 673 850	8 088 476	13.4	26.9	1.8
青岛市	126 840 990	70 538 814	56 302 176	-0.5	-2.7	2.4
青岛经济技术开发区	39 618 685	14 085 119	25 533 565	1.6	11.2	-3.1
青岛高新技术产业开发区	1 308 113	590 285	717 828	12.4	-7.6	36.7
淄博市	18 466 279	10 893 265	7 573 015	2.5	1.9	3.5
淄博高新技术产业开发区	3 632 857	3 168 633	464 224	16.7	14.9	30.8
日照市	20 762 088	7 983 635	12 778 453	15.9	28.7	9.1
日照经济技术开发区	3 531 095	2 142 900	1 388 195	88.2	341.9	-0.2
烟台市	67 575 142	40 571 817	27 003 326	7.9	10.0	4.9
烟台经济技术开发区	17 728 455	9 942 214	7 786 241	15.1	29.8	0.5
潍坊市	51 079 367	36 889 710	14 189 657	30.3	35.6	18.1
潍坊高新技术产业开发区	13 249 853	9 087 531	4 162 321	69.8	97.2	30.3
威海市	31 173 244	23 243 843	7 929 401	6.9	11.5	-4.7
威海火炬高技术产业开发区	4 788 170	3 772 939	1 015 231	3.6	1.4	13.1
河南省	127 107 249	78 082 949	49 024 300	1.2	2.1	-0.2
郑州市	91 103 729	54 099 731	37 003 998	-0.1	-1.6	2.2
郑州航空港经济综合实验区	70 591 576	39 685 257	30 906 319	-4.6	-8.4	0.9
郑州高新技术产业开发区	1 228 503	1 148 263	80 240	12.2	11.4	26.1
洛阳市	3 146 862	2 633 575	513 287	4.0	11.9	-23.6
洛阳高新技术产业开发区	342 211	186 480	155 731	-52.1	-43.5	-59.5
湖北省	92 098 805	62 594 012	29 504 793	13.5	19.4	2.7
武汉市	52 871 517	32 095 902	20 775 615	3.9	11.1	-5.5
武汉经济技术开发区	5 634 555	3 944 012	1 690 543	7.4	35.5	-27.6
武汉东湖新技术开发区	27 302 068	14 830 385	12 471 684	-4.2	0.3	-9.0
黄石市	6 040 034	2 886 852	3 153 182	21.3	16.1	26.5
黄石经济技术开发区	838 831	673 711	165 120	10.8	13.0	2.4
襄阳市	5 569 444	5 188 773	380 671	29.0	35.2	-20.5
襄阳经济技术开发区	62 273	35 868	26 405	-24.9	-5.2	-41.4
襄阳高新技术产业开发区	807 013	669 274	137 739	-1.0	6.6	-26.4
枣阳经济技术开发区	539 094	538 658	436	268 346.3	268 129.4	—
孝感市	2 571 131	2 192 431	378 700	32.7	34.7	22.3

2022 年中国货物进出口收发货人所在地总值表（续）

金额单位：千美元

收发货人所在地	进出口	出 口	进 口	比上年增长（%）		
				进出口	出 口	进 口
汉川经济技术开发区	343 770	340 767	3 003	1 086.8	1 076.4	—
荆州市	6 561 518	4 111 303	2 450 215	23.0	12.4	46.2
荆州经济技术开发区	934 812	705 579	229 233	41.6	29.5	98.5
湖南省	105 094 991	76 857 153	28 237 838	23.6	30.1	8.9
长沙市	47 282 898	34 755 022	12 527 876	21.2	24.6	12.7
长沙经济技术开发区	8 398 694	7 522 739	875 954	42.9	56.4	-17.9
长沙高新技术产业开发区	7 643 833	5 276 265	2 367 568	15.2	13.0	20.3
株洲市	2 484 542	1 735 487	749 055	-10.3	-9.3	-12.7
株洲高新技术产业开发区	858 145	791 516	66 629	1.5	1.0	8.6
湘潭市	5 351 776	3 830 234	1 521 543	33.2	65.9	-11.0
湘潭经济技术开发区	2 386 854	2 138 300	248 554	99.7	92.4	196.2
湘潭高新技术产业开发区	425 546	422 409	3 137	121.2	127.1	-50.9
衡阳市	7 195 733	4 562 052	2 633 682	36.6	60.1	9.0
衡阳高新技术产业开发区	132 276	105 231	27 044	81.6	98.1	37.2
岳阳市	10 893 412	4 765 115	6 128 297	15.9	-3.0	36.7
常德市	3 638 008	3 131 534	506 474	96.4	108.7	43.8
常德经济技术开发区	1 387 089	1 141 012	246 077	132.4	174.6	35.6
常德高新技术产业开发区	474 045	474 040	5	81.1	81.1	-51.6
益阳市	3 099 726	2 886 381	213 344	35.3	31.1	139.1
益阳高新技术产业开发区	974 263	851 479	122 784	120.4	101.9	504.4
郴州市	7 318 049	5 449 787	1 868 262	14.1	8.1	35.8
郴州高新技术产业开发区	3 270 850	2 450 942	819 909	18.3	9.8	53.9
浏阳市	2 488 799	2 259 252	229 547	22.9	175.2	-80.9
浏阳经济技术开发区	1 093 776	903 946	189 829	-12.7	1 137.7	-83.9
广东省	1 245 503 462	799 052 546	446 450 917	-2.4	2.6	-10.3
广州市	164 602 530	93 315 286	71 287 245	-1.6	-4.2	2.1
广州经济技术开发区	20 942 838	7 762 400	13 180 438	8.7	3.9	11.7
广州高新技术产业开发区	14 658 508	8 750 120	5 908 387	-11.1	-5.1	-18.7
广州南沙新区	44 886 873	24 474 014	20 412 859	11.3	5.8	18.8
深圳市	547 766 619	326 389 667	221 376 952	-0.1	9.5	-11.6
深圳科技工业园	15 840	2 056	13 784	-90.4	-98.6	3.7
珠海市	46 499 227	29 597 380	16 901 847	-9.4	1.5	-23.7
珠海经济技术开发区	137 522	39 745	97 776	—	—	—

2022年中国货物进出口收发货人所在地总值表（续）

金额单位：千美元

收发货人所在地	进出口	出　口	进　口	比上年增长（%）		
				进出口	出　口	进　口
珠海高新技术产业开发区	268 228	142 901	125 327	30.5	110.7	-9.0
珠海横琴新区	5 217 643	3 227 973	1 989 671	9.9	58.9	-26.8
汕头市	11 645 157	9 588 563	2 056 594	1.6	4.9	-11.3
佛山市	100 621 929	84 476 958	16 144 971	5.7	9.2	-9.6
江门市	26 668 213	21 742 956	4 925 258	-2.7	-2.9	-1.7
湛江市	9 309 042	3 106 126	6 202 916	12.4	-1.1	20.7
湛江经济技术开发区	4 522 855	1 405 676	3 117 179	14.1	14.2	14.1
湛江高新技术产业开发区	214	214	—	-50.8	-50.8	—
茂名市	3 128 152	1 973 894	1 154 258	7.4	-1.7	27.4
茂名高新技术产业开发区	15 843	3 447	12 396	152.0	-43.5	6 410.6
惠州市	46 449 702	30 745 960	15 703 742	-1.7	-6.8	9.9
惠州高新技术产业开发区	18 965 831	13 101 888	5 863 942	-10.2	-13.5	-1.9
阳江市	4 049 988	2 698 452	1 351 536	-2.6	-6.7	6.8
东莞市	210 218 797	139 774 379	70 444 418	-10.7	-5.2	-19.9
东莞松山湖高新技术产业开发区	1 440 516	1 167 258	273 258	-20.0	-17.4	-29.5
中山市	41 289 036	34 202 992	7 086 044	0.6	1.0	-1.2
中山火炬高技术产业开发区	5 370	1 812	3 558	0.6	9.4	-3.3
广西壮族自治区	95 997 942	52 959 881	43 038 061	4.7	16.6	-7.0
南宁市	22 006 363	10 781 356	11 225 007	15.7	19.8	12.1
南宁高新技术产业开发区	948 512	460 626	487 886	-1.0	-14.1	15.5
桂林市	1 438 885	1 328 220	110 665	1.5	4.5	-24.5
桂林新技术产业开发区	601 810	562 416	39 395	-6.4	-3.0	-37.3
北海市	5 162 880	1 772 815	3 390 065	10.9	1.7	16.3
崇左市	31 545 578	26 402 627	5 142 951	-4.0	24.9	-56.1
防城港市	11 713 577	908 873	10 804 704	-14.7	-24.7	-13.7
海南省	30 020 510	10 733 322	19 287 187	32.8	117.4	9.2
海口市	9 080 141	2 544 808	6 535 334	27.1	69.6	15.8
海南国际科技工业园	153 906	97 402	56 504	0.0	70.6	-41.6
洋浦经济开发区	6 773 644	3 883 786	2 889 858	53.2	92.8	20.0
重庆市	122 001 597	78 357 711	43 643 886	-0.2	-0.2	-0.2
重庆高新技术产业开发区	267 049	182 836	84 213	-0.6	-6.8	16.4
重庆两江新区	45 157 635	27 367 759	17 789 876	1.3	7.8	-7.2
万州经济技术开发区	721 247	180 974	540 273	29.2	-47.9	156.4

2022 年中国货物进出口收发货人所在地总值表（续）

金额单位：千美元

收发货人所在地	进出口	出　口	进　口	比上年增长（%）		
				进出口	出　口	进　口
重庆经济技术开发区	444 666	132 651	312 015	-51.5	-61.2	-45.7
长寿经济技术开发区	308 968	271 293	37 675	713.7	2 101.9	46.9
四川省	150 693 036	92 740 900	57 952 136	3.6	7.3	-1.8
成都市	125 081 324	74 828 708	50 252 616	-0.6	1.9	-4.2
成都经济技术开发区	2 861 368	1 844 859	1 016 508	21.3	45.4	-6.7
成都高新技术产业开发区	93 674 409	51 122 273	42 552 136	-7.7	-8.1	-7.3
泸州市	2 781 321	1 613 263	1 168 058	42.6	57.1	26.4
泸州高新技术产业开发区	1 586 347	815 067	771 280	113.9	274.6	47.2
绵阳市	3 883 066	2 506 113	1 376 953	0.2	45.9	-36.2
绵阳经济技术开发区	816 993	776 730	40 263	72.9	82.5	-14.1
绵阳高新技术产业开发区	1 547 018	905 396	641 622	17.1	156.0	-33.7
广元市	217 074	179 416	37 659	39.4	20.6	442.2
广元经济技术开发区	146 458	145 875	583	21.8	21.6	147.7
乐山市	1 675 051	1 448 104	226 947	17.6	26.3	-18.1
乐山高新技术产业开发区	1 324	692	632	-34.4	-44.3	-18.7
宜宾市	4 739 727	3 045 750	1 693 977	29.1	17.4	57.4
宜宾临港经济技术开发区	3 133 047	2 270 951	862 096	18.1	13.8	31.3
贵州省	10 854 421	6 823 023	4 031 398	8.0	-9.2	59.0
贵阳市	6 554 438	3 992 501	2 561 937	-10.6	-30.8	64.0
贵阳高新技术产业开发区	369 302	119 197	250 105	-46.4	-72.3	-3.4
云南省	48 567 323	22 956 618	25 610 705	6.0	-6.3	20.2
昆明市	28 786 683	13 283 857	15 502 826	21.6	14.3	28.6
昆明经济技术开发区	6 659 257	6 295 842	363 416	17.7	14.5	125.6
昆明嵩明杨林经济技术开发区	71 753	65 487	6 267	-59.6	-63.0	1 552.9
昆明高新技术产业开发区	5 539 763	1 140 570	4 399 193	13.6	96.2	2.4
红河州	4 863 076	2 612 755	2 250 321	-17.7	-31.8	8.4
蒙自经济技术开发区	2 763 423	1 456 790	1 306 633	20.0	8.4	36.1
曲靖市	1 295 031	1 181 106	113 925	6.5	5.4	19.6
曲靖经济技术开发区	116 435	87 804	28 630	-72.3	-78.4	95.2
西藏自治区	690 482	646 625	43 857	12.4	89.8	-84.0
拉萨市	667 075	627 462	39 613	20.7	99.3	-83.4
拉萨经济技术开发区	121 706	86 987	34 719	-65.5	-30.1	-84.8
陕西省	71 481 860	44 716 789	26 765 071	-2.3	13.4	-20.6

2022 年中国货物进出口收发货人所在地总值表（续）

金额单位：千美元

收发货人所在地	进出口	出　口	进　口	比上年增长（%）		
				进出口	出　口	进　口
西安市	65 522 666	41 116 396	24 406 270	−3.5	12.8	−22.3
陕西航天经济技术开发区	2 242 562	695 452	1 547 110	−6.3	61.4	−21.1
陕西航空经济技术开发区	286 321	26 675	259 646	—	—	—
陕西西安经济技术开发区	2 684 992	1 584 423	1 100 569	10 025.8	609 854.3	4 091.6
西安新技术产业开发区	22 741 843	12 969 153	9 772 690	−15.0	−2.9	−27.0
宝鸡市	1 685 759	898 572	787 187	26.7	42.5	12.4
宝鸡高新技术产业开发区	430 030	210 777	219 253	276.5	170.4	504.7
咸阳市	1 908 582	1 111 030	797 552	−17.1	−17.6	−16.4
杨凌农业高新技术产业示范区	127 465	91 240	36 225	−5.4	−12.1	17.4
汉中市	526 173	450 419	75 754	35.6	60.5	−29.4
汉中经济技术开发区	347 959	317 755	30 204	105.9	197.3	−51.4
榆林市	499 634	398 134	101 500	45.0	59.7	6.4
榆林经济技术开发区	81 892	66 758	15 134	4 619.5	4 438.1	5 629.9
甘肃省	8 582 435	1 798 097	6 784 338	17.2	23.1	15.7
兰州市	2 310 015	878 843	1 431 172	19.4	59.2	3.5
兰州新技术产业开发区	36 725	19 386	17 339	−2.2	27.7	−22.4
青海省	605 796	358 556	247 239	23.5	35.8	9.1
西宁市	456 451	217 627	238 824	29.1	51.7	13.6
西宁经济技术开发区	200 913	43 706	157 207	43.1	61.3	38.8
青海高新技术产业开发区	—	—	—	—	—	—
海西州	90 350	87 754	2 596	80.7	83.9	14.5
格尔木昆仑经济技术开发区	2 434	2 381	53	—	—	—
宁夏回族自治区	3 221 440	2 422 250	799 190	6.3	−0.6	34.2
银川市	1 709 894	1 306 437	403 456	−2.9	−8.2	19.4
银川经济技术开发区	135 954	43 587	92 367	13.9	69.4	−1.3
新疆维吾尔自治区	36 595 564	31 038 845	5 556 718	51.7	58.9	21.1
乌鲁木齐市	7 672 548	5 801 502	1 871 047	28.7	44.5	−3.8
乌鲁木齐经济技术开发区	4 246 565	3 451 340	795 226	47.5	59.3	11.5
乌鲁木齐高新技术产业开发区	462 613	383 296	79 317	−19.0	−28.9	145.5
博乐市	5 006 315	2 335 716	2 670 599	79.4	244.1	26.5
伊宁市	8 625 218	8 500 738	124 481	42.0	42.0	45.7
石河子市	537 847	480 098	57 749	2.6	−2.4	78.5
石河子经济技术开发区	402 098	344 809	57 289	−16.2	−23.0	78.3

数据来源：海关总署。

2022年中国货物进出口关别总值表

金额单位：千美元

关　别	进出口	出　口	进　口	比上年增长（%）		
				进出口	出　口	进　口
总　计	**6 270 113 574.4**	**3 560 539 251.4**	**2 709 574 323.0**	**7.9**	**7.4**	**1.1**
北京海关	109 854 941.1	27 337 647.9	82 517 293.2	0.0	-32.0	12.9
天津海关	296 049 234.6	154 681 178.1	141 368 056.4	21.1	23.4	11.5
石家庄海关	67 501 858.8	14 084 747.6	53 417 111.2	-3.6	19.9	-11.4
太原海关	4 282 545.2	645 688.9	3 636 856.3	-44.7	-73.4	-34.4
满洲里海关	9 349 837.1	4 044 905.2	5 304 931.9	49.2	46.7	40.3
呼和浩特海关	13 145 487.3	3 378 106.9	9 767 380.4	15.4	4.9	13.2
沈阳海关	20 373 078.4	3 850 314.1	16 522 764.3	-4.1	-1.3	-8.2
大连海关	144 219 061.6	61 775 487.9	82 443 573.7	7.0	6.7	1.9
长春海关	9 560 193.1	2 615 795.8	6 944 397.3	0.7	48.4	-13.9
哈尔滨海关	31 269 664.0	6 425 639.9	24 844 024.1	46.8	117.6	29.8
上海海关	1 152 496 500.6	680 229 412.6	472 267 087.9	1.7	0.7	-4.8
南京海关	531 670 786.8	270 186 891.9	261 483 894.9	8.1	8.5	1.4
杭州海关	233 746 999.8	128 277 822.0	105 469 177.7	25.6	21.8	21.9
宁波海关	375 143 632.6	269 493 067.5	105 650 565.1	21.5	19.2	15.8
合肥海关	52 037 001.5	22 300 818.2	29 736 183.3	7.8	20.9	-4.4
福州海关	57 837 749.6	24 801 243.3	33 036 506.3	7.0	12.0	-1.6
厦门海关	190 319 137.4	128 799 706.7	61 519 430.7	12.5	10.0	7.7
南昌海关	31 592 720.3	13 603 013.3	17 989 707.0	15.1	5.2	16.0
青岛海关	489 156 688.1	251 886 216.3	237 270 471.8	17.8	17.2	11.3
济南海关	89 272 765.2	49 092 236.8	40 180 528.3	15.8	19.7	4.8
郑州海关	109 578 103.2	64 881 628.5	44 696 474.7	0.0	-3.5	-2.6
武汉海关	53 475 798.7	30 646 371.7	22 829 427.0	10.4	14.6	-0.9
长沙海关	28 448 941.0	13 748 356.8	14 700 584.2	8.0	0.9	7.8
广州海关	254 859 633.3	175 298 320.2	79 561 313.1	6.9	6.0	-0.4
黄埔海关	258 651 717.4	128 406 540.7	130 245 176.8	-3.4	-2.9	-8.9
深圳海关	951 425 610.6	655 361 846.6	296 063 763.9	2.8	4.5	-10.1
拱北海关	83 407 561.8	56 227 065.6	27 180 496.2	25.2	31.2	5.6
汕头海关	26 088 788.3	15 324 930.6	10 763 857.8	35.4	29.0	33.0
海口海关	26 192 387.6	7 729 046.6	18 463 341.0	38.8	85.7	20.0
湛江海关	48 972 977.4	5 341 185.1	43 631 792.3	32.7	20.6	29.8
江门海关	22 468 090.8	14 375 428.5	8 092 662.3	9.5	0.5	19.5
南宁海关	114 281 280.6	50 995 301.5	63 285 979.1	-9.8	-15.5	-11.1
成都海关	117 939 075.5	66 426 837.3	51 512 238.2	-0.3	-2.6	-4.6
重庆海关	98 573 386.5	64 636 222.9	33 937 163.6	-1.2	-4.0	-3.6
贵阳海关	4 504 594.0	2 285 068.5	2 219 525.5	51.8	67.0	29.5
昆明海关	31 029 133.1	11 875 071.7	19 154 061.3	16.9	-1.0	22.9
拉萨海关	427 064.5	409 849.3	17 215.1	-30.5	-0.6	-92.3
西安海关	59 228 137.9	38 330 618.8	20 897 519.1	-10.0	2.7	-31.4
乌鲁木齐海关	66 510 707.1	39 957 717.2	26 552 989.9	62.8	70.4	39.7
兰州海关	4 361 848.9	359 271.0	4 002 577.9	51.4	64.9	46.6
银川海关	722 656.1	386 687.9	335 968.2	57.9	23.0	111.1
西宁海关	86 197.2	25 943.6	60 253.6	186.2	241.5	149.7

数据来源：海关总署。

2022 年中国特定地区货物进出口总值表

金额单位：千美元

特定经济地区	进出口	出　口	进　口	比上年增长（%）		
				进出口	出　口	进　口
经济特区	774 458 344	446 261 028	328 197 316	0.5	9.4	-9.6
厦门经济特区	138 526 830	69 952 096	68 574 735	1.1	5.1	-2.7
深圳经济特区	547 766 619	326 389 667	221 376 952	-0.1	9.5	-11.6
珠海经济特区	46 499 227	29 597 380	16 901 847	-9.4	1.5	-23.7
汕头经济特区	11 645 157	9 588 563	2 056 594	1.6	4.9	-11.3
海南经济特区	30 020 510	10 733 322	19 287 187	32.8	117.4	9.2
经济技术开发区	488 476 138	256 757 756	231 718 382	2.8	7.1	-1.6
高新技术产业开发区	412 527 476	245 306 057	167 221 419	-2.9	0.6	-7.5
综合实验区	86 130 923	48 034 088	38 096 836	-3.2	-4.3	-1.7
保税区	257 610 822	79 621 398	177 989 424	-8.3	-11.5	-6.7
天津港保税区	12 478 405	3 013 081	9 465 324	9.4	-2.1	13.6
大连保税区	1 874 698	475 031	1 399 667	-11.3	-12.2	-11.0
上海外高桥保税区	143 380 500	34 207 665	109 172 835	-10.6	-15.2	-9.0
宁波保税区	19 540 937	6 434 216	13 106 721	1.9	18.9	-4.8
福州保税区	1 079 271	344 878	734 393	61.7	2.7	121.5
厦门象屿保税区	14 209 487	5 842 837	8 366 649	11.8	19.9	6.8
广州保税区	2 227 957	561 389	1 666 568	-25.6	-32.7	-22.9
深圳福田保税区	59 883 052	27 317 232	32 565 820	-13.0	-18.1	-8.2
珠海保税区	2 936 515	1 425 069	1 511 446	11.8	12.5	11.1
珠澳跨境工业区珠海园区	1 023 014	744 137	278 876	50.4	64.6	22.3
保税港区	13 343 364	3 158 966	10 184 398	2.6	30.6	-3.8
张家港保税港区	7 131 898	2 473 714	4 658 184	-2.9	10.2	-8.7
海南洋浦保税港区	6 211 467	685 252	5 526 215	9.7	291.8	0.7
综合保税区	965 063 058	540 679 280	424 383 778	7.2	9.4	4.5
洋山特殊综合保税区	31 212 550	16 683 692	14 528 857	55.7	82.0	33.6
北京天竺综合保税区	13 085 945	687 764	12 398 181	-1.3	-3.4	-1.2
北京大兴国际机场综合保税区	52 221	20 261	31 960	—	—	—
天津泰达综合保税区	2 349 507	777 995	1 571 512	41.8	15.3	59.9
天津东疆综合保税区	16 634 511	4 043 507	12 591 003	4.8	-4.0	8.0
天津港综合保税区	2 431 674	333 315	2 098 358	21.2	-61.5	83.9
天津滨海新区综合保税区	4 209 100	378 352	3 830 748	-27.4	26.5	-30.3
石家庄综合保税区	1 051 721	617 376	434 345	-51.3	-68.6	130.7
曹妃甸综合保税区	6 808 624	1 524 272	5 284 352	25.6	197.4	7.7

2022年中国特定地区货物进出口总值表（续）

金额单位：千美元

特定经济地区	进出口	出 口	进 口	比上年增长（%）		
				进出口	出 口	进 口
秦皇岛综合保税区	999 284	795 013	204 272	43.8	52.4	18.0
廊坊综合保税区	756 895	305 450	451 445	12.8	-51.1	871.6
太原武宿综合保税区	626 227	233 192	393 035	-86.0	-89.7	-82.1
呼和浩特综合保税区	638 327	25 900	612 427	18.5	3.8	19.2
满洲里综合保税区	500 244	378 705	121 539	169.6	113.1	1 453.3
鄂尔多斯综合保税区	752 678	383 355	369 322	146.4	174.9	122.5
沈阳综合保税区	1 637 559	1 217 583	419 976	2.1	-13.5	114.3
大连湾里综合保税区	5 380 475	3 927 905	1 452 570	-24.1	-23.6	-25.7
大连大窑湾综合保税区	3 257 143	1 124 827	2 132 317	-21.6	-21.8	-21.5
营口综合保税区	157 174	23 154	134 020	-60.1	-83.4	-47.3
长春兴隆综合保税区	1 096 154	96 062	1 000 092	331.6	31.6	452.6
珲春综合保税区	831 302	700 057	131 245	152.9	219.7	19.5
哈尔滨综合保税区	765 311	323 359	441 952	105.6	4.5	604.0
绥芬河综合保税区	481 697	234 208	247 489	0.9	3 253.3	-47.4
漕河泾综合保税区	5 164 587	2 169 179	2 995 407	-10.0	-7.7	-11.6
嘉定综合保税区	1 334 962	401 172	933 790	36.5	46.6	32.5
奉贤综合保税区	2 334 911	997 045	1 337 866	29.9	-18.0	129.7
松江综合保税区	37 307 503	24 512 479	12 795 025	4.3	2.0	8.9
青浦综合保税区	1 450 942	644 425	806 517	8.8	24.4	-1.1
金桥综合保税区	1 752 761	267 821	1 484 940	12.0	27.9	9.5
上海浦东机场综合保税区	15 411 930	8 161 752	7 250 178	42.1	54.2	30.6
上海外高桥港综合保税区	5 080 504	2 614 328	2 466 177	49.0	26.8	82.8
南京综合保税区	7 761 382	4 867 135	2 894 247	-12.7	-33.9	89.2
无锡高新区综合保税区	22 093 840	14 220 915	7 872 924	-5.4	6.0	-20.8
徐州综合保税区	2 987 314	2 324 896	662 418	41.6	40.1	47.0
常州综合保税区	1 140 590	789 688	350 901	28.6	55.0	-7.1
苏州工业园综合保税区	30 565 821	19 735 499	10 830 322	-1.1	-4.5	5.9
苏州高新技术产业开发区综合保税区	19 362 014	11 913 456	7 448 559	-0.9	4.3	-8.3
吴中综合保税区	324 911	99 885	225 025	7.6	-8.9	16.9
南通综合保税区	2 669 520	1 809 897	859 623	65.2	91.7	28.0
连云港综合保税区	1 186 922	211 072	975 849	4.0	-42.5	26.1
淮安综合保税区	634 837	350 441	284 396	-2.2	-14.7	19.4
盐城综合保税区	1 233 112	307 669	925 443	39.2	-27.3	99.9
扬州综合保税区	547 260	341 384	205 876	-24.8	-51.0	561.8
镇江综合保税区	1 488 555	649 021	839 535	98.7	256.5	48.0

2022 年中国特定地区货物进出口总值表（续）

金额单位：千美元

特定经济地区	进出口	出　口	进　口	比上年增长（%）		
				进出口	出　口	进　口
泰州综合保税区	483 176	361 360	121 816	−46.4	−37.3	−62.6
常熟综合保税区	400 790	256 755	144 035	73.7	67.6	85.7
江阴综合保税区	563 380	271 343	292 037	12.8	−17.0	69.1
昆山综合保税区	58 508 795	42 597 145	15 911 650	−4.5	−2.6	−9.3
吴江综合保税区	6 293 752	5 971 224	322 528	−2.2	−1.6	−12.8
太仓港综合保税区	1 077 958	353 890	724 068	−2.9	−14.8	4.3
武进综合保税区	1 030 829	603 263	427 566	2.3	33.6	−23.1
杭州综合保税区	3 823 312	1 355 007	2 468 305	−8.4	−15.5	−4.0
宁波北仑港综合保税区	2 742 838	896 739	1 846 100	−9.9	−17.6	−5.7
宁波梅山综合保税区	1 377 825	824 345	553 480	54.0	26.5	127.7
温州综合保税区	992 134	233 830	758 305	337.5	825.5	276.3
嘉兴综合保税区	2 359 862	1 654 402	705 460	17.3	27.6	−1.3
绍兴综合保税区	277 898	27 963	249 935	902.6	3 335.6	829.0
金义综合保税区	4 876 324	125 090	4 751 235	29.7	−18.8	31.8
舟山港综合保税区	5 052 732	2 011 469	3 041 263	4.4	86.4	−19.2
义乌综合保税区	3 214 694	191 818	3 022 876	624.3	1 528.0	599.6
台州综合保税区	—	—	—	—	—	—
宁波前湾综合保税区	717 610	123 641	593 969	24.3	105.5	14.9
合肥经济技术开发区综合保税区	12 613 176	7 672 910	4 940 266	22.7	18.8	29.1
合肥综合保税区	3 122 147	1 275 785	1 846 362	−18.9	33.9	−36.3
芜湖综合保税区	2 283 575	1 326 873	956 701	33.0	60.8	7.3
马鞍山综合保税区	1 707 291	634 454	1 072 837	20.5	−5.7	44.2
安庆综合保税区	692 352	456 130	236 222	6 760.7	221 435.4	2 289.5
福州综合保税区	471 868	288 265	183 602	−12.0	−10.3	−14.5
福州江阴港综合保税区	2 296 909	1 536 822	760 088	88.1	69.6	141.1
厦门海沧港综合保税区	8 738 495	5 814 556	2 923 939	62.3	58.4	70.7
厦门象屿综合保税区	5 266 961	3 554 209	1 712 752	8.0	−10.3	87.7
泉州综合保税区	1 270 736	1 159 706	111 030	152.0	170.4	47.4
南昌综合保税区	3 146 793	1 698 938	1 447 855	−3.0	−9.0	5.1
九江综合保税区	2 690 549	1 969 401	721 148	132.5	133.8	129.0
赣州综合保税区	2 474 219	2 128 352	345 867	32.6	71.9	−45.0
井冈山综合保税区	1 170 866	921 232	249 634	51.1	55.6	36.4
济南章锦综合保税区	1 729 351	1 311 740	417 611	41.0	19.4	227.4
济南综合保税区	4 686 143	2 023 701	2 662 442	14.5	19.3	11.1
青岛胶州湾综合保税区	2 418 958	2 085 030	333 928	−41.6	−45.9	15.4

2022 年中国特定地区货物进出口总值表（续）

金额单位：千美元

特定经济地区	进出口	出 口	进 口	比上年增长（%）		
				进出口	出 口	进 口
青岛西海岸综合保税区	4 994 969	461 282	4 533 687	74.4	20.6	82.7
青岛前湾综合保税区	16 541 865	3 754 395	12 787 470	-10.1	18.5	-16.0
淄博综合保税区	912 596	636 282	276 314	92.2	121.9	46.9
东营综合保税区	5 054 617	1 811 004	3 243 614	33.6	57.3	23.2
烟台综合保税区	18 931 094	9 909 430	9 021 664	3.8	-3.2	12.8
潍坊综合保税区	10 506 452	7 565 032	2 941 420	51.3	86.2	2.2
威海综合保税区	5 101 040	2 970 473	2 130 566	35.1	39.1	29.8
日照综合保税区	3 531 095	2 142 900	1 388 195	88.2	341.9	-0.2
临沂综合保税区	7 494 518	6 725 696	768 822	63.5	87.2	-22.5
青岛空港综合保税区	—	—	—	—	—	—
青岛即墨综合保税区	355 586	331 723	23 862	361.9	616.2	-22.2
郑州经开综合保税区	6 493 401	2 697 580	3 795 822	-5.6	-13.8	1.3
郑州新郑综合保税区	69 867 632	39 455 864	30 411 769	-4.8	-8.4	0.4
洛阳综合保税区	127 775	48 243	79 531	—	—	—
南阳卧龙综合保税区	732 391	486 772	245 618	120.0	204.0	42.2
武汉经开综合保税区	1 258 818	926 575	332 243	2.2	37.8	-40.7
武汉东湖综合保税区	4 784 198	2 818 578	1 965 620	6.8	11.7	0.4
武汉新港空港综合保税区	3 533 937	1 996 541	1 537 396	52.5	88.2	22.3
宜昌综合保税区	980 757	695 578	285 179	80.0	60.2	157.1
襄阳综合保税区	99 575	56 120	43 456	131.5	46.6	819.2
长沙黄花综合保税区	8 768 756	4 572 827	4 195 929	22.8	9.3	42.0
湘潭综合保税区	2 321 587	2 125 679	195 907	152.2	148.9	194.6
衡阳综合保税区	2 983 682	2 275 341	708 341	85.7	176.2	-9.6
岳阳城陵矶综合保税区	7 961 842	2 993 466	4 968 377	3.0	-21.8	27.2
郴州综合保税区	2 454 214	1 733 066	721 148	27.2	20.4	47.2
广州白云机场综合保税区	5 172 446	2 261 647	2 910 799	11.2	19.7	5.4
广州黄埔综合保税区	4 134 474	995 349	3 139 125	59.3	99.0	49.8
深圳坪山综合保税区	7 916 395	4 047 232	3 869 163	-24.1	-16.3	-30.8
深圳前海综合保税区	34 497 939	16 268 127	18 229 812	41.0	54.3	31.0
珠海高栏港综合保税区	—	—	—	—	—	—
汕头综合保税区	3 163 148	3 004 816	158 333	21.7	19.2	103.2
湛江综合保税区	—	—	—	—	—	—
梅州综合保税区	100 989	95 617	5 373	202.2	186.3	49 271.1
东莞虎门港综合保税区	14 348 115	6 066 058	8 282 057	44.7	64.3	33.0
广州南沙综合保税区	19 887 960	8 278 283	11 609 677	56.5	53.7	58.5

2022年中国特定地区货物进出口总值表（续）

金额单位：千美元

特定经济地区	进出口	出　口	进　口	比上年增长（%）		
				进出口	出　口	进　口
深圳盐田综合保税区	14 992 927	12 239 065	2 753 862	9.0	17.7	-18.1
南宁综合保税区	7 718 083	4 184 564	3 533 519	6.5	6.6	6.3
北海综合保税区	1 020 492	536 529	483 963	-36.6	-36.2	-37.0
钦州综合保税区	5 910 474	71 873	5 838 601	357.7	73.7	367.1
广西凭祥综合保税区	13 606 135	11 044 542	2 561 593	-17.9	20.6	-65.5
海口综合保税区	4 210 304	474 694	3 735 610	2.6	66.0	-2.1
海口空港综合保税区	23 932	16	23 916	—	—	—
重庆涪陵综合保税区	1 967 078	947 471	1 019 607	3.3	-5.1	12.5
重庆万州综合保税区	172 158	2 966	169 192	—	—	—
重庆两路寸滩综合保税区	28 110 575	17 139 940	10 970 635	-6.6	-0.6	-14.5
重庆西永综合保税区	48 050 140	33 055 616	14 994 524	-6.0	-9.0	1.5
重庆江津综合保税区	2 191 575	869 721	1 321 854	15.0	16.4	14.2
重庆永川综合保税区	—	—	—	—	—	—
成都国际铁路港综合保税区	3 556 265	3 097 891	458 374	-5.6	-6.8	2.8
成都高新西园综合保税区	1 295 820	882	1 294 938	209.9	32.8	210.2
成都高新综合保税区	80 052 514	44 917 080	35 135 434	-11.1	-9.0	-13.7
泸州综合保税区	1 492 882	721 602	771 280	140.6	633.4	47.8
绵阳综合保税区	499 256	488 835	10 421	38.0	310.7	-95.7
宜宾综合保税区	1 515 712	1 130 892	384 820	168.1	238.2	66.6
贵阳综合保税区	1 697 449	487 821	1 209 628	92.6	-1.9	215.0
遵义综合保税区	871 706	538 881	332 825	112.4	160.8	63.3
贵安综合保税区	1 155 597	524 363	631 234	137.0	122.9	150.1
昆明综合保税区	1 986 618	1 124 059	862 558	65.6	73.7	56.2
红河综合保税区	2 736 725	1 443 561	1 293 164	21.0	9.3	37.5
拉萨综合保税区	151 991	151 991	—	794.3	794.3	—
西安关中综合保税区	24 460 002	16 440 704	8 019 298	-4.9	15.0	-29.7
西安综合保税区	2 026 676	1 691 941	334 735	-16.6	3.1	-57.6
西安高新综合保税区	15 747 617	9 453 619	6 293 998	-24.8	-8.7	-40.6
西安航空基地综合保税区	114 820	107 544	7 277	39.9	1 186.1	-90.1
宝鸡综合保税区	399 357	187 262	212 095	510.9	462.3	561.3
陕西西咸空港综合保税区	360 650	176 453	184 197	-40.8	-48.2	-31.3
陕西杨凌综合保税区	220	0	220	—	—	—
兰州新区综合保税区	1 035 230	334 943	700 287	9.2	135.8	-13.1
西宁综合保税区	33 380	—	33 380	35 772.0	—	35 772.0
银川综合保税区	309 952	305 371	4 581	-38.9	-39.2	-1.3

2022 年中国特定地区货物进出口总值表（续）

金额单位：千美元

特定经济地区	进出口	出　口	进　口	比上年增长（%）		
				进出口	出　口	进　口
乌鲁木齐综合保税区	2 010 622	1 859 828	150 794	593.2	591.2	619.0
阿拉山口综合保税区	2 874 779	1 417 895	1 456 885	178.4	1 417.7	55.1
喀什综合保税区	4 120 840	3 922 012	198 828	638.9	689.0	228.0
霍尔果斯综合保税区	3 443 843	3 437 431	6 413	514.5	517.2	82.3
国际边境合作中心	6 686	6 135	552	−90.5	−91.1	−63.5
中哈霍尔果斯国际边境合作中心（中方区域）	6 686	6 135	552	−90.5	−91.1	−63.5
保税物流中心	21 969 349	6 885 931	15 083 418	21.1	1.5	32.8
北京亦庄保税物流中心	2 132 928	38 490	2 094 438	104.4	773.3	101.6
天津经济技术开发区保税物流中心	1 535 024	44 837	1 490 187	−16.3	−59.3	−13.6
天津蓟州保税物流中心	177	47	130	2 114.6	—	1 520.9
辛集保税物流中心	34 727	27 586	7 141	−81.9	−78.3	−88.9
唐山港京唐港区保税物流中心	237 643	130 751	106 892	−52.6	−73.8	6 641.1
河北武安保税物流中心	12 445	4 749	7 697	10.0	−5.4	22.2
大同国际陆港保税物流中心	14 778	650	14 128	1 445.7	25.8	3 116.2
山西兰花保税物流中心	1 756	57	1 699	−99.5	−100.0	−98.5
山西方略保税物流中心	425	425	0	−71.2	−71.2	—
包头保税物流中心	29 985	29 985	0	−67.3	−67.3	—
赤峰保税物流中心	18 972	18 954	18	284.0	384.8	−98.3
七苏木保税物流中心	36 908	7 368	29 540	93.6	−36.6	297.4
巴彦淖尔市保税物流中心	6 854	0	6 854	130.0	—	130.0
锦州港保税物流中心	75 238	83	75 155	—	—	—
营口港保税物流中心	219 137	140 913	78 224	−66.1	−74.5	−17.4
盘锦港保税物流中心	53 379	25 428	27 950	35.7	—	−28.9
铁岭保税物流中心	33 042	33 042	0	22.2	30.3	−100.0
吉林市保税物流中心	8 409	8 409	0	−7.7	256.6	−100.0
延吉国际空港经济开发区保税物流中心	13 285	13 220	65	−5.4	−5.5	32.8
牡丹江保税物流中心	91 414	2 149	89 265	−1.7	−11.4	−1.5
黑河保税物流中心	155 353	154 289	1 064	2 316.2	2 321.5	1 736.0
上海西北物流园区保税物流中心	365 198	33 066	332 132	−8.6	−37.8	−4.1
上海虹桥商务区保税物流中心	202 739	37 469	165 269	73.0	271.6	54.3
南京空港保税物流中心	275 278	207 437	67 841	13.3	150.5	−57.7
江苏新沂保税物流中心	326 087	12 218	313 869	−21.4	−88.9	3.0

2022 年中国特定地区货物进出口总值表（续）

金额单位：千美元

特定经济地区	进出口	出　口	进　口	比上年增长（%）		
				进出口	出　口	进　口
徐州保税物流中心	116 587	109 816	6 771	1.5	214.1	-91.5
如皋港保税物流中心	108 006	51 093	56 913	-2.6	-1.7	-3.4
连云港保税物流中心	708 789	93 603	615 186	99.7	41.7	112.9
大丰港保税物流中心	295 849	37 166	258 683	373.9	469.9	362.7
靖江保税物流中心	453 977	68 028	385 949	688 286.9	103 054.2	—
江苏海安保税物流中心	178 857	50 232	128 624	32.8	239.9	7.3
宁波栎社保税物流中心	91 707	38 903	52 804	-25.2	11.9	-39.9
温州保税物流中心	0	0	0	-100.0	-100.0	-100.0
湖州保税物流中心	39 796	22 663	17 133	37.6	-15.1	669.3
湖州德清保税物流中心	63 670	30 644	33 026	—	—	—
杭州保税物流中心	110 493	43 668	66 826	216.2	1 336.8	109.4
义乌保税物流中心	1 515 236	66 349	1 448 887	30.2	-78.8	70.3
宁波镇海保税物流中心	37 694	0	37 694	—	—	—
合肥空港保税物流中心	151 128	29 161	121 967	12.9	-2.6	17.4
蚌埠（皖北）保税物流中心	155 446	54 451	100 995	-34.2	363.7	-55.0
铜陵（皖中南）保税物流中心	75 100	74 892	208	-71.6	-68.3	-99.3
安徽皖东南保税物流中心	37 641	35 703	1 938	-2.4	-4.9	85.1
翔福保税物流中心	50 925	9 262	41 663	-2.4	-8.1	-1.0
厦门火炬（翔安）保税物流中心	186 746	13 217	173 529	-60.9	-88.7	-52.0
泉州石湖港保税物流中心	3 153	0	3 153	588.5	-100.0	2 678.8
漳州台商投资区保税物流中心	654 382	513 820	140 562	91.7	65.7	348.2
龙南保税物流中心	119 441	107 057	12 384	255.9	1 115.9	-50.0
青岛西海岸新区保税物流中心	470 812	7 292	463 520	31.9	-60.0	36.9
烟台福山回里保税物流中心	709	709	0	—	—	—
鲁中运达保税物流中心	8 423	6 996	1 427	-80.4	-82.1	-63.8
菏泽内陆港保税物流中心	107 074	4 996	102 078	57.8	-9.9	63.8
青岛保税港区诸城功能区保税物流中心	36 122	30 702	5 421	125.9	220.9	-15.6
河南德众保税物流中心	39 336	39 195	141	1 661.9	3 597.6	-88.0
河南许昌保税物流中心	302 070	31 468	270 601	12 428.6	7 291.0	13 530.4
河南商丘保税物流中心	497 233	326 646	170 586	-5.7	-25.9	97.5
河南民权保税物流中心	64 476	61 365	3 110	1 140.8	1 080.9	—
黄石棋盘洲保税物流中心	1 345	965	380	-97.2	-97.9	-87.1

2022年中国特定地区货物进出口总值表（续）

金额单位：千美元

特定经济地区	进出口	出 口	进 口	比上年增长（%）		
				进出口	出 口	进 口
宜昌三峡保税物流中心	328 458	242 394	86 064	100.3	180.5	10.9
荆门保税物流中心	267 324	121 187	146 137	84.7	42.0	145.9
仙桃保税物流中心	15 661	31	15 630	-52.9	-97.8	-50.9
长沙金霞保税物流中心	362 037	289 286	72 751	141.8	214.5	26.0
株洲铜塘湾保税物流中心	19 667	857	18 810	—	—	—
深圳机场保税物流中心	2 479 897	1 250 845	1 229 052	48.3	38.8	59.5
汕头保税物流中心	0	0	0	-100.0	-100.0	-100.0
江门大广海湾保税物流中心	51 899	1 831	50 068	-20.8	-51.7	-18.9
湛江保税物流中心	71 837	33 550	38 287	-46.9	-1.9	-62.1
中山保税物流中心	520 071	231 655	288 416	12.0	6.0	17.2
佛山国通保税物流中心	65 082	18 560	46 521	-54.1	-79.7	-7.5
东莞清溪保税物流中心	1 715 473	806 552	908 920	23.6	52.0	6.0
柳州保税物流中心	19 895	19 895	0	-54.4	-53.0	-100.0
防城港保税物流中心	848 404	24 551	823 852	21.4	48.9	20.7
海南三亚保税物流中心	4 603	0	4 603	—	—	—
重庆果园保税物流中心	628 163	95 923	532 240	158.3	37.2	207.2
重庆铁路保税物流中心	356 184	172 391	183 794	-35.1	-25.7	-41.9
重庆南彭公路保税物流中心	218 538	106 575	111 963	-65.1	-73.4	-50.4
成都空港保税物流中心	579 881	4 215	575 666	49.7	233.5	49.1
天府新区成都片区保税物流中心	668 972	389 053	279 919	716.7	1 286.2	419.8
南充保税物流中心	116 022	98 096	17 926	200.6	167.7	818.3
昆明高新保税物流中心	2 049	0	2 049	167.9	—	167.9
腾俊国际陆港保税物流中心	7 116	6 695	421	19.8	19.4	25.3
武威保税物流中心	29 806	29 806	0	-7.3	-7.3	—
青海曹家堡保税物流中心	1 225	44	1 181	-90.6	-99.0	-86.6
石嘴山保税物流中心	3 549	0	3 549	2.1	—	2.1
奎屯保税物流中心	24 130	10 249	13 880	54.4	-20.3	400.2

数据来源：海关总署。

注：1. 本表只列出全国经济技术开发区和特殊开放区、高新技术产业开发区以及综合实验区的进出口合计数据，详细数据参见“中国进出口商品收发货人所在地总值表”。

2. 综合实验区包括平潭综合实验区、横琴新区和郑州航空港经济综合实验区。

3. 自2021年起，保税物流中心统计方法按照《海关保税物流中心统计办法》（海关总署公告2021年3号）执行，同比相应调整。

2022年中国外商投资企业货物进出口总值表

金额单位：千美元

外商投资企业	进出口	出 口	进 口	比上年增长（%）		
				进出口	出 口	进 口
总 计	**2 075 326 537**	**1 122 894 261**	**952 432 276**	**-4.3**	**-2.5**	**-6.4**
北京市	90 661 894	25 072 074	65 589 820	-13.1	-27.6	-5.9
天津市	59 481 947	24 737 589	34 744 358	-10.8	-9.1	-12.0
河北省	12 794 906	8 135 959	4 658 947	-0.1	9.6	-13.5
山西省	12 574 809	12 044 094	530 715	-23.5	-6.8	-84.9
内蒙古自治区	1 703 432	988 605	714 827	32.8	56.1	10.0
辽宁省	43 729 225	19 710 882	24 018 343	-3.4	-3.6	-3.2
吉林省	9 328 699	1 605 590	7 723 109	-14.5	16.7	-19.0
黑龙江省	1 540 211	745 647	794 564	-11.6	6.1	-23.6
上海市	382 647 437	140 452 724	242 194 714	-1.2	-0.4	-1.7
江苏省	411 246 615	240 768 828	170 477 787	-2.8	0.0	-6.4
浙江省	100 732 500	63 332 572	37 399 928	-1.7	0.4	-5.2
安徽省	27 479 282	15 823 385	11 655 897	1.1	1.0	1.3
福建省	65 721 367	41 090 117	24 631 250	-4.9	-2.3	-8.8
厦门经济特区	33 971 787	22 341 025	11 630 762	-14.1	-5.8	-26.6
江西省	20 519 258	12 130 009	8 389 249	16.0	22.0	8.4
山东省	89 424 207	58 649 373	30 774 835	-1.0	1.2	-4.9
河南省	55 918 154	40 893 447	15 024 707	-4.9	-9.1	9.1
湖北省	15 503 060	8 786 398	6 716 661	0.3	9.3	-9.5
湖南省	7 011 428	4 750 205	2 261 223	-11.7	6.6	-35.0
广东省	455 674 236	275 619 163	180 055 073	-6.8	-5.6	-8.6
深圳经济特区	171 146 543	102 022 209	69 124 334	-6.0	-1.3	-12.1
珠海经济特区	22 329 033	12 375 592	9 953 441	-3.9	7.0	-14.6
汕头经济特区	1 452 779	803 291	649 488	7.5	-6.0	30.9
广西壮族自治区	17 049 304	8 807 030	8 242 274	6.9	16.6	-1.8
海南省并经济特区	8 632 469	5 337 902	3 294 567	71.9	101.7	38.7
四川省	86 357 330	49 106 749	37 250 581	-8.4	-4.7	-13.0
重庆市	57 581 502	38 419 169	19 162 333	-2.7	-6.3	5.4
贵州省	486 997	304 818	182 179	-7.2	-3.3	-13.1
云南省	878 545	558 189	320 356	40.7	52.5	23.9
西藏自治区	1 082	3	1 079	-83.9	-99.3	-82.8
陕西省	39 850 248	24 604 288	15 245 960	-10.9	8.5	-30.8
甘肃省	60 737	21 557	39 180	-33.1	11.0	-45.1
青海省	13 821	12 609	1 213	163.1	140.0	—
宁夏回族自治区	506 521	353 671	152 851	-4.5	17.6	-33.4
新疆维吾尔自治区	215 314	31 616	183 698	92.1	-28.8	171.4

数据来源：海关总署。

注：自2021年起，不再公布“中外合作”“中外合资”和“外商独资”企业数据。

中国外商投资企业货物进出口总额及占全国比重情况表（1986—2022 年）

金额单位：亿美元

年份	进出口			进口			出口		
	全国	外商投资企业	比重（%）	全国	外商投资企业	比重（%）	全国	外商投资企业	比重（%）
1986	738	30	4.0	429	24	5.6	309	6	1.9
1987	827	46	5.5	432	34	7.8	394	12	3.1
1988	1 028	83	8.1	553	59	10.6	475	25	5.2
1989	1 117	137	12.3	591	88	14.9	525	49	9.4
1990	1 154	201	17.4	533	123	23.1	621	78	12.6
1991	1 356	290	21.3	638	169	26.5	718	120	16.8
1992	1 655	437	26.4	806	264	32.7	849	174	20.4
1993	1 957	671	34.3	1 040	418	40.2	917	252	27.5
1994	2 366	876	37.0	1 156	529	45.8	1 210	347	28.7
1995	2 809	1 098	39.1	1 321	629	47.7	1 488	469	31.5
1996	2 899	1 371	47.3	1 388	756	54.5	1 510	615	40.7
1997	3 252	1 526	46.9	1 424	777	54.6	1 828	749	41.0
1998	3 239	1 577	48.7	1 402	767	54.7	1 837	810	44.1
1999	3 606	1 745	48.4	1 657	859	51.8	1 949	886	45.5
2000	4 743	2 367	49.9	2 251	1 173	52.1	2 492	1 194	47.9
2001	5 097	2 591	50.8	2 436	1 259	51.7	2 661	1 332	50.1
2002	6 208	3 302	53.2	2 952	1 603	54.3	3 256	1 699	52.2
2003	8 510	4 723	55.5	4 128	2 319	56.2	4 382	2 403	54.8
2004	11 546	6 632	57.4	5 612	3 246	57.8	5 933	3 386	57.1
2005	14 219	8 317	58.5	6 600	3 875	58.7	7 620	4 442	58.3
2006	17 604	10 363	58.9	7 915	4 725	59.7	9 690	5 638	58.2
2007	21 762	12 552	57.7	9 561	5 598	58.5	12 201	6 954	57.0
2008	25 633	14 099	55.0	11 326	6 194	54.7	14 307	7 905	55.3
2009	22 075	12 175	55.2	10 059	5 454	54.2	12 016	6 721	55.9
2010	29 740	16 006	53.8	13 962	7 384	52.9	15 778	8 622	54.6
2011	36 419	18 599	51.1	17 435	8 647	49.6	18 984	9 952	52.4
2012	38 671	18 941	49.0	18 184	8 715	47.9	20 487	10 226	49.9
2013	41 590	19 183	46.1	19 500	8 746	44.9	22 090	10 437	47.2
2014	43 015	19 840	46.1	19 592	9 093	46.4	23 423	10 747	45.9
2015	39 530	18 346	46.4	16 796	8 299	49.4	22 735	10 047	44.2
2016	36 856	16 874	45.8	15 879	7 705	48.5	20 976	9 169	43.7
2017	41 071	18 391	44.8	18 438	8 616	46.7	22 633	9 776	43.2
2018	46 224	19 681	42.6	21 357	9 321	43.6	24 867	10 360	41.7
2019	45 779	18 239	39.8	20 784	8 578	41.3	24 995	9 661	38.7
2020	46 559	17 976	38.7	20 660	8 653	42.1	25 900	9 323	36.0
2021	60 439	21 717	35.9	26 867	10 187	37.9	33 571	11 530	34.3
2022	63 096	20 764	32.9	27 160	9 530	35.1	35 936	11 233	31.3

数据来源：海关总署。

2022年中国服务进出口额（人民币值）

金额单位：亿元

服务类别	进出口		出口		进口		贸易差额	
	金额	增长率（%）	金额	增长率（%）	金额	增长率（%）	当期	上年同期
总计	**59 801.9**	**12.9**	**28 522.4**	**12.1**	**31 279.5**	**13.5**	**−2 757.1**	**−2 112.8**
运输	21 101.0	25.4	9 745.3	18.8	11 355.7	31.8	−1 610.4	−410.5
旅行	8 559.8	8.4	644.4	−12.2	7 915.3	10.5	−7 270.9	−6 430.4
建筑	2 410.0	−7.2	1 899.0	−3.4	510.9	−19.1	1 388.1	1 334.6
保险服务	1 704.8	24.4	300.1	−10.5	1 404.6	35.8	−1 104.5	−699.4
金融服务	594.0	−10.8	341.8	6.5	252.2	−26.9	89.7	−24.0
电信、计算机和信息服务	8 352.7	8.3	5 794.6	13.0	2 558.1	−1.2	3 236.5	2 539.0
知识产权使用费	3 881.2	2.5	892.8	17.5	2 988.4	−1.2	−2 095.7	−2 265.4
个人、文化和娱乐服务	295.5	−11.4	119.8	−2.2	175.7	−16.8	−55.9	−88.6
维护和维修服务	847.1	12.4	555.8	9.5	291.3	18.3	264.5	261.2
加工服务	1 459.9	8.6	1 403.9	8.2	56.0	21.9	1 347.9	1 252.1
其他商业服务	10 240.3	9.1	6 711.7	12.6	3 528.6	2.8	3 183.1	2 527.5
政府服务	355.6	15.2	113.0	13.0	242.5	16.2	−129.5	−108.7

2022年中国服务进出口额（美元值）

金额单位：亿美元

服务类别	进出口		出口		进口		贸易差额	
	金额	增长率（%）	金额	增长率（%）	金额	增长率（%）	当期	上年同期
总计	**8 891.1**	**8.3**	**4 240.6**	**7.6**	**4 650.5**	**8.9**	**−409.9**	**−327.5**
运输	3 137.2	20.3	1 448.9	13.9	1 688.3	26.4	−239.4	−63.6
旅行	1 272.6	4.0	95.8	−15.7	1 176.8	6.0	−1 081.0	−996.7
建筑	358.3	−11.0	282.3	−7.4	76.0	−22.4	206.4	206.9
保险服务	253.5	19.4	44.6	−14.1	208.8	30.2	−164.2	−108.4
金融服务	88.3	−14.4	50.8	2.2	37.5	−29.9	13.3	−3.7
电信、计算机和信息服务	1 241.8	3.8	861.5	8.4	380.3	−5.2	481.2	393.5
知识产权使用费	577.0	−1.6	132.7	12.7	444.3	−5.2	−311.6	−351.1
个人、文化和娱乐服务	43.9	−15.0	17.8	−6.2	26.1	−20.2	−8.3	−13.7
维护和维修服务	125.9	7.8	82.6	5.1	43.3	13.5	39.3	40.5
加工服务	217.1	4.2	208.7	3.7	8.3	16.9	200.4	194.1
其他商业服务	1 522.5	4.6	997.9	8.0	524.6	−1.4	473.3	391.8
政府服务	52.9	10.5	16.8	8.4	36.1	11.4	−19.3	−16.9

中国历年服务进出口情况表（1982—2022 年）

金额单位：亿美元

年 份	进出口		出 口		进 口		贸易差额
	金 额	增长率（%）	金 额	增长率（%）	金 额	增长率（%）	
1982	47	—	27	—	20	—	6
1983	48	1.4	28	3.6	20	-1.5	8
1984	59	24.9	31	11.7	29	43.3	2
1985	56	-5.5	31	0.3	25	-11.7	6
1986	61	9.2	39	24.6	23	-9.8	16
1987	66	7.0	41	5.7	25	9.2	16
1988	87	32.5	51	24.9	36	45.0	15
1989	101	16.2	62	21.6	39	8.5	23
1990	124	22.8	81	30.0	44	11.3	37
1991	137	10.1	95	18.4	41	-5.3	54
1992	220	61.0	126	31.7	94	128.9	31
1993	266	20.9	146	15.9	120	27.6	25
1994	365	37.1	202	38.5	163	35.4	39
1995	496	36.0	244	20.9	252	54.7	-8
1996	506	1.9	280	14.6	226	-10.5	54
1997	622	23.0	342	22.4	280	23.8	63
1998	519	-16.6	251	-26.8	268	-4.0	-18
1999	610	17.6	294	17.2	317	17.9	-23
2000	712	16.7	350	19.3	362	14.3	-11
2001	784	10.2	392	11.8	393	8.6	-1
2002	928	18.2	462	18.0	465	18.5	-3
2003	1 066	15.0	513	11.0	553	18.9	-40
2004	1 452	36.2	725	41.3	727	31.5	-2
2005	1 683	15.9	843	16.3	840	15.5	3
2006	2 038	21.1	1 030	22.1	1 008	20.1	21
2007	2 654	30.2	1 353	31.4	1 301	29.0	52
2008	3 223	21.4	1 633	20.7	1 589	22.1	44
2009	3 025	-6.1	1 436	-12.1	1 589	0.0	-153
2010	3 717	22.9	1 783	24.2	1 934	21.7	-151
2011	4 489	20.8	2 010	12.7	2 478	28.2	-468
2012	4 829	7.6	2 016	0.3	2 813	13.5	-797
2013	5 376	11.3	2 070	2.7	3 306	17.5	-1 236
2014	6 520	21.3	2 191	5.9	4 329	30.9	-2 137
2015	6 542	0.3	2 186	-0.2	4 355	0.6	-2 169
2016	6 616	1.1	2 095	-4.2	4 521	3.8	-2 426
2017	6 957	5.1	2 281	8.9	4 676	3.4	-2 395
2018	7 965	14.5	2 715	19.0	5 250	12.3	-2 536
2019	7 850	-1.4	2 836	4.5	5 014	-4.5	-2 178
2020	6 617	-15.7	2 806	-1.0	3 811	-24.0	-1 005
2021	8 212	24.1	3 942	40.5	4 270	12.0	-327
2022	8 891	8.3	4 241	7.6	4 650	8.9	-410

注：2015 年及以后数据遵循《国际收支手册》第六版（BPM6）统计标准，2014 年及以前数据遵循 BPM5 标准。

中国吸收外商直接投资情况表

金额单位：亿美元

年 份	新设外商投资企业数（个）	实际使用外资金额
总 计	**1 126 357**	**28 098. 9**
1979—1982	920	17. 7
1983	638	9. 2
1984	2 166	14. 2
1985	3 073	19. 6
1986	1 498	22. 4
1987	2 233	23. 1
1988	5 945	31. 9
1989	5 779	33. 9
1990	7 273	34. 9
1991	12 978	43. 7
1992	48 764	110. 1
1993	83 437	275. 1
1994	47 549	337. 7
1995	37 011	375. 2
1996	24 556	417. 3
1997	21 001	452. 6
1998	19 799	454. 6
1999	16 918	403. 2
2000	22 347	407. 1
2001	26 140	468. 8
2002	34 171	527. 4
2003	41 081	535. 0
2004	43 664	606. 3
2005	44 019	724. 1
2006	41 496	727. 2
2007	37 892	835. 2
2008	27 537	1 083. 1
2009	23 442	940. 6
2010	27 420	1 147. 3
2011	27 717	1 239. 9
2012	24 934	1 210. 7
2013	22 819	1 239. 1
2014	23 794	1 285. 0
2015	26 584	1 355. 8
2016	27 908	1 337. 1
2017	35 662	1 363. 2
2018	60 560	1 383. 1
2019	40 910	1 412. 2
2020	38 578	1 493. 4
2021	47 647	1 809. 6
2022	38 497	1 891. 3

数据来源：商务部外资统计。

注：部分数据因四舍五入的原因，存在总计与分项合计不等的情况。

2022 年中国吸收外商直接投资分国家（地区）情况表

金额单位：亿美元

国家（地区）	新设外商投资企业数（个）	比重（%）	实际投资金额	比重（%）
总　计	**38 497**	**100.0**	**1 891.3**	**100.0**
部分亚洲国家（地区）	**28 053**	**72.9**	**1 622.0**	**85.8**
中国香港	15 814	41.1	1 372.4	72.6
印度尼西亚	53	0.1	0.4	0.02
日本	828	2.2	46.1	2.4
中国澳门	2 313	6.0	12.4	0.7
马来西亚	309	0.8	11.3	0.6
菲律宾	31	0.1	0.1	0.01
新加坡	1 176	3.1	106.0	5.6
韩国	1 593	4.1	66.0	3.5
泰国	84	0.2	0.7	0.04
中国台湾	5 852	15.2	6.6	0.3
部分欧洲国家	**1 878**	**4.9**	**113.5**	**6.0**
比利时	45	0.1	1.8	0.1
丹麦	41	0.1	4.3	0.2
英国	609	1.6	16.0	0.8
德国	422	1.1	25.7	1.4
法国	186	0.5	7.6	0.4
爱尔兰	27	0.1	1.7	0.1
意大利	176	0.5	1.5	0.1
卢森堡	20	0.1	1.6	0.1
荷兰	103	0.3	44.9	2.4
希腊	8	0.02	0.001	0.000 05
葡萄牙	13	0.03	0.1	0.004
西班牙	101	0.3	1.2	0.1
奥地利	47	0.1	1.6	0.1
芬兰	26	0.1	0.1	0.01
瑞典	54	0.1	5.4	0.3
部分北美洲国家	**2 333**	**6.1**	**23.8**	**1.3**
加拿大	750	1.9	1.7	0.1
美国	1 583	4.1	22.1	1.2
部分自由港	**446**	**1.2**	**98.8**	**5.2**
毛里求斯	6	0.02	0.7	0.03
巴巴多斯	0	0.0	0.1	0.01
开曼群岛	157	0.4	24.2	1.3
英属维尔京群岛	218	0.6	66.3	3.5
萨摩亚	65	0.2	7.5	0.4
其他	**5 787**	**15.0**	**33.3**	**1.8**

数据来源：商务部外资统计。

注：部分数据因四舍五入的原因，存在总计与分项合计不等的情况。

截至2022年中国吸收外商直接投资分国家（地区）情况表

金额单位：亿美元

国家（地区）	设立外商投资企业数（个）	比重（%）	实际投资金额	比重（%）
总　计	**1 126 357**	**100.0**	**28 098.9**	**100.0**
部分亚洲国家（地区）	**859 169**	**76.3**	**20 409.7**	**72.6**
中国香港	525 478	46.7	15 703.1	55.9
印度尼西亚	2 299	0.2	27.0	0.1
日本	55 459	4.9	1 275.9	4.5
中国澳门	26 062	2.3	228.9	0.8
马来西亚	8 387	0.7	91.2	0.3
菲律宾	3 243	0.3	34.2	0.1
新加坡	29 849	2.7	1 314.4	4.7
韩国	73 460	6.5	968.3	3.4
泰国	4 938	0.4	46.6	0.2
中国台湾	129 994	11.5	720.0	2.6
部分欧洲国家	**53 497**	**4.7**	**1 604.0**	**5.7**
比利时	1 315	0.1	24.1	0.1
丹麦	1 253	0.1	48.7	0.2
英国	11 808	1.0	291.7	1.0
德国	12 258	1.1	406.5	1.4
法国	6 873	0.6	203.0	0.7
爱尔兰	561	0.05	30.9	0.1
意大利	7 094	0.6	80.4	0.3
卢森堡	598	0.1	68.7	0.2
荷兰	4 086	0.4	294.4	1.0
希腊	226	0.02	1.0	0.004
葡萄牙	321	0.03	2.3	0.01
西班牙	2 998	0.3	42.7	0.2
奥地利	1 523	0.1	28.9	0.1
芬兰	728	0.1	16.3	0.1
瑞典	1 855	0.2	64.3	0.2
部分北美洲国家	**95 126**	**8.4**	**1 064.1**	**3.8**
加拿大	17 919	1.6	115.4	0.4
美国	77 207	6.9	948.7	3.4
部分自由港	**41 907**	**3.7**	**2 920.5**	**10.4**
毛里求斯	2 528	0.2	164.3	0.6
巴巴多斯	322	0.03	47.9	0.2
开曼群岛	4 144	0.4	517.8	1.8
英属维尔京群岛	25 562	2.3	1 867.0	6.6
萨摩亚	9 351	0.8	323.6	1.2
其他	**76 658**	**6.8**	**2 100.6**	**7.5**

数据来源：商务部外资统计。

注：部分数据因四舍五入的原因，存在总计与分项合计不等的情况。

国际直接投资流量

年 份	发达经济体		发展中经济体		所有国家（地区）	
	流 入	流 出	流 入	流 出	流 入	流 出
金额（百万美元）						
2000—2010（平均）	754 603	978 761	363 404	153 755	1 118 007	1 132 516
2011	931 578	1 270 593	681 887	357 921	1 613 465	1 628 514
2012	789 190	959 181	679 883	330 002	1 469 073	1 289 183
2013	799 416	1 063 930	668 951	392 571	1 468 367	1 456 501
2014	718 232	942 603	693 598	427 539	1 411 830	1 370 142
2015	1 310 140	1 318 338	746 277	391 546	2 056 416	1 709 884
2016	1 343 604	1 144 730	659 850	385 890	2 003 454	1 530 620
2017	943 166	1 145 392	701 705	447 709	1 644 872	1 593 102
2018	678 200	637 812	697 237	376 938	1 375 437	1 014 750
2019	998 716	1 002 377	709 114	398 393	1 707 830	1 400 770
2020	315 461	349 933	646 522	381 921	961 983	731 854
2021	597 243	1 244 183	880 894	484 893	1 478 137	1 729 076
占世界比重（%）						
2000—2010（平均）	67.50	86.42	32.50	13.58	100.00	100.00
2011	57.74	78.02	42.26	21.98	100.00	100.00
2012	53.72	74.40	46.28	25.60	100.00	100.00
2013	54.44	73.05	45.56	26.95	100.00	100.00
2014	50.87	68.80	49.13	31.20	100.00	100.00
2015	63.71	77.10	36.29	22.90	100.00	100.00
2016	67.06	74.79	32.94	25.21	100.00	100.00
2017	57.34	71.90	42.66	28.10	100.00	100.00
2018	49.31	62.85	50.69	37.15	100.00	100.00
2019	58.48	71.56	41.52	28.44	100.00	100.00
2020	32.79	47.81	67.21	52.19	100.00	100.00
2021	40.41	71.96	59.59	28.04	100.00	100.00
增长率（%）						
2011	22.51	20.50	7.79	6.25	15.83	17.05
2012	-15.28	-24.51	-0.29	-7.80	-8.95	-20.84
2013	1.30	10.92	-1.61	18.96	-0.05	12.98
2014	-10.16	-11.40	3.68	8.91	-3.85	-5.93
2015	82.41	39.86	7.59	-8.42	45.66	24.80
2016	2.55	-13.17	-11.58	-1.44	-2.58	-10.48
2017	-29.80	0.06	6.34	16.02	-17.90	4.08
2018	-28.09	-44.31	-0.64	-15.81	-16.38	-36.30
2019	47.26	57.16	1.70	5.69	24.17	38.04
2020	-68.41	-65.09	-8.83	-4.13	-43.67	-47.75
2021	89.32	255.55	36.25	26.96	53.66	136.26

数据来源：联合国贸易和发展会议（UNCTAD）2004—2022年《世界投资报告》。

世界主要国家（地区）国内生产总值

（估计数字）

单位：百万美元

国家（地区）	1970	1980	1990	2000	2010	2012	2013	2014	2015	2016	2017	2018	2019	2020	2021
世　界	**3 421 043**	**12 365 827**	**23 028 056**	**33 754 927**	**66 578 017**	**74 957 857**	**77 228 918**	**79 236 426**	**75 283 835**	**76 173 813**	**81 231 275**	**86 601 598**	**87 728 744**	**85 311 030**	**96 698 005**
非洲	**116 684**	**611 654**	**557 176**	**672 955**	**2 032 590**	**2 351 997**	**2 434 283**	**2 547 107**	**2 407 357**	**2 163 422**	**2 298 125**	**2 478 790**	**2 571 104**	**2 443 988**	**2 726 643**
尼日利亚	29 388	243 851	61 536	69 449	363 360	460 952	514 966	568 499	494 583	404 649	375 770	421 737	474 517	429 899	430 923
埃及	8 143	20 119	35 995	95 684	214 630	273 539	270 782	300 949	317 745	270 254	195 135	249 751	317 347	371 530	425 906
南非	18 656	83 913	116 699	151 753	417 364	396 329	366 645	350 638	346 486	296 341	349 007	403 946	388 531	337 620	419 016
阿尔及利亚	5 155	42 252	61 751	54 667	161 207	209 047	209 755	213 810	165 979	160 034	170 097	174 911	171 760	145 744	163 473
摩洛哥	4 645	22 097	30 320	38 901	96 428	98 266	106 826	110 081	110 414	103 312	109 683	127 341	128 920	121 348	142 867
肯尼亚	2 759	11 522	13 874	15 846	45 406	50 410	55 097	61 448	70 121	69 189	82 065	92 203	100 378	100 667	110 347
埃塞俄比亚			11 208	8 030	26 311	42 211	46 542	54 163	63 079	72 158	76 795	80 210	93 562	96 611	99 269
加纳	4 698	6 924	13 214	10 570	42 587	41 939	63 279	53 602	50 034	55 010	60 403	67 277	68 353	70 043	79 083
安哥拉	3 807	7 151	13 662	12 207	83 799	128 053	136 710	145 712	116 194	101 124	122 124	101 353	83 137	54 821	70 533
坦桑尼亚	2 314	8 878	6 522	12 369	31 553	38 809	44 333	49 941	47 379	49 774	53 276	57 004	61 027	65 892	70 297
科特迪瓦	1 501	10 176	11 893	10 682	26 264	26 787	31 271	35 316	45 780	47 964	51 588	58 011	58 540	61 349	69 765
刚果（金）	4 772	15 638	15 033	8 339	21 566	29 306	32 672	35 909	37 918	40 338	37 642	47 146	47 320	45 308	52 850
突尼斯	1 580	9 599	13 520	21 474	44 051	45 044	46 252	47 633	45 779	41 801	39 802	42 687	41 906	42 538	46 687
喀麦隆	1 316	10 090	13 873	10 540	27 481	29 104	32 348	34 943	32 186	32 644	35 009	39 974	39 671	40 804	45 368
乌干达	1 424	3 246	4 318	6 779	30 701	24 505	25 713	27 829	29 297	25 423	31 579	34 076	37 775	38 061	42 661
利比亚	3 979	38 186	31 088	38 471	75 381	101 166	65 826	33 818	48 718	15 320	66 122	76 686	69 254	46 842	39 006
苏丹					54 740	61 879	63 912	78 091	83 934	89 671	122 073	48 363	35 119	34 286	35 867
塞内加尔	1 232	4 210	8 028	5 998	16 106	14 217	19 210	19 771	17 761	19 040	20 997	23 117	23 404	24 498	27 625
津巴布韦	2 337	8 257	13 560	8 721	12 042	14 058	15 452	19 469	19 963	20 549	22 041	23 645	22 595	21 665	24 118
赞比亚	1 544	4 315	3 795	3 601	20 265	25 504	28 046	26 693	20 859	21 453	25 868	26 312	23 310	18 111	21 313
布基纳法索	506	2 174	3 524	2 961	10 100	11 166	11 947	13 925	11 823	12 833	14 107	15 890	16 178	17 934	19 738
马里	320	1 651	2 732	2 954	10 679	12 443	13 246	14 388	13 095	14 043	15 366	17 071	17 280	17 465	19 157

世界主要国家（地区）国内生产总值（续）

（估计数字）

单位：百万美元

国家（地区）	1970	1980	1990	2000	2010	2012	2013	2014	2015	2016	2017	2018	2019	2020	2021
加蓬	410	5 421	6 039	5 677	14 359	15 968	17 591	18 180	14 372	14 930	14 930	16 867	16 874	15 317	18 521
贝宁	322	1 484	1 993	3 511	9 526	8 117	9 111	9 575	11 380	11 821	12 702	14 262	14 392	15 687	17 688
博茨瓦纳	67	852	3 721	5 788	12 637	14 420	14 902	16 251	13 531	15 646	17 405	17 032	16 696	14 930	17 615
几内亚	765	1 998	3 906	4 269	6 853	7 638	8 377	8 778	8 794	8 604	10 325	11 857	13 443	14 178	16 036
莫桑比克	4 027	6 379	3 924	5 656	11 105	15 265	16 019	17 716	15 951	11 937	13 219	14 845	15 390	14 157	15 777
尼日尔	581	3 672	3 591	2 351	7 631	6 942	7 668	10 967	9 677	10 288	11 185	12 809	12 916	13 744	14 915
马达加斯加	1 052	3 826	3 609	4 502	9 983	12 147	12 354	12 523	11 323	11 849	13 176	13 760	14 105	13 056	14 450
刚果（布）	284	1 846	2 909	3 624	13 136	13 656	17 805	18 907	11 881	10 152	11 012	13 670	12 910	10 483	12 841
纳米比亚	605	2 422	2 786	3 834	11 282	13 016	12 718	12 786	11 335	10 666	12 888	13 682	12 543	10 563	12 236
马拉维	579	2 236	3 166	3 150	6 960	5 721	5 290	5 965	8 216	5 310	8 944	9 877	11 032	11 762	12 199
毛里求斯	206	1 211	2 735	4 869	10 004	11 669	12 130	12 803	12 007	12 232	13 259	14 736	14 433	11 398	11 525
卢旺达	228	1 326	2 435	2 068	6 120	7 316	7 623	8 016	8 526	8 697	9 253	9 642	10 356	10 185	11 070
多哥	308	1 314	2 057	1 488	4 742	3 874	4 320	4 569	5 751	6 032	6 387	7 029	6 993	7 336	8 160
索马里	341	574	1 118	3 413	2 688	1 306	1 763	1 651	5 335	1 456	1 620	5 856	6 485	6 883	7 628
斯威士兰	155	806	1 254	1 738	4 439	4 781	4 561	4 422	4 059	3 841	4 402	4 665	4 495	3 973	4 732
南苏丹					14 925	9 570	13 428	15 807	6 231	3 224	3 571	3 798	4 306	4 216	4 303
美洲	**1 349 191**	**3 918 875**	**7 757 962**	**13 313 138**	**22 029 028**	**24 152 081**	**24 974 568**	**25 673 485**	**25 283 652**	**25 553 758**	**26 937 254**	**27 896 413**	**28 638 614**	**27 338 959**	**30 618 690**
美国	1 073 303	2 857 307	5 963 144	10 250 952	15 048 970	16 155 255	16 784 851	17 527 258	18 206 023	18 745 075	19 479 623	20 533 058	21 380 976	21 060 474	23 315 081
加拿大	89 228	276 037	596 088	744 774	1 617 267	1 824 289	1 842 627	1 803 529	1 556 129	1 528 245	1 649 519	1 721 906	1 741 497	1 645 423	1 988 336
巴西	35 381	176 174	408 823	655 448	2 208 838	2 465 228	2 472 819	2 456 044	1 802 212	1 795 693	2 063 515	1 916 934	1 881 459	1 448 566	1 608 981
墨西哥	45 225	237 095	299 944	707 910	1 057 801	1 201 094	1 274 444	1 314 569	1 171 870	1 077 906	1 158 912	1 222 406	1 269 010	1 090 515	1 272 839
阿根廷	33 985	81 764	153 186	308 148	426 487	581 431	613 316	567 050	644 903	557 532	643 682	524 820	447 755	385 540	487 227
智利	9 680	30 721	34 918	78 363	218 538	267 122	278 384	260 542	243 919	250 440	277 035	295 403	278 585	252 727	317 059
哥伦比亚	10 127	46 899	56 557	99 230	286 563	369 660	380 192	381 112	293 482	282 825	311 884	334 198	323 110	270 300	314 464

世界主要国家（地区）国内生产总值（续）

（估计数字）

单位：百万美元

国家（地区）	1970	1980	1990	2000	2010	2012	2013	2014	2015	2016	2017	2018	2019	2020	2021
秘鲁	5 840	16 648	29 119	51 743	147 528	192 650	201 218	200 981	189 803	191 898	211 008	222 597	228 326	201 703	223 252
古巴	5 693	19 913	28 645	30 566	64 328	73 141	77 148	80 656	87 206	91 370	96 851	100 050	103 428	107 352	126 694
委内瑞拉	13 864	69 070	47 045	117 147	393 806	381 286	371 338	363 480	344 341	288 469	247 930	204 077	150 165	106 499	111 813
厄瓜多尔	2 861	17 873	15 232	18 319	69 555	87 925	95 130	101 726	99 290	99 938	104 296	107 562	108 108	99 291	106 166
波多黎各	5 106	14 639	31 034	62 569	98 381	101 565	102 450	102 446	103 376	104 337	103 446	100 958	105 126	103 020	105 626
多米尼加	1 859	8 298	9 522	23 960	53 160	60 614	62 662	66 065	71 155	75 682	79 998	85 555	88 941	78 845	94 243
危地马拉	1 670	6 913	6 712	16 923	40 682	50 388	53 851	58 722	62 186	66 053	71 654	73 328	77 170	77 626	85 986
哥斯达黎加	1 257	6 168	7 288	15 014	37 659	46 473	49 745	50 578	56 442	57 158	60 516	62 420	64 418	62 158	64 282
巴拿马	1 165	4 119	6 174	11 808	29 440	39 955	45 600	49 921	54 092	57 908	62 203	64 929	66 984	53 977	63 605
乌拉圭	2 538	10 642	9 239	22 823	40 285	51 264	57 531	57 236	57 081	52 688	64 234	64 515	61 231	53 561	59 318
巴拉圭	680	5 088	6 022	9 184	27 261	24 595	28 966	40 277	36 211	36 054	38 997	40 225	37 925	35 432	40 458
玻利维亚	1 010	3 519	4 868	8 398	19 650	27 084	30 659	32 996	33 000	33 941	37 509	40 288	40 895	36 630	40 408
萨尔瓦多	930	3 225	4 818	11 785	18 448	23 814	21 977	22 593	23 438	24 191	24 979	26 021	26 881	24 563	28 737
洪都拉斯	824	3 061	3 637	7 187	15 839	18 529	18 500	19 757	20 980	21 718	23 136	24 068	25 090	23 828	28 489
特立尼达和多巴哥	868	6 582	5 350	8 607	23 352	25 694	26 578	27 616	26 852	22 386	23 180	24 323	23 850	21 059	24 460
海地	439	1 835	3 517	6 362	11 812	7 820	8 387	8 650	14 228	7 598	15 237	15 730	14 065	16 548	19 044
牙买加	1 736	3 323	5 277	9 005	13 221	14 800	14 275	13 898	14 198	14 077	14 809	15 731	15 831	13 812	14 658
尼加拉瓜	1 140	2 845	3 555	5 093	8 759	10 532	10 983	11 880	12 757	13 286	13 786	13 025	12 597	12 587	14 013
巴哈马	763	2 190	4 768	8 077	10 096	10 721	10 677	10 913	11 862	11 929	12 360	12 756	13 193	9 700	11 209
巴巴多斯	218	1 034	2 055	3 152	4 530	4 531	4 451	4 696	4 725	4 830	4 986	5 097	5 324	4 672	4 844
荷属安的列斯	224	943	1 980	2 857											

世界主要国家（地区）国内生产总值（续）

（估计数字）

单位：百万美元

国家（地区）	1970	1980	1990	2000	2010	2012	2013	2014	2015	2016	2017	2018	2019	2020	2021
亚洲	**515 949**	**2 528 211**	**5 576 883**	**9 579 656**	**21 128 489**	**25 666 900**	**26 104 286**	**27 000 498**	**26 933 005**	**27 735 626**	**29 887 295**	**32 485 933**	**33 136 914**	**32 800 513**	**37 498 914**
中国	92 603	306 167	394 566	1 211 331	6 087 188	8 570 348	9 607 290	10 438 471	11 061 570	11 233 315	12 310 492	13 894 906	14 279 966	14 687 744	17 734 131
日本	212 609	1 105 386	3 132 818	4 968 359	5 759 072	6 203 213	5 155 717	4 850 414	4 444 931	4 922 538	4 930 837	5 037 835	5 123 318	5 040 108	4 940 878
印度	62 422	187 033	329 139	476 148	1 669 620	1 860 877	1 917 054	2 042 939	2 146 759	2 290 591	2 624 329	2 763 197	2 850 733	2 672 204	3 201 471
韩国	9 005	65 398	283 366	576 179	1 144 067	1 222 807	1 305 605	1 484 318	1 465 773	1 500 112	1 623 901	1 724 755	1 651 223	1 644 313	1 810 966
印度尼西亚	10 440	84 791	133 858	175 702	755 094	917 870	912 524	890 815	860 854	931 877	1 015 619	1 042 272	1 119 100	1 058 689	1 186 093
沙特阿拉伯	5 377	164 540	117 473	189 515	528 207	735 975	746 647	756 350	654 270	644 936	688 586	816 579	803 616	703 368	833 541
土耳其	25 070	94 768	207 570	274 295	776 967	873 982	950 595	934 168	864 314	869 683	858 989	778 477	759 935	720 289	819 034
伊朗	10 976	95 617	96 364	111 615	523 804	603 007	539 466	443 976	417 210	425 403	503 710	526 365	519 356	543 654	594 892
泰国	7 387	33 528	88 460	126 392	341 105	397 560	420 334	407 339	401 296	412 353	456 357	506 754	544 081	500 225	505 982
以色列	6 020	23 964	58 801	132 455	234 655	257 295	292 917	309 588	300 078	318 951	355 277	373 641	397 935	407 101	481 591
孟加拉国	6 196	16 729	28 137	45 470	123 085	128 899	153 505	173 062	228 785	220 316	245 633	316 206	349 474	373 562	414 907
阿联酋	1 067	44 169	51 364	105 701	289 787	374 591	390 108	403 137	358 135	357 045	385 606	422 215	417 216	357 219	405 468
新加坡	1 921	12 082	38 892	96 077	239 808	289 168	304 454	313 260	307 999	318 642	343 332	376 987	375 484	345 286	396 992
菲律宾	7 559	36 848	50 508	83 670	208 369	250 092	271 836	284 585	306 446	304 898	328 481	346 842	376 823	361 751	394 086
马来西亚	3 864	24 488	44 025	93 790	255 018	314 443	323 276	338 066	301 355	301 255	319 109	358 789	365 279	337 008	372 702
中国香港	3 812	28 862	76 929	171 669	228 639	262 629	275 697	291 460	309 386	320 840	341 242	361 731	363 052	344 930	369 174
越南	2 775	2 396	6 472	31 173	147 201	155 820	171 222	186 205	239 258	205 276	223 780	310 106	334 365	346 616	366 138
巴基斯坦	13 139	30 994	51 666	76 866	182 960	214 642	220 269	248 949	297 019	277 521	302 710	321 692	291 919	293 752	342 501
伊拉克	3 289	17 541	23 877	23 643	138 517	185 919	207 124	228 416	166 774	166 602	187 218	227 367	233 636	180 924	204 004
哈萨克斯坦			29 664	18 292	148 047	207 999	236 635	221 416	184 388	137 278	166 806	179 340	181 667	171 082	193 018
卡塔尔	539	7 838	7 360	17 760	125 122	186 834	198 728	206 225	161 740	151 732	161 099	183 335	176 371	144 411	179 571

世界主要国家（地区）国内生产总值（续）

（估计数字）

单位：百万美元

国家（地区）	1970	1980	1990	2000	2010	2012	2013	2014	2015	2016	2017	2018	2019	2020	2021
科威特	2 873	28 691	18 471	37 718	115 416	174 047	174 168	162 656	114 585	109 407	120 688	138 202	136 192	105 949	136 642
阿曼	268	6 256	11 556	22 259	64 994	76 690	78 784	68 400	78 711	65 481	70 598	91 506	88 061	75 909	88 192
斯里兰卡	2 815	4 891	9 390	19 132	56 726	68 434	74 318	79 356	80 604	82 401	87 428	87 963	83 903	80 970	85 309
乌兹别克斯坦			17 670	16 520	50 010	52 127	57 691	76 659	86 196	81 779	59 160	52 633	59 908	59 894	69 239
缅甸	2 726	6 232	6 173	8 694	44 847	61 014	62 140	66 300	63 835	66 971	68 209	73 617	74 276	78 318	58 582
阿塞拜疆			6 518	5 273	52 906	69 680	74 161	75 240	53 076	37 867	40 867	47 112	48 174	42 693	54 622
土库曼斯坦			3 071	4 932	22 583	35 164	39 198	43 524	36 052	36 169	38 878	42 231	45 939	46 135	53 954
约旦	612	4 138	4 146	8 725	27 134	30 937	33 617	36 050	38 587	39 893	41 408	42 932	44 503	43 697	45 244
巴林	422	3 764	4 909	9 063	25 713	30 749	32 540	33 388	31 051	32 268	35 474	37 802	38 653	34 723	38 869
黎巴嫩	1 990	5 447	2 950	16 679	38 444	43 869	46 867	48 296	49 929	51 205	53 325	54 902	52 022	39 047	37 945
尼泊尔	1 041	2 089	3 780	5 730	18 365	17 927	18 227	19 738	23 667	20 982	29 443	31 732	34 268	32 859	36 207
中国澳门	169	1 019	3 246	6 774	28 242	43 032	51 552	55 348	45 048	45 388	50 457	55 284	55 205	25 586	29 905
塞浦路斯	616	2 416	6 258	9 963	25 775	25 042	24 086	23 096	19 901	20 876	22 871	25 597	25 945	25 008	28 408
柬埔寨	768	715	1 698	3 667	11 242	14 038	15 450	16 703	18 050	20 017	22 177	24 572	27 098	25 291	26 669
叙利亚	1 756	13 146	11 159	19 666	60 465	40 057	27 016	23 114	19 967	12 377	16 884	22 093	26 597	23 208	19 719
格鲁吉亚			8 878	3 217	12 243	15 847	16 141	17 627	14 954	15 142	16 243	17 600	17 477	15 846	18 696
朝鲜	4 927	9 879	14 702	10 608	13 945	15 907	16 565	17 396	16 283	16 786	17 365	17 487	16 331	15 847	16 750
阿富汗	1 731	3 647	3 560	3 342	14 699	21 331	21 610	21 331	18 713	18 038	18 896	18 419	18 904	20 143	14 939
文莱	225	6 190	3 901	6 650	13 707	19 048	18 094	17 098	12 930	11 400	12 128	13 567	13 469	12 006	14 006
亚美尼亚			2 302	2 039	9 875	10 619	11 121	11 610	10 553	10 546	11 527	12 458	13 619	12 642	13 861
也门			4 029	10 865	30 907	32 075	34 755	33 224	24 819	22 037	20 739	26 672	12 980	9 417	9 947
欧洲	**1 385 201**	**5 101 345**	**8 752 837**	**9 708 953**	**19 903 672**	**20 984 156**	**21 938 474**	**22 301 087**	**19 191 354**	**19 177 842**	**20 436 865**	**22 022 702**	**21 741 278**	**21 034 827**	**23 816 167**

世界主要国家（地区）国内生产总值（续）

（估计数字）

单位：百万美元

国家（地区）	1970	1980	1990	2000	2010	2012	2013	2014	2015	2016	2017	2018	2019	2020	2021
德国	215 835	950 334	1 771 647	1 943 144	3 396 354	3 543 984	3 752 514	3 883 920	3 356 236	3 467 498	3 690 849	3 974 443	3 888 226	3 889 669	4 259 935
英国	130 682	564 954	1 093 214	1 666 049	2 491 397	2 662 085	2 753 565	3 063 803	2 934 858	2 693 248	2 699 017	2 878 152	2 857 058	2 704 609	3 131 378
法国	148 451	701 305	1 269 139	1 362 248	2 642 610	2 681 416	2 811 078	2 852 166	2 438 208	2 471 286	2 595 151	2 790 957	2 728 870	2 639 009	2 957 880
意大利	113 400	477 237	1 181 284	1 143 829	2 134 018	2 072 823	2 130 491	2 159 134	1 835 899	1 875 797	1 961 796	2 091 932	2 011 302	1 896 755	2 107 703
俄罗斯			574 062	261 567	1 539 845	2 170 144	2 297 125	2 063 663	1 363 482	1 279 528	1 574 199	1 657 329	1 693 115	1 489 362	1 778 782
西班牙	40 992	232 747	536 528	596 877	1 420 722	1 336 019	1 361 854	1 369 399	1 195 676	1 232 076	1 312 539	1 421 703	1 394 320	1 276 963	1 427 381
荷兰	38 165	195 159	318 328	416 442	846 555	828 947	876 924	890 981	765 265	783 528	833 870	914 043	910 194	909 793	1 012 847
瑞士	25 019	122 660	265 995	279 834	603 434	668 044	688 504	709 183	702 150	695 601	704 479	735 539	731 718	752 248	812 867
波兰	28 277	59 108	66 050	172 220	475 697	500 354	524 232	545 382	477 111	472 632	526 504	588 780	596 058	599 443	679 442
瑞典	38 092	142 093	261 847	262 834	495 813	543 881	579 361	580 249	505 104	515 655	541 019	555 455	533 880	547 054	635 664
比利时	26 707	126 832	205 330	236 204	480 952	497 884	520 925	534 678	462 150	475 740	502 765	543 299	535 831	525 212	594 104
爱尔兰	4 397	21 751	49 315	99 959	221 697	225 572	238 890	258 472	291 658	299 556	335 431	385 737	399 322	425 852	504 183
奥地利	15 373	82 055	166 468	196 800	391 893	409 425	430 069	441 996	381 818	395 569	417 261	454 991	444 621	435 225	480 368
挪威	12 814	64 439	119 791	171 246	428 757	510 229	523 502	498 410	385 802	368 820	398 394	437 000	404 941	362 198	482 175
丹麦	17 075	71 127	138 248	164 158	321 995	327 149	343 584	352 994	302 673	313 116	332 121	356 841	346 499	355 222	398 303
芬兰	11 302	53 649	141 446	125 707	249 181	256 706	269 980	274 497	234 440	240 608	255 648	275 708	268 515	271 892	297 302
罗马尼亚	12 642	36 249	40 347	37 254	170 029	171 665	191 548	199 628	177 884	188 495	211 696	243 316	251 018	251 363	284 086
捷克			40 728	61 823	209 070	207 376	209 402	207 818	188 033	196 272	218 629	249 001	252 548	245 975	281 778
葡萄牙	8 108	32 895	78 718	118 311	237 881	216 368	226 073	229 596	199 314	206 286	221 358	242 313	239 987	229 032	253 663
希腊	13 134	56 845	97 893	131 719	296 835	245 671	239 862	237 029	195 605	192 732	199 844	212 049	205 257	188 926	214 874
乌克兰			93 470	32 375	136 012	175 781	183 310	133 504	91 031	93 356	112 190	130 891	153 883	156 618	200 086
匈牙利	6 389	25 843	37 193	47 218	132 175	127 857	135 221	140 559	125 174	128 471	143 136	160 565	163 989	157 182	181 848

世界主要国家（地区）国内生产总值（续）

（估计数字）

单位：百万美元

国家（地区）	1970	1980	1990	2000	2010	2012	2013	2014	2015	2016	2017	2018	2019	2020	2021
斯洛伐克			16 847	20 719	91 074	93 414	98 478	101 171	88 865	89 655	95 394	106 138	105 720	106 697	116 527
卢森堡	1 458	6 020	12 779	21 177	56 159	56 678	61 739	66 104	60 047	60 691	65 712	71 000	69 826	73 993	85 506
保加利亚	9 000	10 832	20 726	13 246	50 682	53 901	55 556	56 884	50 782	53 784	59 201	66 362	68 914	70 239	84 058
克罗地亚			16 632	21 808	60 672	56 566	58 158	57 643	50 243	51 597	56 214	62 317	62 328	57 472	68 955
白俄罗斯			19 480	10 770	57 232	65 686	75 528	78 813	56 455	47 724	54 725	60 031	64 410	61 327	68 206
立陶宛			10 235	11 525	37 138	42 864	46 408	48 526	41 419	43 018	47 759	53 751	54 752	56 847	66 445
斯洛文尼亚			18 184	20 291	48 161	46 353	48 116	49 931	43 090	44 736	48 589	54 178	54 332	53 707	61 749
拉脱维亚			9 563	7 959	23 964	28 126	30 251	31 383	27 252	28 052	30 484	34 429	34 344	34 602	39 854
爱沙尼亚			5 659	5 691	19 535	23 044	25 137	26 773	22 882	24 260	26 924	30 625	31 082	31 370	37 191
冰岛	527	3 381	6 469	9 026	13 751	14 292	16 034	17 758	17 517	20 618	24 728	26 264	24 826	21 695	25 602
波黑			7 755	5 568	17 176	17 227	18 179	18 559	16 212	16 913	18 081	20 184	20 203	19 951	23 365
阿尔巴尼亚	2 266	2 142	2 146	3 488	11 927	12 320	12 776	13 228	11 387	11 861	13 020	15 156	15 402	15 132	18 260
马耳他	261	1 301	2 651	4 069	9 027	9 204	10 146	11 281	11 087	11 470	13 510	15 295	15 872	15 036	17 721
大洋州	**54 071**	**205 714**	**383 197**	**480 225**	**1 484 238**	**1 802 723**	**1 777 306**	**1 714 249**	**1 468 468**	**1 543 165**	**1 671 736**	**1 717 759**	**1 640 834**	**1 692 743**	**2 037 591**
澳大利亚	45 217	173 479	324 217	409 836	1 301 097	1 581 619	1 540 558	1 464 256	1 245 248	1 310 105	1 416 784	1 454 420	1 376 060	1 431 725	1 734 532
新西兰	6 624	23 365	45 440	54 444	146 518	176 193	190 784	200 834	178 064	188 224	206 624	211 953	213 435	212 214	250 451
巴布亚新几内亚	1 097	4 267	4 966	5 289	14 251	21 268	21 261	23 004	21 723	20 759	22 743	24 216	24 751	23 848	26 595
新喀里多尼亚	378	1 182	2 529	3 412	9 355	9 582	10 042	10 621	8 735	9 002	9 174	9 896	9 476	9 455	10 071
法属波利尼西亚	263	1 558	3 568	3 757	6 081	5 693	6 030	6 144	5 324	5 493	5 833	6 135	6 001	5 709	6 055
斐济	221	1 203	1 337	1 678	3 140	3 972	4 190	4 857	4 682	4 930	5 353	5 581	5 482	4 477	4 296

数据来源：联合国《国民核算统计年鉴》。

世界主要国家（地区）人均国内生产总值

（估计数字）

单位：美元

国家（地区）	1970	1980	1990	2000	2010	2011	2012	2013	2014	2015	2016	2017	2018	2019	2020	2021
世 界	**927**	**2 786**	**4 333**	**5 491**	**9 533**	**10 450**	**10 518**	**10 709**	**10 864**	**10 140**	**10 208**	**10 765**	**11 274**	**11 301**	**10 883**	**12 229**
非洲	**320**	**1 272**	**874**	**823**	**1 929**	**2 024**	**2 131**	**2 149**	**2 213**	**2 007**	**1 786**	**1 850**	**1 916**	**1 939**	**1 799**	**1 959**
塞舌尔	410	2 727	6 268	9 329	10 669	10 856	11 481	14 317	14 255	14 021	14 907	15 850	15 400	15 762	11 215	12 085
毛里求斯	248	1 268	2 509	4 005	7 795	8 988	9 310	9 663	10 183	9 285	9 694	10 486	11 376	11 134	8 783	8 873
加蓬	686	7 237	6 144	4 460	8 391	10 765	9 089	9 680	9 651	7 085	6 984	7 230	7 695	7 524	6 681	7 911
赤道几内亚	66	197	365	2 206	14 891	28 404	21 558	20 247	19 368	9 782	9 250	9 668	8 719	7 352	6 279	7 605
南非	834	2 848	2 926	3 242	8 060	7 972	7 478	6 819	6 429	6 201	5 272	6 122	7 045	6 689	5 742	7 055
博茨瓦纳	113	908	2 774	3 352	6 042	7 426	6 902	7 001	7 781	5 870	7 244	7 893	6 948	6 679	5 863	6 805
利比亚	2 084	12 889	7 337	7 463	11 611	6 454	16 322	10 624	5 316	7 868	2 360	10 048	11 838	10 542	7 040	5 791
纳米比亚	802	2 482	2 035	2 108	5 374	5 540	5 749	5 490	5 624	4 966	4 523	5 364	5 687	5 127	4 244	4 836
斯威士兰	349	1 347	1 469	1 687	4 036	4 091	3 831	3 587	4 039	3 579	3 448	3 913	4 020	3 843	3 365	3 969
埃及	234	460	629	1 341	2 460	2 758	3 115	3 015	3 328	3 251	2 861	2 023	2 407	3 005	3 457	3 898
摩洛哥	304	1 123	1 234	1 362	2 970	3 116	2 948	3 158	3 219	3 184	2 941	3 083	3 544	3 551	3 307	3 853
突尼斯	313	1 459	1 602	2 171	4 043	4 258	4 138	4 199	4 306	3 961	3 698	3 481	3 577	3 478	3 498	3 807
阿尔及利亚	374	2 255	2 420	1 776	4 496	5 447	5 565	5 471	5 493	4 197	3 946	4 110	4 172	4 022	3 354	3 700
吉布提	494	929	792	736	1 353	1 372	1 424	1 477	2 466	2 430	2 818	2 931	2 765	2 948	3 140	3 348
佛得角	254	510	961	1 338	3 193	3 766	3 408	3 559	3 585	2 891	3 131	3 293	3 443	3 435	2 924	3 293
科特迪瓦	274	1 225	999	636	1 244	1 246	1 251	1 424	1 559	1 940	2 013	2 111	2 275	2 239	2 288	2 539
加纳	530	584	855	537	1 665	1 587	1 630	2 402	1 969	1 733	1 931	2 074	2 179	2 168	2 177	2 409
刚果（布）	203	1 009	1 220	1 156	2 960	3 542	2 947	3 747	3 991	2 346	2 038	2 155	2 512	2 317	1 838	2 200
毛里塔尼亚	407	1 233	1 141	660	1 646	1 403	1 366	1 429	1 706	1 563	1 537	1 588	1 750	1 840	1 868	2 166
肯尼亚	240	712	599	514	1 094	1 013	1 155	1 229	1 316	1 497	1 411	1 634	1 846	1 970	1 936	2 082
安哥拉	631	858	1 155	745	3 587	5 095	5 102	5 258	5 408	4 131	3 506	4 096	3 241	2 570	1 640	2 044
尼日利亚	529	3 343	646	565	2 258	2 529	2 755	2 997	3 223	2 688	2 176	1 969	2 126	2 334	2 064	2 019

世界主要国家（地区）人均国内生产总值（续）

（估计数字）

单位：美元

国家（地区）	1970	1980	1990	2000	2010	2011	2012	2013	2014	2015	2016	2017	2018	2019	2020	2021
喀麦隆	204	1 184	1 214	698	1 382	1 259	1 381	1 494	1 512	1 399	1 364	1 425	1 594	1 539	1 540	1 668
塞内加尔	282	738	1 065	618	1 285	1 076	1 037	1 360	1 395	1 237	1 270	1 362	1 484	1 463	1 491	1 637
津巴布韦	449	1 171	1 341	737	938	769	956	1 026	1 435	1 410	1 465	1 548	1 571	1 472	1 383	1 508
贝宁	107	387	388	502	1 009	799	834	911	931	1 041	1 087	1 137	1 194	1 171	1 241	1 361
几内亚	181	402	615	512	667	615	677	726	787	756	733	856	944	1 044	1 074	1 185
赞比亚	361	754	494	364	1 469	1 636	1 735	1 851	1 733	1 284	1 311	1 535	1 475	1 268	957	1 095
莱索托	78	294	327	411	1 105	1 241	1 282	1 193	1 279	1 114	1 044	1 102	1 162	1 094	939	1 040
多哥	140	463	531	297	722	562	565	613	640	770	803	830	874	848	869	944
苏丹					1 622	1 883	1 719	1 734	2 056	2 199	2 250	2 991	1 152	812	771	786
冈比亚	303	1 166	1 130	905	797	517	506	735	607	612	683	680	683	723	704	772
南苏丹					1 536	1 696	885	1 201	1 498	557	298	327	365	412	397	400
美洲	**2 658**	**6 432**	**10 814**	**15 953**	**23 570**	**24 532**	**25 189**	**25 790**	**26 445**	**25 739**	**25 853**	**27 020**	**27 637**	**28 144**	**26 684**	**29 723**
百慕大	5 105	16 847	35 409	56 708	104 568	88 401	88 406	89 969	88 552	105 387	108 897	113 282	113 668	116 333	107 474	112 653
美国	5 358	12 805	24 037	36 300	48 361	49 675	51 559	53 195	55 001	56 086	58 031	59 922	61 820	63 954	62 691	69 185
加拿大	4 163	11 262	21 553	24 273	47 618	51 845	52 271	52 265	50 570	43 550	42 004	44 907	46 494	46 412	43 428	52 112
英属维尔京群岛	1 212	2 586	7 677	42 660	40 431	32 824	30 548	30 885	37 924	43 559	43 818	44 182	45 554	47 006	48 273	49 444
波多黎各	1 865	4 554	8 757	16 349	26 461	27 107	27 468	27 774	29 663	29 558	31 780	32 698	30 416	31 925	31 490	32 716
巴哈马	4 259	9 786	17 613	24 850	27 047	21 515	28 816	28 303	29 445	30 206	31 563	32 376	31 738	32 610	23 863	27 478
安圭拉	621	1 848	9 091	13 600	20 461	20 953	19 825	19 708	22 060	22 756	22 199	19 271	21 241	24 495	16 583	19 216
乌拉圭	909	3 603	2 964	6 932	12 016	14 167	15 092	16 881	16 832	16 775	15 387	18 691	18 825	17 860	15 620	17 313
巴巴多斯	903	4 076	7 937	11 910	16 490	15 534	16 091	15 755	16 488	16 990	16 900	17 419	18 225	19 003	16 644	17 225
智利	986	2 678	2 617	5 104	12 852	14 582	15 432	15 941	14 671	13 650	13 754	14 999	15 796	14 632	13 094	16 265
特立尼达和多巴哥	877	5 836	4 224	6 461	16 558	19 054	19 152	19 713	20 271	18 390	18 251	16 748	16 164	15 691	13 872	16 033
安提瓜和巴布达	525	2 072	7 255	10 444	13 405	12 953	12 565	12 195	13 502	14 862	15 198	15 383	17 527	18 319	14 788	15 246

世界主要国家（地区）人均国内生产总值（续）

（估计数字）

单位：美元

国家（地区）	1970	1980	1990	2000	2010	2011	2012	2013	2014	2015	2016	2017	2018	2019	2020	2021
巴拿马	769	2 105	2 520	3 934	8 125	9 336	10 590	11 880	12 796	13 670	14 344	15 146	15 588	15 826	12 569	14 618
哥斯达黎加	678	2 555	2 308	3 773	8 147	9 187	9 985	10 570	10 547	11 530	11 666	12 226	12 383	12 669	12 133	12 472
古巴	642	2 030	2 696	2 752	5 698	6 139	6 426	6 760	7 133	7 690	8 061	8 541	8 832	9 139	9 500	11 255
阿根廷	1 425	2 918	4 694	8 312	10 377	12 800	13 812	14 417	13 299	14 909	12 814	14 649	11 817	10 007	8 561	10 761
墨西哥	899	3 502	3 670	7 233	9 400	9 715	9 941	10 401	10 922	9 753	8 740	9 288	9 857	10 145	8 655	10 046
圭亚那	606	1 212	846	1 497	4 590	3 409	3 786	3 944	4 031	5 668	5 811	6 125	6 095	6 477	6 863	9 999
格林纳达	193	929	2 384	4 841	6 761	7 466	7 583	7 956	8 370	8 380	9 628	10 153	9 574	9 888	8 438	8 950
多米尼加	415	1 442	1 336	2 805	5 438	5 787	5 969	6 095	6 499	6 838	7 279	7 609	7 947	8 173	7 168	8 477
多米尼克	334	998	2 899	4 879	7 182	7 022	6 746	6 933	7 362	7 724	8 081	7 287	7 833	8 562	7 037	7 571
巴西	367	1 441	2 713	3 727	11 249	13 039	12 292	12 217	12 113	8 783	8 710	9 929	9 121	8 884	6 795	7 507
秘鲁	431	952	1 317	1 941	5 047	5 772	6 388	6 583	6 679	6 180	6 205	6 711	6 912	6 956	6 056	6 622
伯利兹	231	1 486	3 009	4 642	5 398	4 517	4 674	4 685	4 706	6 142	4 818	4 910	6 059	6 211	5 267	6 229
哥伦比亚	484	1 792	1 735	2 530	6 394	7 228	7 885	8 031	8 114	6 228	5 871	6 377	6 782	6 438	5 307	6 104
巴拉圭	282	1 653	1 484	1 792	4 726	3 988	3 856	4 480	6 103	5 861	5 319	5 679	6 243	5 808	5 353	6 035
厄瓜多尔	464	2 197	1 458	1 451	4 640	5 223	5 702	6 074	6 377	6 131	6 060	6 214	6 321	6 233	5 645	5 965
苏里南	938	2 903	1 821	2 415	8 207	8 448	9 272	9 484	9 472	8 908	5 539	5 947	6 352	7 088	6 851	5 259
牙买加	934	1 556	2 206	3 447	4 836	5 247	5 210	5 006	4 834	5 081	4 844	5 070	5 594	5 626	4 897	5 184
危地马拉	306	989	739	1 442	2 797	3 167	3 300	3 453	3 688	3 886	3 983	4 236	4 352	4 511	4 471	4 883
萨尔瓦多	257	715	898	1 978	3 017	3 821	3 828	3 516	3 589	3 762	3 806	3 910	4 146	4 280	3 903	4 551
委内瑞拉	1 221	4 541	2 382	4 796	13 714	10 755	12 755	12 248	12 099	11 279	9 664	8 432	6 842	5 183	3 738	3 965
玻利维亚	220	614	686	977	1 922	2 378	2 645	2 948	3 082	2 976	3 077	3 351	3 471	3 472	3 069	3 345
洪都拉斯	296	810	720	1 080	1 874	2 324	2 178	2 137	2 206	2 257	2 343	2 454	2 458	2 519	2 354	2 772
尼加拉瓜	466	861	841	994	1 496	1 680	1 792	1 847	1 934	2 025	2 108	2 159	1 982	1 890	1 863	2 046
海地	94	325	508	761	1 200	737	760	804	820	1 347	701	1 387	1 428	1 260	1 464	1 664

世界主要国家（地区）人均国内生产总值（续）

（估计数字）

单位：美元

国家（地区）	1970	1980	1990	2000	2010	2011	2012	2013	2014	2015	2016	2017	2018	2019	2020	2021
亚洲	**246**	**981**	**1 737**	**2 565**	**5 006**	**5 713**	**5 989**	**6 027**	**6 151**	**6 040**	**6 196**	**6 614**	**7 079**	**7 160**	**7 033**	**7 989**
新加坡	931	5 033	12 869	23 702	46 442	53 023	54 861	56 792	56 692	54 513	56 361	60 149	64 835	64 006	58 425	66 822
卡塔尔	4 567	28 250	16 665	27 495	73 021	88 051	88 565	88 305	83 858	66 985	57 163	59 125	66 264	62 827	52 316	66 799
以色列	2 071	6 400	12 242	21 654	32 020	34 558	33 419	37 452	39 413	37 473	39 333	43 096	44 184	46 229	46 486	54 111
中国香港	964	5 797	13 176	25 503	32 056	35 279	36 957	38 567	40 851	41 810	44 293	46 705	48 350	48 432	45 985	49 259
中国澳门	684	4 155	9 270	15 685	50 676	67 150	76 497	89 525	93 777	73 221	74 061	81 044	84 923	83 183	37 834	43 555
阿联酋	3 580	43 557	27 032	32 272	34 166	39 901	42 087	43 315	43 752	40 164	38 142	40 645	46 193	45 292	38 463	43 295
日本	2 017	9 398	25 329	39 181	44 956	48 388	48 302	40 181	37 844	34 930	38 529	38 672	39 902	40 729	40 242	39 650
韩国	276	1 713	6 423	12 315	23 438	24 363	24 480	26 024	29 330	28 744	29 423	31 781	33 376	31 875	31 716	34 940
塞浦路斯	961	4 750	10 802	14 364	31 075	32 236	28 985	27 944	27 092	23 477	24 514	26 756	29 422	29 851	28 570	32 281
科威特	3 579	19 206	11 028	19 493	39 212	47 555	51 257	48 402	44 069	29 315	27 650	29 755	32 012	30 666	24 298	32 150
文莱	1 687	32 942	14 892	19 914	34 609	46 377	47 651	44 598	41 725	30 681	27 156	28 572	31 240	30 748	27 179	31 449
巴林	1 896	10 382	9 488	12 739	21 187	22 034	23 649	24 737	24 989	22 795	22 632	23 743	25 416	25 869	23 502	26 563
沙特阿拉伯	881	16 176	7 340	8 795	17 959	23 256	25 303	24 934	24 464	19 978	19 879	20 802	23 319	22 430	19 540	23 186
阿曼	400	6 149	6 404	9 495	22 552	21 164	22 135	21 227	16 984	18 777	14 619	15 131	19 888	19 132	16 708	19 509
中国	113	312	342	958	4 515	5 579	6 232	6 948	7 459	7 937	7 944	8 663	9 805	10 043	10 308	12 437
马来西亚	375	1 853	2 513	4 088	8 880	10 428	10 780	10 882	11 319	9 700	9 818	10 259	11 074	11 135	10 151	11 101
马尔代夫	344	565	1 248	3 137	7 158	7 234	7 473	8 291	8 499	9 434	9 209	9 577	10 824	11 119	7 282	10 366
哈萨克斯坦			1 759	1 201	8 904	11 636	12 292	13 752	12 797	10 338	7 699	9 226	9 674	9 687	9 014	10 055
土耳其	705	2 149	3 821	4 278	10 615	10 539	11 720	12 543	12 096	10 852	10 894	10 590	9 401	9 103	8 561	9 661
土库曼斯坦			825	1 079	4 287	5 725	6 675	7 304	7 962	6 252	6 388	6 752	6 963	7 460	7 381	8 508
泰国	206	733	1 602	2 004	4 996	5 539	5 860	6 168	5 952	5 709	5 979	6 594	7 125	7 630	6 999	7 067
黎巴嫩	835	1 838	821	3 860	7 695	8 728	8 923	8 883	7 714	7 803	7 626	7 820	9 226	8 997	6 895	6 785
伊朗	386	2 482	1 727	1 703	6 949	7 874	7 887	6 967	5 731	5 101	5 347	6 244	6 148	6 000	6 228	6 766

世界主要国家（地区）人均国内生产总值（续）

（估计数字）

单位：美元

国家（地区）	1970	1980	1990	2000	2010	2011	2012	2013	2014	2015	2016	2017	2018	2019	2020	2021
阿塞拜疆			878	644	5 727	7 147	7 521	7 902	7 915	5 381	3 889	4 151	4 640	4 708	4 151	5 296
格鲁吉亚			1 647	754	3 191	3 440	3 858	3 989	4 368	3 965	3 771	4 052	4 665	4 635	4 208	4 975
亚美尼亚			647	643	3 352	3 644	3 685	3 844	3 966	3 666	3 592	3 915	4 392	4 829	4 506	4 967
伊拉克	335	1 285	1 352	960	4 430	4 941	5 672	6 113	6 638	4 417	4 551	4 985	5 601	5 621	4 251	4 686
蒙古	156	407	809	538	2 660	3 773	4 368	4 385	4 159	3 919	3 660	3 669	4 165	4 395	4 041	4 510
印度尼西亚	90	570	732	821	3 094	3 648	3 688	3 621	3 492	3 323	3 563	3 838	3 903	4 151	3 894	4 333
斯里兰卡	227	327	546	1 019	2 745	3 214	3 351	3 620	3 817	3 778	3 920	4 138	4 076	3 875	3 729	3 918
越南	66	45	97	395	1 684	1 517	1 723	1 871	2 030	2 595	2 192	2 366	3 267	3 491	3 586	3 756
菲律宾	202	761	820	1 073	2 202	2 372	2 582	2 760	2 831	2 974	2 941	3 123	3 195	3 414	3 224	3 461
印度	112	268	378	449	1 346	1 501	1 473	1 499	1 577	1 623	1 726	1 960	2 018	2 061	1 914	2 274
乌兹别克斯坦			859	663	1 748	1 639	1 765	1 922	2 519	2 785	2 601	1 851	1 622	1 817	1 786	2 032
巴基斯坦	222	384	448	498	941	1 219	1 206	1 212	1 275	1 408	1 363	1 456	1 464	1 307	1 293	1 480
缅甸	100	186	154	191	908	1 111	1 197	1 208	1 268	1 240	1 263	1 278	1 398	1 400	1 466	1 089
叙利亚	278	1 477	899	1 206	2 707	2 691	1 962	1 364	1 235	1 040	709	988	1 143	1 323	1 117	925
朝鲜	380	636	735	462	573	638	643	666	698	654	667	686	692	643	621	654
欧洲	**1 977**	**6 829**	**12 109**	**13 325**	**26 967**	**29 679**	**28 326**	**29 588**	**29 990**	**25 795**	**25 704**	**27 349**	**29 470**	**29 060**	**28 114**	**31 875**
摩纳哥	11 706	49 572	80 087	80 307	161 624	163 509	152 002	172 597	189 126	170 270	169 909	167 516	194 289	199 384	182 537	234 317
列支敦士登	5 245	27 390	61 042	83 182	156 462	175 517	165 123	173 527	178 853	167 809	165 630	171 278	175 287	167 013	157 782	169 260
卢森堡	4 296	16 550	33 516	48 614	110 752	114 574	106 460	113 341	119 210	105 456	104 773	111 017	116 794	112 627	117 374	133 745
瑞士	4 048	19 411	39 632	38 963	77 142	87 850	83 176	84 659	86 422	84 783	83 008	83 313	86 387	85 326	87 080	93 525
挪威	3 306	15 772	28 242	38 129	87 685	100 558	101 801	103 110	96 924	74 330	70 239	75 221	82 262	75 714	67 325	89 242
冰岛	2 576	14 814	25 366	32 067	43 197	45 711	43 904	49 028	54 043	52 912	62 065	73 950	74 414	68 813	59 167	69 133
丹麦	3 469	13 877	26 872	30 737	58 008	61 687	58 308	60 943	62 320	53 308	54 823	57 939	61 880	59 784	60 976	68 037
瑞典	4 745	17 095	30 631	29 628	52 849	59 511	57 005	60 254	59 868	51 283	52 425	54 621	54 658	51 995	52 759	60 730

世界主要国家（地区）人均国内生产总值（续）

（估计数字）

单位：美元

国家（地区）	1970	1980	1990	2000	2010	2011	2012	2013	2014	2015	2016	2017	2018	2019	2020	2021
荷兰	2 927	13 811	21 301	26 193	50 945	53 551	49 374	52 075	52 744	44 907	46 141	48 990	52 878	52 421	52 183	57 871
奥地利	2 059	10 872	21 679	24 568	46 861	50 933	48 068	50 138	51 304	44 179	45 222	47 309	51 467	50 070	48 859	53 840
芬兰	2 453	11 225	28 365	24 285	46 461	50 720	47 424	49 660	50 261	42 785	43 765	46 386	49 988	48 630	49 171	53 703
比利时	2 773	12 904	20 616	23 012	44 213	47 887	44 921	46 713	47 649	41 086	41 899	44 026	47 456	46 551	45 427	51 166
德国	2 757	12 217	22 321	23 827	41 763	46 723	43 717	46 176	47 684	40 893	42 187	44 652	47 945	46 763	46 678	51 073
圣马力诺	4 393	15 737	35 945	42 530	67 684	66 388	56 421	57 735	55 993	42 265	43 796	45 399	48 465	47 289	45 423	50 425
英国	2 348	10 030	19 109	28 310	39 697	41 302	41 433	42 598	46 831	44 996	40 623	40 448	43 324	42 784	40 331	46 542
法国	2 870	12 739	21 865	22 468	40 926	43 762	40 754	42 532	43 005	36 931	36 980	38 721	41 938	40 915	39 506	44 229
安道尔	5 009	15 861	24 305	21 620	48 191	41 813	38 391	40 622	42 299	38 870	37 448	38 963	42 905	41 329	37 207	42 066
意大利	2 127	8 472	20 813	20 079	35 673	38 142	34 701	35 706	35 742	30 480	30 922	32 334	34 937	33 674	31 878	35 579
马耳他	827	3 900	7 256	10 194	21 557	23 080	21 873	23 972	26 223	24 283	26 303	30 850	31 113	31 514	29 176	33 642
西班牙	1 213	6 208	13 769	14 650	30 505	31 858	28 512	29 163	29 274	25 751	26 420	28 137	30 383	29 584	26 961	30 058
斯洛文尼亚			9 156	10 226	23 410	24 910	22 497	23 288	24 150	20 708	21 568	23 401	25 726	25 714	25 362	29 135
爱沙尼亚			3 603	4 074	14 671	17 447	17 392	19 021	20 340	17 405	18 427	20 407	23 163	23 422	23 597	27 991
捷克			3 954	6 041	19 978	21 639	19 588	19 765	19 622	17 867	18 483	20 546	23 636	23 968	23 357	26 809
葡萄牙	934	3 362	7 866	11 486	22 466	23 193	20 447	21 474	22 038	19 229	19 978	21 515	23 549	23 323	22 240	24 651
立陶宛			2 703	3 202	11 831	14 174	14 113	15 483	16 330	13 975	14 887	16 784	18 689	19 217	20 156	23 844
斯洛伐克			3 202	3 854	16 877	18 143	17 244	18 152	18 636	16 382	16 475	17 510	19 486	19 384	19 553	21 390
拉脱维亚			3 556	3 327	11 403	13 772	13 611	14 823	15 527	13 681	14 209	15 624	17 787	17 920	18 240	21 267
希腊	1 537	6 108	9 502	11 933	26 902	25 804	21 591	21 187	22 149	18 100	18 156	18 908	19 942	19 411	17 972	20 571
匈牙利	619	2 382	3 584	4 628	13 235	14 025	12 954	13 740	14 335	12 715	13 172	14 711	16 424	16 782	16 120	18 728
波兰	871	1 664	1 735	4 473	12 325	13 702	13 058	13 684	14 318	12 375	12 441	13 872	15 284	15 485	15 599	17 736
克罗地亚			3 413	4 795	13 888	14 467	13 165	13 595	13 546	11 808	12 260	13 439	14 978	15 092	14 028	16 983
罗马尼亚	635	1 638	1 767	1 700	8 361	9 217	8 510	9 545	9 964	8 936	9 522	10 771	12 410	12 857	12 929	14 698

世界主要国家（地区）人均国内生产总值（续）

（估计数字）

单位：美元

国家（地区）	1970	1980	1990	2000	2010	2011	2012	2013	2014	2015	2016	2017	2018	2019	2020	2021
俄罗斯			3 879	1 781	10 750	14 187	15 131	15 997	14 265	9 425	8 808	10 817	11 379	11 617	10 228	12 259
保加利亚	1 049	1 206	2 364	1 636	6 676	7 743	7 373	7 646	7 851	6 948	7 520	8 335	9 324	9 772	10 064	12 207
波黑			1 725	1 332	4 507	4 861	4 722	5 043	5 330	4 600	4 995	5 395	5 936	6 011	6 012	7 143
白俄罗斯			1 868	1 050	5 881	6 296	6 935	7 968	8 356	5 820	5 052	5 791	6 192	6 658	6 370	7 121
阿尔巴尼亚	975	728	651	1 096	4 094	4 467	4 219	4 377	4 567	3 950	4 109	4 514	5 268	5 359	5 278	6 396
乌克兰			1 812	662	2 977	3 723	3 876	4 063	2 959	2 024	2 088	2 522	2 945	3 481	3 567	4 596
大洋州	**2 793**	**9 046**	**14 465**	**15 538**	**40 319**	**47 616**	**48 022**	**46 631**	**43 965**	**36 605**	**38 439**	**41 059**	**40 650**	**38 162**	**38 777**	**46 088**
澳大利亚	3 590	11 769	19 018	21 550	59 089	68 228	69 303	66 545	62 054	52 277	53 997	57 629	58 225	54 267	55 774	66 916
新西兰	2 346	7 424	13 375	14 122	33 711	38 248	39 437	42 232	43 970	38 789	40 398	43 943	43 805	43 040	41 930	48 824
新喀里多尼亚	3 409	7 957	14 269	15 399	35 785	41 392	37 099	38 344	39 669	30 861	32 831	33 101	34 739	33 204	33 012	34 994
法属波利尼西亚	2 229	9 525	16 903	14 973	21 427	22 874	20 954	22 046	22 612	18 245	20 007	21 128	20 615	20 023	18 910	19 915
库克群岛	545	1 577	4 239	6 289	13 990	14 029	16 788	16 972	18 057	17 077	17 682	19 741	21 023	20 853	16 642	19 264
瑙鲁	2 304	5 489	5 130	2 093	5 788	8 551	11 510	9 407	12 910	9 330	11 281	12 177	11 590	10 977	11 015	12 390
帕劳	821	1 958	5 155	7 494	9 883	9 124	10 362	10 768	13 795	15 760	16 742	16 148	15 947	15 568	14 014	12 084
马绍尔群岛	354	843	1 720	2 114	3 004	3 290	3 514	3 618	3 238	3 729	3 426	3 670	4 823	5 358	5 631	6 111
图瓦卢	445	556	1 039	1 435	2 976	3 994	3 512	3 430	3 352	3 328	3 523	3 982	4 422	4 943	4 675	5 370
斐济	419	1 866	1 713	2 016	3 470	4 352	4 547	4 763	5 606	5 105	5 651	6 101	6 073	5 968	4 864	4 647
汤加	198	816	1 642	1 861	3 457	4 294	4 437	4 182	4 439	3 800	4 162	4 523	4 561	4 840	4 626	4 451
密克罗尼西亚联邦	358	892	1 601	2 087	2 760	3 006	3 151	3 048	2 959	2 891	3 015	3 290	3 623	3 703	3 635	3 573
瓦努阿图	437	1 050	1 137	1 380	2 855	3 275	3 159	3 167	3 088	2 748	2 890	3 082	3 077	3 089	2 918	3 073

数据来源：联合国《国民核算统计年鉴》。